중국정치사상사 2

중국정치사상사 ²

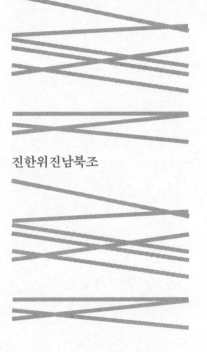

진한위진남북조

류쩌화
쓰고 엮음

장현근
옮김

글항아리

일러두기

『중국정치사상사』의 1권 선진권은 류쩌화劉澤華, 2권 진한위진남북조권은 류쩌화, 두훙이杜
洪義, 쭝더성宗德生, 장펀톈張分田, 거취안葛荃, 3권 수당송원명청권은 장펀톈, 거취안, 두훙이,
천한밍陳寒鳴, 차오즈중喬治忠이 함께 작업했다.

제1장

진시황秦始皇의 제왕전제 사상

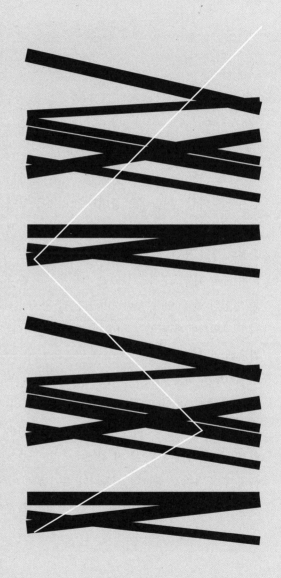

진시황은 바람 부는 대로 풀대가 쓰러지듯 무력으로 산동의 여섯 나라를 소멸시켰으며, 남으로 백월百越을 평정하고 북으로 흉노匈奴를 억눌러 공전의 통일 봉건 제국을 건립했다. 그런데 아스라이 높고 광대하여 사람들의 눈을 휘둥그렇게 만들었던 진秦 제국은 불과 15년을 생존했을 뿐 민중 반항의 불꽃 아래 사라져버렸다. 진 왕조의 대대적 흥기와 대대적 몰락은 후인들에게 끝없는 사유의 과제를 남겼다. 정치사상 또한 그 문제 가운데 하나다.

진시황은 법가 사상의 지도 아래 승리를 얻은 사람이다. 그렇다면 진의 멸망 또한 법가에 책임을 물어야 하는 것 아닌가? 후대 유가들은 대부분 이 견해를 고수하는데 사실 그렇게 간단한 문제가 아니다. 역사의 연계라는 입장에서 볼 때 진 왕조에서 법가의 것으로 불린 수많은 것 가운데 후대 유가를 숭배한 제왕이나 유가들에 의해 계승된 것이 적지 않다. 그래서 진 왕조의 정치사상을 구체적으로 분석해볼 필요가 있는 것이다.

제1절

황제지상 이론의 고도 발전

선진先秦 시대의 법가, 특히 한비韓非는 절대적 군권주의君權主義를 극력 제
창했다. 진 제국의 건립은 군권 강화의 실천을 위한 역사적 조건을 마련
했으며, 황제지상의 이론 또한 전면적인 발전을 이루게 되었다.

　진시황 이전에 '삼황三皇' '오제五帝'처럼 '황皇'과 '제帝'의 칭호가 있었다.
진의 소양왕昭襄王과 제齊의 민왕湣王은 각기 '서제西帝'와 '동제東帝'라 불렸
다. 『관자管子』 「병법兵法」 편은 "하나에 밝은 자가 황이며, 도를 살피는 자
가 제이며, 덕에 통달한 자가 왕이며, 군사적 승리를 도모하는 자가 패
다"[1]라고 말한다. 진시황은 중국 역사상 처음으로 황과 제를 연결하여
'황제'라 부른 제왕이다. 이는 단순한 호칭 문제가 아니라 제왕 관념의 실
현이며 제왕의 존귀함을 새로운 높이로 밀어 올린 사건이다.

　공적이 일체를 뒤덮는다는 것이 황제지상 이론의 기초다. 승상 왕관王
綰과 이사李斯 등은 상서를 올려 진시황을 천고의 유일한 제왕이라고 칭송
했다. "지금 폐하께서 의로운 군대를 일으키시어 잔포한 도적을 죽이시고
천하를 평정했나이다. 바다 안 온 세상에 군현郡縣을 두시고 법령을 하나
로 통일하셨으니 이는 상고 이래 없었던 일이며 오제도 이에 미치지 못할

것입니다."[2] 태산泰山의 석각엔 진시황을 "장구한 이로움을 건설하시고"[3] "그 덕화가 무궁무진하다"[4]고 칭송하고 있다. 낭야琅邪 지방의 석각엔 이렇게 쓰여 있다. "황제의 덕이 사방 끝까지 안정시켰다. 혼란과 재앙을 없애고 이익과 복을 일으켰다. 일을 때에 맞춰 처리하니 뭇 생산이 늘어났다. 백성이 안녕하니 창칼을 쓸 필요가 없다. 육친이 서로를 지켜주니 영원히 도적이 없다."[5] "공적은 오제를 뒤덮고 은택은 소나 말에까지 미치니 그 은덕을 입지 않는 것이 없어 각기 제집에서 편안하다."[6] 갈석碣石의 석각에는 이렇게 쓰여 있다. "백성에게 부역이 없고 천하의 모두가 도움을 받는다. 남자들은 밭에서 즐거이 일하고 여자들은 집안일을 잘 수습하며 맡은 일을 각자 질서 있게 처리한다. 은혜가 모든 생산에 미치니 오래도록 경작에 열심하며 제 사는 곳에 편안해하지 않는 사람이 없다."[7] 결국 진시황이 온 세상을 평화와 안락의 경계로 이끌었다는 말이다. 분명 이 찬양은 실제보다 지나친 감이 있다. 하지만 정치사상적으로는 오히려 대단히 중요한 의미를 지닌다. 진시황이 세상에 무한한 아름다움을 가져왔기 때문에 그는 일체를 지배할 권한이 있으며 일체를 소유한다는 것이다. 실제로 그는 이렇게 선전을 했고 그렇게 행했다.

진시황은 석각에서 그가 천하의 주재자임을 재삼 선전하고 있다. 낭야의 석각은 "천지 사방이 황제의 땅이다"[8] "사람의 발자국이 닿는 곳에 신하 아닌 사람이 없다"[9]고 선포한다. 주청신周靑臣[10]이 올린 찬양에도 이렇게 말하고 있다. "다른 때 진나라 땅은 천 리에 불과했습니다. 그런데 폐하의 신령과 성명으로 인해 세상이 평정되고 오랑캐를 축출하셨으니 해와 달이 비추듯 그 아래 복종하지 않는 것이 없습니다."[11] 하늘 위, 땅 아래 있는 모든 것은 황제의 소유에 속한다. 지고무상의 권력이야말로 일체를 점유하고 지배하는 가장 중요한 근거다.

황제 권력은 백성을 위해 원칙을 세우는 것으로 표현되기도 한다. 전국 신민의 행위 준칙과 도덕규범에 대해 상세하고도 구체적인 규정을 만든다. 모든 신민은 반드시 황제의 의지와 명령에 따라 행동해야 한다. 석각 가운데 다음 구절들은 이 문제를 아주 잘 설명해주고 있다.

"황제께서 자리에 임하시어 제도를 만드시고 법을 밝히시니 신하들은 아래서 그걸 꾸미고 가꾼다."[12]

"황제께서 성스러운 몸으로 천하를 평정하시고는 다스림을 게을리하지 않으셨다. 새벽에 일어나고 밤늦게 잠드시어 장구한 이로움을 건설하시고 오로지 가르침에 전념하셨다. 근본을 가르쳐 모두를 통달하게 했으며, 먼 곳이든 가까운 곳이든 이치를 다하여 모두 성상의 뜻을 이어받았다."[13]

"황제께서 처음을 지으셨다. 법도를 바르게 펴니 만물의 원칙이 되었다."[14]

"두루 밝은 법을 베푸시고 천하를 다스리는 뛰어난 재능을 보이시니 영원한 행동준칙이 되었다. 위대하다! 온 세상 가운데 사는 사람들이 그 성스러운 뜻을 이어받아 순응한다."[15]

"진나라 성인이 나라를 다스리며 처음으로 형명刑名을 정하니 낡고 오랜 규정상 문제들이 드러나게 되었다. 처음으로 법식을 바로잡고 직책과 임무를 살펴 나눔으로써 항구적인 규범이 수립되었다."[16]

"귀천의 구분을 분명히 하고 남녀 간의 예를 따르게 하며 맡은 일을 신중하게 지키도록 했다. 안팎을 모두 밝히고 사이를 띄우니 청정하지 않음이 없이 후인들에게 베풀어졌다."[17]

"존비귀천을 갈라 순서를 넘어 행동하지 못하게 했다. 간사함을 용납하지 않으니 모두 곧고 바름에 힘썼다."[18]

이 말들은 내용 없는 빈말이 아니라 신민을 위한 행위 준칙을 확정한 것이다. 황제의 의지가 바로 명령이니 모든 사람은 반드시 그에 따라야 함을 선포하고 있다. 이로써 왕권지상의 사상은 전에 없던 높이로 밀어 올려졌다.

　선진 제자백가에게서는 선왕 외 현실생활 가운데 성인과 군주는 둘로 나뉜 존재였다. 그런데 진시황 시대에 이르러 새로운 상황 변화가 생겼다. 황제와 성인이 하나로 합쳐진 것이다. 석각이나 대신들의 상소문 가운데 '성聖'이란 모자가 황제의 머리 위에 씌워졌다. 황제는 성인이므로 가장 지혜롭고 가장 고명한 사람이다. 이는 자연스레 황제가 일체를 독단한다는데 대한 유력한 이론적 근거가 되었다.

　진시황의 황제지상 관념은 그가 시호법을 취소한 데서도 드러나고 있다. 그의 논의를 보자. "짐이 듣기에 태고엔 호만 있고 시호가 없었다. 그런데 중고 시대에 이르러 호가 있었고, 죽은 뒤 그 행적으로 시호를 삼았다. 이렇다면 아들이 아버지를 의론한 것이고, 신하가 군주를 논의한 것이다. 심히 말이 안 되니 짐은 취하지 않겠다. 지금부터 시호법을 없애라. 짐은 시황제다. 후세는 숫자로 세도록 하여 2세, 3세에서 만세에 이르도록 그침 없이 전하도록 하라."[19] 진시황의 관념 속에서 황제는 생전에 신하들이 비판해서도 안 되며, 사후에도 의론을 하거나 득실을 평가할 수 없다. 황제야말로 얼마나 신성한 존재이며, 얼마든지 전횡할 수 있는 존재 아닌가! 진시황은 완정한 예의禮儀 제도를 수립했는데 그 핵심은 존군억신尊君抑臣이었다. 『사기』「예서禮書」는 말한다. "진나라가 천하를 장악함에 이르러 내적으로 여섯 나라의 예의를 궁구하여 좋은 점을 채택했다. 성인의 제도에 맞지 않더라도 존군억신의 풍토는 조정에 가득하여 옛 풍토에 따른 것처럼 했다."[20]

　진 왕조는 급속히 멸망했다. 그러나 진시황 시기에 발전한 왕권지상

의 관념은 오히려 더없이 귀중한 보배가 되어 후대 제왕들에 의해 계승
되었다.

제2절

황제의 극단적 욕망과 중벌주의

진시황과 진2세秦二世는 극단적 욕망과 중벌주의를 극한까지 실현시키고
발전시킨 인물로 후세에 성찰해야 할 자료를 남겼다.

진시황은 천하를 통일하고 조직, 명령을 하나로 통합함으로써 지극히
존귀하게 되어 "자고 이래 자기만 한 존재가 없다고 생각했다."[21] 유사 이
래 가장 위대한 성주聖主란 것이다. 그의 권력은 무한했고 욕망은 무궁했
다. 개괄하면 그의 욕망은 주로 다음 두 방면에서 드러난다.

하나는 권력욕이다. 이는 또 종과 횡 두 방면에서 나타난다. 횡이란 공
간을 가리킨다. 무릇 인적이 닿는 곳, 일월이 비추는 곳이면 어디든 군주
가 그 위에 군림해야 한다. 선진의 제자백가가 고취했던 왕천하론王天下論
을 그는 다 실천에 옮겼다. 이를 위해 그는 사이四夷에 일련의 전쟁을 일으
켰으며 어떤 대가도 아까워하지 않았다. 종이란 상하등급 관계를 가리킨
다. 그는 모든 신민의 위에 높이 거처하고 금중禁中에 깊이 살며 은밀하여
헤아릴 수 없을 뿐만 아니라 홀로 일체의 권력을 손에 쥐고 각종 사무를
독단한다. "천하의 크고 작은 일 모두를 위에서 처결한다. 군주가 직접 이
르러 문서 관련 사무를 헤아리니 밤낮을 가리지 않고 법도를 따진다. 법

도에 맞지 않으면 쉬지도 않는다."[22] "승상과 여러 대신은 모두 이미 결정된 일을 받을 뿐 분별 처리는 군주에게 의지한다."[23] 매우 근면해 보이지만 사무주의에 빠지지 않을 수 없다. 그리고 그의 사무주의는 독재의 표현이다. 선진 제자들은 천하를 얻음과 천하를 잃음에 대해 반복하여 논의한 적이 있다. 진시황이 추연鄒衍의 오덕종시설五德終始說을 받아들였다는 것은 그도 진나라의 덕이 어느 날 아침에 다른 덕으로 대체될 수 있음을 인정한 것처럼 보인다. 그러나 사실상 그는 자기가 다른 사람을 대체했다는 그 점에서만 이론적 근거를 찾을 생각이었다. 어느 누가 나타나 진 왕조를 대체할 것이라는 데 대해서는 거의 생각한 적이 없다. 황제의 지위가 그의 수중에 떨어진 이상 만세가 한 계보로 무한히 전해갈 수 있을 뿐이라고 생각했다. 그의 의지와 명령 또한 "대의가 아름답고 밝으니 후세에 드리워져 순조로이 이어갈 뿐 바뀜은 없다"[24]는 태산泰山 석각의 표현처럼 대대로 이어져야 한다. 만세를 위해 한계를 세웠다는 점에서 분명히 영웅의 기개가 엿보이지만 동시에 영원히 사람을 부리겠다는 망령된 표현이 아니고 무엇이겠는가.

다른 하나는 심한 사치와 극단적 욕망이다. 천하의 신민, 토지가 모두 황제의 소유에 속하니 그는 자연히 일체를 사용할 권한이 있으며 갖은 향락을 즐길 수 있다. 진시황이 역사상 가장 사치스러운 제왕이었는지에 대해서는 여기서 논하지 않겠다. 다만 그의 물 쓰듯 한 낭비가 제국을 계속 유지할 수 없게 만들었다는 점만은 확실히 전형적이라고 할 만하다. 선진 사상가들은 일찍이 군왕의 욕망이 전 사회에 재난을 조성할 수 있음을 간파하여 절용節用을 거듭 호소했으며 이를 정치사상의 중요한 문제 가운데 하나로 취급했다. 그런데 진시황 부자는 이 점을 전혀 돌아보지 않았으며 특히 진2세는 한비韓非의 이론을 빌려 극단적 욕망을 합리화했다. 그의 생활철학은 "저 현명한 사람이 천하를 소유함에 오로지 천하를 자신에 알맞도록 사용할 따름이다"[25] "이목이 좋아하는 바대로 모두 하며 마음이 즐거워하는 바를 다한다"[26]는 것이었다. 세상의 이치에는 아주 밝았지만 절제도 부끄러움도 없었던 이사李斯는 과연 2세의 지론에 순응하면서 "그래서 군주는 홀로 천하를 통제하되 통제받는 바는 없다. 즐거움의 극치를 다할 수 있다"[27] 따위의 말을 했다. 심지어 "다른 사람을 딛고 자신을 드러내야 한다以人徇己"는 주장을 펼치기도 했다. 진2세와 이사는 신불해申不害, 한비를 옮겨와 자신들의 변호를 삼았다. 신불해는 "천하를 가지고 있으면서도 멋대로 하지 못하는 것을 가리켜 천하를 질곡으로 여기는 것이라 한다"[28]는 말을 한 적이 있다. 한비는 군주가 심한 사치와 극단적 욕망을 가져야 한다고 분명하게 말한 적은 없는 것 같다. 하지만 절대적 군권과 극단적 욕망 양자 사이엔 내재적으로 통하는 바가 있다. 이 때문에 그의 군권 절대지상 이론이 군주의 심한 사치와 극단적 욕망에 전제를 제공했던 것임이 틀림없다.

지고무상의 권력에 극단적 욕망이 더해지면 반드시 중벌주의를 부른다. 진씨 부자의 칼 그림자가 전국을 뒤덮고, 부끄러움을 모르는 이사는 극단적 욕망을 실현하려면 반드시 극형을 동원해야 한다는 관점을 이론적으로 논증했다. 그가 진2세에게 올린 독책督責의 술이 바로 그 확실한 증거다. 이사는 절검을 감히 간언하는 선비를 통렬하게 비판했다. 이들은 군주의 욕망 실현을 방해하는 걸림돌이므로 없애버려야 한다고 질타했다. 그는 말한다. "절검과 인의를 주창하는 사람이 조정에 서 있으면 거침없는 즐거움은 그만두어야 한다. 간언하고 이치를 따지는 신하가 옆에 끼어 있으면 넘쳐흐르는 의지가 막히게 된다. 절개에 죽는 열사들의 행동이 세상에 빛나게 되면 음란과 성색에 빠질 염려가 없어진다. 그래서 현명한 군주는 이 세 가지를 제외시키고 홀로 군주의 술을 조종하여 말에 복종하는 신하들을 통제하며, 법을 분명히 하여 다스리므로 몸은 존중받고 세력은 무거워진다. (…) 그런 뒤 인의의 진흙탕을 없애고, 말 많은 입을 막고, 열사의 행동을 묶어둘 수 있다. 총명을 틀어막고 명철함을 가려 안에서 홀로 보고 들음으로써 겉으로 인의, 열사의 행동에 기울지 않을 수 있고, 안으로 간언하는 말이나 분쟁의 변론에 뜻을 빼앗기지 않을 수 있다. 그러므로 혼자 마음 내키는 대로 행동할 수 있으며 감히 그에 거역하는 자가 없다."[29] 이렇게도 이야기한다. "현명한 군주나 성왕이 오래도록 지존의 지위에 있고 중요한 세력을 오래 잡고 있으며 홀로 천하의 이익을 독점할 수 있는 까닭은 다른 길이 있어서가 아니다. 능히 독단하여 독책을 살피고 반드시 심한 벌을 내림으로써 천하로 하여금 감히 범접하지 못하게 하기 때문이다."[30] 진2세는 이 이론을 실천에 옮겼고 "형을 받은 자가 길거리의 반이고 그렇게 죽은 사람이 저자에 날로 쌓이고 사람을 많이 죽인 사람이 충신이 되는"[31] 국면을 조성했다. 진씨 부자의 중벌 정치는 분명히 가증스럽기 이를 데 없다. 이런 행위의 황당함을 잘 알면서도 오히려 이런 행위를 이론적으로 논증한 이사는 가증스러울 뿐만 아니라 비열하기까지 하다.

진씨 부자의 극단적 욕망과 중벌주의는 악순환을 거듭했다. 이것은 진 제국이 신속하게 붕괴된 중요한 원인 가운데 하나이며 동시에 후인들에게 반복하여 생각해볼 과제를 남겼다.

법으로 가르치고 관리를 스승으로 삼음

진시황은 처음 사상 문화적으로 법가를 위주로 하되 다른 학파의 사상 학설을 두루 병용하는 방법을 채택했다. 따라서 음양가, 유가, 도가, 종교 신학 모두 일정한 지위를 갖고 있었다.

추연鄒衍의 오덕종시五德終始설은 관방의 사상으로 존중되었다. 진시황이 오덕종시를 존중한 것은 주로 다음 세 가지 원인에서다. 첫째, 추연의 오덕종시 가운데는 '대구주大九洲'설이 있는데, 이것이 진의 대통일에 중요한 근거를 제공해주었다. 둘째, 오덕종시는 일정한 조건하에 왕조가 교체되어야 한다고 주장하는데, 이것은 진의 주周나라 대체에 대한 이론적 근거를 제공했다. 셋째, 오덕종시설에 진나라 조상을 신격화하는 내용을 새로 첨가했다. "주나라는 화덕火德을 얻어 적조赤鳥의 신물을 가졌다. 지금 진나라가 주를 개변시켰으니 수덕水德의 때가 온 것이다. 옛날 진秦 문공文公이 사냥을 나가 흑룡을 잡았는데 이것은 수덕의 상서로운 조짐이다."[32] 오덕종시설에 의하면 주나라가 화덕이므로 주를 대체하여 일어난 나라는 수덕이어야 한다. 진시황은 그래서 수덕을 숭상했고 수덕에 입각하여 예의 제도를 고쳤다. 하河(황허黃河강)의 이름도 덕수德水로 고쳤다. 수덕과 법가의 중벌 사상은 한데 얽혀 있다. 수水는 음陰을 주로 하고, 음은 살殺을 주로 한다. 그래서 "굴강하고 흉포하며 만사를 모두 법으로 처결한다. 가혹하게 착취하며 인의나 은혜, 화합 따위를 없앤 연후 하나하나 오덕의 수에 합치시킨다. 그리하여 법이 엄혹하고 오래 지나도 사면하지 않는다"[33] 추연의 정치사상은 본래 유가에 더 근접해 있었으나 진시황의 수중에서 확연히 바뀌어버렸다.

진시황도 처음에는 유가를 배척하지 않았다. 박사관은 주로 유생들로 충당했다. 유생박사들은 의정議政에 참여했다. 『사기』에 기재된 두 차례의 중요한 정의廷議에는 모두 유생박사들이 참여하여 정견을 발표했는데, 말투가 과격했다. 비록 채택되지는 않았지만 그렇다고 해를 입지도 않았다. 진시황은 태산을 누비며 노닐 때 유생들을 소집한 적이 있으며 그들의 치국방략을 청취하기도 했다. 그가 각지에 남긴 석각 가운데에도 분명한 유가 사상의 성분이 남아 있다. 예컨대 충, 효, 인, 의, 예, 지, 신과 같은 유가의 기본 원칙들이 모두 긍정되고 있으며 신민들에게도 법을 따르는 것과 마찬가지로 이것들을 준수하라고 요구한다. 운몽雲夢에서 출토된 진나라 죽간 『위리지도爲吏之道』에는 유가의 도덕규범과 행위 준칙들이 대단히 명확히 드러나고 있다. 이를테면 "화합하고 바르되 원망하지 말라"[34] "아랫사람에게 자애롭고 능욕하지 말며, 윗사람을 공경하고 욕보이지 말라"[35] "베풀되 그것을 기뻐하고, 공경하되 그것을 일으켜주며, 은혜로써 모으고 너그러움으로 다스린다"[36] "강하면 부드러울 수 있고, 인하면 참을 수 있다"[37] "바르게 행동하고 수신하라"[38] 등 유가 정신이 이미 관리들에 대한 요구로 전환되고 있음을 설명해준다. 분서갱유焚書坑儒 전에 유가들은 자유롭게 학문을 전수할 수 있었으며, 유가 경전도 한 단계 더 정리되어 완벽을 기할 수 있었다. 이와 같은 상황은 『상군서商君書』와 크게 다른 점이다. 『상군서』의 저자는 이러한 것들을 이 또는 냄새나는 벌레로 취급하여 소멸시킬 것을 주장했다.

진시황은 귀신, 종교에 이중성을 드러낸다. 때로는 귀신을 무시하며 심지어는 얼마간 증오하기까지 하여 감히 귀신과 싸우고자 한다. 그러나 그는 귀신을 믿고 숭상하기도 했다. 그는 특히 자신이 신선으로 변하여 불로장생하는 데 열중했다. 만년에 이르러서는 자칭 '진인眞人'이라 부르며 장엄하게 신선인 것처럼 했다.

여러 사상의 병존은 진 제국의 통치를 유지하는 데 유리했을 것이다. 그런데 동시에 진시황의 극단적인 전제권력 욕망과 모순이 생길 수밖에 없었다. 분서갱유라는 천고의 악행이 발생한 사실이 이 점을 충분히 설명해준다.

분서는 사상의 자유에 타격을 주기 위함이다. 당시 각종 유파, 특히 유가는 진시황의 정치 행위에 사사건건 쉬지 않고 흠집을 들춰내고 있었다. "지금 뭇 학생이 오늘날의 것을 스승으로 삼지 않고 옛것을 배우려 든다. 그리하여 현실을 비난함으로써 백성을 미혹과 혼란에 빠뜨리고 있다."[39] 각종 사학이 "서로 더불어 법의 가르침을 비난하고, 사람들은 명령이 하달되었음을 들으면 각자 자신의 학설로 이의를 제기하며, 들어서면 마음으로 비난하고 나가면 항간의 의론을 조장한다. 자기주장을 자랑함을 명예로 여기고 다른 입장을 취하는 것을 고상하게 생각한다. 그리하여 뭇 아랫사람을 이끌고 비방을 지어낸다."[40] 이와 같은 여론상의 비판은 진시황의 정치적 전제와 충돌했을 것이 틀림없다. 고명한 정치가라면 흠집을 들춰내는 논의 속에서 성찰의 기회를 찾아야 마땅하다. 그런데 스스로 현명하다고 여기면서 홀로 권력을 휘두르던 진시황은 오히려 이에 극단적인 반감을 나타냈다. 총명하기 이를 데 없던 이사는 바로 이 진시황의 마음을 가장 잘 읽고 있었다. 그는 한편으로 이 '어리석은 유생'의 무리가 "대업을 창조하여 만세의 공적을 이룬"[41] 진시황을 근본적으로 이해하지 못하고 있다고 질타했다. 다른 한편으로 긴장의 분위기를 조성하면서 만약 이런 유생들의 의론을 허용한다면 "위에서 군주의 세는 하강하고, 아래선 작당이 이루어질"[42] 수 있으니 이는 진시황의 절대적 권위에 위협이 될 것이라고 외쳤다. 그래서 그는 이렇게 건의했다. "사관들은 진나라 기록이 아닌 것을 모두 불태워야 합니다. 박사관의 직무에 해당되는 것을 제외하고 천하에 감히 『시경』 『서경書經』 및 백가의 어록을 감추고 있는 자는 모두 군수나 군위郡尉에게 보내 태워버려야 합니다. 감히 우연이라도 『시경』 『서경』을 이야기하는 자가 있으면 저잣거리에 매달아야 합니다. 옛 것을 가지고 오늘날을 비난하는 자가 있으면 일족을 주멸시켜야 합니다. 관리가 이를 알고도 검거하지 않으면 같은 죄로 처벌해야 합니다. 명령을 내리고 30일이 지났음에도 태우지 않았으면 묵형을 가해 성단城旦형[43]에 처합니다. 없애지 말아야 할 것은 의약, 점복, 원예 등에 대한 책입니다."[44] 진시황은 즉각 동의하고 전국에 명령을 내렸다. 책을 불태우는 것은 이사와 진시황의 발명이 아니다. 그러나 이렇게 대규모로 책을 불태우는 운동은 공전절후의 일이다. 진시황이 태워버린 것은 단순히 책이 아니라 역사적으로 축적되어온 지식이었으며, 사람들의 사유의 자유였다. 분서로 소기의 목적을 달성하지 못했으므로 이듬해에 이를 평계로 갱유坑儒를 단행했다.

분서갱유는 문화에 대한 일대 겁난이며 문화 전제주의가 전에 없이 강화된 사건이다. 폭력과 행정 수단을 가지고 사람들의 사유에 족쇄를 채우는 것은 역사적 창조력에 대한 가장 야만적인 타격이다.

진 왕조는 이론적 사유를 질식시켜버린 시대다. 이론적 사유에 대한 멸시는 곧 야만의 횡행에 빌미를 제공하게 된다. 진 왕조 전체 관료 체계의 야만화는 왕조 멸망의 원인 가운데 하나다.

진시황 부자는 사고방식에서 법가를 신봉한 사람들이다. 그러나 그들의 개인적 전횡은 엄숙한 법가들로 하여금 다시 생각할 여지를 잃게 만들었다. 진 왕조의 빠른 멸망은 법가가 초래한 악명임에 틀림없다. 하지만 군주 전제 제도에 대한 법가의 설계와 이론이 진 왕조의 멸망과 더불어 포기되지는 않았다. 한漢나라는 진나라 제도의 실질을 계승했다. 이는 법가의 정치 이론이 실질적으로 여전히 효과가 있었음을 설명해준다. 진나라의 정치가 멸망한 것이지 제도가 망한 것은 아니라는 유종원柳宗元의 주장이 대체로 공정하다 하겠다.

1 明一者皇, 察道者帝, 通德者王, 謀得兵勝者霸.

2 今陛下興義兵, 誅殘賊, 平定天下, 海內爲郡縣, 法令由一統, 自上古以來未嘗有, 五帝所
   不及.(『史記』「秦始皇本紀」)

3 建設長利.

4 化及無窮.(『사기』「진시황본기」)

5 黃帝之德, 存定四極. 誅亂除害, 興利致福. 節事以時, 諸産繁殖. 黔首安寧, 不用兵革. 六
   親相保, 終無寇賊.

6 功蓋五帝, 澤及牛馬, 莫不受德, 各安其寧.(『사기』「진시황본기」)

7 黎庶無繇, 天下咸撫. 男樂其疇, 女修其業, 事各有序. 惠被諸産, 久並來田, 莫不安所.

8 六合之內, 皇帝之土.

9 人迹所至, 無不臣者.(『사기』「진시황본기」)

10 진나라 관직으로 복야僕射였다. 진나라는 무를 숭상하여 射 자로 관명을 삼았다. ─옮
    긴이

11 他時秦地不過千里, 賴陛下神靈明聖, 平定海內, 放逐蠻夷, 日月所照, 莫不賓服.(『사기』
    「진시황본기」)

12 皇帝臨位, 作制明法, 臣下修飭.

13 皇帝躬聖, 旣平天下, 不懈於治. 夙興夜寐, 建設長利, 專隆敎誨, 訓經宣達, 遠近畢理, 咸
    承聖志.

14 皇帝作始. 端平法度, 萬物之紀.

15 普施明法, 經緯天下, 永爲儀則. 大矣哉! 宇縣之中, 承順聖意.

16 秦聖臨國, 始定刑名, 顯陳舊章. 初平法式, 審別職任, 以立恒常.

17 貴賤分明, 男女禮順, 愼遵職事. 昭隔內外, 靡不淸淨, 施於後嗣.

18 尊卑貴賤, 不逾次行. 奸邪不容, 皆務貞良.(『사기』「진시황본기」)

19 朕聞太古有號毋諡, 中古有號, 死而以行爲諡. 如此, 則子議父, 臣議君也, 甚無謂, 朕不
    取焉. 自今已來, 除諡法. 朕爲始皇帝, 後世以計數, 二世三世至於萬世, 傳之無窮.(『사기』
    「진시황본기」)

20 至秦有天下, 悉內六國禮儀, 采擇其善, 雖不合聖制, 其尊君抑臣, 朝廷濟濟, 依古以來.

21 以爲自古莫及己.(『사기』「진시황본기」)

22 天下之事無小大皆決於上, 上至以衡石量書, 日夜有呈(程), 不中呈不得休息.

23 丞相諸大臣皆受成事, 倚辨於上.(『사기』「진시황본기」)

24 大義休明, 垂於後世, 順承勿革.

25 彼賢人之有天下也, 專用天下適己而已矣.

26 欲悉耳目之所好, 窮心志之所樂.(『사기』「李斯列傳」)

27 是故主獨制於天下而無所制也. 能窮樂之極矣.(『사기』「이사열전」)

28 有天下而不恣睢, 命之曰以天下爲桎梏.

29 夫儉節仁義之人立於朝, 則荒肆之樂輟矣; 諫說論理之臣間於側, 則流漫之志詘矣; 烈士死節之行顯於世, 則淫康之虞廢矣. 故明主能外此三者, 而獨操主術以制聽從之臣, 而修其明法, 故身尊而勢重也. (…) 然後能滅仁義之塗, 掩馳說之口, 困烈士之行, 塞聰掩明, 內獨視聽, 故外不可傾以仁義烈士之行, 而內不可奪以諫說忿爭之辯. 故能犖然獨行恣睢之心而莫之敢逆.

30 明主聖王之所以能久處尊位, 長執重勢, 而獨擅天下之利者, 非有異道也, 能獨斷而審督責, 必深罰, 故天下不敢犯也.(『사기』「이사열전」)

31 刑者相半於道, 而死人日成積於市. 殺人衆者爲忠臣.

32 周得火德, 有赤鳥之符. 今秦變周, 水德之時. 昔秦文公出獵, 獲黑龍, 此其水德之瑞.(『사기』「封禪書」)

33 剛毅戾深, 事皆決於法, 刻削毋仁恩和義, 然後合五德之數. 於是急法, 久者不赦.(『사기』「진시황본기」)

34 和平毋怨.

35 慈下勿陵, 敬上勿犯.

36 施而喜之, 敬而起之, 惠以聚之, 寬以治之.

37 剛能柔, 仁能忍.

38 正行修身.

39 今諸生不師今而學古, 以非當世, 惑亂黔首.

40 相與非法敎, 人聞令下, 則各以其學議之, 入則心非, 出則巷議, 夸主以爲名, 異取以爲高, 率群下以造謗.(『사기』「진시황본기」)

41 創大業, 建萬歲之功.

42 主勢降乎上, 黨與成乎下.

43 4년 동안 성을 쌓는 노역에 동원시키는 형벌. ―옮긴이

44 史官非秦記皆燒之. 非博士官所職, 天下敢有藏詩書百家語者, 悉詣守尉雜燒之. 有敢偶語詩書者棄市. 以古非今者族. 吏見知不擧者與同罪. 令下三十日不燒, 黥爲城旦. 所不去者, 醫藥卜筮種樹之書.(『사기』「진시황본기」)

제2장

한 초 사상가들의 한 제국 정치에 대한 설계

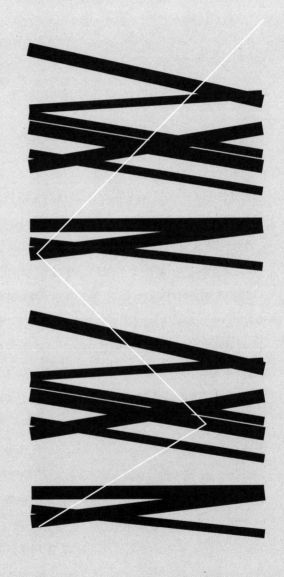

혁혁했던 진秦 제국은 단명하고 말았다. 진의 빠른 멸망은 사람들에게 수많은 성찰의 과제를 남겼다.

한漢나라 초엽[1]에는 조야가 여러 각도에서 진 왕조의 악몽에 대해 부단히 사색했다. 이 때문에 사상적 측면에서는 상대적으로 활발한 기운이 나타났던 시기이기도 했다. 진 왕조는 수많은 정책 및 실행에서 극단으로 치달아 잘못된 것이었음에도 진이 세운 왕권 중심의 기본 정치 제도는 황제가 된 사람 모두에게 쉽사리 버리고 싶지 않은 것이었다. 한나라 초엽 기본적인 정치 제도는 진나라 제도를 그대로 계승하여 "따르고 고치지 않았다."[2] 따라서 법가의 이론과 주장은 진 왕조가 멸망했다고 하여 포기되지 않았다. 그러나 진나라로부터의 교훈과 당시 사회가 직면한 새로운 상황에 입각하여 통치 사상에도 적절한 조정이 필요하기는 했다.

유가는 진 왕조에서 피로 씻겼었다. 진의 멸망은 유가의 부흥에 근거를 마련해주었다. 일찍이 농민 봉기가 있었을 때 일부 유생들은 봉기대열에 끼기도 했다. 한 왕조가 건립된 후 유가는 즉각 앞 무대로 올라와 한 제국의 건립과 공고화를 위해 기획을 하고 대책을 내놓았다. 물론 한초의 몇몇 제왕은 유가를 그다지 중시하지 않았지만 유생들의 고심은 훌륭했다고 하겠다. 그들은 부지런히 탐구하여 통치 정책을 헌상했으며 한나라 통치자의 이해를 어느 정도 얻어내기도 했다. 조야의 위아래 어디서든 수많은 유생이 각기 자신의 이론을 위해 분투했다.

한초 정치사상은 대체로 한편으론 통치자들이 황로黃老 사상을 분명하게 제창하면서 유가의 가르침으로 보조를 삼고 암암리에 법가를 응용하는 짜임새였다. 다른 한편으론 도가, 유가, 법가가 서로의 잘못을 들춰내어 공격하고 투쟁했다.

육가陸賈의 통변通變 정치사상: 인의와 무위의 결합

육가陸賈는 기원전 240년(진왕秦王 정政 7년)경에 태어나서 기원전 170년(문제文帝 10년)경에 죽었다. 원적은 초楚나라 사람이다. 아주 일찍 유방劉邦에게 투신하여 자주 유방의 사신이 되어 제후국에 사신으로 갔는데, 구변으로 명성을 날렸다. 유방이 황제를 칭한 후 명을 받들어 남월南越에 출사했고 조타趙佗를 설득하여 한나라에 복종하도록 만들었다. 여후呂后 집정 기간에 많은 여씨를 봉하여 왕을 삼음으로써 여씨에게 정권을 옮기려는 모략이 있었다. 이에 육가는 진평陳平에게 계책을 바쳐 재상과 장군이 서로 결합함으로써 여씨를 제거하기 위한 기초를 마련했다. 문제 때 다시 한번 남월에 사신으로 갔다. 육가는 한나라 초의 저명한 정치가이자 사상가였다.

육가는 말 대응을 잘하는 선비였으며 그의 사상은 대체로 유가에 속한다. 그는 자주 유방에게 『시경』 『서경』을 이야기했다. 유방은 초야에서 일어나 특별한 학문적 소양 없이 그저 승리를 낚는 능력으로 군주가 된 사람이다. 그래서 육가가 『시경』 『서경』을 선전하는 데 상당한 반감을 갖고 있었다. 한번은 유방이 "공께서는 말 위에서 천하를 얻고도 어찌 『시』

『서』를 말하는가!"[3]라고 육가를 책망하자, 육가는 이렇게 반박했다. "마상에서 천하를 얻었다고 하여 어찌 마상에서 천하를 다스릴 수 있겠습니까? 탕湯왕, 무武왕은 거역으로 쟁취했으되 순응으로 그것을 지켰습니다. 문무의 병용이야말로 장구한 통치술입니다. 옛날 오吳나라 왕 부차夫差와 지백智伯은 극단적으로 무에 치중함으로써 망했습니다. 진秦나라는 형법으로만 임하여 바꾸지 못했으므로 조趙씨[4]는 창졸간에 멸망했습니다. 만약 진이 천하를 병합하고 인의를 행하고 선왕성인을 본받았다면 폐하께서 어떻게 천하를 얻을 수 있었겠습니까?"[5] 유방이 들어보니 일리가 있어 자신의 견해가 짧음을 깨닫고 부끄러운 기색을 띠었다. 이에 육가로 하여금 "나를 위해 진나라가 천하를 잃은 까닭과 내가 천하를 얻은 까닭이 무엇인지, 그리고 옛날의 국가의 성패에 대하여 한번 써달라"[6]고 했다.

육가는 한 편씩 쓰기도 하고 한 편씩 상주하기도 하여 모두 12편을 썼다. 유방이 보고 매우 찬양하면서 이 책을 『신어新語』라 불렀다. 『한서漢書』「예문지藝文志」에는 "『육가陸賈』23편"이라 기재하고 있는데, 『신어』이외의 문장까지 포괄했을 것이나 이 문장들은 이미 망실되었다.

송宋나라 이전에는 『신어』에 의문이 없었는데 그 후 두 가지 견해가 있게 되었다. 하나의 견해는 『신어』를 위서로 보아, 원본은 망실되었고 현존본은 후인들의 가짜 작품이라고 주장한다. 또 한 가지 주장은 이것이 육가의 원작이라는 것이다.

『신어』의 내용과 문자로 볼 때 육가의 작품이 당연하다. 바쁘게 썼기 때문에 중복된 곳도 있고 분명히 연관이 안 되는 곳도 존재한다. 사마천司馬遷도 "조악한 서술은 존망의 바쁜 증거"[7]라고 말한 적이 있다. 유방은 그에게 진이 천하를 잃고 한이 천하를 얻은 경험적 교훈을 총결하도록 했으나, 내용으로 볼 때 이 부분의 논술은 그다지 많지 않다. 특히 유방이 천하를 얻은 일과 관련해선 한마디도 언급하지 않았다. 이는 유방의 취지에 합치하지 않는 듯하다. 그럼에도 전체적으로 논하고 있는 바는 시대적 분위기를 크게 반영하고 있다. 문장은 사건에 따라 논의하기보다는 고도의 이론으로 통치자의 성패에 따른 역사 경험에 대해 총결하면서 치국에는 반드시 지켜야 할 원칙이 있다고 주장한다. 이 책은 유방 및 한초의 통치자들에게 매우 큰 영향을 미쳤다. 반고班固는 육가의 『신어』, 소하蕭何의 '율령律令', 한신韓信의 '군법軍法', 장창張蒼의 '장정章程', 숙손통叔孫通의 '예의禮儀'를 한나라 천하를 결정지은 5대 지주로 열거했다.(『한서』 「고제기高帝紀」) 『신어』의 논술은 정치사상이지만 다른 네 가지는 주로 제도적 결정을 논한 것들이다. 사상의 영역에서 『신어』가 한대에 얼마나 중요한 것이었는지 이로써 알 수 있다.

01 　천인합책, 통물통변, 인세권행

　　육가는 성인이 일반 사람과 다른 가장 중요한 점은 바로 "통물통변統物
通變"(「도기道基」) 할 수 있는 것이라고 주장한다. 이른바 '통물'이란 천문, 지
리, 인사를 모두 통괄하여 "천인합책天人合策"(「도기」)을 이룸을 말한다. 이른
바 '통변'이란 상황에 따라 때맞추어 조치를 취하고 기존 규정을 고수하
지 않음을 말한다.

　　천인 관계는 중국 고대사상가들이 보편적으로 탐구, 논쟁했던 명제다.
천을 신으로 보든지 아니면 자연으로 보든지 또는 두 입장을 두루 취하
든지 상관없이 절대다수의 사상가는 모두 천과 인이 서로 합치하고, 서
로 응하며, 서로 돕는다고 생각했다. 육가는 『주역周易』(또는 『역전易傳』)의
영향을 비교적 크게 받았다. 그가 말한 천은 신비한 것이기도 하고 자연
적이기도 하다. 천은 인간사를 초월하기도 하며 인간사를 제약하기도 한
다. 그리고 인간사는 천도로부터 나온다. 『신어』 제1편 「도기道基」의 출발
점은 바로 천인합일이다. "『전傳』은 '하늘이 만물을 낳고 땅으로써 이를
기르며 성인이 그것을 완성시킨다'고 말한다. 공덕이 섞여 합하니 도술
이 생겨났다."[8] 하늘의 자연스러운 운행 및 만물의 생멸 현상을 서술한

뒤 "그리하여 선대의 성인은 우러러 천문을 보고 내려다보아 지리를 헤아려 건곤乾坤을 그림으로써 사람의 도를 결정했고,"[9] "행동은 천지와 합치하고 덕은 음양에 짝한다"[10]고 결론지었다. 「명계明誡」 편에는 더 구체적으로 『주역』의 이야기를 인용하여 인사가 천도에 기초하고 있음을 설명한다. "『역』은 하늘이 상象을 늘어뜨려 길흉을 보여주니 성인이 그것을 준칙으로 삼았다고 말한다."[11] 성인이 성인인 까닭은 바로 "하늘의 조화를 보고 만사의 유추를 미루어 통할"[12] 수 있기 때문이다. 「도기」 편도 하늘이 사회에 대해 "기강紀綱으로 그것을 망라하고, 재변災變으로 그것을 고쳐주며, 상서로운 징조로 그것을 알려준다"[13]고 말한다. 여기에서 하늘에는 뚜렷한 신비주의와 천인감응론 색채가 있다. 이는 동중서董仲舒의 천인합일론 및 '천견론天譴論'의 원류 중 하나로 볼 수 있다.

인류는 하늘의 파생물이다. 그렇다고 일반적인 자연물도 아니다. 사람은 천이 생성한 커다란 테두리 속에서 자신을 창조하며, 부단히 스스로를 문명으로 치닫게 한다. 처음 사람에겐 '인도人道'가 없었다. '깨달음'도 없었다. 그냥 자연적 존재였다. 그런데 나중에 성인이 출현함으로써 '인도'를 정했고, "백성은 깨닫기 시작하여 부자간의 친함과 군신 간의 의로움(…)을 알게 되었다."[14] 그리하여 인간의 역사가 시작되었다. 육가의 역사과정에 대한 서술은 『상군서』와 비슷한 점이 있으며 『주역』의 관점을 흡수하기도 했다. 요약하면 다음 몇 가지 특징을 지닌다.

첫째, 인류 물질문명의 진보는 인류의 생활상 필요와 자연과의 모순 속에서 진행되었다. 처음 인민은 "날고기를 먹고 생피를 마셔"[15] "백성을 기르기가 어려웠다"[16] 그래서 신농神農이 "먹을 수 있는 물질을 찾고, 백초의 열매를 맛보고, 신맛 쓴맛을 헤아려 사람들에게 오곡을 먹도록 가르쳤다."[17] 처음 "천하의 인민은 야만적으로 동굴에 기거하며 집이란 게 없이 금수와 같은 지역에 살았다. 그리하여 황제黃帝가 나무를 베고 재목을 다듬어 담과 건물을 축조했다".[18] 처음 사람들은 "털가죽을 그냥 입었는데"[19] 후직后稷이 백성에게 "뽕나무와 삼을 심어 실과 모시를 뽑게 함으로써 몸을 가리게 해주었다".[20] 처음엔 산천이 서로 사이가 떠 9주가 통하지 못했는데 해중奚仲이 배와 수레를 발명하고 "말과 소를 훈련시키고 배와 노를 만듦으로써 인력을 대신하게 되었다".[21]

둘째, 생산의 진보에 따라 사람들에게 사유私有에 대한 관념이 생겨났다. "쇠를 달구고 나무를 새겨 밑동을 가르고 번식하는 잡초를 태움으로써 기계를 사용할 환경에 대비했다. 그리하여 백성이 경중을 알게 되었으며, 이익을 좋아하고 어려움을 싫어하게 되었고, 힘든 노동을 피하고 편안함을 취하고자 했다".[22]

셋째, 이익을 좋아하고 어려움을 싫어하기 때문에 생겨난 혼란으로 인해 형벌이 출현했다. 고요皐陶가 "옥을 만들고 죄를 다스린 것"[23]은 "시비를 가르고 좋고 나쁨을 분명히 하며, 간사함을 단속하고 숨은 혼란을 없애기"[24] 위함이었다.

넷째, 예의禮義는 형벌보다 늦게 생겨났다. 형벌로 다스리는 데 부족했으므로 "중기의 성인中聖"이 학교를 일으키고 교화를 창도하여 군신의 예를 분명히 했다. "후대의 성인後聖"은 이를 계승하여 '오경五經'을 정하고 '육예六藝'를 밝혔다. '오경' '육예'는 문명의 집대성이다. "하늘을 잇고 땅을 통섭하며, 만사를 궁구하고 미세함까지 관찰하며, 사정의 근원을 따져 근본을 세움으로써 인류의 단서를 마련했다. 천지에 으뜸가는 것으로 편장篇章을 모으고 수습하여 후세에 전하고 새, 짐승조차 그 은혜를 입어 혼란을 바로잡으니 천인의 합책合策으로 원도原道가 모두 갖춰졌다".[25]

결국 육가는 인류 역사와 물질문화가 모순 속에서 진보하며, 형벌과 예의도 모순 가운데 생겨나고 시대가 달라짐에 따라 새로운 발견과 발명이 이루어진다고 보았다.

역사는 진화, 발전한다. 이로부터 얻어낸 결론이 바로 '통변'이다. 육가는 역사를 매우 중시했지만 옛것만 따져 이론과 실제가 맞지 않음에는 단연 반대했다. "옛것을 잘 말하는 사람이면 오늘에도 그것을 합치시켜야 한다. 먼 것을 능히 서술할 수 있으면 가까운 것도 밝혀주어야 한다."[26] 역사를 연구함은 문 앞을 포장하기 위함이 아니라 그 속에서 교훈을 끌어내 현재에 사용하려는 것이다. "위로 오제五帝의 공적을 늘어놓음은 그것으로 지금의 내 몸을 생각하기 위함이고, 아래로 걸桀, 주紂의 실패를 열거함은 스스로 경계를 삼기 위함이다."[27] 정면과 반면의 경험, 교훈을 흡수하여 "덕은 일월과 짝할 수 있고 행동은 신령과 합치할 수 있어야 한다. 높이 올라 저 먼 곳에 이르며 아득하고 깊은 곳에 다다른다".[28]

가장 칭찬할 만한 것은 육가가 역사에 대해 오래될수록 좋다고 생각하지 말라고 한 점이다. 그는 "지금 보이는 것엔 담담하고 옛것을 듣고는 달가워하는"[29] 태도에 반대하면서 중점은 가까운 세상의 득실에 있다고 주장한다. "도는 가까운 데 있지 반드시 오래되고 먼 데서 나오는 것은 아니다. 그 핵심 요지만 취하면 성취가 있을 것이다."[30] 춘추 시대로부터 "오늘에 이르기까지의 정치로 성패의 효과를 충분히 알 수 있는데 어째서 꼭 삼왕三王을 들먹이는가?"[31] 역사를 연구할 때 근세를 중시해야 한다는 이 주장은 순자荀子의 법후왕法後王보다 더 명확하고 더 실질적이다. 순자의 법후왕은 곧 '삼왕'을 본받자는 것이나, 육가는 '삼왕'에 대해서도 과다한 필묵을 낭비할 필요가 없다는 생각이다.

육가는 옛날을 중시하고 현재를 경시하는 관점을 비판했다. 이런 관점은 "보이는 바에 담담하고 들은 바에 달가워하며, 겉모습에 현혹되어 중정中情을 잃는 것"[32]이라고 지적한다. 육가도 삼왕 오제의 공덕을 거듭 찬양한다. 그러나 그는 그들이 전무후무한 존재라거나 초월할 수 없는 사람이라고는 생각하지 않았다. 그는 「술사」 편에서 다음과 같은 도리를 깊이 있게 제기하고 있다. "좋은 말에 기기驥驥만 있는 것은 아니고, 예리한 검이 간장干將만 있는 것은 아니며, 미녀가 서시西施만은 아니고, 충신이 여망呂望만은 아니다."[33] 이렇게도 이야기한다. "글이 꼭 중니仲尼의 문하에서만 일어나지 않으며, 약이 꼭 편작扁鵲의 처방에서만 나오지 않는다. 그것들을 융합하는 것이 좋으며 법으로 삼을 만하고,"[34] 마땅히 "일을 처리하는 자는 정해진 법칙에 따르고, 약을 복용하는 자는 좋은 처방에 따른다"[35]는 원칙을 좇아서 해야 한다. 탁견이라 하지 않을 수 없다.

육가는 통변을 주장했지만 고금의 '도'가 같다고도 생각했다. '도'는 고금을 관통하며 "옛사람들이 행했던 바는 오늘날에도 마찬가지로 같다."[36] 예나 지금이나 "성현은 도와 합치하며,"[37] "도를 버린 자가 몸이 망함은 만세에 바뀌지 않는 법이며 예나 지금이나 벼리가 되는 원리원칙은 같다."[38] 이 말투는 분명 앞의 논의와 서로 모순되며 맞지도 않는다. 고금의 치도는 하나가 아니고 옛날과 오늘날의 도는 다르다고 말했어야 한다. 기실 이 점에 대해서 "성인의 도가 꼭 같을 필요는 없다"[39]고 말한 적도 있다.

고금의 변화를 관통함으로써 얻어낸 결론은 바로 "시대에 따라 권력 행사를 한다"[40]는 것이다. 어떻게 '권력 행사權行'를 하며 어떻게 결단을 내릴 것인가? 그는 말한다. "군주는 천문을 보고 시비를 결정하며, 다음으로 시대의 임무에 따라 의심스러운 바를 정하고, 폐지하고 일으킴에는 근거가 있게 하며, 바꾸고 옮김에 지키는 바가 있어야 한다."[41] 천문에 따라 시비를 결정한다 함은 천도에 의지한다는 말로 신비주의 색채를 띠고 있다. 하지만 그다음부터의 논의는 대단히 핵심적이고 적절하다. 상술한 네 방향을 정확히 붙잡으면 어떤 형세에서든지 모두 성인이 될 수 있다. "옛날 순舜, 우禹는 성대함 때문에 치세를 이뤘으며, 공자는 쇠퇴를 이어받아 공을 세웠다. 성인은 허공에서 나오지 않으며 현자는 텅 빈 데서 생기지 않는다."[42] "만 가지 단서는 각기 길이 다르며, 천 가지 법은 각기 형태가 다르다. 성인은 시세에 따라 그것들을 조화시킨다."[43] 육가는 특히 반면에서 교훈을 끌어내 통변해야 한다고 강조한다. "요, 순은 치우蚩尤의 실책을 이어받아 흠명欽明의 도를 생각했다. 군자는 밖에서 악을 보면 안에서 바꿀 것을 안다. 걸왕, 주왕이 포악하지 않았으면 탕왕, 무왕은 어질다는 말을 듣지 못했을 것이다."[44] 육가는 통변을 이야기하면서도 앞으로 나아가기 위해서는 난점을 회고해봐야 한다는 논지를 펼쳤다. "나아가려는 자는 난점을 회고해보지 않을 수 없다"[45] "한 가지 이익을 보고 만 가지 기회를 잃으며, 한 가지 복을 취하고 백 가지 화를 부른다"[46]는 교훈에 특별히 주의하라고 한다. 결국 변화하는 상황과 그 시대의 도에 근거하여 다른 방법을 취하면 옛날이든 지금이든 치세든 난세든 모두 성인이 될 수 있다는 것이다.

상술한 사상은 전국戰國, 진한秦漢 시대의 대변동 이후에 제기된 것으로 아주 탁월한 식견을 보여준다. 가장 중요한 것은 그 어떤 기성 정치에도 따르지 말고 실질에서 출발하여 그에 상응하는 정책과 조치를 취해야 한다는 주장이다. 이는 한나라 초 통치자들에게 대단히 중요한 일이었다.

02

인의와
무위의 결합

육가는 유방에게 『시』 『서』를 이야기했다. 즉 유가의 인의를 정치의 근본으로 삼아야 한다는 말이다. 육가는 진나라의 멸망과 연결 지어 이 문제를 제기했으므로 강렬한 시대성을 지녔다고 할 수 있다.

나라를 다스리는 데 무엇으로 '보금자리巢'를 삼아야 하는가? 육가는 역사상 두 가지 유형이 있다고 생각했다. 하나는 덕이나 인의를 주로 하는 것이며, 하나는 형벌이나 폭력에 의존하는 것이다. 육가는 역사상 망국의 군주는 모두 형벌을 숭상하고 폭력에 의존했으며 인의를 행하지 않아서 붕괴되었다고 주장한다. "인은 도의 법칙이고, 의는 성인의 학문이다."[47] "다스림엔 도덕을 최고로 삼고 행동엔 인의를 근본으로 삼는다."[48] 진나라는 "형벌을 숭상하여 망했다."[49] "진나라는 형벌을 보금자리로 여겼기에 보금자리가 뒤집어져 알이 깨지는 환난을 당했다."[50] 심한 압제를 '보금자리'로 삼는 자는 반드시 보금자리가 뒤집어지는 재앙을 초래하게 될 것이다. 이것이 역사의 변증법이다. 형벌 사용이 과다하고 과중하면 결국 스스로를 해치게 된다. "형벌을 심하게 하면 스스로를 해치는데, 이것은 지난 일을 경계 삼는 바이며 오는 일의 스승이 된다."[51] "덕을 품은 자에게 대중이 몰려들며, 형벌에 의존하는 자는 백성이 두려워한다. 몰려들면 주변이 가득 차게 되며, 두려워하면 제 영역을 떠나야 한다. 따라서 형벌을 베푼 자는 형벌이 가볍다고 싫어하지 않으며, 덕을 행하는 자는 덕이 무겁다고 싫어하지 않는다. 벌을 주는 자는 그것이 적다고 걱정하지 않으며, 상을 베푸는 자는 그것이 두텁다고 걱정하지 않으므로 친근하면서 먼 데에 이르는 것이다."52 "법령은 포악한 자를 죽이기 위해 만들어졌다."53

육가는 특히 교화의 작용을 강조한다. 교화가 사람들을 선하게 만들수 있다고 주장한다. "요, 순 시대 백성은 집집마다 덕행으로 표창을 받았으며 (…) 교화를 잘하고 못하고가 그렇게 만든 것이다."54 이 말은 분명히 좀 지나친 감이 있다.

육가는 덕을 행함에 반드시 좋아함과 이익의 관계를 처리해야 한다고 주장한다. 통치자로 말하자면 이 두 가지는 모순이다. 덕을 쌓으려면 이익을 피해야 한다. 이익을 탐하면 반드시 덕이 없게 된다. 이익을 많이 탐하면 탐할수록 덕을 결하게 되며, 그 결과 자신의 반대편으로 치달을 수밖에 없을 것이다. "술 연못이 배를 저을 수 있을 정도이고, 술지게미 더미가 먼 데서도 알아볼 수 있을 정도이니 어찌 재물이 빈약하다 하겠는가? 사해를 통솔하는 권한을 지니고 구주의 무리를 이끄는데 어찌 무력에 약하다고 하겠는가? 그럼에도 공적이 자신을 보존할 수 없고 위엄이 자신을 지킬 수 없는 것은 빈약하기 때문이 아니라 도덕이 제 몸에 존재하지 않아 인의가 아래에 통하지 못하기 때문이다. 그러므로 이익만 찾고 도에 흐릿한 자는 대중의 계략의 대상이 되며, 힘엔 군세면서 의가 부족한 자는 군사적 도모의 대상이 된다."55 도가 없이 재물만 쌓거나, 의는 부족한데 힘에만 의지하는 자는 반드시 다수의 반대를 부르게 될 것이다. 그는 지적한다. "땅에 기반을 둔 백성을 통치하는 사람은 이익을 도모하고 산업을 관리해서는 안 된다. 그러면 교화가 행해지지 않아 마침내 정부 명령을 따르지 않게 된다."[56]

통치자가 제창하는 '도'는 분명하고 쉽게 이해되어 범인들의 마음에 통할 수 있어야 한다. "도를 세우면 쉽게 이해되어야 한다. 그래서 범인의 마음에 통하여 할 수 없는 행위까지 통달하도록 해야 한다. 도는 사람이 행해야 하는 바다. 큰 도는 그것을 이행하면 할 수 없는 일이 없을 것이니 그래서 도라고 일컫는다."[57] 동시에 백성의 지지를 얻어야 비로소 통치를 공고히 할 수 있다. "나라를 부유하게 하고 위엄을 강화시켜 땅을 개척하고 먼 곳의 사람들까지 복종시키려면 반드시 백성의 지지를 얻어야 한다."[58]

육가가 인의를 근본으로 삼은 것은 통치 정책을 조정하려는 데 그 취지가 있었다. 형벌(즉 폭력 통치)이 과해선 안 되며, 이익 추구(즉 경제적 착취)도 과해선 안 된다. 이렇게 했을 때만이 민심을 얻을 수 있으며 자신의 통치를 공고히 할 수 있다는 것이다.

정치 관념으로 볼 때 육가에게는 인의와 무위가 기본적으로 서로 중첩되어 있다. 그는 전문적으로 「무위」 편을 저술하여 "도는 무위보다 큰 것이 없다"[59]고 주장한다. 무위가 세상을 다스리는 둘도 없는 법문임을 논증하기 위해 그는 역사상의 성인, 명군, 성세가 모두 무위 정치를 실행한 결과라고 주장한다. 우순虞舜, 주공周公의 시대야말로 무위 정치의 전범이다. 우순은 "오현의 금琴을 뜯고 「남풍南風」의 시를 노래하며 고요히 치국엔 뜻이 없었다. 마음 편히 천하를 걱정하는 마음이 없었으나 천하는 크게 다스려졌다"[60] 무위는 유위有爲의 상대어다. 진시황이야말로 유위의 전형이다. 진나라가 멸망한 원인은 바로 여기에 있다. 진시황의 유위는 주로 다음으로 표현할 수 있다. 법이 성하고 형벌이 엄했으며 일이 번잡했다. 군대를 함부로 움직이고 무력을 일삼아 전투가 너무 많았다. 교만하고 사치하여 호화롭게 꾸미길 좋아했다. 육가는 진나라의 정책 조치들로부터 이런 결론을 얻었다. "일이 번잡할수록 천하는 어지러워지고, 법이 성할수록 천하는 치열해지며, 군대를 많이 둘수록 적이 많아진다. 진나라도 치세를 이루고 싶었을 것이나 실패한 것은 조치가 너무 많았고 형벌이 너무 극단적이었기 때문이다."[61] 육가의 분석은 진나라 폐정의 핵심을 찌른다. 그는 「지덕至德」 「회려懷慮」 편에서 역사상 진나라 상황과 유사한 사례를 분석하면서 호전, 사치, 착취, 대형 토목사업 등은 실패를 부르게 된다고 지적한다.

육가 무위 정치의 이상은 이런 것이었다. "군자가 정치를 하고, 아무 일 없는 듯 홀로 있으며, 고요히 아무 소리가 없는 듯하다. 관청엔 관리가 없는 듯하고, 정亭의 촌락엔 백성이 없는 듯하고, 여閭의 고을엔 골목 간 소송이 없으며, 가정에선 노인과 아이 모두 아무 근심이 없다. 가까운 사람끼리 의론도 없고 먼 데 사람들이 들을 것도 없다. 역참에 밤에 말달리는 졸이 없고, 향鄕엔 밤에 징집을 소집함이 없다. 개는 밤에 울지 않고 닭도 밤에 홰를 치지 않는다. 늙은이들은 방에 앉아 단것을 먹고, 젊은이는 들에 나가 밭을 갈며, 조정에 나아간 자는 군주에 충성하고, 집안에 있는 자는 부모에 효도한다. 그리하여 선에 상을 주고 악에는 벌을 주어 이를 윤색하며, 벽옹辟雍[62]과 상서庠序[63]를 일으켜 이들을 교육시킨다."[64] 이렇게도 이야기한다. "나라에선 공적이 없는 일을 일으키지 않고, 집안엔 쓰지 않는 기물을 두지 않는다. 그래서 힘든 노역이 드물어지니 바치는 공물도 줄어든다. 옥구슬이나 보배 따위가 군주에게 쓰이지 않으면 아랫사람들도 가지고 노는 물건을 버린다. 조각이나 그림 따위를 군주가 받아들이지 않으면 아래에서 교묘한 기예나 재주꾼들이 없어진다. 농림의 일을 버리고 산이나 바다로 들어가 보석을 캐고 표범이나 물총새를 잡거나, 근력을 소모하며 샘물 주위에 흩어져 이목의 즐거움을 극대화하는 쾌락, 음란,

사치스러운 마음이야말로 어찌 잘못된 것이 아니겠는가?"[65]

육가 무위 정치의 중심은 주로 통치자에게 적게 일하고 적게 간여하여 백성과 더불어 휴식하라고 한다. 이런 주장은 큰 혼란과 큰 어려움이 휩쓸고 간 당시의 시대적 상황을 반영한 것이 틀림없다. 자급자족의 자연경제 입장에서 볼 때 이 주장은 어느 정도 소생산자의 경제적 요구와 경제 규율에 적응한 것이라고 하겠다.

육가의 무위론은 확실히 도가적 기색이 역력하다. 그러나 그가 묘사하는 사회적 관계와 사회 관념은 도가와 또 상당히 거리가 멀다. 대체로 존귀한 자를 존중하고 가까운 사람과 친하며, 신하는 충성하고 자식은 효도하며, 상하에 차례가 있으며, 늙은이는 편안하고 어린애는 보살펴지며, 예의를 준수하는 등 유가가 설계한 기묘한 경지로 볼 수 있겠다. 그의 무위는 또 다른 형식의 유위다. "그러므로 무위함은 곧 유위다."[66]

흥망은 군주에 달려 있고
도가 군주보다 높음

봉건군주 전제 상황에서는 군주가 무슨 정책을 시행하느냐, 무슨 조치를 취하느냐가 사회에 막대한 영향을 미친다. 군주는 정치권력의 핵심이다. 사상가들은 역사적 경험에서 얻은 교훈이나 실제 생활로부터 군주의 작용이 지극히 중요하다는 것을 모두 느끼고 있었다. 그래서 사상가들은 부단히 군주 문제를 토론한다. 육가의 군주에 대한 논술은 기본적으로 군주를 통치의 근본으로 여기는 유가의 관점을 답습했다. 그는 말한다. "사물은 같은 부류끼리 서로 따르며, 소리는 음에 따라 서로 응한다. 도가 주창되면 덕이 화합하고, 인이 서면 의가 흥한다. 왕이 조정에서 실천하면 필부는 밭에서 그것을 행한다. 말단을 다스리려는 자는 근본과 조화해야 할 것이며, 그림자를 바르게 하고자 하면 형체를 단정히 할 일이다. 뿌리가 잘 길러지면 줄기와 잎이 무성할 것이며, 뜻과 기운이 조화로우면 곧 도가 솟구칠 것이다. 따라서 먼 것을 구하는 자는 가까운 데서 잃지 말아야 하며, 그림자를 다스리려는 자는 제 모습을 잊지 말아야 한다. 위가 밝으면 아래가 맑고 군주가 성스러우면 신하들이 충성한다."[67] 그림자影, 형체形, 근본本, 말절末의 논점 등 이 논술의 일부는 순자에서 답습한 것이고, 도가 솟구친다는 말은 도가의 영향이기도 하다.

육가는 위는 아래를 교화하고 아래는 위를 따름을 표준으로 삼아야 한다고 반복하여 논증한다. 위가 선하면 아래가 따라서 선해지고, 위가 악하면 아래가 따라서 악해진다고 설명한 뒤 이렇게 말한다. "하천에 가까운 지역은 습하고, 산에 가까이 있는 나무는 건조하다. 비슷한 부류끼리 한데 모이는 것이다. 높은 산에서 구름이 일면 낮은 구릉에도 그 기운이 밀려들고, 네 개의 큰 강이 동쪽으로 흐르니 수많은 작은 하천 중 서쪽으로 흐르는 물이 없는 것이다. 작은 것은 큰 것을 닮고, 적음은 많음을 따라가게 되어 있다. 왕의 도읍지에 남면南面하고 있는 군주는 모든 백성이 본받아야 할 모범이므로 일거수일투족이 법도를 잃어서는 안 된다."68 이렇게도 말한다. "그러므로 위에서 아래를 교화함은 바람에 쏠리는 풀과 같으니……"69 풍속을 바꾸려면 우선 위부터 해야 하며 "군자가 아래를 다스리면 백성의 사치도 그에 따라 검소해질 것이며, 교만하고 음란한 자도 그에 이치로써 통합될 것이다. 위가 어진데 아래가 도적인 경우는 없으며 양보하여 행동하는데 길을 가로채는 자는 없다."70

군주의 작용에 관한 육가의 논의 가운데 두 가지 점은 주의를 기울여 볼 만하다. 첫째, 흥망은 군주의 도에 달려 있지 하늘에 있지 않다는 것이다. 이 문제를 논술하면서 『주역』과 순자의 논의를 결합시키고 있다. "(…) 안위의 요체, 길흉의 조짐은 한가지로 자신에게서 나온다. 존망의 길, 성패의 일은 하나로 선행에서 시작된다. 요, 순은 일월이 바뀌지 않았음에도 흥했고, 걸, 주는 성신이 바뀌지 않았음에도 망했다. 천도가 바뀐 것이 아니라 인도가 바뀐 것이다."71 치와 난에 대한 정책의 작용을 강조한 것이다. 둘째, 군주는 신중히 해야 하니 어지러운 말은 만 리 밖까지 해를 입힌다. "잘못된 말이 입에서 나오면 그 혼란이 만 리 밖까지 미치는 법이다. 하물며 죄 없는 사람을 벌주어 옥에 가두고, 무고한 사람을 저잣거리에서 죽인다면 어떻겠는가? 그래서 세상이 무너지고 도를 잃음은 하늘이 한 것이 아니다. 나라의 군주가 그렇게 되도록 만든 것이다."[72] 권력이 클수록 영향력도 크다. 이는 고도의 군주 전제에서 필연적으로 발생하는 현상이다. 육가가 군주에게 신중히 해야 한다고 권고함은 진나라의 명망을 거울삼아 얻어낸 결론이다.

육가는 『신어』에서 많은 면을 할애하여 군주의 용인用人술 및 그 결과에 관한 문제를 논의하고 있다. 선인들의 관련 논술을 기초로 다음 몇 가지 문제에 독자적인 견해를 제기하고 있다.

첫째, 신하는 군주가 기대는 지팡이니 "견고하지 않으면 안 되며"[73] "견고하지 못하면 엎어진다".[74] "지팡이로 쓰려면"[75] 좋은 재목을 얻어야 하는데, 가장 좋은 재목은 "성현"이다. 어떤 지팡이에 의지할 것이냐에 따라 얻은 결론은 크게 다르다. "성인을 지팡이로 삼으면 제帝가 되고, 현인을 지팡이로 얻으면 왕이 되고, 인자가 지팡이면 패覇, 의로운 자가 지팡이면 강强, 거짓말하는 자가 지팡이면 멸滅하고, 도적이 지팡이면 망한다."[76] 진나라의 실패는 정책상 형벌을 숭상한 것 외에 또 다른 원인이 있는데 바로 사람을 잘못 썼기 때문이다. "이사李斯, 조고趙高를 지팡이로 삼았으니 넘어지고 엎어져 상처 입는 재앙을 당한 것이다."[77]

둘째, 의혹을 분별하고 간사함을 식별해야 하니 사람을 씀에 현인을 써야 한다. 그런데 누가 충정하고 누가 간신인지 구별하기가 매우 어려운 경우가 많다. "일을 처리하는데 어떤 사람은 잘하는데도 칭찬을 듣지 못하고, 어떤 사람은 잘하지 못하는데도 칭찬을 듣는다. 왜인가? 그것을 본 사람이 기만하고 그것을 논하는 사람이 잘못하기 때문이다."[78] 군주는 왕왕 간신을 충신으로 여기고, 충신을 반역자로 여긴다. 군주가 요구하는 것은 순종인데 충신은 자주 거역하는 말을 한다. "군자는 올곧은 도를 따라 행동하고 반드시 굴욕을 당하리라는 것을 알면서도 피하지 않는다. 그래서 행동함에 구차히 영합하지 않으며 말함에 구차히 억지 표정을 짓지 않는다."[79] 충신은 신임을 얻지 못하고 임용되지 않는 경우가 잦은 데 비해 간신은 오히려 벼락출세를 하는 경우가 많다. 왜냐하면 간신은 전적으로 "군주의 뜻에 아부하고, 군주의 취지에 따르며"[80] "거역하는 말을 하지 않고"[81] 일체를 군주의 의지에 순종하기 때문이다. 그래서 군주는 미혹되어 충신이라고 오해한다. 간신은 위장에 아주 능하다. "간사한 신하는 속임수와 거짓을 좋아하고 저절로 아첨 아양을 떨며 비리를 감추려 들 뿐 절대로 공정하고 방정한 일은 할 수가 없습니다. 자기만의 말단 기교를 감추고 국가를 위해 공을 세우는 일은 애써 피하기만 합니다."[82] "큰소리치는 것이 현명함 같고, 미사여구가 믿음 있는 것 같아 듣는 자가 혹하고 보는 자가 어리둥절해한다."[83] 그리고 간신은 또 작당을 잘하여 군주를 현혹시킨다. "많은 입이 비방하고 찬양하면 돌이 물에 뜨고 나무가 가라앉게 된다. 사악한 무리가 다투어 나서니 곧은 것이 굽게 된다. 자세히 보고 살피지 않으면 하얀 것이 검게 된다. 굽은 것과 곧은 것은 형태가 다르고, 흼과 검음은 색깔이 달라 세상에서 아주 쉽게 알 수 있는 바다. 그럼에도 눈이 묶이고 마음이 미혹된 것은 수많은 사악한 무리가 그렇게 오도하기 때문이다."[84] 그는 조고의 지록위마指鹿爲馬 사례를 들어 이 일을 설명한다. "말과 사슴의 형체가 다름"[85]은 본래 상식인데 수많은 사악한 무리가 입을 맞추는 상황 아래서 진2세는 사슴과 말조차 잘 구분하지 못하게 되었으니 "하물며 애매한 일에 있어서는 어떻겠는가?"[86] 육가는 말한다. "『주역』에 말하길 '두 사람이 마음을 합하면 그 예리함이 쇠도 끊는다'고 한다. 많은 사람이 당파를 지어 합의함으로써 군주 한 사람을 뒤엎을 수 있으니 바꾸지 않을 사람이 누가 있겠는가!"[87]

위와 같은 원인에서 충성하는 자와 간사한 자가 자주 바뀐다. "간사한 신하가 현인을 은폐함은 마치 구름이 해와 달을 가림과 같다."[88] 사악한 신하를 제거해야만 "광명"[89]을 다시 볼 수 있다. 어떻게 해야 간신을 막을 수 있는가? 이에 대해서는 육가도 묘책이 없었다. 그저 선인들이 이야기했던 것처럼 "넓게 생각하고 널리 들으며, 진퇴는 법에 따르고 행동은 법도에 합치시키며, 많이 듣고 보려고 할 것이며 채택에 신중을 기해야 할 것이다"[90] 등 평범한 논의를 했다.

셋째, 현자를 구하여 보필로 삼는다. 육가는 어느 때를 막론하고 현재는 있는데 이를 발견하고 쓸 수 있느냐가 문제라고 지적한다. 그의 말을 빌리면 "통하느냐 통하지 않느냐"[91]의 문제다. 군주에게 통하여 도달할 수 있으면 큰 작용을 발휘할 수 있으나, 통달할 수 없으면 매몰될 것이다. 육가는 깊은 산의 녹나무와 길옆의 죽은 버드나무를 예로 든다. 전자는 깊은 산에 자라므로 옮겨올 수가 없어 아무짝에도 쓰이지 못하고 썩어 문드러진다. 그런데 길옆의 죽은 버들은 가까운 데 있기 때문에 가공될 가능성이 있으니 좋은 문양을 넣어 황제의 기물로 쓰이게 된다. "공경의 자제나 귀척의 친지는 뛰어난 재능이 없음에도 존귀한 곳에서 살고 보필하는 자가 힘센 데다가 꾸며주는 자가 많으니 도달하지 못하는 바가 없다."[92] 또 편작을 예로 든다. 병자들이 편작을 모르고 무당을 믿는데, 편작을 멀리하고 무당만 믿다가 결과적으로 사람이 죽는다는 것이다. 여기서 얻은 결론은 군주가 "아느냐 알지 못하느냐에 달려 있다"[93]는 것이다.

육가가 제기한 문제는 대단히 중요하다. 그러나 군주 전제 체제에서는 해결할 방법이 없다. 이런 체제에서는 우수한 자는 도태되고 열등한 자가 쓰이기 때문이다. 우수한 자가 쓰이는 것은 오히려 특수한 예다.

육가는 한편으로 군주가 현명하기를 바라고, 다른 한편으론 신하가 현명하기를 요구한다. 신하되는 도는 '의義'를 위하고 '도道'를 위해야지 군주에 아첨하여 맹종해서는 안 된다. "군자는 올곧은 도를 따라 행동하고 반드시 굴욕을 당하리라는 것을 알면서도 피하지 않는다. 그래서 행동함에 구차히 영합하지 않으며 말함에 구차히 억지 표정을 짓지 않는다. 비록 세상에 공이 없더라도 이름은 족히 칭송을 받으며, 비록 주장은 국가에 쓰이지 못하더라도 행동은 모범으로 삼을 만하다."[94] 신하되는 도리는 이 익만을 도모하는 것이 아니라 도의의 견지에 있다. 설사 쓰이지 않더라도 세상에 유익한 사람이어야 한다. 그는 세상으로부터의 도피에 절대 반대한다. 특히 신선수업을 하는 것을 맹렬히 비판한다. "그러니 제 몸을 죽여 재난을 피한다면 계산이 잘못된 것이요, 도를 품고서 세상을 회피한다면 충성되지 못함이다."[95]

육가는 선진 유가, 특히 순자의 뒤를 계승했다. 글 속에서 그는 권權과 도道의 관계 문제를 계속 이야기한다. 그는 군주의 통치엔 모름지기 '도'를 맨 윗자리에 두어야 한다고 주장한다. 그러나 현실적으로 도와 권은 왕왕 분리가 되어서 '도'가 있다고 하여 반드시 '권'이 있는 것은 아니며, '권'이 있다고 하여 반드시 '도'가 있지는 않다. 폭군이나 난신은 권이 있되 도가 없는 경우이고, 공구孔丘라면 도는 있되 권이 없는 경우에 속한다. 권과 도의 관계에 대해 육가는 다음 몇 가지를 지적했다.

첫째, 도는 권의 수단을 빌려 행해진다. "말하자면 도는 권 때문에 서고, 덕은 세勢 때문에 행해진다. 그 자리에 있지 않으면 그 정치를 가지런히 할 수 없으며, 칼자루를 쥐고 있지 않으면 근본 법칙을 제어할 수 없다."[96] '도'는 권에 기대어 행해지고 권이 없으면 도를 행할 수 없음을 여기서 강조하고 있다.

둘째, 권이 있음에도 "통리統理"[97]를 잃으면 반드시 실패한다. "만승의 나라에 바탕을 두고, 백성의 목숨을 붙들고 있으며, 산과 연못의 풍요로움을 갖고, 선비, 대중의 힘을 이끌면서도 공적이 제 몸도 보존하지 못하고 이름을 세상에 떨치지 못함은 통리가 잘못되었기 때문이다."[98] 그는 진晉 여공厲公, 제齊 장공莊公, 초楚 영왕靈王, 송宋 양공襄公을 예로 들면서 모두 통리를 잃었기 때문에 실패에 이른 사람들이라고 한다. "이것이 바로 과거의 일을 경계로 삼고, 미래의 일을 스승으로 삼아야 하는 까닭이다."[99] 그 밖에 진나라도 도를 잃어서 망했다.

셋째, 도에 뜻을 두고 권에 굴해서는 안 된다. 육가는 "도를 하나로 하고 지조를 지켜야지" 권력, 관료, 귀척들 때문에 바뀌어선 안 된다고 주장한다. "제나라, 노나라의 부를 이익으로 준다 하더라도 뜻을 옮기지 않으며, 신선 왕교王喬, 적송赤松처럼 장수할 수 있다고 하더라도 행동을 바꾸지 않는다."[100] 「본행」 편은 공구와 그의 제자들이 궁핍과 횡액을 당하고도 도를 바꾸지 않는 행동을 전적으로 찬양하며 백성이 본받아야 할 바라고 주장한다.

넷째, 도를 품고 있음에도 권이 없다면 수신하라. "군자가 난세에 산다면 도덕에 합치하고, 작은 일에도 선을 택하며, 조그만 악도 끊어버리고 부자간의 예를 닦아 군신 간의 질서에 이르도록 한다."[101] 수신하고 도야하여 절대로 함부로 굴지 말아야 한다는 것이다.

육가는 도의와 권을 나누는 순자 등의 관점을 계승했으나 도의로 모든 것을 대체하자고 재삼 이야기하지는 않는다. 그렇다고 적극적으로 정치에 간여하라고 말하지도 않는다. 도의를 굽혀서라도 권세로 나아가야 한다는 생각을 어느 정도 지니고 있었던 듯하다.

육가는 유학, 특히 순자의 학을 제창했다. 그리고 도가와 법가를 종합하여 두루 취했으며 역사를 통찰하여 현실에 맞대면했다. 깊이가 있으면서도 공허하지 않았다. 자신은 계속 정치의 소용돌이 속에서 활동했지만, 논의는 오히려 대범하고 개방적이었다. 개성이 있으면서 권세에 아부하는 말이 적으니 참으로 대단하다고 하겠다.

제2절

가의의 인仁, 예禮 숭상과
민본적 치안론

가의賈誼(기원전 200~기원전 168)는 낙양洛陽 사람으로 한漢나라 초엽의 가장 유명한 정치 이론가다. "나이 18세에 시 암송과 서에 능통해 군내에서 이름을 날렸다."[102] 하남河南 태수 오공吳公이 그의 빼어난 재주를 듣고 문하에 불러두었다. 오공의 추천을 받은 문제文帝가 불러 박사博士가 되었을 때 나이가 불과 20여 세였다. 매번 조칙이 내려질 때마다 물 흐르듯 대답이 능하여 문제에게 중용되었고 태중대부太中大夫에 올랐다. 이어서 문제는 공경公卿의 지위를 맡기려 했으나 주발周勃, 관영灌嬰 등 일부 나이 든 신하의 반대에 부딪혔다. 나중 장사왕長沙王, 양梁 회왕懷王의 태부太傅에 임명되었다. 그리고 33세에 죽었다. 그는 유명한 「과진론過秦論」,『논정사소論政事疏』(즉 「치안책治安策」「논적저소論積貯疏」「붕조부鵩鳥賦」 등)를 남겼다. 현존하는『신서新書』중 일부를 혹자는 위서라고 하고 혹자는 원작이라고 주장한다. 앞 5권은『사기史記』『한서漢書』의 기재 내용과 기본적으로 같으며, 뒤 5권은『사기』『한서』에는 언급되지 않았으나『문선文選』에는 인용되어 있다. 가의의 작품으로 보는 것이 마땅하다.

　가의의 사상은 유가가 중심이고 법가, 도가, 묵가, 음양가 등을 겸한다.

"여러 학파의 책에 매우 능통했다."[103] 뜻을 잃은 뒤엔 정서적으로 장자학 莊子學에 기울어 "생사를 동일시하고 거취를 가벼이 여김"[104]으로써 자위 했다.

가의는 나이는 어렸으나 논의가 고상했고, 지위는 낮았으나 핵심을 건 드렸다. 한나라 왕가에 마음을 기울이고 천하에도 관심을 두었다. 문장은 폭이 넓고 날카로워 한번 쏟으면 천 리를 넘나들었다. 그러나 세상을 놀 라게 하고 태평성대에 위기를 이야기하는 것이어서 사람들에게 받아들여 지지 못했다. 가의는 성격이 강했으며 선구자적 의식이 스스로를 무겁게 억눌러 지적 논리와 현실과의 충돌 속에서 생명을 더 이상 감당하지 못 하고 요절했으니 참으로 애통한 일이다!

01

공수攻守술에 대한 논의와
한 초 무위 정치에 대한 비판

총명한 승리자는 항상 실패한 적수를 자신의 거울로 삼는다.

한나라 초 통치자와 사상가들이 가장 관심을 기울인 문제 가운데 하나는 진秦나라가 망한 경험과 교훈을 결산하는 일이었다. 그들은 진나라가 망한 교훈 속에서 한나라 왕가의 영원한 질서와 오랜 안정을 이룰 대책을 찾고자 했다. 육가陸賈는 첫 번째 굴레의 토론자 가운데 가장 깊이 있는 사상가였고, 가의는 두 번째 굴레의 토론자 가운데 가장 창조적 견해를 가진 사상가였다. 두 번째 굴레의 토론에서는 그와 동시에 한나라 초의 정치적 득실에 대해서도 검토했다. 가의는 「과진론」에서 공수攻守의 술을 집중 논의했고, 「치안책」에서는 한초의 무위 정치를 비판했다.

「과진론」이란 천고의 걸작은 진나라가 어째서 때맞춘 위대한 승리로부터 신속히 멸망의 길을 갔는가를 집중 논의하고 있다.

첫째, 진나라는 효공孝公 이래 6대에 걸쳐 승리를 거듭했다. 진시황秦始皇은 6대의 승리를 이어받아 산동山東 여섯 나라 백만 대중과 수천의 지혜로운 능력자들을 물리쳤다. 그런데 어째서 진섭陳涉과 같이 "찢어지게 가난한 집의 아들이자 미천한 백성으로 여기저기를 떠돌던 무리에게, 그것도 재능은 중간 수준에도 미치지 못하는"[105] 자의 손에 패했을까?

둘째, 진이 천하를 통일하자 처음엔 "천하의 선비들이 분명히 그쪽으로 마음을 기울였으며"[106] "천하의 백성 모두 거기에 제 성명을 기대며, 마음을 비우고 위를 우러르지 않는 자가 없었다".[107] 그런데 오래지 않아 천하에 대반란이 일었다. 그건 무엇 때문인가?

셋째, 진시황이 엉망인 숙제를 남겼음에도 "천하가 원성으로 와자하며 새로운 군주에 기대하고"[108] 있었으니 진2세秦二世가 범용한 군주로만 행동했더라도 유지는 해갈 수 있었을 텐데 결과는 갈수록 나빠졌다. 2세를 계승한 자영子嬰도 진나라 옛 땅만은 유지할 수 있었으나 지켜내지 못했고 끝내 몸은 죽고 나라는 망했다. 이는 무엇 때문인가?

가의의 질문은 한 단계 높은 것이었으며 대답 또한 그 시대 사람들을 넘어서고 있다. 그는 시대와 정책의 관계 위에서 분석해 들어갔다.

그는 진의 통일 후와 전국戰國 시대의 형세는 크게 달랐다고 지적한다. 즉 "공수의 형세가 달랐다"[109]고 한다. 전국 시대엔 뭇 영웅 사이에 우두머리가 없어 "제후마다 정치에 힘을 쏟았다. 강자는 약자를 능멸하고, 다수는 소수를 폭압했다. 전쟁이 그치지 않았고 백성은 적폐에 시달렸다".[110] 진이 천하를 얻은 후 사람들은 안정된 국면을 바랐다. 갱생하길 바랐다. "이때에 이르러 위엄을 지키고 공업을 성공시키며, 안위의 근본은 여기에 있다고 생각했다."[111] "위태로운 국면을 안정시키는 사람은 민심에 순응하고 임기응변함을 소중히 여기고"[112] 인의의 정치를 시행해야 한다. 진의 실패는 바로 공수攻守의 형세 변화를 알지 못했기 때문이다. "진은 전국 시대를 벗어나 천하의 왕자가 되었지만, 그 도를 바꾸지 않았고 정치를 고치지 않았다. 천하를 얻는 소이와 그것을 지키는 소이는 다르다. 그럼에도 외로이 홀로 그러고 있었으니 금방 망할 수밖에 없었다."[113]

새로운 형세에서 진나라의 전후 '세 왕'은 잘못을 하고도 바꾸지 않고 자기 고집만 내세워 일을 극한으로 밀고 갔다. 가의는 진시황이 진을 위태로운 지경까지 끌고 갔으나 그렇다고 진나라가 반드시 망할 정도는 아니었다고 생각했다. "추운 사람은 남루한 베옷이라도 좋게 여기며, 배고픈 자는 술 겨도 달게 먹었다."[114] 진2세가 보통 군주가 행하듯 충신현자를 임용하고, 만백성을 어루만지고, 선왕의 잘못을 고치고, 분봉을 행하고, 형벌을 경감하고, 빈민을 구제하고, 세금을 가볍게 하고 일을 줄였다면 그래도 위기를 안정으로 전환시킬 수 있었을 것이다. 그러나 진2세는 경장을 하지 않았을 뿐만 아니라 오히려 "더 심하게 무도하여"[115] "천하가 고통스러워했다. 경들 이하 일반 서민에 이르기까지 사람마다 스스로 위태롭다는 마음을 품게 되었으며, 친히 궁벽한 데 처해 있어 모두가 제 자리를 불안해했으니 움직이기가 쉬웠다".[116] 자영이 그를 계승한 뒤 정책을 바꿀 수 있었다면 원래의 진나라 세습토지라도 유지할 수 있었으련만 자영 또한 혼군昏君이어서 고립무원이었다. "세 군주는 종신토록 자신의 미혹함을 깨닫지 못했으니 망함이 당연한 것 아니겠는가?"[117] 가의의 주장에 따르면 진나라 내부에 형세를 전환시킬 요소가 없지 않았다. "이때 세상에 사려 깊고, 변화를 알고 있는 선비가 없지는 않았다. 그렇지만 충성을 다하여 감히 잘못을 교정시키지 못한 것은 진나라 풍속에 그들을 꺼리는 금기가 많았기 때문이다. 충언이 입에서 채 끝나기도 전에 죽임을 당했다. 그러니 천하의 선비들은 귀 기울여 듣고 발걸음 무겁게 서 있을 뿐 입을 다물고 말하지 않았다. 세 군주가 도를 잃어도 충신들은 간언하지 않았으며 지사들은 해결책을 도모하지 않았다. 천하가 혼란해져 간신들은 위의 말조차 듣지 않게 되었으니 어찌 슬프지 않겠는가!"[118] 언로를 막으면 반드시 기회를 잃는다는 것은 거의 철칙이다!

가의는 역사를 위하여 역사를 말하지 않는다. 그는 역사를 통하여 통치술을 총결하고 있다. 핵심은 이렇다.

"속말에 '앞일을 잊지 않는 것은 뒷일의 스승이기 때문이다'라는 말이 있다. 그러므로 군자는 나라를 다스림에 상고의 것을 살펴 그것으로 현세를 증험하고 인간사에 참고로 삼는다. 성쇠의 이치를 헤아리고 권세가 마땅한가를 살펴 거취에 질서 있고 때에 맞춰 변화하도록 노력한다. 그래야 밝은 날이 오래가고 사직이 안정된다."[119]

「과진론」이 천고의 걸작이 된 것은 문장의 기세가 드높기 때문만이 아니라 분석이 정밀하고 식견이 고매하기 때문이다.

가의는 진나라가 공수의 술을 몰랐다고 비판하는 동시에 한나라 초의 무위 정치에 대해서도 비판 의견을 개진했다. 문제 시대는 역사상의 성세였음에도 가의는 오히려 기탄없는 비판을 쏟아냈다. "불을 안아 짚더미 아래 놓아두고 그 위에서 자는 것과 같다. 불이 아직 타오르지는 않음을 가리켜 안정이라고 말한다. 지금 시세를 보면 어찌 이와 다른가!"[120] 그는 제후왕들이 큰 자리를 차지하고 앉아 등급이 엄격하지 못하고, 토지를 겸병하며, 상업이 농업을 침식하고, 사회가 이익만 좇는다고 생각했다. 게다가 외환 등이 겹친 것은 모두 무위 정치의 결과다. 그럼에도 조정의 위아래는 여전히 무위의 도를 제창한다. 가의는 이를 크게 탄식했다.

"지금은 편히 살면서 불의의 변이 없고 불경해도 관대하지만, 사고가 있으면 반드시 곤경에 빠질 것이다. 그럼에도 계책을 올린다는 자들은 '움직이지 않는 것이 훌륭하다'고 말한다. 움직이지 않고도 천하의 문제점을 떨쳐버릴 수 있다는 자는 도대체 어떤 족속인가? 슬프다! 풍속이 공경하지 않음에 이르고, 등급 없음에 이르고, 윗사람을 범하는 데 이르렀음에도 계책을 내는 자는 '무위'라고 말하니 장탄식을 할 수밖에 없음은 이 때문이다."[121]

가의의 「과진론」은 한 가지로 귀결한다. 진나라는 "인의를 시행하지 않아"[122] 망했으며, 한나라 초 무위의 폐해는 예의의 해이와 질서의 문란 때문이라는 것이다. 여기에 육가와 가의 사이의 기본적인 차이가 존재한다. 육가는 무위와 인의를 일체화시키는데, 가의는 인의와 예악을 표면으로 보고 "제도의 제정과 예악의 발흥"[123]을 주장한다. 유가를 지도 이념으로 삼아 제도를 개혁하자는 것이다. 이는 한 왕실에게 대단히 중요한 문제였다. 가의의 논의는 정치 핵심부의 지도 사상과 정치 과정 중에 생기는 일련의 중대한 문제들과 관련되어 있다. 그의 정치 이론은 정치 개혁에 대한 건의와 함께 짜여 있었다.

예에 입각한 제도:
명호를 바로잡음, 등급을 엄격히 함, 천자를 존중함

    가의는 반드시 예禮로 나라를 다스려야 한다고 주장한다. 국가와 사회생활 전부를 예의 궤도에 집어넣어야 한다는 것이다. "예란 국가를 공고히 하고, 사직을 결정하고, 군주로 하여금 백성을 잃지 않도록 하는 조건이다."[124] 한 초엽 명호名號가 분명치 못하고 등급이 엄격하지 않은 현상에 직면하여 명호를 바로잡고 등급을 엄격히 하는 일은 급무였다.

    명호, 즉 공자가 창도한 정명正名은 곧 사회생활과 관련 있는 관념 규정이다. 이 규정은 '계급'을 기초로 삼는다. 가의는 전문적으로 「계급階級」이란 글을 써서 등급 귀천의 구분을 논했다. "등급이 분명하면 아래에 의문이 있을 수 없다."[125] 이렇게도 이야기한다. "비천함이 존귀함을 의심하지 않고, 천함이 귀함을 넘지 않아 존비귀천이 백색과 흑색처럼 분명하다면 천하의 대중이 의심스레 현혹됨이 없을 것이다."[126] 가의는 등급 귀천의 원칙을 사회생활 각 방면, 즉 의, 식, 주, 행行, 기명器皿, 생, 사, 제사 등에까지 관철시키기를 요구한다. 사람들의 몸단장과 행동거지조차 모두 상세하게 규정하려 했다. 그는 전문적으로 「용경容經」 편을 써 '입용立容'[127] '행용行容'[128] '추용趨容'[129] '좌용坐容'[130] 등 자태, 태도, 기색, 표정 등을 논한다. 모든 사람이 한번 바라봄으로써 자신의 신분 지위를 알 수 있도록 한다. "천하가 그 옷을 보면 그 귀천을 알 수 있고, 그의 꾸밈새를 보면 그의 위세를 알 수 있고, 사람들로 하여금 제 마음을 정하도록 하고 제 눈빛을 나타내도록 해야 한다."[131] 등급 혹은 계급이야말로 사회를 조종하는 가장 유력한 도구다. 사회가 철저히 등급화될수록 가장 높은 황제와 가장 천한 노예를 제외한 다른 모든 사람은 이중성을 갖게 된다. 즉 윗사람에게는 천한 사람이고 아랫사람에게는 귀한 사람이 된다. 귀천이 한 몸에 모였으니 반드시 주인과 노예라는 이중적 성격을 만들어낸다. 이런 성격의 사람이야말로 전제주의에 가장 좋은 사회적 기초다. "그러므로 이를 풍속이 되도록 정하면 신하되는 사람은 군주의 치욕에 제 몸을 죽이고, 나라의 치욕에 집안을 잊으며, 공적인 문제에 개인私을 잊는다."[132]

명호, 등급의 귀결점은 윗사람을 받듦과 주군를 향한 존중으로 군주의 지위를 공고히 하는 것이다. "예란 신하가 그것으로 윗사람을 받들어 모시는 바다."[133] "군주는 군주답고 신하는 신하다움이 예의 올바름이다. 권위 있는 덕이 군주에게 있도록 함이 예의 분별이다."[134] "존비가 뚜렷하고 상하가 이미 구분되면 인륜의 모범이 선 것이다. 그래서 군주와 신하의 관계는 해의 뭇 별과의 관계와 같으며 (…) 아랫것들이 등급을 능멸하지 않으면 윗자리가 존중받으며, 신하가 등급을 넘지 않으면 군주의 지위가 안정된다. 삼가 윤리와 기강을 지키면 혼란이 생길 일이 없다."[135] 이렇게도 이야기한다. "천자는 집에 있는 듯하고, 뭇 신하는 계단에 있는 듯하고, 뭇 서인은 땅에 있는 듯함이 바로 법이다."[136]

예는 외재적 규범일 뿐만 아니라 도덕과 시비의 준칙이기도 하다. "인의도덕은 예가 아니면 이루어지지 않으며, 가르침과 풍속의 교정은 예가 아니면 갖춰지지 않으며, 분쟁과 소송은 예가 아니면 결판나지 않으며, 군신, 상하, 부자, 형제는 예가 아니면 위치가 정해지지 않는다."[137] 예의 도덕화는 바로 등급, 특권의 도덕화이며, 주인, 노예관계의 도덕화다. 예를 시비의 준칙으로 삼음은 바로 인식을 권력과 등급의 종속물로 변화시킨 것이다. 이러면 도덕과 인식은 모두 독립성을 잃게 된다. 이것이 바로 전제 정치의 특징 가운데 하나이며 내재적으로 필요한 바다. 가의의 발명은 아니지만 그는 분명 적극적인 추동자였다.

가의 「치안책」의 기본 출발점은 존군尊君, 강본약말強本弱末이며, 군주 전제와 독재의 강화를 추진하는 것이다. 그는 감정에 비유하면서 정치 안정治安 문제를 통곡해야 되는 수준, 눈물을 흘려야 되는 수준, 장탄식을 해야 되는 수준 3등급으로 나누었다. 통곡하게 만드는 것은 한 항목뿐인데, 바로 제후가 큰 자리를 차지하여 그 위태로움이 황제에게 미치는 경우다. "지금 시세는 (…) 본말이 어그러지고, 수미가 무너지고, 국가 제도가 헝클어져 기강이라곤 없는데 어찌 다스려진다고 말할 수 있는가!"[138] 이를 위해 그는 존군과 강본약말을 제기한다. 그 가운데 가장 중요한 것은 삭번削藩, 화폐 주조의 독점과 저축이다.

당시 제후국 왕들의 세력이 강대하여 분분히 분에 넘치는 왕권을 행사했으며 황제를 참람하기까지 했다. 가의는 왕권의 강화를 건의했다. "온 나라의 세력이란 몸이 팔을 사용하는 것과 같고, 팔이 손가락을 부리는 것과 같으니 통제에 따르지 않을 수 없도록"[139] 해야 한다는 것이다. "천하의 정치 안정과 천자의 걱정 없음을 바란다면 제후들을 아주 많이 세워 그 힘을 줄이는 것이 최고다. 힘이 적으면 중앙의 의도대로 쉽게 부릴 수 있으며, 나라가 작으면 간사한 마음이 없다."[140] 이것이 바로 천고에 유명한 삭번책이다.

한 초엔 제후국과 사인의 화폐 주조를 허락했다. 가의는 사인 화폐 주조의 폐해를 열거하며 화폐 주조권을 국가에 귀속시켜 사회경제의 맥을 통제해야 한다고 주장했다.

저축은 바로 농업의 번창이 필수다. 가의는 공상업을 통제하고 그들에게 타격을 가해 백성을 농업으로 몰아가야 한다고 주장한다. 국가는 대량의 양식을 축적하고 있어야 한다. "왕자의 법에 따르면 국가에 9년의 축적이 없으면 부족하다 하고, 6년의 축적이 없으면 급하다 하고, 3년분의 축적도 없으면 그 나라는 나라가 아니라고 말한다."[141]

이상 3항은 내정이다. 밖으론 흉노匈奴의 위협이 있었다. 가의는 "매미에게 불을 비추는 수법으로 그들을 떨쳐버리라"[142]고 주장한다. 매미는 불을 보면 날지를 못한다. 흉노를 제압할 '불'은 무력 사용이 아니라 '삼표三表'[143] '오이五餌,'[144] 즉 가무여색, 미녀, 호사스러운 물건을 사용하여 그 힘을 약화, 와해시키라고 한다. 이도 한 가지 수법임은 사실이지만 너무 저급한 방법이다.

가의는 한 왕실과 천자를 지극히 염려했고, 사려를 다해 다른 사람이 펴지 않는 바를 펴고, 다른 사람이 말하지 않는 바를 말했다. 그러나 그의 말은 시대를 앞서갔기 때문에 오히려 의심을 받고 경원시되었다.

민본:
인의의 시행, 박애의 실천

가의 예론의 주지는 제도를 밝히고 군주를 존중하는 것이었지만, 그는 예가 '사랑'도 포함하고 있다고 생각했다. 그는 제곡帝嚳의 말을 인용한다. "덕은 널리 사람을 사랑하는 것보다 높은 것이 없고, 정치는 널리 사람을 이롭게 하는 것보다 높은 것이 없다."145 가의가 "널리 사람을 사랑함"과 "널리 사람을 이롭게 함"을 표리 삼아 사랑은 이익으로 결실을 맺는다고 한 것은 일리 있는 말이다. 그는 "인이 행해지니 의가 서고, 덕이 넓어지니 변화가 풍부하다"146고도 말한다. 군주나 통치자 된 사람의 박애의 도는 바로 '양민養民의 도'다. "따라서 예는 아랫사람을 긍휼히 여기게 되는 원인이다."147 "나라에 굶는 사람이 있으면 군주는 저녁밥을 먹지 않으며, 나라에 얼어 죽는 사람이 있으면 군주는 가죽옷을 입지 않는다."148 가의는 박애를 제창했지만 박애가 명분을 넘어서지는 않았다. "예에 따르면 천자는 천하를 사랑하고, 제후는 경내를 사랑하며, 대부는 관속을 사랑하고, 사, 서인은 각기 제 집안을 사랑한다. 사랑을 잃으면 어질지 못하고 사랑이 지나치면 의롭지 못하다. 그러므로 예는 존비의 기강과 강약의 구분을 지키기 위한 조건이다."149 논리적으로 말하면 박애에 제한이 있어선 안 된다. 그러나 무제한의 박애는 예를 침범하고 월권을 불러올 수가 있다. 이 또한 위험한 일이다. 그래서 "사랑이 지나치면 의롭지 못하다"고 선포한다. 여기서 사랑은 예로 규범화한 것이다. 사랑이 발전하여 군주와 백성이 다툰다면 이 사랑은 죄악이 될 수 있다. 백성의 최고 소유자는 군주이기 때문이다. "백성은 오직 군주만이 가질 수 있다. 신하되는 자는 군주를 도와 그들을 다스릴 뿐이다."[150] 가의가 말하는 사랑은 전제가 있는 사랑이다. 전제주의 시대에 사랑을 독점하고 사랑에 차등을 두는 것이야말로 전제를 실현하는 수단 가운데 하나다.

가의가 말하는 백성 사랑엔 인도적 고려가 적지 않다. 또 다른 측면에서 고찰해보면 그는 백성에 대한 두려움 속에서 '사랑'을 끌어낸 것이다.

가의는 역사적 득실의 변화, 특히 진나라 멸망의 교훈 속에서 인민역량의 위력을 간파했다. 일정한 조건에서 인민의 역량은 도저히 막을 수 없는 세력으로 바뀔 수 있다고 한다. 그는 인민을 대단히 경시했다. "백성이 하는 말은 어둡고, 초개들이 하는 말은 소경 같다."[151] 인민은 우매하기도 하고 봉사와 같기도 하다. 그럼에도 그들을 우롱해선 안 된다. "인민은 지극히 천하지만 소홀히 해선 안 되며, 지극히 어리석지만 속여선 안 된다. 옛날부터 지금까지 백성과 원수를 맺으면 늦고 빠른 차이가 있을 뿐 결국은 백성이 반드시 승리하게 된다."[152]

그는 인민과 군주와의 관계를 깊이 분석하기도 했다. "정치에 관해 들어보면 인민이 근본이 아닌 적이 없다. 나라도 그것을 근본으로 삼고, 군주도 그것을 근본으로 삼고, 관리들도 그것을 근본으로 삼는다. 그러므로 나라는 인민으로 인해 안위가 결정되고, 군주는 인민으로 인해 위엄과 업신여김이 결정되고, 관리들은 인민으로 인해 귀천이 결정된다. 이를 가리켜 인민이 근본이 아닌 적 없다고 말하는 것이다."[153] "정치에 관해 들어보면 인민이 목숨이 아닌 적이 없다"[154]고도 말한다. "인민이 공로가 아닌 적이 없고"[155] "인민이 힘이 아닌 적이 없다."[156] 재앙과 복의 근원은 모두 백성의 향배에 달려 있다. "재앙과 복은 하늘에서 내려오는 것이 아니다. 반드시 사, 서민에 달려 있다. 오호라! 경계할지어다, 경계할지어다!"[157] "사, 서민은 국가가 수립 근거이니 제후들의 근본이다. 가벼이 해서는 안 된다. 근본을 가벼이 함은 상서롭지 못하며 그 결과는 제 몸의 재앙이 된다. 경계해야 한다! 경계해야 한다!"[158]

정치의 여러 요소 가운데 인민을 사회적 기초로 삼는 것이야말로 가장 안정된 요소다. 나라의 군주는 바뀔 수 있고, 군주는 정치를 바꿀 수 있고 관리들을 바꿀 수 있다. 그러나 민중은 바꿀 수가 없다. 가의는 말한다. "왕자는 정치를 바꿀 수는 있으나 나라를 바꿀 수는 없으며, 관리를 바꿀 수는 있으나 백성을 바꿀 수는 없다. 그러므로 이에 따라 나라를 안정시키고, 이에 따라 백성을 다스려야 한다."[159] 군주가 총명하냐 어리석으냐를 구분하는 기본은 인민에 대한 태도와 정책이다. "윗자리에 있는 사람이 선비를 소홀히 하고 인민을 고통스럽게 한다면 어리석다고 하고, 선비를 공경하고 인민을 사랑하면 지혜롭다고 말한다. 어리석고 지혜롭다 함은 사, 서민이 그렇게 명명하는 것이다."[160] 걸桀왕, 주紂왕이야말로 가장 어리석은 군주다. "형세는 인민의 주인이었음에도 바로 그 인민과 원수가 되어"[161] 마지막엔 나라가 깨지고 몸은 죽임을 당했으니, 이게 멍텅구리 아니면 무엇이 어리석음인가!

가의는 통치자들에게 자신의 오랜 통치와 안정을 위해서는 반드시 애민愛民, 이민利民, 부민富民을 실천하라고 경고한다. 백성을 사랑하려면 먼저 책임감과 죄책감이 있어야 한다. 그는 요堯임금의 말을 빌려 이렇게 이야기한다. "한 백성이 혹 굶으면 내가 그를 굶겼다고 말하고, 한 백성이 혹 추워하면 내가 그를 춥게 했다고 말하고, 한 백성이 죄를 얻으면 내가 그를 함정에 빠뜨렸다고 말한다."[162] 동시에 백성에게 성의가 있어야 하고 충성과 신의를 강조해야 한다. "그렇기에 선비를 구하면 반드시 오고 인민이 그에 의지해 온다. 오직 공손함과 정중함, 충성과 신의는 고금에 바뀌지 않는 바다."[163] 군주가 죄의식을 지녀야 한다는 주장은 가의에서 시작된 것이 아니다. 하지만 가의가 한나라 초의 역사적 조건에서 다시 한번 이 도리를 강조한 것은 대단한 탁견이다. 이는 공을 세우고 오만했던 진시황의 의식에 대한 바로잡음이라고 말하지 않을 수 없다. 한대에 성행했던 군주의 죄기조罪己詔[164]는 가의의 논의와 어느 정도 관계가 있다.

'도'가 권세보다 중요하며, 권세로써 '도'를 행함

천자는 가장 권위 있고 존귀한 사람이다. 이 점에 대해서는 가의의 인식도 예외가 아니었다. "천자가 천하의 머리가 됨은 왜인가? 위에 있기 때문이다."[165] 천자가 천자인 까닭이나 천자 합리성의 근거는 가의가 보기에 기본적으론 '도'가 있기 때문이었다. "옛 정의正義에 따르면 동서남북으로 배나 수레가 이르는 곳이나 사람의 발길이 닿는 곳이면 모두 복종하지 않음이 없으니, 그 후에 천자라 부르게 되었다. 덕이 두텁고 은택을 기꺼워한 후 제帝라 부르게 되었다. 거기다 아름다움을 더한 뒤 황皇이라 부르게 되었다."[166] 이 견해는 역사 전개와 일치하지는 않는다. 유방劉邦은 "말위에서 천하를 얻었다"고 아주 분명히 밝힌 바 있다. 그런데 유방의 말이 너무 조악하여 이론가들은 언제나 현상의 배후에서 더욱 심층의 무엇을 찾으려 했다. 도검만이 '도'를 체현할 수 있을 때는 도검으로만 천하를 평정할 수 있다. 이렇게 되면 도검은 분명히 '도'로 인해 신성화될 것이다. 그러나 다른 한편에서 도검 또한 '도'의 무형의 제약을 받는다.

군주는 "천하의 머리"이고 '도'는 이상의 머리다. 이 양자 관계를 어떻게 처리할 것인가는 매우 까다로운 문제다. 일부 사상가들은 도의 발명권을 군주에게 주고 있으나 가의는 이들과 약간 달랐다. 그는 군주가 '도'를 체현體現하여 일어섰다고 주장한다. "군주는 도가 나오는 곳이다."[167] 이렇게도 이야기한다. "천하를 소유하게 된 까닭은 그렇게 함으로써 천하를 위해 해를 제거하고 이익을 만들기 위함이며, 의로써 그것을 이어간다."[168] 한漢 고조高祖는 도를 행하여 천하를 얻은 사람이다. 가의는 "천하는 천자가 점유한다"[169]는 법가의 적나라한 주장에 찬성하지 않고, 천하는 응당 "도가 있는 사람의 소유"[170]로 돌아가야 한다고 생각했다. 그는 강태공姜太公의 말을 인용한다. "그러므로 천하는 한 집안의 소유가 아니고 도가 있는 사람의 소유다. 천하는 오직 도가 있는 사람만이 다스릴 수 있으며, 오직 도가 있는 사람만이 기강을 세울 수 있으며, 오직 도가 있는 사람만이 부릴 수 있으며, 오직 도가 있는 사람만이 마땅히 대처해 오래 유지할 수 있다. 천하란 얻기는 어려우나 잃기는 쉽고, 일정하게 유지하기는 어려우나 망하기는 쉽다. 그래서 천하를 지키는 사람은 도에 따르지 않으면 오래갈 수가 없다. 도야말로 만세의 보배다."[171] 가의는 행도行道를 천하를 얻는 기본 조건인 동시에 천하를 지키는 근거로 삼았다. 천하는 한 집안이나 한 개인의 사유가 아니라 '도'에 따라 바뀐다. 가의는 혁명론을 제창하지는 않았지만 여기엔 혁명론이 포함되어 있다. 한 문제는 '혁명' 논의를 허용하지 않는다는 명령을 내렸다. '도'가 군주보다 높다고 강조하기만 하면 꼭 혁명이 따라오는 것은 아니겠지만 군주는 반드시 제약을 받아 자체 개혁을 하게 될 것이다.

천자는 하늘에서 오며 '도'는 하늘과 나란하다. "도는 높기를 하늘과 견주고, 도는 밝기를 해와 견주며, 도는 편안하기를 산과 견준다."[172] 인간사회의 지자智者, 현인, 신자信者, 인자仁者, 성인은 모두 '도'에 대한 여러 깊은 인정의 깊이와 관련이 있다. 사람들은 모두 황제黃帝가 위대한 최고의 성인이라고 공인한다. 황제가 위대한 성인인 까닭은 바로 "도의를 임무로 삼고, 천지의 법칙이 되고, 인륜의 핵심이 되고, 만물을 질서 지우며, 이로써 믿음과 어짊을 천하 사람들에 앞장서 했다"[173]는 데 있다. 사람의 사회적 지위엔 존비의 구분이 있지만 도의, 인격은 사회적 지위보다 중요하며 무궁한 잠재역량을 갖고 있다. "지위는 아래라도 도의가 높으면 낮지만 고귀하고, 지위가 높고 귀해도 도의가 아래라면 반드시 궁해진다."[174] 가의의 말은 일리가 있다. 역사의 운동 과정에서 도의의 힘은 얕볼 수 없는 것이었다. 때로 즉각적인 효과를 볼 수는 없었지만 내적으로 잠재 능력을 함축하고 있어서 장기적으로 그 힘을 드러내곤 했다. 그러나 이 점을 과다하게 강조하는 것 또한 역사적 사실에 부합하지 않는다. 우리가 보는 역사의 무대에서 도의는 대부분 숨어 있는 것이며 활발히 드러난 것은 권세와 이익의 대결이다. 만약 권세와 이익을 결합시킨다면 서로 보완하여 더욱 빛날 것이다. "인의와 두터운 은덕은 군주의 칼날이며, 권세와 법제는 군주의 도끼다. 세가 이미 정해지고 권이 이미 충분하면, 그것으로 인의와 두터운 은덕이 빛나게 될 것이다. 그리하여 덕이 펴져 천하가 그 뜻을 흠모할 것이다."[175] 언뜻 보면 가의가 권세를 인의보다 더 중시한 것처럼 보이지만 그의 주지는 여전히 권세를 인의로 가는 길로 여기고 있다.

가의는 고금을 내리 논의한 뒤 군주가 이를 총명히 자각하여 "먼저 깨닫는 자"[176]와 "명군明君"이 되기를 간절히 바랐다. "도를 배우기"[177]를 항상 앞자리에 놓고 부단히 반성하여 "군주와 나라의 모든 백성이 자신에 대한 반성을 구하게 되면 군도가 갖추어진 것이다."[178] 나라의 질서와 인민의 안정을 위해 그는 태자 선발과 대신 선임에 관해서도 상세히 논의한다.

중국 사상사에서 태자 선발에 전문적인 논술을 행한 사람으로 가의를 최초로 꼽아야 할 것이다. 그는 주周, 진秦의 역사로부터 설명한다. "천하의 운명은 태자에게 달려 있으며"[179] "태자가 바르면 천하가 안정된다".[180] 태자의 올바름은 교육에 있다. 후천적 교육의 중요성은 더 말할 필요도 없다. 특별히 언급해둘 필요가 있는 것은 그가 독창적인 생각을 하여 전문적으로 「태교胎敎」라는 천고의 기발한 문장을 썼다는 점이다. 가의는 매우 고심했건만 군주라는 것들이 크게 못되었으니 어찌한단 말인가?

오랜 정치 안정을 유지하려면 반드시 현명한 신하를 지팡이로 삼아야 한다. 가의는 뛰어난 현인은 어느 세상이든 있는데, 오직 성왕만이 그들을 발견하여 중임을 맡길 수 있다고 주장한다. "현인을 알아보는 군주가 명군이 된다."[181] 제왕의 신하에 대한 태도는 여러 가지 상황에 따라 달리 대처하게 된다. "왕이 관료들을 대함은 여섯 등급으로 나뉜다. 첫째 스승, 둘째 벗, 셋째 대신, 넷째 좌우, 다섯째 측근侍御, 여섯째 하인厮役이 그것이다."[182] 제왕이 스승이나 벗으로 신하를 대하면 나라는 반드시 크게 다스려질 것이며 신하를 하인으로 보면 나라는 반드시 망한다. 여기서 가의는 군신 사이가 스승과 벗의 관계여야 한다고 강조하며 주종 관계에 반대한다. 매우 탁월한 인식이다. 신하나 관리의 좋고 나쁨을 자신의 좋고 나쁨으로 기준 삼아서는 안 되며 인민의 선악으로 기준을 삼아야 할 것이다. "백성이 비록 어리석지만 현명한 군주는 관리를 선발함에 반드시 그 백성으로 하여금 참여케 한다. 사, 서민이 칭찬하는 사람이면 현명한 군주는 그것을 잘 헤아려 받아들일 것이 있으면 그를 뽑아 쓰고 사, 서민이 괴로워하는 사람이면 현명한 군주는 그것을 잘 헤아려 잘못이 보이면 그를 쫓아낸다."[183] "그러므로 백성이 관리의 이정표다. 백성의 입장에서 관리를 살펴본 다음에 그에 따라야 한다."[184] 백성의 입장에서 관리를 살핀다는 것은 대단히 걸출한 입장임이 틀림없다. 하지만 당시로선 그에 상응하는 조작 방법을 갖고 있지 못했고, 상응하는 조작 수단도 없었다. 그러니 아무리 좋은 이상이라도 공론으로 그치지 않을 수가 없었다. 물론 트인 사람들의 시야에선 지울 수 없는 공로가 되겠지만.

'도'가 권세보다 높다는 생각을 구체적 정치 과정에 적용시키면서 가의는 특히 교화와 형벌, 의義와 이利의 관계를 잘 처리해야 한다고 강조한다.

교화와 형벌에 관해 가의는 형과 상이 없어선 안 되겠지만 형상을 통치를 유지하는 주요 수단으로 삼아서는 안 된다고 주장한다. 교화를 앞자리에 두고 사람들로 하여금 사상적으로 그에 동의하도록 해야 한다는 것이다. 인민이 비록 우매하고 무지하지만 바로 그것 때문에 교화하기도 좋다. "인민이 제후들의 근본이라면 교화는 정치의 근본이고 도는 교화의 근본이다. 도가 있은 후에 교화하고, 교화가 있은 후에 정치하며, 정치한 후에 백성을 권면하고, 백성을 권면한 후에 나라는 풍부해진다."[185] '도'를 가지고 교화를 행하여 인민으로 하여금 동의하도록 만든다. 교화를 행하는 기본 교재는 유가의 '육예六藝'다. 형벌이 필요하지 않은 것은 아니지만 반드시 신중해야 한다. "무고한 사람을 하나 죽이는 것보다 차라리 죄 있는 사람을 하나 놓치는 것이 낫다."[186] 가의는 진나라의 역사 경험으로부터 형벌 사용을 무겁고, 엄하고, 연좌하는 데 단연 반대했다.

의와 이의 관계에서 가의는 유가의 일관된 사상, 즉 먼저 의를 행하고 나중에 이를 챙기라는 사상을 주창한다. 그는 예, 의, 염, 치를 크게 창도했다. 이 '사유四維'를 가지고 "풍속을 바꾸어 천하 사람들의 마음을 움직여 도로 향하게 하려고"[187] 했다. '효제孝悌'를 제창하고 '겸병' '사치'에 반대했다. 동시에 통치자에게 검약을 숭상하고 절제하며 요역과 세금을 가볍게 하라고 권한다.

가의 논의의 주지는 통치자에게 정치적 지도 사상을 유가의 궤도로 바꾸라는 요구다. 교화와 풍속의 변이를 통해 한 왕실의 통치에 대한 인민의 동의를 해결하라는 것이다. 역사적 경험으로 볼 때 사상적·문화적 동의야말로 공포에의 복종에 비해 정치권력에 훨씬 심원하고 훨씬 중요한 의미를 지닌다.

『예기禮記』의 예禮, 악樂 치국론

공자는 "예와 악이 붕괴했다"[188]고 탄식, 비애했다. 『예기』는 예악을 중건하기 위한 유가의 사상 문화 기록이며 예악 부흥의 징표이기도 하다.

선진과 한대 유가의 논술은 대단히 많다. 『한서』 「예문지藝文志」에 실려 있는 것만도 53종 800여 편이다. 『예기』는 바로 예, 악 논의를 중심으로 삼은 선집이다. 『예기』는 또 『대대예기大戴禮記』와 『소대예기小戴禮記』로 구분된다. 전자는 대덕戴德의 선집이고, 후자는 대성戴聖의 선집이다. 대덕, 대성은 모두 소제昭帝, 선제宣帝 때의 저명한 유가 경학자들이다. 대덕이 아재비이고 대성이 조카이므로 대대大戴, 소대小戴라고 나눠 부른다.

『대대예기』는 원래 85편이 있었는데 40편이 현존한다. 『소대예기』는 49편으로 되어 있다. 『소대예기』는 한 선제 때 관학에 편입되었는데, 『대대예기』가 관학에 포함되었는지는 학계의 쟁의 대상으로 더 기다려볼 일이다. 그렇지만 마찬가지로 경전으로 분류되었으며 전한前漢 후기 명신들의 논의 가운데 아주 많이 인용되고 있는데, 「위현성전韋玄成傳」 「매복전梅福傳」 등에 보인다.

『예기』에는 선진의 글도 있고 한대에 새로 지은 것도 있다. 유가 여러 학파의 흔적을 고루 볼 수가 있으나 순자학荀子學의 영향이 비교적 현저하다. 그 외 음양오행陰陽五行 등 제자백가의 영향도 있다. 『예기』는 예, 악 제도를 논하는 내용을 담고 있을 뿐만 아니라 예, 악 이론 또한 분명히 밝히고 있다. 한 사람의 손에서 나온 것이 아니기 때문에 논의의 상당 부분에 다른 의미가 존재하지만 존존尊尊, 친친親親 논의는 의미가 한 가지다. 여기서는 대대, 소대의 본문을 함께 논하겠다.[189]

예, 악의
필연성과 절대성

이론을 논증 대상의 존재 가치와 본질로만 제한해서는 충분히 인식할
수가 없다. 대상이 필연적으로 존재하는 근거를 들춰냈을 때 비로소 깊
은 경지에 이를 수 있다. 고금 동서양의 역사가 증명하듯이 필연성 및 그
근거를 충분히 말하면 할수록 인간을 정복할 수 있었다. 『예기』의 저자
들은 대량의 심혈을 쏟아 예, 악이 존재해야 하는 필연적 근거들을 발굴
해냈다. 당시 조건하에서 이 문제는 설명하기가 실제로 매우 어려운 일이
었다. 『예기』 중에도 수미가 일관하는 통일된 이론은 없다. 여기서 우리는
분류하는 방법을 써서 나누어 서술할 수밖에 없다.

춘추 이래 사상계에는 강렬한 사조가 일어났는데, 즉 천, 지, 인의 통
일성을 가지고 인간사를 논술하려는 것이었다. 천지 관념은 사물의 본원,
규율 혹은 필연성을 포함하며 왕왕 신비성을 겸하기도 한 모호한 개념
으로 담고 있는 내용이 아주 크다. 천, 지, 인이 관계는 광대한 것에서 미
세한 것에 이르는 순차적 구조이며, 그 사이엔 제약 관계와 통일성이 존
재하고 있다. 「악기樂記」편은 "큰 예는 천지와 같이 절도가 있다"[190]고 말
한다. "예는 천지의 순서다. (…) 순서가 있으므로 만물이 구별된다."[191] 이

렇게도 이야기한다. "하늘은 존귀하고 땅은 비천하니 군주와 신하는 이렇게 정해진다. 낮음과 높음이 이미 벌려졌으니 귀천이 자리한다. 움직임과 멈춤엔 불변의 항상성이 있고, 작은 것과 큰 것은 서로 갈린다. 모난 것이 유형대로 모이고 만물이 무리로 나뉘면 성명性命이 달라진다. 하늘에서 모양이 이뤄지고 땅에서 형태가 만들어진다. 이와 같으니 예는 천과 지를 구별 짓는 것이다."192 「예운禮運」 편은 "예는 반드시 하늘에 근본하며, 움직이니 땅에 이르며, 벌려놓으니 일에 이르며, 변화하니 때를 따른다"193고 말한다. 「상복사제喪服四制」 편은 "예의 대체를 보면 천지를 체현하며, 사시를 본받으며, 음양을 모범으로 삼으며, 인정에 순응하므로 예라고 말한다"194고 한다. 악 또한 천지와 서로 합치한다. 「악기」 편은 "큰 음악은 천지와 같이 화합을 한다,"195 "악은 천지의 화합이다,"196 "악은 하늘로부터 지어진다"197고 말한다. 이와 같은 천, 지, 인의 대응론에는 규율과 필연성도 있지만 모방과 억지 비유, 그리고 인위적 구조가 개입되어 있다. 그 가운데는 또 신비성도 없지 않다. 『대대예기』 「증자천원曾子天圓」 편은 "신령은 만물을 품별하는 근본이며 예악과 인의의 원조다"198라고 말한다. 예는 바로 이 일체가 집중되어 나타난 것이며 그 반영이다.

예악의 천지본원설과 가까운 것으로 예악의 음양본원설이 있다. 『대대예기』 「증자천원」 편은 말한다. "양의 정기를 신神이라 일컫고, 음의 정기를 영靈이라고 말한다. 신령은 만물을 품별하는 근본이며 예악과 인의의 원조다. 선인가 아닌가, 치인가 난인가는 여기서 일어나 만들어진다."199 「악기」 편은 말한다. "예악은 하늘에 궁극을 두고 땅에 서려 있다. 음양으로 행해지며 귀신에게 통한다. 지극히 높고 멀어 헤아리기에 깊고도 두텁다."200

천, 지, 인의 제약 관계와 통일성으로 문제를 고찰한 것은 고대 사상가들의 커다란 공헌이며 일대 장점이다. 예의 내용으로 보면 확실히 이 제약 관계와 통일성을 일부 반영하고 있다. 예컨대 천지의 규율에 순응하고 사시에 맞는 정무를 행함이 그렇다. 그러나 천지인 사이의 제약 관계 및 통일성과는 관계가 없는 규정도 아주 많다. 예컨대 귀천 등급의 구분이 결코 천지의 구별에 근원하지는 않는데 억지로 둘을 대응시킨 것은 완전히 인위적인 억지 비유다. 바로 여기에서 진리와 오류의 결합이 생겨났다. 오류가 진리에 의해 포장되면서 진리 가운데 오류가 끼어 섞이니 구분하기도 이해하기도 어렵게 되었다. 진리를 받아들이면 거기에 함께 붙어 있는 오류의 흡수를 피할 수 없게 된다. 천, 지, 인의 통일성과 그들 사이의 제약 관계를 가지고 예의 필연성과 합리성을 증명한 것은 당시로선 매우 큰 설득력을 지녔다.

인성 문제는 전국戰國 시대 제자들의 인기 있는 토론 주제였다. 유가의 두 거두인 맹자孟子와 순자荀子는 모두 예악과 인성에 긴밀한 상관이 있다고 주장했다. 『예기』는 맹자와 순자의 성선, 성악론을 넘어서 직접 사람의 정욕情欲과 외물과의 접촉으로 인해 생긴 모순으로 예악의 탄생을 설명한다. 「악기」 편은 말한다. "사람은 나면서 고요한데 이것이 하늘의 성性이다. 물질에 감응하여 움직이는데 이것이 성의 욕欲이다. 물질이 지知(심지心智의 知)에 도달하여 알게(외물에 대해 인식하게) 되는데, 그런 연후에 호오好惡(좋아함과 미워함)가 형성된다. 안에서 호오의 절도가 없고 바깥으로부터 유혹을 당해 제 자신으로 돌아갈 수가 없게 되면 천리天理는 없어진다. 외물이 사람을 감응시킴이 무궁한데도 사람의 호오에 절제가 없으면 외물과 접촉했을 때 물질에 휘둘리게 된다. 사람이 물질에 휘둘리게 되면 천리를 멸하고 인욕을 다하게 된다. 그러므로 패역과 거짓의 마음이 생기고, 음일과 작란하는 일이 생기는 것이다."[201] "그래서 선왕이 예악을 만들었으며 사람들 행동을 절도 있게 했다."[202] 저자는 사람의 본성은 청정하여 소위 선악이란 없다고 생각한다. 그러나 일단 외물에 접촉하면 호오와 욕망이 생겨난다. 외물의 자극은 무궁하고 욕망은 이에 따라서 증가한다. 절제를 가하지 않으면 물질에 빨려 들어가 자아통제 능력을 잃고, 무슨 나쁜 일이든 모두 하게 된다. 그래서 성인이 예악을 제정하여 사람들의 욕망을 절제시켰다. 「악기」의 주장엔 특징이 있는데, 예가 구득성求得性, 욕망, 외물 삼자간의 평형을 위해 생겨났다는 것이다.

『예기』의 또 다른 편들은 사람의 감정을 절제함으로부터 예, 악의 탄생을 논하는 데 치중하고 있다. 「예운」 편은 사람에겐 희喜, 노怒, 애哀, 구懼, 애愛, 오惡, 욕欲이란 감정이 있고 식욕과 성욕이 있으며 죽음과 가난의 고통을 싫어하는데, 이런 사람의 욕망은 때로 겉으로 표현되기도 하고 때로 안으로 깊이 감춰지기도 하여 헤아릴 수가 없다고 말한다. 만약 일정한 규범으로 안팎에서 통제하지 않으면 필경 재앙을 빚을 것이다. 그래서 예를 제정하여 공개적인 방식으로 사람의 욕망을 억제시키고, 교육의 방식으로 그런 마음을 소통시켜 사람들로 하여금 자신을 반성케 하고 자아통제를 하도록 했다는 것이다.

사람의 욕망과 사회생활 사이에 모순이 존재한다는 사실은 인정해야 한다. 사회생활 가운데서 사람의 감정적 욕구는 절제되어야 한다. 절제하지 않고 자유방종에 맡긴다면 인간은 금수와 한 무리일 것이다. 정욕의 절제는 수많은 사상가의 공통된 주장이다.

예악에는 성정을 절제시키고 도야시키는 데 지워버릴 수 없는 역사적 공적이 있었다. 그러나 번문욕례와 등급 규정은 사람들로 하여금 걸핏하면 금기를 어기게 하여 인간의 성정을 기형적으로 발전하도록 만들었다. 그래서 역사의 발전에 따라 소극적 작용만 갈수록 드러나게 되었다.

인간의 재생산 문제는 일찍부터 고대인들의 주목을 끌었다. 선인들은 줄곧 대를 잇는 것을 가장 중요한 일로 간주했다. 조상에 대한 존중尊祖과 신중한 상례 및 조상 추모는 단순히 도덕관념으로만 표현된 것이 아니며 그 밖에 완정한 제사 제도를 갖게 되었다. 이 때문에 효는 예 가운데 특별히 중요한 지위를 차지했다. "효는 예의 시작이다."[203] 효도는 유가 사상의 중요한 지주다. 「예기禮器」 편은 예의 본질이 조상에 대한 존중과 처음으로 돌아가는 데 있다고 명확하게 지적한다. "예는 근본으로 돌아감, 옛것을 수습함이며, 그 처음의 것을 잊지 않음이다."[204] 「악기」 편도 "예는 그 자신이 시작하는 곳으로 돌아감"[205]이라고 말한다. 고대에 조상을 존중하고 가장에게 효도함에는 인간의 재생산을 보장한다는 목적 외에도 경제적 원인이 있었다. 당시의 자연경제 조건에서 가정은 사회의 경제 세포였고, 가장은 그 세포의 핵이었다. 조상존중과 효도숭상은 사회경제 세포를 유지하는 데 필수적인 것이었다.

혼인 제도의 수립과 개선은 야만인이 문명을 향해 가는 지표다. 혼인 제도의 직접적 목적 가운데 하나는 인류 재생산의 실현이다. 그래서 어떤 사람은 예가 혼인의 필요에 뿌리를 두고 있다고 주장한다. 「혼의昏義」 편은 "예는 관冠례에서 시작하고, 혼인에 근본을 둔다"[206]고 말한다. 『주역周易』 「서괘序卦」 전은 말한다. "부부가 있은 후에 부자가 있고, 부자가 있은 후에 군신이 있고, 군신이 있은 후에 상하가 있다."[207] 그래서 「내칙內則」 편에 이르길 "예는 부부간의 삼감에서 시작하니 집을 짓되 내외를 구분한다"[208]고 한다. 혼인은 인류가 지속해가는 데 없어서는 안 될 사슬이며 인간 생활에 없어서는 안 되는 조성 부분이다. 사람들은 매우 일찍부터 "같은 성씨끼리의 혼인은 번식이 안 된다"[209]는 것을 알고 있었으므로 시시로 혼인 제도의 개선에 주의를 기울였다. 그러므로 예를 혼인에서 시작한다고 본 것은 그럴 만한 근거와 이치가 있다고 하겠다.

사람은 물질적이다. 반드시 물질에 의지해서 삶을 이어가는데 그 가운데 특히 음식이 우선이다. 그래서 혹자는 예는 음식의 도에서 출발했다고 주장한다. 「예운」 편은 "예의 처음은 음식에서 시작했다"[210]고 말한다. 인류는 생존을 위하여 음식에 애를 써왔다. 날것을 그대로 먹을 때부터 익힌 음식, 미식에 이르기까지 어려운 과정을 거쳤다. 사람은 먹지 않으면 살 수 없으므로 아주 일찍부터 "인민은 먹는 것을 하늘로 여긴다"[211]는 말이 있었다. 예가 음식에서 시작되었다고 말하면서 그 근거의 하나로 삼는 것도 일리가 없지 않다.

인간의 재생산은 복잡한 역사 현상이다. 그중의 수많은 이치는 연구해볼 만한데, 예 가운데 많은 규정은 인간의 재생산에 유리한 것이었다. 물론 그 속에는 많은 낙후한 습속과 규정도 있어 인간의 재생산에 손해를 입힌 것도 있다. 이는 예제를 결합시켜 구체적으로 분석해봐야 한다. 유가는 예와 인간의 재생산을 함께 연결시키는데 이는 확실히 예에 강력한 근거를 제공해주었다.

『관자管子』「심술상心術上」 편은 "예란 리理가 있음을 일컬음이다"[212]라고 말한다. 『예기』「중니연거仲尼燕居」 편은 "예는 리다"[213]라고 말한다. 「악기」 편은 "예는 리 가운데 바꿀 수 없는 것이다"[214]라고 말한다. 무엇이 리인가? 제자백가의 함의가 모두 일치하지 않아서 여기서는 논평을 할 수가 없다. 다만 요약하면 리가 가리키는 것은 사물의 필연성과 도리다. 그것의 구체화가 가장 먼저 인륜이다. 악은 인간의 리를 나타낸다. "친소, 귀천, 장유, 남녀의 리가 악에서 모두 그 형태를 보이도록 한다."[215] 악은 인간의 감정에 뿌리를 둔 것인데, 유가의 개조를 거쳐 악은 '천리'를 드날리고 감정을 억제하는 도구가 되었다.

예악과 세상 물정과 습속은 긴밀한 관련이 있다. 그래서 예가 습속에서 나왔다는 설도 있다. 『관자』「추언樞言」 편은 "법은 예에서 나왔고, 예는 이름에서 나온다"[216]고 말한다. 『신자愼子』「일문佚文」엔 "예는 습속에 따른다"[217]고 한다. 『예기』「방기坊記」 편은 말한다. "예는 사람의 감정에 연유하여 그것을 위해 꾸밈을 절제시킴으로써 사람들에게 방비하도록 하는 것이다."[218] 세속으로부터 예악을 설명함은 예악으로 하여금 군중의 기초를 얻게 해주는 동시에 예로 하여금 융통성을 갖게 해주니 예는 시대에 따라 바뀌어야 한다.

이상의 여러 주장 외에 다른 견해들도 있다. 한 사물의 근거를 많이 찾으면 찾을수록 충분하면 할수록 그 사물은 더 많은 존재 이유를 갖게 된다. 학문과 사상을 두루 갖춘 유자들은 천상, 천하, 사면팔방, 칠정육욕 모든 것으로부터 예악의 존재 근거를 발굴해냈다. 위에 든 여러 가지 주장이 모두 정확하다고 할 수는 없으나 그 시대로 볼 때 많든 적든 일정한 이치를 함유하고 있다.

예악은 필연적이다. 그 일정함이란 곧 보편적이고 절대적인 것이다. 보편성은 한마디로 설명할 수 있는데, 즉 "사해 어디에 놓아두어도 모두가 따를 만한 것"[219]이다. 예악의 절대성은 본원성, 신성성 등 여러 가지로 표현할 수 있는데 현실과 가장 잘 맞아떨어지는 표현은 사람이 사람 되는 소이가 바로 '예'에 있다는 말이다. 「예운」 편은 "예의라는 것은 사람됨의 큰 실마리다"[220]라고 말한다. 「관의冠義」 편은 "무릇 사람이 사람 되는 까닭은 예의 때문이다"[221]라고 한다.

예악의 필연성, 보편성, 절대성의 관념이 이미 확립되었다면 모든 사람은 그 앞에 무릎을 꿇어 그것의 도구나 노예가 되어야 한다. 무한한 권력을 가진 황제 어르신조차도 그것에 3할은 양보하지 않을 수 없을 것이다.

예, 악:
사회 제도, 행위 도덕, 정감 인식의 일체화

예, 악이 서로 표리를 이룬다는 것은 유가 정치사상의 핵심이다. 나누어 이야기하면 예는 주로 국가, 사회, 집단과 각종 행위의 제도, 규범을 나타낸다. 악은 주로 예에 상응하는 정감과 문화심리를 나타낸다. 유가는 거의 모두 예악을 치국의 근본으로 여긴다. 『예기』엔 이 방면의 논술이 특히 상세하다.

"예가 나라를 바로잡음은 저울이 경중을 다룸과 같고, 먹줄이 곡직을 다룸과 같다."[222]
"나라를 다스리는 데 예가 없음은 마치 소경에게 도울 이가 없는 것과 같다."[223]
"정치를 함에 예를 우선해야 하니 예야말로 정치의 근본 아닌가?"[224]
"따라서 나라를 다스림에 예로써 하지 않으면 쟁기가 없이 밭을 가는 것과 같다."[225]

어떤 일이든 해당되는 기본 도구가 있기 마련인데, 예는 치국의 기본 도구다. 그래서 「예운」 편도 "예는 군주의 큰 칼자루다"[226]라고 말한다. 예가 군주의 '큰 칼자루'가 되는 까닭은 바로 예가 능히 "미심쩍은 것을 식별해주고, 귀신을 인도하며, 제도를 밝혀주고, 인의를 구별 짓기 때문에 정치를 안정시키고 군주를 편안히 해준다"[227]는 데 있다. 「곡례曲禮」 편은 말한다. "예는 그것으로 친소를 정해주고, 혐의를 터뜨리며, 동이同異를 구별 짓고, 시비를 밝혀주는 소이다."[228]

순자에서 시작하여 예는 '의義'와 '수數'라는 두 차원으로 분명하게 나뉘었다. '수'는 형식화된 규정과 그에 상응하는 행위를 가리키며, '의'는 형식에 내재하는 의리와 정신을 가리킨다. 『예기』는 행위에 예를 준수하는 '수'를 요구할 뿐만 아니라 사상, 정감이 예의 '의'에 따라야 함을 더욱 강조한다. 「교특생郊特牲」 편은 말한다. "예가 받드는 바는 그 의를 받드는 것이다. 그 의를 잃고 수만 벌여놓는 것은 축祝관, 사史관의 일이다. 수는 벌여놓을 수 있으나 그 의를 알기는 어렵다. 그 의를 알고 그것을 공경하여 지키는 것이 천자가 천하를 다스리는 소이다."[229] 예와 악의 '의'는 무엇인가? 간단히 말해 예의 본의는 '별別(구별)' '이異(다름)' '등等(등급)' '수殊(단절)' '분分(나눔)' '서序(질서)'를 분명히 하는 것이고, 악의 의는 예와 상대하여 '화和(화합)' '동同(같음)' '합合(합함)' '애愛(사랑)'다.

"악이란 정情 가운데 변할 수 없는 것이며, 예란 리理 가운데 바뀔 수 없는 것이다. 악은 같음을 통괄하고, 예는 다름을 분별한다."[230]
"악은 같게 하기 위함이고 예는 다르게 하기 위함이다. 같으면 서로 친하고 다르면 서로 공경한다."[231]
"악은 천지의 화합이고, 예는 천지의 차례를 매김이다. 화합하니 만물이 모두 따르며, 차례를 매기니 만물이 구별된다."[232]

'구별'과 '화합'은 사회 질서를 안정시키고, 사회의 정상적 운행을 보장하는 두 가지 힘이다. 그러나 '구별'과 '화합'은 하나만 가지고는 작용을 일으키지 못하며 양자가 힘을 합해야만 앞으로 움직일 수 있다. 이래야 구별 짓되 갈라지지 않으며, 화합하되 소원해지지 않는다. 귀천 등급의 질서를 유지할 뿐만 아니라 이와 같은 질서가 공개적인 대항 국면으로 치닫지 않도록 통제한다. '구별'과 '화합'은 사회 질서를 유지하는 보편 원칙이며 정치 철학 고도의 개괄이다. 순자는 '구별'과 '화합'을 '예' '악'과 결합시킨 최초의 논술자 가운데 하나다. 그의 「악론樂論」 편은 "악은 합함과 같음이며, 예는 구별과 다름이다. 예악의 실마리는 사람의 마음에서 관할한다"[233]고 말한다. 「신도臣道」 편은 "공경은 예요 조화는 악"[234]이라고 한다. 『예기』는 순자의 관점에 대해 한 걸음 더 나아가 발휘했다.

나누어 이야기하면 예는 분명한 '나눔'에 중점이 있고, 악은 서로의 '화합'에 중점이 있다. 예악은 하나의 전체가 되는데 예는 또 '화합'으로 이어져 있고, 악은 또 '나눔'으로 꿰어 있다. 예, 악의 정신은 서로 통하며 하나로 섞여 있다. 공자의 제자인 유자有子는 일찍이 "예의 쓰임엔 화합을 소중히 여긴다"[235]고 이야기한 적이 있다. 『예기』는 여기서 한 걸음 더 나아가 예의 쓰임은 "화합과 안녕"[236]에 있다고 말한다. 이 화합과 안녕은 마음과 몸이 서로 합하는 정도에까지 이르러야 한다. "백성은 군주를 마음으로 삼고, 군주는 백성을 몸으로 여긴다. (…) 마음은 몸으로 인해 온전해지기도 하고, 몸으로 인해 상처를 받기도 한다. 군주는 백성으로 인해 존재하기도 하고, 백성으로 인해 없어지기도 한다."[237] 예 가운데 '화합'을 드러내기도 하고, 악 또한 '나눔'을 드러내야 한다. 악은 정감의 표현이니 마음의 소리다. 하지만 사람들 마음의 소리는 각기 다른데, 희, 노, 애, 낙을 제외하고 도덕적으로 "정성正聲(바른 소리)"과 "간성奸聲(간사한 소리)"(「악기」)으로 구분할 수 있다. 그러므로 악 또한 제멋대로 발하도록 두어선 안 되며 '정성'은 제창하고 '간성'은 억제시켜야 한다. "악은 덕을 형상화했기 때문이다."[238] 이른바 '덕'은 곧 정치윤리와 서로 호응하고 서로 협동하는 것이니 악은 정치, 도덕을 위해 복무해야 한다. "성음聲音의 도는 정치와 통한다."[239] "악은 윤리를 관통하는 것이다."[240] 악이 정치와 통하고 윤리와 통하므로 먼저 오성五聲 자체를 정치윤리화할 수 있다. "궁宮은 군주, 상商은 신하, 각角은 백성, 치徵는 일, 우羽는 물질이 된다."[241] 오음 자체가 군신 관계화 되었다. 다음으로 음 자체가 특정한 도덕을 대표하기도 한다. "상商[242] 악곡에 밝은 사람은 일에 임하여 과단성이 있으며, 제齊[243] 악곡에 밝은 사람은 이익을 보고 양보한다. 일에 임해 과단성 있음은 용감함이요, 이익을 보고 양보함은 의로움이다."[244] 음악에 통함으로 말미암아 도덕에 통한다. 악과 예는 거의 동일하다. "악을 알면 예에 가깝다."[245] 이렇게 되면 정감이 완전히 '예'화되었다. 예가 된 정은 정감의 개방이 아니라 정감의 억압이다. 제멋대로 정에 따르면 편집증을 면치 못하겠으나 정을 완전히 예의 궤도에 들여놓으면 이런 정에게는 더 이상 주체성이 없다. 그래서 완전히 예로 변해버리면, 이는 정이 정치적 도구로 바뀐 것이라고 할 수 있다. 음악은 정감에 바탕을 둔 것이라 사사로운 욕망을 배척해선 안 된다. 그런데 『예기』는 군자의 악이 "사사로이 그 욕망을 따르지 않는다"[246]고 하며 악의 정신은 '도'의 체현에 있다고 주장한다. 바로 이 때문에 악은 풍속을 바꾸는 작용을 한다. "악은 성인이 즐겨하는 것으로 민심을 선하게 할 수 있다. 사람들에게 깊은 감동을 주고 풍속을 바꾸어주므로 선왕은 그 가르침이 드러나도록 했다."[247]

예, 악은 상호 보완적이며 서로 통한다. 정치에 응용하면 외재적 제도와 인간의 내재적 정감이 교차하여 하나로 융합되면서 제도가 정감으로 바뀌도록 하고, 정감은 제도에 대한 공통된 인식 아래 제한되도록 한다. 여기서 특별히 지적해야 할 것은 예가 사회관계의 골격이 되는 동시에 도덕과 인식의 출발점과 준칙이 된다는 점이다. 즉 예로써 도덕을 이루고 예로써 만물을 살피며 예로써 마음을 같게 한다는 것이다.

인의도덕과 예의 관계는 공자, 맹자에게선 대체로 상호 표리 관계를 이루는데, 순자는 그걸 변화시켜 인의를 규정하는 것을 예라고 한다. 『예기』는 여기서 한 걸음 더 나아가 예를 인의도덕의 표준으로 본다. 「곡례」 편은 말한다. "도덕인의는 예가 아니면 성립하지 않는다. 교훈과 풍속의 교정은 예가 아니면 준비되지 않는다. 분쟁과 소송 사건은 예가 아니면 결판나지 않는다. 군신상하나 부모형제는 예가 아니면 위치가 정해지지 않는다."[248] 이렇게 되면 도덕 자체는 자신의 상대적으로 독립된 의의와 독립된 발전 경향을 잃게 된다. 사회비판의 의미도 잃게 되어 완전히 기존의 제도, 체제 및 사회관계의 종속물로 바뀐다.

찰물察物, 즉 사물에 대한 인식도 반드시 예를 출발점으로 삼으며 인식 검증의 표준으로 삼는다. "예가 아니면 보지 말고, 예가 아니면 듣지 말고, 예가 아니면 말하지 말고, 예가 아니면 행동하지 말라"[249]는 공자의 말은 곧 예를 경계 및 외재하는 규범으로 삼은 것이다. 『예기』는 여기서 더 나아가 예를 출발점, 반드시 가야 할 길 그리고 인식 검증의 표준으로 삼는다. 바꾸어 말하면 예를 사유의 방식으로 삼으려 한다. 「예기」 편은 말한다. "안에서 절도가 없으면 사물을 보고 헤아릴 수 없다. 찰물하길 바라면서 예로 말미암지 않으면 아무것도 얻지 못한다. 그러므로 사물을 대함에 예로 하지 않으면 공경함이 있지 못하고, 말을 함에 예로 하지 않으면 믿음이 있지 못한다. 따라서 예는 사물의 극치라고 말한다."[250] 무엇이 '절도'인가? 예야말로 본래 천지의 절도다. "예는 하늘의 때에 합치하며, 땅의 재화로 베풀어지며, 귀신에 순응하고, 인심에 합하여 만물을 가지런히 하는 것이다."[251] 이 말은 곧 예를 인식의 내재적 기점이나 가치로 삼지 않으면 어디서부터 인식을 이야기해야 할지 모르게 된다는 것이다. 찰물이 예로 말미암는다 함은 곧 예를 인식의 출발점이요 전제로 삼는다는 말이다. 예가 "사물의 극치"라 함은 예가 인식을 판단하는 표준이라는 말이다. 예가 출발점이며 내재적 가치 취향일 뿐만 아니라 표준이기도 하다면 인식의 결론이 곧 인식의 전제다. 인식의 표준이 실천 또는 인식 과정 중 얻어지는 것이 아니라 인식 이전에 이미 예에 의해 설정된다는 말이다. 이와 같은 인식은 폐쇄적 인식일 뿐이며, 그런 논증은 순환적 논증에 불과하다. 여기서 잠시 이러한 사유 방식을 '새장牢籠 사유 방식'이라 부르기로 한다. 나중에 한 절을 할애하여 논술할 생각이다.

예가 사회 제도, 도덕, 인식을 하나로 융합시키기 때문에 「악기」 편은 더 나아가 예로 마음을 이끌고 예로 마음을 같게 하라고 주장한다. 즉 예로 사회인식을 통일시키는 준칙으로 삼으라는 말이다. 이렇게 말한다. "예로써 그 뜻을 이끌고, 악으로써 그 소리를 화합시키며, 정치로써 그 행동을 하나로 만들고, 형벌로써 그 간사함을 방지한다. 예, 악, 형, 정의 극치는 하나인데, 그것으로써 민심을 서로 같게 만들며 치도治道가 나오게 된다."252

예를 응용하여 사회 제도, 행위, 도덕, 인식을 일체화시킨 것은 인식이라는 각도에서만 살펴보면 독창적 견해라 아니할 수 없다. 행정 방식을 이용해 이것을 사회에 강제하는 것 또한 사회 질서를 유지하는 데 중요한 작용을 했음이 틀림없다. 그러나 역사적 각도에서 보자면 더 많은 재난을 가져왔다고 말할 수밖에 없다. 전체적으로 볼 때 이와 같은 '일체화' 정신은 사회의 창조적 정신을 질식시켜버리기 때문이다.

예, 악의 정치적 작용은 주로 교화와 인도이고, 예, 악과 서로 짝짓는 데는 여전히 형, 정이 필요하다.

"예는 장차 그러기 전에 금지하는 것이며, 법은 이미 그러한 뒤에 금지하는 것이다."253 예와 법은 상호 보완적이다. "예로써 그 뜻을 이끌고, 악으로써 그 소리를 화합시키며, 정치로써 그 행동을 하나로 만들고, 형벌로써 그 간사함을 방지한다. 예, 악, 형, 정의 극치는 하나다." 이렇게도 이야기한다. "예는 민심을 절도 있게 하며, 악은 백성의 소리를 화합시킨다. 정치로써 그것을 행하며, 형벌로써 그것을 막는다. 예, 악, 형, 정의 넷이 통달하여 어그러짐이 없으면 왕도가 갖추어진 것이다."[254]

군심민체론君心民體論과
군주 전제주의

「치의緇衣」 편은 '구별' '화합'의 상호 의존 정신에 입각하여 군민君民 관계를 다루면서 군주는 '마음心'이 되고 백성은 '몸體'이 된다는 논의를 제기했다. 심과 체는 지배와 피지배 관계일 뿐만 아니라 상호 의존하기도 한다. "백성은 군주를 마음으로 여기며, 군주는 백성을 몸으로 여긴다. 마음이 성하면 몸이 편안하고, 마음이 엄숙하면 낯빛이 경건하다. 마음이 그것을 좋아하면 몸은 반드시 그것을 편안해하며, 군주가 그것을 좋아하면 백성은 반드시 그것을 바란다. 마음은 몸 때문에 온전하기도 하고 상처를 입기도 한다. 군주는 백성으로 인해 존재하기도 하고 없어지기도 한다."255 "대인은 백성에게 잠긴다."256

인민은 군주가 기대어 생존하는 기초다. 이 점은 선철들이 일찍부터 논했던 바인데 진秦, 한漢의 변화를 거치면서 사상가들은 정치변동의 와중에서 인민의 작용을 더욱 심각하게 인식하게 되었다. 『대대예기』「자장문입관子張問入官」 편은 말한다. "윗사람은 존엄하되 끊기나 백성은 비천하되 신묘하다. 백성이 그를 사랑하면 생존하고 그를 미워하면 망한다."257 인민의 향배가 군주의 존망을 결정한다. 그러나 백성의 품성에 대한 인식은 오히려 두 가지 상반된 관점을 보인다.

한 가지는 인민의 본성이 우매하고 탐욕스럽다는 적대적 관점에서 출발하여 인민을 두려워하는 것이다. 「치의」 편은 말한다. "인민은 타인에 의하여 막히게 되면 비루한 마음을 갖는다. 훈계할 뿐 업신여겨서는 안 된다. 쉽게 다른 사람을 함정에 빠뜨리기도 한다. 따라서 군자라면 신중을 기하지 않을 수 없다."[258] 이는 가의賈誼가 인민을 어리석은 중생으로 본 것과 같은 어조다.

또 한 가지는 인민을 천지에 서로 참여하는 힘으로 보는 견해다. 『대대예기』 「사대四代」 편은 말한다. "애공哀公이 '이른바 백성이 천지와 더불어 서로 참여한다는 것은 무슨 말이오?'라고 묻자 공자가 대답했다. '하늘의 도로 보고, 땅의 도로 이행하며, 사람의 도로 따지는 것입니다. 하나라도 없애면 큰 가닥을 잃는 것이니 아마도 나라를 오래 누리지 못할 것입니다.'"[259] 한초의 역이기酈食其는 "왕자는 백성을 하늘로 삼고, 백성은 먹을 것을 하늘로 여긴다"[260]고 말한 적이 있는데, 「사대」 편의 논의는 역이기와 같은 어조다.

이 두 가지 인식의 출발점은 다르지만 귀결점은 동일하다. 민중을 성나게 하면 반드시 자멸한다는 것이다. 그 사이의 관건은 통치자의 정책이다. 『대대예기』 「자장문입관」 편은 말한다. "그러므로 왕자로 연목구어 같은 짓을 없애려 하는 자는 높은 데 힘쓰고 아랫사람을 더욱더 두려워한다. 많은 말이 갈라지는 곳은 필경 사면의 갈림길이며, 백성이 도를 떠남은 반드시 군주의 실정 때문이다."[261] 실정하면 반드시 백성을 잃는다.

『예기』의 저자는 통치자들에게 정치는 조화에 힘써야 한다고 거듭 경고한다. "위에서 아래와 친함을 뱃속처럼 하면 아래서 윗사람과 친함을 어린애가 자애로운 어미 보듯이 할 것이다. 위아래의 친함이 이와 같은 연후에 명령하면 따르고 시달하면 행해진다."[262] 조화의 길은 민정을 통찰함에 있다. "현인으로 불리는 사람은 좋아하고 미워하는 감정을 백성과 같이하며, 취하고 버리는 실마리를 백성과 같이하며, 행동은 항상 규칙에 맞도록 하여 근본을 다치게 하지 않는다."[263] 조화의 방법은 도량 파악에 있다. "백성 사이에 간사하고 도둑질하고 법을 어기고 망령된 행동을 일삼는 자들은 부족함에서 생겨나고, 부족함은 도량이 없는 데서 생긴다."[264] 마치 수레나 말을 모는 것과 같다. 총명한 마부는 천 리를 갈 수 있으나 경솔한 사내가 멀리 가기 어려움은 "진퇴와 완급을 달리하기 때문이다."[265] 정치도 말을 모는 것과 같다. 「단궁檀弓」편은 급한 정치急政, 거친 정치莽政를 엄히 책망한다. "가혹한 정치는 호랑이보다 사납다"[266]고 지적한다. 조화는 실질적인 조처 즉 요역과 부세 경감, 수전授田[267]의 실행, 매 장정마다 백 묘의 땅 지급, 고아 양육과 노인 공경, 교화의 진행 등으로 귀결한다.

『예기』는 백성과의 화합을 논하는 동시에 현자 임용의 중요성을 폭넓게 다루고 있다. 가의와 마찬가지로 스승 존중의 문제를 전문적으로 논의했다는 점은 살펴볼 가치가 있다. 「예운」편은 천, 지, 부父, 사師를 군주의 4대 지주로 나열하고 있다. "하늘은 때를 낳고 땅은 재화를 낳으며 사람은 부모가 낳으나 스승이 가르친다. 이 네 가지를 군주가 바르게 이용하면 그 군주는 아무 허물이 없는 땅을 밟고 서는 것이다."[268] 군주가 명군이 되느냐의 여부는 대개의 경우 '사師'[269] '부傅'[270] '보保'[271]의 교육과 보좌에 달려 있다. 사부가 보여주는 것은 지식과 도덕이다. 군주는 반드시 지식과 도덕의 교육을 받아들여 사부의 작용을 강조해야 한다. 제왕도 교육을 받는 지위에 둔 것은 군주에 대한 일종의 제약이라고 말하지 않을 수 없다.

『예기』는 군주에게 인민을 근본으로 삼고 현인을 임용하고 스승을 존중하라고 강조한다. 이것이 의미하는 것은 군주 전제와 서로 배치되는가?

아니다. 군주 전제를 개량한 것일 뿐이다. 『예기』에서 군주 및 군주 전제는 절대적이며 신성한 것이다.

군주는 하늘로부터 명을 받으며 그 덕은 천지와 더불어 참여한다. 「표기表記」 편은 공자의 말을 빌려 "오직 천자만이 하늘에서 명을 받으며 선비는 군주에게서 명을 받는다"[272]고 한다. 「경해經解」 편은 말한다. "천자는 천지와 더불어 경영에 참여한다. 따라서 그 덕은 천지와 짝하고 두루 만물을 이롭게 한다. 일월과 나란히 밝으니 밝음이 사해에 비추어 어느 작은 것이라도 빠뜨리지 않는다."[273]

천자는 성인과도 서로 통한다. 선진 이래 제자백가는 성인 숭상의 문화를 만들어냈다. 성인은 진, 선, 미의 인격화이며 지혜를 인격화한 것이다. "소위 성인은 대도를 알아서 통달하며, 변화에 응하여 궁함이 없으며, 만물의 성정을 능히 헤아리는 사람이다. 대도란 그것으로 변화해서 만물이 엉겨 이루어지게 하는 것이다. 성정이란 그것으로 그렇고 그렇지 않은 것을 취사선택하여 다스리는 것이다."[274] 성인은 천지 만물에 통달하므로 마땅히 천하의 왕이 된다. "성인은 천지에 참여하고 귀신과 나란하여 그 것으로 정치를 하게 된다."[275] "성인은 천지의 주인이며, 산천의 주인이며, 귀신의 주인이며, 종묘의 주인이다."[276] "성인은 오례를 세워 백성이 그것을 바라며 살도록 했다."[277] 성인은 마땅히 천자가 된다. 몸은 천자인데도 성인임을 허여하지 않는 경우는 있겠지만, 성인의 지위는 여전히 군주에게 남겨놓아진 것이었다.

천자는 하늘로부터 명을 받았고 성인과도 통하니 천자가 합법적이고 합리적인 존재임은 이치상 당연해진다.

천자는 천하에 으뜸가는 수장이며 절대적 '하나'다. "공자께서는 '하늘엔 두 태양이 없고, 땅엔 두 왕이 없으며, 집안엔 두 주인이 없고, 받듦에 두 윗사람이 없는 법이니 이로써 백성에게 군신 간의 구별이 있음을 보여줌이라'고 말씀하셨다."[278] 둘을 절대적으로 배척하며 오직 하나를 존중한다. "하나로써 모든 것을 다스린다."[279] 군주라는 이 '하나'는 곧 '하늘'이다. "자식에게 아버지는 하늘이다. 신하에게 군주는 하늘이다. (…) 신하면서 군주를 섬기지 않는 자가 있으면 반드시 죽인다."[280] 섬기지 않으면 '죽인다'는 것은 신민은 군주의 노예이니 "섬기지 않는 것"은 곧 범죄라는 설명이고, 다른 한편으로는 군주의 신민에 대한 주살의 잔인성을 설명하는 것으로 받들지 않으면 죽어야 한다는 것이다. 유가는 언제나 인자함을 설파해왔다. 그런데 여기서는 은자들을 죽여야 한다는 법가와 같은 길을 가고 있다. 한마디로 신민으로서 군주에게 쓰이지 않음은 곧 범죄이며 쓸모없는 존재라는 말이다.

군주는 천하를 위해 "극치를 세우고"[281] "하나를 정하므로"[282] 군주의 '하나'와 모순되거나 저촉되는 그 어떤 것도 죽을죄에 속한다. 「왕제王制」편은 말한다. "말을 분석하고 규율을 깨뜨리며, 명사를 어지럽히고 개작하며, 좌도左道[283]를 고집하여 정치를 어지럽히면 죽인다. 음란한 소리, 이상한 복장, 기이한 재주, 기괴한 물건을 만들어 대중을 혹하면 죽인다. 거짓을 행하면서도 꿋꿋하고, 거짓을 말하면서도 달변이며, 잘못된 것을 배웠음에도 폭넓고, 잘못된 것을 따름에도 윤택하여 대중을 혹하면 죽인다."[284] 『예기』 가운데 죽일 죄는 많지 않은데, 여기서 죽여야 한다는 사람은 모두 사상범이다.

무엇이 군주 전제주의인가? 아주 여러 방면에서 논할 수 있을 것이다. 그러나 사상의 자유를 금절함으로써 '하나'와 다른 사상을 범죄시하는 것이야말로 전제주의 가운데 가장 특출한 표준이라 아니할 수 없다. 사람은 생각을 지닌 동물이다. 인간의 모든 창조성은 대부분 사상이 선도한다. 사람이 생각을 한다고 하면 '하나'와 같기는 불가능하다. 그런데 '하나'로 하지 않으면 범죄이고 죽어야 한다니 이것이야말로 전제주의의 가장 야만적 표현에 다름 아니다. 기발한 생각이 없으면 자연히 기발한 재주, 기발한 물건이 있을 수 없으며 사회에도 생기가 있을 수 없다. 그래서 우리는 전제주의가 중국 고대사회 정체성의 가장 중요한 원인이라고 거듭 천명하는 것이다.

군주는 천하의 큰 부모이기도 하다. 여기서 정치 관계와 윤리 관계는 하나로 결합된다. 종법 제도 아래서 부모와 자녀 간 혈친 관계는 점유, 지배관계와 끈끈한 일체를 이룬다. 백성의 부모가 되므로 사랑을 선양하지 않을 수 없으니 "예부터 정치를 한다 함은 사람을 사랑하는 것이 가장 중요하다."[285] 이 사랑은 상호 간의 평등을 기초로 하는 것이 아니라 부권-군권이 상호 결합된 이중점유, 이중지배를 전제로 하는 것이다. 그래서 한 걸음 더 나아가 이렇게 이야기한다. "사람을 사랑하도록 하려면 예가 가장 중요하다. 예를 실천하도록 하려면 공경이 가장 중요하다. (…) 사랑이 아니면 친하지 못하고, 공경이 아니면 바르지 못하다. 사랑과 공경이야말로 정치의 근본이 아닌가?"[286] '공경'이 나타내는 바는 귀천, 상하, 주종 관계다. 군주의 부모화는 물론 모종의 친근감을 더해주기도 하지만 위엄의 신성성을 더욱 증가시킨다. 군주, 부모의 관념상 일체화는 군주를 유일무이의 전제적 지위 위에 한 단계 더 올려놓았다. 베풀어주는 사랑이 베풂받는 자에게 좋은 점이 없는 것은 아니지만 오히려 진일보한 박탈과 점유를 위한 더 많은 근거를 마련해준다. 제왕은 이론적으로 유일하게 사랑을 베푸는 자다. 사랑을 독점하니 이는 시혜를 받는 자의 분노, 원한의 권리마저 빼앗는 것이다. 유가들은 군주를 높이 공경해야 하며 비록 어리석은 군주라 하더라도 분노할 뿐 원망해선 안 된다고 거듭하여 신민들을 가르치고 있다. "신하된 자는 간언하되 비웃어선 안 되며, 죽게 되더라도 원망해선 안 된다."[287] "신하된 예는 드러내어 간해선 안 된다. 세 번 간해도 듣지 않으면 떠난다."[288] 신하로서 위를 범하는 난행은 절대로 저질러

선 안 된다. "아랫사람으로 윗사람을 섬김에 백성을 감싸 안는 큰 덕이 있더라도 감히 백성에게 군주가 되려는 마음이 있어선 안 된다."[289] "군주를 섬겨 귀하게 될 수도 천하게 될 수도, 부자가 될 수도 가난하게 될 수도, 살릴 수도 죽일 수도 있겠으나 난을 저질러서는 안 된다."[290] 신민들의 군주를 향한 분노심을 박탈하는 이 합리화야말로 또 다른 측면에서 군주의 절대전제를 옹호하는 논리다.

『예기』 중의 백성을 '몸'으로 여김, 애민론, 조화론 등은 군주 전제와 모순되는 개념이 아니다. 전자는 후자를 실현하기 위한 조건이지 후자에 대한 부정이 아니었다.

'대동' 이상과
'소강'의 왕제

「예운」편은 역사적 방식으로 '대동大同'과 '소강小康'이라는 두 다른 시대를 묘사하고 있다.

인류의 최초는 '대동' 세계였는데 당시 사회는 이러했다.

"큰 도가 행해져 천하는 공公적인 것이었다. 현자가 뽑히고 능력에 따라 부여해 믿음과 화목을 도모했다. 그래서 사람들은 제 부모만을 부모로 섬기지 않았으며 제 자식만을 자식으로 여기지 않았다. 늙은이들은 말년이 편안했으며 젊은이들은 각자 맡은 일이 있었고 어린이들은 잘 길러졌다. 홀아비, 과부, 고아, 독신, 내쫓긴 자, 병든 자 모두 양육이 되었다. 남자들은 분가했고 여자들은 시집을 갔다. 재화가 땅바닥에 버려진 일이 없었으니 반드시 자기 개인에게 감춰지지 않았고, 힘이 제 몸 하나에서만 나오는 것이 아니었으니 반드시 자기 개인을 위해서만 일하지 않았다. 닫혀 있기를 꾀해도 흥하지 못했고 도적이나 혼란 분자들이 일어날 수 없어 바깥으로 사립을 닫을 필요도 없었다. 이것을 대동이라 일컫는다."291

'대동'의 경지는 매우 아름다운 상태라 말해야 할 것이나 동시에 가장 생기가 없는 곳이기도 하다. "닫혀 있기를 꾀하기"만 하면 사회는 고여 있는 물웅덩이일 뿐이어서 사람이 비인간화되기 때문이다. 유가의 '대동' 이상은 도덕화된 사회일 따름이다. 그리고 지식, 지모를 배척하는 사회이기도 하다. '대동'세계와 그에 이은 '소강'의 세계가 다른 점은 '대동'이 도덕의 실현이라면 '소강'은 도덕의 추구다. 바로 '도덕'이라는 하나의 기초를 삼고 있으므로 '대동'과 '소강'은 확연히 대립되는 상태가 아니다. 유가는 '대동'을 추구하면서 동시에 '소강'을 노래한다. 특히 하夏의 우禹, 상商의 탕湯, 주周의 문文-무武로 대표되는 삼대의 '소강'이야말로 유가 '복고'의 목표다. '소강' 세계는 "큰 도가 이미 가려져 천하가 가家의 것이 되었다. 제각기 제 부모만을 부모로 모시고, 제 자식만을 자식으로 여기며, 재화와 힘이 자기 개인을 위해 쓰였다".292 그러나 사회는 이로 인해 타락하지 않고 성왕들이 일련의 예를 만들어냈다. 우, 탕, 문, 무, 성왕成王, 주공周公 가운데 "예로 삼가지 않는 사람이 없었다".293 사회는 정연한 질서를 가지고 다스려졌다. '소강'은 '대동'에는 미치지 못하나 예를 굳건한 기둥으로 삼고 있으니 마찬가지로 사람들이 지향해야 할 사회다. 유가는 물론 '대동'을 바란다. 그러나 더 크게는 '소강'을 기도하는데 '소강'은 현실과 조금 더 가까운 세계다. 「왕제」편은 바로 '소강' 계획의 청사진이다. 『사기』의 기록에 의하면 한漢 문제文帝 때 "박사 유생들로 하여금 육경六經 가운데서 추려 『왕제』를 짓도록 했다"294는데 『예기』 중의 「왕제」 편은 어쩌면 이 책일 것이다. 『예기』 「왕제」 편은 유가의 제도론을 집대성한 글로 순자 「왕제王制」 편의 영향을 특히 많이 받은 것이 분명하다. 『예기』 「왕제」 편은 국가와 사회 제도의 대강이라 할 수 있는데, 면면을 고루 논하고 있으며 그 중심은 예를 이용해 사회와 국가 체계를 규범화하는 것이다. 「왕제」 편을 제외한 다른 여러 편에도 상당히 많이 논의하고 있다. 이를 한마디로 총괄하면 모두 '소강'의 추구다. 유가들의 눈에 현실은 '소강'과 아직 상당한 거리가 있었다.

유가를 하나의 몸에 비유한다면 예는 그 골격이다. 이 의미에서 볼 때 유가는 '예가禮家'라 부를 수도 있겠다. 봉건 통치자들이 유가 사상으로 나라를 다스리고 국가와 사회 질서를 유지했으며, 인의의 설교가 그에 중요한 작용을 했음이 틀림없지만 주로 예라는 '하드웨어'에 의지하여 유지하고 지탱한 것이었다. 예는 사람을 귀천으로 나누고 성인 숭배라는 고정된 사유의 틀을 만들어냈다. 이는 근대적 사회관계 및 관념과는 판이한 것이었다. '5·4' 시기 예교禮教의 타도를 높이 외친 것은 정말 시대적 필요에 따른 일이었다.

조착晁錯의 법 숭상 및
농전農戰 중시 사상

진 왕조의 멸망은 법가를 비판 석상으로 밀어 올렸다. 하지만 실제 정치는 조금도 법가에서 떨어지지 않았다. 한 왕조의 기본 정치 제도는 진의 제도를 계승했으니 이는 법가의 정치적 실용 가치에 여전히 효과가 있었음을 설명해준다. 한초 법가 사상은 위기를 맞았지만 아직도 그것을 견지하고 생각하는 사람이 있었다. 조착晁錯[295]은 그 가운데 가장 유명한 사람이다.

조착(기원전 200~기원전 154)은 영천潁川(지금의 허난성河南省 위저우禹州) 사람으로 일찍이 지軹에서 장회張恢를 따라 형명학刑名學을 배웠고 나중에 『상서尙書』도 배웠다. 조착은 법가, 유가에 두루 통달했으며 문제文帝, 경제景帝 때 조정에 참여했다. 그는 위인이 총명하고 강직해 "지낭智囊(꾀주머니)"으로 불렸다. 『한서漢書』 「조착전晁錯傳」엔 "조착이 법령 30장을 고치자 제후들이 떠들썩했다"[296]고 쓰여 있다. 『한서』 「예문지藝文志」의 법가류엔 『조착晁錯』 31편이 있고, 『수서隋書』 「경적지經籍志」에도 기재하고 있으며, 양梁나라 때 『조씨신서朝(晁)氏新書』 3권이 있었다고 하나 모두 망실되었다. 오늘날은 『사기史記』와 『한서』 본전 및 일부 일문에 근거해 대략적인 논술을 할 수

밖에 없다.

한 문제는 대책을 물으면서 "국가의 큰 원칙을 밝히고 인간사의 처음과 끝에 통하는"[297] 두 가지 문제의 대책을 구했는데, 조착의 대책이 문제의 찬사를 받았다. 조착은 치국의 큰 원칙과 인간사의 통달은 천지와 배합하고 인정에 순응하는 데 달려 있다고 주장한다. 그는 말한다. "동動과 정靜은 위로 하늘에 배합하고, 아래로 땅에 순응하며, 가운데로 사람에게서 얻어진다."[298] 그런 뒤라야 바람은 고르고 비는 순하며 사람들은 화합하니 "이것을 천지와 배합한다고 말하며 나라를 다스리는 큰 원칙이 일군 공로다."[299]

천지와의 배합은 사상이론계의 공통된 인식이었으며, 그 중심은 군주에게 천, 지, 인 삼자 관계를 정확히 처리하라는 요구였다. 그래야만 인류와 자연의 평형을 유지할 수 있고, 인간 스스로의 생존 조건이 간섭을 받지 않을 수 있다는 것이다.

인간사의 통달은 사람의 성정人情에 뿌리를 두어야 한다. 조착은 인정을 4욕, 즉 '장수욕欲壽' '부귀욕欲富' '안전욕欲安' '휴식욕欲逸'으로 귀결시킨다. 그는 말한다. "천하의 안전을 꾀한다면 사람의 성정에 뿌리를 두지 않을 수 없다. 인정은 장수를 바라지 않음이 없으니 삼왕은 생명을 보존해주고 상처를 입히지 않았다. 인정은 부귀를 바라지 않음이 없으니 삼왕은 두텁게 해주고 곤궁하게 만들지 않았다. 인정은 안전을 바라지 않음이 없으니 삼왕은 떠받쳐 위태롭게 두지 않았다. 인정은 쉬기를 바라지 않음이 없으니 삼왕은 힘을 절제시켜 다하게 두지 않았다. 법령을 만들어도 인정에 합치시킨 뒤에 행했다. 대중을 동원하고 백성을 부릴 때도 인간사에 근본을 둔 뒤에 했다. 다른 사람의 것을 취함을 자신의 것처럼 했고, 자신 안으로부터의 용서를 남에게까지 미치게 했다. 인정상 싫어하는 바를 남에게 강요하지 않았으며, 인정상 바라는 바를 백성에게 금지시키지 않왔다. 그러니 천하가 그 정치를 즐겨하고 그의 덕에 귀의했으며 그를 부모처럼 바라보고 물 흐르듯 그에 따랐다. 백성이 화친하고 국가는 안녕했으며 명예와 지위를 잃지 않았으니 후세까지 널리 전해졌다. 이와 같은 공적은 인정의 시작과 끝에 밝았기 때문에 가능했다."300 인정에 대한 이와 같은 견해는 법가와 일치한다. 조착은 일체의 법령과 정사 처리에 인정을 바탕으로 삼아야 한다고 주장한다. 그렇지만 법가에 대해 약간 고친 부분도 있다. 유가적 조화의 약제, 즉 "다른 사람의 것을 취함에 자신의 것처럼 하고, 자신 안으로부터의 용서를 남에게까지 미치게 한다"는 내용을 늘렸다. 한비韓非 등은 인간의 욕망을 부추기고 그것을 이용해야 한다고 주장하는데, 조착은 인간의 욕망은 인정하되 분수에 맞게 적응하도록 이끌어야 한다고 주장한다. 정치의 금기는 인정의 위반이다. 인정에 순응할 수만 있다면 군주와 천하의 백성은 화해를 얻을 수 있다. 인정에 순응하는 데는 특히 민중의 의식과 상벌에 주의를 기울여야 한다.

의식은 인간 삶의 기본이므로 응당 정치의 최우선이 되어야 한다. "사람의 성정은 하루에 두 끼를 먹지 못하면 배고프며, 해를 넘기며 새 옷을 지어 입지 못하면 춥다. 배가 고파도 음식을 못 얻고, 몸이 추워도 옷을 얻지 못하면 사랑하는 어머니라도 자식을 지킬 수 없다. 하물며 군주가 어찌 백성을 갖고 있다고 할 수 있겠는가? 현명한 군주는 그 연유를 앎으로 백성을 농사와 잠업에 힘쓰도록 하고 세금을 적게 거두며 저축을 많이 해 창고를 튼튼히 한다. 그렇게 홍수와 가뭄에 대비하므로 백성이 얻어 가질 것이 있게 된다."301 조착은 제왕의 가장 중요한 책무는 인민을 안정시키는 데 있다고 생각했다. 『문선文選』 중 「답빈희答賓戱」에 대한 반맹견班孟堅의 주석은 조착 『신서新書』의 말을 인용하고 있다. "신이 듣기에 제왕의 도는 바다처럼 널리 껴안고 봄처럼 만물을 성장시킨다고 합니다."302 제왕은 바다와 같이 광활한 가슴을 가져야 하고, 봄과 같이 만물을 낳고 길러야 한다. 여기서도 조착이 법가 이론을 수정하고 있음을 알 수 있다. 법가는 군주더러 천하에 임하라고 하지만 바다처럼 받아들이라고 하지는 않는다. 백성을 이롭게 하되 위엄이 있어야 한다고 이야기하지만 봄처럼 부드럽게 순응하라고 말하지 않는다. 확실히 조착은 유가의 술을 가지고 법가의 폐단을 보완하고 있다. 의식의 근원을 보장하기 위해 그는 농업을 중시하고 곡식을 소중하게 여길 것이며 말업을 억제해야 한다고 주장한다. 저명한 「논귀속소論貴粟疏」에서 그는 한초의 중농억상 정책이 형식과 구호로만 흘렀다고 비판하며 이렇게 이야기한다. "지금 법률상 상인을 천시한다고 하지만 상인들은 이미 부귀해졌다. 농부들을 존중한다고 하지만 농부들은 이미 빈천해지고 말았다."303 이와 같은 상황을 바꾸기 위해서는 법령에만 의지할 수 없다. 사람들이 농사에 힘쓰느냐 아니냐는 농사에 힘쓰면 이익을 도모할 수 있느냐 없느냐에 달려 있다. 농사에 힘을 썼는데도 이익을 꾀할 수 없다면 이는 행정명령으로 해결될 일이 아니다. 당시 상황이 바로 이와 같았다. "땅에 남길 이익이 있고 백성에게도 여력이 있다. 곡식을 생산할 만한 토지가 아직 다 개간되지 않았으며 산과 연못의 이익도 아직 다 없어지지 않았다. 그럼에도 유리걸식하는 백성이 아직 다 농사로 돌아가지 않고 있다. 백성이 가난하니 간사함이 생긴 것이다. 가난은 부족함에서 생기고, 부족함은 농사짓지 않는 데서 생긴다. 농사짓지 않으면 땅에 붙어 있을 이유가 없고, 땅에 붙어 있을 이유가 없으니 고향을 떠나고 집을 가벼이 여기는 것이다. 백성은 새나 짐승과 같아 아무리 성을 높이 쌓고 물을 깊이 파도, 법을 엄하게 하고 형벌을 무겁게 해도 막을 수 없다."304 사람들을 농사에 힘쓰게 하려면 반드시 이익으로부터 착안하고 곡식을 소중히 여기는貴粟 정책을 실행해야 한다. 그는 곡식을 바치고 죄를 면제받도록 하고, 곡식을 운반해오면 관리를 시켜주라고 건의한다. 곡식을 소중히 하면 백성이 농사로 몰려들 것이며, 국가는 곡식을 저축하여 흉년에 대비하기도 하고 전쟁을 준비할 수도 있다. 그래서 그는 "곡식은 왕자의 큰 쓰임새이며 정치의 근본 임무다"[305] 또는 "현명한 군주는 오곡을 소중히 여기고 금옥을 천시한다"[306]고 말한다.

경제 관점에서 분석하면 조착의 곡식 중시는 시장의 각도에서 문제를 본 것이 아니라 정치적 필요를 출발점으로 삼고 있다. 곡식 문제를 해결하는 방식 또한 마찬가지로 시장이 아니라 행정적 간섭에 의존하고 있다. 그는 곡식으로 속죄하고 매관매직하는 것을 곡식을 중시하는 수단으로 삼고 있다. 사실 이것은 목마르다고 독을 마시는 격이다. 이 방법은 정치를 더욱 부패하게 만들 뿐만 아니라 자연경제의 '자연'성마저 파괴하게 만드는 짓이다. 말절을 억제한 뒤의 자연경제는 더욱 활력이 없어질 수밖에 없다.

법률은 백성의 이익과 가장 긴밀하게 연결된 큰 문제다. 조착은 입법의 목적이 백성으로 하여금 공포에 복종하게 하거나, 두려움에 떨게 하여 백성을 사지로 모는 것이 아니라 "그것으로 이익을 일으키고 해로움을 제거하여 군주는 존중되고 백성은 편안해져 폭란에서 구하는 것"[307]이라고 한다. 당시 법률의 중심은 상과 형벌이었다. 조착은 상을 행함은 멋대로 주어 은혜나 드러내는 것이 아니라 "천하에 충효를 권면하여 그 공로를 밝혀주기 위함이다. 따라서 공이 많은 자는 상이 두텁고 공이 적은 자는 상이 엷다"[308]고 말한다. 벌을 행함도 절대로 마음껏 위엄이나 드러내는 것이 아니라 "천하에 불충, 불효하여 나라에 해를 끼치는 자를 금지하려는 것이다. 따라서 죄가 큰 자는 벌을 무겁게 하고 죄가 작은 자는 벌을 가벼이 한다"[309]고 한다. 여기서 조착은 한비 등의 중벌주의를 버렸다.

조착은 진나라 정치에도 비판을 가한다. 그는 진나라 성패의 역사 경험과 교훈을 총결산하면서 진나라는 "불초한 자를 임용하고 모략하는 도적들을 신임했기"[310] 때문에 실패했다고 지적한다. 그로 인해 무절제한 사치가 만연하고, 상벌을 멋대로 했으며, 인명을 경시하고 간사한 관리들이 침탈하는 국면이 조성되었다는 것이다. 그는 "진나라의 자취를 끊어버리고 그들의 혼란스러운 법을 제거하라"[311]고 건의한다. 조착의 진나라 정치에 대한 비판은 그가 가진 법가 이론이 평화를 지향한다는 사실을 드러내는 것이다.

조착은 군주가 권력을 집중시키고 실제로 권력을 장악해야 한다고 주장한다. 한나라 초 군주들의 무위적 성향과 일을 적게 해야 한다는 경향에 비판을 가했다. 그는 「현량대책賢良對策」에서 문제가 "몸소 실천하지 못하고 신하들을 기다린"[312] 결과 국정이 순조롭지 못하고 "백성은 더 부유해지지 못하고 도적들은 약해지지 않으며 변경이 안정되지 못하다"[313]고 직언으로 비판했다. 조착은 간언을 아주 잘했다. 그는 비판을 위하여 먼저 찬양을 했다. "지금 폐하의 정신은 밝고 덕은 두터워 그 자질이 오제에 뒤지지 않습니다."[314] "신이 듣기에 오제는 신하들이 도저히 미칠 수 없는 바를 친히 했다고 합니다."[315] 오제는 그 자질이 신하들보다 높았음에도 친히 정무를 처리했는데, 지금 폐하의 자질은 오제보다 나으니 더욱 당연히 친정해야 한다는 말이다. 문제가 정무에 게으른 것을 비판한 목적은 문제에게 권력을 자신의 수중에 집중시키라고 청구하는 데 있었다. 찬양이든 비판이든 모두 군주에게 권력을 집중시키기 위함이었으며 이는 자연스레 군주의 마음에 부합했다. 권력을 군주의 손에 집중시키기 위해 그는 문제에게 「언태자지술수소言太子知術數疏」를 올리기도 했다. 거기엔 "군주가 존중받고 현달하여 공명을 만세 뒤까지 떨치는 까닭은 술수를 알기 때문이다"[316]라고 쓰여 있다. 조착이 말하는 술수는 다음 네 가지다. "군림하여 신하들을 제압하고 대중을 다스릴 줄 안다."[317] "말을 잘 듣고 무슨 일을 해야 할 줄 안다."[318] "만민을 편안하고 이롭게 할 줄 안다."[319] "충효로 윗사람을 섬기게 할 줄 안다."[320] 조착이 밝히기는 태자를 가르치는 말이라고 하나 사실은 문제에 대한 건의였다. 동시에 무위론을 제창하는 사람들을 향한 비판이기도 했다. "혹자는 황태자에게 일을 알게 해선 안 된다고 말합니다. 신은 어리석지만 그렇게 해선 참으로 아니 된다고 생각합니다"[321]라고 지적한다.

조착은 군주에의 권력 집중을 주장하기도 하지만 동시에 현자의 임용을 주장하기도 한다. 현명하고 어진 신하를 조정에 모아야 한다는 것이다. 『의림意林』 권2는 조착의 『신서』를 인용하고 있다. "정치를 잘하는 곳엔 선비들이 조야에 가득하고, 소와 말은 들에 가득하고, 새와 짐승은 숲에 가득하다."[322] 『한서』 본전은 "신이 얻어듣기에 옛날의 현군은 현인을 구해 보좌로 삼지 않는 자가 없었다고 합니다"[323]라고 말한다. 조착이 보기에 능히 "군주의 실패를 구해주고, 군주의 잘못을 메워주고, 군주의 아름다움을 떨쳐주고, 군주의 공을 밝혀주고, 군주로 하여금 안으로 잘못된 행동이 없게 하고 밖으로 더러운 이름을 없애주어야, 그렇게 군주를 섬겨야 직언하고 간언을 잘하는 선비라 말할 수 있다."[324] 하지만 이런 선비는 살아남기가 매우 어렵다. 동료의 질투가 아니라 하더라도 황제 또한 대단히 걱정한다. 조착은 "직언하고 간언을 잘하는 선비"라 말할 수 있었으나 그 결과 오히려 자신이 충성해 마지않는 대상인 황제에게 살육을 당했으니, 슬프도다!

조착은 가의賈誼의 뒤를 이어 다시 한번 황제에게 상서하여 삭번을 건의했다. 「삭번책削藩策」은 번왕과 왕권의 결투는 피할 수 없다고 말한다. "지금 삭감해도 반항하며, 삭감하지 않아도 반항한다. 삭감하면 반대가 극심할 것이지만 재앙은 오히려 작을 것이고, 삭감하지 않으면 반항은 천천히 올 것이지만 재앙은 클 것이다."[325] 삭번하지 않으면 "천자는 존중받지 못하고 종묘는 안정되지 못한다."[326] 그는 흉노와의 대결에도 탁월한 의견을 개진했다. 진나라 왕은 흉노 문제에서 공격만 알았지 방어를 몰랐다고 비판한다. 그는 흉노와 한나라의 장단점을 비교분석하여 "만이로 만이를 공략하라"[327]고 주장한다. 그리고 백성을 변방으로 이주시키고 홀륭한 장수를 뽑아 변방을 지키라는 등의 건의를 한다.

조착은 한대의 가장 저명한 법가다. 그는 한비와 달랐으며 이사李斯와는 더욱 달랐다. 유가적 분위기가 매우 농후하며 유가를 법가와 화합시켰다. 유가 사상으로 선대 법가 이론을 수정했으니 법가, 유가의 융합이라 부를 수 있겠다.

『회남자淮南子』의 무위 정치사상

황로黃老[328] 사상은 한나라 초엽 혁혁한 지위에 있었다. 몇 명의 황제와 대신들이 크게 제창했고 실제 정치에 중대한 영향을 미치기도 했다. 하지만 행정적으로 국가의 통치 사상이라고 확정할 만한 뚜렷한 훈령은 없었다. 조정의 일부 요직에 있는 신하들이 황로를 좋아했으나 정책에 국한되었을 뿐 이론적인 저작은 없다. 어떤 학자는 마왕퇴馬王堆에서 출토된 『노자을본권 전고일서老子乙本卷前古佚書』를 한초 황로 학파의 저작으로 보지만 증거가 부족하다. 이 책에선 전국 시대의 저작으로 보아 제1권에 배치하여 논술했다. 한초 통치자들이 황로를 존중했음에도 체계적인 황로의 작품이 없는 셈이다. 지금 우리가 볼 수 있는 한초 황로 학파의 저작은 『회남자』 가운데 보존되어 있을 뿐이다.

황로黃老 사상과
한 초 정치

진 왕조의 교훈을 거울삼아 일찍이 유방劉邦이 함양에 막 들어섰을 때 장량張良은 "마땅히 검소한 흰옷으로 꾸미셔야 합니다. 지금 막 진나라에 들어와서 그 즐거움에 안주한다면 사람들이 '나쁜 놈을 도와 나쁜 짓을 하는구나!'라고 말할 것입니다"[329]라고 건의했다. 유방은 장량의 건의를 받아들여 절검하는 데 주의를 기울였다. 이것이 나중 무위 정치를 시행하는 데 복선이 되었다. 정치적으로 가장 먼저 황로의 술로 백성을 다스린 사람은 조참曹參이었다. 조참은 제齊의 상相에 임명되자 수백 명의 유생을 집합시켜놓고 백성을 다스리는 도에 대해 토론하도록 했다. 그 결과 "사람마다 하는 말이 달라 조참은 결정해야 할 바를 몰랐다."[330] 나중 황로학을 하던 개공蓋公에게 가르침을 청하자 개공은 간결한 한마디로 의미를 담아냈다. "다스리는 도로 청정淸靜을 소중히 여기면 백성이 스스로 안정된다."[331] 조참이 황로술을 이용해 제나라를 다스린 지 9년, 제나라는 크게 안정되었다. 혜제惠帝 2년 조참이 소하蕭何에 이어 상국相國이 되었고 '청정' 방침이 전국적으로 추진되었다.(『사기』 「조상국세가曹相國世家」) 혜제와 여씨呂氏가 권력을 장악하자 "군주와 신하 모두 무위의 입장에서 만사를 휴식하려 했다".[332] "정치 명령 따위가 집 밖으로 나가지 않아도 천하는 편안했다. 형벌은 극히 드물게 운용되었으며, 죄인은 희박했다. 백성이 농사짓는 데 힘쓰니 의식이 더욱 번성했다".[333] 조참에 이어 재상이 된 진평陳平은 "본래 황제黃帝, 노자老子의 술을 좋아했다".[334] 진평의 정치는 모략이 많았으며 재상에 임용되자 황로의 술을 주로 했다. 그는 말한다. "재상이란 위로 천자를 보좌하여 음양을 다스리고 사시에 순응하며, 아래로 만물의 마땅함을 길러준다. 밖으로 사이四夷와 제후들을 진무하며 안으로 백성에게 친근히 하고 경대부들로 하여금 각자 제 직무에 임하도록 한다".[335] 문제文帝, 경제景帝 및 조정을 장악하고 있던 두竇 태후 등은 정도는 달랐지만 모두 황로학을 숭배했다. 응소應劭는 『풍속통의風俗通義』 「정시正矢」 편에서 "문제는 본래 황로의 말을 익혀서 유가의 술을 그다지 좋아하지 않았다. 그의 정치는 청정 무위를 숭상했다"[336]고 말한다. 두 태후는 경제, 무제武帝 초 조정을 좌우했는데, 그녀는 황로학을 더욱 독실하게 숭상했다. "황제, 노자의 말을 좋아하여 황제(즉 경제)와 태자 및 두씨 인물들은 『황제黃帝』 『노자老子』를 읽고 그 술을 존중하지 않으면 안 되었다."[337] 경제 본인도 황로를 추앙했다. "왕생이란 사람은 황로의 언술을 잘하는 처사였는데, 왕이 조정 한가운데로 그를 불러들이곤 했다."[338] 직불의直不疑는 "노자의 말을 배워"[339] 어사대부御史大夫에 올랐다.(『한서』 「직불의전」 참조) 황로를 신봉했던 급암汲黯, 정당시鄭當時 등도 모두 요직에 앉았다.

황로 정치의 가장 중요한 특징은 청정 무위이고 주요 내용은 농업과 잠업의 권면, 요역의 경감과 부세의 낮춤, 가혹한 형벌의 감면, 황실과 국가 지출의 절약, 토목 공정을 줄이는 것 등이다. 이러한 조치는 사회경제의 회복, 인민 생활의 안정에 극히 중요한 작용을 했음에 틀림없다.

황로 사상은 도가 가운데서도 특수한 분파다. 이 점은 제1권에서 마왕퇴 『노자 을본권 전고일서』를 평가하면서 이미 다루었다. 한초에 숭상했던 황로술은 바로 이 고일서에서 표명하는 사상이다. 사마담司馬談의 논의를 요체로 한초의 황로 정치를 관찰하면 맞아떨어지지 않는 곳이 거의 없다. 황로술 자체가 유가, 법가, 음양가의 일부 관점을 흡수하고 있을 뿐만 아니라, 실질적으로도 유가와 법가가 정치 무대에서 여전히 활약을 하면서 정치적 실천에 여전히 상당한 영향력을 행사하고 있었다. 한초의 통치자들은 황로를 숭상했으나 사상적으로 오직 황로 사상에 의한 전제를 한 것은 아니었으며, 유가, 법가 또한 한 왕조의 제도를 건설해가는 데 여전히 중대한 이바지를 했다.

『회남자』의
성립과 그 주지

『회남자』는 『회남홍렬淮南鴻烈』[340]이라고도 불린다. 전한前漢 경제, 무제 시기 회남淮南 왕 유안劉安이 빈객들을 불러 모아 집단으로 쓴 책이다. 책 전체는 21편이며 마지막 1편은 「요략要略」이라 부르는데 책 전체의 서언이라 할 수 있다. 「요략」은 책 전체의 주지와 편찬의 목적을 개괄하고 간단명료하게 각 편의 요점, 분업 및 그와 잇닿은 배합 관계를 소개하고 있다. 「요략」을 보면 책의 저술은 통일된 계획과 안배를 지니고 있었다. 그러나 내용으로 보면 통일된 것이 아니다. 『한서』 「예문지藝文志」에 '잡가雜家'로 편입시킨 것은 일리가 있다. 책은 도가 사상 외 일부 장절 속에 유가, 음양가, 법가의 학설을 두루 받아들이고 있다. 예컨대 「무칭훈繆稱訓」 「제속훈齊俗訓」에는 농후한 유가적 분위기가 있고, 「주술훈主術訓」 「범론훈氾論訓」 등은 적잖은 법가 사상을 흡수하고 있으며, 「천문훈天文訓」 「시칙훈時則訓」은 뚜렷이 음양가의 작품과 사상을 답습하고 있다. 책 전체가 상당히 잡박한 것은 사실이지만 내용은 꽤나 풍부하다. 주도적 지위를 차지하는 것은 도가 사상이다. 이에 관해서 고유高誘가 주석한 서문은 이렇게 이야기한다. "다 같이 도덕을 강론하고 총체적으로 인의를 통괄하면서 이 책을 저술했다. (…) 그러나 그 대부분은 도로 귀결된다."[341]

유안이 이 책의 저술을 주도한 목적은 제왕의 도를 논술하여 대업을 도모하기 위한 이론적 준비를 하려는 것이었다. 『회남자』가 저술된 뒤 한 무제에게 바쳤는데 "왕은 이를 아껴 깊이 감추어두었다."[342] 나중에 한 무제가 백가를 축출하고 유술만 존중하는 정책을 시행하면서 황로 사상을 숭상하던 한 초부터의 정치 상황은 끝나고 더불어 유안도 자리에서 쫓겨났다. 따라서 이 책은 실제 정치 생활에서 그다지 중대한 영향을 일으키지는 못했다. 하지만 한 초 황로 정치사상의 마지막 울림을 대변했다는 점에서 이 책은 역사적 의미를 지닌다.

『회남자』의 정치사상은 비교적 잡박한데 그중 주도적 지위를 차지하는 것은 무위 정치사상이다. 편마다 거의 모두 무위를 이야기하고 있으며 상세히 비교해보면 그 가운데서도 서로 저촉되는 곳이 많다. 주지로 말하자면 『관자管子』 중의 도가파와 마왕퇴의 『노자 을본권 전고일서』의 적극적으로 정치를 주도하는 무위 정치사상을 계승했다고 함이 마땅하다.

『회남자』의 주된 흐름은 순전히 자연에 임하고 아무것도 하지 않는 무위론에 반대한다. 저자가 이해하는 무위는 객관과 주관이 결합, 통일되고 그 결합 속에서 주관적 능동성을 발휘하는 것을 말한다. "지세로 보면 물이 동쪽으로 흐르겠으나 사람의 힘이 가해짐으로써 큰물은 골짜기를 타고 흐르게 된다. 벼가 봄에 싹이 나겠으나 사람의 힘이 가해짐으로써 오곡으로 성장해가게 된다. 흐름을 그대로 두고 저절로 성장하길 기다린다면 곤鯀, 우禹의 공도 설 수 없고 후직后稷의 지혜도 쓸모가 없다."[343] 이렇게 아무 일도 하지 않는다는 무위론과 경계선을 분명히 긋는다. 「원도훈原道訓」은 무위와 무불위無不爲, 무치無治와 무불치無不治를 다음과 같이 규정한다. "무위란 사물에 앞서 하지 않음을 말하고, 무불위란 사물이 하는 바에 기인한다는 말이다. 무치란 자연스러움을 바꾸지 않음을 말하고,

무불치란 사물이 서로 그러함에 기인한다는 말이다."[344] 아래는 몇 가지 방면으로 나누어 『회남자』의 무위론을 논술한다.

법자연法自然과
무사無私

도道, 천天, 자연은 객관 세계를 표현하는 여러 가지 차원의 개념이다. 도는 천지 만물의 본원이며 존재의 기초다. 천지, 자연 만물은 도가 외적으로 변한 형식이다. 도는 '태일太一' 또는 '기氣'라 부르기도 한다. 도는 생기면서 곧 천지 만물이 된다. "도는 규規(그림쇠)라 한다. 하나에서 시작한다. 하나이되 아직 생명이 있는 것은 아니므로 나뉘어 음양이 된다. 음과 양이 모여 화합하니 만물이 생겨난다."[345] 인간도 본래 도로부터 변천하여 온 것이다. "답답한 기는 벌레가 되고, 정밀한 기는 사람이 된다. 그러므로 정신은 하늘에서 오고 뼈는 땅에서 온다."[346] 천지 만물은 도가 생기면서 곧 있게 된 것이니, 거꾸로 말해 천지 만물의 내재적 통일성이 바로 '도'이기 때문에 "도는 원리원칙과 일관된 조리가 있으며 하나一의 도를 얻으면 천 가지 만 가지가 그와 연결되는 것이다."[347]

사람이 기왕 도와 천지, 음양의 산물이며 변화 발전 과정 중의 한 형식이라면 인간의 활동과 정치는 우선 도에 어떻게 대처해야 할 것인가의 문제에 부딪게 된다. 본질적으로 어떻게 도에 대처할 것이냐는 곧 어떻게 자연에 적응하느냐 또는 자연 속에서 어떻게 생활하느냐의 문제, 즉 인간이 어떤 방식을 써서 자연과의 평형을 얻을 것이냐는 것이다.

저자는 하나의 총체적 원칙 즉 '체도體道(도의 체득)'를 제기한다. 「원도훈」은 "도를 체득한 자는 편안하여 궁함이 없다,"[348] "하늘을 쫓는 자는 도와 더불어 노는 자다"[349]라고 말한다. 「본경훈本經訓」은 "제帝는 태일을 체득하고, 왕은 음양을 본받으며, 패자는 사시를 모범으로 삼고, 군君은 육률六律을 이용한다"[350]고 말한다. 「태족훈泰族訓」은 말한다. "그래서 대인은 천지와 같이 덕이 있으며, 일월과 같이 밝으며, 귀신과 같이 영험하며, 사시와 같이 믿음이 있다. 그래서 성인은 천기를 품고 천심을 안아 중화를 붙잡고 있으니 묘당에 내려가지 않아도 사해에 넘쳐흘러 습속을 변화시키고 백성을 선으로 나아가도록 하여 자기 성품과 같도록 하니 능히 신으로 화할 수 있다."[351] 「정신훈精神訓」은 말한다. "그러므로 성인은 하늘을 본받고 정감에 순응하며 속세에 구속받지 않고 다른 사람에게 유혹당하지 않는다. 하늘을 아버지 삼고 땅을 어머니 삼으며 음양을 뼈대로 삼고 사시를 실마리로 삼는다. 하늘은 고요하여 맑고 땅은 안정되어 편안하다. 만물이 이것을 잃으면 죽고, 그것을 본받으면 산다."[352] 이 말은 언뜻 보면 좀 현묘하지만 고요한 마음으로 생각해보면 매우 일리가 있다. 사람은 자연이 발전한 산물이다. 근본적으로 반드시 자연의 제약을 받게 되어 있다. 그런데도 사람은 왕왕 이 점을 잊어버리고 자연을 자신의 대립면에 놓고 임의로 행동하고는 자기 뜻대로 되었다고 생각한다. 하지만 결국은 자연의 징벌을 받지 않을 수가 없다. 저자는 사람의 성패 경험과 교훈을 총결하면서 사람들이 반드시 자연에 순종하는 길로 돌아서 자연과 통일을 얻어야 한다고 경고한다. 어떻게 자연과 통일을 얻을 것이냐는 문제에 대해서 책 속에는 여러 가지 관점이 존재한다. 적극적으로 법자연法自然(자연을 본받음) 해야 한다고 주장하는 파는, 도의 체득은 우선 도와 마찬가지로 일체를 포용하며 공적이어서 무사無私(사사로움이 없음)해야 하며, 군주가 무사한 뒤에 그 도가 행해진다고 주장한다. 『회남자』는 군주의 탄생으로부터 군주는 무사를 자신의 천직으로 삼아야 한다고 논술한다. 「수무훈修務訓」은 옛날 천자제왕을 세움은 "그의 욕구를 봉양하려는 것이 아니라"[353] 강자가 약자를 능욕하고, 영리한 자가 어리석은 자를 속이고, 용감한 자가 겁 많은 자를 침탈하고, 부자가 빈자를 속이는 등 모순을 없애기 위하여 이른바 "천자를 세움으로써 하나로 가지런히 다스린 것이니"[354] 바로 평균, 평등을 실현한다는 의미라고 말한다. 「주술훈」은 "요堯가 천하를 가진 것은 만민의 부를 탐해서가 아니며" 그리하여 사적 이익을 채우려는 것이 아니라 사회의 '화합和'을 실현하기 위하여 본인 "스스로가 절약, 검소한 행동을 했고, 서로 사랑하는 어짊을 밝혀주었다."[355] 「병략훈兵略訓」은 "군주를 세우는 것은 난폭함을 금지, 토벌하려는 까닭"[356] 이라고 말한다. 저자는 반복하여 제왕이 천하를 사유물로 여기느냐 사회를 위한 봉사로 생각하느냐가 천하를 잘 다스릴 수 있는지 없는지의 전제 조건이 된다고 설명한다. 「전언훈詮言訓」은 "사사로이 천하를 어떻게 하려고 하지 않으면 반드시 천하를 잘 다스릴 수 있다"[357]고 말한다. 이것을 행동에 반영하는 데 대해서 저자는 순자연順自然(자연에의 순응), 준필연遵必然(필연에의 순종), 귀인貴因(근본을 소중히 여김), 물화物化(사물의 조화변화) 등 원칙을 제기한다.

저자는 천지 만물의 상호 관계가 모두 자연에 뿌리를 둔다고 주장한다. "하늘은 높고도 높으며 땅은 두텁고도 두텁다. 달은 밤을 비추고 해는 낮을 밝힌다. 뭇 별은 낭랑하고 음양은 조화로운데 모두 일부러 유위有爲하는 것이 아니다. 제 도를 바로 하여 물 스스로 그러한物自然 것이다."[358] 이 말은 곧 천지 만물의 본성은 자연히 생겨난 것이고, 상호 관계는 자연히 형성된 것이며, 그 사이에 초자연적인 힘에 의한 지배는 없다는 것이다. "부평초가 물에 뿌리를 내리고, 나무가 흙에 뿌리를 내리며, 새가 허공에 줄을 지어 날고, 짐승이 탄탄한 곳을 밟고 달리며, 교룡이 물에 살고, 호랑이, 표범이 산에 사는 것은 천지의 본성이다."[359] 자연계가 이와 같으니 인간도 마찬가지다. "소와 말에겐 뭍이 적당하고 배가 가는 데는 물 많은 곳이 적절하다. 흉노 지역엔 거친 갖옷이 나고 월越 지역에선 가는 갈포를 생산한다. 각기 건조하고 습한 환경에 급히 대비하여 만들어지고, 각자 추위와 더위에 대처하여 만들어진다. 모두 제 마땅함을 얻어 이루어지고 만물은 제 처한 곳에 편안해한다."[360] 이렇게 볼 때 "만물이 당연히 다 자연스러운데 성인이 더 무슨 일을 하겠는가!"[361] 저자는 또 각지의 풍속 습관을 논술하면서 모두가 자연환경의 차이에 따라 자연스레 형성되었다고 한다. 만물의 자연성과 그들 상호 간의 자연적 관계는 임의로 고칠 수 없으며 응당 자연에 순응해야 한다는 것이다. 이로부터 정치에서의 기본 원칙 하나를 얻어냈는데, 바로 "다스리는 행위를 하지 않음無治은 곧 자연스러움을 고치지 않음"[362]이라는 것이다.

저자는 사물 간에는 일종의 필연 관계가 존재한다고 주장하면서 이를 '필연의 도道' '자연의 세勢' 그리고 '상연相然(서로 그러함)' 등으로 부른다. "우禹가 강江을 뚫고 하河를 소통시켜 천하에 큰 이익을 남겼으나 물을 서쪽으로 흐르게는 할 수 없었다. 직稷이 땅을 개간하고 풀을 쳐내 백성이 농사에 힘쓰도록 만들었으나 벼를 겨울에 나게 할 수는 없었다. 어찌 인간의 일이 이르지 못한 것이겠는가, 그 세가 안 되는 것이다. 세가 안 되는 것을 밀어붙이고 도리에 맞는 방법으로 다스리지 않으면 신성한 사람이라도 성공할 수 없는데 하물며 지금의 군주에게 있어서겠는가?"[363] 이상의 인식에 바탕을 두면 정치적으로 임의로 행동할 수 없으며, 기회를 틈타 이득을 보려 하지 말고 "필연의 도를 행하고"[364] "만물이 서로 그러한 바에 따라야"[365] 한다. "성인이 일을 함에 어찌 도리에 맞는 방법을 어기고 자연의 본성을 속여 굽은 것을 곧다 하고 굽혀진 것을 펴졌다고 할 수 있겠는가? 그 본바탕에 기인하지 않고 그것을 사용한 적이 없었다."[366] 이치가 매우 분명하고 투철한 말이다. 『회남자』는 사물의 필연 관계와 필연의 이치에 대해 광범하게 토론하고 있다. 오늘날의 관점으로 볼 때 논점에 혹 부당한 곳이 있을 수 있으나 저자가 제기한 문제는 대단한 견해들이다.

자연과 사회의 교류에 대해 저자는 '인因(근본 원인에 따름)'을 잘하라고 특히 강조한다. 소위 인이란 곧 객관 규율과 인간의 주관적 능동성을 결합시킨 말이다. "만물의 존재는 자연스러운데 그 후에 인간사의 다스림이 있게 되었다."[367] 주관성은 객관성을 스승으로 삼아야 한다. 일체는 물을 다스리듯 "물에 인함을 스승으로 삼아야"[368] 한다. 저자는 대우大禹의 치수와 후직后稷의 농업 교육은 "땅의 세에 인한 것이고"[369], 탕湯과 무武의 혁명은 "백성의 소망에 인한 것이다."[370] "따라서 인할 수 있으면 천하의 무적이다."[371] 저자는 삼대 성세의 기본 경험을 총괄하고는 이를 '인' 한 글자로 귀결시킨다. "삼대가 도로 삼은 것은 인이었다."[372]

법자연에는 또 소극적인 '물화物化'론과 진실과 거짓이 뒤섞인 천인감응天人感應론이 있으며 정치에 그것을 반영한 부분도 있으나 여기에 장광설을 덧붙이지 않겠다.

시대 순응의
변법과 예법

『회남자』는 역사에 대한 인식을 현재와 미래 인식의 기본 방식으로 삼고 있다. 「무칭훈繆稱訓」은 "성인은 지나간 과거를 살펴 다가올 미래를 안다"[373]고 말한다. 저자의 역사에 대한 견해는 법가의 영향을 받은 것이 분명하지만 도가적 경향도 끼어 있다. 저자는 역사를 진화 과정이기도 하고 퇴화 과정이기도 하다고 주장한다. 도덕적 각도에서 볼 때 역사는 퇴화했다. 최초의 역사는 "혼란스럽고 어두운 와중"[374]에 있었는데 그때는 예의가 설정되어 있지 않았다. "쇠패의 시대에 이르러 사람은 많아지고 재물은 적어지니 사람들이 힘써 일하여 부족한 것을 채웠다. 여기에서 분쟁이 생겨남으로써 인仁을 소중히 여기게 되었다."[375] "상세엔 도를 체득하고 있어 덕이 필요 없었다. 중세엔 덕을 지켜 기본을 무너뜨리지 않았다. 말세엔 끊임없이 인의를 잃을까 두려워하게 되었다."[376] 기본적인 평가는 이와 같지만 그렇다고 저자가 요원한 고대로 되돌아가자고 주장하지는 않는다. 반대로 공자, 묵자의 복고주의에 날카로운 비판을 가한다. "지금 유가와 묵가들은 삼대와 문文, 무武를 칭송하나 행해지지 않으니 이 말은 실천할 수 없는 것이다. 오늘날 세상을 비난함에도 고쳐지지 않으니 이 행위는 잘못된 것이다. 옳다고 하는 바를 칭송하면서 그릇된 것을 행하니 온종일 고민해도 정치에 도움이 안 되고, 힘들여 지혜를 짜내도 군주에 보탬이 안 된다."[377] 저자는 또 정치적 경험주의를 비판한다. "일세의 제도를 가지고 천하를 다스리길"[378] 꾀한다면 이는 각주구검刻舟求劍하듯 어리석다고 지적한다.(「설림훈說林訓」 참조) 시대의 변화에 따라 제도와 예법을 개혁하는 것이 자연에 부합한다는 생각이다. 「태족훈」은 말한다. "성인은 일이 막히면 고쳐 하고 법에 폐해가 있으면 제도를 바꾼다. 옛것과 일상적인 것의 변화를 즐겨서가 아니라 잘못을 구하고 쇠패한 세상을 떠받쳐 간사함을 몰아내고 그릇된 것을 구제하기 위함이다. 그렇게 함으로써 천지의 기와 조화하고 만물의 마땅함에 따르려는 까닭이다."[379] 「범론훈」은 성인은 "세상을 따져 그를 위해 일하고, 일을 저울질하여 그를 위해 도모하며"[380] 그래서 시대에 따라 제도를 바꾼다고 말하는데, 이는 적극적인 무위와 모순되지 않을 뿐 아니라 오히려 무위가 요구하는 바이기도 하다.

역사 진화의 원칙에 근거하여 그들은 인위적인 예의 제도는 일시적인 효과에 불과할 뿐 영원히 활용할 수 있는 것이 아니라고 주장한다. 「범론훈」은 말한다. "오제는 도를 달리했음에도 그 덕이 천하를 뒤덮었고, 삼왕은 하는 일이 달랐음에도 명성이 후세에 널리 전해진다. 이 모두는 시대 변화에 연유하여 예악을 제정한 사람들이다. (…) 그러므로 예악은 애초부터 항상성을 가진 것이 아니다. 성인은 예악을 제정하지 예악에 재단되지 않는다."[381] 다시 말해 성인은 예악을 제정하는 주인이지 예악의 노예가 아니라는 것이다. 어떤 편은 인의가 치국의 근본이라고 주장한다. 「제속훈」은 예의란 물건은 "한 시대의 자취이지"[382] 보편적 진리가 아니라고 말한다. 만약 보편적 진리로 취급한다면 반드시 오류에 빠지게 될 것이라고 한다. 풍속은 시대에 따라 변천하니 "세상이 달라지면 하는 일이 변하고, 시대가 이동하면 풍속이 바뀐다. 그래서 성인은 세태를 따져 법을 세우고 시대에 따라 일을 처리한다."[383] "그리하여 기성의 법을 본받지 않고 법으로 삼아야 할 바를 본받는다. 법으로 삼아야 할 바란 변화의 추이와 함께한다는 것이다."[384] "변화의 추이와 함께한다"는 정말 빛나는 명제다. 이 점을 분명히 하면 역사의 굴레 속에서 벗어나 역사창조의 자유를 얻을 수 있게 된다. 사람이면 누구나 역사창조에 종사하고 있지만 사람들은 왕왕 자신의 창조를 의식적으로 다른 사람 혹은 선현, 성인에 양도해버린다. 주체 정신을 잃어버린 역사 활동은 대부분 중복형이 되기 일쑤다. 반면 자신을 창조의 주체로 여긴다면 그는 곧 적극적인 투사로 바뀐다. 여기에서 저자는 자신이 역사창조의 주체임을 인식했기 때문에 전통적인 법도, 예악의 신성성을 한쪽으로 날려버렸으며, 그리하여 예악 제도는 손아귀 속의 도구로 바뀌게 되었다. 「범론훈」의 다음 이야기가 바로 그렇다. "법제, 예의란 사람을 다스리는 도구에 불과하지 다스려야 하는 까닭은 아니다. (…) 이 세상에 어찌 불변하는 법이 있겠는가! 세상사에 마땅하고, 사람의 이치에 맞고, 천지에 순응하며, 귀신에게 상서로우면 올바로 다스릴 수가 있다."[385] 이렇게도 이야기한다. "법도란 백성의 습속을 따져서 완급을 조절한 것이다. 기계란 시대 변화에 따라 적절하게 만들어진 것이다."[386]

예법의 생성 요인에 대한 저자들의 견해는 대체로 법가에 뿌리를 두고 있다. 「제속훈」은 "예는 사람의 성정에 기인하고 그것을 위해 절도 있게 꾸미는 것이다"[387]라고 말한다. 이렇게도 이야기한다. "의복이나 예속이란 사람의 성정에서 생긴 것이 아니다. 외부로부터 받은 것이다."[388]

『회남자』는 법도 역사의 산물이라고 생각한다. 「주술훈」은 말한다. "옛날에 유사有司(관리)를 둔 것은 백성이 제멋대로 방자하게 구는 것을 막기 위해서였다."[389] "법은 의義에서 생기고, 의는 많은 사람이 적절하게 여기는 바衆適에서 생긴다. 많은 사람이 적절하게 여김은 사람의 마음에 합치하는 것이다. 이것이 다스림의 요체다."[390] "법이 예의에 근거를 두는 것은 군주가 자의적으로 판단하는 것을 금지하는 바다. 사람이 제멋대로 방자하지 못하면 도가 이기고, 도가 이겨서 이치에 통달하게 되므로 마침내 무위로 되돌아간다."[391] "법은 하늘에서 떨어진 것도 아니고 땅에서 솟아난 것도 아니다. 사람 사이人間에서 피어나서 되돌아가 스스로 바르게 된 것이다."[392] 저자가 보기에 법은 인류의 자아통제 필요성에 기원하는 동시에 공중의 이익, 즉 "사람들이 적절하게 여기는 바"를 유지하기 위하여 생겼다. 법의 기원엔 또 한 층의 의의가 있는데, 바로 군주에게 제한을 가해 군주로 하여금 멋대로 망령된 행위를 하지 못하도록 하는 것이다. 저자는 여기서 법의 사회성을 강조한다. 법이 군주의 수단이라는 법가의 강조와는 차이가 있다.

역사의 변화를 논하면서 저자는 '시비是非'도 역사의 범주 가운데 하나라고 주장한다. 「제속훈」은 말한다. "천하의 시비는 정해진 바가 없다. 옳은 것을 옳다 하고 그른 것을 그르다 함은 세상마다 각기 다르다."[393] 면밀히 고찰하면 이 말이 완전히 타당한 것은 아니다. 하지만 이 말은 확실히 논쟁할 수 없는 사실, 즉 시비는 시대에 따라 다르다는 것을 제기한다. 저자는 시대가 시비에 영향을 미친다고 말하는 것 외에 이론 틀과 개인적 특징도 시비 판단에 차이를 조성할 수 있다고 말하고 있다. 「범론훈」은 제자백가의 쟁명을 평가하며 이렇게 말한다. "따라서 옳고 그름엔 입장處이 있다. 입장을 얻으면 그름이 없고, 입장을 잃으면 옳음이 없다."[394] 「제속훈」은 말한다. "이른바 시와 비는 제각기 달라 모두가 자신은 옳다고 하고 남은 그르다고 한다."[395] 저자가 제기한 역사상 시비의 상대성에 대한 관점은 대단히 독특하지만 그들이 시비를 구분하지 않는 상대주의로 치달았다는 점에는 잘못이 있다.

역사변천을 다루면서 저자는 형세와 개인의 관계에 대해서도 논했다.

『회남자』에는 성인의 작용을 과대하게 포장한 곳이 적지 않다. 하지만 소중히 다룰 만한 점도 있는데, 곧 형세가 개인보다 우월하다고 논하는 부분이다. 이 개인 속에는 성인도 포함된다. 「숙진훈俶眞訓」 편은 "고로 세상이 다스려지면 어리석은 자가 홀로 분란을 일으킬 수 없으며, 세상이 어지러우면 지혜로운 자가 홀로 질서를 세울 수 없다"[396]고 말한다. "현명한 왕이라도 반드시 우연을 기다린다. 우연이란 시대에 조응하여 거기에 맞는 것을 얻을 수 있음이지 지능으로 구하여 이루어지는 것이 아니다."[397] 왜냐하면 세상의 치와 난은 "오로지 나 때문에 그런 것이 아니라 세상과도 연결되어 있기 때문이다."[398] 이와 같은 인식에 근거하여 저자는 "처지가 편안해야 형세가 이롭다"[399]는 관점을 제기한다. 「본경훈」은 "성현이란 이름을 얻은 자는 반드시 난세의 우환을 만났던 사람"[400]이라고 말한다. 탕, 무가 성인의 명성을 얻은 것은 걸桀, 주紂라는 포악한 임금이 있었음을 조건으로 했다. 이런 생각은 『회남자』 특유의 것은 아니다. 『여씨춘추呂氏春秋』와 『전국책戰國策』에도 유사한 견해가 있다. 『회남자』는 이런 견해들을 계승하고 발전시켰는데, 탁월한 점은 개인이 역사적 형세를 바꾸어 "홀로 질서를 이루거나" "홀로 어지럽힐" 수는 없다고 지적한 부분이다. 개인이란 그저 특정한 형세와 결합했을 때 비로소 개인의 작용을 충분히 드러낼 수 있을 뿐이라고 한다.

　『회남자』는 전체 역사의 변천을 중시하는 것 외에도 1년마다 있는 사시와 정치와의 관계에도 십분 주의를 기울였다. 「천문훈」은 거의 『월령月令』 전체를 베꼈다.

　이상의 이해에 기초하면 『회남자』는 정치적으로 시기의 선택을 특별히 강조하고 있다. 「원도훈」은 지혜롭고 현명한 사람은 앞에 존재하는 것도 아니고 뒤에 존재하는 것도 아니며 "방법에 두루 밝고 시기에 합치함을 소중히 여기는 사람"[401]이라고 말한다. 시간은 정치 또는 사람의 활동에 엄청난 힘을 발휘한다. 시간이 지나면 환경이 바뀐다. 시기는 잃어선 안 된다. 잃으면 다시 오지 않는다. "그래서 성인은 한 자짜리 벽옥을 귀하게 여기지 않고 1촌의 시간을 소중히 여긴다. 시간은 얻기 어려우나 잃기는 쉽다."[402] 「제속훈」은 "행동은 간결하게 하고 시간은 신중히 한다"[403]고 말한다. 「수무훈」은 "성인은 시간이 얻기 어렵다는 것을 알고 거기에 미칠 수 있도록 힘쓴다"[404]고 지적한다. 시간은 텅 빈 것이 아니다. 객관적 존재와 함께 융합하여 종합적인 무엇을 구성한다. 옛날 사람들이 시간을 논할 때면 항상 내용이 가득한 역사 과정을 지칭했다. 이 때문에 '시대를 따라잡을趨時' 수 있느냐의 여부가 지혜로운가 어리석은가를 가르는 지표였다. 저자는 한편으로 인간들의 시간운동 과정에서의 능동적 역량을 보았으면서도, 다른 한편으로 왕왕 사람들에게 소극적으로 기다리라고 가르치기도 한다. "얻음은 시간에 달려 있지 다툼에 있지 않다"[405], "막힘과 통달함은 시간에 달려 있다"[406]고 말한다.

인정에의
순응과 민본

『회남자』의 인성론은 복잡하고 통일되지 않았지만 인성이 정치의 기본 바탕이라는 데는 모두 동의한다. 간단히 논하자면 다음 세 가지로 나눌 수 있다.

첫째, 인성은 본래 선하다는 주장이다. 「태족훈」은 "사람의 본성은 인의의 바탕을 갖고 있다"[407]고 말한다. 하지만 맹자와는 또 다르다. 저자는 '인의의 바탕'과 후천적 교육을 결합시켰을 때만이 비로소 인성을 정숙하고 아름답게 할 수 있다고 강조한다. 인륜이란 물건은 사람의 본성 속에 갖춰져 있는 것이지만 그걸 완전한 물품으로 만들려면 반드시 성인의 교육이 더해져야 한다는 말이다. 그러므로 저자는 이렇게 이야기한다. "이것은 모든 사람의 본성에 갖추어져 있는 바이지만 그 성취는 성인의 기술을 통해 이루어진다. 본성이 없으면 가르칠 수 없고, 본성은 있되 길러지지 않으면 도를 좇을 수 없다. (…) 누에고치의 본성은 실을 잣는 것이나 여공이 뜨거운 물에 불려 본 가닥 실마리를 뽑아내지 않으면 실이 될 수 없다. (…) 사람의 본성에 인의의 바탕이 있으나 성인이 법도를 세워 교도하지 않으면 가야 할 방향을 잡을 수 없게 된다."[408] 저자는 선한 특질은 내재적 근거이고 교육은 조건이라고 생각했다. 이 둘이 결합했을 때 비로소 현실로 바뀔 수 있다고 한다. 이 견해는 분명히 맹자의 영향을 받았지만 마음을 돌이켜 본성을 구한다反心求性는 맹자의 강조와는 다른 점도 있다.

인성이 선하다는 데 조응하여 저자는 인의로써 치국할 것을 주장한다. 「태족훈」은 말한다. "인이란 사람을 사랑함이며, 지란 타인을 이해하는 것이다. 사람을 사랑하면 포학한 형벌이 없고 타인을 이해하면 어지러운 정치가 없다. 다스림에 문리文理로써 하면 도리에 어긋남이 없고, 형벌을 남용하지 않으면 포학한 행위가 없다."[409] "다스림에 근본이 되는 바는 인의다."[410] "천하에 커다란 이익이 있은들 자기 몸과 비교하면 오히려 작고, 자기 몸이 중요한들 의와 비교하면 오히려 가볍다."[411] "백성이 예의를 모르면 법이 바를 수 없다"[412]고도 말한다. 「주술훈」은 "나라가 존재하는 까닭은 인의 때문"[413]이라고 말한다. 이렇게도 이야기한다. "만물을 두루 알더라도 사람의 도를 모르면 지혜롭다고 말할 수 없다. 뭇 생명을 사랑하더라도 인류를 사랑하지 않으면 어질다고 말할 수 없다. 인자는 자신의 부류를 사랑하며, 지자는 현혹되지 않는다."[414] 「인간훈人間訓」은 말한다. "의로움은 사람의 큰 근본이다. 전쟁에 승리하여 존망의 공을 세웠다 하더라도 의를 실천하는 것만큼 드높지 못하다."[415] 이상의 논술들은 확실히 유가에 속하는 것이다.

둘째, 인성은 청정淸靜한 것이라는 주장이다. 「인간훈」은 "맑고 깨끗하며 고요하고 부드러움이 사람의 본성"[416]이라고 말한다. 「숙진훈」은 "사람의 본성은 고요함에 편안해한다"[417]고 한다. 「제속훈」은 "사람의 본성은 평탄하길 바란다"[418]고 한다. 인성이 청정하다는 주장은 사람의 욕망을 정치의 천적으로 보는 것이다. 정치의 급선무는 바로 사람들의 욕망과 지식을 쓰레기통에 버리는 것이다. 「원도훈」은 말한다. "지인至人의 정치는 총명함을 가리고, 문장文章을 없애며, 도에 근거해 지혜를 폐기하며, 백성과 함께 공적인 입장에서 출발한다. 지켜야 할 바를 따르고, 구하는 바를 적게 하며, 유혹을 제거하고, 기호를 없애며, 생각을 줄인다. 지켜야 할 바를 따르면 통찰하게 되고, 구하는 바를 적게 하면 얻는다."[419] 이를 '소박한 데로 되돌아감還反於朴'이라 부르는데, 바로 노장老莊 정치 철학의 재현이다.

셋째, 혼합설이다. 「수무훈」은 성품설性品說, 호리설好利說과 습속이 쌓여 성품을 이룬다는 학설을 한데 결합시키고 있다. 성품이란 본성에 차등이 있다는 말이다. 저자는 "학문에 기대지 않고도 도에 합치한 인물이 요, 순舜, 문文인데"[420] 이들이 가장 위 등급이라고 주장한다. "술과 놀이에 깊이 빠져 도로써 가르칠 수 없고, 덕으로 깨우칠 수 없으며, 엄한 아버지도 그를 바로잡지 못하고, 현명한 스승도 변화시킬 수 없었던 사람이 단주丹朱, 상균商均이었는데"[421] 이들은 가장 나쁜 등급이다. 중간에 처한 자는 "위로는 요, 순에 못 미치고, 아래로 상균에 이르지는 않는 (…) 가르쳐서 깨우칠 수 있는 사람이다."[422] 첫째 부류와 둘째 부류의 사람들은 소수다. 셋째 부류가 다수인데 다수 사람을 보면 이익을 좋아하고 손해를 피하는 것이 공통된 본성이라고 저자는 주장한다. "하늘이 덮고 있는 것, 땅이 싣고 있는 것, 육합 안에 포함된 모든 것, 우주 간에 받쳐진 것들, 음양의 조화로 생겨난 것, 혈기의 정수가 모인 것, 이빨이 있고 뿔이 난 것들, 앞발톱이 있고 뒷굽이 있는 것, 날개를 떨치며 자유로이 움켜쥐는 것들, 기어 다니며 요충처럼 움직이는 벌레들 모두 즐거우면 화합하고 성나면 싸우며, 이익을 보면 나아가고 해로움을 피해 떠나니 그 성정은 한가지다. 좋아하고 싫어함에 있어서도 사람과 다름이 없다."[423] 하지만 사람의 본성이 불변하는 것은 절대 아니다. 저자는 본성이 스스로 그러해서 가감할 수 없다는 관점을 비판하는데, 이를테면 이렇게 이야기한다. "형태만을 두고 말이라고 한다면 말은 변화할 수 없는 존재인데, 훈련하여 탈 수 있는 것은 그렇게 가르쳤기 때문이다. 말은 어리석은 동물임에도 가르쳐 성공하듯이 기운과 뜻을 통하게 할 수 있는데 하물며 사람에게 있어서랴!"[424]

「제속훈」은 인간의 본성이 선, 악이라 말할 것이 없이 환경의 영향을 받은 결과라고 주장한다. 저자는 강光, 저氐, 극僰, 적翟족의 아이가 막 세상에 나왔을 때는 "모두 같은 소리를 냈으나"[425] 성인으로 자란 뒤에는 몇 차례의 번역을 거쳐도 여전히 "그 말이 통할"[426] 수 없음은 그 원인이 선천적이 아니라 후천적인 "교육 풍속이 다르기 때문"[427]이라고 한다. 저자는 흰 비단에 붉은 염색을 하면 붉어지고 검은 염색을 하면 검어지듯이 인성 또한 이와 같다고 주장한다. "사람의 본성에는 사악함이 없는데 오랜 습속에 빠지면 바뀐다. 바뀌면서 근본을 잊어버리고 모아져 본성처럼 된다."[428] '모아져 본성처럼 된다' 함은 외부 환경의 영향이 인성의 조성 부분으로 전환될 수 있다는 말이다. 「전언훈」도 지적하듯이 인간의 본성은 변화한다. "사람의 본성은 어려서는 어지러이 날뛰고 젊어서는 사납고 강하며 늙어서는 이익을 좋아한다. 한 사람의 몸이면서 수차례 바뀐다."[429]

'이익'을 좋아함은 많은 사람의 본성이기 때문에 치국할 때 이를 출발점으로 삼아야 한다. 「범론훈」은 "나라를 다스림에 불변의 도가 있는데 백성을 이롭게 하는 것이 근본이다"[430]라고 말한다. 「주술훈」은 말한다. "먹는 것이 백성의 근본이고, 백성은 나라의 근본이며, 나라는 군주의 근본이다."[431] 따라서 나라를 다스릴 땐 백성의 먹는 문제를 먼저 고려해야 한다. 여기서 관건이 되는 것은 세금 징수의 다과 문제다. 저자는 "반드시 먼저 1년 수확을 계산하고, 백성의 축적량을 헤아려, 기근 때 남는지 부족한지의 숫자를 알고"[432] 난 후 세금을 거두라고 주장한다. 백성을 다스림은 "눈으로 볼 수 있는 것이 아니라 발로 실천하는 것이며 이롭게 해주는 것이다. 이롭게 해줌을 마음에서 잊어버리지 않으면 관이 저절로 갖춰진다"⁴³³고도 말한다. 정치의 기본 원칙은 "밤낮으로 사람들을 이롭게 해 줄 것을 잊지 않음이다"⁴³⁴라고 주장하기도 한다. 성패의 관건은 "백성을 얻느냐 잃느냐"⁴³⁵에 달려 있다고도 말한다. 이렇게도 이야기한다. "이른 바 천하를 소유한다 함은 그런 세력과 지위를 차지하고 전해오는 장부를 받고 존칭을 듣는 말이 아니다. 천하의 힘을 운용하여 천하의 마음을 얻 는다는 말이다."⁴³⁶ "패왕의 위업을 이루려는 자는 반드시 승리를 거둔 자다. 승리를 거둘 수 있는 자는 반드시 강한 자다. 강할 수 있는 자는 반드시 사람들의 힘을 사용하는 자다. 사람들의 힘을 사용할 수 있는 자는 반드시 사람들의 마음을 얻는 자다."⁴³⁷ 이 논술들은 법가의 영향을 받은 것이 비교적 확실하며 유가의 분위기를 겸하고 있기도 하다. 두 사상의 합류라 할 수 있다.

위에 든 세 가지 인성론과 세 가지 치국의 지도 원칙은 이론상으로 모순됨에도 한 권의 책 안에 같이 들어 있고, 심지어 한 편의 문장에 공존하기도 한다. 이는 『회남자』가 얼마나 잡박한 것인지를 보여준다. 『회남자』의 인성론이 체계적인 하나의 학설로 이루어졌다고 하는 일부 저작은 사실과 부합하지 않는다고 하겠다.

1 여기서는 유방劉邦의 한나라 건국에서 경제景帝 시기까지를 가리킨다. —저자주

2 循而未改.

3 乃公居馬上而得之, 安事詩書!

4 진나라를 조씨로 부른 데는 세 가지 설이 있다. (1)진의 선조 조보造父가 조趙에 봉해
졌으므로 그 후예들을 땅의 이름에 따라 부른 것이다. (2)장양왕莊襄王이 조나라에 인
질로 있었으며 또 태자가 되었으므로 조씨라 부른 것이다. (3)진왕 정政의 어머니가 조
씨의 딸이므로 조씨라고 부른 것이다. —저자주

5 居馬上得之, 寧可以馬上治之乎? 且湯武逆取而以順守之, 文武並用, 長久之術也. 昔者
吳王夫差智伯極武而亡; 秦任刑法不變, 卒滅趙氏. 鄕使秦已幷天下, 行仁義, 法先聖, 陛
下安得而有之?(『史記』「陸賈列傳」)

6 試爲我著秦所以失天下, 吾所以得之者何, 及古成敗之國.

7 粗述存亡之徵.

8 傳曰: '天生萬物, 以地養之, 聖人成之.' 功德參合, 而道術生焉.

9 於是先聖乃仰觀天文, 俯察地理, 圖畵乾坤, 以定人道.

10 行合天地, 德配陰陽.

11 易曰: 天垂象, 見吉凶, 聖人則之.

12 觀天之化, 推演萬事之類.

13 羅之以紀綱, 改之以災變, 告之以禎祥.

14 民始開悟, 知有父子之親, 君臣之義(「도기」)

15 食肉飮血.

16 難以養民.

17 乃求可食之物, 嘗百草之實, 察酸苦之味, 敎人食五穀(「도기」)

18 天下人民, 野居穴處, 未有室屋, 則與禽獸同域. 於是黃帝乃伐木構材, 築作宮室.(「도기」)

19 衣皮毛.

20 種桑麻, 致絲枲, 以蔽形體.

21 駕馬服牛, 浮舟杖楫, 以代人力.

22 鑠金鏤木, 分苞燒殖, 以備器械, 於是民知輕重, 好利惡難, 避勞就逸.(「도기」)

23 立獄制罪.

24 異是非, 明好惡, 檢奸邪, 消佚亂.(「도기」)

25 承天統地, 窮事察微, 原情立本, 以緒人倫, 宗諸天地, 纂修篇章, 垂諸來世, 被諸鳥獸, 以

匡衰亂, 天人合策, 原道悉備.(「도기」)

26 善言古者合之於今, 能述遠者考之於今.

27 上陳五帝之功, 而思之於身; 下列桀紂之敗, 而戒之於己.

28 德可以配日月, 行可以合神靈, 登高及遠, 達幽洞冥.(「술사」)

29 淡於所見, 甘於所聞.

30 道近不必出於久遠, 取其致要而有成.

31 至今之爲政, 足以知成敗之效, 何必於三王?(「술사」)

32 淡於所見, 甘於所聞, 惑於外貌, 失於中情.(「술사」)

33 良馬非獨騏驥, 利劍非唯干將, 美女非獨西施, 忠臣非獨呂望.

34 書不必起仲尼之門, 葯不必出扁鵲之方, 合之者善, 可以爲法.

35 制事者因其則, 服葯者因其良.

36 古人之所行者, 亦與今世同.

37 聖賢與道合.

38 去道者身亡, 萬世不易法, 古今同紀綱.(「술사」)

39 聖人不必同道.(「사무」)

40 因世而權行.(「술사」)

41 上訣(決)是非於天文, 其次狐疑於世務, 廢興有所據, 轉移有所守.

42 昔舜禹因盛而治世, 孔子承衰而作功, 聖人不空出, 賢者不虛生.(「사무」)

43 萬端異路, 千法異形, 聖人因其勢而調之.

44 堯舜承蚩尤之失, 而思欽明之道, 君子見惡於外, 則知變於內矣. 桀紂不暴, 則湯武不仁.(「사무」)

45 夫進取者不可不顧難.(「술사」)

46 見一利而喪萬機, 取一福而致百禍.(「사무」)

47 仁者道之紀, 義者聖之學.(「도기」)

48 治以道德爲上, 行以仁義爲本.(「본행」)

49 尙刑而亡.(「도기」)

50 秦以刑罰爲巢, 故有覆巢破卵之患.(「보정」)

51 急其刑而自賊, 斯乃去事之戒, 來事之師也.(「지덕」)

52 懷德者衆歸之, 恃刑者民畏之, 歸之則充其側, 畏之則去其域. 故設刑者不厭輕, 爲德者不厭重, 行罰者不患薄, 布賞者不患厚, 所以親近而致遠也.(「지덕」)

53 夫法令者所以誅暴也.(「무위」)

54 堯舜之民, 可比屋而封, (…) 化使其然也.(「무위」)

55 夫酒池可以運舟, 糟丘可以遠望, 豈貧於財哉? 統四海之權, 主九州之衆, 豈弱於武力哉? 然功不能自存, 而威不能自守, 非貧弱也, 乃道德不存乎身, 仁義不加於下也. 故察於利而惛於道者, 衆之所謀也; 果於力而寡於義者, 兵之所圖也.(「본행」)

56 據土子民, 治國治衆者, 不可以圖利, 治産業, 則教化不行, 而政令不從.(「회려」)

57 設道者易見曉, 所以通凡人之心, 而達不能之行. 道者, 人之所行也. 夫大道, 履之而行, 則無不能, 故謂之道.(「신미」)

58 夫欲富國强威, 辟地服遠者, 必得之於民.(「지덕」)

59 道莫大於無爲.(「무위」)

60 彈五絃之琴, 歌南風之詩, 寂若無治國之意, 漠若無憂天下之心, 然而天下大治.

61 事逾煩天下逾亂, 法逾滋而天下逾熾, 兵馬益設而敵人逾多. 秦非不欲治也, 然失之者, 乃擧措太衆刑罰太極故也.(「무위」)

62 고대의 대학. —옮긴이

63 고대 은殷, 주周 시대의 향학鄕學으로 중등교육 기관의 역할을 했다. —옮긴이

64 君子之爲治也, 塊然若無事, 寂然若無聲, 官府若無吏, 亭落若無民, 閭里不訟於巷, 老幼不愁於庭, 近者無所議, 遠者無所聽, 郵無夜行之卒, 鄕無夜召之征, 犬不夜吠, 鷄不夜鳴, 耆老甘味於堂, 丁男耕耘於野, 在朝者忠於君, 在家者孝於親; 於是賞善罰惡而潤色之, 興辟雍庠序而教誨之.(「지덕」)

65 國不興不事之功, 家不藏不用之器, 所以稀力役而省貢獻也. 碧玉珠璣, 不御(用)於上, 則瓺好之物棄於下; 彫琢刻畫之類不納於君, 則淫伎曲巧絶於下. 夫釋農桑之事, 入山海, 采珠璣, 捕豹翠, 消筋力, 散布泉, 以極耳目之好, 快淫侈之心, 豈不謬哉?(「본행」)

66 故無爲者乃有爲也.(「무위」)

67 事以類相從, 聲以音相應, 道唱而德和, 仁立而義興, 王者行之於朝廷, 匹夫行之於田, 治末者調其本, 端其影者正其形, 養其根者則枝葉茂, 志氣調者即道冲. 故求遠者不可失於近, 治影者不可忘其容, 上明而下淸, 君聖而臣忠.(「술사」)

68 故近河之地濕, 而近山之木長者, 以類相及也. 高山出雲, 丘阜生氣, 四瀆東流, 百川無西行者, 小象大而少從多也. 夫王者之都, 南面之君, 乃百姓之所取法則也, 擧措動作, 不可以失法度.(「무위」)

69 故上之化下, 猶風之靡草也…….

70 故君子之御下也, 民奢應之以儉, 驕淫者統之以理; 未有上仁而下賊, 讓行而爭路者也.(「무위」)

71   (…) 安危之要, 吉凶之符, 一出於身; 存亡之道, 成敗之事, 一起於善行; 堯舜不易日月而
     興, 桀紂不易星辰而亡, 天道不改而人道易也.(「명계」)

72   謬誤出口, 則亂及萬里之外, 何況刑無罪於獄, 而誅無辜於市乎? 故世衰道失, 非天之所
     爲也, 乃君國者有以取之也.(「명계」)

73   不可以不固.

74   不固則僕.

75   任杖.

76   杖聖者帝, 杖賢者王, 杖仁者霸, 杖義者強, 杖讒者滅, 杖賊者亡.

77   以李斯趙高爲杖, 故有頓僕跌傷之禍.(「보정」)

78   夫擧事者或爲善而不稱善, 或不善而稱善者, 何? 視之者謬而論之者誤也.(「변혹」)

79   夫君子直道而行, 知必屈辱而不避也. 故行不敢苟合, 言不爲苟容.(「변혹」)

80   阿上之意, 從上之旨.

81   無忤逆之言.(「변혹」)

82   邪臣好爲詐僞, 自媚飾非, 而不能爲公方.

83   讒夫似賢, 美言似信, 聽之者惑, 觀之者冥.

84   夫衆口毀譽, 浮石沈木, 群邪相抑, 以直爲曲. 視之不察, 以白爲黑. 夫曲直之異形, 白黑之
     殊色, 乃天下之易見也, 然而目繆心惑者, 衆邪誤之.(「보정」)

85   馬鹿異形.

86   況於闇昧之事乎?(「변혹」)

87   易曰: '二人同心, 其義(현존 『주역』에는 "利"로 되어 있음)斷金.' 群黨合意, 以傾一君, 孰
     不移哉!(「변혹」)

88   邪臣之蔽賢, 猶浮雲之鄣日月也.

89   光明.(「변혹」)

90   博思而廣聽, 進退順法, 動作合度, 聞見欲衆, 而釆擇欲謹.(「사무」)

91   通與不通.

92   公卿之子弟, 貴戚之黨友, 雖無過人之能, 然身在尊重之處, 輔之者強而飾之者衆也, 靡
     不達也.

93   知與不知也.(「자질」)

94   夫君子直道而行, 知必屈辱而不避也. 故行不敢苟合, 言不爲苟容, 雖無功於世, 而名足稱
     也; 雖言不用於國家, 而擧措之言可法也.(「변혹」)

95   故殺身以避難則非計也, 懷道而避世則不忠也.(「신미」)

96 夫言者因權而立, 德因勢而行, 不在其位者, 則無以齊其政, 不操其柄者, 則無以制其剛 (綱).(「변혹」)

97 통섭하는 이치. —옮긴이

98 據萬乘之國, 持百乘之命, 苞山澤之饒, 主士衆之力, 而功不存乎身, 名不顯於世者, 乃統 理之非也.(「지덕」)

99 斯乃去事之戒, 來事之師也.(「지덕」)

100 雖利之以齊魯之富而志不移, 談之以王喬, 赤松之壽, 而行不易.(「사무」)

101 君子居亂世, 則合道德, 采微善, 絕纖惡, 修父子之禮, 以及君臣之序.(「신미」)

102 年十八, 以能誦詩屬書聞於郡中.(『史記』「屈原賈生列傳」)

103 頗通諸家之書.(『漢書』「賈誼傳」)

104 同生死, 輕去就.(『사기』「굴원가생열전」)

105 甕牖繩樞之子, 甿隸之人, 而遷徙之徒也. 材能不及中人.

106 天下之士, 斐然向風.

107 元元之民冀得安其性命, 莫不虛心而仰上.

108 天下囂囂, 新主之資也.

109 攻守之勢異也.

110 諸侯力政, 強凌弱, 衆暴寡, 兵革不休, 士民罷弊.

111 當此之時, 專威定功, 安危之本, 在於此矣.

112 安危者貴順權.

113 秦雖離戰國而王天下, 其道不易, 其政不改, 是其所以取之守之者異也; 孤獨而有之, 故 其亡可立而待也.

114 夫寒者利裋褐而飢者甘糟糠.

115 重以無道.

116 而天下苦之. 自群卿以下至於衆庶, 人懷自危之心, 親處窮苦之實, 咸不安其位, 故易動 也.

117 三主之惑, 終身不悟, 亡不亦宜乎?

118 當此時也, 世非無深謀遠慮知化之士也, 然所以不敢盡忠拂過者, 秦俗多忌諱之禁也, 忠 言未卒於口, 而身糜沒矣. 故使天下之士, 傾耳而聽, 重足而立, 闔口而不言. 是以三主失 道, 而忠臣不諫, 智士不謀也. 天下已亂, 奸臣不上聞, 豈不悲哉!

119 鄙諺曰: '前事之不忘, 後之師也.' 是以君子爲國, 觀之上古, 驗之當世, 參之人事, 察盛衰 之理, 深權勢之宜, 去就有序, 變化因時, 故曠日長久而社稷安矣.

120 夫抱火厝之積薪之下而寢其上, 火未及燃, 因謂之安, 方今之勢, 何以異此!(「治安策」)

121 今也平居則無此施(『賈子新書斟補』에 따르면 '此施'는 곧 '差池'이다), 不敬而素寬, 有故必困. 然而獻計者類曰: '無動爲大'耳. 夫無動而可以振天下之敗者, 何等也? 悲夫! 俗至不敬也, 至無等也, 至冒其上也, 進計者猶曰'無爲', 可爲長太息者此也.(「擘産子」)

122 仁義不施.

123 定制度, 興禮樂.

124 禮者, 所以固國家, 定社稷, 使君無失其民者也.(「예」)

125 等級分明, 則下不得疑.(「복의」)

126 因卑不疑尊, 賤不逾貴, 尊卑貴賤, 明若白黑, 則天下之衆不疑眩耳.(「수녕」)

127 서 있을 때 얼굴. ―옮긴이

128 행동할 때 표정. ―옮긴이

129 달릴 때 기색. ―옮긴이

130 앉아 있을 때 표정. ―옮긴이

131 天下見其服而知貴賤, 望其章而知其勢, 使人定其心, 各著其目.(「복의」)

132 故化定成俗, 則爲人臣者, 主丑(恥)忘身, 國丑忘家, 公丑忘私.(「계급」)

133 禮者, 臣下所以承其上也.

134 主主臣臣, 禮之正也; 威德在君, 禮之分也.(「예」)

135 尊卑已著, 上下已分, 則人倫法矣. 於是主之與臣, 如日之與星. (…)下不凌等, 則上位尊; 臣不逾級, 則主位安. 謹守倫紀, 則亂無由生.(「복의」)

136 天子如堂, 群臣如階, 衆庶如地, 此其辟也.(「계급」)

137 道德仁義, 非禮不成; 教訓正俗, 非禮不備; 分爭辨訟, 非禮不決; 君臣上下父子兄弟, 非禮不定.(「예」)

138 方今之勢 (…)夫本末舛逆, 首尾橫決, 國制搶攘, 非有紀也, 胡可謂治!(「수녕」)

139 海內之勢, 如身之使臂, 臂之使指, 莫不從制.

140 欲天下之治安, 天子之無憂, 莫如衆建諸侯而少其力. 力少則易使以義, 國小則無邪心.(「번강」)

141 王者之法, 國無九年之蓄謂之不足, 無六年之蓄則謂之急, 無三年之蓄曰國非其國也.(「우민」)

142 耀蟬之術振之.(「흥노」)

143 세 가지 겉치레. ―옮긴이

144 다섯 가지 미끼. ―옮긴이

145　德莫高於博愛人, 而政莫高於博利人.

146　仁行而義立, 德博而化富.(「수정어상」)

147　故禮者, 所以恤下也.

148　國有飢人, 人主不飱; 國有凍人, 人主不裘.

149　禮, 天子愛天下, 諸侯愛境內, 大夫愛官屬, 士庶各愛其家, 失愛不仁, 過愛不義. 故禮者, 所以守尊卑之經, 強弱之稱者也.(「예」)

150　夫民者, 唯君者有之, 爲人臣者助君理之.(「대정상」)

151　夫民之爲言也, 暝也; 萌之爲言也, 盲也.(「대정하」)

152　故夫民者, 至賤而不可簡也, 至愚而不可欺也. 故自古至於今, 與民爲仇者, 有遲有速, 而民必勝之.(「대정하」)

153　聞之於政也, 民無不爲本也. 國以爲本, 君以爲本, 吏以爲本. 故國以民爲安危, 君以民爲威侮, 吏以民爲貴賤, 此之謂民無不爲本也.

154　聞之於政也, 民無不爲命也.

155　民無不爲功也.

156　民無不爲力也.

157　故夫災與福也, 非粹(降의 의미)在天也, 必在士民也. 嗚呼! 戒之戒之!

158　士民者, 國家之所樹而諸侯之本也, 不可輕也. 輕本不祥, 實爲身殃, 戒之哉! 戒之哉!(「대정상」)

159　王者有易政而無易國, 有易吏而無易民. 故因是國也而爲安, 因是民也而爲治.(「대정하」)

160　凡居於上位者, 簡士苦民者是謂愚, 敬士愛民者是謂智. 夫愚智者, 士民命之也.(「대정상」)

161　夫勢爲民主, 直與民爲仇.(「연어」)

162　一民或飢, 曰, 此我飢之也; 一民或寒, 曰, 此我寒之也; 一民有罪, 曰, 此我陷之也.(「수정어상」)

163　故欲求士必至, 民必附, 唯恭與敬, 忠與信, 古今毋易矣.(「대정하」)

164　정치적 위기나 국가적 위난이 발생하면 황제가 직접 나서 자신의 잘못이라는 조서를 내림으로써 민심을 수습하는 수단으로 이용되었다. 하나라 우禹임금, 은나라 탕湯왕에서 비롯된 것으로 전해지며, 한漢 무제武帝, 당唐 덕종德宗, 송宋 휘종徽宗, 청淸 세조世祖 등의 죄기조가 유명하다. ─옮긴이

165　凡天子者, 天下之首也, 何也? 上也.(「해현」)

166　古之正義, 東西南北, 苟舟車之所達, 人迹之所至, 莫不率服, 而後云天子; 德厚焉, 澤湛焉, 而後稱帝; 又加美焉, 而後稱皇.(「위불신」)

167 君也者, 道之所出也.(「대정하」)

168 而所以有天下者, 以爲天下開利除害, 以義繼之也.(「입후의」)

169 天下歸天子占有.

170 有道者之有.

171 故天下者, 非一家之有也, 有道者之有也. 故夫天下者, 唯有道者理之, 唯有道者紀之, 唯有道者使之, 唯有道者宜處而久之. 故夫天下者, 難得而易失也, 難常而易亡也. 故守天下者, 非以道則弗得而長也. 故夫道者, 萬世之寶也.(「수정어」)

172 道高比於天, 道明比於日, 道安比於山.

173 職道義, 經天地, 紀人倫, 序萬物, 以信與仁爲天下先.(「수정어상」)

174 位下而義高者, 雖卑, 貴也; 位高而義下者, 雖貴, 必窮.(「대정상」)

175 仁義恩厚, 此人主之芒刃也; 權勢法制, 此人主之斤斧也. 勢已定, 權已足矣, 乃以仁義恩厚因而澤之, 故德布而天下有慕志.(「制不定」)

176 先醒者.

177 學道.

178 君國子民者, 反求之己, 而君道備矣.(「君道」)

179 天下之命, 縣於太子.

180 太子正而天下定矣.(「保傅」)

181 君以知賢爲明.(「대정상」)

182 王者官人有六等. 一曰師, 二曰友, 三曰大臣, 四曰左右, 五曰侍御, 六曰廝役.(「官人」)

183 夫民者雖愚也, 明上選吏焉, 必使民與焉. 故士民譽之, 則明上察之, 見歸而擧之; 故士民苦之, 則明上察之, 見非而去之.

184 故夫民者, 吏之程也. 察吏於民, 然後隨之.(「대정하」)

185 夫民者, 諸侯之本也; 敎者, 政之本也; 道者, 敎之本也. 有道, 然後敎也; 有敎, 然後政治也; 政治, 然後民勸之; 民勸之, 然後國豐富也.(「대정하」)

186 與其殺不辜, 寧失於有罪.(「대정상」)

187 移風易俗, 使天下移心而向道.(「俗激」)

188 禮崩樂壞.

189 이하 글 속의 인용문은 『소대예기』이며 편명만 표기한다.

190 大禮與天地同節.

191 禮者, 天地之序也. (…) 序, 故群物皆別.

192 天尊地卑, 君臣定矣. 卑高已陳, 貴賤位矣. 動靜有常, 小大殊矣. 方以類聚, 物以群分, 則性命不同矣. 在天成象, 在地成形, 如此, 則禮者, 天地之別也.

193 夫禮必本於天, 動而之地, 列而之事, 變而從時.

194 凡禮之大體, 體天地, 法四時, 則陰陽, 順人情, 故謂之禮.

195 大樂與天地同和.

196 樂者, 天地之和也.

197 樂由天作.

198 神靈者, 品物之本也, 而禮樂仁義之祖也.

199 陽之精氣曰神, 陰之精氣曰靈. 神靈者, 品物之本也, 而禮樂仁義之祖也, 而善否治亂所興作也.

200 禮樂之極乎天而蟠乎地, 行乎陰陽而通乎鬼神, 窮高極遠而測深厚.

201 人生而靜, 天之性也. 感於物而動, 性之欲也. 物至知(심지心智의 지)知(외물에 대한 인식), 然後好惡形焉. 好惡無節於內, 知誘於外, 不能反躬, 天理滅矣. 夫物之感人無窮, 而人之好惡無節, 則是物至而人化物也. 人化物也者, 滅天理而窮人欲者也. 於是有悖逆詐僞之心, 有淫佚作亂之事.

202 是故先王之制禮樂, 人爲之節.

203 孝, 禮之始也.(『左傳』文公2年)

204 禮也者, 反本修古, 不忘其初者也.

205 禮反其所自始.

206 夫禮始於冠, 本於昏.

207 有夫婦然後有父子, 有父子然後有君臣, 有君臣然後有上下.

208 禮始於謹夫婦, 爲宮室, 辨外內.

209 同姓相婚, 其生不蕃.

210 夫禮之初, 始諸飮食.

211 民以食爲天.

212 禮者謂有理也.

213 禮也者, 理也.

214 禮也者, 理之不可易者也.

215 使親疏貴賤長幼男女之理皆形見於樂.

216 法出於禮, 禮出於名.

217 禮從俗.

218 禮者, 因人之情而爲之節文, 以爲民坊(防)者也.

219 放之四海而皆准.

220 禮義也者, 人之大端也.

221 凡人之所以爲人者, 禮義也.

222 禮之於正國也, 猶衡之於輕重也, 繩墨之於曲直也.(「經解」)

223 治國而無禮, 譬猶瞽之無相與.(「仲尼燕居」)

224 爲政先禮, 禮其政之本與?(「哀公問」)

225 故治國不以禮, 猶無耜而耕也.(「禮運」)

226 禮者, 君之大柄也.

227 別嫌明微, 儐鬼神, 考制度, 別仁義, 所以治政安君也.

228 夫禮者, 所以政親疏, 決嫌疑, 別同異, 明是非也.

229 禮之所尊, 尊其義也. 失其義, 陳其數, 祝史之事也. 故其數可陳也, 其義難知也. 知其義
     而敬守之, 天子之所以治天下也.

230 樂也者, 情之不可變者也. 禮也者, 理之不可易者也. 樂統同, 禮辨異.(「樂記」)

231 樂者爲同, 禮者爲異. 同則相親, 異則相敬.(「樂記」)

232 樂者, 天地之和也. 禮者, 天地之序也. 和, 故百物皆化; 序, 故群物皆別.(「樂記」)

233 樂合同, 禮別異. 禮樂之統, 管乎人心矣.

234 恭敬, 禮也; 調和, 樂也.

235 禮之用, 和爲貴.

236 和寧.(「燕義」)

237 民以君爲心, 君以民爲體. (…)心以體全, 亦以體傷. 君以民存, 亦以民亡.(「緇衣」)

238 樂也, 所以象德也.(「樂記」)

239 聲音之道, 與政通矣.

240 樂者, 通倫理者也.(「樂記」)

241 宮爲君, 商爲臣, 角爲民, 徵爲事, 羽爲物.(「樂記」)

242 그 위 구절에 따르면 상商은 오제五帝가 남긴 소리인데 상나라 사람들이 이를 잘 이해
     하여 상이라 불렀다고 한다. ─옮긴이

243 그 위 구절에 따르면 제齊는 하은주 삼대가 남긴 소리인데 제나라 사람들이 이를 잘
     이해하여 제라 불렀다고 한다. ─옮긴이

244 明乎商之音者, 臨事而屢斷; 明乎齊之音者, 見利而讓. 臨事而屢斷, 勇也. 見利而讓, 義
     也.(「樂記」)

245 知樂則幾於禮矣.(「樂記」)

246 不私其欲.(「樂記」)

247 樂也者, 聖人之所樂也, 而可以善民心. 其感人深, 其移風易俗, 故先王著其教焉.(「樂記」)

248 道德仁義, 非禮不成; 敎訓正俗, 非禮不備; 分爭辨訟, 非禮不決; 君臣上下, 父母兄弟, 非禮不定.

249 非禮勿視, 非禮勿聽, 非禮勿言, 非禮勿動.

250 無節於內者, 觀物弗之矣. 俗察物而不由禮, 彼之得矣. 故作事不以禮, 弗之敬矣; 出言不以禮, 弗之信矣. 故曰: 禮也者, 物之致也.

251 禮也者, 合於天時, 設於地財, 順於鬼神, 合於人心, 理萬物者也.

252 禮以道(導)其志, 樂以和其聲, 政以一其行, 刑以防其奸. 禮樂刑政, 其極一也, 所以同民心而出治道也.

253 禮者禁於將然之前, 而法者禁於已然之後.(『大戴禮記』「禮察」)

254 禮節民心, 樂和民聲, 政以行之, 刑以防之. 禮樂刑政, 四達而不悖, 則王道備矣.(「樂記」)

255 民以君爲心, 君以民爲體. 心莊則體舒, 心肅則容敬. 心好之, 身必安之; 君好之, 民必欲之. 心以體全, 亦以體傷; 君以民存, 亦以民亡.

256 大人溺於民.

257 上者尊嚴而絶, 百姓者卑賤而神, 民而愛之則存, 惡之則亡也.

258 夫民閉於人而有鄙心, 可敬不可慢, 易以溺人. 故君子不可以不愼也.

259 (哀)公曰: '所謂民與天地相參者, 何謂也?' (孔)子曰: '天道以視, 地道以履, 人道以稽. 廢一日失統, 恐不長饗國.'

260 王者以民人爲天, 而民人以食爲天.(『史記』「酈食其列傳」)

261 故上者辟如緣木者, 務高而畏下者滋甚. 六馬之離, 必於四面之衢; 民之離道, 必於上之佚政也.

262 上之親下也如腹心, 則下之親上也如保子之見慈母也. 上下之相親如此, 然後令則從, 施則行.(『大戴禮記』「主言」)

263 所謂賢人者, 好惡與民同情, 取舍與民同統, 行中矩繩而不傷於本.(『大戴禮記』「哀公問五義」)

264 凡民之爲奸邪竊盜歷法妄行者, 生於不足, 不足生於無度量也.

265 進退緩急異也.(『大戴禮記』「盛德」)

266 苛政猛於虎.

267 매 호를 단위로 전답을 지급해주는 제도로 하의 공법貢法, 은의 조법助法, 주의 철법

撤法이 있었다고 한다. 왕조마다 제도가 다르나 토지의 공유, 경작자의 국가에 대한 납세, 죽은 뒤 국가에 반환하는 것은 공통적이었다. ―옮긴이

268 天生時而地生財, 人, 其父生而師教之, 四者君以正用之, 故君者立於無過之地也.

269 사師는 주나라 때 국군을 보좌하는 관직으로서 태사太師의 약칭이었다. 그 후 태자의 선생 혹은 제후 왕부의 선생을 부르는 관직이 되었다. ―옮긴이

270 왕 또는 태자를 보좌 혹은 교도하는 책임을 지는 관원. ―옮긴이

271 고대 천자나 제후를 돕는 일을 하는 관원 태보太保의 약칭. ―옮긴이

272 唯天子受命於天, 士受命於君.

273 天子者, 與天地參, 故德配天地, 兼利萬物; 與日月並明, 明照四海, 而不遺微小.

274 所謂聖人者, 知通乎大道, 應變而不窮, 能測萬物之情性者也. 大道者, 所以變化而凝成萬物者也. 情性也者, 所以理然不然取舍者也.(『大戴禮記』「哀公問五義」)

275 聖人參於天地, 並於鬼神, 以治政也.(「禮運」)

276 聖人爲天地主, 爲山川主, 爲鬼神主, 爲宗廟主.

277 聖人立五禮以爲民望.(『大戴禮記』「曾子天圓」)

278 子云: '天無二日, 土無二王, 家無二主, 尊無二上, 示民有君臣之別也.(「坊記」)

279 以一治之也.(「喪服四制」)

280 父之於者, 天也; 君之於臣, 天也. (…) 有臣不事君, 必刃(殺).(『大戴禮記』「虞戴德」)

281 立極.

282 定一.

283 어긋난 길. 오른손잡이가 대부분인 동양인의 신체적 특성 때문인지 모르나 전통사회에선 우右를 정으로 보고 좌左를 반역으로 보는 사례가 많다. ―옮긴이

284 析言破律, 亂名改作, 執左道以亂政, 殺. 作淫聲異服奇技奇器以疑衆, 殺. 行偽而堅, 言偽而辯, 學非而博, 順非而澤, 以疑衆, 殺.

285 古之爲政, 愛人爲大.

286 所以治愛人, 禮爲大. 所以治禮, 敬爲大. (…) 弗愛不親, 弗敬不正. 愛與敬, 其政之本與?(「哀公問」)

287 爲人臣下者, 有諫而無訕(譏笑), 有亡而無疾(怒恨).(「少儀」)

288 爲人臣之禮, 不顯諫, 三諫而不聽則逃之.(「曲禮下」)

289 下之事上也, 雖有庶民之大德, 不敢有君民之心.

290 事君可貴可賤, 可富可貧, 可生可殺, 而不可使爲亂.(「表記」)

291 大道之行也, 天下爲公, 選賢與能, 講信修睦. 故人不獨親其親, 不獨子其子, 使老有所終,壯有所用, 幼有所長, 矜寡孤獨廢疾者皆有所養. 男有分, 女有歸. 貨惡其棄於地也, 不必藏於己; 力惡其不出於身也, 不必爲己. 是故謀閉而不興, 盜竊亂賊而不作, 故外戶而不閉. 是謂大同.

292 大道旣隱, 天下爲家, 各親其親, 各子其子, 貨力爲己.

293 未有不謹於禮者也.

294 使博士諸生刺六經中作王制.(『史記』「封禪書」)

295 한자 錯에 대한 중국어 발음은 Cuò와 Cù 둘이지만 후자는 두다는 의미의 조措 자와 통용된다. 따라서 역사적으로 조착晁(본자는 鼂)錯은 우리말로 조조로 불려왔다. 하지만 현대에 들어 중국에서 이를 Cháo Cù로 읽는 경우는 거의 없으며, 동서양 모두 Cháo Cuò로 읽는다. 우리나라 학자들도 조착으로 읽는 경우가 많다. 필자는 어원적으로도 조착으로 발음하는 것을 옳다고 본다. 『삼국지』의 조조와 구분되는 효과도 있다. ―옮긴이

296 錯所更令三十章, 諸侯讙嘩.

297 明於國家之大體, 通於人事之終始.

298 動靜上配天, 下順地, 中得人.

299 此謂配天地, 治國大體之功也.(『한서』「晁錯傳」)

300 計安天下, 莫不本於人情. 人情莫不欲壽, 三王生而不傷也; 人情莫不欲富, 三王厚而不困也; 人情莫不欲安, 三王扶而不危也; 人情莫不欲逸, 三王節其力而不盡也. 其爲法令也, 合於人情而後行之; 其動衆使民也, 本於人事然後行之. 取人以己, 內恕及人. 情之所惡, 不以强人; 情之所欲, 不以禁民. 是以天下樂其政, 歸其德, 望之若父母, 從之若流水; 百姓和親, 國家安寧, 名位不失, 施及後世. 此明於人情終始之功也.(『한서』「晁錯傳」)

301 人情, 一日不再食則飢, 終歲不制衣則寒. 夫腹飢不得食, 膚寒不得衣, 雖慈母不能保其子, 君安能以有其民哉! 明主知其然也, 故務民於農桑, 薄稅斂, 廣蓄積, 以實倉廩, 備水旱, 故民可得而有也.(『한서』「食貨志」)

302 臣聞帝王之道, 包之如海, 養之如春.

303 禁法律賤商人, 商人已富貴矣; 尊農夫, 農夫已貧賤矣.(『한서』「식화지」)

304 地有遺利, 民有餘力, 生穀之土未盡墾, 山澤之利未盡出也, 遊食之民未盡歸農也. 民貧, 則奸邪生. 貧生於不足, 不足生於不農, 不農則不地著, 不地著則離鄕輕家, 民如鳥獸, 雖有高城深池嚴法重刑, 猶不能禁也.(『한서』「식화지」)

305 粟者, 王者之大用, 政之本務.

306 明君貴五穀而賤金玉.(『한서』「식화지」)

307 以之興利除害, 尊主安民而救暴亂也.

308 勸天下之忠孝而明其功也. 故功多者賞厚, 功少者賞薄.(『한서』 「조착전」)

309 以禁天下不忠不孝而害國者也. 故罪大者罰重, 罪小者罰輕.(『한서』 「조착전」)

310 任不肖而信讒賊.

311 絶秦之迹, 除其亂法.

312 未之躬親, 而待群臣.

313 民不益富, 盜賊不衰, 邊境未安.

314 今以陛下神明德厚, 資財不下五帝.

315 臣聞五帝其臣莫能及, 則自親之.

316 人主所以尊顯功名揚於萬世之後者, 以知術數也.

317 知所以臨制臣下而治其衆.

318 知所以聽言受事.

319 知所以安利萬民.

320 知所以忠孝事上.(『한서』 「조착전」)

321 或曰皇太子亡以知事爲也, 臣之愚, 誠以爲不然.(『한서』 「조착전」)

322 善爲政者, 士實於朝野, 牛馬實於陸, 鳥獸實於林.

323 臣竊聞古之賢主莫不求賢以爲輔翼.

324 救主之失, 補主之過, 揚主之美, 明主之功, 使主內亡邪辟之行, 外亡騫汚之名. 事君若此, 可謂直言極諫之士矣.

325 今削之亦反, 不削亦反. 削之, 其反亟, 禍小; 不削之, 其反遲, 禍大.(『한서』 「吳王劉濞傳」)

326 天子不尊, 宗廟不安.(『한서』 「조착전」)

327 以蠻夷攻蠻夷.

328 黃老에 대한 우리말 독음대로 황로라고 부르는 사람이 많다. 하지만 황제黃帝와 노자老子의 결합어이고, 노자를 어떤 경우든 로자라 부르지 않는다는 점에서 필자는 황노라고 불려야 두 사람의 결합어로 인식될 수 있다고 생각한다. —옮긴이

329 宜縞素爲資. 今始入秦, 卽安其樂, 此所謂'助桀爲虐'.(『史記』 「留侯世家」)

330 言人人殊, 參未知所定.

331 治道貴淸靜而民自定.

332 君臣俱欲休息乎無爲.

333 政不出房戶, 天下晏然. 刑罰罕用, 罪人是希. 民務稼穡, 衣食滋殖.(『史記』 「呂太后本紀」)

334 本好黃帝老子之術.

335 宰相者, 上佐天子理陰陽, 順四時, 下育萬物之宜, 外鎭撫四夷諸侯, 內親附百姓, 使卿大夫各得任其職焉.(『사기』「陳丞相世家」)

336 文帝本修黃老之言, 不甚好儒術, 其治尙淸靜無爲.

337 好黃帝老子言, 帝(景帝)及太子諸竇不得不讀『黃帝』『老子』, 尊其術.(『사기』「外戚世家」)

338 王生者, 善爲黃老言, 處士. 嘗召居庭中.(『한서』「張釋之傳」)

339 學老子言.

340 鴻은 큼, 烈은 밝음이니 도를 크게 밝히는 말이란 의미. ―저자주

341 共講論道德, 總統仁義, 而著此書. (…) 然其大較歸之於道.

342 上愛祕之.(『한서』「淮南王傳」)

343 夫地勢, 水東流, 人必事焉, 然後水潦得谷行. 禾稼春生, 人必加功焉, 故五穀得遂長. 聽其自流, 待其自生, 則鯀禹之功不立, 而后稷之智不用.(『회남자』「修務訓」, 이하『회남자』 인용문은 편명만 달아둠)

344 所謂無爲者, 不先物爲也; 所謂無不爲者, 因物之所爲. 所謂無治者, 不易自然也; 所謂無不治者, 因物之相然也.

345 道曰規, 始於一, 一而不生, 故分而爲陰陽, 陰陽合和而萬物生.(「天文訓」)

346 煩氣爲蟲, 精氣爲人. 是故精神, 天之有也; 而骨骸者, 地之有也.(「精神訓」)

347 夫道有經紀條貫, 得一之道, 連千枝萬葉.(「俶眞訓」)

348 體道者逸而不窮.

349 循天者, 與道游者也.

350 帝者體太一, 王者法陰陽, 霸者則四時, 君者用六律.

351 故大人者, 與天地合德, 日月合明, 鬼神合靈, 與四時合信. 故聖人懷天氣, 抱天心, 執中含和, 不下廟堂而衍四海, 變習易俗, 民化而遷善, 若性諸己, 能以神化也.

352 是故聖人法天順情, 不拘於俗, 不誘於人, 以天爲父, 以地爲母, 陰陽爲綱, 四時爲紀. 天靜以淸, 地定以寧, 萬物失之者死, 法之者生.

353 非以奉養其欲也.

354 立天子以齊一之.

355 身服節儉之行, 而明相愛之仁.

356 所爲立君者, 以禁暴討亂也.

357 無以天下爲者, 必能治天下者.

358 天致其高, 地致其厚, 月照其夜, 日照其晝, 列星郎, 陰陽化, 非有爲也, 正其道而物自然

也.(「泰族訓」, 뒤 3구는 王念孫의 교정에 의거하여 고침)

359　夫萍樹根於水, 木樹根於土, 鳥排虛而飛, 獸蹠實而走, 蛟龍水居, 虎豹山處, 天地之性
　　　也.(「原道訓」)

360　陸處宜牛馬, 舟行宜多水. 匈奴出穢裘, 于越生葛絺, 各生所急以備燥濕, 各因所處以御
　　　寒暑, 竝得其宜, 物便其所.

361　萬物固以自然, 聖人又何事焉!(「원도훈」)

362　所謂無治者, 不易自然也.(「원도훈」)

363　禹決江疏河, 以爲天下興利, 而不能使水西流. 稷辟土墾草, 以爲百姓力農, 然不能使禾
　　　多生. 豈其人事不至哉, 其勢不可也. 夫推而不可爲之勢, 而不修道理之數, 雖神聖人不
　　　能以成其功, 而況當世之主乎?(「主術訓」)

364　行必然之道.(「주술훈」)

365　因物之相然也.(「원도훈」)

366　聖人擧事也, 豈能拂道理之數, 詭自然之性, 以曲爲直, 以屈爲伸哉? 未嘗不因其資而用
　　　之也.(「주술훈」)

367　物有以自然, 而後人事有治也.(「태족훈」)

368　因水以爲師.(「원도훈」)

369　因地之勢也.

370　因民之欲也.

371　故能因, 則無敵於天下矣.(「태족훈」)

372　三代之所道者, 因也.(「詮言訓」)

373　聖人察其所以往, 則知其所以來者.

374　混冥之中.

375　逮至衰世, 人衆財寡, 事力勞而養不足, 于是忿爭生, 是以貴仁.(「本經訓」)

376　上世體道而不德, 中世守德而弗壞也, 末世繩繩乎唯恐失仁義.(「繆稱訓」)

377　今儒墨者稱三代文武而弗行, 是言其所不行也; 非今時之世而不改, 是行其所非也. 稱其
　　　所是, 行其所非, 是以盡日極慮而無益於治, 勞形竭智而無補於主也.(「氾論訓」)

378　以一世之度制治天下.

379　聖人事窮而更爲, 法弊而改制, 非樂變古易常也, 將以救敗扶衰, 黜淫濟非, 以調天地之
　　　氣, 順萬物之宜也.

380　論世而爲之事, 權事而爲之謀.

381　五帝異道而德覆天下, 三王殊事而名施後世, 此皆因時變而制禮樂者. (…) 是故禮樂未始

有常也. 故聖人制禮樂, 而不制於禮樂.

382　一世之迹也.

383　世異則事變, 時移則俗易. 故聖人論世而立法, 隨時而擧事.

384　是故不法其已成之法, 而法其所以爲法. 所以爲法者, 與化推移者也.

385　法制禮義者, 治人之具也, 而非所以爲治也. (…) 天下豈有常法哉! 當於世事, 得於人理, 順於天地, 祥於鬼神, 則可以正治矣.

386　法度者, 所以論民俗而節緩急也; 器械者, 因時變而制宜適也.

387　禮因人情而爲之節文.

388　衣服禮俗者, 非人之性也, 所受於外也.

389　古之置有司也, 所以禁民, 使不得自恣也.

390　法生於義, 義生於衆適, 衆適合於人心, 此治之要也.

391　法籍禮義者, 所以禁君使無擅斷也. 人莫得自恣則道勝, 道勝而理達矣, 故反於無爲.

392　法者, 非天墮, 非地生, 發於人間, 而反以自正.

393　天下是非無所定, 世各是其所是而非其所非.

394　故是非有處, 得其處則無非, 失其處則無是.

395　所謂是與非各異, 皆自是而非人.

396　故世治則愚者不能獨亂, 世亂則智者不能獨治.

397　雖賢王, 必待遇. 遇者, 能遭於時而得之也, 非智能所求而成也.(「전언훈」)

398　不專在於我, 亦有繫於世矣.

399　處便而勢利.

400　有賢聖之名者, 必遭亂世之患也.

401　貴其周於數而合於時也.

402　故聖人不貴尺之璧, 而重寸之陰, 時難得而易失也.

403　簡於行而謹於時.

404　聖人知時之難得, 務可趣也.

405　得在時, 不在爭.(「원도훈」)

406　窮達在時.(「제속훈」)

407　人之性有仁義之資.

408　此皆人之所有於性, 而聖人之所匠成也. 故無其性, 不可敎訓; 有其性, 無其養, 不能遵道. 繭之性爲絲, 然非得工女煮以熱湯而抽其統紀, 則不能成絲. (…) 人之性有仁義之資, 非聖人爲之法度而敎導之, 則不可使向方.

409 所謂仁者, 愛人也; 所謂知者, 知人也. 愛人則無虐刑矣, 知人則無亂政矣. 治由文理, 則無悖謬之事矣; 刑不侵濫, 則無暴虐之行矣.

410 治之所以爲本者, 仁義也.

411 天下, 大利也, 比之身則小; 身之重也, 比之義則輕.

412 民不知禮義, 法弗能正也.

413 國之所以存者, 仁義是也.

414 遍知萬物而不知人道, 不可謂智. 遍愛群生而不愛人類, 不可謂仁. 仁者, 愛其類也; 智者, 不可惑也.

415 義者, 人之大本也. 雖有戰勝存亡之功, 不如行義之隆.

416 淸淨恬愉, 人之性也.

417 人性安靜.

418 人性欲平.

419 至人之治也, 掩其聰明, 滅其文章, 依道廢智, 與民同出於公. 約其所守, 寡其所求, 去其誘慕, 除其嗜欲, 損其思慮. 約其所守則察, 寡其所求則得.

420 不待學問而合於道者, 堯舜文王是也.

421 沈湎耽荒, 不可敎以道, 不可喩以德, 嚴父弗能正, 賢師不能化者, 丹朱商均也.

422 上不及堯舜, 下不及商均, (…) 此敎訓之所諭也.

423 天之所覆, 地之所載, 包於六合之內, 托於宇宙之間, 陰陽之所生, 血氣之精, 含牙戴角, 前爪後距, 奮翼攫肆, 蚑行蟯動之蟲, 喜而合, 怒而鬪, 見利而就, 避害而去, 其情一也. 雖所好惡, 其與人無以異.

424 故其形之爲馬, 馬不可化: 其可駕御, 敎之所爲也. 馬, 聾蟲也, 而可以通氣志, 猶待敎而成, 又況人乎!

425 皆同聲.

426 通其言.

427 敎俗殊也.

428 人之性無邪, 久湛於俗則易. 易而忘本, 合於若性.

429 凡人之性, 少則猖狂, 壯則暴强, 老則好利. 一人之身旣數變矣.

430 治國有常, 而利民爲本.

431 食者, 民之本也. 民者, 國之本也. 國者, 君之本也.

432 必先計歲收, 量民積聚, 知饑饉有餘不足之數.

433 非能目見而足行之也, 欲利之也. 欲利之也不忘於心, 則官自備矣.(「守務訓」)

434 日夜不忘於欲利人.(「태족훈」)

435 得民之與失民也.

436 所謂有天下者, 非謂其履勢位, 受傳籍, 稱尊號也; 言運天下之力, 而得天下之心.

437 欲成覇王之業者, 必得勝者也. 能得勝者, 必強者也. 能強者, 必用人力者也. 能用人力者, 必得人心者也.

제3장

한漢제국의 정치
대일통과 독존유술獨尊儒術

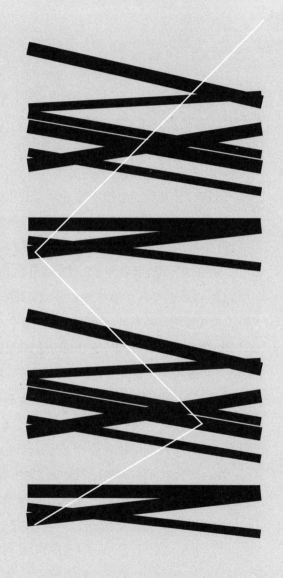

한漢 제국은 몇십 년의 발전을 거쳐 중앙 집권적 군주 전제 정치 체제를 날로 공고히 했다. 그런데 정치에 대한 인식 수준에선 오히려 이런 체제에 맞지 않는, 예컨대 도가의 황로黃老 무위 사상 등과 같은 현상이 존재하고 있었다. 군주 전제하의 통치자에게 있어 정치적 실천은 그에 상응하는 이론 지침을 필요로 한다. 그렇지 않으면 '맹목적'이고 '혼란스러운' 상태에 빠지게 되므로 제국의 정치 체제에 맞는 이상적 정치 양식을 찾는 것이 급선무일 것이다. 한대 유학자들이 제창한 '대일통大─統' 사상은 그렇게 제왕들의 마음에 와닿았으며, 동중서董仲舒의 건의와 한漢 무제武帝의 인가를 거쳐 유학은 마침내 일존─尊으로 정해졌다. 이는 한대 정치사상 발전 과정상 일대 사건인 동시에 중국 고대 정치사상과 문화 발전의 이정표가 되었다. 이로써 유가 사상은 차츰 상승하여 중국 전통 사상 문화의 주체가 되었으며, 그 영향력과 의의는 지극히 심원한 것이었다. 한대 정치사상의 발전으로만 본다면 존유尊儒는 한 초엽 이래 유가들의 신흥 제국에 대한 정치설계가 궤도에 들어섰음을 뜻한다. 그 후 일부 쟁론과 반박이 있었으며 '한 왕실 제도'의 정수가 순수한 유학이 아니라 '패도覇道와 왕도王

道가 뒤섞인 것'이었지만, 전체적으로는 유학이 제국의 정치적 지도 사상이 되었다. 그리고 한漢 원제元帝의 대대적인 홍보를 통해 마침내 유학은 정치사상 영역에서 주도적 지위를 공고히 할 수 있었다.

제1절

『춘추공양전春秋公羊傳』의
대일통 정치사상

『공양전_{』과}
공양학_{公羊學}

현존본 『춘추_{春秋}』는 선진 시대 노_魯나라의 편년사로 노_魯 은공_{隱公}으로
부터 노_魯 애공_{哀公}까지 도합 12군주 242년의 역사를 싣고 있다.(『좌전_{左傳』}
은 244년) 책은 경_經과 전_傳 두 부분으로 나뉜다. 경은 역사를 기록한 본문
으로 대단히 간략하며, 전은 후학들의 경에 대한 주석과 설명인데 상세
한 곳도 있고 소략한 곳도 있는 등 다양하다. 경을 전달하는 자의 '경'에
대한 해석 각도와 전수 중점이 각기 달랐기 때문에 차츰 다른 학파가 형
성되었으며, 모두 자신의 체계를 이루어 각자의 전본_{傳本}을 갖기에 이르렀
다. 오늘날엔 『좌씨전_{左氏傳』}(이하 『좌전』이라 약칭함) 『공양전_{公羊傳』} 『곡량전_穀
_{梁傳』} 세 종류가 있다. 『한서_{漢書』} 「예문지_{藝文志」}의 기록에 따르면 그 외 '추
씨전_{鄒氏傳』} 11권'과 '협씨전_{夾氏傳』} 11권'이 더 있었다고 한다. 그러나 "추씨
는 사승_{師承}이 없고 협씨는 책을 남기지 않아"[1] 전해 내려올 수 없었다. 맨
처음엔 경과 전이 따로 떨어져 전해졌으나, 전해오는 과정에서 점차 하나
로 합해졌다. 『좌전』과 경의 합병은 서진_{西晉}의 두예_{杜預}에서 시작했다. 『공
양전』과 『곡량전』이 언제 경과 합병되었는지는 확실히 고증하기 어렵다.
『공양전』의 경과 전이 합병된 것은 당_唐대 서언_{徐彦}에서 시작되었다는 주

장이 한 가지 있긴 하지만 이에 대해선 논의가 분분하다. 『좌전』의 기술은 기본적으로 경문에 기록된 사실史實에 대한 설명과 해석이므로 '사전史傳'이라 불리며, 『공양전』 『곡량전』은 경문의 '의미와 이치義理'를 상세하게 밝히고 있어 '경전經傳'의 정체正體로 취급된다.

　『한서』 「예문지」의 '춘추류春秋類'는 『공양전』 11권'이라 기록하고는 그 자신이 "공양자公羊子는 제齊나라 사람이다"라고 주를 달았다. 거기에 안사고顔師古가 "이름은 고高"라고 주석했다. 공양고公羊高의 이력은 역사책에 남은 기록이 없다. 연구자마다 각가지 추측을 제기하지만 아직까지 분명히 드러난 바는 없다. 서언의 『공양주소公羊注疏』는 후한後漢 대굉戴宏의 '서序'를 인용하며 공양고가 자하子夏의 문하생이라고 주장한다. 이 말을 믿는다면 공양고는 전국 시대 사람이 된다. 공양고 이후 공양평公羊平, 공양지公羊地, 공양감公羊敢, 공양수公羊壽 및 자침자子沈子, 자사마자子司馬子, 자녀자子女子, 자북궁자子北宮子, 고자高子, 노자魯子 등이 스승에게서 전수받아 입으로 귀로 전해오다가 "한漢 경제景帝 때에 이르러 (공양)수가 제나라 사람 호모자胡母子와 더불어 죽백竹帛에 모두 쓰니"[2] 그 기록들이 문서화되었다. 여기서 알 수 있듯, 『공양전』은 한 이전에 벌써 완전한 사승 계보를 갖춘 학설, 유파를 형성했다.

　전한 시기 『공양전』 연구는 전문 분야가 되어 이른바 공양 학파를 형성하기에 이르렀으며, 대가들이 배출되어 최고로 흥성했다. 『사기史記』 『한서』의 유림전儒林傳 관련 기록을 보면 전한 공양학의 대가로는 두 사람이 핵심이다. 하나는 호모생胡母生으로 자는 자도子都이며 경제 때 박사博士가 되었고 "연로하여서는 제나라로 돌아가 가르쳤는데, 제나라에서 『춘추』를 말하는 사람이면 그를 종사로 받들었다".[3] 두 번째는 동중서董仲舒로 조趙나라 사람이며 광범하게 학생들을 가르쳐 영향력이 매우 컸다. 그 후학으로는 엄嚴(팽조彭祖)과 안顔(안락安樂) 두 학파가 있다.

전한 이후 저명한 공양학자로는 후한의 하휴何休, 당唐대의 서언이 있다. 하휴가 저술한 『공양해고公羊解詁』는 후세 『공양전』 연구의 주요 대본이 되었다. 송宋대 학자들 사이에도 『춘추』를 다룬 사람이 있었으나 송학宋學은 이미 한학漢學의 원래 모습이 아니었고, 학자 대부분이 전傳을 버리고 경經만 이야기했다. 예컨대 호안국胡安國은 『춘추전春秋傳』을 쓰면서 경의 내용을 빌려 시대 정치를 논하고 있다. 청淸대에 이르러 금문경학今文經學이 일거에 크게 일어났다. 공양학을 다룬 대가로는 먼저 장존여莊存與와 유봉록劉逢祿을 들 수 있고, 그 뒤로 송상봉宋翔鳳, 위원魏源, 공자진龔自珍, 대망戴望, 피석서皮錫瑞, 최적崔適 등 저명한 학자들이 나타났으며, 곧장 캉유웨이康有爲까지 이르렀으니 공양학은 끝까지 전승된 것으로 보인다.

엄격히 말하면 『공양전』의 정치 이론과 한대 공양학을 섞어서 함께 이야기해서는 안 된다. 한대 공양학 대가들은 물론 사법師法과 가법家法을 강조했으나, 연구 학습하여 전수하는 과정에서 왕왕 독자적인 전개나 발전을 이루어 스스로 일파를 이루기도 했다. 이를테면 반고班固에게 "유자들의 종宗"이란 영예를 얻은 동중서는 대량의 음양오행, 천인감응天人感應 학설을 『공양전』에 융합시켜 천인합일을 그 이론 기조로 삼는 동씨공양학董氏公羊學을 구축했다. 『공양전』 안에도 천인감응에 관한 일부 인식이 들어 있다. 예컨대 희공僖公 15년에 "기묘己卯 그믐에 이백夷伯의 사당에 벼락이 떨어졌다"[4]는 말에 『전傳』은 "이백이란 자는 무엇을 하던 사람인가? 계씨季氏가 신임하던 사람이었다. 계씨가 신임한 사람이라면 미약한 자인데 어찌하여 이백이라 불렀는가? 그를 높여주었기 때문이다. 어째서 그를 높여주었는가? 하늘이 특별히 계손씨에게 알려주었으므로 그를 높여준 것"[5]이라고 답한다. 그러나 이런 식의 인식은 『공양전』 사상 체계 속에서 비중이 극히 낮으며, 절대다수의 재이災異에 관한 해석은 그저 기록하게 된 원래 이유를 밝히고 있을 뿐이다. 예컨대 은공隱公 9년 "3월 계유

癸酉 날 큰비가 내리고 천둥과 번개가 일었다"[6]에 대해 『전』은 "어찌하여 기록했는가? 기이함을 기록한 것이다. 어찌하여 기이하단 말인가? 때에 맞지 않았기 때문이다"[7]라고 한다. 환공桓公 5년 "가을에 (…) 큰 기우제를 지냈다"는 말을 『전』은 "어찌하여 기록했는가? 재난을 기록한 것이다"라고 한다. 전의 재이 해석은 '기록 방법'에 구별을 둔다. 예를 들어 "관계없는 특별함은 기록하지 않고" "재난은 기록하고 기이함은 기록하지 않는다" 등이 그렇다. 그런데 이는 분명히 동씨공양학의 신비적 전개와는 아무 상관이 없다. 따라서 『공양전』과 한대 공양학을 구분 짓는 것이 『공양전』의 정치사상을 파악하는 중요한 전제가 된다.

왕권의 '대일통'

『공양전』의 정치사상의 주지를 한마디로 개괄하면 그건 바로 왕권王權의 '대일통大一統'이다. 전문傳文의 첫 편 시작부터 곧장 이 기치를 내세우고 있다. 『춘추』 은공隱公 원년의 "원년 봄, 주周 왕의 정월이었다"[8]에 대한 전문은 "왕이란 누구를 말함인가? 문왕文王을 말한다. 어찌하여 먼저 왕을 언급하고 나중에 정월을 말했는가? 왕의 정월이기 때문이다. 어찌하여 왕의 정월이라고 말했는가? 통일을 드러나게 하려는 까닭이다"[9]이다. 춘추 시대는 왕의 기강이 해체되고 정치가 혼란스러워 고삭告朔[10] 제도는 없어진 지 오래였고 각 제후국의 정월 초하루正朔 또한 통일되지 않았다. 본국의 달력으로 시간을 기록하는 현상이 벌써 나타나고 있었다. "이를테면 약공궤명郡公簋銘에 '오직 약郡의 정삭으로 2월초 길한 을축乙丑 날'이라 한 것은 '약의 정삭'이 '왕의 정삭'과 다름을 드러낸 것이다."[11] 『춘추』 은공 원년의 "왕의 정월"은 노魯나라의 시간 기록이 여전히 주周 왕의 정삭을 준용하고 있음을 표명한 것이다. 『공양전』의 저자는 이로부터 그들의 정치적 주장을 개진했다. 대大는 동사로 해석하여 '과장하다, 드러나게 하다'라는 의미다. '대일통'은 응당 역법을 통일시켜 모두 주나라 정삭을 따라야 한다는 전문 저자의 주장을 나타낸 것일 뿐만 아니라 그들의 정치 이상을 드러낸 것이기도 하다. 그들은 주 천자를 대표로 하는 왕권정치王權政治를 본보기로 삼아 하나의 단일 권력이 주재하는 통일된 천하의 실현을 갈망했다.

이러한 기본 인식에서 출발하여 전문의 저자는 천자에게 천하의 유일한 최고주재자로서의 정치적 지위와 형상을 부여하는 데 온 힘을 기울이면서 "왕에게 [모든 것을 아우르므로] 바깥세계란 없다王者無外"는 중요한 명제를 제기했다. 『춘추』 은공 원년의 "겨울, 12월에 제백祭伯이 내來했다"[12]는 내용을 『좌전』은 "왕의 명을 받은 것이 아니었기 때문"이라고 해석했다. 제백이 국왕의 명을 받들어 공적으로 한 일이 아니라 사사로이 도망해왔음을 주석으로 밝힌 것이다. 『공양전』은 여기서의 '내來' 자를 잡고 늘어져 다음과 같이 확대하여 글을 짓고 있다. "제백이 누구인가? 천자의 대부였다. 어찌하여 사자라 칭하지 않았는가? 망명奔했기 때문이다. 망명했다면 어찌하여 망명했다고 말하지 않았는가? 왕에게는 바깥세계란 없는 법인데, 망명했다고 말하면 바깥세계가 있다는 말이 되기 때문이다."[13] 하휴何休는 『해고解詁』에서 "망명했다고 말하면 외대부外大夫가 망명을 왔다는 것과 같은 문장이 된다. 훌륭한 왕은 천하를 집으로 삼으므로 망명을 갔다고 함은 적절한 뜻이 아니다"[14]라고 말한다. 하휴의 주석문은 부화뇌동한 점이 없지 않다. 그러나 해석만은 맞다고 하겠다. 춘추 시대 통치자들은 권력 쟁탈에 열중했으며, 수단은 가혹하고 투쟁은 격렬하여 "제후들이 망명하거나 달아나 사직을 보존하지 못한 자가 셀 수 없을 정도였다."[15] 『춘추』에는 세력을 잃은 귀족들이 이국 타향으로 '망명'한 기록이 수두룩하다. 제백은 그 가운데 한 명에 불과하다. 제백이 주나라 천자의 경사卿士였으므로 『공양전』 저자는 '망명奔'이라고 말하면 주 천자를 일반 제후와 혼동되리라고 생각하여 '내來'라고 썼던 것이다. 이것은 전통 경학의 흥미진진한 '서법書法'이자 '금기諱例'로 우리는 여기서 바로 '대일통'의 각주를 발견하게 된다. '왕에게 바깥세계란 없다'는 말은 천자가 천하의 '공주共主'로서 지고무상의 지위와 권력을 가짐을 긍정하고 있다.

『공양전』의 "왕에게 바깥세계란 없다"는 말은 환공桓公 8년에도 보인다. "겨울, 10월에 (…) 제공祭公이 내來했으며, 그에 기紀나라에서 왕후王后를 영접했다"[16]에 대해 『전』에서는 "여자는 자기 나라에서는 여女라고 부르는데, 여기서 왕후라 부른 것은 무엇 때문인가? 왕에게 바깥세계란 없기 때문에 그 말이 성립되는 것이다"[17]라고 한다.『춘추』"필법筆法"에 따르면 "여자는 자기 나라에서는 여女라고 부르고, 길에서는 부婦라고 부르며, 그 나라에 들어와서는 부인夫人이라고 부른다"[18] 그런데 이런 칭호는 제후나 일반 귀족에게만 적용되지 천하의 최고 주재자에게 섞어 쓸 수는 없다. 전문의 저자는 제공이 주 환왕周桓王을 위해 기나라 여자 계강季姜을 아내로 맞이하도록 했으므로 직접 '왕후'라고 썼으며, 이는 바로 '왕에게 바깥세계란 없다'는 데 연유한 것으로 천자 '가천하家天下'의 특수한 권위와 신분을 드러낸 것이라고 생각했다.

천자의 지고무상한 권위를 가일층 강화하기 위해 『공양전』은 또 최고 토지소유권의 귀속 문제를 명확하게 제기한다. 환공桓公 원년 "3월에 (…) 정백鄭伯이 벽옥을 사용하여 허許지역의 전답을 빌렸다假"[19] 전문은 "여기서 벽옥을 사용하여 빌렸다 함은 무슨 말인가? 바꾸었다는 이야기다. 바꾸었으면易 바꾸었지 빌렸다고假 함은 무엇 때문인가? 조심한 것이다. 왜 조심해야 했는가? 천자가 계신다면 제후는 토지를 마음대로 해선 안 되기 때문이다"[20]라고 말한다. 중국 고대사회에서 경제 권력은 정치권력과 정치 지위를 표현하는 형식 가운데 하나였다. 정치권력의 장악은 토지 점유권을 더욱 공고히 했으며, 토지 점유는 정치권력을 더욱 충실하게 만들었다. 『공양전』의 저자는 전국 토지의 최고 소유권을 천자의 이름 아래

귀속시킴으로써 천자로 하여금 진정으로 정치, 경제의 대권을 일신에 집중시키는 최고의 통치자가 되도록 했다.

'대일통'은 『공양전』 저자의 정치설계도였으며, 그러한 이상 정치를 수립하려는 구상이었다. 거기에선 왕권만이 최고 권력의 중심이 되어 전국에 '일통화—統化'의 정치를 실행하는 것이었다. 이 구상이 한漢대 통치자의 정치적 요구와 은연중에 합치하고 있다는 것에는 의심의 여지가 없다.

03 　　　　　　　등급 원칙에 관한
　　　　　　　　　논의

　『공양전』의 저자는 '대일통' 정치를 둘러싸고 무수한 정치 원칙을 제기
했다. 그 가운데 가장 중요한 것은 등급 원칙에 대한 인식이다. 전문의 저
자는 '장長(나이)'과 '귀貴(신분)'의 관계 분석을 통해 이 문제를 제기했다.

　기원전 723년 노魯 혜공惠公이 죽자 서출의 큰아들인 식息이 왕위를 계
승했는데 그가 노魯 은공隱公이다. 『좌전』은 이 권력 교체를 다음과 같이
해설한다. "즉위라고 쓰지 않은 것은 섭정이었기 때문이다."[21] 『사기』 「노세
가魯世家」에 의하면, 혜공이 죽었을 때 태자 윤允이 나이가 어려 "노나라 사
람들이 다 같이 식으로 하여금 섭정토록 했으므로 즉위라고 말하지 않
았다"[22]고 한다. 『공양전』은 이 일에 온갖 이유를 다 대어 이 권력 교체
의 합리성에 이의를 제기했다. 전문은 말한다. "공은 어찌하여 즉위라고
말하지 않았는가? 공의 뜻을 이루었기 때문이다. 어떻게 공의 뜻을 이루
었다는 것인가? 공은 장차 나라를 바로잡아 환桓에게 되돌려주려고反之
桓 했던 것이다. 어째서 환에게 되돌려주어야 하는가? 환은 어리나 신분
이 고귀하고, 은隱은 연장자이지만 신분이 비천하기 때문이다. (…) 그리고
만약 환을 세운다면 뭇 대부가 어린 군주를 보좌할 수 없을까 저어했기

때문이다. 따라서 은을 세운 것은 환을 위하여 세운 것이다."[23] 전문의 저자는 은공의 즉위를 태자 윤尤의 계승권을 확보하기 위하여 채택한 보호성 조치라고 말하고 있다. 태자 윤이 자라서 성인이 될 때까지 기다렸다가 은공이 왕위를 주동적으로 양보하여 "환에게 되돌려주려" 했다는 것이다. 이 해석은 자의적으로 썼다는 혐의를 벗어나기 어렵다. 이어서 전문에는 또 이렇게 이야기한다. "은은 연장자면서도 현명했는데 어째서 마땅히 세워지지 않았는가? 적자로서 연장자를 세우지 현명하다고 세우지 않는다. 아들로서 신분이 고귀한 자를 세우지 연장자라고 세우지 않는다. 환은 어찌하여 고귀한가? 어머니가 고귀하기 때문이다. 어머니가 고귀하면 아들은 어찌하여 고귀한가? 아들은 어머니로서 고귀해지고, 어머니는 아들로서 고귀해진다."[24] 원래 전문은 '장長'과 '귀貴'의 관계를 밝히기 위해 일부러 돌려서 이야기한 것이다. 은공의 어머니는 '천첩賤妾'이었고, 환공(태자 윤)은 송宋나라 군주 딸의 소생이다. 은공이 연장자이지만 환공이 은공보다 '귀'했다. '장'은 혈연관계를 바탕으로 한 자연스러운 장유의 서열일 뿐 어떠한 정치적 의미도 포함하지 않는다. '귀'는 그렇지 않다. '귀'는 정치·사회적 현상이며, 귀천의 구분은 권력의 점유와 분배를 특징으로 하는 정치적 성질을 지닌 등급 서열로 각종 등급의 정치적 신분을 나타낸다. 『공양전』의 저자는 '귀'를 숭상하고 '장'을 억누른다. '귀'가 '장'보다 높다고 주장한다. 말하지 않아도 알 수 있듯이 그들은 군신, 상하, 존비의 등급 원칙을 구현하는 것을 첫 번째의 그리고 가장 기본적인 정치원칙으로 보고 있다. 그리고 "아들은 어머니로서 고귀해지고, 어머니는 아들로서 고귀해진다"면서 이 등급 원칙의 혈연적 특징을 강조한다. 나면서부터 가지게 된 등급적 특권이야말로 전제 왕권 생존의 기본 조건 가운데 하나다. '대일통' 정치는 엄격한 등급 제도의 유지를 필요로 했으며, 군주의 지고무상한 권위는 더더욱 존비 등급을 기본 바탕으로 삼을 필요가 있었다. 『공양전』의 '장'과 '귀' 분석은 이를 위한 이론적 근거를 제공해주었다.

등급 원칙은 실제 정치세계에서 구체적으로 각종 예법 제도나 의례로 나타났다. 『공양전』은 이런 예법 제도나 의례를 지극히 중시한다. 그들은 예법 제도를 위배하는 행위를 맹렬하게 비난하고 특히 신하의 참람, 월권에 통한했다. 『공양전』은 『춘추』 은공隱公 5년 "처음 육일六佾의 춤을 바쳤다"[25]는 말에 "왜 처음 육일무를 바쳤다고 썼는가? 나무라기 위해서다. 왜 그것을 나무라는가? 시작부터 여러 공公을 참람한 것을 나무란 것이다. 육일무가 참람했다 함은 어째서인가? 천자는 팔일무를, 여러 공은 육일무를, 제후는 사일무를 추는 것이기 때문이다"[26]라고 말한다. 춘추 시대는 등급 질서가 혼란하여 예법 제도를 참월하는 사례가 역사서에 끊임없이 등장하고 있다. 공자도 계씨季氏가 "정원에서 팔일무를 추었다"[27]고 한탄했다. 『공양전』에 은공이 "처음 육일무를 바쳤다" 함은 제후로서 천자의 3공이 하는 의례를 참월해 등급 명분을 어지럽혔다고 주장한 것이다. 『춘추』는 안건대로 기록을 했겠으나 그 뜻은 깎아내리는 데 있었다. 그런데 이 말이 역사 사실에 부합되는지는 크게 의심스럽다. 『좌전』에는 이렇게 쓰여 있다. "9월, 중자仲子의 궁에서 고考 제사를 올리고 만萬이란 춤을 추었다. 공이 중중衆仲에게 춤꾼의 수에 대해 묻자, '천자는 팔일무를 쓰고, 제후는 육일무를 쓰며, 대부는 사일무를 쓴다'고 대답했다. 공은 그를 따랐다. 그리하여 처음 육일의 춤을 바쳤으며, 이로부터 육일무를 쓰기 시작했다."[28] 『좌전』의 기록이 사실이라면 은공이 육일무를 쓴 것은 예에 맞는 행위였는데 어째서 참월이라고 말했는가? 『공양전』의 저자가 사실을 곡해하면서까지 거침없이 은공을 비난한 것은 바로 등급 원칙을 옹호하려는 그들의 열중, 그리고 예에 어긋나는 행위를 향한 비할 수 없는 증오를 드러낸 것이었다.

반대로 예법 제도를 능히 따를 수 있는 사람은 전문에서 있는 힘을 다해 칭송한다. 이를테면 송宋과 초楚가 홍泓에서 전쟁할 때 송宋 양공襄公은 생사의 갈림길에서 멍청하게 예의를 견지했다. 적군이 강을 건너 북이 울리지 않으면 대열을 짓지 않았고, 적이 전열을 갖추기 전엔 터럭 하나 생포하지 않았다. 그리하여 전쟁은 지고 목숨은 잃어 천고의 웃음거리가 되었다. 그런데 전문의 저자는 오히려 양공이 "큰일에 임하여 크게 예를 잊지 않았다"[29]고 주장하며, 죽더라도 영예로웠으니 "문왕文王의 전투에서도 이보다 나을 수는 없었다"[30]고 한다.

특별히 주의를 기울여야 할 것은 『공양전』이 그저 평범하게 예법 제도의 준수를 요구한 것이 아니라 일반적인 요구 가운데 두 가지 원칙을 두드러지게 강조했다는 점이다. 첫째는 예법 제도의 형식과 내용을 조화, 일치시키려 했다는 것이다. 예법 제도나 의례는 꼭 알맞게 예의 본질과 정신을 구현하고 있어야 한다는 것이다. 예법 제도의 준수는 존비 등급을 수호하는 데 취지가 있으므로 형식으로 흘러서는 안 된다. 예컨대 당시 통치자들은 제사를 매우 중시했는데, 이른바 "나라의 큰일은 제사와 전쟁이었다."[31] 전문은 제사의 예를 너무 빈번하게 행해서는 안 된다고 주장한다. 그렇지 않으면 형식으로 흘러 "잦으면 업신여기고, 업신여기면 불경스럽다"[32]는 것이다. 물론 너무 적어도 안 된다. 그렇지 않으면 나태에 빠질 수 있다. "소홀하면 게을러지고, 게을러지면 잊어버리게 되니"[33] 이 또한 크게 불경한 일이다. 둘째, 예가 구현하는 등급 원칙은 일반적 정치 원칙으로 절대적 권위를 가지며, 현실 정치 생활에서 권력이 교체되어도 그에 의해 영향을 받거나 깎아내려지지 않는다. 하, 은, 주 삼대 이래 권력이 교체된 사실은 이미 보편적으로 받아들여지고 있었다. 춘추 시대 사람들은 "높은 언덕이 골짜기가 되고, 깊은 골짜기가 구릉이 된다. 삼왕의 성쇠를 물려받은 사람들이 오늘날은 서인이 되었다"[34]는 현상을 정상적인 일로 보았다. 그렇다면 어떻게 권력의 교체 혹은 전이라는 사실을 인정하는 기초 위에서 군주 권력의 천하일통天下一統을 지킬 것인가? 『공양전』의 저자는 흥미로운 명제를 하나 제기했는데, "기물器은 명분名을 좇고, 땅은 주인을 따른다"[35]고 하는 것이다. 여기서 말하는 '기器'는 보통 기물이 아니라 예기禮器, 즉 정鼎을 가리킨다. "옛날 하나라 성덕이 빛나던 시절, 먼 지방에서 각종 그림과 기이한 물건을 보내왔으니, 구주의 장관들이 모아 헌상한 쇠를 가지고 정을 주조했으며, 거기에 각종 기이한 그림을 새겨 넣었다."[36] 정鼎은 제왕 권력의 상징이었다. '명名'은 등급 명분을 가리킨다. "기물은 명분을 좇는다"는 의미는 권력과 등급 명분이 동일한 성질을 지닌다는 말이다. 이 둘이 동일해지는 것이 바로 등급 원칙의 구현이다. 『공양전』은 왕권이 빈번히 바뀐다는 사실을 인정했다. 그러나 저자가 보기에 국토를 점유한 것이 곧 권력 자체가 합리성을 지녔음을 의미한 것은 아니었다. 전문은 말한다. "기물은 사람과 한가지가 아니다. (…) 땅과 사람 간의 관계에 대해서는 그렇지 않다. 머지않은 시간이 흐르면 그 자신이 소유가 될 수 있다."[37] 문제의 관건은 권력과 등급 명분으로 하여금 소통하도록 하는 것이다. "기물은 명분을 좇는다"는 등급 원칙의 권위성과 중요성을 강조한 말이다. "기물은 명분을 좇고, 땅은 주인을 따른다"는 명제는 등급 원칙과 현실에서의 권력 교체를 따로 떼어 인식하여, 등급 원칙으로 하여금 현실 정치 생활에서의 권력 투쟁을 초월하도록 함으로써 일반적인 정치 원칙으로 상승시킨 것이다. 그것이 의미하는 바는 누가 최고 권력을 점유하든지 상관없이 모두 '기물과 명분'을 반드시 첫 번째 위치에 놓아야 한다는 것이다. 이렇게 하여 이론적으로 군주 권력의 일통천하를 위한 영원한 원칙 하나가 세워졌다. 중국 고대사회에서 왕권의 교체, 전이는 어쩔 수 없는 필연이었다. 『공양전』은 이 필연성을 인정했지만, 또한 동시에 왕권의 '대일통'과 권력의 변동 사이에서 균형을 찾으려 애썼다. "기물은 명분을 좇고, 땅은 주인을 따른다" 함은 인식론적으로 정치 체제의 총체적 안정성과 권력이 구체적으로 귀속되는 변동성 간의 통일을 이룬 것이다. 통치 계급은 어떠한 쟁탈과 살육을 통하든지 상관없이 최후에는 끝내 등급 원칙에 따라 제왕의 전당을 다시 세우고 군권 '대일통'의 질서 속으로 되돌아오게 된다. 등급 원칙은 중국 고대 군주 정치에서 불멸하는 이론적 기둥이 되었다. 이로부터 우리는 한대 통치자들이 수많은 학술 유파 가운데 공양학을 먼저 선택하여 그것으로 관학을 세운 것이 우연이 아니었음을 알 수 있다.

군신 관계론

등급 원칙을 구체적인 정치 관계 속으로 끌어들인 것으로는 먼저 군신 관계에 대한 확정을 들 수 있다. 『공양전』은 하나의 총 원칙을 제기하는데, "대부는 군주에 적대하지 못한다"[38]가 그것이다. 이 원칙은 군신 사이가 주종예속 관계임을 긍정하는데, 주로 다음 세 가지 방면에서 나타난다.

첫째, 군주가 신하의 등급과 신분을 통제, 제약한다. 『춘추』 성공成公 17년에는 "11월, (…) 임신壬申일에 노나라 대부인 공손영제公孫嬰齊가 이진貍軫에서 죽었다"[39]는 사건을 기록하고 있는데, 전에는 이렇게 이야기하고 있다. "이달 이 날짜가 아닌데 어찌하여 이달 이 날짜에 죽었다고 했는가? 군주의 명을 기다린 뒤에야 대부는 죽을 수 있기 때문이다. (…) 이에 앞서 영제는 진晉나라에 갔었다. 노공이 진후와 회맹했는데 공을 붙잡으려 했다. 공손영제가 공을 위해 청원을 하여 풀려났다. 공은 돌아가 그를 대부로 삼겠다고 윤허했다. 돌아가는 길에 이진에 이르러 죽게 되었는데, 군주의 명령이 없으면 감히 대부 신분으로 죽을 수가 없었다. 공이 도착하여 '내 돌아가 대부로 삼겠다고 분명히 윤허했노라'라고 말한 뒤에야 죽은 것이다."⁴⁰ 전문의 저자는 이 사례를 통해 신하의 신분등급이 군주의 수중에 장악되어 있음을 적시하고 있다. "군주의 명령이 없으면 감히 죽을 수 없다" 함이 바로 군주를 대하는 신하의 종속적 지위와 예속적 성질을 증명해준다. 둘째, 신하는 직무를 엄수해야 하며 어떤 상황에도 군주의 권력을 행사해선 안 된다. 『춘추』 양공襄公 30년 "겨울 10월에 (…) 진晉나라 사람, 제齊나라 사람, 송宋나라 사람, 위衛나라 사람, 정鄭나라 사람, 조曹나라 사람이 (…) 단연澶淵에서 회합을 가졌다. 송나라가 무너졌기 때문이다"⁴¹에 대해 전문은 "이는 큰일인데 어찌하여 별일 아닌 듯 취급했느냐면 경卿이었기 때문이다. 경임에도 그냥 사람이라고 부른 것은 무엇 때문인가? 폄하시킴이다. 왜 폄하시켰는가? 경이 제후를 걱정해선 안 되기 때문이다"⁴²라고 말했다. 전문의 저자는 회맹은 본래 제후국 군주들의 직권이므로 경이 대신해서는 안 된다고 여겼다. 경은 군주의 종속일 뿐이기 때문이다. 셋째, 신하는 반드시 군주의 명령에 따라 일을 처리해야 한다. 그렇게 하지 않는 것은 곧 반란이다. 노魯 정공定公 13년, 진晉의 대부 조앙趙鞅이 "진양晉陽의 병사들을 거두어 [반란을 일으킨] 순인荀寅과 사길사士吉射를 축출했는데,"⁴³ 『공양전』에서는 조앙의 행위가 "군주 측근에 있는 악인을 축출한 것"⁴⁴이라고 말은 하지만, 여전히 "이것은 반란"⁴⁵이라고 질타한다. "어찌하여 반란이라고 말을 하는가? 군주의 명령이 없었기 때문이다."⁴⁶ 결국 "대부는 군주에 적대하지 못한다" 함은 군신 간의 삼엄한 한계를 선언한 것으로, 신하의 운명은 곧 군주에 종속되며 군주에 의해 부림을 받는다는 것이다. 전문은 또한 딱 잘라서 선포한다. "군주에 대항하면 안 된다. 대항하면 죽음뿐이다."⁴⁷ 신하는 군주를 향해 털끝만큼이라도 거역하는 마음이 있어선 안 된다. 그렇지 못하면 엄한 징벌을 내린다.

전문은 신하에 대한 주재자로서의 지위를 한 걸음 더 나아가 밝히기 위해 또 하나의 참고 사항, 즉 부명父命을 거론한다. 『좌전』의 기록에 따르면, 정공 14년 위衛나라 태자 괴외蒯瞶는 영공靈公의 부인인 남자南子를 죽이려 했으나 실패하고 송나라로 망명했다. 머지않아 위 영공이 죽고 괴외의 아들인 첩輒[48]이 즉위하여 군주가 되었으니 그가 위 출공出公이다. 『공양전』 저자는 이 일에 크게 의견을 제기했다. "첩이란 사람은 어떤 자인가? 바로 괴외의 아들이다. 그렇다면 어찌하여 괴외를 옹립하지 않고 첩을 세웠는가? 괴외는 도가 없었기 때문이다. (…) 그렇다면 첩을 세운 의리는 맞다고 할 수 있는가? 맞다고 하겠다. 맞다는 것은 어째서인가? 부친의 명령 때문에 할아버지의 명령을 사양하지는 않았다. 할아버지의 명령에 따라 부친의 명령을 사양한 것은 부친의 명령이 자식에게 행해지고 있다는 의미다. 집안일 때문에 공적인 일을 사양하지는 않았다. 공적인 일로 집안일을 사양한 것은 위의 명령이 아래에 행해지고 있다는 의미다."[49] 여기서 공적인 일이 집안일보다 중요하고, 군주의 명이 부친의 명보다 지고함을 매우 분명하게 밝히고 있다. 『공양전』은 유학을 전승한 것이어서 친친親親의 도를 강구하고 가정과 사회관계에서의 가부장적 권위를 강조한다. "아버지는 자식을 가지지만, 자식은 아버지를 가질 수 없다."[50] 그러나 만약 아버지와 군주가 서로 겹치면 아버지는 곧바로 군주에게 자리를 양보해야 한다. 『춘추』 선공宣公 8년의 "여름 6월, [노나라 대부인] 공자 수遂가 제나라에 갔는데 황黃이란 곳에 이르렀다 다시 돌아왔다"[51]에 대하여 『전』은 "황이란 곳에 이르렀다 다시 돌아왔다고 말한 것은 무엇 때문인가? 병이 있었기 때문이다. 어찌하여 병이 있어 돌아왔다고 말하는가? 풍자함이다. 어찌하여 그를 비꼬았는가? 대부가 군주의 명으로 나가면 상을 당했단 말을 듣더라도 서서히 갈망정 되돌아오지는 않는 법이다"[52]라고 말한다. 유가는 본래 효도를 중요시하며, 부모의 상에 대한 예를 특히 중시했다. 『공양전』은 군주의 명을 받았으면 마땅히 돌아봄이 없어야 하고, 비록 "상을 당했단 말을 듣더라도" "서행"함으로써 애통함을 드러내 보일 뿐 군주의 명을 폐기해선 안 된다고 주장한다. 전문의 저자는 대비 수 법을 운용하여 '부명'을 통해 거꾸로 군주의 권위와 지고무상의 지위를 드러내 보이고 있다.

『공양전』은 춘추 시대 군권 쇠락 현상을 통절해 마지않았다. 신하의 세력 팽창을 방비하고, "군주란 그저 모자의 깃털과 같음"[53]을 피하기 위 하여, 그들은 "대부는 군주에 적대하지 못한다"는 원칙에 뿌리를 두고 신 하에게 갖가지 책무와 금지 규칙을 마련했다. 신하의 책무로는 다음과 같 은 것들이 있다. 첫째, 신하는 군주에게 둘도 없는 충정을 바치고 군주 의 이익을 굳건히 수호해야 한다. 전문 저자는 송宋 목공穆公의 유명을 받 아 상공殤公을 보좌했던 공부가孔父嘉를 칭송한다. 전하는 바에 따르면 "공 부가가 정색을 하고 조정에 서 있으면 아무도 감히 그 앞을 지나쳐 군주 의 입지를 어렵게 만들지 못했다"[54]고 한다. 전문에선 이를 "공부가는 그 의로움이 낯빛에 드러났다고 말할 수 있다"[55]고 찬미한다. 전형적인 충신 으로 생각한 것이다. 둘째, 만일 군주의 생명 안전이 위협을 받는다면 신 하는 몸을 세워 나가 군주 대신 재난을 받아야 한다. 노나라의 계손행보 季孫行父는 노魯 성공成公을 대신해 두 번이나 진晉나라에 구류를 당한 적이 있는데, 전문의 저자는 계손씨가 군주에 충성하는 책무를 다했다고 말 할 수 있다면서 "인仁하다"고 칭찬했다.(『공양전』 성공 16년) 셋째, 만약 군주 가 재난을 당하여 죽었다면 신은 감히 생명을 버릴 각오로 군주를 위해 복수해야 한다. 노 장공莊公 12년, 남궁만南宮萬이 송 민공閔公을 시해했다. 남궁만은 춘추 시대 저명한 대 역사라서 대부 구목仇牧은 그와 적수가 못 된다는 것을 분명히 알면서도 과감히 "손에 칼을 빼들고 꾸짖었다."[56] 비 록 남궁만의 "팔뚝에 맞아" 죽었지만 그 정신만은 실로 가상하다 하겠다. 『공양전』은 특별히 대대적으로 가필하여 "구목이야말로 강압을 두려워하 지 않는 사람이라고 말할 수 있다"[57]면서 그를 "현賢하다"고 칭찬한다.

신하의 금지 규정은 "대부의 바른 태도는 권력을 전횡해서는 안 된다,"[58] "제멋대로 군주를 폐하거나 세워선 안 된다,"[59] "제후의 바른 태도는 제멋대로 토벌을 해선 안 된다"[60] 등의 내용을 포괄한다. 이 규정은 모두 제후로서 천자를 상대함, 혹은 대부로서 제후를 상대하는 각도에서 제기된 것들이다. 그 핵심은 신하의 권세를 억제하려는 데 있었다.

『공양전』의 저자는 군주 권위를 강화하고 신하의 세력을 억제한다는 두 방면에서 착수하여 군권을 수호하고 일통천하를 이루는 데 풍부한 실천적 의의가 있는 구체적인 정치 규정들을 제공해주었다. 이와 같은 엄격한 군신 주종 관계의 원칙과 주장은 분명히 한나라 제왕들의 구미에 맞았을 것이다. 한漢 무제武帝가 『공양전』을 이용해 사 계층과 만민을 교화하려 한 것은 조금도 이상한 일이 아니다.

군통君統의
승계

군통君統 승계는 『공양전』의 '대일통' 정치 설계 중 중요한 내용이다. 이른바 군통이 가리킨 것은 군권 교체의 승계 원칙이다. 군통을 수호하고 군권의 순조로운 승계를 보장함이야말로 왕권 '대일통'을 실현하는 기본 조건 가운데 하나다. 『공양전』의 저자는 세습제를 둘러싸고 정반 양면에서 그들의 주장을 천명하고 있다.

먼저 전문은 '국군일체國君—體'설을 제기하여, 군주가 국가권력을 장악함은 '전 군주'든 '현 군주'든 한결같다고 주장한다. 전문은 말한다. "나라와 군주는 어찌하여 한 몸이 되는가? 국의 군은 나라를 몸으로 삼기 때문이다. 제후가 세습하므로 나라[61]와 군주는 한 몸이 된다."[62] 전문 저자는 여기서 두 가지 중요한 인식을 제기한다. 하나는 "국의 군은 나라를 몸으로 삼는다"로 국이 군주 존재의 조건이라는 생각이다. "나라가 멸망했다 함은 군주가 죽었다는 징표다."[63] 군주와 국가 및 권력은 불가분리의 것이다. 둘은 "제후는 세습한다"로 군권이 연속성을 갖추었음을 강조한다. 군권 '일통' 정치는 군권이 대대로 승계되어 만세가 한 계통이길 요구한다. 군위의 세습은 군권 승계를 보장해주는 중요한 수단이다. 『공양전』은 군위 세습이 엄격히 혈연 준칙과 등급 원칙에 입각해야 군권이 논쟁의 여지가 없는 합법성을 보장받게 된다고 주장한다. 그들은 군위를 찬탈하는 '난신적자'를 극단적으로 미워하며, 합법적인 계승자를 전력으로 비호한다. 이를테면 노魯 환공桓公 11년, 정鄭 장공莊公이 죽자 공자 돌突이 송나라의 세력에 의지하여 군위를 탈취하고 합법적 계승자인 세자 홀忽을 쫓아내버렸다. 4년 뒤, 세자 홀이 대부 제중祭仲의 지지하에 군위를 다시 빼앗아왔다. 이 궁정 권력 투쟁에 대하여 『좌전』은 사정의 자초지종을 설명하고 있을 뿐이나 『공양전』은 뜻과 이치를 밝혀 시비선악을 판단하고 있다. 공자 돌의 권력 탈취는 "올바름을 탈취한 것이고", 세자 홀의 복위는 "올바름을 회복한 것이라"고 주장한다.

다음으로 『공양전』은 경대부의 작위 세습에 반대하며, "세습의 경은 예가 아니다"[64]라고 지적한다. 춘추 전국 시대 경대부는 국군에게 가장 위협적인 도전자들이었다. 그들은 왕왕 몇 세대를 거치면서 권세를 확장하여 강대한 정치실력집단을 형성하여, 일단 조건이 성숙되면 분분히 일어나 국군과 권력을 다투었다. 하휴何休의 『해고解詁』는 이렇게 말한다. "경대부는 임무가 중요하고 직책이 크니 당세는 아니라도 권력 장악이 오래고 은덕이 광대할 경우 소인이 자리에 있게 되면 반드시 군주의 권위를 탈취하려 든다. 따라서 윤尹씨는 세습하자 왕자를 세워 조정을 구성했고, 제나라 최崔씨는 세습하더니 군주 광光을 시해했다."[65] 이 해석이야말로 전문 저자의 본의를 비교적 정확하게 표현하고 있다고 하겠다. '경의 세습'을 부정함은 직접적으로 군권의 공고와 군위 승계에 유리하다.

군통을 수호해야 하고, 지방 분봉 세력들의 꼬리가 커져 자르지 못함으로써 생기는 위태로움이 군권에 미치는 것을 방비해야 한다는 『공양전』의 주장은 한대 군주들에게는 물론 대단히 소중한 이론적 무기였다.

06 　화이華夷의 분별

　　『공양전』'대일통' 정치설계도를 구성하는 마지막 이론 차원은 화이華夷의 분별이다. 화華란 화하華夏, 즉 주周 왕실 및 중원지구 문명 정도가 비교적 높은 제후국들을 가리킨다. 이夷란 이적夷狄, 즉 대체로 문명이 비교적 열악한 소수 민족을 가리키며 진秦, 초楚, 오吳 등 변방에 위치한 제후국들을 포함한다. 춘추 전국은 중국 고대민족 대융합의 시기다. 일부 문명이 낙후한 민족과 부족들이 분분히 일어나 중원으로 들어왔다. "남이南夷와 북적北狄이 교통하니 중국中國은 선처럼 끊지 못했다."[66] 고대 민족 간의 상호 접촉과 교류는 각기 다른 문화의 충돌이고 다툼이었지만 형식상으로는 줄곧 전쟁 방식을 채용했다. 전쟁과 이민족 문화의 유입은 군권 '일통' 정치에 위협이 아닐 수 없었다. 『공양전』 저자는 이 점을 명석하게 간파했다. 그들은 "이적들이 중국을 빠르게 병들게 하고 있다"[67]고 질타한다. 이를 위해 '화이와 안팎의 구별', 즉 "그 국國을 안으로 삼고 여러 하夏를 바깥으로 삼으며, 여러 하를 안으로 삼고 이적을 바깥으로 삼을 것"[68]을 제기하여 화이 관계를 조화시키는 기본 방침으로 삼았다. 그들은 여러 하가 이적보다 높아 이적의 주인이 되며, 화이 사이는 통일과 피통일의 주종 관계로 이 관계는 도치될 수 없다고 생각했다. 전문은 '글 쓰는 법'을 통해 이 입장을 드러내고 있다. 첫째는 "이적에게 중국의 일을 맡도록 하지 않는다"이다. 『춘추』 희공 21년에 "가을, 송공宋公, 초자楚子, 진후陳侯, 채후蔡侯 등이 곽霍에 모여 송宋 양공襄公을 붙잡고 송을 치기로 했다"[69]에 대하여 전문은 이렇게 말한다. "누가 집행했는가? 초자가 그 일을 맡았다. 어찌하여 초자가 그 일을 맡았다고 말하지 않았는가? 이적에게 중국의 일을 맡기려 하지 않기 때문이다."[70] 둘째는 "이적에게 중국의 일을 주도하도록 하지 않는다"이다. 『춘추』 애공 13년에 "공이 진후晉侯 및 오자吳子와 황지黃池에서 회합했다"[71]에 대하여 전문은 이렇게 말한다. "오는 어찌하여 자子라고 불렀는가? 오가 회의를 주도했기 때문이다. 오가 회의를 주도했다면 어찌하여 진후를 먼저 이야기했는가? 이적에게 중국의 일을 주도하도록 하지 않으려는 때문이다."[72] 이러한 인식은 전문의 저자가 우선 총체적으로 이민족과의 교류에서 화하의 주도적 지위를 견지, 확립하고 있음을 표명한 것이다. 그러고 나서 정치 전략상 그들은 다시 '존왕양이尊王攘夷'를 제기한다.

'존왕양이'는 두 차원의 내용을 포함한다. 하나는 왕권 '대일통'을 수호하려는 것이다. 춘추 시대 주나라 천자는 비록 쇠약해졌지만 명분상 여전히 천하 공통의 주인이었다. 『공양전』이 '존왕'의 깃발을 올린 것은 바로 천자를 정치 핵심으로 삼는 통치 질서를 수호하려는 것이었다. 안으로부터 바깥으로 등급이 분명한 '일통' 군주 정치를 건립하려는 것이었다. 이른바 '화하와 안팎의 구별'이란 곧 하나의 통일천하를 위한 과정이거나 순서였다. 『전』은 말한다. "왕자가 천하를 하나로 하고자 함에 어찌하여 안팎이라는 단어를 말했는가? 가까운 곳으로부터 시작하겠다는 말이다."[73] 두 번째 차원은 주나라 왕으로 상징되는 화하문명을 수호하려는 것이다. 전문 저자는 화하문명의 핵심을 예의라고 생각했다. 공자는 일찍이 "이적에 군주가 있음이 하 지역들에 군주가 없음만 못하다"[74]고 말한 적이 있다. 그 뜻은 이적의 나라는 문명이 낙후하여 군주가 있더라도 예의가 없으니, 여러 하에 군주가 없어도 예의가 있음만 같지 못하다는 말이다. 『공양전』 또한 예의를 화이 평가의 경계선으로 삼는다. 『춘추』 '필법'은 이적의 군주를 다 '인人'이라고 부르는데, 정공定公 4년의 기록 "겨울 11월 경오날, 채후蔡侯가 오자吳子를 이용하여 초인楚人과 백거伯莒에서 전투를 벌였는데 초나라 군대가 패배했다"[75]에 대하여 전문은 이렇게 말한다. "오를 어찌하여 자子라 불렀는가? 이적이지만 중국을 위해 걱정했기 때문이다."[76] '중국'은 채나라를 가리켜 한 말이다. 전문 저자는 이 전쟁이 "초인들이 도가 없기 때문이었으며" "채나라에 죄가 있는 것이 아니다"라고 생각했다. 오의 군주가 '중국'을 원조하여 '이적'에 대항한 것은 생사존망에 대한 예의의 행동이었으므로 『춘추』는 화하의 사례에 따라 '자'라고 불러준 것이다. 그러나 며칠 후, 칭호에 변화가 생겼다. 『춘추』의 "경진일에 오가 초에 입성했다"[77]에 대해 『전』은 이렇게 말한다. "오를 어찌하여 자라고 부르지 않았는가? 이적으로 되돌아갔기 때문이다. 이적으로 되돌아갔다 함은 무엇 때문인가? 군주는 군주의 침실에 머물렀고, 대부는 대부의 침실에 머물렀다."[78] 하휴의 『해고』에 따르면 "침실에 머물렀다 함은 그들의 아내를 처첩으로 삼았음이다. 이날에 이르러 그들의 예의 없음을 미워한 것이다."[79] 전문의 저자는 오나라 군신이 초나라에 공격해 들어간 뒤의 갖가지 행위가 예의에 위배되었다고 생각했다. 이 때문에 『춘추』는 오나라 군주를 다시 이적으로 대우한 것이다. 여기서 알 수 있듯이 예의는 화이 구별의 관건이다. 이적의 나라라 하더라도 예의를 지킬 수만 있으면 마땅히 제하諸夏와 동등하게 대우하지만, 반대로 만약 제하 국가라 하더라도 예의를 저버리면 이적으로 내려가 "새 이적"[80]으로 불릴 것이다. 결국 어떤 민족이든 상관없이 능히 우리 예의의 문으로 들어오기만 하면 모두 화하문명의 체계로 편입시킬 수 있다는 말이다.

『공양전』 저자는 문화적으로 낙후한 민족에 대한 화하문명의 정복 작용에 상당히 명확한 인식을 갖고 있었다. 이와 같은 인식은 일단 이론으로 승화하고 한 걸음 나아가 중국 전통 정치문화 속에 녹아들어 중화 민족의 역사, 정치, 문화 등에 지극히 큰 영향을 미쳤다. 이를테면 문명의 정복을 중시하는 인식은 다양한 민족 문화를 흡수한 중화 민족의 역사 과정에 필요한 심리적 기제를 제공했으며, 민족 융합을 촉진하는 데 유리하게 작용했다. 아울러 중화 전통문화의 특징인 포용성을 촉진시키는 역할을 했다. 그리고 한편으로 '존왕양이'는 사람들의 왕권숭배의식을 강화시켰을 뿐만 아니라, 어떤 의미에서 민족자존을 배양, 강화시켜 이민족의 침입에 애국주의적 항쟁을 쉽게 격발시키기도 했다. 전체적으로 볼 때『공양전』의 화이 구별은 화하문명을 보존, 발전시키는 데 있어 지울 수 없는 역사적 공적과 문화적 가치를 지닌 것이었다. 이는 근래 장타이옌章太炎의 다음 말에 잘 드러난다. "진秦나라로부터 오늘에 이르기까지 사이四夷가 교대로 침공하여 왕도가 중간에 끊긴 지 여러 번이었다. 그러나 어지럽히는 자들이 감히 옛 법도를 훼손, 파기하지 못하여 반정反正하기도 쉬웠다. (…) 따라서 오늘날 국민성이 떨어지지 않고 백성이 스스로 융적들보다 귀함을 잘 안다. 『춘추』가 아니었으면 그 무엇이 이를 지키게 했겠는가."[81] 물론 이와 같은 인식은 극간으로 치우친 감이 있으며, 화하가 이적들보다 높다는 민족심리는 봉건 왕조의 과대망상, 폐관쇄국의 사회문화적 기초가 되기도 했다.

이 밖에 시대적 가치로 말하자면 화이 구별은 통치자를 위하여 민족관계와 왕권 수호 일통천하를 조화시키는 원칙과 방법을 제공했으며, 이로써 한대 제왕들의 관심을 얻어냈다.

결어:
『공양전』의
이론 구조와 정치적 지위

　사마천司馬遷은 "『춘추』의 문구는 수만이 되고, 그 지침이 수천에 이른다. 만물이 모이고 흩어짐이 모두 『춘추』에 있다"[82]고 말했다. 『공양전』은 이렇게 내용이 풍부한 경전을 해설한 작품이니 논급한 문제가 자연히 매우 방대하다. 그렇지만 정치사상의 각도에서 볼 때 『공양전』의 이론 구조는 오히려 십분 명료하다. 왕권 '대일통'이야말로 그 가운데를 관통하는 이론의 기본선이다. 등급 원칙, 군신 관계, 군통 승계 및 화이 구별은 이 기본선이 각기 다른 측면을 향해 깊어지고 발전한 것인데, 이론상으로 국가형식, 통치 계급의 권력 점유와 분배 및 민족 관계를 어떻게 처리할 것인가 등 문제를 해결하여 주었다. 전문 저자의 기본 사유는 시종 단일 권력이 주재하는 일통천하를 어떻게 건립하고 공고히 할 것인가를 둘러싸고 있다. 이에 근거하면 왜 『공양전』의 운명이 그 자매편인 『곡량전』과 『좌전』보다 우월할 수 있었는지, 전한에서 후대에 이르기까지 중요한 정치적 지위를 차지했는지 이해하기가 어렵지 않다.

　한 무제가 유학을 숭상하고 오경박사를 둔 이래 『공양전』은 가장 먼저 정치적 신분을 취득한 유가 경전 가운데 하나다. 다른 학파도 외롭지는 않아서 효제孝帝, 선제宣帝 시대에는 '곡량의 『춘추』'를 세웠고, 평제平帝 때에는 "다시 좌씨의 『춘추』를 세웠으나,"[83] 정치적 영향과 실제 정치 지위로 볼 때 『곡량전』과 『좌전』이 『공양전』과 필적하기는 매우 어려웠다. 그 중요한 원인 가운데 하나는 바로 『공양전』의 '대일통' 정치사상 체계에 있다.

한대 공양학파의 진일보한 탐구와 일정한 사회화 과정을 거치면서 '대일통' 사상은 점차 사람들의 마음 깊숙이 자리 잡아갔다. 기나긴 중국 고대사회에서 『공양전』의 기본 이론은 각양각색의 학설 또는 사조와 서로 융합하면서 시종 군권의 일통천하를 옹호하는 데 사상적으로 주도적인 작용을 했다.

동중서의 천인합일 정치론

동중서董仲舒(기원전 179~기원전 104)는 광천廣川(오늘의 허베이성河北省 징현棗強) 사람이다. 주로 경제景帝, 무제武帝 시대에 활동했고, 경제 때 박사博士에 임했다. 무제 즉위 후 동중서는 대책對策을 인정받아 일약 강도왕江都王의 상相에 올랐고, 나중 교서왕膠西王의 상으로 고쳐 임용되었다가 만년엔 집에 한거했다. 동중서는 전한 초기의 저명한 공양학公羊學 대가로 관직은 높지 않았으나 정계와 학계 모두에 극히 큰 영향을 미쳤다. 그의 「거현량대책擧賢良對策」은 한 무제가 유가를 숭상하는 데 이론적 근거가 되었다.

동중서의 학설은 한대 공양학 가운데 독자적인 일가를 이루었다고 할수 있다. 그는『공양전』을 다루는 학자들의 경전 주석 방식을 한 번 고쳐 정성을 다해『춘추春秋』경經과 전傳을 다시 정리하고 귀납함으로써 공양학 이론이 더욱 완전하고 조리를 갖추도록 만들었다.『춘추』가 비록 역사전적이지만 그 용도는 정치를 돕는 데 있다. "위로 삼왕의 도를 밝히고, 아래로 인간사의 기강을 변별시킨다. 의심스럽고 괴이한 것을 판별하게 해주고, 시비를 밝혀주며, 주저하는 바에 결단을 내려준다. 선을 권장하고 악을 미워하며, 현명한 사람을 현명하게 해주고 불초한 자를 천하게 한다. 위험에 처한 나라를 생존시켜 주고, 끊긴 세대를 이어주며, 깨진 것을 메워주고 무너진 것을 일으켜 세우니 왕도 가운데 가장 위대한 것이다."[84] 동중서는『춘추』의 이론 주지를 총괄해내어 '육과六科' '십지十指' '삼통三統' '삼정三正' 등『춘추』를 배우고 해설하는 조목들을 규정했다. 이것들은 후학들이 공양학 관련 지식을 탐구하는 데 반드시 준수해야 할 기본 양식이 되었다. 청淸 말 유봉록劉逢祿이 "삼과三科와 구지九指가 없었으면『공양』이 없었을 것이다"[85]라고 말할 정도다.

동중서는 이론적으로『공양전』의 '대일통' 사상을 발전시켰다. 그는 "말을 타도 암컷인지 수컷인지 느끼지 못하고 오직 경과 전에 뜻을 두어"[86] 전심전력 연구했다. 그 결과 중앙 집권적 군주 정치를 수호하는 데 취지를 둔, 체계를 잘 갖춘 일련의 천인합일 정치론을 구축했다. 그는 또『공양전』을 신비주의적으로 개조했다. 천인감응天人感應, 오덕종시五德終始 사상은 원래『공양전』의 주류가 아니었는데, 동중서는 음양오행 학설을 그의 전체 이론에 융합시키고 관통시켰다. 반고班固가 그를 "처음부터 음양으로 밀어붙였다"고 말한 것도 허언은 아니다. 동중서는 정치, 역사, 철학을 하나로 융합시켜 상대적으로 완전한 정치사상 체계를 갖추었다. 그의 주요 저작으론『춘추결사비春秋決事比』『춘추결의春秋決疑』『춘추번로春秋繁露』『거현량대책擧賢良對策』『공양동중서치옥십육편公羊董仲舒治獄十六篇』이 있다. 한대 통치자들이 유학을 숭상하고『춘추』가 국가법전이 됨으로써 동중서는 권위 있는 이론가가 되었다. 그가 만년에 한거할 때 "조정에 만약 큰 쟁론이 있으면 사신 및 정위廷尉 장탕張湯으로 하여금 동중서의 집으로 가 묻도록 했는데, 그의 대답에는 언제나 명확한 주장이 있었다."[87]

동중서는 유가 위주로 음양오행, 법, 묵가 등 학설에 천인天人정치론을 섞어 중국 고대 정치사상의 형성, 발전에 중대한 영향을 미쳤으니, 위로 공자, 맹자를 계승하고 뒤로 주희朱熹, 왕양명王陽明을 이끌었다고 할 수 있다.

천天의 체계와
천인합일

한대 정치사상의 현저한 특징 가운데 하나는 정치의 근본 문제에 대한 거시적인 파악을 중시했다는 점이다. 한나라 통치자는 망한 진秦나라의 폐허 위에 방대한 제국을 건설하여 그 "규모가 넓고 아득했다."[88] 모든 전제 통치자와 마찬가지로 한대의 제왕 또한 "말 위에 살며 얻은" 정권을 유劉씨 성의 사유물로 여겼다. 한漢 고조高祖 유방劉邦의 다음과 같은 말이 바로 그렇다. "영구히 이어지길 바라며, 대대손손 종묘를 받들고 끊어짐이 없어야 하리라."[89] 그런데 그들은 최초의 희열과 강산의 질서를 재배치한 바쁜 일정으로부터 깨어났을 때 저도 모르게 알 수 없는 초조함에 빠졌다. 그들은 한 왕가의 천하가 얼마나 오래갈지 알 수 없었으며, 어떤 '치도治道'를 써야 천하대치를 실현해 장구한 안녕에 다다를 수 있는지도 알지 못했다. 한대 제왕은 농민전쟁의 세례와 왕조 교체라는 거대한 진동을 거쳤으므로 진나라 통치자와 비교해 여유가 좀 덜했으며 심사숙고는 좀더 많이 했다. 그들의 시야는 더욱 넓어졌다. 그래서 몇 줄기 막연한 기대만 있어도 곧장 천인天人 관계를 구명하고, 귀신에 대해 물으면서 그 가운데서 우주, 인생의 '치세에 이르는' 탄탄대로를 찾고자 했다. 한 번의 수고를 통해 내내 고생하지 않으면서 역대 제왕들이 그토록 해결하려 했음에도 원하는 대로 할 수 없었던 정치적 난제를 해결하고자 했다. 예를 들어 한漢 문제文帝는 후원后元 원년(기원전 163)에 "몇 년 동안이나 수확을 올리지 못했는데 또 수재, 가뭄, 역병의 재난이 있으니"[90] "어리석어 밝지를 못한 그 허물을 차마 드러내지 못함"[91]을 깊이 느꼈다. 그는 이렇게 묻는다. "생각하니 짐의 정치가 실패한 바 있고 행동에 잘못이 있었는가? 그래 천도가 순조롭지 못하고, 지리 또한 얻지 못하겠으며, 인사가 대부분 화합을 잃었으니 귀신이 포기하여 형통하지 못하게 함인가? 어찌하여 여기에 이르렀는가?"[92] '치도'에 대한 이와 같은 모색은 한漢 무제武帝의 몸에서 가장 강렬하게 표현되고 있다. 그는 자신을 조종기업의 계승자로 여기면서 "임무는 크고 직책은 무거움"을 절절히 느끼고 있었다. 일찍이 '큰 도의 요체와 지당한 논의의 극치를 듣고 싶다'[93]고 연속하여 그 대책에 문의를 한 적이 있다. 그는 전설 속의 삼대 태평성대를 본보기로 삼아 이렇게 물었다. "짐이 듣자니 옛날 요임금과 순임금이 형벌의 모양을 그려놓으니 백성이 아무도 죄를 범한 사람이 없었고, 해와 달이 비치듯 그가 부리는 데 따르지 않은 사람이 없었다고 한다. 주周나라 성강成康 시대에는 형벌을 두었으나 쓰이지 않았고 덕이 짐승에까지 미치고 교화는 사해에 통했다고 한다. (…) 별자리에 어긋남이 없고, 일식, 월식도 없었으며, 산과 구릉이 무너진 적 없고, 내와 골짜기가 막힘이 없었다고 한다. 기린과 봉황이 교회의 숲에 놀고, 하수河水와 낙수洛水에선 도圖와 서書가 나왔다고 한다. 오호라, 어떻게 베풀면 여기에 이를 것인가! 지금 짐이 종묘사직을 받들며 새벽같이 일어나 구하고 밤늦게까지 생각을 거듭하는데 (…) 어떻게 행해야 선제의 위대한 업적과 아름다운 덕을 밝혀 위로 요순과 같아지고 아래로 삼왕에 어울리겠는가!"[94] 한 실의 기상이 과연 범상치 않다. 통치자들은 구체적인 정책을 만드는 데 국한되지 않고 시종 '치세를 이룸致治'

과 '치세를 영속시킴長治'을 둘러싸고 사유를 전개하면서, 군주 정치의 근본 원칙과 기본 정치 방침을 힘들여 찾고 있었다. 물론 분명히 알 수 있는 것은 그들이 제기한 문제가 통치 계급의 근본적, 전체적 이익을 나타내고 있다는 점이다.

고대 중국의 군주 정치는 일종의 경험적 이성 형태의 정치 양식이었다. 오랜 기간 쌓인 정치 경험과 교훈 위에서 이론으로 승화되었을 때만이 이른바 '치도治道'를 형성할 수 있었다. 이렇게 한 실 천하의 장구한 안녕을 위한 이성적 지침과 이론적 근거들이 마련되었다. 그리고 이 어렵고도 거대한 시대적 과제는 바로 동중서에 의해 완성을 보았다.

동중서의 사상적 특징은 한대 군주와 은연중 합치했다. 그 또한 거시적으로 사유를 전개하는 데 능했으며, 우주, 사회의 총체적 분석을 통해 문제 해결의 출발점을 찾았다. 동중서는 '본本'이라고 불리는 인류 사회를 구성하는 세 가지 기본 요소 혹은 필요조건이 있다고 생각했다. "무엇을 본이라 하는가? 가로되, 천, 지, 인이 만물의 본이다."[95] "이 세 가지는 서로 수족이 되어 합하여 한 몸을 이루니 하나라도 없어선 안 된다."[96] 왜 이렇게 이야기하는가? 동중서는 이렇게 해석한다. "하늘은 낳으며, 땅은 길러주고, 사람은 완성시킨다. 하늘은 효제孝悌로써 낳고, 땅은 의식衣食으로써 기르며, 사람은 예악禮樂으로써 완성시킨다. (…) 효제가 없으면 낳을 까닭이 없고, 의식이 없으면 기를 까닭이 없고, 예악이 없으면 완성할 까닭이 없다."[97] 이 세 측면은 인류 사회를 구성하는 데 없어서는 안 될 내용이다. 만약 "세 가지가 모두 없다면" 인류 사회는 더 이상 존재하지 못하며 "백성은 사슴들처럼 각기 제 욕망을 좇고 집마다 자신의 풍속을 만들 것이다."[98] 국가 정치 또한 멸망의 길을 가게 될 것이니 "부모가 자식을 부릴 수 없고, 군주는 신하를 부릴 수 없어, 성곽이 있다 하더라도 텅 빈 읍성으로 부르게 될 것이다. 이렇게 된다면 군주는 베개를 벤 채로 뻣뻣

하게 굳을 것이다."⁹⁹ 동중서는 인류 사회와 천지우주를 하나의 전체로 보았다. 사람의 물질 생활과 도덕 생활은 모두 천지를 벗어날 수 없으니, 천지야말로 인류생존의 근본 조건이다. 그래서 그는 천인 관계로부터 착수하여 그 시대의 정치적 난제에 대한 해답을 시도하고, 천인 관계를 그가 창조한 정치 이론의 기본 출발점으로 삼았다. 이로 인해 독특한 특색을 지닌 천인정치론이 형성되었다.

동중서는 『춘추』로부터 그의 기본적 인식을 총결산해냈다. "『춘추』의 도는 천을 받들면서 옛 제도를 본받았다."¹⁰⁰ 왜 "천을 받들어"야 하는가? 그가 보기에 천이야말로 모종의 신비성을 갖추고 인격화된 지고의 신으로서 천의 권위는 무한한 것이기 때문이다. 우선 천의 내적 함의는 지극히 넓고 커 전체 우주와 사회를 포함하고 있는데, 10개 항목의 내용이 조합되어 이루어져 있다. 이를 '천단天端' 또는 '천의 수數'라고 부르는데, 곧 "천, 지, 음, 양, 목, 화, 토, 금, 수 그리고 사람이라는 10가지로 천의 수는 끝난다."¹⁰¹ 동중서는 '십단+端' 사이에 자체적으로 체계를 이루고 있는데 피차간 내재적 생성 관계가 있다고 한다. 그는 말한다. "천과 지의 기氣가 합하여 하나가 되고 나뉘어 음양이 되며, 구별하면 사시가 되고 늘어놓으면 오행이 된다."¹⁰² 기는 천의 동태적 형태인데, 기의 흐름에 따라 나뉘고 합하여 음양오행이 탄생함으로써 천과 인을 소통시키는 중개자가 된다. 사람은 천과 지 사이에 포용되어 있는데, "천의 기는 위에, 지의 기는 아래에, 인의 기는 그 사이에 있다."¹⁰³ 다음으로 천은 음양오행을 통하여 사람과 서로 연계하므로 천은 그저 단순한 자연물이 아니라, 사람과 마찬가지로 의지와 감정을 지니고 있다. 동중서는 말한다. "천 또한 희로喜怒의 기와 애락哀樂의 심心이 있다."¹⁰⁴ 비유컨대 "봄은 사랑에 뜻이 있고, 여름은 즐거움에 뜻이 있고, 가을은 엄격함에 뜻이 있고, 겨울은 슬픔에 뜻이 있다."¹⁰⁵ 천의 운행 규율은 또한 도덕적 의미를 함유하고 있는데 "천도의 불변하는 도는 한 번 음이었다 한 번 양이었다 한다. 양은 천의 덕이요, 음은 천의 형刑이다."[106] 그다음으로 사람은 천의 피조물이다. 동중서는 말한다. "낳았다고 하여 사람이 될 수는 없다. 사람이 되게 하는 것은 천이다. 사람이 사람이 되는 것은 천에 뿌리를 둔다."[107] 천은 자신의 형태 혹은 규율에 의거하여 사람을 만들어낸다. 사람의 형체와 내재적 도덕, 감정, 의지 등은 모두 천으로부터 빚어져 변화해온 것이다. "이것이 바로 사람이 위로 하늘과 동류가 되는 까닭이다."[108] 예컨대 사람의 형체는 바로 "천의 수數가 변화하여 이루어진 것이다". 구체적으로 말하자면 "천은 1년의 수를 다함으로써 사람의 몸을 구성했다. 몸의 작은 마디 366개는 1년의 날 수에 버금하고, 큰 마디를 12로 나눔은 달 수에 버금한다. 신체 내부에 오장이 있음은 오행의 수에 버금하고, 몸 밖에 사지가 있음은 사시의 수에 버금한다."[109] 그리고 또 "사람의 혈기는 천지天志가 화한 것이니 인仁하고, 사람의 덕행은 천리天理가 화한 것이니 의義이며, 사람의 좋아함과 미워함은 천의 따뜻함과 맑음이 화한 것이고, 사람의 기쁨과 분노는 천의 추위와 더위가 화한 것이며, 사람이 목숨을 부여받음은 천의 사시四時가 화한 것이다"[110]라고도 한다. 동중서가 보기에 천과 인은 외재적으로 서로 같고, 내재적으로 서로 통하여 작은 것이 사람이고 큰 것이 하늘이니 "동류로써 합해지며 천과 인은 하나다".[111]

동중서는 천의 체계를 고안해내고 천인합일을 통하여 천의 신비주의적 인격화를 완성했다. "천이야말로 모든 신의 대군大君이며,"[112] "왕들이 가장 존중하는 바다."[113] 총체적으로 보면 선진 유학 또한 신비적 천도관을 철저히 벗어나지는 못했지만 그래도 그들은 천에 대하여 공경하되 멀리하는 태도를 견지하며 그대로 두되 논하지는 않았다. 아니면 아예 시원스럽게 천의 자연성을 선택하거나 인정해버렸다. 동중서는 천에 신비주의적 개조를 행했는데, 그의 인식은 원시 신비주의의 신령숭배와도 다르고 자연적인 천도관과는 더더욱 다르다. 그는 자연 규율, 윤리원칙과 신비적 권위를 한데 융합시켜 일종의 이성, 신비주의 혼합물을 구성해냈다. 동중서의 천에 대한 인식과 천인합일 이론의 제기는 한대 유학이 신비주의를 향한 전환을 이루었다는 표시이며, 정치 이데올로기 영역에서 전통 유학이 유사 종교적 구속력을 갖게 되었음을 뜻한다.

동중서는 사람을 천의 피조물로 여겼다. 어떤 의미에서 보면 이와 같은 인식은 사람의 지위를 떨어뜨리지 않으며, 오히려 사람으로 하여금 금수 세계와 멀리 떨어져 하늘과 나란하게 보이게끔 한다. 그러나 천인합일의 내재적 논리로 볼 때 천은 인의 주재자이며, 인은 천의 부속물이므로 사람은 반드시 천도의 지침에 따라야 하고 천의天意의 속박에 복종해야 한다. 천인합일론은 천인 관계를 조정하는 데 필요한 기본 양식을 마련했다. 인류 사회 정치 문제와 관련된 모든 해답은 바로 여기에서 그 입론의 근거를 찾을 수 있게 되었다.

군권지상과
'일통一統' 정치

동중서는 정치적으로 존군론자尊君論者였다. 그는 중앙 집권적 군주 정
치의 질서 안정을 수호하고 한 왕실 천하의 장구한 안녕을 공고히 하는
것을 입론의 목적으로 삼았다. 『공양전』의 '대일통' 사상을 계승, 발전시
키면서 체계적인 군권지상 이론을 제기했다.

'일통'과 성인

동중서의 '대일통'에 대한 이론 개발은 독자적인 경지에 이르렀다고 할
수 있다. 그는 하나의 중요한 명제를 제기했다. "『춘추』 대일통이란 천지의
영원한 경經이며, 고금에 통하는 의誼다."[114] '대일통'은 원래 『공양전』 가운
데서 이상적 정치 양식을 뜻한다. 동중서는 이 '대일통'을 시공을 관통하
는 규율 혹은 법칙으로 보았다. 이를 위해 그는 '일—' 자에 관해 대대적인
글쓰기를 시도했다. 우선, 그는 '일'을 천지 만물의 본원이라고 말한다. 그
는 "『춘추』는 일을 바꾸어 원元이라고 일컫는데, 원元은 원原과 같다. 그 의
미는 천지의 끝과 시작을 좇는다는 것이다"[115]라고 말한다. 이른바 "일—

이 변하여 원元이 됨"은 『춘추』 기년紀年의 관례를 가리킨다. '일년'을 모두 "원년"이라고 쓰고 있다. 동중서는 이를 억지로 둘러맞추면서 이렇게 해석한다. "『춘추』는 어찌하여 원을 그렇게 소중히 여기면서 이야기하고 있는가? 원이란 시작이니 근본이 바르다는 말이다."[116] 그가 보기에 원元은 곧 일이며, 원原이며, 시始이니 바로 천지 만물의 본원인 동시에 사람의 본원이기도 하다. "따라서 원元이란 만물의 근본이며, 사람의 원元도 거기에 있다."[117]

다음으로 동중서는 '일'이 천지운행의 규율이라고 주장한다. 그는 말한다. "천의 상도常道는 상반된 물질이 둘 다 일어서도록 하지 않으므로 일이라 일컫는다. 일一이면서 이二가 아님이 하늘의 움직임이다."[118] 동중서가 설계한 천의 체계에 따르면 천기天氣와 지기地氣가 교호작용을 하여 음양오행을 만들어낸다. 오행 사이엔 "상생에 따르고比相生", "상승을 받아들인다間相勝". 음양 사이엔 일방이 다른 일방을 주재한다. 천지우주의 운행과정에서 음양오행은 반드시 '일'의 규율을 따르게 되니 "천도의 일반법칙은 일음一陰, 일양一陽이다."[119] "천도의 큰 수數는 상반된 물질이 모두 나서지 못하게 하니 음양이 그렇다."[120] 다시 말해 음양오행은 동시에 한꺼번에 출현하거나 동시에 기능을 발휘할 수는 없다. 감추어짐이 있으면 드러남이 있고, 음으로 말미암거나 양으로 말미암거나 하며, 혹은 오행 가운데 일행이 서로 이어서 주도적 위치를 점하거나 한다. 한 바퀴 돌아서 다시 시작하는데 사시의 순환이나 추위, 더위의 교체로 표현된다. 동중서는 말한다. "천은 어떤 물질에 대해서든 고정불변함이 없으며, 때에 있어서 일一의 원칙을 유지한다. 때가 마땅한 곳에 이르면 일의 원칙으로 그렇게 한다. 따라서 일을 열면 일을 닫고, 일을 일으키면 일을 폐한다. 그렇게 때를 마치게 되면 그쳤다가 끝내 다시 일에서 시작한다. (…) 따라서 고정불변으로 일一의 원칙을 지키면서 없어지지 않음이 천의 도다."[121] 바로 천도의 운행이 "일을 근본으로 삼는" 규율에 따르기 때문에 '일'로써 주재하는 원칙을 돌출시키게 되었으며, 그렇게 하여 외부세계의 정연한 질서와 사시 순환의 중단 없는 연속이 이루어진다는 것이다.

다음으로 '일'은 또 사업의 성패와 치국의 근본 원칙을 결정한다. 동중서는 단언한다. "일의 대소와 상관없이, 사건의 어렵고 쉬움에 상관없이 천의 도에 반하면서 성공한 경우는 없다."[122] 그는 생활 속의 일부 고유한 현상들을 열거하면서 그의 주장을 견지한다. 예컨대 "눈으로 둘을 동시에 볼 없고, 귀로 두 가지를 다 들을 수 없고, 한 손으로 두 가지 일을 모두 할 수는 없다. 한 손으로 네모를 그리고, 한 손으로 원을 그리면 성공할 수가 없다."[123] 그는 사람들이 "일을 근본으로 삼는" 원칙을 따라주기만 하면 가깝게는 몸의 수양, 멀게는 국가의 안녕이 이루어진다고 생각했다. "사람이 누군들 선함이 없겠는가? 다만 선이 일이 아니기에 몸을 바로 세울 수 없는 것이다. 다스리는데 어딘들 불변의 원칙이 없겠는가? 다만 불변의 원칙이 일이 아니기에 일의 효과를 볼 수 없는 것이다."[124] 동중서는 천인합일의 사유에 근거하여 천의 운행 규율이 기왕 "일―이면서 이二가 아니므로" 인간사회 치국의 도 또한 한 가지― 조항일 수밖에 없다고 주장한다. "들리는 바에 천하에 두 가지 도가 없다고 하니 성인의 다스리는 방법은 달라도 그 이치는 같다고 한다."[125] 이렇게 동중서는 심혈을 기울인 연구 끝에 기왕의 것과는 다른 '대일통'의 새로운 함의를 밝혀냈다. 그것은 천지 만물의 본원, 천도운행의 규율 및 치국공훈의 원칙을 하나로 융합시켜 원래의 정치적 '대일통'을 우주로 확대시켰으며, 이를 위해 인간사를 초월하는 절대적 권위를 첨가했다. '대일통'의 정치설계도가 『공양전』에선 그저 일종의 지향에 불과했다면, 동씨공양학에서는 필연의 추세이자 선험적 합리, 역전 불가, 그리고 위배해선 안 되는 영원한 법칙이 되었다. 동중서 사상 중의 정치 양식은 바로 이 영원한 법칙이 구체적으로 구현된 것이다.

그런데 현실 정치에서는 누구에 의해 '대일통'을 실현할 것인가? 다시 말해 어떤 자격과 조건을 갖추어야만 이 영원한 법칙의 실시를 보증할 수 있는가? 동중서가 보기에 이 문제의 해답은 어렵지 않았다. 정치 생활에서 실제로 '대일통'을 구현하는 자는 바로 성인이다. "오직 성인만이 만물을 일-에 속하도록 하여 원元에 이어지도록 할 수 있다."[126] 선진 이래 성인에 관한 토론은 뜨겁고도 광범한 주제였다. 그중 유가 학파는 성인을 도덕의 본보기, 지혜의 화신, 제왕의 전범으로 여겼다. 동중서는 이와 같은 선인들의 인식 기초 위에서 성인에 대한 새로운 형상화를 시도했다. 그는 말한다. "성인이 어찌하여 고귀한가? 천에서 시작하여 사람에게 이르러 끝마치기 때문이다."[127] 원래 그가 수립한 천인 관계에서는 어떤 사람이든 모두 천과 연계할 자격이 있는 것이 아니라 오직 성인만이 이 특수한 임무를 받을 수 있었다. 동중서는 성인을 천도와 인사를 소통시키는 중재자로 여겼다. 성인은 숱한 속세 중생들의 대표일 뿐만 아니라 인간 세계에서 하늘의 대리인이기도 하다. 이런 성인은 위대한 지혜가 있을 뿐만 아니라 "천명의 성패"[128]를 미리 알 수 있고, "보통 사람에게 보이지 않는 것을 볼 수 있다."[129]

이 밖에 더욱 중요한 것은 성인은 '일'과 서로 대응할 수 있다는 점이다. 이는 주로 두 가지 방면에서 나타난다. 첫째, 동중서가 수립한 '대일통' 법칙은 우주, 인생, 사회, 정치를 포괄하는 일체화의 특징을 지니는데, 성인은 "천에서 시작하여 사람에 이르므로" 신성神性을 매우 많이 갖고 있는 동시에 천인일체화의 상징이기도 하다. 둘째, '일'의 운행은 일원화의 특징을 보이며 권위를 주재하는 유일성으로 표현되는데, 성인 또한 이와 마찬가지다. 성인은 실제 작업 과정에 들어서면 결국 왕권의 상징으로 전환된다. 동중서는 말한다. "옛날에 글자를 만든 사람이 세 획을 긋고 가운데를 연결하여 왕王이라 불렀다. 세 획이란 천, 지, 인이다. (…) 천, 지, 인의 가운데를 취하여 꿰뚫어 두루 통하게 함을 왕자가 아니라면 누가 능히 그렇게 할 수 있겠는가."[130] 이러한 왕이야말로 실제로 재위하고 있는 성인이다. 성·왕 일체는 왕권의 일원화와 유일성으로 하여금 '성인'이란 매개를 통하여 '대일통'과 호응하도록 만들었다. 따라서 사실을 논하자면 동중서가 빚은 성인은 바로 '대일통'이란 영원한 법칙의 인격화이며, 성인과 '일통'의 논리적 동일성은 '대일통' 이상 정치를 실현하는 중임을 당연하게 성인의 어깨 위에 떨어뜨려놓고 있다.

동중서의 '일통'과 성인에 관한 논의는 중국 고대 군주 정치에 심후한 이론 기초를 마련했다. '일통'의 영원한 법칙화는 중앙 집권 정치 체제와 군주 전제 통치를 위한 인식론적 근거를 마련해주었으며, 성인은 군권지상과 군권신성을 추진하는 이론적 참조물이 되었다.

정치일통

사회, 정치 생활 중 '대일통'은 먼저 정치일통政治一統으로 구현되는데, 이것이 바로 동중서가 정치적으로 추구한 것 가운데 하나다. 이를 위해 그는 인식론적으로 군권지상론을 견지했고, 군권지상의 수호를 정치일통을 실현하는 관건으로 보았다.

우선, 동중서는 다시 한번 천부군권설을 제창했으며, 군권의 합법성에 대답하는 방식으로 합법성의 각도에서 군권의 지상성을 논증했다. 동중서는 말한다. "『춘추』의 법에 따르면 사람은 군주를 따르고, 군주는 천을 따른다."[131] 그가 보기에 기왕 성·왕이 일체라면 재위하는 군주가 바로 성인과 마찬가지이며 천, 인을 소통시키는 중재자가 된다. 그는 한편으로 사, 서인과 백성을 통솔하여 천을 받드는가 하면 다른 한편으로 천의天意

를 품부받아 인간사회를 다스리기도 한다. 군주와 천의 관계는 대리와 통솔의 관계다. 군주는 인간사회에 있어 천의 정치적 대표이므로 군주의 권력은 사실 하늘이 부여한 것이다. 동중서의 결론은 이렇다. "천명을 받은 군주는 천의를 부여받은 자다."[132] "오직 천자만이 천으로부터 명을 받고, 천하는 천자로부터 명을 받는다."[133]

서주西周 말년 이래 인간의 자아 인식이 점차 커짐에 따라 사람들의 신을 향한 숭배 관념이 퇴색해갔다. 합법적 군권에 관한 인식에 있어서는 전통적 '신수神授' 관념과는 구별되는 일부 새 관념이 출현하기도 했다. 이를테면 『관자管子』 「군신하君臣下」 편과 『묵자墨子』 「상동상尚同上」 편은 군권이 격화된 사회 모순에서 생겨났으며, 군권의 합법성은 인류 사회의 필요에 근원을 둔다고 주장한다. 『상군서商君書』 「개색開塞」 편과 『한비자韓非子』 「오두五蠹」 편은 군권이 인류 역사 진화의 산물이며, 군권의 합법성은 역사적 필연성에 근원을 둔다고 주장한다. 동중서의 인식은 선진 제자들과 비교했을 때 명백히 거꾸로 후퇴했다. 그는 천의 권위를 새롭게 만들어냈다. '천부군권'은 군권의 합법성을 새롭게 천에 귀속시킨다. 신성한 하늘이 군권의 보호막이 되며, 필경 하늘이 갖는 권위의 지상성과 신성성이 군권으로 주입될 것이다. 그리하여 군권으로 하여금 신성불가침한 것으로 바뀌게 만들 것이다. '천부군권'은 군권의 지고함을 위해 십분 견고한 지주를 세우게 되었다. 이와 같은 인식은 그저 간단한 신비주의로의 복귀가 아니라 정치일통을 수호하기 위한 이성적 사유의 한 표현 방식이었다.

다음으로, 동중서는 명호名號 분석을 통해 정치일통을 위한 인식 표준을 마련했다. 동중서의 "명名이란 사물을 나누려는 까닭이다"[134]라는 말은 명이 사물의 명칭이나 개념을 구분하는 것이라는 생각이다. 그는 명을 둘로 나누는데, 하나는 홍명洪名(큰 칭호)으로 호號라고도 부르고, 다른 하나는 사명私名(고유 명칭)으로 간단히 명名이라고 부른다. 그는 말한다. "만물이란 함은 홍명이고, 모든 것의 이름이다. 만물에는 사명이 있는데 이 물질이라고 하지 저 물질이라고 하지 않는다."[135] 이렇게도 이야기한다. "명은 호보다 많으며 호는 큰 전부를 말한다. 명명이라 함은 떨어져서 분산된 것의 이름이다. 호는 두루 포함되는 것들을 축약한 것이고, 명은 상세하고 구체적인 것이다."[136] 다시 말해 홍명 또는 호는 사물의 보편적 지칭 혹은 유명類名을 뜻한다. 사명 또는 명은 사물의 특수한 지칭과 구체적으로 부르는 말을 뜻한다. 동중서는 물질은 반드시 명이 있는데, 명의 제정권은 성인이 관장해야 한다고 생각했다. "만물은 이름名을 가진 체 생겨나는데, 성인이 그 형상에 입각하여 명명했다."[137] 성인이 이름을 지음은 그저 사물의 형태를 구분하기 위해서가 아니다. 사물의 이치를 분석하기 위해서이며, 사물의 참된 실질을 인식하기 위해서다. 『춘추』 희공僖公 16년 기록 "봄, 왕의 정월 무신 초하루에 운석隕石 다섯 개가 송宋나라 도성에 떨어졌다. 이 달에 여섯 마리 익조六鷁가 거꾸로 날아 송나라 도읍을 지나쳤다"[138]에 『공양전』은 이렇게 말한다. "어찌하여 먼저 운隕(떨어지다)을 이야기하고 나중에 석石을 이야기했는가? 돌이 떨어졌다는 사실을 듣고서 기록했기 때문이다. 그 떨어지는 소리가 그렇다는 것을 듣고 그것이 돌임을 알아보았으며 자세히 관찰하니 다섯 개였던 것이다. (…) 어찌하여 먼저 육六을 이야기하고 나중에 익鷁을 이야기했는가? 여섯 마리 익조가 거꾸로 날았다는 사실을 보고서 기록했기 때문이다. 그것을 보니 여섯 마리였고, 살펴보니 익조였으며, 서서히 자세히 관찰하니 거꾸로 날았던 것이다."[139] 『공양전』에서 "다섯 개의 돌과 여섯 마리 익조"라 말한 것은 성인의 듣고 봄이 달라 기록하는 데 차이가 있었다는 이야기다. 이에 동중서는 한 걸음 더 나아가 발전시키고 있다. "『춘추』에서 물질을 구별하는 이치는 그 이름을 바르게 하는 데 있다. 물질에 이름을 붙임을 대상의 참 모습과 같게 하여 추호도 어긋나지 않게 한다. 그러므로 운석이라 이름한 뒤 다섯 개라고 했으며, 거꾸로 나는 익조라고 말하기 전에 먼저 여섯 마리라고 한 것이다. 성인이 이름을 바르게 하는 데는 이와 같이 조심스럽다."[140] 이 때문에 그는 "명名이란 성인이 물질을 참되게 하려는 까닭이며, 이름을 지음은 참모습을 말하려는 것"[141]이라고 단언한다. 성인은 물질의 이치에 근거하여 이름을 정하며 "참모습이 아닌 것으로 이름을 삼지 않는다."[142] 이렇게 일단 만들어진 명호名號는 그 자체가 진리의 의미를 지니게 된다.

다음으로, 동중서는 또 천이 만물의 주재이며 만물의 이치는 천의의 구현이라고 주장한다. "명호가 올바른 것은 천지에서 취하기 때문이다. 천지는 명호의 대의大義다."[143] "사事는 각기 명名에 순응하고, 명은 각기 천天에 순응한다."[144] 오직 성인만이 물질의 이치를 분별할 수 있으며 천의에 통달할 수 있다. "명은 곧 성인이 천의를 발현하는 바이니 깊이 관찰하지 않을 수 없다."[145] 이렇게 되면 성인이 위로 천의에 통하고 아래로 물리를 관찰하여 제정한 명호는 사람들이 그것에 입각해 사물을 인식하고 시비를 판별하는 표준이 된다. 동중서의 다음 말들은 그런 뜻이다. "곡직을 살피려면 먹줄을 끌어옴만 못하고, 시비를 살피려면 명을 끌어옴만 못하다."[146] "명호를 좇아서 이치를 파고들면 그것을 얻게 된다."[147] "그러므로 정명正名함으로써 대의를 밝힌다."[148] 동중서의 '정명'은 실제에 근거하여 명을 수립하는 것이 아니라 명으로써 실제를 바로잡는 것이다. 즉 인위적 규정이나 표준을 가지고 구체적인 사물을 재단한다.

'정명'을 일종의 방법론으로 삼음은 사회정치 관계의 표준화와 규범화를 촉진하기 위한 가능성을 제공해준다. 동중서는 말한다. "지위가 높은 자는 높은 호號를 취하고, 낮은 자는 낮은 호를 취한다. 그래서 덕이 천지에 버금가는 자는 황천께서 오른쪽에 두고 아들로 삼으니 호를 천자라 칭한다. 그다음으로 다섯 등급의 작위가 있어 지위를 높여주니 모두 국

읍國邑으로 호를 삼는다. (…) 천지 사이에 있으면서 명호도 성씨도 없는
자는 천한 것 중에서도 가장 천한 자다."149 동중서는 명호를 신분과 지
위의 표식으로 여겼다. 천자의 명호는 군주가 천의 자식임을 밝힌 것으
로 그 신분은 지존이다. 그는 "부모로 천을 섬기고 자손으로 만민을 기른
다."150 검은머리 백성으로 어떤 명호도 없으면 가장 비천하다. "민民이란
어두운 자들이니"151 필연적으로 제왕 전당 하의 진흙이 된다. 다른 귀족
들도 각자의 명호에 의거하여 군주와 여러 종속 관계를 형성한다. 예컨대
"호를 제후라 하는 자는 마땅히 그가 받드는 천자를 공손히 섬겨야 한
다. 호를 대부라 하는 자는 마땅히 충성과 신의를 두터이 하고 예의를 돈
독히 하여 선善이 필부들에게까지 확대되도록 하여 교화할 수 있어야 한
다. 사士란 섬김이다. (…) 사는 교화까지 할 정도는 아니며, 일을 맡고 윗
사람에 따르도록 해야 한다."152 이 해석은 대단히 억지지만 동중서가 얼
마나 심각하게 마음 써서 한 생각인지를 바로 알 수 있다. 그는 '정명'을
통하여 현실적으로 존재하는 복잡다단한 정치 관계와 신분 지위를 정했
고, 군주중심의 통치 질서를 형성하기 위한 인식표준을 규정했다. 성인이
제정한 '명'은 절대적 진리와 불가항력적 권위를 가진다. 그러므로 사람들
이 그 가운데 몸을 놓고 있는 정치 관계와 신분은 더 이상 인식할 수 있
는 대상이 아니라 모든 것이 이미 정해진 표준화의 질서배치에 따라 열
리는데, 여기에는 의심이 있을 수 없고 예외도 있을 수 없다. 인식의 표준
화는 정치 일통화를 실현하는 인식론적 전제다. "치국의 실마리는 정명에
있다"153는 동중서의 거듭된 강조는 그만한 이유가 있었다.

　　마지막으로 동중서는 '강간약지強幹弱枝'를 제기하며 기치도 선명한 군
권지상의 강령을 내세운다. 그는 일찍이 『춘추』의 '미언대의微言大義'를 10
항의 조목으로 총괄하여 '십지十指'라고 부른 적이 있다. 그 가운데 하나가
바로 "기둥은 강하게 하고 가지는 약하게 하며, 뿌리는 크게 하고 끝단은

작게 한다"[154]이다. 기둥과 뿌리는 군주를 가리키고, 가지와 끝단은 뭇 신하의 비유다. '강간약지'는 곧 군권을 강화하려는 것이며, 군주의 절대적 주재 지위를 수립하려는 것이며, 뭇 신하와 관료를 제압하려는 것이다. 동중서는 말한다. "군주는 나라의 으뜸이다. 그의 발언과 동작은 만물의 핵심이 된다. 핵심이 펼쳐지면 영욕의 실마리가 된다."[155] "군주는 나라의 근본이다. 나라를 다스림에 근본을 숭상함보다 더 큰 교화는 없다."[156] 그는 군주가 국가의 원수이며 치국의 근본이라고 생각했다. 군주는 "살리고 죽이는 위치에 서 있으며,"[157] "죽일 수 있는 권세를 갖고 있으며,"[158] 절대 권력을 장악하고 정치의 흐름을 통제한다. 뭇 신하 관료는 군주를 받들어 주재자로 삼으며, "아래로 공, 후, 백, 자, 남에 이르기까지 세상의 모든 마음이 천자에게 달려 있으니"[159] 군주의 권위에 절대복종해야 한다. 이 점을 진일보하여 설명하기 위해 동중서는 또 천지를 비유로 든다. 그는 말한다. "신하의 뜻은 땅에 비유된다. 따라서 신하된 사람은 땅이 하늘을 섬기듯 해야 한다."[160] "신하된 사람은 땅의 도를 본받으며, 그런 형태와 감정을 발출하여 사람들에게 보여야 한다. (…) 신하된 사람은 땅을 본받아 신의를 중시하고 군주에게 그러한 감정을 남김없이 보여야 한다. 군주는 또한 그들을 거두어 녹을 주므로 왕도는 위엄을 갖추고 잃은 것이 없게 된다."[161] 검은머리 백성에 이르면 더더욱 군주에 절대복종해야 한다. "백성이 군주를 따름은 마치 초목이 사시에 응하듯 해야 한다."[162] 군주와 인민은 한마음으로 합체하듯 하여 "마음이 좋아하는 바이면 몸이 반드시 안정되니, 군주가 좋아하는 바이면 인민이 반드시 그에 따른다."[163]

'강간약지'에 따라 수립된 정치 체제 형식은 반드시 중앙 집권과 군주 전제를 근본 특징으로 하게 된다. 동중서는 말한다. "기둥을 강하게 하고 줄기를 약하게 하며, 뿌리를 크게 하고 끝단을 작게 하면 군신 간의 구분이 명확해진다."[164] 뭇 신하 관료가 "직무를 나누어 다스리고, 제각기 공경하여 섬기며, 다투어 나가 공을 세우니,"[165] 군주는 대권을 장악하고 턱 짓으로 이래라저래라 시키기만 하면 백성은 고개 숙여 굽실거리게 될 것이니 정연한 질서를 갖춘 '대일통'의 군주 정치가 이루어진다.

정치일통에 관한 동중서의 인식은 중앙 집권 및 한 왕실의 공고화를 지키려던 한대 제왕들에게 체계적인 이론 근거를 제공해주었다. 또한 후세의 군주 정치 발전을 위한 기본 규모를 마련해주었으니 그 정치적 역사적 의의는 대단히 심원하다 하겠다.

문화일통

동중서가 설계한 군권에 의한 일통천하는 정치적 일통화의 실현을 추구한 것이었지만, 그 외에 사상 문화적 일원화의 실행도 추구했다. 한 무제의 대책 문의에 대답하면서 그는 이러한 주장을 개진했다. 그는 말한다. "지금 선생들은 도를 달리하고 사람들의 논의하는 바가 다릅니다. 백가는 저마다의 방책을 내고 그 지향이 같지 않습니다. 그래서 성상께서 일통을 견지할 수 없는 것입니다. 법제가 수시로 바뀌면 아랫사람들은 무엇을 지킬지 모르게 됩니다. 신의 어리석은 생각으론 육예六藝 과목과 공자의 술에 들지 않는 여러 가지는 모두 그 길을 끊어버려 나란히 가지 않도록 해야 합니다. 사악하고 치우친 주장들을 그치게 한 뒤라야 계통, 기강이 하나가 될 수 있고 법도가 분명해져 백성이 따를 바를 알게 될 것입니다."[166] 이것이 바로 유명한 "파출백가罷黜百家, 독존유술獨尊儒術"이다.

전한 초기, 진秦나라 학정을 혁파하고 사상이 해금되었다. 혜제惠帝 4년(기원전 191) 협서령挾書令[167]을 없애자 일시에 유, 도, 묵, 신申, 상商, 한비韓非, 종횡가 등 학설이 광범하게 유행했다. 사상 문화 영역에서 다양한 발전 경향이 나타나게 된 것이다. 한대 유학은 바로 이러한 문화적 분위기 속에서 다른 유파의 사상적 영양분을 흡수하면서 한 걸음 더 나아가 풍부하게 발전했다. 동씨 공양학도 예외가 아니었다. 그런데 동중서는 한편으로 음양오행 사상을 유학 속에 융합시키면서, 다른 한편으론 사상 문화의 통일을 주장했다. 이와 같은 현상은 사람들을 도저히 이해할 수 없게 만들고 있지 않은가? 사실은 그렇지 않다. 사상 문화적 통일은 정치일통에 필요한 것이다. 바꿔 말해 정치적 전제는 필연적으로 사상 문화적 전제의 시행을 요구한다. 이는 전제주의의 본능이다. 역사적으로 볼 때 춘추 전국 시대 정치 발전의 다원성이 그에 상응한 사상 문화적 백가쟁명을 출현하게 함과 같다. 진나라 통일 이후 전제 정치가 시행되면서 이사李斯가 "흑백을 구별 지어 일존一尊을 정하자"[168]고 주장한 이래 단행된 분서갱유焚書坑儒는 사상 문화 전제의 최고봉에 이른 사건이다. 못된 짓은 짝이 있는 법, 한나라 통일 이후 제국의 규모가 부단히 갖추어져감에 따라 사상 문화적 일원화의 시행은 한 왕실의 운명과 고락을 같이하는 큰일이 되었다. 일반적으로 정치적 지도 사상은 통치를 행하고 정책을 관리, 제정하는 데 이론적 근거가 된다. 이론적 지도가 없는 정치 행위는 결국 맹목적일 수밖에 없으며, 이론이 지나치게 방만해도 왕왕 정치적 자의성을 불러와 정치 안정에 이롭지 못하다. 동중서는 이 점을 분명하게 간파했다. 이른바 "백가가 각기 다른 방책을 내고" "주상께서 일통을 견지할 수 없으며, 법제가 수시로 변해 아랫사람들이 지켜야 할 바를 모른다"는 언급은 바로 이에 대한 말이다. 따라서 한나라 초엽 "백가의 여진이 아직 남았던" 것은 군주 정치에서 볼 때 변형태이거나 특수한 현상이었고, 동중서의 독존유술 및 진나라 때의 이법위교以法爲敎와 이리위사以吏爲師야말로 군주 정치의 불변태이자 일반적 현상이다.

　동중서가 창도한 문화일통은 유학을 민간 학술로부터 일약 관방 정치 이념으로 승화시켰다. 한나라 통치자들은 유학이라는 한 학파의 주장을 이용하여 사람들의 사상 의식을 통일하고, 인민의 담론과 행위를 통제할 수 있게 되어 "계통, 기강을 하나로 만들고" "법도를 분명히 했으며" "백성이 따를 바를 알게 했으니" 정치일통의 지속적 안정에 유리한 국면을 맞게 되었다. 그런데 학술과 정치의 상호 결합은 학술에 정치적 권위를 부여해줄 뿐만 아니라, 동시에 사상 문화적 결정권을 군주에게 헌납하는 것이다. 이는 향후 지식이 권력의 부속물로 변질되고 인식론이 정치적 노예로 전락함을 의미한다. 인간의 자유로운 사유가 민족 문화 발전의 내적 추진력 가운데 하나라고 할 때, 유학의 관학화官學化는 정치적 이익 즉 통치 계급의 이익을 사람들이 무엇보다 먼저 선택해야 할 목표로 끌어올릴 필요가 있고, 그렇게 되면 사람들의 사유 시야는 협소한 범위로 제한당하게 된다. 그럼 학술상의 자유로운 사유는 더 이상 존재하지 못하게 되고, 민족 문화 발전의 내적 추진력은 극도로 침체될 것이다. 그리고 어떤 학술이든 그 생명력이 스스로의 특정한 운행 규율에 따라 유지된다고 할 때, 정치권력에 의존하는 학술은 어쩔 수 없이 먼저 권력의 지배를 받아들이게 될 것이고, 학술 자체의 운행 규율은 정치 규율에 복종하게 되어 학문의 생명력은 고갈되고 끝내는 경직화되어 쇠락의 길을 걷게 될 것이다. 이런 의미에서 볼 때 동중서의 문화일통 주장은 진 대 사상 문화적 전제의 새로운 발전이며, 독존유술은 유학을 주체로 한 중국 전통문화 형성을 분명히 촉진했다. 그러나 더욱 중요한 사실은, 조금도 사정을 두지 않고 정치사상적 자유와 창조성을 억압하여 한대 이후 사람들의 정치에 대한 인식을 오랫동안 중세기에 배회하도록 만들기도 했다는 것이다!

여기서 주의할 만한 일은 동중서가 실행한 문화일통의 방법이 진대와 달랐다는 것이다. 그는 강제로 "백가의 금절"을 요구하지 않고, "모두 그 길을 끊어버려 나란히 가지 못하도록 하자"고 주장했다. 그의 구상은 문화는 일통해야 하되 전체적으로 다 죽여버릴 수는 없고, 백가를 물리치되 깨끗이 죽여 없애지는 않는다는 것이다. 그는 한편으로 정치적 신분과 특권을 누리는 유학의 사상 문화 영역에서의 통치 지위를 온 힘을 다해 지키려 하면서, 다른 한편으론 비非관방 학술의 자발적 전개는 인정했다. 이 구상은 유가 권변權變 사상의 융통성 있는 운용임이 분명하다. 유학 주체의 견지는 통치자의 정치적 필요를 만족시키고, 민간 학술에 대한 탄압을 풀어주어 자생자멸하도록 함으로써 여러 가지 사회적 문화 욕구를 어느 정도 보살핀 것이다. 동시에 통치 계급의 장기 이익에 착안해 보면, 이 방법은 다른 학술 사상 가운데 정치적 가치가 충분한 성분들을 남아 있도록 함으로써 적당할 때 통치자들을 위해 쓰이게 하는 데 유리한 작용을 한다. 동중서의 문화일통은 방법과 실효에 있어서 더욱더 실제적이고 고명함을 드러냈다. 여기서 표현하고 있는 융통성은 비록 극히 제한된 것이긴 했지만, 적어도 이 점에선 유학으로 하여금 기나긴 세월 동안 시대의 발전을 따라가면서 부단히 도가 혹은 불가로부터 유익한 성분을 받아들이게 했고, 부단히 이론적인 보충과 조정을 행하게 했으며, 이를 통해 통치 사상의 옥좌에서 떨어져 내리는 것을 효과적으로 막아냈다.

03

천도天道로
군주를 제약함

　동중서의 군권지상주의에는 뚜렷한 특징이 하나 있는데, 바로 절대적이면서 맹목적이지 않다는 점이다. 그는 실세 정치 생활을 하면서 군주 개인의 권력이 지나치게 강대할 경우 왕왕 반대 방향으로 치달아 정치적으로 요동을 하거나 심하면 정권의 전복을 가져오기도 한다는 것을 깊이 알고 있었다. 걸桀, 주紂와 진秦왕의 비극은 누구나 목도했듯이, 이는 통치 계급 전체의 이익에 어긋나는 일이다. 이를 귀감으로 삼아 동중서는 천天의 권위를 이용해 군주에게 일정한 제약을 가하려 했다. 그는 말한다. "춘추의 원칙에 따르면 사람들은 군주를 따라야 하고, 군주는 하늘에 따라야 한다. (…) 따라서 민民을 굽히고 군주를 펴며, 군주를 굽히고 천天을 펴는 것이 『춘추』의 큰 뜻이다."[169] 기왕에 천이 군주보다 높은 특수한 권위라면 천이야말로 군주를 감호할 완전한 자격이 있다. 그런데 어떻게 천의 권위를 운용하여 군권을 제약할 것인가? 동중서는 '천인합일' 이론을 바탕에 깔고 다음 두 가지 구체적 방법을 제기한다.

　첫째, 천도의 규율 즉 "사시四時의 정사政事"를 이용하여 군주의 정치 활동을 구속한다. 동중서는 "성스러운 사람은 천을 본받으며,"[170] "성인은 천이 행하는 바를 곁에서 돕는 것을 정치 행위로 여긴다."[171] 군주는 천도를 정치 활동의 본보기로 삼아야 하고, 군주의 정치 행위는 천의 규율을 따라야 한다. 예컨대 "천에 사시가 있으면, 왕은 사정四政이 있다. 사정은 사시와 같으며 유사하여 서로 통하니 천, 인이 공통으로 갖고 있는 바다".[172] 천의 사시는 춘하추동이고, 왕의 사정은 '경상벌형慶賞罰刑'이다. 동중서는 "경상벌형은 다른 일이면서 같은 효과를 내고, 모두 왕자들이 그것으로 덕을 이루는 바이니"[173] 다 군주가 천하를 다스리는 수단이다. "사람은 하늘의 셈에 따른다"는 사유에 입각하여 군주가 이러한 정치 활동을 할 때는 반드시 사시와 잘 배합해야 한다. "따라서 경사스러운 일慶로 따뜻함을 도와야 하니 봄에 마땅하고, 상賞을 주어 더위를 도와야 하니 여름에 마땅하고, 벌罰을 내려 서늘함을 도와야 하니 가을에 마땅하고, 형刑으로 추위를 도와야 하니 겨울에 마땅하다."[174] 사정과 사시는 "유사하여 서로 응하니 부절이 합하는 것과 같이"[175] 정치 운용의 규율성과 질서화를 이루게 한다. 군주는 그저 따라서 행하기만 할 뿐 마음대로 어지럽혀선 안 된다. 동중서는 말한다. "경상벌형은 그 처리가 마땅하면 펴나가지 않을 수 없는데, 마치 따뜻함, 맑음, 추위, 더위가 때에 맞으면 나타나지 않을 수 없음과 같다. (…) 사정이 서로 간여할 수 없는 것은 마치 사시가 서로 간여할 수 없음과 같다. 사정이 자리를 바꿀 수 없는 것은 마치 사시가 자리를 바꿀 수 없음과 같다."[176] 이는 분명히 군주의 정치 활동 또는 정치 행위에 대한 일종의 구속이다.

한 걸음 더 나아가 "사시四時의 정政"의 유효성을 강화하기 위하여 동중서는 군주의 호오好惡감정, 행동거지, 정치자질 등에 대하여 여러 가지를 요구한다. 그는 개인감정에 있어서 군주는 반드시 천도와 서로 맞아떨어져야 한다고 생각했다. 그는 말한다. "천 또한 희로喜怒의 기氣, 애락哀樂의 심心이 있어 사람과 서로 비견된다. (…) 봄은 희기喜氣이므로 탄생하고, 가을은 노기怒氣이므로 죽이며, 여름은 낙기樂氣이므로 길러주며, 겨울은 애기哀氣이므로 감추어둔다. 이 네 가지는 천, 인이 공통으로 갖고 있다. 그와 같은 이치가 있기에 하나로 이용할 수 있다."177 군주 개인의 호오 감정이 사시의 흐름에 따라 변화해야, 경상과 형벌의 시행이 그 구분에 딱 들어맞게 되고 시의에 합치한다. 그래서 다음과 같이 말한다. "천과 동일하게 하면 크게 다스려지고, 천과 다르게 하면 크게 어지러워진다. 따라서 군주된 사람의 도는 제 몸을 천과 동일하게 하여 그것을 이용함보다 현명한 방법은 없다."178 행동거지와 정치 자질 측면에서 동중서는 왕자의 '5사五事' 즉 모습貌, 말하기言, 보기視, 듣기聽, 생각하기思를 제기한다. "무슨 말인가? 다섯 가지 일이란 사람이 천으로부터 명령을 받은 바다. 그러니 왕자는 이를 잘 닦아 백성을 다스려야 한다."179 구체적으로 말하면, 군주의 "모습이란 공손함을 일컫는데" "왕이 성실하게 안에서 공경한 자세를 갖추면 천하에 숙연하지 않은 자가 없음을 말한다."180 "말하기란 따름을 일컫는데" "왕이 말하여 따를 만하고 밝은 올바름이 따라서 행해지면 천하가 다스려진다는 말이다."181 "보기란 밝음을 일컫는데" "왕이 밝으면 현자들이 나오고 불초자들은 물러난다."182 "듣기란 총명함을 일컫는데" "왕이 총명하면 일을 듣고 반드시 신하들과 의논하므로 일마다 논의를 거치지 않는 것이 없다."183 "생각하기란 포용을 일컫는데" "왕의 마음이 넓고 커 포용하지 않음이 없으면, 성스러운 능력들이 널리 전개되어 일마다 각기 마땅함을 얻게 된다."184 동중서는 '5사'야말로 군주가 마땅히 갖추어야 할 품행이자 자질인데, 실제 정치 활동을 하면서 모두 사시의 정사와 서로 호응해야 한다고 생각했다. 이를테면 군주가 모습을 공경하게 하면 "춘기春氣가 얻어지므로 숙연해지고, 숙연한 사람이 봄을 주도하게 된다."185 그리하여 '춘정春政'을 행하면 만물이 따라서 태어난다. 또 다른 이를테면 군주가 보기를 밝게 하여 선악을 알 수 있으면 "하기夏氣가 얻어지므로 사리에 밝고, 밝은 사람이 여름을 주도하게 된다".[186] 그리하여 만물은 무성하게 자란다. 결국 동중서가 보기에 "사시의 정사"란 천도의 운행 규율이 인간의 정치 생활 가운데 구현된 것이다. 이는 군주의 정치 활동, 정치 자질, 호오 감정, 행동거지 등 모든 방면에서 군주를 일정하게 구속하고 있음을 뜻한다. 생산력 수준이 극히 낮았던 고대 중국에서 인류 사회 정치에 대한 자연조건의 영향력은 결코 낮게 평가할 수 없다. 군주의 정치 활동이 사시의 흐름에 순종해야 한다는 동중서의 요구는 어쩌면 합리적인 측면도 있다. 그러나 천도의 규율을 이용해 군주 개인의 호오 감정, 행동거지, 정치 자질을 구속하려는 시도는 아무래도 황당하게 느껴지지 않을 수 없다. 실제 정치 과정에서 이러한 방법으로 군권을 제약하여 실효를 거두기란 매우 어려운 일이다.

둘째, 천인감응 즉 '천견설天譴說'을 이용하여 군주의 개인적 행위와 정책을 제약한다. 동중서는 『춘추』 가운데서 전 세상에 이미 행했던 일을 통해 천인상여天人相與의 정도를 관찰해 보니 심히 두려웠다"[187]고 말한다. 군주가 권력을 남용하거나 천도를 거슬려 행동함으로써 "국가가 도를 잃게 되는 손상을 입는 데"[188] 이르면 천은 바로 그에게 징벌을 내리는데, 이것이 이른바 '천견설'이다.

'천견설'이 동중서에서 비롯되지는 않았다. 그러나 진정으로 이를 크게 발전시키고 정치적 실천 과정에 구체적으로 적용시킨 것은 동씨 공양학이 그 전형이다. 동중서는 "재난은 천의 견책이며, 괴이함은 천의 위협"[189]이라고 말한다. 군주의 개인적 행위나 반포한 정책이 사회적 불만을 야기해 정치적 동란이나 위기를 불러왔을 때 "천이 재이災異를 내어 그를 견책, 경고한다. 견책의 경고에도 바꿀 줄 모르면 괴이怪異를 보여 놀라게 한다. 놀라게 했음에도 두려운 공포를 알지 못하면 재앙이 닥친다".[190] 이때 군주는 가능한 한 빨리 구호 조치를 취해야 한다. "오행이 바뀌는 데 이르러

덕으로써 구제하여 천하에 베풀면 재앙이 없어진다."[191] 이를테면 "가을에 나무가 얼고 봄에 비가 많이 내리는데 요역衞役이 많고 세금이 무거우면 백성이 빈궁해져 배반하고 길거리에 굶는 사람이 많아진다. 이를 구제하려면 요역을 줄이고 세금을 가볍게 하며 창고의 곡식을 내놓고 곤궁함을 구휼해야 한다."[192] 만약 보고도 못 본 체하고 듣고도 내버려둔다면 대재앙을 빚을 것이다.

동중서는 '천견설'의 설득력을 증강시키기 위하여 사물 사이에 "동류끼리 서로 부르는" 사례를 광범하게 인용하여 증명했다. 그는 "물질은 한결같이 동류끼리 서로를 부른다"[193]고 말하면서 "지금 평지에 물을 부으면 마른 곳을 떠나 습한 곳으로 가며, 섶나무를 골라 불을 붙이면 습한 것을 떠나 마른 곳으로 타들어간다. 모든 물질은 자신과 다른 곳을 떠나 자신과 같은 곳을 좇는다. 그러니 기가 같으면 모이고 소리가 비슷하면 호응한다. (…) 궁宮음을 두드리면 다른 궁음이 그에 응하고, 상商음을 두드리면 다른 상음이 그에 응한다. 5음이 서로를 따라 스스로 울림은 신비로움이 있어서 그런 것이 아니라 그 셈이 그러하기 때문이다. (…) 동류끼리 상응하여 일어나기 때문이다. 예컨대 말이 울면 말이 그에 호응하고, 소가 울면 소가 그에 호응한다"[194]고 덧붙였다. 자연계 사물 사이에 "동류끼리 서로 부르는" 현상은 하늘과 사람 사이에서도 발생한다. "천지의 음기陰氣가 일면 사람의 음기가 그에 응하여 일어나며, 사람의 음기가 일면 천지의 음기가 또한 마땅히 그에 응하여 일어나니 그 도리는 하나다."[195] 동중서는 만물이 "동류끼리 서로 부름"은 물리적으로 당연하고, 사리로도 필연적이라고 생각했다. 그러나 구체적인 표현에 있어서 어느 때는 "서로 움직여 형체가 없기도 하며 이를 스스로 그러하다自然고 부르는데, 사실은 스스로 그러는 것이 아니라 그렇게 되도록 시키는 것이다. 물질은 고유한 실체가 있어서 그렇게 되지만, 그렇게 되도록 시키는 것은 형제가 없다"[196]

고 한다. 이 때문에 천이 재이를 드러낼 때는 반드시 인간사가 그에 응하도록 한다. "아름다운 일은 아름다운 부류를 부르고, 악한 일은 악한 부류를 부른다. (…) 제왕이 장차 흥하려 하면 아름답고 상서로운 조짐이 먼저 나타나고, 장차 망하려 하면 요마가 먼저 나타난다."[197] 동중서는 자연계 특정 사물들의 호응 현상을 이용하여, 이를 무한히 확장함으로써 '천견설'의 합리성을 논증하려 했다. 이와 같이 합리와 오류를 뒤섞어 일체화하는 논증 방법은 틀림없이 그의 이론적 설득력을 증강시킬 수 있었을 것이다.

전체적으로 볼 때 '천견설'은 그 시대의 조건하에서 합리적이지 못한 점이라곤 하나도 없었다. 군주 전제 통치하의 고대 중국에서 천재天災는 어쨌든 인화人禍와 더불어 일어났다. 정치가 어두울수록, 억압과 착취가 잔혹할수록 자연재해의 위해 정도가 컸다. 게다가 어떤 천재는 사람의 허물에 의해 생겨나기도 했다. 동시에 군주 전제는 '정치적 반대자'의 존재를 허락하지 않는다. 군주를 향한 비판은 줄곧 죽음의 재앙을 불러왔다. 동중서는 천의 권위를 이용해 군주를 비판했으며, 군주를 천재, 인화의 총 근원으로 보았다. "왕이 바르면 원기元氣가 화순하고, 비바람이 때에 맞고, 밝은 별이 나타나고, 황룡黃龍이 내려온다. 왕이 바르지 못하면 위로 천상이 변화하고, 도적의 기운賊氣이 나란히 나타난다."[198] 이 이론은 퇴고해보면 아무것도 아니겠지만 당시로서는 명석하고 지혜로운 논의였음에 틀림없다.

동중서는 군주 절대 권위를 손상하지 않는 전제하에서 군권을 구속하고자 했다. 그가 제기한 '사시의 정사'와 '천견설'은 법률적 효력을 지닌 것이 아니었으며, 천의 권위는 많아야 군주에게 모종의 관념적 혹은 도덕적 위협을 하는 정도였지 어떤 강제력도 지니지 못했다. 인류문명사가 일찍이 증명했듯 권력만이 권력을 구속할 수 있는 법이다. 이 때문에 정치적 실천의 측면에서 '천견설'과 '사시의 정사'가 혹여 군주에게 일정한 심리적 혹은 도덕적 압박이 될 수 있었는지는 모르겠으나 군주의 독단적 전횡이라는 사실을 바꾸거나 억제할 수는 없었다. 더 많은 경우는 오히려 군주가 한편으로 이를 빗대어 스스로의 죄를 문초함으로써 여론 압력이 완화되기를 구하는 수단이 되었고, 다른 한편으론 거꾸로 잘못에 대하여 특정한 자세를 가질 수 있게 됨으로써 심리적 안정을 얻는 데 작용했다.

동중서의 군권 제약에 관한 인식은 한대 통치 계급의 정치적 사유와 정치의식이 날로 성숙되어갔음을 뜻한다.

음양 합분론合分論과 예제禮制

동중서의 천은 내재적 질서를 가진 채 운동하고 있는 체계다. "천도의 불변 법칙은 한 번 음이었다 한 번 양이었다 함이다."[199] "천은 그 도를 지키며 만물의 주체가 된다."[200] 음양의 도는 천의 운행 법칙이 되며, 인간의 사회정치적 관계를 직접 규제한다.

동중서는 바로 음양의 도에 기초하여 음양합분론陰陽合分論을 제기했다. 그는 "무릇 만물은 반드시 합合이 있다"고 말한다. 세간의 어떤 사물 혹은 현상이든 고립적으로 존재하지 않으며, 반드시 그와 상대적인 면을 갖고 있어 일련의 대응 관계를 형성한다. 예컨대 상하, 좌우, 한서, 주야, 군신, 부자, 부부 등이 그렇다. 이런 관계는 모두 음양의 도의 지배를 받는다. 이른바 "만물은 합이 없는 것이 없으며, 합에는 각기 음양이 있다"[201]는 것이다. "군주는 양이요 신하는 음이다. 아버지는 양이요 아들은 음이다. 남편은 양이요 아내는 음이다."[202] 음양의 도의 내재적 질서는 "음은 양에 겸하여 있으며" 양이 음을 제어한다는 것이다. 구체적인 사회정치 관계에서 보면 "아내는 남편의 합이며, 아들은 아버지의 합이며, 신하는 군주의 합이다."[203] "군신, 부자, 부부의 도는 모두 음양의 도에 따른다."[204] 음양합분론에서 전체 사회는 하나가 나뉘어 둘이 되고, 다시 둘을 합하여 하나가 되는 상호 구별되면서도 상호 관련을 맺는 두 편이다. 여기서 한 편은 군주, 아버지, 남편으로 하늘이 낳은 주재자이며, 다른 한 편은 신하, 아들, 아내로 하늘이 낳은 종속자다. 동중서는 대단히 명확하게 이렇게 이야기한다. "음도陰道는 혼자 가지 못한다. 처음부터 혼자 일어설 수 없으며, 마지막에도 혼자 공을 나눌 수 없어 두루 겸하는 의미를 지닌다. 그래서 신하는 군주와 공을 겸하고, 아들은 아버지와 공을 겸하고, 아내는 남편과 공을 겸한다."[205] 이 세 가지 짝 관계는 가장 기본적인 사회정치 관계이며, 그 사이의 주종 관계는 상호 정치 질서를 유지하는 기본 원칙이다. 동중서는 이를 가리켜 "왕도의 삼강三綱"[206]이라 불렀는데, 이것이 바로 나중 『백호통의白虎通義』「삼강육기三綱六紀」에서 말하는 "군위신강君爲臣綱, 부위자강父爲子綱, 부위부강夫爲婦綱"이다. 인류 사회는 이러한 주종 관계가 무수히 중첩되어 이루어진 것으로 군주는 그 정점에 위치한다.

음양의 도로부터 삼강의 제기로 나아간 것은 한대 통치 계급의 정치적 시야가 넓혀져 가는 기본 방향을 설명해주고 있다. 제국의 규모가 처음 갖추어지던 시기에 그들은 회복과 조정을 모색하는 편의상의 법을 추구했는데, 날개가 다 갖추어지자 통치 질서를 수립하고 공고히 하는 장기 계획을 도모하는 방향으로 전환했다. 삼강은 실제로 존재하는 복잡다단한 신분 및 관계들을 간명하게 해준다. 이러한 고도의 개괄적 인식이 이루어진 것은 한나라 통치자들의 정치적 사유가 심화되었다는 뜻이기도 하거니와, 더욱 중요한 사실은 한대 통치 계급이 위계질서에 의한 통치를 추진하게 되었고 사회 전체를 통제하는 의식과 능력을 이미 갖추게 되었다는 것이다. 동중서는 "삼강오기三綱五紀를 좇으면 인간관계의 여덟 가지 실마리에 대한 이치에 통하게 된다"[207]고 말한다. 삼강은 위계질서에 의한 통치를 실현하는 기본 규정이 되어 누가 누구를 통치하느냐는 문제를 근본적으로 해결해주었다. 이 때문에 고대 중국에서 군주 정치가 존재한 곳이면 어디든 삼강의 정치 생명력과 정치적 지침으로써 의미가 고갈되거나 상실되기는 어려웠다.

규범화된 정치와 사회 관계에서 삼강의 유효성을 높이기 위해서는 일련의 도덕 수칙들을 제정할 필요가 있다. 이것이 이른바 오상五常의 도다. 동중서는 말한다. "인의예지신 오상의 도는 왕자라면 마땅히 다듬어야 할 바다."[208] 오상의 핵심은 인의다. 이는 사람과 사람 사이 각종 관계를 조절하는 최고의 도덕적 요구다. 동중서는 말한다. "『춘추』에서 다루는 바는 타인과 나의 관계다. 타인과 나의 관계를 다루는 소이는 인仁과 의義다. 인으로써 다른 사람을 편안케 하고, 의로써 나를 바르게 한다. 따라서 인이란 다른 사람을 위해 하는 말이요, 의란 나를 위해 하는 말이다."[209] 실제 생활에서 삼강이 개괄하는 사회정치 관계는 개인이 연출하는 역할에 따라 형성되는 여러 가지 유형의 인간관계와 다르지 않은데, 인의는 이러한 인간관계를 조절하는 가장 기본적인 규정, 즉 자신을 엄격하게 규율하고, 타인을 관대하게 대하는 규정이다. 동중서는 말한다. "인의 규범은 타인을 사랑함에 있지 나를 사랑함에 있지 않다. 의의 규범은 나를 바르게 하는 데 있지 타인을 바르게 하는 데 있지 않다."[210] 사람마다 모두 나로부터 만들어가기 시작한다면 양호한 등급 질서를 형성할 수 있다. 동중서의 다음 말은 이를 뜻한다. "군자는 인의를 구별 지으려 하는데, 그로써 타인과 나 사이의 기강을 잡으려는 것이다. 그런 뒤 내외 구분을 명백히 하고 순역順逆의 처신을 분명히 한다."[211] 오상의 도는 삼강이 규정한 등급 종속 관계를 윤리 도덕화시켜 계서적 통치를 촉진하는 데 있어서 도덕적 담보를 제공해준다.

구체적인 정치 과정에서 삼강을 관철시키려면 또 일정한 제도적 보장을 필요로 한다. 동중서는 유가의 전통적인 예제禮制에 관한 주장을 계승했으며, 음양합분론은 이에 더욱 정교한 논증을 해주었다. 동중서는 삼강 관철의 최종 목적은 군권의 수호에 있으나, 군주에 대해 말하자면 "귀천에 차등이 없는데도 그 지위를 보전할 수 있는 자는 아직 없었다"[212]고 주장한다. 따라서 성인이 나라를 다스릴 때 무엇보다 먼저 한 일은 바로 "존비의 제도를 세우고 귀천의 차이에 등급을 매겨"[213] 예제를 수립하는 것이었다. 동중서의 예제 사상은 두 가지 뚜렷한 특징이 있다. 첫째, 예의 내용을 확대하여 예를 음양의 도의 구현이라고 말했다. "예란 천지를 계승하고 음양을 구현하여 주와 객을 신중히 처리하고 존비, 귀천, 대소의 지위에 차례를 매겨 내외, 원근, 신구新舊의 등급에 차이를 두는 것이다."[214] 선진 유학의 예는 기본적으로 사회정치 관계의 개괄이다. 동중서는 전통적 인식을 인정한 바탕 위에서 예를 "천지를 계승하고 음양을 구현한" 높은 단계로 끌어올렸다. 이는 천인합일론이 예제 사상에 구현된 것으로 천지음양이 현실적 존재의 등급 차별에 합리적 기초가 되어주었다. 둘째, 복장수식을 통해 예의 기능이 발휘되는 것을 중시했다. 동중서는 "도가 같으면 서로 앞장설 수 없으며, 정감이 동일하면 서로 상대를 부릴 수 없고"[215], "상하의 인륜 질서가 구별되지 않으면 그 세력을 서로 다스릴 수가 없다"[216]고 생각했다. 예의 기능은 바로 이런 차별을 촉진시켜 "귀천에 등급이 있고, 의복에 차별이 있으며, 조정에 지위가 있고, 향당鄕黨에 질서가 있도록"[217] 하는 데 있다. 구체적 기능 발휘 측면에서 동중서는 등급 원칙이 사람들의 행위 및 관념을 제약하는 작용을 하고 예를 통해 "정감을 구현하여 혼란을 방지한다"[218]는 데 주의했을 뿐만 아니라, 동시에 복장수식이 등급 차별 수호에 특별한 작용을 한다고 주장했다. 그는 말한다. "의상이 생겨난 것은 몸을 가리고 신체를 따뜻하게 하기 위함이었다. 그러나 오색 염색을 하고 무늬를 꾸미는 것은 피부나 혈기에 도움이 되라는 사정 때문이 아니다. 그것으로 귀한 사람을 귀하게 여기고 현인을 존중하여 상하의 인륜 질서를 명확히 구별함으로써 가르침에 따라 잘 행동하라는 것이며, 교화를 쉽게 이루기 위함이며, 잘 다스려지도록 하기 위함이다."[219] 복장수식은 본래 등급 제도의 산물인데, 동중서는 이를 등급을 수호하는 수단으로 이용했다. 선진 유가들이 앉아서 도를 논하며 주로 예의 이론적 발전에 치중했다면, 한대 유가는 이론 구축을 행하는 동시에 예의 시행과 조작에 더 주의했다. 동중서의 복장수식에 대한 인식은 한대 통치 계급이 예제에 대한 조작화操作化 의식이 높아졌음을 반영한 것이다. 실질적 조작을 중시하는 인식 경향이야말로 한대 정치사상의 특징 가운데 하나다. "대소가 등급을 넘어서지 않고, 귀천이 그 인륜 질서에 따름"[220]은 군주 정치가 생존할 중요한 보장인데, 동중서는 이를 위한 중요한 실현 경로를 제공한 것이다.

덕으로
천하를 다스림

　치국정책의 원칙 선택에서 동중서는 유가의 전통적 인식을 이어받아 덕치 위주를 선택했다. 그는 천인합일의 인식론적 논리를 좇아 덕치 실현 또한 천의 구현이라고 설명했다. 그는 말한다. "천이 백성을 낳음은 왕을 위해서가 아니다. 오히려 천이 왕을 세움은 백성을 위해서다. 따라서 덕으로써 족히 백성을 평안하게 하고 즐겁게 하는 자는 천이 아들로 삼으며, 악으로써 백성을 상하게 하고 해치는 자는 천이 그 지위를 빼앗는다."[221] 이렇게도 이야기한다. "천도의 위대함은 음양에 갖추어져 있다. 양은 덕이고 음은 형刑이다. 형은 죽이는 것을 주로 하나 덕은 살리는 것을 주로 한다."[222] 천도의 선택은 "양과 친하지 음과는 거리를 두며, 덕으로 임하지 형으로 임하지 않는다".[223] 동중서는 덕으로 백성을 평안케 하는 것이야말로 천의 선택을 받아 군주가 되는 주요한 조건이라고 주장한다. 천명을 받은 군주는 천도를 좇아 "덕으로 임하여" 천하를 다스려야 하므로 덕치의 시행은 당연히 이루어져야 할 일이다.

　동중서는 덕으로 천하를 다스린다는 것이 다음 두 가지 측면을 포괄한다고 생각했다.

첫째, 교화를 행한다. 동중서는 "성인의 도를 보면 홀로 위세를 통해 정치하지 않으며, 반드시 교화를 행한다."[224] 왜 이렇게 말하는가? 동중서는 인성 속에서 근거를 찾는다. 그는 사람의 본성을 천이 부여한 것으로 생각했다. "사람은 하늘로부터 명을 받아 선을 높이고 악을 미워하는 본성을 갖게 되었는데, 이는 기를 수 있을 뿐 고칠 수는 없다."[225] 하지만 이렇게 "선을 높이고 악을 미워함"은 아직 선성善性의 맹아 상태에 불과해 '선단善端'이라고 부르며 "그것이 움직이면 부모를 사랑하니 금수보다 선하다"[226] 등으로 표현했을 뿐이다. 이상적인 "삼강오기를 좇고, 팔단八端의 이치에 통하며, 충신하고 박애하며, 돈후하고 예를 좋아하는"[227] 것과는 아직 상당한 거리가 있다. 다시 말해 인성 가운데는 아직 선하지 않은 일면이 존재하고 있다. "천에는 음과 양이라는 두 가지 베풂이 있듯이 사람의 몸에도 탐욕과 어짊이라는 두 가지 본성이 있다."[228] 그래서 "만민이 이익을 좇음이 마치 물이 아래로 치달음과 같은"[229] 현상이 출현한다. "천이 백성의 본성을 낳아 선한 바탕을 갖추었음에도 선해지지 않는다."[230] 그러니 "왕의 교화" 또한 대단히 필요한 사항이 된다. 여기에서 동중서는 맹자의 성선론을 부정하며, "맹자가 그로써 만민의 본성이 모두 그에 해당될 수 있다고 한 것은 잘못이다"[231]라고 주장했다. 그는 인성을 3등급으로 나누었다. 그 가운데 "성인의 본성"은 선을 다하고 미를 다한 것이어서 교화할 필요가 없다. 또 "두소斗筲(한 되들이 좁은 분량)의 본성"은 탐욕에 빠져 있어 교화할 수가 없다. 오직 "중민中民의 본성"만이 교화 대상이 된다. "중민의 본성은 누에고치 또는 계란과 같다. 계란은 20일을 품고 기다린 뒤 병아리가 될 수 있으며, 누에고치는 고치를 켜서 끓인 물에 담가 기다린 뒤 실이 될 수 있다. 본성은 점진적인 교육을 기다린 뒤에야 선하게 될 수 있다. 선이란 가르쳐 인도하여 그렇게 된 바다."[232] 동중서의 '성삼품性三品'설은 공자 '상지하우上智下愚'설의 발전이다. 그는 '성인의 성' 즉 이상적인 군주의 본성은 아무 하자도 없는 완벽한 것이라고 말하는 한편, '두소의 성' 즉 소인의 본성은 구제할 방법이 없는 것으로 본다. 일반 민중은 "하늘로부터 아직 선하지 않은 본성을 받는데,"[233] "가르침을 받지 못한 백성"이 되어 소인으로 떨어지는 것을 피하려면 "물러나 본성을 이루어주는 가르침을 왕으로부터 받는"[234] 수밖에 없다. 동중서는 말한다. "선은 본성을 초월하고, 성인은 선을 초월하니"[235] "왕은 천의를 받들어 백성의 본성을 이루어줌을 자기 임무로 삼는다."[236] 여기서 분명히 알 수 있듯이 '성삼품'의 논리적 결과는 교화를 군주의 정치적 특권으로 만들고 있다.

동중서는 "교화는 정치의 근본"[237]이라고 말한다. 그는 교화의 정치적 기능을 대단히 중시했으며, 교화를 제방에 비유하기도 했다. 만일 제방이 붕괴된다면 반드시 간사함을 막고 있는 것들이 무너져 "형벌을 당해 낼 수 없을 것이다."[238] 그래서 총명한 제왕은 "제왕의 자리에 올라 천하를 다스림에 교화를 큰 임무로 삼지 않는 이가 없다."[239] 교화를 실행하려면 "국國에서는 태학太學을 세워서 가르치고, 읍邑에서는 상서庠序를 설치하여 교화한다. 그리하여 백성을 차츰 인仁으로 나아가게 하고, 의義로써 연마토록 하고, 예禮로써 절제하게 한다. 그 결과 형벌이 매우 가벼움에도 금하는 것을 범하지 않게 되고, 교화가 행해져 습속이 아름다워진다."[240] 광범한 선전 교육을 통해 삼강오상과 인의의 덕이 사람들에게 보편적으로 받아들여지도록 하고, 교화가 행위 선택의 지도적 원칙이 되도록 하여 모든 사람으로 하여금 "효제孝悌를 소중히 하고 예의를 좋아하며, 어진 청렴함을 중시하고 재물의 이익을 가볍게"[241] 여길 수 있도록 하면 군주의 충성스러운 신하요 순한 백성이 될 것이다. 교화는 형벌 수단으로는 얻기 어려운 통치 효과를 가져다줄 수 있다. "백성이 이미 크게 교화된 다음에는 천하에 옥살이하는 사람이 한 사람도 없게 될 것이다."[242] 교화를 통해 인심을 규격화하고 풍속을 돈후하게 하는 것이야말로 덕치 이상을 실현하는 중요한 길이다.

둘째, 인정仁政을 베푼다. 동중서는 인仁이야말로 천의 고유한 덕행이라고 생각했다. "하늘은 어질다. 천은 만물을 덮어 기른다. 변화시켜 생성할 뿐만 아니라 길러 완성시켜준다. 일의 성과는 그침이 없고 끝나면 다시 시작한다. 그리고 모든 것은 사람을 받드는 데로 돌아간다. 하늘의 뜻을 살피는 것이야말로 다함이 없는 인이다."[243] 군주가 천도를 본받아 천하를 다스린다 함은 곧 인으로 나라를 다스려 나가야 한다는 말이다. 동중서는 당시의 병폐를 살펴 그 근원을 조사해보고 목전의 가장 엄중한 위기는 빈부 대립이라고 생각했다. "크게 부유한 자들은 교만하고, 크게 가난한 자들은 걱정한다. 걱정하면 도둑이 되고, 교만하면 포악해진다."[244] 이는 정치 안정에 대단히 불리하다. 위기를 없애고 동란을 방지하기 위해 동중서는 인정의 시행을 통해 "부자는 충분히 고귀하게 보이도록 하되 교만에 이르지 못하도록 하고, 빈자는 충분히 먹고살 수 있도록 해주어 근심에 이르지 않도록 한다. 이를 법도로 삼아 고르게 조화시킴으로써 재물이 감춰지지 않고 상하가 서로 편안하여 쉽게 다스려지도록"[245] 해야 한다고 주장한다. 구체적인 방법은 통치자와 백성의 이익 다툼을 엄금하는 것이다. 동중서는 말한다. "천은 모든 것을 나누어 부여했다. 강한 이빨을 준 경우는 뿔을 없앴고, 날개를 받쳐준 경우는 다리는 둘만 주었다."[246] 영명한 군주는 천의 이치를 따라 정치를 한다. "크게 봉록을 받는 사람들이 작은 이익을 겸하려 백성과 이권을 다투지 못하도록 하는 것이 하늘의 이치다."[247] 그는 또 수많은 구체적인 조치를 제기하는데, 이런 것들이다. "백성에게 실명으로 전답을 갖도록 제한하여 부족함을 메우고 겸병하는 길을 막는다,"[248] "세금을 가볍게 하고 요역을 줄여주어 백성이 넉넉하게 힘을 쏟도록 한다,"[249] "소금과 철을 모두 백성에게 돌려준다,"[250] "노비를 없앤다,"[251] "마음대로 죽일 수 있는 권위를 제거한다"[252] 등. 민이야말로 군주의 통치 대상이면서 재물의 원천임을 동중서는 깊이 알고 있었다. 백성 생활의 상대적 안정과 정치적 안정은 밀접한 관련이 있음을 잘 알고 있었다. 그는 통치자에 대한 모종의 제한을 통해 "백성의 재물이 안으로 족히 노인을 봉양하여 효도를 다하고, 밖으로 족히 군주를 섬겨 세금을 바치며, 아래로 족히 처자식을 길러 지극히 사랑하도록"253 하는 방법을 구상했다. 이를 위해 그는 천의 권위로부터 도움 얻기를 주저하지 않았다. "하늘이 항상 이로움을 뜻으로 삼고 잘 길러줌을 일로 삼듯이 (…) 왕자 또한 항상 천하를 이롭게 하는 것을 뜻으로 삼고, 세상을 안락하게 만드는 것을 일로 삼는다."254 백성의 기본 생활에 대한 요구를 보장해줄 수 있을 때만이 통치자의 물질적 이익을 최대 한도로 만족시킬 수 있으며 군주 정치의 사회적 기초를 공고히 할 수 있다. 이것이 바로 동중서가 인정을 부르짖는 진짜 목적이다.

동중서는 덕으로 천하를 다스릴 것을 주장한다. 그렇다고 형벌을 배척하지는 않는다. 다만 전적으로 형벌에만 맡겨서는 안 된다고 생각했다. 그는 말한다. "하늘의 셈은 양을 숭상하면 음을 숭상하지 않고, 덕에 힘쓰면 형벌에 힘쓰지 않는다. 형벌만으로는 세상을 성취할 수 없다. 이는 음만으로는 한 해를 성취할 수 없음과 같다."255 그렇지 않으면 이는 "천을 거스르는 일로 왕도가 아니다."256 그는 덕과 형의 운용 비례를 100 대 1 정도라고 생각했다. 이는 마치 하늘의 "따사로운 더위가 100을 차지하고 냉랭한 추위가 1을 차지하는데 덕교德와 형벌이 이와 같다"257는 것과 같다. 여기서 알 수 있듯 동중서의 덕치는 전체적으로 공자의 "교화한 뒤 형벌을 행한다"는 국면에서 조금도 벗어나지 않고 있다. 이 밖에 동중서는 또 특별히 군주를 일깨우고 있는데, 덕치를 실행하는 동시에 반드시 권력을 굳건히 붙들고 있어야 한다는 것이다. "나라가 나라 되는 까닭은 덕 때문이다. 군주가 군주 되는 까닭은 위엄 때문이다. 그러므로 덕은 누구나 함께하는 것이 아니며, 위엄은 누구나 나누어 갖는 것이 아니다. 누구나 덕을 함께한다면 은혜를 잃고, 누구나 위엄을 나누어 가지면 권력을 잃으니"258 그 결과는 참으로 엄중할 것이다. 군주가 은혜를 잃게 되어 초래할 "백성의 흩어짐"과 "국가의 혼란"을 방지하기 위해, 또 권력을 잃은 뒤 "군주가 비천해지고" "신하가 반란을 일으키는" 것을 막기 위해 군주는 반드시 "덕을 고수함으로써 백성과 가까이 지내고, 권력을 고집함으로써 신하들을 바로잡아야 한다."259 여기서 알 수 있듯 동중서가 덕으로 천하를 다스린다 함은 결코 군권의 삭감이나 전제 정도의 경감을 의미하는 것이 아니라, 오히려 정치 안정을 유지하기 위한 더욱 고명한 수단일 따름이다.

덕으로 천하를 다스린다 함은 동중서 치국 원칙의 입각점이 조절調節임을 표명한 것이다. 그는 한편으로 등급 규범을 엄격히 하여 군권의 지상을 견지하려 했고, 다른 한편으로 빈부의 분화를 제한하여 사회 갈등 완화를 시도했다. 그가 보기에 이상적인 정치 상황은 '중中'과 '화和'의 실현이었다. 즉 조절을 통해 어울려 화해하는 가장 아름다운 상태를 말한다. 동중서는 중과 화를 천도 운행의 가장 아름다운 상태라 여겼다. 그는 말한다. "음양의 도는 다르며, 왕성한 데 이르렀다가 모두 중에서 그친다."260 "중이란 천하의 시작이자 끝이다. 화란 천지가 생성되는 바다."261 중, 화는 역시 하늘의 덕이 최고로 구현된 것이다. "덕은 화보다 큰 것이 없고, 도는 중보다 바른 것이 없다."262 천도는 인류 사회에서 등급 관계를 조화시키는 방면으로 작용해야 한다. 또한 어울려 화해하는 상태를 만들어내고 지켜주어야 하며, 일방이 다른 일방을 압도해버리거나 쌍방 간 조성된 대립과 충돌을 막아주어야 한다. "따라서 중, 화로 천하를 다스릴 수 있을 때야말로 그 덕이 크게 성할 것이다."263 "덕으로 천하를 다스림"은 바로 중, 화의 표준이 정책적으로 구현된 것이다. 일반적으로 사회 각계각층의 이익을 조절하고 각종 사회관계의 상대적 안정을 유지하는 것이야말로 국가의 중요한 기능 가운데 하나다. 어떤 정치적 실체든 사회적 화해와 안정의 실현을 중요한 정치 목적 가운데 하나로 삼는다. 이 의미에서 보면 중화론中和論은 인식론적으로 국가 기능에 순응한 것으로써 긍정할 만한 일면이 있다고 하겠다. 그러나 권력과 재부를 장악한 극소수가 사회의 절대다수 구성원을 노예로 부린다는 군주 전제 정치의 본질로 비추어 볼 때, 보편적인 빈부대립과 사회 갈등은 근본적으로 피할 수 없다. 이 때문에 중화론의 인식론적 가치는 그것의 실천적 가치보다 높아 보인다. 이 점이 명백해지면 고대 중국에서 덕치와 인정이 거듭 제기되었음에도 중국 고대의 '치세' '성세'는 겨우 손가락을 꼽을 정도에 불과했다는 것이 이상할 것도 없다.

'도'의 영원성과
경권론經權論

동중서는 그가 숭상했던 정치 원칙을 '도道'라 불렀다. "도란 그것으로 말미암아 치세에 이르게 되는 길이다. 인의예악 모두가 거기에 갖추어져 있다."[264] 동중서는 도를 만세불변의 영원한 법칙이라 여겼다. 그의 유명한 말 "도의 큰 근원은 천에서 나온다. 천이 불변하듯 도 또한 변하지 않는다"[265]가 그렇다. 그런데 현실 정치의 운행은 오히려 그 자체가 천변만화한 것이어서 삼대三代 이래 왕조의 교체는 이미 부인할 수 없는 사실이었다. 어떻게 해야 원칙과 변화하는 현실 사이의 부조화를 해결할 수 있는가? 동중서는 경經, 권權, '갱화更化' 및 "유도有道가 무도無道를 정벌한다" 등의 명제를 제기한다.

동중서는 말한다. "『춘추』의 도는 원래 상常이 있고 변變이 있다."[266] "천의 도엔 윤倫이 있고, 경經이 있고, 권權이 있다."[267] 상이나 경은 사물의 근본 법칙 혹은 원칙을 가리키고, 변이나 권은 사물의 운행 발전에 대한 응변과 조절을 가리킨다. 동중서는 경과 권의 관계엔 두 가지 요점이 있다고 주장한다. 첫째, 경은 근본이며 주도적인 것이고, 권은 보충이며 양자 간 상호 배합인데 "변은 변에 쓰이고, 상은 상에 쓰인다. 각자 제 과목에 그치며 서로 방해하지 않는다."[268] 둘째, 권의 응변 범위와 조절 정도에는 한계가 있다. '경'이 허가한 한계를 넘어서는 안 된다. "권이 경을 뒤집게 되더라도 역시 그렇게 할 수 있을 만한 영역 내에서다. 그렇게 할 수 있을 만한 영역 내가 아니라면 그리하여 죽더라도 끝내 해서는 안 된다."[269] 경 권론은 통치자들에게 원칙을 견지한다는 전제하에 정치 운용의 실제 상황에 근거하여 적당한 국부적 조절을 행하라고 요구한다. 조절에는 여러 가지 방식이 있겠으나 가장 중요한 것은 두 가지로, 하나는 '갱화'이고 하나는 "유도가 무도를 정벌한다"이다.

'갱화'는 모종의 제도 형식상의 조절을 가리킨다. 동중서는 당시 정치를 이렇게 비판한 적이 있다. "한이 천하를 얻은 이래 줄곧 잘 다스리려고 했으나 오늘까지도 잘 다스릴 수 없는 것은 마땅히 갱화해야 함에도 갱화하지 못하는 실수를 범했기 때문이다."[270] 그는 왕조가 교체되어 "성이 바뀌고 왕이 경질된" 것은 천의의 구현이라고 주장한다. 군주의 권력은 천이 부여한 것으로 "천으로부터 명을 받은 것이지 (…) 전 왕을 계승하여 왕이 된 것이 아니다."[271] 하늘의 뜻을 밝히기 위해 제도적으로 일부 조절을 해야 한다. "만약 한결같이 이전의 제도를 따르고 옛 사업만을 닦으며 고치는 바가 전혀 없다면, 이는 전 왕을 계승하여 왕이 된 것과 아무 차이가 없다."[272] 이것이 바로 이른바 "새 왕은 반드시 제도를 고쳐야 한다"는 말이다. 그러나 이러한 제도 개혁은 제도의 외재 형식을 바꾸는 것일 뿐 "그 도를 바꾸지는 않으며, 그 이치를 바꾸지는 않는다."[273] 주로 거처를 옮기고, 칭호를 고치고, 정삭正朔을 바꾸고, 복색을 바꾸는 것 등이 그렇다. "큰 원칙, 인류, 도리, 정치政治, 교화, 습속, 문의文義 등은 예전처럼 다할 수 있을 뿐이지 어떻게 고쳐지겠는가? 따라서 왕자는 개제改制라는 명칭은 있어야 하되 도의 실질을 바꾸지는 않는다."[274]

동중서의 '갱화'론은 인류 사회를 '도'의 전개사로 본다. 왕조의 경질은

'도'의 외재 형식의 간단한 순환에 불과한 것으로 '삼정三正' '삼통三統'의 순서에 따른 교체일 뿐이다. '삼정'이 가리킨 것은 삼대 시기의 세 가지 역법이다. 하夏나라 정삭은 인寅을 세워 1월을 그해의 머리로 삼았고, 은殷나라 정삭은 축丑을 세워 12월을 그해의 머리로 삼았으며, 주周나라 정삭은 자子를 세워 11월을 그해의 머리로 삼았다. '삼통'은 삼대에 숭상하던 색의 구별을 가리킨다. 하나라는 흑통黑統이었고, 은나라는 백통白統이었으며, 주나라는 적통赤統이었다. 동중서는 삼대의 교체란 사실 '삼정' '삼통'의 순환적 교체를 표현한 것이라고 주장한다. 삼대를 이은 뒤 왕조도 마찬가지로 '삼정' '삼통'의 돌림이며, 이처럼 순서대로 왕복하여 무궁한 데 이른다는 것이다. '도'의 핵심 내용, 즉 군주 정치의 기본 원칙과 군주 제도는 만세가 하나로 이어지며 영원히 존재한다는 말이다.

"유도가 무도를 정벌한다"는 성이 바뀌고 왕이 경질된 필연성과 합리성을 드러낸 말이다. 동중서는 "도 자체는 만세에 폐단이 없다. 폐단이라 함은 도를 잃었다는 것이다"[275]라고 생각했다. 국가 치란득실의 근본 원인은 군주가 천명을 받느냐의 여부, 도를 좇아 행했느냐 여부에 달려 있다. "눈이 어두워 정치를 행하지 못했다면"[276] 집권자는 즉시 조치를 취하여 보완해야 한다. "치우친 곳을 들어 올려 폐단을 보완할 따름이다."[277] 그러지 못하면 왕조가 교체되어 따로 새 왕을 세우는 일이 생길 수 있다. 동중서는 "유도가 무도를 치는 것은 천리다"[278]라고 말한다. 이는 선진 유가 '역위逆位'와 '주일부誅一夫' 사상의 계승이자 발전이다. 동중서는 '도'와 도를 행하는 사람을 나누어 인식하면서 군주 정치의 원칙과 실제 권력 교체의 내재적 관계를 성공적으로 해석해냈고, 고대 중국에 빈번했던 왕조 교체의 합리적 근거를 찾아냈다. 그리하여 군주 정치 체제가 정치 풍운에 따른 변화무쌍한 훼방에서 벗어나 장기적으로 이어갈 수 있도록 해주었다. 동시에 동중서의 "유도가 무도를 정벌한다"는 주장은 한 제국 권력의 합법성을 위한 합리적 근거를 만들어주었다. 그는 말한다. "하나라가 무도해서 은나라가 그를 정벌했다. 은나라가 무도해서 주나라가 그를 정벌했다. 주나라가 무도해서 진나라가 그를 정벌했다. 진나라가 무도해서 한나라가 그를 정벌했다."[279] 한 왕실의 천하는 "유도가 무도를 정벌함"으로써 얻어진 것이니 정권의 합법성엔 의심할 여지가 없다.

동중서의 경권론은 유가 전통 권변權變 사상의 진일보한 발전이며 실제적 운용이다. 이는 한대 통치 계급이 정치적으로 성숙했음을 드러내준다. 유가 전통 이론은 동중서의 가공을 거치면서 더욱 견고한 원칙과 민활한 조절 역량을 갖추게 되었고, 이로써 인식론적으로 통치 계급의 정치적 응변 능력과 자아조절 능력이 증강되었다.

제3절

독존유술과
한 왕실의 제도

전한前漢 중기의
정치 상황과
정치 지도 사상에 관한
논쟁

전한 왕조는 근 70년의 발전을 거쳐 기원전 140년경에 이르러 전면적인 번영기에 접어들었다. 이때의 전한 제국은 모든 일이 시들했던 초기 상황을 이미 변화시킨 뒤였으며, 황로黃老 청정 무위 사상의 지도 아래 문제文帝, 경제景帝가 백성에게 안식을 주는 정책을 시행하고 용역과 세금을 경감시켜주어 일찍이 없었던 치세를 보였다.

하지만 사회경제의 회복과 발전에 따라 새롭게 생겨난 일부 모순이 날로 심해지면서 제국의 발전에 장애가 되었다. 그 가운데 지방 분봉 세력과 왕권과의 충돌은 벌써부터 대단히 심각한 정치 문제로 등장하고 있었다. 한 초, 유방劉邦은 진나라 멸망의 교훈을 통괄하여 유劉씨 종친 세력에 의지하여 한 왕실의 천하를 수호하고자 했다. 따라서 같은 성씨의 자제들을 대거 봉하여 제후왕으로 삼았으며 다음과 같은 유훈을 남기기도 했다. "유씨가 아닌 사람이 왕이 되면 천하가 한꺼번에 그를 공격할지어다."[280] 그런데 일은 오히려 유방의 처음 고충을 거스르는 방향으로 발전했다. 몇십 년 후, 제후왕들이 차츰 강대한 지방 세력을 형성하더니 중앙정부와 국가적 통일에 대하여 거대한 위협이 되기에 이르렀다. 일부 지식인들은 일찍부터 이 문제의 심각성을 지적했었지만 진정으로 이 문제를 해결할 수는 없었다. 경제 3년 '7국의 난'은 바로 이 모순이 총체적으로 폭발한 사건이다. 반란은 진압되었지만 집권자들에게 어려운 문제를 하나 남겼다. 즉 어떻게 해야 효율적으로 중앙 집권을 공고히 할 수 있으며 제국의 분열을 막을 수 있는가?

이데올로기 영역에서도 사상의 다원적 발전과 제국의 권력 집중 사이에 모순이 갈수록 두드러졌다. 혜제惠帝 4년, '협서령'을 없애자 백가의 학술이 부흥하고 음양오행, 신불해申不害, 상앙商鞅, 한비韓非 및 종횡가 학설이 모두 광범하게 유행했다. 사상 문화의 다원화와 제국의 권력 집중 사이의 모순은 주로 다음 두 가지 방면에서 나타났다. 첫째, 지식인들 사회참여의 길이 다원적 경향을 드러냈다. 그들은 여러 경로를 통해 정치에 참여했다. 수많은 문인과 유사游士가 제후왕들에게 초청을 받았다. 예컨대 하간헌왕河間獻王 유덕劉德은 "학문을 닦고 옛것을 좋아하여" 널리 도서를 구했는데, "그의 학문은 육예六藝를 높이고 『모씨시毛氏詩』 『좌씨춘추左氏春秋』 박사를 세웠다".[281] 그리하여 한때 "태산泰山 동쪽의 수많은 유생이 대부분 그를 쫓아 유람할 정도였다".[282] 회남 여왕淮南厲王 유장劉長과 유안劉安 부자, 형산왕衡山王 유사劉賜 또한 "문예, 학문을 닦고 사방의 유사들을 초빙하니 태산 동쪽의 유가, 묵가들이 모두 강江, 회淮 사이에 모여들었다".[283] 이 문인, 유사들이 지방 분봉 세력들에 귀의한 것은 제국의 통일과 군권의 안정에 극히 불리했다. 이 때문에 국가의 정치 지도 사상에 대한 적절한 조정이 벌써부터 급선무로 등장했다.

둘째, 제국의 정치 지도 사상을 두고 격렬한 논쟁이 벌어졌다. 한 초 통치자들은 정치 지도 사상으로 간결하고 행하기 쉬운 황로학黃老學, 혹은 실효를 추구하는 형명학刑名學을 비교적 중시했지 유술儒術을 좋아하지 않았다. 예컨대 "효문제孝文帝는 본래 형명가의 말을 좋아했고,"[284] 효경제孝景

帝는 "유가를 신임하지 않았으며", 효문제의 두竇 태후는 "또 황로의 술을 좋아했다."[285] 그 가운데 특히 두 태후가 심했다. 그녀의 강압적인 통제하에 "경제와 모든 두씨는 『노자老子』를 읽고 그 술을 받들지 않을 수 없었다."[286]

한 초 유생들은 조정에 일정한 세력을 갖고 있었다. 그들은 푸대접받는 것을 달가워하지 않았으며, 기회만 있으면 황로 학파와 높고 낮음을 다투려들었다. 경제 때는 쌍방이 한차례 첨예한 대립을 한 적도 있다. 유학 박사 원고생轅固生은 황로파의 황생黃生과 '탕무湯武가 천명을 받은 일'에 대해 논쟁했는데, 황생이 '탕무의 수명受命'은 신하가 군주를 시해한 폭거라고 깎아 내리자 원고생이 반박해 따지고 들었다. "당신이 말한 대로라면 고조 황제가 진나라를 대신하여 천자의 지위에 오른 것이 잘못이란 말인가?"[287] 논쟁이 직접 한 왕조의 합법성 문제로 연결되자 일이 커졌다. 경제는 절충할 수밖에 없어 시비를 막론하고 다시는 변론하지 말라고 금지하면서 "학문을 논하는 자들은 탕무의 수명에 대해 말하지 말라"[288]고 했다. 이 후 학자들로 "감히 천명을 받아 내쳐 죽였음을 밝히는 자는 없었다."[289] 두 태후는 유학을 믿지 않았다. 그녀는 원고생을 불러 『노자』에 대한 견해를 물었다. 원고생은 "이는 집안사람들 이야기에 불과하다"[290]며 돌아볼 가치도 없는 쓰레기 취급을 했다. 태후는 크게 분노하여 원고생으로 하여금 돼지우리에 들어가 돼지와 싸우도록 하고는 사지로 몰았다. 다행히 경제가 원고생은 직언을 했을 뿐 죄는 없다고 여겨 그에게 날카로운 칼 한 자루를 주니 그제야 생명을 보존할 수 있었다. 원고생은 태후에게 죄를 지어 끝내 박사에서 면직되고 청하왕清河王의 태부太傅로 강등되었다. 이 한차례 유학과 황로파의 대결은 유학의 실패로 종말을 고했다.

한 초 지식인들의 다양한 발전과 권력의 중앙 집중과는 분명히 모순이

있다. 통치자들은 어쨌든 자신들의 계급적 이익과 실제 정치에서의 필요
에 입각하여 정치 이론을 선택하려 한다. 당시 조건 아래서 각종 정치 학
설의 정치적 운명은 최종적으로 전제 통치자에 의해 결정되는 것이었으
며, 이 임무는 한漢 무제武帝에 의해 완성되었다.

독존유술

기원전 140년, 한 무제 유철劉徹이 즉위하니 나이 17세에 불과했다. 무제는 어렸지만 담량과 식견이 있고 영웅적 기개로 큰 꿈을 가져 조정의 기강을 진작시키고 중앙 집권을 강화하여 한 왕실 천하를 공고히 하는 데 온 정성을 기울였다. 그는 유가 사상이 황로 사상보다 자신의 필요에 더 적합하다고 생각하여 즉위하자마자 바로 두 가지 조치를 취했다. 첫째, 유생을 등용했다. 건원建元 원년(기원전 140) 겨울 10월, 승상丞相, 어사御史, 열후列侯 및 지방 관리들에게 고하여 현량방정賢良方正, 직언극간直言極諫의 사士를 천거하도록 했는데, 이 사람들은 주로 유생이었다. 둘째, 유술을 좋아하는 두영竇嬰을 승상으로, 전분田蚡을 태위太尉에 임용하여 조정의 핵심 부서를 책임지도록 했다. 또 비단과 옥을 갖추고 네 마리 말이 끄는 편안한 수레를 마련해 저명한 유생 신배공申培公의 입조를 맞아들였다. 신공申公은 『시詩』학의 대가였으며 어사대부御史大夫 조관趙綰, 낭중령郎中令 왕장王藏의 스승으로 명성이 당대를 뒤엎는 사람이었다. 무제는 신공을 맞아들여 "옛 제도에 입각하여 성의 남쪽에 명당明堂을 설립하여 제후들의 조회를 받고자 했다."[291] 그리고 순수巡狩, 봉선封禪, 개력改曆, 복색服色 등 개혁 사항을 기초하도록 했다.

무제의 조치는 황로파의 불만을 샀다. 건원 2년(기원전 139), 조관은 "동궁東宮에 국사를 아뢰지 마시라"[292]고 건의했고, 이는 끝내 무제와 태후 사이의 모순을 촉발시켰다. 두 태후는 조관, 왕장을 체포하여 자결하라고 명령했고 두영, 전분은 면직되었다. 두 태후를 대표로 한 황로파의 강력한 반격 아래 무제는 잠시 양보할 수밖에 없었고, 신공을 고향으로 돌려보냈다. 그리하여 "여러 가지 새로 행해진 것들은 모두 폐지되었다."[293]

무제는 좌절에 직면하고도 유가 숭상의 신념을 버리지 않았다. 건원 원년 무제가 현량방정의 천거를 포고할 때 승상 위관衛縮은 이런 건의를 했다. "현량으로 천거되었는데 혹 신불해, 상앙, 한비, 소진蘇秦, 장의張儀의 말을 공부한 자들은 국정을 어지럽히니 모두 파면하시기 바랍니다."[294] 이건의는 무제의 뜻과 깊이 합치했고, 인재를 뽑아 쓰는 데 중요한 방침이 되었다. 무제는 "황로, 형명刑名 백가의 말을 물리치고" 널리 유학하는 선비를 가려서 뽑으니 "학문이 깊은 유생 수백 명을 끌어들여"[295] 관직에 봉했다. 조야에 가장 큰 진동을 일으킨 사건은 무제가 포의 출신인 공손홍公孫弘을 승상으로 삼고 평진후平津侯에 봉하여 식읍 650호를 하사한 일이었다. 이 사건은 유학의 정치적 지위를 일약 높였고, 유술을 배우는 것이 정치적 출로를 모색하고 이익을 도모하려는 선비들에게 가장 좋은 길이 되도록 하였다. 그리하여 "천하의 학자들이 이 방향으로 쏠렸다."[296] 무제가 유학하는 선비들을 대거 등용함으로써 정치적으로 유학 숭상의 기본적 국면이 조성되었다.

정치 지도 사상의 전환을 실현하기 위해서는 또한 이론적 논증이 필수다. 무제는 여러 차례 조직을 하달하여 문의했다. "큰 도의 요체와 뛰어난 논의의 극치를 듣고 싶다."[297] 그는 일찍이 가슴 가득 희망을 안고서 신공에게 물은 적이 있다. 그에 신공은 이렇게 대답했다. "잘 다스림은 말을 많이 하는 데 있지 않습니다. 힘써 행하고 그것이 어떠한지 돌아볼 따름이지요."[298] 이는 분명 무제의 요구에 맞지 않는 것이었고, 무제는 매우 실망했다. 나중에 공양학公羊學의 대가 동중서董仲舒가 이 어려운 문제를 해결해주었다. 그는 대책對策에서 이렇게 이야기한다. 『춘추』 대일통이란 천지의 영원한 경經이며, 고금에 통하는 의誼입니다. 지금 선생들은 도를 달리하고 사람들이 논의하는 바도 다릅니다. 백가는 저마다의 방책을 내고 그 지향이 같지 않습니다. 그래서 성상께서 일통을 견지할 수 없는 것입니다. 법제가 수시로 바뀌면 아랫사람들은 무엇을 지킬지 모르게 됩니다. 신의 어리석은 생각으론 육예六藝 과목과 공자의 술에 들지 않는 여러 가지는 모두 그 길을 끊어버려 나란히 가지 않도록 해야 합니다. 사악하고 치우친 주장들을 그치게 한 뒤라야 계통, 기강이 하나가 될 수 있고 법도가 분명해져 백성이 따를 바를 알게 될 것입니다."[299] 동중서가 보기에 사상의 혼란은 반드시 정치적 동란을 몰고 올 것이고, 백가의 "사악하고 치우친 주장들"은 한 왕실의 통일천하를 공고히 하는 데 불리할 것이다. 반드시 그들의 정치적 출로를 단절시켜 "나란히 나아가지 않도록 해야 한다". 오직 유학만이 '대일통大一統'을 추구하니 마땅히 일존一尊으로 정해야 한다. 무제는 이 건의를 받아들였다. 건원 5년(기원전 136) "오경박사五經博士가 설립되었고", 유학이 황로학을 대신하여 관방 정치 이념이 되었다. 유학 서적들은 국가의 교과서가 되었다. 한 무제는 끝내 독존유술의 기치를 높이 들어 정치 지도 사상의 초보적 전환을 실현하기에 이르렀다.

건원 6년(기원전 135), 두 태후가 병들어 죽었다. 무제 숭유崇儒의 최대 장애가 없어진 것이다. 이로부터 차근차근 숭유 조치들이 실시되었다. 이듬해 초에는 군郡, 국國에 효孝, 염廉 각 한 사람씩을 천거하도록 했다. 원삭元朔 5년(기원전 124)엔 오경박사를 위해 제자원弟子員을 두었다. 원봉元封 원년(기원전 110)엔 "태산泰山에 올라 봉선封禪을 행했다". 원봉 5년(기원전

106)엔 "처음으로 교례郊禮에 따라 명당明堂에 배례했다."300 태초太初 원년 (기원전 104)엔 역법을 수정하여 "정월로 한 해의 머리를 삼고, 색깔은 황을 높이고, 숫자로는 5를 사용하며, 관직의 이름을 정하고, 음률의 맞춤으로써"301 마침내 "명당, 봉선, 개력, 복색을 갖춘다"는 초기 속셈을 실현하기에 이르렀다.

한 무제는 몇십 년의 노력 끝에 황로학보다 훨씬 봉건 제국에 적합한 정치 이론을 찾아냈다. 그는 유학의 존군尊君, 예제禮制 등급, 충효 사상이 군주의 권위를 수호하는 데 도움이 되며, 유가의 덕치, 교화는 사람들의 사상을 속박하는 중요한 수단일 수 있음을 간파했다. 전제 통치자들에게 있어서 인간의 사상의지에 대한 엄밀한 통제는 인간 행위의 구속과 마찬가지로 중요하다. 유가의 덕치, 인정仁政 학설은 군주 정치를 위해 일정한 수식과 보완을 해줄 수도 있으며, 특히 유가의 각종 의제儀制와 전장典章은 전제주의 폭력 통치를 온정 그득한 일로 꾸며줄 수 있었다. 따라서 무제의 숭유는 유학 정치 학설을 모든 정책의 출발점으로 삼는 것이 아니라 유술의 '문식文飾' 기능을 중시한 것이다. 무제는 "유학을 좋아했으나 그 이름만을 좋아했을 뿐 그 실체를 알지 못했다. 그 외화를 숭모했을 뿐 실질은 폐기했다"302는 사마광司馬光의 말은 바로 이 뜻이다. 그러나 한 무제의 발탁을 통해 유학은 마침내 관방 신분을 얻었으며, 정권과 상호 결합하는 길을 걷게 되었다. 그 후 역대 군주들의 거듭된 확인을 통해 유학은 시종 정치 지도 사상의 보좌를 차지했으며 중국 전통 정치사상의 주류가 되어 중국 전통사회의 정치, 경제, 문화 방면의 발전에 지대한 영향을 미치게 되었다.

03

한 무제의
잡패雜覇 정치술

한 무제는 백가 퇴출, '육경六經' 표창, 유학 존중을 통해 정치 지도 사상의 전환을 이루어냈다. 그렇다고 이것이 그가 오직 돈독히 유학만을 받들었음을 설명해주지는 않는다. 무한권력을 소유한 독재자이며 봉건적 정치가였던 그가 정권을 공고히 하는 데 유리한 그 어떠한 정치 이론도 거절할 이유가 없었다. 군주 정치에 이롭기만 하면 어떤 사상, 주장이든 무제의 껍질 속으로 받아들여졌다. 이것이 바로 정치가와 학자의 다른 점이다. 한나라 초 제자백가의 학문은 선진과 달랐고 한 중기 이후와도 달랐다. 각 학파 사이의 교류와 융합이 이 시대의 풍조였다. 수많은 저명한 사상가, 정치가는 모두 잡학 인사였다. 예컨대 육가陸賈는 유가와 도가를 겸했고, 가의賈誼는 유, 법을 두루 언급했고, 동중서는 음양오행설을 공양 『춘추』에 융합시켰으며, 주보언主父偃은 "장단長短, 종횡의 술을 배웠고 만년엔 『역』 『춘추』 및 백가의 말을 익혔으며"[303], 공손홍은 "어려서 옥리獄吏를 하다" 나중에 "『춘추』 잡설을 배웠다."[304] 무제는 이와 같은 학풍의 영향 아래 자연스레 한 가지 학설을 고수할 수 없었다. 그는 분명히 유학을 제창했지만, 실제로는 백가를 두루 채택하여 왕王, 패覇를 잡박하게 응용한 치국 기술을 만들어냈다.

무제의 정치사상에는 네 가지 특징이 있다.

변화 추구

무제가 정치 무대에 등장할 무렵 전한 왕조는 발전의 중요한 전환점에 처해 있었다. 무제는 이런 형세를 매우 정확하게 인식하고 있었다. 그는 기존 법규의 묵수에 반대하며 여러 차례 '변變'해야 한다고 주장했다. 그는 "짐이 듣자니 천지가 불변하면 교화가 행해지지 않고, 음양이 불변하면 만물이 무성해지지 않는다더라"[305]라고 말했다. 변화는 사물 발전의 필요조건이다. 마찬가지로 국가 정책 원칙에 대한 적절한 조정이야말로 풍성하고 위대한 업적을 성취하는 중요한 전제다. 그래서 "오제五帝는 서로 구예법을 반복하지 않았으며, 삼대三代는 같은 법을 채택하지 않았다"[306] 무제가 말하는 '변'은 주로 실제 정치의 요구에서 출발하여 여러 상황에 근거해 민활하게 조정하는 것을 가리킨다. 그는 유가의 권변權變 사상에 대해 매우 깊게 깨치고 있어 이렇게 평가한 적이 있다. "공자께서 정공定公에게는 변방 사람들을 위로하라 하시고, 애공哀公에게는 신하들의 사리를 밝히라 하시고, 경공景公에게는 아껴서 쓰라고 하셨는데, 이는 기대하는 바가 달라서가 아니라 시급한 임무가 달랐기 때문이다."[307] "시급한 임무가 다르다" 함은 정책의 민활성에 대한 말이다. 무제는 또 정책을 조정할 역사적 관계에도 주의해야 한다고 생각했다. 그래서 "옛것에 근거함으로써 새것을 살펴라,"[308] "기왕의 것을 헤아려서 오늘날에 마땅하게 제정하라"[309]고 주장했다. 변화의 과정에서 수단과 방법은 목표에 봉사해야 한다. 즉 이른바 "말미암는 바는 다른 길일 수 있으나 세우려는 덕은 한 가지이기 때문이다."[310] 변화 추구는 무제가 일련의 중요한 정책을 변경시키는 데 사상적 기초가 되었다.

통치의 근본 추구

무제는 강렬한 사명감을 가지고 있었다. 스스로 "임무는 크고 직무는 중요하다"[311]고 알고 있었다. 한 왕실 천하의 장구한 안녕을 위하여 그는 "새벽이고 밤이고 편히 지내지 못했으며, 만사의 큰 줄기가 영원하길 도모하면서 혹여 빠진 곳이 있을까 저어했다."[312] 몇 차례나 조서를 내려 대책을 물으면서 장구한 안녕에 이르는 방책 찾기를 갈망했다. 오래도록 무제를 곤혹스럽게 하며 밤잠을 못 자게 만든 문제는 주로 다음 세 가지였다.

(1)정치권력 흥망득실의 근본적 원인은 천명 때문인가 아니면 인위 때문인가? 오제, 삼왕의 시대에는 천하가 화합했는데 성왕이 사라진 뒤 대도가 결핍되었고, 후세 "선왕의 법도를 지키려는 군주와 정치에 종사하려는 선비들 가운데 선왕의 법을 본받아 세상에 도움이 되고자 하는 사람이 매우 많지만, 그걸 되돌릴 수 없이 날로 사라지고 있으니 (…) 어찌하여 잘 지키고 있든 아니면 잘못된 것이든 그 가닥을 잃게 되었는가?"[313]

(2)천하를 다스리는 근본 방침은 무엇인가? 그는 말한다. "삼왕의 가르침은 조술하는 바가 달랐는데도 모두 잘못이 있었고, 혹자는 오래도록 바꾸지 않는 것을 도라고 일컫는데 그 뜻이 어찌하여 다른가?"[314] 이를테면 순舜임금 시절엔 "팔을 늘어뜨리고 아무 일도 하지 않았음에도 천하가 태평했다. 주周 문왕文王은 해가 기울도록 밥 먹을 틈도 없이 일하니 영역이 또한 잘 다스려졌다. 제왕의 도는 어찌하여 공통된 조목을 갖고 있지 않는가? 왜 쉼과 수고로움이 갈라지는가?"[315] 그는 "어떻게 다스리고 어떻게 치장해야 기름진 이슬이 내리고 온갖 곡식이 풍성하며, 덕이 사해를 적시고 은택이 초목에 미쳐"[316] 천하가 크게 다스려지는 경지에 다다를

수 있는지를 절박하게 알고 싶어했다.

(3)자연재해와 사회정치적 치란治亂은 도대체 어떤 관계가 있는가? 그는 "천, 인의 도는 무엇에 뿌리를 두고 시작하는가?"[317] "삼대가 천명을 받았다면 그 신부信符는 어디에 있는가? 재이災異의 변고는 어디서 연유하여 일어나는가?"[318] "길흉의 작용은 어디서 기약하는가? 우禹, 탕湯의 홍수, 가뭄은 그 허물이 무엇으로 말미암은 것인가?"[319]라고 묻는다. 한 무제의 정치 시야는 상당히 넓었다. 그의 안광은 자연과 사회, 과거와 현재에 두루 미치고 있다. 그의 사고는 봉건 통치 계급의 계급의식이 모여드는 지점으로, 전체 통치 계급을 대표하여 자신들 계급의 근본적 이익에 관계되는 중대한 정치 문제를 제기한 것이다.

치세의 근본을 구하는 사상의 지도 아래 한 무제는 동중서의 건의를 받아들였다. 백가를 퇴출하고 유독 유학을 발탁하여 국가 정치 학설로 삼았다. 이데올로기 영역의 혼란 현상을 근절시킴으로써 사상적 전제를 강화했다. 동시에 문제, 경제 이래의 삭번削藩 정책에 힘씀으로써 중앙 집권과 개인 전제 통치를 강화시켰다. 무제가 보기에 군권의 강화야말로 통치 계급의 근본적 이익을 최대한 지키는 일이었다.

덕德, 형刑 겸용

한 무제는 한대 유학의 덕주형보德主刑輔 사상을 끌어왔다. 덕치로 교화하는 일과 포악을 형벌로 다스리는 일을 군권 수호에 없어서는 안 될 두 축으로 삼았다. 그는 말한다. "인의에 근본을 두고, 현덕賢德을 포상하며, 선을 권하고 포악을 벌하는 것은 오제, 삼왕이 그로 말미암아 번창한 바다."[320] 그는 특히 덕치의 기능을 중시하여 "세상을 떠받치고 백성을 이끄는 데 덕보다 좋은 것이 없다"[321]고 말한다. 덕치의 주지는 "예禮로 천을 섬기고 의義로 몸을 세우며, 효孝로 부모를 섬기고 인仁으로 백성을 기르는"[322] 것이다. 덕치는 인민으로 하여금 분수를 알고 자신을 지키며 통치에 복종하도록 이끄는 좋은 방법이다. 무제는 당시 세상의 '예악 붕괴'를 깊이 느꼈다. 그는 인의도덕의 선양을 통해 "인민을 예로 이끌고, 악으로 바람을 일으켜"[323] 백성에게 "인이 행해져 선을 따르고, 의가 세워져 풍속이 바뀌도록"[324] 함으로써 안정된 통치 질서를 이루려는 구상을 했다.

무제는 또 징벽徵辟[325]을 통하여 유학하는 선비를 임용하고, 태학太學을 설립했으며, 오경박사五經博士와 박사제자博士弟子를 세움으로써 중앙 정부에 인의도덕 선전교화의 중심을 두었다. 나중 전문직 예관禮官을 설치하여 "강구하고 논의하고 널리 알게 할 것이며, 전해오는 것들을 추켜올리고 예를 흥하게 하여 천하를 위해 앞장서도록 하라"[326]고 했다. 중앙과 지방 각급 정부관원에게는 모두 민중을 교화할 책임이 있었다. 그는 신하들에게 이렇게 훈계한 적이 있다. "공경대부가 노력해야 할 바는 방책들을 총괄하고, 통류統類[327]를 통일하며, 교화를 넓히고, 풍속을 아름답게 하는 것이다."[328] 이렇게 함으로써 중앙에서 지방까지 교화를 펼 관리들의 체계가 만들어졌다.

사회 기층에서는 향鄕, 현삼로縣三老, 효제孝悌, 역전力田 등 지방 기층 관리들을 이용하여 교화를 하도록 했다. 『후한서後漢書』「명제기明帝紀」 장회章懷의 주에 따르면 "삼로三老는 고제高帝 때 설치했고, 효제, 역전은 고후高后가 설치했다. 그렇게 함으로써 향리 사람들을 권하고 이끌어 풍속의 교화를 돕고자 한 것이다."[329] 『후한서』「백관지百官志」의 '향鄕에 유질有秩, 삼로, 유요游徼를 설치함' 조항 아래 주석엔 "삼로는 교화를 관장한다"고 말한다. 한 무제는 이렇게 지방 기층 관리들이 교화 방면에 작용을 해줌을 대단히 중시했다. 원수元狩 6년엔 "삼로, 효제를 이끌어 백성의 스승으로 삼는다"[330]는 조서를 내린 적도 있다. 그는 위로부터 아래로의 교육과 교화를 통하여 민중이 자각하여 예법을 따르고, 온 힘을 기울여 농사에 열중하고, 분수를 알고 자신을 지킬 줄 아는 순민順民이 되도록 재촉하여 백성이 화목해지고 정사가 밝게 펼쳐지기를 희망했다.

무제는 교화를 중시한다고 선전을 했으나 실제로는 형벌을 더욱 중시했다. 그는 법망을 조밀하게 조직하고 법술의 선비들을 가까이하며 폭력 통치를 강화했다. 반고班固는 무제 즉위 이후 "징발이 수없이 많아 백성이 빈곤해지자 가난한 인민이 법을 범했고 혹리酷吏가 엄단해도 범법과 도둑이 끊이지 않았다. 그리하여 장탕張湯, 조우趙禹 무리를 불러들여 법령을 제정하고 '견지고종見知故縱331과 임감부주監臨部主332'의 법을 만들었다".333 또 '침명법沉命法'을 만들어 범죄를 적발하지 못한 자나 '도적盜賊'을 진압할 힘이 없는 지방관은 모두 중형으로 다스렸다. 형벌로 관리와 백성을 단속하는 것이야말로 무제 치국의 특징 가운데 하나였다.

무제의 혹법酷法 및 중형 사상의 지도 아래 전한 시대 "법망은 점점 엄밀해졌다. 율령이 359장章, 대벽大辟이 409조條, 1882사事였고 사형죄의 결사비決事比334가 1만3472사였다".335 또한 율령이 번잡하고 앞뒤가 어긋나 법 집행의 표준이 통일되지 못했다. 이런 상황 아래서 무제가 강제 수단을 동원해 관리들을 엄격한 법치로 단속하니 필연적으로 법치는 어지러워지고, 이치吏治는 무너져 "혹 같은 죄를 범해도 다르게 논죄되는"336 현상이 일어날 수 있었다.

무제는 "형벌이란 그로써 범죄를 방지하려는 바다"337라고 말한다. '포악함에 형벌을 주는 것'과 '선을 권장함'은 마찬가지로 다 같이 제왕의 도이며 한 왕실 천하를 공고히 하는 데 이용될 중요한 정책 원칙이다. 당唐나라 영호덕분令狐德棻은 말한다. "왕도는 덕에 맡기고, 패도는 형벌에 맡긴다. (…) 한나라는 이를 뒤섞어서 행했다."338 덕과 형을 겸하고, 속으로 포악함에 대한 형벌을 중시하면서 겉으로 덕의 교화를 꾸미는 무제의 이런 통치술이야말로 한 왕실 제도의 정수라 하겠다.

현인 임용

무제는 자기 스스로를 대단히 잘 알고 있었다. 그는 "비상한 업적이 있으려면 반드시 비상한 사람을 기다려야 한다"[339]는 이치를 매우 분명히 알았다. 제왕의 대업을 성취하고 한 왕실 천하를 위해 만세에 이어질 불후의 기초를 다지고 싶다면 반드시 천하 영재 모두를 자기 휘하로 모아들여야 한다. 무제가 집권한 몇십 년간 그는 "온 나라에서 인재를 구하고 걸출한 사람을 발탁했으며"[340] "미치지 못한 것처럼 그들에게 지혜를 구했다."[341] 현인 임용이야말로 무제의 기본 정책 중 하나였다.

무제는 현인 임용의 비결이 사람을 정확히 알고 일을 잘 맡기는 데 있다고 생각했다. 그는 일찍이 "사람을 정확히 아는 것을 밝다知고 하는데, 요堯임금도 이를 어려워했다"[342]고 소회를 밝힌 적이 있다. 유용한 재목을 선택, 확보하기 위해 무제는 두 가지 조치를 취했다. 하나는 선발 인재의 총액 확대로, 지방에서 인재를 천거하도록 제도화하고 상설화했다. 그는 "깊이 있는 조서를 꾸미는 일을 하면서 청렴하고 효성스러운 사람을 발탁하려고"[343] 세 번 네 번 군국郡國의 지방 관원들에게 재주와 덕이 있는 선비들을 추천하라는 명령을 내렸다. 그는 말한다. "열 가구가 사는 마을에도 반드시 충신忠信한 사람이 있으며, 세 사람이 같이 길을 가도 거기엔 내 스승 될 만한 사람이 있는 법이다. 지금 군 전체를 통틀어 한 사람도 추천하지 못한다면 이는 교화가 아래까지 다하지 못했기 때문이며, 덕행을 쌓은 군자들이 윗사람에게 알려지는 길이 막혔기 때문이다."[344] 이를 위해 무제는 특별히 엄격한 상벌 제도를 밝혔다. "현자를 들이면 최고의 상을 받으며, 현자를 은폐하면 공개적으로 형벌을 받는다."[345] 만일 지방 관원이 "효자를 천거하지 않고 조서를 받들지 않으면 마땅히 불경죄로 단죄한다. 청렴한 사람을 헤아리지 못하고 임용되도록 하지 못하면 마땅히 면직시킨다."[346] 무제는 행정 수단을 운용하여 널리 인재를 모집했고 현자의 임용을 제도적으로 보장하고자 했다. 두 번째 조치로는 현인을 가리는 표준을 넓혔다. "인재나 평범하지 않은 사람"에 대해 출신이나 다른 작은 일들은 고려하지 않았다. 무제는 "어떤 말은 날뛰나 한 번 내달아 천리를 갈 수 있으며, 어떤 선비는 세상에 누가 되는 짐을 지고 있으면서도 공명을 세울 수 있다"[347]고 말한다. 재능이 특이한 사람은 왕왕 행동이 괴이하고, 세속과 다르며, 혹은 출신이 미천하기도 하다. 무제는 이 모든 것은 고려 대상일 수 없다고 생각했다. 그는 말한다. "마차를 뒤집어버리는 말이나 타락한 선비라도 그들을 어떻게 통제하느냐에 달려 있다."[348] 법에 맞추어 말몰이를 제대로 잘하듯, 행위가 이상한 선비라도 군주에게 그처럼 소용될 수만 있으면 출신의 높낮이는 더더욱 논할 가치가 없다.

무제의 현인 임용의 도는 뚜렷한 효과를 거두어 한때는 "뭇 선비가 사모하여 모였고 뛰어난 사람들이 다투어 나왔으며,"[349] "천하에 포의 출신들이 각기 온 정력을 기울여 조정에 자신의 뛰어남을 알리고 재주를 팔려는 자가 헤아릴 수 없었다"[350] 무제 시대의 명신 가운데 출신이 높지 않은 사람은 아주 많았다. 예컨대 "복식卜式은 목축하는 사람 가운데서 뽑혔으며, 상홍양桑弘羊은 천한 장사꾼에서 발탁되었고, 위청衛靑은 노비에서 분발한 자이며, 김일제金日磾는 항복한 포로 출신이었다"[351] 바로 이와 같은 현인 임용 사상의 지도 아래 무제는 각종 유형의 우수한 인재를 중앙에 불러 모을 수 있었으며, 그를 중심으로 높은 지능의 통치 집단을 형성했다. 마치 반고가 열거한 것처럼 "한나라 인재 등용은 무제 시대에 이르러 가장 왕성했다. 유학자로는 공손홍, 동중서, 아관兒寬, 충실한 집행자로는 석건石建, 석경石慶, 진실하고 곧은 자로는 급암汲黯, 복식, 현인을 받들기로는 한안국韓安國, 정당시鄭當時, 정책 결정자로는 조우趙禹, 장탕張湯, 문장으로는 사마천司馬遷, 사마상여司馬相如, 광대로는 동방삭東方朔, 매고枚皐, 응대에 능한 자로는 엄조嚴助, 주매신朱買臣, 역법 셈으로는 당도唐都, 낙하굉洛下閎, 음률화합으로는 이연년李延年, 계산 운용으로는 상홍양, 사신으로는 장건張騫, 소무蘇武, 장수로는 위청, 곽거병霍去病, 유훈을 잘 받들기로는 곽광霍光, 김일제였으며 그 나머지는 일일이 기록할 수조차 없다. 그리하여 위대한 공적을 이루고 제도와 문장을 남겼으니 후대의 그 어느 때도 여기에 미치지 못했다."352

왕도, 패도를 뒤섞은 한 무제의 정치사상은 중국 고대 군주 정치의 기본 이론 모형 가운데 하나다.

한 원제元帝의
유학 존중

한 무제가 유학을 숭상한 이후 유가 경전은 국가의 교과서로 인정받았다. 유가의 정치 이론은 독서인들의 필수 과목이 되었고, 제왕들조차도 유학 경전을 학습해야 했다. 한 소제昭帝는 자칭 『보부전保傅傳』『효경孝經』『논어』『상서尚書』를 두루 익혔다고 했으며, 선제宣帝 또한 "『시경』『논어』『효경』을 사사받은" 적이 있었다. 유학을 갈고닦는 것이 유행이었으며 경전 독해는 선비들이 관직에 진출하는 지름길이 되었다. 한나라 박사 하후승夏侯勝은 이렇게 말한 적이 있다. "선비들은 경전에 밝지 못함을 근심스러워했다. 경전에 환하기만 하면 경, 대부의 관복을 얻음이 몸을 숙여 땅바닥의 먼지를 줍는 것과 같았다."[353] 추鄒, 노魯 지역 민간 격언엔 "자식에게 황금 만 상자를 남겨주는 것은 경전 하나를 가르침만 못하다"[354]는 말이 있었다. 조야의 위아래가 모두 유학 습득에 힘쓰게 되었으니 한나라 초기와 비교했을 때 소제, 선제 시기의 유학은 몸값이 배로 증가했다.

정치 생활에서 유학 경전은 "왕교王敎의 전적"이었으며, 피통치자들은 이를 "최고의 치세에 이르는 완성된 법"[355]으로 받들었다. 법령 정책을 제정하고 형사 안건을 심리하는 정책적 이론적 근거이기도 했다. 이를테면 지절地節 4년(기원전 66), 선제가 조서를 내려 "오늘부터 나이가 많은 부모가 있거나 부모의 상을 당한 사람은 부역 일을 하지 말도록 하라"[356]고 명령한 것은 바로 유학의 효도를 근거로 제정한 법률 조문이다. 유학 경전은 당시 법전의 의미를 지녔다. 소제는 특별히 조서를 내려 "공경 대신은 마땅히 경전을 이용하여 대의를 밝혀야 한다"[357]고 명령하기도 했다. 감로甘露 3년(기원전 51), 선제는 유학 내부의 이론 분쟁을 해결하기 위해 친히 석거각회의石渠閣會議를 소집하여 유학 경전의 표준본을 제정했다. 유학의 법전화와 표준화는 유학의 정치적 지위를 높이는 데 힘 있는 촉진제가 되었다.

유학은 사상적으로 존중을 받았지만 정치 운행의 과정에서 통치자들이 실행한 것은 여전히 잡패雜覇 정치였다. 정사廷史 노온서路溫舒는 당시 정치를 이렇게 비판했다. "진秦나라는 열 가지를 실패했는데, 그 가운데 하나가 여전히 존재하고 있으니, 옥사를 다스리는 관리가 그렇다."[358] 사례교위司隸校尉 개관요蓋寬饒 또한 "오늘날 성인의 도가 점점 무너지고 유술이 행해지지 않는다. 형벌을 주공周公, 소공召公으로 여기고, 법률을『시경』『서경』으로 여긴다"[359]고 말했다. 그는 당시 정치의 폐단을 두 가지로 생각했다. 하나는 형벌로 교화를 대체함이요, 둘은 환관이니 법리法吏를 신임하고 유생들을 쓰지 않음이다. 개관요의 인식은 당시 사정의 일정한 개괄성을 보여준다. 소제와 선제는 기본적으로 무제의 잡패 정치 책략을 계승했고, 특히 선제가 심했다. 선제는 유생들을 좋아하지 않았다. "쓰이는 이 대다수가 문서를 처리하는 법리였으며 형명刑名으로 법도를 삼아"[360] 엄혹함이 행정의 특징이었다. 그는 형살刑殺을 가장 근본적인 통치 수단이라고 생각했다. "옥이야말로 만민의 목숨이니 그로써 포악함, 사악함을 금지시켜 뭇 백성이 잘 살도록 키워준다."[361] 법 집행은 반드시 엄격해야 한다. "지금 법리들이 혹여 간사함을 금하지 못하고 관대하게 하거나, 죄 있는 사람을 풀어주어 가혹하게 하지 못하거나, 잔혹, 흉악함을 현명하게 여긴다거나 한다면 모두 중용을 잃은 짓이다."[362] 이와 같이 형법을 중시하고 덕치를 중시하지 않는 사상의 지도 아래 소제, 선제 시기 이치吏治가 가혹하여 "법이 무너지고 정正이 어지러워졌으며, 화목이 깨어지고 도가 막히게 되었다."[363] 탁군涿郡 태수 정창침鄭昌針은 율령이 번잡하고 법망이 엄밀한 폐단이 있으니 율령을 줄이라고 주청했다. 그러나 "선제는 끝내 수정하지 않았다."[364] "효선제孝宣帝의 정치는 신상필벌信賞必罰과 종핵명실綜核名實이었다. 정사는 문학, 법리의 선비들이 두루두루 면밀히 제 능력을 발휘했다"[365]는 반고의 말은 확실히 이 시기의 정치적 특징을 드러내준다.

한 원제元帝 유석劉奭은 태자 시절부터 "인仁을 좇고 유학을 좋아했다". 그는 선제宣帝의 엄형혹법 통치 정책에 대단히 불만이어서 선제에게 "폐하께서 형벌에 의지하심이 너무 심하시니 마땅히 유생을 임용해야 합니다"[366]라고 권한 적이 있다. 그 결과 선제로부터 "한 왕실 제도"에 관한 저 유명한 "한 왕실은 처음부터 제도가 있었으니 본래 패도와 왕도가 섞여 있었다. 어찌 순전히 덕치 교화에만 맡겨 주周대 정치를 응용하겠는가!"[367]라는 훈계를 들어야 했다. 원제는 즉위 후 적극적으로 유학을 제창하여 "선제의 정치를 아주 바꾸어버렸다."[368] 정치적으로 일련의 정책 조정을 해나갔는데, 첫째, 혹형을 없애고 줄였다. 원제는 처음 즉위하면서 이런 조서를 내렸다. "법령이란 그로써 포악함을 금지하고 약한 자들을 도와 범하기 어렵고 쉽게 피하도록 해주려는 바다. 그런데 지금 율령은 번거롭고 많음에도 제약하지를 못하고 법전의 문구부터 분명하지 못하다. 근본을 망라하고자 하나 근본이 잡히지 않으니 이 어찌 형벌의 본래 의미라 하겠는가! 율령을 논의하여 없애고 경감할 수 있는 부분은 조목조목 주청하여 오로지 만백성을 편안히 해주는 것만 있게 하라."[369] 이 조치가 열심히 집행되지 않고 대신들이 "무리 지어 갈고리로 미세한 꼬투리들을 긁어모아 터럭만 한 일을 수없이 나열하여 조서를 부연하기나"[370] 했지만, 원제가 엄형혹법의 정치 경향에 반대한 것만은 매우 분명했다. 둘째, 유생을 기리고 임용했다. 원제는 유학에 대한 존경을 나타내기 위해 공자의 후예를 대대적으로 표창했다. 공자 13세손인 공패孔霸를 관내후關內侯에 봉하고 식읍 800호를 내렸으며, 포성군褒成君이라 불렸다. 황금과 저택을 하사하기도 했다. 공패가 병들어 죽자 원제는 두 번이나 소복을 하고 친히 조문했으며 "지극정성으로 동원비기東園祕器[371]와 전백錢帛을 하사하고 제후반열의 예에 따라 후한 예물을 내리고 시호를 열군烈君이라 했다"[372] 일반 유생에 대해서도 특별 대우를 하여 하나의 경전이라도 통달한 자이면 요역을 면해주었다. 그리고 중앙에 박사제자 천 명을 증원했으며, 군국郡國 지방에 오경백석졸사五經百石卒史[373]를 설치하여 유학을 보급하고 교화를 성행시켰다. 영광永光 2년(기원전 42)엔 질박質朴, 돈후敦厚, 손양遜讓과 같은 유학의 도덕 준칙을 인재 선발의 표준으로 삼자고 주장하기도 했다. 원제가 중용한 사람은 대부분이 유학하는 선비였다. 예컨대 연이어 재상에 임용된 우공禹貢, 설광덕薛廣德, 위현성韋玄成, 광형匡衡 등은 모두 유명한 유생이었다. 원제의 유생 중용은 유학의 실제 정치적 지위를 극대로 끌어올려주었다. 셋째, 사회 모순을 완화시켰다. 원제는 즉위한 지 얼마 되지 않아 잇닿은 수재와 한발을 만났고, 사회 모순은 갈수록 첨예해졌다. 이에 일부 관직의 유생들이 덕치, 인정의 원칙에 의거하여 "염철관鹽鐵官, 북가전관北假田官,[374] 상평창常平倉을 혁파할 것"[375]을 건의했다. 원제는 건의를 받아들여 "모두 혁파했다". 그러고는 또 "금원禁苑을 풀어 빈민에게 건네주고, 제후왕들의 사당과 위졸衛卒을 반으로 줄였다"[376] 이 조치들 가운데 일부는 끝까지 이어갈 수 없었다. 예를 들면 염철을 관영하지 않음으로써 국고 수입이 빠르게 감소하여 관영 형식을 회복하지 않을 수 없었다. 그러나 전체적으로 볼 때 한 원제는 소제, 선제 시대의 정책 방침을 바꾸려 노력했다. 정치적으로 유생에게 의존했으며 덕치, 인정을 적극적으로 추진했다. 한 원제의 적극적인 제창으로 정치에서 유학의 주도적 위치는 한 단계 더 공고해질 수 있었다.

여기서 한 가지를 설명해둘 필요가 있는데, 유학의 정치적 지위가 날로 공고해짐에 따라 신비주의 사조가 갈수록 강해졌다는 사실이다. '천견설天譴說', 음양오행 사상은 유생들과 사상가들에 의해 보편적으로 받아들여졌을 뿐만 아니라 통치자들 또한 고도로 중시하여, 정치 생활을 지도하고 정책을 제정하는 데 광범하고 직접적으로 쓰였다. 선제 시대의 승상 위상魏相은 "음양이란 왕사王事의 근본이며 모든 생물의 목숨이다. 옛날부터 성현은 이로 말미암지 않는 자가 없었다"[377]고 말할 정도였다. 이러한 이해는 매우 전형적이다. 전한 후기 대신들은 거의 저마다 재이災異를 언급했고, 황제의 조서나 명령에도 곧장 음양재이를 논리의 근본으로 삼곤 했다. 신비주의 사상이 국가 정치 지도 사상 속에 녹아들어 가자 유학이 신비화, 통속화로 이끌리는 것을 피할 수 없었다. 이는 전한 말기 정치에 심각한 미신화 경향이 나타나도록 만들었으며, 유학 자체도 차츰 보수, 침체의 길로 치달았다.

제 4 절

『염철론鹽鐵論』에서의
왕패王覇 논쟁

염철鹽鐵 논의와
『염철론』

한 소제昭帝 시원始元 6년(기원전 81) 2월, 전한 중앙 정부는 소금鹽, 철鐵, 술酒의 관영 전매 문제 때문에 한 차례 회의를 개최했다. 이번 회의의 개최는 태복太僕 우조급사중右曹給事中 두연년杜延年의 건의에 기원한다. 그는 "국가가 무제武帝의 사치스러운 군사 동원을 받든 후유증을 보고"[378] 국력이 날로 줄어든다며 여러 차례 집정이던 대장군 곽광霍光에게 진언했다. "연 수확이 비교하여 오르지 않고, 떠도는 백성이 다 돌아오지 않으니 마땅히 효문제孝文帝 시대의 정치를 닦아 검약과 너그러움을 보임으로써 천심에 순응하고 민의를 기쁘게 해야 연 수확이 그에 응하게 될 것입니다."[379] 곽광은 그의 의견을 받아들여 "현량賢良을 뽑아 술의 혁파와 소금과 철의 전매를 논의했다."[380] 사실 염철 문제에 대한 토론을 두연년이 처음 제창하지는 않았다. 무제 때 동중서董仲舒는 "소금과 철은 모두 백성에게 귀속되어야 한다"[381]고 주장한 적이 있다. 염철 논의는 실제로 무제 말년의 정책 조정과 관련이 있다. 무제는 재위 기간에 주로 세 가지 큰일을 성취했다. 하나는 중앙 집권의 강화로 지방 분열 세력을 타파하여 중앙 정부의 지방행정에 대한 실질적 통제력을 높였다. 둘은 정치 지도 사상으로서 유학의 지위를 확고히 하여 사상 문화 영역의 혼란 상태를 정돈했다. 셋은 북방의 흉노에 깊은 타격을 입혀 한 왕조에 대한 소수 민족들의 무력 위협을 근본적으로 없애버렸다. 그런데 장기적인 전쟁 발동으로 인해 "전쟁이 연잇고 군사 운행을 32년이나 하니 나라 안이 온통 비어버렸다."[382] 국가의 재력, 인력 소비가 엄중한 데다, 가혹한 형벌까지 보태져 이치吏治가 혼란스러우니 토호가 백성을 괴롭히고, 심중한 요역 부담으로 사회 모순은 날로 첨예해져갔다. 정치 형세는 격랑 속에서 불안하기 짝이 없었다. 이와 같은 상황에 직면하여 한 무제는 위대한 업적에 대한 그의 기호가 몰고 온 사회적 위기를 어느 정도 느낀 듯하다. 그는 말년에 "지난날의 잘못을 깊이 후회한다"[383]며 기본 국책을 조정하려는 구상을 내놓았다. "지금 당장 힘써야 할 바는 가혹한 폭력을 금하고, 멋대로 매긴 세금을 그치고, 근본인 농업에 주력하는 것이다."[384] 그는 승상 차천추車千秋를 불러 부민후富民侯에 봉하며 "백성을 분명히 휴식토록 하고 어떻게 하면 백성을 부유하게 하고 육성할 것인가를 고민하라"[385]고 했다. 대장군 곽광은 유훈을 받들어 소제를 보좌하면서 무제 말년의 정책 조정 방침을 계속하여 집행했다. 그런데 문제는 왜 염철 전매에 집중되었는가 하는 점이다.

전한 초기, 소금과 철의 생산 판매는 주로 일부 부유한 대상인에게 장악되어 있었다. 그들은 "철을 제련하고 소금을 구워 재물이 혹은 만금에 이르렀으나 국가의 위급함을 돕지 않았다."[386] 국가 재정의 부족을 초래하고 군비가 결핍되는데도 무제는 수차례 흉노 정벌을 감행하여 "군대는 서로를 쳐다보고 병사들은 썩어 문드러졌으며 현관縣官은 재정이 부족했다."[387] 이는 국가의 실질적 힘을 약화시켰을 뿐만 아니라 지방 분열 세력들에게 틈을 노릴 기회를 제공했다. 7국의 난 때 수뇌였던 오왕吳王 비濞가 바로 소금을 굽고 광산을 개발하여 급증한 재력으로 병사를 동원해 난을 일으킨 예다. 동시에 국고 수입은 한 무제의 "사치스러운 무한한" 소비 수요를 만족시키기 어려웠다. 소금과 철의 사영私營은 거대한 재부를 민간에 흘러들게 했는데, 이는 한 무제로 하여금 단호한 조치를 취하지 않을 수 없게 만들었다. 그리하여 한 무제는 제齊나라의 소금 대상인 동곽 함양東郭咸陽과 남양南陽의 철상인 공근孔僅을 대농승大農丞에 임명하고 소금과 철의 관영 전매를 주관하도록 했다. 이렇게 명령을 내렸다. "감히 사사로이 철기를 주조하고 소금을 굽는 자는 왼쪽 발뒤꿈치에 차꼬를 채우고 그 기물들을 모두 몰수한다."[388] 또 천한天漢 3년(기원전 98)에는 "처음으로 술을 전매했다". 위소韋昭는 말한다. "이 말은 백성이 술을 빚는 것을 금지하고 전문 관직을 설치하여"[389] 주류 전매를 시행했다는 것이다. 소금, 철, 술의 관영 전매 정책은 국가의 재정 수입을 증가시켰으며 민간 상인들의 치부를 제한했다. "부유한 대상인들이 큰 이익을 탐할 수 없게 되자 모두 본래의 농경으로 돌아갔다."[390] 이 때문에 민간 상인 및 유산 계급과 관상官商 즉 한 조정 사이에 모순이 생겨났다. 그리고 국가에서 염철을 경영하며 "백성을 모집하여 스스로 비용을 마련토록 하여 관의 기물을 사용하여 소금을 굽도록 했는데, 관이 소금 굽는 그릇을 나누어주었다."[391] 이는 사실상 일종의 무상 요역徭役이다. 거기에 더하여 국가는 "철기는 제품이 조악하고 가격이 비쌈에도 강제로 백성에게 그것을 사고팔도록 했다."[392] 전매 정책은 통치자가 민중을 착취하고 재갈을 물리는 수단으로 벌써 바뀌었고 사회적 충돌을 더욱 격화시켰다. 이 때문에 소금, 철, 술의 관영 전매 정책은 벌써부터 어느 정도 사회 모순의 초점이 되어 있었다. 곽광은 정책 조정을 하려고 생각하면서 소금과 철 문제를 언급하지 않을 수 없었다.

이 밖에 곽광이 두연년의 건의를 받아들인 까닭에는 사회 모순을 완화시키려는 생각 외에 개인적 요인도 있었다. 한 소제는 즉위 시 8세에 불과했는데, 곽광과 차천추, 상홍양秦弘羊이 공동으로 유지를 받들어 어린 주군을 보좌했다. 차천추는 무제에게 매우 늦게 신임을 받아 재상 위치에 있었으나 실권은 없었다. "다른 재주가 없이 그저 학술을 이야기할 뿐이었으며 공훈, 공로도 없었다."393 곽광을 따르기엔 자질과 명망이 턱없이 모자라 곽광의 신속히 팽창하는 권력욕 앞에 아무 걱정거리도 못되었다. 진정한 장애는 상홍양이었다. 상홍양은 본래 낙양洛陽 대상인의 아들로 13세에 "재력으로 낭郎이 되었으며" "운이 좋아 숙위宿衛 자리를 얻어 급사연곡給事輦轂 아래에 있게 되었다."394 탁월한 재정관리 재능에 의지하여 대단히 인정을 받았으며 자질과 명망이 곽광의 아래에 있지 않았다. 그는 원봉元鳳 원년(기원전 80), 공근에 이어 염철 관영 전매를 총괄하면서 사실상 재정대권을 장악했으며 염철 정책이야말로 그의 근본 발판이었다. 두연년의 건의는 마침 곽광이 상홍양을 뒤집어엎고 전권을 독점할 필요성과 맞아떨어졌다. 그리하여 염철 논의가 일어나게 되었다. 곽광은 정책을 조정할 의향은 있었지만 진심으로 염철 전매의 혁파를 논의하려는 것은 아니었다. 회의 결과는 "술 전매는 그만두고 소금과 철은 옛날과 같이 한다"395였다. 곽광은 이 기회를 이용하여 측근인 양폐楊敝, 전연년田延年 등을 임용하여 상홍양의 실권을 약화시켰다. 곽광은 회의에 출석하지 않았으면서도 막후의 조종자였던 셈이다.

염철 회의에 참가한 사람들은 두 방면의 대표자였다. 한쪽은 어사대부御史大夫 상홍양과 어사御史, 승상사丞相史로 염철의 관영 전매 정책을 계속 실행하자고 주장했고, 다른 한쪽은 곽광이 선발한 현량문학賢良文學 당생唐生, 노만생魯萬生, 유자옹劉子雍, 축생祝生 등 60여 명으로 염철 정책에 부정적인 태도를 지니고 있었다. 회의를 통해 쌍방은 서로 힐난을 거듭했는데 "그 논의된 문장이 매우 의미심장했다". 한 선제漢宣帝 때 여강태수廬江太守였던 환관桓寬이 여기서 '논의된 문장'에 근거하여 "염철 논의를 추리연

역하고 조목들을 늘리고 넓혀 논란을 다 정리하여 수만 자를 저술했다. 그럼으로써 국가 치란을 연구해 일가의 모범을 이루고자 했다."[396] 이것이 『염철론』이다.

왕도王道와
패도覇道 논쟁

곽광은 염철 논의의 발기자였지만 논변의 주인공은 아니었다. 진정한 주인공은 상홍양과 현량문학들이었다. 현량賢良과 문학文學은 한대에 찰거察擧[397]를 통해 사士를 선발하던 과목이었다. 회의에 참가한 현량은 황실의 능원陵園이 있는 여러 현縣의 부유한 토호 가운데서 선발했고, 문학은 군국郡國 지방에서 왔는데 오로지 유학만을 익히던 선비들이었다. 이 일대 변론에서 현량문학은 경전에 근거하며 광범하게 노자老子, 관자管子, 묵자墨子 등 여러 학파의 말을 인용하기도 했지만 학술은 기본적으로 유가로 귀결했다. 상홍양은 논변 가운데에 대량의 유가 경전을 끌어오기는 했지만 그 학문의 기본 취지는 법가 위주였다. 환관은 말한다. "내가 염, 철 논의를 보고 공경, 문학, 현량의 논변을 살피니 뜻하는 바들이 다른 길을 걸어 각자 소출이 있었는데, 혹자는 인의仁義를 높이고 혹자는 권리權利에 힘썼다."[398] 그는 인의와 권리 논쟁이야말로 염철 논의의 핵심이라고 생각했다. 그러나 논변이 언급하고 있는 문제들을 볼 때 염철 정책은 논변의 출발점에 불과했다. 나중엔 차츰 깊게 들어가 본말本末, 의리義利, 예법禮法, 덕행德行 및 변방 정책 등 여러 이론적 문제를 언급했다. 현량문학들의 이른바 '인의'는 사실 유가의 이상인 왕도 정치이고, 상홍양의 '권리'는 곧 한 무제 '잡패雜霸' 사상의 연속이었다. 염철 논의의 참뜻은 왕도와 패도 정치의 이론 논쟁이었다.

본말本末과 의리義利 논쟁

선진 시대부터 본말은 광범하게 토론되어온 명제였다. 본本과 말末의 구체적 내용이 토론 대상에 따라 바뀌곤 했기 때문에 본말을 일종의 논증 방식으로 볼 수도 있다. 염철 회의에서 본은 농업을 가리키고, 말은 상업을 가리킨다. 본말 논변은 염철 정책이 끌어낸 첫 번째 명제였다.

상홍양 일파는 집권층이었다. 그들은 전한 정부와 집권층에게 절실한 이익 수호를 정책의 출발점으로 삼았다. 그들은 "국가적 용도와 변경에 필요한 비용을 걱정했다".[399] 정책의 실질적 효용을 중시하여 염철의 관영 전매를 극력 변호했다. 그들은 한 가지를 기본으로 인식했는데 "본말이 함께 이롭다本末並利"가 그것이다. 즉 공상업을 국가 재정 수입의 중요한 근원 가운데 하나로 생각했다. 전체적으로 볼 때 농업과 공상업, 즉 본과 말 사이는 서로 통하고 상호 보완하므로 하나라도 없어서는 안 된다는 것이다. "옛날 국가를 세운 자들이 본말의 길을 열어 유무有無의 용도가 통하게 했다. 시장이나 조정은 한결같이 그 길을 구했고, 사민士民들이 그렇게 하니 온갖 재화가 모아졌으며, 농민, 상인, 기술자들은 각자 바라는 바를 얻어 교역을 하고 물러갔다. (…) 따라서 공산품이 나오지 않으면 농업용구가 결핍되고, 장사가 나서지 않으면 보물재화가 끊긴다. 농업용구가 결핍되면 곡식 생산을 늘릴 수 없고, 보물재화가 끊기면 재정 운용이 결핍된다."[400] 수공업은 농업 생산을 위해 생산 도구를 제공하며, 상업은 화물의 유통에 이롭다. 상홍양은 "나라에 풍요로운 들판이 있음에도 백성이 충분히 먹지 못함은 기계를 갖추지 못하기 때문이다. 산과 바다에 재화가 널려 있음에도 백성이 재화를 충분히 갖지 못함은 상공업이 갖추어지지 않았기 때문이다"[401]라며 『관자』를 인용했다. 그리고 "선제께서는 철관鐵官을 두어 농업용구를 넉넉하게 하고, 고른 수송로를 열어 백성의 재화를 넉넉히 하셨다. 소금, 철, 고른 수송이야말로 만민이 머리에 이고 우러러 넉넉히 공급되길 바라는 바"[402]라고 주장한다. 그래야 농업 생산에 유리하기도 하고 "사장된 물자를 소통시켜 완급을 조절할"[403] 수도 있다. "그리하여 백성에게 급한 일을 도와주고"[404] 민생 수요를 만족시켜준다. 동시에 염철 정책은 국가에 대량의 재부를 가져와 "재화가 오래 쌓임으로써 변경 방어에 필요한 경비에 도움을 주어"[405] 흉노를 공격하는 데 쓰일 거액의 군비 수지 문제를 해결했다. 이 때문에 상홍양 일파는 "부국은 한 가지 길만 있는 것이 아닌데" "나라가 부유함이 어찌 꼭 농업에 근본을 두어야 하며, 백성이 풍족함이 어찌 반드시 정전井田을 실행해야만 하겠는가!"[406]라고 주장한다. 어떤 각도에서 볼 때 말업이 본업보다 부국강병에 더 유리할 수도 있다. 이른바 "부유함이란 술수術數에 있는 것이지 육신의 노력에 있는 것이 아니다. 이익이란 어디에 위치하느냐에 달려 있지 힘써 경작하는 데 달려 있지 않다."[407]

그런데 상홍양 일파가 인정한 말업은 주로 국가가 주관하는 염철 경영이지 민간 사영을 포함하지 않는다. 이것이 그의 "본말이 함께 이롭다"는 주장의 요체다. "명령은 소금과 철을 하나로 통괄한다는 의미지 독자적으로 개인들이 이익을 얻어가게 한다는 것이 아니다."[408] 더욱 중요한 것은 "장차 본을 세워주고 말을 억제하며, 붕당을 없애고 음란사치를 금하며 겸병을 끊는 길로 나아가는"[409] 것이다. 염철 생산의 특수성은 그들로 하여금 "반드시 심산유곡 가운데로 들어가게 하는데, 부호가 아니면 그 이익을 꿰찰 수 없다."[410] 이런 토호 부자들은 "산과 바다를 관장하여 그 이익을 얻는데, 철광석을 캐어 주물을 빚고 바닷물을 끓여 소금을 만든다. 한 집안에서 무리들을 끌어들여 어떤 경우는 천여 명에 이르는데, 대체로 떠돌아다니는 인민을 모두 수용한다".411 그들은 심산유곡 가운데 모여 "간교하고 그릇된 기업을 이루고 붕당의 권력을 뻗치니 가벼운 잘못이라도 또한 큰 것이다".412 토호 부자들은 염철의 생산을 장악했을 뿐만 아니라 그것의 판매까지도 독점했다. 그들은 "운용을 마음대로 하여 이익을 독점했다. 민간의 물가는 그들의 입술에 의해 높낮이가 결정된다. 신분의 귀천에 일정함이 없으며 그런 백성은 조용히 앉은 채로 토호가 된다. 그리하여 약한 자들을 억누르며 강한 자는 더욱 커지고 있으니 도척을 백성 사이에 둔 셈이다".413 염철의 사영은 이런 토호 부자들의 세력을 날로 강화시켰고, 정치적 불안정 요인이 되었다. "백성이 크게 부유하면 녹으로 부릴 수가 없으며, 크게 강하면 처벌로 위엄을 세울 수가 없다".414 일단 국가가 이에 대해 속수무책이면 불안정 요소는 정치 위기로 발전해갈 것이다. 상홍양은 말한다. "나라를 다스리는 도는 토호라는 잡초를 제거한 연후에야 백성이 고루 평탄하고 제 사는 곳에 안주한다".415 경제 정책의 정치적 효과를 중시하는 것이 상홍양 본말 논변의 기본적 사유였다. 이 때문에 그들은 유가의 "고치지 않음不改"이 효도라는 주장을 끌어와 이렇게 말했다. "군주가 죽으면 신하는 그 군주의 정치를 바꾸지 않고, 아버지가 돌아가시면 자식은 그 아버지의 길을 고치지 않는다".416 무제 이래의 염철 정책을 견지하려는 것이다. 그들의 "본말이 함께 이롭다"는 주장은 유가의 "본을 숭상하고 말을 억제하자는崇本抑末" 주장도 아니며, 법가의 "농업을 높이고 말업을 없애자는上農除末" 주장도 아니다. 『관자』 중의 경중가輕重家 이론에 가까우며, 사인私人의 공상업을 국가 독점으로 바꾸어 국가 재력을 증강시키고 부호들의 세력을 혁파, 제한하려는 것이다. "천하의 소금, 철 관련 이익을 독점함으로써 부유한 대상인을 물리쳐"417 중앙 집권적 군주 정치를 공고히 하려는 것이었다.

현량문학은 민간에서 온 사람들이다. 그들은 염철 관영 전매의 폐단에 대하여 많은 인식과 체험을 갖고 있었다. 그들은 자신의 경제적 이익에 관심을 갖는 것 외에 유가 전통의 정치적 가치를 시비 판단의 기초로 삼아 염철 정책에 부정적 태도를 견지하면서 "본을 진출시키고 말을 퇴출시키라進本退末"고 명확히 주장했다. 엄격히 말하자면 현량문학 또한 전체적으로 말업을 부정하려고 하지는 않았다. 그들도 "장사는 그로써 막힌 곳을 뚫어주며, 기술자는 그로써 기계를 마련해준다"[418]고 생각했다. 일반적인 유통 수단으로 그리고 노동 도구의 생산 방식으로 공상업은 인류 생활에 없어서는 안 될 요소다. 그러나 농업과 비교할 때 공상업은 말업에 속해 "치국의 근본 업무는 아니다."[419] 전체적으로 볼 때 "남자는 경작하고 여자는 길쌈함이 천하의 큰 업무다. 그래서 옛날엔 땅을 나누어 살게 했으며, 전답을 갈라 일하도록 했다. 따라서 농사를 지으면 먹거리를 생산하지 못하는 땅이 없고, 나라엔 농사일을 버리는 백성이 없었다."[420] 국가가 본업을 중시하면 검은머리 백성은 부지런히 경작에 힘쓰고 전답에서 농사를 지으니 민속은 돈후해지고 예교禮敎가 일어날 것이다. 이 때문에 그들의 "백성을 다스리는 도는 쓰임새를 아끼고 근본을 숭상하며 땅을 나누어 정전井田을 하는 데 있었다."[421] 하지만 지금은 국가가 말업을 중시하여 염철을 관영하니 그 결과 각종 폐단이 속출하게 되었다. "옛날 문제文帝 시절엔 소금, 철의 이익이 없었음에도 백성은 부유했는데, 지금은 그것이 있음에도 백성이 궁핍하니 이익이 이익됨은 보이지 않고 그 해로움만 보인다."[422] 구체적으로 말하자면, 첫째는 민속을 탐욕스럽게 이끌어 "백성 가운데 본업에 종사하는 자는 적고 말업을 좇는 자가 무리를 이룰 것이다. 꾸밈이 번잡하면 본바탕이 약해지고, 말업이 성행하면 본바탕이 이지러진다. 말을 닦으면 백성이 간사해지고, 본을 닦으면 백성이 성실해진다. 백성이 성실하면 재화가 풍족하고, 백성이 사치하면 배고픔과 추위가 생겨난다"[423] 그리고 끝내는 따사롭고 배부른 민생에 영향을 미쳐 국가 재정의 결핍을 초래한다. 둘째, 국가가 염철의 생산, 판매를 독점하면 어린 백성의 이익을 직접적으로 침해하여 살아가는 길을 막아버리게 된다. "시정의 이익이 백성에게 돌아가지 않으니"[424] 어린 백성과 관부의 충돌을 심화시킨다. 셋째, 관영 철기는 질이 떨어지고 값은 비싸다. "현관縣官이 철기를 만들면 대부분 거칠고 조악해"[425] "풀조차도 잘 베어지지 않으니 농부가 작업에 번거로움이 심해 수확이 줄어들며"[426], "소금, 철의 값이 비싸면 백성이 불편하다. 빈민들은 나무로 밭을 갈거나 손으로 김을 매게 되며 그냥 흙을 뿌려 씨를 덮고 음식을 싱겁게 먹게 될 것이다."[427] 탐관오리들은 이 기회에 손을 뻗쳐 강제로 매매하니 "잔혹한 벼슬아치들 싹이 자라 양민을 어지럽히게 된다"[428] 이렇게 가면 반드시 엄중한 정치적 위기를 불러오게 된다. 따라서 현량문학은 "소금, 철을 혁파하고, 권리權利를 물러나게 하고, 토지를 나누고, 본업을 향하고, 뽕나무, 삼을 키우고, 땅에 온 힘을 다하도록"[429] 하라고 주장한다. 바로 관영 전매 정책을 폐지하고, 남자는 밭 갈고 여자는 길쌈하는 전통적인 자연경제를 유지하며, 공상업은 사영에 맡기라는 요구다. 이것이 "본업을 진출시키고 말업을 퇴출시킨다進本退末"의 요체다.

관영 전매 정책을 규탄하는 현량문학들의 중요한 논점 가운데 하나는 상홍양 일파가 이익을 중시하고 의를 경시한다는 것이다. 백성에게 이利를 보여줄 뿐만 아니라 백성과 더불어 이를 다투어 의를 중시하고 이를 경시하는 유가의 훈육을 위배했다는 것이다. 그리하여 다시 의義, 이利 논쟁을 끌어냈다.

이익 문제에 관하여 상홍양 일파는 3단계 인식을 제기한다. 첫째, 염철 관영은 국가를 이롭게 할 뿐만 아니라 백성도 이롭게 하므로 위아래가 서로 이익이다. 그들은 상군商君이 진秦나라 재상이었던 예를 거론하며, 상군이 "밖으로 백배의 이익을 창출하고 산과 연못의 세금을 거둬 나라는 부유해지고 백성은 강해졌다"[430]고 주장한다. 즉 국가권력을 운용하여 경제를 통제해야 한다는 것이다. 지금도 "소금, 철을 하나로 통괄하고 산천의 이익을 소통시키니 만물이 모두 증식했다. 그래서 현관의 재용은 넉넉해지고 백성은 고달프지 않게 되었으며"[431], 또 "군사비용을 충족시켜" "위아래 모두 풍족함"을 실현했다는 것이다. 둘째, 현량문학의 "본업을 진출시키고 말업을 퇴출시킨다"는 주장은 위에 손해를 입히고 아래를 이롭게 하는 것이다. 그들은 말한다. "궤를 벗어난 백성이 공적인 이익을 어지럽혀 산과 연못의 이익을 제멋대로 하려한다. 문학, 현량들의 뜻을 좇으면 이익이 아랫사람들에게 돌아갈 것이다."[432] 그리고 현량문학이 제기한 주장은 곧 "오로지 위에 손해를 끼치고 아래를 드러내려는 것이며, 군주를 이지러뜨리고 신하를 나아가게 하려는 것이니 어떻게 상하의 의義와 군신의 예를 얻었다고 하겠는가?"[433] "아랫사람을 이롭게 한" 결과는 군신의 의에 손해라는 것이다. 셋째, 이로움은 의로움의 실제 목적이니 이익을 포기하고 인의의 빈 이야기만 해서는 안 된다. 상홍양은 날카롭게 지적한다. "그릇된 마음을 품고서 말은 번지르르 하고, 스스로 욕심이 없다고 밀어붙이지만 사실은 그렇지 않으니 이는 선비의 본뜻이 아니지 않는가?"[434] 그는 사마천의 말을 인용하여 이야기한다. "'천하가 풍족하니 모두가 이익을 좇는구나.' (…) 전사가 죽을힘을 아끼지 않고, 선비가 제 부모만을 살피지 않으며, 군주를 섬김에 난을 피하지 않음은 모두 이록을 위해서다. 유가, 묵가들은 속으로는 탐하면서 겉으로는 엄숙한 체한다. 오고가며 유세하며 혹여 얻는 것이 없을까봐 조마조마한다. 영예를 높이는 것이 선비들의 바람이며, 부귀한 사람이 선비들의 기대다."[435] 스스로 이익을 경시한다고 장담하는 선비들도 실제로는 이익 추구에 급급하다는 것을 일반 민중은 다 알고 있다. 따라서 "지금 안으로 양육을 할 수도 없고 밖으로 칭송을 얻지도 못하면서 가난한 체 의를 좋아한다고 함은 비록 인의를 이야기하나 소중히 여길 만한 것은 아무것도 없다."[436] 상홍양의 인식은 참으로 예리한 필치라 하겠다.

현량문학은 이에 첨예하게 맞서며 역시 세 가지 인식을 제기했다. 첫째, 의리 논쟁은 군자, 소인의 구분과 관계있는데, 진정한 군자는 인의를 추구할 뿐 이익을 도모하지 않는다. 그들은 "군자는 덕을 품고 소인은 땅을 품는다. 현명한 선비는 이름을 드러내지만 탐욕스러운 필부는 이익에 죽는다"[437]고 말한다. 인의의 가치는 이익 때문에 동요되지 않는다. 이를테면 "안연顏淵은 항상 가난했으니 현인이 아니라 할 수 없으며, 공자는 잘못을 용납하지 않았으니 성인이 아니라 할 수 없다."[438] 상홍양이 지적한 "그릇된 마음을 품고서 말을 번지르르하는" 현상은 소인에게나 해당될 수 있는 말이다. "소인은 부유하면 포악해지고 가난하면 선을 넘는다."[439] 진정한 군자는 "도를 지켜 공명을 세우고 몸을 닦아 때를 기다린다. 가난하다고 절조가 변하지 않으며 천하다고 뜻을 바꾸지 않는다. 오직 인에 머물고 오직 의에 움직인다. 재물을 만나 실제로 얻게 되더라도, 이익을 보면 의로 되돌아가고, 의롭지 못하면서 부유해지거나 이름을 떨침이 없이 귀해지는 것을 인자는 하지 않는다."[440] 이는 분명 상홍양의 무정한 폭로에 대한 반격이다. 동시에 의를 중시하고 이익을 경시하는 유가의 전통적 신념이 의리 관계에 대한 그들 인식의 바탕임을 선언한 것이다. 둘째, 천하를 다스릴 때는 인의를 근본으로 삼고 의로써 백성을 가르쳐야 한다. 이익으로 백성에게 가르치거나 백성과 이익을 다투지 말아야 한다. 그들은 말한다. "사람을 다스리는 도에 대해 엿들은 바가 있는데, 음일淫佚의 근원을 막아버리고 도덕의 실마리를 넓히며 말리末利를 억제하고 인의를 열어주어 이익으로 가르치지 않은 연후에야 교화가 흥하고 풍속이 바뀔 수 있다고 한다."[441] "백성에게 이익으로 가르치지 말아야 한다"에 관해 그들은 통치자에게 "천자는 많고 적음을 이야기하지 않고, 제후는 이익과 손해를 이야기하지 않고, 대부는 얻음과 잃음을 이야기하지 않도록"[442] 해야 한다고 요구한다. 그래야 백성의 덕성이 돈후해진다는 것이다. 반대로 "백성에게 이익으로 가르치면 민속이 야박해진다. 민속이 야박해지면 의를 배반하고 이익을 좇게 된다. 이익을 좇게 되면 백성은 길거리로 쏟아져 나와 교류하고 장터에서 만나게 될 것이니"[443] 정치 안정에 지극히 불리하다. "백성과 이익을 다투지 말아야 한다"는 말에 대하여 그들은 "백성에게 부를 축적시켜야 한다"고 주장한다. 군주는 천하의 주인이니 전국의 토지, 재부는 모두 군주의 소유다. 따라서 근본적으로 백성과 이익을 다툴 필요가 없다는 생각이다. 그들은 "천자는 사해四海를 금고로 삼고,"[444] "천자는 온 나라에 부를 축적시킨다"고 말한다. 따라서 "왕자는 재물을 모아 축적하지 않으며, 아래로 백성에게 부를 축적시킨다. 떠다니는 이익을 멀리하며 백성의 의義에 힘쓴다. 의와 예만 확립되어 있으면 백성은 위에 의해 교화된다"[445] 현량문학은 소인 즉 서민들이 이익을 좋아하는 본성을 지니고 있다는 것을 분명하게 알고 있었다. 만약 그들을 의로 교화시키지 못하고 거꾸로 이익에 끌려다니게 두면 "이익이 날 구멍을 열어둠으로써 백성을 죄의 층계에 오르게 만드는 것이다."[446] 그들은 우려하면서 "시정에서 치르는 곤욕을 배제하고 이익이 생기는 문을 막아버리는 것은 백성이 그것을 잘못되었다고 여기기 때문인데, 하물며 위에서 이익을 추구해서야 되겠는가?"[447]라고 말한다. 상홍양 일파가 견지한 염철의 관영은 바로 백성에게 이익을 좇도록 만드는 짓이므로 성인의 가르침에 위배될 뿐만 아니라 지극히 큰 위기를 함축하고 있으니 반드시 폐지해야 한다는 것이다. 셋째, 상홍양 일파는 눈앞의 이익만 추구하려 할 뿐 통치 계급들의 근본적 이익을 잊고 있다는 것이다. 현량문학은 염철 관영 전매 정책이 "해당 시대에 한 번 쓰는 권술權術,"[448] 즉 무제가 특수한 상황 아래서 제정한 임시적 편의를 위한 정책이므로 "오래 행하여 세대를 전 승해가서는 안 된다. 이는 현명한 왕이 나라와 백성을 위해 해야 할 도가 아니기 때문이라"[449]고 말한다. 그들이 보기에 "널리 농업을 이롭게 하는 일"만 있을 뿐 관영 전매 정책은 혁파해야 한다. 군주 정치를 위해 적절한 경제 환경과 안정된 정치 환경을 수립했을 때 통치 계급의 큰 이익이 존 재하게 된다는 것이다.

의리 논쟁은 본래 유가의 전통적 논제로 완전히 다른 두 가지 선택을 대표하고 있다. 의는 유가의 이상 가운데 윤리정치의 가치를 개괄한 것 이고, 이익은 아무런 이상적 색채도 지니지 않는 실제 이익에 대한 추구 를 의미한다. 의와 이는 도덕적 판단을 내리고 인격을 구분하는 데 쓰일 수 있다. 정치적 양식의 가치 근거가 될 수도 있다. 맹자가 설정한 질문인 "하필이면 이익을 말씀하십니까?"는 동중서董仲舒에서 "그 의를 바르게 할 뿐 이익을 도모하지 않으며, 그 도를 밝힐 뿐 공로를 계산하지 않는다"[450] 에 이르렀다. 의와 이익이 벌써 왕도와 패도 정치를 구분하는 가치 근거 가운데 하나가 된 것이다. 따라서 염철 논의에서 쌍방이 본, 말 토론에서 의, 이익 논쟁까지 논변한 것은 바로 왕도와 패도 정치 양식에 대한 토론 이 새로운 역사 조건하에서 다시 한번 연출된 것이었다.

예禮, 법法, 덕德, 형刑 논쟁

염철 정책의 실질은 봉건 국가가 행정 수단을 운용하여 사회경제를 간 여, 통제하는 것으로 분명한 강제성을 지니고 있다. 이 정책을 실시하려 면 반드시 법제를 통해 보장할 필요가 있었다. 상홍양 일파는 그 이해득 실을 깊이 알고 있었고, 법제, 형벌이야말로 국가를 다스리는 기본 수단이라는 입장을 견지했다. 상홍양은 말한다. "백성을 다스리는 것은 큰 기술자가 나무를 자르는 것과 같다. 도끼로 잘라 가다가 먹줄에 정확히 맞으면 멈춘다. (…) 따라서 활을 쏘는 자는 과녁 기둥에 따르고, 다스리는 자는 법에 따른다."[451] 그들은 시대가 달라지면 다스리는 방법도 달라진다고 여겼다. 오늘날은 "풍속이 요, 순 시대가 아니고, 세상이 허유許由의 백성이 아니다. 법을 없애고 다스리려 한다면 이는 나무를 펴는 도지개와 도끼가 없이 굽고 뒤틀린 나무를 바로잡으려는 것과 같다."[452] 역사적으로 볼 때 "정치를 잘하는 사람은 해진 곳을 보완하고 뚫린 곳을 잘 막는다. 그래서 오자吳子는 법으로 초楚나라, 위魏나라를 다스렸고, 신불해, 상앙은 법으로 진秦, 한韓을 강하게 했다."[453] 상홍양 일파가 말하는 법치는 주로 드러나게 형벌을 사용하는 것으로 이는 그들 법치 주장의 독특한 특징이다. 상홍양은 말한다. "법을 집행하는 사람은 나라의 고비요 재갈이다. 형벌은 나라의 동아줄이요 노이다."[454] 그들은 예의 치국의 유효성을 부정하며, "예양禮讓으로는 사악함을 금지시킬 수 없다. 형법이 포악함을 그치게 할 수 있다. 훌륭한 군주는 법에 의거하므로 길게 아랫사람들을 제어할 수 있고 오래도록 제 나라를 지킬 수 있다"[455]고 주장한다. 형법의 역할은 "포악함의 금지"에 있다. 이는 국가 강제력의 구현이다. 형벌을 사용하지 않으면 "아무리 현인이라도 잘 다스린다고 할 수 없다."[456] 상홍양 일파는 형벌 사용을 중시했을 뿐만 아니라 중형과 엄밀한 법 시행을 힘써 주장했다. 유방劉邦이 당초 함양咸陽에 처음 입성했을 때 관중關中 지방 장로들에게 "약법約法 3장"을 주었는데, 후세에선 이를 덕정德政의 모범으로 칭송했다. 그런데 상홍양 일파는 오히려 "고高 황제 때는 천하가 처음 평정되어 덕음德音을 발하고 한 가닥으로 명령을 내리는 것이 권도였다. 보통 때의 발란반정撥亂反正이 아니었기 때문이다. (…) 눈코가 적은 그물로는 고기를 얻을 수 없고, 3장의 법으로는 잘 다스릴 수가 없다. 따라서 명령을 더하지 않을 수 없고, 법을 늘리지 않을 수 없다. (···) 시세가 같지 않고 힘써야 할 경중이 달라졌기 때문이다."[457] 그들은 상앙의 중형重刑 사상을 찬양한다. "상군이 도로에 재를 버리는 것까지 형벌로 다스리니 진나라 백성이 크게 다스려졌다."[458] 그들은 연좌법을 시행하여 "못된 짓을 일삼는" 무리에 "반드시 죄를 주어야" 할 뿐만 아니라 "그 부형들까지 형벌을 받아야" 한다고 주장한다. 그렇게 되면 서민 백성이 "반드시 두려워 착하게 될 것이다. 따라서 법을 세워 허물을 다스리기를 백 길이 넘는 골짜기를 내려다보듯 하고 불을 쥐고 칼날을 밟듯이 하면 백성이 두렵고 꺼려하여 감히 범죄를 저지르지 않을 것이다."[459] 이를 "사랑 많은 어머니에게 패가망신의 아들이 있는 것은 작은 것도 못 참기 때문이며, 엄한 가정에 깡패가 없는 것은 독려와 질책이 적극적이었기 때문이다"[460]라고 말한다. 상홍양 일파의 중형 사상은 엄밀한 법망과 혹독한 형벌이란 무제 이래 치국 방침의 연속이었으며, 전한 정권을 담당한 통치자들이 견지했던 군주 전제라는 정치적 본질과 계급적 본성이 드러난 것이기도 했다.

현량문학은 "본업을 진출시킴"과 의를 중시한다는 인식에서 출발하여 정치의 목적은 눈앞의 이익을 추구하는 것이 아니라 유가의 이상 정치를 실현하는 것이라고 생각했다. 그들은 예제禮制, 덕정德政을 선택하여 국가를 다스리는 기본 방법으로 삼았다. 현량문학은 "예의가 국가의 기본이며, 권리權利는 정치의 잘못된 측면"[461]이라고 말한다. "다스려지는 나라는 예에 근엄하지만, 위태로운 나라는 법에 근엄하다"[462]고도 이야기한다. 그들은 법제와 형벌은 치국에 무익하며, 오히려 더 큰 혼란과 동요를 조성할 것이라고 주장한다. "옛날 상앙은 진나라 재상을 할 때 예의와 겸양을 뒤로하고 탐욕을 앞세웠으며, 일등 공로를 숭상하고 나아가는 데만 힘썼지 덕으로 백성을 도탑게 함이 없이 나라에 엄한 형벌만 가하자 풍속은 날로 나빠지고 백성의 원망은 더욱 늘어갔다."[463] 그들은 특히 엄밀한 법과 중형에 반대했다. "옛날 진나라 법은 가을 씀바귀보다 번거로웠고, 규칙은 엉킨 비계보다 조밀했다. 그런데도 위아래가 서로를 기피하고 부정과 거짓이 솟아나 관리들이 다스리려고 탄 고기에 그을림을 떨어내듯 했으나 금지할 수 없었다. 그물이 성겨서 죄가 스며든 것이 아니라 예의를 폐하고 형벌로 임했기 때문이다."[464] 하물며 "고삐 풀린 말은 채찍을 무서워 않고, 풀린 백성은 형법을 두려워하지 않음에랴"[465] 그래도 덮어놓고 "준엄한 형법으로 다스린다면 오래갈 수 없으니"[466] 장기적인 정치 안정을 실현하기 어려울 것이다. 현량문학은 유가 전통적 덕치 이상을 지향하면서 이렇게 이야기한다. "성왕이 다스리던 시대엔 인의를 떠나지 않았다. 그래서 제도를 고칠 명분은 있었지만 도를 바꾼 사실은 없었다. 위로는 황제黃帝부터 아래로 3왕에 이르기까지 덕교德敎를 밝히고 상서庠序 교육 기관을 근엄하게 하고 인의를 숭상하고 교화를 세우지 않는 사람이 없었다. 이는 만세에 바뀔 수 없는 도이기 때문이다."[467] 그들이 말하는 덕치의 핵심은 교화다. 즉 인의예지 등 도덕규범으로 백성을 육성하여 예법을 준수하고 규범에 따르는 순한 백성을 만들자는 것이었다. "왕자는 상서 교육 기관을 설치하여 교화를 밝힘으로써 백성이 지켜야 할 도를 방어하고 정치 교화에 젖도록 하여 어짊을 본성으로 기르고 선을 깨치도록 했다."[468] 통치자들이 백성에게 "덕으로 가르치고 예로 가지런히 하면 백성이 의를 실천하고 선을 좋게 되어 들어오면 효도하고 나가면 공경하지 않음이 없게"[469] 되어 안정, 화해의 정치 국면을 실현할 수 있을 것이다. 현량문학은 또 "성인은 미연에 일에 착수하므로 혼란이 근원적으로 생겨날 곳이 없다"[470]고 특별히 강조한다. 덕치 교화의 기능은 "아직 형태를 갖추기 전 다스리고, 아직 싹이 트기 전에 분별하여"[471] 안전한 '제방堤防'을 형성하므로 사회 동란을 효과적으로 막을 수 있다. 이 때문에 예제, 덕치로 국가를 다스리는 것이 통치자의 최상의 선택이라는 것이다.

현량문학은 덕치를 힘써 주장하지만 형벌을 배척하지도 않는다. 그들은 동董씨 공양학의 '사시四時 정치'를 끌어와 "봄여름은 태어나고 자라는 철이므로 성인은 그 모양을 보아 명령을 만들고, 가을, 겨울은 죽고 저장하는 철이므로 성인은 그걸 본받아 법을 만든다. 따라서 명령이란 가르쳐서 백성을 이끌려는 까닭이며, 법이란 형벌을 가해 굳세고 사나운 자들을 금지하려는 까닭이다"[472]라고 주장한다. 교화와 형벌 모두 "난을 다스리는 도구이며 망함을 구하는 데 효과가 있으니 위에서는 모두 써야 할 바다."[473] 다시 말해 예의와 형벌 모두 통치 수단이라는 것이다. 그러나 구체적인 운용에서 성왕이 선택을 하므로 각기 다른 정치 효과를 낸다. 그들은 두 가지 인식을 제기한다. 하나는 선덕후형先德後刑이다. 그들은 동중서의 가르침을 반복하며 이렇게 이야기한다. "하늘의 도는 생을 좋아하고 죽임을 싫어하며, 상을 좋아하고 죄를 싫어한다."[474] 군주는 천도를 좇으므로 "덕을 앞으로 하고 형벌을 뒤로하고,"[475] "덕교는 왕성하게 하고 형벌은 느슨하게 해야"[476] 한다. 일반 백성에 대하여 먼저 교화를 행해야 한다. 먼저 교화한 뒤 죽여야지 "가르치지 않고 죽인다면 이는 백성을 학대하는 것이다."[477] 예와 형벌을 비교하면 예가 주도해야 한다. "예의가 행해지니 형벌이 적절했다는 말은 들었으나, 형벌이 행해지니 효제가 흥했다는 말은 들어보지 못했다."[478] 이는 유가 덕주형보德主刑補 사상의 연속이다. 둘은 혹독한 법에 반대하여 "마음을 헤아려 죄를 결정해야 한다論心定罪"고 주장한다. 현량문학은 "혈육을 은닉시킨 주모자를 서로 연좌시키는 법이 만들어지니 골육 간의 인정이 없어져 형벌을 받는 죄인이 많아졌다"[479]고 지적한다. 혈육 은닉 주모자를 연좌시키는 법은 "자식이 부모를 죽이고, 아우가 형을 죽이고, 친척이 서로 연좌를 당하고, 마을 여기저기가 서로 연루되는"[480] 사태를 조성한다. 군주 정치를 유지시키는 바탕인 윤상 도덕이 버려진다면 필경 군부君父의 권위가 위태로워질 것이다.

"따라서 정치가 관대하면 아랫사람들이 윗사람을 친애하고, 정치가 엄하면 백성이 군주의 교체를 도모한다."[481] 그렇다면 어떻게 해야 법을 폐하지 않으면서도 백성에게 관대한 정치를 보여줄 수 있는가? 그들은 "마음을 헤아려 죄를 결정하라"고 주장한다. 이는 본래 동중서의 정치 주장이었다. "『춘추』에서 옥사를 처리할 땐 반드시 그 일의 근본을 따지고 그 뜻의 근원을 생각했다."[482] 당사자들의 주관적 소망과 객관적 상황을 충분히 고려하라는 이야기다. 현량문학은 전반적으로 이 주장을 베꼈다. "법이란 인정에 연원을 두고 만들어진 것이지 죄를 늘어놓고 사람을 거기에 빠뜨리려는 것이 아니다. 그래서 『춘추』의 옥사 처리는 마음을 헤아려 죄를 결정했다. 뜻이 선하면 법에 위배된 자도 사면해주고, 뜻이 악하면 법에 합치된 자라도 벌을 주어야 한다."[483] "마음을 헤아려 죄를 결정하라"는 형벌 남용과 혹독한 법에 일정한 제약을 가하려는 현량문학들의 시도를 나타낸 것이다. 통치자들이 멋대로 형벌을 시행해 "심하면 죽을 수도 있고 가벼우면 사면될 수도 있는"[484] 혼란스러운 상황을 바꿔보자는 것이다.

예제, 덕정과 법제, 형벌은 왕도와 패도를 구분 짓는 분수령으로 춘추전국 시대부터 유가와 법가 사이에 피 튀기는 논쟁을 불러온 사항이다. 염철 논의의 예, 법, 형, 정에 관한 논쟁은 범위와 내용으로 볼 때 선인들을 넘어선 것으론 보이지 않으며 옛 가락의 재탕이라 할 수 있다. 그러나 전한 시대의 정치 상황은 분명 선진과는 달랐고, 이 논쟁의 결과가 한나라 통치자들의 정치 방침과 정책 선택에 직접적으로 영향을 줄 것이라는 각도에서 볼 때 옛 가락을 새로 뽑은 것이 전혀 의미가 없었다고 할 수는 없다.

덕德, 병兵 논변

상홍양 일파가 염철 정책을 변호하는 중요한 이유 가운데 하나는 방대한 군비 지출을 해결하기 위해서였다. 이 문제에 따라 쌍방의 논쟁은 차츰 무제의 변방 정책으로 바뀌어갔다. 예컨대 흉노를 상대로 일으킨 전쟁이 합리적이었는가 여부 및 어떤 방침을 채용하여 민족 모순을 해결할 것인가 등이 덕·병 논변이 되었다.

상홍양 일파는 한 무제의 흉노 정벌이 "불의를 정벌하고 무덕無德를 물리친"485 합리적 전쟁이었으며, 중국을 강하게 하여 백성을 편안하게 하려는 데 목적이 있었다고 주장한다. 그들은 말한다. "탕湯왕, 무武왕의 정벌은 용병을 좋아해서가 아니다. 주 선왕周宣王이 군주국을 천 리로 넓힌 것은 침략을 탐해서가 아니다. 도적을 없애 백성을 편안하게 하려는 까닭이었다."486 그들은 전쟁이 백성에게 심각한 요역의 부담을 지운다는 것을 인정한다. 그러나 그것은 일시적이다. 전쟁이 승리함에 따라 흉노가 "좌절하여 멀리 달아났으니" 요역은 자연히 경감될 것이다. "처음엔 비록 힘들었지만 끝내는 경사를 만난 것이다."487 상홍양 일파는 무제 시대의 변방 정책에 근거하여 지금 흉노의 원기가 크게 상해 "외롭고 약하며 동맹도 없으니 곧 망할 때가 되었다"488면서 전쟁 수단을 계속 채용하여 변방 안전 문제를 철저히 해결해야 한다고 생각했다. 그들은 전쟁 준비를 강화하여 변경 방어를 공고히 하자고 주장한다. "준비가 있으면 다른 사람을 제압하지만 준비가 없으면 다른 사람에게 제압을 당한다."489 "대비하지 않는 것은 백성을 적 앞에 팽개치는 짓이다."490 동시에 기회를 틈타 출병, 토벌하여 "호맥胡貉 오랑캐를 없애고 그 왕 선우單于를 사로잡아"491 북방을 평정해야 한다. 그들은 말한다. "옛날엔 사이四夷가 모두 강하고 도적들에게 학대를 받았다. (…) 지금 세 방면은 이미 평정되었는데 북쪽 변경만이 평정되지 않고 있다."492 "지금 분명히 천자가 위에 계시는데 흉노는 공공연히 도적이 되어 변경을 침략하니 이는 인의가 욕을 당하여 거친 음식을 선택하는 꼴이다."[493] 이에 대해서는 오직 전쟁만이 해결하는 길이다. "지금 정벌하지 않으면 포악이 그치지 않을 것이다."[494] "한 번 거병하면 흉노가 두려움에 떨고 중외中外가 군비를 풀게 되리라."[495] 한 번 노력으로 영원히 편안해지는 좋은 대책이라는 것이다.

현량문학 또한 무제의 공적을 전면 부정하지는 않는다. 다만 변방 정책에서 그들의 태도는 상홍양 일파와 확연히 다르다. 그들은 전쟁의 직접 피해자는 일반 백성이라고 생각한다. "옛날 호胡, 월越을 아직 정벌하지 않았을 때는 요역과 세금이 적었고 백성이 풍족했다고 들었다."[496] 그런데 "그 후 군대가 여러 차례 출동하면서" 백성은 재앙을 만나 "여섯 가축이 집안에서 길러지지 못하고, 오곡이 들에서 자라지 못하며, 백성은 쌀지게미마저 부족하게 되었다."[497] 흉노의 생활 방식은 "아름다운 풀과 달콤한 물을 따라가며 방목하는데" "바람 따라 모이고 구름 따라 흩어지니 나아가면 달아나고 공격하면 흩어져버리"는 것과 같다.[498] 이런 적을 정벌한다는 것은 곤란이 첩첩산중이다. "적게 출동하면 적절히 개선시킬 수가 없고, 많이 출동하면 백성이 그 노역을 감당하지 못할 것이다. 노역이 번거로우면 힘이 없어지고, 용병이 잦으면 재정이 결핍된다. 두 가지가 그치지 않으면 백성에게 원한을 남기게 된다."[499] 게다가 "길거리엔 회피하는 물결이고 사졸들은 노고를 그만하고 싶어하며,"[500] 출정한 갑사甲士는 "몸은 호, 월 지역에 있으면서 마음은 노모를 생각한다. 노모는 눈물을 흘리고 집안 아내는 슬픈 한에 젖는다."[501] 결국 백성이 와자하여 "중외가 안녕하지 못할 것이다". 현량문학은 이로부터 "전쟁은 흉기다. 견고한 갑옷, 예리한 병기는 천하의 재앙이다"[502]라는 결론을 얻어냈다. 전쟁 수단은 변경의 우환을 해결하는 좋은 방책이 아니다. 장기 미결의 민족 충돌을 덮어놓고 무력에 호소해서는 안 된다. 응당 "무력을 없애고 문치를 행하며 힘을 폐기하고 덕을 숭상하도록"503 해야 한다. 그들은 말한다. "옛날엔 덕을 소중히 여기고 용병을 천하게 여겨"504 안으로 덕정을 닦음으로써 주변 민족의 신하로서 복종을 불렀다. 그들은 "먼 데 있는 사람이 복종하지 않으면 문덕文德을 닦아 그들을 귀순해오도록 한다. 이미 귀순해온 사람은 안정시켜준다"505는 공자의 주장을 끌어 "치국의 도는 중中으로부터 외外에 미치게 하니 가까운 데서 시작한다. 가까운 자들이 친근히 의지하게 된 연후 먼 데 있는 사람을 오도록 한다. 백성 내부가 풍족한 연후에 외부를 구휼해야 한다"506고 강조한다. 그들은 "도덕을 폐하고 병기에 맡기는" 데 반대한다. 오직 통치자가 어진 정치를 행하여 "인의를 쌓아 풍속을 이루고, 덕행을 넓혀 감싸 안아야"507 "천하에 무적이"508 될 수 있다고 주장한다. 구체적 정책 선택에서 그들은 화친을 힘써 주장한다. "지금 현관의 계산에 따르면 군사를 그치고 사졸을 쉬게 하며 두터운 예물을 갖추어 화친하고 문덕을 닦음만 같지 못하다고 한다."509 이것이 가장 적절한 변방 정책이며 "두 군주가 화합하여 내외가 교통하면 천하가 안녕하다"510는 주장이다.

어떤 방법을 채용하여 화이 관계를 조정할 것인가 또한 왕도와 패도를 구분하는 중요한 지표 가운데 하나다. 현량문학은 유가 전통의 "가까운 친근함으로 먼 데 있는 사람들을 귀순해오도록 한다" "인자는 무적이다" 등 왕도 이상을 견지한다. 그리고 한 무제가 이론적으로 "유가를 숭상했으나" 실질적으론 "모의를 꾸며 사이四夷에 뜻을 두고" 취한 마음으로 강토를 개척했다고 주장한다. 상홍양 일파의 주장은 무제와 일맥상통한다. 이른바 '용병' '공격'은 사실 패정이며 왕도와는 거리가 너무 멀어 왕자라면 취하지 않는다는 것이다.

이상의 분석을 종합할 때 상홍양 일파는 무제의 잡패雜覇 사상을 계승하여 중앙 집권과 엄격한 법치의 강화를 애써 주장하여 집권층의 정치적 실용주의를 표출했다. 현량문학은 유가의 이상 정치와 통치 계급 일반 구성원의 이익을 대표하며, 덕정과 예제, 선덕후형, 패정에 대한 비판을 견지하며 재야 통치 계급의 특정한 정치 이상주의를 드러냈다. 논쟁 쌍방은 기개 넘친 말을 쏟아놓으며 공격, 비방을 멈추지 않았다. 견해 차이가 심해 보이지만 사실은 꼭 그렇지도 않다. 상홍양과 현량문학의 분기점은 그저 한쪽은 현실적 이익을 중시하고, 다른 한쪽은 장기적 이익을 강조했다는 것뿐이다. 쌍방의 입론 각도는 달랐지만 목적은 일치했으니 모두 한 왕실 천하의 항구적 정치 안정을 공고히 하고 군주 정치를 옹호하기 위한 것이었다.

염철 논의가 반영하고 있는 왕도와 패도 논쟁은 한 중기 이래 통치 계급들의 정치 지도 사상에 관한 논쟁의 연속이었다. 이론과 현실 사이의 모순이 사상 영역에서 구현된 것이다. 정치 지도 사상의 확립은 실천이라는 고리를 통하여 검증받을 필요가 있다. 논쟁 쌍방의 겨루기는 바로 이론과 실천의 상호 검증 과정이었다. 군주 전제주의 기본 정치 원칙들은 바로 이러한 과정을 거쳐 부단히 조정, 보충되어 완전하게 만들어져갔다.

전한 건국 이래 기본 국책을 두고 이와 같은 대규모의 토론이 벌어진 것은 처음이었다. 회의에 참가한 쌍방은 각자 자기 견해를 토로할 수 있었고, 기본적으로 하고 싶은 말을 털어낼 수 있었으니 고대 중국에서 실로 보기 드문 일이었다.

03

염철 논의 중의
정치 비판

염철 논의는 전한 통치 계급의 집권층과 재야 학자들 사이의 이론 겨루기였다. 상홍양 일파는 통치 계급 가운데 기득권 이익 집단을 대표하고 있었으며, 부름에 응하여 온 현량문학은 상홍양 등의 통치 대상이었으며 통치 계급의 재야 대표들이었다. 상홍양은 조금도 꾸미지 않고 현량문학들이 "밭도랑에서 파견하고 가난한 골목에서 나온"[511] 자들로 "그저 마을이나 다스리면 고작이지 하물며 국가의 대사를 어찌 하겠는가"[512]라고 말한 적이 있다. 그는 특히 군국郡國에서 온 문학들을 무시하면서 그들이 "말은 잘하나 행하질 못하고, 아랫사람이면서 윗사람을 비방하고, 가난하게 살면서 부유함을 비난한다"[513]고 주장한다. 상홍양은 마음속으로 "녹이 벼 한 줌에 불과한 자들과 정치를 이야기할 수 없고, 집에 처마 돌도 채우지 못한 자들과 경제를 의논할 수 없다. 유자들은 모두 가난하여 의관도 갖추지 못했는데 어떻게 국가 정치와 현관의 일을 알겠는가?"[514]라고 생각했다. 집권층의 득의만면함과 재야 세력에 대한 무한한 비하가 드러나 있다.

그런데 바로 이 현량문학들의 "아래에 살고" "가난에 처한" 신분 지위가 그들로 하여금 사회의 저층을 비교적 쉽게 이해할 수 있도록 해주었다. 이는 현실 생활에서 각종 정치사회의 병폐에 비교적 깊이 있는 인식을 할 수 있도록 했다. 그들이 염철 정책에 반대한 원인 가운데 하나는 정치적 폐단을 비교적 많이 보아서 제국의 저층에 심각한 정치 위기가 잠복하고 있다는 것을 예감했기 때문이다. 이 때문에 전체 논변 과정에서 현량문학의 '정치 비판'은 시종일관 이어지며 대단한 특색을 지니게 되었다.

현량문학들은 목전에 두 가지 폐단이 존재한다고 지적한다. 하나는 심각한 빈부 차이다. "부자는 갈수록 부유해지고 가난한 자는 갈수록 가난해진다."[515] "공경은 억만금을 쌓고, 대부는 천금을 쌓고, 사는 백금을 쌓고 있다."[516] 일반 백성은 "쌀 지게미조차 부족하여" "길거리에 떠돌아다닌다."[517] 둘은 사회적 생산이 극도로 파괴를 당해 "쟁기 잡고 삽 들어 직접 경작을 하고 길쌈을 하는 사람은 적고, 몰려 앉아 낯빛이나 고치려는 부류 혹은 희게 화장하고 눈썹이나 그리고 있는 사람은 많다."[518] 상홍양 일파는 빈부 불균등이 지혜의 다름에서 비롯한다고 생각했다. "지혜로운 사람은 백 사람의 공로가 있으나, 어리석은 사람은 기본을 바꾸지 못하는 일을 한다. (…) 그래서 혹자는 백 년치를 축적하는 여유가 있는가 하면 혹자는 쌀 지게미를 지겨워 않고 산다."[519] 혹은 근면과 나태, 검약과 사치의 차이에 근원하기도 한다. 그들은 말한다. "같은 땅을 가지고 같은 세상에 살며 재앙이나 질병이 없는데도 유독 빈궁하다면 나태하지 않으면 사치한 경우다."[520] "타락한 백성이 농사일에 힘쓰지 않아 배고픔과 추위가 제 몸에 미침은 당연한 이치다."[521] 어쨌든 빈궁한 사람은 그 자신에게 허물이 있는 것이지 통치자 또는 국가 정책과 무관하다.

현량문학들은 빈부 불균등과 생산 기능 파괴를 부른 원인이 적어도 네 가지가 있다고 날카롭게 지적한다. 첫째, 국가의 부역이 과중한 경우다. "옛날에 군사 출동이 여러 차례 일어나니 재정이 부족하여 재산에 따라 세금을 매기며 자주 백성에게 거두어들였다. 농사짓는 사람들 또한 노역에 동원되어 남쪽 전답에 나란히 나가지를 못했다."522 게다가 염철 관영으로 백성을 노역시키니 그 길이 멀어 갔다 오는 데 몇 년이 걸렸으니 사회적 생산에 엄중한 파괴를 가져왔다. "그리하여 백성이 힘들어 경작해도 추위와 배고픔이 이내 그들에게 다가왔다."523 둘째, 관리들의 가혹한 수탈, 탐욕에 무너진 이치吏治, 강제적이고 난폭한 징수다. "백관들은 도적 같은 정치를 펴고 강한 벼슬아치들은 강탈하려는 마음을 지니고 있다. 대신은 권력을 농락하여 멋대로 재단하고, 교활한 토호들은 대부분 작당하여 침탈한다."524 "관리들은 법을 받들지 않고서 위안을 삼고, 공을 배반하고 사에 맡기며, 제각각 자기 권력을 이용하여 욕심을 채운다."525 그리하여 "백성은 값싸게 물건들을 팔아 윗사람의 요구에 응한다. (…) 농민은 이중으로 고통스럽고 여공女工들은 두 배로 세를 내는"526 지경에 이르렀다. 셋째, 통치자들의 과도한 사치가 인민의 고통을 가중시킨다. "지금 부자들은 땅이 산처럼 쌓이고, 나무가 숲을 이루며, 정자가 연이어 세워져 누각이 층층이 늘어난 듯 보인다."527 "지금 맹수와 벌레들 때문에 경작을 할 수도 없는데 경작해야 할 사람들로 하여금 그것들을 먹여 살리도록 하고 있다. 백성은 완전하지도 못한 짧은 베옷을 입는데 개와 말은 무늬가 수놓아진 옷을 입는다. 서민들은 쌀 지게미도 접하지 못하는데 금수들은 좋은 곡식에 고기를 먹는다."528 넷째, 악질 토호들이 관부와 교통하여 한통속이 되어가지고는 농민들에게 부담을 전가시킨다. "부자들은 관작을 사들여 형벌을 면하고 공적인 재화를 많이 끌어들여 사적인 일을 하는 데 쓴다."529 악질 토호들은 식구들을 감추어 부역을 회피하지만 "이정吏正은 이들을 두려워하여 감히 책망하지 못하고,"530 오히려 "힘없는 백성만 각박하게 다루니 힘없는 백성은 이를 견디지 못하고 먼 곳으로 떠돌아다녀"531 "나중에 죽을 자들이 먼저 죽은 자를 위해 복역하는"[532] 악순환이 이루어진다. 그 결과 생산 파괴는 날로 심해지고, 토지는 황량해지며, 성곽은 텅 비게 된다. 한마디로 사회정치적 폐단을 조성한 사람은 바로 통치자 자신이다. 이와 같은 인식은 정문일침으로 핵심을 찌른 것이라 하겠다. 현량문학들은 이에 근거하여 빈부 대립과 생산 위축은 격렬한 사회 갈등을 불러 "반드시 혼란이 생긴다"[533]고 지적한다. 전한 왕조가 심각한 정치 위기를 맞고 있다는 것이다.

현량문학은 유가의 이상 정치를 준칙으로 삼아 시대 정치를 저울질하고 시대의 폐단을 통렬히 공격했다. 그 목적은 물론 제국帝國과 군주 정치를 부정하려는 것이 아니라 집권층을 위해 경각심과 반성을 불러일으키기 위해서였다. 이와 같은 정치 비판은 정치적 이견을 가진 후세 사람들에게 기본적인 본보기, 즉 언사는 날카롭기 그지없지만 속은 선의로 가득 찬 하나의 모델을 제공해주었다.

1　鄒氏無師, 夾氏未有書.

2　至漢景帝時, (公羊)壽乃與齊人胡母子都著於竹帛.

3　年老, 歸敎於齊, 齊之言春秋者宗事之.(『漢書』「儒林傳」)

4　己卯晦, 震夷伯之廟.

5　夷伯者, 曷爲者也? 季氏之孚也. 季氏之孚, 則微者, 其稱夷伯何? 大之也. 曷爲大之? 天戒之, 故大之也.

6　三月, 癸酉, 大雨震電.

7　何以書? 記異也. 何異爾? 不時也.

8　元年春, 王正月.

9　王者執謂? 謂文王也. 曷爲先言王而後言正月? 王正月也. 何言乎王正月? 大一統也.

10　천자가 매년 12월에 이듬해의 달력을 제후들에게 나누어주면, 제후들은 이를 받아 조묘에 두었다가 월초에 종묘에 제사하고 받아들이는 제도를 말한다. ―옮긴이

11　『春秋左傳注』, 中華書局, 1981년판, 6쪽.

12　冬, 十有二月, 祭伯來.

13　祭伯者何? 天子之大夫也. 何以不稱使? 奔也. 奔則曷爲不言奔? 王者無外, 言奔, 則有外之辭也.

14　言奔則與外大夫來奔同文. 故去奔, 明王者以天下爲家, 無絕義.

15　諸侯奔走不得保社稷者不可勝數.(『史記』「太史公自序」)

16　冬十月 (…) 祭公來, 遂逆王后于紀.

17　女在其國稱女, 此其稱王后何? 王者無外, 其辭成矣.

18　女在其國稱女, 在塗稱婦, 入國稱夫人.(『公羊傳』隱公2年)

19　三月 (…) 鄭伯以璧假許田.

20　其言以璧假之何? 易之也. 易之, 則其言假之何? 爲恭也. 曷爲爲恭? 有天子存, 則諸侯不得專地也.

21　不書卽位, 攝也.

22　魯人共令息攝政, 不言卽位.

23　公何以不言卽位? 成公意也. 何成乎公之意? 公將平國而反之桓. 曷爲反之桓? 桓幼而貴, 隱長而卑. (…) 且如桓立, 則恐諸大夫之不能相幼君也. 故凡隱之立, 爲桓立也.

24　隱長又賢, 何以不宜立? 立適(嫡)以長, 不以賢, 立子以貴, 不以長. 桓何以貴? 母貴也. 母貴則子何以貴? 子以母貴, 母以子貴.

25 初獻六羽.(羽는 곧 佾, 아래도 같음)

26 初獻六羽, 何以書? 譏. 何譏爾? 譏始僭諸公也. 六羽之爲僭奈何? 天子八羽, 諸公六羽, 諸侯四.

27 八佾舞於庭.

28 九月, 考仲子之宮, 將萬焉. 公問羽數於衆仲. 對曰: '天子用八, 諸侯用六, 大夫四,' 公從之. 於是初獻六羽, 始用六佾也.

29 臨大事而不忘大禮.

30 雖文王之戰, 亦不過此也.(『공양전』僖公22年)

31 國之大事在祀與戎.

32 嘔則黷, 黷則不敬.

33 疏則怠, 怠則忘.(『공양전』桓公8年)

34 高岸爲谷, 深谷爲陵, 三后之姓, 於今爲庶.(『좌전』昭公32年)

35 器從名, 地從主人.(『공양전』桓公2年)

36 昔夏之方有德也, 遠方圖物, 貢金九牧, 鑄鼎象物.(『좌전』宣公3年)

37 器之與人, 非有則爾, (…) 至乎地之與人, 則不然, 俄而可以爲其有矣.(『공양전』桓公2年)

38 大夫不敵君.(『공양전』僖公28年)

39 十有一月, (…) 壬申, 公孫嬰齊卒于貍軫.

40 非此月日也, 曷爲以此月日卒之? 待君命然後卒大夫. (…) 前此者, 嬰齊走之晉. 公會晉侯, 將執公. 嬰齊爲公請. 公許之反爲大夫. 歸, 至於貍軫而卒. 無君命不敢卒大夫. 公至, 曰: 吾固許之反爲大夫. 然後卒之.

41 多十月, (…) 晉人, 齊人, 宋人, 衛人, 鄭人, 曹人 (…) 會於澶淵. 宋減故.

42 此大事也, 曷爲使微者, 卿也. 卿則其稱人何? 貶. 曷爲貶? 卿不得憂諸侯者也.

43 取晉陽之甲, 以逐荀寅與士吉射.

44 逐君側之惡人.

45 此叛也.

46 曷爲以叛言之? 無君命也.

47 君親無將, 將而誅焉.(『공양전』莊公32年)

48 판본에 따라 輒로 표기한 경우도 있다. ―옮긴이

49 輒者曷爲者也? 蒯聵之子也. 然則曷爲不立蒯聵而立輒? 蒯聵爲無道, (…) 然則輒之義可以立乎? 曰可. 其可奈何? 不以父命辭王父命, 以王父命辭父命, 是父之行乎子也. 不以家

事辭王事. 以王事辭家事, 是上之行乎下也.(『공양전』哀公3年)

50 父有子, 子不得有父也.(『공양전』哀公2年)

51 夏六月, 公子遂如齊, 至黃乃復.

52 其言至黃乃復何? 有疾也. 何言乎有疾乃復? 譏. 何譏爾? 大夫以君命出, 聞喪徐行而不
    反.

53 君若贅旒然.(『공양전』襄公16年) 모양만 있고 실권이 없음을 비유한다. ―옮긴이

54 孔父正色而立於朝, 則人莫敢過而致難於其君者.

55 孔父可謂義形於色矣.(『公羊傳』桓公2年)

56 手劍而叱之.

57 仇牧可謂不畏强御矣.

58 大夫之義, 不得專執也.(『公羊傳』定公元年)

59 不得專廢置君也.(『公羊傳』文公14年)

60 諸侯之義不得專討也.(『公羊傳』宣公11年)

61 춘추 시대 계급 서열에 따르면 천자는 천하, 제후는 국國, 대부는 가家를 다스리는 사
    람이었다. 두 개념이 합하여 나라를 뜻하는 국가로 혼용되기 시작한 것은 전국 시대 후
    기로 보인다. 이 인용문에서도 제후와 국을 동일시하고 있다. ―옮긴이

62 國君何以爲一體? 國君以國爲體. 諸侯世, 故國君爲一體也.(『公羊傳』莊公4年)

63 國滅, 君死之正(微)也.(『公羊傳』襄公6年)

64 世卿, 非禮也.

65 卿大夫任重職大, 不當世, 爲其秉政久, 恩德廣大, 小人居之, 必奪君之威權. 故尹氏世,
    立王子朝; 齊崔氏世, 弑其君光.(『公羊傳』隱公3年)

66 南夷與北狄交, 中國不絶若線.(『公羊傳』僖公4年)

67 夷狄也, 而亟病中國.(『공양전』僖公4年)

68 內其國而外諸夏, 內諸夏而外夷狄.(『공양전』成公15年)

69 秋, 宋公, 楚子, 陳侯, 蔡侯…會於霍, 執宋公以伐宋.

70 孰執之? 楚子執之. 曷爲不言楚子執之? 不與夷狄之執中國也.

71 公會晉侯及吳子於黃池.

72 吳何以稱子? 吳主會也. 吳主會, 則曷爲先言晉侯? 不與夷狄之主中國也.

73 王者欲一乎天下, 曷爲以外內之辭言之? 言自近者始也.(『공양전』成公15年)

74 夷狄之有君, 不如諸夏之亡(無)也.(『論語』「八佾」)

75 冬十有一月, 庚午, 蔡侯以吳子及楚人戰於伯莒, 楚師敗績.

76 吳何以稱子? 夷狄也而憂中國.

77 庚辰, 吳入楚.

78 吳何以不稱子? 反夷狄也. 其反夷狄奈何? 君舍於君室, 大夫舍於大夫室.

79 舍其室, 因其婦人爲妻. 曰者, 惡其無義.

80 新夷狄.(『공양전』昭公23年)

81 自秦氏以迄今玆, 四夷交侵, 王道中絶者數矣; 然揖者不敢毀棄舊章, 反正又易. (…) 故
    今國性不墮, 民自知貴於戎狄. 非春秋, 孰綱維是.(『國故論衡』「原經」)

82 春秋文成數萬, 其指數千, 萬物之聚散皆在春秋.(『사기』「太史公自序」)

83 又立左氏春秋.(『한서』「儒林傳」)

84 上明三王之道, 下辨人事之紀, 別嫌疑, 明是非, 定猶豫, 善善惡惡, 賢賢賤不肖, 存亡國,
    繼絶世, 補敝起廢, 王道之大者也.(『사기』「太史公自序」)

85 無三科九指, 則無公羊.(『春秋公羊釋例後錄』「解詁箋原敍」)

86 乘馬不覺牝牡, 志在經傳.

87 朝廷如有大議, 使使者及廷尉張湯就其家而問之, 其對皆有明法.(『한서』「董仲舒傳」)

88 規摹弘遠矣.(『한서』「高帝紀」)

89 欲其長久, 世世奉宗廟亡絶也.(『한서』「高帝紀」)

90 數年比不登, 又有水旱疾疫之災.

91 愚而不明, 未達其咎.

92 意者朕之政有所失而行有過歟? 乃天道有不順, 地利或不得, 人事多失和, 鬼神廢不亨
    歟? 何以致此?(『한서』「文帝紀」)

93 欲聞大道之要, 至論之極.(『한서』「董仲舒傳」)

94 朕聞昔在唐虞, 畫象而民不犯, 日月所燭, 莫不率俾. 周之成康, 刑錯不用, 德及鳥獸, 教
    通四海. (…) 星辰不孛, 日月不蝕, 山陵不崩, 川谷不塞; 麟鳳在郊藪, 河洛出圖書, 嗚呼,
    何施而臻此歟! 今朕獲奉宗廟, 夙興以求, 夜寐以思, (…) 何行而可以章先帝之洪業休
    德, 上參堯舜, 下配三王!(『한서』「武帝紀」)

95 何謂本? 曰: 天地人, 萬物之本也.

96 三者相爲手足, 合以成體, 不可一無也.(『春秋繁露』「立元神」, 이하 같은 책의 인용에선
    편명만을 명기함)

97 天生之, 地養之, 人成之. 天生之以孝悌, 地養之以衣食, 人成之以禮樂, (…) 無孝悌則
    亡其所以生, 無衣食則亡其所以養, 無禮樂則亡其所以成也.(「입원신」)

98 民如麋鹿, 各從其欲, 家自爲俗.

99 父不能使子, 君不能使臣, 雖有城郭, 名曰虛邑. 如此者, 其君枕塊而僵.(「입원신」)

100 春秋之道, 奉天而法古.(「楚莊王」)

101 天地陰陽木火土金水, 與人而十者, 天之數畢也.(「天地陰陽」)

102 天地之氣, 合而爲一, 分爲陰陽, 判爲四時, 列爲五行.(「五行相生」)

103 天氣上, 地氣下, 人氣在其間.(「人副天數」)

104 天亦有喜怒之氣, 哀樂之心.

105 春愛志也; 夏樂志也; 秋嚴志也; 冬哀志也.(「天辨人在」)

106 天道之常, 一陰一陽. 陽者天之德也, 陰者天之刑也.(「陰陽義」)

107 爲生不能爲人, 爲人者天也. 人之爲(盧씨 주에 의거 '爲' 자 보완)人本於天.(「爲人者天」)

108 此人之所以上類天也.

109 天以終歲之數, 成人之身, 故小節三百六十六, 副日數也; 大節十二分, 副月數也; 內有五藏, 副五行數也; 外有四肢, 副四時數也.(「人副天數」)

110 人之血氣, 化天志而仁; 人之德行, 化天理而義; 人之好惡, 化天之暖清; 人之喜怒, 化天之寒暑; 人之受命, 化天之四時.(「爲人者天」)

111 以類合之, 天人一也.(「陰陽義」)

112 天者, 百神之大君也.(「郊語」)

113 王者之所最尊也.(「郊義」)

114 春秋大一統者, 天地之常經, 古今之通誼也.(『한서』「동중서전」)

115 春秋變一謂之元, 元猶原也, 其義以隨天地終始也.(「重政」)

116 春秋何貴乎元而言之? 元者, 始也, 言本正也.(「王道」)

117 故元者爲萬物之本, 而人之元在焉.(「重政」)

118 天之常道, 相反之物也, 不得兩起, 故謂之一. 一而不二者, 天之行也.(「天道無二」)

119 天道之常, 一陰一陽.(「陰陽義」)

120 天道大數, 相反之物也, 不得俱出, 陰陽是也.(「陰陽出入」)

121 天無常於物, 而一於時. 時之所宜, 而一爲之. 故開一塞一, 起一廢一, 至畢時而止, 終有('又'와 통함)復始於一. (…) 故常一而不滅, 天之道.(「天道無二」)

122 事無大小, 物無難易, 反天之道, 無成者.(「天道無二」)

123 目不能二視, 耳不能二聽, 一手不能二事. 一手畫方, 一手畫圓, 莫能成.(「天道無二」)

124 人孰無善? 善不一, 故不足以立身. 治孰無常? 常不一, 故不足以致功.(「天道無二」)

125 所聞天下無二道, 故聖人異治同理也.(「楚莊王」)

126 唯聖人能屬萬物於一而繫之元也.(「重政」)

127 聖人何其貴者? 起於天至於人而畢.(「天地陰陽」)

128 天命成敗.(「隨本消息」)

129 見人之所不見者.(「郊語」)

130 古之造文者, 三劃而連其中謂之王. 三劃者, 天, 地與人也. (…) 取天, 地與人之中以爲貫
     而參通之, 非王者孰能當是.(「王道通三」)

131 春秋之法, 以人隨君, 以君隨天.(「玉杯」)

132 受命之君, 天意之所予也.(「深察名號」)

133 唯天子受命於天, 天下受命於天子.(「爲人者天」)

134 名者所以別物也.(「天道施」)

135 物也者, 洪名也, 皆名也. 而物有私名, 此物也, 非失物(張編修의 말에 따르면 失은 夫로
     써야 하는데, 夫는 彼와 같은 의미다).(「천도시」)

136 名衆於號, 號其大全. 瞑也者, 名其別離分散也. 號凡而略, 名詳而目.(「심찰명호」)

137 萬物載名而生, 聖人因其象而命之.(「천도시」)

138 春, 王正月, 戊申, 朔, 隕石于宋五. 是月, 六鷁退飛, 過宋都.

139 曷爲先言隕而後言石? 隕石記聞. 聞其磌然, 視之則石, 察之則五. (…) 曷爲先言六而後言
     鷁? 六鷁退飛, 記見也. 視之則六, 察之則鷁, 徐而察之則退飛.

140 春秋辨物之理, 以正其名, 名物如其眞, 不失秋毫之末. 故名隕石, 則後其五, 言退鷁, 則
     先其六. 聖人之謹於正名如此.(「심찰명호」)

141 名者, 聖人之所以眞物也, 名之言眞也.

142 非其眞, 弗以爲名.(「심찰명호」)

143 名號之正, 取之天地. 天地爲名號之大義也.

144 事各順於名, 名各順於天.(「심찰명호」)

145 名則聖人所發天意, 不可不深觀也.(「심찰명호」)

146 欲審曲直, 莫如引繩; 欲審是非, 莫如引名.(「심찰명호」)

147 隨其名號, 以入其理, 則得之矣.

148 故正名以明義也.(「天道施」)

149 尊者取尊號, 卑者取卑號. 故德侔天地者, 皇天右而子之, 號稱天子. 其次有五等之爵以尊
     之, 皆以國邑爲號. (…) 無名姓號氏於天地之間, 至賤乎賤者也.(「順命」)

150 父母事天, 而子孫畜萬民.(「郊祭」)

151 民者, 瞑也.

152 號爲諸侯者, 宜謹視所侯奉之天子也. 號爲大夫者, 宜厚其忠信, 敦其禮義, 使善大於匹

夫之義, 足以化也. 士者, 事也. (…) 士不及化, 可使守事從上而已.(「심찰명호」)

153 治國之段在正名.(「玉英」)

154 强幹弱枝, 大本小末.

155 君人者國之元, 發言動作萬物之樞機. 樞機之發, 榮辱之端也.

156 君人者國之本也. 夫爲國, 其化莫大於崇本(「立元神」)

157 立於生殺之位.(「王道通三」)

158 操殺生之勢.(「威德所生」)

159 下至公侯伯子男, 海內之心懸於天子.(「奉天」)

160 臣之義, 比於地. 故爲人臣者, 視地之事天也.(「陽尊陰卑」)

161 爲人臣者法地之道, 暴其形, 出其情以示人, (…) 爲人臣者比地貴信而悉見其情於主, 主亦得而財之, 故王道威而不失.(「離合根」)

162 民之從主也, 如草木之應四時也.(「威德所生」)

163 心之所好, 體必安之; 君之所好, 民必從者.(「爲人者天」)

164 强幹弱枝, 大本小末, 則君臣之分明矣.(「十指」)

165 分職而治, 各敬而事, 爭進其功.(「保位權」)

166 今師異道, 人異論, 百家殊方, 指意不同, 是以上亡以持一統; 法制數變, 下不知所守. 臣愚以爲諸不在六藝之科孔子之術者, 皆絶其道, 勿使並進. 邪辟之說滅息, 然後統紀可一而法度可明, 民知所從矣.(『漢書』「董仲舒傳」)

167 진시황이 승상 이사의 건의를 받아들여 사상통일을 위해 내린 서적 휴대 금지령. 실용서적 이외 정치에 대해 의론하는 일체의 서적, 특히 유가의 서적을 금지했다. —옮긴이

168 別黑白而定一尊.

169 春秋之法, 以人隨君, 以君隨天. (…) 故屈民而伸君, 屈君而伸天, 春秋之大義也.(「玉杯」)

170 聖者法天.(「楚莊王」)

171 聖人副天之所行以爲政.(「四時之副」)

172 天有四時, 王有四政, 四政若四時, 通類也, 天人所同有也.(「四時之副」)

173 慶賞罰刑, 異事而同功, 皆王者之所以成德也.

174 故以慶副暖而當春, 以賞副暑而當夏, 以罰副涼而當秋, 以刑副寒而當冬.(「四時之副」)

175 以類相應也, 如合符.

176 慶賞罰刑, 當其處不可不發, 若暖淸寒暑, 當其時不可不出也. (…) 四政者, 不可以相干也, 猶四時不可以相干也. 四政者, 不可以易處也, 猶四時不可以易處也.(「四時之副」)

177 天亦有喜怒之氣, 哀樂之心, 與人相副. (…) 春, 喜氣也, 故生; 秋, 怒氣也, 故殺; 夏, 樂氣也, 故養; 冬, 哀氣也, 故藏. 四者天人同有之. 有其理而一用之.(「陰陽義」)

178 與天同者大治, 與天異者大亂. 故爲人主之道, 莫明於在身之與天同者而用之.(「陰陽義」)

179 何謂也? 夫五事者, 人之所受命於天也, 而王者所修而治民也.(「五行五事」)

180 言王誠內有恭敬之姿, 而天下莫不肅矣.

181 言王者言可從, 明正從行, 而天下治矣.

182 王者明, 則賢者進, 不肖者退.

183 王者聰, 則聞事與臣下謀之, 故事無失謀矣.

184 王者心寬大無不容, 則聖能施設, 事各得其宜也.(「五行五事」)

185 則春氣得, 故肅, 肅者主春.

186 則夏氣得, 故哲者主夏.

187 春秋之中, 視前世已行之事, 以觀天人相與之際, 甚可畏也.(『한서』 「동중서전」)

188 國家將有失道之敗.

189 災者, 天之譴也; 異者, 天之威也.(「必仁且智」)

190 天出災異以譴告之. 譴告之而不知變, 乃見怪異以驚駭之. 驚駭之尙不知畏恐, 其殃咎乃至.(「必仁且智」)

191 五行變至, 當救之以德, 施之天下, 則咎除.(「五行變救」)

192 秋木冰, 春多雨, 此徭役衆, 賦斂重, 百姓嫚宮叛去, 道多飢人. 救之者省徭役, 薄賦斂, 出倉穀, 賑困窮矣.(「五行變救」)

193 物固以類相召也.

194 今平地注水, 去燥就濕, 均薪施火, 去濕就燥. 百物去其所與異, 而從其所與同, 故氣同則會, 聲比則應, (…) 鼓其宮, 則他宮應之, 鼓其商, 則他商應之, 五音比而自鳴, 非有神, 其數然也. (…) 類之相應而起也. 如馬鳴則馬應之, 牛鳴則牛應之.(「同類相動」)

195 天地之陰氣起, 而人之陰氣應之而起; 人之陰氣起, 而天地之陰氣亦宜應之而起, 其道一也.(「同類相動」)

196 又相動無形, 則謂之固然, 其實非自然也, 有使之然者. 物固有實使之, 其使之無形.(「同類相動」)

197 美事召美類, 惡事召惡類, (…) 帝王之將興也, 其美祥亦先見; 其將亡也, 妖孼亦先見.(「同類相動」)

198 王正則元氣和順, 風雨時, 景星見, 黃龍下. 王不正則上變天, 賊氣竝見.(「王道」)

199 天道之常, 一陰一陽.(「陰陽義」)

200 天執其道爲萬物主.(「天地之行」)

201 物莫無合, 而合各有陰陽.(「基義」)

202 君爲陽, 臣爲陰; 父爲陽, 子爲陰; 夫爲陽, 妻爲陰.

203 妻者夫之合, 子者父之合, 臣者君之合.

204 君臣父子夫婦之道, 皆與諸陰陽之道.(「基義」)

205 陰道無所獨行. 其始也不得專起, 其終也不得分功, 有所兼之義, 是故臣兼功于君, 子兼功于父, 妻兼功于夫.(「基義」)

206 王道之三綱.(「基義」)

207 循三綱五紀, 通八端之理.(「深察名號」)

208 夫仁誼(義)禮智信五常之道, 王者所當修飾也.(『漢書』「董仲舒傳」)

209 春秋之所治, 人與我也. 所以治人與我者, 仁與義也. 以人(仁으로 읽음)安人, 以義正我, 故仁之爲言人也, 義之爲言我也.(「仁義法」)

210 仁之法在愛人不在愛我, 義之法在正我不在正人.(「仁義法」)

211 君子求仁義之別, 以紀人我之間, 然後辨乎內外之分, 而著于順逆之處也.(「仁義法」)

212 未有貴賤無差, 能全其位者也.(「王道」)

213 立尊卑之制, 以等貴賤之差.(「保位權」)

214 禮者, 繼天地, 體陰陽, 而愼主客, 序尊卑貴賤大小之位, 而差內外遠近新舊之級者也.(「奉法」)

215 道同則不能相先, 情同則不能相使.(「王道」)

216 上下之倫不別, 其勢不能相治.(「度制」)

217 貴賤有等, 衣服有別, 朝廷有位, 鄕黨有序.

218 體情而防亂.(「天道施」)

219 凡衣裳之生也, 爲蓋形暖身也. 然而染五采, 飾文章者, 非以爲益飢(肌)膚血氣之情也, 將以貴貴尊賢而明別上下之倫, 使敎亟行, 使化易成, 爲治爲之也.(「度制」)

220 大小不逾等, 貴賤如其倫.

221 天之生民, 非爲王也, 而天立王以爲民也. 故其德足以安樂民者, 天子之; 其惡足以賊害民者, 天奪之.(「堯舜不擅移湯武不專殺」)

222 天道之大者在陰陽. 陽爲德, 陰爲刑; 刑主殺而德主生.(『漢書』「董仲舒傳」)

223 親陽而疏陰, 任德而不任刑也.(「基義」)

224 聖人之道, 不能獨以威勢成政, 必有敎化.(「爲人者天」)

225 人受命于天, 有善善惡惡之性, 可養而不可改.(「玉杯」)

226 動之愛父母, 善于禽獸.(「深察名號」)

227 循三綱五紀, 通八端之理, 忠信而博愛, 敦厚而好禮.(「深察名號」)

228 天兩有陰陽之施, 身亦兩有貪仁之性.(「深察名號」)

229 萬民之從利也, 如水之走下.(『漢書』「董仲舒傳」)

230 天生民性, 有善質而未能善.(「深察名號」)

231 孟子以爲萬民性皆能當之, 過矣.(「實性」)

232 中民之性如茧如卵. 卵待復二十日而後能爲雛, 茧待繰以涫湯而後能爲絲, 性待漸于敎訓而後能爲善. 善, 敎誨之所然也.(「實性」)

233 受未能善之性于天.

234 退受成性之敎于王.

235 善過性, 聖人過善.

236 王承天意, 以成民之性爲任者也.(「深察名號」)

237 敎, 政之本也.(「精華」)

238 刑罰不能勝.

239 南面而治天下, 莫不以敎化爲大務.(『漢書』「董仲舒傳」)

240 立太學以敎于國, 設庠序以化于邑, 漸民以仁, 摩民以誼(義), 節民以禮, 故其刑罰甚輕而禁不犯者, 敎化行而習俗美也.(『漢書』「董仲舒傳」)

241 貴孝弟而好禮義, 重仁廉而輕財利.

242 民已大化之後, 天下常亡一人之獄矣.(『漢書』「董仲舒傳」)

243 天, 仁也. 天覆育萬物, 旣化而生之, 有('又'와 같음)養而成之. 事功無已, 終而復始, 凡舉歸之以奉人. 察于天之意, 無窮極之仁也.(「王道通三」)

244 大富則驕, 大貧則憂. 憂則爲盜, 驕則爲暴.(「度制」)

245 使富者足以示貴而不至于驕, 貧者足以養生而不至于憂. 以此爲度, 而調均之, 是以財不匱而上下相安, 故易治也.(「度制」)

246 夫天亦有分予. 予其齒者去其角, 傅其翼者兩其足.

247 使諸有大奉祿亦皆不得兼小利與民爭利業, 乃天理也.(「度制」)

248 限民名田, 以澹不足, 塞幷兼之路.

249 薄賦斂, 省徭役, 以寬民力.

250 鹽鐵皆歸於民.

251 去奴婢.

252 除專殺之威.(『漢書』「食貨志」)

253 民財內足以養老盡孝, 外足以事上共稅, 下足以畜妻子極愛.(『漢書』「食貨志」)

254 天常以愛利爲意, 以養長爲事, (…) 王者亦常以愛利天下爲意, 以安樂一世爲事.(「王道通三」)

255 天數右陽而不右陰, 務德而不務刑. 刑之不可任以成世也, 猶陰不可任以成歲也.

256 逆天, 非王道也.(「陽尊陰卑」)

257 暖暑居百, 而清寒居一. 德教之與刑罰, 猶此也.(「基義」)

258 國之所以爲國者德也, 君之所以爲君者威也. 故德不可共, 威不可分. 德共則失恩, 威分則失權.

259 固守其德以附其民, 固執其權以正其臣.(「保位權」)

260 陰陽之道不同, 至于盛而皆止于中.

261 中者, 天下之始終也; 而和者, 天地之所生成也.(「循天之道」)

262 夫德莫大於和, 而道莫正於中.(「循天之道」)

263 是故能以中和理天下者, 其德大盛.(「循天之道」)

264 道者, 所由適于治之路也, 仁義禮樂皆其具也.(『漢書』「董仲舒傳」)

265 道之大原出于天, 天不變, 道亦不變.(『漢書』「董仲舒傳」)

266 春秋之道, 固有常有變.(「竹林」)

267 天之道, 有倫有經有權.(「陰陽終始」)

268 變用於變, 常用於常, 各止其科, 非相妨也.(「竹林」)

269 夫權雖反經, 亦必在可以然之域. 不在可以然之域, 故雖死亡, 終弗爲也.(「玉英」)

270 漢得天下以來, 常欲善治而至今不可善治者, 失之於當更化而不更化也.(『漢書』「董仲舒傳」)

271 受命于天, (…) 非繼前王而王也.(「楚莊王」)

272 若一因前制, 修故業, 而無有所改, 是與繼前王而王者無以別.(「楚莊王」)

273 非改其道, 非改其理.

274 若夫大綱人倫道理政治敎化習俗文義, 盡如故, 亦何改哉? 故王者有改制之名, 無易道之實.(「楚莊王」)

275 道者萬世亡弊, 弊者道之失也.(『漢書』「董仲舒傳」)

276 政有眊而不行.

277 擧其偏者以補其弊而已矣.(『漢書』「董仲舒傳」)

278 有道伐無道, 此天理也.(「堯舜不擅移湯武不專殺」)

279 夏無道而殷伐之, 殷無道而周伐之, 周無道而秦伐之, 秦無道而漢伐之.(「堯舜不擅移湯武不專殺」)

280 非劉氏而王, 天下共擊之.(『史記』「呂太后本紀」)

281 其學擧六藝, 立毛氏詩左氏春秋博士.

282 山東諸儒多從而游.(『漢書』「景十三王傳」)

283 修文學, 招四方游士, 山東儒墨咸聚于江淮之間.(『鹽鐵論』「晁錯」)

284 孝文本好刑名之言.

285 又好黃老術.(『漢書』「儒林傳」)

286 景帝及諸竇不得不讀老子尊其術.(『漢書』「外戚傳」)

287 必若所云, 是高帝代秦卽天子之位, 非邪?

288 言學者無言湯武受命.

289 莫敢明受命放殺者.(『史記』「儒林列傳」)

290 此是家人言耳.

291 欲議古立明堂城南, 以朝諸侯.

292 請毋奏事東宮.

293 諸所興爲者皆廢.(『史記』「孝武本紀」)

294 所擧賢良, 或治申商韓非蘇秦張儀之言, 亂國政, 請皆罷.(『漢書』「武帝紀」)

295 延文學儒者數百人.(『史記』「儒林列傳」)

296 天下之學士靡然鄉風矣.(『史記』「儒林列傳」)

297 欲聞大道之要, 至論之極.(『漢書』「董仲舒傳」)

298 爲治者不在多言, 顧力行何如耳.(『史記』「儒林列傳」)

299 春秋大一統者, 天地之常經, 古今之通誼也. 今師異道, 人異論, 百家殊方, 指意不同, 是
以上亡以持一統; 法制數變, 下不知所守. 臣愚以爲諸不在六藝之科孔子之術者, 皆絶其
道, 勿使並進. 邪辟之說滅息, 然後統紀可一而法度可明, 民知所從矣.(『漢書』「董仲舒
傳」)

300 始拜明堂如郊禮.(『漢書』「郊祀志」)

301 以正月爲歲首, 色上黃, 數用五, 定官名, 協音律.

302 雖好儒, 好其名而不知其實, 慕其華而廢其質.(『司馬文正公傳家集』 권12)

303 學長短縱橫術, 晚乃學易春秋百家之言.(『漢書』「主父偃傳」)

304 乃學春秋雜說.(『漢書』「公孫弘傳」)

305 朕聞天地不變, 不成施化, 陰陽不變, 物不暢茂.(『漢書』「武帝紀」 元朔元年詔)

306 五帝不相復禮, 三代不同法.(『漢書』「武帝紀」 元朔6年詔)

307 蓋孔子對定公(『論語』에는 섭공葉公으로 되어 있음)以徠遠, 哀公以論臣, 景公以節用, 非期不同, 所急異務也.(『漢書』「武帝紀」元朔6年詔)

308 據舊以鑒新.(『漢書』「武帝紀」元朔元年詔)

309 稽諸往古, 制宜于今.(『漢書』「武帝紀」元狩6年詔)

310 所由殊路而建德一也.(『漢書』「武帝紀」元朔6年詔)

311 任大而守重.(『漢書』「董仲舒傳」)

312 夙夜不皇康寧, 永惟萬事之統, 猶懼有闕.(『漢書』「董仲舒傳」)

313 守文之君, 當涂之士, 欲則先王之法以戴翼其世者甚衆, 然猶不能反, 日以僕滅, (…) 豈其所持操或誖繆而失其統歟?(『漢書』「董仲舒傳」)

314 三王之教所祖不同, 而皆有失, 或謂久而不易者道也, 意豈異哉?(『漢書』「董仲舒傳」)

315 垂拱無爲, 而天下太平. 周文王至于日昃不暇食, 而宇內亦治. 夫帝王之道, 豈不同條共貫歟? 何逸勞之殊也?(『漢書』「董仲舒傳」)

316 何修何飾而膏露降, 百穀登, 德潤四海, 澤臻草木.

317 天人之道, 何所本始?(『漢書』「公孫弘傳」)

318 三代受命, 其符安在? 災異之變, 何緣而起?(『漢書』「董仲舒傳」)

319 吉凶之效, 安所期焉? 禹湯水旱, 厥咎何由?(『漢書』「公孫弘傳」)

320 夫本仁祖義, 褒德祿賢, 勸善刑暴, 五帝三王所由昌也.(『漢書』「武帝紀」元朔元年詔)

321 扶世導民, 莫善於德.(『漢書』「武帝紀」建元元年詔)

322 事天以禮, 立身以義. 事親以孝, 育民以仁.(『漢書』「武帝紀」元封元年應劭注)

323 導民以禮, 風之以樂.(『漢書』「武帝紀」元朔5年詔)

324 仁行而從善, 義立則俗易.(『漢書』「武帝紀」元狩6年詔)

325 포의의 선비들을 불러 벼슬길을 열어주는 한나라 때 제도. 징徵은 조정에서 부르는 경우를 말하고, 벽辟은 삼공三公 이하가 초빙하는 경우를 말한다. ―옮긴이

326 講議洽聞, 擧遺興禮, 以爲天下先.(『漢書』「武帝紀」元朔5年詔)

327 순자荀子 예론의 주된 개념으로 사건을 처리하거나 사물을 판단하는 데 기본이 되는 대원칙, 즉 유추하는 데 필요한 큰 줄기를 일컫는다. ―옮긴이

328 公卿大夫, 所使總方略, 壹統類, 廣敎化, 美風俗也.(『漢書』「武帝紀」元朔元年詔)

329 三老, 高帝置, 孝悌力田, 高后置, 所以勸導鄉里, 助成風化也.

330 諭三老孝弟以爲民師.

331 죄를 보고도 고발하지 않고 덮어준 불고지죄. ―옮긴이

332 부서장을 엄격히 감시 감독하여 부하직원에게까지 그 죄를 연좌시켰다. ―옮긴이

333 徵發煩數, 百姓貧耗, 窮民犯法, 酷吏擊斷, 奸軌(宄)不勝. 于是招進張湯趙禹之屬, 條定
法令, 作「見知故縱, 監臨部主」之法.(『漢書』「刑法志」)

334 한대의 판례모음집을 가리킨다. 한대엔 명문규정이 없는 범죄의 경우 유사한 사건에 대
한 판례를 황제에게 보고하여 판정을 하게 한 뒤, 나중에 이 판례모음집을 다시 황제에
게 비준을 요청했다. 법률적 효력을 지니고 재판의 중요한 근거가 되었다. ─옮긴이

335 禁罔(網)寖密. 律令凡三百五十九章, 大辟四百九條, 千八百八十二事, 死罪決事比萬
三千四百七十二事.(『漢書』「刑法志」)

336 或同罪而論異.

337 夫刑罰所以防奸也.(『漢書』「武帝紀」 元朔3年詔)

338 王道任德, 霸道任刑. (…) 漢則雜而行之.(『舊唐書』「令狐德棻傳」)

339 蓋有非常之功, 必待非常之人.(『漢書』「武帝紀」 元封5年詔)

340 疇咨海內, 擧其俊茂.(『漢書』「武帝紀」)

341 求之如不及.(『漢書』「公孫弘卜式兒寬傳贊」)

342 知人則哲, 惟帝(堯를 가리킴)難之.(『漢書』「武帝紀」 元狩元年詔)

343 深詔執事, 興廉擧孝.(『漢書』「武帝紀」 元朔元年詔)

344 夫十室之邑, 必有忠信; 三人竝行, 厥有我師. 今或至闔郡而不薦一人, 是化不下究, 而積
行之君子雍于上聞也.

345 進賢受上賞, 蔽賢蒙顯戮.(『漢書』「武帝紀」 元朔元年詔)

346 不擧孝, 不奉詔, 當以不敬論. 不察廉, 不勝任也, 當免.(『漢書』「武帝紀」 有司奏議)

347 馬或奔踶而致千里, 士或有負俗之累而立功名.(『漢書』「武帝紀」 元封5年詔)

348 夫泛駕之馬, 跅弛之士, 亦在御之而已.(『漢書』「武帝紀」 元封5年詔)

349 群士慕嚮, 異人竝出.(『漢書』「公孫弘傳贊」─옮긴이)

350 天下布衣各勵志竭精以赴闕廷自炫鬻者不可勝數.(『漢書』「梅福傳」)

351 卜式拔于芻牧, (桑)弘羊擢于賈豎, 衛靑奮于奴僕, (金)日磾出于降虜.(『漢書』「公孫弘卜式
兒寬傳贊」)

352 漢之得人, 于玆(武帝 시대를 가리킴)爲盛, 儒雅則公孫弘, 董仲舒, 兒寬, 篤行則石建, 石
慶, 質直則汲黯, 卜式, 推賢則韓安國, 鄭當時, 定令則趙禹, 張湯, 文章則司馬遷, 司馬相
如, 滑稽則東方朔, 枚皐, 應對則嚴助, 朱買臣, 曆數則唐都, 洛下閎, 協律則李延年, 運籌
則桑弘羊, 奉使則張騫, 蘇武, 將率則衛靑, 霍去病, 受遺則霍光, 金日磾, 其餘不可勝紀.
是以興造功業, 制度遺文, 後世莫及.(『漢書』「公孫弘卜式兒寬傳贊」)

353 士病不明經術. 經術苟明, 其取靑紫(卿大夫의 관복)如俯拾地芥耳.(『漢書』「夏侯勝傳」)

354 遺子黃金滿籝, 不如一經.(『漢書』「韋賢傳」)

355 致至治之成法.(『漢書』「儒林傳」)

356 自今諸有大父母, 父母喪者勿繇事.(『漢書』「宣帝紀」)

357 公卿大臣當用經術明于大誼(義).(『漢書』「雋不疑傳」)

358 秦有十失, 其一尙存, 治獄之吏是也.(『漢書』「路溫舒傳」)

359 方今聖道寖廢, 儒術不行, 以刑餘爲周召, 以法律爲詩書.(『漢書』「蓋寬饒傳」)

360 所用多文法吏, 以刑名繩下.(『漢書』「元帝紀」)

361 獄者萬民之命, 所以禁暴止邪, 養育群生也.(『漢書』「宣帝紀」)

362 今吏或以不禁奸邪爲寬大, 縱釋有罪爲不苛, 或以酷惡爲賢, 皆失其中.(『漢書』「宣帝紀」
　　黃龍元年詔)

363 敗法亂正, 離親塞道.(『漢書』「路溫舒傳」)

364 宣帝未及修正.(『漢書』「刑法志」)

365 孝宣之治, 信賞必罰, 綜核名實, 政事文學法理之士咸精其能.(『漢書』「宣帝紀贊」)

366 陛下持刑太深, 宜用儒生.(『漢書』「元帝紀」)

367 漢家自有制度, 本以霸王道雜之, 奈何純任德敎, 用周政乎!(『漢書』「元帝紀」)

368 頗改宣帝之政.(『漢書』「匡衡傳」)

369 夫法令者, 所以抑暴扶弱, 欲其難犯而易避也. 今律令煩多而不約, 自典文者不能分明,
　　而欲羅元元之不逮, 斯豈刑中之意哉! 其議律令可蠲除輕減者, 條奏, 唯在便安萬姓而
　　已.(『漢書』「刑法志」)

370 徒鉤摭微細, 毛擧數事, 以塞詔而已.(『漢書』「刑法志」)

371 동원東園은 한대 능묘의 기물이나 장구 등의 제조 및 공급을 담당하는 부서이며, 비기
　　祕器는 관재를 뜻한다. 안사고顏師古의 주석에 따르면 소목素木의 길이 네 자, 넓이 네
　　척의 관재였다. ―옮긴이

372 至賜東園祕器錢帛, 策贈以列侯禮, 諡曰烈君.(『漢書』「孫光傳」)

373 한대에 공자묘를 지키는 관직으로 녹봉 백 석을 주는 백석졸사百石卒士란 관직을 두
　　었는데, 원제 때는 각 군郡 단위에다 오경을 지키라는 의미로 이 관직을 두었다. ―옮
　　긴이

374 가전假田은 원래 남의 땅을 빌려 농사를 짓는 것으로 진나라 때 북방 영토를 개척하면
　　서 이루어진 제도다. 북가北假는 그때 이루어진 지명이며 북가전관北假田官은 이렇게
　　생겨난 제도로 일종의 소작을 말한다. ―옮긴이

375 鹽鐵官及北假田官常平倉可罷.(『漢書』「食貨志」)

376 省禁苑以予貧民, 減諸侯王廟衛卒半.(『漢書』「食貨志」)

377 陰陽者, 王事之本, 群生之命, 自古賢聖未有不由者也.(『漢書』「魏相傳」)

378 見國家承武帝奢侈師旅之後.

379 年歲比不登, 流民未盡還, 宜修孝文時政, 示以儉約寬和, 順民心, 說民意, 年歲宜應.(『漢書』「杜延年傳」)

380 擧賢良, 議罷酒榷鹽鐵.

381 鹽鐵皆歸於民.

382 軍旅連出, 師行三十二年, 海內虛耗.(『漢書』「西域傳」)

383 深陳旣往之悔.

384 當今務在禁苛暴, 止擅賦, 力本農.

385 以明休息, 思富養民也.(『漢書』「西域傳」)

386 冶鑄煮鹽, 財或累萬金, 而不佐國家之急.(『史記』「平準書」)

387 軍旅相望, 甲士糜弊, 縣官用不足.(『鹽鐵論』「刺復」, 이하 같은 책의 인용엔 편명만 표기)

388 敢私鑄鐵器煮鹽者, 釱左趾, 沒入其器物.(『史記』「平準書」)

389 謂禁民酤釀, 獨官開置.(『漢書』「武帝紀」)

390 富商大賈無所牟大利, 則反本.(『사기』「평준서」)

391 募民自給費, 因官器作煮鹽, 官與牢盆.(『사기』「평준서」)

392 鐵器苦惡, 賈(價)貴, 或强令民賣買之.(『사기』「평준서」)

393 無他能能術學, 又無伐閱功勞.(『漢書』「車千秋傳」)

394 以訾爲郞. (…) 幸得宿衛, 給事輦轂之下.

395 罷榷酤而鹽鐵如舊.

396 推衍鹽鐵之議, 增廣條目, 極其論難, 著數萬言. 亦欲以究治亂, 成一家之法焉.

397 한漢代에 관리를 선발하던 제도의 이름. 관리가 추천되면 일정한 시험을 거쳐 관직에 임용했다. —옮긴이

398 余睹鹽鐵之義(議), 觀乎公卿文學賢良之論, 意指殊路, 各有所出, 或上仁義, 或務權利.(「雜論」)

399 憂國家之用, 邊境之費也.(「國疾」)

400 古之立國家者, 開本末之途, 通有無之用, 市朝以一其求, 致士民, 聚萬貨, 農商工師各得所欲, 交易而退. (…) 故工不出, 則農用乏; 商不出, 則寶貨絶. 農用乏, 則穀不殖; 寶貨絶, 則財用匱.(「本議」)

401 國有沃野之饒而民不足於食者, 器械不備也. 有山海之貨而民不足於財者, 商工不備
也.(「본의」)

402 先帝建鐵官以贍農用, 開均輸以足民財; 鹽鐵均輸, 萬民所戴仰而取給者.(「본의」)

403 通委財而調緩急.(「본의」)

404 所以佐百姓之急.(「非鞅」)

405 蓄貨長財, 以佐助邊費.(「본의」)

406 富國何必本農, 足民何必井田也.(「力耕」)

407 富在術數, 不在勞身; 利在勢居, 不在力耕也.(「通有」)

408 令意總一鹽鐵, 非獨爲利入也.

409 將以建本抑末, 離朋黨, 禁淫侈, 絶幷兼之路也.(「復古」)

410 必在深山窮澤之中, 非豪民不能通其利.(「禁耕」)

411 得管山海之利, 采鐵石鼓鑄, 煮海爲鹽, 一家聚衆, 或至千余人. 大抵盡收放流人民也.

412 成奸僞之業, 遂朋黨之權, 其輕爲非亦大矣.(「복고」)

413 擅其用而專其利. 決市閭巷, 高下在口吻, 貴賤無常, 端坐而民豪, 是以養强抑弱而藏于
跖也.(「금경」)

414 民大富, 則不可以祿使也; 大强, 則不可以罰威也.(「錯幣」)

415 夫理國之道, 除穢鋤豪, 然後百姓均平, 各安其宇.(「輕重」)

416 君薨, 臣不變君之政; 父沒, 則子不改父之道也.(「憂邊」)

417 籠天下鹽鐵諸利, 以排富商大賈.(「경중」)

418 商所以通鬱滯, 工所以備器械.(「본의」)

419 非治國之本務也.(「본의」)

420 夫男耕女績, 天下之大業也. 故古者分地而處之, 制田畝而事之. 是以業無不食之地, 國
無乏作之民.(「園池」)

421 理民之道, 在于節用尙本, 分土井田而已.(「力耕」)

422 昔文帝之時, 無鹽鐵之利而民富; 今有之而百姓困乏, 未見利之所利也, 而見其害也.(「비
앙」)

423 百姓就本者寡, 趨末者衆. 夫文繁則質衰, 末盛則質虧. 末修則民淫, 本修則民慤. 民慤則
財用足, 民侈則飢寒生.(「본의」)

424 市井之利, 未歸于民.(「相刺」)

425 縣官作鐵器, 多苦惡.

426 割草不痛, 是以農夫作劇, 得獲者少.

427 鹽鐵賈貴, 百姓不便. 貧民或木耕手耨, 土耰淡食.(「水旱」)

428 殘吏萌起, 擾亂良民.(「國疾」)

429 罷鹽鐵, 退權利, 分土地, 趣本業, 養桑麻, 盡地力也.(「수한」)

430 外設百倍之利, 收山澤之稅, 國富民强.(「非鞅」)

431 總一鹽鐵, 通山川之利而萬物殖. 是以縣官用饒足, 民不困乏.(「輕重」)

432 不軌之民, 困橈(撓)公利, 而欲擅山澤. 從文學賢良之意, 則利歸于下.

433 專欲損上徇下, 虧主而適臣, 尙安得上下之義, 君臣之禮?(「取下」)

434 夫懷枉而言正, 自托于無欲而實不從, 此非士之情也?(「毀學」)

435 '天下穰穰, 皆爲利往'. (…) 戎士不愛死力, 士不在親, 事君不避其難, 皆爲利祿也. 儒墨內貪外矜, 往來遊說, 栖栖然亦未爲得也. 故尊榮者士之愿也, 富貴者士之期也.(「훼학」)

436 今內無以養, 外無以稱, 貧賤而好義, 雖言仁義, 亦不足貴者也.(「훼학」)

437 君子懷德, 小人懷土. 賢士徇名, 貪夫死利.(「훼학」)

438 顔淵屢空, 不爲不賢; 孔子不容, 不爲不聖.

439 小人富斯暴, 貧斯濫矣.

440 守道以立名, 修身以俟時, 不爲窮變節, 不爲賤易志, 唯仁之處, 唯義之行. 臨財苟得, 見利反義, 不義而富, 無名而貴, 仁者不爲也.(「地廣」)

441 竊聞治人之道, 防淫佚之原, 廣道德之端, 抑末利而開仁義, 毋示以利, 然後敎化可興, 而風俗可移也.(「본의」)

442 天子不言多少, 諸侯不言利害, 大夫不言得喪.

443 示民以利, 則民俗薄. 俗薄則背義而趨利, 趨利則百姓交于道而接于市.(「본의」)

444 天子以四海爲匣匱.

445 王者不畜聚, 下藏于民, 遠浮利, 務民之義; 義禮立, 則民化上.(「禁耕」)

446 是開利孔爲民罪梯也.

447 排困市井, 防塞利門, 而民猶爲非也, 況上之爲利乎?(「본의」)

448 當時之權, 一切之術也.

449 不可以久行而傳世, 此非明王所以君國子民之道也.(「복고」)

450 正其誼(義)不謀其利, 明其道不計其功.(『漢書』「董仲舒傳」)

451 夫治民者, 若大匠之斫, 斧斤而行之, 中繩則止. (…) 故射者因槷, 治者因法.(「大論」)

452 俗非唐虞之時, 而世非許由之民, 而欲廢法以治, 是猶不用隱括斧斤, 欲撟曲直枉也.(「대론」)

453 夫善爲政者, 弊則補之, 決則塞之, 故吳子以法治楚魏, 申商以法强秦韓也.(「申韓」)

454 執法者國之轡銜, 刑罰者國之維橬也.(「刑德」)

455 禮讓不足禁邪, 而刑法可以止暴. 明君據法, 故能長制群下, 而久守其國也.(「詔聖」)

456 雖賢人不能以爲治.(「신한」)

457 高皇帝時, 天下初定, 發德音, 行一切之令, 權也, 非撥亂反正之常也. (…) 夫少目之網不
可以得魚, 三章之法不可以爲治. 故令不得不加, 法不得不多. (…) 時世不同, 輕重之務異
也.(「조성」)

458 商君刑棄灰于道, 而秦民治.(「형덕」)

459 必懼而爲善. 故立法制辟, 若臨百仞之壑, 握火蹈刃, 則民畏忌, 而無敢犯禁矣.

460 慈母有敗子, 小不忍也. 嚴家無悍虜, 篤責急也.(「周秦」)

461 禮義者, 國之基也, 而權利者, 政之殘也.(「경중」)

462 治國謹其禮, 危國謹其法.(「論非」)

463 昔者, 商鞅相秦, 後禮讓, 先貪鄙, 尙首功, 務進取, 無德厚于民, 而嚴刑罰于國, 俗日壞而
民滋怨.(「國疾」)

464 昔秦法繁於秋荼, 而網密于凝脂, 然而上下相遁, 奸僞萌生, 有司治之, 若救爛撲焦, 而不
能禁, 非網疏而罪漏, 禮義廢而刑罰任也.(「형덕」)

465 罷馬不畏鞭箠, 罷民不畏刑法.

466 嚴刑峻法, 不可久也.(「조성」)

467 聖王之治世, 不離仁義. 故有改制之名, 無變道之實. 上自黃帝, 下及三王, 莫不明德敎,
謹庠序, 崇仁義, 立敎化. 此百世不易之道也.(「遵道」)

468 王者設庠序, 明敎化, 以防道其民, 及政敎之治, 性仁而喩善.

469 敎之以德, 齊之以禮, 則民徙義而從善, 莫不入孝出悌.(「授時」)

470 聖人從事于未然, 故亂原無由生.

471 治未形, 睹未萌.(「大論」)

472 春夏生長, 聖人象而爲令. 秋冬殺藏, 聖人則而爲法. 故令者敎也, 所以導民人; 法者刑罰
也, 所以禁強暴也.(「조성」)

473 治亂之具, 存亡之效也, 在上所任.(「조성」)

474 天道好生惡殺, 好賞惡罪.

475 前德而後刑也.

476 茂其德敎, 而緩其刑罰也.(「論災」)

477 不敎而殺, 是虐民也.

478 聞禮義行而刑罰中, 未聞刑罰行而孝悌興也.(「조성」)

479　自首匿相坐之法立, 骨肉之恩廢, 而刑罪多矣.(「周秦」)

480　以子誅父, 以弟誅刑, 親戚相坐, 什伍相連.

481　故政寬則下親其上, 政嚴則民謀其主.(「주진」)

482　春秋之聽獄也, 必本其事而原其志.(『春秋繁露』「精華」)

483　法者, 緣人情而制, 非設罪以陷人也. 故春秋之治獄, 論心定罪. 志善而違于法者免, 志惡
　　而合于法者誅.(「형덕」)

484　深之可以死, 輕之可以免.

485　征不義, 攘無德.(「論功」)

486　湯武之伐, 非好用兵也; 周宣王辟國千里, 非貪侵也; 所以除寇賊而安百姓也.(「地廣」)

487　初雖勞苦, 卒獲其慶.(「誅秦」)

488　孤弱無與, 此困亡之時也.(「擊之」)

489　有備則制人, 無備則制于人.(「險固」)

490　不備, 則是以黎民委敵也.(「備胡」)

491　絕胡貉, 擒單于.

492　往者, 四夷俱強, 竝爲寇虐. (…) 今三垂已平, 唯北邊未定.

493　今明天子在上, 匈奴公爲寇, 侵擾邊境, 是仁義犯而藜藋采.

494　今不征伐, 則暴害不息.

495　夫一擧則匈奴震懼, 中外釋備.(「비호」)

496　聞往者未伐胡越之時, 徭賦省而民富足.

497　六畜不育于家, 五穀不殖于野, 民不足于糟糠.(「未通」)

498　風合而雲解, 就之則亡, 擊之則散.(「비호」)

499　少發則不足以更適, 多發則民不堪其役. 役煩則力罷, 用多則財乏. 二者不息, 則民遺
　　怨.(「비호」)

500　道路回避, 士卒勞罷.(「地廣」)

501　身在胡越, 心懷老母. 老母垂泣, 室婦悲恨.(「비호」)

502　兵者, 凶器也. 甲堅兵利, 爲天下殃.(「論災」)

503　去武行文, 廢力尙德.

504　古者, 貴以德而賤用兵.(「본의」)

505　遠人不服, 則修文德以來之. 旣來之, 則安之.(「본의」)

506　夫治國之道, 由中及外, 自近者始. 近者親附, 然後來遠; 百姓內足, 然後恤外.(「지광」)

507　畜仁義以風之, 廣德行以懷之.

508　無敵於天下.(「본의」)

509　方今爲縣官計者, 莫若偃兵休士, 厚幣結和親, 修文德而已.(「擊之」)

510　兩主好合, 內外交通, 天下安寧.(「結和」)

511　發于畎畝, 出于窮巷.

512　乃欲以閭里之治, 而況國家之大事.(「憂邊」)

513　能言而不能行, 居下而訕上, 處貧而非富.

514　夫祿不過秉握者, 不足以言治, 家不滿儋石者, 不足以計事. 儒皆貧羸, 衣冠不完, 安知國家之政, 縣官之事乎?(「지광」)

515　富者愈富, 貧者愈貧矣.(「경중」)

516　公卿積億萬, 大夫積千金, 士積百金.(「지광」)

517　流路于路.(「지광」)

518　秉末抱耜, 躬耕身織者寡, 聚要斂容, 傅白黛青者衆.(「國疾」)

519　智者有百人之功, 愚者有不更本之事. (…)此所以或儲百年之餘, 或不厭糟糠也.(「錯幣」)

520　共其地, 居是世也, 非有災害疾疫, 獨以貧窮, 非惰則奢也.(「授時」)

521　墮民不務田作, 飢寒及已, 固其理也.(「未通」)

522　往者, 軍陣數起, 用度不足, 以訾徵賦, 常取給見民, 田家又被其勞, 故不齊出于南面也.(「미통」)

523　是以百姓疾耕力作, 而飢寒遂及已也.(「미통」)

524　百官尚有殘賊之政, 而強宰尚有強奪之心. 大臣擅權而擊斷, 豪猾多黨而侵陵.(「國疾」)

525　吏不奉法以存撫, 倍公任私, 各以其權充其嗜慾.(「執務」)

526　百姓賤賣貨物, 以便上求. (…) 農民重苦, 女工再稅.(「본의」)

527　今富者積土成山, 列樹成林, 臺榭連閣, 集觀增樓.(「散不足」)

528　今猛獸奇蟲不可以耕耘, 而令當耕耘者養食之. 百姓或短褐不完, 而犬馬衣文綉; 黎民或糟糠不接, 而禽獸食粱肉.(「산부족」)

529　富者買爵販官, 免刑除罪, 公用彌多而爲者徇私.(「刺復」)

530　吏正畏懦, 不敢篤責.

531　刻急細民, 細民不堪, 流亡遠去.

532　後亡者爲先亡者服事.(「미통」)

533　其亂必矣.(「除狹」)

제4장

유가 정치 관념의 경전화와 사회 의식화

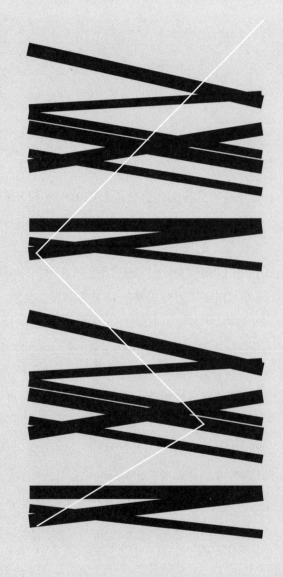

한 무제의 유가 학술만을 존중하고獨尊儒術 시험을 치러 선비를 선발開科取
士하는 제도는 사인士人 대다수가 유가 서적을 읽고 벼슬길에 나아가도록
이끈 동시에 유가 학술을 정치의 한 구성 요소로 바꾸어놓았다. 이는 매
우 분명한 두 가지 잘못된 결과를 가져왔다. 하나는 청淸나라 사람 방포方
苞의 말대로 "유가의 앞길은 확 트였지만 그 도는 망했다"[1]는 것이다. 방포
의 말은 지나친 절대화이긴 하지만 대체로 수긍이 간다. 대다수 유생이
유학을 '도'로 추구하지 않고 벼슬길에 나아가는 문고리로 여기게 되었고,
유가 학술은 독존적 지위에 놓인 동시에 금고禁錮를 당해 학술 문화적 독
립성과 초월성을 잃게 되었다. 둘째, 유술이 사회와 인간을 규제하는 이
론적 원칙이 되었다. 이 원칙은 지고, 지성至聖한 것으로 사회 모든 분야
위에 드높이 걸렸다. 사회 역사의 자연스러운 발전은 일거에 유가 경전과
원칙의 부산물로 바뀌었다. 그리하여 이론이 실천보다 높고, 원칙이 생활
보다 높은 유가 교조주의가 전 사회에 가득 차게 되었다. 유학적 사유 방
식의 형성이야말로 중화 민족의 최대 재난 가운데 하나라 할 수 있다.
　경전을 존중하여 경전을 읽고, 성인을 대신하여 주장을 세워 수많은

사람을 '경經'으로 먹고사는 벌레로 만들었다. 그러나 어떻게 '먹을' 것인 가에 대해 다양한 논의가 생기는 것 또한 면할 수 없었다. 그리하여 경학 내에 다양화, 다원화 운동이 나타나기도 했다. 이는 처음 독존유술을 실 행한 자들이 예상하지 못한 바였다. 사상 다원화 규율의 변형된 표현이라 고 해야겠다.

제1절

『오경』 숭배와 신성화

한 무제의 독존유술 이후 두 가지 힘이 『오경五經』을 한 걸음 한 걸음 신
성한 위치로 밀어 올렸다. 첫째, 한 왕실 정권이 '경'으로 선비를 선발한다
고 제창함으로써 광대한 선비들을 독경讀經의 길로 인도했다. 둘째, 유생
들이 부단히 『오경』의 신화를 지어냈다. 이 두 가지 힘의 추동으로 『오경』
은 행정 규정으로의 권위로부터 신화적 권위로 나아가게 되었다.

01 『오경』신화

　'경'이란 개념은 일찍이 전국 시대에 출현했는데, 당시의 '경'은 제요提
要나 주지를 가리켰다. 『묵자墨子』에는 '경'과 '설說'이 있고, 『관자管子』에는
'경'과 '해解'가 있으며, 『한비자韓非子』의 「내저설內儲說」「외저설外儲說」 편엔
'경'과 '전傳'이 있다. '설' '해' '전'은 모두 주석 또는 '경'의 의의에 대한 설
명이다. 마왕퇴馬王堆 고일서古佚書 가운데 황로黃老파의 저작으로 『경법經法』
이 있다. 유가 저작 가운데 '경'을 호칭하는 현상이 특히 두드러진다. 『순
자荀子』「권학勸學」 편은 "경을 암송하는 데서 시작하여 예를 읽는 데서 끝
난다"[2]고 말한다. 순자는 또 예를 '예경禮經'이라 부르기도 한다. 『관자』「계
戒」 편엔 "사경四經을 빛낸다"고 쓰고 있는데, 사경은 곧 '시詩, 서書, 예禮, 악
樂'이다. 『장자莊子』「천도天道」 편엔 공자가 "십이경을 풀이했다"고 말하고,
「천운天運」 편엔 공자가 육경을 다루었다고 쓰여 있는데 이렇다. "공자가 노
담老聃에게 '구丘는 『시』『서』『예』『악』『역易』『춘추春秋』 육경을 다루었습
니다'라고 말했다."[3] 한 무제 독존유술의 주요 내용 가운데 하나는 오경박
사五經博士를 둔 일이다.

　『오경』은 곧 『역』『시』『서』『예』『춘추』다. 그전에 이 다섯 부는 '경'으로

불리기도 했지만 그저 민간의 제자학에 속한 것들이었다. 한 무제의 흠정欽定을 거쳐 비로소 관방학으로 올라섰다. 『오경』은 관방에서 반포한 교과서였을 뿐만 아니라 더욱 중요한 것은 그것이 관방의식의 구현이며, 황제가 흠정한 국가, 사회의 지도 사상이자 사회를 통제하는 도구이며 행위 규범의 준칙이었다는 사실이다. '경'은 왕권과 결합함으로써 일종의 사상 문화인 동시에 정치 역량이 되었다. '경'의 위반은 곧 위법이었다. 이른바 봉건문화 전제라 함은 그 내용상 유가 경전의 전제를 말한다. 한漢대엔 『오경』에 대한 존중 외에 『논어論語』『효경孝經』도 『오경』과 같은 반열에 들어 『칠경七經』으로 불렸다.

『오경』의 유래는 오래되었다. 위로 상商, 주周까지 소급할 수 있으며 어쩌면 더 이를 수도 있다. 『장자』「천운」 편은 노자老子의 말을 인용하여 "무릇 『육경』이란 선왕의 오래된 자취다"[4]라고 말하고 있다. 『육경』은 『오경』에다 『악』을 더한 것이다. 한 무제가 경학을 수립할 때 『악』은 독립된 단위로 서지 못하고, 사실상 『시』『서』와 서로 배합하여 『오경』 속에 포함되었다. 문헌에서 이야기되는 『육예六藝』『육경』과 『오경』은 같은 지칭이다. 『오경』은 일찍이 공자 이전에 광범하게 유행했다. 공자는 이 고문헌들을 고쳐 다듬고 선별, 편찬했다. 한대에 『오경』이 확립된 뒤 공자가 수정, 편찬한 공로는 더더욱 강조되었다. 혹은 거꾸로 말해 공자가 수정한 것만을 '경'이라 부를 수 있었다. 사마천은 "중국에서 말하는 『육예』는 공 선생님에게서 정확히 조정되었다"[5]고 말한다. 광형匡衡은 상소문에서 "공자의 『시』론은 「관저關雎」 편에서 시작합니다"[6]라고 말했다. 왕충王充은 『논형論衡』「수송須頌」 편에서 공자가 『상서尙書』를 편집했다고 말한다. 범승范升은 "『오경』의 근본은 공자에게서 시작되었다"[7]고 말한다. 서방徐防은 상소문에서 "신이 듣기에 『시』『서』『예』『악』은 공자에게서 확정되었다고 합니다"[8]라고 말했다. 마단림馬端臨은 응소應劭의 말을 인용하여 "여러 나라의 가르침이 반드시 여섯 가지(『시』『서』『예』『악』『역』『춘추』를 가리킴)를 다 갖추었다고 할 수는 없다. 공 선생님께서 삭제, 수정, 첨삭한 결과 후대에 전습이 차츰 광범해지고 경술經術이 유행하게 되었다"9고 말한다.

공자가 『오경』을 수정, 편찬했다는 말은 대체로 믿을 만하지만 사실보다 과장해서 말한 부분도 있다. 후한 이후 회의하는 분위기가 만들어지면서 공자와 『오경』과의 관계에 의문이 제기되었다. 예컨대 왕필王弼은 『역전易傳』이 공자의 작품이 아니라고 생각했으며, 두예杜預는 공자가 지었다는 『춘추』에 대해서도 회의를 제기했다. 이 문제는 나중에 다시 논의하겠다.

공자가 확정한 『오경』은 성전聖典이라 부르기에 충분하다. 그러나 아직 신성한 기운은 좀 모자랐다. 그래서 일군의 유생들이 『오경』 신화를 만들어냈는데, 주로 위서緯書에 기록되어 있다.

『시』는 단순히 뜻이나 감정을 말할 뿐만 아니라 하늘과 인간의 교제를 포함하고 있다. 『춘추위春秋緯』「설제사說題辭」는 말한다. "시란 하늘과 땅의 정수이고, 뭇 별의 척도이며, 사람 마음의 절조다. 사건을 두고 시를 지음에, 아직 발생하기 전에 생각을 하다가 고요하고 담담한 마음이 일고, 그 사려가 뜻이 되어 나타나니 시란 뜻을 말하는 것이다."10 『시위詩緯』「함신무含神霧」는 말한다. "시란 하늘과 땅의 마음이요, 군주 덕의 조종이며, 만복의 으뜸이며, 만물의 문이다. 미묘한 말들을 모아 뚜렷함을 추측함이다. 위로 으뜸인 삼황을 통섭하고, 아래로 사시四始11를 순서 짓고, 오제五際12를 나열한다."13 『춘추위』「연공도演孔圖」는 "『시』는 오제五際와 육정六情14을 포함하고 있다"15고 말한다. 이 논술에서 시는 사람의 정감, 의지로부터 일약 '천지의 마음'이 표현된 것으로 뛰어오르고 있으며, 만물이 출입하는 문이 되었다. 글 속에 이르는 '사시' '오제' '육정'은 음양오행, 천인합일과 서로 섞여 논의를 구성하고 있다. 『시위』「범력추汎歷樞」는 말한다. "「대명大明」(시경의 편명, 이하 통일) 편은 해亥에 위치하니 수永가 시작되고, 「사모四牡」 편은 인寅에 위치하니 목木이 시작되고, 「가어嘉魚」 편은 사巳에 위치하니 화火가 시작되고, 「홍안鴻雁」 편은 신申에 위치하니 금金이 시작된다."[16] "오午와 해亥 사이는 혁명革命하고, 묘卯와 유酉 사이에서 정삭正朔을 고치고, 진辰이 천문天門에 위치하면 드나듦에 명령을 듣는다"[17]고도 이야기한다.[18] "묘는 「천보天保」 편, 유는 「기부祈父」 편, 오는 「채기采芑」 편, 해는 「대명」 편이다. 그러므로 해에 혁명을 하니 일제─際다. 해[19]는 또 천문이기도 하여 드나듦에 시중을 들어야 하니 이제二際요, 묘는 음양이 교제하니 삼제三際요, 오는 음이 물러나고 양이 흥하니 사제四際요, 유는 음이 성하고 양이 미약해지니 오제五際다."[20] 글 속의 해, 술해, 묘, 오, 유는 팔괘의 방위를 나타낸다. 『시』가 『역』의 팔괘방위설과 함께 엉키면서 우주도식을 나타내는 것으로 바뀌었다. "『시』를 배우는 바는 성정을 이해할 따름으로"[21] 본래 괜찮은 일이었다. 그런데 성정을 알려고 "육합, 오행을 섞어야"[22] 했으며, 그리하여 희, 노, 애, 낙, 호오好惡의 성정이 신비주의적인 천인합일 속으로 녹아들게 되었다.

『서』는 본래 역사 문헌의 모음집이었는데 한대 유생들이 신성을 부여했다. 『효경위孝經緯』 「원신계援神契」는 "『역』은 변화에 장점이 있고, 『서』는 천명으로 하도河圖를 받았다는 신표를 밝혔다."[23] 원문의 '수하授河'는 『하도』와 『낙서洛書』를 받음으로써 천명의 신표를 밝혔다는 말이다. 『서』는 선왕의 오랜 자취일 뿐만 아니라 천명의 기록이기도 하다. 『상서위尚書緯』 「선기령璇璣鈴」은 말한다. "상尚은 위를 말한다. 위로 하늘이 문양 형상을 내리고, 절도節度를 펴 보인다는 말이다. 『서』는 따름을 말한다. 하늘의 운행에 따른다는 말이다."[24] 이렇게도 이야기한다. "『서』는 하늘의 말을 나타내기에 힘쓰고 있다. 그래서 『서』라고 일컫게 되었다. '상尚' 자를 덧붙임으로써 존중했다."[25] 『춘추위』 「설제사說題辭」는 말한다. "『상서』는 이제二帝

의 자취와 삼왕三王의 정의다. 그로써 미루어 운명을 기약하고 천명을 받는 만남에 대해 밝히고 있다. 상서의 언론은 신뢰할 만하고 천지의 사정과 제왕의 공로를 밝히고 있다."26

『역』의 성립에 대해 유행하는 견해에 따르면 복희伏羲에서 근원하여 주문왕周文王에서 완성되었다고 한다. 위서緯書의 저자는 이것도 아직 덜 신비스럽다고 생각하여 더더욱 오래된 신화를 만들어냈다. 『역위易緯』「건곤착도乾坤鑿度」는 최초에 성인이 "전해오는 것을 밝히고 문양을 확립함으로써 후손들에게 해석해주었노라"27 했는데, 그 후 이어서 천로씨天老氏, 혼돈씨混沌氏, 천영씨天英氏, 무회씨無懷氏, 신농씨神農氏, 열산씨烈山氏, 이리씨釐厘氏, 노손씨老孫氏, 헌원씨軒轅氏 등으로 전수되었다고 말한다. 따라서 '건곤착도'라 함은 천문天門과 대지大地로 향하는 도로를 열고 뚫는다는 말이다. 『춘추위』「설제사」는 말한다. "『역』은 기氣의 마디로 오정五精을 함축하고 율력律曆을 결정한다. 「상경上經」은 하늘을 형상화한 것이고, 「하경下經」은 역법을 계산한 것이다. 「문언文言」은 신표를 정한 것이요, 「단象」전은 절기를 나타낸 것이다. 「상象」전은 변화를 말함이요, 「계사繫辭」전은 모든 것의 자취를 설정함이다."28

『예禮』는 "외부의 용모를 설정하는 것으로 천지의 몸체를 밝힌 것이다."29

『춘추』는 공자가 천명을 받들어 만든 작품으로 제작 과정이 신비한 기운으로 충만해 있다.

『오경』은 성인의 작품일 뿐만 아니라 천의의 구현이자 하늘이 부여한 것이기도 하다. 『오경』 신화화의 직접적 결과는 지고무상성에 있다. 그것은 더 이상 인식할 계제가 아니며, 오직 숭배할 수밖에 없는 최후의 진리였다.

공자 신화

『오경』은 공자가 손수 정했다. 따라서 공자와 『오경』의 신격화 사이에 서로 밀어주는 관계가 이루어진다. 공자 신격화는 공자 당시부터 시작되었다. 공자가 죽은 뒤 제자들은 세대를 이어가며 한 걸음 한 걸음 스승을 높은 봉우리로 밀어 올렸다. 한漢 고조高祖의 공자 제사와 한 무제의 독존 유술, 제사, 봉호封號 첨가, 공자 후손 책봉 등과 같은 후대 제왕들의 부단한 공자 존중은 공자 신격화의 정치적 환경을 만들어주었다.

공자를 '왕王'의 반열에 포함시킨 것은 공자로 하여금 '성聖'과 '왕'이란 이중의 존호를 두루 갖추게 만든 한대 유생들이다. 공자가 진짜로 '왕'을 해본 적이 없었으므로 공자에게 '소왕素王'이란 왕관을 씌워주었다. 『회남자淮南子』 「주술훈主術訓」이 이 일을 처음으로 기록하고 있다. "공자는 (…) 오직 가르침과 도를 행함으로써 '소왕'이 되었는데 이런 일은 매우 드물었다."30 「주술훈」은 아직도 좀 풍자적 의미를 띠고 있다. 유가의 위서 가운데 공자는 그의 제자들과 더불어 엄연히 작은 조정을 세우고 있다.

"중니仲尼는 소왕이 되고, 안연顏淵은 사도司徒가 되었다."31

"좌구명左丘明이 소신素臣이 되었다."[32]
"기린이 빠져나가 주나라가 망했으므로『춘추』의 제도에 입각하여 소
왕이 이를 받아 흥하게 되었다."[33]

삼황오제와 삼대의 성왕은 모두 하늘에 감응하여 태어났다. 공자는
"요, 순의 일을 받아 기술하고 문, 무의 법도를 이어받아 위로 천시의 규
율에 따르고 아래로 물과 흙의 이치를 답습했다. 비유컨대 (…) 사시가 엇
갈림과 같았고, 일월이 교대로 밝음과 같았다. 만물이 나란히 길러져 서
로 해치지 않고, 도가 나란히 행해져 서로 어긋나지 않게 되었다."[34] 공훈
이 요순, 문무에 비견되는 이 분 '소왕' 또한 마찬가지로 하늘에 감응하여
태어나셨다.

"숙량흘叔梁紇과 징재徵在가 이구산尼丘山에 기도를 올리고 흑룡의 정을
감응 받아 중니를 낳았다."[35]
"공자의 어머니 징재가 대총大冢 고개로 유람을 갔는데, 자다가 흑룡의
사자가 자신을 초청하는 꿈을 꾸고는 건너가서 꿈속 교정을 했다. 그리
고 '너는 반드시 빈 뽕나무 가운데서 젖을 내밀리라'라고 말했다. 그에
감응이 있음을 느끼고는 빈 뽕나무 가운데서 구丘를 낳았다."[36]

오늘날 보면 황당하다 못해 웃기는 일이다. 그러나 당시 이는 지극히
엄숙하고 대단히 신성한 일이었다. 왕충王充과 같은 극소수의 이단적 의미
를 가진 걸출한 사상가만이 회의를 제기했을 뿐, 수많은 유생은 모두 깊
이 믿어 의심하지 않았다. 중국 역사상 몸체의 신격화와 사상의 신격화
는 상부상조했다. 공자가 신격화되자 그가 수정, 편찬한『오경』또한 한
걸음 더 나아가 신격화되었다.

03

『오경』은
세상 어디에 두어도
표준이 되는
최후의 진리다

청清나라 말 경학가 피석서皮錫瑞는 그의 저서 『경학역사經學歷史』에서 공자가 수정, 편찬했다는 『육경』의 의의를 다음과 같이 평론한 바 있다.

"공자가 지은 경을 읽어보면 공자가 『육경』을 만든 취지를 알 수 있다. 공자는 제왕의 덕을 지녔으나 제왕의 지위가 없었다. 만년에 도가 행해지지 못할 것을 알고 물러나 『육경』을 수정, 편찬함으로써 만세를 가르쳤다. 그의 미언대의微言大義는 실제로 만세의 준칙을 삼을 만하다. 나중에 군주가 된 사람들은 반드시 공자의 가르침을 존중함으로써 한 나라를 잘 다스릴 수 있었다. 이른바 '그에 따르면 다스려지고, 그를 어기면 어지러워진다'고 하겠다. 나중에 사대부 된 사람들 또한 반드시 공자의 가르침을 따름으로써 한 몸을 잘 다스릴 수 있었다. 이른바 '군자는 그것을 닦으니 길하고, 소인은 그것에 어긋나니 흉하다'고 하겠다. 이는 만세의 공적인 말로 한 사람의 사적인 논의가 아니다. 공자의 가르침은 어디에 있는가? 바로 그가 지은 『육경』 안에 있다. 따라서 공자는 만세의 사표이시고, 『육경』은 만세의 교과서다."

피석서의 이 구절은 『육경』 앞에 꿇어앉아 절하는 한대 유생들의 심정을 개괄하고 있으며, 역대 공자 존중 학자들의 공통된 인식을 대변하고 있다. 『오경』에 대해 가장 먼저 종합적으로 논의한 사람은 순자荀子라 하겠다. 그는 우선 '오경'을 성인의 도덕과 '천하의 도'를 모은 경전으로 보았다. 「유효儒效」 편에서 이렇게 말한다. "성인이란 도의 관건이다. 천하의 도는 그를 관건으로 하며, 수많은 선왕의 도는 그로 일관된다. 따라서 『시』『서』『예』『악』은 그에 귀결한다."[37] 「권학勸學」 편에서도 이렇게 말한다. "『예』는 형식을 공경함이요, 『악』은 조화를 적절히 함이요, 『시』『서』의 넓음과 『춘추』의 미세함에는 천지 사이의 이치가 다 갖추어져 있다."[38] 한대의 역사를 펼쳐보면 이와 유사한 논술이 역사서에 끊이지 않는다.

한초 육가陸賈는 『신어新語』에서 『오경』을 '천도天道'를 체득하는 경계로까지 들어 올리고 있다. "(…) 그리하여 나중 성인이 『오경』을 확정하고 『육예』를 밝혀 천지의 계통을 잇고 사물의 미세함을 끝까지 관찰했다. 원래의 심정으로 근본을 세워 인륜의 계통을 마련하고 천지의 으뜸이 되도록 했다. 문장을 수정, 편찬하여 후세에 남기니 짐승일지라도 이로써 쇠란을 바로잡을 수 있게 되었다. 천인이 대책을 합하고 원래의 도가 갖추어지니 지혜로운 사람은 그 마음을 통달하고, 모든 기술자는 그 기교를 다하게 되었다. 이에 관악기, 현악기 모든 음이 조화하고, 북치고 종치며 가무의 즐거움이 갖추어짐으로써 사치가 절제되고, 풍속이 바르게 되고, 지적 우아함이 통하게 되었다."[39] 『오경』은 포함하지 않는 것이 없고, 하지 못하는 것이 없으며, 이루지 못할 일이 없다. "그로써 천도가 세워지고 대의가 행해진다."[40]

가의賈誼는 도가의 도와 음양오행 및 육예를 섞어 하나로 만들었다. 그는 육예를 새로운 경지까지 끌어올리고 있는데, 그는 『신서新書』「육술六術」 편에서 '도', 음양, 도덕의 통일적 관계에 대해 먼저 논술한 뒤 이렇게 말했다. "그래서 선왕이 천하를 위해 가르침을 세울 때 사람에게 있는 바를 따라 그것으로 인도하고, 사람의 성정을 이끌어 그것으로 진리를 삼는다. 그러므로 안으로는 육법六法에 뿌리를 두고, 밖으로는 육행六行을 몸으로 삼고, 『시』 『서』 『역』 『춘추』 『예』 『악』 여섯 가지 술로 대의를 삼으니 이를 육예라 일컫는다."[41]

동중서董仲舒는 '명호名號에 대한 깊은 관찰'을 특히 중시했다. 그 속에는 논리와 명실 관계에 대한 탐구도 드물지 않다. 그러나 이는 중요한 것이 아니었다. 동중서가 깊이 논의하려는 것은 "이름을 통해 하늘의 뜻을 발함이었다". 동중서가 보기에 유가 경전의 한 글자 한 글자는 모두 천의를 나타내려는 성인의 부호였다. "명이란 성인이 천의를 발하려는 바다."[42] 성인이 천의를 발하는 것이기 때문에 자연히 시비의 기준이기도 하다. 그는 "시비를 살피려면 명을 끌어당기는 것만 함이 없다,"[43] "모든 일은 각기 명에 따르고, 모든 명은 각기 하늘에 따른다"[44]고 말한다. 『오경』은 하늘에 통하니 자구 마디마디가 진리로다!

사마천은 『오경』의 의의에 대해 평론한 뒤 이렇게 개괄했다. "그러므로 『예』로써 사람을 절제시키고, 『악』으로써 화합을 발하게 하고, 『서』로써 일 처리를 이끌고, 『시』로써 뜻을 드러내고, 『역』으로써 변화를 이끌고, 『춘추』로써 정의를 이끈다."[45]

광형은 상소문 가운데서 이렇게 말한다. "신이 듣자니 『육경』은 성인이 천지의 마음을 통괄하고, 선악의 귀결을 분명히 하고, 길흉의 구분을 밝게 하고, 인간 도리의 올바름을 꿰뚫게 함으로써 그들이 본성에 어긋나지 않도록 만든 것이라고 합니다. 그러므로 육예의 지침을 잘 살피면 사람과 하늘의 이치는 그것을 통해 화합할 수 있고, 초목과 곤충은 그것을 통해 잘 길러질 수 있으니 이것이야말로 영원히 바뀔 수 없는 도입니다. 『논어』 『효경』으로 말하자면 성인 언행의 요체이오니 그 의미를 잘 탐구

하셔야 하옵니다."⁴⁶

공우貢禹는 상소문에서 이렇게 이야기한다. "공자는 필부와 같은 사람이 었습니다. 그런데 도를 즐기고 몸 닦기를 게을리하지 않은 까닭에 온 세상 천하의 군주라도 공자의 말을 무시하고는 정확한 일 처리를 할 수 없게 되었습니다."⁴⁷

왕봉王鳳은 성제成帝 대신 조서를 꾸미면서 "『오경』은 성인이 만든 것으로써 세상 모든 일이 다 실리지 않는 바가 없다"⁴⁸고 말한다. 『춘추위』「설제사」는 "『육경』이 군주부모의 존엄을 밝힌 까닭은 천지의 개벽이 모두 순서가 있기 때문이다"⁴⁹라고 한다.

후한 전기의 대유 환영桓榮은 말한다. "『오경』은 넓고 크며, 성인의 말씀은 아득하고 멀다. 천하에 지극한 정수가 아니고는 어찌 이와 더불어 함께할 수 있겠는가!"⁵⁰

호광胡廣은 진평陳平이 유방劉邦을 도와 천하를 평정할 때 여섯 가지 기이한 대책을 사용했다는 일을 평가하면서 "여섯 가지 기이한 대책이 하나도 경학을 벗어난 바가 없었다"⁵¹고 말한다. 진평은 본래 황로黃老를 좋아했는데, 호광은 그마저 유가로 귀결시키고 있다.

반고班固는 말한다. "육예는 국왕 가르침의 모범 전적이다. 앞 성인들이 그것으로 천도를 밝히고, 인륜을 바로잡고, 지극한 정치 안정에 이르렀던 완성된 모범이다."⁵²

후한 말년의 순상荀爽은 말한다. "천지와 『육경』은 그 취지가 일치한다."⁵³

이상의 논술들은 이성에서 시작했으나 신성으로 향해 갔다는 말이다. 위서 가운데는 『오경』에 관한 일련의 신화들이 더 있다. 이렇게 『오경』은 사람들의 인식 범위를 제한시켰고, 인식의 무한성을 없애버렸다. 그리하여 인식 주체들은 고정된 울타리 안에 갇혔다. 이에 전대흔錢大昕은 "『육경』이 지극히 성스러운 것으로 정의되었으니 경을 버리면 학문이 될 수 없었다. 도를 익힘은 옛것을 좋아하는 것이 요체였으니 옛것을 무시하면 도를 구현할 수 없었다"[54]고 말한다. 지적 탐구는 인식이 종적으로 깊은 곳을 향해 발전하도록 밀어준다. 다시 말해 인식의 무한성을 추구한다. 일단 이러한 추구가 금지되면 인식은 기본적으로 멈춘다. 『오경』을 "세상 어디에 두어도 표준이 되는"[55] 최후의 진리로 받들면 "하나로 평정"하는 데는 의의가 있겠지만, 역사 발전의 측면에서 보면 생기를 말살하는 것임에 틀림없어 인식론적 퇴화 현상을 나타내게 된다.

한대 정치에서의 유가정신

한나라 정권이 수립된 뒤 일부 유생들이 정권에 들어가 정부의 정책 결정과 행정에 영향을 미치기 시작했다. 이들은 한나라 정권을 완비시키고 공고히 하는 데 큰 공헌을 했는데, 특히 숙손통叔孫通, 육가陸賈 및 조금 뒤의 가의賈誼, 가산賈山 등이 대표적이었다. 한漢 무제武帝 이후 유가는 독존적 지위를 획득했다. 유가 선비들은 통치자를 도와 지도 사상을 확립하고 사회 등급을 엄격히 구분했다. 각종 의례를 정하고, 봉선封禪에 대해 논의했다. 군권을 존중하고 신하와 백성을 낮추었으며, 학교를 세우고 선거選擧 제도를 입안했다. 그들은 한 정권을 위해 많은 일을 했으며 한 걸음 더 나아가 유가 사상과 봉건 정치의 결합을 실현시켰다. 여기서 제도 방면의 일을 자세히 논할 수는 없으나 정치 제도 속에 구현되어 있는 유가 정치 사상에 대해서는 간단히 논술하고자 한다. 제도가 아주 많기 때문에 그 가운데 몇 항목만 취하여 살짝 들여다보겠다.

공자가
한 왕실의 제도를
만들었다는 주장

한 왕실은 공자 존중의 깃발을 높이 들었다. 거꾸로 말하자면 한 왕실의 밥을 먹는 유생들이 공자가 한 왕실 제도를 만들었다는 신화를 제조해냈다. 그런 주장은 위서緯書 가운데 가장 많다.

『춘추위春秋緯』「연공도演孔圖」는 말한다. "성인은 공연히 출현하지 않는다. 반드시 무언가를 제정하여 천심을 드러나게 한다. 구丘는 목탁으로 천하의 법을 만들다."56 공자가 천하의 법을 만들었으므로 이치로는 마땅히 한 시대의 왕이 되어야 한다. 하지만 애석하게도 공자는 때를 만나지 못했고 여전히 빈손이었다. 그러나 역사는 공자의 법을 위해 안배를 했고, 이것이 한나라로 인해 실현되었다. 그래서 이렇게도 이야기한다. "공자는 우러러 천명을 받들고 굽어 시대 변화를 관찰했으며, 물러나 미래를 보고 무궁무진한 일들을 미리 해결해놓았다. 그는 대란 후 한나라가 계승될 것을 알고 있었기 때문에 난을 다스리는撥亂 법 제도를 만들어 물려주었다."57 오덕종시五德終始설의 한 주장에 따르면 하夏 왕조는 금金에 속하며 백白을 숭상한다. 은殷 왕조는 수水에 속하며 흑黑을 숭상한다. 주周 왕조는 목木에 속하며 청靑을 숭상한다. 진秦 왕조는 비정상 잉태이므로 정통에서 배제하며 마땅한 자리를 부여하지도 않는다. 이렇게 주나라를 계승한 왕조가 바로 한 왕조다. 한 왕조는 화火에 속하며 적赤을 숭상한다. 그래서 한 왕조 사람들은 공자가 한을 위해 법을 만들었다고 말하는가 하면 "적제赤帝가 법을 만들었다" "한나라 적제赤制를 만들었다" "적제를 만들었다"라고도 말한다. 『춘추위』 「감정부感精符」는 "묵공墨孔이 태어나 적제赤制를 만들었다"[58]고 말한다. 공자의 어머니가 흑룡과 교접하여 공자를 낳았다. 흑黑은 묵墨과 같고 현玄과도 같다. 그래서 공자를 '묵공' '현공玄孔'이라고도 부른다. 『춘추위』 「연공도」는 말한다. "현구玄丘(공자)가 천명을 지었는데, 제帝가 묘卯리에서 움직인다(유劉씨가 천하를 장악한다)는 것이었다."[59] 묘는 묘금卯金이다. 번체로 쓰면 '유劉' 자의 다른 자 혹은 은어가 된다. 유劉는 바로 유방劉邦이 개창한 한 왕실 천하다. 『춘추위』 「한함얼漢含孽」은 직접 "구丘는 역사 기록을 살피고, 옛 그림을 끌어들이고, 하늘의 변화를 받들어 모아 한나라 황제를 위해 법을 만들고 도록을 펴 순서를 매기었다"[60]고 말한다.

전한 말에서 후한 전기까지 위서緯書의 지위는 『오경』에 못지않았다. 위緯로 내학內學을 삼고 경經으로 외학外學을 삼는다는 설이 있을 정도였다. 당시 일부 저명한 유가 경학자와 큰 학자들은 공자가 한 왕실의 제도를 만들었노라고 대담하고 특별하게 이야기했다. 질운郅惲은 "한나라 역사는 오래되었고 공자가 적제赤制를 만들었다"[61]고 말한다. 이에 대한 이현李賢은 "공구가 위서를 만들고 역사 운명의 기약을 지어냈는데 이것이 한 왕실의 제도가 되었다는 말이다. 한나라는 화덕이며 적赤을 숭상하므로 적제라 말한 것이다"[62]고 주석했다. 소경蘇竟은 말한다. "공구의 비밀 경전이 한나라 적제가 되었다. 어두운 석실에 깊이 감추어두었는데, 글은 은밀했으나 일에는 분명했다."[63] 반고班固의 "공자가 천명에 앞서 유繇했는데, 이는 성인의 부孚였다"[64]는 말에 대하여 이현은 "유繇는 그림이고, 부孚는 믿음이다. 공구가 그림으로 한 왕실이 마땅히 봉선을 하게 되리라는 것을 말했는데 이는 성인의 믿음 때문이었다"[65]고 주해했다. 왕충王充은 참위讖緯를 믿지 않았다. 그러나 공자가 한 왕실 제도를 만들었다는 점에 대해서만은 오히려 참위가 하는 대로 말꼬리를 따라하고 있다. "『오경』 또한 한 왕실에서 수립된 것인데, 유생들의 정치와 대의에 대한 훌륭한 논의는 모두 그 속에서 나왔다. 동중서董仲舒는 『춘추』의 의를 드러내었는데 모두 율법에 합치하여 조금도 어긋남이 없었다. 그런즉 『춘추』는 한나라 경전이며, 공자가 지어 한나라에 물려준 것이다."[66]

공자가 한 왕실의 제도를 만들었다는 설이 전혀 도전을 받지 않았던 것은 아니다. 전한 후기 유가 내부에 '갱명更命'설 혹은 '혁명'설이 있기도 했다. 그러나 왕망王莽 개혁의 실패와 붕괴에 따라 한나라를 생각하는 사조가 급격히 부흥했고 공자가 한 왕실의 제도를 만들었다는 설이 다시 사회를 뒤덮었다. 송宋대 구양수歐陽修는 이를 비판한 적이 있다. "심하구나, 한나라 유생들의 간교하고 비루함이! 공자가 『춘추』를 지은 것이 어찌 구구하게 한나라만을 위해서였겠는가!"[67] '간교하고 비루하다'는 구양수의 말은 역사적 각도에서 볼 때 틀리지 않아 보인다. 그러나 이 '간교하고 비루함'이야말로 한대 유생들의 심리 상태를 반영하고 있다.

공자가 한 왕실 제도를 만들었다는 주장은 한나라 유생이 다 같이 한 왕실을 인정하고 있음을 드러내는 것일 뿐만 아니라 유생들 모두가 한 왕실의 도구가 되었음을 드러내는 것이기도 하다. 기왕 공자가 한 왕실 제도를 만들었다면 공자 성인의 신도가 되는 길은 오직 한길, 즉 한 왕실을 위해 힘과 충성을 다하는 길뿐이다. 공자가 한 왕실 제도를 만들었다는 설은 한나라 유생들의 정신을 빚어내는 데 대단히 중요한 의미를 지닌다. 그 가장 뚜렷한 작용은 바로 유생들을 한나라 왕실 정치의 종속물로 빚어냈다는 점이다.

등급等級, 조의朝儀, 봉선封禪, 명당明堂 및 유가의 존군尊君 사상

한 무제가 독존유술을 한 원인 가운데 하나는 유가가 존군을 주장하기 때문이었다. 존군 제도는 주로 제도적 장치의 수립과 사상적 인식의 공유를 포함한다. 진시황은 대일통의 전제 정권을 수립한 뒤 군주의 권력과 지위를 강화하는 데 총력을 기울였다. 자신을 위해 완전한 특권과 규범을 정해놓고 신민과 다름을 드러내 보였다. 그러나 진시황은 법제상의 경직된 규정으로 신민을 강제로 복종하게 만들 것을 중시했을 뿐, 이론적인 논증과 신민들의 사상, 의식적 인식의 공유는 이루어내지 못했다.

한 정권이 수립되고 유방劉邦이 황제가 되었다. 그러나 군주의 권위가 일시에 세워지지는 않았다. 그를 따라 남북 전투에 참여하고 조석으로 만나던 장수들은 그의 지고무상의 지위를 인정하지 않았다. 유방 본인은 이 때문에 항상 불안했다. 기록에 의하면 "고조가 진나라 의례와 법을 모두 없애고 간결, 평이하게 만들었다. 이에 뭇 신하는 술만 마시면 공을 다투고 취해서 멋대로 호칭을 하는가 하면 검을 뽑아들고 기둥을 쳐대니 주상으로서 매우 걱정했다."[68] 몸 가까이에 있던 유생 숙손통은 때를 보아 유방에게 제자들을 이끌고 조정 의례를 기초하고 신민의 규범을 만들어 황제의 권위를 확립하길 원한다고 건의했다. 이 건의는 유방의 마음에 쏙 들었다. 그리하여 숙손통은 100여 명의 제자를 거느리고, 또 노魯나라 유생 30명을 징발해 유가 경전에 근거하여 고례와 진나라 의례를 결합시 킴으로써 일련의 조정 의례 제도를 만들었다. 황제와 뭇 신하 사이의 상호 관계를 엄격하고 상세하게 규정했으며, 특히 공식적인 자리에 대한 규정은 더욱 엄격하고 장중하게 했다. "전각 아래 낭중郎中이 양측에서 시봉했고 계단 아래로 수백 명이 도열했다. 공신, 제후, 제장군, 군리 등이 순서대로 서쪽에 도열하여 동쪽을 향했고, 문관은 승상 이하 모두 동쪽에 도열하여 서쪽을 향했다. 크게 구빈九賓[69]을 설치하여 위아래 명령을 전달하는 예를 수행했다. 그리하여 황제가 연을 타고 방을 나서면 백관이 극戟을 잡고 경보를 전했는데, 제후왕 이하 600석의 관리들까지 순서대로 경하를 봉축하고, 제후왕 이하 그 어떤 사람도 두려움에 떨며 숙경하지 않는 사람이 없었다. 대례가 끝나면 모두 엎드렸고 주연이 베풀어졌다. 모두들 황제를 모시고 앉아 엎드린 채 고개를 들어 존비의 순서에 따라 헌수를 올렸으며 잔을 아홉 차례 돌렸다. 명령을 전달받은 사람이 '주연을 파함'을 외치면 어사御史가 법을 집행해 의례에 제대로 따르지 못한 자들을 끌어갔다. 이에 조정에서 주연이 벌어지는 내내 감히 시끄럽게 떠들거나 실례하는 사람이 없었다. 그래서 고조 황제는 '내 오늘에야 황제가 된 고귀함을 알겠노라!'고 말했다."[70] 그 후 가의, 동중서가 다시 한 걸음 더 나아가 튼튼하고 완벽한 존군 제도를 만들어 크게 부르짖었다. 가의는 심지어 이 제도가 엄밀하지 못하다고 눈물을 흘리기도 했다. 사마담司馬談은 「논육가요지論六家要旨」에서 유가를 평가하면서 이렇게 말하기도 했다. "군신과 부자의 예를 가지런히 하고, 부부와 장유의 구별을 차례 매긴 점은 백가라 하더라도 바꿀 수 없었다."[71] 이 조정 의례와 등급 제도는 군주와 신하의 존비를 엄격히 구분 지어주었으며, 군주의 권위를 강화해 황제의 독존을 제도화했다.

한대 존군 제도 가운데 중요한 위치를 차지하는 것은 봉선封禪의 시행과 명당明堂의 설립이다. 둘 다 군주신성화의 독특한 표현이며 유가 학설의 내용이기도 하다. 봉선의 기원은 아주 일러 하늘, 땅, 산악에 대한 제사에 근원이 있고, 이 기초 위에서 봉선이 출현했다. 『사기史記』 「봉선서封禪書」의 기록에 따르면 봉선의 역사는 삼황오제까지 소급시킬 수 있다. 선진 시대 전문적으로 봉선에 대해 논한 것으로는 『관자管子』 가운데 「봉선」 편이 있을 뿐이다. 확정된 역사로 이야기하자면 봉선은 진시황으로부터 시작했고 정해진 제도로 된 것은 한 무제 때다. 『사기』 「봉선서」는 이렇게 이야기하고 있다. "원년, 한 왕실이 일어난 지 60여 년이 흐르고 천하가 잘 다스려지니 허리에 홀을 꽂은 관리들은 모두 천자에게 봉선을 행하고 법도를 고쳐 바로잡기를 바랐다. 그리고 위에서는 유술을 숭상하고 현량들을 초빙했다. 조관趙綰, 왕장王臧 등은 문학文學으로 공경이 되더니 고대의 제도를 논의하여 성남城南에 명당을 세워서 제후들의 조회를 받고자 했다. 순수巡狩, 봉선, 책력 개정, 복색 지정 등 일을 기초했으나 실현시키지 못했다."[72] 실권을 장악한 두竇 태후가 반대했기 때문에 "일으키고자 한 여러 가지 일이 모두 폐기되었던"[73] 것이다. 두 태후가 죽은 뒤 봉선 관련 일이 의사 일정부터 다시 새롭게 거론되었다. "보정寶鼎을 얻어 옥좌에 오른 뒤부터 황상과 공경 여러 사람이 봉선에 대해 의론했으나 봉선이 너무 드물었고 끊어져 황량한지라 아무도 그 의례儀禮[74]를 알지 못했다. 그리하여 뭇 유생이 『상서尚書』 『주관周官』 『왕제王制』에 나오는 봉선에 관한 망사望祀[75], 사우射牛[76]의 일을 채취했다."[77] 지적할 만한 사실은 한대에 봉선이 선비들의 지속적 주장과 관심의 대상이었다는 사실이다. 사마상여司馬相如는 죽기 직전 유서에서 봉선을 국가 최고의 큰일이라고 말했다. "참으로 위대한 일이옵니다. 천하의 장관으로 왕자가 해야 할 최고의 일이니 조금도 격을 낮추어선 안 됩니다. 폐하께서 이 일을 온전히 치르시길 원하옵니다."[78] 한 무제는 유서를 다 읽고 크게 감동했다. "이에 생각을 바꾸어 공경들의 논의를 모으고, 봉선의 일을 자문하고, 대택大澤 강역의 넓음을 시로 읊고, 상서로운 부서符瑞의 풍성함을 넓혔다."[79] 한 차례 준비를 거쳐 문무백관을 거느리고 "태산泰山에 제단을 봉封하고 양보梁甫에 이르러 숙연산肅然山에서 하늘 제사禪를 올렸다."[80] 진시황의 봉선 행위는 주로 유생들의 의견을 구했고 물론 방사方士들도 참여했다. 한초의 봉선에 대한 논의는 여전히 방사들이 했으나 주로 유생들의 몫이었다. 일군의 유생들은 봉선에 대하여 전문적인 연구를 행하여 『봉선의대封禪議對』19편, 『한봉선군사漢封禪群祀』36편을 써내기도 했다. 이 분위기는 무제 이후 후한의 광무光武, 명제明帝 시기에 또 한 번 고조되었었다.

한대 통치자들과 진시황 사이에는 관념적으로 중요한 차이점이 있었다. 진시황은 신을 믿었으나 자신이 신보다 높다고 과장했으며, 자신의 권력이 바로 황제라는 자신의 지위와 합법성의 증명이었다. 한대 통치자들 또한 권력을 대단히 중시한 것은 당연했지만 이론상으로 그들은 천명의 보우를 받아 황제가 되었음을 인정했으며, 황제의 합법성 문제는 천으로부터 증명이 되어야 한다고 여겼다. 봉선은 한편으로 황제가 하늘의 보호를 얻었음을 나타내며, 다른 한편으로 황제가 하늘을 향해 정치적 업적을 묶어서 보고하는 것이기도 했다. "자고로 천명을 받아 제위에 올라 훌륭한 치세를 이루면 반드시 봉선을 행하여 그 공적을 알려야 한다."[81] 봉선은 황제와 하늘이 소통하는 가장 신성한 방식 가운데 하나였다. 봉선자격은 황제만이 가졌으며, 이 제사를 통해 황제의 지고무상성이 구현되었다. 『예기禮記』「왕제王制」편은 "천자는 천지에 제사 올리고, 제후는 사직에 제사 드리며, 대부는 오사五祀에 제사 지낸다"[82]고 말한다. 『한서』「교사지郊祀志」는 "천자는 천하의 명산대천에 제사를 올려 온갖 신들을 회유한다"[83]고 말한다. 봉선을 할 때는 천자만이 유일하게 제사를 올리는 사람이었고, 다른 제후와 대신들은 그저 곁에 있어주는 사람일 뿐이었다. 제사의 등급성은 현실 등급이 신 앞에 그대로 반영되는 것이었다.『백호통의白虎通義』「봉선」편은 봉선의 신성성에 대하여 이렇게 총괄한다. "왕이 역성혁명을 통해 일어설 때 반드시 태산에 올라 봉선을 행한 것은 무엇 때문인가? 보고하는 의미다. 천명을 받은 날부터 시작하여 제도를 바꾸고 하늘의 명령에 응하다 천하가 태평해지고 공이 이루어지면 봉선을 행함으로써 태평을 보고하는 것이다. 반드시 태산에서 하는 까닭은 무엇인가? 만물이 시작되고 하늘과의 교대가 이루어지는 곳이기 때문이다. 반드시 위에 올라 하는 것은 무엇 때문인가? 높은 곳이기 때문에 높은 곳에 알릴 수 있다고 유추하여 그에 따르는 것이다. 그래서 올라가 봉선함은 더 높아진다는 말이다. 태산 아래 양보梁甫산에서 터를 마련해 선禪 제사를 하늘에 올림은 더 두텁게 한다는 말이다. 이 모두를 돌에 기호로 새겨 남김은 자신의 공적을 드러내려 스스로 노력함이다. 하늘은 높아서 존중받고 땅은 두터워서 덕스러우니, 태산의 높이를 더 늘려 하늘에 보답하고 양보의 터를 더 붙여 땅에 보답하는 것이다. 하늘의 명령을 밝혀 공을 이루고 사업을 성취하니 높은 것이 더 높아지고 두터운 것이 더 두터워지는 것처럼 천지에 유익하다는 의미다."[84]

봉선은 제사 방식으로 왕권과 신권을 결합시키는 일이다. 황제는 봉선을 행함으로써 신격화되고 인간 세계에서 가장 존엄한 자가 된다. 황제의 합법성 또한 봉선을 행함으로써 더욱 충분한 증명을 얻게 된다.

명당明堂은 중앙전제집권과 군주 존중을 더 완벽하게 하기 위한 또 한 가지 조치다. 명당은 고대 제왕들이 정치 교화를 밝히는 곳이다. 맹자는 "명당이란 왕자의 집"[85]이라고 말했다.『예기』「명당위明堂位」는 주공이 성왕을 보좌하여 명당에서 제후들을 조회하는 상세한 의식에 대하여 기술하고 있다. "명당이란 제후들의 존비를 밝히는 곳이다."[86] 『예위禮緯』는 명당에 대하여 이렇게 기술하고 있다. "명당은 신명에 통하고, 천지에 감응하며, 사시를 바르게 하고, 교화 명령을 내리며, 덕이 있는 자를 높이고, 도가 있는 자를 표창하며, 훌륭한 행위를 기리는 곳이다."[87] 실제로 정책을 통일시키고 군주를 신격화시키는 수단이기도 했다. 한대에 가장 먼저 명당의 설립을 제기한 사람은 가산賈山이다. 한 문제에게 올리는 주소에서 그는 "하력夏曆으로 2월에 명당을 정하시고 태학太學을 세워 선왕의 도를 닦으셔야 합니다. 풍속이 바르게 이루어져 만세의 기초가 정해진 연후에야 폐하께서 갈 곳이 있으실 것입니다"[88]라고 요구한다. 한 문제는 경제 회복과 인민 생활의 원기 회복에 바빠서 문교文敎를 할 틈이 없었다. 한 무제 시대의 조관趙綰과 왕장王臧은 명당의 설립을 재차 건의했으나, 두竇태후의 반대로 작파했었다. 한 무제가 친정을 하면서 자기 마음대로 할수 있게 되자 마침내 태산에 명당을 건립했다. 『한서』「무제기」의 기록에 의하면 원봉元封 2년, "태산 아래에 명당을 지었다"[89]고 한다. 『사기』「봉선서」는 이렇게 쓰고 있다. "처음 천자가 태산에 봉선을 함에 태산 동북 산기슭에 옛 명당의 자리가 있었는데 처세가 험난하고 잘 드러나지 않았다. 주상께서 명당을 다스려 높은 곳으로 받들고자 했으나 그 제도를 알지못했다. 이에 제남濟南 사람 공옥대公玉帶가 황제黃帝 시대의 명당 지도를 바쳤다."[90]

후한 왕조가 굳건해진 뒤 광무제光武帝는 조종들을 본받아 예와 악을 제정함으로써 자신의 권위를 드러내려 했고 일부 유생들이 분분히 이에 영합했다. 광무 26년 대사공大司空에게 조서를 내려 옛일에 해박한 대유 장순張純으로 하여금 경전에 근거하여 예악을 지으라고 했다. 이 일을 『후한서』에는 이렇게 기재하고 있다. "변경에 일이 없고 전쟁을 없애니 해마다 풍년이 들고 집집마다 풍요로웠다. 장순이 성왕의 뜻에 따라 벽옹辟雍[91]

을 세우고 그로써 예의를 존숭하게 하니 풍부한 내용으로 가르치게 되었다. 그리고 칠경참七經讖, 명당도明堂圖, 하간河間의 『고벽옹기古辟雍記』, 효무孝武황제의 태산太山 명당 제도에 입각하고 평제平帝 시대의 논의를 참고하여 틀을 갖추도록 주청했다."[92] 대유 환영桓榮 또한 벽옹, 명당을 설립해야 한다고 진언했고 공경들의 회의를 거쳐 광무제의 윤허를 얻어냈다.

『백호통의』「논영대명당論靈臺·明堂」 편은 한대 유생들에 있어서 명당의 의의에 대해 총괄하고 있다.

"천자가 명당을 세우는 것은 그로써 신령에 통하고, 천지에 감응하고, 사시를 바르게 하고, 교화를 내리고, 덕이 있는 사람을 으뜸으로 삼고, 도가 있는 사람을 중시하고, 유능한 사람을 드러나게 하고, 실천한 사람을 포상하려는 까닭에서다. 명당은 위를 둥글게 하고 아래를 각이 지도록 하며, 여덟 개의 창문과 네 개의 문을 단다. 정치를 행하는 궁전은 국도의 남쪽에 둔다. 위가 둥근 것은 하늘을 본받음이요, 아래가 각진 것은 땅을 본받음이다. 여덟 개의 창은 팔풍八風을 닮음이요, 네 개의 문은 사시를 본받음이다. 9궁九宮은 9주九州를 본받음이요, 12좌坐는 12월을 본받음이다. 36호戶(지게문)는 36우雨를 본받음이요, 72유牖(창)는 72풍風을 본받음이다."[93]

명당은 천지의 축소판이다. 천자는 그 가운데 살며 천지를 본받을 뿐만 아니라 천지 또한 그가 길들이는 물건이 된다.

그 밖에 또 정삭正朔의 개정, 복색服色의 변혁, 교사郊祀 등도 모두 존군과 긴밀히 관련되어 있으나 여기서 일일이 서술하지는 않겠다.

『춘추』결옥決獄과 유가 윤리 도덕의 형법화

양한 시대에 형사 안건을 처리할 때 자주 보이는 고유명사는 '『춘추』결옥' 또는 '경의결옥經義決獄'이다. 즉 형사 안건을 심판하고 처리하면서 형률에 의거하지 않고 유가의 경전에 의거하거나, 혹은 형률과 유가 경전의 어느 조항 어록과 충돌이 생겼을 때 형률을 버리고 경의經義를 사용하는 것을 말한다. 이런 상황이 나타난 것은 근본적으로 유가 경전이 당시 사회의 사상적 준칙인 동시에 사회생활의 '법전' '헌장'의 역할을 했음을 설명해준다.

'『춘추』결옥'은 유생들이 대규모로 벼슬길에 나선 것과 밀접한 관계가 있다. 경전을 통해 벼슬길에 들어서는 관리 선발 제도가 확립됨에 따라 대단위 유생들이 각종 관료 기구로 진출했다. 그들은 유가 학설의 영향을 깊이 받고 있었으므로 정무를 처리할 때 각각 정도는 다르지만 유가 경전의 지도와 제약을 받을 수밖에 없었다. 『상서』를 전공했던 유생 아관兒寬은 정위廷尉인 장탕張湯을 열심히 도와 "옛 법의 뜻으로 의심스러운 옥사를 결단하여"[94] 장탕에게 직접적으로 영향을 미쳤다. 아관은 이로 인해 한 무제와 장탕에게 중시되었다. 여보서呂步舒는 "부절을 지니고 회남淮

南의 옥사를 결정했는데, 제후들이 자기 멋대로 판단을 하고 보고하지 않는 경우 『춘추』의 정의에 따라 바로잡아주었으며, 천자는 이 모두를 옳다고 여겼다."[95]

'경의결옥'을 널리 퍼뜨리고 논증한 사람은 동중서다. 『후한서』「응소전應劭傳」의 기록에 따르면 "그리하여 교서膠西의 상相인 동중서가 노병을 이유로 사직 의사를 표했다. 조정에서 정치적 논란이 있을 때마다 여러 차례 정위 장탕을 파견하여 친히 민간 동네로 내려가 그 득실을 문의했다. 그리하여 동중서는 『춘추결옥』 232사事를 썼는데 행위마다 경전으로 대조하여 그 말이 매우 상세했다"[96]고 한다. 그런 뒤로부터 차츰 한 가지 습속이 생겨 처리하기 어려운 안건이 생기면 유가 경전 가운데서 그 근거와 선례를 찾을 수밖에 없게 되었다. 유사한 일을 서로 비교하여 보편적인 찬동과 인정을 얻을 수 있었다. 한 소제昭帝 시기, 황색 복장의 한 사내가 누런 송아지가 이끄는 수레를 끌고 나타나 똑바로 미앙궁未央宮으로 몰면서 자칭 한 무제의 큰아들인 위衛태자라고 했다. 문무백관은 대경실색했고 소제 또한 지극히 의외로 느껴 어떻게 처리해야 할 줄 몰랐다. 그리하여 대신들에게 명하여 미앙궁 북쪽 궁궐로 가서 진위 여부를 판가름하라고 했다. 일시에 수많은 주민이 둘러싸고 구경을 하는 바람에 문무관원들은 어떻게 대처할지 몰라 했다. 승상丞相, 어사御史, 중이천석中二千石 모두 이르렀으나 경황 중에 어찌할 바를 모르고 감히 말을 꺼내지도 못했다. 이때 『춘추』 전공 출신의 경조윤京兆尹 준불의儁不疑가 오자마자 즉각 체포하라고 명령했다. 어떤 사람이 진짜인지 가짜인지 아직 판명되지도 않았으니 조심하는 것이 낫지 않겠느냐고 충고했다. 이에 준불의는 이렇게 대답했다. "여러분은 위태자를 무얼 걱정하시오! 옛날 괴외蒯聵가 명을 어기고 망명했을 때 번번이 거리를 두고 받아들이지 않았는데 『춘추』는 이를 옳다고 여겼습니다. 위태자는 선제에게 죄를 지은 자로 도망하여 죽지 않고 지금 와서 스스로 경지에 이르렀다고 떠드니 이는 죄인입니다."[97] 체포 뒤 정위에게 보내 심문한 결과 과연 이름을 도용한 사기꾼이었다. 증거가 명백해지자 곧 요참형腰斬刑에 처했다. 준불의가 경의를 인용하여 의안을 처리한 것에 대해 황제와 보정輔政대장군 곽광霍光이 찬양했는데 "공경대신은 응당 경전의 술을 응용하여 대의를 밝혀야 하리라"[98]고 말했다. 이로부터 준불의는 명성을 크게 떨쳤고 재위 대신들은 모두 그만 못함을 부끄러워했다.

후한 시기 '『춘추』결옥'은 한 단계 더 발전했다. 후한 통치자들은 『춘추』 등 유가 경전으로 법률을 해석했는데, 이 해석은 법률적 효력을 지녔을 뿐만 아니라 법률의 시행을 지도하기도 했다. 그 가운데 진총陳寵이 쓴 『사송비辭訟比』 7권, 진충陳忠이 저술한 『결사비決事比』는 모두 경전을 끌어다 법률을 해석하고 경전과 법률을 하나로 융합시킨 법률 문건으로 통치자들을 위해 '경의결옥'의 모범 양식을 제공했다. 한말의 응소應劭는 경학의 법률에 대한 개조를 체계적으로 완성하여 『춘추단옥春秋斷獄』 250편을 저술했다. 그는 황제에게 올리는 주소奏疏를 통해 경과 형률의 관계를 체계적으로 이야기하고 있다.

"국가의 대사는 전적에 실린 것을 숭상하는 것이 최고입니다. 전적에 실렸다 함은 혐의에 대해 결정을 내리고, 시비를 분명히 하고, 상과 형벌을 마땅하게 하여 그 중용을 획득하는 일이므로 후세 사람들이 영원히 귀감으로 삼는 바입니다. (…) 신은 누대에 은총을 입어 영광스럽게도 풍성하고 넘치는 복을 누렸으나 부끄럽게도 어떤 계책도 스스로 내지 못했습니다만, 탐심을 줄이고 말을 보완하여 쉽게 『율본장구律本章句』 (…) 및 『춘추단옥』 250편을 편찬했사온데, 중복된 곳을 다 없애고 절문으로 만들었습니다."[99]

『춘추』는 본래 공자가 엮은 노나라 편년사다. 이 역사책이 어떻게 하여 옥사를 결정하는 근거가 될 수 있었을까? 주요 원인은 한대 유생들이 『춘추』를 정치적 가치 판단의 최고 준칙으로 여겨 공자의 옳고 그름으로 자신들의 옳고 그름을 삼았기 때문이다. 『춘추』가 옥사를 결정할 수 있었던 까닭은 또 사회 양식이 기본적으로 같아 특정의 추상적 보편 원칙을 실제에 응용하는 것이 가능했다는 데 있다. 사마천의 『춘추』에 대한 다음 논술은 당시의 보편적 인식을 대표한다고 할 수 있다. "무릇 『춘추』란 위로 삼왕의 도를 밝히고, 아래로 인간사의 핵심을 구분하게 해주고, 혐의를 구별시키고, 시비를 밝히고, 유예한 것을 확정시켜준다. 선을 좋게 여기고 악을 미워하게 하며, 현자를 어질게 여기고 불초자를 천하게 여기며, 망해가는 나라를 보존시키고 끊긴 세상을 이어주며, 폐단과 잘못을 메워주니 왕도王道 중에서 가장 위대한 것이다."[100] '왕도'의 중심은 예법 제도다. 그래서 이렇게도 이야기한다. "무릇 예의의 취지에 통하지 못하면 군주가 군주답지 못하고, 신하가 신하답지 못하며, 아비가 아비답지 못하고, 자식이 자식답지 못한 데 이른다. 군주가 군주답지 못하면 모든 것이 어긋나고, 신하가 신하답지 못하면 죽임을 당하며, 아비가 아비답지 못하면 무도하고, 자식이 자식답지 못하면 불효하다. 이 네 가지 행위는 천하의 큰 죄악이다. (…) 그래서 『춘추』는 예의의 가장 큰 으뜸이 된다."[101]

'경의단옥'은 주로 『춘추』결옥에 의거한다. 유가 경전 가운데의 사상적 관념을 운용하여 형사 안건을 처리하는 지도 원칙으로 삼은 것이다. 구체적으로 말하자면 주로 다음 몇 가지 방면을 이야기할 수 있다.

첫째, "일의 근본을 보고 원래의 뜻을 살핀다". 동중서는 말한다. "『춘추』의 옥사 처리는 반드시 그 일의 근본을 보고 원래의 뜻을 살핀다. 뜻이 사악한 자는 일의 성공에 관계없이 처리하고, 흉악한 범죄자로 죄가 특히 무거워도 근본이 곧으면 가벼운 죄로 논한다."[102] 다시 말해 반드시 범죄의 동기와 결과를 결합시켜 생각하여 동기가 악랄한 범죄는 목적을 이루지 못했어도 무겁게 다스리고, 엄중한 결과를 낳은 범죄라도 동기가 선량하다면 가볍게 처단할 수 있다는 말이다. 혹자는 이 점을 가리켜 '원정정죄原情定罪(사건의 경위에 근원을 둔 단죄)'[103]라 부른다. 사실상 『춘추』결옥은 '원정정죄'와 '원심정죄原心定罪(범인의 본심에 근원을 둔 단죄)'[104]의 결합이다. 『풍속통의風俗通義』는 다음과 같은 사건을 기록하고 있다. 두사杜士가 아내를 맞는데 장묘張妙가 두사의 집에 손님으로 갔다. 주연을 마친 뒤 신혼 방에서 소란을 피우더니 "장묘는 두사를 묶어 20여 차례 몽둥이질을 하는가 하면 발과 손가락을 달아매었다."[105] 그 결과 두사가 죽고 말았다. 당시 구양고歐陽高의 『상서尚書』에 정통한 포욱鮑昱이 여남汝南의 태수였는데, 이 사안에 이런 판결을 내렸다. "술 마신 뒤 서로 놀다 일어난 일로 그 본심을 헤아려보면 상해를 입히고자 하는 뜻이 없었다. 마땅히 사형은 감해야 하리라."[106] 이 사건에서 포욱의 처리는 정리에 부합한 점이 있다. '원심정죄'의 핵심은 마음을 참작誅心하는 것이다. 즉 안건을 처리할 때 범인의 평상시 본성을 살펴 본성이 선하면 중죄라도 가벼운 벌을 주고, 본성이 악하면 가벼운 죄라도 중벌로 다스린다. 후한 시대 경전에 밝기로 유명한 태학생太學生 곽서霍諝의 외삼촌이 멋대로 문장을 간행하여 하옥되었다. 이에 곽서는 대장군 양상梁商에게 상서를 올려 외삼촌이 억울하다고 변론했다. 그는 특히 '마음을 참작하는' 춘추의 뜻에 따라야 한다고 강조했다. "서가 『춘추』의 뜻을 들은 바 있사온데 사건의 경위에 따라 잘못을 확정하고 뜻을 참작하여 사건을 용서해준다 했습니다. 그래서 허지許止는 군주를 시해했음에도 죄를 받지 않았고, 조순趙盾은 도적을 따랐음에도 기록을 남겼습니다. 이는 공자께서 왕도의 법도를 내려주신 까닭이며 한 왕실이 마땅히 준수하고 내내 닦아온 바입니다."[107]

'원심정죄'는 어떤 의미에서 보면 합리적이지 못한 것은 아니다. 하지만 법 집행자로 하여금 주관적 자의성에 빠지기 쉽게 만들어 제멋대로 법률을 해석하고 경중을 자의적으로 매기거나, 처벌과 사면을 멋대로 하기 십상이다. 이에 대해『염철론鹽鐵論』「형덕刑德」은 다음과 같이 말한다. "『춘추』의 옥사 처리는 마음을 따져 죄를 결정한다. 뜻이 선하면 법에 어긋나도 처벌을 면해주고, 뜻이 악하면 법에 합치하더라도 처벌한다."[108]

둘째, "군주의 친척은 거역將이 없어야지, 거역하면 처벌한다."[109] '장將'에 대해 안사고顏師古는 "장將은 역란逆亂"이라고 말한다. 이 규정은 황제의 친척이라도 범죄를 저지르면 처벌을 받아야 함을 강조한 것이다. 한대엔 이 경의를 인용하여 황제 친척의 범죄 행위를 징벌하는 일이 잦았다. 한 애제哀帝는 외삼촌인 대사마大司馬 정명丁明에게 칙서를 내려 면직을 시켰는데 칙서에서 이렇게 이야기했다. "무릇 '군주의 친척은 거역이 없어야지, 거역하면 처벌한다'고 했노라. 그래서 계우季友가 숙아叔牙를 독살했으나,『춘추』에선 그를 어질다고 했으며 (…) 짐은 장군이 중형에 떨어지는 것이 마음 아프지만 (…) 표기장군의 인수를 올리고 파면을 받아들여 집으로 돌아가도록 하라."[110] 후한 시대 명제明帝의 아우인 광릉왕廣陵王 유형劉荊이 법을 어겼다. 명제는 번조樊儵를 파견해 안건을 심리하도록 했는데, 번조는 유형을 사형시켜버렸다. 명제는 크게 노하여 "뭇 경이 내 동생의 연고가 있음에도 그를 죽이려 했으니, 내 아들이더라도 경들이 감히 그를 어찌하겠다는 것이오?"[111]라고 말했다. 번조는 바로 사직서를 내면서 이렇게 대답했다. "『춘추』 대의에 따르면 '군주의 친척은 거역이 없어야지, 거역하면 처벌한다'고 했습니다. 그러므로 주공周公은 동생을 죽였고, 계우는 형을 독살했으나 경전에선 그들을 위대하게 다루었습니다. 신 등으로 하여금 형벌로 동생을 다루라고 부탁하셨는데, 폐하께서 성심을 남기시어 그를 측은히 여기시니 이에 감히 청을 올립니다. 만약 명령이라면 폐하의 아드님이시더라도 신 등은 오직 처벌할 따름입니다."[112] 번조가 감히 황제의 동생을 죽이고 황제의 아들도 죽일 수 있다고 큰소리를 친 것은 완전히 경의에 근거를 두었기 때문이다. 바로 경의가 이 대쪽 선비들에게 무한한 용기를 주었으니 참으로 가상할 일이다. '군주의 친척은 거역이 없어야지, 거역하면 처벌한다' 함은 봉건 통치에 직접적으로 위해를 가하는 그런 중대한 안건에만 응용될 뿐이며, 일반적인 경미한 위법 사항에 대해서는 "부모를 위해 숨겨주고" "지위가 높은 사람을 위해 숨겨주는" 방법으로 사면을 해주었다. 이는 경의단옥의 운용이 풍부한 신축성을 지녔다는 이야기다.

셋째, "악을 미워함은 그 자신에서 그친다".[113] 즉 "죄에 대한 책임은 스스로 지지" 가족에 연루시키지 않는다. 한대의 수많은 유생 관료는 "악을 미워함은 그 자신에서 그친다"는 말을 원용하여 죄인을 처벌하고 무고한 사람을 사면해주었다. 후한 광무제光武帝 때 평원군平原郡 태수 조희趙熹가 '도적'을 토벌하여 "그 수령을 베고 보니 연루된 잔당이 수천명에 이르렀다".[114] 이에 조희는 글을 올려 "악을 미워함은 그 자신에게 그쳐야 함"을 적시하며 잔당을 사면해달라고 했고, 광무제는 그에 따랐다.(『후한서』「조희전」) 한 안제安帝 때 거연도위居延都尉 범빈范邠이 뇌물죄를 저질렀다. 대신들은 모두 "2세까지 금고형禁錮二世"이라는 처벌을 내려야 한다고 생각했다. 하지만 태위太尉 유개劉愷는 이렇게 주장했다. "『춘추』 대의에 의하면 '선을 기림은 자손에까지 미치고, 악을 미워함은 그 자신에서 그친다'고 했습니다. 그렇게 함으로써 사람들을 선으로 나아가게 하기 위해서입니다. (…) 지금 뇌물 먹은 관리로 하여금 자손까지 금고형에 처한다면 (…) 선왕이 배려한 형벌의 대의가 아닌 듯하옵니다."[115] 그리하여 안제는 조서를 내려 본인만 금고에 처하고 자손에 연루시키지 않도록 했다.

넷째, "아버지와 자식은 서로 감추어준다父子相隱". 유가 사상은 종법 윤리의 사회적 작용, 특히 군신과 부자 관계의 수호를 중시한다. 『춘추』는 아버지나 자식이 범죄를 저지르면 서로 감추어도 되며, 양부모와 양자도 그렇게 할 수 있다고 주장한다. 『통전通典』은 다음과 같은 실례 하나를 적어두고 있다. "갑은 자식이 없었는데 도로 옆에 버려진 아이 을을 주워서 길러 자식으로 삼았다. 자식이 자라 살인죄를 저지르고, 이 상황을 갑에게 알리자 갑은 을을 숨겨주었다. 갑은 응당 어떤 처분을 받아야 하는가?"[116] 양아버지가 양아들을 숨겨준 이 행위에 대하여 동중서는 이런 판단을 내렸다. "갑이 자식이 없어 을을 구제하여 양육했다. 자신의 소생은 아니지만 누구와 그를 바꾸겠는가? (…) 『춘추』 대의에 따르면 아버지는 자식을 위해 감추는 것이므로 갑은 마땅히 을을 숨겨야 한다. 마땅히 연루시키지 않도록 알려야 한다."[117] 이 안건에 대한 동중서의 의견은 후세에 지대한 영향을 미쳤다. 한 선제宣帝 지절地節 4년에는 다음과 같은 조칙을 내렸다. "지금부터 자식으로 부모를 숨겨주고, 아내가 남편을 숨겨주고, 손자가 조부모를 숨겨주는 행위는 모두 연좌시키지 말라. 부모가 자식을 숨겨주고, 남편이 아내를 숨겨주고, 조부모가 손자를 숨겨주는 행위는 그 죄가 사형에 해당되는 경우 모두 위로 정위廷尉에게 청원하여 사정을 들어보도록 하라."[118] 이 조서에 근거하여 어린 사람들이 나이 든 사람들을 숨겨주는 행위는 형사 책임을 지지 않았으며, 나이 든 사람들이 어린 사람들을 숨겨주는 행위 중 사형죄 이하의 경우는 형사 책임을 지지 않았고 사형죄이면 정위에게 청원을 올려 사정을 참작하여 처리하도록 했다.

다섯째, "공훈으로써 잘못을 매워준다以功補過". 이것은 공훈이 있는 신하에 대한 통치 계급의 처벌 원칙이었다. 전한 소제昭帝 때 대사농大司農 전연년田延年은 공무를 핑계로 공금 3000만 전錢을 횡령하여 '부도不道'죄[119] 처분을 받았다. 이에 어사대부 전광명田廣明은 정책 집행을 맡고 있는 곽광霍光에게 "『춘추』 대의에 의하면 공훈이 있으면 죄를 덮는다 했습니다.

당시 창읍왕昌邑王을 폐할 때 전자빈田子賓(즉 전연)의 말이 아니었으면 큰일을 이루지 못했을 것입니다"[120]라고 말하여 전연년의 사면을 요구했다. 왜냐하면 전연년이 창읍왕을 폐하고 선제를 옹립할 때 큰 공을 세웠으니 그 공훈으로 죄를 꺾을 수 있다는 이유에서였다. 후한의 공신 마원馬援이 다른 사람에게 모함을 당했다. 광무제는 진상을 밝히지도 않고 대로하여 마원의 신식후新息侯 인수를 거두어들여 버렸다. 이에 주발朱勃이 상서를 올려 억울함을 호소했다. "신이 듣기에 『춘추』 대의에 따르면 죄가 있어도 공훈으로 없앨 수 있다고 합니다. (…) 공경들로 하여금 마원의 공과 죄를 바르게 다스리도록 해 주시길 원하옵니다."[121] 경의를 끌어다가 마원을 위해 변호한 것이다.

그 밖에 『춘추』'결옥'에 자주 인용되는 경의로는 "악의 우두머리를 단죄한다罪其首惡" "어긋날지언정 남용하진 않는다寧僭不濫" "존귀한 사람에겐 죄를 덧붙이지 않는다罪不加於尊" 등등이 있다.

한대에 『춘추』'결옥'을 실천하면서 『춘추』의 기재 내용이 광범하고, 법률 안건에 대해 명확한 규정이나 시행 원칙이 없었기 때문에 구체적인 사안에 적용하면서 잦은 충돌과 모순이 생겨났다. 법을 집행하는 관원은 각기 다른 경의를 인용하며 서로 비난했다. 전한 애제哀帝 때 대신 설선薛宣과 그의 아우 설수薛修가 불화했다. 박사 신함申咸은 설수와 교유가 두터워 자주 설선에 대한 나쁜 말을 했다. 설선의 아들 설황薛況이 우조시랑右曹侍郎이 되고는 이 사실을 안 뒤 양명楊明을 매수하여 궁문 밖에서 신함을 살해했다. 사건이 발생한 후 조정에 공경대신들이 모여 이 안건을 논의했다. 대신들은 두 파로 갈렸다. 어사중승御史中丞을 우두머리로 하는 한 파는 설황이 대신의 신분임에도 끝내 사람을 사주하여 궁궐 앞 수많은 대중이 보는 마당에서 대신을 살상했으니, 이는 황상에 대한 큰 불경이라고 주장했다. 『춘추』 대의에 의하면 의지가 나쁘고 행위가 그에 따랐으니 사형을 면키 어렵다"[122]고 했다. 설황은 주모자이고 양명은 살인자이니 의지와 행위가 다 나쁘고 모두 큰 불경을 저질렀으니 응당 중죄로 다스려 기시棄市[123]형에 처해야 한다는 것이다. 한편, 정위를 우두머리로 하는 일파는 이에 대해 반박하며 "『(한漢)율律』에 가로되 '싸워서 칼로 사람을 다치게 하면, 끝난 뒤 성단城旦[124]형에 처하며 죽일 경우 죄를 한 등급 더하고 공모자도 같은 죄로 다스린다'"[125]고 주장했다. 신함과 설수는 두터운 교분을 맺고 여러 차례 설선을 비방했으니 설황의 원한이 극도로 쌓였을 것이고, 그래서 양명을 시켜 신함을 살상한 것이다. 이 사건은 본래 사사로운 다툼에 속하며 비록 궁궐 밖에서 발생했으나 평민들의 싸움과 다름이 없다고 본다. "『춘추』 대의에 따르면 원심정죄해야 한다. 원래 설황이 부친이 비방을 당함을 보고 분노가 폭발한 것이니 그렇게 큰 악은 아니라"[126]는 것이다. 양명은 응당 사람을 죽인 죄로 처단해야 하고 설황은 그 공모자로 보아야 하며, 작급이 있는 신분으로 보아 죄를 감해주어야 하니 성단형으로 벌해야 한다는 것이다. 쌍방 모두 경전을 근거로 인용하나 결론은 완전히 달랐다. 애제조차 결단을 내릴 수 없어 고개를 돌려 다른 공경대신들에게 물었다. 승상 공광孔光과 대사공大師空 사단師丹은 어사중승의 의견에 찬성했으나 장군 이하부터 박사의랑博士議郎까지는 정위 편에 섰다. 그 결과 설황은 죄가 한 등급 감해져 돈황敦煌으로 유배되었다.(『한서』 「설선전薛宣傳」) 이 일로부터 알 수 있듯 동일한 안건에 대하여 모두 경의를 끌어들이고 있으나 경의가 구체적으로 규정하지 않고 있기 때문에 각기 다른 인용과 해석이 가능했으며, 자연히 다른 결론을 얻게 되었다.

형률과 경서 사이에 모순이 생겼을 때, 그리고 형률을 좀 바꾸고 싶을 때에도 경전을 끌어들여야 했다. 장제章帝 원화元和 원년의 조서가 바로 한 예다. 조서에 이르길 "『한율』에 '고문하는 사람은 매, 볼기, 세워두기 형벌만을 써야 한다'고 한다. 또 법령의 세 번째는 채찍의 길고 짧음을 숫자만큼 행했다. 옛날 큰 옥사가 치러진 이래 고문은 대체로 가혹했는데 목에 칼을 씌우거나 종지뼈를 없애는 등 참혹하고 고통스럽기 이를 데 없었다. 그 고통과 혹독함을 생각하면 가엾어서 마음이 울적하다. 『서경』에 '채찍으로 관리들을 징계하는 형벌로 삼노라'고 하는데 어찌하여 이와 같이 말했겠는가? 마땅히 가을과 겨울에 옥사를 다스리며 그 금하는 바를 명확히 하고자 한다".[127] 한대 중기 이후 유가 경전은 국가 정책의 결정과 집행 모두에 지도적 작용을 했다고 말할 수 있다.

'『춘추』결옥'은 독존유술의 산물이다. 그것이 광범하게 사용되었다는 것은 유가 경전이 한대의 상부 구조 가운데서 벌써 권위를 지녔음을 뜻한다. 다른 한편으로 경의와 법률 조문을 비교해보면 더욱 큰 자의성을 지니고 있는데, 이에 대해서는 근대 장빙린章炳麟이 잘 지적하고 있다. '『춘추』결옥'은 "위에선 그 술수를 더욱더 비밀스럽게 할 수 있어 백성으로 하여금 엿보기 어렵게 만들며, 아래에선 그 근거를 가지고 장사를 했다. 그러니 분명한 과녁을 버리고 흩날리는 기폭을 따르는 꼴이었다. 슬프다! 경전은 이나 벼룩이고, 법에는 쭉정이나 피었으니".[128]

04 경의經義: 정치의 준칙

독존유술 후 황제는 큰 정무를 처리하면서 자주 경전을 인용했다. 경에 통달하여 잘 응용하고 사건 처리가 경의에 잘 부합하는 관원들을 특히 중시하고 신임했다. 이는 선비와 관료들을 경학에 다가가도록 만들었다. 한 중기 이후 유가 경전은 군주, 공경대신 및 일반 선비 지식인들에게 치국의 강령으로 간주되었다. 『한서』 「유림전」은 이렇게 이야기한다. "육예는 국왕 교화의 전적이며, 선대 성왕이 그것으로써 천도를 밝히고 인륜을 바르게 하고 최고의 정치에 이르게 하는 완성된 법이다."[129] 이런 상황하에 경학은 조정에서 정무를 처리하는 지침이자 근거가 되었다.

정치 활동의 합리성은 경학으로 증명해야 했다. 즉 사물의 우열, 정치 사건의 시비, 물품과 사람에 대한 평가는 모두 경전을 표준으로 삼았으며, 황제가 조서를 내리고 신하가 글을 올려 사건을 진언할 때도 모두 경서를 가치 판단의 표준으로 삼았다. "조정의 논의에 경전을 의거하지 않는 적이 없었다." 이런 분위기는 한 무제의 독존유술 이후 갈수록 성했다. 황제는 수많은 조서에서 위로 국가의 내정 외교, 아래로 황후와 태자를 폐하고 세우는 데 모두 경전을 근거로 인용함으로써 규칙이 성스럽고 합리적이며 경전에 합치함을 나타내어야 했다. 한 무제 원삭元朔 원년 봄, 황후 위衛씨를 세우는 조서에서 이렇게 말한다. "짐은 천지가 불변하면 교화가 베풀어지기 어렵고, 음양이 불변하면 만물이 무성하지 못한다고 들었다. 『역경』에 이르길 '그 변화를 통찰하여 백성을 피로하지 않게 만든다'고 한다. 『시경』은 '수없는 변화가 일을 반복하니 선택할 언어를 알겠노라'고 했다. 짐은 요순 시대를 아름답게 여기고 은나라, 주나라 시대를 기꺼워하는데, 옛것에 근거하여 새것을 비춰보고자 한다. 이제 천하에 사면을 내리고 백성과 더불어 새로 시작하련다. 관방 기물을 빌려 돌려주지 않고 은닉한 자 가운데 효경제 후 3년 이전인 자는 모두 따져 책임을 묻지 말라."[130] 앞의 여섯 문장 말 가운데 두 구절은 『역』과 『시』를 인용하고 있다. 황제가 정무 방침에 대해 질문을 할 때도 경서로 대답하길 요구했다. 엄조嚴助가 회계會稽 태수가 되자 한 무제는 글을 하사하며 정치에 대해 물으면서 『춘추』로써 대답해야지 소진蘇秦의 종횡縱橫술로 대답하지 말 것을 명확히 요구했다. 소제는 조서를 내려 인재를 선발하면서 자신의 경서에 대한 학습 상황을 먼저 설명하도록 했다. 한 선제의 재위 기간 조서에도 여러 차례 경전 문구를 인용했다. 예컨대 조서 가운데 경서를 인용하며 인재 선발의 표준으로 삼았다. "경전에 이르길 '효제孝悌야말로 인仁의 근본일진저!'라 하니, 군국郡國에 명하여 효제하고 의를 행하여 고을에 잘 알려진 각 한 사람을 천거하라."[131] 원제元帝는 더욱 유가를 숭상하여 경전의 인용에 특히 뛰어났다. 예컨대 직언하는 선비를 구하는 대책을 내면서 이렇게 말했다. "천지 사이에 무엇이 귀한 것인가? 왕자의 법은 무엇이 같게 하는가? 『육경』의 의의는 무엇을 높이 사는가? 사람의 행위는 무엇이 앞서야 하는가? 사람을 취하는 방법은 무엇으로써 해야 하는가? 당면한 정치는 어떻게 힘써야 하는가? 각자 경전으로 대처해야 하리라."[132]

후한 황제는 큰일이 있을 때마다 일반적으로 조서 안에 경서를 근거로 인용함으로써 조서가 상황에 맞고 합리적이며 합법적임을 증명했다. 광무제는 태자를 바꾸는 조서에 먼저 『춘추』를 인용했다. 그 조서는 이렇다. "『춘추』 대의에 따르면 신분이 귀한 자를 태자로 삼아야 한다. 동해왕東海王 양陽은 황후의 아들이니 마땅히 대통을 승계해야 한다. 황태자 강彊은 겸퇴의 미덕을 숭앙하여 번국藩國을 수비하기 바란다. 우리 부자의 정이 두터움에도 오래도록 강이 뜻을 어겼도다. 강을 동해왕으로 삼고 양을 황태자로 세워 이름을 장莊으로 바꾸노라."133 광무제는 곽郭황후를 폐위하고 양陽황후를 세운 데 이어 곧 태자를 바꾸었는데, 모두 경서에서 그 근거를 찾았다.

양한 시대, 특히 전한 중기 이후 관료사대부들은 제왕의 호소에 호응하여 더욱더 경학의 영향을 받았다. 상소를 올려 사건을 아뢸 때나 정무 토론을 할 때 서로 경쟁하며 경전을 근거로 인용했다. 국가의 정치 생활, 특히 이데올로기 영역에서 유가 경전은 법정의 권위가 되었으며 어떤 일이든 경전에 부합하기만 하면 정확한 것이었다. 논의할 때도 경전을 근거로 삼아야 설득력이 있었으며, 일반적인 상황하에서는 황제 또한 그것을 쉽게 믿고 받아들였다. 능히 경의로써 사건을 처리할 수 있으면 신임을 받고 중용될 수 있었으며, 그렇지 못하면 무시당했다. 적방진翟方進은 "지식과 능력이 풍부하고 글과 법 및 관리의 일에 두루 능통했으며 유가의 우아한 형식으로 법률을 수식하여 통명通明한 재상이라 불렸다. 천자는 그를 대단히 중용했으며 그가 올린 상소는 황제의 의중에 맞지 않는 것이 없었다."134 설선薛宣이 승상이었는데 "이때 천자는 유가의 우아함을 매우 좋아했으나 설선은 경술에 밝지 못했다. 이에 황제 또한 그를 가벼이 여겼고"135 끝내 면직을 당했다. 의논이나 상소문 가운데 경전을 근거로 인용하면 용안을 범하는 점이 있다 하더라도 유가 경전이라는 호신부 때문에 처벌을 받지 않았다.

한 소제 시대에 한 무제가 시행한 정책에 대하여 새롭게 검토하고 총괄할 필요가 있었다. 새로운 조건에서 새로운 정책 결정을 하고자 했다. 곽광霍光은 승상 차천추車千秋에게 지시하여 염철회의鹽鐵會議를 소집하도록 했다. 회의에서 상홍양桑弘羊 등은 흉노가 강성하고 부단히 침략하고 있는 형세를 근거로 소금과 철의 관영을 지속하여 재부를 축적해야 한다고 요구했는데, 이는 현량문학의 강력한 반대에 부딪혔다. 현량문학들은 유가의 전통적 관점을 인용하여 어진 덕으로 원방의 오랑캐들을 포용하는 방식으로 흉노를 대해야 한다고 주장했다. 그들은 이렇게 강조했다. "공자님은 '국國이나 가家를 가진 자는 가난을 걱정하지 말고 고르지 않음을 걱정해야 하며, 적음을 걱정하지 말고 편안하지 못함을 걱정해야 한다'고 말씀하셨습니다. 따라서 천자께서는 많고 적음을 말씀하시지 말아야 하고, 제후는 이익과 손해를 말씀하시지 말아야 하고, 대부는 얻음과 잃음을 말하지 말아야 합니다. 인과 의를 축적하여 바람을 일으키고, 덕행을 넓혀 그들을 끌어안아야 합니다. (…) 왕자로서 인정을 행하면 천하에 무적이 되는데 어찌 재화를 소모한다 하겠습니까?"[136] 그리고 요구하기를 "도덕의 단서를 넓히고, 말초적 이익을 억제하여 인의를 꽃피우고, 이익을 따지지 않음을 보여준 뒤라야 교화가 일어날 것이며 풍속이 바뀔 수 있다"[137]고 했다. 집정자인 곽광이 현량문학의 대책을 완전히 받아들이진 않았지만 유가의 조정에 대한 영향은 크게 늘어났다.

전한 후기 익봉翼奉은 제齊『시』를 연구해 소망지蕭望之, 광형匡衡과 같은 스승 아래서 세 사람 모두 경술에 매우 밝았다. 익봉은 "학문에 힘쓰고 벼슬길에 나가지 않았으며 법률, 책력, 음양의 점을 좋아했다"[138] 원제 즉위 후 직언과 극간을 잘하는 선비를 추천함에 익봉은 상소를 올려 외척의 권력 전횡에 반대했다. 하지만 상소문에서는 먼저 하늘과 땅의 법칙으로써 경서의 작용을 크게 언급했다.

"신은 스승에게서 하늘과 땅이 자리를 잡고, 해와 달을 드리우고, 별들을 넓게 깔고, 음양을 구분하고, 사시를 정하고, 오행을 배열함은 그로써 성인에게 보여주고자 함이니 그를 이름하여 도라 한다고 들었습니다. 성인은 도를 본 뒤에 왕도 정치의 구체적 모양을 알며, (…) 현자는 경전을 본 뒤에 사람으로 힘써야 할 바를 아니 『시』 『서』 『역』 『춘추』 『예』 『악』이 바로 그것입니다. 『역』에는 음양이 있고 『시』에는 오제五齊[139]가 있고 『춘추』에는 재이災異가 있는데, 모두 끝과 시작을 열거하고 득실을 추정하고 천심을 고찰함으로써 왕도의 안전과 위태로움을 설명하고 있습니다. (…) 바른 이치에 따라 한 해를 정밀하게 꾸리면 본래 국왕의 위치가 으뜸이 될 것입니다. 태양이 남쪽 하늘 중앙에 임했을 때 법령에 접한다면 땅에서 지진이 일 것이고, 그 후로 잇달아 몇 달을 오랫동안 음에 방치하여 둔다면 큰 명령을 내려도 회복할 수가 없어 음기만 왕성하게 됩니다. 옛날 조정에선 반드시 같은 성씨들을 곁에 두어 육친의 친애를 밝혔으며, 동시에 반드시 다른 성씨들을 곁에 두어 현자를 존중함을 밝혔습니다. 이것이 바로 성왕이 천하를 크게 소통시킨 까닭입니다. 같은 성씨들은 친하니 쉽게 들어갔고, 다른 성씨들은 소원하니 소통하기가 어려웠습니다. 그래서 같은 성씨 한 사람을 쓰면 다른 성씨 다섯 사람을 써서 평형을 유지했던 것입니다. 그런데 지금 폐하의 좌우에 같은 성씨는 없고 오직 외삼촌 댁 모후의 일가를 육친으로 삼고 있으며 다른 성씨의 신하는 더욱 드뭅니다. 두 황후의 도당이 온 조정에 가득하옵나이다. 비단 모든 자리를 차지하고 있을 뿐만 아니라 세력 또한 우월하여 사치와 참람이 너무 심하옵니다. 여呂, 곽霍, 상관上官씨가 모든 것을 점치고 있사옵니다. 이는 절대로 사람을 사랑하는 도가 아닐뿐더러 후사를 위한 장기대책도 아니옵니다. 음기가 왕성하니 당연히 그렇지 않겠사옵니까!"[140]

언뜻 보면 이 상소문은 온통 허튼소리 일색이고 내용도 매우 단순하다. 외척의 정권 전횡에 반대하여 현인을 뽑아 쓰고 유능한 사람을 임용하라는 요구다. 하지만 자세히 분석해보면 그렇지만은 않다. 유가 교조주의가 온 사회에 가득 퍼져 있는 그 당시로 돌아가보면 상소문의 논조는 아주 이치에 맞고 근거가 있는 주장이다. 앞에서는 경서가 천의와 인사에 근거하여 만들어진 준칙이어서 왕도 안위의 근거가 된다고 천명했다. 이를 위배하면 하늘의 경고와 징벌을 받게 될 것이라고 한다. 근래 지진이 있고 천기가 오래도록 음에 속함은 하늘의 경고이며, 지진이 일고 음이 오래 가는 원인은 바로 외척의 권세가 너무 중하고 사치와 참람함이 지나쳐 생긴 것이다. 이 상소문은 경서를 가지고 천인 관계를 연결시켰는데, 대단히 상세하고도 주도면밀하게 자신의 관점을 천명한 한편 자신을 보호하기도 했다. 겉포장이 화려하면서도 현실을 건드리고 있다. 경의와 실제가 서로 잘 결합된 뛰어난 작품이라 하겠다.

광형은 전한 후기의 저명한 유학자였다. 기록에 따르면 "광형은 학문을 좋아했으나 집안이 가난했다. 하찮은 일을 하여서 생계를 꾸렸으며 특히 그의 정력을 따를 사람이 없었다."[141] 원제 때 박사, 급사중給事中이 되어 여러 차례 사건을 설명하는 상소를 올리면서 언제나 경학을 근거로 삼았다. 반복적으로 경학을 인용하여 자신의 사상적 관점을 설명했다. 이를테면 당시 일식과 지진이 발생하자 원제는 정치적 득실에 대해 문의했다. 광형은 상소를 올려 사건을 풀어내면서 예에 따라 삼가 겸양하고 어진 조치를 취하라는 등 일반적 시정 원칙을 진술한 뒤 특별히 다음과 같이 강조했다. "황제께서 육예의 뜻을 살피시고, 이전 시대에서 힘쓴 바를 고찰하시고, 자연의 도를 밝히시고, 화목한 교화를 넓히시어 지극한 인을 숭상하시고, 그릇된 습속을 고치시고, 백성의 시각을 바꾸셔야 합니다. 나라 안 모든 사람으로 하여금 본 왕조가 귀하게 여기는 바가 무엇인지 낱

낱이 깨닫도록 하여 도덕이 경사에 넓혀지고 아름다운 학문이 강역 밖에 떨쳐진 연후에 큰 교화가 이루어질 수 있고 예양禮讓이 일어날 수 있사옵니다."[142] 또 다른 상소문 가운데서 광형은 국가 정치에서 경전의 지도적 작용에 대하여 반복하여 강조한다. 그는 말한다. "신이 들어본 바에 의하면 『육예』는 성인이 그로써 천지의 마음을 통솔하고, 선악의 귀소를 분명하게 해주며, 길흉의 구분을 밝혀주고, 인도의 올바름을 꿰뚫게 하는 것으로써 사람으로 하여금 본성에 어긋나지 않도록 만든다고 합니다. 그러므로 육예의 지침을 환히 알면 사람과 하늘의 이치를 얻어 화목해지고, 초목과 곤충이 이를 얻어 길러지니 이는 영원히 바뀌지 않는 도인 것입니다. 『논어』『효경』으로 말하자면 성인 언행의 요체이오니 마땅히 그 뜻을 강구해야 할 것이옵니다."[143] '경'을 만물의 근본으로 말하고 있다. 이는 자연히 정치적 조치의 이론적 근거가 된다. 누가 그것을 장악하느냐에 따라 그가 모든 일을 장악하고 처리할 수 있는 것이다.

논증을 위해서는 경학적 근거가 더욱 필요했다. 예컨대 장제는 형사 안건의 판결 시간을 바꾸고 싶었다. 일이 전통적 정책과 관련되자 한편으로 유생들의 의견을 청취하면서 한편으로 경전에서 근거를 찾으려 했다. 조서는 이렇게 이야기한다. "『춘추』는 봄의 매달에 '왕王'자의 일을 기록하고, 삼정三正[144]을 중시하고, 그 출발인 삼미三微[145]를 신중히 하고 있다. 법률은 12월에서 입춘까지는 죄수에 대한 보고를 하지 않도록 하고 있다. 『월령月令』은 동지 이후 생명의 탄생을 돕는 양기의 꾸밈에 순응하여 옥사를 국문하거나 형벌을 단행하는 정책 집행을 하지 않고 있다. 짐은 이에 정통한 유생들을 방문해 자문을 구하고 전적들을 고증한 결과를 왕자의 생살 기준으로 삼고자 하는데, 마땅히 때와 기운에 순응해야 하리라. 법률을 확정하면 11월과 12월엔 죄수에 대해 보고하지 말라."[146]

일반적인 정무를 처리할 때, 특히 정무 처리를 둘러싸고 모순이 발생할 때 분쟁하는 쌍방 모두는 적극적으로 유가 경전 속에서 근거를 찾아 상대방을 설득하거나 압도하려 했다. 한 선제 시대 서강西羌에 반란이 일자 조정에선 군대를 파견하여 정벌하려 했다. 경조윤京兆尹 장창張敞은 전쟁이 대량의 물자를 소모해야 한다는 생각하에 죄인에게 속죄의 곡식을 내게 하여 군비로 충당하도록 허락해 줄 것을 조정에 건의했다. 조정에선 관련 부서끼리 토론을 시켰다. 당시 좌풍익左馮翊이었던 소망지는 소부少府 이강李强과 의견 합치를 보았는데, 죄인들에게 속죄의 곡식을 내도록 윤허한다면 그 결과 부자는 살아나고 가난한 자만 죽게 될 것이니 "빈부가 형벌이 다르면 법이 공평하지 못한 것"[147]이라고 주장했다. "정치 교화가 한번 기울면 주공周公, 소공召公의 보좌가 있더라도 회복할 수 없다. 옛날 백성에게 거둬들일 때는 부족하면 취하고 남으면 나누어주었다. 『시』에 '사랑은 모든 사람을 긍휼히 여겨야 하나니, 홀아비와 과부를 불쌍히 여기노라' 함은 위가 아래에 은혜로워야 한다는 말이다. 또 '때맞춘 비가 우리 공가公家의 전답에 내리고 이어서 우리 사가私家에도 영향을 미치도다' 함은 아랫사람들이 위로 공가의 일을 더 급하게 여기기 때문이다."[148] 죄인으로 하여금 곡식을 내어 속죄토록 함은 '이익으로 통하는 길을 열어주어' 기존의 교화를 해친다면서 장창의 건의에 반대했다. 황제는 다시 승상, 어사를 파견하여 장창에게 따져 물었다. 장창은 이렇게 대답했다. "저는 양주涼州가 약탈당하는 것을 불쌍히 여기는 것입니다. 이제 막 가을 추수로 풍요로워야 할 때 백성이 굶주림에 허덕이고 병들어 길가에서 죽게 되었는데, 춘궁기에 이르면 엄청난 곤궁에 빠질 것이옵니다! 미리 생각하여 구휼할 대책을 세우지 않으시고 경전을 인용하여 따진다면 나중에 무거운 책임을 져야 할 것이옵니다. 저희 보통 사람들은 항상 경전의 말씀을 굳게 지키고 있을 뿐 더불어 저울질할 생각은 추호도 없습니다."[149] 쌍방이 같은 일에 대하여 모두 경을 근거로 삼고 있으나 문제를 보는 각도가 다르니 천명한 의견 또한 달랐다. 사람들이 정무를 처리하면서 모두 경전을 끌어다 근거로 삼았으나 결론은 오히려 달랐으니, 이는 지도 사상이 사상 주체들의 생각을 대신할 수 없음을 설명해준다고 하겠다.

후한 장제 때 양종楊終은 일찍이 태학太學에서 수업을 받고 『춘추』를 익혔다. 그는 장제가 연속하여 큰 옥사를 일으킨 데다 가뭄을 만난 것을 보고 상소를 올려 간언했다. 문장의 서두를 열자마자 그는 이렇게 말한다. "신은 '선을 높임은 자손까지 미치게 하고 악을 미워함은 제 자신에서 멈춰야 한다'고 들었습니다. 이는 모든 왕이 항상 모범으로 삼아왔던 바뀔 수 없는 도입니다. (…) 신이 삼가 『춘추』의 홍수, 가뭄의 변괴에 대해 살펴보니 이는 모두 포악함과 조급함 때문에 생겨나며 은혜가 아래로 흐르지 못한 까닭에서였사옵니다. 영평永平 연간 이래 큰 옥사가 연잇고 관리들의 철저한 조사로 이리저리 돌려 서로를 끌어다가 매질과 고문을 하니, 원한이 넘치며 가속들은 변방으로 이주를 당하고 있습니다. (…) 전하는 말에 '제 땅에서 편안히 오래도록 사는 것이 뭇 백성의 바라는 바라'고 합니다. 옛날 은殷나라 인민이 근처의 낙읍洛邑으로 옮겼을 뿐인데도 원망이 많았거늘 하물며 중토의 비옥한 땅을 버리고 불모의 황무지로 보내지니 어쩌겠습니까? 남방은 여름이 습하고 꽉 막혀 독이 퍼져 있사옵니다. 시름 많고 곤궁한 백성이 천지를 감동시키고 마침내 음양의 변이를 가져올 수 있사옵니다. 폐하께서 유념하고 성찰하시어 저 백성을 구제하옵소서."[150] 양종이 나아가 간언한 것은 현실 문제였음에도 오히려 경전을 반복 인용하여 자신의 주장을 강조하고 있다.

황제의 의지와 경서 사이에 모순이 발생할 때는 때때로 황제 또한 경의에 복종하지 않을 수 없었다. 선비들 또한 경서를 무기 삼아 맞서 싸우곤 했다. 이런 맞섬이 제한적이기는 했지만 경학의 정치적 권위를 설명하기엔 충분하다.

각종 정치적 충돌과 각축의 와중에서 주도권을 쟁취하여 상대방을 넘어뜨리고 또 상대방에게 죄를 둘러씌우기 위해서는 모두 경서로부터 무기를 찾는 것이 무엇보다 중요했다.

전한 애제 때 유학자 출신의 승상 왕가王嘉는 동현董賢을 중용하는 데 반대했다가 애제에게 죄를 얻었다. 때마침 이때 일식이 일어났다. 왕가는 이 기회를 틈타 상소를 올려 애제를 향해 주장했다. "공자님께서 '위태로운데 잡아주지 못하고, 넘어지는데 일으켜주지 못하면 어떻게 저 재상을 쓸 수 있겠는가!'라 말한 적이 있사옵니다. 신 왕가가 요행으로 자리를 얻었으나 개인적으로 어리석은 충성이 믿음을 얻지 못하고 몸은 나라에 도움이 되지 못함을 슬프게 여겨왔습니다. 감히 스스로를 애석해하지는 못하오나 오직 폐하께서 자신의 독단적 경향을 신중히 하시고 뭇사람이 공히 의심한 바를 헤아려 주십시오. 옛날 총신이었던 등통鄧通과 한언韓嫣은 교만하여 안일에 젖을 대로 젖어서 소인으로서 정욕을 이기지 못하다가 끝내 죄업에 빠졌습니다. 나라를 어지럽힐 몹쓸 사람들에게 끝까지 녹을 주어서는 안 되는데, 이른바 과분하지 않고 적절히 총애했음에도 그렇게 해로웠던 것입니다. 마땅히 앞 세대의 지나친 부분을 깊이 생각하시어 동현에 대한 총애를 조절하시고 성명을 온전하고 편안히 하시옵소서."151 그런데 애제는 듣지 않고 오히려 동현을 더욱 총애하며 관직을 올리고 봉지를 더해주었다. 왕가는 조서를 봉한 채 되돌리며 이런 상소를 올렸다. "『효경』에 이르길 '천자에게 쟁신爭臣152 7명만 있으면 비록 도가 없더라도 천하를 잃지 않는다'고 했사옵니다. 신이 삼가 조서를 봉해 올려 감히 드러나 보이지 않도록 함은 죽음을 좋아해서 스스로 법을 지키지 않는 것이 아니옵니다. 천하가 이를 듣게 될까 저어하여 감히 스스로의 죄를 심문하지 못해서이옵니다."153 애제는 '나라를 미혹하고 군주를 속인' 죄명으로 왕가를 하옥시켰고, 왕가는 옥중에서 자살했다.

애제 말년, 하가량夏嘉良은 재이가 빈발하자 한 왕조가 다시 천명을 받아야 한다는 이론을 만들어 한 애제에게 개진했다. "한나라 역법이 중도에 쇠했으니 응당 다시 천명을 받아야 하옵니다. 성제成帝께서는 천명에 응하지 않으셨기 때문에 후사가 끊겼습니다. 지금 폐하께서 오래 병환에 계시고 변이가 자주 나타나니 이는 하늘이 사람에게 경고를 내리는 것이옵니다. 급히 책력을 고치고 연호를 바꾸셔야 합니다. 그리하시면 오래도록 장수하실 것이고 황자가 태어나 재이가 그칠 것이옵니다."[154] 애제는 하가량의 건의를 받아들여 이런 조서를 내렸다. "듣자니 『상서』에 '다섯째 편안히 살다가 제명대로 마친다'고 했다. 이는 큰 운이 한 번 끝나면 천원天元, 인원人元을 다시 기린다는 말이다. 문장의 올바른 이치를 궁구하고 책력을 따져서 기원을 정하니, 그 숫자가 갑자甲子와 같다. (…) 이에 천하에 큰 사면을 내리고 건평建平 2년을 태초太初(원장元將) 원년으로 삼으며, 호를 진성陳聖 유태평황제劉太平皇帝라 부르기로 한다."[155] 한참이 지났으나 애제의 병은 좋아지지 않아 하가량의 말은 효험이 없었다. 이에 하가량을 체포하여 하옥시켰다. 죄명은 하가량의 건의가 "모두 경전의 의미를 위배했고, 성스러운 제도를 그르쳤으며, 시의에 합치하지 못했고,"[156] "그릇된 도를 믿어 조정의 정사를 어지럽혔으며, 국가를 뒤엎고 주상을 모함해 도에 크게 어긋났다"[157]는 것이었다. 하가량은 사형을 당했다. 하가량은 방사方士의 부류에 속한 사람이다. 그의 말이 황당한 거짓말에 가까움에도 처음에 황제는 『상서』를 인용해가며 의심 없이 깊이 믿어 책력을 고치고 연호를 바꾸기로 결정했다. 그런데 재빨리 이를 후회하고 하가량을 죽음으로 몰았으니 손바닥 뒤집기가 구름 같기도 비 같기도 하다. 이 모두 경전에서 증거를 끌어왔으며 경서를 이용하여 자기 잘못을 감추었다.

독존유술 후 조정에서 정무를 논하는 기본적인 사유 방식은 바로 『오경』을 지침으로 삼은 경의와 실제가 결합하느냐는 것이었다. 양자를 잘 결합시켜 딱 맞는 '좋은 점'에 이르게 하는 사람이 있으면 그가 바로 고수였다.

경의와 실제의 상호 결합은 한나라 시대의 위대한 창조임에 틀림없다. 그것의 가장 큰 효용은 정치적 인식의 공유와 정치적 가치의 정향이 표준을 찾았다는 것이다. 이는 사람들의 인식을 통일시키고 사회 안정을 유지하는 데 중요한 작용을 해주었다. 경의는 제왕에게도 지도적 의미가 있었으므로 황제에 상당한 구속력을 지니기도 했다.

그러나 이런 사유 방식에도 일련의 폐단은 있게 마련이다. 오직 경의만을 존중하고 경의를 절대화함은 경의가 현실을 초월하는 교조적 의미를 지니도록 변화시킨다. 이런 사유 방식에서 현실은 경의의 '조미료'로 존재하게 되고, 현실은 경의 속으로 끌어들여졌을 때만이 존재 가치를 지니게 된다. 경의는 현실 생활의 친구가 아니라 그에 대한 칼로서 문제점을 재단하는 것이어야 한다. 경의를 사회 역사 위에 강제로 덧붙이면 사회 역사는 잿빛 이론에 따라 잿빛으로 바뀐다. 오직 경의만을 존중하는 것은 다른 정치 이론을 배척하는 형세를 이루어(실제로는 다른 이론에서 훔쳐오는 것도 가져오는 것도 있겠지만) 반드시 정치 관념과 실제 운용에서 경직을 불러온다. 통치자는 경직을 필요로 했겠으나 역사에는 해로운 것이었다.

경의와 실제의 결합은 정치 주체의 능동성을 크게 약화시켰다. 그들은 창조자의 신분으로 정치에 참여한 것이 아니라 경의의 도구가 되어 규정을 집행했다. 즉 '성인'을 대신하여 정치에 참여한 것이다. 보기엔 매우 신성하지만 신성이야말로 바로 위장의 외투가 된다.

이런 사유 방식은 또 정치적 궤변에 가장 광활한 활동 기반을 마련하는 빌미가 되었다. 왜냐하면 이런 사유 방식에는 실천이 첫째가 아니며 정치 참여자들은 주체의식이 결핍되고, 경의 또한 극도의 자의성을 지녀 공허한 말, 판에 박힌 말, 가식적인 말이 조정과 관료 사회에 자욱하게 깔리기 때문이다. 공허한 말, 판에 박힌 말, 가식적인 말의 범람과 정치적 궤변은 꼭 같이 붙어서 생겨나니 조령석개하는 짓들이 모두 일리가 있게 된다.

충 · 효 관념의 사회의식화

충효 관념의 유래는 오래되었다. 춘추 시대에 보편적 인식으로 발전하여 사람들에게 정치 사건 및 정치 행위를 평가하는 표준이자 선택의 근거로 이용되었다. 이 시대의 충효 관념은 '노인에 대한 공경敬老'으로부터 군주와 어버이를 향한 충성과 효도라는 역사적 조정을 거치며 내용이 섞여 순수하지 못하게 되었으며, 인식의 지향도 다원화되었다. 대체로 충은 군주를 향한 충성, 국가 또는 사직을 향한 충성처럼 정치적 예속 관계를 개괄하는 데 이용되었다. 어떤 사람은 나아가 간언함, 인재를 아낌 등과 같은 특정한 행위를 지칭하는 데 이용하기도 했다. 효는 주로 부모, 조상, 종실 등에 대한 효도처럼 가족 혈연관계를 규범 짓는 데 쓰였다. 공자가 유학을 창시하면서 충과 효를 힘써 제창했고 충효는 차츰 일련의 이론 체계로 만들어져, 충효의 도는 유가 사상 정치윤리의 핵심으로 상승했다.

한대 통치자들은 정치 지도 사상을 선택하는 과정에서 충효의 도를 가장 중요한 도덕으로 받들었으며 사람들의 관념을 규정하고 행위 선택을 제약하는 정치윤리의 준칙으로 삼았다. 한대 통치자로 말하자면 충효의 도야말로 한 왕실 천하를 유지하는 '대경대법大經大法'으로 다른 '치도治

道에 없는 특수한 효력을 갖추고 있는 것이었다. "한나라는 효로써 천하를 다스렸다"는 말은 양한 시대의 정치 분위기를 충분히 설명해준다. 충효의 도가 제왕 치도의 핵심이 되었던 것이다.

충효의 도가 최초의 윤리정치적 관념으로부터 양한 시대 조야가 공통으로 인식한 정치윤리의 준칙으로 변화하는 과정을 보면 세 가지 경전, 즉 『효경孝經』 『예기禮記』 『충경忠經』이 중요한 촉진 작용을 하고 있다. 『충경』은 후한後漢의 마융馬融이 지었으며, 한대 군주에 대한 충성의 길을 담은 이론적 총결이라는 데는 아무도 이의를 달지 않는다. 『효경』은 전국 시대 말년에 성립되었고, 『예기』는 전국에서 한나라 초엽 사이 유학자들이 저술한 선집이다. 한 무제가 독존유술獨尊儒術 하면서 유가의 경전은 관방철학이 되었다. 『예기』와 『효경』은 정치적 힘에 의지하여 정치 이데올로기 방면에서 지극히 중요한 지위를 차지하게 되었는데, 양한 시대의 충효 관념에 대단히 깊은 영향을 미쳤을 뿐만 아니라 이는 후대까지 연속되었다.

효와 충의 가치 구성 및 행위 규정

한대의 충효 관념은 거의 전면적으로 선진 유학을 계승했다. 이론 형태로서 충과 효는 서로 표리를 이루고 상호 보완적이며, 각자 나름대로 세 가지 경지를 그려내는데 어떤 경지든 모두 특정한 가치 규정과 행위의 한계를 갖고 있다.

효의 세 가지 경지는 바로 경양敬養, 불욕不辱, 대효大孝다.

경양의 효는 가장 먼저 공자에 의해 제기되어, 당시 유행하던 '능양能養을 효로 삼음'과 구별되었다. 공자는 말한다. "오늘날의 효는 능양을 일컫는다. 개나 말이라도 모두 능히 봉양하는데, 사람에게 공경이 없다면 그것들과 무엇이 구별되겠는가?"[158] 능양이 가리키는 것은 자녀의 부모에 대한 물질적 봉양이다. 맹자는 이를 총괄하여 "세속에 이른바 불효가 다섯"이라고 했는데, 그 가운데 세 가지가 '능양'의 범위에 속한다. 즉 "사지를 게으르게 놀리거나" "장기와 바둑을 즐기고 술을 좋아하고" "재물을 좋아하고 사사로이 처자를 감싸서" "부모 봉양에 마음을 쓰지 않는 것"[159]이 그것이다. 공자는 물질적 봉양만 가지고는 효도의 요구에 다다르지 못한 것이라고 생각했다. 그는 정감에서 부모에게 충심으로 경애하는 마음을 품고, 행위에서 예의 규정을 준수하며, 태도에서 공경을 다하여 내심의 경모하는 정을 목소리와 용모로 드러낼 것을 자녀에게 요구했다. 그래서 자하子夏가 효에 대해 묻자 공자는 "공경하는 낯빛을 유지하기가 제일 어려우니라色難"라고 대답했다. 공자는 효에 대한 규정을 일반적인 사회 의무로부터 도덕 정서로 끌어올렸는데, 이러한 인식은 한대에 효 관념을 규정하는 표준이 되었다. 한 초에 성립된 『이아爾雅』「훈석訓釋」에서의 이른바 "부모에게 잘하는 것을 효라 한다"는 말은 바로 이 기본 표준을 개괄한 것이다.

『예기』「제의祭義」는 "민중에 대한 기본 교육을 효라 하고, 그 행위를 봉양이라 한다. 봉양은 누구나 가능하지만 존경은 어렵다"[160]고 말한다. 경양의 효는 인식론적으로 효의 내용을 확장시킨 것으로 사람들에게 효도를 행하는 데 더 높은 요구를 제시한 것이다. 가부장의 권위에 복종함을 효도 가치가 선택해야 할 첫 번째 위치에 놓았는데, 구체적으로는 다음 세 방면으로 규정했다. 하나는 '어기지 말라無違'이다. 사람들에게 엄격하게 예의 규정에 따라 부모를 섬기라고 요구한다. 공자가 일찍이 말한 적 있듯이 '어기지 말라'는 요구는 "살아 계실 때는 예로써 섬기고, 돌아가시면 예로써 장사를 지내고 예로써 제사를 지내라"[161]는 것이다. 한대 사상가들은 이 사고를 계승하여 "군자는 예로 섬김을 중시하고, 소인은 봉양만을 탐한다"[162]고 말한다. 그들은 물질적 봉양과 예법 제도의 준수를 비교할 때 후자가 더 중요하다고 주장한다. "잘 봉양하는 사람은 꼭 맛있는 음식으로 하지 않는다. 복식을 잘 바치는 사람은 꼭 아름다운 비단으로 하지 않는다. 자기가 갖고 있는 것으로 최선을 다해 부모를 섬기는 것이 최고의 효도다."[163] "예로 섬김을 중시하고 봉양만을 탐하지 않는다. 예에 따라 마음이 화평하면 제대로 갖추어 봉양을 못 하더라도 괜찮다."[164] "따라서 예는 보잘것없이 하면서 물질 봉양만 풍성히 하는 것은 효가 아니다."[165] 유가 예의 본질은 등급의 원칙이다. '어기지 말라'의 참뜻은 사람들에게 삼가 자식으로서 도를 지켜 가부장의 권위와 의지에 복종하라는 것이다. "효자가 노인을 봉양함은 그 마음을 즐겁게 해드리고 뜻에 어긋나지 않도록 함이다."[166] 둘째는 '고치지 말라無改'이다. 한대 사상가들은 "아버지가 행한 도를 3년간 바꾸지 않는 사람이면 효자라고 할 만하다"[167]는 공자의 신조를 받아들였다. 효도는 살아생전의 가부장을 존중하는 것일 뿐만 아니라 돌아가신 가부장의 권위와 의지에 따르는 것도 보여주어야 한다는 주장이다. 그들은 "아버지가 돌아가시고 3년간은 감히 아버지의 도를 고치지 않는다"[168]고 말한다. "사람의 자식된 자는 효도를 다하여 부친의 업을 이어받아야 한다. (…) 아버지가 돌아가셨으면 자식은 아버지의 도를 고치지 않아야 한다."[169] '아버지의 도'란 가부장의 권위와 의지가 규범화되어 드러난 것이다. '고치지 말라'는 가부장 권위의 전통성과 영원성을 강조하고 있다. 셋째는 '부모를 영달하게 하라顯親'이다. 『효경』 「개종명의장開宗明義章」은 "몸을 세워 도를 행하여 후세에 이름을 떨침으로써 부모를 영달하게 함이 효도의 끝이다"[170]라고 말한다. '부모를 영달하게 함'은 사람들에게 부모 생전에 몸으로 일구신 좋은 평판을 지켜드림을 효도를 실천하는 목적으로 삼으라고 요구하며, "부모가 돌아가신" 뒤에도 자신의 행위가 신중하지 못해 부모의 명예가 치욕을 당하도록 해서는 안 된다. 『예기』 「제의」는 이렇게 이야기한다. "부모가 돌아가셨으면 제 몸의 행동을 신중히 하여 부모에게 나쁜 이름을 남기지 않아야 잘 마쳤다고 할 수 있다."[171] 이런 목적에서 사람들은 부모의 명성과 영예를 지켜드림을 자기 행위 선택의 표준으로 삼아야 한다. "부모가 돌아가셨더라도 좋은 일을 하여 부모에게 좋은 평판을 남길 것을 생각하면 반드시 성공할 것이고, 좋지 않은 일을 하여 부모에게 치욕을 남긴다면 반드시 성공하지 못할 것이다."[172] 이것은 가장 기본적인 요구다. '부모를 영달하게 하는' 좀더 높은 수준의 요구는 자녀가 "몸을 세워 도를 행하여" 큰 업적을 일구는 일이다. 그리하여 부모님이 살아 계실 때보다 더 휘황찬란한 영예를 가져다드려 부모의 명성이 영원히 이어지도록 함으로써 사람들이 꿈에도 그리는 조상의 얼을 빛내는 일을 실현하라는 것이다.

경양의 효는 가부장의 권위와 의지에 복종함을 가장 기본적인 가치 규정으로 삼고 있다. 행위 규범은 사람들에게 부모의 의지와 지휘에 따를 것을 요구한다. "무릇 자식으로서 예로 겨울엔 부모가 따뜻하도록 여름엔 서늘하도록 돌봐드리며, 저녁땐 자리를 봐드리고 새벽엔 잘 주무셨나 여부를 살펴야 한다."173 "집을 나갈 땐 반드시 아뢰고 돌아오면 반드시 뵈오며, 놀러 가는 곳을 반드시 잘 알고 계시도록 해야 한다."174 "아버지가 계신 곳에서 뵈올 때는 들어오라고 말씀하지 않으시면 감히 나아가지 않고, 물러가라고 말씀하지 않으시면 감히 물러가지 않으며, 묻지 않으면 감히 대답하지 않는다. 이것이 효자의 행위다."175 가부장의 의지 앞에 사람들은 추호의 자주自主도 없다. "부모가 좋아하는 바를 또한 좋아해야 하고, 부모가 존경하는 바를 또한 존경해야 한다."176 사람들은 그저 공경을 다하고 머리 숙여 굽실거리며 예에 대답할 뿐이다.

불욕의 효의 전형은 『효경』 「개종명의장」에 나타나 있다. "몸 머리털 피부 등은 모두 부모로부터 받은 것이니 감히 훼손하지 않음이 효의 시작이다."177 이 말은 인간의 몸은 부모로부터 부여받아 부모님의 큰 은혜가 구현된 것이므로 사람들은 사용권만 있지 소유권이 없다는 논리적 전제를 깔고 있다. 이 또한 부모를 경애하라는 표현이다. 『예기』 「제의」 편은 "우리 몸은 부모님의 유체다. 부모님이 남겨주신 몸을 움직이면서 감히 공경하지 않을 수 있겠는가?"178라고 말한다. 불욕의 효는 사람들이 부모의 은혜로운 선물인 몸에 기대어 일생을 살아가므로 반드시 아끼고 존중해야 하며, 최후엔 손상되지 않은 완전한 상태로 부모에게 돌려주어야 한다는 주장이다. "부모가 온전하게 낳아주셨으니 자식은 온전하게 돌려주는 것이 효도라 할 수 있다. 형체에 손상을 입히지 않고 몸을 욕되게 하지 않아야 온전하다고 할 수 있다."[179] 따라서 불욕의 효의 가치 규정은 '몸을 공경함敬身'이다. "우리 몸은 어버이의 가지인데 어찌 감히 불경하겠는가? 제 몸을 공경하지 못함은 제 어버이에게 상처를 입히는 짓이다."[180] 스스로 당당한 7척의 몸조차 보전하기 어렵다면 어떻게 부모를 경양할 수 있겠으며, 효도를 다하여 가장 기본적인 물질 조건을 제공해드릴 수 있겠는가? '몸을 공경함'은 어떤 형태의 용기 부림이나 싸움, 또는 위험에 가까이 가는 것을 틀어막는다. 악정자춘樂正子春은 당에서 내려가다 다리를 다쳤는데 몇 달을 집에서 나오지 않고 얼굴에 수심이 가득했다. 그는 "군자는 잠시도 감히 효도를 잊어서는 안 된다. 그런데 지금 나는 효의 도를 잊었으니 이 때문에 수심이 가득하다"[181]고 자탄했다. 전한前漢 왕양王陽이 익주자사益州刺史에 뽑혔는데 부임 도중에 행렬이 공래邛峽의 굽은 비탈 구절판九折坂에 이르자 도로가 엉망이고 위험했다. 왕양은 "선인의 유체를 받들고 어떻게 이토록 위험한 곳을 오르겠는가!"[182] 하고 탄식했다. 나중엔 병으로 떠났는데, 이 모두는 '몸을 공경함'을 종지로 삼는 불욕의 효의 모범으로 당시 사람들이 즐겨 이야기했음을 깊이 깨닫게 해준다.

행위 규범에서 불욕의 효는 사람들에게 조심하고 근신할 것을 요구한다. 이것저것 모두 두려워하고 기를 펴지 말고 위축되어 지내라는 말이다. "그래서 효자가 부모를 섬길 때는 편안히 살며 부모의 명을 기다리고 모험하는 행동을 하여 요행을 바라는 짓을 하지 않는다."[183] "한 번 발을 놓아도 감히 부모를 잊지 않으므로 큰길을 가되 샛길은 가지 않으며, 배를 타되 헤엄은 치지 않는다. 그리하여 앞서 부모가 남겨주신 몸을 감히 위태롭게 만들지 않는다. 한 번 말을 해도 감히 부모를 잊지 않으므로 나쁜 말이 입에서 나오지 않으며, 원망스러운 말들이 제 몸에 미치지 않는다."[184] 효자는 "높은 데 오르지 않고, 깊은 데 가지 않으며, 구차히 헐뜯지 않고, 구차히 웃지 않는다. 효자는 어두운 데 임하지 않고 위험한 데 오르지 않으며 부모가 욕되는 것을 두려워한다."[185]

대효의 효는 효도의 높은 경지다. 『효경』 「간쟁장諫諍章」 편은 공자와 증자 간의 일단의 대화를 싣고 있는데, 이 경지의 참된 실질을 말하고 있다. 증자가 "아들이 무조건 아버지의 명령을 따르면 효라고 말할 수 있습니까?"[186]라고 묻자, 공자가 대답했다. "그게 무슨 말인가! (…) 아버지에게 의를 다투는 아들이 있으면 몸이 불의에 떨어지지 않게 된다. 따라서 불의한 일과 마주치면 아들은 아버지와 다투지 않을 수 없다. (…) 무조건 아버지의 명령을 따른다면 어떻게 효가 되겠는가!"[187] 유가 사상에선 부모자식 간의 효도와 친애 관계를 지도하는 최고의 준칙은 '도의道義'라고 주장한다. 보기에 따라 이는 기본에서 벗어난 듯 보이지만 사실상 '도의'는 유가가 숭상하는 모든 정치윤리의 가치가 응집된 것이다. 대효의 효는 가치 선택에서 매우 흥미로운 문제를 제기하고 있는데, 가부장의 권위와 의지에 대한 사람들의 복종에 '한도가 있다는 것'이다. 일반적인 상황에서 '경양'의 요구에 따라 사람들은 부친의 명령에 절대로 복종해야 한다. "부모에게 잘못이 있으면 태도를 공손히 하고 기쁜 빛을 띤 채 부드러운 소리로 간언을 한다. 간언이 받아들여지지 않으면 여전히 일어나 공경하고 일어나 효도한다."[188] 설령 부모가 간언을 받아들이길 거절해도 효자는 공공연히 대항해서는 안 된다. "자식이 부모를 섬김에 세 번 간해도 듣지 않으시면 소리 내어 울면서 부모의 의사에 따른다."[189] 또한 『대대예기』 「증자사부모曾子事父母」 편의 말처럼 "무조건 따르기만 하고 간하지 않으면 효도가 아니며, 간하기만 하고 따르지 않으면 역시 효도가 아니다."[190] 그런데 만약 가부장의 의지와 행위가 엄중하게 도의를 위배한 것이어서 효자가 아버지 명령에 복종함으로써 장차 여러 나쁜 결과가 생긴다면, 예컨대 선진 시대에 순자荀子가 분석한 대로 아버지의 명령에 복종하여 장차 '부모가 위태로워지거나' '부모가 욕을 당하거나', 부모를 '금수'와 같은 상태에 빠뜨리게 될 경우라면 효자는 도의를 선택의 지표로 삼아 아버지의 명령에 복종해서는 안 된다. 한대 사상가들은 '대효의 효'가 표면적으로 사람들에게 "명령에 따르지 않는다"는 인상을 줄 수 있지만 기실 "명령에 따르지 않은" 배후엔 가부장의 근본적인 이익에 대한 적극적인 옹호가 있다는 사실을 깊이 알고 있었다. 이는 높은 차원의 가치 선택이다. 중장통仲長統의 다음 말은 이에 딱 들어맞는다. "거역해선 안 될 것을 거역하면 효도가 아니다. 거역해야 함에도 거역하지 않음 또한 효도가 아니다."191 이 논의는 '대효'의 삼매경을 제대로 얻고 있다.

특히 지적해야 할 사실은 대효와 앞 두 가지 경지는 서로 모순을 일으키지 않으며, 실제 효도를 행해가는 과정에서 상황에 따라 달리 만들어진 가치 기준일 뿐이다. 대효는 특별한 경우만 적용되며 경양의 효에 대한 유익한 보충이다. 이 세 가지 경지의 가치엔 차이가 있지만 목적은 오히려 하나인데, 모두 가부장의 권위와 이익을 옹호하고 있다는 것이다.

효와 호응하여 충에도 세 가지 경지가 있는데, 전일專一, 무역無逆, 대충大忠이 그것이다.

전일의 충은 일종의 절대적 충성이다. 그 가치 규정은 사람들에게 전심 전의, 한마음 한뜻으로 군주에게 충성하라는 것이다. "충이란 그 마음을 하나로 함을 말한다."192 만약 신하가 되어서 불충하다면 반드시 불행한 일을 만나게 된다. "충성하면 복록이 이를 것이요, 불충하면 형벌이 더해질 것이다."193

한대 사상가들은 전통 유학의 절대 충군 관념을 계승하여 "신하는 두마음이 없어야 한다"를 전일의 충의 행위 규범으로 삼았다. "신하는 두 마음이 없어야 한다"는 선진 시대에 벌써 보편적으로 인식되었는데, 한나라 사람들 또한 이 인식을 이어받아 신하는 군주의 권위와 의지에 절대복종해야 하고, 충성심에 불타며, 오직 하나일 뿐專— 둘이어선 안 된다고 강조했다. 『회남자淮南子』「병략훈兵略訓」은 "두 마음으로 군주를 섬겨선 안 된다"[194]고 말한다. 동중서董仲舒는 "신하된 자는 그 모범이 땅을 본받아야 한다. (…) 몸을 굽혀 목숨을 바치고 섬김에 독단전횡이 없어야 충이 된다"[195]고 말한다.

　무역의 충은 일종의 특수한 충군의 도다. 고대 중국의 이상 정치는 "군주는 밝고 신하는 어질며" "군주와 신하가 뜻이 합치하는" 것이었다. 그런데 정치 무대에서 주인공들은 항상 혼군昏君이거나 폭군이었다. 다른 품격의 군주를 만나면 신하는 어떻게 처신해야 하는가? 춘추 전국 시대부터 사상가들은 이에 대해 여러 사상을 제기했다. 공자는 역사를 귀감으로 은殷나라 말년 주왕紂王이 무도하니 비간比干은 억지로 간하다가 죽었고, 미자微子는 도망해 민간에 숨었으며, 기자箕子는 감옥에 갇혀 노예가 되었음을 보았다. 이 세 사람은 정견이 폭군과 갈리어 주왕의 도리에 어긋난 억지 행위에 대단히 불만이었다. 그들의 군주에 대한 태도가 다르고 결말도 달랐지만 한 가지만은 같았다. 그건 바로 그들이 목이 잘리거나 구금을 당해도 내버려둔 채 군주에 반항하지 않았다는 사실이다. 공자는 바로 이 점을 보고 "은나라에 세 명의 어진 사람이 있다"[196]고 찬양했다. 한대 사상가들은 분명히 공자 인식의 영향을 받았다. 『한시외전韓詩外傳』은 이와 유사한 고사를 기술하고 있다. "비간은 간하다가 죽었다. 기자는 '쓸데없음을 알면서 말함은 어리석음이다. 몸을 죽여 군주의 악을 더욱 드러냄은 불충이다. 둘 다 불가한데도 그렇게 한 것은 지극히 좋지 못하다'고 말하며 머리를 풀고 미치광이처럼 하여 떠났다. 군자는 이를 듣고 '힘들다, 기자여! 정신을 다하고 충성과 사랑을 다했구나. 비간의 일을 보고 제 몸을 벗어던졌으니 극히 어질고 지혜롭구나'라고 말했다."[197] 여기서 '군자가 한 말'이 바로 한漢대의 무역無逆의 충에 관한 인식이다. 한나라 때 사람들이 보기에 "불충의 극치는 군주를 배반하는 것이었다."[198] 무역의 충의 가치 규정은 어떤 상황하에서든 신하는 절대로 군주와 대항해선 안 된다는 것이다. 이러한 전제만 있으면 신하가 군주에 대해 어떠한 대책을 채택해도 정리에 합치하는 것이며, 행위에서는 간언할 수도, 달아날 수도 있다. "신하된 예는 드러나게 간언하지 않음에 있다. 세 번 간해도 듣지 않으면 달아난다."[199] 간언을 하든 도망을 가든 모두 충군의 도에 합치한다.

대충의 충은 충군 방법 중의 정수다. 그 가치 준칙은 '도의에 따르지 무조건 군주를 따르지는 않음從道不從君'이다. 유가 사상은 도로써 이상적인 정치 원칙을 개괄한다. 군주는 응당 도의 요구를 좇아 천하를 다스려야 한다고 주장한다. 군주가 제 마음 내키는 대로 행동하여 도의 규범에서 벗어나면 충신은 맹목적으로 군주를 따라서는 안 된다. 도를 근거 삼아 군주의 잘못된 언행을 제지하고 바르게 고쳐주어 이상 정치를 실현토록 해야 한다. 이를 가리켜 "도로써 군주를 넘어뜨려 교화시키는 것을 대충이라 부른다"[200]고 한다.

행위 규범에서 대충의 충은 신하에게 왕의 명령을 거역한다는 이름을 기꺼이 무릅쓰고 감히 용안을 범하더라도 굳세게 간언하기를 요구한다. 『충경』「충간장忠諫章」은 말한다. "충신이 군주를 섬김에 간언보다 앞선 것은 없다. (⋯) 어긋나도 간하지 않으면 충신이 아니다. 간할 때는 처음엔 순한 말로, 중간엔 항의로, 마지막엔 죽음의 절개로 한다."[201] 『한시외전』은 "도끼로 죽임을 당하는 것이 겁나 감히 군주에게 간언하지 못하면 충신이 아니다"[202]라고 말한다. 『염철론』「상자相刺」편은 "조정에 충신이 없으면 정치가 암울하고 (⋯) 그러니 죽음을 무릅쓰고 군주의 잘못을 간하는 사람이 충신이다"[203]라고 한다. 대충의 충은 충신에게 죽음을 두려워 말고 군주의 잘못을 바로잡기를 요구한다. 그 목적은 물론 군주의 권위에 대한 침범과 부정이 아니다. "군주를 훌륭하게 변화시켜 사직을 편안케 하기"[204] 위해서다. 한나라 사람 제갈풍諸葛豐은 이에 대해 다음과 같이 표명했다. "충신으로 올곧은 선비로 환난과 손해를 피하지 않는 사람이야말로 참으로 군주를 위하는 자다."[205]

효와 충의
상호 보완 및
정치 의의

고대 중국에서는 군주 정치가 유일한 정치 형식이었다. 군주와 가부장은 각기 정치 생활과 사회생활의 주재자였다. 이 두 가지 권위는 끈질기고 긴밀한 내재적 관계를 맺어왔다. 군권은 부권의 정치적 보장이었으며, 가부장적 권위가 보편적으로 존재함은 군권의 사회적 기초였다. 이러한 정치적 특징은 충효 관념에 구현되어 충과 효 사이에 상호 보완적이기도 하고 서로 통하기도 한 상태를 드러나게 했다. 이는 실제 정치 생활에서 군주의 통치 도구가 되었다.

충효의 상호 보완으로 말하자면 충과 효 각자가 갖고 있는 세 가지 경지 사이에 일종의 상호 보완적 관계가 있다는 말이다. 이는 실제 정치 과정에서 특별한 효력을 발휘한다.

경양敬養의 효와 전일專一의 충은 충효라는 도의 뼈대로 보편적인 도덕적 구속이라는 의미를 지니고 있다. 이 경지가 함축하고 있는 가치와 행위 규정은 사회, 정치 생활을 하는 사람들의 기본적인 위치 확인에 표준이 되어준다. 사람들 사이의 구체적 신분 지위의 차이가 얼마나 벌어져 있든지 간에 그들이 가정 및 정치에서 연출하는 역할은 오히려 똑같다.

경양의 효에 의하면 사람마다 모두 가부장의 권위를 따라야 하고, 전일의 충에 의하면 사람들은 반드시 군권에 절대복종해야 한다. 그리하여 모두는 하나의 예외도 없이 군주와 아버지의 충신과 효자가 된다. 그 결과 본래 복잡 다양해야 하는 사회와 정치의 역할을 단순화시켜버렸다. 다양하게 인생을 선택할 수 있는 사람들을 협소한 범위로 제한시켜버렸으며, 개성을 발전시킬 수 있는 사람들을 통일된 형식으로 가지런히 만들어버렸다. 충신과 효자로 넘쳐나는 사회야말로 군주 정치의 수요에 가장 잘 맞는다. 경양의 효와 전일의 충의 실질적 효과는 군주 정치의 권력 기초를 공고히 한 데 있다. 이것이 바로 한대 사상가들이 충과 효를 부르짖은 근본적인 착안점 가운데 하나였다.

다른 한편 어떠한 정치 체계에서든 정치적 권위와 정부 수뇌에 대한 사람들의 인정 정도는 절대로 하나같을 수 없으며 아무런 차이가 없을 수 없다. 군주 전제하의 양한 시대에도 이는 예외일 수 없었다. 일반적으로 인정 정도가 낮아져 생겨난 정치적 무관심이나 정치를 부정하는 요소의 비중이 높을수록 정치 체계에 내재하는 원심력은 더욱 강해지고 정치 혼란이 일어날 가능성이 더 커진다. 한대 사상가들은 이 점에 대하여 명확히 인식하고 있지는 않았다. 하지만 희미하게나마 느끼고 있어서 충효지도의 상한선과 하한선 규정을 받아들이고 또 강조하는 것으로 구체적인 표현을 했다. 불욕不辱의 효와 무역無逆의 충은 충효의 하한선 요구다. 불욕의 효에 따르면 부모를 '경양'할 수 없는 사람이라도 적어도 부모의 '유체'를 감히 '훼상'해선 안 되며, "능히 지체를 온전히 보존함으로써 종묘를 지켜내야" 한다는 훈계하에 제멋대로 감히 아무 짓이나 하면 안 된다. 무역의 충에 따르면 사람들에게 불만스러운 현상이 있을 수 있으며 재위하고 있는 군주의 마음에 이의를 품고 심지어 질타하거나 잘못을 들추어 공격할 수 있지만, 그들의 마지막 선택은 두 길밖에 없다. 억지로 간언을 계속하여 생명을 버리거나 떠남으로써 끝내버리는 것이다. 이 경지의 실질적 효과는 군주 정치에 대한 반대파를 틀어막는 데 있다. 불욕의 효와 무역의 충은 군·부의 권위에 대한 소극적인 옹호다.

대효와 대충은 충효의 상한선 규정이다. 이 경지의 가치와 행위 요구에 따르면 군·부의 근본 이익을 위하여 충신, 효자는 그저 구제하는 조치를 취할 수 있을 뿐 잠시 군·부의 의지를 거역하는 일이거나 잠시 권위를 삭감시키는 일일지언정 절대로 하지 못한다. 이는 군·부 권위에 대한 적극적 옹호다.

충효지도의 주요 뼈대는 상한선, 하한선과 상호 배합하여 서로를 보충하면서 인식론적으로 충효도덕의 포함 내용을 크게 넓혀주었으며 군신, 부자 관계에서의 다양한 가능성을 개괄해주었다. 실천 측면에서도 각 계층과 각종 유형의 사람들에게 상대적으로 넓은 선택의 기회를 제공함으로써 사람들로 하여금 충효지도를 실천하는 와중에서 일정 정도 빠져나갈 여지를 남겨주었다. 그리하여 더욱더 쉽게 절대다수의 사회 구성원이 받아들일 수 있었다. 이런 의미에서 보자면 충과 효의 상호 보완이야말로 군·부의 권위에 대한 전방위적 보호인 셈이다. 당연히 한대 통치자들은 충효지도를 중시하고 제창했다.

충효의 상통은 충과 효의 가치 구조에 논리적 동일성을 갖도록 만들어주었는데, 주로 다음 두 가지 방면에서 나타났다. 첫째, 충효지도는 전통 정치윤리의 중심축이 되었다. 사람들의 윤리 생활, 사회생활 및 정치 생활의 근본적인 도덕 준칙을 규범 짓고 지도했다. 그리하여 충과 효는 사회정치 생활 전체를 관통하게 되었다. 관념적으로 충과 효는 서로 통하고 호환이 가능하다. 둘 사이엔 경계가 분명하고 분야가 명확한 운용 영역이 따로 없었다. "효는 부모를 섬김으로 시작하고, 군주를 섬김을 중간으로 삼으며, 몸을 일으켜 세움으로 그친다."[206] "충은 몸에서 일어나고 집안에서 드러나며 나라에서 성취하는데, 그 움직임은 하나다."207 충과 효는 서로를 근본으로 삼을 수 있다. 한편으로 "군자는 효를 세우고 그것으로 충을 행하며,"208 "효도하지 못하면 군주를 섬김에 충성하지 못한다."209 다른 한편으로 "충이야말로 효의 근본 아닌가!"210 효와 충의 차이는 표상일 뿐이며 그 실질은 구별이 없다. 둘째, 개인의 인생 역정으로 볼 때 효를 다하고 충을 다하는 것은 서로 관련된 두 단계로 동일한 인생 역정에서의 동일하지 않은 생활 경력을 나타낸 것이다. 이른바 "집으로 물러나오면 부모에게 마음을 다하며, 벼슬자리로 나아가면 군주에게 힘을 다한다"211는 것이다. 한대 사상가들은 유가가 제창한 "집에 있을 때는 효자가 되고 조정에 들어가면 충신이 됨"212을 이상적 인생 역정으로 삼았다. 효를 다하고 충을 다한다는 것은 삶의 과정을 좇아 여러 가지 전제 권위에 신하로 복종하는 것으로 보면 그뿐이다. 『효경』「광양명장廣揚名章」은 "군자가 부모를 효로 섬기므로 충이 군주로 옮겨갈 수 있다"213고 말한다. 효는 충의 초급 단계이고, 충은 효의 필연적 귀결이다. 개인의 사회생활에서 충효는 서로 통한다.

전체적으로 보면 충효의 상통은 권위에의 복종이 가장 근본적인 가치 요구임을 의미한다. 그래서 행위 규범에 특히 '순順' 자가 돌출했는데, '효순孝順' '충순忠順' 등이 그렇다. 『예기』「제통祭統」은 말한다. "충신이 제 군주를 섬김이나 효자가 제 어버이를 섬김은 근본이 하나다. 위로 귀신에 순종하며, 밖으로 군장에 순종하며, 아래로 부모에게 효를 다하니 이와 같아야 갖추었다고 말한다."214 사람들이 일상생활을 하든 정치 활동을 하든 곳곳에서 권위에 순종해야 반드시 양호한 질서와 안정된 국면이 형성된다. 그러므로 총명한 통치자는 충·효가 상통함을 잘 이해하여 '순順'으로 백성을 가르칠 줄 안다. "사랑하는 풍토를 세우려면 부모로부터 시작하고, 백성을 화목하도록 가르친다. 공경하는 풍토를 세우려면 어른으로부터 시작하고, 백성을 순종하도록 가르친다. 화목을 사랑하도록 가르치면 백성이 부모 계심을 소중히 여기며, 어른을 공경하도록 가르치면 백성이 명령 들음을 소중히 여긴다. 효로써 부모를 섬기고 순종으로써 명령을 들으면 천하 어디에 두든 행해지지 않는 바가 없다."[215] 한대 제왕들은 이 점을 철저히 깨닫고 있었다. 선제宣帝는 일찍이 명확하게 "백성을 효로써 이끌면 천하가 순종한다"[216]고 선언한 바 있다. 충효지도를 통하여 순민順民 사회를 조성함으로써 한대 제왕들이 애써 추구한 장기 안정은 현실이 되었다.

충효의 상통은 관념상 군주와 아버지의 권위가 한 몸으로 연결되는 것으로써 두 가지 권위가 상호 침투하여 군주로 하여금 더욱 많은 가부장적 색채를 띠게 만들며 가부장은 곧 집안의 제왕과 유사해진다. 『염철론』「비호備胡」편은 "천자는 천하의 부모다. 사방 민중은 이치상 신첩이 되기를 원치 않을 수 없다"[217]고 말하여 군주의 가부장적 신분을 강조하고 있다. 『예기』「애공문哀公問」은 "어진 사람이 부모를 섬김은 하늘을 섬김과 같다"[218]고 말하고, 한대 유생 동중서는 "아버지는 아들의 하늘이다"[219]라고 말한다. 한대 사람들의 눈에 천은 군주의 보호신이었는데, 여기서는 다시 가부장적 권위의 보호신이 되었다. 가부장적 권위는 천자의 권위와 마찬가지로 신성하면서 최고로 높은 것으로 변했다. 군·부 권위의 상호 영향은 전체 사회의 권위 인정 의식의 보편화를 강화시켰다. 어떤 개인의 이익이나 의지도 보편적인 권위 인정과 권위 숭배 속에서 아무것도 아닌 것이 된다. 예컨대 효자는 개인의 의지가 없다. "부모가 좋아하는 바를 또한 좋아하며, 부모가 공경하는 바를 또한 공경한다."[220] "효자는 사람을 부림에도 감히 마음대로 하지 않으며, 행동도 감히 멋대로 하지 않는다."[221] "부모가 살아 계시면 우정 때문에 죽음을 약속해선 안 된다."[222] 효자는 사유 재산도 없다. "부모가 살아 계시면 감히 제 몸을 챙겨선 안 되며, 감히 사사로운 재물이 있어선 안 된다."[223] 동시에 효자는 그 어떤 영예와 성공도 자신에게 속한 것이 없다. "잘하면 부모를 칭송하고 잘못하면 스스로를 일컫는다."[224] "사, 서인에게 잘하는 일이 있음은 부모에게 근본이 있으며, 어른들에게 맡겨둔다. (…) 그로써 순종을 보인다."[225] 또 충신은 군주를 섬김에 사적 이익을 추구하지 않는다. "옛날 대부는 인의만을 생각하여 제 자리를 채웠지 권세나 이익을 도모하여 제 사적 이익을 채우지 않았다."[226] 충신은 관념이나 정신에서 '무신無身' '무사無私'의 경지에 도달해야 한다. "신하된 자는 군주의 치욕을 갚으려 제 몸을 잊고, 나라의 치욕을 갚으려 제 집을 잊고, 공적인 치욕을 갚으려 사적인 것을 잊는다."[227] "충이란 중中이다. 공적인 것을 다하고 사사로움이 없음이다."[228] 한마디로 하면, 보편적 권위에 대한 인식과 숭배는 어떠한 개인의 사적 이익 및 의지를 배제하며 이로써 '무사無私'의 사회를 형성한다는 것이다. 이러한 사회적 환경에서 군·부의 권위와 의지는 기탄없이 마음껏 행해지며, '무사'한 충효지도의 창도는 끝내 전제 통치자 최대의 사私를 성취시켜줄 것이다. 이것이 바로 충효상통의 근본적인 정치 의의다.

충효 의무와
충효 관념의
사회의식화

한대 사상가들은 충효지도를 숭상하여 충과 효를 천지우주와 사회인생에 관통하는 근본 법칙으로 받들었다. "효는 하늘의 법칙이며, 땅의 올바름이며, 사람의 갈 길이다."[229] "하늘이 덮고 있는 것 중, 땅이 신고 있는 것 중, 사람이 밟고 있는 것 중 충보다 큰 것은 없다."[230] "충은 군주, 신하를 공고히 하고, 사직을 편안케 하고, 천지를 감화시키고, 신명을 움직이게 할 수 있는데 하물며 사람에게 있어서겠는가."[231] 인식론적으로 충효지도는 세상 어디에 두어도 기준이 되는 절대 진리의 높은 경지로 치올려지고 있다. "효는 놓으면 천지를 꽉 막고, 펼치면 사해에 가로놓이며, 후세에 널리 전해짐에 밤낮을 가림이 없으니"[232] 미루어 '동해' '서해' '남해' '북해' 어디에 두어도 기준이 된다.(『예기』 「제의」) 모든 이상적 윤리 도덕은 충효를 근본으로 삼으며, 충효지도는 이러한 미덕을 계측하고 헤아리는 표준이 된다. 예컨대 "사는 곳이 엄숙하지 못하면 효가 아니다. 군주를 섬김에 충성하지 못하면 효가 아니다. 관직에 있으면서 공경하지 못하면 효가 아니다. 친구 사이에 믿음이 없으면 효가 아니다. 전쟁터에서 용감하지 못하면 효가 아니다."[233] 또한 "어질면서도 불충하다면 은혜를 사사로

이 여김이요, 지혜로우면서도 불충하다면 상세함을 가장함이요, 용감하면서도 불충하다면 난을 쉽게 여김이다".234 그리하여 사람들 관념 속에서 극도로 보편화된 충과 효는 사람됨의 기본점이 되었다. "천지의 생명 가운데 사람이 가장 소중하고, 사람의 행위 가운데 효보다 큰 것은 없다".235 충효지도야말로 "사람의 행위 가운데 가장 먼저 해야 할 바다".236

그런데 한대 사상가들이 인식론적으로만 충효를 파악하고 있었던 것은 아니다. 그들은 구체적인 의무 규정을 통해 충효지도를 모든 사람의 실제 생활 속에 녹여 관통시키려고 했다.

한대 사상가들은 여러 가지 신분 지위에 따라 충효 의무에 대한 구체적 규정을 만들었다. 그들은 총체적으로 충효 의무의 보편성을 강조했기 때문에 충효 의무의 제약 대상 속에는 천자가 첫 번째 공격 대상이 되었다. 『효경』 「천자장天子章」은 "부모를 섬김에 사랑과 공경을 다하고, 유덕한 가르침을 백성에게 더하여 사해의 모범이 되는 것이 천자의 효다"237라고 규정하고 있다. 『충경』 「성군장」은 "왕자는 위로 하늘에 대한 일을 하고, 아래로 땅에 대한 일을 하며, 가운데로 종묘에 대한 일을 한다. 그렇게 사람들에게 임하면 사람들이 감화되고 천하가 모두 충성으로써 윗사람을 섬기게 된다"238고 주장한다. 이러한 진술들로 볼 때 이른바 천자의 충효는 분명히 완전한 어떤 의무가 아니며 안으로 어떤 권력 규정을 포함하고 있다. 한편으로 군주는 능히 직접 제 부모를 경애함으로써 천하 백성의 모범이 되며, 위에서 행하고 아래서 본받아 민덕民德을 두텁게 만들어야 한다. 다른 한편으로 "효는 천하를 가지고 하나의 국가로 봉양하는 일보다 큰 것이 없다".239 군주는 천하에서 가장 큰 가부장으로 덕과 형벌 두 자루를 쥐고 인민을 통솔할 수 있다. "덕으로써 그들을 교화하는 것이 이치理의 최고다. 그러면 사람들은 날로 선으로 옮겨가면서도 모른다. 정치를 베풀어서 하는 것은 이치의 중간이다. 그러면 사람들은 부득불 선하게 된다. 형벌로 징계하는 것은 이치의 하급이다. 그러면 사람들은 두려워 감히 잘못을 저지르지 않는다."240 최종적으로 사회를 안정시키고 백성으로 하여금 편안히 제 일을 즐기며 살도록 함으로써 "사직을 보호하고 조상을 빛내는"241 것은 바로 충효지도의 실천이다. 이른바 '천자 충효'의 실질이 백성에 대한 전제로 군주 전제의 또 다른 표현 형식에 불과한 것임을 알 수 있다.

사민士民 백성에게 있어서 충효 의무란 그저 군역에 응하고, 세금을 납부하고, 제 할 일을 다 하고, 법도를 준수하고, 충심으로 군·부를 섬기는 일이다.『효경』「사장士章」에 의하면 "충성, 순종함을 잃지 않음으로써 윗사람을 섬긴 연후에 녹과 지위를 보전할 수 있으며 조상의 제사를 지킬 수 있으니, 이것이 사士의 효다."242 「서인장庶人章」에 의하면 "하늘의 도를 따르고, 땅의 이익을 나누며, 근신하고 아껴 써서 부모를 봉양하니, 이것이 서인의 효다."243 『충경』「백공장百工章」에 의하면 "직무를 지켜 우회하지 않고 언사에 성냄이 없이 오직 사직의 이익을 위하여 제 몸을 돌보지 않으며, 위아래의 쓰임에 성공함으로써 군주의 덕을 빛내니, 이것이 백공의 충이다."244 「조인장兆人章」에 의하면 "공손히 군주의 법도를 받아들여 집안에 효제孝悌를 행하며, 열심히 농사일을 함으로써 왕의 세금으로 제공하니, 이것이 조인兆人245의 충이다."246

양한 시대에 유학과 정권의 상호 결합이 완성되면서 충효지도는 정치세력을 빙자하여 전 사회의 윤리적, 정치적 행위 지향에 거대한 강제력을 만들어냈다. 사람들은 자각하든 자각하지 못하든 모두 충효지도의 이행을 자신이 필생 친히 실천해야 할 정치적 의무로 여기게 되었으며, 다른 선택의 여지는 없었다. 이 보편적인 충효 의무 실천 과정이 바로 이론적인 충효 윤리 준칙의 사회 의식화 과정이다. 제왕들은 명령을 발포하거나 천하를 통솔하는 실천을 하면서 "백성의 부모가 되고" "큰 효로써 천하의 봉양을 받음"을 체험하며, 사민 백성은 군주와 관원들에게 충성을 다하고 날이면 날마다 부모를 공경, 봉양하는 힘든 노역을 계속하면서 권위에 복종하는 '사람됨의 도'를 체험한다. 충효지도의 가치 규정은 이런 길을 거쳐 날로 사람들의 마음 깊이 파고들었으며, 차츰 사람들의 관념과 의식 가운데 뿌리를 내려 마지막엔 전 사회가 충효지도에 대해 전면적인 인식을 공유하게 되었다.

충효 관념의 보편화는 한대 군주 정치에 직접적인 영향을 미쳤다. "한 왕가의 제도는 어버이에 대한 친애親親를 받들어 존귀한 사람에 대한 존중尊尊을 드러나게 하는"[247] 것이었다. 충효지도는 통치자들에게 중요한 정치 원칙으로 받들어졌으며, 어떤 정책 방침을 제정하는 데 직접 관련을 맺게 되었다. 예컨대 한 선제 지절地節 4년(기원전 66)의 조서는 이렇다. "백성을 효로 이끌면 천하가 순종한다. 지금 백성이 혹 집안에 흉액을 만나 상을 치러야 함에도 관리들이 부역을 시키고 장례도 치르지 못하도록 하여 효자의 마음을 상하게 하고 있다. 짐은 이를 심히 가련하게 생각한다. 오늘부터 조부모, 부모상을 당한 사람은 부역을 시키지 말라. 염습을 하고 마지막 보내는 일을 잘하도록 하여 자식으로서 도리를 다하도록 하라."[248] 또 한 원제元帝 때 승상 위현성韋玄成이 "태상황 침묘원寢廟園을 혁파할 것을 아뢰자" 급사중給事中 평당平當이 상서를 올려 반대하면서 『효경』「성치장聖治章」의 "효는 엄부嚴父에 대한 것보다 큰 것이 없고, 엄부는 하늘에 배향하는 것보다 큰 것이 없다"[249]는 말을 근거로 인용했다. 그 결과 "주상께서 그의 말을 받아들여 태상황 침묘원을 복구하라는 조서를 내렸다."[250] 한 통치자들은 '효치'를 창도하며 "가르침이 엄숙하지 않아도 이루어지고, 정치가 엄격하지 않아도 다스려져"[251] "천하가 충성을 다해 순화가 행해지기를"[252] 기대했다. 이러한 선명한 정치적 특징은 또한 거꾸로 충효 관념의 보급과 보편화를 촉진했다.

특히 설명을 해두어야 할 사항은 충효지도의 사회화 과정 중 일정한 조건 혹은 특수한 환경에서 충과 효 사이에 때로 충돌이 생길 수도 있다는 점이다. 그 사이에 놓인 충효 의무 담당자들이 왕왕 진퇴양난에 빠져 어찌할 바를 모르게 될 수 있었다. 『한시외전』 권7엔 다음과 같은 사건을 적어두고 있다. 한번은 제齊 선왕宣王이 전과田過에게 "내 듣자니 유생들은 부모상 3년, 군주상 3년을 치른다고 하는데 군주와 부친 중 누가 더 중요하오?"[253]라고 물었다. 전과는 바로 "아버지보다 중요할 수는 없지 않을까요"라고 대답했다. 선왕은 매우 기분이 나빠 "그런데 어째서 사士들은 부모를 떠나 군주를 섬기지요?"[254]라고 말했다. 전과는 낯빛을 고치고 이렇게 대답했다. "군주의 토지가 아니면 우리 부모가 거처할 곳이 없고, 군주의 녹이 아니면 우리 부모를 봉양할 수가 없으며, 군주의 작위가 아니면 우리 부모를 존귀하게 할 수가 없지요. 군주에게서 받아서 부모에게 바칩니다. 군주를 섬김은 부모를 위해서입니다"[255]라고 대답했다. 전과는 효가 목적이고 충은 수단이니 충과 효 사이는 동등하지 않다고 주장한 것이다. 이 인식은 대단한 대표성을 갖는다. 『충경』은 이러한 인식을 개괄하여 "군자는 효를 행하려면 반드시 먼저 충으로써 하고, 충을 다하면 복록이 이른다"[256]고 했다. 군주 전제 정치의 본질적 특징 가운데 하나는 정치가 경제를 제약하는 것이다. 권력의 소유는 곧 재부의 점유이며, 권력의 나뉨은 곧 재부의 나뉨이다. 『염철론』 「자권刺權」 편은 다음과 같이 말하고 있다. "관직이 존귀하면 녹이 두텁고, 뿌리가 튼실하면 가지가 무성하다. 따라서 문왕文王이 덕이 있으니 자손이 봉지를 얻을 수 있었으며, 주공周公이 재상을 하니 아들 백금伯禽이 부유했다."[257] 정치 참여는 사람들에게 재부를 구하는 첩경으로 비쳤다. 따라서 군주에 대한 충성忠君과 부모에 대한 효도孝親라는 이중 의무 가운데 선택하라면 충군은 자연히 이재 욕구를 실현하는 수단으로 간주된다. 『한시외전』은 전과의 입을 빌려 진상을 말하고 있는 것이다. 다음으로 사람들이 맺은 모든 사회, 정치 관계에서 혈친 관계야말로 가장 기본적인 사회관계다. "사람의 정감 중 부모보다 더 친한 것은 없다."[258] 한대 사람들은 이에 대해 깊이 체득하고 있었다. 효친 의무의 주요 기능은 부모를 공경, 봉양하여 사람들의 혈친 관계를 유지함에 있다. 실제 사회, 정치 생활에서 정치적 통치, 종속 관계를 유지하는 데 취지가 있는 충군 의무와 비교해볼 때 효친 의무야말로 사람들에게 훨씬 더 중시되고 이행하기가 쉬웠다. 이 때문에 이론상으로 충효지도가 충효 가치의 논리적 통일을 아무리 강조한다 하더라도 실제 운용 과정에서 충효지도의 사회의식화 과정 중 사람들의 실질적 선택은 한쪽에 편중됨을 면할 수 없다. 여기서 우리는 한대 충효 관념이 드러낸 기이한 이원 현상을 보게 된다. 즉 이론상 충효지도는 충군, 효친이 나란히 중시되는 이중적 가치관을 강조하지만, 세속화된 충효 관념은 오히려 효친 의무를 가치의 핵심으로 삼고 있다. 한대 충효 관념의 이 특징은 실제 정치에 작용하여 일정 정도 극복하기 어려운 관료 사회 부패와 정치적 암흑을 재촉했다. 이 점에 관해서는 전한 말년과 후한 말기의 관리 부패와 외척의 권력 전횡 등의 현상이 바로 증명해준다. 여기서는 따로 논의하지 않겠다.

한대 사상가 및 정치가들은 충효를 가지고 정권을 공고히 하는 윤리적, 정신적 무기로 삼았다. "현명한 왕은 효로써 천하를 다스림"[259]을 나타내기 위하여 고조高祖 이래 한대 군주의 시호는 대다수가 '효' 자를 둘러썼다. 그들은 이론상 선진 유가의 충효 사상을 계승, 발전시켰으며, 실천에서 충효 관념의 보편화가 한 왕실 천하에 기대하는 영원한 안녕을 가져올 수 있으리라 희망했다. 응당 한대 충효 관념의 사회의식화는 사람들의 정신세계를 틀어막고 '순민'사회를 촉진하는 데 일정한 효력이 있었다고 말해야 할 것이다. 그리고 한대 통치자들의 승인과 확대를 통해 충효 관념이 화하華夏 민족의 기본적 윤리 정신을 수립하는 데 미친 영향력은 실로 유구하다고 하겠다. 그러나 비록 그것이 한대 '효치'를 창도한 자들의 바람이 아니었다 하더라도 충효지도는 한대의 정치적 위기를 해결할 수 없었으며 한 왕실 천하의 멸망을 구하기도 어려웠다.

제 4 절

경학적 사유 방식과
유학의 분화

경학화한
사유 방식

경학은 지식의 일종일 뿐만 아니라 정치화된 권위로써 사회를 지배, 통제하기도 했다. 경학의 해설, 주석, 고취, 보급, 전파 과정에서 경학화한 피동적 사유 방식이 형성되었는데, 이 사유 방식은 수많은 유생에 의해 받아들여지고 견지되었을 뿐만 아니라 동시에 전체 사회에 영향을 미치기도 했다. 사유 방식에 관하여 사람들은 여러 각도에서 경계를 정할 수 있는데, 여기서는 주로 사람들의 사유 추세와 인식의 가치 취향을 가리킨다. 이른바 '경학화'란 사유 습관과 인식의 가치 취향이 경학에 의해 규범 지어지는 것을 가리킨다. '피동적'이란 말은 경학의 규범 아래 인식의 주체가 되는 사람들이 여러 가지로 주동성을 잃고 피동적 수용자로 바뀌어 창조 정신이 없거나 극히 적은 것을 가리킨다. 경화화한 피동적 사유 방식에는 다양한 표현이 있지만 여기서는 간략히 분석해본다.

첫째, 권위 숭배다. 여기서 이야기하는 권위는 두 가지 유형으로 나누어 볼 수 있다. 하나는 정치적 권위로 주로 선왕先王과 한 왕실 제왕이다. 둘은 지식, 도덕적 권위로 주로 성인 공자孔子, 『오경五經』 그리고 저명한 경학 스승經師들이다. 정치적 권위와 지식, 도덕적 권위는 확연히 구분되는 것이 아니라 상호 보완적인 관계 혹은 상호 전환, 겸비의 성질을 지니고 있다.

한대에 지식, 도덕적 권위가 정치적 권위에 의해 확정되고, 행정적 방식으로 사회 위에 덧씌워진 것이 바로 독존유술獨尊儒術이다. 그와 동시에 지식 권위도 정치화되었다. 유방劉邦이 제왕이 된 뒤 공자에게 제를 올린 것이 그 선구였으며, 그의 계승자들은 공자를 은殷의 임금으로 봉하고 봉호를 덧씌웠다. 성제成帝 때 "조서를 내려 공자를 은 소가공紹嘉公에 봉했다."260 이렇게 한 주목적은 "성인임에도 필부의 제사로 받들어지던"261 것을 바꾸어 공자를 정치화, 특권화시키려는 것이었다. 『오경』의 관학적 지위와 국가 이데올로기적 지위 또한 왕권에 의해 확립되었다. 당시 경학 스승들은 공자나 『오경』과 나란히 거론될 수는 없었지만, 한대에 성립한 관학은 관방에서 인정한 경전 해석인 '전傳'이나 '설說'과 함께 연계되어 있었다. '전'과 '설'은 경학 스승들의 산물이다. 한대 벼슬길에 오르는 주된 길은 '경에 밝아 관리에 선발되는 것明經選官'이었고, '명경'은 '가법家法'262과 '사법師法'을 대단히 중시했으므로 저명한 경학 스승들 또한 상당한 권위를 지녔다.

한대의 정치적 권위는 스스로의 인정과 지식 권위의 두둔을 통해 지식, 도덕적 권위라는 품격을 또한 겸하게 되었다. 한대의 제왕은 대부분 모두가 최고 경학 스승으로서 역할을 연출했다.

정치적 권위와 지식, 도덕적 권위의 결합은 전체 사회와 지식계 입장에서 보면 마치 푸른 하늘이 이마를 내리누르는 형세였다. 위협에 유혹이 더해짐으로써 이 권위는 절대다수의 학자, 특히 유생선비들에게 외재적 규정이자 강압적인 인도 및 주입으로 받아들여지는가 하면, 동시에 그것이 곧장 내재적 자각과 주동적 신봉으로 바뀌기도 했다. 여기서 성인, 제왕, 오경 숭배는 꺼내지 않고 경학 스승에 대해서만 보더라도 수많은 범용한 선비들이 감히 그 말 한마디도 바꾸지 못했다. 이에 대해서는 왕충王充이 잘 지적하고 있다. "전수자가 학문을 전할 때 한마디라도 망령되어선 안 되니 선사들의 옛말이 오늘날까지 고스란히 이어져왔다. 비록 학생백 명 이상을 거느리고 지위가 박사, 문학文學일지언정 행태는 우인郵人[263]이나 문지기 부류와 다를 바 없었다."[264] 이런 암기선수들은 겉만 알 뿐속을 몰랐고, 문장만 알 뿐 취지를 몰랐다. 이에 대해서는 반고班固가 정확히 지적했다. "오늘날 논자들은 그저 순舜임금 및 하夏 시대의 『서書』를암송하고, 은殷, 주周 시대의 『시詩』를 읊조리며, 복희伏羲와 주 문왕文王의『역易』을 읽어대고, 공자의 『춘추』를 진술할 줄만 알 뿐, 능히 고금의 청탁에 정통하여 한 왕조의 덕성이 말미암은 바를 논구하는 자는 드물다."[265]

독존유술의 규범과 인도 아래 권위는 사람들의 인식 대상으로부터 분리되어 숭배의 대상으로 바뀌었다. 사람들은 권위에 대해 단지 받아들일수만 있고, 단지 인식의 전제이자 당연한 물건으로 삼을 수만 있었다. 권위는 실천을 능가한 것으로서 일반인의 실천이란 그저 권위의 지배 아래제한된 활동을 하거나 꼭두각시 같은 짓을 하는 것일 뿐이었다. 권위 앞에서 사람들은 다시는 인식 주체로서 독립된 성격을 가지지 못했고, 사람들의 인식은 다만 권위에 대해 이해하고 해석하는 것뿐이었다. 그렇게 성인을 대신하여 말을 하고 도를 전했다. 사상적인 분화와 다양성이 있기도했지만(이에 대해서는 아래에 다시 논의함) 인식론적으로 낮은 차원에 속했다. 권위 숭배야말로 군주 전제의 사상적 기초다.

둘째, 사유의 구조화와 공식화다. 독존유술 이전 천인합일, 천인감응, 음양오행 등은 창조적 사유에 속했다. 그러나 독존유술의 확립에 따라, 그리고 동중서의 유술儒術 가운데서의 특별한 지위와 영향으로 말미암아동중서가 천인합일, 천인감응, 음양오행 등을 혼합하여 수립한 이론 체계는 차츰 대를 이어 유생들 사유 구조의 틀로 바뀌어 일종의 고정 형식이 되었다.

　동중서의 '천'은 간략히 말하면 신령神靈의 천, 도덕의 천, 자연의 천 등세 가지 함의를 지닌다. 이 셋을 나누어 논술하면 구분이 되지만 본체는동일하다. 천체는 만물 혹은 '우주'의 '으뜸元'인 동시에 합合과 분分의 과정이기도 하다. "천지의 기氣는 합하면 하나가 되고, 나뉘면 음양이 된다. 가르면 사시가 되고, 벌리면 오행이 된다."266 천은 의지가 있고, 도덕이 있고, 정감이 있다. "어짊 가운데 가장 아름다운 것은 하늘에 있다. 천은 인仁이다."267 천은 희로애락이 있으며, 천과 인은 서로 감응한다. 이러한 감응은 주로 '천인동류天人同類' '천인상부天人相副'란 말에 드러나 있다. 동중서는 말한다. "천지의 정精으로 생겨난 만물 가운데 사람보다 고귀한 것은 없다."268 사람의 신체 구조는 하늘과 버금한다. "하늘은 1년 전체 숫자로 사람의 몸을 만들었다. 고로 작은 마디가 366개인 것은 날수에 버금하는것이며, 큰 마디가 12로 나뉨은 달수에 버금하는 것이다. 안에 오장이 있음은 오행의 숫자에 버금함이며, 겉에 사지가 있음은 사시의 숫자에 버금함이다."269 사람의 품성도 하늘과 버금한다. "홀연 보였다 홀연 안 보였다함은 밤낮에 버금함이고, 홀연 강해졌다 홀연 부드러워졌다 함은 겨울과여름에 버금함이다. 홀연 슬퍼졌다 홀연 즐거웠다 함은 음양에 버금함이다."270 사람의 정감과 도덕 또한 하늘과 버금한다. "천은 음양 둘 다를 베풂이 있고, 사람의 몸 또한 탐욕과 어짊 두 성질이 있다. 천이 음양을 금하면 사람 몸의 정욕도 약해지니 천도와 하나가 되는 것이다."271 천과 인은 서로 감응하며 길흉화복은 모두 그 안에 있다. 동중서는 특히 천이, 재이災異로 견책, 경고가 이루어진다고 강조했다. "재해는 하늘의 견책이다. 괴이함은 하늘의 위협이다. 견책을 받고도 모르면 위협으로 두려움에 떨게 한다. (…) 재이의 뿌리는 모두 국가 운영의 실패에서 생겨난다."272 "국가가 장차 길을 잘못 들어 실패가 있으면 천은 먼저 재해를 내어 견책하고 경고한다. 자성할 줄 모르면 다시 괴이한 현상을 내어 겁내고 두려워하게 한다. 그래도 여전히 바뀔 줄 모르면 무너져 패망에 이르게 한다. 이렇게 함으로써 군주를 아끼고 혼란을 멈추게 하려는 천심을 보이는 것이다."[273]

동중서의 이 천인합일, 천인감응, 음양오행을 서로 배합한 논의는 구체적 결합 형태나 해석에 있어 그 자체의 특징이 있어서 다른 사람들은 이론이 있을 수 있다. 하지만 한대의 유생들 가운데 특히 금문학파에게 있어서 동중서의 이론은 공인된 사유 방식이었으며, 비교적 안정된 구조 틀이자 표준 양식이 되었다. 마치 광주리처럼 무엇이든 그 안에 넣을 수 있었다. 『백호통의白虎通義』는 경학자들의 토론을 거쳐 황제가 판결한 저작이어서 '국헌國憲'으로 간주되었는데, 당시 유생들의 사유 방식을 잘 대변하고 있다. 책 가운데서 우리는 국정의 큰일들 및 사회 구조는 물론이고 일상생활, 결혼상례, 일용기구에 이르기까지 모두 동중서의 이 '대수학代數學'을 이용하여 해석하거나 관련시킬 수 있다는 것을 알 수 있게 된다.

당시 조정엔 3공三公, 즉 사마司馬, 사도司徒, 사공司空을 설치했었다. 사마는 어떻게 해석할 것인가? 『백호통의』의 저자는 이렇게 말한다.

"사마는 병사를 주도한다. (…) 병兵이라 하지 않고 마馬라고 말함은 말이 양물陽物이고 하늘乾의 행위[274]를 대표하며 용병에 쓰인다. 하늘의 뜻을 상하지 않도록 꾸며야 하므로 마라고 한 것이다."[275]

둥그런 옥인 벽璧은 신임을 나타내는 물건으로 대대로 사절의 방문에 사용했는데, 『백호통의』는 이것도 이 표준 양식 속에 집어넣어 이론적인 논증을 하고 있다.

"벽을 가지고 빙문함은 무엇 때문인가? 벽은 가운데가 네모나고 겉은 둥글어 땅을 닮았다. 땅의 길은 안녕하면서 재물을 내므로 벽으로 사절 방문을 하는 것이다. 가운데가 네모남은 음덕陰德이 네모나기 때문이다. 겉이 둥긂은 음이 양에 걸려 있기 때문이다. 음덕은 안에서 왕성하므로 내부에 그 모양을 드러내어 중앙에 위치하게 한 것이다. 벽을 축적이라 말하게 된 것은 중앙에 있어 천지의 모양을 띠고 있으므로 이에 의거하여 사용했기 때문이다. 안이 네모난 것은 땅을 닮았고 겉이 둥근 것은 하늘을 닮았다."[276]

음양, 재이 변화를 이야기하고, 천이 상象으로 인간사를 드러내 보여준다는 주장은 더욱 유행하게 되었다. 환담桓譚 같은 걸출하고 용기 있는 지자는 조정에서 감히 참위讖緯의 잘못을 논박했음에도 재이 변화론에 대해서는 여전히 믿어 의심치 않았다. 그러니 그와 같거나 더 낮은 수준의 사람들은 더 말할 필요도 없다. 음양, 재이 변화에 대한 논의는 한대 역사책을 가득 채우고 있다.

오늘날 시각에서 보면 그 많은 논술이 참으로 얼토당토않으며 심지어 황당무계하기까지 하다. 하지만 당시에 이러한 논술 방법은 보편적으로 존재하는 사실이었을 뿐만 아니라 매우 엄숙하게 조정 회의에서 변론을 거친 뒤 얻어낸 '공론公論'이자 '결의決議'였다. 이렇게 표준 양식화한 논술은 그 방법인 공인된 것이어서 권위를 지녔으며, 바로 그것 때문에 논술하기도 전에 벌써 그 결론이 확정되어버렸다.

물론 이렇게 표준 양식화한 사유 방식이 구체적인 문제들을 어떻게 음양오행과 배합시킬 것인가에 대해서 이야기할 때면 자주 의견이 갈렸다. 하늘이 상으로 인간사를 드러내 보여준다는데 도대체 무얼 보여주는가? 이에 대해서도 이설이 많았다. 그러나 미세한 말절에서의 갈림이 상술한 사유 표준 양식의 유행을 막지는 못했으며, 그것의 '공리公理'성에 영향을 주지도 못했다. 이 공식에 대입하기만 하면 수많은 사람이 만족을 얻었으니, 이것이 바로 시대정신이었다.

셋째, 경전을 통하여 실용을 강구한다通經致用. 『오경』과 성인의 말씀은 보편적으로 인정을 받아 세상 어디에 놓아도 표준이 되는 진리가 되었다. 따라서 경전을 인용하여 실제와 연계시키는 것이 문제를 논술하는 보편적인 방법이자 수단이 되었다. 수많은 사람이 총명과 지혜를 다하여 이 둘을 결합시키려 하는가 하면, 결합을 시키면서 일부는 기지와 교묘함을 확실하게 드러내며 불시에 신성한 제왕을 향해 창끝을 겨냥하기도 했다.

후한 초에 왕충은 회의 정신을 지니고 감히 독자적인 사고를 했으며, 감히 「문공問孔(공자에게 묻는다)」이라는 세상을 깜짝 놀라게 한 작품을 쓴 사람이다. 그럼에도 그 또한 독특한 견해를 밝히면서 항상 경전을 인용했으며, 그것을 합리적인 증명으로 삼았다. 『논형論衡』「정재程材」편은 유생과 문리文吏277의 차이에 대해 논술하고 있는데, 왕충은 『오경』과 법률이 모두 다 한 왕실의 법이지만 '경經'은 '도道'에 속하고, '법'은 '사事'에 속한다고 주장한다. 『오경』은 도를 임무로 삼으며, '사'는 '도'만 못하다. 도가 행해져야 사가 서며, 도가 없으면 일이 이루어지지 않는다. 따라서 "유생들은 근본을 다스리나, 문리들은 말절을 정리한다. 근본인 도와 말절인 사를 비교하여 존비의 고하를 정해야 규정에 맞는다고 할 수 있다."278 왕충이 '경'을 최고의 원칙이자 지침으로 취급하고 있음이 아주 분명하다. 그는 수많은 글을 써서 금문今文 유생들의 '전傳' '주注'가 잘못되었다고 비판했으며, 허망한 신화에 대한 논의를 질타했다. 하지만 그는 실질을 탐구하는 바로 그 측면으로부터 유가 경전 자체의 존엄성과 합리성을 논증해냈다.

정치 사건을 처리하면서 경전을 인용하고 실제와 연계시키는 일은 한 무제 때부터 벌써 유행했다. 이런 사유 방식의 정치적 운용에 대해서는 앞 제4장 제2절에서 이미 논술한 바 있다.

경전을 통하여 실용을 강구함은 사회와 개인 행위를 규정하는 데 있어서 하나의 공적 원칙이 될 수 있다. 공인을 받기가 쉬울 뿐만 아니라 조작 또한 간편하다. 그러나 이런 방식은 그 자체가 농후한 교조주의 정신을 띠고 있어서 역사적 창조활동은 아니다.

넷째, 복고復古다. 유가는 문왕文王, 무왕武王을 모방하고 조상, 성인을 칭송하며 『오경』에도 구애받는다. 따라서 복고적 사유 방식이 보편적으로 유행하게 되었다. 복고의 내용은 지극히 방대하고 복잡한데, 그 중심은 '고古'를 가치 판단의 표준이자 인식의 전제로 삼는다는 점이다. 표현 형식으로는 이고泥古(옛것으로 덧칠함), 송고시금頌古是今(옛것을 칭송하고 오늘날도 시인함), 송고비금頌古非今(옛것을 칭송하며 오늘날은 비난함), 차고조위借古造僞(옛것을 빌려 위조함), 탁고개제托古改制(옛것을 미루어 제도를 고침) 등이 있다.

이고는 주로 읽기만 하고 현실로 소화하지 못하는 진부한 유생 무리를 가리킨다. 이 무리는 '고'를 변할 수 없는 것이라고 주장한다. 일찍이 한 초엽 숙손통이 조정 의례를 기초할 때 진부한 유자들 사이에 '이고'와 '변통變通' 논쟁이 벌어졌다. 숙손통은 노魯나라 유생 30여 인에게 한漢 의례를 기초하도록 했는데, 두 명의 유생이 협력하지 않으며 이렇게 말했다. "공이 하는 바는 옛것에 맞지 않으니 내 따르지 않겠소. 공은 그만 가보시오, 날 더럽히지 마시고!"[279] 숙손통은 웃으면서 "정말 어리석은 유생이로다, 시대가 바뀐 것을 모르니"[280]라고 이야기했다. 이러한 이고 풍조는 스승의 말을 끌어안고 단 한 마디도 감히 바꾸지 못하는 지경까지 발전했다. 피석서皮錫瑞는 그의 『경학역사經學歷史』에서 이런 논평을 한 적이 있다. "한대 사람들은 스승의 법문을 가장 중시했다. 스승이 전해준 바를 제자들이 받았는데 한 글자도 감히 왔다 갔다 하지 못했다. 스승의 말에 어긋난 말은 아예 쓰지도 않았다."[281] 소昭, 선宣 황제 시기 조빈趙賓은 『역경』을 다루는 데 매우 저명했으며 자기 견해 세우기를 좋아했는데, 『역경』을 다루는 다른 사람들은 그것이 어려워 어떻게 뒤집을 수가 없었다. 그럼에도 조빈은 여전히 배척을 당했는데, 그 이유는 "옛 법도가 아니라"는 것이었다. 여기에서 옛것을 어김은 곧 이치를 어김이었다.

후한 광무光武 4년, 한흠韓歆은 상소를 올려 비씨費氏 『역경』과 좌씨左氏 『춘추』의 박사博士관을 설치하자고 건의했다. 범승范升은 상소를 올려 이에 반대했는데, 그 이유는 이렇다. "신이 듣자오니 주상께서 옛것을 따지지 않으시면 하늘을 계승할 수 없으며, 신하가 옛일을 설명하지 않으면 군주를 받들 수가 없다고 합니다. (…) 지금 비씨, 좌씨 두 학문은 근본으로 삼을 스승이 없으며 많은 반대 이견이 있사옵니다. 선제께서도 전 시대에 의심을 품으셔서 경씨京氏가 설립을 했으나 곧 다시 폐지하셨습니다. (…) 바라건대 폐하께옵서도 선제께서 의심하던 바를 의심하시고 선제께서 믿으신 바를 믿으셔서 근본으로 돌아감을 보여주시고 오로지 자기주장만 내세우면 아니 됨을 밝혀주시기 바라옵니다."[282] 범승은 '옛것을 따짐'을 '하늘을 계승함'의 전제로 삼고 있으며, '옛일을 설명함'을 '군주를 받듦'의 근본으로 삼고 있다. 오늘날 안목으로 보자면 범주가 근본적으로 다른 두 가지 일이지만 당시로선 논증이 필요 없는 공리였던 것이다. 왜 '옛것을 따짐'과 '하늘을 계승함'이 서로 통하며, '옛일을 설명함'과 '군주를 받듦'이 연계되는가? 범승은 다음 문장에 이런 해설을 붙인다. "천하의 일들이 다르게 된 까닭은 근본이 일치하지 않기 때문이다. 『역경』은 '천하의 모든 움직임은 뜻이 올곧은 사람이 일치하기 때문이다' 또는 '그 근본을 바르게 하면 만사가 다스려진다'고 말한다."[283] 범승이 보기에 '고古(옛것)'와 '구舊(옛일)'는 정형화된 '일치'이며, '옛것을 따짐'과 '옛일을 설명함'으로써 "그 근본을 다르게 하면 만사가 다스려질" 수 있다. 당시로 볼 때 범승의 주장은 일정한 근거를 갖춘 것이었다. 유가에서는 '고古' '구舊'를 따름으로써 현실의 질서를 안정시켜왔다.

'고' '구'를 따름은 '수성守成'을 하려는 인물들에게 가장 편리한 길이며, 통치자에게 필요한 중요한 인재가 되기도 한다. 환영桓榮이 경학 스승으로써 제사帝師, 화귀사림華貴士林으로 승진했을 때, 그는 득의만면하여 문하 제자들에게 내가 오늘날 여기에 이른 것은 "옛것을 따지는 능력 때문이다"라고 알려주었다.

유생들은 또 자주 '학고學古(옛것을 배움)'와 '송한頌漢(한을 칭송함)'을 함께 연결하여 한이 '고'의 계승자라고 설명했다. 가의는 500년 만에 반드시 성인이 흥한다는 옛이야기로 한 황제는 요, 순堯舜이 다시 출현한 것임을 증명했다. "신은 우禹 이래로 500년 만에 탕湯이 일어났으며, 탕 이래로 500년 만에 무왕이 일어났다고 들었습니다. 그러니 성왕의 재기는 대체로 500년을 기원으로 합니다. 무왕 이래로 500년이 지났음에도 성왕이 일어나지 않음은 무슨 변괴이오리까! 진시황秦始皇이 그럴듯했으나 끝은 아니어서 마침내 아무 형상도 없고 말았습니다. 그런데 지금 천하가 폐하에게 모이고 있으니 (…) 하늘이 마땅히 폐하를 청하여 그렇게 하도록 하는 것입니다. 그럼에도 아직 아니라고 하면 장차 누구를 또 기다리는 것이옵니까?"[284] 소망지蕭望之는 평범한 원제元帝를 추어올려주면서도 요순에 비유하려 했다. "폐하께서 덕을 베푸시고 가르침을 내리셔서 교화에 성공하셨으니 요순이라도 그에 더할 수 없을 것입니다."[285] "지금 폐하께서 성덕으로 자리에 계시며 정무를 고심하고 현인을 구하시니 요순 같은 마음 쓰심이옵니다."[286] 이런 식의 공덕을 치사하는 말은 물론 판에 박힌 말로 볼 수 있으나, 판에 박힌 말은 정치적 심리 상태나 정치문화적 관념을 반영하고 있다고 하겠다.

한 왕실이 옛것보다 나음을 고취하는 일은 보통 유생들뿐만이 아니었다. 조착晁錯과 같은 깨어 있는 정치가조차 그 안에 포함된다. 그는 문제

文帝에게 줄줄이 공덕을 칭송하고 난 뒤 이렇게 이야기했다. "천하를 위해 이익을 세우고 해로움을 없앴으며, 법을 바꾸고 옛것을 고침으로써 국내의 안정을 가져와 큰 공적만도 수십 건인데 이는 지난 시대엔 이루기 어려운 것들이었습니다."[287]

사실을 따지더라도 왕충이 말한 것처럼 한漢이 주周보다 높다고 해야 할 것이다. 그러나 '고'가 당시의 이상적 사상 문화가 된 배경하에서 이런 말을 하는 것은 왕실에 대한 추파임을 면하기 어렵다고 하겠다.

이 일엔 또 다른 면도 있었는데, 일부 비판 정신이 풍부한 인물들은 '숭고崇古'의 기치를 높이 들고 부패한 시대 병폐와 제왕들의 어리석음에 대해 첨예한 비판을 행하기도 했다. 이들이 바로 옛것을 칭송하며 오늘날을 비난한 사람들이다.

옛것을 존중하는 관념이 사회를 뒤덮고 있었으므로 탁고개제와 탁고갱명托古更命 사조가 출현하기도 했다. 왕망王莽이 바로 탁고개제하고 갱명한 전형적 인물이다.

다섯째, 번쇄繁瑣한 사상 방법이다. 권위 숭배, 교조주의, 복고 등이 서로 얽히면 반드시 번쇄한 사상 방법을 만들어낸다. 번쇄는 안사고顔師古의 설명에 따르면 '퇴망頹妄(기울어져 망령됨)'이다. 『한서』「예문지」는 번쇄한 폐단에 대하여 이렇게 개술하고 있다. "나중엔 경經과 전傳에 이미 괴리 현상이 생겼는데도 박학이라는 사람들은 또 많이 듣되 의심스러운 부분을 뺀다는 다문궐의多聞闕疑[288]의 의미를 생각하지 않고 번쇄한 뜻을 갖다 붙이며 난해한 부분을 피하고 방편적이고 교묘한 사설을 꾸며서 경전의 형체를 파괴했다. 심지어 다섯 글자짜리 문장을 설명하는 데 2~3만 자에 이른 경우도 있었다. 후진들이 널리 이 경향을 좇았으므로 어린 아동들은 한 가지 예藝, 즉 경전을 익히는 데 흰머리가 난 뒤에야 말을 할 수 있을 정도였다. 자기가 익힌 것에만 안주하여 보지 못한 것은 비방했으며,

끝내 스스로가 가로막히고 말았으니 이는 학자들의 큰 병이었다."[289]

『한서』「유림전儒林傳」은 "한 경전의 설명이 100여 만 자에 이른다"[290]
고 적고 있다. 소하후小夏侯의 재전 제자인 진영秦榮은 "스승의 법문을 늘려
100만 자에 이르렀다."[291] 환담桓譚의 『신론新論』「정경正經」 편엔 이렇게 쓰
여 있다. "진근군秦近君(즉 진영)은 『요전堯典』의 설명에 능했는데 편목 두 글
자에 대한 해설이 10여 만 자에 이르렀다. 그저 옛일을 고찰한다는 '왈약
계고曰若稽古' 한 구절을 무려 3만 자로 설명했다."[292]

이러한 번쇄함은 옛것과 스승의 기존 학설을 따르려 하고 박학을 드러
내 보이려는 데 피할 수 없는 현상이었다.

이상 몇 가지 방면에서 경학의 속박하에 형성된 사유의 고정된 추세
를 서술했다. 이러한 사유 방식의 속박 아래 창조적 사상가가 출현하기란
매우 어렵다. 수많은 당시의 저명한 경학 스승, 대유는 모두 가치 있는 저
술을 남기지 못했다. 지위가 현혁한 이들과 대비를 이룬 사람들인 이단
혹은 재야의 선비들이 오히려 많은 저술을 하여 후세에 전했다. 거기에는
다양한 원인이 있는데, 주요 원인 가운데 하나는 전자 작품들의 개성과
창조성 결핍일 것이다.

02

경학의 다양화와 다원화 논쟁

군주 전제 체제의 가장 중요한 특징 가운데 하나는 황제(또는 그의 변화된 형태)가 중심이 되는 일통화一統化다. 간단히 말하면 '정어일定於一' '일통' '일존一尊' 등에서와 같은 '일一'이다. '일'은 사회생활에서 무한히 확장되는 성질을 지니고 있으며 사상에 대해서도 '일'을 요구한다. 이사李斯와 동중서董仲舒를 보면, 하나는 법가이고 하나는 유가여서 사상이 완전히 다르지만 그들이 사상적으로 반드시 '일'이어야 함을 논증할 때의 방법론은 거의 동일하다. 심지어 용어조차 마치 한입에서 나온 것 같다.

사상운동의 규율은 정치의 '일화' 규율과는 반대로 다원화의 길을 가려 한다. 고대 사상가들은 관용 정신이 매우 적었으며, 오직 자신만이 정확하다고 외치는 것 외에 줄곧 사상 밖의 힘을 빌려 상대를 억압, 통제하여 끝내 육체적으로 소멸시키고 싶어했다. 그럼에도 불구하고 인류가 사유를 계속하는 한, 사상계는 표현에서의 다원화를 피할 수 없다. 무엇이 다원인가? 사람마다 정의와 이해가 다를 수 있지만, 요약하면 사회사상이 일률적일 수 없음을 말한다.

한 무제에서 시작하여 정치적으로 유가가 일존으로 전해졌고, 회유와 협박을 통해 사람들로 하여금 유가를 존중하도록 했다. 그러나 사상이라는 괴물은 하나의 주머니에 담기가 매우 어려워서 유가를 대종으로 삼았음에도 개성 있는 인물의 출현을 피할 수는 없었다. 한대 사상계를 전체적으로 관찰해보면 우리는 다음과 같은 기본적인 사실을 간파할 수 있다. 즉 유가 내부의 논쟁이 유가와 다른 학파와의 쟁론보다 절대로 적지 않다는 것이다. 유가 내부의 여러 유파 간의 논쟁은 사상 다원화 운동의 또 다른 표현이다.

한대 사상의 다원적 발전은 정치권력의 간섭 때문에 전국 시대의 백가 쟁명과는 매우 다른 모습을 보이므로 이를 비정상적 발전이라 부른다. 아래 논술한 문제들 모두가 정치사상 내의 문제는 아니지만 독존유술에 대해 말하자면 오히려 정치 문제들이다.

유가의 관방 입장과 재야 입장 간 논쟁

독존유술이 모든 유학을 두루 존숭한다는 말은 아니다. 『오경』에 대해서는 관방과 유가 문도들 사이에 근접하는 공통된 인식을 갖고 있었다. 그러나 금문今文, 고문古文 및 판본에 대해서는 수많은 쟁론이 있었는데 여기서는 잠시 논의하지 않기로 한다. 문제는 처음부터 유학을 관학으로 세울 때 원시 경전으로만 제한한 것이 아니라 '전傳'과 '설說'이 한데 뒤엉켜 있었다는 데 있다. 심지어 '전'과 '설'이 더욱더 직접적인 모습을 갖추고 있었다고 말할 수 있다. '경'은 한대에 조야 상하 및 군주 사인士人 모두에게 최고의 원칙이자 신조로 취급되었다. 하지만 한 왕가의 통치 및 한대의 사회적 실천과 결합될 때는 반드시 '전'과 '설'이라는 중개자를 거쳐 실현되었다. '전'과 '설'은 『오경』에 대한 재해석이다. 재해석은 필경 다원화 또는 다양화를 불러온다. 그 가운데 어떤 것은 관학이 되고, 어떤 것은 관학 밖으로 밀려난다. 그리하여 유학 내에 관방과 재야의 구분이 생기게 되었다. 이 점에 대해서는 류스페이劉師培, 허우와이루侯外廬가 일찍이 밝힌 바 있다. 유감스러운 것은 그들 이후 이 문제가 다시는 학계에서 충분히 중시되지 않았다는 사실이다. 심지어는 소홀히 다루어지기까지 했다. 사실, 정치사로 보든 학술사로 보든 이 문제는 대단히 중요한 것이다.

관방 입장과 재야 입장이 고정불변의 것은 아니다. 어떤 학파는 홀연 조정에 등장하기도 하고 홀연 쫓겨나기도 하여 일부 역사 사실은 아직도 뚜렷이 밝혀지지 않고 있다. 이 문제는 달리 고증을 해야 할 사항이다. 관방 입장과 재야 입장의 오르내림 및 관방 입장과 재야 입장 간의 논쟁은 유학으로 하여금 다양화 또는 다원화로 치닫게 한 동시에 유학의 내재적 발전의 동력이 되기도 했다.

유학의 다양화와 다원화 문제는 여러 방면의 고찰이 가능하다.

유심, 유물 입장에서 분석해보면 유심주의일 뿐만 아니라 소박한 유물주의이기도 하다. 또는 양자 사이에 과도적 혹은 혼합적 형태를 띠어 넓게 이원론이라 부를 수 있다.

도참圖讖 문제는 양한의 처음과 끝을 관통하고 있으나 경학과 함께 엉킨 것은 주로 전한 후기, 왕망王莽의 신新, 후한 전기다. 도참 문제에 있어서는 대부분의 유생이 모두 말려들어갔다. 경에 통하고 도참에 통하는 것이 '유학에 통하는通儒' 중요 지표였다. 전한 평제平帝 시기의 명유 소경蘇竟은 "『역』에 밝아 박사가 되고 『서』를 강론하는 좨주祭酒가 되었다. 그는 도참과 위緯를 잘했으며 백가의 주장에 능통했다."[293] 왕망의 신新과 후한 전기는 참위학이 더욱 융성했다. 참위가 내학內學으로 취급되고 『오경』은 외학外學으로 떨어진 궁한 지경에 이르기도 했다. 광무제는 조칙으로 '도참'을 확정하여 천하에 반포했다. 명제明帝 때 번조樊儵는 명을 받아 "공경들과 더불어 교郊 제사의 각종 의례를 복잡하게 결정했는데 도참 기록으로

『오경』의 다른 주장을 바로잡았다".²⁹⁴ 조포曹褒는 "옛 경전에 의거하고 『오경』 도참 기록의 문장을 섞어서"²⁹⁵ '한의漢儀'를 편찬했다. 그렇게 후한 후기의 마융馬融, 정현鄭玄에 이르기까지 모두 참위에 통달했다.

이런 관학 학풍과는 반대로 조정에서 황제를 대면하며 도참에 비난과 질의를 제기한 용감한 유생들도 있었다. 환담桓譚, 윤민尹敏, 정흥鄭興, 장형張衡 등이 바로 그 뛰어난 대표자들이다. 아직 도참 문제를 유심, 유물을 나누는 표준으로 삼을 수는 없지만 당시에 이는 정치 지도 사상과 관련된 커다란 문제였다. 극도의 용기가 없는 한 감히 도참에 반대할 수가 없었다. 그런데 무슨 깊이 있는 이치를 설파하지도 않으면서 감히 의심스럽다는 한마디로 조야를 크게 진동시키게 되었다. 광무제가 교 제사에 관 한 일을 정흥에게 물었다. "내가 도참으로 결단을 내리려 하는데 어떠한 지요?" 이에 정흥이 "신은 도참을 하지 않습니다"라고 대답했다. 광무가 노하여 "경이 도참을 하지 않는다고 함은 그것이 잘못되었단 말이오?"라고 물었다. 정흥은 황공하여 이렇게 해명했다. "신은 그 책에 대하여 아직 배우지를 못했습니다. 잘못된 것일 수는 없겠지요."²⁹⁶ 오늘날 안광으로 보면 이게 무슨 대수로운 일인가? 그러나 당시로선 중대한 사건이라 할 수 있어 범엽范曄²⁹⁷이 대서특필하여 역사서에 기록했다. 더욱 날카로운 사람은 환담이었다. 그는 조정에서 공공연히 광무제에게 도참을 칭송함은 유가 경전에 합치하지 않는다고 들이받았다. 광무는 대로하여 "환담이 성인의 도를 비방하고 법을 무시하니 끌어내려 참수할지어다"²⁹⁸라고 했다. 환담은 황급히 머리를 조아려 피가 흐르도록 땅에 찧고 나서야 죽음을 면할 수 있었다. 도참에 대한 믿음과 불신은 유가의 분화와 다양화를 가져왔다.

정치사상에서 유가의 주장 또한 각양각색이었다. 한 왕실의 기쁨을 사기 위해 유가 중 일부는 공자가 한 왕실의 제도를 만들었다는 이론을 제조했다. 다른 일부 유생들은 때론 은밀히 때론 드러내놓고 혁명론을 견지했다. 가장 유명한 일화는 한초 경제景帝 때 황생黃生과 원고생轅固生이 황제 앞에서 한 차례 벌인 찢어진 모자를 영원히 머리 위에 쓰겠는가에 관한 논쟁이다. 황로黃老 학설을 견지한 황생은 모자가 찢어졌더라도 반드시 머리에 써야만 하며, 신발은 새것이라도 발에 신을 수밖에 없다고 주장했다. 저명한 유생이었던 원고생은 혁명을 주장했다. 모자가 찢어졌으면 없애버려야 한다. 그렇지 않다면 "고조高祖 황제가 진秦을 대신하여 천자의 자리에 오른 것"[299]이 어찌 불법적인 일이 아니 되겠는가! 원고생의 견해는 틀림없이 근거가 있고 이치에 맞다. 그러나 이 논리는 이미 천하를 얻은 한 왕실 천자에게 있어서는 찬성할 수 없는 것이었다. 그래서 경제는 이렇게 하명했다. "고기를 먹되 말의 간을 먹지 않았다고 하여 맛을 모른다고 하지 않는다. 학자들이 탕무湯武 혁명을 이야기하지 않는다고 하여 어리석다고 하지는 않을 것이라는 말이다."[300] 경제의 결론은 독단으로써 문제를 없애버리고 사람들로 하여금 생각하지 못하게 한 것이니 자신을 어리석게 만들고 백성을 어리석게 만드는 것이 아니면 무엇이겠는가? 사마천司馬遷은 그 후 학자들이 "감히 혁명과 방벌을 꺼내지 못했다"[301]고 말한다. 태사공太史公의 학자들 담량에 대한 평가가 너무 낮은 것 같다. 역사 문제와 이론 문제는 행정 방식으로 없애기가 매우 어렵다. 한때는 명령으로 관리할 수 있겠지만 영원히 관리할 수는 없다. 원고생보다 조금 늦었던 동중서는 한 가지 측면을 바꾸어 더욱 깊이 있게 혁명 문제를 논의했다. "하늘이 백성을 낳음은 군왕을 위해서가 아니며, 하늘이 군왕을 세움은 백성을 위해서다. 따라서 그 덕으로 족히 백성을 안락하게 하는 사람이면 하늘이 아들로 삼는다. 그 악으로 족히 백성을 해치고 죽이는 사람이면 하늘이 그것을 빼앗는다."[302] 만약 동중서가 추상적 이론으로만 제한한 것이었다면 소제昭帝 때부터 일어나기 시작한 '갱수명更受命(천명을 다시 받음)' 사조는 직접 한 왕실의 운명과 연계되었을 것이다.

『춘추』를 깊이 깨치고 있었던 휴홍眭弘은 이변을 빌려 한 소제의 지위, 합법성 및 한 왕실 운명 문제에 대해 참으로 경탄할 만한 논의를 개진했다. "동중서 선사께서 하시는 말씀에 비록 계위하여 적통을 이은 군주가 있다 하더라도 성인의 천명수수에 해를 끼치지는 못한다고 하셨다. 한 왕실은 요堯의 후예로 나라를 전해줄 운세가 있다. 한 황제는 마땅히 천하의 선택을 물어 현인을 구해 제위를 선양하고, 물러나 스스로 백 리 땅에 봉해 은殷, 주周의 두 왕처럼 함으로써 천명을 따라 순응해야 한다."303 휴홍이 제기한 문제는 너무 날카롭고 직접적이어서 목이 날아감을 면하기 어려웠다. 하지만 휴홍을 죽였다고 하여 사회적 위기나 모순 및 이 이론적 문제를 완전히 없앨 수는 없었다. 선제宣帝 때 정직하고 청렴한 유신儒臣 개관요蓋寬饒는 선제의 형법 운용과 환관 신임이 불만이었다. 그는 '혁명'론을 바닥에 깔고 상소를 올려 날카롭게 비판을 가했다. "지금 성인의 도는 점점 폐기되고 유술은 행해지지 않으며 형벌이 주공周公, 소공召公의 어진 정치를 대신하고, 형률을 『시』『서』로 삼고 있사옵니다." 그리고 "오제五帝304는 제위를 공적官으로 처리했으나 삼왕三王305은 집안家에서 처리했습니다. 가천하는 아들에게 제위를 전해주는 것이며, 관천하는 현인에게 제위를 전해주는 것입니다. 이는 사시의 운행과 같아 공을 이룬 자는 떠나며, 사람을 얻지 못하면 자리에 눌러앉아 있지 않사옵니다"라고 했다. 선제의 의식 속에 이는 용납할 수 없는 도전이자 비방이었다. 문관 관리들 또한 없는 죄를 뒤집어씌워 개관요가 "가리키는 의미가 선양을 구하고자 한 것이니 대역부도하다"306고 못 박았다. 유술을 굳게 믿었던 개관요는 자살로 자신의 충정을 증명할 수밖에 없었다. 그러나 그가 제기한 "사람을 얻지 못하면 자리에 눌러앉아 있지 않다"는 논의는 그의 죽음보다 더 큰 영향을 미쳤다.

성제成帝 때의 대유 유향劉向도 성제에게 사치를 경계하라고 권유하면서 이렇게 이야기했다. "왕자라면 필히 삼통三統[307]에 통달하고 천명을 부여받는 범위가 넓어 오직 한 성씨에게만 주어지지 않음을 밝게 알아야 합니다" "예로부터 오늘날까지 망하지 않는 나라는 아직 없었습니다."[308] 유향과 같은 시대의 대유 곡영谷永은 '혁명'론을 더욱 명쾌하게 성제의 어안御案 위에 펼쳐 놓았다. 하늘은 "삼통을 드리우고 삼정三正[309]을 벌여놓아 무도한 자를 없애고 유덕한 자에게 열립니다. 사사로이 한 성씨만을 인정하지 않습니다. 이는 천하가 천하 사람들의 천하이지 한 사람의 천하가 아님을 밝힌 것입니다", 만약 폐하께서 악을 따르고 고치지 않으신다면 "유덕한 자로 천명이 바뀔 것입니다."[310] 애제哀帝 때 또 다른 명유 포선鮑宣도 '혁명'론을 근거로 삼아 한 왕실의 부패와 악정을 통렬히 질타했다.

사실로 말하자면 이 몇몇 유생의 '혁명'론, '갱수명更受命'론이 반란이나 한 왕실의 전복을 선동한 것은 절대로 아니다. 오히려 깊은 사랑과 간절함으로 한 왕실이 개혁하여 천명을 영원히 보존하길 바랐다. 물론 논리적으로는 분명히 한 왕실 존재의 합리성과 합법성에 대해 질의와 도전을 제기했다. 바로 이 이론이 왕망의 한 왕조 대체에 이론적 근거를 제공했다고 하는 것이 옳다. '혁명'론과 한 왕실 '영명永命'론 모두가 유가의 기치를 내걸고는 있었지만, 사유 방식에 있어선 확연히 달랐다.

관방과 재야 사이의 논쟁이야말로 유학 발전의 내재적 동력 가운데 하나다. 관방과 재야 사이의 논쟁은 분명히 권력 다툼, 이익 다툼을 그 내용으로 하지만 그 사이에 존재하는 사상 문화상의 경쟁이라는 의의도 무시할 수는 없다. 사실 권력과 이익 또한 사상 문화 발전을 추동하는 동력 가운데 하나다. 사상 문화는 세속을 초월한 어떤 초월적인 것이 아니라 권력, 이익과 공존하기도 하고 상부상조하기도 하며 교환 관계를 맺기도 한다. 관방의 유생들은 자신의 지위를 지키려 했고, 재야의 유생들은 관학으로 받아들여지도록 하기 위해 한결같이 자기 학설을 발전, 개선시키면서 자신들의 특징과 의의를 자랑하려 들었다. 구체적으로 살펴보면 수많은 유학 유파들이 처음부터 관방 진입을 추구하거나 최초의 목적으로 삼지는 않았다. 그들이 기나긴 시기 동안 추구한 바는 일종의 독립의식과 문화 관념이었다. 유학은 창립부터 줄곧 집권자와 애써 결합하고자 했으나 역사가 제공한 사실을 보면 한 무제 이전까지 유학은 집권자와 친밀한 협조 관계를 형성하지 못했으며, 진秦 대에는 금지와 살육의 액운을 당하기도 했다. 그러나 생사와 사상 문화상 독립 둘 다를 겸할 수 없는 상황에서 수많은 유생은 도를 위해 몸을 버리는 지난한 길을 선택했다. 권력에 의존하지 않는 사상 문화의 독립된 성격이 여기서 충분히 발현되고 있다고 하겠다. 한 무제는 독존유술을 하면서 일곱 학파의 박사만을 세웠는데, 칠가七家 이외 재야 여러 학파는 이 때문에 자신의 학설이나 추구하는 바를 포기하지 않았으며 여전히 자신들의 문화적 존재를 위한 사색을 계속했다. 무제는 구양고歐陽高의 구양歐陽씨 『상서尚書』를 『상서』박사로 세웠다. 하후승夏侯勝과 하후건夏侯建 모두 구양씨를 스승으로 섬겼으나 두 사람은 구양씨 『상서』를 사수하지 않았으며, 각자 자신의 개성화된 창조에 열중했다. 이 대하후, 소하후씨는 살아생전에 자신의 학설로 이름을 떨쳤으며 높은 관직에 임명되기도 했다. 하지만 자신들을 일가의 박사로 세우려 싸우지 않았다. 그들의 사후 석거각石渠閣회의에서야 비로소 대하후, 소하후씨 『상서』박사가 세워져 구양씨와 3족 정립의 형세가 이루어졌다. 경방京房은 『역』을 연구해 재이 변화에 대한 언술에 능했고 이로써 일세를 풍미했으며, 또한 그로 인해 화를 당해 원제元帝에게 목이 잘렸다. 괴이한 이야기지만 경씨 『역』은 원제에 의해 박사로 세워졌다가 돌아서 다시 폐기된 셈이다. 그런데 경방이 피살되고 박사가 폐지되었다고 하여 경씨 『역』이 사라지지는 않았다. 반대로 경씨 『역』은 이후 더욱 광범하게 유포되어 후한 광무제 때 다시 박사로 세워졌다. 경씨『역』의 발전은 분명히 문화와 사회 사조의 수요가 주된 바탕이었다.

고문경학古文經學의 어려운 발전 과정이야말로 더더욱 사상 문화 특유의 독립된 논리적 역량을 증명해준다.『좌전左傳』을 예로 들면, 줄곧 관학 밖으로 배척되어왔으며 왕망이『좌전』을 박사로 세웠으나 왕망의 몰락과 더불어 다시 냉대를 받았다. 한 광무제가 다시 세웠다가 폐지했으며, 장제章帝는『좌전』등 고문을 좋아하여 가규賈逵의 권유로 조칙을 내려 사람을 파견해 전문적으로『좌전』을 익히도록 했다. 이는『좌전』을 연구하는 유생들에게 대단히 고무적인 작용을 하여 "학자들이 모두 기쁜 마음으로 흠모했다."311 그러나『좌전』은 후한이 끝나도록 관학으로 서지 못했다. 그럼에도『좌전』의 내재적 문화 역량 때문에 그 영향은 줄곧 부단히 확대되어 수많은 유생이 꾸준히 탐구했고, 후한 말에 이르면 끝내『춘추春秋』의 여러 학파 중 우세한 지위를 쟁취하게 되었다. 확실히『좌전』의 흥기는 관방의 일시적 지지만으로는 명료하게 설명할 수 없다.

시각을 더 넓은 데 두고 전체 사상사를 보면 재야의 유가가 사상 문화에 미친 공헌이 더 뛰어난 듯하다.

관학 내부의 분화와 유학의 다양화

관학의 각 학파는 황제에 의해 정해졌다. 각 학파는 엄격한 사법師法과 가법家法을 갖추었다. 박사博士의 학문 전수는 "각자 가법에 따라 교수되었다."312 사법과 가법은 주로 장구章句(문장 및 구두점에 대한 주석)에서 드러났다. 사법, 가법을 근엄하게 준수함으로써 일군의 암기선수가 출현하기도 했다. 왕충王充의 다음 말은 이를 잘 묘사하고 있다. "전수자가 학문을 전할 때 한마디라도 망령되어선 안 되어 선사들의 옛말이 오늘날까지 고

스란히 이어져왔다. 비록 학생 백 명 이상을 거느리고 지위가 박사, 문학文學일지언정 행태는 우인郵人, 문지기 따위와 다름없었다."313 왕충이 보기에 이런 고급 유생 대다수는 그저 배달부나 문지기에 불과했다. 수많은 유생과 일부 황제들은 스승의 가르침을 사수하는 것을 관학 학파 전수의 원칙으로 취급했다. 한 소제 때 『역』 박사의 결원이 생기자 여러 유생은 『역』에 통달하기로 유명한 맹희孟喜로 보완하자고 했으나 "주상께서 맹희가 사법을 바꾸었음을 듣고 끝내 맹희를 임용하지 않았다."314 노비魯조가 말한 것도 이런 의미다. "경을 설명하는 사람은 선사의 언술을 전할 뿐이다. 자기로부터 나와서도 안 되며, 서로 양보해서도 안 된다. 서로 양보하면 도가 불분명해지니 마치 잣대나 저울이 왜곡될 수 없는 것과 같다."315

이치대로라면 관학은 고정불변의 것이어야 한다. 그러나 사실은 그렇지 않았다. 관학 내부가 부단히 변화할 줄 알았다. 문화 우체부는 학문을 전할 수 있고, 문화적으로 보통 사람을 만들어낼 수는 있었지만 '학파家'를 이룰 수는 없었다. 하지만 학술, 학문, 개성 추구의 본능 및 명리 다툼과 벼슬길을 노린 경쟁으로 인해 고정불변의 교조는 깨질 수밖에 없었다. 큰 틀 위에서는 그다지 차이가 없었다고 하지만, 틀 내에서는 개성적 색채가 늘어나고 새로운 양태가 뒤집어 나타날 수도 있었다. 반고班固는 이렇게 말하고 있다. "무제武帝께서 오경박사五經博士를 세우시고, 제자원弟子員을 여시고, 활쏘기와 정책으로 시험 과목을 개설하여 관직, 봉록으로 권면하신 이래 원시元始 연간에 이르기까지 100여 년이 흘렀다. 과업을 전수하는 자가 갈수록 늘고 곁가지도 많이 늘어 한 경전에 대한 해설이 100여만 자에 이르고 큰 스승만도 천여 사람에 이르렀으니 권력, 이익의 길이 그렇게 만든 듯하다."316 서방徐防은 이렇게 말한다. "장구章句를 발명한 것은 자하子夏에서 시작했는데, 그 후 여러 학파가 분석하여 각기 상이한 학설을 갖게 되었다." "요즘은 장구에 의지하지 않고 멋대로 천착을 일삼아 스승을 따르는 것은 뜻에 맞지 않는다고 하고 제 주장이 이치에 맞는 다고 한다. 도술道術을 경시하고 무시함이 차츰 풍속이 되고 있다."317 양 종楊終은 관학의 분화에 한탄을 머금고 이런 상소를 올렸다. "선제宣帝께 서 널리 뭇 유생을 모으시어 석거각에서 『오경』에 대한 논의를 확정하셨 사옵니다. 그런데 요즘 천하는 그런 일은 적게 하고 학자마다 제 나름의 학업을 이루어 장구를 일삼는 무리가 대체大體를 파괴하고 있사옵니다. 마땅히 석거각 옛일처럼 하시어 영원한 후세의 준칙을 만드셔야 하옵니 다."318 양종은 교조주의자다. 그는 장구의 무리도 그토록 분화되었는데 하물며 큰 몸체인 학문이 어떠했을까를 몰랐다. 대체의 학문은 더욱 높 은 층차에 속하여 분화도 더 많을 수밖에 없다. 전 황제가 정한 것도 오 래 이어갈 수 없는데, 후대 황제가 어떻게 영원한 후세의 준칙을 만들 수 있단 말인가?

관학 분화 현상은 경經 중의 분파分派, 파 중의 분학分學, 학 중의 분가分 家로 개괄할 수 있다. 이 개괄은 편의를 위한 것일 뿐이며 역사 기록에 의 하면 '파' '학' '가'는 순서에 따른 포용 관계가 아니라 흔히 서로 뒤섞여 있다. '학'이 '가'로 분화되기도 하고, '가'가 '학'으로 분화되기도 했다. 여기 서는 두 가지 예를 들어 그 개략만을 보여주고자 한다.

『공양전公羊傳』은 무제 때부터 관학으로 세워졌다. 『공양전』이 세워진 것은 '호모胡母와 동씨董氏(동중서)파'였다. 나중 '호모, 동씨파'는 '엄씨嚴氏(팽 조彭祖)학'과 '안씨顔氏(안락安樂)학'으로 분화되었다. 엄, 안 2학은 선제 때 고 루 박사관학으로 세워졌다. 그 후 엄, 안 2학은 또다시 분화되었다. 예컨 대 안씨의 학이 '영씨冷氏(풍豊)의 학' '임任(공公)의 학' '관씨管氏(로路)의 학' '명씨冥(도 都)의 학' 등으로 분화된 것 등이 그렇다.

『상서』에서 앞서거니 뒤서거니 관학으로 수립된 것으로 '구양歐陽씨 학' '대하후大夏侯(승勝) 학' '소하후小夏侯(건建) 학'이 있었다. 전승 과정에 '소하후학'에서 다시 '정鄭(관중寬中), 장張(무고無故), 진秦(공恭), 가假(창倉), 이李(심尋)씨의 학(『한서』「유림전」)이 생겨났다. 장무고는 장구를 잘 다스려 소하후의 설문을 지켰으며, 진공은 사법을 늘려 백만 자에 이르렀고, 이심은 재이를 잘 설명했다.

유학의 전수 과정에서 생긴 장구의 번체, 간체 문제는 기술적 문제뿐만 아니라 주석의 다양성 문제까지 관련지을 수 있다. 앞서 이야기했듯이 진근군秦近君은 「요전堯典」이란 목차 두 글자를 설명하는 데 10만 자에 달했고, '왈약계고曰若稽占' 한 구절을 해석하는 데 3만 자에 이르렀다.[319] 진씨의 문장이 일찍이 사라져 분석할 수는 없지만, 만약 방증과 폭넓은 인용 그리고 잡박한 새 학설 등이 없었다면 어떻게 이토록 많은 분량을 쓸 수 있었겠는가 추측해도 무방하리라 본다. 번쇄하다 함은 기존 학설 및 사법을 깨뜨리는 것을 조건으로 삼은 것이었다고 말해도 무방하다. 번쇄함은 유흠劉歆의 다음 지적처럼 번쇄함 그 자체로 폐단이 있었다. "일일이 문자를 분석하고 언사를 하나하나 쪼개려 드니 학자들은 늙어 죽도록 한 기예도 끝까지 탐구할 수 없었다."[320] 그러나 번쇄함 그 자체는 다양화의 또 다른 표현이 아니겠는가. 번쇄 문제를 해결하기 위해 전수 과정에서 산번취간刪繁就簡(번잡한 부분을 빼고 간략화하는 추세) 경향이 나타나기도 했다. 이 문제는 일찍이 선제 때 제기되었고 전한 말기에 더욱 두드러졌다. 유학자들 가운데서도 산번취간의 요구가 일었고, 후한에 이르면 산번취간 자체가 일가의 학을 이루게 되었다. 후한 전기의 대유 환영桓榮은 구양씨의 『상서』를 익혔는데, 처음 배운 "주보朱普로부터 장구章句 40만 자를 받았으나 불필요한 단어가 너무 길고 번잡스러웠으며 대다수가 사실을 과장하고 있었다. 환영이 입조하여 현종顯宗에게 전수해줄 때는 23만 자로 줄였다". 환영의 아들 환욱桓郁이 가학을 이어받은 뒤 다시 "삭제하고 줄여 12만 자로 확정했다. 이로부터 『환군대소태상장구桓君大小太常章

句』가 있게 되었다."[321] 또 하나의 유명한 유생 번조樊儵는 『공양엄씨춘추公羊嚴氏春秋』장구를 줄여 세상이 '번씨학'이라 불렀으며, 번조의 제자 장패張霸는 "번조가 줄인 『엄씨춘추』도 마찬가지로 번잡한 단어가 많다고 보아 다시 20만 자로 줄여 확정함으로써 '장씨학'으로 이름을 바꿨다."[322] 『후한서』엔 산번취간의 기록이 매우 많다. 이 책들이 모두 망실되어 비교할 방법은 없지만 한 가지 미루어 판단해볼 수 있는 것은 산번취간의 사유 방법들이 여러 차원에서 차이를 보였으리라는 사실이다.

장구를 둘러싸고 벌어진 번잡함을 제거하기 위한 다툼 외에 장구와 '대의大義' '대도大道' '의리義理' '경지經旨' 사이에도 복잡한 통일, 모순의 관계가 존재했다. 장구가 일정 정도 '대의' 등을 관철시키고 있었던 것은 틀림없지만, 이런 주석 그 자체가 창조적인 견해나 체계적인 새 논의를 충분히 받아들일 수가 없었다. 장구와 대의 사이의 논쟁은 출발부터 존재했다. 독존유술 이후 행정적 간여로 말미암아 이 문제가 더더욱 두드러졌다. 대하후, 소하후 논쟁의 중심은 바로 장구와 대의가 겸통兼統할 수 있느냐의 여부였다. 자신의 사상이 있거나 독립 의식을 갖춘 일부 유생은 다양한 차원에서 장구에 얽매이는 데 반대했다. 왕충은 "폭넓게 바라보길 좋아하며 장구를 지키려 들지 않았다."[323] 반고는 "배움에 고정된 스승이 없었으며 장구를 일삼지 않고 대의로 움직일 따름이었다."[324] 환담은 『오경』을 두루 익혀 모두 대의로 훈고訓詁했지 장구를 일삼지 않았다."[325] 한융韓融은 "어려서부터 변리辯理에 능했으나 장구학을 일삼지 않아 명성이 대단히 무성했다."[326] 순숙荀淑은 "박학했으나 장구를 좋아하지 않아 많은 속유俗儒들의 비난을 받았다."[327] 장구는 사상을 등식화시키는 데 대단히 유용한 것으로 문화 전제를 실현하거나 사상을 속박하는 효과적인 수단이었다. 마치 서간徐幹이 『중론中論』「치학治學」에서 비판하듯이 장구를 일삼는 무리는 "여자가 시를 읊조리거나 내시가 명령을 전달하는 것과 다를 바 없다. 따라서 그런 학자들로 하여금 아무리 힘써 생각하도록 해도 도를 알지 못하고, 아무리 세월을 소비하게 해도 공을 이루지 못한다."[328] 생각이 있는 사람이라면 장구의 그물에 안주하지 않는다. 통치자의 이익으로 볼 때도 이런 범용한 사람들에게 의지했다간 일을 성공시키기 어렵다. 양종楊終은 명제에게 올리는 글 속에서 "장구를 일삼는 무리가 대체大體를 파괴한다"고 비판하면서 경에 대한 학습의 요체는 응당 '대체'를 밝히는 것이어야 한다고 주장한다. 양한 시대 장구의 학과 대의의 학은 유가 내에서 두 가지 다른 발전 방향과 사유 방식을 형성했으며, 양자 간의 논쟁은 관학에서 전체 유학에 이르기까지 유가의 다양화와 다원화를 촉진했다.

유가 사상의 전수는 일정한 사법師法과 가법家法의 전통을 갖는다. 독존유술 이후 사법과 가법은 더욱 엄격했다. 이는 문화적 노예와 사상이 경직된 범용한 사람들을 배양하는 데 대단히 유용한 것이었다. 하지만 개성 있는 사람들로 말하자면 사법이나 가법에 얽매이지 않았으며 다양한 스승을 두거나 일정한 스승이 없었다. 그들은 널리 받아들이고 독창적인가 하면 두루 여러 가지를 겸하기도 했다. 하후승夏侯勝이 바로 그런 유자다. "승은 어려서 고아였으나 학문을 좋아했다. 처음 시창始昌에게서 『상서』와 『홍범오행전洪範五行傳』을 받아 재이를 주장했다. 나중 간경簡卿을 섬겼다가 다시 구양歐陽씨에게 물었다. 그의 학문은 대단히 정밀했는데 공부를 한 스승에게서 하지 않았다."[329] 후한 시대 가법의 장구를 준수하지 않는 일이 이미 상당히 보편화되었으며, 박사제자 가운데서도 그런 분위기가 크게 일었다. 서방徐防은 화제和帝 때 이런 상소를 올려 지적했다. "엎드려 태학의 박사제자를 시험해보니 모두가 제 뜻대로 이야기하며 가법을 닦지 않습니다. 사사로이 서로의 은밀함을 용인하며 간교한 길을 열어가고 있습니다. 매번 책시策試를 치를 때마다 논쟁이 일어 논의가 분분하며 서로 시비를 다툽니다."[330] 서방은 이런 현상에 반대했으나 이는 사상 발전의 조류가 되어 역전시킬 수 없었다.

후한 시대 몇몇 대유는 거의 사법, 가법을 준수하지 않았다. 이에 대해 당안唐晏은 이렇게 이야기한다. "이에 가규賈逵, 마융馬融, 복건服虔, 정현鄭玄에 이르러 전인들의 사고를 가벼이 여기기 시작했으며 양한 박사를 통틀어 전해오는 바를 하나도 남기지 않고 배척했다. 전인들과 논쟁하여 승리했으며 달리 새로운 해석을 구했다."[331] 여기서 특히 제기해야 할 것은 적잖은 경학 스승이 학생들에게 자신의 학설을 고수하라고 요구하지 않았으며, 오히려 학생들 스스로가 탐색하도록 장려했다는 사실이다. 전한의 왕식王式이 바로 이 경우다. 장장안張長安, 당장빈唐長賓, 저소손褚少孫은 왕식을 스승으로 삼아 "경 여러 편에 대해 문의했으나 왕식은 사양하며 '스승에게 들은 바로 이미 갖추었으니 이제 스스로 윤색을 하라'고 말하고는 다시는 전수해주지 않았다."[332] 장장안, 당장빈, 저소손은 독자적 사유를 발휘하여 나중 모두 일가를 이루었다. 후한 초의 장현張玄은 "어려서 『안씨춘추顏氏春秋』를 익혔으며 몇몇 가법에 두루 통했는데" 가르칠 때는 "문득 몇 학파의 주장을 펼쳐놓고 편한 대로 선택하여 좇도록 했다. 여러 유생이 모두 엎드려 여러 가지에 통하게 되니 저술을 남긴 이가 천여 사람에 이르렀다."[333] 장현 같은 선생이야말로 정말 화통한 인물이다!

유가의 전승 가운데는 또 한 경전에 통달하는 것에서 출발하여 오경에 두루 통했거나, 한 학파에 전념한 데서 출발하여 여러 학파를 두루 섭렵한 경우도 있었다. 이들이 유가 여러 학설을 융합했음에 틀림없는데 이 융합파들도 유가 다양화의 한 표현으로 볼 수 있다.

황제의 흠정欽定 관학이었음에도 분화를 면할 수 없었으니 사상의 다원화 혹은 다양화의 규칙이 행정 방식으로는 억압할 수 없음을 알 수 있다.

흠정 경서와 미학微學[334]의 존치

한 조정은 독존유술을 기본 국책으로 삼았다. 그러나 유가 내 관료 측과 재야 사이에 논쟁이 존재함으로 인해 관학 내부에도 분화가 생겼으며, 유가에는 다원화 혹은 다양화라는 문제가 출현했다. 이 문제는 유생들 사이에서 해결할 수 없는 것이었다. 사상을 통일하기 위해 최종적으로 황제에게 결정을 맡길 수밖에 없었다. 유가의 독존적 지위가 왕권에 의해 확정된 것이므로 그들 사이의 분기 또한 황제에 의해 재단될 수밖에 없다고 하는 것이 어떤 의미에서 논리에 합치한다고 하겠다. 우리가 여기서 논리에 합치한다고 한 까닭은 유학이 하나의 학설로써 존재한 외에 정치의 한 구성 부분으로 바뀌었기 때문이다. 정치적 분기에 대해 당시 조건하에선 마지막으로 황제에 의해 결정될 수밖에 없었다. 예컨대 최초의 『춘추』가 『공양전』을 숭앙했는가, 『곡량전穀梁傳』을 숭앙했는가에 대해 무제는 『곡량전』을 배운 강공江公과 『공양전』을 배운 동중서를 조정에서 논평하게 만들었는데, 그 결과 강공이 동중서만 못하자 무제는 『공양전』을 중시했다. 유학과 실제 정치가 서로 결합하면서 생겨난 분기에 대해서는 당연히 황제의 재단이 더더욱 필요했다. 한 무제의 독존유술 초기 서언徐偃, 장탕張湯, 종군終軍 사이의 '경' 해석과 정치 행위 및 법률 관계에 관한 논쟁이 한꺼번에 벌어졌다. 서언이 흠차대신이 되어 지방에 풍속 시찰을 갔는데, 교동膠東과 노국魯國에 이르러 명령을 고쳐 두 나라가 화폐 주조를 하도록 윤허했다. (당시 무제는 이미 화폐 주조권을 중앙에 귀속시켰었다.) 조정으로 돌아온 뒤 장탕은 서언이 제도를 고쳤으니 응당 사형에 처해야 한다고 탄핵했다. 서언은 『춘추』의 의미로 자신을 변호했는데, 대부가 강역을 벗어났을 때 사직을 위하고 만백성을 편하게 해주기 위함이라면 명령을 마음대로 내릴 수 있다고 했다. 장탕은 법률로 서언을 반박할 수 없었다. 그리하여 무제는 종군에게 어떻게 시비를 판단할지 물었다. 종군은 서언을 반박하며, 고금의 형세가 다른데 옛날에는 제후국이 각각 다르고 풍속이 나뉘어 있어 명을 받은 신하는 구체적인 상황에 맞추어 결정을 내릴 수 있었으나 "지금은 천하가 하나가 되어 만 리의 풍속이 같다. 그래서 『춘추』는 '왕자는 바깥 경계가 없다'고 한다. 서언이 강역의 가운데를 순행했으면서 강역을 벗어났다고 칭함은 무엇 때문인가?"[335]라고 말했다. 서언은 대답하지 못했다. 무제는 종군의 논의를 매우 높게 사 서언을 어사대부에게 보내 조사하도록 명령을 내렸다.

유학은 정치의 일부분이 됐고, 정책 결정자와 황제는 이를 규범화하고 통일시키려 했다. 이는 정치 운용에서 없어서는 안 될 것이다. 양한 시대를 볼 때 규범화와 통일의 방법은 대체로 다음 몇 가지가 있다.

첫째는 가설家說을 드높이고 가법을 지키는 것이다. 한 왕실이 수립한 관학은 사실상 모두 가학家學이었다. 경직된 경학 스승들은 엄격히 가법에 따라 전수했고, 한 구절 한 글자도 형태를 달리해선 안 되었다. 한 광무제는 열네 박사를 세우며 "각자 가법으로 교수하라"[336]고 특별 명령을 내렸다. 범승范升은 상소를 올려 "근본을 바르게 하면 만사가 이치에 맞습니다", 반대로 "천하의 일이 달라진 까닭은 근본이 하나가 아니기 때문입니다"라고 주장했다. 그가 말한 "근본을 바르게 함"에는 가법을 엄수할 것이 포함되어 있다.[337] 선거選擧[338] 할 때는 특히 사설師說과 가법을 중시했다. 동중서처럼 독창성을 갖춘 학자도 감히 자기 견해를 말하지 못하고 '계승한 학설承學'이라고 말할 뿐이었다. 소망지蕭望之는 광형匡衡을 천거하면서 광형이 "경학을 면밀히 학습했으며 주장에 사도師道가 있어 관람할 만합니다"[339]라고 칭찬했다. 장우張禹를 천거하면서는 "경학을 면밀히 학습했으며 사법이 있어 일을 시켜볼 만합니다"[340]라고 말했다. 후한 시대 좌웅左雄은 상소를 올려 효렴孝廉으로 선거할 때 "여러 유생의 가법을 시험하라"[341]고 요구했다.

두 번째는 조정 변론을 행하여 황제로 하여금 판단 선택하도록 함이다. 한 무제 때 바로 행하기 시작했다. 그렇게 한영韓嬰과 동중서가 "주상의 면전에서 논쟁했다."[342] 봉선封禪의 일에 관해 뭇 유생의 주장이 달라 하나로 절충이 안 되었다. 아관兒寬이 진언했다. "오직 성주만이 행하실 수 있는 바이오니 적당하게 결정하시기 바라옵니다. 뭇 신하가 벌여놓을 일이 아니옵니다."[343] 이후 조정마다 거의 모두 조정 변론이 있었다. 진원陳元이 광무제에게 올린 상소 가운데 이런 말이 있다. "폐하께서 발란반정撥亂反正하시고 문무를 겸용하시니 경전을 둘러싼 잘못과 뒤섞임, 진위의 착란을 깊이 불쌍히 여기시어 매번 조정에 임하시는 날 문득 뭇 신하를 인도하여 성도聖道를 강론하게 하시옵소서."[344] 진원과 범승은 광무제 면전에서 10여 차례의 변론을 벌인 적이 있다.

셋째는 전문적인 회의를 소집하여 중대 이론 문제를 의논하고 마지막에 황제가 판단, 결정하도록 하는 것이다. 모두가 숙지하고 있는 석거각石渠閣회의와 백호관白虎觀 회의가 가장 전형적인 예다. 황제가 흠정한 뒤의 문건은 '국헌國憲'이라 불리게 되었다.

네 번째 종류는 교본, 경설經說과 장구를 흠정하는 것이다. 일찍이 한 문제文帝 때 "박사 제생들로 하여금 『육경』에서 채취하여 『왕제王制』를 짓도록 했다."[345] 소제 때는 하후승에게 명하여 "『상서』『논어설論語說』을 편찬했다."[346] 종흥鐘興은 안씨『춘추』를 전수했는데, 광무제는 종흥에게 명하여 "『춘추』장구를 정하고 중복된 부분을 제거하여 황태자에게 전수하도록 했다. 또한 종실 제후들로 하여금 종흥에게서 받은 장구를 따르도록 했다."[347] 명제는 가규에게 명하여 『주관해고周官解故』를 짓도록 했고(『후한서』「가규전」), 장제 때는 정중鄭衆에게 명하여 『춘추산春秋刪』19편을 짓도록 했다.(『후한서』「정흥전 부附 정중전」) 황제의 명령을 받아 지었음을 누누이 기록하고 있고, 여러 차례 경문의 통일에 이르렀다는 사실은 누구나 잘 알고 있는 바다.

양한의 통치자들이 비록 행정 방식을 통해 사상의 규범화, 통일화, 고정화를 기도했으나 양한 전체 사상계로 보면 통일은 되었으되 모두 죽지는 않는 현상도 여전히 존재했다. 이 또한 두 가지 방면에서 고찰해볼 수 있다.

첫째, 관학 밖의 재야 유생들에 대하여 두루 존재시키는 정책을 취했다. 유흠은 「이태상박사서移太常博士書」에서 이렇게 말한 적이 있다. "옛날엔 『서』 박사로 구양씨, 『춘추』엔 공양씨, 『역』엔 시施씨, 맹孟씨가 있었으나 효선孝宣황제께서 다시 넓혀 『곡량춘추』, 양구梁丘씨 『역』, 대, 소 하후씨의 『상서』를 세우셨습니다. 의미가 비록 상반되었으나 여전히 그대로 두신 것은 무엇 때문이겠습니까? 지나쳐 폐지함보다는 차라리 지나쳐도 그대로 세워두셨습니다."³⁴⁸ 의당 "지나쳐 그것을 폐지함보다는 차라리 지나쳐도 그대로 세워두어" "학문은 넓음을 싫증내지 않는다"³⁴⁹고 말했어야 하는데, 이것이 좀더 개명한 문화 정책이다. 역사적으로 볼 때 진시황이 저지른 일은 '과폐過廢' 즉 지나친 폐지 정책이었다. '과폐'는 어떤 의미에서 보면 행정 원칙에 맞으며 문화인들이 시끌시끌하게 떠들며 행정에 가져오게 되는 간섭을 없앨 수 있다. 그러나 진시황의 경험에서 보듯 언로를 막고 다른 생각을 금지함이 만들어낸 결과는 변화에 대응하는 능력과 조정 능력을 결핍시킨다. 진의 빠른 멸망은 어떤 의미에서 '과폐'가 타당한 문화 정책이 아니었음을 증명해준 셈이다. "차라리 지나쳐도 그대로 세워둠"은 행정적 운용에 귀찮음과 간섭을 더해줄 수도 있지만 전체적으로 말하자면 '과폐'보다 더 합리적임에 틀림없다. 바로 이 글 앞에서 언급했듯이 정치와 사상 문화의 운행 규율이 완전히 같은 것은 아니기 때문이다. "차라리 지나쳐도 그대로 세워둠"은 정鄭 자산子產이 향교鄕校를 무너뜨리지 않았던 것처럼 어떤 의미에서 문화 발전을 위한 여지를 남겨놓은 것이라 할 수 있다. 특히 유가 내부의 다른 학파들에 대해 "차라리 지나쳐도 그대로 세워두도록" 한 것은 유가의 발전과 조정에는 물론이고 통치자에게도 이익이 폐단보다 크다. 전한의 통치자들은 대체로 이 정책을 견지했다. 반고는 이렇게 이야기하고 있다. 관학을 늘려 세워 "유실된 것들을 망라하여 두루 존치시키니 올바름이 그 가운데 있게 되었다."[350]

왕망 시대에는 더 널리 망라하여 30여 박사를 세웠다. 광무제는 이를 조정했으나 대체로 선제의 이른바 "미학微學을 부축해 들어오게 하고 각종 도와 기예를 존중해 넓히는"[351] 방법을 받들어 행했다. 범승은 광무제의 방법에 대해 칭찬을 하기도 하고 깎아내리기도 했다. 그는 광무제에게 상소를 올렸다. "폐하께서 학문이 쇠미하여 결함이 일까 걱정해서 경전과 기예에 마음을 쓰셨으니, 그 뜻은 보다 넓게 학문을 존치시키는 것이었습니다. 그리하여 이단이 경쟁적으로 나오게 되었사옵니다."[352] 한마디로 요약하면 광무제는 유가 내부 이단의 존재와 그 발전을 윤허했던 것이다. 그 후 장제 또한 "미학을 부축하고 다른 의미를 넓혀주는"[353] 정책을 무게 있게 펼쳤으며, 전문적으로 사람을 파견해 관학으로 세워지지 않은 유학, 주로 고문학古文學을 학습시키기도 했다. 한대 통치자가 유학 내부의 분화와 유파의 존재를 인정하고 좀더 관용적인 정책을 채택한 것은 통치자와 유학 발전 자체 모두에 유리한 것이었다.

둘째, 유학 외의 다른 학설에 대해서 비교적 관용적인 태도를 취했다. 유가들의 논의 속에 비유학파에 대한 질타, 비판 및 금절에 대한 호소가 전혀 없었던 것은 아니지만, 실제로 통치자가 비유학파 저작이나 학자들에 대하여 불태우거나 잡아 가두었다는 기록은 보이지 않는다. 파출백가罷黜百家는 주로 관학을 세우는 문제나 선거에 드러난 현상으로 비유학 선비들을 쓰지 않거나 적게 쓴다는 것이었다. 이록의 이끌림 아래 선비들은 기러기 떼처럼 유가로 몰려들었다. 당시 학자들은 관직 외에 나갈 길이 매우 적었기 때문이다. 하지만 관직의 유혹이 모든 문화 욕구를 다 포용할 수는 없었다. 일부 문인들은 관직을 바라지 않고 자신이 좋아하는 사상과 학설을 추구했다. 당시 상황으로 보면 황로黃老학이 주로 그러했다. 양한 시기 황로학은 줄곧 끊임 없이 이어져왔으며 새로운 발전도 있었다. 법가 또한 완전히 가라앉지 않았는데, 표면적으로 엎드렸다 일어섰다를 반복했으며 내부적으론 법가를 크게 활용했다.

결국 양한 통치자들은 사상 문화에 통일을 기하되 죽이지는 않았다. 미학, 이단, 이의異義, 이가異家, 형명, 법리, 문부文賦, 신선, 방술 등에 대하여 과분한 간여를 하지 않았을 뿐만 아니라 일부 황제들은 상당히 좋아하기까지 했다. 한 무제, 소제, 선제는 왕王, 패覇를 섞어 이용했으며, 후한의 광무제, 명제, 장제도 마찬가지로 왕, 패를 섞어 겸용했다. 이 모든 것이 사상 문화의 다원적이고 다양한 발전을 위한 여지를 남겨주었다.

다원화, 다양화한 사상의 비정상적 발전

정치는 강한 힘과 기타 수단을 통해 사상 문화에 매우 큰 간여를 할 수 있지만 한 가지만은 할 수가 없다. 즉 사상 문화를 완전히 통일시키거나 완전히 정치 안으로 끌어들이지는 못한다. 진 왕조의 분서갱유는 물론이고 양한의 독존유술에도 불구하고 일군의 선비들은 죽음을 두려워 않고 관직을 도모하지도 않은 채 차라리 은거하고 자급자족하며 점술이나 의술을 팔거나 걸식을 할지언정 자신들의 사상적 독립성과 이상적 가치를 추구하고 유지하려 했다. 이는 사상 문화의 다원화, 다양화 규율이 완강하게 표현되고 있음을 나타낸다. 비교해보면 한대의 통치자들은 진시황보다 훨씬 더 총명했다. 진시황은 권력에 대한 과도한 미신으로 억압으로 일관했으나 그 효과는 좋지 못했다. 한대 통치자들은 주로 이익으로 유혹하고 이끌고 이용했다. 그리하여 선비, 주로 유생들과 결합점을 찾아냈으며 황제-관료-선비-지주의 통치 체제를 수립했다. 동시에 일정한 관용도 베풀어 사상 문화의 다원성, 다양성의 존재와 그 발전을 위한 여지를 남겨두었다. 바로 이 두 방면의 결합이 양한 사상 문화의 다원, 다양한 발전과 춘추 전국 제자백가의 쟁명과 비교하여 다른 특징을 지니게 만들었다. 춘추 전국 시대사상의 다원적 경쟁을 정상적 상태常態로 본다면 양한은 비정상적 상태變態라 부를 수밖에 없다. 이 비정상적 상태는 다음 몇 가지 특징을 지니고 있다.

첫째, 이론 논리가 충분히 발전할 수 없었다. 유가는 부단히 통일 경향을 보이기도 하고 부단히 분화되기도 하는 두 가지 반대 방향으로 힘이 작용하는 동태적 평형 속에 존재하고 발전해왔다. 분화의 정도가 달랐기 때문에 때로는 다양화로 드러나고 때로는 다원성으로 드러났다. 하지만 다양화든 다원성이든 막론하고 독존으로 성교聖教가 됨으로써 개방 태세 속에 자신의 내재 논리를 충분히 전개시킬 가능성을 잃어버렸다. 한대 유가 사상은 대부분 순환 논증을 드러내 보인다. 가장 개성을 지녔다는 그 저작들도 논리적으로 대다수가 모호한 것이거나 전후가 모순되거나 한다. 예컨대 천, 도, 성, 왕 같은 개념은 대부분이 함께 묶여 있어 자를 수도 없고 이치는 더 혼란스럽다.

둘째, 유가의 외연이 선명하지 않다. 한 학설의 외연은 때로 이론상 선명하게 말하기는 매우 어렵지만 직관으로 그것을 파악할 수 있다. 그런데 한대 유가의 외연은 때때로 직관으로도 파악하기가 어렵다. 유가가 독존이 되면서 혁혁한 지위를 갖게 되자 수많은 선비가 모두 유가로 전향하거나 유가에 기댔다. 우리는 적잖은 사람이 본래 유학을 배우지 않았음에도 몇몇 원인으로 나중에 유가 대열에 가입하거나 유가로 자임하는 것을 보아왔다. 다른 한편으로 유가 또한 사회에 적응하기 위해 정치 및 사회와의 결합을 반드시 실현해야 했는데, 정치 및 사회는 분명히 유가 한 학설만 가지고 다 포용할 수 있는 것이 아니다. 그리하여 유가 또한 기타 학설을 대량으로 흡수했다. 법가, 음양오행 및 명가 등 각 파의 사상 관념과 사유 방법, 그리고 또 재이, 도참, 신선, 감여堪與,[354] 역산曆算 등 술수나 미신이 모두 끌어들여져 유술의 조성 부분이 되었다. 유가에는 일시에 형형색색의 좋은 것과 나쁜 것이 뒤섞이게 되었다. 이런 유가에 속하지도 않는 것을 말하면서도 역사 기록에는 명명백백 유가로 말하며 기재하고 있으니, 선진의 유가와 다를 뿐만 아니라 당시 일부 유생의 반대에 부딪히기도 했다. 유가의 외연이 선명하지 않음이야말로 비정상적 상태라 말하지 않을 수 없다.

셋째, 유학의 영향 아래 다른 학파들 또한 비정상적 발전을 보이게 되었다. 어떤 것은 위축되었고, 어떤 것은 문화적으로 드러났다가 바뀌어 문화적으로 잠복했다. 예컨대 묵가, 명가는 후한 이후에 와서야 사람들이 다시 주의를 기울이게 되었다. 황로 일파의 『태평경太平經』처럼 유가에 기댄 일부 학파는 도가, 유가가 혼합, 결합되는 양상을 보였다. 노학老學은 한 무제 시대부터 정치 무대에서 물러나기 시작했는데, 그 후로도 문화적으로 여전히 비교적 활발하여 수많은 대유가 『노자』를 매우 좋아하거나 그에 정통했다. 대신들의 상소문 가운데서도 『노자』를 지도 사상으로 칭찬하는 경우가 많았다. 『노자』학에 전념하는 경우 유학을 배척하는 면도 있었고 유학을 겸하는 면도 있었다. 법가는 염철회의鹽鐵會議 후 이론적으로 발전하지는 못했으나 문리文吏, 법률과 서로 결합함으로써 실제 정치에서 중요한 작용을 했다.

결국 한마디로 하면, 선진 제자들 사이에 기치가 선명했던 논쟁은 양한에 이르러 "너의 진흙탕 속에 내가 있고, 나의 진흙탕 속에 네가 있는" 형세로 바뀌었다. 그럼에도 아직 '너'와 '나'는 알아볼 수 있었다.

1 儒之途通而其道亡.

2 始乎誦經, 終乎讀禮.

3 孔子謂老聃曰: '丘治詩書禮樂易春秋六經'.

4 夫六經者, 先王之陳迹也.

5 中國言六藝者折中於夫子.(『史記』「孔子世家」)

6 孔子論詩以關雎爲始.(『漢書』「匡衡傳」)

7 五經之本, 自孔子始.(『後漢書』「范升傳」)

8 臣聞詩書禮樂, 定自孔子.(『後漢書』「徐防傳」)

9 諸國之敎未必盡備六者. 蓋自夫子删定贊修筆削之餘, 而後傳習滋廣, 經術流行.(『文獻通考』권174引)

10 詩者, 天地之精, 星辰之度, 人心之操也. 在事爲詩, 未發爲謀, 恬淡爲心, 思慮爲志, 故詩之爲言志也.

11 『시경』에 네 가지 시작이 있다는 네 학설, 즉 풍風, 소아小雅, 대아大雅, 송頌을 사시四始라 한다. ―옮긴이

12 한나라 초 『시경』을 다룬 세 학파(제시齊詩, 노시魯詩, 한시韓詩) 가운데 제시의 학자 익봉翼奉은 『시경』에 음양오행설을 부회하여 음양이 교차하는 묘유오술해卯酉午戌亥 해에 대규모 정치 변화가 수반될 것이라고 예측하며 이를 오제五際라 한다. ―옮긴이

13 詩者, 天地之心, 君德之祖, 萬福之宗, 萬物之戶也. 集微揆著, 上統元皇, 下敍四始, 羅列五際.

14 보통 육정六情은 희로애락애오喜怒哀樂愛惡를 뜻하지만, 『초학기初學記』의 송균宋均 주석에 의하면 『춘추위』「연공도」의 육정은 풍, 부, 비, 흥, 아, 송風賦比興雅頌의 육의六義를 뜻한다고 한다. ―옮긴이

15 詩含五際六情.

16 大明在亥, 水始也; 四牡在寅, 木始也; 嘉魚在已, 火始也; 鴻雁在申, 金始也.

17 午亥之際爲革命, 卯酉之際爲改正, 辰在天門, 出入候聽.

18 『후한서後漢書』「낭외전郎顗傳」은 이렇게 기록한다. "『시』「범력추」는 '묘와 유엔 혁정革政을 하고, 오와 해엔 혁명을 하고, 신神이 천문에 위치하면 드나듦에 시중을 든다'고 말한다. 이는 신이 술戌과 해에 있을 때 제왕의 흥망성쇠를 거들어 잘한 부분은 번창하게 하고, 잘못된 부분은 없앤다는 말이다."(詩氾歷樞曰: '卯酉爲革政, 午亥爲革命, 神在天門, 出入候聽.' 言神在戌亥, 司候帝王興衰得失, 厥善則昌, 惡則亡.) ―저자주

19 「낭위전」에 따르면 '술해戌亥'여야 한다. —저자주

20 卯, 天保也; 酉, 祈父也; 午, 采芑也; 亥, 大明也. 然則, 亥爲革命, 一際也. 亥又爲天門, 出
入候聽, 二際也; 卯爲陰陽交際, 三際也; 午爲陰謝陽興, 四際也; 酉爲陰盛陽微, 五際也.

21 詩之爲學, 情性而已.

22 參之六合五行.(『漢書』「翼奉傳」)

23 易長於變, 書考命符授河.

24 尙者, 上也, 上天來文象, 布節度; 書者, 如也, 如天行也.

25 書務以天言之, 因而謂之書, 加'尙'以尊之.

26 尙書者, 二帝之迹, 三王之義, 所以推期運, 明命授之際. 書言信而明天地之情, 帝王之
功.

27 章流立文, 以詁息孫.

28 易者, 氣之節, 含五精, 定律曆, 上經象天, 下經計曆, 文言立符, 象出期節, 象言變化, 繫
辭設類迹.

29 所以設容, 明天地之體也.(『春秋緯』「說題辭」)

30 孔子 (…) 專行教道, 以成素王, 事亦鮮矣.

31 仲尼爲素王, 顏淵爲司徒.(『論語摘輔象』『漢學堂叢書』에 보임)

32 左丘明爲素臣.(『古微書』)

33 麟出周亡, 故立春秋制, 素王受, 當興也.(『춘추위』『한학당총서』에 보임)

34 祖述堯舜, 憲章文武, 上律天時, 下襲水土, 譬如 (…) 四時之錯行, 如日月之代明, 萬物
竝育而不相害, 道竝行而不相悖.(『中庸』)

35 叔梁紇與徵在禱尼丘山, 感黑龍之精, 以生仲尼.(『禮記』「檀弓正義」에 인용된 『論語撰
考識』)

36 孔子母徵在游於大冢之陂, 睡夢黑龍使請己, 已往夢交, 語曰'女乳必於空桑之中, 覺則若
感, 生丘於空桑之中.(『춘추위』「演孔圖」)

37 聖人也者, 道之管也. 天下之道管是矣, 百王之道一是矣, 故詩書禮樂之歸是矣.

38 禮之敬文也, 樂之中和也, 詩書之博也, 春秋之微也, 在天地之間者畢矣.

39 於是後聖乃定五經, 明六藝, 承天統地, 窮事察微, 原情立本, 以緒人倫, 宗諸天地, 纂修
篇章, 垂諸來世, 被諸鳥獸, 以匡衰亂, 天人合策, 原道悉備, 智者達其心, 百工窮其巧, 乃
調之以管弦絲竹之音, 設鍾鼓歌舞之樂, 以節奢侈, 正風俗, 通文雅.(『新語』「道基」)

40 乃天道之所立, 大義之所行也.(『新語』「本行」)

41 是以先王爲天下設教, 因人所有, 以之爲訓; 道(導)人之情, 以之爲眞. 是故內本六法, 外

414

體六行, 以與詩書易春秋禮樂六者之術以爲大義, 謂之六藝.

42 名則聖人所發天意.(『春秋繁露』「深察名號」)

43 欲審是非, 莫如引名.

44 事各順於名, 名各順於天.

45 是故禮以節人, 樂以發和, 書以道事, 詩以達意, 易以道化, 春秋以道義.(『漢書』「司馬遷傳」)

46 臣聞六經者, 聖人所以統天地之心, 著善惡之歸, 明吉凶之分, 通人道之正, 使不悖於其本性者也. 故審六藝之指, 則人天之理可得而和, 草木昆蟲可得而育, 此永永不易之道也. 及論語孝經, 聖人言行之要, 宜究其意.(『한서』「광형전」)

47 孔子, 匹夫之人耳, 以樂道正身不解之故, 四海之內, 天下之君, 微孔子之言亡所折中.(『한서』「貢禹傳」)

48 五經聖人所制, 萬事靡不畢載.(『한서』「宣元六王傳」)

49 六經所以明君父之尊, 天地之開辟, 皆有敍也.

50 夫五經廣大, 聖言幽遠, 非天下之至精, 豈能與於此!(『後漢書』「桓榮傳」)

51 六奇之策, 不出經學.(『후한서』「胡廣傳」)

52 六藝者, 王敎之典籍, 先聖所以明天道, 正人倫, 致至治之成法也.(『한서』「儒林傳」)

53 天地六經, 其旨一揆.(『후한서』「荀爽傳」)

54 夫六經定於至聖, 舍經則無以爲學; 學道要於好古, 蔑古則無以見道.(『經籍纂詁』「序」)

55 放之四海而皆准.

56 聖人不空出, 必有所制, 以顯天心. 丘爲木鐸, 制天下法.

57 孔子仰推天命, 俯察時變, 却觀未來, 豫解無窮, 知漢當繼大亂之後, 故作撥亂之法以授之.

58 墨孔生, 爲赤制.

59 玄丘制命, 帝卯行也.

60 丘覽史記, 援引古圖, 推集天變, 爲漢帝制法, 陳敍圖錄.

61 漢歷久長, 孔爲赤制.

62 言孔丘作緯, 著歷運之期, 爲漢家之制. 漢火德尙赤, 故云爲赤制.(『후한서』「郅惲傳」)

63 夫孔丘祕經, 爲漢赤制, 玄包幽室, 文隱事明.(『후한서』「蘇竟傳」)

64 孔猶先命, 聖字也.

65 猶, 圖也. 孚, 信也. 言孔丘之圖, 先命漢家當須封禪, 此聖人之信也.(『후한서』「班彪傳附班固傳」)

66 夫五經亦漢家之所立, 儒生善政大義, 皆出其中. 董仲舒表春秋之義, 稽合於律, 無乖異者. 然則春秋, 漢之經. 孔子制作, 垂遺於漢.(『論衡』「程材」)

67 甚矣, 漢儒之狡陋也! 孔子作春秋, 豈區區爲漢而已哉!(『歐陽文忠全集』「後漢魯相晨孔子廟碑」)

68 高帝悉去秦儀法, 爲簡易. 群臣飮爭功, 醉或妄呼, 拔劍擊柱, 上患之.(『한서』「叔孫通傳」)

69 한나라 때 대전에서 조회할 대 설치한 예법의 일종으로 설이 여럿이다. 공, 후, 백, 자, 남, 고, 경, 대부, 사란 주장도 있다. 숙손통의 이 주장은 대전의 예를 돕는 아홉 사람의 인원을 말한다고 한다. ―옮긴이

70 殿下郎中俠陛, 陛數百人. 功臣列侯諸將軍軍吏以次陳西方, 東鄉(向, 아래도 같음); 文官丞相以下陳東方, 西鄉. 大行設九賓, 臚句傳. 於是皇帝輦出房, 百官執戟傳警, 引諸侯王以下至吏六百石以次奉賀. 自諸侯王以下莫不震恐肅敬. 至禮畢, 盡伏, 置法酒. 諸侍坐殿上皆伏抑首, 以尊卑次起上壽. 觴九行, 謁者言'罷酒'. 御史執法舉不如儀者輒引去. 竟朝置酒, 無敢歡嘩失禮者. 於是高帝曰: '吾乃今日知爲皇帝之貴也'.(『한서』「숙손통전」)

71 若夫列君臣父子之禮, 序夫婦長幼之別, 雖百家弗能易也.(『한서』「司馬遷傳」)

72 元年, 漢興已六十餘歲矣, 天下艾安, 搢紳之屬皆望天子封禪改正度也, 而上鄉儒術, 招賢良, 趙綰王臧等以文學爲公卿, 欲議古立明堂城南, 以朝諸侯. 草巡狩封禪改曆服色事未就.

73 諸所興爲皆廢.(『사기』「봉선서」)

74 원문의 의체儀體는 『사기』「효무본기孝武本紀」에는 의례儀禮로 되어 있다. ―옮긴이

75 산천과 땅 신에 대해 올리는 큰 제사. ―옮긴이

76 황제나 제후가 천지나 종묘에 제사를 지낼 때 웅장함을 보이려고 직접 활로 소를 쏘는 의식. ―옮긴이

77 自得寶鼎, 上與公卿諸生議封禪. 封禪用希曠絶, 莫知其儀體, 而群儒釆封禪尙書周官王制之望祀射牛事.(『漢書』「郊祀志」)

78 皇皇哉斯事, 天下之壯觀, 王者之卒業, 不可貶也. 願陛下全之.(『한서』「司馬相如傳」)

79 乃遷思回慮, 總公卿之議, 詢封禪之事, 詩大澤之博, 廣符瑞之富.(『西漢會要』 권8)

80 封於太山, 至梁甫, 禪肅然.(『한서』「사마상여전」)

81 自古受命而帝, 治世之隆, 必有封禪, 以告成功焉.(『後漢書』「張純傳」)

82 天子祭天地, 諸侯祭社稷, 大夫祭五祀.

83 天子祭天下名山大川, 懷柔百神.

84 王者易姓而起, 必升封泰山何? 報告之義也. 始受命之日, 改制應天, 天下太平, 功成封禪, 以告太平也. 所以必於泰山何? 萬物之始, 交代之處也. 必於其上何? 因高告高, 順其類也. 故升封者, 增高也. 下禪梁甫之基, 廣厚也. 皆刻石紀號者, 著己之功迹以自效也. 天以高爲尊, 地以厚爲德, 故增泰山之高以報天, 附梁甫之基以報地. 明天之命, 功成事就, 有益於天地, 若高者加高, 厚者加厚矣.

85 夫明堂者, 王者之堂也.(『맹자』「양혜왕하」)

86 明堂也者, 明諸侯之尊卑也.

87 明堂所以通神明, 感天地, 正四時, 出教令, 崇有德, 章有道, 褒有行.(『初學記』권13引)

88 以夏歲二月, 定明堂, 造太學, 修先王之道. 風行俗成, 萬世之基定, 然後唯陛下所幸耳.(『한서』「賈山傳」)

89 作明堂於泰山下.

90 初, 天子封泰山, 泰山東北阯古時有明堂處, 處險不敞. 上欲治明堂奉高旁, 未曉其制度. 濟南人公玉帶上黃帝時明堂圖.

91 벽옹璧雍이라고도 쓴다. 서주 시대 귀족자제를 교육하기 위해 설립한 일종의 대학. 사면이 물로 둘러싸인 형상 때문에 생긴 이름이다. 5개 대학 중 남쪽을 성균成均, 동쪽을 동서東序라 하고 중앙을 벽옹이라 하여 모든 대학을 대표했다. —옮긴이

92 邊境無事, 百姓新去兵革, 歲仍有年, 家給人足. (張)純以聖王之建辟雍, 所以崇尊禮義, 旣富而教者也. 乃案七經讖, 明堂圖, 河間『古辟雍記』, 孝武太山明堂制度, 及平帝時議, 欲具奏之.(『후한서』「張純傳」)

93 天子立明堂者, 所以通神靈, 感天地, 正四時, 出教化, 宗有德, 重有道, 顯有能, 褒有行者也. 明堂上圓下方, 八窗四闥. 布政之宮, 在國之陽. 上圓法天, 下方法地, 八窗象八風, 四闥法四時, 九宮法九州, 十二坐法十二月, 三十六戶法三十六雨, 七十二牖法七十二風.

94 古法義決疑獄.

95 持節使決淮南獄, 於諸侯擅專斷, 不報, 以『春秋』之義正之, 天子皆以爲是.(『사기』「유림열전」)

96 故膠西相董仲舒老病致仕, 朝廷每有政議, 數遣廷尉張湯親至陋巷, 問其得失. 於是作『春秋決獄』二百三十二事, 動以經對, 言之詳矣.

97 諸君何患於衛太子! 昔蒯聵違命出奔, 輒距而不納, 『春秋』是之. 衛太子得罪先帝, 亡不卽死, 今來自詣, 此罪人也.(『한서』「雋不疑傳」)

98 公卿大臣當用經術明於大誼.(『한서』「준불의전」)

99 夫國之大事, 莫尚載籍. 載籍也者, 決嫌疑, 明是非, 賞刑之宜, 允獲厥中, 俾後之人永爲

監焉. (…) 臣累世受恩, 榮祚豐衍, 竊不自揆, 貪少云補, 輒撰具『律本章句』(…) 及『春秋斷獄』凡二百五十篇. 蠲去復重, 爲之節文.(『후한서』「응소전」)

100 夫春秋, 上明三王之道, 下辨人事之紀, 別嫌疑, 明是非, 定猶豫, 善善惡惡, 賢賢賤不肖, 存亡國, 繼絶世, 補敝起廢, 王道之大者也.

101 夫不通禮義之旨, 至於君不君, 臣不臣, 父不父, 子不子. 夫君不君則犯, 臣不臣則誅, 父不父則無道, 子不子則不孝. 此四行者, 天下之大過也. (…) 故『春秋』者, 禮義之大宗也.(『사기』「태사공자서」)

102 『春秋』之聽獄也, 必本其事而原其志. 志邪者不待成, 首惡者罪特重, 本直者其論輕.(『春秋繁露』「精華」)

103 사건의 경위로 보아 그 동기가 범죄에 있지 않았음을 참작하여 판결을 내리는 것을 말한다.『후한서』「곽서전霍諝傳」엔 '원정정과原情定過'로 기재되어 있다. ―옮긴이

104 사건의 동기를 분석하여 범인의 본심과 평상시의 본성을 참작하여 판결을 내리는 것을 말한다.『한서』「왕가전王嘉傳」과『후한서』「응소전」에 보인다. ―옮긴이

105 張妙縛杜士, 捶二十下, 又懸足指.

106 酒後相戲, 原其本心, 無賊害之意, 宜減死.

107 諝聞春秋之義, 原情定過, 赦事誅意, 故許止雖弑君而不罪, 趙盾以縱賊而見書. 此仲尼所以垂王法, 漢世所宜遵前修也.(『후한서』「霍諝傳」)

108 春秋之治獄, 論心定罪. 志善而違於法者免, 志惡而合於法者誅.

109 君親無將, 將而誅焉.

110 蓋'君親無將, 將而誅焉.' 是以季友鴆叔牙,『春秋』賢之; (…) 朕閔將軍陷於重刑 (…) 其上票騎將軍印綬, 罷歸就第.(『한서』「董賢傳」)

111 諸卿以我弟故, 欲誅之, 卽我子, 卿等敢爾邪?

112 『春秋』之義, '君親無將, 將而誅焉.' 是以周公誅弟, 季友鴆兄, 經傳大之. 臣等以荊屬托母弟, 陛下留聖心, 加惻隱, 故敢請耳. 如令陛下子, 臣等專誅而已.(『후한서』「樊儵傳」)

113 惡惡止其身.

114 斬其渠帥, 餘黨當坐者達數千人.

115 春秋之義, '善善及子孫, 惡惡止其身', 所以進人於善也. (…) 如今使臧吏禁錮子孫, (…) 非先王詳刑之意也.(『후한서』「劉愷傳」)

116 甲無子, 拾道旁棄兒乙養之, 以爲子. 及子長, 有罪殺人, 以狀語甲, 甲藏匿乙. 甲當何論?

117 甲無子, 振活養乙, 雖非所生, 誰與易之. (…) 春秋之義, 父爲子隱, 甲宜匿乙, 詔不當坐.(『通典』권69)

118 自今子首匿父母, 妻匿夫, 孫匿大父母, 皆勿坐. 其父母匿子, 夫匿妻, 大父母匿孫, 罪殊死, 皆上請廷尉以聞.(『한서』「宣帝紀」)

119 한대 형벌의 명칭. 형률에 따르면 중죄를 지은 자에게 관련이 없어도 한 집안의 무고한 세 사람을 죽이는 형벌이다. ―옮긴이

120 春秋之義, 以功覆過. 當廢昌邑王時, 非田子賓之言大事不成.(『한서』「田延年傳」)

121 臣聞春秋之義, 罪以功除; (…) 願下公卿平援功罪.(『후한서』「馬援傳」)

122 春秋之義, 意惡功遂, 不免於誅.

123 원래 棄 자를 쓴 의미는 죄인에게 형벌을 가하는 모습을 저잣거리에서 보여줌으로써 대중에게 버림을 받게 한다는 의미였는데, 나중 전적으로 사형을 지칭하는 말이 되었다. ―옮긴이

124 형벌의 일종으로 성을 쌓는 데 4년을 종사하는 일종의 노역형. ―옮긴이

125 (漢)律曰: '鬪以刃傷人, 完爲城旦, 其賊加罪一等, 與謀者同罪.'

126 春秋之義, 原心定罪, 原況以父見謗發忿怒, 無它大惡.

127 『律』云'掠者唯得榜, 笞, 立.' 又令丙, 箠長短有數. 自往者大獄已來, 掠考多酷, 鉆鑽之屬, 慘苦無極. 念其痛毒, 怵然動心.『書』曰'鞭作官刑', 豈云若此? 宜及秋多理獄, 明爲其禁.(『후한서』「章帝紀」)

128 上者得以重祕其術, 使民難窺, 下者得以因緣爲市. 然後棄表埻之明, 而從緜游之蕩. 悲夫! 經之蚋虱, 法之秕稗也.(『檢論』「原法」)

129 六藝者, 王敎之典籍, 先聖所以明天道, 正人倫, 致至治之成法也.

130 朕聞天地不變, 不成施化; 陰陽不變, 物不暢茂.『易』曰'通其變, 使民不倦.'『詩』云'九變復貫, 知言之選.' 朕嘉唐虞而樂殷周, 據舊以鑑新. 其赦天下, 與民更始. 諸逋貸及辭訟在孝景後三年以前, 皆勿聽治.(『한서』「武帝紀」)

131 傳曰: '孝弟也者, 其爲仁之本歟!' 其令郡國擧孝弟, 有行義聞於鄕里者各一人.(『한서』「선제기」)

132 天地之道何貴? 王者之法何如? 六經之義何上? 人之行何先? 取人之術何以? 當世之治何務? 各以經對.(『한서』「杜周傳」)

133 春秋之義, 立子以貴. 東海王陽, 皇后之子, 宜承大統. 皇太子彊, 崇執謙退, 願備藩國. 父子之情, 重久違之. 其以彊爲東海王, 立陽爲皇太子, 改名莊.(『후한서』「光武帝紀」)

134 知能有餘, 兼通文法吏事, 以儒雅緣飾法律, 號爲通明相, 天子甚器重之, 奏事亡不當意.(『한서』「翟方進傳」)

135 時天子好儒雅, 宣經術又淺, 上亦輕焉.(『한서』「설선전」)

136 孔子曰: '有國有家者, 不患貧而患不均, 不患寡而患不安.' 故天子不言多少, 諸侯不言利害, 大夫不言得喪, 畜仁義以風之, 廣德行以懷之. (…) 王者行仁政, 無敵於天下, 惡用費哉?(『염철론』「本議」)

137 廣道德之端, 抑末利而開仁義, 毋示以利, 然後敎化可興, 而風俗可移也.(『염철론』「본의」)

138 惇學不仕, 好律曆陰陽之占.(『한서』「翼奉傳」)

139 특히 익봉翼奉 등 한대 경학자들의 주장으로 오행설을 끌어다 정치 변화에 붙여 해석한 것으로 묘卯, 유酉, 오午, 술戌, 해亥에 음양의 시작과 끝에 경계가 나타난다고 보아 정책에 변동을 주어야 한다는 주장. —옮긴이

140 臣聞之於師曰, 天地設位, 懸日月, 布星辰, 分陰陽, 定四時, 列五行, 以視聖人, 名之曰道. 聖人見道, 然後知王治之象, (…) 賢者見經, 然後知人道之務, 則詩書易春秋禮樂是也. 易有陰陽, 詩有五際, 春秋有災異, 皆列終始, 推得失, 考天心, 以言王道之安危. (…) 正以精勢, 本首王位, 日臨中時接律而地大震, 其後連月久陰, 雖有大令, 猶不能復, 陰氣盛矣. 古者朝廷必有同姓以明親親, 必有異姓以明賢賢, 此聖王之所以大通天下也. 同姓親而易進, 異姓疏而難通, 故同姓一, 異姓五, 乃爲平均. 今左右亡同姓, 獨以舅后之家爲親, 異姓之臣又疏. 二后之黨滿朝. 非特處位, 勢優奢僭過度, 呂霍上官足以卜之, 甚非愛人之道, 又非後嗣之長策也. 陰氣之盛, 不亦宜乎!(『한서』「익봉전」)

141 衡好學, 家貧, 庸作以供資用, 尤精力過絶人.(『한서』「광형전」)

142 覽六藝之意, 察上世之務, 明自然之道, 博和睦之化, 以崇至仁, 匡失俗, 易民視, 令海內昭然咸見本朝之所貴, 道德弘於京師, 淑問揚乎疆外, 然後大化可成, 禮讓可興也.(『한서』「광형전」)

143 臣聞『六藝』者, 聖人所以統天地之心, 著善惡之歸, 明吉凶之分, 通人道之正, 使不悖於其本性者也. 故審六藝之指, 則人天之理可得而和, 草木昆蟲可得而育, 此永永不易之道也. 及『論語』『孝經』, 聖人言行之要, 宜究其意.(『한서』「광형전」)

144 책력을 하는 데 1년의 시작을 정하는 달의 기준점, 천구를 두고 인인시를 정월로 삼는 것은 하력夏曆, 축丑시를 정월로 삼는 것은 은력殷曆, 자子시를 정월로 삼는 것은 주력周曆이다. 이 삼정三正 가운데 한대 이후 계절의 이치로 보면 하력이 맞아 인시를 정월로 삼았다. 천지인이란 설도 있다. —옮긴이

145 삼정三正을 시작할 때 만물은 모두 아직 미약한 단계이므로 삼미三微는 곧 삼정을 가리킨다. —옮긴이

146 『春秋』於春每月書'王'者, 重三正, 愼三微也. 律十二月立春, 不以報囚. 『月令』冬至之後,

有順陽助生之文, 而無鞫獄斷刑之政. 朕咨訪儒雅, 稽之典籍, 以爲王者生殺, 宜順時氣. 其定律, 無以十一月, 十二月報囚.(『후한서』「章帝紀」)

147 是貧富異刑而法不壹也.

148 政教壹傾, 雖有周召之佐, 恐不能復. 古者臧於民, 不足則取, 有餘則予. 『詩』曰: '愛及矜人, 哀此鰥寡'. 上惠下也. 又曰: '雨我公田, 遂及我私', 下急上也.(『한서』「蕭望之傳」)

149 竊憐涼州被寇, 方秋饒時, 民尙有飢乏, 病死於道路, 況至來春將大困乎! 不早慮所以振救之策, 而引常經以難, 恐後爲重責. 常人可與守經, 未可與權也.(『한서』「소망지전」)

150 臣聞'善善及子孫, 惡惡止其身', 百王常典, 不易之道也. (…) 臣竊按『春秋』水旱之變, 皆應暴急, 惠不下流. 自永平以來, 仍連大獄, 有司窮考, 轉相牽引, 掠考冤濫, 家屬徙邊. (…) 傳曰: '安土重居, 謂之衆庶.' 昔殷民近遷洛邑, 且猶怨望, 何況去中土之肥饒, 寄不毛之荒極乎? 且南方暑濕, 障毒互生. 愁困之民, 足以感動天地, 移變陰陽矣. 陛下留念省察, 以濟元元.(『후한서』「楊終傳」)

151 孔子曰: '危而不持, 顚而不扶, 則將安用彼相矣!' 臣嘉幸得備位, 竊內悲傷不能通愚忠之信; 身死有益於國, 不敢自惜. 唯陛下愼己之所獨向, 察衆人之所共疑. 往者寵臣鄧通, 韓嫣驕貴失度, 逸豫無厭, 小人不勝情欲, 卒陷罪辜. 亂國亡軀, 不終其祿, 所謂愛之適足以害之者也. 宜深濫前世, 以節(董)賢寵, 全安其命.(『한서』「王嘉傳」)

152 『순자荀子』「신도臣道」 편은 신하에 대한 정치적 분류를 시도하며, 군주 앞에서도 할 말을 하는 신하가 되라고 요구한다. 국가 위기에 과감히 진언하여 쓰이면 남고 안 쓰이면 떠나는 사람을 간신諫臣, 쓰이면 그만이고 안 쓰이면 죽음으로 맞서는 사람을 쟁신爭臣, 백관을 거느리고 군주가 듣지 않을 수 없도록 강권하여 국가를 구하는 사람을 보신輔臣, 군주의 명령을 거역하고 반하는 일을 해서라도 국익을 크게 높인 사람을 불신拂臣이라 한다. ―옮긴이

153 『孝經』曰: '天子有爭臣七人, 雖無道, 不失其天下'. 臣謹封上詔書, 不敢露見, 非愛死而不自法, 恐天下聞之, 故不敢自劾.(『한서』「王嘉傳」)

154 漢曆中衰, 當更受命. 成帝不應天命, 故絶嗣. 今陛下久疾, 變異屢數, 天所以譴告人也. 宜急改元易號, 乃得延年益壽, 皇子生, 災異息矣.(『한서』「李尋傳」)

155 蓋聞『尙書』'五曰考終命', 言大運壹終, 更紀天元人元, 考文正理, 推曆定紀, 數如甲子也. (…) 其大赦天下, 以建平二年爲太初(元將)元年, 號曰陳聖劉太平皇帝.(『한서』「이심전」)

156 皆背經誼, 違聖制, 不合時宜.

157 執左道, 亂朝政, 傾覆國家, 誣罔主上, 不道.(『한서』「이심전」)

158 今之孝者, 是謂能養. 至於犬馬, 皆能有養; 不敬, 何以別乎?(『論語』「爲政」)

159 不顧父母之養.(『孟子』「離婁下」)

160 衆之本敎曰孝, 其行曰養. 養可能也, 敬爲難.

161 生, 事之以禮; 死, 葬之以禮, 祭之以禮.(『논어』「위정」)

162 君子重其禮, 小人貪其養.(『鹽鐵論』「孝養」)

163 善養者不必當芻豢也, 善供服者不必錦綉也. 以己之所有盡事其親, 孝之至也.

164 貴其禮, 不貪其養, 禮順心和, 養雖不備, 可也.

165 故禮菲而養豐, 非孝也.(『鹽鐵論』「효양」)

166 孝子之養老也, 樂其心, 不違其志.(『예기』「內側」)

167 三年無改於父之道, 可謂孝矣.(『논어』「學而」)

168 父死三年, 不敢改父之道.(『大戴禮記』「曾子本孝」)

169 爲人子致孝以承業, (…) 父沒, 則子不改父之道也.(『염철론』「憂邊」)

170 立身行道, 揚名於後世, 以顯父母, 孝之終也.

171 父母旣沒, 愼行其身, 不遺父母惡名, 可謂能終矣.

172 父母雖沒, 將爲善, 思貽父母令名, 必果; 將爲不善, 思貽父母羞辱, 必不果.(『예기』「內則」)

173 凡爲人子之禮, 冬溫而夏淸, 昏定而晨省.

174 出必告, 反必面, 所游必有常.

175 見父之執, 不謂之進不敢進, 不謂之退不敢退, 不問不敢對. 此孝子之行也.(『예기』「曲禮上」)

176 父母之所愛亦愛之, 父母之所敬亦敬之.(『예기』「내칙」)

177 身體髮膚, 受之父母, 不敢毁傷, 孝之始也.

178 身也者, 父母之遺體也. 行父母之遺體, 敢不敬乎?

179 父母全而生之, 子全而歸之, 可謂孝矣. 不虧其體, 不辱其身, 可謂全矣.(『예기』「제의」)

180 身也者, 親之枝也, 敢不敬歟? 不能敬其身, 是傷其親.(『대대예기』「哀公問於孔子」)

181 君子頃步而弗敢忘孝也. 今予忘孝之道, 予是以有憂色也.(『예기』「제의」)

182 奉先人遺體, 奈何數乘此險!(『漢書』「王尊傳」)

183 故孝子之事親也, 居易以俟命, 不興險行以僥幸.(『대대예기』「증자본효」)

184 一擧足不敢忘父母, 故道而不徑, 舟而不游, 不敢以先父母之遺體行殆也. 一出言不敢忘父母, 是故惡言不出於口, 忿言不及於己.(『대대예기』「曾子大孝」)

185 不登高, 不臨深, 不苟訾, 不苟笑. 孝子不服闇, 不登危, 懼辱親也.(『예기』「곡례상」)

186 子從父之令, 可謂孝乎?

187 是何言歟! (…) 父有爭子, 則身不陷於不義. 故當不義, 則子不可以不爭於父; (…) 從父之
　　令, 又焉得爲孝乎!

188 父母有過, 下氣怡色, 柔聲以諫. 諫若不入, 起敬起孝.(『예기』「내칙」)

189 子之事親也, 三諫而不聽, 則號泣而隨之.(『예기』「곡례하」)

190 從而不諫, 非孝也; 諫而不從, 亦非孝也.

191 不可違而違, 非孝也; 可違而不違, 亦非孝也.(『昌言』『群書治要』 권45에서 인용)

192 忠也者, 一其心之謂矣.(『忠經』「天地神明章」)

193 忠則福祿至焉, 不忠則刑罰加焉.(『충경』「證應章」)

194 二心不可以事君.

195 爲人臣者其法取象於地. (…) 委身致命, 事無專制, 所以爲忠也.(『春秋繁露』「天地之行」)

196 殷有三仁焉.(『논어』「微子」)

197 比干諫而死. 箕子曰: '知不用而言, 愚也. 殺身以彰君之惡, 不忠也. 二者不可, 然且爲之,
　　不祥莫大焉.' 遂解髮佯狂而去. 君子聞之曰: '勞矣箕子! 盡其精神, 竭其忠愛. 見比干之
　　事免其身, 仁知之至.'(『한시외전』 권6)

198 不忠之至倍其君.(『한시외전』 권1)

199 爲人臣之禮, 不顯諫, 三諫而不聽則逃之.(『예기』「곡례하」)

200 以道覆君而化之, 是謂大忠也.(『한시외전』 권4)

201 忠臣之事君也, 莫先於諫. (…) 違而不諫則非忠臣. 夫諫, 始於順辭, 中於抗議, 終於死
　　節.

202 懼斧鉞之誅而不敢諫其君, 非忠臣也.(『한시외전』 권10)

203 朝無忠臣者政闇, (…) 故觸死亡以干主之過者, 忠臣也.

204 以成君休, 以寧社稷.

205 忠臣直士不避患害者, 誠爲君也.(『한서』「諸葛豐傳」)

206 夫孝, 始於事親, 中於事君, 終於立身.(『효경』「開宗明義章」)

207 夫忠興於身, 著於家, 成於國, 其行一也.(『忠經』「天地神明章」)

208 君子立孝, 其忠之用.(『大戴禮記』「曾子立孝」)

209 不孝, 則事君不忠.(『한서』「杜周傳」 附杜欽傳)

210 忠者, 其孝之本歟!(『대대예기』「증자본효」)

211 退家則盡心於親, 進宦則竭力於君.(『한서』「張敞傳」)

212 在家爲孝子, 入朝爲忠臣.

213 君子之事親孝, 故忠可移於君.

214 忠信以事其君, 孝子以事其親, 其本一也. 上則順於鬼神, 外則順於君長, 內則以孝於親, 如此之謂備.

215 立愛自親始, 教民睦也. 立敬自長始, 教民順也. 教以慈睦, 而民貴有親; 教以敬長, 而民貴用命. 孝以事親, 順以聽命, 錯諸天下, 無所不行.(『예기』「祭義」)

216 導民以孝, 則天下順.(『한서』「선제기」)

217 天子者, 天下之父母也. 四方之衆, 其義莫不願爲臣妾.

218 仁人之事親也如事天.

219 父者, 子之天也.(『春秋繁露』「順命」)

220 父母之所愛亦愛之, 父母之所敬亦敬之.(『예기』「內則」)

221 孝子之使人也, 不敢肆, 行不敢自專也.(『대대예기』「증자본효」)

222 父母存, 不許友以死.(『예기』「곡례상」)

223 父母存, 不敢有其身, 不敢私其財.(『예기』「坊記」)

224 善則稱親, 過則稱己.(『예기』「방기」)

225 士庶人有善, 本諸父母, 尊諸長老. (…) 所以示順也.(『예기』「제의」)

226 古者大夫思其仁義以充其位, 不爲權利以充其私也.(『염철론』「貧富」)

227 爲人臣者, 主醜亡身, 國醜忘家, 公醜忘私.(『新書』「階級」)

228 忠者, 中也, 致公無私.(『충경』「천지신명장」)

229 夫孝, 天之經也, 地之義也, 人之行也.(『효경』「三才章」)

230 天之所覆, 地之所載, 人之所履, 莫大乎忠.(『충경』「천지신명장」)

231 忠能固君臣, 安社稷, 感天地, 動神明, 而況於人乎.(『충경』「천지신명장」)

232 夫孝, 置之而塞乎天地, 溥之而橫乎四海, 施諸後世而無朝夕.

233 居處不莊, 非孝也. 事君不忠, 非孝也. 蒞官不敬, 非孝也. 朋友不信, 非孝也. 戰陣無勇, 非孝也.(『예기』「제의」)

234 仁而不忠, 則私其恩; 知而不忠, 則文其詳; 勇而不忠, 則易其亂.(『충경』「辨忠章」)

235 天地之性, 人爲貴; 人之行, 莫大於孝.(『효경』「聖治章」)

236 人行之所先也.(『한서』「杜周傳」附두흠전)

237 愛敬盡於事親, 而德教加於百姓, 刑於四海. 蓋天子之孝也.(『충경』「聖君章」)

238 王者上事於天, 下事於地, 中事於宗廟. 以臨於人, 則人化之, 天下盡忠, 以奉上也.

239 孝莫大以天下一國養.(『염철론』「孝養」)

240 夫化之以德, 理之上也, 則人日遷善而不知. 施之以政, 理之中也, 則人不得不爲善. 懲之以刑, 理之下也, 則人畏而不敢爲非也.(『충경』「政理章」)

241 以保社稷, 以光祖考.(『충경』「성군장」)

242 忠順不失, 以事其上, 然後能保其祿位, 而守其祭祀. 蓋士之孝也.

243 用天之道, 分地之利, 謹身節用, 以養父母, 此庶人之孝也.

244 秉職不回, 言事無憚, 苟利社稷, 則不顧其身, 上下用成, 故昭君德, 蓋百工之忠也.

245 조민兆民을 말한다. 『상서』「여형呂刑」편의 "천자에게 경사가 있으니 만민이 그에 힘입 는다一人有慶, 兆民賴之"에서 조민은 천자의 백성을 가리키나, 나중 일반 백성을 가리 키는 통칭이 되었다. ─옮긴이

246 祇承君之法度, 行孝悌於其家, 服勤稼穡, 以供王賦. 此兆人之忠也.

247 漢家之制, 推親親以顯尊尊.(『한서』「哀帝紀」)

248 導民以孝, 則天下順. 今百姓或遭衰絰凶災, 而吏繇事, 使不得葬, 傷孝子之心, 朕甚憐之. 自今諸有大父母父母喪者勿繇事, 使得收斂(殮)送終, 盡其子之道.(『한서』「선제기」)

249 孝莫大於嚴父, 嚴父莫大於配天.

250 上納其言, 下詔復太上皇寢廟園.(『한서』「平當傳」)

251 其教不肅而成, 其政不嚴而治.(『효경』「삼재장」)

252 天下盡忠, 淳化行也.(『충경』「盡忠章」)

253 吾聞儒者喪親三年, 喪君三年, 君與父孰重?

254 曷爲士去親而事君?

255 非君之土地無以處吾親, 非君之祿無以養吾親, 非君之爵無以尊顯吾親. 受之於君, 致之 於親. 凡事君, 以爲親也.

256 君子行其孝必先以忠, 竭其忠則福祿至矣.(「保孝行章」)

257 官尊者祿厚, 本美者枝茂. 故文王德而子孫封, 周公相而伯禽富.

258 人情莫親父母.(『한서』「賈捐之傳」)

259 明王以孝治天下也.(『효경』「효치장」)

260 下詔封孔子世爲殷紹嘉公.(『漢書』「梅福傳」)

261 以聖人而歆匹夫之祀.(『한서』「매복전」)

262 한나라 초 경학의 전수 과정은 모두 구전으로 했는데, 경전의 구절이나 훈에 대해 각 각의 학설이 달라 분기현상이 일어났다. 이에 전수하는 스승의 말을 제자들은 한 글 자도 바꿀 수 없다는 전통이 만들어졌다. 이를 가법家法 또는 사법師法이라 불렀다. ─옮긴이

263 공문서를 나르는 하찮은 지위의 사람. ─옮긴이

264 傳者傳學, 不妄一言, 先師古語, 到今具存, 雖帶徒百人以上, 位博士文學, 郵人門者之類也.(『論衡』「定賢」)

265 　今論者但知誦虞夏之書, 詠殷周之詩, 講義文之易, 論孔氏之春秋, 罕能精古今之淸濁, 究漢德之所由.(『後漢書』「班彪傳 附 班固傳」)

266 　天地之氣, 合而爲一, 分爲陰陽, 判爲四時, 列爲五行.(『春秋繁露』「五行相生」)

267 　仁之美者在於天, 天, 仁也.(『춘추번로』「王道通三」)

268 　天地之精所以生物者, 莫貴於人.

269 　天以終歲之數, 成人之身, 故小節三百六十六, 副日數也; 大節十二分, 副月數也; 內有五藏, 副五行數也; 外有四肢, 副四時數也.

270 　乍視乍瞑, 副晝夜也; 乍剛乍柔, 副多夏也: 乍哀乍樂, 副陰陽也.(『춘추번로』「人副天數」)

271 　天兩有陰陽之施, 身亦兩有貪仁之性. 天有陰陽禁, 身有情欲㮇, 與天道一也.(『춘추번로』「深察名號」)

272 　災者, 天之譴也; 異者, 天之威也. 譴之而不知, 乃畏之以威. (…) 凡災異之本, 盡生於國家之失.(『춘추번로』「必仁且智」)

273 　國家將有失道之敗, 而天乃先出災害以譴告之, 不知自省, 又出怪異以驚懼之, 尙不知變, 而傷敗乃至. 以此見天心之仁愛人君而欲止其亂也.(『한서』「동중서전」)

274 　『주역』에 따르면 건乾괘의 속성은 자연으로선 하늘을 뜻하며, 집안에서는 부父, 동물로는 마馬, 인체로서는 수首, 성질로는 강건剛健을 뜻한다. ─옮긴이

275 　司馬主兵. (…) 不言兵言馬者, 馬, 陽物, 乾之所爲, 行兵用也, 不以傷害爲文, 故言馬也.(『백호통의』「封公侯」)

276 　璧以聘問何? 璧者, 方中圓外, 象地, 地道安寧而出財物, 故以璧聘問也. 方中, 陰德方也. 圓外, 陰繫於陽也. 陰德盛於內, 故見象於內, 位在中央. 璧之爲言積也, 中央故有天地之象, 所以據用也. 內方象地, 外圓象天也.(『백호통의』「瑞贄」)

277 　문리文吏는 크게 두 가지 의미가 있다. 하나는 무武에 대응하는 문관의 의미로『후한서』「광무제기하光武帝紀下」에 "공신을 물리치고 문리를 등용했다"의 예가 그렇다. 또하나는 법률 문서를 다루는 집법관리를 뜻하는 말로『사기』「장석지·풍당열전張釋之馮唐列傳」의 "문리가 법으로 얽어매었다"의 예가 그렇다. 여기서는 후자의 뜻에 가깝다. ─옮긴이

278 　儒生治本, 文吏理末, 道本與事末比, 定尊卑之高下, 可得程矣.

279 　公所爲不合古, 吾不行. 公往矣, 毋汚我!

280 　若眞鄙儒, 不知時變.(『한서』「숙손통전」)

281 　漢人最重師法, 師之所傳, 弟子所受, 一字毋敢出入; 背師說卽不用.

282 臣聞主不稽古, 無以承天; 臣不術舊, 無以奉君. (…)今費左二學, 無有本師, 而多反異, 先帝前世, 有疑於此, 故京氏雖立, 輒復見廢. (…) 願陛下疑先帝之所疑, 信先帝之所信, 以示反本, 明不專己.(『후한서』「范升傳」)

283 天下之事所以異者, 以不一本也. 易曰: '天下之動, 貞夫一也.' 又曰: '正其本, 萬事理.'

284 臣聞之, 自禹已下五百歲而湯起, 自湯已下五百餘年而武王起. 故聖王之起, 大以五百爲紀. 自武王已下, 過五百歲矣, 聖王不起, 何怪矣! 及秦始皇似是而卒非也, 終於無狀. 及今, 天下集於陛下, (…) 天宜請陛下爲之矣. 然又未也者, 又將誰須也?(『新書』「數寧」)

285 陛下布德施教, 教化旣成, 堯舜亡以加也.

286 今陛下以聖德居位, 思政求賢, 堯舜之用心也.(『한서』「소망지전」)

287 所爲天下興利除害, 變法易故, 以安海內者, 大功數十; 皆上世之所難及.(『한서』「조착전」)

288 한대에 경학을 전수하는 태도의 일환으로 종이의 부족 등으로 경전에 대해 구두 전승을 해오던 터라, 수많은 사람에게 청문을 하여 많이 들어보지만 잘못되어 빠지거나 의심스러운 부분이 나오면 할 수 없이 그냥 빼고 전수했다는 데서 유래했다. ―옮긴이

289 後世經傳旣已乖離, 博學者又不思多聞闕疑之義, 而務碎義逃難, 便辭巧說, 破壞形體; 說五字之文, 至於二三萬言. 後進彌以馳逐, 故幼童而守一藝, 白首而後能言; 安其所習, 毁所不見, 終以自蔽. 此學者之大患也.

290 一經說至百餘萬言.

291 增師法至百萬言.

292 秦近君能說『堯典』, 篇目兩字之說至十餘萬言, 但說'曰若稽古'三萬言.

293 以明『易』爲博士講『書』祭酒. 善圖緯, 能通百家之言.(『후한서』「蘇竟傳」)

294 與公卿雜定郊祀禮儀, 以讖記正五經異說.(『후한서』「樊儵傳」)

295 依準舊典, 雜以五經讖記之文.(『후한서』「曹褒傳」)

296 吾欲以讖斷之, 何如? (…) 臣不爲讖. (…) 卿之不爲讖, 非之邪? (…) 臣於書有所未學, 而無所非也.(『후한서』「鄭興傳」)

297 남북조南北朝 시대 남조 송宋 사람으로『후한서』의 저자. ―옮긴이

298 桓譚非聖無法, 將下斬之.

299 高帝代秦卽天子之位.

300 食肉不食馬肝, 不爲不知味; 言學者無言湯武受命, 不爲愚.(『사기』「儒林列傳」)

301 莫敢明受命放殺者.

302 天之生民, 非爲王也, 而天立王以爲民也. 故其德足以安樂民者, 天子之; 其惡足以賊害民者, 天奪之.(『春秋繁露』「堯舜不擅移湯武不專殺」)

303 先師董仲舒有言, 雖有繼體守文之君, 不害聖人之受命. 漢家堯後, 有傳國之運. 漢帝宜誰差天下, 求索賢人, 禪以帝位, 而退自封百里, 如殷周二王后, 以承順天命.(『한서』「眭弘傳」)

304 황제黃帝로부터 요, 순에 이르는 삼황오제 시대의 오제를 말한다. ―옮긴이

305 하, 은, 주 삼대의 창시자인 하夏의 우禹왕, 은殷의 탕湯왕, 주周의 문文, 무武왕을 말한다. ―옮긴이

306 方今聖道(浸)廢, 儒術不行, 以刑餘爲周召, 以法律爲詩書. (…) 五帝官天下, 三王家天下, 家以傳子, 官以傳賢, 若四時之運, 功成者去, 不得其人則不居其位. (…) 指意欲求禪, 大逆不道.(『한서』「蓋寬饒傳」)

307 하, 은, 주 삼대의 달력인 정삭正朔을 말한다. 하는 12지 가운데 인寅의 13월을 정월로 삼아 인통人統, 은은 축丑의 12월을 정월로 삼아 지통地統, 주는 자子의 11월을 정월로 삼아 천통天統이라 했다. 책력의 변화를 통한 왕조의 교체와 그 특성을 나타낸다. 한대 유흠劉歆이 재정리한 중국 최초의 역법책인 삼통력三統曆을 뜻하기도 한다. ―옮긴이

308 王者必通三統, 明天命所授者博, 非獨一姓也. (…) 自古及今, 未有不亡之國也.(『한서』「楚元王傳」)

309 삼통과 같은 의미. 하는 건인建寅을 정正하고, 은은 건축建丑을 정하고, 주는 건자建子를 정한다는 말에서 삼정이라 부른다. ―옮긴이

310 垂三統列三正, 去無道, 開有德, 不私一姓, 明天下乃天下之天下, 非一人之天下也. (…) 更命有德.(『한서』「谷永傳」)

311 學者皆欣欣羨慕焉.

312 各以家法敎授.(『후한서』「儒林列傳」)

313 傳者傳學, 不妄一言, 先師古語, 到今具存, 雖帶徒百人以上, 位博士文學, 郵人門者之類也.(『論衡』「定賢」)

314 上聞喜改師法, 遂不用喜.(『한서』「유림전」)

315 說經者, 傳先師之言, 非從己出, 不得相讓; 相讓則道不明, 若規矩權衡之不可枉也.(『후한서』「魯榮傳 附 魯丕傳」)

316 自武帝立五經博士, 開弟子員, 設科射策, 勸以官祿, 訖於元始, 百有餘年, 傳業者寖盛, 支葉蕃滋, 一經說至百萬言, 大師衆至千餘人, 蓋祿利之路然也.(『한서』「유림전」)

317 發明章句, 始於子夏. 其後諸家分析, 各有異說. (…) 今不依章句, 妄生穿鑿, 以遵師爲非義, 意說爲得理, 輕侮道術, 寖以成俗.(『후한서』「徐防傳」)

318 宣帝博徵群儒, 論定『五經』於石渠閣. 方今天下少事, 學者得成其業, 而章句之徒, 破壞大體. 宜如石渠故事, 永爲後世則.(『후한서』「楊終傳」)

319 환담桓譚의『신론新論』「정경正經」참조. —저자주

320 分文析字, 煩言碎辭, 學者罷老且不能究其一藝.(『한서』「楚元王傳」)

321 朱普學章句四十萬言, 浮詞繁長, 多過其實. 及榮入授顯宗, 減爲二十三萬言. (…) 刪省定成十二萬言. 由是有桓君大小太常章句.(『후한서』「桓榮傳」)

322 以樊儵刪定嚴氏春秋猶多繁詞, 乃減定爲二十萬言, 更名'張氏學'.(『후한서』「張霸傳」)

323 好博覽而不守章句.(『후한서』「왕충전」)

324 所學無常師, 不爲章句, 擧大義而已.(『후한서』「班彪傳 附 班固傳」)

325 遍習五經, 皆訓詁大義, 不爲章句.(『후한서』「桓譚傳」)

326 少能辯理而不爲章句學, 聲名甚盛.(『후한서』「韓融傳」)

327 博學而不好章句, 多爲俗儒所非.(『후한서』「荀淑傳」)

328 無異乎女史誦詩, 內豎傳令也, 故使學者勞思慮而不知道, 費日月而無成功.

329 勝少孤, 好學, 從始昌受『尙書』及『洪範五行傳』, 說災異. 後事蕳卿, 又從歐陽氏問. 爲學精熟, 所問非一師也.(『한서』「하후승전」)

330 伏見太學試博士弟子, 皆以意說, 不修家法, 私相容隱, 開生奸路. 每有策試, 輒興爭訟, 論議紛錯, 互相是非.(『후한서』「서방전」)

331 爰及賈馬服鄭, 始有菲薄前人之思, 擧兩漢博士所傳者排斥無遺, 爭勝前人, 別求新解.(『兩漢三國學案序』)

332 問經數篇, 式謝曰: '聞之於師具是矣, 自潤色之.' 不肯復授.(『한서』「유림전」)

333 少習顏氏春秋, 兼通數家法. (…) 輒爲張數家之說, 令擇從所安. 諸儒皆伏其多通, 著錄千餘人.(『후한서』「유림열전」)

334 한대 경학의 시대에 황제에 의해 경학의 기본 서적이 정해진 뒤 선정되지 못해 쇠미해진 경학 일파를 일컫는 말. 유흠의 「이서양태상박사移書讓太常博士」와 『후한서』「장제기」에 보인다. —옮긴이

335 今天下爲一, 萬里同風, 故春秋'王者無外'. 偃巡封域之中, 稱以出疆何也?(『한서』「終軍傳」)

336 各以家法敎授.(『후한서』「유림열전」)

337 正其本, 萬事理. (…) 天下之事所以異者, 以不一本也.(『후한서』「范升傳」)

338 한대의 관료 충원 방식 가운데 하나로, 각 지방에서 뽑아 올린다는 의미. 후한 시절엔 특히 덕성이 뛰어난 자를 관료로 쓰는 효렴孝廉의 선거가 있었다. —옮긴이

339 經學精習, 說有師道, 可觀覽.(『한서』「匡衡傳」)

340 經學精習, 有師法, 可試事.(『한서』「張禹傳」)

341 諸生試家法.(『후한서』「左雄傳」)

342 論於上前.(『한서』「유림전」)

343 唯聖主所由, 制定其當, 非群臣之所能列.(『한서』「兒寬傳」)

344 陛下撥亂反正, 文武竝用, 深愍經藝謬雜, 眞僞錯亂, 每臨朝日, 輒延群臣講論聖道.(『후한서』「陳元傳」)

345 使博士諸生刺六經中作王制.(『사기』「封禪書」)

346 撰尙書, 論語說.(『한서』「하후승전」)

347 定『春秋』章句, 去其復重, 以授皇太子. 又使宗室諸侯從興受章句.(『후한서』「鍾興傳」)

348 往者博士『書』有歐陽, 『春秋』公羊, 『易』則施, 孟, 然孝宣皇帝猶復廣立『穀梁春秋』, 梁丘『易』, 大, 小夏侯『尙書』. 義雖相反, 猶幷置之, 何則? 與其過而廢之也, 寧過而立之.(『한서』「楚元王傳」)

349 學不厭博. 이는 후한 장제章帝가 선제宣帝를 평가한 말이다. ―저자주

350 所以罔(網)羅遺失, 兼而存之, 是在其中矣.(『한서』「유림전」)

351 扶進微學, 尊廣道藝.(『후한서』「장제기」)

352 陛下愍學微缺, 勞心經藝, 情存博聞, 故異端競進.(『후한서』「범승전」)

353 扶微學, 廣異義.(『후한서』「장제기」)

354 하늘과 땅에 관련된 일, 즉 풍수를 말한다. ―옮긴이

제5장

군권君權 합법성 이론과
군권 조절론

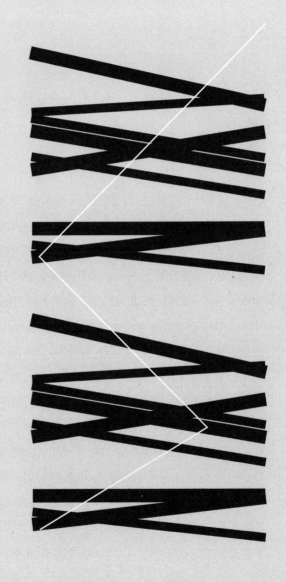

한漢대 정치사상의 기본 특징 가운데 하나는 정치 이론의 실제 정치적 가치와 효력에 관심을 기울였다는 것이다. 다시 말해 한 제국에 유리하기만 하면 어떤 학설이든 통치자의 주목을 받았는데, 이론이 정치를 위해 봉사했으며 사상가들은 제왕을 위한 난제를 해결하려 한 것이 문제의 핵심이다. 한대 제왕은 중요한 한 가지 문제에 직면했는데, 이론적으로 군권의 지상성과 신성성을 강화해야 했을 뿐만 아니라 실행 가능한 정치 조절 능력을 군권에 부여해야 하는 일이었다. 그리하여 한대 정치사상 영역에서는 두 가지 이론 사조가 함께 짜이는 현상이 나타났다. 한편으로 사상가와 정치가들은 천天, 성聖, 도道 등 정신적 권위를 이용하여 군권의 합법성을 위해 논증했다. 천, 성, 도 등 여러 신성한 명예를 왕관 위에 덧씌웠으며 군권을 인식론적으로 다양한 권위의 집합체로 만들어 전체 사회의 군권에 대한 긍정적 인식을 높이려 했다. 다른 한편으로 사람들은 또한 천, 성, 도의 권위를 이용해 군권을 제약하려 들었는데, 일반 정치 원칙과 이론상의 허구적 권위를 운용해 군주가 정치적으로 정상적인 행위를 하도록 보장하고자 했다. 이 이론 현상의 표층을 보면 천, 성, 도, 왕이 통일되기도 하고 서로 어긋나기도 했으나, 심층 의미에서 보면 정반 두 방면에서 군주 정치의 여러 가지 가능성을 논증해주었으며, 군권의 절대성을 강화하고 한 왕실 천하의 영원한 치안을 유지하기 위한 심후하고도 굳건한 이론 기초를 만들어주었다.

제1절

군권 합법성과 천天, 성聖, 도道, 왕王의 상통相通 및 상보相輔

한대 정치사상의 발전에는 사람들의 시선을 끄는 이론 경향이 하나 있는
데, 바로 천, 성, 도, 왕의 상호 소통相通과 상호 보완相輔이 그렇다. 이와 같
은 인식론상의 일체화 현상은 군주 정치권력의 합법성, 지상성, 신성성을
논리적으로 해석해주었고, 실제 정치 생활에서 한 제국에 대한 전체 사
회의 긍정적 인식을 강화시켜주었다. 이는 권위 숭배를 핵심으로 하는 공
통된 인식 과정으로 한대 사회의 정치적 구심력을 높여주었을 뿐만 아니
라 후세의 군주 정치를 위한 사회심리적 기초를 제공해주었다.

　일반적으로 어떠한 정치 체계나 정치 실체 모두 인식론적으로 최고 권
력의 합법성 문제를 해결하려 든다. 이는 그 정치 체계가 유효한 정치적
관리와 통치를 행하는 데 인식론적 전제를 보장하고 있어야 한다는 말
이다. 이는 비합법적 권력이 어떠한 효과적인 통치도 실현시킬 수 없다는
말이 아니라 정치적 강제력이나 기타 수단에만 의존하여 통치를 행하고
필요한 권력합법성 논증을 결핍하고 있는 권력은 통치를 지속시키거나
안정시키기가 매우 어렵다는 말이다. 현대 사회의 법리형 합법 권력과 다
른 점은 중국 고대 군주 정치의 권력합법성이 전형적인 전통형에 속한다

는 것이다. 다시 말해 국가 최고 권력은 선왕의 전통에서 나오며 권력의 합법성은 혈연 및 기타 선천적 조건에 의거하여 실체를 드러낸다는 것이다. 한 왕실 천하의 권력 획득은 왕조를 바꾸는 상전벽해의 변화를 겪었기 때문에 선왕만으로는 권력의 합법성을 확인받기 부족했다. 권력합법성이 일단 어떤 의심을 받게 되면 군주의 지고무상의 권위와 군권의 신성성은 큰 충격을 받게 된다. 이 때문에 한대 사상가와 정치가들은 선진 이래의 천, 성, 도, 왕 일체화 관념을 계승하고, 군권의 합법성을 한 단계 더 확대시킨 바탕 위에서 군권의 지상성과 군권의 신성성을 위한 풍부한 이론적 근거를 마련하고자 했다.

천天·군君 일체

천 관념은 유래가 깊다. 처음에는 사람들에게 지상신으로 존중받았다. 주공周公이 앞장서서 의식적으로 천과 주 천자의 권력을 하나로 연결시킴으로써 작은 나라 주가 강대한 은상殷商 왕조를 대신하게 되었음을 논증했다. 춘추 전국 시대에 들어선 뒤 정치 인식의 다원화 추세에 따라 사람들의 천에 대한 인식은 어느 정도 신비주의적 속박을 깨뜨리게 되었다. 천이 자연 규율과 자연계를 지칭하는 것으로 자주 인용되었다. 이 시기 사람들의 천·군 일체에 대한 인식은 각양각색이었다. 혹자는 천을 자연으로 보았다. 예컨대 공자는 "하늘이 무슨 말을 하더냐. 사시가 때맞추어 돌고 만물이 그에 따라 생겨날 뿐이거늘"[1]이라고 말했다. 자연의 천이 사시의 유전, 만물의 생장을 주재하여 군주는 자연을 본받아야 하니, "오직 하늘만이 크시며 오직 요堯임금만이 그것을 본받으셨으니"[2] 군주의 권위는 천에 근원을 둔다. 천이 자연 규율이라고 주장한 사람은 또 있다. 『관자管子』「형세해形勢解」편은 말한다. "하늘은 만물을 뒤덮고 있으며, 추위와 더위를 만들고, 해와 달을 운행시키며, 별자리 순서를 짓는데 이것이 천의 상常이다." 이에 상응하게 "군주는 만민을 기르고, 천하를 다스리면, 백관을 위치를 정해주는데 이것이 군주의 상常이다"3라고도 한다. 상常은 규율이다. 자연 규율의 운행과 마찬가지로 군주가 천하에 군림하는 것이 정리에 합치하는 일이다. 당시 사람들이 볼 때 천은 그것이 무엇을 표현하고 있든지 간에 인간이 미치지 못하는 강대한 권위였다. "위대하도다! 건원乾元이여, 만물이 그로부터 시작되나니 이에 천을 통솔하도다."4 이 초강력 권위를 이용하여 군주에 견준 것이야말로 군권합법성을 설명하는 가장 좋은 방법 가운데 하나임에 틀림없다.

그러나 선진 시대의 이른바 천에 관한 자연화 경향이 천명의 신비적 관념을 완전히 해소했음을 의미하지는 않는다. 오히려 반대로 맹자는 천명의 신비성과 지상성을 견지하고 있다. "어찌 하려 해도 할 수 없는 것이 천이며, 이르려 해도 다다를 수 없는 것이 명이다." 군주의 권력은 주로 천으로부터 부여받았다. "천이 현명한 사람에게 주고자 하면 현명한 사람에게 주어지고, 천이 아들에게 주고자 하면 아들에게 주어진다."5 한대 유학은 동중서董仲舒가 대표하는데 그는 맹자의 신비적 천명관을 계승 발전시켰다. 그는 인위적인 신 창조 운동을 거쳐 천과 군주를 하나로 긴밀히 연결시켰다.

진한 이후 정치적 일원화 요구는 사상 문화의 통일을 실현시켰으며, 천 문제에 있어서도 인식 통일을 필요로 했다. 동중서는 신비적 천명관이 갖는 정치적 효과를 깊이 알고 있었다. 전 사회가 천의 권위를 맹목적으로 숭배하도록 이끄는 것이 "물자를 축적하여 운용하는" 것보다 군주 정치에 더 유리하다고 판단하여 그는 전통적 천명관을 계승했다. 동중서는 또 춘추 전국 시대의 천도天道 자연화 경향이 전통 천명관의 영향력을 약화시켰다고 확신하여 전통 천명 이론에 대규모의 개조, 발전, 보완을 시도했다. 주로 두 가지 측면에서였다. 하나는 천과 천명의 신성성을 강화하는 것으로 천을 인격신으로 빚어냈다. 동중서는 천이 "모든 신의 대군

大君이다"[6]라고 말한다. 여러 신의 수령이자 주재자이며 지위가 가장 높다는 것이다. 천은 의지와 정감이 있어 '희로의 기氣' '애락의 심心'이 있다. 천은 또 도덕적 속성을 지니고 있다. "인仁은 하늘의 마음이다."[7] "천지는 만물의 본원이며 선조들이 나온 곳이다."[8] 동시에 인류의 모든 특성을 포용하고 있는 이상 인격의 구현이기도 하다. 선진 시대의 신비적 천명과 대조해볼 때 한대 사상가들은 천의 신성 가운데에다 인성人性을 주입시키고 있다. 인식론적 발전 과정에서 보면 인성의 주입은 춘추 전국 시대 사람들의 자아발견과 집단의식에 대한 각성이 천 관념 위에 투사된 것이라할 수 있다. 정치적 효과로 말하자면, 인성과 신성의 혼합은 천과 인 사이에 모종의 내재적 연계를 형성하게 만들어 천의 권위와 군주 권력의 연결을 더욱 밀접하고 이치에 맞게 만들어줄 수 있을 뿐만 아니라, 천의 신성성을 이 내재적 연계에 따라 군권에 주입시킴으로써 군권을 신성하게 바뀌도록 만들어줄 수 있다. 둘째로는 천·군의 일체화를 더욱 공고히 하여군권의 합법성을 위한 기본적인 이론 양식을 수립했다. 동중서는 "오직천자만이 하늘로부터 명을 받으며, 천하는 천자에게서 명을 받는다"[9], "명을 받은 군주는 천의를 부여받은 것이다"[10]라고 반복하여 강조한다. 그가제기한 '군권 천여天子'설은 인식 방법에 있어 서주 이래 "오직 덕 있는 자에게 천명이 부여된다"는 말을 계승한 것으로, "덕으로 천지를 취하는 자를 황천은 보우하여 아들로 삼아 천자라 불렀다"[11]고 공개적으로 선언했다. 천과 군주를 연결하는 중개자가 덕이다. 군주로 말하자면 나면서부터존귀하고 존귀하면서도 덕을 갖춘 특권의 소유자다. 따라서 "덕으로 천지를 취했다"는 말은 천·군 일체화에 모종의 필연성을 지니도록 해주었다.천과 군의 통일성을 강화하기 위하여 동중서는 특별히 군주와 천의 윤상倫常 관계를 돌출해냈다. 그는 말한다. "천자란 하늘의 아들을 부름이다.""천자는 부모로 하늘을 섬기고 자손으로 만민을 기른다."[12] 그는 사람 사이의 윤상과 통속統屬 관계를 천, 군 사이까지 확대시키고 있다. 천자라는 명칭은 천과 인류 사회의 관계 내에 설계된 군주의 특수한 위치를 말한다. 기왕 천과 군주가 부자 혈연관계라면 어떤 상황 아래서든 천은 당연히 군주의 편에 서서 군주의 권력을 위해 논증해줄 것이다. 이와 같은 논리 설정은 덕으로 천과 군주가 소통한다는 설정과 비교해볼 때 더욱 명쾌하고 간결하다. 덕으로 중개자를 삼음은 천과 군주의 통일에 모종의 인위 혹은 후천적 노력이 포함되어 있음을 나타내며, 천과 군주의 부자 혈연화는 천, 군 일체의 절대적 선천적 합리를 증명해준다.

동중서의 천·군 일체화 사상은 상당한 대표성을 지녀 한대로부터 후세에 이르기까지 사실상 보편적 인식으로 자리 잡았다. 정치비평으로 청사에 이름을 남긴 공우貢禹와 포선鮑宣은 한대 정치를 비판하면서 조금도 사정을 봐주지 않았으나 유독 천·군 관계를 논급할 때면 꼭 동중서식 인식을 반복하고 있다. 공우는 "왕은 하늘로부터 명을 받으니 인민의 부모가 된다"[13]고 말하고, 포선은 "천하는 황천의 천하다. 폐하는 위로 황천 자이고 아래로 검은머리 백성의 부모이니 하늘을 위해 백성을 길러야 한다"[14]고 말했다. 한대 사상가들은 권력의 천부와 친족혈연관계라는 두 방면에서 군주와 천의 필연적 연계성을 논증했으며, 군권합법성을 위한 유력한 논거를 마련했다. 바로 이러한 인식론적 기초 위에서 군주의 권위가 한 단계 더 강화될 수 있었으니 마치 동중서의 다음 말과 맞아떨어진다. "군주가 위대한 것은 천지에 참여하기 때문이다."[15]

성聖·왕王 상통

성인에 관한 논의는 선진 시대에 기원한다. 춘추 전국 시기 성인의 내용은 상당히 복잡했으나 간략히 귀납해보면 대체로 두 가지 유형으로 나눌 수 있다. 한 가지는 도덕형의 성인이다. 이 유형 성인의 본질적 특징은 도덕 품행이 지극히 고상하다. 예컨대 묵자墨子는 능히 정욕을 버리고 스스로 깨쳐 인의를 준수하는 자가 "반드시 성인이 된다"[16]고 생각했다. 한비韓非는 공손히 예의에 맞는 행동을 견지할 수 있는 비범한 사람이 성인이라고 생각했다. 그는 말한다. "신명에게 최고의 예를 갖추어도 뭇사람은 의심을 할 것이다. (…) 뭇사람이 의심을 하더라도 성인은 다시 공경하고 수족의 예를 다하는 상태로 되돌아가는 노력을 쇠잔시키지 않는다."[17] 유가는 이 성인을 이상적 윤리 도덕의 궁극적 구현으로 본다. "성인은 인륜을 다하는 자다."[18] "성인은 인륜의 극치다."[19] 유가에서 보기에 요, 순, 우禹, 탕湯 등과 같은 역사상 품행이 고상했던 제왕은 모두 도덕형 성인의 반열로 받아들일 수 있었다. 하지만 이런 유형의 성인이 모두 군주인 것은 아니며 저명한 현신賢臣이나 학자 등도 포함되었다. 맹자는 이윤伊尹, 백이伯夷, 유하혜柳下惠, 공자를 성인으로 열거한다. 또 한 가지는 지혜형 성인이다. 이 유형의 성인은 두 가지 뚜렷한 특징을 지니고 있다. 하나는 초월적인 총명한 재지를 갖추어 털끝만 한 것까지도 밝게 헤아리고 높은 안목으로 멀리 보며 선지선각하여 "큰 도를 두루 통하여 알고, 변화에 무궁무진하게 대응하며, 만물의 성정을 모두 분변할 줄 아는 사람이다."[20] 그들은 "숨어 있는 작은 것까지 알고知微" "조짐을 이해할知幾"[21] 뿐만 아니라 능히 "위로 1000년을 알고 아래로 1000년을 안다"[22] 사실상 위대한 지혜의 화신을 말한다. 두 번째 특징은 그들이 일찍이 인류 사회 문명의 진보를 위해 커다란 이바지를 했다는 것이다. 『역전易傳』은 말한다. "상고 시절엔 구멍을 파서 살고 들판에서 거처했으나 후세에 성인이 이를 바꾸어 집을 짓고 살도록 했다." "옛날에 장사 지낼 때는 두꺼운 옷을 입혀 장작 더미 위에 놓아 들판 가운데 장사를 지냈으나 (…) 후세에 성인이 이를 바꾸어 겉 널과 속 널을 쓰도록 했다."[23] 물질문명의 창조 외에 정신문명도 있다. "상고 시절엔 새끼줄을 묶어 계산했으나 후세에 성인이 이를 바꾸어 문자로 약속하게 했다."[24] 예의 규범 등등도 모두 "성인이 만들어낸 것이다"[25] 한마디로 말해 인류가 문명을 향해 매진하는 매 걸음마다 성인과 떨어질 수 없었다.

　도덕형 성인의 사회정치적 의미가 사람들에게 윤리 및 정치 행위에 있어서 학습할 모범과 행위 준칙을 수립해준 데 있다면, 지혜형 성인은 이치상 당연히 사회의 주재자가 되어야 한다. 왜냐하면 그들은 시비를 분명히 구분하며 정치적 흥망성쇠의 규율과 치국방책을 꿰뚫어 알고 있기 때문이다. 이른바 "시비의 실질을 환히 알며"[26], "치란의 도에 밝다"[27] 지혜형 성인은 정치 생활의 일거일동이 전반에 영향을 주는 작용을 하기 때문에 혹자는 그들을 존중해 군주가 천하를 다스리는 데 필요한 의지처로 삼는다. 『관자』「형세해形勢解」편은 주장한다. "현명한 군주는 성인과 더불어 도모하므로 술책을 얻고, 그와 더불어 거사하므로 일을 성공시킨다."[28] 따라서 "현명한 군주가 천하를 다스릴 때는 반드시 성인을 쓰니 그런 뒤 천하가 다스려진다."[29] 유가는 아예 성인이 천하를 다스리기를 요구하며 그들을 성왕으로 받든다. 순자는 말하길 천하는 "지극히 중요하고" "지극히 크고" "지극히 사람이 많으며" 성인은 "지극히 강하고" "지극히 변별을 잘하고" "지극히 현명하니" "이 세 지극한 것은 성인이 아니면 다할 수 없다. 그러므로 성인이 아니면 아무도 왕자가 될 수 없다"[30]고 한다. 순자의 인식이야말로 유가의 대표적 전형이다. 성인을 이상적인 왕으로 삼음은 물론 현실 군주에 대한 모종의 요구이며, 사상가들의 군주와 군주 정치에 대한 일종의 기대를 기탁하고 있는 것이다. 그러나 더욱 중요한 사실은 그것이 성인과 군주의 일체화를 이론적으로 완성하고 있음을 의미한다는 것이다. "성인이면 왕이 되고" "왕이면 성인이 된다"는 말은 논리적으로 통일체다. 그리하여 성인은 군권 합법성과 군권 신성성의 또 하나의 이론적 지주가 되었다.

한대 사상가들은 선배들의 성왕 사상을 계승하고, 한대 군주 정치의 필요에 따라서 성·왕 일체화에 대해 이론적 정형화를 진행했다. 그들의 눈에 성인의 기본 특질은 세 가지가 있었다.

첫째, 성인은 지혜의 화신이다. 동중서는 말한다. "천지신명의 마음이나 인간사 성패의 진실은 아무에게나 보이는 것이 아니다. 오직 성인만이 볼 수 있다. 성인은 사람들에게 보이지 않는 것을 본다."[31] "천명의 성공과 실패는 성인만이 알고 있다."[32] 『회남자淮南子』 「태족훈泰族訓」은 말한다. "성인을 소중하게 여기는 까닭은 그가 죄에 따라서 형벌을 살피기 때문에 소중하게 여기는 것이 아니라 난이 일어나는 까닭을 알고 있기에 소중하게 여기는 것이다."[33] 성인은 위로 신명에 통하고 아래로 인간사를 꿰뚫으며 치란 성패의 원인과 이유를 통찰하고 있다. 이런 특징들이 성인으로 하여금 우주와 인간 일체의 사물을 인식하는 최고 권위가 되도록 만든다. "이름을 정확히 알고 취하는 자가 성인이다. 성인이 명하는 바는 천하가 모두 옳다고 여긴다. 아침저녁을 바로 하려면 북극성을 보고, 의심스러운 것들을 바로잡으려면 성인을 본다."[34] 성인은 그 자체가 바로 인식의 표준이다. 인류문명사를 보면 인식이 정체된 곳에 미신과 맹종이 생겨나고, 인식의 표준을 장악함이 권위 형성의 시작이며, 인식을 독점하면 전제권력 형성의 전제가 된다는 것을 벌써 증명했다. 선진 시대 사람들이 그저 정치적 가치라는 각도에서 성인을 긍정하며 성인이 천하를 주재하는 중요성을 강조했을 뿐이라면, 한대 사상가들은 권위적 가치라는 각도에서 성인을 긍정하고 성인이 천하를 주재하는 필연성을 특별히 강조했다. 선진 시대에는 정치적 다원성과 인식의 다원성이 서로 보완을 이루어 사람들은 성인의 정치적 가치가 겸병전쟁의 필요에서 나왔음을 긍정했다. 한대의 정치일원화 요구는 사상 문화적 통일을 실현했고 성인의 권위적 가치는 당연히 한대 군주 정치의 필요와 더욱 맞아떨어졌다. 그리하여 권위적 가치는 더욱더 철저한 정치적 가치였다.

둘째, 성인은 천도를 꿰뚫고 있다. 성인과 천의 관계에 관한 선진 시기 가장 통상적인 이야기는 성인이 천의 형상과 천의 규율을 통달하고 있으며 천도를 본받아 인도를 설계할 수 있다는 것이었다. 이와 같은 인식은 한대에도 여전히 지속되었다. 『예기禮記』「교특생郊特牲」은 "하늘이 그 형상을 드리우면 성인은 그것을 본받는다"[35]고 한다. 동중서는 "하늘은 뭇 생물의 조상이다. (…) 따라서 성인은 하늘을 본받아 도를 세운다"[36]고 말한다. 한대 사상가들의 천에 대한 인식이 한 걸음 더 나아가 체계화함에 따라 성인이 천도를 꿰뚫고 있다는 말의 함의 또한 더욱 풍부해졌다. 그들은 천도 운행의 가장 좋은 상태를 중中과 화和라고 주장한다. "중이란 천하의 끝과 시작이며, 화란 천지가 생성되는 곳이다. 덕은 화보다 큰 것이 없고 도는 중보다 바른 것이 없다."[37] 성인은 천도의 중과 화를 장악할 수 있다. "중이란 천하에 가장 아름답고 달통한 이치로 성인이 지키는 바다."[38] 따라서 오직 성인만이 천도의 가장 좋은 상황을 인류 사회의 정치 생활 속에서 더욱 발전시킬 수 있다. "그래서 성인은 천기天氣를 품고, 천심을 끌어안으며, 중을 지키고 화를 머금으며 묘당에서 내려오지 않고도 사해를 순행한다."[39] "그러므로 중과 화로 천하를 다스릴 수 있는 사람은 그 덕이 크게 무성하다."[40] 전통적 의미에서 성인이 천도를 꿰뚫고 있다 함은 성인의 천도에 대한 간단한 모방, 이른바 "본받는 모양이 천지보다 크지 않다"고 주로 표현되었다. 그런데 한대 사상가들은 천도의 본질과 정신에 대한 성인의 깨침과 재현을 오히려 중시했다. 이렇게 한편으로 천을 꿰뚫는 것을 성인의 특권으로 인정함으로써 성인의 특수한 지위를 강화시켰으며, 다른 한편으로 천의 신성 또한 성인에 녹아들게 함으로써 그가 "천지와 덕을 합치하고, 일월과 밝음을 합치하고, 귀신과 신령을 합치하고, 사시와 믿음을 합치할"[41] 수 있도록 했다. 성인의 신성성은 발현될수록 신비해진다.

셋째, 성인은 법을 만들고 법으로 인민을 교화시킨다. 여기서의 법은 법도를 가리키며 예법, 형벌, 제도, 의례 절차의 통칭이다. 한대 사상가들은 법도를 국가 존망의 필요조건이지 결정적 조건은 아니라고 생각했다. 국가 존망을 결정하는 관건은 성인이었다. 성인은 법을 만들 수 있다. "성인이 법을 만들면 만백성은 그것으로 통제된다."[42] 그리고 성인은 법을 실시하여 법으로 인민을 교화할 수 있다. "하늘은 낳고 땅은 실어주며 성인은 가르친다."[43] "사람의 성정은 인의의 바탕이 있는데, 성인이 그를 위해 법도를 만들고 교도하지 않으면 사람들은 어디로 가야 할지 알지 못한다."[44] 그러므로 성인은 천하 치란의 본원이 된다. "탕湯이 있음으로써 은殷은 왕업을 이루었고, 주紂가 있음으로써 은은 멸망했다. 법도가 없어서가 아니다. 기강이 베풀어지지 않았고 풍속이 파괴되었기 때문이다. (…) 따라서 법이 비록 존재하더라도 반드시 성인이 있고 난 다음에야 다스려진다."[45] 사실 이런 성인이 바로 이상 속의 제왕이며, 최고 정치권력의 화신이다.

한대 성인의 형상은 지혜, 권위와 권력을 한 몸에 집적시키고 있으며 인성과 신성이 응집되어 있기도 하다. 이상적 정치 권위가 된 성인은 춘추 전국 시기 사람들의 집단의식의 정치인격화였다. 그것이 한대에 이르기까지 수백 년간 군주 정치를 숭상하는 모든 사람의 정치적 동경과 기대를 내포한 채 전체 사회의 권위 숭배와 인격 숭배의 최고 상징이 되었다. 실제 정치에서 군주도 성인을 존중해야 한다. 다만 군주든 서민이든 성인을 존중하면 한 가지 효과만을 만들어낼 수 있다. 그건 바로 군권에 대한 절대 긍정이다. 따라서 군주로 말하자면 성인 숭배는 곧 자신 숭배이고, 성인 긍정은 곧 군권 긍정이다. 성·왕 일체는 바로 '성왕' '성주'에 대한 찬송 속에서 실현될 수 있다. 한 무제武帝는 봉선封禪을 하고 싶었는데 여러 유생이 논쟁하며 결론을 내지 못했다. 아관兒寬이 말했다. "백관의 직무를 총괄하시고, 제각기 해당되는 마땅한 일을 할 수 있도록 의례를 만드셨습니다. 오직 성상께서 따르고자 하신 대로 적절히 제정하시면 그뿐 뭇 신하가 늘어놓을 수 있는 일이 아니옵니다. 지금 큰일을 거행하시려 함에 (…) 오직 천자만이 중화의 극치를 세우시어 계통을 두루 총괄할 수 있사옵니다."[46] 한 성제成帝 때 광형匡衡 또한 이런 이야기를 했다. "또한 성왕께서 스스로 움직이시면서 하늘을 받들어 친족을 받아들이고, 조정에 임하여 신하들을 누리시며, 만물에 의례를 만들어 법도에 맞도록 함으로써 인륜을 펼치셨다고 신은 들었사옵니다. (…) 따라서 그 형상은 인의가 되고 움직임은 법칙이 되옵니다."[47] 그들의 마음속에 왕王과 성聖은 아무 구별이 없다. 성·왕 일체는 군권합법성을 위한 현실적 근거를 수립했으며, 성화한 군권은 필경 지고무상의 권위성과 신성성을 보유하게 된다.

도道·왕王 동체

선진 이래 내포된 의미가 가장 복잡한 개념은 아마 '도'일 것이다. 선인들의 논의를 총괄하면 대체로 세 가지 견해로 나눌 수 있다. (1)도는 만물과 인류의 본원이다. (2)도는 사물의 운행 규율 혹은 사물의 근본 법칙이다. (3)도는 사상가들이 내세운 이상 정치의 총강령 혹은 총칙이다. 그러나 어떤 도이든 인류 사회를 두고 말한다면 초월적인 외재 권위일 수밖에 없으며 이해, 소통, 운용하는 데 모두 성인의 존재를 필요로 한다. 군주 권력의 합법성과 지상성은 바로 성인과 도의 소통 위에서 성립한다. 예컨대 선진 유가는 도를 이용해 그들의 정치 원칙을 개괄하며 '인도人道'라고도 부른다. 순자는 인도의 핵심이 예의라고 주장한다. "예란 인도의 극치다."[48] "사람에게 예가 없으면 살지 못하고, 일에 예가 없으면 성공하지 못하고, 국가에 예가 없으면 안녕하지 못한다."[49] 일반인도 예의를 닦을 수 있다고 말하지만 진정으로 도의 정수를 꿰뚫을 수 있는 사람은 성인뿐이다. 그는 말한다. "예 가운데서 그를 능히 사색할 수 있음을 능려能慮라 말하고, 예 가운데서 그를 능히 바꾸지 않을 수 있음을 능고能固라고 말한다. 능려하고 능고한 데다가 예를 좋아하는 사람이 성인이다."[50] 성인은 능히 도의 정수를 깨칠 수 있고 도와 서로 통하므로 도를 견지하고 지배하고 베풀어 쓸 수 있다. 그래서 순자는 또 "성인은 도의 관리자다"[51]라고 말한다. 그가 보기에 도는 성인이 관철시킴으로써 발전하며, 성인은 도를 꿰뚫고 있기 때문에 몸값이 갑절로 늘어난다. 기왕에 도는 이상적인 왕 즉 성인의 몸을 통해 충분히 구현되기 때문에 "성인은 도의 극치다."[52] 그렇다면 천하를 통치하는 최고 권력이 성인 즉 왕에 의해 장악됨이 이치로 보아 당연한 것 아니겠는가?

선진 제자 가운데 명확하게 '군·도 동체'를 주장하며 성인을 내던져버리고 군주와 도의 지위가 동등함을 직접 논술한 사람도 있다. 예컨대 한비는 "도는 여느 만물과 달리" "만물의 시작이며 시비의 실마리인데,"[53] "그로써 나라를 다스리는 術술에서 생겨나"[54] 두루 만물의 본원이자 정치의 총칙이며 시비의 표준을 아우르는 종합체라고 생각했다. 군주는 도에서 생겨나니 "도가 밖으로 드러난 것"[55]이며 그로써 도와 한 몸으로 연결된다. 실제 정치 생활에서 군권은 도를 밑받침으로 삼는다. 도의 권위는 유일무이하다. "도는 둘일 수 없으므로 일—이라고 말한다." 마찬가지로 "현명한 군주는 홀로 도의 모습을 소중히 여긴다."[56] 도가 "만물의 시작"이니 군주는 "그 시작을 지킴으로써 만물의 근원을 이해한다". 도는 "시비의 실마리"이니 군주는 "그 실마리를 연구해 성패의 단서를 안다."[57] 이로써 군주는 자신과 도의 특수한 관계에 입각하여 그 사이에 존재하는 합리성과 권위성을 위한 중심 지점을 건립하게 되었다.

한대 사상가들의 도에 관한 인식은 매우 방대하고 복잡하지만 그 주류는 선진 유가들 인식의 연속이었다. 그들은 도를 천하를 다스리는 일반적 정치 원칙으로 보았다. 가장 전형적인 대표적 논술은 동중서의 다음 개괄에 보인다. "도는 그로 말미암아 치세의 길로 가는 것을 말하며 인의예악은 그 도구다."[58] 한대 사상가들이 보기에 도의 본질은 정미精微하고

도 고원高遠하며 대단히 추상적이어서 쉽게 파악되지 않는 것이었다. 『회남자』 「인간훈人間訓」 편은 말한다. "앉아서 행하는 바를 알고, 행하면서 가는 곳을 알고, 일하면서 잡고 있는 것을 알고, 움직이면서 유래한 곳을 앎을 도라고 일컫는다."[59] 가의賈誼는 말한다. "도란 그로써 인간과 만물이 접하는 바이며, 그 근본은 허虛라고 일컫는다. (…) 허란 사물의 정미함을 말하며 소박하여 아무런 꾸밈도 없다."[60] 그는 또 황제黃帝의 입을 빌려 이렇게 이야기한다. "도는 골짜기 냇물과 같다. 솟아 나옴에 다함이 없으며 가는 길에 그침이 없다."[61] 가의는 도의 정신은 지극히 높아 하늘에 견줄 수 있으며, 도의 본질은 지극히 밝아 태양에 견줄 수 있다고 보았다. 분명하고도 쉽게 알 수 있듯이 성인을 제외하고 그 어떤 사람도 도를 꿰뚫거나 베풀어 쓸 능력도 자격도 없다. "도를 아는 사람을 명明이라 일컫고, 도를 행하는 사람을 현賢이라 일컫는데, 이 밝고 어진 사람을 성인이라 부른다."[62] 도의 구체적 내용을 보면 유가가 숭상하는 모든 정치, 도덕 규정을 포괄하고 있다. 그래서 '인도' 혹은 '왕도'라고도 부른다. 동중서는 말한다. "도는 왕도다. 왕이란 인도의 시작이다."[63] 『예기』 「상복소기喪服小記」에 말한다. "친친親親, 존존尊尊, 장장長長, 남녀 사이에 구별이 있음이야말로 인도 가운데 가장 큰 것이다."[64] 군주는 전체 사회의 주재자가 되어 인도의 확충과 왕도의 실천을 자신의 임무로 삼는다. 이 점에서 군주와 성인 및 도는 한 몸으로 연결되어 있다. 도는 성인이라는 고리를 통하여 군주의 권력과 서로 소통을 하며, 이는 군주 지상 권위의 근원이 된다.

한대 사상가들은 정치 '대일통'이라는 역사 조건하에서 도의 유일성과 영원성을 명백히 밝히는 것을 대단히 중시했다. 동중서는 말했다. "들은 바로는 천하에 두 개의 도가 있을 수 없다."[65] "하늘은 변하지 않으며, 도 또한 변하지 않는다."[66] 『회남자』 「범론훈」은 말한다. "성인이 말미암은 바를 도라 말하고, 행하는 바를 사事라고 말한다. 도는 금석과 같아 한번 형태가 잡히면 바꾸지 못한다. 사는 금슬琴瑟과 같아 현마다 곡조를 바꿀 수 있다."[67] 정치적 실천 과정에서 도의 권위와 군주의 권위는 혼연일체가 된다. 인식이나 관념적인 부분에서 통치자가 시종 도를 정치 운용과 치국 치민을 지도하는 일반 원칙으로 받들고 있을 뿐이다. 도의 절대적 권위를 인정하면 군권의 유일성과 영원성은 도의 보호에 의지하여 동요되지 않을 수 있다.

천, 성, 도, 왕을 일체화시킨 인식은 한대 정치사상 영역에서 지극히 중요한 위치를 차지한다. 이는 한대 및 후세 군주 정치의 발전에 지대한 영향을 미쳤다. 한대는 중국 고대 중앙 집권 군주 전제 정치가 정형화한 시기다. 이 역사 과정과 어울리면서 사상가들은 왕, 성, 도 등 초강력 권위를 군주에 집중시켰으며, 정치적으로 군주 집권과 전제를 촉진하기 위한 이론적 받침대를 만들어냈다. 한대 사상가들의 재천명, 확인, 발전을 거치면서 군권의 합법성에 대한 인식은 혈연관계라는 단순 항목으로 유지하던 국면을 벗어나 천, 성, 도 삼위일체라는 다수 항목으로 유지하는 국면을 만들게 되었다. 이로부터 군권합법성에 대한 이론적 바탕은 대단히 두터워지고 도저히 깨뜨릴 수 없게 바뀌었다. 이는 인식론적으로 군권의 지상성과 신성성의 보험계수를 극도로 높여주었을 뿐만 아니라 국가 즉 군권에 대한 전체 사회의 동일시 감각을 최대한도로 강화시켜주었다. 천, 성, 도, 왕이 상통 상보하는 사상 문화의 분위기 속에서 사람들은 하늘에 대한 공경이든 성인에 대한 숭배이든 아니면 도에 대한 존중이든 마지막으론 모두 군권 즉 봉건 왕조에 대한 동일시와 숭배를 이끌어냈다. 군권은 다양한 권위의 인식집합체가 되어 인식 영역과 실제 정치 생활에서 영원한 주재적 지위를 차지했다.

군 주 의 칭 호 와
제 왕 권 위 의 독 점 성

중국 고대 군주 전제 제도의 연원은 아주 오래되었으며, 이로부터 차츰 그에 상응하는 일련의 정치 신분 칭호 체계가 형성되었다. 칭호 혹은 인간관계 호칭은 개체와 사회를 하나로 연결하는 문화 부호다. 그리고 정치적 인간관계 호칭은 역할, 지위, 가치와 이익의 그물망이며, 특정한 정치 체계 및 그에 상응하는 문화 체계의 개괄이다. 일종의 정치문화 전달의 매개체가 된 정치적 인간관계 호칭은 가장 간결한 사회화 방식으로 사회 구성원의 자아의식과 관련하여 사람들로 하여금 기성 사회정치 규범을 습득하고 받아들이도록 함으로써 복잡다단한 인간관계의 움직임 속에서 자신의 역할과 위치를 찾도록 해준다. 정치적 인간관계 호칭은 사람들의 정치 심리와 행위를 빚어내고 규범화하는가 하면 사람들의 관념과 의식을 통하여 기성 정치 제도와 정치문화를 대대로 이어가도록 만든다. 선진先秦 이래 정치사상의 발전으로 볼 때 '기器와 명名'은 사람들이 특별히 중시했다. 유가는 예법 제도를 정하고 명분을 바로잡는 것이 최대의 정치라고 주장하는데, 그 가운데 군주의 칭호와 관련된 항목이 특히 많으며 글귀도 가장 존귀하다. 『이아爾雅』 중에만도 여덟 가지를 열거하고 있는데

"천天, 제帝, 황皇, 왕王, 후后, 벽辟, 공公, 후侯, 군君이다". 장기간의 확산과 변화를 거치면서 군주의 칭호는 수십에서 백 가지에 이를 정도로 많아졌다. 진한秦漢 시기 황제 제도가 수립되고 완비되어감에 따라 군주의 칭호 또한 점차 제도화되었으며 한 걸음 더 나아가 사회의식화했다. 이 칭호는 보통 신민들의 마음속에선 이치상 당연한 사실이자 규범이었으며, 사상가들이 보기엔 말 안 해도 깨달을 수 있는 정치 개념이자 논리 정립의 전제였고, 경전 및 비교적 높은 차원의 이론 논저에서는 보통의 경우 주석과 설명을 조금 더할 뿐 논리적 추리에 따른 논증은 매우 적었다. 이들 칭호와 거기에 기본적으로 내포된 함의는 고대인들에게 더 상세한 논증을 할 필요가 없는 정리定理 내지는 공리公理로 비춰졌던 것이다.

수많은 명목의 군주 칭호는 대체로 종법宗法 칭호, 권세權勢 칭호, 신화神化 칭호, 성화聖化 칭호 네 부류로 나눌 수 있다. 이들 칭호의 절대다수는 선진에서 생겨나 진한에서 정형화했다. 역사 과정에서 보면 이 네 부류 칭호는 순차적으로 생겨났다. 최초의 군주 칭호 가운데 종법, 권세, 신화, 성화 네 요소가 동시에 포함되어 있기는 하지만 관련 글귀가 왕관 위에 정식으로 덧씌워진 것은 또 하나의 역사변천 과정이다.

군부君父:
전 사회의
종법 대가장

중국 고대 정치 제도는 종법 제도에 기원한다. 종법 제도는 군주 제도의 모체이며 원형이다. 따라서 문헌 가운데 군권의 종법적 속성을 표명하는 칭호가 가장 일찍 출현했다. 이 부류의 군주 칭호로는 주로 '후后' '군부君父' '종宗' '종주宗主' 등이 있다.

화하족華夏族 계열 '천하 공통 주인'의 첫 번째 정식 존칭은 '후'였다. 듣건대 하夏의 계啓가 최고 권위를 탈취하고 얼마 안 되어 정식으로 '후'라 불렸다고 한다. 고대 문헌에 하 계는 '하후 계' '하후 백伯 계' '하후 제帝 계'라고도 불렸으며, 하 왕실은 '하후씨夏后氏'라 불렸다. 상, 주商周 시기 '후' 또한 군주 칭호 가운데 하나였다. 『상서尙書』는 천자를 '원후元后'라 부른다. 복사卜辭에는 "후왕后王이 외뿔소를 쐈았다"는 등의 기록이 있다. 수많은 고대 군주는 후예后羿처럼 '후'로 불렸다. 당시 제후들 또한 '군후羣后'로 불렸다. 진·한 이후 '후'는 여전히 최고 통치자의 칭호 가운데 하나로 문헌에 광범하게 사용되었다. 그러나 이때의 '후'는 주로 "어머니로서 천하의 모범"인 군주의 배우자 칭호로 쓰였는데 사실 이것이 '후'의 본의에 훨씬 더 가깝다. 군왕을 후라 부르든 후비后妃를 후라 부르든 문화적 함의로 볼 때 모두 제왕, 후비의 종법가장으로서 속성을 나타내기 위해서였다.

'후'가 지존의 호칭이 된 데는 문화적 연원과 현실적 뒷받침이 있었다. '후' 즉 '육毓'은 갑골문에서 부녀자가 생육하는 형상으로 처음 의미는 '낳아서 기르는 것'이었다. 상고 시대엔 자녀를 생육하는 모친이 인류 최초의 사회적 권위를 획득했다. 선민들의 여성 가장에 대한 신뢰, 존경, 신성화가 '후'로 하여금 사회 최고 권위의 상징이 되도록 만들었다. 가家가 국國으로 전환되는 역사적 시기에 '후' 부류는 생식, 조상, 가장 숭배의 종법 칭호에 침투했는데 먼저 왕관 위에 덧씌워지게 되었다. 이는 종법 사회 구조와 그 관념이 정치화하는 데 따른 필연적 결과였다.

고대 군주는 최초엔 바로 종족 대가장의 명분으로 정치권력을 행사했다. 하, 상, 주 삼대엔 크고 작은 군주 모두 '군부'로 자임했다. 『춘추春秋』 『국어國語』에서도 '군부'는 사용 빈도가 가장 높은 군주 칭호였다. 방邦과 가 및 정장政長과 족장이 합일하고 친속 관계가 바로 정치 관계였던 것이 당시 사회정치 구조의 기본 특징이었다. 조종의 계승자와 종족 대가장이 왕권과 선천적인 내재 일치성을 지니고 있었기 때문에 군주는 '종宗' '종주宗主'라고도 불렸다. 당시에 종법 관념은 사회 구성원들이 보편적으로 받아들이고 있던 사회정치적 관념이었다. 종법 칭호는 실제 정치에서 다룰 가능성을 갖추고 있었을 뿐만 아니라 현실 차원에서 왕권의 유일성과 절대성을 직접 긍정하고 있었다. 조종 숭배, 혈연친정, 종법도덕 및 여기서 파생된 심리적 종속감은 전제 왕권 최초의 조종 도구이자 신민 문화의 출발점이 되었다.

종법적 정치 호칭은 종법 제도를 모본이자 근간으로 삼아 정치 제도를 복제했으니 반드시 종족 관계 준칙 및 종법 관념을 정치 관계 준칙 및 정치 관념으로 이식해올 수밖에 없었다. 종법 가치관의 핵심은 가부장 숭배다. 이를 그대로 베낀 군권 관념은 필경 군권 지상을 가장 중요한 가치 척도로 받들 수밖에 없다. 이것은 관념상 다음 몇 가지 기본 정치 원칙을 확립했다. 첫째, 군주 절대 권위의 원칙이다. 종법 가장의 권위는 개인 독단과 절대복종을 특징으로 하며 등급 특권으로 이와 같은 권위의 실현을 보증한다. 종주의 족인들에 대한, 대종의 소종에 대한, 가부장의 가정 기타 구성원에 대한 특권이 정치 관계 준칙으로 전환된 것이 군주독재와 전제다. 둘째, 군주는 일체의 원칙을 영유한다. 종법 가장은 가정 내 모든 자산의 점유자이자 지배자이며, 처첩, 자녀, 노복 또한 그 사유 재산과 뗄수 없는 구성 부분이다. 이와 같은 법칙이 정치 준칙으로 전환된 것이 바로 한 자의 땅, 한 명의 인민이라도 왕의 소유가 아님이 없으며 왕권이 일체를 지배한다는 말이다. 상, 주의 왕들은 모두 자기 나라를 '아방我邦' '아가我家' '왕가王家'라 불렀으니, 이른바 "두루 하늘 아래 어디든 왕의 땅이 아닌 곳이 없고, 무릇 땅의 어느 구석이든 왕의 신하 아닌 것이 없다".68 방은 1가 1성姓의 사유였다. 셋째, 군권 혈통 계승의 원칙이다. 종법 관념에 따르면 아버지가 만들고 아들이 계승함이 절대적 진리다. 이것이 정치 준칙으로 바뀐 것이 바로 왕위세습이다. 넷째, 신민 절대 의무의 원칙이다. "부자가 있고 난 뒤 군신이 있는데,"69 군은 민의 부모이므로 군, 신은 아버지, 아들과 마찬가지로 절대적 예속 관계다. 그리하여 가정윤리와 정치윤리가 합일하고, 충과 효는 도덕 준칙의 일반적 개괄이 된다. "공경으로 군주를 섬김"과 "효로 아버지를 섬김" "군주의 명은 둘일 수 없음"과 "명을 거역하면 불효"라는 개념들이 상부상조하여 사회적으로 공인된 행위 준칙이 되었다.

'군부'와 '자민子民'은 전통 정치 인식에서 중요한 고정 관념의 한 표준 양식이다. 춘추 전국 이후 정치 체제엔 매우 큰 변화가 생겼지만 '군부' 관념은 오랜 세월이 흘러도 약해지지 않았다. 한 이후 유가 사상은 오랜 기간 통치 지위에 있었다. 이에 '군부' '자민' 관념은 정치 이론의 기초 가운데 하나가 되었으며, 각종 사회화 방식을 통해 보편적으로 인정받는 사회 정치 의식이 되도록 했다. '군부'가 내포한 제왕 관념을 개략적으로 말하면 곧 '가천하家天下'와 '왕도 삼강三綱'이다.

'가천하'란 곧 "왕자는 밖이 있을 수 없으며" "왕자는 천하를 집으로 삼는"70 것을 말한다. 관념상 '국·군 일체' '충·효 일체'이며, 제왕은 백관과 신민의 부모다. 군주 지위는 엄격히 혈통 계승 원칙에 입각해 세습한다. 황제 제도는 "존귀하기로 천의 아들이며, 부귀하기로 사해를 소유함"71을 정치 현실이 되도록 만들었다. '공公천하'와 '사私천하'는 황제를 중개자 삼아 둘이 합해 하나가 된다. '관가官家' '대가大家' '현관縣官' '사직社稷' 등 제왕 칭호는 바로 '국·군 일체' '천하일가' 정치 관념의 산물이다. 당唐 사마정司馬貞의 『사기색은史記索隱』은 「하관夏官」의 "왕기王畿의 내현內縣이 곧 국의 수도다. 왕자는 천하를 관장하므로 현관이라고 말한다"72를 인용하고 있다. 채옹蔡邕의 『독단獨斷』은 이렇게 이야기한다. "가까운 시종관을 부름에 대가라 말하고, 백관 및 작은 관리들을 부름에 천가天家라고 말한다." "천자는 밖이 있을 수 없어 천하를 집으로 삼으므로 천가라 부른다."73 황제는 전국 토지의 가장 높은 영유자이므로 자연히 '사직'이란 말을 사용하여 대칭할 수 있다. 사유 관념에 의거하면 일체를 점유한다는 것은 일체를 지배한다는 근거이고, 일체를 지배한다는 것은 일체를 점유함을 실천한 것이다. 황제 제도 및 '천하일가' 관념은 권리와 권력을 고도로 통일시키고 있다. 이렇게 왕권은 명실상부한 절대 권력을 말한다.

'가천하' 관념이 구동하면서 역대 제왕들은 "천하를 막대한 산업으로 보고"74 천하 인민을 군주 주머니 속의 사유물로 여기게 되었다. 진의 이사李斯는 공공연하게 군주는 "천하를 소유하면서도 포악방자해선 안 되니, 그것을 명명하여 천하를 족쇄로 삼는다고 한다"75고 외쳤다. 진2세는 천하의 세금을 거둬들여 갖은 사치와 욕망을 다 채운 전형적 폭군이었고, 한 문제文帝는 온 힘을 다해 나라를 다스리고 삼가 절검을 행하여 능히 명군의 모범이라 할 수 있다. 그러나 폭군이 제멋대로 물 쓰듯 하든지 아니면 명군이 고심으로 경영을 하든지 황제의 정치 행위를 구동하는 정신적 역량은 하나, 즉 천하는 나의 사재라는 것뿐이다. 황위를 만 대에 전하고 이 가산을 세습시키는 것이 제왕들이 공유한 심리 상태였다. 진시황은 선포했다. "짐이 시황제가 된다. 후세는 숫자로 계산하여 2세 3세에서 만세까지 무궁하게 전할지어다."[76] 그와 같은 심리 상태의 생동감 넘치는 묘사라 하겠다. 뭇 신하가 정사를 의논하고 군왕에게 간쟁할 때는 항상 이 가산을 어떻게 보유할 것인가를 근거로 들었으니, 이 일이야말로 제왕의 심사를 가장 잘 끌어들일 수 있기 때문이었다.

'왕도 삼강'이란 곧 "군주는 신하의 기둥이고, 아버지는 자식의 기둥이며, 남편은 아내의 기둥이다"[77]를 뜻한다. 동중서는 유가 사상을 핵심으로 삼고 선진의 각종 존군 사상을 종합하여 가장 기본적인 사회정치 관계 및 그에 상응하는 도덕규범을 명확히 삼강으로 개괄했다. 그가 보기에 "왕도에서의 삼강은 하늘로부터 구해진 것이었다."[78] 양웅揚雄은 말한다. "현玄이라 하는 것은 천도天道이고 지도地道이고 인도人道인데, 이 세 도를 겸하여 하늘이 명명하기를 군신, 부자, 부부의 도라 했다."[79] 그는 삼강을 현도玄道의 가장 핵심적 내용으로 삼았다. 『백호통의白虎通義』도 삼강에 대해 논리적 논증을 하고 있다. 『효경孝經』은 충효일체, 효의 충으로의 이동, 그리고 효를 정치 개념의 기본적 함의로 삼아 간단명료하고 쉽게 알 수 있도록 설명함으로써 차츰 가장 잘 통용되고 가장 잘 보급된 경전이 되었다. 삼강에 따르면 자식된 자와 신하된 자는 오직 충성하고 오직 효도해야 한다. "신하가 군주를 섬김은 자식이 아버지를 섬김과 같다. 신하, 자식이 은혜를 온전히 갚고자 하면 존군 한가지로 통합된다."[80] 일반적으로 보면 삼강 가운데 군강이 가장 크다. 인류 사회는 무수한 주종 관계로 사회 연결망을 구성하는데, 군주야말로 그 연결망 가운데 망 중의 망이다. 그는 전 사회의 대가장으로 종법 권위를 장악할 뿐만 아니라 아버지는 갖지 못하는 정치적 권위까지 영유한다.

　종법 윤리에 기초한 군부와 신자 규범, 즉 군신대의는 중국 고대에 분량이 가장 무거운 정신적 족쇄였다. 군주 전제는 종법이 정치로 전이된 데 따른 필연의 결과였다.

왕王, 벽辟:

무상 권위의
화신

군주는 결국 정치 배우다. 정치적 지위, 권세, 실력을 빌려 대외 정복, 대내 압제를 하고 강권 정치를 추진하는 것이 왕권의 본질적 특징이다. 따라서 군주의 권세와 지위를 표시하는 칭호의 종류는 매우 많다. 주로 '왕王' '상上' '주主' '벽辟' 등이 있다.

'왕'은 '천하 공통 주인'의 두 번째 정식 존칭이다. 삼대 최고 통치자들의 존칭은 모두 '왕'이었다. 그들에게 더욱 신성한 존칭이 있게 된 뒤 '왕'은 다시 그 아래 급수 군주의 칭호로 쓰였다. 예컨대 전국 시대 제후는 모두 왕을 칭했다. 진한 이후 왕은 귀족들 가운데서도 최상급을 말했다.

'왕'은 갑골문에 ♁, ♁, ♁ 등으로 쓰여 있다. 그 본의에 관해서는 설이 분분하여 논단하기가 어렵다. 다만 한 가지 점만은 의심의 여지가 없는데, 곧 왕은 최고 권력을 소유한 정치 배우라는 사실이다. 선진 문헌에서 왕은 강자와 권세의 대명사였다. "능히 천하를 운용하는 자를 왕이라 일컫는다."[81] "제후들을 신하로 거느린 자가 왕이다."[82] "왕이란 능히 다른 사람들을 다스릴 수 있는 자다."[83] 공자는 예악정벌을 왕만의 전유물로 보았다. 최고 통치자가 되는 것을 '왕천하王天下'라 불렀다.

'왕' 최초의 의미는 아마 부월斧鉞[84]이었을 것이다. 고대 문헌과 고고학 자료 속에서 옥 월이나 청동 월은 저울이나 지팡이와 유사한 군사 통솔 권과 형상刑賞 대권의 물질적 표식이었다. 월의 전신이 부斧인데, 부斧와 부 父는 또 밀접한 관계가 있다. 갑골문 가운데 '부父'는 손으로 부斧를 잡고 있는 모양을 그린 상형이다. 부로부터 월로 간 것은 부권으로부터 군권 君權에 이르고, 군권軍權으로부터 정권에 이른 역사 변천의 소식을 드러낸 것이다. 『이아』「석친釋親」은 "아버지가 돌아가시면 왕부王父라 하고, 어머니 가 돌아가시면 왕모王母라 한다"[85]고 말한다. 문화적 함의로 볼 때 '왕'은 군주의 존귀한 등급 지위와 생살여탈의 권력을 나타낸다.

제왕이 천하를 취하고 천하를 다스리는 것은 형벌과 군대뿐이다. 패권 이 초기 왕권의 전형적 특징이다. 삼황오제의 전설은 피비린내 나는 정벌 과 살육으로 가득하다. 일정한 역사 조건하에 혈연 집단의 군사 수령은 타인을 지배하거나 노예로 부림으로써 개인적 이익과 권위를 수립하는 데, 이들이 바로 '왕'이다. 삼대에 "국의 큰일은 제사와 전쟁이었다."[86] 정벌 전쟁이 최대의 정치였다. 춘추 전국 시대는 군웅쟁패와 정벌주살이 역사 그림책의 주체를 형성했다. 바로 군사 정벌 전쟁과 권력의 각축과정에서 전제주의 중앙 집권 정체가 확립되었고 이는 왕권을 극치로 밀어 올렸다. "성공하면 왕이 된다"가 권력 다툼의 철칙이다. 전통적인 정치 사유에 있 어서 병兵은 무위武威요, 법法은 문덕文德이었으며, 병형兵刑은 '제왕에 이로 운 도구'였다. 왕권의 소생, 정치적 변혁, 통치의 실현 모두 강권에 의지하 지 않는 경우가 없었다. 고대엔 병거兵車의 많고 적음으로 병력을 계산했 으므로 제후들은 '천승千乘'이라 불렸고, 왕은 '만승萬乘'이라 불렸다. 만승 의 군주여야 패업을 이룰 수 있었으니 실력이야말로 군권의 진정한 지주 였다.

왕권은 곧 강권이기도 하다. 이와 같은 정치 현실이 당시 사람들의 군권 관념에 심각한 영향을 미쳤다. 선진 제자들은 거의 한 목소리로 왕은 응당 절대적 정치 권위를 가져야 한다고 주장한다. 법가 이론이 특히 전형적이다. 군주는 유아독존하고, 지고무상하며, 일체를 주재한다. '군' '상' '주' '지존' '원수' '벽' 등 권세 관련 칭호는 바로 이와 같은 군권 관념의 산물이다.

'군' '군주' '군상' '군자'는 선진 시대의 각급 군주에 대한 범칭이었다. 『설문說文』은 "군은 존엄함이다. 음은 윤尹을 따르며 호령을 발한다"[87]고 한다. 또 '군羣'으로 해석하여 "위威처럼 읽는다"라고도 한다. 군과 위의 음과 훈이 가까우며, 군은 곧 존엄한 사람, 호령하는 사람이다. 『의례儀禮』 「상복전喪服傳」은 "군은 땅이 있는 자를 말한다"[88]고 한다. "군은 지존이다"라고도 한다. 왕, 제후, 경대부는 모두 종주宗主, 영주領主, 정장政長 삼위일체의 배우이며, 가신과 가속들에게는 "두 명령을 모르는" 최고 윗사람이므로 모두 군이라 불렀다. 국정國政을 잡고 있으니 군이고, 가정家政을 주재하니 또한 군이다. 군은 일체 권력자에 대한 범칭이다. 정치적으로 군은 사회 집단 위에 높이 올라앉아 토지를 점유하고 인구를 지배한다. 그래서 동중서는 "군은 으뜸元이다. 군은 근원原이다. 군은 권세權다. 군은 원만함溫이다. 군은 무리群다"[89]라고 말했다.

군주는 사회정치 등급의 최고 봉우리다. 그래서 '상' '지존' '원수'라고도 불린다. "위와 아래라 함은 군주와 신하를 이름이다."[90] 상은 하를 상대한 말이고, 존은 비를 상대한 말이다. '상' '군상' '황상' 등 칭호는 모두 지고무상하다는 의미에서 취한 것이다. 등급 피라미드의 꼭대기는 딱 한 사람만을 용인할 수 있다. 그러니 존비의 구별이 있는 사회에서 군주는 '지존'이 된다. "하늘에는 두 태양이 없고, 나라에는 두 주인이 없다."[91] 유아독존의 군주는 자연히 전체 등급 체계의 주재자다. 즉 "사람들의 군주는 그것으로써 모든 등급 구분을 관장하는 핵심 중추다".[92] 이 의미에서 군은 또한 '원수'이고 '원량元良'이다. 하지만 고대 로마에서 자칭 '제1공민' 이라는 원수와는 좀 다르다. 중국 고대 군주 칭호에 '제1공민'과 같은 함 의를 가져본 적은 없다. 전통 정치사상에서 군은 두뇌, 심장과 잘 비교되 고, 신민은 사지, 구규九竅와 잘 비교된다. 군주는 중추요 주재자이며, 신 은 부속물이요 수단이다. 군과 신은 절대적인 지배와 피지배 관계다. 군 은 천하 모든 사람에 대하여 마음대로 "살리고, 죽이고, 부유하게 하고, 가난하게 만들고, 존귀하게 하고, 비천하게 할"[93] 수 있다. 그래서 '주' '주 상' '인주' '민주民主'라고도 불린다. 이른바 '민주'는 '민의 주'로 근대 민주 관념과는 논리상 완전히 어긋난다. "군이 신하에게 죽으라고 하면 신은 감히 죽지 않을 수 없다."[94] 군은 주인이요 신은 노비다. 신민은 절대복종 할 의무밖에 없다.

일체를 지배하는 사람은 반드시 질서의 화신으로 비춰진다. 고대의 정 부 명령이나 법률은 국가의지로 전환된 군주의 의지였다. 군주가 말을 내 면 법이 따랐고, 상벌은 마음 닿는 대로였다. 이 때문에 군주는 '벽' '벽군 辟君' '벽왕' '왕벽'이라고도 불렸다. '벽'의 본의는 법률, 법도다. 군주 전제 정치 체제하에서 군은 법의 주인이고, 법은 군주의 이익 독점이었다. 이 른바 "법이란 왕의 근본이다"[95] 법은 왕법이라고도 불렸으므로 '벽'이 전 의되어 군이 될 수 있었다. "벽만이 복을 만드시고, 벽만이 위엄을 지으신 다."[96] 군주는 자리를 잃어도 다시 얻으면 새롭게 위엄을 짓고 복을 만들 수 있었으므로 이를 '복벽復辟'이라 불렀다.

거대한 천하, 사해의 무리 가운데 오직 제왕만이 지고무상하다. 자신 을 전체 사회 집단과 구별 짓기 위하여 군주는 더 많이 '여일인余一人(나 한 사람)' '여일인予一人'을 자칭했다. 복사卜辭, 금문金文 및 『상서』 모두에 그런 기 록이 있다. 『예기禮記』 「옥조玉藻」도 "스스로 부르기를 천자는 '여予일인'이라 한다"[97]고 말한다. 이 칭호가 반영하는 제왕 관념은 나는 사람 위의 사람이고 최고 권력을 영유하며 전 사회 이익의 대표자라는 것이다. 이 논리에 따르면 군주는 치란흥망에 대하여 모든 책임을 져야 한다. 이른바 "나라가 잘되지 못하면 오직 여일인予—人이 벌을 받아야 한다".[98] 그 어떤 사람과도 권력을 나누지 않고, 정치 책임을 분담하지 않는다. 이것은 제왕의 자아의식이라는 각도에서 군주를 유일하고 배타적이며 지고무상의 권력의 주체라고 정의한 것이다. 이와 같은 사람이 바로 명실상부한 '고가孤家, 과인寡人'이다.

상술한 각종 권세 칭호는 관념상 군주 정치의 몇 가지 기본 원칙들을 확립했다. 즉 사회 등급상의 독존 원칙, 권력 배치상의 독두獨頭 원칙, 정치 자원상의 독점 원칙, 권력 운용상의 독단 원칙이 그것이다. 이는 제왕의 지고무상한 권위를 정치적으로 긍정한 것이다. 진·한 이후 이런 원칙들은 진일보하여 '건망독단乾網獨斷'[99]으로 개괄했다.

건망독단은 곧 "천하의 일은 크든 작든 상관없이 모두 임금이 결정한다"[100]이다. 황제 제도는 지방의 권한을 중앙에 집중시키고, 중앙의 권한을 황제에게 집중시킨다. 재상 이하 모두는 신복臣僕이며, 서민은 더더욱 정치적 권리를 말할 수 없다. 법제가 설치되어 있다 하더라도 황제의 의지가 바로 법률이며, 언관이 설치되어 있다 하더라도 겸청兼聽함은 독단을 위해서였고, 감찰 제도가 있다 하더라도 목적은 뭇 신하를 제어하는 것이었다. 황제는 최고 권력의 주체이며 왕권을 견제할 그 어떤 기구도 설치되어 있지 않았다. 진시황은 하루에 만기를 다스리고 "승상 및 여러 대신은 모두 정해진 일을 받아 임금의 뜻에 기대어 처리했다".[101] 왕망王莽은 외척으로 왕위를 찬탈했는데 권력 기재의 중요함을 깊이 이해하고 있었다. 그는 "스스로 수많은 일을 처리하는 데 힘썼으며, 관료들은 이루어진 일을 받아 구차히 화를 면할 따름이었다".[102] 때로 황제가 친정을 하지 않고 왕권을 '수렴감국垂帘監國' 혹은 "입으로 천헌天憲을 머금은" 배우가 대행했다.

이는 건망독단의 또 한 가지 표현 방식이다. 건망독단은 제왕 권위의 목숨이자 군주가 군주 되는 근본의 소재였다.

천자:
군주의 신격화와
군명君命의 신성화

신화神化 칭호의 특징은 군주의 신격화를 통해 군권 숭배를 일종의 신앙으로 바꾸었다는 것이다. 종법 칭호와 권세 칭호가 현실 사회정치적 시각에서 군주를 사람 위의 사람으로 이야기하며 군권이 다른 어떤 사람의 제약도 받지 않음을 나타내는 것이라면, 신화 칭호는 여기서 한 걸음 더 나아가 이와 같은 관념이 승화된 것으로 군주는 근본적으로 인간의 지배와 제약을 받지 않고, 군주의 권위는 신의 명령으로부터 왔다는 것이다.

신화 칭호는 아무리 늦어도 은상殷商 시기에 출현했으며, 서주西周 이후에는 모든 군주가 신격을 부여받았다. 왕관 위에 제, 천, 천자 유의 칭호를 더하여 표명했으며 관념적으로 왕과 신은 차이가 거의 없거나 그렇지 않으면 왕이 곧 신이었다.

제, 천은 최초엔 모두 지상신의 칭호였다. 은나라 사람들은 제나 상제를 신봉했으며, 주나라 사람들은 천제天帝를 신봉했다. 주 초 금문의 천, 제, 호천昊天, 황천皇天, 상제, 호천상제, 황상제, 황천왕은 모두 지상신의 칭호로 사용되었다. 중국 고대에 '황천 상제'는 만능의 주재자로서 줄곧 사람들의 존중을 받아왔다. 기실 군주와 천제를 같은 선에 놓고 나란히 보는 정치의식은 갑작스럽게 튀어나온 것이 아니라 기나긴 역사 변천 과정을 통해 나온 것이다.

신도설교神道說教와 제정합일祭政合—은 고대 왕권이 탄생부터 가지고 온 모태 기록이다. 전설 속의 군주는 대다수가 신격을 지니고 있었다. 예컨대 『사기』 「하본기夏本紀」엔 우禹임금이 "산천 신의 주인이 되었다"고 말하고 있다. 삼대에 신권은 왕권의 구성 요소 가운데 하나였다. 관념상 신이 왕권을 보살핀다는 사고가 보편적으로 받아들여지고 있었다. 현실에선 권력에 의지해 신을 세우고, 권력으로 신에게 제사하는 것이 통용되는 정치 양식이었다. 은나라 때가 가장 전형적이었다. 은대 정치의 기본 특징은 가家·국國 합일, 제帝·조祖 혼합, 정政·교教 일원이다. 종교화한 종법 제도가 전체 사회의 생활 방식을 지배했다. 은 왕은 유일하게 최종 결재권을 갖고 있는 종교적 영수였을 뿐만 아니라 최고 권력을 장악한 정치 수뇌였다. 신권과 왕권이 합일되어 있었다. 이것이 바로 신화 칭호의 문화적 연원이자 사회적 근원이다.

군주 제도의 단 하나 영원한 원칙은 바로 군권지상이다. 이 원칙이 일정한 역사적 조건과 결합하면서 중국에서 신권神權의 운명을 결정지어버렸다. 신권과 왕권은 화해의 측면도 있고 숨어 있는 충돌의 걱정도 있다. 한편으로 신권이 무너지면 왕권은 재앙을 당하고, 다른 한편으로 신권을 억누르지 못하면 왕권이 흥하지 못한다. 신과 왕 사이에 가장 이상적인 상태는 왕·신 합일이며, 적어도 신에 대한 왕의 존중이 형식으로 흐르도록 해야 한다. 신화 칭호는 바로 천·인 관념과 신·왕 관념이 완전히 새롭게 조정되면서 생긴 산물이다.

천자는 '천하 공통 주인'의 세 번째 정식 존칭이다. 은대 후기 제와 조가 합일하면서 묘호를 제라 칭했다. 복사 및 문헌에는 선왕을 제, 왕제,

하제下帝라고 불러 왕과 제를 동격화한다. 조상을 신격화함은 곧 자신을 신격화하기 위해서다. 서주 성왕成王 이후 왕들은 아예 스스로 '천자' '천군天君' '천의 원자元子'라 명명했다. 이른바 "천자는 만 방邦의 임금이시니 백관이 받들어 섬긴다."[103] 왕관의 위에 신이라는 빛나는 고리를 덧씌운 것이다. 또 다른 논조는 더욱 단도직입적이다. "군주는 하늘이다."[104] 군주와 천은 동체고 제와 왕은 하나다.

천자 칭호는 전통 정치사상에서 군주의 권위를 논증하는 중요한 근거 가운데 하나다. 공자, 맹자, 묵자 및 음양가는 천자지존, 군권신수에 대하여 모두 논술한 바 있다. 천자 관념에 대한 서술은 한대 유생들이 가장 상세하다.

천자 칭호의 기본적 함의는, 군주는 천의 아들로 하늘로부터 명을 받아 하늘을 대신하여 통치를 한다는 것이다. 구체적으로 말하면 세 가지 함의와 정치적 효과를 지닌다. 첫째, 군권신수다. "천은 온갖 신의 임금이다."[105] "왕이란 천이 부여해준 바다."[106] 천은 절대적 권위를 지닌 신이며, 군은 천이 선정한 '민주民主'다. 천명은 구한다고 얻어지는 것이 아니며, 밀쳐낸다고 사라지는 것이 아니다. 군주의 거취는 모종의 초인적 권위에 의해 결정된다. 왕은 천, 지, 인에 동참한다고들 말한다. "천이 복되게 해주셨으니 신명의 주인이 된다."[107] "천자는 지존이시라, 신령스러운 정기는 천지와 통하고 혈기는 제왕의 정수를 머금고 있다."[108] 군주는 신과 통하거나 군주가 곧 신이다. 둘째, 천자는 천을 조종으로 삼는다. 천은 사람들의 증조부이고, 천과 천자는 부자 관계다. "천자는 천의 아들을 부르는 이름이다." "천자는 부모로 천을 섬기고, 자손으로 만민을 기른다."[109] 이것은 관념적으로 사회 내지 우주의 종법 질서로 하여금 더욱 완정된 형태를 얻도록 해주었으며, 한 걸음 더 나아가 군주의 종법적 지위를 강화시켜주었다. 셋째, 군명은 곧 천명이다. 군주는 천을 대신하여 일을 한다.

"군주는 생살의 자리에 서며, 하늘과 더불어 변화의 세勢를 견지한다."[110] "오직 천자만이 하늘로부터 명을 받으며, 천하는 천자로부터 명을 받고, 일 국國은 군으로부터 명을 받는다. 군명이 도리를 따르면 인민이 그 명을 따르고, 군명이 도리를 어기면 백성이 그 명을 어긴다. 한 사람에게 경사가 있으면 만민이 그에 의존한다는 말은 이를 일컬음이다."[111] 천자는 천명을 붙잡고 인간 세상을 주재한다. 군주의 권위는 천의 권위와 동등하다. 결국 천자 칭호는 종교 의식, 종법 의식, 정치 의식을 함께 엮어 최고 권력의 일원성, 신성성, 절대성을 전면적으로 논증한 셈이다. 천자 관념은 전통 정치문화 중 오래도록 시들지 않는 또 하나의 중요한 범례다. 서주 이후 역대 최고 통치자들은 모두 천자를 칭했으며, 황천 상제에 대한 제사 권리를 독점하며 은연중 만물을 주재하는 신권을 자기 수중에 단단히 틀어쥐었다.

군주를 신격화하는 칭호는 아직도 매우 많다. 예컨대 군주의 별칭으로 '육비六飛' '육룡六龍'이 있고, 대칭으로 '곤직袞職'이 있으며, 속칭으로 '진룡천자眞龍天子'가 있다. 이들 칭호는 대부분 군권에 대한 세속의 인지, 정감, 신앙을 반영한 것이다. '진룡천자'는 곧 제왕을 신의 몸으로 여긴 말이다. 천자의 복장은 금룡이 수놓아진 곤의袞衣로 서주 때부터 제왕은 '곤직'이라 대신 칭했다. 전통문화에선 용과 군주가 모두 순양純陽의 존재이므로 군주는 용과 마찬가지로 신의 위엄을 갖추고 있다고 생각했다. '9'는 양수 가운데 최고이면서 용의 형상을 하고 있으며, '5'는 하늘의 자리이면서 중앙에 위치해 길함을 나타낸다. 이 때문에 제왕은 신룡의 몸을 하고, 왕위는 '구오지존九五之尊'이며, 왕자나 패자를 부르길 '용비구오龍飛九五'라 한다. 『역』「건괘乾卦」에서 이야기하는 "구오, 비룡이 하늘에 있으니 위대한 인물을 만나는 이로움이 있으리라"[112]가 바로 그렇다. 제왕의 의, 식, 주, 행行 모두 용과 밀접히 관련되어 있다. 정치문화의 하나로 용은 제왕의 신비막측하고 무소불능하며 지존지귀한 개인적 권위의 상징이었다.

군주는 곧 신이라는 정치 관념은 제왕 권위를 신비화했을 뿐만 아니라 신비주의를 현실화했다. 신화 칭호가 관념상 제왕을 신명으로 받듦으로써 군주는 전체 사회집단과 한 걸음 더 사이가 멀어지게 되었고, 군주와 군권은 사람들이 발밑에 꿇어 공손히 절하는 대상이 되었다. 중국 고대 군권 숭배는 처음부터 일종의 신비주의적 신앙, 즉 군주는 신성한 몸이라는 데서 출발했다.

성인:
예악을 제작하고
인류를 구원하는
영웅

성화聖化 칭호는 늦어도 서주, 춘추 시기에 이미 그 실마리가 드러나고 있으나 진한에 이르러서야 정식으로 왕관 위에 덧씌워졌다. 엄격히 말해 성화 칭호는 단 하나 성聖 혹은 성인聖人뿐이다. 다른 호칭들과 배합하면서 성왕, 성황, 성군, 성주, 성상 등이 유도되어 나왔다.

문화 현상이 되면서 성화된 군주는 아주 오래된 시대까지 거슬러 올라가 찾아볼 수 있었다. 전설 속의 군주 대부분은 문화 영웅의 모범으로 받아들여졌다. 성화란 이와 같은 사유 방식이 일정한 역사 조건하에서 승화한 것이다. 성화의 주요 특징은 군주를 이성, 재지, 품덕, 업적이 한 몸에 집중된 존재로 설명한다는 것이다. 종법 칭호는 전통 사회 습속에 대한 승계와 개조에서 나왔고, 권세 칭호는 정치 현실을 긍정하고 묘사하는 데 중점을 두었으며, 신화 칭호는 신비주의적 신앙에 도움을 받았다고 한다면, 성화 칭호는 주로 이성적 사유와 논리적 논증의 결과다. 고대 사상가들은 성화론에 대하여 깊이 있는 이론적 탐구를 했다.

성聖의 본뜻은 예지와 총명, 재능이 뛰어남을 말한다. 『설문說文』은 "성은 통달함이다"라고 한다. 성스러운 사람은 만물을 살펴 통달하지 않는 곳이 없고, 사업을 일으키면 할 수 없는 일이 없다. 이른바 "일에 있어 통달하지 않는 곳이 없음을 성이라 일컫는다".[113] 『백호통의』는 말한다. "성인이란 어떤 사람인가? 성이란 통通이요 도道요 성聲이다. 도가 있어 통하지 않는 곳이 없고, 밝아서 비추지 않는 곳이 없으며, 소리만 듣고도 상황을 이해한다. 천지와 덕이 합치하고, 일월과 밝음이 합치하고, 사시와 차례가 합치하고, 귀신과 길흉이 합치한다."[114] 이와 같은 인격을 군주에게 귀결시킴으로써 성화 칭호가 생겨났다.

성인이 포함하고 있는 군권 관념은 내용이 가장 풍부하며, 사변적 색채가 가장 풍성하다. 다른 칭호들이 직접 군주에 대한 긍정, 찬송, 숭배에 근원을 둔 것과는 다르다. 성왕 관념은 통치 계급의 자아 인식과 자아비판에서 일이 시작되어 선왕을 성인으로 삼는 것으로부터 성인이 왕이 되어야 한다는 데까지 이르렀다가, 다시 일체의 군주를 성화하는 변천 과정을 거친다. 이와 같이 비판과 성인 만들기가 서로 도우며 이루어져간 사상 인식 운동은 주로 사상가들이 추진하고 완성한 것이다.

전제 제도하에서 군주는 치란, 흥망의 결정적 요소다. 중국 고대 정치 사상이 시작된 때로부터 군주는 정치적 사유의 핵심 초점이었다. 주공周公 등은 군주 정치의 이상적 모델을 탐구하면서 걸桀과 주紂를 비난하고 우禹, 탕湯, 문文, 무武왕을 찬양했다. 이상화된 선왕은 성인 만들기 운동에 범례, 논거 및 기본적 사유 방법을 제공했다. 사람들은 '왕도황극王道皇極'을 논증하면서 선왕과 성인을 나란히 놓고 논의했는데, 선왕이 곧 성인이었다. 『상서』에는 이런 예증이 적지 않다. 춘추 전국 시기 정치의식이 신으로부터 인간으로 전환되고 백가가 쟁명하면서 성화를 중심으로 한 정치적 사유의 보편적 모델이 만들어졌다. 성화는 정치문화가 되어 근대까지 면면이 이어졌다.

선진 제자는 모두 성을 언급했고 성과 왕을 나란히 놓고 논의했다. 법가 사상가들이 성인이 곧 왕이고 왕이 곧 성이라고 주장한 것은 매우 당연한 일이다. 이른바 "신처럼 성스러운 자가 왕이며, 어질고 지혜로운 자가 군이며, 용감하고 굳센 자가 장長이다. 이것은 하늘의 도이자 사람의 성정이다".115 노자老子는 "성인은 하나를 붙들어 천하의 모범이 된다"고 말한다.116 장자莊子는 "고요하니 성이요 움직이니 왕이다"117라며, 안으로 성인이라면 밖으로 왕이 된다고 주장한다. 유, 묵 양가의 태평성대에 대한 이상에서 성은 왕의 최고 경계인데, 성인이 한 번 나면 모든 난이 그친다. 선진 제자의 성 및 성·왕 관계에 대한 인식은 천차만별이다. 하지만 쟁명과 융합은 공통의 정치문화적 성과를 빚어냈다. 전통 정치사상은 이렇게 고도로 이상화된 정치 양식을 제기하고 있다. 성은 도와 동체이고, 왕은 성과 합일하며, 제왕의 업을 성취하는 일은 공덕에 의존한다.

성왕 관념의 실질은 왕권, 인식, 도덕, 행위 준칙을 하나로 묶는 방식을 통하여 군주 제도 및 군권을 절대화시키는 것이다. 군·도 동체는 성화가 공유하는 사유 방식이다. 간단히 말하면 우주의 본원과 법칙 및 각종 이상화된 사회정치 규범을 이른다. "성인은 도의 극치다."118 성인은 도를 부여잡고서 자연과 사회의 각종 필연성을 장악한다. 진나라 사람들은 진시황을 "성스러운 지혜와 인의로 도리를 드러내 밝히시며" "위대한 성인이 정치를 하심에 법도가 수립되고 기강이 드러나게 하신다"119고 생각했다. 육가陸賈는 말한다. "하늘이 만물을 낳아서 땅을 통해 그것을 기르고 성인이 그것을 완성시킨다. 이 공덕들이 섞여 합하여 도술이 생겨났다."120 그와 같은 사람은 "만물을 통합하여 변화에 능통하고" "그러므로 성스러운 사람을 지팡이로 삼는 사람은 제帝가 된다".121 가의賈誼는 말한다. "무릇 제왕은 때를 보아서 각종 의례를 세우지 않음이 없고, 힘써야 할 것을 헤아려 일을 만드니 그로써 때를 순화시킨다."122 전통 정치사상에서는 왕왕 하늘이 뭇 백성을 낳고 임금과 스승을 만들었다는 말로 군주 제도의 기원과 필연성을 설명한다. 성화 칭호는 성과 왕을 일체화시키며, 군주와 도를 통일시키며, 성인이 제도를 세우고 성인이 스승을 만들었다는 각도에서 군주 전제를 논리적 필연이라고 설명한다. 성화의 실질은 모종의 절대화한 개인 권위에 대한 동경이자 신앙이다. 성인에 대한 동일시의 마지막 귀결점은 전제 왕권으로 모아진다.

성화의 극치는 신화神化다. 성인은 "신처럼 일체의 변화를 알고 있으니" 실질적 초인이다. 성화 사유 방식은 현실주의와 신비주의를 한데 결합시켰다. 신화와 성화 칭호가 함께 중첩되면서 신, 성, 왕 일체의 군주는 각종 필연성을 독점하게 되었다. 실천으로 성화와 신화를 결합시킨 사람은 진시황이며 이론적으로 양자 결합을 완성한 사람은 동중서다.

성, 신, 왕의 합일은 정치권력 '대일통'의 산물이다. 진시황이 정식으로 성의 화환을 자기 머리 위에 쓰면서부터 제왕들은 어리석든 현명하든 일률적으로 성 혹은 성인이라 불렸다. 때로는 '신성' 혹은 '성신聖神'이라 부르기도 했다. 한대 유생들은 왕권신성론을 이론으로 승화시켰다. 동중서는 천, 지, 인을 통합한 존재로 '왕'을 해석했고, 천자는 천의를 이어받아 만민을 교화시킨다고 칭송했다. "하늘의 영을 명命이라 하니, 명은 성인이 아니고는 행하지 못한다."[123] 『위서緯書』와 『백호통의』는 이 사상을 한 걸음 더 나아가 발전시켰다. 예컨대 「계명징稽命徵」의 주지는 바로 천명을 고찰하니 오직 신성한 사람만이 부름에 응해 명을 받고 왕이 된다는 것이다. 『백호통의』에서 성, 신, 왕은 동의어다.

성화 칭호는 정치이성이란 각도에서 군권의 필연성과 절대성을 논증했으며, 제왕을 자연 질서와 사회 질서의 주재자 지위에 올려놓았다. 그러나 우주를 청소하여 천하를 통일한 진 왕 영정嬴政은 그로도 부족하다고 여겨 스스로 '황제皇帝'란 칭호를 만들어내 군주의 존엄성을 극치까지 밀어 올렸다.

황제:
천天, 지地, 군君, 친親, 사師의 집합체

황제皇帝는 진한 이래 봉건 최고 통치자의 정식 호칭이다. 황제 칭호는 최고로 존귀함을 드러내며 일반적으로 장엄한 정식 장소에서 사용되었다. 황제 칭호가 생겨난 뒤 왕, 공, 후 등이 귀족 칭호로 바뀐 외에도 '왕천王天'의 '왕'을 포함한 기타 군주 칭호는 모두 서로 동의어가 되었다. 예컨대 『백호통의』「호號」편은 말한다. "혹은 천자라 부르고 혹은 제왕이라 부름은 무엇 때문인가? 위로 연결해 천자라 부름은 그 작위가 하늘을 섬김을 밝히는 것이기 때문이다. 아래로 연결해 제왕이라 부름은 그 자리가 천하를 울림을 밝히는 것인데, 지존의 칭호를 가지고 신하들을 호령하는 것이다."124 "신하가 일인一人에 대한 말이라 함은 왜인가? 이 또한 왕을 존중하는 까닭에서이다. 거대한 천하를 통틀어 사해 안의 모든 사람이 다 같이 존중하는 자는 일인뿐이다."125 이렇게 황제 칭호는 여러 가지 군권 관념을 집합시켜 각종 권위의 집합체가 됨으로써 군주권위의 독점성을 충분히 드러내주었다. 중국 고대 신성불가침의 사회정치적 권위는 '천, 지, 군, 친, 사'로 귀결한다. 군부君父는 전 사회의 종법 가장이고, 천자는 천지 신명의 대표이며, 왕벽王辟은 국가 정권의 원수이고, 성인은 명철하기 그지없는 스승이다. 황제는 천, 지, 군, 친, 사의 권위가 한 몸에 모여 있으니 그 지상성, 독점성, 신성성, 절대성은 신명이라 하더라도 그에 미치지 못함을 부끄러워해야 할 정도다.

황제 칭호가 군권지상 관념의 극치라 한다면 황제 제도야말로 군권지상 관념의 전면적 구현이다. 황제 칭호는 제도, 법률, 도덕, 문화를 내포하고 있다. 황제의 명분은 그 자체로 중요한 정치적 자원이다. 누가 그것을 점유하느냐에 따라 '말로 다할 수 없는 고귀함' 자체가 되어 최고 권력을 행사할 수 있는 합법성을 갖게 된다. 그게 누구든, 황제보다 나이가 많더라도 황제 면전에선 반드시 머리를 조아리고 신하를 칭하며 이마를 땅에 대는 예를 올려야 했다. 그리하여 또 하나의 대칭인 '만세萬歲' 즉 "우리 황제 만세, 만만세"가 있게 되었다.

전통 정치사상은 명名과 기器를 가장 중대한 것으로 여긴다. 공자는 "명분과 기물은 다른 사람에게 빌려줄 수 없다" "만약 다른 사람에게 빌려준다면 이는 다른 사람에게 정권을 넘겨준 것이다"[126]라고 말했다. 일반적으로 "기물은 명분을 따른다"[127]고 말하여 명분을 특히 중요시했다. 군신의 명분이 한 번 확정되면 종신토록 구속력을 지녔다. 이를 위해 공자는 '정명正名'을 주장했고, 동중서는 '심찰명호深察名號'를 창도했다. 진한 이후 안개 자욱한 바다처럼 많은 역사 서적에 명호 확정, 명호 정정, 명호 변경, 명호 쟁탈에 관한 수많은 논설과 행위가 기록되어 있다. 특정한 사회 환경과 문화적 분위기 아래 명호는 인심의 향배를 결정할 수 있고, 능력 있는 신하나 장수들로 하여금 어린아이 앞에 무릎을 꿇도록 만들 수 있다. 황제 명호는 그 자체로 최고 권력의 합법성을 의미한다.

명호 확정, 즉 군주의 명분과 기물을 규정지음은 관념, 제도적으로 군주의 존엄을 확보하는 일이다. 진은 6국의 예를 받아들여 "군주를 높이고 신하를 눌렀으며, 조정 가득히 옛것에 의거하여 행했다."[128] 한은 진의 제도를 계승하여 이렇게 규정했다. "한 천자는 정식 호칭을 황제라 한다. 자칭 짐이라 말하며, 신민들은 폐하라 부른다. 그 말을 조詔라 하고 사관이 사건을 기록할 때는 상上이라 한다. 거마車馬, 의복衣服, 기계器械, 백물百物은 승여乘輿라 말하고, 계신 곳은 행재소行在所라 부른다. 거처한 곳을 금중禁中이라 하고, 왕후가 있는 곳을 성중省中이라 부르며, 도장은 새璽라 한다. 가는 것을 행幸이라 하고, 나아감을 어御라 부른다. 그 명령을 하나는 책서策書라 하고, 둘은 제서制書라 부르며, 셋은 조서詔書라 말하고, 넷은 계서戒書라 한다."[129] 황제는 신성불가침하며, 신민들이 황제의 위엄을 범하고 금기를 건드리는 것을 피하려고 군주를 위해 '폐하' '승여' '거가車駕' '가駕' '성가聖駕' '행재行在' 등과 같은 대량의 호칭을 만들어내기도 했다. 『독단獨斷』은 말한다. "폐하라 부르는 것은 뭇 신하가 천자에게 말을 할 때 감히 손가락으로 가리키지 못하게 함이다. 그래서 섬돌 아래서 외쳐서 알리도록 했으니 낮은 곳으로부터 존귀한 곳으로 도달한다는 의미다."[130] 제왕의 죽음을 표현할 때마저 대행大行, 염대厭代, 조락殂落, 안가晏駕, 산릉붕山陵崩과 같은 대량의 기피하는 말들이 있었다. 이것이 바로 일련의 명과 기, 예와 법의 규정을 통해 황제의 지존 지위를 유지한 것들이다. 이러한 전장 제도는 대체로 역대 황제들에게 답습되어 이용되었다.

명호 변경은 천명을 받은 군주가 황제로서 명분을 얻는 데 반드시 갖춰야 할 절차였다. 『춘추번로』「초장왕楚莊王」은 말한다. "하늘로부터 명을 받아 성을 갈아치우고 왕이 바뀌었으므로 이전 왕을 계승하여 왕이 된 것이 아니다. 만약 이전의 제도를 그대로 답습하여 옛 업을 닦고 고치는 바가 없다면 이는 전 왕을 계승하여 왕자가 된 것과 다를 바가 없다."[131] "그러니 반드시 거처를 옮기고 칭호를 바꾸며 정삭正朔을 고치고 복색을 바꾸는 것은 다름이 아니라 감히 하늘의 뜻에 순종하여 분명히 스스로를 드러내지 않을 수 없기 때문이다."[132] 『백호통의』「호」편은 말한다. "왕이 천명을 받으면 반드시 천하에 아름다운 칭호를 수립하여 스스로 보이도록 공을 드러내고, 성이 바뀌었음을 밝혀 자손을 위한 모범으로 삼아야 한다."[133] "반드시 호칭을 바꾸는 것은 그렇게 함으로써 천명이 이미 뚜렷해졌음을 밝혀 자신을 천하에 드러내 떨치고자 함이다."[134] 국호를 정하고, 칭호를 바꾸고, 정삭을 고치고, 복색을 바꾸며 교郊제사, 봉선을 거행하고 즉위하여 하늘에 고하는 일 따위를 함은 군주가 인간을 주재하는 권력을 정식으로 장악했음을 의미한다. 서주에 천자라 부르고 진왕이 황제라 칭한 것은 바로 이와 같은 정치문화의 산물이다. 진왕은 군웅들을 겸병하고 "명호를 바꾸지 않으면 성공에 대한 칭송을 후세에 전할 수 없다"[135]고 생각했다. 그래서 제도와 의식을 개혁하여 중국의 첫 번째 황제가 되었다. 이 틀은 한대 이후에도 계승되었으며, 한대 유생들에 의해 상세한 이론 설명이 있었다. 계위한 군주들도 연호를 바꾸어 군통을 계승했음을 나타냈다. 명호 변경은 황제 칭호 및 지위에 대해 정식으로 인정하는 일련의 제도였다.

명호 정정이나 변경이 있으면 반드시 명호 쟁탈이 생긴다. 왕망이 부명符命, 도참圖讖을 반포하자 유수劉秀와 공손술公孫述은 도참에 대한 해석권을 쟁탈했다. 그 목적은 모두 자신이 명명한 칭호의 합법적 근거를 찾기 위해서였다. 명호 쟁탈의 근거는 황제 칭호의 내적 함의로부터 왔다. 조비曹조가 한을 대신하고, 사마염司馬炎이 위魏를 대신한 것은 사실 선조들이 이미 조성해놓은 기정사실의 확인에 불과했다. 그럼에도 명호가 확립되지 않았기에 명분이 바르고 말이 순조로운 합법성을 갖추지는 못했다. 한 헌제獻帝가 위 문제文帝에게 선위하는 조서의 주요 논점은 신神과 성聖이었다. 신이니 곧 "황령皇靈이 상서로움을 내리시고 인신人神이 그 징조를 아뢴다", "하늘의 역수曆數가 당신의 몸에 있다." 성이니 곧 "무왕은 신무神武로서 사방에 어려움을 구하리라".[136] 역대 제왕들의 명호 쟁탈은 대체로 이 두 조항을 벗어나지 않는다.

"옳고 그름의 올바름은 거역과 순응에서 얻어진다. 거역과 순응의 올바름은 명호에서 얻어진다. 명호의 올바름은 천지에서 얻어진다. 천지는 명호의 대의大義다."[137] 명호는 천명에 근원을 두며, 사회 등급 명분은 하늘이 정한 질서다. 그러나 칭호 문화는 이율배반적인 효과가 있다. 천명을 받으면 반드시 천명을 경계해야 하며, 성인이 되면 반드시 도덕을 지켜야 하며, 부모가 되면 반드시 자녀를 사랑해야 하며, 사람의 스승이라면 반드시 모범이 되어야 한다. 이는 지고무상의 권위에 제약 요인을 주입시킨 것이다. 그러나 왕권의 자체 제약은 대상으로 하여금 권위의 반대로 치닫게 만들지 않았으며, 오히려 황제 보좌를 더욱 안정되고 더욱 튼튼하게 확보하는 필요조건이 되어주었다.

도의의 군주제약론

풍부한 사변이야말로 중국 고대 정치사상의 커다란 특색이다. 사상가들은 군주 권위의 지고무상성을 정면으로 논증하며 전제 제왕을 인식론상 권력의 최고봉으로 치켜세우는 한편, 냉정하게 다음과 같은 생각도 했다. 만약 군주의 권력이 지나치게 강대하여 혹 거꾸로 가지는 않을까? 사람들은 서주 말엽부터 이 문제를 논의하기 시작했다. 그리고 일정 범위 안에서 특정한 형식을 이용해 군권을 제약하려는 생각을 하게 되었다. 이 시기 가장 대표적인 이론은 서주 말년의 사백史伯과 춘추 시대의 안자晏子가 제기한 '화동론和同論'138이다. 그들은 만물 사이에는 대립과 충돌이 있기 마련인데, 이 충돌로 형성된 보편적 연계와 상호 작용이 만물의 생성과 발전을 촉진시킨다고 생각했다. "그래서 선왕께서는 토土와 금金, 목木, 수水, 화火를 섞어 만물을 만드셨다."139 그들은 사물간의 연계, 작용 및 보충을 '화和'라 부르고, 그 반대를 '동同'이라 했다. "화는 만물을 탄생시키고, 동하면 이어지지 못한다."140 그런 뒤 그들은 '화와 동'에 의거해 군권을 고찰하면서 통치 집단 내부에 군권에 대한 모종의 제약 관계가 형성되어야 한다고 주장한다. 뭇 신료는 여러 상황에 따라 군주 개인의 의지와 주장에 대한 조절, 보완을 잘 수행해야 한다. "미치지 못한 바를 건져 올려주어 잘못을 털어내도록 하고" "그렇게 함으로써 정치가 평온하고 막힘이 없으면 윗사람을 범하지 않게 되고 백성 사이에 다투는 마음이 없어진다."[141] 화동론은 군주 정치에 내재하는 견제와 균형 관계를 인식론적으로 확정하는 한편, 이 견제와 균형 관계를 군신 간 상호 보완하는 경우로 한정했다. 사백과 안자의 인식 방식은 후세, 특히 한漢대 군권 제약 사상의 형성에 방향 설정을 해주었다는 지극히 중요한 의의를 지닌다.

신하의 군주에 대한
상대적 제약 사상

한대 정치사상계가 내걸었던 기치는 군권지상주의의 수호였다. 사상가들은 군권의 합법성, 지상성 및 신성성을 논증하기 위해 다방면에서 이론을 만들어나갔다. 거기에 온 힘을 바쳤다고 할 수 있다. 그런데 군권을 절대화시키는 것만으로 모든 문제를 포괄했다고 할 수 있겠는가? 인식론적으로 군권의 지상성과 신성성을 지켜내는 것이 통치자의 모든 이익을 대표한다고 할 수 있는가? 한 왕실 천하의 영구적인 안녕을 실현할 수 있는가? 이 문제에 대답하는 것은 어렵지 않다. 한대 사상가들은 역대 왕조의 흥망, 특히 진나라 멸망의 교훈으로부터 그 해답을 찾아냈다.

역사적 경험과 교훈을 잘 종합, 정리하는 것이야말로 중국 고대 사상가들의 고유한 특징이었다. 강대한 진 왕조가 불과 15년 만에 요란한 소리를 내며 무너져내렸다. 이 역사적 비극은 이어 등장한 한나라 통치자들로서는 확실히 생각만 해도 몸서리쳐지는 일이었다. 그들은 깊이 깨닫고 있었다. 진의 멸망은 형벌이 과도하고 공사가 너무 많았으며, 통치자는 냉혹한 형벌과 민력을 남용할 줄만 알았지 판세의 변화에 따라 정책 방향을 조정할 줄 몰랐기 때문이기도 했으나, 그보다 더 중요한 것은 진 대 군주 정치의 견제, 균형 기제가 심각히 망가져 정치를 운용할 조절 기능을 상실했기 때문이었다. 가산賈山은 말했다. "진시황이 멸망의 지경에 처했는데도 스스로 알지 못한 것은 무엇 때문인가? 천하 모두가 알려주지 않았기 때문이다."[142] 노온서路溫舒는 말한다. "진나라 시기는 문학文學을 수치스러워하고 무용武勇을 좋아했으며, 인의의 선비들은 천시하고 옥을 다스리는 관리를 소중히 여겼다. 바른말을 비방이라고 하고, 과오를 막으려는 것은 유언비어를 퍼뜨린다고 했다. (…) 충성스럽고 절절한 말들은 모두 가슴에 묻히고 아부, 아첨하는 말만 날로 귓가에 가득했다. 헛된 찬사만 마음에 잦아들었고, 실질적 재앙은 가려져 막혀 있었다. 이것이 진이 천하를 잃게 된 까닭이다."[143]

곡영谷永은 이 교훈을 삼대까지 끌어올려 한 가지 기본 경험으로 종합해냈다. 그는 말한다. "신이 듣자오니 천하의 왕자로 국가를 가진 사람들이 걱정해야 할 바는 생사존망의 위기가 있음에도 위기에 대한 말을 듣지 못하는 경우입니다. 생사존망의 위기가 있다는 말을 번번이 들을 수만 있었다면 상商과 주周에 역성혁명이 일어나 왕조가 바뀌지 않았을 것이며, 삼정三正[144]은 바뀌지 않고 다시 쓰였을 것이옵니다."[145] 그들의 이해는 일치했다. 정치 위기의 출현은 때로 피하기 어려운데, 문제의 핵심은 군주가 제때에 병증의 소재를 이해해야 구원 처방을 내려 위기를 안정으로 바꿀 수 있다는 것이다. 군신 간에 지속적으로 언로가 소통되고, 군주가 이미 결정한 정책이나 개인적 행위에 대한 신하의 비판, 지적이 허락되어 군주가 그에 상응한 조정을 하도록 할 필요가 있다는 주장이다. 다시 말해 통치 집단 내부의 견제, 균형 관계를 정상적으로 유지하는 것이야말로 위기를 막고 군주 정치를 수호하는 데 꼭 필요한 결정 고리이며, 그렇지 않으면 한 왕실 천하도 진 멸망의 뒷길을 걷지 않을 수 없으리라는 것이다.

한대 사상가 및 정치가들은 신하의 군권에 대한 상대적 제약의 유지를 대단히 중시하면서 군신 쌍방에 구체적인 요구를 했다.

그들은 군주에게 두 가지를 요구했다.

첫째, 군주는 현인 임용과 간언 수용을 잘해야 한다. 소망지蕭望之는 "조정에 쟁신爭臣이 없으면 과오를 모르게 되고, 나라에 달사達士가 없으면 선을 들을 수 없게 된다"면서 한 선제宣帝에게 "생각이 깊고 기미를 통달하고 있는 선비를 뽑아 내신內臣으로 삼아 더불어 정사를 참여하라"고 요구하며 "국가는 간언을 받아들이고 정무를 걱정했을 때 빠진 곳이 없게 된다"고 주장했다. 그렇게만 할 수 있다면 "태평성대인 성成, 강康왕의 도에 가까워지지 않겠는가?"146 당연히 천하안정이 이루어질 것이다. 노온서도 군주가 널리 언로를 개방하고 인재를 초빙하며 좋은 말을 잘 받아들여야 한다고 주장했다. 그는 말했다. "솔개의 알을 깨지 않아야 봉황이 모여들며, 비방하는 죄를 묻지 않아야 좋은 말이 진언되옵니다. (…) 폐하께옵서는 비방을 없애시고 절절한 말을 부르시옵소서. 천하의 입을 열게 하시고 잠언과 간언의 길을 넓히십시오. 진이 망한 과실을 제거하시고 문文, 무武왕의 덕을 드높이십시오. (…) 그리하면 태평의 바람이 세상에 가득할 것이옵니다."147 그들은 군주가 진정으로 현인 임용과 간언 수용을 할 수 있을 때 비로소 군신 간의 상호 보완이 이루어진다고 생각했다. 그렇지 않고 "현인이 가려져 쓰이지 않으면 땅이 깎이는 데 도움이 안 된다. (…) 말해도 쓰이지 않고 간해도 듣지 않으면 현인이 있은들 다스리는 데 무슨 도움이 되겠는가?"148

둘째, 군주는 잘못을 들으면 반드시 고쳐야 한다. 『한시외전韓詩外傳』은 이런 사건을 기록하고 있다. 조간자趙簡子에게 주사周舍란 이름의 선비가 있었는데, 항상 좌우에서 수행했다. 주사가 죽자 간자는 아들을 잃은 듯 슬퍼했다. 나중 여러 대부와 "홍파洪波의 누대에서 술을 마시면서" 술이 무르익자 눈물을 흘렸다. 원래 조간자는 주사가 했던 다음 말이 생각났던 것이다. 그는 말했다. "옛날 내 친구 주사는 이런 말을 했다. '천 마리 양가죽이라도 한 마리 여우의 겨드랑이만 못합니다. 중인들의 수만 마디 말은 곧은 선비의 올곧은 말 한 마디만 못합니다. 옛날 상商 주紂왕은 모두가 침묵하여 망했고, 무武왕은 올곧은 말로 번창했습니다.' 지금 주사가 죽은 뒤로 난 내 과오를 들어보지 못했다. 내 망할 날이 지척이니 이것이 과인으로 하여금 눈물이 나게 한다."[149] "잘못해도 고칠 수 있는 것"은 본래 유가 도덕 수양의 요구 중 하나다. 그런데 군주에게 있어 잘못을 고치는 것은 곧 제국의 치란, 흥망과 관련된다. 이 일은 너무나 큰일이어서 반드시 엄격하게 마주해야 한다. 『한시외전』은 공자의 입을 빌려 다음과 같이 말하고 있다. "옛날 걸桀, 주紂왕은 잘못을 받아들이지 않아 급속히 망했으며, 성탕成湯, 문왕文王은 잘못을 받아들일 줄 알아 급속히 흥했다. 잘못해도 고칠 수 있으면 그것은 잘못이 아니다."[150] 한대 사상가들은 군주에게 잘못을 고치도록 요구함이 곧 신하의 군권에 대한 제약을 실현하는 것이라는 사실을 분명히 인식하고 있었다.

한대 사상가들은 신하에게 직언하고 극간極諫하는 선비가 되기를 요구한다. 신하는 군주와 국가의 이익을 위해 감히 "나라의 해로움을 직언"해야 하며 이를 위해서는 개인의 이익, 심지어 생명까지도 마음에 두지 않아야 한다. 그리하여 "옳은 뜻에 힘써 삶도 잊어야 하며, 군주를 위해서는 몸이 상해도 피해선 안 된다"[151] 그들이 보기에 "군주의 실수를 구제하고 군주의 잘못을 메워주며, 군주의 미덕을 찬양하고 군주의 공로를 밝히며, 군주로 하여금 안으로 삿된 행동을 없게 하고 밖으로 오명을 남기지 않도록 할 수 있어야 한다. 이와 같이 군주를 섬겨야 직언, 극간의 선비라 할 수 있다."[152]

한대 사상가들의 군신 쌍방에 대한 요구 속에서 우리는 한대의 군권 제약 사상이 다음 세 가지 핵심 사항을 지니고 있음을 알 수 있다.

첫째, 그들의 인식이 본질적으로 규정하고 있는 바는 근대 민주 정치에서의 견제, 균형 관념과는 거리가 아주 멀다. 근대 민주 정치에서 견제, 균형 원리가 본질적으로 규정하고 있는 바는 권력으로 권력을 제약하고, 정치 체계 내부 각종 권력 사이의 견제와 균형을 통해 정치 안정을 실현시키는 것이다. 한대 군권 제약에 관한 인식에는 권력에 대한 아무런 규정도 없다. 군주가 간언을 수용하고 과오를 고치는 것이나 신하가 직언, 극간하는 근거는 모종의 도덕적 혹은 정치적 원칙이다. 예컨대 한 문제文帝는 전원前元 2년(기원전 178)에 "현량賢良, 방정方正하고 직언, 극간할 수 있는 사람을 천거하라"는 조칙을 내렸는데, 그 근거는 자신의 덕행과 정책이 모종의 원칙에 어긋났다는 생각에 있었다. 그는 이렇게 말한다. "군주가 부덕하고 정책이 고르지 못하면 하늘이 재앙을 내려 다스리지 못함을 경계한다. (…) 짐이 아래로 뭇 백성을 잘 기르지 못하고 위로 해, 달, 별 삼광三光의 밝음에 누를 끼쳤으니 부덕함이 참으로 크다."[153] 한 원제元帝는 영광永光 4년(기원전 40)에 "정치 법령이 자꾸 뒷전으로 밀리고 민심을 얻지 못하며 사설이 난무하고 하는 일마다 성공을 거두지 못하자" 공경 백관에게 조칙을 하달하여 "직언하여 힘껏 뜻을 펼치되 아무 거리낌이 없도록 하라"고 했다. 그의 출발점은 "요즘 짐이 왕도에 어두워 밤낮으로 걱정이 많으나 그 이치를 꿰뚫지 못하겠다"[154]는 데 있었다. 더 나아가 두흠杜欽은 진간進諫(나아가 간언함)이 "군주의 마음을 떨게 하고 지침에 거슬림"을 분명히 알고 있었음에도 여전히 꺼리지 않고 직언을 일삼았다. 그의 근본 입장은 "소신은 감히 도를 무시하고 복종만 추구하거나 충에 어긋남에도 뜻에만 영합하지 못하겠습니다"[155]였다. 과감한 언사와 직간으로 유명한 포선鮑宣이 군주를 비판하면서 조금도 상황을 봐주지 않을 수 있었던 까닭은 "참되게 대의를 다그쳐 관료는 간쟁으로 직무를 삼아야 하며, 감히 어리석음을 다하지 않을 수 없었기"[156] 때문이다. 따라서 근대 민주 정치에서의 견제균형 원리가 일종의 '권력에 의한 견제균형'이라면 한대의 군권 제약 사상은 '도의에 의한 견제균형'이라고 부를 수 있다. 여기서 말하는 '도의'는 보통 명사로 사상가들이 구체적인 정치 규정과 제도로부터 추상해낸 그리고 통치 계급의 근본 이익을 드러내주는 일반 정치 원칙을 가리킨다. '도의에 의한 견제균형'이란 바로 이 원칙에 근거하여 주로 도덕적 속박과 여론에 의한 제약 방식으로 군주의 정책 결정, 행위 내지 전체 군주 정치의 운용에 대해 일정한 통제와 조정을 행하는 것이다. 이는 군주 정치 조건하에서 이루어진 고대 중국에 독특한 정치 관념이다.

둘째, 한대의 군권 제약 사상은 군권의 지상성과 도의가 군주보다 높다는 가치로 구성되어 있다. 군권의 지상성은 도의에 의한 견제균형의 인식론적 전제다. 선진 이래 정치사상 영역에 학파들이 난립하고 이론 관점들이 매우 다채로웠음에도 군주 정치를 수호하고 군권의 지상성을 견지했다는 측면에선 오히려 놀라운 일치성을 보였다. 실로 "천하가 하나로 귀결되되 길은 다르고 하나로 이르되 생각은 다양하다"[157]고 할 수 있다. 한대에 이르러 통일 제국이 수립되고 기반이 공고해지면서 군권의 지상성은 군주 정치를 수호하는 기본적인 가치의 준칙이 되어 통치 계급 및 사상가들에게 보편적으로 인정을 받았으며, 사람들이 정치적 선택을 하고 정치 행위를 지도하는 데 근본적인 출발점이 되었다. 군권의 지상성에 따라 군주는 군신 간 견제균형 관계에서 결정적인 힘을 갖게 되며, 군주의 이익은 신하가 군권을 제약하는 근본 목적이 된다. 이렇게 이야기하면 이른바 '도의에 의한 견제균형'은 군주에 대한 충성의 또 하나의 형식일 뿐이다. 가의賈誼의 말이 아주 적절하다. "치국의 도는 위로 군주에 충성하는 것인데 (…) 도의에 따르지 않는다면 충성했다고 할 수 없다."[158] 기왕 군권의 지상성이 군주를 정치의 주재자로 결정했다면 신하의 군권 제약은 일종의 상대적 제약일 뿐이며 실제 효력 또한 제한적일 수밖에 없다. 도의가 군주보다 높다는 주장은 군권 지상성의 전제 아래서, 일반적인 정치 원칙이 구체적인 군주에 대하여 일정한 제약을 가한다는 점에서 그 의미를 인정할 수 있다. 도의가 군주보다 높다는 인식은 선진 시대부터 이미 존재했다. 예컨대 진晉의 대부 비정조鄭은 신하가 군주를 섬길 때는 "도의를 따라야지 미혹에 아부해서는 안 된다"[159]고 주장했다. 그 후 맹자와 순자는 분명하게 '도의를 따르지 군주를 따르지 않는다' '유도有道로 무도無道를 친다'고 주장하며, 도의의 군주에 대한 제약이 갖는 의미를 강조했다. 한대에 들어와 동중서의 노력으로 도의 권위는 한 단계 높아져 하늘과 서로 통하는 것으로서 더욱더 신성성과 영원성을 갖춘 것으로 알려졌다. 동중서는 한편으로 도의와 군주의 연계성을 강화해 도의 권위를 이용해 군권을 강화시켰으며, 다른 한편으로 현실 정치 생활에서 왕권과 도의가 서로 어긋난다는 사실에도 주의를 기울였다. 그는 말한다. "하夏나라에 도가 없자 은殷이 그를 쳤고, 은이 무도하자 주周가 그를 쳤으며, 주에 도가 없자 진秦이 그를 쳤고, 진이 무도하자 한이 그를 쳤다."[160] 군주가 만약 도에 반하여 움직인다면 결과적으로 권위를 상실하고 천하를 잃게 될 것이다. 그러니 도의가 군주보다 높다고 함은 군주에게 도의의 원칙에 입각하여 국가를 다스리고, 말과 행동거지는 그 자신 권력의 신분에 맞는 도덕과 행위 규범에 부합해야 한다는 요구였다. "군주가 되면 군주의 도리를 다해야 한다"는 인식은 한대에 이미 보편적으로 형성되어 있었다. 한대 사람들은 예禮, 악樂, 인仁, 의義, 지智 등을 도의의 구체적 규정이라고 생각했다. 이를테면 공손홍公孫弘은 인, 의, 예, 술術 "이 네 가지가 정치의 근본이고 도의의 쓰임이라"[161]고 말한다. 군주는 응당 "예에 따라 움직이고, 몸소 친히 정무를 보며, 행동에 게으름이 없도록 하고, 편안히 자연스럽게 행해야 한다".¹⁶² "왕은 천지를 본받아 인이 아니면 널리 베풀지 않고, 의가 아니면 몸을 곧추세우지 않는다."¹⁶³ 일단 군주가 도의를 거스르면 신하는 간여할 의무가 있다. 도의가 군주보다 높다 함은 군주 정치의 일반적 원칙이 구체적으로 군주에게 속박을 가한다는 점에서 의미를 인정할 수 있다. 신하가 주동적으로 군권에 따른 행위를 바로잡아주는 데 근거가 되어주는 주요 가치인 셈이다. "주상의 의사를 어겨서라도 도에 순응토록 함을 충신이라 일컫는다."¹⁶⁴

셋째, 신하가 군권에 상대적 제약을 가하는 주요 방법은 진간進諫이다. 간의諫議에 관해 인식하기 시작한 지는 매우 오래되었다. 유가 학파는 진간을 '신도臣道'의 규정 중 하나로 열거하면서 그렇지 못하면 '부인네의 도의'¹⁶⁵일 뿐이라고 했다. 진秦나라 통치자가 문화 전제를 자행하고 언론을 통제했던 것이 한나라 통치자들에게는 깊은 교훈으로 남았다. 한대 사상가들은 군권을 제약하고 정치를 조절하는 기본 경로로 진간을 보편적으로 인정하고 있다. 한대 통치자들은 이 견제균형 방식을 법률적으로 보장해주었다. 한 문제文帝 전원前元 2년(기원전 178)의 조서엔 이런 이야기가 있다. "옛날 천하를 다스릴 때 조정엔 선을 진언하는 깃발과 비방하는 나무¹⁶⁶가 있어 치도를 꿰뚫고 있는 사람이면 나와서 간언했다고 한다."¹⁶⁷ 그리하여 '비방, 요언의 죄목'을 폐지하라는 명령을 내리니 진간은 정치적 합법성을 얻게 되었다. 실질적으로 진간은 신하가 군주에게 충고하는 것으로 신하들에게 있어서는 신하된 자의 의무가 아닐 수 없었다. 물론 거기에는 정치권력이나 법률 규정에 기초한 그 어떤 정치적 강제력도 없었다. '진간' 방식이 합법적이라고 하여 진간의 효력이 필연성을 갖추었음을 뜻하지는 않는다. 사실상 군권 지상성이라는 전제하에서 정치적 결단을 내릴 수 있는 권한과 주동적으로 정치를 이끌 권한은 시종 군주의 손에 장악되어 있다. 이 때문에 진간의 동기에 아무런 이의가 없다고 하더라도 그 효과는 실로 예측하기 어려웠다. 신하된 견해에 입각하여 그들은 자신의 군주가 명군으로서 "관용을 베풀어 듣고, 간쟁하는 관료들을 높여주고, 충직한 사람들에게 널리 길을 터주고, 절개를 굽히지 않는 말에 죄를 묻지 않은 연후에 백관들이 자리를 지켜 충성과 모의를 다하고 후환을 두려워하지 않을"[168] 수 있기를 바랐다. 신하들이 도의를 근거로 비분강개하여 진언을 올리면 모종의 정치적 여론이 형성되어 일정한 정치적 압력으로 작용함으로써 군주가 수렴하게끔 압박할 수도 있다. 아니면 진간이 권력 장악자들의 절실한 이익을 건드려 제도 개혁을 가져올 수도 있다. 그러나 이 모두는 시대 배경, 군주 본인의 재능, 품성, 성질 및 정치적 식견, 진간하는 사람과 군주와의 관계, 그 자신의 조건 및 진간의 구체적 내용 등 당시의 구체적 상황에 따라 결정된다. 따라서 지극히 임의적이고 개연성이 크다고 하겠다. 도의 원칙과 정치권력은 본래 같은 선상에 놓고 이야기할 수 없다. 군주는 혼자만의 생각으로 고집을 부릴 가능성이 있으며, 그 결과 진간하는 사람이 조금이라도 조심하지 않으면 치명적인 재앙을 초래할 수도 있다. 역사상 이런 사례는 셀 수 없이 많다. 그 전형적인 예가 하나라 걸桀왕 때의 관룡방關龍逢과 은나라 주紂왕 때의 비간比干이다. 전한 시대 직언이나 강력한 간언으로 죄를 얻은 자는 더더욱 셀 수가 없다. 사상가들은 군주의 권위를 수호해야 할 뿐만 아니라 정치적 견제균형 기제의 정상적 운용도 보장해야 했다. 게다가 진간하는 사람의 신변도 보호해야 했으니 참으로 어려운 문제였다. 이를 위해 그들은 한편으로 신하들에게 직언과 과감한 간언을 하고 죽음도 두려워하지 않는 쟁신諍臣이 되라고 격려했다. 『한시외전』은 비간의 입을 빌려 이렇게 이야기한다. "군주가 포악함에도 간언하지 않음은 충성이 아니다. 죽음이 두려워 말하지 않음은 용기가 아니다. 잘못을 보면 간언하고 쓰이지 않으면 죽는 것이 충성의 극치다."[169] 목숨을 내건 강력한 간언의 가치를 긍정하며, 강력한 간언으로 인한 죽음은 제대로 된 죽음이라고 주장한다. 그들은 진간하는 사람들에게 수많은 보신 방법을 가르쳐주기도 한다. 신하들에게 군주의 안색을 관찰하고 빙빙 둘러 말하며 적절한 데서 그치는 방법을 배워야 한다고 말한다. "군주의 안색을 살펴 기뻐하지 않으면 물러나고, 기뻐하면 다시 앞으로 나아가 예로써 진퇴한다."[170] 혹은 깨끗하게 떠남으로써 끝내 버린다. "세 번 간해도 듣지 않으면 도망하여"[171] 스스로 욕을 당하지 않 도록 한다. 지고무상의 군권 앞에서 도의에 의한 견제균형이 얼마나 창백 하고 무기력한 것인지 잘 알 수 있다.

신하의 군권에 대한 상대적 제약, 즉 '도의에 의한 견제균형' 시도의 최 종 목표는 군주 개인의 전제나 독재를 방지하기 위함이 아니라, 신하의 교정과 조정을 통해 군주 정치가 정상적으로 운용되도록 지켜냄으로써 정치 위기를 방지하는 것이었다. 이와 같은 정치적 견제균형 이론의 형성 은 중국 고대의 통치 계급이 고도로 발달된 자아 인식을 하고 있었다는 징표이며, 한대에 군주 정치 체계가 날로 성숙해갔음을 나타내는 것이다. '권력에 의한 견제균형' 이론이 역사적으로 실천됨으로써 근대 민주 정치 의 발전을 촉진했다면, '도의에 의한 견제균형'은 그와 정반대로 논리적 발전이든 실천적 효과이든 군주 정치를 공고히 하는 데 불과했다. 한대 및 후세에 진간한 사람은 모두 군주 정치의 '보완파'다. 그들이 기꺼이 목 숨을 버린 것은 한 왕실 천하 혹은 특정 왕실 천하의 영원한 평안을 위 해서였다. 따라서 이론상 군권의 지상성과 군권의 신성성은 군주 정치를 위해 주된 항해 방향을 정해주었으며, '도의에 의한 견제균형' 관념에 기 초해 형성된 자아조절 기제는 통치 계급의 정치 조절 기능과 정치 변화 에 대한 적응 능력을 극도로 증대시켜주었다. 그렇게 하여 원만한 성취를 이룸으로써 한 이후의 정치 발전은 군주 전제라는 항로를 따라 바람에 돛단 듯 나아갔으며 한시도 곁으로 빠지지 않았다.

허황된 권위에 의한
군권 제약

신하에 의한 상대적 군권 제약 이론은 신하에게 정치에 참여할 자격과 정견을 발표할 의무가 있음을 인정한 것이다. 동시에 군주는 신하의 정견을 받아들여 정책 및 개인 행위를 적절히 조정할 책임이 있다는 것을 의미한다. 그런데 군주가 갖고 있는 권력과 지고무상의 권위 때문에 군신 간의 상호 보완 작용을 하게 하는 데 이상적인 효과를 거두기 어려울 뿐만 아니라 신하는 이 의무를 이행하면서 극도의 위험을 감수해야만 한다. 실제 정치에서 신하에 의한 군권 제약의 효력을 높이기 위해 한대 사상가와 정치가들은 절묘한 방법 하나를 생각해냈다. 그건 바로 천天, 성인聖人, 선왕先王과 유학 경전의 권위를 군주의 권위와 상호 대항케 한 것이다. 이 이론상, 인식론상의 권위는 원래 군권 지상성을 구성하는 이론 기초였는데, 여기서는 오히려 군권을 제약하는 도구로 사용되었다.

한대 사람들의 눈에 천은 얼마간의 신성한 초월적 권위를 지니고 있었다. 천은 군주 권력의 부여자이고 군권의 감독자이며 음양재변을 통해 인간의 일에 대한 희로와 정치 생활에 대한 관심을 곧장 드러내기도 한다. 양한의 정치사상 영역에서 동중서가 크게 발전시킨 '천견론天譴論'이 강력한 사조로 형성되면서부터 바로 군권을 제약하는 데 쓰였다. 뭇 신하 관료가 시정을 비판하면서, 혹은 군주에게 정견을 진술할 때 항상 천의 깃발을 높이 들었다. 그리고 천의 권위는 절대 정확하므로 군주는 천의 의지에 복종해야 한다고 강조했다. 공광孔光은 "위로 하늘은 귀 밝고 눈 밝으셔서 아무 일이 없다면 변란이 그냥 생기지 않습니다"라고 말했다. 군주는 천의 변란과 재이에 대하여 경외하는 마음을 품어야 하며 그것을 행동으로 보여야 한다. "만약 두려워하지 않고 가리려 하거나 경솔히 업신여긴다면 흉벌이 가해져 필경 심각한 지경에 이르게 될 것이다."[172] 공손홍은 "천의 덕은 사사로이 친함이 없으며, 그에 따르면 화합이 일어나고 그를 거스르면 손해가 생긴다"[173]고 말한다. 위상魏相은 말한다. "현명한 왕은 공손히 천을 존중하고 신중히 사람을 기른다. (⋯) 군주의 동정動靜이 도에 입각하고 음양을 받들어 순응하면 해와 달이 크게 밝을 것이며"[174] 비바람이 순조로워 천하가 크게 다스려질 것이다. 그렇지 않으면 "비바람이 때를 잃어" 백성이 굶고 추위에 떨게 되며 "도적 떼와 간신들이 생겨날" 것이라고 한다. 그들은 약속하지 않았음에도 다 같이 인식론적으로 천의 권위를 강화하고 있으며, 천이 인간사를 주재함이 필연적인 것임을 강조하고 있다. 군주는 권력을 행사하여 천하를 다스릴 때 반드시 천에 책임을 져야 했으며, 천은 신하들에 의해 군권을 비판하고 속박하는 중요한 권위의 하나로 이용되었다.

한나라 때 사람들의 마음에서 성인과 선왕은 구분하기가 쉽지 않았다. 성인이란 때로 전 시대의 제왕이었으며 후세 사람들의 신비화를 거쳐 인신人神이 합일된 성왕聖王으로 상징되었다. 성인 숭배는 재위하고 있는 군주의 권력 출처이자 군권의 합법성을 논증해줄 수 있을 뿐만 아니라 선왕과 선성先聖이 현실 정치와 밀접한 관계가 있으며 성인의 권위가 현실 군주를 지도한다는 의미를 지니고 있음을 나타내는 것이었다. 한대엔 선성 숭배 분위기가 매우 농후했다. 예컨대 『회남자淮南子』「수무훈修務訓」 편은 이렇게 이야기한다. "세상 사람 대다수는 옛것을 존중하고 지금의 것을 천시한다. 그래서 도를 말하는 사람이면 반드시 신농神農, 황제黃帝에 의탁한 뒤에 본론으로 들어간다. 난세의 어리석은 군주들은 아주아주 먼 곳에서 자신의 근원을 찾아 그것을 소중히 여겼다."[175] 이 사유의 특징은 사람들의 시각을 전통으로 이끌 뿐 미래를 맞대하지 못하게 한다. 사람들은 결국 옛날의 영광스러운 자취 속에서 치세의 방침을 구하게 되고, 그 결과 사람들은 정치 경험의 축적, 계승 및 전승을 극도로 중시하고 선왕, 선성의 이름을 둘러쓴 사람들을 향해 숙연한 공경을 바치지 않을 수 없게 되었다. 한대 사상가와 정치가들은 바로 이 점에 착안하여 성인이나 선왕을 군권 제약의 또 하나의 도구로 삼았다. 그들은 성인, 선왕은 천도에 통하고 인사를 숙지한 사람들이므로 군주가 마땅히 학습하고 참조해야 할 모범이라고 주장한다. 이를테면 위상魏相은 이렇게 이야기한다. "신은 어리석으나 음양이야말로 왕업의 근본이며 뭇 생명의 운명을 결정짓는 것으로서 예로부터 성현들이 그에 따르지 않는 자가 없었다고 생각하옵니다. 천자의 뜻은 반드시 순전히 천지를 본받아야 하며 선성들의 일을 관찰해야 하옵니다."[176] 정치적 실천 과정에서도 신하들의 진간에 자주 성인의 입을 빌려 사용했다. 이를테면 왕길王吉은 "훌륭한 인재를 선발하시고 임자령任子令[177]을 없애시라"고 간언하며 순舜과 탕湯의 깃발을 치켜들었다. 그는 말한다. "순임금, 탕임금은 3공 9경을 임용함에 세가의 자제를 쓰지 않고 고요皐陶, 이윤伊尹을 임용했으며 어질지 못한 자는 멀리했사옵니다."[178] 여기서 순과 탕은 선왕이자 성인의 신분이다. 어떤 때 진간하던 사람은 아예 직접적으로 '훌륭한 왕'과 지금의 왕을 비교하여 군주의 과오에 직언으로 비판했다. 예컨대 곡영은 한 성제成帝를 이렇게 비판했다. "왕은 인민을 기반으로 삼으며, 인민은 재물을 근본으로 삼습니다.

재물이 다하면 아랫사람들이 배반할 것이고, 아래에서 배반하면 위는 망합니다. 그래서 훌륭한 왕은 기반을 아끼고 근본을 길러주며 감히 궁핍이 극한에 이르지 않게 합니다. 백성을 부릴 때는 마치 대제를 받들듯이 했습니다. 그런데 지금 폐하께서는 백성의 재물을 가벼이 빼앗고 백성의 힘을 아끼지 않아 (…) 크게 요역을 일으키시고 세금 부담을 무겁게 늘리고 계십니다."[179] 여기서 '훌륭한 왕'은 성왕의 다른 말이다. 성인, 선왕 혹은 훌륭한 왕이 방패막이가 되어주지 않았다면 위상, 왕길, 곡영의 무리가 감히 이처럼 크게 '지조를 굽히지 않는 말'을 할 수나 있었겠는가!

경전이란 유학 전적을 가리킨다. 한 무제武帝가 유가 학술만을 숭상하면서 유가는 유일 지존이 되었고 유학 전적은 흠정 교과서 반열에 들어 당연한 이론적 권위와 인식론적 표준이 되었다. 한대 학자들은 경전을 높이 받들었다. 성인 말씀의 응축이자 도의 매개체였기 때문이다. "육예는 왕도 교화를 담은 전적이다. 선성이 그로써 천도를 밝히고 인륜을 바로잡으며 지극한 치세에 이르게 한 완성된 법이다."[180] "성인은 육경에 근거하여 천지의 마음을 통섭하고, 선악의 귀결점을 드러내주고, 길흉의 구분을 밝혀주고, 인간의 정도를 꿰뚫게 하여 본성에 어긋남이 없도록 만들어준다."[181] 한대의 사회적·정치적 생활에서 유학 경전은 법전의 성질을 지녔다. 사마천의 『춘추』에 대한 평가가 꼭 그렇다. "『춘추』는 위로 삼왕의 도를 밝히고 아래로 인간사의 원리원칙을 분명히 해준다. 의심스러운 것을 구별시켜주며, 시비를 밝혀주며, 머뭇거리는 일에 결정을 내려주며, 선을 높이고 악을 미워하게 해주며, 어진 사람을 대접하고 불초한 사람을 천시하도록 하며 (…) 왕도 가운데 가장 위대한 것이니" "마땅히 한 왕실의 법전이 될"[182] 만하다. 성인, 도, 법의 권위가 한데 모아진 경전은 사람들이 배워야 할 법률 조문, 형사사건 재판, 시비 판단의 표준이었을 뿐만 아니라 신하들이 군권을 제약하는 데 사용한 이론적 근거이기도 했다. 경전을 인용하고 성인의 말씀을 진술하는 것이 진간의 기본 방식 가운데 하나가 되었다. 이를테면 원연元延 원년(기원전 12) 곡영은 해마다 재해가 연이어지는데도 "관리들이 세금 증액을 주청하는" 일을 두고 성제에게 진간했는데, 경전을 근거로 들며 세금 증액 논의가 "경전의 의의를 심히 왜곡하고 민심을 거스르는 것으로 널리 원망을 사 재앙을 부르는 길이라" 했다. 그는 또 『시경』의 "백성이 상을 당하면 엎드려 그들을 구원한다"[183]와 『논어』의 "백성이 풍족하지 않는데 군주가 어찌 풍족할 수 있겠느냐"[184] 등 성인의 말씀을 인용하여 성제에게 정책을 조절하고 관대하고 검소한 정치를 하라고 요청했다.(『한서』 「곡영전」 참조)

경전, 선왕, 성인, 천의 엄호 아래 진간하던 사람들에겐 안전감이 좀 더 늘게 되었다. 형식적으로 볼 때 신하들이 시정을 비판하거나 군주 개인 행위를 질책하는 것은 이런 권위적 의견들을 돌려서 진술한 데 불과하므로, 때로 태도가 좀 격앙되거나 언사가 날카로웠다 하더라도 군신의 도에 위배되었다고 할 수는 없었다. 진간하던 사람이 천이나 성인들의 배후에 숨어 군권을 제약함으로써 생길 수도 있는 직접적인 대항을 간접적인 것으로 바꾸어 자신의 안전 지수를 높였을 뿐만 아니라 군주가 천이나 성인의 뜻을 높이 받들어 행한다는 점에서 군주의 존엄 또한 아무런 손해를 입지 않게 된다. 실제 효과로 볼 때도 천, 성인 등 권위를 운용해 울타리를 삼은 것은 엄격한 군신의 종속 관계에서 돌아설 수 있는 인식론적 틈을 열어주어 군주, 신하 쌍방으로 하여금 진퇴의 여지를 갖도록 해준다. 이로써 신하에 의한 군권 제약은 비교적 다양한 가능성을 지니게 되었다. 하지만 군주의 정치적 권위와 비교해볼 때 천, 성인 등은 그저 허황된 권위에 불과하다는 것을 알아야 한다. 천, 성인 등은 정치적 실체가 아니라 사람들의 인식상의 피조물일 뿐이므로 내포된 함의는 여전히 도道의 범주를 넘어서지 못한다. 비록 그들이 "법전, 예의 등은 군주가 제멋대로 전횡하는 것을 금지하기 위함이다"[185]라고 분명히 밝혔듯이, 한대 사상가와 정치가들이 주관적으로 권위로 권위를 제약하길 기대했다고 하더라도 이론에서의 허황된 권위는 정치에서의 실체적 권위와 대항할 수가 없다. 오히려 왕왕 정치적 권위에 굴종하여 군권을 위해 봉사하곤 한다. 양한 말년 현인을 등용하고 인정을 실시하라는 상소가 줄을 잇고 군주 및 관료 정치에 대한 비판이 구구절절 모두 옳았음에도 왜 끝내 아무런 소용이 없었는지 그 중요한 이유는 바로 이것이다. 권력지상의 시대에 모든 것은 정치권력에 종속되는 것일 뿐 이론적으로 격앙되어 비분강개한들 그저 헛수고에 불과하다.

그 밖에 천, 성인 등 권위가 신하들에 의해 군주를 비판하는 데 이용됨으로써 마치 군권과 충돌을 일으킨 듯 보이지만, 이 현상은 이론상의 권위와 군주 정치가 대립하고 있음을 의미하고 있는 것이 아니라 구체적인 군주의 개별적 행위와 군주 정치의 일반적 원칙이 잠시 어긋나고 있음을 나타내는 데 불과하다는 것을 우리는 알아야 한다. 천, 성인의 왕과의 괴리는 문제의 표층일 뿐 이 현상의 배후에는 천, 성聖, 도와 왕의 고도의 통일, 즉 통치 계급 전체 이익을 대표하는 군주 정치 위에서의 통일이 존재하고 있다.

한대 사상가와 정치가들은 정반 양면에서 이론을 전개하여 이론적으로 군주 정치가 더 많은 가능성을 함축하고 한 제국의 황제 제도와 전제 통치가 확고부동한 기초 위에 설 수 있도록 노력했다. 어쩌면 이것이 바로 허황된 권위에 의한 군권 제약을 제창하고 실시했던 진정한 의도였는지도 모른다.

제4절

죄기조(자책조서)에서의
정치 조절 관념

죄기조罪己詔(황제가 자기 잘못을 스스로 인정하여 자책하는 조서)는 제왕이 하늘과 민중을 향해 정치적 잘못을 검토해 과오를 시정함으로써 새롭게 출발한다는 조서다. 한 문제文帝 전원前元 2년(기원전 178) 11월의 일식조日食詔는 처음으로 한대 죄기조의 선구가 되었다. 그 후 역대 제왕들은 누차에 걸쳐 이러한 조서를 내렸다. 죄기조는 고대부터 있었는데, 한대에 이르러 최고로 유행함으로써 한대 정치의 큰 특색이 되었다. 이는 하늘을 두려워하고 성인을 숭상하는 한대 유생들의 사상과 밀접한 관계가 있으며, 제왕의 통치술 가운데 하나이기도 했다.

외천숭성畏天崇聖과 죄기조

한대의 죄기조는 벌써부터 고정된 격식을 만들어갔는데, 대체로 세 가지 단계로 나뉜다. 먼저 군주의 치세 업적을 명시하고, 다음으로 천재, 인사의 부조화를 민중에게 널리 알린 뒤 "짐의 부덕함" 때문이라는 따위의 자책어를 잇고, 마지막으로 다양한 정치적 조처로 폐단을 보완할 자구책을 만든다.

한대에 보편적으로 유행했던 사회적 정치적 의식 가운데 하나는 외천畏天(하늘을 두려워함)과 숭성崇聖(성인을 숭상함)이었다. 천은 신령과 자연의 통일체로써 세계의 주인이자 관리자였으며 인간 생활의 통치자이기도 했다. 성인은 인간 가운데 최고의 품질이자 가장 완벽한 인격의 구현자인 동시에 천도를 체득하고 인류를 구원할 초인이기도 했다. 한대에 가장 숭앙받던 성인은 요堯, 순舜, 문왕文王, 무왕武王, 주공周公, 공자孔子와 선황제들이었다. 죄기조엔 천을 경외하고 성인을 숭상하는 두려움의 수사로 가득하다. 예를 들어보자. "지난번에 북해北海와 낭야琅邪에 지진이 일어 조종의 묘가 무너지니 짐은 심히 두려웠느니라."[186] "산이 무너지고 땅이 갈라지며, 샘물이 솟아오르는 등 하늘이 재앙을 내리니 짐의 경사京師가 놀라 진동했느니라."[187] "짐이 종묘를 보존하느라 전전긍긍 두려움에 떨었음에도 제대로 받들지 못했느니라."[188] 죄기조에서 한대 제왕들은 자주 오제 삼왕을 기준으로 삼아 자신의 정치적 잘못을 검토했으며, 때로『시』『서』의 성인 말씀 및 선왕들의 행위를 자기 행동의 근거로 삼곤 했다. "선황제의 덕을 부끄럽게 할까 두려우니"는 죄기조의 출발점 가운데 하나였다. 한초 육가陸賈, 가의賈誼 등 일군의 지식인은 진秦이 망했던 교훈을 빌려다가 제왕들에게 "인의를 행하고 선대 성인을 본받으라"[189]고 간언하면서 제왕으로 하여금 어려서부터 예의를 익히고 지덕의 교양을 쌓아 요순과 같은 성인 황제로 성장해갈 것을 요구했다. 한 무제武帝 시기 유학이 유일 지존으로 정해짐에 따라 천을 꿰뚫고 성인에 다다르고자 하는 사상이 더욱 드러나게 되었다. 무제는 이런 조서를 내렸다. "오제 삼왕의 도를 들어보니 제도와 풍속을 바꾸어 천하가 넉넉히 화합했고 모든 왕이 그와 같았다고 한다. (…) 그대 대부들은 선대 성인의 업적에 밝고, 세속의 변화 및 종시終始의 순서에 익숙하며, 심원한 도리를 풀어낸 지 오래되었으니 그것을 밝혀서 짐을 깨우쳐주도록 하라." 이에 동중서는 대책對策을 아뢰었다. "지금 폐하께옵서는 천자의 귀함과, 사해의 부유함을 두루 갖고 계십니다. 최고의 자리에 앉아 계시고, 최고의 세력을 부릴 수 있으며, 최고의 재물도 가지실 수 있사옵니다. 행동은 고상하시고 은혜는 두터우시며, 지혜는 밝고 뜻은 아름다우시며, 백성을 사랑하고 선비를 좋아하십니다. 참으로 깨친 군주라 할 수 있겠습니다. 그럼에도 천지가 이에 응하지 않고 상서로운 일들이 생기지 않음은 무엇 때문이겠습니까? 그건 교화가 수립되지 않아 만백성이 바르지 못하기 때문입니다."[190] 통천치성通天致聖(하늘을 꿰뚫고 성인에 이름)한 무제의 능력에 대해 동중서는 세 가지 유리한 조건을 제시한다. 그건 천자로서의 지위, 천하의 대권, 그리고 성스럽고 달통한 지혜다. 무제가 세 가지를 갖추었음에도 '상서로운 일'이 생기지 않음은 교화가 수립되지 않았기 때문이다. 제왕이 인의교화를 시행하고 '힘써 노력해' 일한다면 통천치성할 수 있다고 한다.

제왕이 통천치성한다는 것은 한대 사회에서 보편적으로 인정되는 관념이었다. 군주는 그렇게 하는 것을 임무로 여겼고, 신민은 이를 희망으로 삼았다. 그러나 현실 정치와 사회 상황은 이런 이상과는 너무나 거리가 멀어 하늘이 노하고 백성이 원망할 일이 누누이 발생했다. 제왕은 통천치성한 유일한 담당자이므로 거꾸로 하늘이 노하고 백성이 원망하는 일에 대해 책임을 회피할 수 없었다. 죄기조야말로 원만히 신성함을 드러내면서 이 곤경에서 벗어날 수 있는 조치였다.

한대의 죄기조는 크게 두 부류로 나뉜다. 하나는 천견죄기天譴罪己(하늘의 책망으로 자기를 인책함)로 하늘의 뜻에 통하는 것이며, 하나는 정사죄기政事罪己(정치적 사건으로 자기를 인책함)로 성명聖明함을 달성하는 것이다. 천견죄기는 대부분 일식, 지진, 화재, 수재 등 음양 부조화의 자연 현상 때문에 이루어지게 된 자기인책이다. "군주가 부덕하고 정책이 고르지 못하면 하늘이 재앙으로 보여주어 정치적 실패를 경계한다."[191] 따라서 사실상 정사죄기인 셈인데 한 번 더 돌려서 말한 것일 뿐이다. 일반적인 상황 하에서 한 번의 천재지변은 한 가지 일을 검증한 것이다. 또 다른 천재지변이 일어났다면 그건 또 다른 정치적 실패를 반영한 것이다. 오직 제왕만이 이러한 천재지변이 일어나는 원인을 통찰하여 구제 방법을 낼 수 있다. 그렇게 함으로써 제왕의 하늘을 꿰뚫는 능력과 성인에 이르렀다는 의식이 겉으로 드러나게 된다. 천재지변과 인간사 사이엔 일정한 대응 관계가 있는데, 귀납하면 대체로 다음과 같다.

일식 음이 양을 침범함은 군주가 교만하여 깨치지 못하여 음에게 먹힌 것이다. 제왕은 뭇 생민을 잘 기르지 못하고 관리들이 책무를 다하지 못한 것을 자책해야 한다. 이른바 "남자들에 대한 교화가 잘못되어 양의 일이 이뤄지지 못하니 태양이 좀먹는 것이다."[192] 그 조치로 군주는 겸허한 마음을 품고, 현인을 높이며 간언을 수용하고, 덕 있는 자에게 자리를 주고 뜻 있는 자를 포상한다.

지진 땅은 대신의 자리로 만민을 실어 편안케 하고 만물을 가득 담고 있어야 한다. 지진은 신하에게 두마음이 있어 정권이 불안함을 밝혀주는 것이다. 제왕은 부원附遠[193]하여 백성을 편안케 하지 못했음을 자책한다. 그 조치로 군주는 현량방정賢良方正을 천거하고 백성에게 걱정을 끼치는 일을 그만둔다.

화재 군주가 재물을 탐해 과다한 세금이 백성의 재화를 모조리 갈취한 경우다. 제왕은 다스리지 못해 과실이 심대하고 뭇 신하가 과실에 대해 극언하지 않음을 자책한다. 그 조치로 군주는 청렴하고 정직한 선비를 뽑고 천하에 큰 사면을 베푼다.

오랜 가뭄 군주가 아래 백성에게 혜택을 베풀지 않아 메뚜기가 곡식을 해치는 경우다. 제왕은 부덕하고 현명하지 못함을 자책한다. 그 조치로 군주는 유배 형벌을 용서해주고 관대함을 행하며, 억조창생에게 은혜를 베풀고, 공 있는 관리들을 위로하며, 홀아비와 과부에게 물품을 하사하고, 모자란 것들을 갈무리한다.

태양 빛이 없음 나라에 아첨꾼이 있고 조정에 불온한 신하가 있어 조정 기강이 혼란스러운 경우다. 그 조치로 군주는 아첨꾼을 멀리하고, 충직한 신하를 가까이하며, 경전을 수습하고, 성인의 도를 익히며, 현량방정을 천거한다.

죄기조는 제왕 위에 더 큰 권위와 더 높은 선과 미가 있어 제왕의 행위와 정사를 제약하고 재량하는 '역량'이자 '준칙'이 됨을 나타낸다. 이는 고대 사상가들의 작은 발명이라 말하지 않을 수 없다. 현실 정치에선 그 어떤 힘도 지고무상의 군권에 대해 효과 있는 제약을 할 수 없으며, 그래서 사람들은 하늘과 성인을 제왕 위에 덧씌웠고 바로 이 천과 성의 권위를 빌려 제왕에게 어느 정도 비판을 가한 것이다. 그러나 다른 한편으로 황제가 잘못을 저지를지라도 천, 성과 상통할 수 있는 사람은 여전히 황제한 사람뿐이었다. 그는 잘못을 저지를지라도 그 잘못을 스스로 고칠 수 있는 특권을 가지고 있었다. 죄기조가 증명하고 있는 바는 바로 황제의 위대함과 영명함이며, 또한 죄기조는 통천치성의 조건을 갖추어주었다.

죄기조와
정책 조정

청淸나라 사람 조익趙翼은 『이십이사차기二十史箚記』에서 한대엔 "범용한 군주는 있었지만 폭군은 없었다"[194]고 말한다. 이는 한대의 제왕과 진 황제의 폭정이 다름을 반영한 말이다. 천과 성의 왕권에 대한 제약이 일정한 작용을 일으켰다는 측면에서 죄기조는 '폭군이 없는' 한 가지 원인을 설명해준다. 제왕은 자기인책으로 민중을 위로하고 다시 그에 따른 일련의 정책 조정으로 양자 간의 대결을 완화시킨다. 죄기조의 진정한 사회정치적 의의는 바로 자기인책 이후의 정책 조정에 있다. 그래서 "조서가 내려질 때마다 백성은 다시 태어난 듯 기뻐했다".[195] 경천숭성敬天崇聖, 통천치성 사상은 제왕이 자기인책과 정책 조정을 하는 데 사상적 심리적 전제였다. '자신自新' '갱시更始' 등 정책 조정을 통해 민심의 귀순 및 군주에 대한 민중의 존경을 불러옴으로써 봉건 통치자들이 공정하고 선량하다는 것을 드러냈다. 한대에 가장 유명했던 무제의 윤대輪臺 죄기조[196]는 바로 뜻을 세워 정책을 조정한 전형적 사례다. 한 무제는 만년에 이전에 벌였던 일을 깊이 후회하며 이렇게 말했다. "지금 저 멀리 윤대에 둔전을 실시하고 봉화대를 세우려 한 것은 천하를 어루만지고자 함이었지 백성을 근심하게 만들려는 까닭이 아니었다. 지금 짐은 차마 듣지를 못하겠구나. (…) 오늘의 급선무는 폭정을 금지하고 규정 외의 세금을 걷지 못하게 하며, 농사에 근본을 두고, 마구를 정돈하여 명령에 대기토록 하여 빠진 곳을 메우되 군비에 부족함이 없도록 하는 것뿐이다."[197] 무제는 초기의 전쟁 정책을 바꾸어 농업 생산을 발전시키고 인정仁政을 베푸는 것을 후기의 치국 방침으로 삼았다. 그는 떳떳하게 '웅대한 재략'을 펼쳤다. 전쟁이 사회에 엄청난 상처를 가져와 인민이 휴식과 안녕을 갈망하던 바로 그때 시기를 놓치지 않고 자가 인책의 조서를 내렸다. 전쟁의 과오를 검토하고 정책을 조정하여 군사 정벌에서 안민 위주로 정책을 결정함으로써 최대한도로 민심에 영합하고 백성의 인정을 받아 "소제昭帝, 선제宣帝 시기 중흥"을 위한 정책의 기초를 다졌다. 무제가 자기인책 조서를 내린 것은 형세에 밀렸기 때문이었으나 이 또한 통천치성의 사상적 기초와 떼어 생각할 수 없다. 한대에 내려진 죄기조는 매번 정책 조정 내용을 담고 있었다. 민중은 명목상으로도 조정의 수혜자이자 시정의 목적이 되었다. 죄기의 격식에 입각해 제왕들은 침통하게 자책을 한 뒤 일련의 혜민惠民 정책을 반포했다. 이는 대체로 다음 몇 가지 범주 내에서 이루어졌다.

전조田租의 감면, 홀아비, 과부, 고아, 독거노인에 대한 구휼, 백성에게 소고기, 술 하사, 폭정 금지와 규정 외 세금 정지.
회계장부 조사, 궁정 경비 절약, 특별 사면 실시.
억울한 소송 사건 평결, 일부 법령을 없애 백성을 편안케 해줌.
현인을 천거하고 간언을 받아들임.

현인을 천거하고 간언을 받아들이는 일이 정책 조정 가운데 가장 뚜렷한 항목이었다. 거의 모든 죄기조는 이 내용을 포함하고 있다. "현량, 방정과 직언, 극간하는 사람을 천거하여 짐이 미치지 못한 부분을 바로잡을 수 있도록 하라."[198] 전한 후기에 이르면 전문적으로 현인을 구하는 대량의 조서가 출현한다. 따져보면 재이구언조災異求言詔, 거현량방정조擧賢良方正詔, 선현조選賢詔, 이재이개행신정조以災異改行新政詔 등 한두 가지가 아니다. 제왕이 현인을 뽑고 간언을 받아들이는 것은 한편으로 정부 활력의 증강과 통치 역량의 강화를 위해 녹봉을 가지고 선비들을 끌어들여 제왕에게 쓰이도록 하려는 것이었다. 다른 한편으로는 성왕의 덕행을 나타내 보이려는 까닭이기도 했다. 현인을 뽑고 간언을 받아들임은 군주가 몸을 아래로 굽혀 허심으로 가르침을 구하며 진심으로 잘못을 고칠 수 있음을 드러내는 것이다. 가의는 일찍이 제왕을 상주上主, 중주中主, 하주下主 세 부류로 나누었다. 상주는 성왕이며 하주는 포악한 왕인데, 다만 중주는 연사練絲(염색 전의 실)와 같아 좋은 보좌를 얻으면 생존하고 좋은 보좌를 얻지 못하면 망하므로 성왕은 오직 사람을 얻는 데 있다고 했다. 제왕들이 현량을 초빙함은 간언을 들으려는 것이며, 간언을 받아들이는 일이야말로 정책 조정의 전제였다. 한대의 간의諫議는 대단히 유명하다. 간언하는 사람들은 왕왕 격렬한 언사를 동원하거나 직언을 꺼리지 않았는데 고대 중국에선 실로 보기 어려운 일이었다. 이를테면 원제元帝 때 주애군珠崖郡[199]에서 반란이 일어나자 조정은 군대를 보내 진압하려 했다. 이에 가연지賈捐之가 백성의 궁핍과 재화 부족을 이유로 극력 반대하는 간언을 올려 끝내 원제로 하여금 "만민의 굶주림과 변방 오랑캐 지역을 토벌하지 않음 중 어떤 것이 위험이 큰가!"[200]라는 감탄을 자아내게 하고 주애군을 파하는 조칙을 내리게 만들었다. 온 세상이 이 조서를 보고 기뻐하지 않는 사람이 없었다. 사람들은 곧 태평 시대를 보게 되리라 생각했고, 원제는 간언을 받아들여 파병을 그만둠으로써 민중의 제왕에 대한 존경을 불러일으켰다. 전한 후기 사회가 요동치고 불안하자 곡영谷永, 공우貢禹, 유향

劉向, 포선鮑宣 등 정치가들의 사회비판도 날로 증가했는데, 사나운 낯빛으로 거친 말을 쏟아내며 사회적 폐단과 국왕의 잘못을 적시했다. 이를테면 곡영은 성제成帝에게 이렇게 아뢰었다. "왕은 반드시 자신이 먼저 그만둔 뒤에 하늘이 그만두게 하는 것이옵니다." "한 왕실이 일어난 지 9대 190여 년이 흘렀사옵니다. 정통을 이어받은 군주가 일곱으로 모두 하늘의 도를 순조로이 이어받았사옵니다. (…) 그런데 폐하에 이르러 유독 도에 어긋나게 멋대로 하시며 몸을 가벼이 놀리시고 망령된 행동을 일삼으시옵니다. (…) 군도를 버리는 경우가 많으시고 하늘의 뜻에 합치하지 않는 점도 많으시옵니다. 선인들의 후사로서 인민을 지키고 업적을 쌓으셔야 할 터인데 이와 같으시니 너무 무책임하십니다!"[201] 그는 제왕이 선제에게 빚을 지는 행위를 하고 왕도를 벗어났다고 직접 지적하고 있다. 이러한 질타에 대하여 한대 제왕들은 대부분 받아들이지 화를 내며 꾸지람하지 않았다. 간언의 용납이야말로 성인화를 지향하는 군주에게 없어서는 안 될 조건이었기 때문이다.

전한 후기의 죄기조부터 새로운 내용이 나타나기 시작하는데, 3공을 희생양으로 삼기 시작했다. 3공 대신의 물갈이를 통해 정부가 새로운 혁신을 한다는 결심을 보여주었다. 이렇게 파면된 3공으로는 소망지蕭望之, 설선薛宣, 적방진翟方進, 사단師丹, 공광孔光 등이 있다. 한 성제 영시永始 2년(기원전 15) 설선을 파면하는 조서는 이렇다. "당신은 승상으로 6년을 출입하셨는데 충효를 다했다거나 백관들 앞에서 솔선했다는 말을 짐은 들어보지 못했습니다. 짐이 현명하지 못해 이변이 속출하고 생산량은 해마다 떨어져 창고가 텅 비었습니다. 백성은 기근에 허덕이며 길거리에 떠돌고 역병으로 죽는 자가 수만에 달합니다. 사람들은 심지어 인육을 먹고 도적들이 횡행하여 뭇 관직이 황폐해졌습니다. 이는 짐이 부덕한 소치이자 팔다리로 쓰는 사람들이 어질지 못했기 때문입니다. 최근 광한廣漢 지역에

도적들이 창궐하여 관리와 백성이 잔혹하게 당한다기에 짐은 백성이 다치는 게 슬퍼서 몇 차례나 당신에게 물어보았는데, 당신의 대답은 번번이 사실과 달랐습니다. (…) 9경 이하 모두가 그런 의도를 따르는 동시에 속고 속이는 구렁텅이에 빠져 있으니 그 허물은 당신을 따르는 것인가요?"[202] 죄기조에서 성제는 관례적으로 부덕을 자책하면서, 그와 동시에 "팔다리로 쓰는 사람이 어질지 못하다"는 책망을 주로 하고 있다.

죄기조 가운데 일련의 정책 조정 조치는 '자기인책'이 정치 개혁에 대한 약속이자 수단임을 설명해준다. 고대 중국의 봉건 군주 전제 왕조는 본래가 자아 보호적 정부이기 때문에 통치자는 그저 자기 정권이 오래오래 보존되고, 자기 국토가 침범을 받지 않고 지켜지고, 자기 특권이 뒤집히지 않고 보호되기만을 바란다. 어쩔 수 없는 지경에 이르지 않는 한 일체의 혁신을 막으려 한다. 정치적 과오로 통치 질서에 상처를 입었을 때 비로소 개량 수단 또는 정책 조정이라고 불리는 일을 통해 정부의 활력과 제왕의 성명聖明을 드러내려 한다. 죄기조는 군주 자신의 정치적 과오를 인정한 것으로 통치자에겐 자기 폭로이자 자기 손상이 아닐 수 없다. 그러나 한편으로 마음을 비우고 정치에 임하는, 예컨대 싼값으로 민중의 마음을 일시적으로 휘어잡는 일이기도 하다. 사회 전체적으로 실질적인 자기반성이 있거나 개혁, 혁신을 위한 실질적 운용 기제가 마련되지 않은 채 이루어지는 죄기조는 왕왕 군주 정치를 막다른 지경으로 몰고 가기도 했다.

03 죄기조와 제왕 통치의 정당성 및 합리성

한 사회가 어떤 형식의 정치 제도를 채택하고 있든지, 사무 처리를 어떤 방식으로 하든지 그 제도는 반드시 민중의 충성을 얻는 길을 먼저 찾아내야 한다. 집권적 정치와 전제적 통치라는 조건 아래서 권력을 가진 사람들은 주로 강권을 사회를 통제하는 강제 수단으로 삼았다. 그러나 민심의 불복과 정치적 구심력의 약화로 인해 통치의 유효성은 극도로 약해질 수도 있다. 이를테면 진의 통치자는 형법 등 강제적 수단으로 백성의 입을 막았으나 폭력은 민중의 분노를 격발시켰고, 그 결과 사회 협동은 약해졌다. 짧은 십몇 년 만에 진이라는 '경찰국가'는 멸망하고 말았다. 한대 정권은 협동을 강조했다. "현인 사대부들과 천하를 공유한다"[203]고 했다. 협동이란 황제의 권위가 각계각층 민중의 이익을 고려하지 않을 수 없음을 뜻한다. 각계각층 민중과 반드시 협조 관계를 맺고, 강력한 이론적 근거를 만들어 왕권을 지탱할 수 있어야 통치는 합리적이고 합법적이 된다.

진시황秦始皇의 통치는 주로 인위적인 업적에만 의존했으며, 인간과 자연법칙의 관계는 전혀 고려하지 않았다. 자연법칙으로부터 권력의 합법성을 보장받을 수 없으면 인위적 업적을 이용해 권력의 합리성을 부단히 증명해갈 수밖에 없다. 그래서 진시황은 한결같이 개인의 권위화에 매진했고 "오제를 넘어서고 삼황에 버금한다"고 했다. 자신을 고대 성현을 초월하는 높은 데 위치시킴으로써 결과적으로 오히려 자신의 조절 능력을 상실했던 것이다.

한대의 제왕은 경천숭성 관념과 통천치성 사상을 통해 자신의 통치 근거를 찾았으며, 그것을 군권의 합리성, 합법성을 증명하는 사상적 기초로 만들었다. 한대의 첫 번째 죄기조는 입을 열자마자 이렇게 이야기한다. "짐이 듣자니, 하늘이 백성을 낳고 그들을 위해 군주를 두어 기르고 다스리라고 했다더라. 군주가 덕이 없고 정책이 고르지 못하면 하늘은 재앙으로 보여주어 정치적 실패를 경계한다."[204] 조서에선 군주의 통치 특권을 하늘이 하사한 것으로 말하고 있다. 군주와 인민이 천성적으로 다르다는 것으로 군주가 만민을 다스린다는 정당성과 합리성을 설명한다. 그 결과 군주 자신을 구세주의 지위에 놓고 천하 백성으로 하여금 은덕에 감사하라고 한다. 거꾸로 죄기조 또한 '천견天譴'론으로 하늘이 제왕의 통치에 대해 시시각각 관심을 두고 있음을 증명한다. 제왕은 '천견'을 하느님의 '행국幸國(나라에 왕림하심)'으로 보며, 천의 사랑이 특별히 나타난 것이고 통치자에게 "천명을 받으라"는 특별한 계시라고 한다. 하늘이 상서로운 징조를 내림은 제왕의 통치가 합법적이면서도 합리적임을 설명한 것이며, 하늘이 재이를 내림은 제왕의 통치가 합법적이기는 하나 합리적이진 못함을 설명한 것이다. 죄기조는 합리성의 원만한 방식 가운데 하나다. 조서에는 "천하의 치란이 나 한 사람에게 달려 있다"는 말이 자주 보이는데, 이는 정반 양면에서 제왕만이 유일한 희망임을 나타낸 것이다. 제왕이 죄기罪 己하고 자책함은 자기 부정이 아니라 성인에 이르려는 자신의 추구를 나타내는 것이자 책임을 지는 방식으로 합법적 권력을 지니고 있음을 증명하려는 것이다. 전체 죄기조 가운데는 두 가지 심각한 대립과 통일, 즉 굴군신천屈君伸天(군주를 굴종시키고 천을 신장시킴) 또는 굴군신성屈君伸聖(군주를 굴종시키고 성인을 신장시킴)과 "인민은 군주를 따르고, 군주는 천을 따른다"[205]는 내용을 내포하고 있다. 굴군신천 또는 굴군신성은 제왕이 천과 성인을 참조물로 삼아 천을 꿰뚫어 성인에 다다름을 반영한 것이다. 천은 명命이 있고, 성인은 리理가 있으며, 군주는 권權이 있다. 제왕의 권력은 천명으로 지지되며 성인의 리에 따라 움직여야 한다. 그래서 제왕은 때로 굴종하는 것이다. 그런데 모든 민중은 또 반드시 군주에게 굴종해야 한다. 이와 같은 대립, 통일 속에서 우리는 권력에 대한 제왕의 인식을 알아볼 수 있다.

우선 제왕은 권력의 유래를 하느님이 부여한 것이라고 말한다. 역대 왕조가 바뀔 때마다 새로운 황제는 모두 '천명'을 이용해 인민을 압박했으며, '천명'으로 인민을 농락했다. 국왕의 하유下諭는 무슨 "봉천승운奉天承運(하늘의 길을 높이 받들어)" 따위로 시작했다.

다음으로 제왕권력은 지고무상의 것이다. 상을 주든 압제를 하든 모두 제왕이 주재하며 인민은 왕에게 복종할 따름이다.

그다음으로 권력은 책임을 가져온다. 제왕이 천명을 받아 천하를 다스린다는 것은 그에게 만민을 다스리는 권리가 있다는 말인 동시에 국가를 다스리고 사회를 편안케 하며 인민을 행복하게 할 책임도 있다는 말이다. 그런데 하늘이 재앙을 내리고 사회가 다스려지지 않으면 군주된 입장으로서 도피할 것인가 아니면 책임을 질 것인가? 책임을 회피한다면 분명히 권력에 대한 신임을 잃게 될 것이다. 권력의 합리성을 증명하려면 용감하게 자책해야 한다. 한대 제왕들의 죄기조엔 권력과 책임의 상호 의존적 관계가 배어들어 있다. 책임을 질 수 있을 때 비로소 권력의 귀속이 당연한 것이라고 표명할 수 있다.

한대 제왕들은 통치 특권이 합리적이고 합법적이란 것을 증명하는 데, 그리고 민중으로 하여금 이를 보편적으로 인정하게 하는 데 온 힘을 기울였다. 이는 제왕의 통치를 지극히 편리하게 만들어준다. 선진 이래 가족, 가정, 혈연 관념은 사람들의 사유 방식을 꾸준한 계승 관계 위에 묶어두었다. 사람들은 습관적으로 선인의 명예로 후인의 행위를 판단했으며, 권력 유래에 대한 정당성 여부를 가지고 복종이냐 반항이냐를 결정했다. 제왕은 천, 성인을 빌려 신성한 제왕의 목적에 도달했으며, 자신에 대한 민중의 신임과 복종을 일으켰다. 이러한 관념들의 구속하에 민중 대다수는 군주의 애증을 자신의 애증으로 여겼고, 군주의 가르침을 자신의 신조로 삼았다. 생살여탈은 오직 한 사람의 뜻에 따라야 하며, 자신의 안전과 행복은 전적으로 제왕의 영명한 통치 여하에 달려 있다고 믿었다. "천왕은 성명하시고" "신의 죄는 죽어 마땅하다"는 말이 신하들과 인민의 구두선이었으니 인격적 독립을 말할 그 어떤 여지도 없었다. 제왕은 천의 대리인이자 신성의 구현자라는 것이 2000년 동안 흔들림 없이 단단히 중국에 뿌리내린 신성 황제관을 만들어냈다. 한대의 죄기조는 다른 왕조에 비해 아주 많다. 비교적 특수한 한대 제왕들의 정치 행위였다고 하겠다. 이 죄기조는 중국 고대 정치사상의 두 가지 극히 중요한 개념인 천과 성을 언급하고 있다. 천, 성, 왕이 하나의 구조 체계라면, 이 시스템은 한편으로 천과 성을 제왕을 신화화, 성인화시키는 수단으로 삼아 경천숭경, 통천치성의 면모를 지닌 왕이 만민의 복종을 얻어내 그 자신이 합리적이고 합법적이라는 것을 증명했다. 다른 한편으로 천과 성을 왕보다 높은 곳에 위치시켜 제왕의 행위를 감독하고 조절시킴으로써 정치적으로 돌아설 여지를 남겨두게 했다.

1   天何言哉, 四時行焉, 百物生焉.(『논어』「陽貨」)

2   唯天爲大, 唯堯則之.(『논어』「泰伯」)

3   天覆萬物, 制寒暑, 行日月, 次星辰, 天之常也, (…) 主牧萬民, 治天下, 莅百官, 主之常也.

4   大哉乾元, 萬物資始, 乃統天.(『易』「乾卦」‘彖傳’)

5   莫之爲而爲者, 天也; 莫之致而至者, 命也. (…) 天與賢, 則與賢; 天與子, 則與子.(『맹자』「萬章上」)

6   百神之大君也.(『春秋繁露』「郊語」)

7   仁, 天心.(『춘추번로』「兪序」)

8   天地者, 萬物之本, 先祖之所出也.(『춘추번로』「觀德」)

9   唯天子受命於天, 天下受命於天子.(『춘추번로』「爲人者天」)

10   受命之君, 天意之所予也.(『춘추번로』「深察名號」)

11   德侔天地者, 皇天右而子之, 號稱天子.(『춘추번로』「順命」)

12   天子號天之子也. (…) 天子父母事天, 而子孫畜萬民.(『춘추번로』「郊祭」)

13   王者受命於天, 爲民父母.(『漢書』「貢禹傳」)

14   天下乃皇天子之天下也, 陛下上爲皇天子, 下爲黎庶父母, 爲天牧養元元.(『한서』「鮑宣傳」)

15   人主之大, 天地之參也.(『춘추번로』「天地陰陽」)

16   必爲聖人.(『墨子』「貴義」)

17   上禮神而衆人貳. (…) 衆人雖貳, 聖人之復恭敬手足之禮也不衰.(『韓非子』「解老」)

18   聖也者, 盡倫者也.(『荀子』「解蔽」)

19   聖人, 人倫之至也.(『맹자』「離婁上」)

20   知通乎大道, 應變而不窮, 辨乎萬物之情性者也.(『순자』「哀公」)

21   『역』「繫辭下」.

22   上知千歲, 下知千歲.(『呂氏春秋』「長見」)

23   上古穴居而野處, 後世聖人易之以宮室. (…) 古之葬者, 厚衣之以薪, 葬之中野, (…) 後世聖人易之以棺槨.

24   上古結繩而治, 後世聖人易之以書契.(『역』「계사하」)

25   聖人之所生也.(『순자』「性惡」)

26   審于是非之實.(『한비자』「姦劫弑臣」)

27   明于治亂之道.(『관자』「正世」)

28 明主與聖人謀, 故其謀得; 與之擧事, 故其事成.

29 明主之治天下也, 必用聖人, 而後天下治.

30 至重, 至大, 至衆 (…) 至強, 至辨, 至明 (…) 此三至者, 非聖人莫之能盡. 故非聖人莫之能王.(『순자』「正論」)

31 天地神明之心, 與人事成敗之眞, 固莫之能見也, 唯聖人能見之. 聖人者, 見人之所不見者也.(『춘추번로』「郊語」)

32 天命成敗, 聖人知之.(『춘추번로』「隨本消息」)

33 所以貴聖人者, 非貴隨罪而鑒刑也, 貴其知亂之所由起也.

34 知之名乃取之聖. 聖人之所命, 天下以爲正. 正朝夕者視北辰, 正嫌疑者視聖人.(『춘추번로』「深察名號」)

35 天垂象, 聖人則之.

36 天者, 群物之祖也. (…) 故聖人法天而立道.(『한서』「동중서전」)

37 中者, 天下之終始也; 而和者, 天地之所生成也. 夫德莫大於和, 而道莫正於中.(『춘추번로』「循天之道」)

38 中者, 天下之美達理也, 聖人之所保守也.(『춘추번로』「순천지도」)

39 故聖人懷天氣, 抱天心, 持中含和, 不下廟堂而衍四海.(『회남자』「태족훈」)

40 是故能以中和理天下者, 其德大盛.(『춘추번로』「순천지도」)

41 與天地合德, 日月合明, 鬼神合靈, 與四時合信.(『회남자』「태족훈」)

42 夫聖人作法而萬物(物자는 民자여야 함)制焉.(『회남자』「氾論訓」)

43 天生之, 地載之, 聖人教之.(『춘추번로』「위인자천」)

44 人之性有仁義之資, 非聖人爲之法度而敎導之, 則不可使向方.(『회남자』「태족훈」)

45 湯以殷王, 紂以殷亡, 非法度不尊也, 紀綱不張, 風俗壞也. (…)故法雖在, 必待聖而後治.(『회남자』「태족훈」)

46 總百官之職, 各稱事宜而爲之節文. 唯聖主所由, 制定其當, 非群臣之所能列. 今將擧大事; (…)唯天子建中和之極, 兼總條貫.(『한서』「兒寬傳」)

47 臣又聞王之自爲動靜周旋, 奉天承親, 臨朝享臣, 物有節文, 以章人倫. (…) 故形爲仁義, 動爲法則.(『한서』「匡衡傳」)

48 禮者, 人道之極也.(『순자』「禮論」)

49 人無禮則不生, 事無禮則不成, 國家無禮則不寧.(『순자』「大略」)

50 禮之中焉能思索, 謂之能慮; 禮之中焉能勿易, 謂之能固, 能慮能固, 加好之者焉, 斯聖人矣.(『순자』「예론」)

51   聖人者, 道之管也.(『순자』「儒效」)

52   聖人者, 道之極也.(『순자』「예론」)

53   道不同於萬物 (…) 萬物之始, 是非之紀也.(『한비자』「主道」)

54   生於所以有國之術.(『한비자』「解老」)

55   道之出也.(『한비자』「揚權」)

56   道無雙, 故曰一. (…) 明君貴獨道之容.(『한비자』「주도」)

57   守始以知萬物之原, (…) 治紀以知善敗之端.(『한비자』「주도」)

58   道者, 所繇適於治之路也, 仁義禮樂皆其具也.(『한서』「동중서전」)

59   居知所爲, 行知所之, 事知所秉, 動知所由, 謂之道.

60   道者, 所從接物也, 其本者謂之虛, (…) 虛者, 言其精微也, 平素而無設施也.(『新書』「道術」)

61   道若川谷之水, 其出無已, 其行無止.(『신서』「修政語上」)

62   知道者謂之明, 行道者謂之賢, 且明且賢, 此謂聖人.(『신서』「도술」)

63   道, 王道也. 王者, 人之始也.(『춘추번로』「王道」)

64   親親尊尊長長男女之有別, 人道之大者也.

65   所聞天下無二道.(『춘추번로』「楚莊王」)

66   天不變, 道亦不變.(『한서』「동중서전」)

67   聖人所由曰道, 所爲曰事. 道猶金石, 一調不更; 事猶琴瑟, 每弦改調.

68   普天之下, 莫非王土. 率土之濱, 莫非王臣.

69   有父子然後有君臣.(『易』「繫辭上」)

70   王者無外 (…) 王者以天下爲家.(『公羊傳』隱公元年)

71   貴爲天子, 富有四海.(『新書』「過秦下」)

72   王畿內縣卽國都也. 王者官天下, 故曰縣官也.(『史記』「絳侯周勃世家」주석 인용)

73   親近侍從官稱曰大家, 百官小吏稱曰天家. (…) 天子無外, 以天下爲家, 故稱天家.

74   視天下爲莫大之産業.

75   有天下而不自睢, 命之曰以天下爲桎梏.(『사기』「李斯列傳」)

76   朕爲始皇帝. 後世以計數, 二世三世至于萬世, 傳之無窮.(『사기』「秦始皇本紀」)

77   君爲臣綱, 父爲子綱, 夫爲婦綱.(『白虎通義』「三綱六紀」)

78   王道之三綱, 可求於天.(『춘추번로』「基義」)

79   夫玄也者天道也, 地道也, 人道也, 兼三道而天名之, 君臣父子夫婦之道.(『法言』「玄圖」)

80   夫臣之事君, 猶子之事父, 欲全臣子之恩, 一統尊君.(『백호통의』「朝聘」)

81 能用天下之謂王.(『荀子』「正論」)

82 臣諸侯者王.(『순자』「王制」)

83 夫王者, 能攻人者也.(『韓非子』「五蠹」)

84 부斧는 일반 도끼의 총칭으로, 상商대 그림에 따르면 한쪽에 날이 서 있다. 월鉞은 주로 무기로 쓰는 큰 도끼 혹은 각종 의전에 사용하는 도끼를 말한다. ―옮긴이

85 父之考爲王父, 母之考爲王母.

86 國之大事, 在祀與戎.

87 君, 尊也. 從尹, 發號.

88 君謂有地者.

89 君者元也, 君者原也, 君者權也, 君者溫也, 君者群也.(『춘추번로』「深察名號」)

90 上下, 君臣也.(『周禮』「夏官」鄭玄注)

91 天無二日, 國無二主.

92 人君者, 所以管分之樞要也.(『순자』「富國」)

93 生之, 利之, 富之, 貧之, 貴之, 賤之.(『管子』「任法」)

94 君要臣死, 臣不敢不死.

95 法者, 王之本也.(『韓非子』「心度」)

96 惟辟作福, 惟辟作威.(『상서』「洪範」)

97 凡自稱, 天子曰'予一人'.

98 邦之不臧, 唯予一人有佚罰.(『상서』「盤庚」)

99 건망乾網은 하늘 망으로 천도天道를 뜻하기도 하며, 조정의 망으로 전의되어 군권君權을 뜻하기도 한다. 『명사明史』「왕용급전王用汲傳」에 "건망은 폐하께서 독람獨攬하셔야 합니다"란 말이 있다. ―옮긴이

100 天下之事無小大皆決于上.(『사기』「秦始皇本紀」)

101 丞相諸大臣皆受成事, 倚辨于上.(『사기』「진시황본기」)

102 務自攬衆事, 有司受成苟免.(『한서』「王莽傳」)

103 天子爲君萬邦, 百官承事.(『尙書緯』「說命上」)

104 君, 天也.(『左傳』宣公4年)

105 天者, 百神之君也.(『춘추번로』「郊義」)

106 王者天之所予也.(『춘추번로』「堯舜不擅移湯武不專殺」)

107 天胙之, 爲神明主.(『法言』「重黎」)

108 天子至尊也, 神精與天地通, 血氣含王帝精.(『春秋緯』「保乾圖」)

109 天子號天之者也. (…) 天子父母事天, 而子孫畜萬民.(『춘추번로』「郊祭」)

110 人主立於生殺之位, 與天共持變化之勢.(『춘추번로』「王道通三」)

111 唯天子受命於天, 天下受命於天子, 一國則受命於君. 君命順, 則民有順命; 君命逆, 則民
有逆命. 故曰一人有慶, 萬民賴之, 此之謂也.(『춘추번로』「爲人者天」)

112 九五, 飛龍在天, 利見大人.

113 于事無不通謂之聖.(『상서』「洪範」孔氏傳)

114 聖人者何? 聖者, 通也道也聲也; 道無所不通, 明無所不照, 聞聲知情, 與天地合德, 日月
合明, 四時合序, 鬼神合吉凶.(「聖人」)

115 神聖者王, 仁智者君, 勇武者長, 此天之道, 人之情也.(『愼子』「威德」)

116 聖人抱一爲天下式.(『老子』22장)

117 靜而聖, 動而王.(『莊子』「天道」)

118 聖人者, 道之極也.(『순자』「禮論」)

119 聖智仁義, 顯白道理, (…) 大聖作治, 建定法度, 顯著綱紀.(『사기』「진시황본기」)

120 天生萬物, 以地養之, 聖人成之. 功德參合, 而道術生焉.(『新語』「道基」)

121 統物通變, (…) 故杖聖者帝.(『신어』「輔政」)

122 夫帝王者, 莫不相時而立儀, 度務而制事, 以馴其時也.(『新書』「立後義」)

123 天令之謂命, 命非聖人不行.(『한서』「동중서전」)

124 或稱天子, 或稱帝王何? 以爲接上稱天子者, 明以爵事天也. 接下稱帝王者, 明位號天下,
至尊之稱, 以號令天下也.

125 臣下謂之一人何? 亦所以尊王者也. 以天下之大, 四海之內, 所共尊者一人耳.

126 唯名與器, 不可以假人. (…) 若以假人, 與人政也.(『좌전』成公2年)

127 器從名.(『공양전』桓公2年)

128 其尊君抑臣, 朝廷濟濟, 依古以來.(『사기』「禮書」)

129 漢天子正號曰皇帝, 自稱曰朕, 臣民稱之曰陛下, 其言曰制詔, 史官記事曰上. 車馬倚伏器
械百物曰乘輿, 所在曰行在所, 所居曰禁中, 后曰省中, 印曰璽. 所至曰幸, 所進曰御. 其命
令, 一曰策書, 二曰制書, 三曰詔書, 四曰戒書.(『獨斷』)

130 謂之陛下者, 群臣與天子言, 不敢指斥(옛날엔 '天子' 두 글자가 있었다고도 한다. 여기서
는『사기집해史記集解』『후한서後漢書』「광무제기光武帝記」주석 인용에 의거하여 모
두 없앴다―저자주), 故呼在陛下者而告之, 因卑達尊之意也.

131 受命於天, 易姓更王, 非繼前王而王也. 若一因前制, 修故業, 而無有所改, 是與繼前王而
王者無以別.

132 故必徙居處, 更稱號, 改正朔, 易服色者, 無他焉, 不敢不順天志而明自顯也.

133 王者受命, 必立天下之美號, 以表功自克(見), 明易姓爲子孫制也.

134 必改號者, 所以明天命已著, 欲顯揚己於天下也.

135 名號不更, 無以稱成功, 傳後世.

136 皇靈降瑞, 人神告徵, (…) 天之曆數在爾躬. (…) 武王神武, 拯玆難於四方.(『三國志』「魏文帝紀」)

137 是非之正, 取之逆順. 逆順之正, 取之名號. 名號之正, 取之天地. 天地爲名號之大義也.(『춘추번로』「심찰명호」)

138 화和와 동同은 두 개의 서로 대응하는 상태를 가리키는 춘추 시대의 상용어였다.『국어國語』「정어鄭語」 등에 나타나는데, 위소韋昭의 주석에 따르면 가부可否가 서로를 건져 올려 상호 보완 작용함을 화라 하고, 욕망이나 마음이 오직 한가지로 차이가 없음을 동이라 한다. 유명한『논어』「자로子路」편의 '군자는 화이부동和而不同하고 소인은 동이불화同而不和한다'는 말은 군자는 심화心和하고 소인은 쟁리爭利한다는 측면에서 도덕정치를 강조한 것이다. —옮긴이

139 故先王以土與金木水火雜, 以成萬物.(『國語』「鄭語」)

140 和實生物, 同則不繼.(『국어』「정어」)

141 濟其不及, 以泄其過. (…) 是以政平而不干, 民無爭心.(『左傳』昭公20年)

142 居滅絶之中而不自知者何也? 天下莫敢告也.(『漢書』「賈山傳」)

143 秦之時, 羞文學, 好武勇, 賤仁義之士, 貴治獄之吏; 正言者謂之誹謗, 遏過者謂之妖言. (…) 忠良切言皆鬱於胸, 譽諛之聲日滿於耳, 虛美熏心, 實禍蔽塞, 此乃秦之所以亡天下也.(『한서』「路溫舒傳」)

144 왕조가 바뀌고 새로운 책력을 정함을 일컫는다. 하夏는 12지의 인寅으로 출발을 삼았고, 은殷은 축丑, 주周는 자子로부터 시작했다. 하, 은, 주 삼대를 가리킨다. —옮긴이

145 臣聞王天下有國家者, 患在上有危亡之事, 而危亡之言不得上聞; 如使危亡之言輒上聞, 則商周不易姓而迭興, 三正不變改而更用.(『한서』「谷永傳」)

146 朝無爭臣則不知過, 國無達士則不聞善. (…) 通於幾微謀慮之士以爲內臣, 與參政事. (…) 國家納諫憂政, 亡有闕遺. (…) 成康之道其庶幾乎?(『한서』「蕭望之傳」)

147 鳥鳶之卵不毀, 而後鳳凰集; 誹謗之罪不誅, 而後良言進. (…) 唯陛下除誹謗以招切言, 開天下之口, 廣箴諫之路, 掃亡秦之失, 尊文武之德, (…) 則太平之風可興於世.(『한서』「노온서전」)

148 睹賢不用, 無益於削. (…) 夫言而不用, 諫而不聽, 雖賢, 惡得有益於治也?(『鹽鐵論』「相刺」)

149 昔者吾友周舍有有言: '千羊之皮不若一狐之腋, 衆人之唯唯不若直士之諤諤. 昔者商紂黙黙而亡, 武王諤諤而昌.' 今自周舍之死, 吾未嘗聞吾過也. 吾亡無日矣. 是以寡人泣也.(권7)

150 昔桀紂不任其過, 其亡也忽焉. 成湯文王知任其過, 其興也勃焉. 過而改之, 是不過也.(권3)

151 勵志忘生, 爲君不避喪身.(『白虎通義』「諫諍」)

152 救主之失, 補主之過, 揚主之美, 明主之功, 使主內亡邪辟之行, 外亡騫汚之名. 事君若此, 可謂直言極諫之士矣.(『한서』「晁錯傳」)

153 人主不德, 布政不均, 則天示之災以戒不治. (…) 朕下不能治育群生, 上以累三光之明, 其不德大矣.(『한서』「文帝紀」)

154 政令多還, 民心未得, 邪說空進, 事亡成功. (…) 直言盡意, 無有所諱. (…) 今朕晻於王道, 夙夜憂勞, 不通其理.(『한서』「元帝紀」)

155 小臣不敢廢道而求從, 違忠而耦意.(『한서』「杜周傳 附 杜欽傳」)

156 誠迫大義, 官以諫爭爲職, 不敢不竭愚.(『한서』「鮑宣傳」)

157 天下同歸而殊涂, 一致而百慮.(『易』「繫辭下」)

158 治國之道, 上忠於主, (…) 非以道義則無以入忠也.(『新書』「修政語下」)

159 從其義, 不阿其惑.(『國語』「晉語一」)

160 夏無道而殷伐之, 殷無道而周伐之, 周無道而秦伐之, 秦無道而漢伐之.(『春秋繁露』「堯舜不擅移湯武不專殺」)

161 凡此四者, 治之本, 道之用也.(『한서』「公孫弘傳」)

162 循禮而動, 躬親政事, 致行無倦, 安服若性.(『한서』「곡영전」)

163 王者法天地, 非仁無以廣施, 非義無以正身.(『한서』「두주전 부 두흠전」)

164 違上順道, 謂之忠臣.(『申鑒』「雜言上」)

165 妾婦之道.(『맹자』「滕文公下」)

166 『여씨춘추呂氏春秋』「자지自知」편에 나오는 이야기로 요堯임금 시절엔 간언하려는 자들에게 북을 울리도록 했고, 순舜임금은 정치적 과오에 대하여 백성이 나무에 새겨 간언하도록 했다고 한다. ―옮긴이

167 古之治天下, 朝有進善之旌, 誹謗之木, 所以通治道而來諫者也.(『한서』「文帝紀」)

168 垂寬容之聽, 崇諫爭之官, 廣開忠直之路, 不罪狂狷之言, 然後百僚在位, 竭忠盡謀, 不懼後患.(『한서』「劉輔傳」)

169 主暴不諫, 非忠也. 畏死不言, 非勇也. 見過卽諫, 不用卽死, 忠之至也.(권4)

170 視君顏色不悅且却, 悅則復前, 以禮進退.(『백호통의』「諫諍」)

171 三諫而不聽, 則逃之.(『禮記』「曲禮下」)

172 上天聽明, 苟無其事, 變不虛生. (…) 若不畏懼, 有以塞除, 而輕忽簡誣, 則凶罰加焉, 其
   至可必.(『한서』「孔光傳」)

173 天德無私親, 順之和起, 逆之害生.(『한서』「공손홍전」)

174 明王謹於尊天, 愼於養人, (…) 君動靜以道, 奉順陰陽, 則日月光明.(『한서』「魏相傳」)

175 世俗之人多尊古而賤今, 故爲道者必托之於神農黃帝而後能入說. 亂世闇主高遠其所從
   來, 因而貴之.

176 臣愚以爲陰陽者, 王事之本, 群生之命, 自古賢聖未有不由者也. 天子之義, 必純取法天
   地, 而觀於先聖.(『한서』「위상전」)

177 한대의 정치 제도로 부형의 보임에 따라 낭랑을 제수하던 법령으로 덕에 기초하지 않
   는다 하여 한 애제哀帝 때 없앴다. ─옮긴이

178 舜湯不用三公九卿之世而擧皐陶伊尹, 不仁者遠.(『한서』「王吉傳」)

179 王者以民爲基, 民以財爲本, 財竭則下畔, 下畔則上亡. 是以明王愛養基本, 不敢窮極, 使
   民如承大祭. 今陛下輕奪民財, 不愛民力, (…) 大興徭役, 重增賦斂.(『한서』「곡영전」)

180 六藝者, 王敎之典籍, 先聖所以明天道, 正人倫, 致至治之成法也.(『한서』「儒林傳」)

181 六經者, 聖人所以統天地之心, 著善惡之歸, 明吉凶之分, 通人道之正, 使不悖於其本性
   者也.(『한서』「匡衡傳」)

182 春秋上明三王之道, 下辨人事之經紀, 別嫌疑, 明是非, 定猶與(豫), 善善惡惡, 賢賢賤不
   肖, (…) 王道之大者也. (…) 當一王之法.(『한서』「司馬遷傳」)

183 凡民有喪, 扶服捄之. 이 문장은 『예기禮記』「단궁하檀弓下」에 『시詩』의 말씀으로 인용
   된 것이다. 『시경』「패풍邶風·곡풍谷風」엔 "匍匐救之"로 되어 있다. ─옮긴이

184 百姓不足, 君孰予足.

185 法籍禮義者, 所以禁君使無擅斷也.(『회남자』「主術訓」)

186 乃者地震北海琅邪, 壞祖宗廟, 朕甚懼焉.(『漢書』「宣帝紀」)

187 山崩地裂, 水泉湧出, 天惟降災, 震驚朕師.(『한서』「元帝紀」)

188 朕獲保宗廟, 戰戰栗栗, 未能奉稱.(『한서』「成帝紀」)

189 行仁義, 法先聖.(『한서』「陸賈傳」)

190 蓋聞五帝三王之道, 改制作樂而天下洽和, 百王同之. (…) 子大夫明先聖之業, 習俗化之
   變, 終始之序, 講聞高誼之日久矣, 其明以諭朕. (…) 今陛下貴爲天子, 富有四海, 居得致

之位, 操可致之勢, 又有能致之資, 行高而恩厚, 知明而意美, 愛民而好士, 可謂誼主矣. 然而天地未應而美祥莫至者, 何也? 凡以敎化不立而萬民不正也.(『한서』「董仲舒傳」)

191 人主不德, 布政不均, 則天示之災以戒不治.(『한서』「文帝紀」)

192 男敎不修, 陽事不得, 則日爲之蝕.(『한서』「성제기」의 문장, 남교男敎는 『예기』「혼의」편에 나오는 말로 남자에 대한 교화를 뜻한다. ―옮긴이)

193 소원했던 사람을 가까이하고 변방에 나가 있는 사람을 돌아오도록 함을 부원附遠이라 했다. 『예기』「교특생郊特牲」편에 보인다. 『한서』「선제기宣帝紀」에 죄기조로 쓰였다. ―옮긴이

194 但有庸主, 而無暴君.(권2,「漢詔多懼詞」)

195 詔書每下, 民欣然若更生.(『한서』「王吉傳」)

196 윤대輪臺는 오늘날 신장위구르자치구에 있는 지역으로 한 무제의 서역정벌 시 이광리李廣利가 점령한 땅이다. 무제는 서역정벌에 국력을 쏟아 민중의 생활이 극도로 피폐해지자 만년에 이를 후회하며 윤대를 포기하고 죄기조를 지었다. ―옮긴이

197 今請遠田輪臺, 欲起亭隧, 是撫勞天下, 非所以憂民也. 今朕不忍聞. (…) 當今務在禁苛暴, 止擅賦, 爲本農, 修馬復令, 以補缺, 毋乏武備而已.(『한서』「西域傳」)

198 擧賢良方正直言極諫者, 以匡朕之不逮.(文帝 2년 11월의 日食詔)

199 오늘날 하이난성海南省 하이커우海口 충산구瓊山區에 있는 지역으로, 무제 때 정벌하여 군군을 삼았으나 원제 때 반란으로 군을 파했다. ―옮긴이

200 夫萬民之飢餓, 與遠蠻之不討, 危孰大焉.(『한서』「賈捐之傳」)

201 王者必先自絶, 然後天絶之. (…) 漢興九世, 百九十餘載, 繼體之主七, 皆承天順道, (…) 至于陛下, 獨違道縱欲, 輕身妄行, (…) 積失君道, 不合天意, 亦已多矣. 爲人後嗣, 守人功業, 如此, 豈不負哉!(『한서』「谷永傳」)

202 君爲丞相, 出入六年, 歲比不登, 倉廩空虛, 百姓饑饉, 流離道路, 疾疫死者以萬數, 人至相食, 盜賊並興, 群職曠廢, 是朕之不德而股肱不良也. 乃者廣漢群盜橫恣, 殘賊吏民, 朕惻然傷之, 數以問君, 君對輒不如其實. (…) 九卿以下, 咸承風指, 同時陷於謾欺之辜, 咎繇君焉!(『한서』「薛宣傳」)

203 與賢士大夫共有天下.

204 朕聞之, 天生民, 爲之置君以養治之. 人主不德, 布政不均, 則天示之災以戒不治.(『한서』「문제기」)

205 以人隨君, 以君隨天.(『春秋繁露』「玉杯」)

제6장

전한 후기 정치 조정 사조와
왕망王莽의 복고개제復古改制 사상

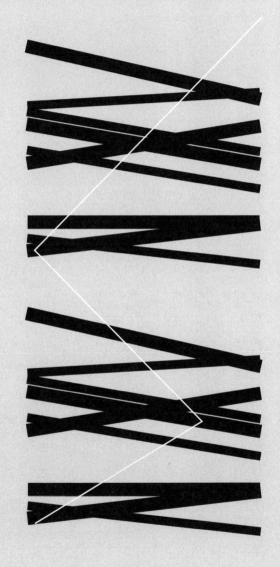

전한 제국은 100여 년간 발전하다가 원제元帝, 성제成帝, 애제哀帝, 평제平帝 대에 이르러 급속히 쇠락의 길을 걷는다. 첨예한 빈부 대립과 통치 집단 내부의 권력 분쟁이 얽히면서 식자층의 경각심을 불러일으켰다. 그들은 한漢 왕실을 구원해 지켜내야 한다는 입장으로 모순에 가득 찬 사회와 정치 현상에 대해 진지하게 고민했으며, 통치자 내부 및 통치자와 피통치자 사이의 일련의 정치적 조정이 필요함을 제기함으로써 막다른 길목에 들어선 제국의 구원을 구상했다. 융성했던 제국이 몰락해감에 따라 통치자들의 권력의식은 '영명永命'의 추구로부터 '갱명更命'에 희망을 거는 쪽의 발전 과정을 거친다. 갱명 사조는 비폭력적인 권력의 경질을 인정하여, 헤어날 길이 없음에도 창칼을 움직이고 싶어하지 않은 전한 통치자들에게 한 가닥 살길을 열어주었다. 이러한 사조를 등에 업고 왕망王莽은 기회를 틈타 한 왕실을 대신한 신新 왕조를 세웠다. 왕망은 여론 조작과 권력 획득 음모에 대단히 능했으나 제도 개혁을 통한 치국 방면엔 몹시도 평범했다. 서주西周의 정치 양식을 재현하겠다는 믿음이야말로 개중 나은 정치적 선택이었다. 일방적 소망이었던 이 복고적 이상주의는 신 왕실의 단명을 예정한 것이었다.

전한 후기의 정치 조정 사조

전한 후기 제국을 통치하는 데 심각한 위기가 나타났다. 통치 집단 내부에서 외척이 권력을 전횡하고 측근이 발호하여 권력을 장악한 "사람마다 사적인 연줄을 끌어다가 조정을 가로막고 현인들의 등용 길을 방해하여 천하가 혼탁하고 사치가 극에 이르렀다".[2] 조정의 부패는 병균처럼 사방으로 퍼져 지방 관리들의 정치 혼란을 가중시켰다. 만조백관들의 "뜻은 오로지 제 집안의 배를 불리는 데 있었다".[3] 그들은 제멋대로 백성을 억압하고 재물을 약탈했다. 게다가 토지 겸병은 날로 심해지고 국가 부역은 늘면 늘었지 줄어들 줄 몰랐다. 해를 거듭해 재해까지 겹치니 백성은 더 이상 갈 곳이 없는 막다른 길에 이르렀다. "배가 고파 사람을 잡아먹는 일도 있었다."[4] 혹자는 고통을 견디지 못하고 될 대로 되라고 행동하다가 결국 형장의 이슬로 사라졌다. "죽은 자들의 피가 저잣거리에 넘쳐흐르고 수형자들 무리가 빼곡하게 서 있는가 하면 사형당한 사람들의 숫자가 매년 수만에 이르렀다."[5] 통치자와 피통치자 간의 충돌과 대립은 한대 사회를 붕괴의 언저리로 밀고 갔으며, 이는 통치 집단 내부 식자층의 경각심을 불러일으켰다. 애제哀帝 때 간대부諫大夫였던 포선鮑宣은 지금 백성 사이에 7망七亡과 7사七死가 있어 왕조의 생명이 위태롭다고 날카롭게 지적했다. "백성에게 7망이 있는데" 간추리면 음양의 부조화로 홍수와 가뭄이 일고, 지방 관료들의 무거운 질책으로 부역과 조세가 새로 생기고, 탐관오리들이 공적인 것을 빌미로 끊임없이 거둬들이며, 토호와 큰 가문들이 지칠 줄 모르고 민간을 잠식하며, 관리들의 가혹한 요역 때문에 농사 시기를 잃고 있으며, 부락에 북소리가 울리면 남녀가 몰려나와 행차를 막고, 도적들은 백성의 재물을 겁탈한다. "7망은 그럴 수도 있겠는데 거기다 7사까지 있다." 간추리면 혹리들이 쳐 죽이고, 옥살이에 뼈가 저리고, 원통하게 희생당하고, 도적들이 횡행하고, 원수끼리 서로 죽이고, 흉년으로 곯고, 수시로 역병이 돈다. 포선은 한탄한다. "백성에게 7망이 있어 무엇 하나 얻는 게 없는데 나라가 편해지길 바라기는 참으로 어렵다. 백성에게 7사가 있어 살아나기 힘든데 형벌이 그치기를 바라기는 참으로 어렵다."[6] 제국의 출로는 어디인가? 어떻게 해야 한 왕실 천하의 정치적 위기를 구원할 수 있을까? 정치 이론가들과 사상가들이 제각기 자신의 구세 처방을 분분히 피력하면서 정치 조정 사조를 형성했다.

01

통치자
내부 조정 사상

전한 후기의 정치가와 사상가들은 정치 위기의 근본 원인이 통치자 자신에게 있다는 데 생각이 미쳤다. 포선은 이에 대해 백성에게 7망과 7사가 있음은 "공경公卿들의 탐욕과 잔혹함 때문에 그리 된 것은 아니다"[7]라고 말한다. 그리하여 그들의 정치 조정은 우선 통치 집단 내부에 집중되었다.

'후궁后宮[8] 정치를 바로잡자'

군주 전제 시대의 군권君權은 정치의 중추이자 이익의 결집처였으며, 군권을 핵심으로 하는 황족은 가장 세력 있는 정치 이익 집단이었다. 이 외에도 군권과 황족을 둘러싸고 수많은 파생 권력과 여타 이익 집단이 만들어졌는데 후비后妃들은 바로 그 가운데 하나였다. 통치 집단의 여타 구성원들에게 있어서는 황제와 혼인으로 연계하여 군주의 총애를 쟁취하는 것이야말로 권력과 이익을 분점하는 최고의 길임에 틀림없었다. 따라서 총애를 다투는 후비 사이의 암투야말로 수시로 나타나는 궁정 권력 투쟁으로 번지곤 했다. 이는 눈앞의 이익과도 관계있지만 군통君統의 승계와 왕위의 귀속이라는 원대한 이익과도 연결된다. 전한 후기는 후비들의 총애 다툼, 왕후 도당들의 권력 전횡, 군주의 실정이 한데 뒤섞여 정치의 중추가 크게 어지러워졌다. 군주 정치에서 정치의 중추가 극심한 충격과 파괴를 당하자 후궁들이 통치자 내부 모순이라는 소용돌이의 핵심으로 부상했다. 이런 상황을 맞자 곡영谷永, 광형匡衡, 두업杜鄴, 두흠杜欽 등은 '후궁 정치를 바로잡자'는 의견을 분분히 제기했다.

우선 그들은 후비 제도가 왕교王敎의 중요한 내용이며 후궁의 치란治亂이 천하의 안위와 관계있다고 주장한다. 두흠은 이렇게 이야기한다. "후비 제도는 요절하느냐 장수하느냐, 다스려지느냐 혼란스러워지느냐, 생존하느냐 망하느냐의 실마리다. 삼대三代의 말년을 추적해보거나, 종宗, 선宣9 때 오랫동안 재위했던 일을 살펴보거나, 근친들의 경험을 관찰해볼 때 재앙이 여자로 말미암지 않은 적이 있었던가?"10 광형은 "배우자의 관계가 백성의 시작이며 만복의 근원이라"는 스승의 말을 인용하며 "후비 제도는 국가 기강의 시초이고 왕교王敎의 실마리다. 상세로부터 삼대의 흥망이 이로 말미암지 않은 적이 없었다"11라고 주장한다. 곡영은 "부부의 관계가 국왕 사업의 벼리이며 국가 안위의 틀이 되므로 성왕은 신중을 다했다"고 지적하는가 하면 후궁을 다스리지 못해 생겨난 3대 재앙을 구체적으로 분석했다.

첫째는 잘못하여 군주가 "뜻을 규방에 두어 정무를 걱정하지 않고 거동이 신중하지 못하게 되면" 치도가 "중도를 잃게" 될 것이다. 둘째는 "안으로만 총애를 퍼부어 여자들이 도를 지키지 않아 질투로 주상을 멋대로 하면" "후계 구도를 방해할" 수 있다. 셋째, "처첩이 득의하면 안에서 말을 일삼고 밖에서 세력을 행사하여" "국가를 뒤집어엎는" 위해가 있을 수 있다.12 그들이 보기에 후궁이야말로 정치 동란의 모든 근원이었다.

그에 따라 후궁을 다스리는 여러 방법을 제기했다. 첫째, 군주는 엄격한 도덕 수양으로 여색을 멀리해야 한다. 곡영은 '흑룡의 출현' '일식' '별똥' 등 재이災異를 빌려 한 성제成帝에게 훈계했다. "신이 듣자니 삼대에 사직이 무너지고 종묘를 잃은 것은 모두 부인들과 뭇 악한이 술독에 빠지게 했기 때문이라 하옵니다." "[군주는 천하의 주인으로] 제왕의 직책을 받들어 뭇 백성을 통솔하시니 영내의 치란은 폐하께서 어떻게 하느냐에 달려 있사옵니다." 따라서 군주가 "참으로 몸을 바르게 하는 데 유념하고 힘써 실천하여 사사로운 주연으로 천하를 힘들게 하는 일을 줄이고" "후비들의 거처에 내리는 은총을 억제하시면"[13] 내란을 틀어막을 수 있다는 것이다. 광형도 "원컨대 폐하께옵서 성쇠득실의 효과를 상세히 열람하시어 큰 기초를 다지시고, 덕 있는 자를 선택하시고, 음률과 여색을 경계하시고, 엄격하고 경건한 사람을 가까이하시고, 재주꾼이나 능사를 멀리하십시오."[14]라고 말한다. 둘째, 후궁들의 등급 규범을 엄격히 하여 후궁 사이에 존비의 질서를 갖추도록 한다. 곡영은 "후궁 정치를 바로잡으려면" 반드시 "존비의 질서를 명확히 해야" 한다고 생각했다. 두업은 이러한 '존비 질서'가 양존음비陽尊陰卑의 천도 규율과 맞아떨어진다고 주장한다. 그는 일식을 빌려 다음과 같이 이야기한다. "양존음비에서 낮은 것이 높은 것을 따르며, 높은 것은 낮은 것을 겸함이 하늘의 도다. 따라서 남자는 천하더라도 각자 제 집에서는 양이 되며, 여자는 귀하더라도 그 나라에서는 음이 된다. 그래서 예에 삼종지의三從之義를 밝혀놓은 것이다."[15] 후비들은 여자 부류이므로 음양존비의 등급을 엄격히 따라야 한다. 어떤 상황 아래서도 군권을 참월해선 안 된다. 광형의 생각은 더욱 분명했다. "성왕은 반드시 후비 관계를 신중히 하고 적장자의 지위를 분별한다. 안으로 예를 지켜 낮은 것이 높은 것을 넘지 못하게 하고, 새것이 옛것에 앞서지 못하게 한다. 그렇게 사람의 성정을 통솔하여 음기를 다스린다." 군주가 이 도리에 반하여 행동한다면 "가까운 자들이 멀어지고, 존귀한 자가 비천해질 것인즉 아첨하는 교활한 간신들이 태동하여 국가를 어지럽힐 것이다". 따라서 그는 군주에게 "사사로운 은덕으로 공의公義를 해치지 말고" 개인적인 좋고 나쁨에 의거해 후궁들의 존비 질서를 어지럽히지 말라고 요구했다. 그렇게 함으로써 궁정의 권력 투쟁을 틀어막고 "집안을 바로잡아 천하의 안정을"16 실현하라고 했다. 셋째, 후비들의 권력 농락과 정치 간여를 엄금한다. 곡영은 "그에 부인들의 말을 채용함으로써 스스로 하늘로부터 단절했다"17는 『상서尙書』「태서泰誓」 편의 말을 인용하여 하夏왕조와 은殷 왕조의 전복이 부인들의 정치 간여와 직접적인 관계가 있음을 강조했다. 그는 "건시建始, 하평河平 연간에 황후 허許씨와 첩여婕妤18 반班씨를 귀하에 여겨 전 조정이 기울어졌으며, 사방에 그 연기가 자욱했고 사은품이 헤아릴 수 없어 내부 재정이 텅 비게 되었다. 여인을 향한 총애의 정도가 이보다 심할 수가 없다"19고 질타했다. 그런데 오늘날의 후비들은 "전보다 열 배다. 선제가 만든 법도를 폐기하고 그들의 말을 들어주어 관직 녹봉이 부당하다. 왕의 금기를 멋대로 해석하고 친속들까지 교만하게 만들어 권력 위세가 대단하다. 제멋대로 정치를 어지럽혀 검거하려는 관리들이 감히 법을 받들지 못할 지경이다."20 곡영은 후비들 권력 농간으로 인한 재앙이 깊어짐을 체감하며 특단의 조치를 내려야 한다고 명확히 주장했다. "후궁 친속들에게 넉넉하게 재물을 줄 수는 있으나 더불어 정치 사무를 처리하여선 안 된다. (…) 처첩 무리의 권력을 줄여야 한다. 규방이 잘 다스려지고도 천하가 어지러워진 경우는 없었다."21 그렇게 못 하면 궁정의 내란이 그치지 않아 끝내 천하 대란에 빠질 것이다.

외척과 영신候臣의 억제

후비들의 정치 교란과 상관있는 사람들이 외척이고 영신이다. 전한 후기엔 곽霍씨, 정丁씨, 부傅씨, 왕王씨 등 황친의 외척이 앞뒤로 국가권력을 조종했다. 그들은 자기들과 견해가 다른 사람들을 배척했으며 탐욕으로 패도를 부려 서민 백성에게 재난을 가져왔을 뿐만 아니라 통치 집단 내부에도 심각한 혼란을 조성했다. 한 성제 때 외척이었던 왕봉王鳳은 관직이 대사마대장군영상서사大司馬大將軍領尚書事에 이르러 봉지 5000호戶를 더하며 권력 요직을 장악했다. 간대부諫大夫였던 양흥楊興과 박사博士 사승駟勝은 누런 안개의 출현을 이유로 들어 이렇게 말했다. "누런 안개는 음기가 성하여 양의 기운을 침입한 것입니다. 고조高祖께서 언약하시길 공신이 아니면 후侯를 삼지 말라 하셨습니다. 지금 태후의 여러 형제가 모두 공이 없으면서도 후가 되었으니, 이는 고조의 언약이 아니오며 외척이 그렇게 된 적은 없습니다. 그래서 하늘이 이상을 보이는 것이옵니다."22 전한 후기엔 양흥, 사승 등과 같이 재이를 이용하여 외척의 권력 전횡을 비판하면서 군주에게 외척 중신들을 단속하라고 요구하는 것이 유행이었다. 이를테면 애제哀帝 때 대조황문待詔黃門이었던 이심李尋은 홍수의 범람과 지진을 빌려 외척 세력의 억제를 이렇게 요구했다. "물이란 평평한 것이옵니다. 왕도가 공정하고 밝게 다스려지면 모든 하천이 고르고 수로를 통해 잘 빠집니다. 파당을 짓고 기강을 잃으면 솟구쳐 넘쳐 무너지옵니다. (…) 요즘 여汝, 영潁 지역 밭도랑 모두 개천 물이 솟아올라 빗물과 더불어 백성에게 수해를 입히고 있사옵니다. 이는 『시詩』에서 말하는 '번쩍번쩍 천둥번개, 편안치도 못하고 명령도 안 먹혀, 온갖 하천이 끓어오른다'는 상황이옵니다. (…) 폐하께옵서 시인의 말에 유념하시어 외척 대신들을 다소 억제하시기 바라옵니다." 그는 이런 말도 했다. "저간에 관동關東 지역에 수차례 지진이 일고 다섯 별이 괴이한 형상을 나타냈으나, 이 또한 크게 거슬릴 것은 아니오니 마땅히 양을 숭상하고 음을 억제하시어 허물을 구원하시기 바라옵니다." "마땅히 외척을 다소 억제하시고 좌우를 잘 골라서 경험하시기 바라옵니다."[23] 외척의 권력 전횡을 억눌러야 한다는 이러한 요구는 기본적으로 한 가지 걱정에서 출발한다. 즉 외척의 권력이 막중해지면 필경 군권이 약해지고 정치 세력이 황실 종족을 압도해, 가벼워도 정국을 들끓게 만들 것이고 무거우면 권력 중심이 전이되는 왕조의 교체를 부른다는 것이다. 한의 종실이었던 유향劉向은 특히 외척과 종족宗族 간의 충돌에 관심을 두고 걱정을 많이 했다. 그는 한 성제에게 "수차례에 걸쳐 공족公族이야말로 나라의 지엽枝葉이며 지엽이 떨어지면 근본 줄기가 보호받을 수 없다고 말했다. 그런데 지금 같은 성씨들을 멀리하고 모친 일당이 정권을 전횡한다. 녹봉은 공실을 떠나고 권력은 외가에 있다. 이는한 종실을 강화하여 사적인 문호를 낮추고 사직을 지켜내며 후사를 굳건하게 하려는 것이 아니다"[24]라고 말했다. 유향은 원제元帝의 황후 왕씨 일족이 조정을 좌지우지하는 것을 매우 걱정하면서, 춘추 시대 이래 "대신이 권병을 조종하고 국정을 보전하면 해롭지 않는 경우가 없었다"고 주장했다. "지금 왕씨 한 성에 주륜화곡朱輪華轂[25]을 타는 사람이 무려 23명이다. 청자青紫[26] 옷과 초선貂蟬[27]관을 쓴 사람들이 휘장 안에 가득 차고 고기비늘처럼 왕의 좌우에 붙어 서 있다. 대장군이 모든 행정과 권력을 장악하고 있고 다섯 제후[28]의 교만, 사치와 참람이 심하며 권세를 믿고 권력을 농락한다. (…) 동궁東宮의 존엄에 의지해 생질, 외삼촌의 친분을 빌려 위세를 과시한다. 상서尚書, 구경九卿, 주목州牧, 군수郡守가 모두 그 문에서 나온다. (…) 상고 시대부터 진한秦漢에 이르기까지 외척의 참람이 왕씨만 한 경우는 아직 없었다." 그는 또 재이를 빌려 한 성제에게 이렇게 경고했다. "지금 왕씨 조상의 분묘가 제남濟南에 있는데 그 가래나무 기둥에가지가 나고 잎이 생겨 무성하게 자라 집 위로 나왔으니" 이는 왕씨가 한 왕실을 대신할 징조라고 했다. "폐하께서는 사람의 자손으로 종묘를 지키셔야 하는데, 장차 왕위를 외척에게 넘기시고 노예가 되고자 하시니 일신을 위해서가 아니라 하더라도 장차 종묘는 어찌하시렵니까!" 그는 한 성제에게 외척을 억누르라고 강렬하게 요구했다. "마땅히 분명한 조서를 내리시고 덕음을 토해내시어 가까운 종실을 끌어들여 가까이서 진실을 받아들이십시오. 외척을 멀리 내치시고 정치권력을 주지 마시옵소서."[29] 중랑中郞 익봉翼奉은 외척 세력이 지나치게 강대해지면 정치 세력들 간의 균형이 심각하게 어그러져 왕위 보전에 위기가 닥칠 것이라고 주장했다. 원제 초기 천재지변이 빈발하자 원제는 조칙을 내려 직언을 구했고, 익봉은 이 기회를 틈타 다음과 같은 상소문을 올렸다. "옛날 조정에선 반드시 같은 성씨들이 있어 가까운 친분이 드러났으며, 다른 성씨들이 있어 현인들의 현명함이 드러났사옵니다. 이것이 성왕이 천하를 두루 잘 다스리시게 된 까닭이옵니다. 같은 성씨는 가까우니 쉽게 나아갔고, 다른 성씨는 친하지 않으니 통하기가 어렵사옵니다. 그래서 같은 성씨 하나에 다른 성씨 다섯이면 균형을 이루게 됩니다. 그런데 지금은 좌우에 같은 성씨는 하나도 없으며 유독 장인의 집안과만 가까이 지내시고 다른 성씨의 신하들마저 멀어졌사옵니다. 두 왕후의 무리가 조정에 가득 차 자리를 차지하고 있을 뿐만 아니라 세력을 장악하여 사치가 과도하옵니다." "[이렇게 계속 가는 것은] 인민을 아끼는 도리도 아니거니와 후사를 위한 좋은 방책도 아니옵나이다."[30]

한말의 정치 이론가나 사상가들이 보기에 전한 왕조에 불어 닥친 위기는 비단 외척뿐만이 아니었다. 영신佞臣들이 더 있었다. 그들은 온종일 군왕의 좌우에 붙어 있으면서 요행으로 총애를 구하며 조정의 기강을 크게 어지럽혔다. 비교적 잘 알려진 사람들로는 석현石顯, 순우장淳于長, 동현董賢 등이었는데, 그 가운데서도 동현이 가장 전형적이었다. 동현의 관직은 시중侍中이었는데, 애제의 총애를 깊이 받아 상을 받으면 항상 만을 헤아렸으며, 공로가 없음에도 후侯에 봉해졌다. 애제는 동현을 위해 저택을 조성해주면서 "왕실의 물을 그의 정원 연못으로 끌어다주기"도 했다. 한 번은 2000여 경頃의 땅을 하사하여 균전均田 제도가 이로부터 파괴되기에 이르렀다. 애제가 개인적인 기호에 따라 동현을 총애하자 수많은 대신의 불만이 일어났다. "길거리마다 떠드는 소리가 왁자하고, 뭇 신하는 황당해 어쩔 줄 몰라 했다." 승상 왕가王嘉는 일식이 일어나자 상소문을 올려 동현을 향한 애제의 총애를 질책했다. "사치와 방종으로 인해 음양의 변란이 일고 재이가 잦아져 백성의 유언비어가 있사오니" 애제는 전 조정의 등통鄧通, 한언韓嫣 등 영신의 "교만이 도를 지나쳐" "나라를 어지럽히고 몸을 망치게 되었다"는 교훈을 받아들여 "동현에 대한 총애를 절제하시어 그 목숨을 온전히 누리게 하시라"[31]고 했다.

영신과 외척은 비슷하다. 모두 전제 왕권의 짝이거나 거기서 파생된 정치 세력이다. 그들은 왕권과 더불어 커가기도 하고 사라지기도 하므로 강렬한 정치적 투기 성향을 지닌다. 이 때문에 실제 정치 생활에서 영신과 외척은 일반 관료들과 비교해볼 때 한층 거리낌이 없이 행동한다. 뿐만 아니라 영신, 외척의 권력 및 재부 획득은 주로 혈연 유대 관계나 군주의 개인적 기호에 따르기 때문에 공로도 없이 녹을 받거나 순서를 무시하고 진급한다. 이는 원래의 권력 및 재부 분배 질서를 교란시키는 것이다. 게다가 군권을 등에 업고 동료들을 능욕하며 권세를 탈취하므로 통치 집단 내부의 충돌이 갈수록 치열해질 수밖에 없다. 그리하여 결국 통치 계급의 전체 이익 및 근본 이익에 위기를 몰고 온다. 전한 말기에 나타난 외척, 영신을 억제하라는 이 외침은 곧 통치자들 가운데 깨어 있던 일부가 한 왕실 천하의 근본 이익에 어긋나는 이러한 현상들을 성찰한 결과다. 항의자들의 목적은 대단히 명료하다. 그건 군권을 중심으로 삼아 한 왕실의 통일천하를 회복시키고자 함이었다.

간신과 혹리酷吏의 제거

외척, 영신의 억제가 통치 집단 상층부의 정치 폐해를 해결하기 위해서라면 간사한 신하, 가혹한 관리의 제거는 통치 계급의 중하층을 상대한 말이다. 전한 후기 이치吏治는 대단히 혼란스러웠다. 유향은 "소인이 무리를 이루고 있다"고 질타했다. "지금은 현명한 사람과 어리석은 사람들이 뒤섞이고, 흑과 백이 구분되지 않으며, 간사함과 정직함이 뒤엉키고, 충신과 아첨꾼이 나란히 있다. (…) 조정 신하들끼리 서로 어긋나고 어그러지고, 상호 비방하며 옳고 그름이 바뀌어버린다." "[간신들이] 패를 나누어 작당하고 무리를 지어 한마음으로 정직한 신하를 모함한다. (…) 정직한 신하가 모함당하는 것이야말로 난의 계기다."32 유향은 간사한 신하들이 작당하여 정직한 신하를 모함하는 것을 관료 정치 혼란의 주된 원인으로 보았다. 어사중승御史中丞 설선薛宣은 부자사部刺史의 감찰에 힘이 없어 관리들이 간악해지는 것이야말로 관료 정치가 맑지 못한 주요 원인이라고 생각했다. "아마도 관리 대다수가 가혹한 정치를 하고 정치 교화가 번쇄한 까닭은 대체로 그 잘못이 부자사에게 있다. 간혹 부자사가 직무를 제대로 지키지 못하고 행동을 자기 뜻대로만 하는가 하면, 대부분의 경우 군현郡縣의 일에 간여하면서 사적인 통로를 열어두고 중상모략이나 아첨을 들어 그것으로 관리나 백성의 잘못을 예단한다. 아주 작은 것들이나 질책하고 있으며 예법 준수에는 제 역량을 발휘하지 못한다. 군현들이 서로를 밀어붙이는가 하면 서로 각박하여 그 폐해가 뭇 백성에게 미친다."33 정치 질서를 안정시키고 통치자들의 근본 이익을 수호하기 위해 그들은 군주에게 "아첨하는 간사한 무리들을 멀리 내쫓고, 편파적인 위험한 모임들을 해산시키고, 왜곡된 모든 문을 틀어막고, 올바른 길을 널리 열 것"을 요구했다. 그래야만 한 제국 "태평의 기초"를 다져 "만세의 이익"[34]을 도모할 수 있다는 것이다.

곡영谷永은 왕조흥망이란 각도에서 가혹한 관료 정치가 천재지변보다 위험하며 직접적으로 왕조의 멸망을 불러올 수 있다고 주장한다. "요堯임금은 홍수의 재난을 당해 천하가 12주로 찢겨 멀어져 통제하는 도가 미약했음에도 어느 곳 하나 배반하는 경우가 없었으며, 은덕이 심후하여 아래에서 원망하는 사람이 없었다." 이와 반대로 "진秦나라는 태평한 땅 위에 있었음에도 한 장부가 크게 외치고 나오자 온 나라가 붕괴되어버렸다. 이는 형벌이 잔혹하고 관리들이 잔인했기 때문이다". 곡영은 인간에 의한 재앙과 천재지변을 비교해볼 때 전자가 더욱 무서우며, 가혹한 관료 정치야말로 인간에 의한 재앙 가운데 가장 위험한 것이라고 생각했다. "천도에 어긋나고 덕을 해치는 행위는 윗사람이 아랫사람에게 원망을 얻게 될 테지만 잔악한 관리만큼 심한 것은 아니다." 그는 한 성제에게 "잔혹하고 포악한 관리를 추방하고 가두어 다시는 쓰지 마시라"고 건의했다. 그리하여 천하 백성이 "포악한 정치를 걱정하지 않고, 가혹한 관리를 미워하지 않게 되면 요임금 때와 같은 대재앙이 오더라도 민심의 이반이 없을 것"이라고 했다. 왜냐하면 "후덕한 관리들이 있음에도 백성이 반란을 일으킨 경우는 없다"[35]는 규율을 역사가 증명해주고 있기 때문이다.

'입곡보리入穀補吏(양곡을 들여놓은 사람을 관리로 충원함)'와 '속죄지법贖罪之法(양곡을 들여놓고 죄를 사면 받는 법)'[36]은 본래 한 무제가 국가 재정수지의 부족을 해결하기 위해 사용한 관리 선발 정책이었다. 이것이 전한 후기에 이르면서 그 폐해가 날로 심해졌다. 일부 상인과 벼락부자는 이 방법을 써서 관직에 들어갔고 훨씬 더 가혹하게 바뀌어 치부를 꾀했다. 재물을 믿고 법을 무시했으며, 멋대로 행동하여 그렇지 않아도 부패하기 이를 데 없는 관료 사회를 더욱 수습할 수 없는 지경으로 몰고 갔다. 이에 하루빨리 관료 정치를 정리 정돈하려는 관원들이 분분히 일어나 이를 공격하고 나섰다. 어사대부御史大夫 공우貢禹가 그 대표적 인물이다. 그는 "효문孝文 황제 때는 청렴한 사람들을 소중히 여기고 탐욕스러운 사람을 천시했다. 상인, 데릴사위[37] 및 탐관오리로 단죄된 자는 모두 금고에 처하고 관리가 되지 못하도록 했다. (…) 속죄법이 없었으므로 국법이 지켜지고 온 나라가 잘 다스려졌다"고 회고했다. 한 무제는 강토를 넓히고 위대한 공적을 이루고자 재원을 널리 확보해야만 했다. "그래서 완전히 바꾸어 범법자를 속죄시켜주고 양곡을 들여놓는 자를 관리로 충원했다." 그 결과 국가 재정 수입은 나아진 기색이 있었으나 관료 정치는 크게 훼손되었다. "천하가 사치하며 관료 사회는 어지럽고 백성은 가난했으며 도적들이 일어나 망명자가 속출했다." 군국郡國의 지방에선 오직 조정의 단죄를 받을까 두려워 "교묘한 방편을 담은 역사책을 골라 상부를 속일 수 있는 계략을 익혀 중요한 직위에 올랐다. 간계가 통하지 않으면 용맹으로 백성을 조종하고 폭력으로 아랫사람을 위협함으로써 큰 자리를 차지했다". 진정으로 능력 있는 현인들은 위로 나갈 수가 없고 "집안이 부유하고 세력이 큰" 덕도 재주도 없는 사람들이 오히려 요직을 다 차지했다. 그리하여 "예의가 없어도 재물만 있으면 세상에 드러나게 되고, 기만에 능함에도 책만 잘 읊어대면 조정에서 존중받는" 국면이 이루어졌다. 이런 상황을 보면서 공우는 '입곡보리'와 '속죄지법'을 폐기하라고 주장한다. "선발이 적절하지 못하고 착한 사람이 문득 죽음을 받게 되니"[38] 법도에 어긋난다는 것이다.

한대 통치자들이 간사한 신화와 가혹한 관리를 제거하라고 주장한 것은 위기의 근원이 바로 통치자 자신에게 있음을 분명히 깨닫고 있었다는 이야기이며, 모종의 방법을 통해 정돈되기를 희망했다는 이야기다. 그런데 봉건 관료 체계는 전제 왕권의 권력 기초다. 간사한 신하와 가혹한 관리가 이미 보편적 사실이 되어버린 상황 아래서 관료 정치를 엄격히 정돈한다는 것은 군주 스스로 근본을 허물어뜨려 관부의 정치적 권위에 엄중한 좌절을 안긴다는 의미다. 이에 대해 승상 왕가王嘉는 다음과 같이 지적했다. "사례司隷,[39] 부자사가 과오를 살피고 심문을 행하여 음사陰私를 들추어내니 아전이나 관원들이 몇 달 만에 물러나게 된다. (…) 2000석石도 더 받는 관리들이 가볍게 천시된다. 관리와 백성이 거만하게 그를 쉽게 여기며 혹자는 작은 잘못이라도 붙들면 살을 붙여 죄를 얽어매 곧장 자사나 사례에게 일러바친다. 혹은 군주에게 상소를 올리기도 한다. 뭇 서민도 자리가 위태롭다는 것을 알 지경이니 작은 실의에 빠지더라고 곧 배반할 마음이 생기게 된다."[40] 통치 계급의 전체 이익을 유지하고 민중의 난을 막기 위해서는 좀 부패하고 가혹하더라도 관리들은 여전히 군주가 기대야 할 세력이다. 여기서 가혹한 관리들에 의지하자니 민란이 일어날까 두려운 진퇴양난에 빠지게 된다. 왕가는 결연히 전자를 선택한다. "진정 국가에 급한 일이 생기면 2000석 관리들의 힘을 취할 수밖에 없다." 그는 군주에게 "좋은 일만 기억하시고 잘못은 잊어버리십시오. 신하들을 용서하시고 책망하지 마십시오. (…) 사람의 성정이란 것이 잘못이 없을 수 없으니 트인 마음으로 다스리실 수 있어야 하옵니다"[41]라고 요구했다. 집권자의 마음을 정말 잘 대변해주는 말이다. 군주 정치는 '진승왕陳勝王'[42]과 같은 반역자를 가장 두려워한다. 천하에 "궁벽한 시골에서 일어나 창을 꼬나 쥐고 웃통을 드러내며 포효함에 천하가 그 바람을 따르는"[43] "걷잡을 수 없는 붕괴"의 형세의 출현을 공포로 여긴다. 이 때문에 군주가 제일 먼저 필요로 하는 사람은 충신과 수족이지 청렴한 관리가 아니다. 제국을 지켜주는 근본적인 정치 이익과 비교했을 때 관료 정치 문제는 차순위로 밀려날 수밖에 없다. 이 점이 바로 모든 전제 통치자가 관료 정치를 엄격히 정돈하려 스스로 나섰음에도 항상 그 효과를 거두기가 어려웠던 정치심리적 원인 가운데 하나다. 전한 후기에 간사한 신하와 가혹한 관리를 제거하라는 정치적 요구가 있었던 것은 그저 지나가는 말이었을 뿐이다. 혹은 한두 가지가 실시되었을 수도 있다. 그러나 정말로 전면적인 관철을 할 수는 없었으며, 관료 정치의 고질병을 철저히 제거하여 전한 제국의 정치적 위기를 구한다는 것은 더더욱 불가능했다.

간언 희구와 현인 임용에 대한 논의

전한 후기의 심각한 사회 갈등과 정치 위기는 제국의 통치자들에게 엄청난 정치적 압력으로 작용했다. 이 난관을 넘어 위기를 안정으로 전환시키기 위해 원제, 성제, 애제, 평제 등 몇 대 군주는 분분히 조칙을 내려 직언을 구하며 광범한 해결 방법을 모색했다. 한 중기 이래의 천견天譴사상은 이때 커다란 위력을 발휘했다. 제왕들이 과오를 뉘우치며 간언을 구한다는 조서는 직접 천재이변의 응답과 연결되었다. 성제 때를 예로 들어보자. 건시建始 3년(기원전 30) 12월 무신戊申 초하루 일식이 발생하고 그날 밤 장안長安 일대에 지진이 일어났다. 한 성제는 "짐은 심히 두렵다. 공경들은 각자 짐의 과실을 생각하여 분명하게 진술해보라"는 조서를 내렸다. 하평河平 원년(기원전 28) 4월 을해乙亥 그믐날 또 개기일식이 발생하자 성제는 조서를 내렸다. "하늘이 이변을 뚜렷이 나타내니 잘못이 짐 스스로에게 있도다. 공경대부들은 온 마음을 다하여 (…) 짐의 과실을 아뢰되 그어떤 거리낌도 없어야 하느니라." 영시永始 4년(기원전 13) 6월 갑오甲午에 패릉원霸陵園 궐문에 화재가 발생하자 성제는 이렇게 말했다. "지난번에 수도에 지진이 일고 화재가 누차 발생하니 짐은 심히 두렵다. 관속들은 온 마음을 다하여 그 잘못됨을 밝혀주길 바라노라. 짐이 친히 살피겠노라." 원연元延 원년(기원전 12) 정월 을해 초하루에 일식, 4월 정유丁酉에 "마른하늘에 천둥이 있고", 7월엔 "동정東井에 혜성이 출현했다". 성제는 조서를 내렸다. "지난번에 일식이 생기고 별똥이 떨어지는 등 하늘에서 견책을 보이느라 큰 이변이 거듭되고 있다. 자리에 있으면서 침묵하니 충언이 드물기 때문이리라. 지금 또 동정에 혜성이 출현했으니 심은 심히 두렵다. 공경대부, 박사, 의랑議郎은 각자 온 마음을 다하여 이변의 의미를 생각하고 경전을 대조하여 분명히 밝히되 아무 거리낌이 없어야 하리라."[44] 군주 정치의 본질적 특징은 한마디로 나라를 흥하게 할 수도, 한마디로 나라를 망하게 할 수도 있는 군주 개인의 의지가 절대적 권위성을 갖는다는 것이다. 그런데 정치 과정에 심각한 고장이 생겨 위난에 직면할 때면 전제 군주는 정치 참여의 각종 제한을 가능하면 풀어주지 않을 수 없게 된다. 언로를 널리 개방하고 통치 집단의 모든 구성원에게 계책을 올리라고 요구한다. "현인을 우대하고 간언을 구할 것" "유덕한 사람에게 자리를 줄 것" "현명한 선비를 초빙할 것"은 전한 통치 계급이 찾아낼 수 있었던 또 하나의 자구책이었다.

간언을 구하고 현인을 임용하는 것은 동전의 양면과 같은 문제다. 곡영은 말한다. "신이 듣기에 천하의 왕으로 국가를 소유한 사람은 위에 위험한 일이 있음에도 위험하다는 말이 들리지 않는 것을 걱정했사옵니다. 위험하다는 말이 문득 들리기만 했더라도 상商과 주周의 역성혁명이 일어나지 않았을 것이며, 삼정三正[45]이 변화되지 않고 다시 쓰였을 것입니다."[46] 위험하다는 말을 위에 들리게 하는 가장 좋은 방법은 광범하게 간언을 구하고 직언과 극간을 잘하는 선비를 채용하는 것이다. 선제宣帝 때 소망지蕭望之도 "조정에 간쟁하는 신하가 없으면 잘못을 모르고, 나라에 통달한 선비가 없으면 선한 일을 들을 수 없다"[47]고 말한 적이 있다. 전한 후기 정치가들과 사상가들은 간언과 현인이야말로 군권을 유지하는 양대 기둥이며 현인의 채용이 문제의 관건임을 분명하게 인식하고 있었다. "선비들은 나라의 무거운 그릇이다. 선비를 얻으면 무거워지고 선비를 잃으면 가벼워진다."[48] 그들 대다수는 국가 치란과 천하 흥망의 각도에서 현인 임용의 중요성을 논증했다. 이심李尋은 이렇게 말한다. "조정의 쇠퇴를 어떻게 알 수 있는가? 사람마다 스스로를 잘났다고 하고 통찰력 있는 사람에 귀 기울이지 않으면 그 세상은 몰락한다."[49] 곡영은 "공적에 따라 순서대로 상이 베풀어지고 현명한 사람들이 관직에 분포되어 있으면서도 다스려지지 않는 경우는 없었다"[50]고 말한다. 매복梅福은 옛날을 회고한다. "옛날 고조께서는 못 미친 듯 선을 받아들이셨으며, 원환을 굴리듯 간언을 따르셨으며 (…) 세상의 지혜를 모으고 천하의 위엄을 아우르셨기에 기러기 털처럼 가벼이 진나라를 들어 올리고 길에서 물건 줍듯 수월히 초나라를 취하셨다."[51] 유향도 역사를 거울 삼아 이렇게 말했다. "순舜임금이 9관을 임명하시자" "뭇 현인이 조정에서 화합했고 민간에선 만물이 화합했다" "나라 안이 온통 화합하지 않음이 없었다". 서주西周의 유幽왕, 여厲왕 무렵에 "위로부터 하늘의 변이가 나타나고, 아래에서 땅의 변동이 일어나" 사회가 들끓었는데, 그 원인은 소인들이 득세하고 "현명한 사람과 어리석은 사람의 자리가 뒤바뀌었기 때문이다."[52] 정치 이론가들은 현인 임용이 형식으로 흘러서는 안 되며, 사람들에게 제 능력을 다 발휘할 수 있도록 해야 한다고 생각했다. 현인을 이용하는 형태는 곧 "말을 이용하는" 것이어야 한다. 군주는 "폭넓게 살펴보고 두루 청취하는" 상대적으로 이완된 정치 환경을 만들어주어야 한다. 곡영은 한 성제에게 이렇게 이야기했다. "폐하께서 참으로 관대하고 현명하게 들어주시면서 금기 때문에 당하는 일이 없도록 해주셔야 하옵니다. 그리하면 말단 신하라도 앞에서 제가 들은 바를 다 말하고 후환을 두려워하지 않게 될 것입니다. 직언하는 길이 열리면 충성을 아뢰려는 사방의 현인들이 천 리를 멀다 않고 폭주할 것입니다."[53] 매복은 성제에게 언론 통제의 폐해를 분명하게 지적하고 있다. 만약 군주가 "천하의 이야기를 받아들이지 않고 형벌을 심화시키면" 천하의 현인들이 입을 다물고 "지혜로운 선비들은 멀리 떠날" 것이라고 했다. 군주가 "꺼리는 말이 있으면 (…) 뭇 신하가 모두 윗사람의 뜻에 순종해 아무도 정직을 지키지 못하게 된다. 그럼 어떻게 자연스러운 이치가 밝혀지겠는가?" 군주가 제대로 된 말을 들어줄 줄 모르고 말을 가지고 단죄한다면 "올곧은 선비들의 절개를 꺾는 짓이며 간언 잘하는 선비들의 혀를 묶어버린 꼴이다". 그렇게 되면 위험하다는 말이 어떻게 위에 들릴 수 있겠는가? "천하가 말을 조심하게 되는 것이야말로 국가의 가장 큰 근심거리다." 그는 한 성제에게 "거리낌을 없애는 조서를 내려 폭넓게 살피고 두루 청취하여 논의가 소원하고 미천한 곳에까지 이르게 하시고, 깊이 숨어 있는 자들도 감추지 못하게 하고 멀리 있는 사람들도 막히지 않도록 해주시어 이른바 '네 문을 활짝 열고, 네 눈을 환히 밝히도록' 해주시라"[54]고 요구했다.

군주 정치의 본질은 인치人治다. 법률이 최고의 권위를 갖는 정치적 조건이 형성되기 전엔 사람이 정치에서 주도적 역량을 발휘했다. 간언을 받아들이고 현인을 임용하는 것은 군주 정치 시대에 사람들이 찾아낼 수 있는 가장 좋은 인치 형식이었다. 현인 정치는 고대 중국의 정치적 이상 가운데 하나가 되었다. 전한 후기의 정치가와 사상가들은 간언을 구하고 현인을 임용하는 데 희망을 걸었다. 현인이 자리에 있어 아무 거리낌 없이 말을 하게 되면 병균이 피부 속 깊이 파고든 전한 왕조를 구해낼 수 있다고 생각했다. 이상은 추구할 목표가 될 수는 있으나 실제의 정치적 폐단을 해결할 수는 없다는 사실을 그들은 생각하지 못했다. 더욱이 전한 후기 군주 정치 체제와 관료 체계가 머리에서 발끝까지 썩을 대로 썩었는데 몇 명의 현인과 간언을 허락한다고 하여 어떻게 그런 구조에 대항할 수 있다는 말인가? 몇 잔 물로 한 수레의 장작을 적시려는 짓일 따름이었다. 그리고 뼛속 깊이 전제에 빠진 봉건 제왕이 언론을 개방한다는 것은 더더욱 정치적인 무지이자 천진함이다. 전한 후기 깨어 있던 소수의 사상가와 정치가는 시대적 폐해를 제대로 간파했으며 요긴한 주장도 있으나 사태 해결엔 아무런 도움도 되지 못했다. 그들의 외침은 빌딩이 무너지기 전에 내는 비명에 불과했다.

통치자와 피통치자 간의 정치적 조정

전한 후기의 사회적 갈등은 갈수록 심화되었다. 통치자와 피통치자의 관계 조정은 눈앞에 닥친 심각한 문제였다. 사상가와 정치가들이 여러 대책을 내놓았는데 사유의 큰 줄기는 유가의 인정仁政, 덕치 이론을 벗어나지 않았다. 다음 세 가지 인식이 그 주된 내용이다.

만백성 편안론

이러한 인식은 유가의 중민重民 사상에 뿌리를 두고 있다. 곡영은 "왕은 백성을 기초로 삼고, 백성은 재물을 근본으로 여긴다. 재물이 다하면 아래에서 배반하고, 아래가 배반하면 위는 망한다"고 말했다. 백성은 군권의 사회적 기초다. 기초가 튼튼해야 군권이 군건해진다. 백성의 생활 기반이 없고 추위와 배고픔에 시달리면 난을 일으켜 천하를 동요시킨다. 곡영은 "많은 중국 나라가 군대를 일으킨" 것은 "그 싹이 백성의 기근과 관리들의 구휼 실패에 있고, 백성이 곤궁함에도 세금 부담이 무거운 데서 일어나며, 아랫사람들이 원망하여 떠남에도 위에서 모르고 있는 데서 발동한다"[55]고 지적했다. 따라서 총명한 제왕은 "기초를 아끼고 근본을 키워주어 극한 궁핍에 이르지 않도록 하고", 민중이 마지막 길로 치달을 정도로 몰아치지 않는다.

그럼 어떻게 해야 '기초를 아끼고 근본을 키워줄' 수 있는가? 정치가들은 세 가지 대책을 내놓았다.

첫째, "대제大祭를 받들듯이 백성을 부려" 통치자는 백성의 힘을 아껴야 한다. 곡영은 원제, 성제 때 "비 오듯 백성을 징발한" 현상에 대단히 불만이었다. 그는 조정에서 "온 읍성의 무리를 징발하여 궁실을 짓고 요역을 크게 일으키니" 서민 백성의 "재물과 노동력이 소진해 원한이 하늘에 사무쳐 재이가 빈발하고 기근이 거듭된다"고 질타했다. 그리하여 길거리에 널린 유민들의 굶어 죽은 시체가 "수백 수만을 헤아린다"[56]고 했다. 그는 통치자에게 "요역을 줄이는 데 힘쓰고 백성의 농사철을 빼앗지 말라"[57]고 건의했다.

둘째, 세금을 줄이고 형벌을 가볍게 한다. 전한 후기에 천재지변이 빈발했음에도 통치자들은 세금을 줄이지 않고 오히려 늘렸다. 혹리들까지 어린 백성을 벗겨대 백성의 원성이 거리를 메웠다. 이를 곡영은 다음과 같이 짚어냈다. "서민들의 곤궁함이 이와 같아 마땅히 세금을 줄여주어야 할 때에 관리들은 오히려 세금 증액을 주청한다. 심지어 경전의 의미를 읽어 민심에 역행하니 원망을 사고 재앙을 좇도록 하는 방법이다."[58] 그는 또 일식을 이유로 들며 조정의 "세금이 무거워 백성의 삶이 고갈되었다"고 한다. 일식은 바로 "세금이 정도에 맞지 않은 데 대한 백성의 근심원망 때문에 생겨나는 것이라"[59]고 질타했다. 그는 잔혹한 관리를 퇴출시키고 "어질고 덕이 높은 선비를 채용하여 만백성과 친해야 하며, 공평한 형벌로 억울함을 풀어주어 백성의 목숨을 순리대로 살게 해주어야 하며 (…) 세금을 적게 걷고 백성의 재물을 다 없애지 말아 천하 백성으로 하여금 모

두 즐거이 일하고 편안한 가정생활을 하도록" 해주라고 군주에게 요구했다.[60]

셋째, 군주가 "스스로 쓰임새를 크게 줄이고" 힘써 절약을 실천해야 한다. 공우는 당시 조정의 과도한 사치와 서민들의 빈곤한 생활을 강렬하게 대비시키며 느낀 바를 극단적으로 토로했다. 궁정의 1년 소비가 헤아릴 수조차 없다고 비판했다. "지금 삼복관三服官을 갖추게 하는 장인이 각 수천 명으로 1년 소비만도 엄청난 숫자다." "삼공관三工官[61]의 관비官費만도 5000만에 이르고 동서 직실織室[62] 또한 그러하다." "마구간에 양식을 먹어 치우는 말들이 만 필에 이른다." 그럼에도 천하 백성은 "수없이 굶어서 죽고, 죽어도 장례를 치르지 못하여 개돼지에게 먹히고 있다". 심지어 "사람끼리 서로 잡아먹는" 일까지 발생하고 있다. 그럼에도 "궁정 마구간의 말들은 곡식을 먹고 너무 살이 쪄서 고민이다. 백성의 분노가 하늘을 찔러도 날마다 그렇게 한다". 그는 원제에게 이렇게 질문했다. "왕은 하늘에서 명을 받아 백성의 부모가 된 사람입니다. 도대체 이래도 된단 말씀이십니까!" 공우는 고대 성왕의 궁실엔 합당한 제도가 있었다고 주장한다. "궁녀는 9명을 넘지 않았고, 먹이는 말은 8필을 넘지 않았다. 담은 칠만 하고 꾸미지 않았으며, 목재는 다듬기만 했지 무늬를 새기지 않았다." 황실의 "동산은 수십 리에 불과했으며" 그것도 "백성과 같이 누렸다". "그래서 온 세상 집집마다 풍족했으며 칭송하는 소리가 자자했다." 본 왕조의 고조, 효문孝文, 효경孝景 황제 때만 해도 "옛것을 따라 절약했다. 궁녀는 10여 명에 불과했고, 먹이는 말은 100여 필이었다". 이에 근거하여 그는 원제에게 이렇게 권했다. "옛 도를 깊이 헤아리시어 검약하셔야 하옵니다. 수레, 가마, 복식, 어가 기물들을 크게 줄이십시오. 3분의 2를 줄이셔야 합니다." "후궁 가운데 똑똑한 사람 20명만 남기고 나머지는 모두 돌려보내십시오." "먹이는 말은 수십 필이 넘으면 아니 되옵니다." "사냥하는 동산으로는 장안성長安城 남원지南苑地만 두시고 나머지 성의 서남쪽에서 산서山西 호鄂 지방에 이르기까지 모두 농토로 돌려놓으시어 빈민들에게 베풀어주시옵소서."[63] 공우는 군주가 "알아서 크게 줄임"으로써 천하의 기근이 해소되기를 바랐다. 광형과 곡영도 비슷한 주장을 제기했다. 광형은 "관동關東에 해마다 기근이 들어 백성의 궁핍이 극에 달해 서로 잡아먹는 경우도 있다"면서 원제에게 다음과 같이 요구했다. "알아서 크게 줄이십시오. 감천甘泉, 건장建章궁의 방비를 줄이시고, 주애珠崖군을 폐지[64]하십시오." "마땅히 궁실의 용도를 차츰 줄이고 아름다운 장식을 줄이십시오. 제도를 헤아리시고 안팎을 수습하십시오. (⋯) 그런 뒤에야 큰 교화가 성공할 수 있으며 예의와 양보가 일어나게 될 것이옵니다."[65] 곡영은 이렇게 이야기했다. "옛날엔 곡식 수확이 늘지 않으면 반찬 수를 줄였으며, 재이가 빈발하면 복식을 줄였으며, 흉년이면 벽에 칠을 먹이지 않았다. 이것이 현명한 왕의 제도였다." 그는 한 성제에게 궁정의 용도와 지출의 삭감을 요구했다. "상방尙房, 직실, 수도 및 군국郡國 공복관工服官의 짐 나르는 작업을 그치시어" "백성의 마음을 위로해주시고 간사함이 일어날 틈을 틀어막으십시오."[66]

만백성을 편안케 해야 한다는 주장은 기본적으로 유가의 인정설에서 생겨난 것이다. 그 가운데 "스스로 크게 줄이라"는 논의는 상당히 현실성을 지니고 있다. 군민 관계를 조정하여 사회적 대립을 완화시키려는 정치 이론가들의 적극적인 경향을 나타내는 주장이다. 그들의 목적은 "기초를 아끼고 근본을 키워주어" 왕조의 위기를 구하려는 데 있었지만, 이런 대책들이 사회적 폐단을 분명히 인식시키고 통치자의 자아 반성을 강화하는 데 일정한 계몽적 역할을 했음을 부인할 수는 없다.

교화정치론

교화教化는 본래 유가 덕치 사상의 내용 가운데 하나다. 한 원제는 전면적으로 유가를 높였으며 "순수하게 덕교德教로 임했다". 이에 교화는 치국평천하의 중요한 수단이 되었다. 전한 후기의 정치가와 사상가들은 사회 갈등을 완화시키기 위해 혹리酷吏들의 법률 중시에 반대하는 것 외에도 분분히 나서 교화치민教化治民을 강조했다. 이를 통해 군민 관계를 조절하고 정치 질서를 안정시킬 만한 좋은 약을 지을 수 있다고 생각했다. 일찍이 선제 때 소망지는 인성의 각도에서 교화치민의 중요성을 강조했다. "백성은 음양의 기를 담고 있으며, 의를 좋아하고 이익을 탐내는 마음을 갖고 있어서 교화하는 데 도움이 된다."[67] 소망지는 인성 속에 같이 존재하는 의를 좋아하고 이익을 탐내는 것이 인간의 고유한 본성이라고 보았다. 교화는 이익을 탐내는 인간의 마음을 철저히 청소해주지는 못하지만 사람 마음 가운데 의를 좋아하는 성품이 두드러지게 만들 수는 있다. 예를 들어 "요임금이 위에 있으면 이익을 탐내는 백성의 마음을 제거할 수는 없지만 이익을 탐내는 마음이 의를 좋아하는 마음을 누르지 못하도록 할 수 있다". 반대로 만약 "걸桀왕이 위에 있으면 의를 좋아하는 백성의 마음을 없앨 수는 없지만 의를 좋아하는 마음이 이익을 탐내는 마음을 누르지 못하게 할 수는 있다". 따라서 통치자들이 "백성을 이끌 때는 신중하지 않으면 안 된다".[68] 교화를 실행할 수 있느냐 여부는 천하 치란의 가장 중요한 관건이다. 요임금처럼 "덕을 베풀어 교화를 시행하면" 서민 백성이 누구나 의를 좋아하게 되어 사회 갈등을 완화시킬 수 있으니 대치大治가 실현된다. "교화가 이미 성공하면 요임금, 순임금이 더 있을 필요도 없다."[69] 원제 때 광형도 교화를 통해 천하를 다스려야 한다고 주장했다. 그가 보기에 "오늘의 천하 풍속은 재물을 탐하고 의를 천시한다. 성색聲色을 좋아하고 사치를 최고로 여긴다. 염치의 예절은 얄팍해지고 음란한 풍경만 날뛰어 기강을 상실했다". 관리나 백성 가운데 법에 저촉된 사람의 숫자가 적지 않아, 조정에선 일반적으로 사면하는 방법을 취해 관후함을 보여줌으로써 "백성으로 하여금 행동을 고쳐 새로워지도록 하고 있다".[70] 광형은 이 사면이 좋은 방법이 아니라고 생각했다. "큰 사면이 있은 뒤 간사함이 줄어들거나 없어지지 않는다. 오늘 사면을 받으면 내일 다시 범법을 한다. 그에 따라 다시 옥에 갇히게 되니 이는 아마도 별로 효과가 없는 방법이 아닌가 생각된다." 가장 좋은 치민 방법은 교화다. 통치자들이 몸으로 실천을 보여주면 아래에서 효과를 보게 된다. "천하를 다스리는 사람은 위에서 해야 할 바를 환히 알아야 한다".[71] 광형은 말한다. "교화가 넘쳐흐르면 집마다에 이르지 않아도 사람들이 그것을 기뻐하게 된다. 현명한 사람이 위에 있고 능력 있는 사람이 직무에 포진하게 되며, 조정에선 예를 숭상하고 온갖 신료는 공경과 양보를 하게 된다. 도덕적인 행동은 안으로부터 밖으로 이어지고 가까운 사람에서 시작하여 백성이 무엇을 본받을 것인가를 잘 알게 된다. 선을 실천하여 날로 좋아져 그 자신마저 모르게 된다." 그는 사회도덕과 통치자 정치 행위 사이의 인과 관계를 특히 강조했다. "조정에서 변색하는 말을 하면 아래에선 투쟁의 우환이 생겨난다. 위에 독단적인 사람이 있으면 아래엔 겸손하지 않는 사람이 생겨난다. (…) 위에 이익을 탐하는 신하가 있으면, 아래엔 도적질하는 백성이 생겨난다." 거꾸로 "공경대부가 서로 예를 지켜 공경하고 사양하면 백성이 다투지 않으며, 인을 즐기고 베풂을 좋아하면 아랫사람들이 포악하지 않게 된다".[72] 광형은 신교身敎를 가장 이상적인 정치 방법으로 보았다.

유가의 교화치민론은 합리성을 갖추고 있다. 대중 전파 수단이 대단히 원시적인 중국 고대에 있어서 윤리와 정치 가치의 보급은 행정력의 확장 외에 본보기 효과의 작용이 매우 중요했다. 신교 혹은 위에서 실천하면 아래서 본받을 것이라는 전제는 통치자 자신이 진정으로 인의를 갖추고 은혜를 베풀 때 비로소 전 사회의 갈등을 완화하고 질서를 수립할 수 있을 것이라는 이야기다. 그럴 경우 "큰 교화가 성공할 수 있고 예의와 양보가 일어나게 된다". 광형은 이 점을 분명하게 인식했으므로 쉬지 않고 입을 놀려 군주와 신료들에게 권고를 거듭했다. 그러나 전한 후기에 통치 집단의 부패와 가혹함은 갈수록 무게를 더할 뿐 되돌릴 수 없었다. 개별적인 청렴만 가지고는 전체 관료 계층에 편재한 부패 세력을 근본적으로 막을 수 없었다. 본보기 효과는 정반대의 결과를 낳았을 뿐 교화 정치의 꿈은 이루어지기 어려웠다.

농지 제한, 노비 제한 및 상업 억제, 화폐폐지론

한 중기 이래 토지 겸병은 사회 모순의 원천 가운데 하나였다. 문제의 증상이 어디에 있는지 잘 알고 있던 일부 지식인은 토지 집중에 제한을 가해야 한다고 분분히 요구했다. 무제 때 동중서는 "백성의 명전名田을 제한하여 부족을 메워야" 한다고 주장했다. 전한 후기 사단師丹, 하무何武, 공광孔光, 공우貢禹 등도 수차에 걸쳐 같은 요구를 했다. 사단은 이렇게 이야기한다. "옛 성왕들은 한결같이 정전井田을 실시하고 나서야 정치가 평온할 수 있었습니다. 효문 황제께서 주를 멸망시킨 어지러운 진나라를 이어받는 전쟁을 치른 뒤 (…) 아직 겸병의 해가 없었으므로 민전과 노비를 제한하지 않았습니다. 그런데 지금 누대에 걸친 태평으로 부유한 관리와 백성은 수만을 헤아리게 되었고 가난하고 약한 사람은 갈수록 빈곤해지고 있습니다. 군자의 정치는 답습도 소중하지만 고치는 것도 중요합니다. 고쳐야 하는 까닭은 급한 불을 끄기 위해서입니다. 상세한 말씀은 아직 못 드리겠지만 간략히 이야기하자면 마땅히 제한해야 하옵니다."[73] 승

상 공광과 대사공大司空 하무도 농지와 노비의 제한을 제기했다. "제후왕
과 열후列侯는 모두 나라 가운데 명전을 소유하고 있다. 열후는 장안長安
에 공주들은 지방 현에 명전이 있다. 관내후關內侯와 관리, 백성의 명전은
모두 30경頃을 넘어선 안 된다. 제후왕 노비는 200명, 열후와 공주는 100
명, 관내후와 관리, 백성은 30명이다."[74] 사단 등의 의도는 대단히 명백하
다. 사회 갈등을 완화시키기 위해서는 통치자가 일정 부분의 기득권을 버
려야 한다는 요구다. 이는 백성에게 이익이 될 뿐만 아니라 한대 통치자
들의 근본 이익과도 합치한다는 것이다. 하지만 권력자들이 '자체 삭감'을
한다는 것은 거의 불가능하다. 사회적 통제 기제가 갖추어지지 않았던 고
대 중국에서 전제 통치자들의 권력 및 이익 추구는 아무런 제한도 받지
않았다. 전제 통치자의 본성에서 비롯된 이와 같은 탐욕 추구는 사회가
도저히 견뎌낼 수 없는 지경이 되거나 그 이상이 되어 반란이나 전쟁이
전국으로 번져 일어나게 될 때나 잠시 제한을 받게 된다. 토지 겸병과 노
예 노역은 군주 전제 정치가 낳은 쌍두마차다. 사단 등의 희망이 이의를
제기할 수 없는 것임에도 농지 제한과 노비 제한은 실시될 수 없었을 뿐
더러 전한 제국의 정치 위기를 구원할 수도 없었다. 그들이 올린 간절한
주청은 "끝내 잠재워지고 실천되지 못했다."[75]

중농억상은 본래 전한의 국책 가운데 하나였다. 그러나 부유한 상인들
은 노련한 경제적 실력을 바탕으로 서민들을 능욕하고 관부와 결탁했다.
그들은 "대량의 희귀한 물건을 갖고 날마다 도시를 다니며 위에서 급히
필요로 하는 기회를 틈타 배 이상의 이문을 남기고 팔았다". 생산에 종
사하지도 않으면서 "화려한 무늬가 수놓인 옷을 입고 이밥에 고기를 즐
긴다. 농부의 고통은 잊고 천 푼의 이득을 본다. 재부로 인하여 왕후장상
과 교통하고, 그 힘이 일반 관리들의 위세보다 나으며 이권 다툼으로 서
로를 뒤집는다". 국가의 중농억상 정책은 예상했던 효과를 거두지 못했다.

"오늘날 법률이 상인을 천시함에도 상인은 이미 부귀해져 있으며, 농부를 존중함에도 농부는 이미 빈천해져 있다."[76] 전한 초기 상황이 이와 같았으며 후기로 갈수록 심해졌다. 따라서 일부 인사들은 중농억상의 옛 주장을 다시 꺼내며 위기를 구하고자 했다. 그 대표적 인물이 공우였다. 공우가 전통적 억상론 위에 두 가지 문제를 강조한 사실은 주의를 기울여 볼 만하다. 하나는 관부와 백성 사이의 이익 다툼 금지다. 한 무제 때 염철鹽鐵의 관영 전매 정책을 실시하면서 큰 소금장사 동곽함양東郭咸陽과 큰 철물상 공근孔僅을 대농승大農丞으로 임용했는데, "관부를 위해 일하면서 소금과 철로 부자가 된 집안의 사람은 관리가 되는 길에서 제외했다".[77] 관료 상인과 민간 상인의 갈등은 시종 존재했다. "선제, 원제, 성제, 애제, 평제 5대를 거치면서도 이를 고치지 않았다."[78] 공우는 조정 관원은 누구도 상업 활동에 참여해선 안 된다고 주장한다. "가까운 신하로 각 조曹의 시중侍中 이상부터 집안에서 사사로이 판매 행위를 하여 백성과 이익을 다투지 않도록 해야 한다. 어기는 자는 즉각 면직시키고 작위를 삭탈하여 다시는 벼슬길에 나서지 못하도록 해야 한다.[79] 둘째는 화폐의 폐지다. 소제昭帝 시대의 염철회의 석상에서 어떤 사람이 화폐의 폐해를 언급하면서 "옛날엔 시장이든 조정이든 화폐가 없이" 물물교류를 했는데 후세에 "화폐가 수차례 바뀌면서 백성 사이에 거짓이 번창했다"[80]고 말했다. 공우는 이렇게 주장했다. "옛날엔 금전金錢으로 화폐를 만들지 않았으므로 농업에 전념했다." 그런데 오늘날 "한 왕실이 돈을 주조하고 철을 다루는 관료가 수많은 수하 관리를 이끌고 산 속의 동철銅鐵을 캔다. 1년이면 10만 명 이상이 그 일을 하는데, 중농中農 한 사람이 일곱 사람을 먹인다고 보았을 때 70만 명이 항상 굶게 된다." 그뿐만 아니라 산을 개발해 동철을 파내면서 "땅을 수백 장씩 뚫어 음기의 정화를 잠기게 하고 땅의 도타움을 텅 비워버려 기운찬 비구름이 생기지 못한다. 또한 시도 때도 없이 산림을 남벌하니 홍수와 가뭄 피해가 그로 말미암지 않는 경우가 없다". 화폐 주조가 농업 생산에 엄청난 파괴를 가져온다는 것이다. 공우는 또 화폐가 무역의 수단이 됨으로써 부자들이 화폐 축적을 목표로 삼으니 "돈이 온 집안에 가득 쌓여도 전혀 만족할 줄 모른다". 상인들은 "제각기 지혜를 짜내어" "1년에 열두 배의 이익을 얻고도 조세는 부담하지 않는다". 비교해보면 "농부는 뙤약볕에 웃통을 벗고 추위와 더위를 피하지 않으면서 풀을 뽑고 괭이질을 하여 손발에 굳은살이 박이지만, 곡물 조租를 바치고 볏짚 세稅도 내고 나면 하급 관리의 사적 요구에도 더 내놓을 것이 없다".[81] 이와 같은 강렬한 빈부 대비가 사회 갈등과 동란의 주요 근원이 되었다. "빈민이 가난하면 일어나 도적이 되는 것은 무엇 때문인가? 말초적 이익이 심해지고 돈에 혹하기 때문이다. 따라서 간사함이 그치지 않는 것은 모두 돈에 그 원인이 있다".[82] 마지막으로 공우는 이렇게 주장한다. "주옥, 금은을 채취해 돈을 주조하는 관직을 없애야 한다. 다시는 화폐를 만들지 말아야 한다. 저잣거리에서 판매 행위를 못 하도록 해야 한다. (…) 조세와 봉록, 하사품을 모두 포백布帛이나 곡물로 준다. 백성으로 하여금 한결같이 농업에 종사토록 하면 옛날로 돌아가는 데 수월할 것이다".[83]

공우의 상업 억제, 화폐폐지론은 복고적이라거나 시대에 맞지 않는 일이라고 말하기보다는 차라리 정치적 천진함이라고 말해야 할 듯하다. 군주 전제라는 조건 아래서 경제발전과 정치권력 또는 정치 세력의 영향은 분리시킬 수 없다. 물론 경제 규율이 정치적 구심력에 완전히 복종하는 것은 아니다. 중농억상은 정치권력이 경제에 간여하는 정책적 표현이다. "법률이 상인을 천시하지만 상인은 이미 부자가 되어 있다"는 말은 정치적 힘이 영향을 미친 경제 현상을 뜻한다. 전자는 전한 통치자들의 정치 이성, 즉 군주 정치는 안정된 소농 경제를 기초로 삼을 필요가 있음을 표현해낸 말이다. 후자는 전제 통치자들의 실질적 이익이 경제 영역에서 구현되고 있음을 나타낸 말이다. 전제 통치자들은 재부를 구하기 위해 왕왕 극단적인 방법을 사용하기도 했다. 소금과 철을 관에서 경영하기도 하고, 큰 상인을 기용하는가 하면, 관작을 내다 팔기도 했다. 혹은 장사나 무역 등에 직접 종사했는데, 모두 이익을 좇는 수단이었다. 그러니 "부유한 상인들이 왕후장상과 교통했다"는 말은 전제 통치자들과 큰 상인들의 입장이 경제적 이익이란 측면에서 일치하고 있었다는 의미를 깔고 있다. 공우의 천진성은 상업과 화폐가 경제발전의 필연이라 역전시킬 수 없는 것임을 간파하지 못했다는 데 있다. 그뿐 아니라 전제 통치자와 큰 상인들의 실제 이익이 서로 일치하는 상황 아래서 상업의 억제와 화폐의 폐지는 곧 집권자의 이익에 실질적인 영향을 준다는 사실을 인식하지 못한 데 있다. 이 때문에 농지 제한과 노비 제한과 마찬가지로 그의 주장은 "끝내 잠재워지고 실천되지 못했다".

전체적으로 볼 때 전한 후기의 정치 조절 사조에는 현저한 이론적 특징이 하나 있다. 그건 바로 농후한 천인감응의 신비주의 냄새가 관통하고 있다는 점이다. 이는 전한 중기 이래 천견 사조의 연속이다. 통치 집단 가운데 지식인들이 위기의 소재를 간파하고는 천변재이를 빌려다 인간사를 논한 것이다. 그들 대다수는 천도라는 권위를 명패로 삼아 떳떳하게 심각한 말을 사용하여 자아 반성의 솔직함과 성실함을 드러냈다. 정치 행위와 정책에 대해 자아 반성을 한다는 것은 전형적인 정치이성의 구현으로 볼 수 있다. 그러나 이성적 표현에 오히려 신비주의적 외투를 걸친다는 것은 정치이성 가운데 비이성적 성분을 반영한 것이기도 하다. 이러한 이론적 특징에 대해 인류의 인식 발전이 결국은 이성과 비이성의 갈등 속에서 곡절을 거치며 진행되는 것이 아니겠느냐고 말할 수는 없다. 차라리 군주 전제 시대에 사유의 자유와 언론의 자유가 없는 데서 비롯된 필연적 현상이라고 말하는 것이 나을 듯하다.

제 2 절

갱 명 更命 사 조

전한의 통치자들 또한 다른 전제 통치자들과 마찬가지로 일단 최고 권력을 장악하고는 온 정성을 다하여 권력의 영원함을 추구하는 방향으로 전환했다. 전한 후기 사면에 위기가 고조되자 한 왕실의 운명이 어떻게 될까에 대해 사람들의 마음속에 거대한 의문이 일어나기 시작했다. 천명, 혁명, 영명永命, 갱명更命에 관한 토론들은 바로 이러한 의문이 사람들의 인식 속에 반영된 것이다.

천명 사상의 유래는 오래되었다. 은殷, 주周에서 시작하여 천은 제왕의 보호신이 되었다. 주나라 사람들이 천과 왕 사이에 덕이라는 중개자를 더함으로써 천명의 귀속은 조건을 갖추어야 부여받을 수 있게 되었다. "천명은 항상 한 곳에 있지 않다"[84]는 말로 주나라 사람이 은나라를 대신하여 천하의 왕이 된 사실의 합법성을 선언했다. 이는 동시에 서주 정권 또한 끝내는 다른 정권에 의해 대신될 가능성이 있음을 예시한 것이기도 하다. 바로 이러한 인식론적 기초 위에서 전국 시대 유가 학파의 '역위易位' '주일부誅—夫'와 '탕무湯武 혁명' 사상이 형성되었다. 『주역』「혁괘革卦」 단전彖傳은 말한다. "천지가 혁革하면서 사시가 이루어진다. 탕무 혁명은 하늘의 도리에 따르면서 사람에 순응한 것이다."[85] 혁명론은 천의 큰 명을 변혁시킨 것이 순천응인順天應人의 거사라고 주장한다. 순천응인은 혁명의 근거인 동시에 군권의 합법성을 기본적으로 규정해준 논리다.

전한 정권의 건립 초기엔 통치 사상이 아직 정형화되지 않았다. 천명과 혁명에 대한 인식도 아직 통일된 상태가 아니어서 때로 격렬한 논쟁이 벌어지기도 했다. 경제景帝 때 황로黃老파의 황생黃生은 혁명론에 반대하며, "탕왕, 무왕은 천명을 받은 것이 아니라 시해한 것이다"[86]라고 주장한다. "모자는 해졌어도 반드시 머리에 씁니다. 신발은 새것이라도 반드시 발에 신습니다. 무엇 때문이겠습니까? 위아래가 구분되기 때문입니다. 지금 걸桀왕, 주紂왕이 도를 잃었다고 하지만 여전히 주상입니다. 탕, 무는 성인일지라도 신하입니다. 군주가 잘못된 행위를 하면 신하가 바른말로 잘못을 고쳐주어 천자를 존중해야 할 일입니다. 그럼에도 거꾸로 과오를 탓하여 그를 죽여 대신 남면하는 자리를 밟고 섰으니 시해가 아니면 무엇이란 말입니까?"[87] 유생인 원고생轅固生은 반박했다. "그렇지 않습니다. 걸, 주가 포악하고 어지러우니 천하의 마음이 모두 탕, 무에게로 돌았습니다. 탕, 무는 천하의 마음을 도와 걸, 주를 벌한 것입니다. 걸, 주의 백성이 자기 주인을 위해 일하지 않고 탕, 무에게 귀순했습니다. 탕, 무는 부득이하게 왕위에 오른 것인데 천명을 받은 것이 아니면 무엇이란 말입니까?"[88] 황생의 논의의 근거는 군신 간의 등급 원칙이었고, 원고생의 근거는 탕무혁명의 기본 조건인 '순천응인'이었다. 양측은 각자의 입장을 견지하며 양보하지 않았고, 마침내 한 왕실 천하의 권력합법성 문제를 언급하기에 이르렀다. 원고생은 "당신이 말한 대로 따진다면 고조황제가 진나라를 대신하여 천자에 즉위한 것은 잘못이란 말이오?"[89]라고 했다. 군주 전제의 시대에 이론 문제가 해당 왕조의 집권을 건드리게 되면 꺼려야 할 일이 너무 많아져 결론을 내기가 어려워진다. 경제는 절충할 수밖에 없었다. "고

기를 먹되 말의 간까지 먹지는 않소. 맛을 모르기 때문이 아니오. 학자들이 탕무 혁명에 대해 말하지 않는다고 하여 어리석다고 하지는 않을 것이오."⁹⁰ 전한 통치자들은 이제 막 혁명의 방식으로 천하를 얻었다. 그들은 당연히 신하로써 군주를 시해했다는 악명을 듣고 싶지 않았으며, 그들의 신하가 같은 방식으로 강산을 탈취하는 것도 물론 원하지 않았다. 권력의 경질 과정에서 혁명론은 권력을 탈취한 측에서 보면 가장 좋은 이론 무기다. 하지만 일단 왕조 교체를 완성하고 난 다음엔 승리한 측을 진퇴양난의 경지에 빠뜨리기도 한다. 한 경제는 이 점을 잽싸게 알아차렸다. 그가 재론을 금지한 까닭은 왕조가 영원히 이어지는 방향으로 전환하길 바라는 한나라 통치자 입장에서 볼 때 혁명론에는 이익보다 손해가 더 많다는 것을 바로 의식했기 때문이다. 후대의 학자들이 "천명을 받았는지 시해를 했는지 감히 밝히지 말도록 해야"⁹¹ 했다.

전한 중기의 거유 동중서는 체계를 잘 갖춘 천인합일 정치론을 제기했다. 그는 천명론天命論으로 혁명론을 개조했고 삼통사관三統史觀과 '개제改制' 론을 내놓았다. 먼저 동중서는 군권의 합법성 가운데 천명의 주도적 지위를 강조한다. "하늘의 명령을 명命이라 한다. 명은 성인이 아니면 실천하지 못한다."⁹² 천명을 받은 새 왕조는 완전히 천명이 돌아온 때문이다. "왕자는 반드시 천명을 받은 뒤 왕이 된다."⁹³ 다음으로 동중서는 '삼정삼통三正三統'의 역사순환론을 제기한다. 왕조의 경질은 하夏 왕조의 '정흑통正黑統', 상商 왕조의 '정백통正白統', 주 왕조의 '정적통正赤統'의 왕복 순환일 뿐 다른 경우는 없다고 주장한다. 그다음으로 동중서는 "새 왕은 필히 제도를 바꾼다"⁹⁴고 말한다. 천명을 받은 군주는 새 왕조의 합법성을 드러내기 위하여 '삼통'의 순서에 입각하여 구체적인 제도 형식과 절차의 일부를 조정한다는 것이다. 주로 "거처를 옮기고, 호칭을 바꾸며, 정삭正朔을 고치고, 복색服色을 바꾸는" 등 "천하를 하나로 통합시키는데一統, 이는 역성易姓이타 왕조의 승계가 아니라 하늘로부터 스스로 통하여 받았다는 것을 밝히려는 이유에서다."95 동중서가 살았던 시대는 전한의 국운이 최고조로 올랐던 시기로 통치자의 관심은 전국에 '일통'의 정치 질서를 수립하는 데 있었다. 인식론적으로 천명과 군권의 통일을 강조하고 역사 순환과 '신왕개제新王改制'론으로 '탕무 혁명'론을 대체하고자 한 동중서의 논의는 당시 한 통치자의 정치적 필요와 딱 맞아떨어졌다.

한 초 '탕무 혁명' 언급 금지로부터 동중서의 '신왕개제'론의 제기에 이르기까지의 과정을 보면 한대의 통치자들이 전통 정치사상의 이론적 결함을 고의로 회피하고 있음이 드러난다. 그들이 추구한 것은 '왕조의 영원한 생명'으로 한 왕실 천하가 오래오래 안정을 구가하여 만세토록 다하지 않는 것이었다. 한 무제武帝가 태산泰山을 등정할 때 새겨놓은 글을 보면 이 소망이 분명히 드러나 있다. "사해 안에 왕실의 군현郡縣이 아닌 곳이 없도다. 온 세상 주변 민족이 모두 와서 공물을 바치도다. 하늘과 마찬가지로 끝이 없으며 인민은 무한히 불어나고 하늘의 복록을 영원히 얻도다."96 알자謁者97 급사중給事中이었던 종군終軍 또한 이런 말을 했다. "천명이 처음 확정되면 모든 일이 새로이 창조된다. 그러다 온 천지의 풍속이 같아지고 구주의 관습이 같아지기에 이르면 필경 훌륭한 성왕이 이를 윤색하여 조상의 업이 끝없이 이어진다."98 원제元帝 때의 광형匡衡은 더욱 분명하게 말한다. "천명을 받은 왕은 창업의 법통이 끝없이 이어지도록 힘써야 한다. 왕위를 물려받은 군주는 마음속에 선왕의 덕을 계승하여 그 공적을 크게 기리도록 해야 한다."99 '왕조의 영원한 생명永命'은 전한 통치 계급 전체 이익의 응축된 표현이다. 천명과 왕권의 통일이야말로 왕조의 영원한 생명을 이론적으로 비호해주는 논리였다. 위로 천명에 순응하면서 영원한 생명을 기원하는 일은 전한뿐만 아니라 후세 통치 계급들의 정치적 사유에서도 영원한 주제 가운데 하나가 되었다.

전한 통치자들이 천명과 영명을 둘러싸고 대대적 선전을 하던 바로 그 때에도 과연 시류를 알지 못하고 역성과 왕조 교체를 제기한 사람이 있었다. 비록 명확하게 '탕무 혁명'을 다시 꺼내지는 않았지만 집권자들의 진노를 사기엔 충분했다. 한 소제昭帝 원봉元鳳 3년(기원전 78) 정월에 태산에 "큰 돌이 스스로 일어선 일이 있었고" "또 상림원上林苑에 잘려서 고사했던 거대한 버드나무가 쓰러져 있다가 다시 일어서 살아났는데, 벌레가 그 잎사귀를 뜯어먹으며 '공손병이립公孫病已立'이란 글자를 만들었다". 부절령符節令 휴홍畦弘은 이 괴현상에 근거하여 『춘추』의 의미를 추정했다. 돌과 버드나무는 모두 음의 부류에 속하니 아래 백성의 상징이며, 태산은 역대 제왕이 "역성혁명을 통해 왕조를 대체한 것을 아뢰는 곳"이었다. "지금 큰 돌이 스스로 일어서고 쓰러진 버드나무가 다시 일어선 것은 사람의 힘으로 할 수 없는 일이다. 이는 장차 필부로 천자가 될 사람이 있다는 것이다."[100] 그는 한 왕실은 요임금의 후예인데 "이제 나라를 전해줄 운명에 처해 있다. 한나라 황제는 마땅히 누구에게 천하를 돌며 현인을 구하도록 하여 제위를 선양해야 한다. 그리고 본인은 은, 주 두 임금의 후예들처럼 스스로 물러나 100리의 봉지에 머묾으로써 천명에 순응해야 한다"[101]고 생각했다. 휴홍의 '추정'은 한 통치자의 근본 이익을 직접 건드린 것이었으니 그 결과는 예상 그대로였다. "멋대로 상상하여 요상한 말을 퍼뜨림으로써 민중을 현혹했으니 대역부도하다"[102]는 정위廷尉의 주청에 따라 휴홍은 주살되었다. 한 선제宣帝 때 사례교위司隷校尉 개관요蓋寬饒도 이와 유사한 주장을 제기했다. 다만 개관요는 재이를 빌리지 않고 직접 현재의 정부를 비판했다는 점이 휴홍과 다르다. 그는 이렇게 이야기했다. "지금 성인의 도는 없어지고 유술이 행해지지 않는다. 형벌로 주소周召[103]를 삼고 법률로 『시』 『서』를 삼는다."[104] 또 『한씨역전韓氏易傳』을 인용하여 이렇게 이야기한다. "오제五帝는 천하를 관공서의 일로 여겼으나, 삼왕三王은 천하를 집안일로 여겼다. 집안일은 아들에게 전해지고 관공서의 일은 현인에게 전해진다. 사시의 운행처럼 이미 업무를 이루었으면 떠나며, 사람을 얻지 못하면 그 자리에 머물지 않는다."[105] 개관요는 선제가 법가를 숭상하고 유가를 몰아내니 왕위에 있는 것이 적절하지 못하므로 응당 덕이 있는 사람에게 선양을 해야 한다는 분명한 암시를 하고 있다. 선제는 그의 속셈을 간파하고 "미움에 찬 비방"이라고 질타했다. 집금오執金吾가 "취지가 선양을 추구하는 것으로 대역무도하다"[106]고 논박하자 개관요는 압박을 못 이겨 자진했다. 이 두 사례는 권력이 사유화되던 군주 정치 시대에 통치자들이 절대로 권력을 포기하지 않으며, 권력의 포기를 요구하는 그 어떤 언론이나 암시도 용인하지 않는다는 것을 잘 설명해준다. 한대의 군주에겐 '왕조의 영원한 생명' 추구에 저촉되는 어떠한 언론이든 대역무도한 것으로 취급되었다. 군주 정치의 본질이 그렇게 결정토록 한 것이다.

그런데 전한 후기에 이르면서 상황에 변화가 생겼다. 원제元帝, 성제成帝, 애제哀帝, 평제平帝 시대에 전한 제국의 정치 위기는 날로 엄중해졌다. 정치적 출로를 모색하던 정치적 바람에 호응하여 휴홍, 개관요가 목숨을 잃었던 '갱명유덕更命有德' 사상이 차츰 변화하더니 강한 갱명 사조를 형성하기에 이르렀다. 논자들의 구체적 사유의 차이에 따라 논점도 약간씩 차이가 있었다. 원제 때 중랑中郎 익봉翼奉은 천재지변이 해마다 발생하여 백성이 기근에 허덕이고 역병이 유행하자 원제에게 천도를 통해 천변에 대응할 것을 건의했다. "[한나라가 흥한 이래] 폐하까지 8세대 9군주에 이르렀습니다. 주나라 성왕 같은 현명함이 있으심에도 주공, 소공 같은 보좌는 없사옵니다".[107] "[오늘날 천하에 재이가 끊이지 않으니] 국정을 맡은 사람으로서 어찌 근심 걱정을 품지 않을 수 있사오며 만 분의 일이라도 경계하지 않을 수 있겠사옵니까! 이에 신은 폐하께옵서 천변에 연유하여 수도를 옮기시길 바라옵니다. 이는 천하와 더불어 다시 시작한다는 뜻이옵니다. 천도는 끝에 이르면 다시 시작되며 궁하면 근본으로 돌아갑니다. 그리하여 길이 이어지며 끝나지 않사옵니다."[108] 광록대부光祿大夫 유향劉向은 성제의 능침 건설 "규모가 너무 사치스럽다"며 이를 간언하는 상소를 올렸다. "왕자는 반드시 삼통에 통달하여 천명을 부여해줄 사람이 오직 한 성씨가 아니라 매우 많다는 것을 알아야 하옵니다. (…) 예로부터 망하지 않는 나라는 없었사옵니다."[109] 그는 성제에게 몸소 절약을 실천하여 "한 왕실의 덕을 넓혀야지" "포악한 진나라 군주처럼 극단적으로 사치해선" 안 된다고 권고했다. "세상이 오래갈지 말지는 덕으로 판가름 나기" 때문이라고 한다. 계속 사치하고 고치지 않는다면 천명이 다른 곳으로 귀속할 것이라는 속뜻을 나타낸 것이다. 곡영谷永도 성제에게 이런 간언을 올렸다. "신은 하늘이 백성을 낳으셨는데 잘 다스려지지 않자 왕을 세워 그들을 통치하게 했다고 들었사옵니다."[110] 천자가 천하를 통치함은 자신의 이익을 위해서가 아니라 천하 백성을 위해서다. "삼통을 드리우고 삼정三正을 배열해놓음은 무도함을 없애고 유덕한 세상을 열고자 함이지 사사로이 한 성씨를 위한 것이 아니옵니다. 천하는 천하의 천하이지 한 사람의 천하가 아님을 밝힌 것이옵니다."[111] 군주는 천하를 다스림에 위로 천명을 받들고 아래로 서민들을 아껴야 한다. "박애하고 인서仁恕하여 그 은혜가 길거리 갈대[112]까지 미쳐야" "상서로운 징조를 내려 하늘이 보우하고 있음을 나타내"[113] 천명의 비호를 받을 수 있다. 반대로 "도를 잃고 망령된 행동을 일삼으며, 하늘을 거역해 물질을 함부로 대하고 욕심껏 사치를 부리며, 음란함에 탐닉하고 여자들의 말을 따르며, 어진 현인들을 벌주어 몰아내고 골육을 멀리하며, 수많은 작은 일을 벌여놓고 엄한 형벌과 무거운 세금을 물려 백성의 원망을 사면" "하늘의 진노로 재앙이 빈번히 내릴"[114] 것이다. 군주가 하늘의 견책에 신경 쓰지 않고 자기 뜻대로 행동하여 "끝내 회개하지 않고 또 다른 악으로 변화에 대응하면" 하늘은 "다시 견책을 하지 않고" 달리 천자를 세워 "유덕한 사람으로 천명을 바꾸어 버린다".[115] 곡영은 "악하고 허약한 자를 없애고 현명한 성인에게 천명을 옮기는 것이 천지의 영원한 법칙이며 역대 왕조가 다 마찬가지였다"[116]고 주장한다. 천명은 군주의 덕행과 덕정德政에 의거하여 인간사회의 주재자를 선택한다. 곡영의 암시는 분명히 전한 왕조를 겨냥한 것으로 의도를 말하지 않아도 의미가 자명하다.

전한 후기의 갱명 사조는 주로 다음 두 가지 문제를 제기했다. 첫째, 한나라 왕실 천하에 대한 천명의 보살핌이 영구적이지 않다는 것이다. 정치 이론가 대다수는 본 왕조의 정치적 실패를 열거하며 군주가 덕정의 원칙을 위배했다고 비판한다. 위로 천명을 어겼으며, 아래로 민심을 배반했다. 군주가 이를 보완하는 조치를 취하지 않으면 장차 천명의 비호를 잃게 될 것이며, 통치자들이 그토록 바라고 구하는 왕조의 영명은 물거품이 될 것이라고 경고한다. 둘째, 선진 시대에 형성된 '탕무 혁명'론이 갱명 사상으로 대체되었다. '갱명'론은 대체로 다음 두 측면의 내용을 포함하고 있다. 하나는 정치 위기가 날로 심화되는 시기에 통치자들이 연호를 바꾸고 수도를 옮기는 방식으로 혁신을 하면 다시 천명을 받고 새롭게 하늘의 관심을 얻어내 전화위복하게 된다는 것이다. 전한 후기의 실제 정치 상황에서 보면 천도 논의는 있었으나 천도를 결행한 경우는 없었다. 하지만 연호를 바꾸는 일은 매우 잦았다. 원제로부터 왕망王莽의 '신新'왕조에 이르기까지 '영광永光' '건소建昭' '건시建始' '영시永始' '태초太初' '원시元始' 등 개신의 의미를 나타내는 연호들이 잇달아 출현했다. 연호를 바꾸는 군주의 조서에는 항상 "천하와 더불어 스스로 새로워지려고 한다"는 염원을 명확히 표시했다. 이런 식의 조치와 염원은 분명히 동중서 '개제改制' 사상의 연속이다. 또 하나는 정치적 위기가 역전되기 어려워 도저히 구할 수 없을 때 한 왕실 천자는 하늘의 선택에 따른 천명에 순종하여 유덕한 사람에게 왕위를 양보하라는 것이다. 이는 전통적인 '선양禪讓'과 '역위逆位' 사상의 계승에 다름 아니다.

전한 통치자들이 정권을 탈취한 뒤 권력 의식 측면에서 주된 흐름은 혁명의 배척, 천명의 존중, 영명의 추구였다. 그런데 전한 후기에 이르러 정치 위기가 심화되어감에 따라 정치적 출로를 찾고자 하는 본능은 다시 통치자들로 하여금 '갱명'에 희망을 걸도록 했다. 소제, 선제 시기 휴홍과 개관요는 "유덕자에게로 천명이 바뀐다"고 말했다가 살신의 재앙을 당했다. 그런데 전한 후기에 이르면 '갱명유덕'을 이야기했다가 죽임을 당한 자도 있었으나 전체적인 추세로 볼 때 개제, 선양, 역위가 하나로 융합된 '갱명' 사상이 차츰 통치자에게 묵인되거나 받아들여졌다. 한 성제 때 제齊 사람 감충가甘忠可는 『천관력天官曆』 『포원태평경包元太平經』 12권'을 위조해내어 이렇게 외쳤다. "한 왕실은 천지의 큰 종말을 맞이했다. 마땅히 하늘로부터 천명을 다시 받아야 한다. 천제께서 진인 적정자赤精子를 시켜서 나에게 이 도를 가르치셨다." 그 결과 "귀신을 가장하여 위를 기만하고 민중을 현혹했다는" 죄로 하옥되어 "처단되기 전 병사했다."[117] 애제 즉위 후 감충가의 제자 하하량夏賀良 등은 여러 차례 애제에게 "한의 역사가 중도에 쇠했으니 응당 천명을 다시 받아야 한다"고 진언했다. 그리고 성제는 천명에 응하지 않아 후사가 끊겼다고 하는가 하면, 애제의 "오랜 질병"과 거듭되는 재이를 이유로 들며 애제에게 "황급히 연호를 고치고 칭호를 바꾸어야 무병장수할 수 있고 황자가 태어날 것이며 재이가 그칠 것이라"[118]고 말했다. 애제는 하하량 등의 건의를 받아들여 조칙을 내렸다. "한 왕실이 일어선 지 오늘로 200년이 되었다. 역사를 거쳐 새 시대를 여니 하늘이 이 무능한 사람에게 보살핌을 내리시어 한나라는 다시 천명의 신표를 받았다. 그런데 짐이 부덕하여 어느 땐가부터 하늘의 처음 명령을 훌륭하게 꿰뚫지 못했으니 천하와 더불어 스스로 새로워지고자 한다. 이에 천하에 대사면을 내리고 건평建平 2년을 태초원장太初元將 원년으로 삼으며 칭호를 진성유태평황제陳聖劉太平皇帝라 부르겠노라."[119] 나중 애제는 하하량 등이 "말에 증거가 없고" 조칙을 제거했다며 그들을 죽였다. 그러나 여기서 연호를 고치고 칭호를 바꾼 사실 자체가 '갱명'론에 대한 한대 최고 통치자의 태도를 잘 설명해준다. 애제는 한나라 국운이 이미 쇠하여 "천명의 신표를 다시 받음"으로써 국조國祚를 이어갈 필요가 있다고 인정한 것이다. 곡영, 유향 등의 논의와 다른 것은 애제가 따로 유덕한 사람을 찾지 않고 스스로를 유덕한 사람으로 삼아 위로 천명에 응하려 했다는 점이다. 황제의 칭호와 연호를 바꿈으로써 군주가 새롭게 천명을 받고 제국이 새로 탄생했음을 상징했다. 군주 '스스로 혁신하는' 방식의 '갱명' 연습을 한 셈이다. 애제는 날로 쇠패해가는 제국의 마지막 남은 그 조그만 자신감마저 완전히 상실했다. 전한 왕조가 더 이상 갈 곳 없는 지경에 이르게 되자 부득이하게 애제는 "현인에게 선양"하는 길을 생각하기도 했다. 한 번은 애제가 총신 동현董賢 등과 기린전麒麟殿에서 술을 마시면서 동현에게 이런 속내를 드러낸 적이 있다. "내 요임금이 순임금에게 선양한 것을 본받고자 하는데 어떻게 생각하시오?"[120]

'갱명'과 혁명은 현 정권의 합법성을 부정한다는 측면에서 어느 정도 일치한다고 할 수 있다. 그러나 권력 교체의 구체적 과정에 있어서는 서로 다르다. '갱명'은 '탕무 혁명'처럼 폭력으로 정권 교체를 하는 데 반대하고 "유덕한 사람에게 갱명하고 어진 사람에게 선양하길" 주장한다. 천명에 순종하고 군주의 교체를 구체적인 계기로 삼아 군주 정치가 위기에서 벗어나 새로운 생명을 얻을 수 있도록 하자는 것이다. 전한 후기 제국이 도저히 스스로 일어서기 어려운 지경에 빠졌을 때 '갱명'론은 계속 안절부절못하던 통치자들에게 한 가닥 살길을 열어주었다. '갱명'론이 방법상

'탕무 혁명'에 비교하여 훨씬 더 부드러웠기 때문에 인식론적으로 천명의 절대적 권위를 더욱 돌출시킬 수 있었으며, '신하에 의한 군주 시해'라는 민감한 문제를 회피할 수 있었다. 그래서 통치 집단 내의 절대다수에 의해 더 쉽게 받아들여졌다. 전한 왕조의 정치 위기가 날로 심화되어감에 따라 갱명 사조 또한 더욱 뜨거워졌다. 처음엔 가느다란 물줄기였던 것이 모아져 전 사회에 퍼질 만큼 큰 사상 조류가 되었다. 그리하여 뒤따른 왕망의 평화적 정권 교체를 위한 사상 및 여론의 기초를 다지게 되었다.

왕망王莽의 복고개제復古改制 정치사상

왕망王莽(기원전 45~기원후 23)은 자가 거군巨君이다. 한漢 원제元帝 황후의 조카로 기원후 9년에 평화적으로 한 왕실을 대체하여 신新왕조를 세워 15년간 재위했다. 왕망이 한 왕실을 대체한 것은 물론 그의 신분과 특수한 정치적 재능에 기인한다. 그러나 전한 후기의 정치 조정 사조를 한 번 돌아보기만 하면 사실상 왕망은 이 사조가 불러낸 이상적 인물이었음을 어렵지 않게 알 수 있다. 왕망은 유학을 존중하고 옛것을 받들었다. 사치를 억누르고 몸소 검약했으며 어진 선비를 애써 예로 대접했다. 이는 옛것을 모방하고 유학을 존중할 것, 사치에 반대함, 간사한 사람들을 몰아낼 것, 현명하고 재주 있는 사람을 등용할 것 등 전한 말년 사상가들의 정치적 주장과 일맥상통했다. 한말 통치자들 가운데 상당수는 이미 유劉씨 왕조에 대한 믿음을 잃고 있었다. 왕망은 신의를 굳게 지키리라 맹세하며 전 사회를 밝은 곳으로 데려가겠다고 했고, 이내 통치 계급들이 붙들 수 있는 유일한 구명 밧줄이 되었다. 이런 상황에서 왕망의 한 왕실 대체는 말 그대로 물이 이르자 도랑이 생긴 꼴이었다. 그런데 군주 정치 자체로 도저히 극복할 수 없는 폐단, 특히 왕망 정치 주장의 황당함으로 인해 위기를 뒤집으려는 통치 계급의 시도는 실패에 빠지지 않을 수 없었다.

천명의 갱신

한말 이래 사람들은 날로 심각해지는 사회정치적 위기에 직면하여 새로 시작해야 한다는 주장을 분분히 제기했다. 왕망은 온 힘을 다해 이 구상을 실천에 옮기려는 동시에 최고 권력을 탈취하려는 정치 목표를 실현코자 했다. 이론적으로 그는 선배들의 '갱명更命' 사상을 계승하여 한 왕실을 대체하는 데 사용했고 제도 개혁改制을 추진하는 이론적 근거로 삼았다. 이는 주로 다음 몇 가지 방면에서 드러난다.

부명상서符命祥瑞[121]와 천명을 이용하여
신新 왕조의 한 왕실 대체의 합리성을 논증함

왕망이 부명을 이용한 가장 전형적인 언급은 섭정 3년(즉 초시初始 원년) 즉 '진짜 천자'의 자리에 오르기 전의 조서 중에 보인다. "황천의 상제께서 큰 보살핌을 두터이 드러내시어 천명의 법통과 순서를 완성시켰다. 부명과 그림의 문양, 금궤와 예언서가 일치하고 (…) 내 심히 두려워 차마 받지를 못하겠노라! 날짜는 무진戊辰으로 정하여 왕관을 드리우고 진짜 천자에 즉위하여 천하의 이름을 신이라 정하리라."[122] 왕망은 스스로 대사마大司馬가 되어 정권을 장악하고, 왕위에 뜻을 둔 이래 안한공安漢公에 봉해지고, 더하여 재형宰衡에 봉해지고, 황제의 섭정이 되고, 가황제假皇帝가 되는 등 몇 단계를 거치며 최고 권력을 향하여 한 걸음 한 걸음 나아갔다. 부명상서는 그가 한 걸음 더 내딛을 때마다 그를 받쳐주는 받침돌이었다. 예컨대 요새 밖의 오랑캐가 흰 꿩을 바쳤다거나, 무공장武功長 맹통孟通이 우물을 파다 붉은 글씨가 새겨진 흰 돌을 얻었다거나, 광요후廣饒侯 유경劉京이 새 우물을 이야기했다거나, 거기장군車騎將軍 천인호운千人扈雲이 돌 소를 바쳤다거나, 애장哀章이 동 궤짝을 바쳤다는 것 등이 그렇다. 이러한 부명은 신의 뜻을 빌려 왕망의 정치적 목적을 명백히 설명하는 것이었다. "안한공 망莽이 황제가 될 것임을 알린다." "섭정 황제가 진짜가 될 것이다."[123] 이를 천하에 알림으로써 정권 교체를 촉진하기 위한 여론 준비를 했다. 동시에 왕망의 개인적 정치 욕구를 신비로운 권위의 배후에 감춰둠으로써 사람들에게 모종의 '공정하다'는 가상을 심어주어 그에 의한 한 왕실의 대체를 합법적인 것으로 변하게 했다. 한 걸음 더 나아간 여론 통제를 위하여 왕망은 즉위 후 즉각 다음과 같은 부명을 천하에 반포했다. "제왕이 천명을 받을 때는 반드시 상서로운 부명의 징조가 나타난다. 화합하여 다섯 명命을 이루고, 펼치어 행복하고 길한 징조福應를 보인다. 그런 뒤 위대한 공로를 세울 수 있고 자손에게 전해져 영원히 무궁한 복을 누린다. 그리하여 한 왕실이 일어났으며 덕성의 징조가 한漢의 삼칠구三七九세(즉 189년) 후에 피어났다. (…) 하늘이 신 왕실을 보우하시는 까닭이 깊고도 한결같으리라!"[124] 부명은 본래 천명의 전달과 암시다. 왕망은 부명을 통하여 천명의 절대적 권위와 항거불가능성을 강조하고 있다. 그는 덕의 징조 5사事, 부명 25, 복응 12 등 무릇 42편을 총괄하여 천명의 귀속을 설명했다. "황제는 심히 유독 하늘의 위엄을 두려워하지 않을 수 없다." "12부명이 압박을 하니 천명을 사양할 수 없다."[125] 그가 일찍이 어린 황제 유자孺子 영嬰의 손을 잡고 눈물을 흘리며 흐느끼면서 "옛날 주공周公께서 섭정을 하시고는 끝내 황자를 복위시켜 임금으로 삼았는데, 오늘 저는 유독 하늘의 위명이 다그쳐 어찌할 수가 없사옵니다!"라고 하며 오래도록 슬피 탄식하니 백관 중 "감동하지 않은 이가 없었다."[126] 왕망은 그렇게 천명의 권위를 빌려 마음가짐을 천하에 표명했다. 그가 한 왕실을 대체함은 절대로 개인적 동기가 있어서가 아니며 순천응인한 것이라는 이야기다. 부명이란 명패를 내걸고 왕망은 공정무사한 얼굴을 꾸며냄으로써 전 사회가 신왕조를 인정하고 옹호하고 복종해주기를 기대했던 것이다.

오덕종시五德終始의 역사순환론을 이용하여 권력 교체를 논증함

엄격하게 말하면 부명은 왕망이 장차 한 왕실을 대체하리라는 징조의 암시일 뿐이었다. 왜 유씨의 천하가 왕씨에 의해 필연적으로 대체되어야 하는지를 해석해주지는 못했다. 그래서 왕망은 오덕종시설의 도움을 받아 권력 교체의 논리적 필연성을 강조했다. 그는 말한다. "공자께서 『춘추』를 지으심으로써 모든 후대 제왕의 모범이 되었는데, 애공哀公 14년에 이르러서 한 시대의 끝을 맺었다. 이를 오늘날에 맞추면 또한 애제哀帝 14년이 된다. 적赤의 시대가 다했으므로 더 이상 억지로 구할 수가 없다. 하늘이 위엄을 밝히시고 황덕黃德이 부흥해야 한다며 대명大命을 풍성히 보이셨다. 천하가 나에게 속할 것이라 하신다."[127] 왕망은 오행의 덕이 순환, 왕복이 역사 운행의 필연 법칙이라고 생각했다. 한 시대의 왕조가 쇠패하면 그에 해당되는 덕의 기운도 따라서 장차 소진하고, 반드시 그에 상응하는 오행의 덕이 대신하게 되어 새 왕조가 이어 흥기한다는 것이다. 한 왕실의 천하는 화덕火德이 길이었고 색깔은 적색을 숭상했다. 그런데 지금 "한의 성씨는 삼칠의 사나운 운수를 만나 적덕赤德이 기진했다."[128] "화덕이 막혀 소진했으니 토덕土德이 대신하여야 한다."[129] 신新왕조는 황덕이 길이니 "한을 없애고 신이 일어난 것이다". 신왕조가 한 왕실을 대체한 것은 역사적 필연으로 그 합리성은 말하지 않아도 알 수 있다. 왕망은 신왕조가 위로 토덕에 순응했음을 강조하기 위해 즉위하자마자 즉각 정책과 연호를 바꾸었다. "정삭을 고치고 복색을 바꾸었으며, 희생을 다르게 쓰고 깃발을 달리 했으며 기물 제도를 변화시켰다. (…) 복색은 덕에 합치하도록 황색을 높였고 희생은 잘 갖추어 흰색을 쓰도록 했다. 사절들의 깃발은 모두 순황색으로 했다."[130] 오덕종시순환론이 왕망의 수중에서 권력을 탈취하고 왕조를 교체하는 유력한 무기로 변했다.

성인과 유가 경전을 드높여 탈권 행위의 근거로 삼음

왕망은 어려서부터 유학을 익혔다. "유생처럼 복장을 했고" 유학 경전에 사뭇 정통했다. 그리하여 유가 경전과 성인은 그 수중의 승부 카드가 되었으며 수시로 꺼내어 그의 정치 행위를 변호했다. 이를테면 그가 일찍이 섭정으로 왕을 칭했는데 이를 변호하면서 "『상서尙書』 「강고康誥」 편에 '왕의 명으로 말하노니 제후들의 맏이이며 짐의 동생인 어린 사람 봉封이여'라 했습니다. 이는 주공이 섭정으로 왕을 칭한 문장입니다. 『춘추』에 은공隱公은 즉위라 말하지 않고 섭정이라 말했습니다. 이 두 경전은 주공과 공자께서 제정한 것으로 후대의 모범이 됩니다. 공자께서는 '천명을 두려워하고, 대인을 두려워하며, 성인의 말씀을 두려워한다'고 하셨습니다. 신 망은 차마 이를 받들어 쓰를 못하겠습니다!"[131] 이렇게도 이야기했다. "신 망은 밤낮으로 유자孺子를 양육하여 키우고 있습니다. 이를 주나라 성왕과 비교한다면 (…) 유자가 성인의 관례를 올리면 주공의 고사처럼 그에게 왕위를 돌려주려 합니다."[132] 왕망은 『상서』『주례周禮』『논어』『공양전公羊傳』 등 유가 경전을 광범하게 인용하고 성인의 고사를 모방하기도 했다. 일통의 학문으로 존중되는 유학의 권위를 자기 언행의 근거로 삼고자 함이었다. 군주 전제 조건 아래서 학술은 원래 권력의 시녀였다. 왕망이 애써 전통 경전으로부터 "한을 없애고 신을 일으킬" 근거를 찾음으로써 그의 정치적 사유는 필연적으로 복고로 치달았다.

조상 계보를 연결하여 신흥 왕조의 정통 지위를 위해 논증함

전한의 건국이 수백 년에 이름으로써 사람들의 정치 관념 속엔 이미 굳건한 정통의 형상이 수립되어 있었다. 왕망은 외척 출신으로 한 왕실을 대신한 것이 자칫 찬역簒逆의 혐의에 몰릴 수 있었다. 이 때문에 그는 여러 차례 원성元城 왕씨가 원래 상고 시대 성왕의 후예였다고 해명하면서 두 가지 문제를 해결하려 했다. 첫째는 신흥 왕조의 정통으로서 지위 확립이었다. 왕망은 "우리 왕씨는 우제虞帝(순임금)의 후예로 제곡帝嚳에게서 나왔으며"[133] 모두 황제黃帝의 후손이라고 주장한다. 그는 조상의 족보를 상세히 설명한다. "황제는 25명의 아들이 있었는데, 성姓을 나누어 하사받은 자가 12씨氏였다. 우제의 선조는 성을 받아 요姚라 불렸다. 그것이 도당陶唐 시대에 규嬀라 말해졌고, 주나라에선 진陳이라 불렸다. 제齊에서는 전田이라 하고 제남濟南 지방에선 왕王이라고 말한다."[134] 그래서 황제는 그의 '태초의 조상'이 되었고, 우제(즉 순임금)는 '시조 조상'이 되었으며, 요, 규, 진, 전 네 성씨도 "나의 동족이다"[135]라고 했다. 혈연관계는 군권 전승의 필요조건이다. 왕망과 황제, 우제가 혈연으로 엮이자 외척이 정통으로 바뀌었고 왕위에 오르기 위한 충분한 조건이 마련되었다. 둘째, 고대 성왕의 선양 고사를 이용하여 찬역의 혐의를 가려버렸다. 왕망은 "유씨는 요임금의 후예로 전욱에서 나왔다"[136]고 말한다. 전하는 말에 의하면 요임금(즉 당제唐帝)은 제위를 순에게 선양했다. 그래서 왕망은 이렇게 말한다. "나의 시조 조상 우제는 당제에게서 선양을 받으셨다. 한나라 성씨의 첫 조상은 당제이므로 세상에 나라를 전달하라는 형상이 나타난 것이다. 나는 또 한나라 고조 황제의 영혼으로부터 친히 금책金策을 받았다."[137] 기왕 유씨의 조상이 당요唐堯였으니 왕위를 우순虞舜의 후예에게 양위하는 것은 당연한 이치 아닌가? 왕망은 조상의 계보 연결을 통해 외척이 권력을 찬탈했다는 사실을 가볍게 덮어버리려 한 것이다.

왕망은 전한 후기의 신비주의 사조를 계승하면서 당시 보편적으로 유행하던 '갱명'론을 잘 응용했다. 부명, 천명, 성인 등을 이용하여 정권 탈취의 수단으로 삼았다. 봉건 시대의 정치가라는 각도에서 그는 참으로 정교한 행동을 보여주었다. 그런데 왕망은 '갱명' 사상을 치국 정책에까지 관철시켰다. 이를테면 "검은 용이 새겨진 돌"에 의거해 "낙양洛陽의 도읍"을 건설하고, 부명에 따라 신하를 봉했다. 심지어 "영시寧始장군을 갱시更始장군으로 다시 명하여 부명에 따르기도 했다. (…) 백성을 현혹시키기 위하여 도적을 풀어주기도 했다"[138] 이러한 것들은 그의 정치적 무능과 정치 사상의 우매함을 드러내는 것에 다름 아니었다. 그리하여 신왕조 말년 천하가 큰 혼란에 빠져 왕망 "스스로 망할 것을 알았으면서도" "신하들을 거느리고 남교南郊에 가 부명의 본말을 늘어놓는"[139] 일 외에 별다른 대책을 내놓지 못했다. 이런 황당한 사상이야말로 왕망이 정치적으로 실패한 중요한 원인 중 하나였다.

02 복고개제 사상

왕망은 한 왕실의 천하를 탈취한 뒤, 전한 말년 이래의 여러 적폐를 해소하고 신왕조를 공고히 하기 위해 정치와 경제 부문에서 일련의 조정 정책을 추진했다. 그는 주로 『주례周禮』를 제도 개혁改制의 청사진으로 삼았으며 전통 정치의 이론과 방식을 이용하여 현실 문제를 해결하려 들었다. 따라서 강렬한 복고적 경향을 보인다. 왕망의 개제는 정치와 경제 두 방면으로 나뉜다.

정치 방면에서 왕망은 주례의 회복과 분봉제分封制의 실행을 주장한다. 그는 말한다. "진秦나라의 방법은 망하는 길이다. 제후들을 없애버리고 군현郡縣을 두어 천하의 이익을 독점하려 했기에 2세에 이르러 망했다."140 성왕의 도를 어겼다는 것이다. 그는 "나는 주나라를 따르겠노라從周"는 공자의 말을 인용하며 분봉제가 "공덕이 있는 사람을 널리 봉함으로써 선을 권장하고, 없어지고 끊긴 것을 이어주어 영세할 것"141이라고 생각했다. 돌이켜보면 당요, 하우夏禹, 무왕武王, 주공 등 옛 "성인의 세상"은 모두 봉건제후 시대였다는 것이다. 왕망은 "내 부덕하지만 성인들을 본받아 만국의 주인이 되리라. 백성의 편안함을 고려하면 제후를 세우고 주州를 나누어 영역을 바로잡음으로써 풍속이 아름다워지리라"[142]고 했다. 분봉 방식은 『주례』를 모방한다. "전 시대에 걸쳐 귀감으로 삼아 이를 원리 원칙으로 삼으며" "주는 「우공禹貢」 편을 따라 아홉으로 나누고, 작위는 주 대를 따라 다섯으로 한다."[143] 왕망은 또 각급 작위에 따른 봉지 및 식읍을 상세히 규정했다. 공公은 "인구는 만 호戶에 토지는 사방 100리", 후侯와 백伯은 "인구 5000호에 토지는 사방 70리", 자子와 남男은 "인구 2500호에 토지는 사방 50리로 한다."[144] 왕망은 분봉제를 통해 정치 질서를 재조정하려고 했다. 예컨대 그는 다음과 같은 조서를 내렸다. "덕을 기리고 공로에 상을 주는 것은 어질고 현명한 사람들을 드러내고자 함이다. 9족이 화목하게 지내도록 함은 친친親親을 칭송하고자 함이다. 내 항상 게으름에 빠지지 않고 선인들의 일을 깊이 고민하여 규정을 버리고 새로 만드는 것은 그로써 좋고 나쁨을 분명히 하고 백성을 편안케 해주고자 함이다."[145] 이를 위해 그는 이론적으로 충분한 준비를 했다. "경전들을 상고하고 각종 전기를 모아 의리義理에 통하도록 했으며 논의와 사색을 두 번세 번 거듭했다."[146] 하지만 실천 과정에선 이를 진정으로 관철시키지 못했다. "지역 경계가 아직 정해지지 않았다는 이유로 먼저 모토茅土[147]를 준 뒤 봉지에 기뻐하는 사람들을 위로했다."[148] 즉 '허봉虛封'을 한 셈이다.

왕망은 또 『주관周官』 「왕제王制」 편에 의거하여 관제와 군현 제도를 여러 차례 조정했으며, 관직 명칭과 군현의 이름을 자주 바꾸었다.

왕망은 정권을 장악한 뒤 권력을 공고히 하고 질서를 안정시키는 일이 급했다. 그래서 관작 제도의 개혁에 착수하고 "예악 제도의 수립"에 몰두했는데, "제도가 확정되면 천하가 저절로 평안해지리라고 생각했다."[149] 그러나 한말 이래 정치와 사회의 위기는 군주 정치 자체의 고질병으로 인해 필연적으로 생겨난 것이었다. 정치 부패와 관리들의 탐학은 모두 전제 통치의 본성이었다. 관작 제도를 개혁한다거나 관직 명칭을 바꾼다고 하여 구제할 수 있는 사항이 결코 아니었다. 그럼에도 왕망은 믿어 의심치 않았다. 이런 식의 사유 방식은 그 정치 개혁의 필연적 실패를 예정하는 것이었다. 분봉제의 추진과 관직 명칭의 잦은 변화는 아무런 쓸모가 없었을 뿐만 아니라 오히려 정부 명령의 잡다함과 조령모개로 정치 혼란을 날로 가중시켰을 뿐이다. 다음으로 왕망은 "권력을 전횡하여 한나라 정권을 얻었기" 때문에 권력 집중을 강화시키는 것이 얼마나 중요한 일인지 누구보다 잘 알고 있었다. 그는 여러 왕의 칭호를 취소하라는 명령을 내린 적이 있다. "하늘에 두 태양이 없고 땅에 두 왕이 없음은 수많은 역대 왕조에서 바뀌지 않은 사실이었다. 한 왕실 제후들이 왕을 칭하고 사방 오랑캐들마저 그렇게 하니 이는 고전에 위배되며 일통에 어긋난다. 제후왕의 호칭을 모두 공公으로 하고, 사방 오랑캐들 가운데 왕을 참칭하는 자는 모두 후侯로 바꾸도록 확정한다."[150] 인식과 행동에서 보인 왕망의 이러한 상호 모순 또한 그의 추구가 필연적으로 실패하게 된 요인이었다.

경제 방면에서 왕망은 왕전제王田制, 오균五均,[151] 육관六筦[152]을 추진하고 노비 전매를 금지했다. 이를 통해 봉건 국가의 경제생산과 유통에 대한 직접 통제를 강화하려 했다. 이 개혁 구상은 진한 경제 정책에 대한 비판을 인식의 바탕에 깔고 있었다. 왕망의 생각은 이러했다. "진은 무도하여 부세를 무겁게 함으로써 자신만을 높이 받들고 백성의 힘을 동원해 자신들의 욕망을 다했다. 성왕의 제도를 파괴하고 정전井田을 폐했기 때문에 겸병이 생기고 토지에 대한 탐욕이 생겨났다. 강자들은 토지 규모가 수천에 이르렀고, 약자들은 송곳 꽂을 땅도 없었다. 또 노비 매매 시장을 두어 소, 말과 같은 우리 속에 가두고는 신민臣民에게 맡겨 그 목숨을 멋대로 끊었다. 간학한 사람들이 각종 연고를 통해 이익을 취했고 다른 사람의 처자식을 팔아먹는 지경에 이르렀다. 이는 천심을 거스르고 인륜에 어긋나며 '천지의 성정 가운데 사람이 가장 소중하다'는 의의에 배치된다."[153] 한나라도 진의 제도를 이어받았다. "전조田租를 경감하여 30분의 1을 세금으로 내는" 등 일부 고친 곳도 있으나 "백성은 호족들의 침탈로 전답을 나뉘어 빼앗기고 빌려 쓰게 되었다. 30분의 1을 세금으로 내는 것은 이름뿐으로 사실은 10분의 5가 세금이었다. 부자간이나 부부 간 모두 늙어 죽도록 밭갈이를 하나 소득은 자기 생존에도 모자란다. 그리하여 부자들은 개나 말 먹일 곡식도 넘쳐나고, 교만해져 사악한 행동을 한다. 반면 가난한 사람들은 술지게미에도 싫증 내지 못하며 가난하여 간악한 행위를 한다. 그렇게 함께 범죄에 빠져 형벌을 면치 못하고 있다."[154] 왕망은 토지 사유와 노비 매매가 빈부 분화와 사회 질서 혼란의 중요한 근원이라고 생각했다. 그 해결 방법은 상고 삼대의 정전제 회복과 노비 매매 금지였다. 그는 말한다. "여덟 집이 공동 경작하는 여정廬井을 설치하고 한 부부에게 100묘畝씩 준다. 그중 10분의 1을 세금으로 내면 국가는 넉넉하고 백성은 부유하여 칭송하는 소리가 일 것이다. 이는 당, 우 시대의 제도로 삼대에도 그대로 따라서 했다. (…) 이제 천하의 전답을 '왕전王田'으로 개명하고 노비는 '사속私屬'이라 부르되 모두 매매해서는 안 된다. 남자 식구는 여덟에 이르지 않도록 하고 전답이 1정井이 넘는 사람은 나머지 전답을 나누어 9족과 인근 마을 향당鄕黨에 준다. 전답이 없다가 이제 전답을 받게 된 사람들도 같은 제도로 처리한다."[155]

이 밖에 왕망은 소금, 철, 술에 대한 전매권을 강화하고 유통을 통제했으며 오균, 육관의 명령을 반포했다. "현의 관리에게 명하여 술을 사고 소금과 철기를 팔며 돈을 주조하도록 하라. 알려진 산과 큰 연못에서 물질을 캐거나 얻는 경우 세금을 물리도록 하라. 또 시장의 관리에 명령하여 싸게 산 것을 비싸게 팔 경우 백성에게 외상으로 빌려주도록 할 것이며 이익은 매월 3퍼센트로 거두라."[156]

봉건 제왕으로서 왕망이 진한 이래의 사회 빈부 갈등에 대해 이토록

심각하게 인식하고 있었다는 사실은 매우 대단하다. 이를 조절하고 완화
시키려는 그의 노력에 대해 이론을 제기할 수는 없다. 그러나 오로지 삼
대의 법도 가운데서 처방을 베끼려는 행위는 분명히 치유책으로 보기 어
렵다. 중랑中郎 구박區博은 이렇게 말했다. "정전제는 성왕의 법제이긴 하나
폐기된 지 이미 오래되었습니다. 주나라의 도가 쇠약해지자 백성은 따르
지 않았습니다. (…) 이제 민심을 어기며 1000년 전에 끊긴 제도를 회복
하려 하니 비록 요순이 다시 태어난다 하더라도 100년 이상 노력하지 않
고는 성공할 수 없을 것입니다."[157] 왕망 경제 개혁 사상의 모든 실질은 정
치권력으로 경제에 간여하는 것이다. 그 동기가 어떤 것이든 이러한 사고
자체가 경제의 운행 규율에 어긋나 있으므로 실패는 시간문제일 뿐이었
다. 다음으로 왕망은 전제 왕권을 대표하며, 지지 기반은 봉건 관료이다.
이러한 조건 아래 실시한 토지 국유 및 오균, 육관은 권력을 가진 군신
집단과 같은 최대 사유자들에게 더욱 큰 사적 이익을 취할 수 있도록 방
편을 제공해주는 짓일 뿐이다.

　왕망은 사회 갈등을 틈타 권력을 쟁취하는 데 능한 노회한 정계의 거
물이자 봉건 시대에 보기 드문 정치가였다. 왕망은 시대의 부름에 순응
하여 제도 개혁을 단행했다. 통치 계급 자체의 정치적 조절을 이루어내라
는 은근한 기대가 그 한 몸에 모아져 있었다. 그러나 왕망은 정치사상적
으로 여러 방면에서 속박을 받았다. 첫째, 왕망은 "빈말을 좋아하고 옛 법
도를 사모하여" 언제나 전통 속에서 시대적 맥락을 파악했으며, 전통 방
식에 의거해 정책을 설계했다. 결과적으로 시대의 흐름과 잘 맞지 않았다.
둘째, 왕망은 외척 신분으로 권력을 장악하여 하나의 왕조를 열었으므
로 권력의 중요성에 대해 깊이 알고 있었으며, 나아가 권력이 만능이라는
미신을 갖기에 이르렀다. 그는 권력을 경제 개혁의 첫 번째 동력으로 삼
았고, 그 결과 곳곳에서 벽에 부딪혔다. 셋째, 왕망은 한 말 이래 신비주

의 사조의 영향을 깊이 받아 천명 미신에 빠져 헤어나지 못했다. 이상의 여러 원인으로 왕망의 정치사상은 대단히 혼란스러우며 체계적이지 못하다. 왕망은 이러한 인식에 따라 정치적 실천을 이끌었으며 고대 중국의 정치 무대에서 복고개제라는 소란스러운 희극을 연출해냈다.

1 한자 更의 한글 독음은 경 또는 갱이다. 의미로 따지자면 '고치다' '바꾸다' '교체하다' 등 동사적 의미는 '경'으로 읽고(중국어로는 1성 gēng), '다시' '또' '더욱' 등 부사적 의미는 '갱'으로 읽는다(중국어로는 4성 gèng). 시간(7시부터 2시간 단위로 끊어 밤을 다섯으로 나누는 단위)을 나타낼 때는 '경'으로 읽는다. 여기서 更命은 갱수천명更受天命, 즉 천명을 다시 받는다는 말의 약칭이므로 '갱명'으로 읽는다. —옮긴이

2 人人牽引所私以充塞朝廷, 妨賢人路, 濁亂天下, 奢泰亡度.(『漢書』「鮑宣傳」)

3 志但在營私家.(『한서』「포선전」)

4 飢, 或人相食.(『한서』「元帝紀」)

5 死人之血流離於市, 被刑之徒比肩而立, 大辟之計歲以萬數.(『한서』「路溫舒傳」)

6 凡民有七亡…… 七亡尙可, 又有七死…… 民有七亡而無一得, 欲望國安, 誠難; 民有七死而無一生, 欲望刑措, 誠難.(『한서』「포선전」)

7 此非公卿之守相貪殘成化之所致邪?(『한서』「포선전」)

8 후궁后宮이라 함은 황후를 포함한 개념으로, 황후를 제외한 말인 후궁後宮과는 다르다. —옮긴이

9 은나라의 고종高宗과 주나라의 선왕宣王을 말한다. —옮긴이

10 跡三代之季世, 覽宗宣之饗國, 察近屬之符驗, 禍敗曷常不由女德?(『한서』「杜周傳 附 杜欽傳」)

11 妃匹之際, 生民之始, 萬福之原. (…) 此綱紀之首, 王敎之端也, 自上世已來, 三代興廢, 未有不由此者也.(『한서』「匡衡傳」)

12 夫妻之際, 王事綱紀, 安危之機, 聖王所致愼也. (…) 志在閨門, 未恤政事, 不愼擧錯, (…) 內寵大盛, 女不遵道, 嫉妒專上. (…) 妻妾得意, 謁行於內, 勢行於外.(『한서』「谷永傳」)

13 臣聞三代所以隕社稷喪宗廟者, 皆由婦人與群惡沈湎於酒. (…) 奉帝王之職以統群生, 方內之治亂, 在陛下所執. (…) 誠留意於正身, 勉强於力行, 損燕私之間以勞天下, (…) 抑損椒房玉堂之盛寵.(『한서』「곡영전」)

14 願陛下詳覽得失盛衰之效以定大基, 采有德, 戒聲色, 近嚴敬, 遠技能.(『한서』「광형전」)

15 陽尊陰卑, 卑者隨尊, 尊者兼卑, 天之道也. 是以男雖賤, 各爲其家陽; 女雖貴, 猶爲其國陰. 故禮明三從之義.(『한서』「杜鄴傳」)

16 聖王必愼妃后之際, 別嫡長之位. 禮之於內也, 卑不逾尊, 新不先故, 所以統人情而理陰氣也. (…) 當親者疏, 當尊者卑, 則佞巧之奸因時而動, 以亂國家. (…) 不以私恩害公

義. (…) 正家而天下定矣.(『한서』「광형전」)

17 乃用婦人之言, 自絶於天.

18 한 무제 때 설치된 궁중의 여자 관직 이름. 지위는 상경에 해당되고, 녹은 열후에 준했다. 특히 반첩여班婕妤는 뛰어난 문학자였다. —옮긴이

19 建始, 河平之際, 許(皇后), 班(婕妤)之貴, 頃動前朝, 熏灼四方, 賞賜無量, 空虚內臟, 女寵至極, 不可上矣.(『한서』「곡영전」)

20 建始河平之際, 許(皇后)班(婕妤)之貴, 頃動前朝, 熏灼四方, 賞賜無量, 空虚內臟, 女寵至極, 不可上矣. (…) 什倍於前. 廢先帝法度, 聽用其言, 官秩不當, 縱釋王誅, 驕其親屬, 假之威權, 從橫亂政, 刺擧之吏, 莫敢奉憲.(『한서』「곡영전」)

21 后宮親屬, 饒之以財, 勿與政事, (…)損妻黨之權, 未有閨門治而天下亂者也.(『한서』「곡영전」)

22 陰盛侵陽之氣也. 高祖之約也, 非功臣不侯, 今太后諸弟皆以無功爲侯, 非高祖之約, 外戚未曾有也, 故天爲見異.(『한서』「元后傳」)

23 水爲準平, 王道公正修明, 則百川理, 落脈通; 偏黨失綱, 則踊溢爲敗. (…) 今汝潁畎澮皆川水漂踊, 與雨水并爲民害, 此詩所謂'燁燁震電, 不寧不令, 百川沸騰'者也. (…) 唯陛下留意詩人之言, 少抑外親大臣. (…) 間者關東地數震, 五星作異, 亦未大逆, 宜務崇陽抑陰, 以救其咎. (…) 宜少抑外親, 選練左右.(『한서』「李尋傳」)

24 數言公族者國之枝葉, 枝葉落則本根無所庇蔭; 方今同姓疏遠, 母黨專政, 祿去公室, 權在外家, 非所以強漢宗, 卑私門, 保守社稷, 安固後嗣也.(『한서』「楚元王傳」)

25 옛날부터 왕王이나 후侯는 존귀함을 드러내기 위해 그들이 타는 수레의 바퀴와 살에 붉은 칠을 하고 화려한 장식을 했다. —옮긴이

26 고대에 공경公卿의 지위에 있는 관리들이 신분을 나타내기 위해 입던 청자색 옷. —옮긴이

27 고대에 시중侍中, 상시常侍 등 황제의 측근 신하들이 쓰던 관모로 담비꼬리에 매미장식을 두었다. —옮긴이

28 한 성제는 같은 날 그의 외삼촌 왕담王譚을 평아후平阿侯, 왕상王商을 성도후成都侯, 왕립王立을 홍양후紅陽侯, 왕근王根을 곡양후曲陽侯, 왕봉시王逢時를 고평후高平侯를 한꺼번에 봉했다. 역사가들은 이를 오후五侯라 부른다. —옮긴이

29 夫大臣操權柄, 持國政, 未有不爲害者也. (…) 今王氏一姓乘朱輪華轂者二十三人, 青紫貂蟬充盈幄內, 魚鱗左右. 大將軍秉事用權, 五侯驕奢僭盛, 竝作威福, (…) 依東宮之尊, 假甥舅之親, 以爲威重. 尙書九卿州牧郡守皆出其門, (…) 歷上古至秦漢, 外戚僭貴未有

如王氏者也. (…) 今王氏先祖墳墓在濟南者, 其梓柱生枝葉, 扶疏上出屋. (…) 陛下爲人子孫, 守持宗廟, 而令國祚移於外親, 降爲皁隷, 縱不爲身, 奈宗廟何! (…) 宜發明詔, 吐德音, 援近宗室, 親而納信, 黜遠外戚, 毋授以政.(『한서』「초원왕전」)

30 古者朝廷必有同姓以明親親, 必有異姓以明賢賢, 此聖王之所以大通天下也. 同姓親而易進, 異姓疏而難通, 故同姓一, 異姓五, 乃爲平均. 今左右亡同姓, 獨以舅后之家爲親, 異姓之臣又疏. 二后之黨滿朝, 非特處位, 勢尤奢僭過度. (…) 甚非愛人之道, 又非後嗣之長策.(『한서』「翼奉傳」)

31 奢僭放縱, 變亂陰陽, 災異衆多, 百姓訛言. (…) 以節(董)賢寵, 全安其命.(『한서』「王嘉傳」)

32 今賢不肖渾殽, 白黑不分, 邪正雜糅, 忠讒並進. (…) 朝臣舛午, 膠戾乖剌, 更相讒愬, 轉相是非. (…) 分曹爲黨, 往往群朋, 將同心以陷正臣. (…) 正臣陷者, 亂之機也.(『한서』「초원왕전」)

33 殆吏多苛政, 政教煩碎, 大率咎在部刺史, 或不循守條職, 舉錯各以其意, 多與郡縣事, 至開私門, 聽讒佞, 以求吏民過失, 譴呵及細微, 責義不量力. 郡縣相迫促, 亦內相刻, 流至衆庶.(『한서』「薛宣傳」)

34 放遠佞邪之黨, 壞散險詖之聚, 杜閉群枉之門, 廣開衆正之路. (…) 萬世之利也.(『한서』「초원왕전」)

35 堯遭洪水之災, 天下分絶爲十二州, 制遠之道微, 而無乖畔之難者, 德厚恩深, 無怨於下也. (…) 秦居平土, 一大夫呼而海內崩析者, 刑罰深酷, 吏行殘賊也. (…) 夫違天害德, 爲上取怨於下, 莫甚乎殘賊之吏. (…) 誠放退殘賊酷暴之吏鋼廢勿用. (…) 不患苛暴之政, 不疾酷烈之吏, 雖有唐堯之大災, 民無離上之心. (…) 未有德厚吏良而民畔(叛)者也.(『한서』「곡영전」)

36 관부에 양곡을 들여놓고 관직을 사거나 죄를 보석받는 것을 말한다. 한 무제 때 전쟁비용을 충당하기 위해 처음 시행되었다. ―옮긴이

37 췌서贅婿라고도 쓰며 여자에게 장가들어 처가에 가서 처의 부모를 제 부모로 섬기며, 자식을 낳으면 처가의 성을 따르고 처가의 종묘에 제사하는 사람을 뜻한다. 진한 시대에 췌서는 노비와 같은 등급으로 천시했다가 후대에 이르러 바뀌었다. ―옮긴이

38 孝文皇帝時, 貴廉絜, 賤貪汚, 賈人贅婿及吏坐贓者皆禁錮不得爲吏, (…) 亡贖罪之法, 故令行禁止, 海內大化. (…) 乃行壹切之變, 使犯法者贖罪, 入穀者補吏. (…) 天下奢侈, 官亂民貧, 盜賊並起, 亡命者衆. (…) 則擇便巧史書習于計簿能欺上府者, 以爲右職; 奸軌(宄)不勝, 則取勇猛能操切百姓者, 以苛暴威服下者, 使居大位. (…) 亡義而有

財者顯于世, 欺謾而善書者尊于朝. (…) 選擧不以實, 及有臧者, 輒行其誅.(『한서』「공우전」)

39 『주례周禮』「추관秋官」에 나오는 관직 이름. 한 무제 때 사례교위司隷校尉를 두어 정병 1200명을 거느리고 풍기문란 행위나 간특한 자의 체포를 담당했다. 나중 병사는 거두고 삼하三河, 홍농弘農 등 일곱 군군을 감찰하는 기관이 되었다. ─옮긴이

40 司隷部刺史察過悉劾, 發揚陰私, 吏或居官數月而退, (…) 二千石益輕賤, 吏民慢易之, 或持其微過, 增加成罪, 言於刺史司隷, 或至上書章下; 衆庶知其易危, 小失意則有離畔(叛)之心.(『한서』「王嘉傳」)

41 誠以爲國家有急, 取辦於二千石. (…) 記善忘過, 容忍臣子, 勿責以備. (…) 人情不能不有過差, 宜可闊略.(『한서』「왕가전」)

42 진시황의 폭정에 반기를 들고 일어난 농민군의 왕. ─옮긴이

43 起窮巷, 奮棘矜, 偏袒大呼, 天下從風.(『한서』「徐樂傳」)

44 朕甚懼焉. 公卿其各思朕過失, 明白陳之. (…) 天著厥異, 辜在朕躬, 公卿大夫其勉悉心, (…) 陳朕過失, 無有所諱. (…) 乃者, 地震京師, 火災屢降, 朕甚懼之. 有司其悉心明對厥咎, 朕將親覽焉. (…) 無雲有雷. (…) 有星孛于東井. (…) 乃者, 日食星隕, 謫見于天, 大異重仍. 在位黙然, 罕有忠言. 今悖星見于東井, 朕甚懼焉. 公卿大夫博士議郎其各悉心, 惟思變意, 明以經對, 無有所諱.(『한서』「成帝紀」)

45 왕조가 바뀌고 새로운 책력을 정함을 일컫는다. 하夏는 12지의 인寅으로 출발을 삼았고, 은殷은 축丑, 주周는 자子로부터 시작했다. 하, 은, 주 삼대를 가리킨다. ─옮긴이

46 臣聞王天下有國家者, 患在上有危亡之事, 而危亡之言不得上聞; 如使危亡之言輒上聞, 則商周不易姓而迭興, 三正不變改而更用.(『한서』「곡영전」)

47 朝無爭臣則不知過, 國無達士則不聞善.(『한서』「蕭望之傳」)

48 士者, 國之重器; 得士則重, 失士則輕.(『한서』「梅福傳」)

49 何以知朝廷之衰? 人人自賢, 不務于通人, 故世陵夷.(『한서』「李尋傳」)

50 未有功賞得于前衆賢布于官而不治者也.(『한서』「곡영전」)

51 昔高祖納善若不及, 從諫若轉圜; (…) 合天下之知, 幷天下之威, 是以擧秦鴻毛, 取楚若拾遺.(『한서』「매복전」)

52 舜命九官, (…) 衆賢和于朝, 則萬物和于野. (…) 四海之內, 靡不和寧. (…) 天變見于上, 地變動于下. (…) 賢不肖易位之所致也.(『한서』「초원왕전」)

53 陛下誠垂寬明之聽, 無忌諱之誅, 使芻蕘之臣得盡所聞於前, 不懼於後患, 直言之路開, 則四方衆賢不遠千里, 輻湊陳忠.(『한서』「곡영전」)

54 旣不納天下之言, 又加戮焉. (…) 則知士深退. (…) 以言爲諱, (…) 群臣皆承順上指,
    莫有執正. 何以明其然也? (…) 折直士之節, 結諫臣之舌. (…) 天下以言爲戒, 最國家
    之大患也. (…) 下亡諱之詔, 博覽兼聽, 謀及疏賤, 令深者不隱, 遠者不塞, 所謂辟四門,
    明四目'也.(『한서』 「매복전」)

55 王者以民爲基, 民以財爲本, 財竭則下畔(叛), 下畔則上亡. (…) 諸夏擧兵 (…) 萌在民饑
    饉而吏不恤, 興於百姓困而賦斂重, 發於下怨離而上不知.(『한서』 「곡영전」)

56 發徒起邑, 幷治宮館, 大興徭役, (…) 財竭力盡, 愁恨感天, 災異屢降, 饑饉仍臻. (…) 以
    百萬數.(『한서』 「곡영전」)

57 務省徭役, 毋奪民時.(『한서』 「곡영전」)

58 黎庶窮困如此, 宜損常稅小自潤之時, 而有司奏請加賦, 甚繆經義, 逆於民心, 布怨趨禍
    之道也.(『한서』 「곡영전」)

59 賦斂茲重, 而百姓屈竭. (…) 賦斂不得度, 民愁怨之所致也.(『한서』 「五行志」)

60 溫良上德之士以親萬姓, 平刑釋冤以理民命, (…) 薄收賦稅, 毋殫民財, 使天下黎元咸安
    家樂業.(『한서』 「곡영전」)

61 한대 소부少府의 속관으로 고공실考工室, 우공실右工室, 동원장東園匠을 가리킨다.
    ─옮긴이

62 한대에 비단관리와 예복의 직조 등을 맡았던 곳. 미앙궁未央宮에 있었으며 동과 서로
    나누어 있었으며 소부에서 관할했다. ─옮긴이

63 方今齊三服官作工各數千人, 一歲費數鉅萬. (…) 三工官費五千萬, 東西織室亦然. (…)
    廏馬食粟將萬匹. (…) 大飢而死, 死又不葬, 爲犬猪(所)食. (…) 廏馬食粟, 苦其大肥, 氣
    盛怒至, 乃日步作之. (…) 王者受命於天, 爲民父母, 固當若此乎! (…) 宮女不過九人, 秣
    馬不過八匹; 墻涂而不雕, 木摩而不刻. (…) 苑囿不過數十里, (…) 與民共之. (…) 故天
    下家給人足, 頌聲並作. (…) 循古節儉, 宮女不過十餘, 廏馬不過百餘匹. (…) 深察古道,
    從其儉者, 大減損乘輿服御器物, 三分去二. (…) 擇其賢者留二十人, 餘悉歸之. (…) 廏馬
    可亡過數十匹. (…) 自城西南至山西至鄂皆復其田, 以與貧民.(『한서』 「공우전」)

64 오늘의 하이난성海南省에 위치했던 주애군에서 반란이 일어 이를 진압하느라 막대한
    경비가 들었기 때문이다. ─옮긴이

65 關東連年饑饉, 百姓乏困, 或至相食. (…) 大自減損, 省甘泉建章宮衛, 罷珠崖. (…) 宜逡
    減宮室之度, 省靡麗之飾, 考制度, 修外內, (…) 然後大化可成, 禮讓可興也.(『한서』 「광
    형전」)

66 古者穀不登虧膳, 災屢至損服, 凶年不墐涂, 明王之制也. (…) 止尙房織室京師郡國工

582

服官發輪造作, (…) 以慰綏元元之心, 防塞大奸之隙.(『한서』「곡영전」)

67　民函陰陽之氣, 有好義欲利之心, 在教化之所助.(『한서』「소망지전」)

68　堯在上, 不能去民欲利之心, 而能令其欲利不勝其好義也. (…) 桀在上, 不能去民好義
　　之心, 而能令其好義不勝其欲利也. (…) 道民不可不愼也.(『한서』「소망지전」)

69　敎化旣成, 堯舜亡以加也.(『한서』「소망지전」)

70　今天下俗貪財賤義, 好聲色, 上侈靡, 廉恥之節薄, 淫辟之意縱, 綱紀失序. (…) 使百姓
　　得改行自新.(『한서』「광형전」)

71　奸邪不爲衰止, 今日大赦, 明日犯法, 相隨入獄, 此殆導之未得其務也. (…) 治天下者審
　　所上而已.(『한서』「광형전」)

72　敎化之流, 非家至而人說之也. 賢者在位, 能者布職, 朝廷崇禮, 百僚敬讓. 道德之行, 由
　　內及外, 自近者始, 然後民知所法, 遷善日進而不自知. (…) 朝有變色之言, 則下有爭鬪
　　之患; 上有自專之士, 則下有不讓之人; (…) 上有好利之臣, 則下有盜竊之民. (…) 公
　　卿大夫相與循禮恭讓, 則民不爭; 好仁樂施, 則下不暴.(『한서』「광형전」)

73　古之聖王莫不設井田, 然後治乃可平. 孝文皇帝承弋周亂秦兵革之後, (…) 未有立兼之
　　害, 故不爲民田及奴婢爲限. 今累世承平, 豪富吏民訾數鉅萬, 而貧弱愈困. 蓋君子爲政,
　　貴因循而重改作, 然所以有改者, 將以救急也. 亦未可詳, 宜略爲限.(『한서』「식화지」)

74　諸侯王列侯皆得名田國中. 列侯在長安, 公主名田縣道, 及關內侯吏民名田皆毋過三十頃.
　　諸侯王奴婢二百人, 列侯公主百人, 關內侯吏民三十人.(『한서』「식화지」)

75　遂寢不行.(『한서』「식화지」)

76　操其奇贏, 日游都市, 乘上之急, 所賣必倍. (…) 衣必文采, 食必粱肉; 亡農夫之苦, 有仟
　　伯之得. 因其富厚, 交通王侯, 力過吏勢, 以利相傾. (…) 今法律賤商人, 商人已富貴矣;
　　尊農夫, 農夫已貧賤矣.(『한서』「식화지」)

77　作官府, 除故鹽鐵家富者爲吏.(『한서』「식화지」)

78　宣元成哀平五世, 亡所變改.(『한서』「식화지」)

79　近臣自諸曹侍中以上, 家亡得私販賣, 與民爭利, 犯者輒免官削爵, 不得仕宦.(『한서』「공
　　우전」)

80　古者, 市朝而無刀幣. (…) 幣數變而民滋僞.(『鹽鐵論』「錯幣」)

81　古者不以金錢爲幣, 專意于農. (…) 漢家鑄錢, 及諸鐵官皆置吏卒徒, 攻山取銅鐵, 一歲
　　功十萬人已上, 中農食七人, 是七十萬人常受其飢也. (…) 鑿地數百丈, 銷陰氣之精, 地
　　藏空虛, 不能含氣出雲, 斬伐林木亡有時禁, 水旱之災未必不由此也. (…) 積錢滿室, 猶
　　亡慶足. (…) 各用智巧 (…) 歲有十二之利, 而不出租稅. (…) 農夫父子暴露中野, 不避

寒暑, 捽草杷土, 手足胼胝, 已奉穀租, 又出稿稅, 鄉部私求, 不可勝供.(『한서』「공우전」)

82 窮則起爲盜賊, 何者? 末利深而惑于錢也. 是以奸邪不可禁, 其原皆起于錢也.(『한서』「공우전」)

83 宜罷采珠玉金銀鑄錢之官, 亡復以爲幣. 市井勿得販賣, (…) 租稅祿賜皆以布帛及穀. 使百姓壹歸于農, 復古道便.(『한서』「공우전」)

84 惟命不于常.

85 天地革而四時成, 湯武革命, 順乎天而應乎人.

86 湯武非受命, 乃弒也.

87 冠雖敝, 必加於首; 履雖新, 必關於足. 何者, 上下之分也. 今桀紂雖失道, 然君上也; 湯武雖聖, 臣下也. 夫主有失行, 臣下不能正言匡過以尊天子, 反因過而誅之, 代立踐南面, 非弒而何也?

88 不然. 夫桀紂虐亂, 天下之心皆歸湯武, 湯武與天下之心而誅桀紂, 桀紂之民不爲之使而歸湯武, 湯武不得已而立, 非受命爲何?(이상 『史記』「儒林列傳」)

89 必若所云, 始高帝代秦卽天子之位, 非邪?

90 食肉不食馬肝, 不爲不知味; 言學者無言湯武受命, 不爲愚.(『사기』「유림열전」)

91 莫敢明受命放殺者.(『사기』「유림열전」)

92 天令之謂命, 命非聖人不行.(『한서』「董仲舒傳」)

93 王者必受命而後王.(『春秋繁露』「三代改制質文」)

94 新王必改制.

95 徙居處, 更稱號, 改正朔, 易服色. (…) 一統於天下, 所以明易姓非繼仁(仁자는 '人'으로 써야 함), 通以己受之於天也.(『춘추번로』「삼대개제질문」)

96 四海之內, 莫不爲郡縣. 四夷八蠻, 咸來貢職, 與天無極, 人民蕃息, 天祿永得.(『全漢文』武帝)

97 춘추 전국 시대부터 있었던 관직으로 빈객의 일을 맡아 천자에 보고하는 일을 주로 했다. 진한 시대에도 이 관직이 존재했으며 먼 곳에 보낸 사자를 뜻하는 말로도 쓰였다. ―옮긴이

98 夫天命初定, 萬事草創, 及臻六合同風, 九州共貫, 必待明聖潤色, 祖業傳於無窮.(『한서』「終軍傳」)

99 受命之王務在創業垂統之無窮, 繼體之君心存於承宣先王之德而襃大其功.(『한서』「匡衡傳」)

100 易姓告代之處, (…) 今大石自立, 僵柳復起, 非人力所爲, 此當有從匹夫爲天子者.

101 有傳國之運. 漢帝宜誰差天下, 求索賢人, 禪以帝位, 而退自封百里, 如殷周二王後, 以承
     順天命.(『한서』「眭弘傳」)

102 妄設祅(妖로 써야 함)言惑衆, 大逆不道.

103 주나라 성왕成王 때 어린 왕을 보좌하여 정무를 나누어 보좌했던 주공周公 단旦과
     소공召公 석奭을 아울러 부르는 말. 덕에 입각한 훌륭한 유가 정치를 대표한 말이다.
     ―옮긴이

104 方今聖道浸(=漸)廢, 儒術不行, 以刑餘爲周召, 以法律爲詩書.

105 五帝官天下, 三王家天下, 家以傳子, 官以傳賢, 若四時之運, 功成者去, 不得其人則不居
     其位.(이상 『한서』「蓋寬饒傳」)

106 指意欲求禪, 大逆不道.

107 至於陛下八世九主矣, 雖有成王之明, 然亡周召之佐.

108 執國政者豈可以不懷怵惕而戒萬分之一乎! 故臣願陛下因天變而徙都, 所謂與天下更始
     者也. 天道終而復始, 窮則反本, 故能延長而亡窮也.(『한서』「翼奉傳」)

109 王者必通三統, 明天命所授者博, 非獨一姓也. (…) 自古及今, 未有不亡之國也.(『한서』
     「楚元王傳」)

110 臣聞天生蒸民, 不能相治, 爲立王者以統理之.

111 垂三統, 列三正, 去無道, 開有德, 不私一姓, 明天下乃天下之天下, 非一人之天下也.

112 행위行葦는 『시경』「대아大雅」 '행위' 장의 "敦彼行葦, 牛羊勿踐履"에서 나온 말로 길거
     리의 방초 갈대에도 덕이 미친다는 의미다. ―옮긴이

113 博愛仁恕, 恩及行葦, (…) 符瑞竝降, 以昭保右.

114 失道妄行, 逆天暴物, 窮奢極欲, 湛湎荒淫, 婦言是從, 誅逐仁賢, 離逖骨肉, 群小用事, 峻
     刑重賦, 百姓愁怨, (…) 上天震怒, 災異屢降.

115 終不改寤, 惡洽變備, (…) 不復譴告, (…) 更命遺德.(『한서』「谷永傳」)

116 夫去惡奪弱, 遷命賢聖, 天地之常經, 百王之所同也.(『한서』「곡영전」)

117 漢家逢天地之大終, 當更受命於天, 天帝使眞人赤精子, 下敎我此道. (…) 假鬼神罔上
     惑衆 (…) 未斷病死.

118 漢歷中衰, 當更受命, (…) 宜急改元易號, 乃得延年益壽, 皇子生, 災異息矣.(『한서』「李
     尋傳」)

119 惟漢興至今二百載, 歷紀開元, 皇天降非材之右, 漢國再獲受命之符, 朕之不德, 曷敢不
     通夫受天之元命, 必與天下自新. 其大赦天下, 以建平二年爲太初(元將)元年, 號曰陳聖劉
     太平皇帝.(『한서』「이심전」)

120 吾欲法堯禪舜, 何如?(『한서』「董賢傳」)

121 천명을 받을 제왕에 대해 하늘이 나타내는 암시의 징조를 부명이라 하고 그 상서로운
징조를 상서라 한다. ―옮긴이

122 皇天上帝降顯大佑, 成命統序, 符契圖文, 金匱策書, (…) 予甚祇畏, 敢不欽受! 以戊辰
直定, 御王冠, 卽眞天子之位, 定有天下之號曰新.(『한서』「王莽傳」)

123 告安漢公莽爲皇帝, (…) 攝皇帝當爲眞.(『한서』「왕망전」)

124 帝王受命, 必有德祥之符瑞, 協成五命, 申以福應, 然後能立巍巍之功, 傳於子孫, 永享
無窮之祚. 故新室之興也, 德祥發於漢三七九世之後. (…) 天所以保佑新者深矣, 固
矣!(『한서』「왕망전」)

125 皇帝深惟上天之威不可不畏, (…) 十二符應迫著, 命不可辭.(『한서』「왕망전」)

126 昔周公攝位, 終得復子明辟, 今予獨迫皇天威名, 不得如意! (…) 莫不感動.(『한서』「왕
망전」)

127 自孔子作春秋以爲後王法, 至於哀之十四而一代畢, 協之於今, 亦哀之十四也. 赤世計盡,
終不可强濟. 皇天明威, 黃德當興, 隆顯大命, 屬予以天下.(『한서』「왕망전」)

128 漢氏三七之阨(厄), 赤德氣盡.(『한서』「왕망전」)

129 火德銷盡, 土德當代.(『한서』「왕망전」)

130 改正朔, 易服色, 變犧牲, 殊徽幟, 異器制. (…) 服色配德上黃, 犧牲應正用白, 使節之旄
旛皆純黃.(『한서』「왕망전」)

131 尙書康誥曰. '王若曰. 孟侯, 朕其弟, 小子封.' 此周公居攝稱王之文也. 春秋隱公不言卽
位, 攝也. 此二經周公孔子所定, 蓋爲後法. 孔子曰. '畏天命, 畏大人, 畏聖人之言.' 臣莽
敢不承用!(『한서』「왕망전」)

132 臣莽夙夜養育隆就孺子, 令與周之成王比德, (…) 孺子加元服, 復子明辟, 如周公故
事.(『한서』「왕망전」)

133 惟王氏, 虞帝之後也, 出自帝嚳.(『한서』「왕망전」)

134 黃帝二十五子, 分賜厥姓十有二氏. 虞帝之先, 受姓曰姚, 其在陶唐曰嬀, 在周曰陳, 在齊
曰田, 在濟南曰王.(『한서』「왕망전」)

135 皇始祖考, (…) 予之同族也.(『한서』「왕망전」)

136 劉氏, 堯之後也, 出自顓頊.(『한서』「왕망전」)

137 予之皇始祖考虞帝受嬗(禪)於唐, 漢氏初祖唐帝, 世有傳國之象, 予復親受金策於漢高皇
帝之靈.(『한서』「왕망전」)

138 復以寧始將軍爲更始將軍, 以順符命. (…) 欲以誑燿百姓, 鎖解盜賊.(『한서』「왕망전」)

139 自知敗, (…) 乃率群臣至南郊, 陳其符命本末.(『한서』「왕망전」)

140 秦爲亡道, 殘滅諸侯以爲郡縣, 欲擅天下之利, 故二世而亡.(『한서』「왕망전」)

141 廣封功德以勸善, 興滅繼絕以永世.(『한서』「왕망전」)

142 予以不德, 襲於聖祖, 爲萬國主. 思安黎元, 在於建侯, 分州正域, 以美風俗.(『한서』「왕망전」)

143 追監前代, 爰綱爰紀, (…) 州從禹貢爲九, 爵從周氏有五.(『한서』「왕망전」)

144 有衆萬戶, 土方百里. (…) 衆戶五千, 土方七十里, (…) 衆戶二千有五百, 土方五十里.(『한서』「왕망전」)

145 夫襃德賞功, 所以顯仁賢也; 九族和睦, 所以襃親親也. 予永惟匪解, 思稽前人, 將章蚩陋, 以明好惡, 安元元焉.(『한서』「왕망전」)

146 考之經藝, 合之傳記, 通於義理, 論之思之, 至於再三.(『한서』「왕망전」)

147 옛날 천자가 중앙과 동서남북 다섯 방위에 제후들을 분봉하던 의식의 일종. 봉지 방향에 어울리는 색깔의 흙을 띠풀로 싸서 우선 건네줌으로써 제후로 봉해졌음을 나타냈다. ―옮긴이

148 托以地理未定, 故且先賦茅土, 用慰喜封者.(『한서』「왕망전」)

149 制禮作樂, (…) 以爲制定則天下自平.(『한서』「왕망전」)

150 天無二日, 土無二王, 百王不易之道也. 漢氏諸侯或稱王, 至於四夷亦如之, 違於古典, 繆於一統. 其定諸侯之號皆稱公, 及四夷僭號稱王者皆更爲侯.(『한서』「왕망전」)

151 『주례』에 등장하는 시장물가를 조석으로 조사하여 이를 조정하던 관직. ―옮긴이

152 왕망이 조세수입의 증대를 위해 만든 정책. 술, 소금, 철의 전매, 화폐 주조, 산과 연못에 대한 세금 징수 등이 그 내용이다. ―옮긴이

153 秦爲無道, 厚賦稅以自供奉, 罷民力以極欲, 壞聖制, 廢井田, 是以兼幷起, 貪鄙生, 强者規田以千數, 弱者曾無立錐之居. 又置奴婢之市, 與牛馬同蘭(欄), 制於民臣, 顓(專)斷其命. 奸虐之人因緣爲利, 至略賣人妻子, 逆天心, 悖人倫, 繆於'天地之性人爲貴'之義.(『한서』「왕망전」)

154 減輕田租, 三十而稅一, (…) 豪民侵陵, 分田劫假. 厥名三十稅一, 實什稅五也. 父子夫婦終年耕芸, 所得不足以自存. 故富者犬馬餘菽粟, 驕而爲邪; 貧者不厭糟糠, 窮而爲奸. 俱陷於辜, 刑用不錯.(『한서』「왕망전」)

155 古者, 設廬井八家, 一夫一婦田百畝, 什一而稅, 則國給民富而頌聲作. 此唐虞之道, 三代所遵行也. (…) 今更名天下田曰'王田', 奴婢曰'私屬', 皆不得賣買. 其男口不盈八, 而田過一井者, 分餘田予九族鄰里鄕黨. 故無田, 今當受田者, 如制度.(『한서』「왕망전」)

156 命縣官酤酒, 賣鹽鐵器, 鑄錢, 諸采取名山大澤衆物者稅之. 又令市官收賤賣貴, 賒貸予
民, 收息百月三.(『한서』「왕망전」)

157 井田雖聖王法, 其廢久矣. 周道旣衰, 而民不從. (…) 今欲違民心, 追復千載絕迹, 雖堯
舜復起, 而無百年之漸, 弗能行也.(『한서』「왕망전」)

제7장

후한 전기 참위화讖緯化한 경학 정치관과 회의론

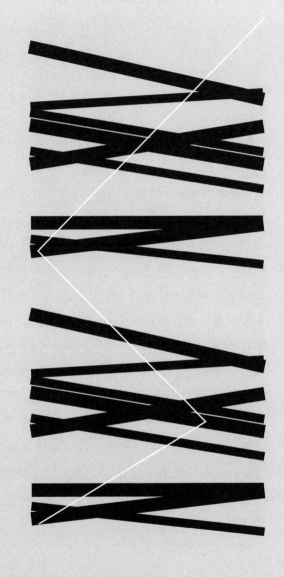

경학의 참위화는 후한 전기 정치사상의 주류였다. 광무제光武帝 유수劉秀가 "천하에 도참圖讖을 선포함"으로부터 신비주의적 참위경설讖緯經說은 정식으로 관방의 인정을 받아 갈수록 광범하게 유행했다. 참위학은 전한前漢 이래의 음양오행, 천인감응, 천인합일 사유 방법이 극단적으로 표현된 형식이다. 그 핵심은 왕권 신격화에 있었다. 신, 자연, 인간의 일체화를 통해 논리는 황당하나 주장은 분명한 정치 신화를 엮어냈다. 이런 상황 아래 참위학과 금고문今古文경학의 충돌은 피할 수 없는 것이었고, 황제의 어전에서 결정이 남으로써 참위가 나중에 윗자리를 차지하게 되더니 거의 경학 정통의 위치를 점했다. 황당무계한 날조된 정치 신화가 정치권력의 인정을 거쳐 진리로 바뀐 것이다. 천지신명과 성인귀신에 대한 사람들의 숭배와 미신이 온 세상을 뒤덮고 후한 사회 전체를 풍미하던 바로 그 무렵 왕충王充이 당당히 걸어 나와 심대한 일격을 가했다. 그는 후한 말의 정치적 성찰과 위진魏晉 현학玄學의 발흥을 위한 회의론과 비판론의 선구가 되었다.

제1절

후한 초기 유수劉秀 집단의 '유도柔道'와 집권 사상

유수劉秀(기원전 6~기원후 57)는 자가 문숙文叔이며 남양南陽 채양蔡陽(오늘날 후베이성湖北省 짜오양棗陽 서남쪽) 사람이다. 한 고조高祖 유방劉邦의 9세손이다. 아홉 살에 부모를 여의고 숙부 유량劉良의 양육하에 성장했다. 왕망王莽의 신新나라 말엽 "천하가 해마다 황충蝗蟲[1] 재해에 시달리고 도둑 떼가 극성을 부리자"[2] 유수는 장형 유연劉縯과 나누어 병사를 일으켜 녹림綠林 기의군起義軍에 가담하고 갱시제更始帝 유현劉玄에게 의탁했다. 갱시 원년(23) 10월, 유수는 "파로장군행대사마사破虜將軍行大司馬事"란 부절을 지니고 하북河北 일대로 가 "주, 군州郡들을 눌러 위로하는" 기회를 틈타 세력을 키웠다. 이어 하북의 왕랑王郎을 없애고 동마군銅馬軍[3]을 격파했다. 그 대량의 잔여 부대를 편입시킴으로써 그의 군사력이 크게 늘어 수십만을 헤아리게 되었다. 관서關西 일대에선 그를 '동마제銅馬帝'라 불렀으며 보조 세력들이 날로 증가했다. 갱시 3년(25) 6월 유수는 호鄗(오늘의 허베이성河北省 가오이高邑)에서 제위에 올라 연호를 건무建武라 했다. 유수는 30여 년 재위했으며 묘호는 세조世祖, 시호는 광무光武라 한다. 후한 왕조의 개국 군주가 되었다. 유수는 '유도柔道'를 성공적으로 운용하여 천하를 다스렸고 역사상 명예에 빛나는 "태평성대의 중흥"을 만들어냈다. 남송南宋의 진량陳良은 "옛날부터 중흥의 성세를 이룬 사람 중에 광무제만 한 사람은 없었다"[4]고 말한다.

유수 군신들의
숭유 사상

청나라 사람 조익趙翼은 그의 『이십이사차기』 권4 「동한공신다근유東漢功臣多近儒」 조에서 이렇게 이야기한다. "전한이 개국할 때 공신 대부분은 목숨을 내건 무뢰배들이었으나, 후한 중흥 시기 여러 장수에게서는 유자의 기상이 넘쳤다. 이는 시대적 분위기가 달라졌기 때문이다." 이 말은 유수 군신들의 특색을 확실하게 설명해주고 있다. 전한 중기 이래 유학은 일통으로 존중되었고, 유학을 익히는 것이 관직에 진출하는 출세 수단이었다. 유학 습득은 시대의 분위기가 되었다. 왕망은 평화적 정권 교체 이후 유학 경전을 곧잘 인용했으며 『주례』를 가지고 제도 개혁의 교과서로 삼았다. 따라서 한 무제에서 왕망에 이르기까지 유학은 쇠퇴하지 않았을 뿐만 아니라 오히려 더 널리 퍼졌으며 배우는 사람도 갈수록 늘어났다. 이러한 문화 배경과 시대 분위기의 영향 아래 유수 군신들이 '유자의 기상'을 보인 것은 예상할 수 있는 일이다.

유수 본인이 유학을 학습한 적이 있었다. 일찍이 "왕망 천봉天鳳 연간에 장안長安에 가서 『상서』를 전수받아 그 대의에 사뭇 정통했다"5고 한다. 유수 수하의 주요 장수 또한 대다수가 청소년 시절 유가 경전을 배운 적이 있었다. 예컨대 등우鄧禹는 "13세에 『시』에 능통했으며 장안에서 교육을 받았다. 이 무렵 광무제 또한 서울에서 유학을 하고 있었다. (…) 이에 서로 친근하게 지냈다".6 가복賈復은 "어려서부터 학문을 좋아하여 『상서』를 익혔다".7 풍이馮異는 "책 읽기를 좋아했으며 『좌씨춘추』『손자병법』에 능통했다".8 경패耿弇는 "어려서 『시』『예』를 배웠으며 총명하고 민첩하게 계책을 도모할 줄 알았다".9 주우朱祐는 "사람됨이 질박하고 곧았으며, 유학을 숭상했다".10 이 밖에 구순寇恂, 제준祭遵, 이충李忠, 경단景丹, 경순耿純, 왕패王霸 등도 모두 유학을 좋아했다. 이 사람들은 후한 왕조의 개국 공신들로 평생을 전쟁터에서 보냈으며 병영사무로 눈코 뜰 새 없이 바빴지만 탄탄한 유학의 기초가 이들을 여타의 순수 무인과는 다르게 만들었다. 유수가 선비들을 예로 공경하고 '유도柔道'를 추진하는 데 같은 생각을 가졌던 이들은 풍부한 특색을 지닌 유수 집단의 치국 사상 형성에 좋은 조건이 되어주었다.

유수 집단의 유학 숭상은 주로 유생들의 포상, 임용 및 학교 교육, 도덕 교화의 확립이란 측면에서 나타났다. 『후한서』「유림열전」의 기록에 따르면 왕망 시대에 천하가 혼란하여 예악이 붕괴되고 전적들이 손상되었는데, "광무제가 다시 일어서면서 경전을 애호했으며, 미처 수레에서 내리기도 전에 앞장서 선비들을 찾았다. 그들로부터 문헌을 구해 빠지거나 손상된 부분을 보완했다. 앞서 책을 품고 산림 속으로 들어가 숨어 지내던 사방의 수많은 학자가 이때부터 전적을 짊어지고 구름처럼 서울로 몰려들었다".11 정권 쟁탈을 위한 전쟁 와중에 유수가 유생들을 포상하고 임용한 것은 선명한 이해타산이 있어서였다. 그가 보기에 유생을 임용하고 유덕한 선비를 포상함은 전한 이래 통치 사상의 독존적 지위에 공감한다는 표시이며, 유술로 관리를 선발하는 전한 찰거察擧 전통을 이어간다는 이야기이며, 그 밖에 후한이 왕망의 신나라를 대체한 것에 대한 여론

조성의 효과를 나타내기도 했다. 탁무卓茂는 전한 말년의 유명한 유생이었다. 그는 어려서 장안에 유학하여 "『시』『예』 및 책력, 산술 등을 익혔으며 스승에게서 전수받은 학문을 깊이 있게 연구하여 통유通儒라 불리었는데,"12 성제成帝, 애제哀帝 시기에 "유술로써 시랑侍郎에 뽑혔으며 급사황문給事黃門13이 되었다가" 나중 "밀현密縣 현령으로 옮겨갔다". 왕망이 정권을 장악하면서 탁무는 경부승京部丞으로 전근을 갔다. 왕망이 거섭居攝 시기 섭정으로 최고 권력을 향해 한 걸음씩 압박을 가해갈 무렵 탁무는 병을 핑계로 고향으로 돌아가 관리가 되는 것을 거절했다. 이처럼 왕망 정권에 협력하지 않는 태도를 취한 당시의 통유들에 대하여 유수는 자연히 특별한 호의를 보였다. 그는 막 즉위하여 세상이 아직 평정되기도 전에 탁무를 찾아가 태부太傅로 모시고 포덕후褒德侯에 봉했다. 식읍 2000호를 내리고 안석, 지팡이, 마차 및 옷 일습, 그리고 솜 500근을 하사했다. 유수는 조서에서 이렇게 말하고 있다. "전 현령 탁무는 수양으로 몸단속을 잘하고 순박하고 굳건하게 의절을 지켰다. 참으로 사람으로서 할 수 없는 일을 해낸 것이다. 그 명성은 천하를 덮고도 남으니 당연히 세상에서 가장 고귀한 상을 받아야 하리라. 옛날 무왕武王이 주紂를 죽인 뒤 충신 비간比干의 묘를 봉했으며, 현인 상용商容의 집 대문을 표창한 것과 같다."14 유수가 탁무를 폭군에 반대했던 고대의 현자들과 비교하고 있음이 분명하다. 이는 그 스스로를 성왕에 비견하고 왕망을 걸桀, 주 같은 폭군으로 규정하여 온 세상 사람들이 다 같이 죽여야 할 사람으로 상정한 것이다. 그렇게 함으로써 한편으로 후한 정권이 왕망의 신나라를 대체한 것이 합리적이었으며 '성왕의 혁명'이란 옛 교훈과 합치함을 드러내고자 한 것이다. 둘째로 실제 행동으로 천하 유생들의 마음을 후한 정권에 돌리고자 한 것이다. 그리하여 대다수 유생을 자기 휘하로 귀순하도록 만들어 관료대오를 중건하는 데 좋은 바탕을 만들고자 했다. 유수의 진두지휘로 수하 장수들도 앞다투어 유생들을 초빙했다. 예컨대 제준은 "어려서부터 경서를 좋아했는데", 붓을 던지고 군대에 간 뒤 "선비들을 쓰면서 모두 유술을 사용했다."[15]

유수는 전 왕조의 역대 왕과 마찬가지로 예를 다해 공자를 공경하고 학교를 세워 교화했다. 건무建武 5년(29) 10월, "대사공大司空을 시켜 공자의 제사를 지내도록 했으며", 건무 14년(38) 4월 공자의 후손 공지孔志를 포성후襃成侯에 봉하는 조서를 내렸다.[16] 또 태학太學을 건립하고 오경박사五經博士 총 14가家를 세워 "각기 그 학파의 방법으로 교수하도록"[17] 했다. 유수는 직접 태학에 왕림하여 "여러 박사를 모아놓고 그 앞에서 논란을 벌이게 했으며" "여러 유생에게 고하여 피리를 불거나 경쇠를 치게 한 뒤 온종일을 보내기도 했다."[18]

유수는 자주 신하들에게 경서를 강론하기도 했으며, 유학으로 부하들을 교화했다. 전쟁 기간에 "동서로 전투를 벌이느라 조금도 편안히 쉴 겨를이 없음에도 때로 창을 거두고 예藝를 강론하는가 하면, 말을 쉬게 한 뒤 도를 논했다."[19] 제위에 오른 뒤 천하가 다소 안정되자 다시 "수차례 공경, 시랑, 장수 등을 불러들여 경전의 이치에 대해 강론한 뒤 밤이 깊어서야 잠들기"[20]도 했다. 유수는 학교 교육을 정치 질서 중건의 주요 수단으로 삼았다. 장수들도 마음으로 느낀 바가 있어 분분히 황제를 본받고자 했다. 구순은 영천潁川 태수에 임용되자 "향교鄕校를 수리하여 생도들을 교육했으며 『좌씨춘추』에 능한 사람을 초빙하여 친히 가르침을 받았다."[21] 이충이 단양丹陽 태수에 임용되었을 때 "단양은 월越나라 풍속으로 공부를 좋아하지 않아 부녀나 혼인 등 각종 예절이 중국보다 뒤떨어졌다. 이에 이충은 학교를 세워 예절을 익히도록 하고, 봄, 가을로 향음鄕飮의 예를 시행하며, 경전에 밝은 사람을 관리로 뽑았다. 그러자 군의 모든 사람이 그를 앙모했다."[22]

교화는 백성을 다스리는 유가의 전통적 방법이다. 후한 초기의 통치 집단은 이를 건국의 근본으로 의지했다. 사회윤리 도덕의 보편적 퇴락이 정치 질서의 안정에 직접적인 영향을 주는 것이라면 유생들을 포상, 임용하고 학교 교육, 도덕 교화를 통해 윤리질서를 다시 세우는 것이야말로 통치 질서를 안정시키는 기본적인 방안일 수 있다. 유수와 그의 신하들은 이 점을 충분히 인식하고 있었으며, 시행 결과 또한 처음 그들의 기대와 맞아떨어졌다.『후한서』「유림열전」의 기록에 따르면 "광무 중년 이래 전쟁이 거의 멈추고 오직 경학에 매진하면서 세상의 풍속이 매우 돈독해졌다. 유생의 복장이 유행하고 누구나 선왕을 외쳤으며, 사람마다 각종 학교를 다니고, 교정에서 모이는 풍토가 전국으로 퍼졌다."[23] 통한의 통치자들이 정책적으로 이끎으로써 전한 이래의 유가적 효치孝治 바람은 세월이 갈수록 농후해졌으며, 이는 후한 중기 이후 명교名教 사조를 일으키는 데 촉진제 역할을 했다.

유도柔道 치국

유수는 유학 중심의 그의 치국 사상을 한마디로 '유도'라고 개괄했다. 건무 17년(41) 10월 유수는 집안사람들과 연회를 했다. "이때 종실의 여러 어머니는 연회가 무르익자 기쁨에 들떠 서로 이런 이야기를 주고받았다. '문숙文叔은 어렸을 때 참 공손하고 믿음이 있었지요. 다른 사람에게 속마음을 주지 않으면서 오직 곧고 부드럽게 행동했지요. 지금도 아마 그러시겠지요!'" 유수는 이 말을 듣고 "크게 웃으면서 '나는 천하를 다스리면서도 바로 그 부드러운 도柔道로 행하고자 하니라'라고 말했다."[24] 그런데 유수가 표방한 '유도'는 순수한 유가가 아니라 유가의 덕치와 인정을 위주로 도가도 섞여 있다. 유수는 이에 대해 비교적 상세한 설명을 한 적이 있다. "『황석공기黃石公記』는 '부드러움이 굳셈을 이길 수 있고, 약함이 강함을 이길 수 있다'고 한다. 부드러움은 덕이지만, 굳셈은 도적이다. 약함은 어짊을 보조하지만, 강함은 원한으로 돌아온다. 그래서 덕이 있는 군주는 자신이 즐거워하는 바 그대로 다른 사람을 즐겁게 해주지만, 덕이 없는 군주는 자신이 즐거워하는 바 그대로 그 자신만을 즐겁게 한다는 말이 있다. 다른 사람을 즐겁게 해주면 그 즐거움이 오래가지만 자신만을 즐겁게 하면 오래 못 가 망한다. (…) 정치가 편안하면 충신이 많으나, 정치가 힘들면 난동 부리는 자가 많다. 그래서 땅을 넓히는 데만 힘쓰는 사람은 쓸모없게 되지만, 덕을 넓히는 데 힘쓰는 사람은 강해진다는 말이 있다. 자신이 갖고 있는 것만을 가지려는 자는 편안하지만, 남이 갖고 있는 것을 탐하는 자는 끝내 그것을 해치게 된다. 해치고 없애는 정치를 하면 잠시 성공하더라도 끝내는 모두 패망한다."25 『후한서』의 주해에 따르면 『황석공기』는 "장량張良이 하비下邳 흙다리 위에서 만났던 한 노인으로부터 받은 한 권의 책을 편찬한 것"26이라고 한다. "부드러움과 약함이 굳셈과 강함을 이긴다"는 말은 『노자』 도가의 논리다. 이렇게 볼 때 이른바 '유도'란 용유用柔, 즉 부드러움의 응용과 덕정德政의 실천이라는 두 가지 측면을 포함하고 있다고 하겠다.

유수의 '용유'는 주로 다음 두 가지 방면에서 드러난다. 첫째, 유약함으로 제 몸을 보호한다. 초기에 병사를 일으킬 때 유수의 세력은 매우 고단했다. 맨 처음 그는 왕봉王鳳, 진목陳牧의 신시군新市軍, 평림군平林軍과 연합했는데, "군대 내 재물 분배가 고르지 못하여 무리가 원망을 가득 품고 거꾸로 유씨들을 공격하려 들었다". 유수가 황급히 "종실 사람들이 얻은 재물들을 몽땅 거두어 그들에게 다 내주자 비로소 무리들이 기뻐했다".27 그리하여 피비린내 나는 일장의 재난을 피한 것이다. 나중에 그는 갱시更始28 정권에 몸을 의탁했는데, 곤양昆陽 전투29에서 적은 숫자로 많은 적을 무찌르면서 위명을 크게 떨치자 유현劉玄은 유수 형제를 매우 꺼리고 미워했다. 그리고 구실을 찾아 유수의 장형 유연劉縯을 죽여버렸다. 유수는 이 소식을 듣고 "급히 말을 달려가 사죄했으며" "깊이 잘못을 인책할 따름이었다. 스스로 곤양전투에서의 공로를 자랑한 적이 없으며, 감히 장형 백승伯升(즉 유연)을 위해 상복을 입지도 않았다. 그러면서 평상시처럼 먹고 마시고 담소하면서 지냈다".30 그리하여 마침내 살해의 위험으로부터 벗어났다. 이와 같은 방법을 두고 수양이 되어 있다거나 배포가 크다고 이야기하기는 어렵겠고, 겉으로 유약한 척 보이면서 안으로 자신을 보호하는 은신술이라 함이 옳을 듯하다. 둘째, 유약함으로 신하들을 제어한다. 유수는 하북河北에 부임해 "주州, 군郡을 진무할" 때 군사적 실력이 없었다. 그럼에도 그는 '유도'를 운용해 장병들의 일을 마치 자기 일처럼 보살폈으며, 덕으로 무리를 교화해 마침내 약한 군대를 강한 군대로 변화시켜 천하를 통일했다. 왕랑王郎은 하북 지역에서 할거하던 강대한 세력이었으나 피범벅이 된 채 분전한 유수가 마침내 한단邯鄲을 깨뜨리고 왕랑을 죽였다. 그리고 거둬들인 문건 속에서 자신의 부하가 왕랑과 "관계를 맺고 훼방을 했던" 서신 "수천 문장"을 발견했다. 유수는 이 편지들을 몰수해 봉인하고 "자세히 살펴보지 않은 채 여러 장군을 모아놓고 그것을 태워버리라고 한 뒤, '배반자들로 하여금 스스로 안정을 취하라'고 했다". 이 행동은 대단히 지혜로운 것으로 뭇 장병의 존경과 충성심을 얻어내게 되었다. 전쟁 기간에 유수는 사람을 쓰면서 조금도 의심하지 않았다. 수하 장수에게 "마음을 열고 정성을 다했으며, 아무것도 감추지 않았다. 활달했으며 무슨 일을 하든 선이 굵었다".[31] 천하를 통일한 뒤에도 유수는 "공신들을 통제하기는 했지만 매번 관용을 베풀었으며 작은 잘못들은 덮어주었다".[32] 고대 중국에서 전제 제왕들 가운데 천하를 자기 소유로 생각하지 않는 사람은 하나도 없었다. 공신들의 권력이 높아져 주군을 놀라게 하거나 무장들이 군대를 너무 많이 보유하는 것은 제왕들에게 크나큰 금기 사항이었다. 그래서 공신들을 살육하는 것이야말로 개국 군주들이 '가천하家天下'를 공고히 하는 데 쓰는 관례적 수단이었다. 이른바 "날아다니는 새가 더 이상 없으면 좋은 활은 창고로 가고, 재빠른 토끼들을 다 잡은 뒤엔 사냥개를 삶아 먹는다"[33]는 말이야말로 전제 시대의 특징인 정치적 비극에 대한 탄식이다. 그런데 유수는 예외였다. 전제 제왕으로서 유수는 개국 장수들을 경계해 방비하는 마음이 없지는 않았지만 그의 방법은 여느 제왕들과는 사뭇 달랐다. 그는 시기심 때문에 신하들을 죽이지 않았으며 부드러운 수단으로 '제어制御'하고 재난을 미연에 방지했다. 구체적인 방법은 다음 두 가지였다. 첫째, 공신들의 봉지 규모를 제한했다. "구순, 등우 같은 최고의 공신들, 경엄耿弇, 가복 같은 최고의 열사들이라 하더라도 나누어준 땅은 큰 현 서너 개에 불과했다."[34] 일반 공신들은 1개 현이 전부였으며, 그들의 경제 및 정치적 실력에 입각하여 봉지를 받는 규모를 제한했고 확장을 어렵게 만들었다. 둘째, 공을 세운 신하들에게 "쉽게 읍을 늘리는 상을 주었으나 실제 그 토지를 관리하는 직무를 맡기지는 않았다."[35] 몇몇 예외 말고는 모든 경우에 실권을 맡기지 않고 빈 직무만을 상으로 주었다. "특진이나 조정에서 황제를 만날 권리[36]를 더해줄 뿐이었다." 유수는 이 방식을 통해 "공신들을 물러나게 하고 문관 관리들을 진출시켰다". 이로써 개국 장수들은 사실상 왕조의 정치 중심에서 멀어졌으며 다시는 군권을 위협할 세력이 될 수 없었다. 그리하여 후한의 개국 공신들은 그저 "제가 받은 복록을 지키면서 끝내 죽임을 당하거나 쫓겨나는 사람이 없었다."[37]

왕망의 신나라 말기 세상은 대단히 혼란스러웠다. 인심의 향배가 세력의 부침과 승부를 결정짓는 중요한 조건이 되었다. 유수는 그 이치를 깊이 깨닫고 있었다. "혼자 몸으로 하북에 왔으며 창고에 물건을 쌓아두지 않았다. 두텁게 상을 주고 많은 이익을 가져다주었다. 그는 사람을 끌어 모을 줄 아는 사람이었다. 은덕으로 사람들을 품어주었으므로 무리들이 즐거이 몸을 의탁해왔다."[38] 부드러움으로 신하를 제어하여 신하들에게 자주 관용과 양보를 보임으로써 유수는 사방의 호걸을 불러들여 군사력을 키울 수 있었으며, 발생 가능성이 있는 내부 갈등을 효과적으로 와해시킬 수도 있었다. 군주와 신하를 한마음으로 묶어 같이 대업을 도모토록 했다. 천하를 통일한 뒤에도 유수는 유술柔術을 이용하여 신하들을 제어함으로써 "공신들을 물러나게 하고 새로운 문관 관리들을 등용시키는" 정책을 성공적으로 실현할 수 있었으며, 거리낌 때문에 공신들을 살해함으로써 생길 법한 내부 분열과 인심의 분산을 효과적으로 방지할 수 있었다. 이는 후한 200년 천하 경영에 훌륭한 초석이 되었다. 결과적으로 볼 때 부드러움을 이용한 배후엔 더 높은 차원의 군셈과 원대한 안목이 있었던 것이다.

덕정德政은 유가의 전통적 치도 가운데 하나다. 유수는 이 덕정을 깊이 이해하고 있었다. "덕이 있는 군주는 자신이 즐겨하는 바로 다른 사람을 즐기게 한다"[39]는 말이야말로 이 정책 원칙을 한마디로 개괄해준다. 유수는 덕정의 시행을 치국평천하의 주요 정책으로 삼았다. 거기엔 다음 두 가지 내용을 포함한다.

첫째, 전쟁 기간에도 백성을 자기 일처럼 동정하고 무고한 사람을 함부로 죽이지 않았다. 유수가 처음 하북 지역에 왔을 때 등우는 그에게 다음과 같은 건의를 했다. "지금 나라 안이 매우 혼란스럽습니다. 사람들은 어린아이가 자애로운 어머니를 그리워하듯 훌륭한 군주를 기대하고 있습니다. 예로부터 국가가 흥한 것은 덕의 엷음과 두터움에 달려 있지 세력의 크고 작음 때문이 아닙니다."[40] 유수는 이 말을 듣고 크게 기뻐했다. 그리고 백성의 일을 자기 일처럼 동정하고 신하들을 단속함으로써 민심을 크게 얻었다. "군사들의 행진에는 기율이 있었으며" "군대 질서가 가지런히 정돈되어 추호도 이를 어기는 사람이 없었다." 백성은 "모두가 훈풍을 맞이하듯 서로 손을 잡고 군대를 환영했다."[41] 왕상王常은 이렇게 말한다. "백성이 원망하는 사람은 하늘이 그를 제거한다. 백성이 바라는 사람은 하늘이 그를 흥하게 만든다. 큰일을 도모하려면 반드시 아래로 민심에 순응하고 위로 하늘의 뜻에 합치해야 한다. 그래야 성공할 수 있다."[42] 어떤 의미에서 보면 이런 식의 이해는 유수 군신에게 공통된 인식이었다. 등우는 자신에게 이런 말을 한 적이 있다. "내 100만의 대중을 상대했지만 단 한 명도 헛되이 죽인 적이 없다."[43] "죽은 자를 조상하고 병든 자를 위문하며" 함부로 백성을 죽이지 않은 사실이야말로 유수 집단이 군웅들을 패퇴시키고 제업을 이룰 수 있었던 주요 원인 가운데 하나였다.

둘째, 정권 수립 이후 요역과 세금을 줄이고, 노비를 석방하며, 형벌을 가볍게 하는 등 백성을 구휼하는 정책을 시행했다. 유수는 "오랫동안 민간에서 살았다. 그래서 백성의 사정을 깊이 이해하고 있었다. 농사짓기가 매우 힘들고 백성이 질병에 시달리고 있음을 알고 있었다. 천하가 안정되자 그는 백성을 안정시키는 데 힘을 쏟았으며 왕망의 복잡하고 빈틈없는 법을 풀어서 한나라 태평 시대의 가벼운 법으로 환원시켰다."[44] 그는 건국 초 "군대를 아직 해체시키기 전이라 재정 운용이 모자랐음에도" 10분의 1의 조세를 시행했으며, 건무 6년(30)엔 "군국郡國에 명하여 전조田租를 30분의 1의 조세로 거두라는"[45] 조서를 내렸다. 전한 경제景帝의 옛 제도를 회복한 것이다. 그는 앞뒤로 일곱 차례나 감형 및 사면 칙령을 반포했다. 건무 2년(26) 3월, 천하에 대사면을 행하면서 "요사이 원통하게 옥살이를 하는 사람이 많고 형벌이 심각하여 짐은 이것이 심히 걱정스럽다. 공자께서는 '형벌이 적절하지 못하면 백성이 손발을 어찌 놀려야 할 줄 모른다'고 말씀하셨다. 이제 중이천석中二千石, 제대부諸大夫, 박사博士, 의랑議郎들이 모두 모여 형벌을 줄이는 일에 대해 의논하라"[46]고 명했다. 건무 5년(29) 5월의 조서에서는 "장수들이 잔혹하고 관리들이 제 임무를 다하지 못해 옥중에 원통한 사람이 많은 것이다. 백성은 이를 근심하고 한스러워 한다. (…) 중도관中都官, 삼보三輔, 군郡, 국國에 명하여 가두고 있는 죄수들을 석방토록 하라. 죽을죄를 진 범죄자가 아니면 더 이상 일체의 죄를 추궁하지 말고 죄수들을 일반 백성이 되어 생활하도록 만들라. 부드럽고 어진 사람을 뽑아 쓰는 데 힘쓰고 탐욕스럽고 잔인한 사람은 물러나게 하라. 그리하여 각자 제 맡은 정무를 잘 처리하도록 하라"[47]고 쓰여 있다. 이러한 조칙들은 이전 왕조의 가혹한 법을 혁파하고 사회적 갈등을 완화시키는 데 적극적인 역할을 해주었다. 신왕조 말년의 전란 중에 수많은 양민이 붙잡혀 재물을 약탈당하고 노비로 팔려 커다란 사회 문제가 되었다. 유수는 여러 차례 조칙을 내려 이들을 석방했다. 그는 "천지의 본성은 사람을 가장 소중하게 여긴다"고 말했다. 이 조칙을 어기고 "감히 노비들을 구금하고 있는" 사람은 형률에 입각하여 다스리도록 했다. 건무 7년(31) 5월 노비를 석방하라는 조칙을 하달했다. "감히 구금을 하며 돌려보내지 않는 사람에 대해서는 인신매매법에 의하여 처리한다."[48] 유수는 노비의 지위를 높여주는 칙령을 반포하기도 했다. 건무 11년(35) 2월엔 "노비를 살해하는 자라고 해서 죄를 감해주지 말라"는 조칙을, 6월엔 "감히 노비를 불태우는 자는 법률에 따라 죄를 논하고, 불태워진 노비는 석방하여 평민이 되도록 하라"는 조칙을, 10월엔 "사람들을 공격하거나 상해를 입힌 노비의 목을 잘라 저잣거리에 걸어둔다는 법률을 폐지하라는 조칙을 내렸다."[49] 이러한 양민구휼 정책은 생산력을 회복시키고 사회적 갈등을 완화시키는 유리한 작용을 했다. 상황은 안정시키고 정권을 공고히 하는 촉진제가 되기도 했다. 이 점에 관해 유수는 "다른 사람을 즐겁게 해주면 그 즐거움이 오래가지만 자신만을 즐겁게 하면 오래 못 가 망한다"고 명료하게 말한 바 있다. 이것이 바로 유수가 덕정을 행한 근본 목적이었다.

관직 합병과
권력 집중 사상

봉건 관료들이야말로 군주 정치의 권력 기반이자 통치 도구다. 그런데 왕망의 신나라 시기 옛 법도에 맞춘 제도 개혁으로 관작은 범람하고 품계는 혼란하며 권력은 분산되는 현상이 발생했다. 유수는 정권 수립 후 한편으로 문관을 임용하여 무신들이 군대를 보유한 채 세력을 키우지 못하도록 방비했으며, 다른 한편으로 일련의 조치를 취해 관료 대오를 정돈시켰다. 건무 6년(30) 6월 유수는 현縣을 병합하라는 다음과 같은 조서를 내렸다. "관직을 설치하고 관리를 두는 것은 백성을 관리하기 위한 것이다. 그런데 지금 백성이 난리를 만나 호구수가 감소했음에도 각 현의 관리와 관직들이 쓸데없이 번잡하게 설치되어 있다. 사례교위司隸校尉, 주목州牧들은 각자 자기 부서에서 현실에 맞추어 관리들을 감원하도록 명하노라. 현과 국國 가운데 주무장관을 두지 않아도 되는 곳은 대사도大司徒, 대사공大司空 두 관부에 보고하라."50 『후한서』 「군국지郡國志」 주석에 인용한 『제왕세기帝王世紀』에 따르면 "왕망의 왕위 찬탈과 그에 이어진 갱시, 적미赤眉의 혼란, 그리고 광무제의 중흥에 이르기까지 촌락은 비고 인구 숫자가 줄어 열 가운데 둘만이 생존했다."51 남아도는 현과 관원들은 행정 효율을 떨어뜨릴 뿐만 아니라 방대한 보수 지급으로 백성에게 무거운 부담을 지우기도 한다. 유수는 결연히 숫자를 줄이고 합병하라는 조서를 내렸다. 그 결과 전국에서 "합병하고 줄인 현이 400여 개에 달했으며, 관리를 감원하여 열 중 하나만 두었다."[52] 유수는 연이어 일부 관직을 아예 폐지해 버렸다. 이 조치로 인해 행정 효율을 높일 수 있었으며 중앙의 지방 관할이 편해졌다. 대량의 재정 지출을 줄임으로써 사회적 부담도 어느 정도 줄이게 되었다. 범엽范曄은 "세조의 중흥 이래 절약에 힘을 쏟고 관직을 줄이고 병합하여 수억의 비용을 줄이게 되었다"[53]고 말한 바 있다.

한나라 말기 중장통仲長統은 이렇게 말했다. "광무제는 여러 세대에 걸친 권력 상실에 분노하고 권신들의 왕위 절취에 분개했다. 그리하여 잘못을 바로잡고 정치권력을 아래에 나누어주지 않았다. 삼공三公을 설치했으나 정무를 거의 모두 궁궐의 대각臺閣[54]에서 관리토록 했다."[55] 유수는 모든 전제 군주와 마찬가지로 권력을 주머니 속의 사유물로 보았다. 권력 집중을 강화하기 위해 그는 승상의 권력을 조금씩 삭감했다. 후한 초엽은 왕망 신나라의 옛 제도를 계승하고 있었으며 승상을 대사도라 불렀다. 건무 27년(51) 5월엔 "옛날 설契이 사도가 되고 우禹가 사공이 되었을 때는 모두 대大라는 이름을 붙이지 않았었다. 두 관부에 명하여 대자를 떼도록 하라"[56]는 조서를 내렸다. 승상은 본래 백관의 장으로 "천자를 도와 모든 국사를 관장했다."[57] 그런데 사도로 바뀌면서 사실상 "백성의 일반 업무를 관장하면서" 교화를 행하고 제사 업무를 돕는 관원으로 지위가 낮아졌다. 유수는 상서대를 행정부의 핵심 부문으로 만들었다. 상서대는 소부少府에 예속되었으며 관원들의 품계는 천석千石이었다. 삼공이나 중신들과 비교하여 더 편히 군주의 지휘를 받을 수 있었다. 유수는 삼공 지위를 낮추고 상서대를 높임으로써 행정 대권을 자기 수중에 집중시켰다.

유수는 또 관리 선발과 인사 고과를 강화했다. 관리 임용의 표준으로

'사과취사四科取士(네 가지 조목에 맞는 선비의 선발)'를 제안했다. "첫째, 덕행이 높으며 절조 있고 청백한 사람, 둘째, 학문이 뛰어나고 수양이 잘 되어 있으며 경학수준이 박사博士에 준하는 사람, 셋째, 법령에 통달하여 의혹을 명쾌히 해결할 수 있으며 규정에 입각하여 질의응답을 잘하고 그 문서처리 능력이 어사御史에 준하는 사람, 넷째, 의지가 강하고 지략이 뛰어나 어떤 일에 부닥쳐도 헷갈리지 않으며 현명한 결단력을 갖추고 재주가 삼보령三輔令을 시킬 만한 사람이어야 한다. 그리고 모두 집안에서 효성스럽고 밖에서 어른을 공경할 줄 알며 청렴하고 공적인 행동을 할 줄 알아야 한다."[58] 유수는 특히 다음을 강조했다. "현인과 아첨꾼이 뒤섞여 잘못 임용되는 것"을 피하기 위해 "지금부터는 네 가지 조목을 살펴서 벼슬길로 불러들이되 자사刺史, 이천석二千石 이상은 재주를 잘 살펴 특히 효렴孝廉에 뛰어난 관리를 뽑는다. 업무에 온 힘을 기울이고 있는지 실적을 잘 따져보고 영준하고 어질고 청렴하고 단정한 사람을 각 현, 읍에서 선발하여 직무를 부여해 일을 시켜볼 것"[59]을 요구했다. 만약 "그 자리에 있어야 할 사람이 아니거나, 계책이 관서에 전혀 어울리지 않거나, 공무에 바로 숙달하지 못하거나, 위에 올리는 보고서를 단정하게 쓰지 못하거나, 하달한 조서에 따르지 않았거나 하면 담당 관리는 그 죄명을 주청하고 정확한 증거를 갖추어야 한다."[60] 인사 고과 제도에 대해 유수는 중앙과 지방의 이중 고과 방법을 채용했다. 상서대에 부속된 삼공조三公曹 전문 관료가 "연말에 천하의 일을 모아 고과를 실시했다". 즉 "연말에 군주가 여러 주, 군의 일에 대한 고과를 실시했다."[61] 또 주목州牧을 자사로 바꾸고 "언제나 8월이면 부속 군국郡國을 순행하여 죄수들 목록을 살피고 최고 업적과 최저 업적[62]을 평가한다. 첫 연말에 수도에 와서 상세히 보고하도록"[63]했다. 결국 유수는 관리의 선발과 인사 고과를 강화함으로써 전란 이래 산만해진 관직 체계를 일련의 통치 기구로 정돈시킨 것이다. 이는 군주권

행사에 유리한 환경을 마련해주었다.

유수의 치국 사상의 핵심은 조정調整에 있다. 그의 사유는 크게 두 부분으로 나누어 볼 수 있다. '유도柔道'로써 백성을 다스리고 군신 관계를 조절하는 것 외에 형명刑名에 관한 법을 정해놓음으로써 모든 문무백관 신료를 통제하는 데도 신경을 많이 썼다. 예컨대 건무 15년(39) 농지 수량을 조사하라는 탁전度田의 조서를 내려 각 주, 군에 "개간한 전답의 이랑 면적이 얼마나 되는지 호구 수와 연령 구성이 어떻게 되었는지 상세히 조사하라"고 명했다. 동시에 "이천석 이상의 부서장이나 관리가 불공정하다고 불평하는 사람이 있으면 철저히 조사하라"[64]는 조서도 내렸다. 이듬해엔 "탁전을 제대로 하지 못했다"며 "하남윤河南尹 장급張伋 및 여러 군의 군수 10여 인을 체포하여 (…) 모두 하옥하여 사형시켰다."[65] 범엽은 유수가 "엄한 문장과 깊은 명령으로 관리들의 직무 책임을 강조했으며" "직무고과를 통해 허물 책임을 추궁함을 보아 '정치적 수단으로 백성을 이끌고 형벌로 백성의 질서를 잡아가는' 사람"[66]이라고 평했다. 이렇게 '유도'를 모아 권력을 집중시키고 거기에 법제와 형명을 일체화시켜 '강과 유를 병행하는' 치국 사상은 한 무제 이래 왕도와 패도를 뒤섞어 사용하는 한 왕실 제도와 일맥상통한 것이라 할 수 있다.

이 밖에 참위 사상이 광범하게 유행하던 전한 후기의 문화적 배경 아래서 유수도 왕망과 마찬가지로 정권 탈취에 대한 여론을 조성하는 데 참위를 이용했다. 건무 원년(25)의 즉위 축문에는 "참기讖記에 이르길 '유수가 군대를 일으켜 무도한 자들을 사로잡으니 묘금卯金[67]이 덕을 쌓아 천자가 되리라' 했다"[68] 또 중원中元 원년(56)엔 "천하에 도참을 선포했다". 유수의 이와 같은 인식은 참위에 강력한 정치적 힘을 실어주었으며, 후한 시대 참위 사상이 가일층 범람하고 '국헌화國憲化'로 치닫게 되는 데 불을 붙이는 작용을 했다.

제2절

한대 위서緯書 중
신, 자연, 인간 일체화의 정치 관념

위서緯書는 양한 사상 문화의 영역에서 매우 독특한 위치를 차지한다. 위로 조정으로부터 아래로 민간 및 지식-관료 계층에 이르기까지 전체적으로 광범한 영향을 미쳤다. 위서의 역사적 위치는 베틀 북과 같이 양 머리가 작고 가운데가 불룩하다. 전한 후기, 왕망王莽 신新나라와 후한 전기가 그 '중간' 발달 시기에 해당된다. 전체적으로 볼 때 위서는 음양오행, 천인감응, 천인합일, 천문역법, 지리, 풍속, 역사, 점술 등이 복잡하게 얽혀 있다. 그러나 그 핵심은 사회, 정치적 문제에 대한 논술이다. 바로 이 때문에 조야朝野 상하가 광범한 주의를 기울인 것이다. 위서는 아주 세속적인 문화인 동시에 우아한 문화이기도 했다.[69] 민간에 광범하게 유행했을 뿐만 아니라 관방의 수정을 거쳐 아주 오랫동안 관학官學에 편입되기도 했다.[70]

'위緯'는 '참讖' '도圖' '부명符命' 등과 근원이 다르면서도 함께 합류한다. '위'는 '경經'에 상대하여 하는 말이다. 유가에 '육경' '칠경'이 있으면, 그에 상응하는 '육위' '칠위'가 있다. 일찍이 전한 성제成帝, 애제哀帝 시기에 벌써 유행했다. 이심李尋은 "오경, 육위는 술수를 존중하고 방사들을 영달하게 했다"[71]고 말한다. 어떤 학자는 동중서董仲舒의 『춘추번로春秋繁露』 등도 위서로 취급했다.

'참'은 길흉의 예언을 가리키는 은어로 일찍이 춘추 전국 시대에 유행했었다. 그러나 나중에 '부명'과 한데 결합했다. '부명'은 주로 하늘이 내린 상서로운 조짐 및 천상天象에 대한 학문을 말한다. '도'·'서書'는 『하도河圖』 『낙서洛書』를 가리킨다. 참은 오로지 『하도』·『낙서』만을 지칭할 수도 있으며,[72] 상술한 여러 항목을 부르는 통칭으로 쓸 수도 있다. 그 원형들은 음양가 방술사方術士들이 발명했다.

유가가 음양가, 방술사 등과 결합함에 따라 '위'·'참'·'부명'·'도'·'서'가 하나로 융합하면서 '참위' 혹은 '위서'라 통칭하게 되었으며, '도서'·'도위'·'도참'·'참기'·'경참經讖' 등으로도 불렸다.

참위는 유가 가운데 한 유파에 속했는데, 금문학今文學과 서로 섞이면서 구분하기가 어려워졌다. 고문古文학자들 또한 누구나 참위에 능통했다.[73] 당시의 수많은 경학자는 참위에도 능통했던 듯하다. 왕망 신나라의 전란 시절 "사방의 학자 대부분이 도서를 옆구리에 끼고 산림 속으로 은둔 도피했다."[74] 유가 경학자들은 도참을 경전으로 취급했다. 참위는 한대 정신의 산물이며, 단순히 사회적 위기 때문에 생겨난 것이라고만 볼 수는 없다.[75]

참위의 주지는 봉건 질서의 옹호에 있다. 그러나 신비적 성향이 너무 짙고 왕권과 잦은 충돌을 빚으면서 삼국 시대 이래 곧잘 금서가 되곤 했다가 수隋나라 이후 거의 완전한 책을 볼 수 없게 되었다. 모음집으로는 명明나라 손곡孫谷의 『고미서古微書』와 청淸나라 황석黃奭의 『한학당총서漢學堂叢書』 가운데 참위 55종이 모아져 있고, 마국한馬國翰의 『옥함산방집일서玉函山房輯佚書』에 위서 40종이 모아져 있으며, 조재한趙在翰이 모은 『칠위七緯』가 있다. 일본의 야스이 고잔安居香山과 나카무라 쇼하치中村璋八가 함께 모은『위서집성緯書集成』이 가장 완벽하다. 이 책에서는 황석의『한학당총서』본을 이용했다.

신, 자연, 인간 일체화
'대일통大一統' 전제주의의
이론 기초

천인합일은 중국 고대 사상 문화를 통괄하는 관념이다. 천과 인간이 어떻게 합일하는지에 대하여 사상가 및 학파별로 독특한 사유와 논의전 개가 이뤄져왔다. 위서에는 여러 사상 학파가 복잡하게 얽혀 통일된 중심 은 물론 논리적 출발점도 없다. 억지로 개괄하자면 신, 자연, 인간의 혼합 적 일체화라고 하겠다. 즉 신의 자연화, 인간화, 자연의 신화, 인간화, 인간 의 신화, 자연화를 말한다. 여기서의 인간은 일반적인 개인이 아니라 성인 聖人 혹은 특별한 제왕이나 장상將相만을 가리킨다.

신, 자연, 인간 일체화의 논의는 다음과 같다.

"중궁대제中宮大帝는 북극성을 높이 받들고 원기를 머금어 기를 발출하 여 그 정미精微함이 생겨나고 만물의 시초인 일一이 만들어진다."[76]
"천황대제天皇大帝는 북극성이다. 원기를 머금고 양기를 지니며 그 정미 함이 흩어져 빛을 발한다. 자궁紫宮[77]의 가운데 살면서 사방을 제어하 며, 관은 다섯 가지 색깔의 문양을 띠고 있다."[78]
"북두칠성은 하늘의 입과 혀다."

"방성房星의 중심은 천지간의 명당이다."

"함지성咸池星[79]은 오황五潢이라고 부르는데, 오제五帝의 동쪽 거처다."

"진성軫星 남쪽 별 무더기는 하늘의 창고라 부른다."[80]

각 별 사이에도 군신 관계가 구축되어 있다. 이를테면 다음과 같다.

"천강성天崗星은 덕과 경사를 주관하고, 그 신이 아래로 내려가 대지大祉의 신이 되었다."[81]

"태백太白의 정미함이 아래로 내려가 풍백風伯의 신이 되었으며 형벌관리를 주관한다."[82]

"땅은 산천이 되고 산천의 정기가 위로 올라 별이 되었다. 각자 하나의 고을에 대응했고, 들이 나뉘어 국國이 되었으니, 지상의 정미함은 신이 실증해준 것이다."[83]

이들 저술 속에선 모든 성왕, 그리고 공자까지도 신의 혈통으로 등장한다. 구체적으로 말하면 어떤 사람은 '흑제黑帝' '백제白帝' '적제赤帝' '황제黃帝' '창제蒼帝'의 혈통이라 하고, 어떤 사람은 '용의 혈통'이라 하며, 어떤 사람은 '하늘에 감응하여' 탄생했다 하고, 어떤 사람은 '거대한 사람을 꿈에 만나' 태어났다고 하며, 어떤 사람은 하늘의 기이한 현상에 감응하여 낳았다고 하고, 어떤 사람은 별이 인간 세상으로 내려왔다고 하며, 소하蕭何조차 "묘성昴星의 정기를 받아 태어났다"[84]고 한다.

신, 자연, 인간 일체화의 방식은 대체로 다음 몇 가지로 귀납된다.

첫째, 생성 관계다. 우주 만물은 하나의 생성 관계이지만 그 원점元點은 일치하지 않는 수도 있다.

하늘은 만물을 생성하고 만물을 주재한다. "하늘은 꼭대기라 불린다.

높은 데 거처하며 아래를 다스린다. 인간 세계의 판단 기준인 경위經緯가 되어주므로 그 글자는 일一과 대大를 합하여 온 세상을 누르고 있다. 이것이 하늘의 명의名義다. 하늘의 구성은 가운데로 땅을 싸고 있으며, 해, 달, 별 등이 거기에 속해 있다." "정미한 양기의 무리가 합해지면 태을太乙이 되고, 나뉘면 다른 각기 다른 이름을 갖게 된다. 그래서 일과 대자를 합하여 천天자를 만들었다."85 하늘은 태을신이며 천제天帝라고도 부른다. "천황대제는 북극성이다. 원기를 머금고 양기를 지니며 그 정미함이 흩어져 빛을 발한다. 자궁의 가운데 살면서 사방을 제어한다." "대제의 관은 다섯 가지 색깔의 문양을 띠고 있으며, 푸른 옷을 입고 검은 치마를 둘렀다. 해와 달을 품고 있는데, 해는 위에 있고 달은 아래에 있다. 황색의 정방형이 해 가운데 놓여 있는데 이름하여 오광五光이라 한다."86

원기元氣가 만물을 생성한다. "원기가 양을 간직하여 하늘이 되었다."87 "원기는 만물의 실마리이며 기의 원천이다." "원기의 양이 하늘의 정수가 되며, 정수는 해가 되고, 흩어져 나뉘어 깔린 것이 북극성이다."88 "맑은 원기가 하늘이 되었는데 혼돈 상태로 형체가 없다."89

물이 만물을 낳는다. "물은 천지를 둘러싼 무엇이며, 오행의 시초이고, 만물이 그로부터 생겨나며, 원기의 살이자 진액이다."90

태역太易과 혼돈이 만물을 낳는다. "형체가 있는 것들은 형체가 없는 것에서 생겨나는데, 그럼 건곤乾坤은 무엇으로부터 생겨난 것인가? 그래서 태역이 있고, 태초가 있으며, 태시太始가 있고, 태소太素가 있다고 말한다. 태역이란 아직 기운이 보이지 않는 상태다. 태초는 기가 시작되는 상태다. 태시는 형태가 갖추어지기 시작함이다. 태소는 성질을 갖추기 시작함이다. 기운, 형태, 성질이 갖추어졌으되 아직 분리되지 않았기 때문에 혼돈이라고 말한다. 혼돈이란 만물이 서로 뒤섞여 있으면서 아직 서로 분리되지 않아 보아도 보이지 않고, 들어도 들리지 않으며, 쫓아가도 얻을 수 없는 것을 말한다. 그래서 역易이라고 말한다."91

팔괘가 만물을 생성한다. "팔괘의 순서가 이루어지면 다섯 기운이 형태를 바꾼다. 그래서 사람은 나면서 팔괘의 몸과 대응하게 되며, 다섯 기운을 얻어 오상五常을 만든다. 인, 의, 예, 지, 신이 그것이다. 만물은 진震괘에서 처음 나왔다. 진은 동방東方의 괘로서 양기가 처음 생겨나고 형태를 이루는 길이다. 그래서 동방이 인仁이 된다."92

이상 이야기한 우주 만물의 '근원'은 각각이 다르고 또 서로 뒤섞여 있기도 하다. 이를 명료하게 구분시킬 방법은 없다.

둘째, 천과 인간은 법도가 같으며, 천과 인간은 하나로 합치되며, 천과 인간은 서로를 도와주며, 천은 인간을 제약한다.

"천과 인간은 법도가 같으며 바른 법을 서로 받는다. 하늘이 무늬로 상을 드리워주면 사람이 그에 따라 일을 하는 것을 교육이라 부른다. 교敎는 본받는다는 효效이다. 위에서 하면 아래서 본받는다는 말이다."93 "하늘이 네 표상으로 정미함과 혼魂을 펼쳐 보이니, 땅은 네 하천이 있음으로써 도圖와 서書가 출현했다."94

"천문과 지리는 각자 주재하는 존재가 있는데 북두엔 칠성이 있고, 천자에겐 칠정七政이 있다."95 조정에 설치되어 있는 작위인 삼공, 구경 및 다른 관직과 하늘의 상은 서로 대응한다.(『춘추위春秋緯』「원명포元命苞」참조) 형벌 또한 하늘의 상에 상응하여 만들어졌다. "대벽大辟96의 형벌에 해당되는 200가지는 모두 하늘이 형벌의 모양을 보여주었다."97

사람의 신체 기관 또한 천지와 서로 대응한 것이다. "사람의 머리가 둥근 것은 하늘을 본받은 것이다." "발이 네모난 것은 땅을 본받은 것이다." "오장은 오행을 본받은 것이다." "사지는 사계절을 본받은 것이다." "아홉 개의 구멍이 뚫린 것은 구주를 본받은 것이다." "눈이 밝은 것은 해와 달을 본받은 것이다." "사람에게 있는 열여덟 가지 상은 모두 천지를 본받은 것이다."[98] "사람의 얼굴에 칠공이 있고, 안으론 오장을 본받고, 밖으론 오행을 표방하며, 만물의 기운이 법도에 합치한다."[99]

띠를 나타내는 십이지조차 천과 인간이 서로 대응하고 있음을 나타낸 것이다. "이 십이상은 하늘을 본받고 땅의 이치를 계산하여 만물에 유추시킨 것이다. 형상을 갖춘 뭇 사물은 하늘과 땅을 본받아 그려진 것이다. 그래서 사람은 천지로부터 형상을 취했다고 한다."[100]

셋째, 우주의 숫자화다. 이 관념은 『주역周易』에서 벌써 초보적으로 형성되었다. 동중서는 한 걸음 더 나아가 인간 세계는 하늘의 숫자에 따라간다는 견해를 제기했다. 참위에서는 상수象數의 상호 배합을 극한까지 밀어 올려 우주 만물이 모두 숫자로 서로 대응하면서 상호 연계를 맺는다고 한다.

"양기의 숫자가 3으로 이루어지므로 계절은 3개월 단위로 나뉜다. 양의 숫자는 9가 끝이므로 3개월 한 계절은 90일이다."[101]

"음양의 성질은 1로써 일어난다. 사람은 하늘의 도에 따르므로 사람은 1명의 자식을 낳는다."[102]

"3×9는 27이다. 7이란 양기가 완성된 숫자다. 그래서 호랑이는 7월에 태어난다. 양은 7에서 일어난다. 그래서 머리와 꼬리 길이가 7척이다. 얼룩무늬가 있는 것은 음양이 섞였기 때문이다."[103]

이런 논의는 대단히 많다. 특히 철학이 고도로 압축되어 있는 것은 『역위易緯』「건착도乾鑿度」 중의 다음 이야기다. "대연大衍이란 숫자 50은[104] 천하 만물을 한정한다."[105] '50'은 해의 십간十干, 별의 십이지十二支, 별자리 이십팔수二十八宿를 포함한다. 이로부터 일체의 만물과 그 숫자 구조가 변화되어 나왔다.

넷째, 우주와 관념, 도덕의 조합이다.

"삼강의 뜻을 보면 해는 군주이고, 달은 신하이며, 뭇 별은 백성이다. 해는 양으로서 밝고, 달은 음을 이어받아 변화한다. 주야로 진행하고 별들이 그에 따라간다. 뭇 별이 밝은 빛을 내며 분포되어 정수를 펼친다. 해는 양의 정수이고 햇빛과 달빛이 밝게 빛나므로 저 아래 만물을 살필 수 있다."[106]

"원기가 섞여 어두운 그 가운데에 효孝가 있다."[107]

"군신 간의 의로움은 금金에서 생기고, 부자간의 어짊은 목木에서 생기고, 형제간의 질서는 화火에서 생기고, 부부간의 구별은 수水에서 생기고, 친구 간의 믿음은 토土에서 생긴다."[108]

"왕자가 장유의 질서를 잡아 각기 올바른 길로 가게 하면 방房성의 중심에 덕성德星의 호응이 있게 된다."[109]

천인 일체화에 관한 위서의 이론은 대단히 잡박하고 체계도 없다. 그러나 그 기본 정신만은 하나로 모아지고 있다. 그건 바로 우주의 통일성과 범필연성이란 관념이다. 어떤 개체도 통일된 체계 가운데 처하지 않는 것이 없으며, 필연의 과정 중 하나이거나 그에 부속되지 않는 것이 없다. 이는 바로 군주의 전제적 통일을 위한 이론적 기초가 되었다.

군주 전제주의 정신

위서의 중심은 정치 관념이다. 어떤 의미에서 보면 이는 필연이다. 한편으로 위서는 경전에 대한 해석이자 확장인데, 경전은 정치 교과서이면서 법전이다. 이것이 필연적으로 위서의 정치 중심적 성격을 결정지었다. 다른 한편으로 한대의 천인합일, 천인감응 등 사회 사조의 중점은 자연과학이 아니라 당시 사회의 합리성을 논증하고 어떻게 사회관계를 조정하여 길조를 좇고 흉조를 피할 것인가 하는 것이었다. 이 사조가 위서 속에서 철저히 의미를 확장함으로써 세속적이고 거칠기 그지없는 지경에까지 이른 것이다.

위서는 그 강렬한 정치성 때문에 통치자들의 지대한 관심을 불러일으켰다. 피통치자들에게는 관학官學으로 비쳤을 뿐만 아니라 '내학內學'으로 간주되었다. 경전이 오히려 '외학外學'으로 떨어지는 궁한 지경에 이르렀다. 명제明帝는 왕창王蒼에게 『오경』의 장구를 바로잡으라고 명령하면서 참讖을 기준으로 삼으라고 했다. 장제章帝는 조포曹褒에게 예전禮典을 지으라고 명령하면서 『오경』 참기讖記의 글을 섞으라고 했다. 통치자들이 위서를 중시한 까닭은 (자신을 위해 참언과 신화를 제조하라는 직접적 이용 목적 외에 가장 중요한 이유는) 그것이 왕권 전제주의 정신으로 충만해 있었기 때문이다.

위서를 관통하는 가장 기본적인 내용은 신의 제조다. "천자는 모두 오제五帝의 정수를 받은 신이다."[110] 고래의 성왕과 유방劉邦을 신화화시키는 것이야말로 위서 작가들의 새로운 창조이자 신발명이라 할 수 있다. 고대 제왕들의 신화는 여기서 논하지 않겠다. 유방과 천명이 한 왕실에 내린 것과 관련한 신화는 각 위서를 가득 채우고 있다. 유방은 신이고 적제赤帝의 후예였다. "유온劉媼이 용처럼 생긴 붉은 새가 자신을 희롱하는 꿈을 꾸고 집가執嘉를 낳았다. 집가의 처 함시含始가 낙수維水 연못에 유람을 갔을 때 붉은 구슬이 나왔는데, 그 위에 왕영王英이 이를 삼키면 왕자의 빈객이 될 것이라고 새겨져 있었다. 이로써 그해에 유계劉季를 낳았는데 한나라 황제가 되었다."[111] 유방은 용의 혈통이며 몸의 형상 또한 보통 사람과 달랐다. "황제 유계는 일각日角[112]의 이마에 머리엔 북두칠성을 올려놓은 형상이었다. 가슴은 □ 형상, 등은 거북이와 같았으며 키가 7척 8촌에 이르렀다. 밝고 성스러웠으며 너그럽고 어질어 군주가 되기에 딱 맞았다."[113] 위서 저자들은 위조 편집 과정에서 공자라는 위대한 성인을 마치 한 왕실의 선조인 것처럼 꾸며냈다. 그는 한 왕실을 위해 태어났으며, 한 왕실을 위해 대의를 창제했다는 것이다. "공자는 역사 기록을 열람하고 옛 도록을 인용하여 천변만화의 세상사를 미루어 집대성했는데, 모두 한나라 황제를 위해 제도를 만들고 도록을 진열 정돈한 것이다." "공자가 지은 바에 따르면 천명에 의해 묘卯('유劉'의 약자)씨가 황제가 되리라 한다."[114] 유방은 적제의 후예일 뿐만 아니라 천하를 장악할 것이라고 일찍이 성인 공자가 예정한 사람이었다. 이 신화를 통해 한 왕실은 역사적 필연으로 바뀌었다. 물론 위서가 한 왕실 천하에 대해 전혀 왈가왈부하지 않은 것은 아니다. 그러나 한 왕실을 위해 만들어낸 신화가 주도적 위치를 차지하고 있다. 당시 역사적 환경 하에서 신화야말로 역사적 필연성과 합리성을 받쳐줄 최고의 논증이었다. 거꾸로 이야기하면 신화의 제조야말로 역사적 필연성과 합리성을 위해 사회심리적으로 인정받을 만한 근거를 마련해주는 일이었다.

위서 가운데 군주 전제주의 정신을 가장 잘 표현하고 있는 내용은 제왕의 직능에 대한 신화다. 제왕은 태소太素를 근원으로 삼고, 하늘과 땅을 관통하고, '오시五始'를 세우고, 덕을 닦아 교화를 행하고, 음과 양을 통합 조절하고, 신과 인간을 교통하고, 역사를 체화한 사람이다. 한마디로 천인합일이며 제왕은 그 기둥이다.

태소는 우주의 근원이다. 그래서 "태소의 깊은 근원으로 되돌아가는 것이야말로 도의 뿌리로 가는 길이다". "제帝는 그 뿌리의 핵심을 얻는 자요, 왕王은 그 꽃의 정화를 얻는 자요, 백伯은 그 곁가지를 얻는 자다."115 태소의 뿌리와 합치하는 것이야말로 제왕의 직능일 뿐만 아니라 제왕의 조건을 이루는 일이다.

천지는 만물을 낳고 천자는 하늘과 땅을 관통한다. "천자는 존엄하다. 정신은 천지와 통하고, 혈기는 일월을 총괄하며, 오제의 정수를 머금는다. 이는 하늘이 그 아들을 사랑한 때문이다."116 천자의 정신과 혈기는 천지를 관통하며, 그 자신 또한 천지의 화신이다. 천지의 역할과 천자의 역할은 일체화될 수도 있다. "오제는 공명을 이루었으며 덕을 닦아 교화를 행하고, 음과 양을 통합 조절하고, 신을 불러 부렸기 때문에 제라고 불렸다. 제라는 말은 체禘117 제사를 이름이다."118 "제는 하늘을 이어받아 오부五府(오제의 사당)를 세움으로써 하늘을 존중하고 하늘에 나타난 상을 중시한다."119

제왕의 역할은 때때로 가장 원시적인 창조자로 신화화되기도 한다. "황제黃帝는 천명을 받아 다섯 가지를 시작五始했다. 원元은 기운의 시작이요, 봄은 사계절의 시작이요, 왕은 천명을 받음의 시작이요, 정월은 정치 교화의 시작이다." "원元은 실마리이자 기운의 원천이다. 형태가 없이 일어나고 형태를 갖추어 나누어진다. 엿보려 해도 보이지 않고, 들으려 해도 들리지 않는다."[120] 황제는 비록 고대의 제왕이지만 그 역할은 '원기'와 하나가 되며, 어쩌면 '원기'보다 더 풍부하고 다양하다.

이들 원인에 기초하면 제왕이야말로 이치상 인간 질서의 출발점이자 준칙이 된다. "왕이 올바르다고 한 바를 제대로 받들지 못하는 제후는 그 지위를 얻을 수 없고, 올바름이 왕에게서 나온 것이 아니면 올바르다고 할 수 없다."[121]

제왕은 만물의 '원元' '신神' '덕德'과 일체화되어 있다. "황제는 우주의 본원을 닮아 소요자재하며 그 어떤 문자로도 표현할 수 없으며 덕이 밝게 빛난다고 공자는 말했다."[122] 그 의미는 『춘추春秋』 「공양전해고公羊傳解詁」 성공成公 8년 조의 다음 말과 같다. "덕이 원과 합치하는 사람을 황皇이라 부른다." "덕이 하늘과 합치하는 사람을 제帝라 부른다. 『하도』 『낙서』는 길한 조짐을 받아 풀려나고, 인의에 합치된 사람을 왕이라 부른다. 상서로운 신표가 그에 응하니 천하가 되돌아온다."[123] 『춘추위』 「문요구文耀鉤」는 "왕은 덕이다. 신神은 덕을 지향하고 사람들은 즐거이 귀의한다"[124]고 말한다. 제왕은 '원' '신' '덕'과 일체화했으므로 자연스레 인간 세계의 절대 권위가 된다.

등급 제도는 군주 전제주의의 기초다. 위서는 여러 방면에서 등급의 보편성과 절대성을 논하고 있다. 인간은 하늘의 제약을 받는데, 하늘 자체도 일종의 등급으로 구성되어 있다. 사람은 하늘의 술수를 따르므로 인간 세계의 모든 것 또한 필연적으로 등급 구조를 갖는다. 사람은 본래부터 성聖과 우愚의 구분이 있다. "사람은 하늘, 땅과 나란히 삼재三才를 구성한다. 하늘은 상으로써 나타내 보이고, 땅은 그 본보기를 따라가며, 사람은 구체적인 일을 하여 천지에 관통함으로써 셋이 나란히 선다. 그 정수가 가장 청명한 사람이 성인이 되고, 가장 탁한 사람이 우부愚夫가 된다. 이들 모두는 머리, 눈, 손, 발을 똑같이 갖고 있는데, 그 가운데서 사람의 도리를 모르고 다른 점을 가진 것들이 금수가 된다."[125] 성스러움과 어리석음이 선험적이라는 논의는 등급 제도의 중요한 이론 기초 가운데 하나다. 『역위』「건착도」는 6효爻의 배열을 사회 등급을 나타내는 부호이자 징표로 취급한다. "위에서 끝난다고 보았을 때, 맨 밑의 초효는 원사元士, 그 위의 2효는 대부, 3효는 삼공, 4효는 제후, 5효는 천자, 맨 위 상효는 종묘[126]가 된다. 이 여섯은 음과 양이 그로써 나아갔다 물러났다 하는 바이고, 군주와 신하가 그로써 오르고 내리는 바이며, 만인은 그를 본받을 준칙으로 삼는 바다."[127] 등급 원칙이 존재하지 않는 곳은 없다. 악기의 음조까지도 등급 제도와 서로 어울리게 되어 있다. 『악위樂緯』「계요가稽耀嘉」는 이렇게 이야기한다. "팔괘는 건乾괘를 군주로 삼고, 팔음은 경磬을 최고로 삼는다. 그래서 경을 악기로 만들면 그 음은 석石이고 그 괘는 건이다. 건의 방위는 서북이며 하늘이 그것을 가르고 있는 형상이다. 이로써 변별이 서게 되었다. 그리하여 방위에 서쪽이 있고 북쪽이 있으며, 계절에 겨울이 있고 가을이 있으며, 물질에 금속이 있고 돌이 있으며, 구분에 귀함이 있고 천함이 있으며, 지위에 위가 있고 아래가 있다. 친소와 장유 간 예절의 변별은 모두 여기서 생긴 것이다."[128] 이런 현상들을 비교하고 합치시키면서 배열 조합을 구성한 것은 정말 얼토당토않은 일이다. 그러나 하늘과 인간이 서로 따른다는 시대 분위기 속에서 능히 사람들을 승복시킬 수 있었는데, 그 정수는 등급 귀천 원칙의 보편화와 절대화였다. 『예위』「계명징」은 사람에 대한 등급, 생활 방식에 대한 등급 및 사용 물건에 대한 등급을 매우 상세하고 구체적인 규정으로 다루고 있다. 제사 및 사용 물건에 대한 등급화는 유래가 오래되었는데, 위서는 여기서 한 걸음 더 나아가 천인 일체화라는 각도에서 새로운 정의를 내리고 논증을 시도

한 것이다.

등급 제도의 기본 정신은 인간의 육체에 대한 지배와 피지배, 점유와 피점유, 전제와 피전제의 관계다. 위서는 하늘이 인간을 제약한다는 각도에서 군주 전제의 필연성을 반복 논증하고 있다. "하늘과 땅의 지위가 수립되고, 군주와 신하의 도리가 생겼다."[129] "삼재三才의 도는 천, 지, 인이다. 하늘엔 음양이 있고, 땅엔 강유剛柔가 있고, 인간엔 인의가 있다. 이 셋을 본받아 여섯 지위가 생겨났다. (…) 하늘이 움직여 베풂을 인仁이라 하고, 땅이 고요하여 생긴 이치를 의義라 한다. 인이 이루어져 위에 위치하고, 의가 이루어져 아래에 위치한다. 위에 있는 자는 전제하고, 아래에 있는 자는 순종한다. 인간 세상에 이런 바른 형태가 갖추어지면 도덕이 서고 존비가 정해진다."[130] 이런 비유는 천인합일의 방법론으로선 합리적 의미를 지녔다고 할 수 있겠으나, 과학적 인식으로 볼 때는 전혀 이치에 맞지 않는다고 하겠다. 하지만 왕왕 방법론이 이치보다 사람들에게 더 잘 받아들여지고 공감을 부르는 경우가 많다. 저자가 얻어낸 "위에 있는 자는 전제하고, 아래에 있는 자는 순종한다" "존비가 정해진다"는 결론은 방법론과 마찬가지로 당연한 논리가 되고 있다. 『역위』 「건착도」는 '역易'의 변화를 통해 역성혁명을 긍정하면서도, 그와 동시에 군신의 지위는 불변함을 논증하고 있다. "바뀌지 않는 것은 그 지위다. 하늘은 위에 있고, 땅은 아래에 있다. 군주는 얼굴을 남쪽으로 두고, 신하는 얼굴을 북쪽으로 향한다. 아버지는 앉고, 자식은 엎드린다. 이것은 바뀌지 않는다."[131] 이렇게도 말한다. "군주의 도리는 번창하게 시작하는 것이고, 신하의 도리는 끝맺음을 바르게 하는 것이다. 그래서 건위乾位는 해亥에 있고, 곤위坤位는 미未에 있다. 그로써 음양의 직무가 밝혀지고 군신의 지위가 정해진다."[132] 신민들은 제왕에 대하여 순종만이 있을 따름이다. "신하는 굳건하다는 견堅과 같다. 절개를 지키고, 법도를 밝히며, 의를 닦고, 직무를 받든다."[133] 공,

후, 백, 자, 남 각급 귀족 또한 반드시 "모두가 위로 왕의 정치 교화와 예법을 받들어 한 나라를 통합 관리하고, 수신을 잘하고 깨끗한 행동을 해야 한다."[134]

위서의 전제주의 정신은 또한 '일체화' 방법을 사용하여 사회 지도 사상과 신, 자연, 인간이 상호 침투하고 서로를 구현해주고 있다고 논증하기도 한다.

예, 악은 유가 사상의 중심이다. 위서의 예, 악에 대한 신화화는 특히 주의를 끈다. 『예위』「계명징」은 이렇게 이야기한다. "예의 움직임은 천지의 기운과 같이하며, 사시와 합치하며, 음양을 신표로 삼고, 일월처럼 밝으며, 상하를 화합시킨다. 그리하여 만물에 제 본성이나 목숨처럼 붙어 있다." "예악을 만듦에 하늘의 뜻을 얻으면 경성景星이 나타난다." "국왕이 예의 마땅함을 얻으면 우주에 여러 물질이 만들어진다."[135] 예는 기, 일월, 음양, 신, 귀와 일체를 이룬다.

『악위』「동성의動聲儀」는 음악에 대해서도 일체화 정신을 이용하여 지극히 독특한 논증을 하고 있다. 악은 '오원五元(상원上元-천기天氣; 하원下元-지기地氣; 중원中元-인기人氣; 시원기時元氣-하늘에서 기를 받아 널리 대지에 퍼져서 시시로 만물 속에 들고나는 것; 풍원기風元氣-물질은 바람에 의해 성숙되지 않는 것이 없음)'에서 시작한다. "하늘엔 오음五音이 있고, 땅에는 육률六律이 있다."[136] 오음은 각각 하나의 사회적 역할을 대표한다. 궁宮-군주, 상商-신하, 각角-백성, 치徵-사건, 우羽-물질이 그것이다. 오음은 또한 여러 가지 사회정치적 상황을 대표하기도 한다. 12개월은 각기 하나의 음률을 갖고 있으므로 12월률月律이 된다. 사람의 오장은 오음과 필적하며, 오음은 또한 오성五星과도 호응하고 사시, 음양, 오행, 사방과도 서로 짝이 된다. 고대의 성왕은 각자 자기 시대의 악장樂章을 갖고 있었다. 이 논의들은 헛소리에 가깝지만 그것의 작용은 대단히 중요한 것이었다. 예, 악은 그 시대의 사회 질서와 정신을 구현한다. 예, 악의 신화화는 곧 당시 사회의 기본 제도에 대한 신화화다.

인, 의, 예, 지, 신은 유가가 오상五常으로 받드는 것이다. 오상은 바로 천지, 음양, 오행, 오방五方의 정신적 구현이다. 『역위』 「건착도」는 동방은 인이 되고, 남방은 예가 되고, 서방은 의가 되고, 북방은 신이 되고, 중앙은 지가 된다고 말한다. "사방을 묶어서 나아가는 것이 지혜가 넘쳐흐름과 같으므로 중앙은 지가 된다. 도는 인에서 흥하고, 예에서 서며, 의에서 다스려지고, 신에서 정해지며, 지에서 완성된다. 다섯 가지는 도덕이 나뉜 것이며 하늘과 사람이 교제하는 것이다. 성인은 이로써 하늘의 뜻에 통하고, 인륜을 다스려 지극한 도를 밝힌다. 옛날 성인은 음양에 연유하고, 소식消息을 정하고, 건곤을 세움으로써 천지를 통괄했다."[137] 『시위』는 "나무가 신령스러우면 인이고, 쇠가 신령스러우면 의이고, 불이 신령스러우면 예이고, 물이 신령스러우면 신이고, 흙이 신령스러우면 지다"[138]라고 말한다. 『효경위』 「구명결鉤命訣」은 또 다른 배합 방법을 내세운다. "본성은 생명의 바탕이다. 마치 나무의 본성이 인이고, 쇠의 본성이 의이고, 불의 본성이 예이고, 물의 본성이 지이고, 흙의 본성이 신인 것과 같다."[139]

한대에는 특히 효를 제창했다. 효에 대한 위서의 논의는 방법론상에서 위에 언급한 인용들과 마찬가지였다. 이를테면 『효경위』 「좌계左契」는 효를 '원기'가 혼돈된 본성 가운데 하나로 취급한다. "원기가 혼돈 상태인 그 가운데 효가 있다. 하늘이 해, 달, 별들의 차례를 매기니 그로써 스스로 빛을 발하며, 사람이 효도, 공경, 충성, 믿음의 차례를 매기니 그로써 스스로 도리가 뚜렷해진다."[140]

더 흥미롭고도 황당한 것은 인체 기관마저 도덕화, 신화화, 천지화하고 있다는 점이다. 『효경위』 「원신계援神契」는 말한다. "간장은 인이고, 폐장은 의이고, 신장은 지이고, 심장은 예이고, 쓸개는 단斷이고, 비장脾臟은 신信

이다. 방광은 난관을 뚫으며, 터럭은 별들을 본받고, 관절은 달을 본받고, 창자는 비녀장 열쇠를 본받았다. 사람에겐 열여덟 가지 형상이 있는데 모두 천지를 본받았다."[141] "사람의 머리가 둥근 것은 하늘을 본받은 것이다." "발이 네모난 것은 땅을 본받은 것이다." "오장은 오행을 본받은 것이다." "사지는 사시를 본받았다." "신체의 아홉 구멍은 구주를 본받은 것이다." "눈이 밝은 것은 해와 달을 본받았다"고도 말한다. 사람들을 더 헷갈리게 만드는 것은 기관들 사이에 도덕으로 연계를 맺어 여러 기능을 하게 된다는 주장이다. "비장은 어질므로 눈으로 보게 되며, 폐장이 의로우므로 코로 냄새를 맡고, 심장이 예에 맞으므로 귀로 관리를 하며, 신장이 믿음 있으므로 인체의 각 구멍으로 쏟아내고, 비장이 지혜로우므로 입이 바다와 같다[142]."[143]

이상의 논의들을 오늘날 시각으로 보면 한결같이 황당한 모순덩어리다. 그러나 그 시대 사람들은 오히려 보편적으로 받아들이며 인정하고 있었다. 특히 '일체화' 방법론은 이치상 당연히 그러한 사유의 전제가 되었다. 그러한 의의를 우리는 낮게 평가해선 안 된다. 이를 통해 봉건 전제주의 정신은 합리적 논증과 설명을 얻을 수 있었을 뿐만 아니라 사람들의 몸속에 녹아 인체 기관을 형성하는 본능과 역할이 되기에 이르렀다. 사람은 완전히 봉건 전제주의의 도구이자 부속품으로 바뀌었다. 이 점만 이해할 수 있으면 참위 속에 통치자에 대한 공격적인 언어가 숱하게 있음에도 불구하고 통치자들이 왜 그토록 참위를 성학으로 받들고 존중했는지 이해할 수 있을 것이다.

이러한 시대정신을 배경으로 미래의 현학玄學 정신을 보았을 때 비로소 우리는 현학이 갖는 역사적 의의를 진정으로 이해할 수 있게 된다.

균평均平, 무위無爲의 정치 이상과 정치 조정

하늘과 사람이 서로 대응한다는 사유 양식 속에는 이치에 따라 당연히 하게 되는 한 생각이 존재한다. 그건 바로 하늘을 이상화시키는 것이고 또 하늘을 사회적 역할을 하는 존재로 만드는 것이다. 천은 인간사를 상징할 뿐만 아니라 인간사 하나하나에 주체적으로 반응하기도 한다. 이와 같은 상호 작용의 논술 속에 위서 저자들의 정치 이상, 정치 조정 및 정치적 가치관이 잘 나타나 있다.

천제天帝는 공평무사하므로 인간 천자는 무엇보다 먼저 이 도를 본받아야 한다. "제란 하늘에서 부르는 것이요, 왕이란 인간 세상에서 부르는 것이다. 하늘은 오제가 있어 그 이름을 세웠으며, 인간 세상엔 삼왕이 있어 그 법도를 바로잡았다."144 "제란 하늘에서 부르는 것이다. 덕이 하늘, 땅과 합치하고 사사롭지 않은 공적 지위를 가졌으므로 제라고 부르게 되었다. 천자는 하늘을 계승하여 만물을 다스리고, 모든 정치 행위를 하나로 통합하여 각자 마땅함을 얻도록 해주고, 천지의 부모가 되어 인민을 길러주는 지존이라는 호칭이다."145 그 밖에 '제'와 '천자'를 아주 가깝게 다룬 위서도 일부 있다. 『악위』「계요가」는 "덕이 하늘과 땅을 표상하면

제이고, 인의를 만드는 사람이 왕이다"[146]라고 말한다. 결국 '공公'이야말로 천자가 갖출 최고의 덕성이며, "정치를 하면서 사사롭지 않은 공적 지위를 가졌으므로 제라 부르는 것이다."[147] 인간 세상의 군주는 반드시 하늘을 본받는다는 원칙에 입각하여 정책을 세우고 제도를 만들어야 한다. "문왕은 음양에 연유하고, 소식消息을 정하고, 건곤을 주도하고, 천지를 통괄했다."[148] 군주는 응당 "이슬이 풀잎에 생기를 불어넣듯" "그 은택으로 만민을 구제해야 한다."[149] "천자는 성인으로 왕위에 있는 사람이다. 천자는 그 덕이 하늘, 땅과 합치한다."[150]

제왕의 책임은 바로 "태평 시대에 다다르게 하는" 것이다. "성스러운 제나 훌륭한 왕은 그로써 태평 시대에 다다르게 한다."[151] "제왕은 천명을 받아 영원한 정치 안정을 이룬다."[152] 태평 시대에 이르게 하는 길이 바로 균평과 무위다.

균평은 평등이나 절대 평균이 아니라 등급 차별을 기초로 한 협조 혹은 상대적 평형을 말한다. 『악위』 「협도치叶圖徵」는 균평에 대한 윤곽을 묘사하고 있는데, 대체로 다음 몇 가지로 요약할 수 있다.

첫째, 정전井田의 실행이다. "성인은 백성에게 전답을 나누어주셨는데" 한 집에 100묘를 주었다. "9경頃을 여덟 집 단위로 편성했다. 상급 농부에겐 아홉 식구를 먹일 만큼 배분하고, 중급 농부에겐 일곱 식구를 먹일 만큼 배분하고, 하급 농부에겐 다섯 식구를 먹일 만큼 배분했다. 그렇게 함으로써 부자라 하더라도 사치하지 못하도록 하고, 가난한 사람이라 하더라도 굶주림에 허덕이지 않도록 했다."[153] 『악위』[154]는 정전 제도에 대한 또 하나의 설계를 보여준다. "아홉 개 단위로 하나의 정井을 삼아, 여덟 집이 각자 100무씩 경작하고 남은 공전 80무를 여덟 집이 10무씩 나누어 경작하고 그 나머지 20무는 여덟 집이 살아갈 거처를 만들도록 한다."[155]

둘째, '오균五均'을 실행한다. 여기서 말하는 오균은 왕망王莽의 '오균'[156]

과 달리 다음 사항을 지칭한다. "부자로 하여금 가난한 사람을 생각토록 하고, 강자로 하여금 약자를 침탈하지 못하도록 하고, 지혜로운 사람들이 어리석은 사람을 속이지 못하도록 하고, 시장에서 두 가지 가격으로 파는 일이 없도록 하고, 만물이 모두 고르게 분포되어 사시사철 마땅히 구할 것은 구할 수 있어야 하며, 정부에 여유가 있어 그 은택이 천하에 미치도록 해야 한다."[157]

셋째, 존비에 각각 차등을 둔다. 군주와 신하 사이에 차별이 있고, 위와 아래에 모두 순서가 있으며, 의복에도 신분에 맞는 제도가 있다. 예의를 밝히고 귀천을 드러나게 한다. 여자와 기술자엔 차별이 있으며, 남자가 하는 일엔 예의가 있다. 건물의 크기나 도량형 및 법률 제도는 모두 적절해야 하며, 크고 작음을 나타내는 법이 있으며, 귀천 간에 차이가 있고, 상하 간엔 순서가 있다.

넷째, 공무와 현인을 숭상한다. "성왕은 하늘의 법도를 이어받아 작록을 정했는데, 능력을 초과해 작록을 받을 수 없도록 했다." "공을 이룬 사람에겐 상으로 작록을 주고, 실패한 사람에겐 형벌을 가한다."[158]

다섯째, 형벌이 정당성을 얻어야 한다. "성왕은 하늘의 법도를 이어받아 형법을 제정했다. 한 사람에게 형벌을 가함으로써 천 명을 움직이고, 한 사람을 죽임으로써 만 명을 감동시켰다. 죽은 사람이 한을 지니지 않도록 하고, 산 사람이 원망하지 않도록 했다."[159]

균평이 일종의 제도라면 무위는 주로 정책이었다. 제도가 정해지면 무위의 정치를 실행해야 한다. 『춘추위』「운두추運斗樞」의 말이다. "덕의 천명 순서에 따르면 복희伏羲, 여와女媧, 신농神農이 삼황三皇이 된다. 황이란 하늘이다. 하늘은 말이 없이 사시를 진행시킬 뿐이며 거기서 만물이 태어난다. 삼황은 그저 팔짱을 끼고 앉아 무위로 말을 삼아도 백성이 모두 도덕을 어기지 않는다."[160] 『시위』「함신무含神霧」는 공자의 말에 빗대어 이런 말을 한다. "정치는 고요함을 숭상하고 시끄러움을 싫어한다."[161] 『예위』「함문가含文嘉」는 말한다. "왕자는 예법에 맞는 제도를 얻으면 재물을 낭비하지 않고, 백성을 해치지 않고, 군신이 서로 화목하고, 초목이나 곤충이 각자 바른 성품을 받게 된다."[162]

균평, 무위는 한편으로 한대 당시의 사회적 동란과 폐정을 겨냥한 주장이었으며, 다른 한편으론 시대를 초월한 사람들의 정치 이상 즉 봉건시대에 매우 유행했던 정치 이상을 담은 것이기도 했다. 따라서 그 주장들은 정책의 범위를 뛰어넘고 있으며 각 학파나 사상가들의 한계도 초월하여 중국 고대인들의 보편적 문화심리 상태가 되었다.

이상은 하늘과 인간 사이 덕성의 합치에 근원을 두지만, 현실은 오히려 그와 별개의 일로 하늘과 인간 사이가 곧장 어그러져 나타나곤 한다. 위서나 한대 사상가 대부분은 하늘과 인간 사이가 서로 어긋나는 원인은 사람이 만들어낸 것이라고 생각했다. "하늘에 이변의 상이 나타나는 것은 모두 인간사의 유감에 그 뿌리가 있다. 그래서 거역의 기운이 상으로 나타나면 도깨비별이 보이는 것이다."[163]

군주가 덕을 잃거나 정치가 혼란스러우면 하늘의 상과 자연에 이변이 일어날 수 있다. 이런 언급은 셀 수 없이 많다. 다음은 대표적인 몇 가지 사례만 든 것이다.

"제왕이 음란하고 멋대로 하여 정치가 공평하지 못하면 달에 발이 생긴다."[164]
"천지를 거역하고 인류가 절단되면 여름에 눈비가 내린다."[165]
"군주가 선비를 좋아하지 않고 말이 수놓인 비단을 입고 개가 사람의 음식을 먹게 되면 여섯 가축이 사람의 말을 한다."[166]
"군주가 예를 잃고 백성을 사납게 괴롭히면 가뭄에 물고기, 소라 등이 메뚜기로 변한다."[167]

"백성이 원통하게 옥살이에 얽혀 있으면 10월에 비가 오지 않는다. 국왕이 형벌의 공평성을 잃었다는 여론이 있고 백성의 억울함을 밝혀주지 못하면 한발이 가혹해지고 비 한 방울이 오지 않는다."[168]

군주가 덕을 잃거나 정치가 혼란스러우면 사회적 동란이 일어날 수 있을 뿐만 아니라 전체 자연계도 질서와 이치를 잃게 된다는 이야기다. 이런 관념은 군주를 구속하고 견책하는 적극적 함의를 지니고 있음에 틀림없지만, 견책의 소리 중에 군주의 영향력을 과장하고 있는 것도 사실이다. 정치적 권위를 무한히 갈망하는 사회심리를 강화시키고 있다는 점이야말로 그 부작용 가운데 하나다. 참으로 슬픈 일이다!

이상의 논술과 방향은 상반되면서도 방법은 같은 또 하나의 관념이 있다. 그건 바로 하늘에서 보이는 이변은 정치적 변화의 예시거나 특정 정치 행위에 대한 견책이라는 주장이다. 이를 천견론天譴論이라 한다. 한대에 보편적으로 유행했던 관념이다. 참위에 반대했던 왕충王充, 장형張衡 같은 사람들도 이를 믿어 의심치 않았다. 다만 그들은 비교적 신중을 기하여 이른바 '실증'을 근거로 삼았을 뿐이다. 위서의 특징은 아무데나 함부로 적용한다는 점이다. 하늘의 이변을 이용하여 정치를 논하고, 유언비어를 전파하고, 정치 변화에 대한 여론을 조성하는 등 정치적 사건들과 연관 짓지 않는 경우가 없다. 일일이 다 언급할 수 없을 정도다. 여기서는 물가와 소, 말, 풀벌레 등의 재앙과 관련 있는 예언 몇 가지만 예로 들어 그 황당무계함을 보자.

"정월에 월식이 있으면 신분이 천한 사람이 병이 생기니 쌀 2000석을 사들여야 한다. 2월에 월식이 있으면 신분이 귀한 사람이 병이 생기니 쌀 3000석을 사들여야 한다. 3월에 월식이 있으면 군주가 거기에 해당 되므로 쌀 4000석을 사들여야 한다."

"달이 방성房星에 침범하면 네발 달린 벌레가 많이 죽는데, 그 기한이 1년을 넘지 않는다."[169]

"달이 견우성을 침범하면 장군이 도주하고 천하의 소가 많이 죽는다."[170]

"달무리가 각角성과 항亢성 주위에 퍼지면 동물이 많이 죽는다."[171]

오늘날의 시각으로 보면 황당하기 그지없는 말이다. 그러나 당시엔 하늘의 이변이 사회적 재난을 예시한 것이라는 관념이 사회 각계 인사들로부터 인정을 받고 신봉되기 일쑤였다. 하나의 예언이 어떤 때는 10만 대군을 이길 수도 있다! 이 문제는 역사학자들에게 말하도록 남겨두겠다.

천재지변의 근원이 인간에게 또는 군주에게 있으므로 그걸 보완하는 방법 또한 있게 마련이다. 그렇기에 군주는 개과천선할 수 있다.

"여름의 벼락은 통치 방법이 가혹하고, 요역을 촉급하게 하고, 교화 명령이 수시로 변하여 일정한 법도가 없을 때 생긴다."

"어진 사람을 뽑아 쓰고, 공로가 있는 사람에게 작위를 주고, 관대하도록 힘쓰고, 죽음의 형벌을 없애면 재난이 제거된다."[172]

"천문에 통달한 자는 빛나고, 지리에 환한 자는 번창한다. 빛나는 것은 하늘의 보살핌 때문이고, 번창하는 것은 땅의 재물 때문이다. 현명한 군주가 다스리면 봉황이 내려온다."[173]

"군주의 정치가 아름답고 빛나 어진 사람들이 모두 쓰이고, 음양이 조화하고, 비바람이 때에 맞으면 뭇 별 사이에 누런 구름이 어지러이 무성하다."[174]

군주에게 개과천선을 권유한 것은 틀림없이 좋은 일이다. 그런데 그 속에도 마찬가지로 군주가 하늘에 통달하고 중생을 구원한다는 관념이 깔려 있다. 사람들이 군주에게 잘못을 고치라고 권유하면서 그 소망을 완전히 군주 한 몸에 기탁함으로써 스스로를 더욱 보잘것없는 작은 존재로 취급하고 군주는 더욱더 위대한 존재로 만들고 있는 것이다. 이렇게 군주를 원망하면서도 기대하는 생각이 고정되어버리면 사람들은 군주 숭배로부터 벗어날 수 있는 방법이 더 이상 없게 된다. 참으로 비극이 아닐 수 없다.

정치적 조정 과정에서 혁명보다 더 격렬한 것은 없다. 위서의 저자들은 천명과 역사를 통해 혁명은 피할 수 없는 것이라고 역설한다. 영원불변한 가천하家天下는 없다는 것이다. "삼황 이래로 천명은 선을 누리도록 해주었으며 한 성씨가 다시 명을 받도록 하지 않았다."[175] "하늘의 도가 빛남은 한 제왕의 공로가 아니다. 왕업의 혁혁함은 한 성씨 집안만의 영원함이 아니다. 천명에 순응한 자는 생존하고, 천명을 거역한 자는 망한다."[176] "천도는 영원히 친애한 사람이 없다. 항상 선한 사람에게 부여한다."[177] "천도는 항상성이 없는 곳에 가지 않는다. 어진 사람에게 전해진다."[178] 『역위』「건착도」는 '역'의 함의를 논술하면서 혁명의 필요성을 이야기한 적이 있다. "군주와 신하가 변하지 않으면 왕조를 이어갈 수가 없다. 주紂왕은 잔혹했으므로 천지가 되돌아섰으며 문왕은 여상呂尙에게 아홉 개의 꼬리九尾를 내려 보여주었다." "부부가 변하지 않으면 집안을 이어갈 수 없다. 달기妲己가 총애를 독점하자 은나라는 이로써 깨졌다." "큰 임무가 끝을 이어가며 맡겨져 나라를 영위함이 칠백이다. 이는 변역變易 때문이다."[179]

역성혁명은 역사상 피할 수 없는 것이며 심지어 규율이기도 하다. 혁명의 발생엔 조건이 있는데, 다음 몇 가지로 요약된다.

첫째, 걸桀왕, 주왕처럼 왕이 포학하여 "천지가 되돌아선" 형국이 조성된 경우다. 전체 사회 기제가 파괴되어 오직 혁명만이 천지의 도를 정상적으로 운행토록 할 수 있을 때 일어난다.

둘째, 혁명의 담당자는 반드시 하늘의 뜻이 서린 부절과 징조의 암시가 있어야 한다. 예컨대 앞에서 말한 문왕의 아홉 개의 꼬리와 같은 상서로움이 있어야 한다. 『춘추위』「연공도」는 다음과 같이 말하고 있다. "천자들은 모두 오제의 정미한 보배를 갖추어 각자 차례에 맞는 표제가 있다. 그를 순서대로 운행함으로 증거를 삼는다. 따라서 천자는 일어날 때 반드시 신령스러운 부절을 갖고서 옥계를 밟아 왕의 직무를 수행한다."[180] 역사상 혁명과 관련한 신령스러운 부절에 대한 위서의 편집과 제조는 대단히 복잡하며 신기하기도 하다. 그 신기함이야말로 신성의 상징이다.

셋째, 새 국왕이 천명을 받으면 반드시 제도를 개혁해야 한다. "왕자는 300년에 한 번씩 새 제도를 밝힌다." "오제는 각기 법 체계를 달리했다."[181] 『악위』는 천도의 특징을 '질質(바탕)'이라 하고, 땅의 도의 특징을 '문文(꾸밈)'이라 한다. 질과 문을 행한 지 오래되면 폐단이 생긴다. 질과 문은 상호 변화와 상호 보완을 해야 한다. 그래서 제도 개혁이 있게 된다.

혁명은 왕조와 성씨를 바꾸는 일이다. 사회의 대변동을 의미함이 틀림없다. 혁명론이 사회적으로 보편적인 인심이라는 데 대하여 제왕들 스스로도 부정하지 않는다. 그렇다고 어떤 상황 아래서든 공개적으로 혁명을 이야기할 수 있다는 말은 아니다. 사회가 위기를 맞았을 때, 혹은 논의를 허락 받았거나 금지해도 없어지지 않을 경우에 한한다. 이에 대해 압제를 가한다면 혁명론은 조정에서 사회로 민간으로 흘러들어가 비밀스럽게 유행하게 된다. 이런 상황은 전한, 왕망의 신나라 그리고 후한 전기에 모두 충분히 드러났다.

혁명이 비록 왕조의 교체를 언급하고는 있지만 기본적인 제도에 대해서는 그저 조금 조정하는 수단에 불과하다. 봉건의 기본 질서는 바뀌지 않는다. 『역위』 「건착도」의 '바뀜易'은 '바뀌지 않기 때문이라不易也'는 말이 바로 이 말이다. 즉 아무리 혁명을 한들 군주 전제 체제라는 근본을 떠나지는 않는다는 뜻이다. 고대의 혁명론과 오늘의 민주주의론은 같은 범주의 문제가 아니다. 같은 선상에 놓고 말할 수도 없다. 다만 정치적 조정이란 측면에서 보면 격렬한 주장이었다고 말할 수 있겠다.

천인 일체화는 양한 시대 고상하거나 통속적인 사람들에게 공통으로 존재했던 사유 방식이었다. 위서는 이러한 사유 방식을 최고조로 발전시켰고 극단으로 몰고 갔다. 극단에 이르자 넘침을 면치 못하게 되었으나 그 시대 사람들은 넘침을 넘침으로 생각하지 않았다. 오히려 의미심장한 이치로 여겼다. 전제주의 정치는 이성적 논증이 필요했을 뿐만 아니라 신비스러운 분장을 더 필요로 했다. 위서는 이 두 가지 방면 모두에 특별한 효능을 발휘했다.

제3절

『백호통의白虎通義』의 왕권 신성화 및 삼강오상의 '국헌화國憲化'

유가 학술은 정치적 지도 사상으로 존중받으면서 군주 전제 정치를 구성하는 한 부분이 되었다. 유가 학술은 군주 전제와 마찬가지로 하나로 고정되기를 요구했다. '하나'가 아님으로 인해 정치적으로 활용하면서 모순이 생길 수 있었다. 하지만 유가 학술은 일종의 지식 체계여서 분화와 발전이 일어나는 것을 피할 수 없었다. 유학 내부의 끊임없는 분화와 정치적으로 부단히 요구되는 통일, 이 둘 사이의 모순운동은 유술로 하여금 더욱 풍부한 이론적 색채와 용량을 갖게 만들었으며, 탄력성을 부단히 증가시켰을 뿐만 아니라 군주 전제를 끝없이 강화시키게 만들었다. 그리고 어느 정도 지식인들에게 재인식을 할 수 있는 공간을 제공해주었다. 후한 장제章帝 건초建初 4년(79) 백호관白虎觀 회의 및 그 회의 성과인 『백호통의』는 바로 이와 같은 모순운동의 산물이다.

유학 내부의 분화와 정치적 통일은 줄곧 짝을 지어 진행되었다. 후한 전기 유가 학술 내부의 분화는 서로 교차하면서도 구별되는 세 가지 사조를 형성했다. 경전에 대한 금문학今文學, 고문학古文學 그리고 참위학讖緯學이었다. 세 파 모두 온 힘을 쏟아 왕권의 지지를 갈구했다. 그들 사이의 상호 논쟁은 뭇 별이 달을 에워싸듯 왕권을 중심에 놓고 둘러싸는 형세를 이루기도 했다. 왕권 수호와 사회 질서로부터 출발하여 여러 가지 각도에서 사상의 통일을 주장했다. 금문학자였던 범승范升은 "천하의 일들이 각기 달라지는 까닭은 근본이 통일되지 않았기 때문이다"[182]라는 상소를 올렸다. 그는 금문을 존중하라고 주장하며 고문학에 반대했다. 양종楊終 또한 경학을 통일시켜 "영원히 후세를 위한 준칙을 삼고자"[183] 했다. 가규賈逵 등 일군의 고문학자들은 황제에게 『좌전左傳』 등 고문을 존중하라고 요구했다. 참위는 유수劉秀가 반포한 관방 이론이었다. 그러나 환담桓譚, 범승, 진원陳元, 정흥鄭興, 두림杜林, 위굉衛宏, 유곤劉昆, 환영桓榮, 윤민尹敏과 같은 일군의 금문, 고문 대가는 정도는 약간씩 다르지만 모두 참위에 반대하거나 찬성하지 않았다. 물론 참위를 옹호하고 찬성하는 사람 또한 아주 많았다. 가규처럼 역사를 강조하는 고문학자도 참위를 가까이했다. 이런 상황에서 통일을 구하기란 매우 곤란했다. 회의에 출석했던 이육李育, 위응魏應, 양종, 정홍丁鴻, 가규, 반고班固 등 저명한 유학자 중에는 금문학자가 있는가 하면 고문학자도 있었으며 둘 다 겸하는 사람도 있었다. 그런데 회의의 목적은 여전히 통일을 구하는 것이었다. 그래서 『백호통의』는 대단히 뚜렷한 절충성과 종합 논술 성향을 띠고 있다. 어떤 의미에서 보면 이는 학술적 성격을 갖으면서 여러 가지 관점을 종합 논술하고 있기는 하지만 기본적으로는 여전히 정치적 문헌이다. 경학 대가들은 "『오경』의 같고 다름을 강론하고" 마지막으로 "황제가 친히 끼어들어 임석하여 결정하는" 행정 결재 방식으로 "다 같이 경전의 의미를 바로잡는다."[184] 실제 정치에서 『백호통의』를 반드시 준수해야 할 '국헌國憲'이라고 말할 수는 없지만 사상·관념적으로 상당한 권위를 가졌던 것은 확실하다. 『백호통의』의 중심 사상은 제왕의 신성화를 중추로 하는 사회 등급 체계이자 이런 체제를 수호하려는 삼강오상三綱五常 관념이다.

01
제왕의
신성성과 지상성

제왕의 신성성과 지상성 문제에 관해서는 이번 회의 전에 벌써 상세하게 논의된 것으로 보아야 한다. 당시 경학에 존재하던 문제는 장구章句 관련 학술이 자질구레한 것으로 치달아 경학의 '대체大體'가 텅 비어갔기 때문이다. 양종이 장제에게 올리는 상소문 중에 "장구를 일삼는 무리가 대체를 파괴하고 있습니다"[185]라는 주장은 바로 이 말이다. 이른바 '대체' '대의'는 곧 『오경』의 정신적 실질로 그 주지는 군신 간 강상綱常의 도이고, 그 핵심은 존왕尊王이었다. 백호관 회의는 대의를 펼치고자 했으며, 자연히 존왕의 도를 다른 무엇보다 먼저 논했다.

전한 이래 한 몸으로 결합된 천지, 음양, 오행은 만물의 본원일 뿐만 아니라 만물의 지배 역량이자 운동 법칙이었다. 유생들은 제왕을 신화화하기 위해 제왕과 천지, 음양, 오행을 일체화시켰으며, 혹은 제왕을 그와 같은 직능의 실현자로 주장했다. 『백호통의』는 이 두 입장을 두루 통하고 있다.

"작위를 천자라 부르는 까닭은 무엇인가? 왕은 천지를 부모로 하는 하늘의 자식이기 때문이다."[186]

"제왕의 덕엔 우열이 있는데 모두 천자라 부르는 까닭은 무엇인가? 모두 하늘로부터 명을 받았기 때문이다. (…) 제帝 또한 천자라고 불린 것을 어떻게 알 수 있는가? 천하의 본보기가 되었기 때문이다. (…) 황皇 또한 천자라고 불린 것을 어떻게 알 수 있는가? 그들이 천지를 뒤덮으며 천하의 왕이 되었다고 말해지기 때문이다."[187]

"천자가 영대靈臺[188]를 갖추었다고 하는 까닭은 무엇인가? 그로써 하늘과 사람의 마음을 살피고, 음양의 회합을 고찰하고, 별들의 증험을 헤아려서 미치지 않는 곳이 없는 변화무쌍한 원기로부터 복을 얻기 때문이다."[189]

"해는 군주이고 달은 신하다."[190]

"천자가 명당明堂을 세운 것은 그로써 신령과 교통하고, 천지에 감응하고, 사시를 바로잡고, 교화를 행하며, 덕이 있는 사람을 으뜸으로 삼고, 도가 있는 사람을 중시하고, 유능한 사람을 드러나게 하고, 공이 있는 사람을 포상하려는 까닭이다."[191]

"덕이 천지와 합치하는 사람을 제라 부르고 (…) 덕이 천지를 닮아 제라 부르니……"[192]

"제왕이 처음 일어나면 먼저 바탕質을 고르고 나중에 꾸미는文 것은 천지의 도와 본말의 의와 선후의 순서를 따르기 때문이다."[193]

이와 유사한 논술들은 아직도 많다. 그 요지는 제왕이 하늘의 아들이며, 하늘의 대리인이며, 하늘의 덕의 실현자이며, 하늘과 땅의 기능을 실천하는 중개자이며, 유일하게 하늘과 교통하는 자라는 것이다. 또한 동시에 일월성신 가운데 '해'의 위치, 금목수화토 가운데 '토'의 위치, 음양 가운데 '양'의 위치를 점하는 등 일련의 관계 사슬 가운데 핵심 고리라는 것이다. 이 때문에 천자는 천하의 위대한 '하나―'이며, 유일무이한 '하나'다. 천자는 스스로 '일인―人'이라 부른다. "신하가 그를 일인이라고 부르는 것은 무엇 때문인가? 이로써 왕을 존중하기 위해서다. 광대한 천하에서 그리고 사해의 안에서 모두의 존중을 받는 사람은 일인뿐이다."[194]

이 '하나'는 절대적이며 지고무상하다. 그는 천하에 대해 최고의 점유권과 최후의 지배권을 소유하며, 일체의 최고 권력은 모두 그 일인에게 귀속된다. "널리 하늘 아래는 모두 왕의 땅이 아닌 곳이 없으며, 그 땅 위의 모든 존재는 왕의 신하가 아닌 것이 없다. 지구상의 모든 사람은 다 일을 시켜도 된다."[195] 이는 오래된 이야기지만 반드시 거듭 밝혀둘 필요가 있었다. 거듭 밝히는 목적은 왕권을 강화하는 데 있었다. 후한 시대에도 여전히 분봉을 했다. 그러나 "땅을 나누어줄 뿐, 사람을 나누어주진 않았다". 사실 땅을 나누어준 것도 그저 토지로 대표되는 녹을 주었을 뿐, 땅에 대한 최후 소유권은 여전히 유일한 황제에게 속해 있었다. '땅'과 '백성' 중 『백호통의』는 백성에 대한 군주의 점유권을 더욱 강조한다. "군주에게 뭇 백성이 있음은 무엇을 본받은 것인가? 하늘이 뭇 별을 거느리고 있음을 본받은 것이다."[196] 세상의 모든 사람은 다 황제의 노복이다.

한대, 아니 전체 고대에서 국가 주권과 소유권, 행정권은 일정한 조건 하에서 구분이 되었었다. 그러나 일단 모순이 발생하거나 군주의 필요가 생기면 국가주권과 최고행정권은 소유권, 지배권, 사용권 등을 한 입에 삼켜버릴 수 있었다. 이 과정에선 그 어떤 가치 법칙도 이야기되지 않는다. 권력이야말로 그 무엇보다 높으며 모든 것을 점유할 수 있었다.

군사, 정치, 형벌, 상훈, 예절, 음악 등에 관한 최고 권력 또한 자연스레 황제 한 사람에게 모두 귀속되었다.

『백호통의』는 천지, 음양, 오행과 제왕의 일체화를 통해 제왕의 절대성과 지상성을 논증했다. 동시에 백성의 대표라는 명분으로 군주의 합리성을 논증하기도 했다. "왕王이란 간다는 의미의 왕往이다. 이는 천하가 왕에게 돌아가기歸往 때문이다."197 "군君은 무리라는 의미의 군群이다. 이는 아래의 모든 무리가 마음을 군주에게 돌리기 때문이다."198 또한 제왕들은 백성의 복리를 위해 고민하고 사사로움 없이 은혜를 베풀어야 한다는 주장을 반복적으로 논술하고 있다. "한 사람의 농부라도 괴롭히고, 한 사람의 선비라도 혼란스럽게 하는 그런 정치를 천하에 행했다면 황皇이라 할 수 없다."199 각종 행위는 '중민重民'에 힘쓰는 것이어야 하고, "백성과 화목하게 지내도록"200 갈구해야 한다. 심지어 "관직을 두고 관청을 세우는 것도 경대부를 위한 것이 아니라 모두 백성을 위한 것이라"201고 한다. '왕에게 돌아간다歸往', '마음을 군주에게 돌린다歸心' 함은 정치에 대단히 중요한 문제일 뿐만 아니라 그 제왕이 합리적이냐의 여부를 가르는 중요한 표준이다. 그러나 당시로선 이를 만들어낼 어떠한 방법도 없었으며 그에 상응하는 실현 절차를 갖고 있지도 못했다. 따라서 결국은 빈말일 수밖에 없었으며 아무리 잘되어도 스스로를 경계하는 수준일 뿐이었다. 사실 이런 말들은 오히려 거꾸로 해석해볼 수도 있다. 즉 왕이야말로 천하가 '돌아갈' 존재이고, 군주야말로 '마음을 돌려야 할' 존재라는 것이다. 군왕 스스로가 천하의 대표이니 군왕에 반대하는 것은 대역부도가 된다.

선진 제자와 한대 유생들 가운데 많은 사람은 군주 전제를 주장하면서도 군주와 사직, 국가를 나누어서 생각했으며 사직의 이익이 군주보다 높다고 강조하기도 했다. 『백호통의』는 『공양전公羊傳』에서 제기한 "국가, 군주 일체"론(『공양전』 장공莊公 4)을 한 걸음 더 발전시켜 '군통君統'이야말로 잠시도 없어서는 안 된다고 강조한다. 선왕이 죽고 새 군주가 즉위함을 '계체繼體'라고 부른다. "왕이 죽어 염이 끝나면 바로 계체함은 무엇 때문인가? 신민들의 마음을 묶어야 하므로 단 하루라도 군주가 없어서는 안 되기 때문이다. 그래서 선대 군주를 더 이상 볼 수 없게 되면 후대 군주가 계체하는 것이다."[202] 짐은 곧 국가요, 국가는 곧 짐이다. 국가는 군주의 사유 재산이자 주머니 속 물건이다!

삼강오상의
신성성과 절대성

삼강三綱은 일찍이 『한비자韓非子』 「충효忠孝」 편에서 제기된 바 있다. 한대 동중서董仲舒에 이르면 여기서 한 걸음 더 나아가 논증을 했으며, 이로부터 보편적인 정치의식으로 자리 잡게 되었다.

봉건 시대의 사회적 관계망은 천만 갈래로 얽혀 있었으나 가장 기본적인 것은 군신 관계, 부자 관계, 부부 관계였다. 군신 관계는 정치 관계의 핵심이고, 부자 관계는 혈연관계의 핵심이고, 부부관계는 남녀 관계의 핵심이다. 이 세 가지 관계 가운데 군주는 신하의 기둥이 되고, 아버지는 아들의 기둥이 되고, 남편은 아내의 기둥이 된다. 삼강은 병렬 관계가 아니다. 그 가운데 군주라는 기둥이 가장 고귀하고, 가장 중요하다. 사회관계는 하나의 커다란 그물과 같아서 벼리라는 기둥을 들어 올리면 그물눈들이 쫙 펼쳐진다. 삼강에 대한 『백호통의』의 논술은 한대 유생들의 주장을 집대성하고 있다. 그 논의의 특징은 삼강에서 한 걸음 더 나아가 천인합일과 한 몸으로 연결시키고 있으며, 삼강을 더욱 신성화, 절대화하고 있다.

"아들이 아버지를 따르고, 아내가 남편을 따르고, 신하가 군주를 따름은 무엇을 본받은 것인가? 땅을 본받고 하늘에 따른 것이다."[203]

『백호통의』에서는 하늘, 땅, 해, 달을 군신 관계로 만들고 있는데, 거꾸로 다시 이를 현실 군신 관계의 근거로 삼기도 한다. "천도가 왼쪽으로 선회하므로 지도地道가 오른쪽으로 도는 것은 무엇 때문인가? 하늘과 땅은 움직이되 나누어지지 않으며, 진행해가되 떨어지지 않기 때문이다. 왼쪽으로 돌고 오른쪽으로 도는 것은 군신, 음양이 서로 마주하고 있는 의미와 같다."[204]

음양오행 또한 마찬가지로 삼강의 증명이자 근거가 된다. "오행이란 무엇을 이름인가? 금, 목, 수, 화, 토를 일컫는다. 행行이라고 말함은 하늘의 이치에 따라 기운이 움직인다는 뜻을 말하려는 것이다. 땅이 하늘을 받듦은 아내가 지아비를 섬기고 신하가 군주를 섬김과 같다. 낮은 데 위치하며, 낮기 때문에 위에서 보여주는 대로 따라서 한다. 그래서 모두 한결같이 하늘에 존중을 다하는 것이다."[205]

삼강의 연장, 확대가 육기六紀다. "육기란 아버지 항렬의 사람들, 형제, 친족, 여러 외가 삼촌 항렬의 사람들, 스승 및 연장자, 친구를 일컫는다." "아버지 항렬 사람들과 형에 대해서는 공경을 하고" "여러 외가 삼촌 항렬 사람들에겐 의가 있어야 하고, 친족들 사이엔 순서가 있어야 하고, 형제들 사이엔 화목함이 있어야 하고, 스승 및 연장자들에겐 존중함이 있어야 하고, 친구 사이엔 오랜 정이 있어야 한다."[206]

삼강, 육기는 천지에 내재하는 구조일 뿐만 아니라 그들의 파생물이기도 하다. 「강기지소법綱紀之所法」편은 이렇게 말한다. "삼강은 천, 지, 인을 본받았다. 육기는 육합을 본받았다. 군신 관계는 하늘을 본받았는데, 그 형상은 해와 달이 굴신하는 모양에서 얻어지며 공로는 하늘에 귀결된다.

부자 관계는 땅을 본받았는데, 그 형상은 오행이 돌면서 상생하는 모양에서 얻어진다. 부부관계는 사람을 본받았는데, 그 형상은 사람의 음양이 합치하고 베풀어짐에 따라 변화의 실마리가 생겨나는 모양에서 얻어진다."[207]

인, 의, 예, 지, 신 오상이 천지자연의 순서에 근원을 둔다는 주장은 일찍이 선진 제자들 중에도 많이 있었으며, 동중서와 위서緯書는 이에 대해 더욱 체계적인 논의를 만들어냈다. 『백호통의』는 한 걸음 더 나아가 오상을 『오경』, 인정과 대응 관계로 구성해내고, 이성과 사람의 본성을 이용하여 오상의 신성성을 증명했다. 「오경」 편은 이렇게 말한다. "경이 다섯 개가 있는 까닭은 무엇인가? 경은 고정불변의 도로서 상常이다. 오상의 도를 갖추고 있기 때문에 『오경』이라고 말한다. 『악경』은 인仁, 『서경』은 의義, 『예기』는 예禮, 『역경』은 지智, 『시경』은 신信에 해당된다."[208] 『오경』을 오상과 대응시켜 하나의 경전마다 하나의 상을 구현시키게 하고 있다. 그렇다면 『오경』을 오상 중심으로 밀고 나가 경전을 협애하게 만들고 있다는 혐의를 벗어나기 어렵다. 그러나 다른 한편으로 볼 때 이는 확실히 오상의 지위를 끌어올려주었다. 오상은 삼강을 실현하게 만들어주는 도덕적 보증이자 외재적 규정이다. 인, 의, 지, 신은 주로 정신적 신앙을 이야기하며, 예는 정신 외에 외재적 규정을 더 많이 담고 있다. "예는 음양의 경계에서 온갖 사건과 만나며, 그리하여 천지를 존중하고, 귀신을 대접하고, 상하 질서를 잡고, 사람의 도를 바로잡게 하는 것이다."[209] 예는 반드시 집행되어야 한다. 그래서 "예는 실천을 일컫는 것이다"[210]라고도 말한다. 『백호통의』는 작록, 조회 및 초빙, 종묘, 제례, 결혼 및 상례, 복식 등에 대하여 조정, 사당으로부터 일상 행위 및 그 의의에 이르기까지 폭넓은 토론과 규정을 해나가고 있다. 이런 의미에서 보면 삼강과 오상은 통일된 것이다.

오상은 『오경』의 이치에만 뿌리를 둔 것이 아니라 인간의 본성에 연원을 둔 것이다. 『백호통의』는 인성과 인정을 구분시키고 있다. 사람은 음양의 기운을 부여받아 태어난다. 사람의 성性은 양陽에서 생겨나며, 정情은 음陰에서 생겨난다. "양기는 어질고, 음기는 탐욕스럽다. 따라서 정에는 이익욕망이 있고, 성에는 어짊이 있다."[211] 정과 성을 서로 비교하면 "정은 고요하고, 성은 살아 있다."[212] 다시 말해 사람은 정과 성 두 측면을 모두 갖추고 있는데, 정은 악에 속하고, 성은 선에 속한다는 것이다. 정과 성은 평행한 것이 아니다. 성은 '살아 있어' 근본이 되고, 정은 '고요하여' 수동적이다. 그리하여 위서 「구명결鉤命訣」[213]의 논리를 끌어오기도 한다. "정은 음에서 생기며 욕망이 시시로 생각남은 이 때문이며, 성은 양에서 생기며 이치에 맞게 나아감은 이 때문이다."[214] 이른바 '이치'란 바로 오상이다. "사람은 오상을 품고 태어난다."[215] 사람이 사람답게 되는 까닭은 인성에 오상을 갖추고 있기 때문이다. 이렇게 강상綱常은 인간을 본질로 취급했다.

사람의 본성은 인仁에 속하며 "오상을 품고 있다". 이 오상은 '오성五性'이기도 하다. 그러나 오상은 스스로 이루어지는 것이 아니라 성인의 교화를 통해서만 발전해갈 수 있다.(『오경』) 사람 모두가 오상을 갖추도록 하기 위하여 정면에선 교화를 행하고, 반면에선 형벌을 가하는 것이다. "성인이 천하를 다스릴 때 반드시 형벌을 마련하는 것은 무엇 때문인가? 덕에 의한 정치를 보조하여 하늘의 법도에 따르려는 까닭이다. (…) 오형五刑은 오상에 이르려는 채찍 정책이다."[216] 교화와 형벌 모두 오상의 실현을 보증하기 위함이라는 이야기다.

삼강, 오상은 서로 표리 관계이며, 삼강은 그중 골격에 해당되는 것이기도 하다. 군위신강은 "존군비신尊君卑臣, 강간약지強幹弱枝"를 위하여 신하는 전심전력을 기울여야 하며, 군주를 위해 선은 떨치고 악은 감추며, 공로가 있으면 군주에게 돌리고 잘못이 있으면 자신에게 돌려야 한다는 것이다. 물론 『백호통의』도 간언을 제창하며, 「간쟁諫諍」 「오간五諫」 두 절을 따로 두어 간언을 행하는 태도와 방식 등을 논의하고 있다.

부위자강은 사실상 부권父權, 족권族權을 국가적 법률과 같은 지위에 놓는다. 「종족宗族」 편 가운데엔 이에 대한 평론이 있다. 가정, 종족은 혈연 공동체일 뿐만 아니라 사회경제상의 세포이기도 하다. 부권, 족권을 강조함은 혈연 공동체이자 사회경제적 세포를 정치적 조직으로 전환시켜 군주 전제 제도에서 사회를 통제하는 중요한 조직 형태로 만드는 일이기도 하다.

부위부강은 단순히 부부관계를 말하려는 것이 아니라 남자를 여자의 머리 위에 두는 일이다. 여자의 지위는 "시집가지 전에는 아버지를 따르고, 시집가서는 남편을 따르고, 남편이 죽으면 아들을 따르는"[217] 것이다. 부녀자의 '삼종'은 가부장제를 수호하기 위해서였을 뿐만 아니라 사회의 보편적 등급화를 조성하기 위해 없어서는 안 될 사항이기도 했다. 등급제야말로 군주 전제 제도가 믿고 존재할 수 있는 사회적 기둥 가운데 하나다.

군권과 부권은 기본 바탕이 서로 다르다. 군권은 천명과 권세 등에 의존하지만, 부권은 주로 혈친에 대한 은혜와 봉양에 근거한다. 신하는 군주에게 충성을 다해야 하고, 자식은 부모에게 효도를 다해야 한다. 충과 효는 때로 겸전하기 어려울 수도 있다. 그래서 군권과 부권 사이엔 일정 부분 모순이 존재한다. 하지만 근본을 따져보면 양자는 일치한다. 첫째, 충이든 효이든 모두 '순종'을 강조한다. '순종'은 군권, 부권, 부권夫權의 기초다. '순종' 위에서 삼권은 통일성을 갖는다. 둘째, 군주의 부친화다. 군주는 바로 천하의 부모이기 때문에 "신하와 자식의 군주와 아버지에 대한 도리는 한가지다".[218] "신하가 군주를 섬김은 자식이 부모를 섬김과 같

다."[219] 셋째, 양자 간 모순이 생기면 군권이 부권보다 높다. "아버지의 명
으로 왕부王父의 명을 폐할 순 없다."[220] 자녀들은 부모가 낳은 존재임엔
틀림없지만 사회적 교화와 양육은 모두 왕에게 귀속되며, "아버지라고 하
여 마음대로 할 수 없다."[221]

　삼강은 봉건 시대 사회 통제 체계의 핵심이자 중추였다. 삼강을 들어
올리면 오만가지 세부 항목이 쫙 펼쳐지게 된다. 삼강의 신성화와 절대화
는 바로 군주 전제 제도에 대한 보증이었다.

제4절

왕충의 한대 경학 통치 사상에 대한 회의와 비판

왕충王充(27~?)은 자가 중임仲任이고 회계會稽 상우上虞(오늘날 저장성浙江省 사오싱紹興 상위구上虞區) 사람이다. 그는 일생 동안 후한의 광무제光武帝, 명제明帝, 장제章帝, 화제和帝 네 조정을 거쳤으며 향년 70여 세였다. 왕충의 조상은 군사적 공로로 회계 양정陽亭에 봉지를 받았으나 머지않아 작위가 깎였다. 아버지와 할아버지 모두 농경과 장사를 업으로 삼았으며 의협심 강한 가풍이 있어 호족 가문과 원한을 맺기도 했다. 왕충은 어려서 아버지를 잃고 스스로 "한미하고 쓸쓸한 가문"이라 불렀다. 유년 시절 스승으로부터 『논어』『서경』을 익혔으며, 나중 낙양洛陽에 유학하여 반표班彪를 스승으로 섬겼다. 그는 "닥치는 대로 고문을 읽고 기이한 말을 달갑게 들었다."[222] 수많은 책을 널리 읽고 학문을 닦는 데 있어 장구에 얽매이지 않았다. "집안이 가난하여 책을 구할 수 없자 자주 낙양 시내를 돌아다니며 팔고 있는 책을 열심히 읽었다. 한 번 보면 즉각 그걸 외워버렸으며, 그리하여 수많은 사상 학파의 주장을 널리 통달하게 되었다."[223] 왕충은 현縣, 군郡 공조功曹[224]와 주州의 종사從事 벼슬을 한 적이 있었다. 이때 그의 장관과 정견이 갈리어 "수차례나 간쟁을 벌인 뒤 합의를 보지 못하자 떠나"고향에 거주하면서 가르치는 일을 업으로 삼았다. 나중 양주揚州에서 치중治中[225]이라는 벼슬길에 나갔으나 오래지 않아 "주의 관직을 버리고 고향집으로 돌아왔다". 친구들이 상서를 올려 추천하자 후한 장제가 "특별히 조서를 내려 관용 수레를 내보내 불렀으나 병을 칭하고 나가지 않았다."[226] 만년엔 "가난하여 몸을 의탁할 한 뙈기 전답도 없고" "천하여 녹봉 일전 한 푼이 없이"[227] 빈곤에 찌들었다.

왕충은 "수차례 벼슬에 제 상대를 만나지 못하자" 주된 정력을 "책을 써서 후세에 보이는 데" 사용했다. 저서로는 『기속절의譏俗節義』 『정무政務』 『양성養性』 『논형論衡』이 있다. 그는 『논형』의 「자기自紀」 편에서 이렇게 말한다. "나는 세속 사람들의 성정이 미워서 『기속』이란 책을 지었다. 또 현실 군주들의 정치가 사람들을 잘 다스리려 하나 적절한 방법을 얻지 못하거나 업무를 제대로 알지 못하고, 근심 걱정으로 생각을 거듭해도 나아갈 바를 분별해내지 못한 것을 불쌍히 여겨 『정무』라는 책을 썼다. 또 가짜 책과 속된 문장 대부분이 진실하지 못한 것을 걱정하여 『논형』이란 책을 만들었다."[228] 비판이야말로 이 저작들의 기조다. 하지만 애석하게 『논형』 외의 저작은 모두 망실되었다.

『논형』 85편 가운데 84편이 실존하고 있다. 왕충은 이렇게 말했다. "『시경』 300편을 한마디로 포괄하면 생각함에 사특함이 없다고 말하겠으며, 『논형』이 수십 편이나 역시 한마디로 하자면 허망虛妄을 미워함이라 말하겠다."[229] 후한은 각종 미신이 대거 범람하던 시대였다. 천신, 지신, 성인, 경전, 귀신괴물 등에 대한 신봉과 숭배가 전 사회에 가득 차있었다. 왕충 "허망한 주장들이 참 주장보다 더 드러나고, 진실이 거짓보다 더 어지러운" 상황에 대해 "참으로 마음 아파했다."[230] 그는 "마음이 끓어오르고 붓을 든 손이 떨려" "미혹된 마음을 깨치고 허와 실을 구분할 줄 알도록"[231] 만드는 것을 자신의 임무로 삼겠다고 결심했다. 그리하여 비판의 칼날을 사회의식의 여러 측면에 들이댔다. 『논형』이란 제목은 "논의를 공평하게 하자"는 의미를 드러낸다. 즉 "성스러운 도로 절충하고 누구에게나 통용되는 재료로 이치를 분석하여 저울처럼 공평하고, 거울을 열어보듯 해야 한다"[232]는 것이다. 이 책에서 왕충은 성인의 말씀, 제자백가의 학설, 경전들의 설교, 세속의 선입견에 대하여 죄다 실사구시의 태도로 조사를 진행하여 "그 진위를 바로잡고, 그 허실을 분별했다."[233] 허망한 물건이면 모조리 깨뜨려버렸다. 『논형』의 비판 범위는 극히 광범하다. 유가, 도가, 명가, 법가, 묵가, 음양가를 모두 섭렵했으며, 그 가운데는 유가의 『오경』『논어』『맹자』『순자』『춘추번로』『백호통의』, 위서 및 도참도 있었다. 왕충은 중립적 논의들을 깨뜨리고 독특한 자기만의 사상 체계를 형성했다. 이러한 비판은 필연적으로 후한 통치 사상의 이론 형태, 사유 방식 및 각종 사회적 폐단을 건드리고 있는데, 그 인식의 깊이나 넓이가 이전이나 동시대 사상가들이 감히 건드리지도 못하는 범위까지 미치고 있다. 관방 정치 철학에 대한 왕충의 비판은 마치 번쩍이는 섬광이 검은 비가 쏟아지는 밤하늘을 꿰뚫듯 날카로운 투시력을 지니고 있다. 『논형』은 왕충을 한 시대를 풍미한 위대한 사상가로 만들어주었다.

01 천도의 자연무위론 및 천인감응, 참위신학에 대한 비판

천인감응론은 한대 통치 사상의 이론적 기초이자 한나라 전 시대를 범람했던 사회 사조이기도 했다. 천天은 양한 경학의 최고 범주였다. 금문 경학의 대표인물인 동중서가 보기에 하늘은 "모든 신의 임금"이고 "온갖 만물의 조상"이며 항상 고정불변한 자연법칙이었다. 자연, 사회, 인생 모든 규범의 본원이며, 이른바 "도의 최대 본원은 하늘에서 나오는 것이었다". 인간사로 보더라도 "도는 왕도인데" "왕도의 삼강은 하늘에서 구할 수 있으며, 하늘이 변하지 않으면 도 또한 변하지 않는 것이다."[234] 『백호통의』「천지天地」 편도 하늘은 "저 높은 데 살면서 아래를 다스리는 인진人鎭(사람의 하늘)이 된다"[235]고 말한다. 동중서는 '동류상동同類相動'의 방법론으로 하늘과 사람은 서로 돕고天人相副, 같은 부류끼리 서로 감응한다同類相感는 논리를 추론해냈다. 그리고 제왕은 도를 통하여 천, 지, 인을 함께 관통한다는 논리로 천인감응의 철학 논리 구조를 완성했다. 거기서는 '하늘'을 최고의 범주로 삼았으며, 천인감응이 기본적인 논리 구조였고, 유가의 예인禮仁 사상이 내부 핵심이었으며, 형명刑名 학설을 보완 수단으로 삼고, 참위와 부명符命이 섞였다. 그리하여 복잡하고 방대한 사상 체계를 구축했는데, 이것이 바로 후한의 통치 사상이다. 하늘은 천지, 조상, 군주와 스승 및 천도, 인도를 통괄하는 모든 정치 현상의 궁극적 근원이었다.

하늘은 의식을 가지고 만물을 창조하고 주재한다. 예컨대 왕자는 하늘로부터 명을 부여받으며, 하늘을 대신하여 일을 한다. 하늘은 선에 상주고 악을 벌하며, 천재지변을 통해 군주와 관료에게 경고를 보낸다. 왕의 정치 행위와 품행은 천지를 감동시킬 수 있다. 이것이 양한 시대 보편적으로 받아들여지던 정치의식이다. 참위신학은 이러한 정치 철학의 신비적 요소를 극한까지 발전시킨 것이다. 이 같은 황당한 논의들이야말로 『논형』이 깨끗이 청소하고자 한 주요 목표였다.

왕충은 하늘이 자연이지 신이 아니라고 주장한다. 무엇보다도 하늘은 일종의 물질적 실체이며 자연물이다. "천지는 기운을 머금은 자연이다."[236] "하늘은 실체다. 땅과 다름이 없다."[237] 하늘은 기운이나 옥석 같은 물질적 실체다. 그건 사람과 달리 눈도 없고, 귀도 없고, 입도 없다. 따라서 의식도 없고, 욕망도 없다. 무얼 만들거나, 기쁨, 분노를 보이거나, 상벌을 준다고는 더더욱 말할 수 없다. 다음으로 천지가 만물을 변화, 생성시킴은 "스스로 생기는自生" 것이지 "일부러 그렇게 탄생시키는故生" 것이 아니다. "천지의 기운이 합하여 사람이 뜻하지 않게 스스로 생겨났다."[238] "천지의 기운이 합하여 만물이 스스로 생겨났다."[239] 천지가 만물을 변화, 생성시킴은 자연의 과정이다. 만물은 스스로 생겨나고 스스로 이루어지지 하늘이 의식적으로 안배한 것이 아니다. "만약 천지가 그것을 만들었다고 한다면, 만들 때 마땅히 손을 사용했어야 하는데 천지에 어떻게 그렇게 많은 수천만의 손이 있어서 수천만의 물질을 만들었겠는가?"[240] 셋째, 천도는 자연무위다. "하늘의 움직임은 그로써 물질을 탄생시키려는 것이 아니다. 물질은 스스로 생겨난다. 이것이 자연이다. 기운을 베풀어냄은 그로써 물질을 만들려는 것이 아니다. 물질은 스스로 만들어진다. 이것이 무위다."[241] 하늘은 "일부러 사람을 낳거나" "일부러 만물을 탄생시키지" 않을 뿐만 아니라 만물과 인류의 활동을 방해하지도 않는다. 사람과 만물이 천지간에 생존하는 것은 물고기가 자유자재로 큰 바다 가운데서 유영하는 것과 같다. 하늘의 기본 특징은 자연무위다. "천도는 자연이고 무위다."[242] 넷째, 사람은 천도에 간여할 수 없다. 하늘의 도는 객관 규율이다. 예컨대 "서리를 밟아봄으로써 곧 단단한 얼음이 얼리라는 것을 알게 해주는 것이 하늘의 도다."[243] 천도의 필연적인 현상은 사람이 저지할 수 없는 것이다. "천도에 당연히 그러한 것을 사람의 일로 그치게 할 수 없다."[244] 이를테면 "봄바람이 불었다거나, 술이 다 익었다거나, 고래가 죽었다거나, 혜성이 나타났다거나 하는 것은 천도에 따른 자연 현상일 뿐 인위적인 것이 아니다."[245] 어쨌든 하늘은 의식이 없으며, 사람의 행동에 따라 대응할 수 없으며, 사람도 언행으로 하늘을 감동시킬 수 없다. 때로 인간사와 하늘의 현상이 맞아떨어질 경우도 있으나 이는 순전히 "천도가 우연히 마주친 것일" 뿐이라고 왕충은 지적한다. "천도는 자연스레 이루어지고, 자연스레 이루어짐은 무위다. 복卜, 서筮 둘의 점괘와 인간사, 기후, 점괘[246] 셋이 일치된 것은 우연히 만나 그렇게 된 것이다. 인간사 가운데 처음 만들어지는 것이면 무엇이든 천기의 변화 속에 그것이 이미 존재했던 것들이다. 그래서 도라고 부르는 것이다."[247] 왕충은 물질실체론을 "천도의 자연무위"론으로 발전시켰다. 하늘은 물질적 속성을 갖춘 객관적 존재이자 자연 규율이라는 이 주장은 천신의 존재를 근본적으로 부정한 것이었다.

견고설譴告說은 천인감응론이 정치에 크게 응용된 것이다. 이른바 "군주가 정치를 하면서 도를 잃으면 하늘이 재이를 이용해 허물을 알려준다譴告" "군주가 신하를 책망하듯이 천신이 군주에게 견고한다"[248]가 그렇다. 무릇 재이가 발생하면 반드시 조정에 정치 풍파가 몰아쳤다. 왕충은 "천도를 통해 허물을 알려준다는 것은 특히 궤변이므로 완전히 다시 논의해야 한다"[249]고 말한다. 그는 당면한 사회 현실에서 출발하여 이렇게 질문을 한다. 만약 하늘이 선에 상을 주고 악을 벌할 수 있다면 왜 남의 목숨을 해치고 재물을 탐하거나 백성을 뜯어먹는 사람이 "모두 양지에서 잘살아가고 부귀하고 편안한가?" "세상을 살펴보니 청렴한 선비는 100명에 한 명도 안 된다. 공조 벼슬을 사는 관리를 보면 모두가 간악한 마음을 지니고, 사적인 연고를 따지며 요행이나 바라고, 각종 뇌물을 주고받는 것이 크든 작든 모두 그렇다."[250] 그런데도 어째서 호랑이가 날마다 사람을 잡아먹고 해충의 재난이 도처에서 생기지 않는 것인가. 자고로 "무도한 사람은 많고도 많으며" 가장 '무도한' 사람은 죽는 것도 "벼락을 맞아서가 아니라" "반드시 성인에게 명령하여 대규모 군대를 동원하여 병사들을 죽이고 나서다. 벼락 한 번으로 죽음의 형벌을 내리기 어려워 가벼이 삼군을 동원하여 적을 이기고자 하니 어째서 하늘은 번거로움을 꺼려하지 않는가?"[251] 만약 "하늘이 군주에게 견고할 수 있다면 또한 애초에 성군에게 명을 줄 수도 있을 텐데" "지금은 그렇지 않다. 평범하기 그지없는 군주를 탄생시켜 도덕을 상실하게 하고는 이제 그에게 견고를 하니 어째서 하늘은 수고로움을 꺼려하지 않는가?"[252] 왕충은 재이가 자연 현상일 뿐 정치적 득실이나 선악의 조종과는 아무런 관계도 없다고 지적한다. 예컨대 천둥, 번개는 자연 현상의 일종으로 음양 두 기운이 서로 부딪쳐 형성된 불이라는 것이다. 그런데 "사람이 나무 밑 방안에 있다가 우연히 벼락에 맞아 죽은 것을" 억지로 천신이 죄인을 징벌할 것이라고 말한다면 "그야말로 허언이라"[253]는 것이다.

왕충은 단도직입적으로 "견고하는 말들은 허약하고 혼란스러운 말들이다"[254]라고 지적한다. 정치가 무너지고 사회가 혼란스러운 것이야말로 견고설이 만들어진 사회적 원인이다. 견고설은 또 통치자들이 "신의 말씀

을 교화 수단으로 삼아神道設教" 백성을 우롱하는 수단이기도 하다. "육경
의 문장이나 성인의 말씀은 하늘을 동원하여 무도한 사람을 변화시키고
자 하고, 어리석은 사람들을 두려움에 떨게 하면서 이는 내 마음만이 아
니고 하늘의 뜻이 그러하다고 말하려 한다." "변복變復[255]을 주장하는 집안
에서 거짓을 퍼뜨려 하늘을 이야기하고, 언제든 재이 현상이 발생하면 견
고의 말들을 만들어낸다."[256] 천신은 성인을 신화화하는 정치 주장의 간
판이다. "저 하늘의 마음은 성인의 가슴속에 있다. 그리고 견고하는 말들
은 성인의 입에서 나온다."[257] 견고설은 스스로를 속이고 타인을 속이는
짓이며, 세상을 어지럽히는 이치에 어긋난 주장이다. 이는 천인감응론의
인식론적 근원과 사회적 근원을 일정 정도 드러내 보여준 것이었다.

　참위, 부명에 의한 군주 권력 신화화는 천인감응론이 정치에 또 한 번
크게 응용된 것이었다. 전해온 말에 따르면 제왕은 모두 천명으로 '기이
하고 길한 물건'을 수정해주어 태어난 존재로서 신물神物을 친히 받은 후
예이며, 부서符瑞는 천신이 제왕에게 명을 부여한 상징이라고 한다. 이에
대해 왕충은 "사람은 동물이다. 아무리 국왕, 제후 같은 귀인이라 하더라
도 본성은 동물과 다를 게 없다"[258]고 말한다. 그는 "만물은 자신의 부류
와 같은 종을 낳는다"는 자연의 상식에 입각하여 제왕도 사람이 낳은 존
재라고 주장한다. 그리고 요堯임금의 어머니가 적룡赤龍과 교감했다거나,
우禹임금의 어머니가 율무를 삼켰다거나, 설契의 어머니가 제비의 알을 먹
었다거나, 후직后稷의 어머니가 거인의 발자국을 밟았다거나, 고조高祖의
어머니가 신룡神龍을 만났다는 등 신화에 하나하나 반박을 가했다. 왕충
은 한 고조의 어머니가 용과 야합하여 낳았다는 주장을 신랄하게 풍자
했다. 그는 다음과 같이 날카롭게 지적했다. "피를 갖고 있는 부류는 암컷
과 수컷으로 서로 어울린다. 암컷과 수컷의 만남은 모두 같은 부류의 동
물끼리 이루어진다. 그 느낌으로 수정할 욕구가 동하여 베풀어줄 수 있

는 것이다." "지금 용과 사람은 다른 부류인데 어떻게 사람에게 느낌이 동하여 기운을 베풀어주었겠는가!"[259] 왕충은 기린, 봉황 따위의 상서로운 동물 또한 모두 '화기和氣'가 만들어낸 '일상에 존재하는 동물'로 생각했다. 그것들은 어리석어 사람의 근처도 가지 못하며, 하늘이 부여해준 부명을 전달하는 임무는 수행할 수 없다는 것이다. 상서로운 징조가 나타나 인간 세상의 길한 일과 만나는 것은 순전히 우연에 속한다고 한다. 그는 대담하게 이런 질문을 꺼냈다. 후한 광무제가 태어날 때 "봉황들이 마당에 모이고, 가화嘉禾[260]가 지붕에 피었다는데", 그렇다면 광무제가 "가화의 정기와 봉황의 기운을 받았다는 말인가?"[261] 왕충은 왕권 신수설을 공개적으로 비판하며 창끝을 한 왕실 두 명의 개국황제에게 겨냥했다. 두려움 없는 비판 사상가의 위대한 정신을 반영하고 있다.

귀신, 괴물, 신선에 대한 미신은 한대에 크게 유행했다. 관념적으로 귀신에 대한 미신과 참위신학은 상호 인과 관계를 맺으며 서로 호응을 했고, 정치적으로 귀신에 대한 미신은 통치 사상의 한 측면을 형성하기도 했다. 이 미신은 한대 통치자들의 정치의식과 정치 행위에 깊은 영향을 미쳤다. "하늘의 도움을 받아 귀신의 영험함을 누린다"[262]는 것이 군신 간 정치 논의의 중심 의제가 되었다. 제왕들은 종묘를 세우고, 뭇 신에 제사하고, 하늘에 제를 올리는 봉선封禪을 하는 등 여러 가지 수단으로 왕권을 신화화했다. 광무제는 즉위한 지 얼마 되지 않아 "처음 낙양성 남쪽에 제단을 만들고 교郊제사를 지냈는데", 그가 받들어 제사한 신이 무려 1514종에 달했다. 후한 장제는 이것도 부족하다고 생각했다. 그는 조칙을 내려 "산천의 모든 신에게 응당 제사를 드려야 하는데 다하지 못한 부분이 있다. 논의를 하여 여러 제사를 늘리고 마땅히 제사를 드려야 할 신들에겐 제사를 올리라"[263]고 했다. 통치자들이 귀신에게 영험함을 비는 행위야말로 귀신에 대한 미신이 범람하여 재앙을 일으키는 주요 원인이었다.

왕충은 『논형』에서 '천도 자연무위'의 자연관, 정신은 물질 형태에 의존한다는 형신形神 존재론, "시작이 있는 것은 반드시 끝이 있고, 끝이 있는 것은 반드시 시작이 있다"[264]는 소박한 변증법을 이론 기초로 삼고, 자연에 대한 상식과 논리적 추리를 응용하여, 사람이 죽으면 귀신이 되고, 득도하여 신선이 되고, 귀신에 대해 부당한 제사를 지내고, 괘를 짚어 점을 치고, 미신을 믿고 금기를 설정하는 등등에 대하여 가차 없이 폭로하고 채찍을 가했다. 그가 제기한 일련의 사상, 명제, 범주들은 중국철학사상에 획기적인 의미를 지닌 것들이다. 왕충은 걸출한 무신론자로 손색이 없었다. 당시 상황에서 무신론은 신우왕권 관념에 대한 부정이었다.

왕충의 천도자연론은 자연주의적 사회관으로 빠지지 않았다. 왕충은 '유위有爲'야말로 인도의 기본적 특징이라고 생각했다. "사람은 유위를 추구한다. 인도가 유위하기 때문에 행동으로 추구한다."[265] 사람에겐 자연적 욕구와 사회적 수요가 있는데, 반드시 일정한 목표에 다다르기 위하여 의식적으로 목적을 지닌 채 일정한 행위를 한다. "인도가 소중히 여기는 바로는 먹는 것만큼 급한 것이 없다. 그래서 팔정八政[266]에 첫 번째로 음식을 이야기하고, 두 번째로 재화를 말한 것이다."[267] 먹을 것을 구하는 일이야말로 인생에서 가장 중요한 일이다. 생존을 위해서라도 인류는 반드시 경제 행위와 정치 행위를 하게 되어 있다. 의, 식, 주, 행行이 인간의 자연적 욕구라면 예의, 상벌은 사회를 조직하는 데 필수적인 인사 원칙이다. 천도는 자연에 그대로 맡겨지며, 만물은 각기 제 성질대로 살아가지만 사람의 도는 이와 다르다. "인도는 교훈의 의미를 지닌다."[268] 인류의 사회생활에선 완전히 그 본성의 욕망에만 따를 수는 없다. 예악의 교화, 도덕적 교화를 통해 절제해야 하고, 때로는 강제와 징벌이 필요하기도 하다. "인도는 선을 좋아하고 악을 미워한다. 선을 베풀면 상을 주고, 악을 더하면 죄로 다스린다."[269] 여기서 인도라 함은 바로 인류의 사회규범이자 정치 원칙이다. 왕충은 실제 정치에 적극적으로 참여한 적이 있었다. 『논형』에서 그의 수많은 사상은 정치 원칙을 둘러싸고 전개되거나 혹은 치국의 도로 결론을 맺곤 한다. 왕충의 저술인 『정무』는 통치자들이 "그저 사람들을 다스리려고만 할 뿐 도를 얻지는 못하고 있다"고 비판한다. "『정무』는 군국郡國의 고관, 현읍縣邑의 장관들을 향하여 정무 처리에 마땅히 힘을 써서 전 백성을 변화시키고 마침내 모두 나라의 은혜를 칭송하고 받들 수 있도록 하려는 의도를 진술한 것이다."[270] 왕충의 도는 곧 백성을 다스리는 도임을 알 수 있다.

천도는 자연이고 인도는 유위다. 도가 정치 원칙으로 구현된 것이 바로 덕으로 나라를 다스림, 즉 백성과 더불어 쉬고 도덕으로 교화하며 어질고 덕 있는 사람을 임용하는 것이다. 덕치는 천도자연에 순응하고 본받는 것일 뿐만 아니라 인도 유위의 필연적 결과이기도 하다. "사람들을 다스리면서 덕이 없어서는 안 되고, 만물을 다스리면서 봄이 없어서는 안 된다." 따라서 "치국의 도는 당연히 덕으로 임하는 것이다"[271]. "도덕, 인의는 하늘의 도다."[272] 음양의 조화는 모든 사물에 있어 최적의 상태다. "음양이 화합하면 만물이 길러진다."[273] 치국의 도는 사람의 주관적 노력을 통하여 사회관계를 화해로 유지시킴으로써 재난을 해소하고 태평성대에 다다르도록 하는 데 있다. 그 구체적인 전략으로는 세 가지가 있다. 첫째, 백성과 더불어 쉬고 무위하며 다스린다. 왕충은 먼저 경제적으로 잘 살게 만들어주고 난 뒤 교육을 행해야 한다先富後教고 주장한다. "창고가 튼실해야 예절을 안다. 의식이 족해야 영욕을 안다. 양보는 여유가 있는 데서 생기며, 다툼은 부족한 데서 발생한다." "나라를 다스림에 먹을 것이 없고 백성이 굶주리면 예의를 버리게 된다."[274] 치국의 요체는 먼저 민생 문제를 해결하는 것이다. 군주는 자연에 순응하고, 무위의 다스림을 행하고, 생산과 민생에 대한 간섭을 가능한 한 줄여야 한다. "황제黃帝, 노자老子의 행동을 보면 그 몸은 편안하고 담담했으며, 그 다스림은 무위였다. 몸을 바로 하고 자신을 조심했으나 음양이 저절로 화합했고, 어떤 행동에 대해서도 무심했으나 만물이 스스로 변화했고, 생육에 아무 뜻이 없었으나 만물이 스스로 생겨났다."275 이와 같이만 하면 "다스리지 않아도 다스려지는不治之治" 경지를 실현할 수 있다. 둘째, 예악교화를 추진한다. 예의는 덕치의 범위에 속한다고 왕충은 생각했다. "국가가 존재하는 까닭은 예의 때문이다. 백성에게 예의가 없으면 그 나라는 기울어지고 군주는 위태로워진다." "예의가 폐기되고 기강이 무너지면 위아래가 어지러워지고 음양이 얽히게 되어 가뭄과 홍수가 때를 잃고, 오곡이 제때 익지 않으며, 만백성이 굶어 죽고, 농부는 경작을 못하게 되고 병사들은 전투를 치르지 못하게 된다."276 예의야말로 치와 난의 근본이다. 그는 "법술을 만들어 오로지 형벌에만 뜻을 두는" 법가들을 비판하고, "유생들은 예의에 입각한다. 경작과 전투는 음식 때문이다. 경작과 전투를 소중히 여기고 유생들을 천시한다면, 이는 예의를 버리고 음식만 구한다는 이야기다"277라고 말한다. 셋째, 덕을 기르고 현인을 임용한다. 왕충은 말한다. "치국의 도에 길러야 할 바가 둘 있다. 하나는 덕을 기름이요, 둘은 힘을 기름이다. 덕을 기른다 함은 이름이 높은 사람을 길러서 현인 공경을 잘함을 보여주는 것이다. 힘을 기른다 함은 기력이 좋은 장사를 길러서 용병을 잘함을 밝혀주는 것이다. 이른바 문무를 두루 갖추는 것이며, 덕과 힘을 고루 갖추는 것이다."278 왕충은 '힘'의 정치적 작용을 긍정한다. 그는 말한다. "덕 하나만 가지고는 나라를 다스릴 수 없다. 힘에만 곧장 의지해서는 적을 막을 수 없다. 한비자의 방법은 덕을 기르지 않는 것이었으며, 언왕偃王의 수법은 힘에 맡기지 않는 것이었다. 둘 다 한쪽으로 치우치는 잘못을 저질렀으며 각기 모자람이 있었다."279 왕충은 세속적인 유생俗儒에 대해서도 많은 비판과 풍자를 했다. 그러나 그는 "유생들이 배우는 바는 도이기"[280] 때문에 실제를 지향하고, 치도에 정통한 '홍유鴻儒'를 임용해야 한다고 주장했다. 왕충의 덕치론은 예의, 의식衣食, 문무를 두루 고려하고 있으며, 현인 정치를 주장하여 당시의 정치 현실에 비교적 잘 들어맞는 것이었다.

02 '사람에겐 성지性知가 없다'는
주장과
성인 신화에 대한
비판

성인 신화神化를 통한 관방 학설의 신성화는 한대 통치 사상의 현저한 특징 가운데 하나였다. 『춘추번로』는 이렇게 이야기하고 있다. "성인의 도는 천지와 같으며", 성인은 "천지 귀신을 알며",[281] "사람들이 볼 수 없는 것을 본다". "따라서 성인의 말씀 또한 두려운 것이다."[282] 『백호통의』「성인聖人」 편은 이렇게 이야기한다. 성인은 "그 도가 통하지 않는 곳이 없으며, 그 밝음이 비추지 못하는 곳이 없다". "성인이 홀로 앞길을 훤히 내다볼 수 있고 신과 정기를 교통하는 까닭은 모두 하늘이 낳은 존재이기 때문이다."[283] 이른바 성인이란 주로 유가에서 숭배해 마지않는 선왕 및 공자이며, 때로는 당대의 제왕을 포함하기도 한다. 성인은 "신령스러운 선지자이며" 자연과 사회의 각종 필연성을 독점하고 있다. 공자의 도는 절대적 진리이므로 백가를 몰아내고 유가 학술 하나만을 존중했다. "육예의 과목이나 공자의 학술에 들지 않는 모든 것은 그 도를 틀어막아 더불어 나아가지 못하도록 했다."[284] 공자 성인에 대한 신화화는 통치 사상을 신화화하고, 경학의 지위를 존중하며 공고화하기 위함이었다.

왕충은 공자를 추종하여 '성인'으로 존중했으며, '12성인' 중 한 명으로 열거했다(「골상骨相」편). 또 '백 대에 한 번 나타나는 성인'으로 불렀으며(「별통別通」편), 공자가 『춘추』를 지은 것을 '흰옷 입은 임금素王의 업적'이라고 칭송했다(「초기超奇」편). "우리가 본받을 만한 사람으로 공자보다 나은 사람은 없다"[285]고도 말했다. 그러나 그는 신화화와 맹목적인 성인 숭배는 반대했다. 공자에 대해서 많은 비판을 행했을 뿐만 아니라 철학자의 높이에서 신화화된 성인을 다시 사람으로 환원시켜놓기도 했다.

성인 신화화의 논거 가운데 하나는 성인의 탄생이 범인들과 다르다는 것이다. "유학자들은 성인의 탄생이 사람의 기운에 연유하지 않고 하늘에서 정기를 내려 받았다고 말한다."[286] 이에 왕충은 각종 사례를 조합하여 하나하나 반박을 가한다. 「자맹刺孟」편에서 그는 맹자가 말한 "하늘이 원래 성인을 낳았다" "500년 만에 반드시 제왕이 흥한다"[287]는 관점에 질문을 제기한다. 왕충이 보기에는 성인 또한 사람이다. 천지, 부모의 기운이 합해져 저절로 태어난 사람이며, 귀로 듣고 눈으로 보는 것이 보통 사람과 다름이 없다는 것이다.

성인 신화화의 두 번째 논거는 이른바 "이전 1000년을 알고 있으며, 이후 만 세를 알고 있다. 혼자만 볼 수 있는 맑은 눈과 혼자만 들을 수 있는 밝은 귀를 지녀 사물이 나타나면 바로 이름을 댄다. 배우지 않아도 저절로 알며, 묻지 않아도 저절로 깨친다. 그래서 성인을 신이라고 부른다"[288]는 것이다. 그에 대한 왕충의 기본 관점은 이렇다. "이른바 성인이란 반드시 배워서 성인이 된 것이다. 성인이 배우는 것을 보면 그가 신이 아님을 알수 있다. 천지간에 피를 가진 부류 중 본성으로 아는性知 사람은 없다."[289] 이는 인식론의 각도에서 성인 신성화라는 황당한 논의를 부정한 것이다.

왕충은 다음 몇 가지 차원에서 "신령스러운 선지자"론을 분석한다. 먼저 사람은 성지性知가 없으며 공자도 그렇다. 『역위易緯』「시류모是類謀」편은 "성인이 처음 나타났을 때 성명을 몰랐으나 음률을 불어보도록 하여 그 소리를 듣고서 성을 구별했다"[290]고 한다. 왕충은 그들의 창으로 그들의 방패를 공격했다. 그는 이렇게 지적했다. 공자는 태어나서 아버지, 할아버지의 성씨조차 몰랐는데, 반드시 음률을 불어보도록 하여 그 소리를 듣고 추측한다면 어떻게 "공자는 신령스러워 여태 본 적이 없는 존재이며" "이전 천세를 안다"고 말할 수 있겠는가? 「실지實知」 편에서 그는 공자를 신화화하는 전설을 "이 모두 허구"라고 배척했다. 「지실知實」 편에서는 또 "성인이 선지자일 수 없다"는 16가지 증거를 쭉 열거하고 있다. 그 가운데 대부분은 공자를 언급했다. 다음으로 성인은 배워서 아는 사람이다. 왕충은 "사람에게 귀와 눈이 없다면 아무것도 알 수 없다"[291]고 생각했다. "아이가 처음 태어나 귀와 눈이 처음 열렸을 때, 아무리 성스러운 본성을 지녔다고 한들 어떻게 지각이 있을 수 있겠는가?"[292] 그는 『논어』 가운데 "나는 열다섯 살이 되어서 공부에 뜻을 두었다"[293]는 구절을 인용하여 공자의 지식은 주로 선인들의 경험에서 왔다고 설명한다. "따라서 알 만한 사물은 생각을 해보면 알아볼 수 있으나, 알 수 없는 사물은 배우거나 물어보지 않고는 알 수가 없다. 배우지 않고 저절로 알거나, 물어보지 않고 저절로 깨우친 사례는 고금의 어떤 경우에도 아직 없었다."[294] 셋째, "성현은 성지할 수 없으므로 반드시 귀와 눈을 통해 실정을 파악한다."[295] 어떤 성인을 막론하고 사물을 인식할 땐 반드시 감각 기관을 빌려야 보고 듣는 것이 생긴다. "듣고 보는 것이 없다면 어떤 형상도 있을 수 없고" "눈으로 보고 입으로 묻지 않으면 다 알 수가 없다."[296] 이를테면 "제부齊部[297] 사람들은 대대로 자수를 놓았으므로 그렇고 그런 여자들도 수에 능하지 않은 사람이 없었다. 양읍襄邑[298] 사람들은 풍속이 비단을 짜는 것이므로 둔한 여자라도 솜씨가 교묘하지 않은 사람이 없었다. 날마다 하는 것을 보고 날마다 그렇게 해보았으므로 손에 익었기 때문이다. 아무리 재주 있는 사람이나 교묘한 솜씨를 지닌 여자라도 보거나 해본 적이 없으면, 기이한 일과 괴이한 손놀림을 잠시 언뜻 보아가지고는 보기에 쉬운 일이라 하더라도 심란하기 그지없을 것이다."[299] 성인은 현인과 비교하여 조금 더 총명할 뿐이다. "차이가 있다면 도에 들었느냐는 것이다. 성인은 빠르고 현자는 늦다. 현자는 재주가 많고 성인은 지혜가 많다. 같은 도를 파악하고 있으나 양에 많고 적은 차이가 있을 뿐이다. 같은 길을 걸으며 빨리 걷는 사람이 느리게 걷는 사람을 지나쳐갈 뿐이다."[300] 성인과 현자의 구별은 지식 장악의 속도와 수량에 약간의 차이가 있을 뿐이라는 것이다. 넷째, 사람은 모두 선견지명이 있으며, 이는 신비로운 일이 아니다. "노후魯侯가 늙고 태자는 허약했다. 이에 첩실의 여자가 기둥을 붙들고 울부짖었다. 늙고 허약함이 증명되었으니 어지러운 패망의 징조를 보았던 것이다. 이렇게 부녀자의 지혜로도 앞으로 닥칠 일을 추측해볼 수 있는데, 하물며 성인군자처럼 재주가 많고 지혜가 밝은 사람들에 있어서랴!"[301] 성인은 보통 사람보다 지식의 폭이 더 넓고 생각이 더 민첩할 따름이다. "무릇 성인은 화와 복을 만나서도 그 실마리를 살펴서 앞일을 유추하고, 첫 시작만 대하고도 결말을 알고, 골목길에 있으면서도 조정의 일을 논할 수 있으며, 유래를 훤히 알고 그윽하게 헤아릴 줄 안다." "복을 밝히고 화를 대처함에도 아직 발생하기 전에 멀리 도모하고, 귀신같이 알지는 못하지만 모든 일을 징조만 보고도 유추할 줄 안다."[302] 성인의 인식 능력에도 한계는 있다. "세상일이나 세간의 물건 가운데 생각해서 알 수 있는 것은 어리석은 촌부라도 그 정수에 통달할 수 있으나, 생각해서 알 수 없는 것은 최고의 성인이라도 헤아릴 수 없다."[303] 다섯째, 일체의 인식은 반드시 '효험'을 거쳐야 한다. "일을 논함에 있어 사실에 어긋나 효험을 끌어내지 못하면 아무리 뜻이 좋고 가설이 복잡하더라도 사람들이 믿어주지 않는다."[304] "일 처리에 효과가 있는 것보다 분명한 것은 없다. 논의를 함에 증거가 있는 것보다 정확한 것은 없다."[305] 왕충은 다량의 사실에 근거하여 앞선 성인들이 얼마나 황당한 논의를 했으며 사실에 맞지 않았는지를 증명했다. 그들의 "이목을 통한 견문이 보통 사람과 구별이 안 되었으며, 일과 사물에 대한 처리가 보통 사람과 차이가 없었다."[306] 상술한 이론에 기초하여 왕충은 "현자니 성인이니 하는 것은 도덕과 지능을 가진 자를 두고 부른 호칭이며" 신이나 무당들과 나란히 놓고 이야기할 수 있는 대상이 아니다. "성인과 신의 호칭이 동급이 아니기 때문에 성인을 신이라 하지 않고, 신을 성인이라 하지 않는다."[307] 성인을 "요괴와 같은 기를 지닌" 무당으로 묘사한다면 오히려 성인에 대한 심각한 모함이라고 한다.(「지실」편)

성인 신화화의 세 번째 논거는 성인의 도야말로 선을 다하고 미를 다한 것이며, 성인의 말씀은 최고의 권위이자 궁극적 진리라는 것이다. 왕충은 그렇지 않다고 주장한다. 유학자들은 『논어』를 받들어 만세에 바뀌지 않을 성전으로 삼고, 공자를 인륜도덕의 모범으로 존중한다. 왕충은 『논어』를 표적으로 삼아 반박할 수 없는 사실로 증명했다. "성현의 말씀은 위아래가 대부분 서로 어긋나고, 그 문장은 앞뒤가 대부분 서로 치고받는다."[308] 공자의 인격은 별로 고상하지 않다. 공자는 "관직을 탐하고 벼슬길에 나서길 좋아하며" "말에 일정한 방향이 없었던" 사람이다. 이를테면 정치적으로 공자는 먹는 문제를 포기하더라도 신용을 지켜야 한다고 주장하면서도, 한편으론 먼저 경제적으로 부유하게 만든 뒤에야 교육을 할 수 있다고 말한다. 스스로 모순을 범하여 사람들로 하여금 무엇을 따라야 할지 모르게 만들고 있다. 공자는 스스로 불의와 부귀를 뜬구름처럼 여긴다고 하면서도 오히려 반역을 한 신하에 의지하여 관직과 먹을 것을 구하고 있다. 이러한 언행은 "어째 조금 야비하다." 유학자들은 공자가 여러 나라를 주유한 것은 벼슬을 구해 도를 행하기 위해서였다고 이야기한다. 하지만 왕충은 단도직입적으로 "공자가 벼슬을 찾은 것은 도를 행하기 위해서가 아니라 단지 먹을 것을 구하기 위해서였다"[309]고 적시한다. 마치 부자가 첩을 들이는 것은 본디 음욕을 채우기 위해서이면서도 오히려 조종과 부모를 봉양하기 위해서라고 꾸미는 것처럼 말이다. 그는 대담하게 이렇게 지적한다. "잘 이해하지 못하는 문제가 있다면 공자에게 추궁한다고 하여서 어찌 의를 해쳤다고 하겠는가? 성스러운 과업을 계승할 지혜가 있다면 공자의 말을 친다고 하여 어찌 이치를 거역한 것이라고 하겠는가?"[310]

공자는 한대 통치 사상의 최고 권위였다. 공자는 비난하는 것은 경전과 도에 대한 반란이었으며, "성인과 법도를 무시한다"는 혐의를 받았다. 왕충은 신화화된 공자를 역사 인물로 환원시키면서 성인의 말씀이라고 항상 맞기만 할 수는 없다고 공개적으로 질타했다. 감히 공자에 대한 미신을 깨뜨리는 이런 대담한 거동은 역사상 극히 드문 경우다. 당시의 역사적 조건하에서 성인 신성화를 부정하고 공자에 대한 미신을 깨뜨린 것은 중대한 현실적 의의를 지닌다. 통치 사상의 이론 형태와 철학적 기초를 공격하고 나선 왕충의 논의는 통치 사상을 전면 재조정하며 사상 문화의 발전에 새 길을 개척했다.

'예나 지금이나 다르지 않다'는
주장과 경전 숭배에 대한 비판

유가 경전은 한대 통치 사상의 본원이자 매개체이며 근거였다. 경학과 왕권의 결합은 유가 경전을 신화화, 법전화시켰으며, 범해서는 안 되는 신성한 교조이자 국가의 대법으로 만들었다. 관방 학설이 된 금문경학은 장차 한나라가 주周나라를 대체할 것을 공자가 미리 알고서 『춘추』를 지어 한나라를 위한 법제를 마련했다고 주장한다. "『춘추』는 털끝만큼이라도 아름다운 일이 있으면 채택했고, 작은 티끌만큼이라도 악이 있으면 물리쳤다."311 짧은 몇 마디 말에 대의를 함축하고 있으며微言大義, 『육경』은 모든 이상적 정치 원칙을 담고 있다. 그들은 음양술수와 참위, 부서符瑞를 경전의 뜻에다 덧붙여 제자백가의 퇴출을 주장하고 경전을 현실에 응용해야 한다고 주장했다. 『춘추』를 이용해 옥사를 단행하고, 「우공禹貢」을 이용해 황하를 다스리고, 『시경』 300편을 이용해 간언하는 책으로 삼았다. 당시 경학은 정치 이론의 근본이자 벼슬길에 나가는 첩경이어서 사람들이 새 떼처럼 달려들었다. "남쪽을 향해 앉은 스승들이 가르치는 것이라곤 거짓된 해설이고, 관료들이 옆에 끼고 읽는 것이라곤 모두 허망한 책이다."312 경전 숭배는 한 시대를 범람한 또 하나의 한대 미신이었다. 통치 사상이 되면서 유학 경전과 경학은 사람들의 정신세계에 족쇄가 되었다.

왕충은 "온 세상이 허망하기 그지없는 책들을 믿는다. 죽백竹帛 위에 쓰인 것은 모두 성현이 전하는 말씀이며 그러하지 않는 일이 없다고 생각한다. 그리하여 믿고 옳게 여겨 달달 외우면서 읽는다"[313]며 심한 불만을 표시했다. 그는 내용에서부터 방법에 이르기까지 모든 경전 숭배를 비판했다.

왕충은 『오경』이 "아름답다는 칭찬이 잘한 것 이상으로 과도한 경우가 있고, 죄가 없는데도 악으로 밀어 넣은 것이 있으며", 과장이 많고 미사여구가 지나쳐 "근본적 사실과 동떨어져 있다"[314]고 지적한다. 「예증藝增」 편에서 그는 『서경』『시경』『역경』『춘추』의 사실적이지 못한 구절을 하나하나 열거하고 있다. 그리고 이렇게 이야기한다. "경전에 덧붙인 곳이 한 군데가 아닌데 그중 비교적 뚜렷한 것 몇 개만 예로 들어서 거기에 미혹되어 있는 사람들에게 살펴보게 하자. 그들은 쉽게 마음을 열고 그 뜻에 통하여 훤히 이해하고 깨달을 것이다."[315] 이를테면 『시경』은 주 선왕宣王의 덕을 미화하기 위하여 그 "자손이 천억 명이라"고 칭송한다.[316] 그런데 주나라 선조 "후직后稷이 처음 태邰에 봉지를 받은 이래 선왕에 이르기까지 선왕의 외척과 내부 권속 등 혈맥이 닿는 모든 사람을 합해도 천억 명일 수 없다."[317] 오늘날 입장에서 보면 왕충의 비판은 좀 차원이 낮다. 하지만 경전을 신명으로 여기며 신봉하던 시대에 감히 공개적으로 경서 속에 허망한 언사가 있다고 질타한 것은 어리석은 사람을 깨우쳐주는 커다란 작용을 했음에 틀림없다.

왕충은 제자백가의 책이 경전보다 가치가 낮지 않다고 생각했다. 한나라 유생들은 제자백가의 책을 "작은 편린들에 불과하다고 말하고, 부스러기 옥의 가루에 비유했다". 그런데 왕충은 오히려 진 왕조의 분서갱유 후

"경전들은 이지러져 완전하지 못하다. 서적들은 빠뜨린 곳도 없는 상태이고 경전은 남은 몇 편이 존재할 뿐인데, 이 둘을 나누어 비교해볼 때 어떤 것이 작은 편린이란 말인가?"[318] 서적들이란 제자백가의 책을 가리킨다. 왕충은 이렇게 지적한다. "제자백가의 서적[319]은 문장과 완결된 책이 그대로 있어서 정확한 주장을 살펴 읽을 수 있고, 잘 선택하여 후세에 가르칠 수 있고", 그 "문장의 의미는 경전의 약한 부분을 서로 보완해준다". 제자백가의 책은 경전의 빠진 부분들을 바로잡아줄 수 있으므로 "제자서가 뿌리가 될 수도 있고, 경전이 지엽이 될 수도 있다. 지엽이 사실성을 잃으면 뿌리가 도의 본질을 얻을 수도 있다. 이 둘을 나누어 비교해볼 때 어떤 것이 부스러기 옥의 가루란 말인가?"[320] "경전의 오류를 알 수 있는 것은 제자백가를 통해서다. 제자의 서적은 문장이 명확하고 사실에 입각했다."[321] 왕충은 제자백가의 가치를 충분히 긍정했다. 그는 이렇게 생각했다. "한 경전의 말씀은 밝은 햇볕과 같다. 제자서의 해설을 통해 돕는 것은 창문과 같다. 제자백가의 주장은 창문을 열어주는 일일 뿐만 아니라 달빛까지 비춰주어 사람들로 하여금 확연히 깨치도록 해준다." 백가의 학문에 널리 통달하지 못한 학자는 "죽은 사람의 무리"[322]가 될 것이다. 경전과 제자백가의 책을 나란히 놓고 논하고 있으며, 심지어는 경전을 지엽으로 취급한다. 이는 파출백가라는 한 왕실 문화 정책의 정확성을 부정하는 행위다. 왕충은 관중管仲, 안영晏嬰, 상앙商鞅, 육가陸賈 등 현실을 지향했던 정치가와 사상가를 칭송하고 진시황의 역사적 공적을 긍정하기도 한다. 그는 공자, 맹자를 우상으로 삼지 않았으며, 경학 대사들의 말씀을 지키지 않고 광범하게 여러 학설을 채택했다. 어느 한 곳에 구속받지 않음으로써 그의 사상은 당시뿐만 아니라 후세에까지 실사구시적이고 탈세속적이며 청신한 주장으로 비춰졌다.

왕충이 경학적 사유 방식에 비판을 가한 것은 경학이 첫째 황당무계한 궤변이며, 둘째 복고, 수구적이라고 여겼기 때문이다. 그래서 "경학의 전승에 순종할 수 없었다."[323]

왕충은 이치에 안 맞는 것을 억지로 둘러맞추는가 하면 황당무계하기 이를 데 없는 금문경학 비판에 특히 힘을 쏟았다. "공양고公羊高의 『춘추』 해설서와 곡량적穀梁赤의 『춘추』 해설서는 모두 연월일 기재가 구체적이지 못하고 해석에만 치중했다. 원래 대단히 일상적으로 생기는 일에 괴이한 해설을 더하고 있으며, 본래 직접적이고 자명한 이치를 담은 내용을 복잡하게 뒤틀어 의미부여를 하고 있다. 이는 공자의 본마음이 아니다."[324] 「서허書虛」「어증語增」「유증儒增」 편 등에서 왕충은 수많은 사례를 열거하며 해설서들 "대부분이 기이한 말을 만들어 사람들을 겁나게 하는 논의를 꾸밈으로써 세상 사람들을 놀라게 하려고 하며, 또 많은 사람이 속임수로 가득한 책을 만들어서 자신의 특이한 명성을 드러내고자 하는데" 이 모두 "허망한 책들"[325]이라고 폭로한다. 왕충의 비판은 주로 천인감응, 참위부명, 신선괴담 등에 집중되어 있다. 그는 이렇게 지적한다. "유학자들의 『오경』 해설은 대부분 진실을 놓치고 있다. 선배 유학자들은 본말을 제대로 보지 못하고 텅 빈 헛된 주장을 만들어냈으며, 후배 유학자들은 선배 스승들의 말을 믿어 그대로 옛것을 추종하며 그 해석을 매끄럽게 외워댄다. 어떤 학파를 추종해 유명해지기라도 하면 급히 스승이 되어 가르치려 든다. 일찍이 벼슬길에 들어서면 오로지 승진을 위해 급급하므로 정신을 쏟아 연구에 매진하여 경전의 본래 면목을 대조하고 헤아릴 여가가 없게 된다."[326] 왕충은 금문경학이 사람을 현혹시키는 괴담일 뿐으로 더불어 정치를 이야기할 수 없다고 보았다.

왕충은 경전만 고수하고, 스승의 말씀을 그대로 믿어 옛날을 좋아하며, 옛것만 옳다고 오늘날을 비난하는 경학적 사유 방식은 물정에 어두운 진부한 생각이라고 주장한다. 당시 사람들이 보편적으로 갖고 있던

"눈에 보이는 것을 천시하고 귀로 들은 것을 중시하는" 존고비금尊古卑今 관념에 그는 날카로운 비판을 가했다. "스승만을 믿고 따르며 옛것을 옳다고 여기는" 유생들은 실제에서 벗어나 오늘날을 모를 뿐만 아니라 사실 옛것도 잘 모르는 "시류를 모르는 바보陸沈"거나 "눈먼 소경盲聾"이라고 질타했다. 왕충은 "백 대가 흘러도 도는 같으며" "옛날이나 지금이나 다름이 없다"고 생각했다. 그는 말한다. "상세의 통치자는 성인이었다. 하세의 통치자 또한 성인이다. 성인의 덕이 전이나 후나 다름이 없으니 그들이 다스리는 세상 또한 예나 지금이나 다름이 없다."[327] 고금을 막론하고 천지는 같은 천지고, 인물은 같은 인물이다. "같은 하늘, 같은 땅이 만물을 만들어낸다. 만물의 탄생은 모두가 같은 기운을 얻어서다. 메마른 기운도 있고 윤택한 기운도 있음은 만세가 모두 한결같다."[328] 사회 풍속이나 정치 상황에 대해서도 "한때는 제도적 수식을 강조하고 한때는 질박한 자연 상태를 강조하며, 한 번 쇠퇴했다 한 번 흥성했다 하는 것은 예로부터 언제든 있어왔던 일이다."[329] 시대에 따라 변화하며 우열의 구분은 없다. 고금의 정치, 경제, 문화, 강역을 논한다면 "주나라 때는 단지 5000리 안쪽만을 다스렸으나 한 왕실은 땅을 크게 넓혀 황복荒服[330]의 저 바깥쪽까지 경영한다."[331] 지금은 중화든 오랑캐든 한 집안으로 "돌밭이 옥답으로 바뀌고, 포악한 사람들이 양민으로 교화되고, 높고 낮은 구릉들이 평평하게 골라지고, 복종하지 않은 사람들을 훈련하여 평민으로 만들었으니 이것이 태평이 아니면 무엇인가?"[332] 하물며 "한나라 고조, 광무제는 주나라 문왕, 무왕과 같다. 한 문제, 무제, 선제宣帝, 효명제孝明帝 및 지금의 황제는 주나라의 성왕成王, 강왕康王, 선왕宣王보다 뛰어나다."[333] 이렇게 말하면 한나라는 "이전 백 대보다 위에 있는데"[334] 어떻게 상고 시대의 덕은 두텁고 오늘날의 덕은 얕다고 말할 수 있겠는가? 오늘날과 옛날을 비교하는 것이 잘못되었음을 증명하기 위해 부서符瑞를 못 믿겠다던 왕충은 다시 부서를 그 증거로 삼고 있다. 그는 이렇게 이야기한다. "속된 유학자들은 옛것을 높이고 오늘날의 것들은 끌어내리길 좋아한다. 부서를 증거로 이전의 것들을 소중히 여기고 훗날의 것들을 가벼이 이야기한다. 나는 「시응是應」편에서 실질을 분석, 고찰했는데 한대에도 징조가 적지 않았다. 이렇게 한대에 실질적 사례가 있음에도 유학자들은 이를 칭송하지 않고, 옛날에 있었다는 사실적이지 못한 미명만을 진실한 마음으로 믿는다. 머나먼 거짓을 믿고 아주 가까이 있는 실질을 소홀히 하는 것이다."[335]

　왕충은 한대의 제왕들을 칭송하는데, 좀 지나친 찬양이 없지 않다. 하지만 여러 방면에서 볼 때, 한대가 멀리 삼대보다 뛰어나고 역사적으로 기나긴 발전이 있어왔다는 것 또한 사실이다. 왕충은 후한의 전성시대에 살았다. 그는 뜻을 세워 한 왕실에 보답하고자 한 선비였으며, 오늘을 중시하고 옛날을 경시하는 주장을 하면서 전체적으로 한 왕조의 정치를 긍정한 점은 이해할 수 있는 부분이다. 사상가들은 일정한 입장, 관점, 방법 및 사실에 근거하여 판단을 내린다. 왕충의 다음 말을 들어보자. "내 몸이 한나라 세상에서 태어났기 때문에 마음대로 한나라를 칭찬하고 과장하여 군주의 칭찬과 총애를 얻으려는 것이 아니라, 사리와 실정을 정확히 대조하여 논설자로 하여금 실제 상황을 판단토록 하기 위함이다."[336] 왕충의 생애와 사상으로 볼 때 그는 절대로 시속의 권력 따위에 아부할 사람이 아니다. 봉건전제주의 시대에 정치에 대한 논의는 무시로 갑작스러운 재앙을 초래할 수도 있었다. 왕충은 말한다. "글을 지으면서 잘못되는 것은 논지가 허망하거나 정치를 비방하는 내용을 담기 때문으로 생각된다. 『논형』은 실사구시로 허망함을 질타했으며, 「제세齊世」「선한宣漢」「회국恢國」「험부驗符」「성포盛襃」「수송須頌」편 등의 논의는 군주를 비방하는 말이 없다. 이렇게 글을 지을 수 있다면 죄를 면할 수 있을 것이다."[337] 이 독백에는 이 용감한 사상가의 미묘한 심리가 투영되어 있다고 할 수도 있다. 그러나 한 가지 "예나 지금이나 다르지 않다古今不異"는 주장이 당시 미신을 타파하고 사상을 해방시키는 데 적극적인 역할을 했다.

경학에 대한 부정은 곧 후한 통치 사상의 이론 형식에 대한 부정을 뜻한다. 후한에는 천신, 성인, 괴귀怪鬼, 참위 등에 대한 미신으로 가득 찬 경전 스승들의 주장을 굳게 지키는 것이 기본 특징이었는데, 그런 경학은 이미 죽음의 골목으로 들어서고 있었다. 그런 학설에 근거하여 정치와 통치를 행한 후한 정권은 분명히 생기와 활력이 결핍되어 있었다. 『논형』과 『백호통의』가 동시에 생겨난 것은 우연이 아니다. 역사는 벌써 통치 사상의 이론 형태를 개조하라는 임무를 사상가들의 면전에 던져놓고 있었다. 왕충의 경학에 대한 비판은 통치 사상 이론 형태의 각 방면에 걸쳐 비교적 전체적으로 건드리고 있다. 왕충은 경학 속에서 튕겨져 나온 반역자였으며 비판, 회의사조의 문을 연 선구자 가운데 한 사람이기도 하다. 어떤 의미에서 보면 『논형』은 양한 경학에 조종을 울렸다고 할 수 있다.

시명론時命論과
왕충 사상에 내재된 모순

왕충은 당시의 사회 현실에 만족하지 못했다. 그는 수시로 세속에 대한 분노와 질시의 감정을 드러내곤 했다. 특히 권문세족과 관리들의 정치적 부패에 통절해 마지않아 가차 없는 폭로와 비판을 가했다. 왕충은 권문호족과 탐관오리를 멸시하면서 통렬히 비판했다. "문장을 잘 읽고 외지도 못하고 인의의 말씀을 들어본 적도 없다. 어른이 되어 관리가 되며 문장과 법도를 농락하고 사적으로 자기 이익에 매진하며 권세와 이익만 좇는다. 안건을 심의하면서 뇌물을 받고 백성을 다스리면서 약탈을 자행한다. 요직에 있으면 권력을 남용하고 황제의 총애를 받으면 지방장관들을 팔아넘긴다. 일단 관직에 오르면 머리에 화려한 모자를 쓰고 몸엔 예리한 보검을 찬다. 1년만 권력을 장악해도 백성의 전답과 집을 겸병해버린다."338 왕충은 "존엄한 지위에 있으며 영달한 사람이라고 꼭 똑똑하지는 않으며" "지위가 낮아 아래에 있는 사람이라고 꼭 어리석지는 않다"339고 지적한다. 이와 같은 사회적 불평등이 조성되는 원인 가운데 하나는 "범용한 군주가 현인을 알아보지 못하고, 현인을 알아보지 못하니 아첨꾼을 알아내지 못하기"340 때문이라고 한다. 재주 있는 준걸들이 매몰되어 드러나지 못하고, 범용하기 짝이 없는 무리가 높은 지위에 있게 되는 또하나의 사회적 원인은 문벌 정치다. 왕충은 권문귀족들이 그를 아무런 가문의 뿌리가 없고 '변變' '이異' '요妖' '괴怪'의 부류에 속한다고 비웃었을 때, 분노에 가득 차서 이렇게 대답했다. "대대로 봉황인 새는 없으며, 씨가 기린인 동물은 없으며, 조상 대대로 성인인 사람은 없으며, 영원히 보배로 여겨지는 물건은 없다."[341] 그리고 수많은 사례를 들어 혈통론을 반박한다.

한 국가에 치란과 흥망이 왜 존재하는가? 인성의 선악과 현우賢愚가 왜 존재하는가? 인간사에 화복과 성패가 왜 존재하는가? "왜 재주 있고 행동이 깨끗한 사람이 존귀한 지위를 보장받지 못하는가? 능력 없고 혼탁한 사람이 꼭 낮은 자리로 가지 않는가?"[342] 이에 대해 양한 경학은 모두 천명이 정해주었기 때문이라고 해석했다. "천명에는 세 가지가 있는데, 하나는 정명正命이라 하고, 둘은 수명隨命이라 하며, 셋은 조명遭命이라 한다."[343] 『백호통의』「삼명三命」 편의 구체적인 해석에 따르면 '정명'은 하늘이 정해준 인간 복록의 한계, '수명'은 선악에 대한 응보로 하늘이 상벌을 행함에 따라 갖게 되는 화와 복, '조명'은 뜻밖에 얻는 화와 복을 말한다. 어쨌든 운명은 천신이 의식적으로 목적에 따라 안배한 것이라는 의미다. 왕충은 천도 자연론을 견지했으므로 이런 경학적 해석에 동의할 수 없었다. 특히 '수명'설에 반대했다. 그는 "하늘은 원기를 내려주며, 인간은 원정元精을 받는다"[344]는 주장을 가지고 성性, 명命, 시時, 수數 등 철학 범주를 완전히 새로 해석했으며, 시명론時命論을 제기해 아주 다른 각도에서 전체적으로 사회와 인생의 필연성 및 우연성을 파악하고자 했다.

철학 범주가 되면 원기는 그 자연 속성을 기본적인 특성으로 삼지만, 사회·도덕적 속성을 내포하기도 한다. 다른 고대 사상가들과 마찬가지로 왕충 또한 이와 같은 관념상의 착오와 혼란을 피할 수 없었다. 「본성本性」

편에서 그는 '오상五常의 기운'이 존재한다고 말하고 있으며, 「명의命義」 편에서 그는 '뭇 별의 정기'에 귀천의 등급이 내포되어 있다고 주장한다. 이렇게 되면 본체론적 함의를 지닌 원기는 자연, 사회, 인생에 공통하는 궁극적 원인이자 사회정치적 관념의 이론 기초가 된다.

왕충은 사람이 처음 자연으로부터 부여받으며 성과 명이 결정된다고 생각했다. 그는 "사람이 천명을 받음은 부모가 처음 기운을 베풀었을 때 벌써 길흉이 결정된다"[345]고 말한다. 성과 명은 우연성과 자발성을 갖추고 있는데, 어느 시각에 우연히 부여받은 기운의 속성에 따라 결정된다는 것이다. 기운에는 '인仁의 기운' '용勇의 기운' '화기和氣' 등이 있다. 소인과 군자에게는 "기운의 많고 적음이 있기 때문에 성품에 현명함과 어리석음의 차이가 있으며", "내려 받은 기운에 두텁고 옅음이 있어서 성품에 선과 악의 차이가 있다."[346] 그래서 "사람은 천지의 성품을 부여받고, 마음엔 인, 의, 예, 지, 신 오상의 기운을 품고 있으나, 혹자는 어질고 혹자는 의로운 것은 성품상 도의가 다르기 때문이다. 일을 처리하며 동작의 빠르기가 혹자는 무거우며 혹자는 가벼운 것은 성품상 판단력이 다르기 때문이다."[347] 부여받은 기운의 도덕적 속성이 성품의 선, 악 및 현명함, 어리석음을 결정짓는다. 왕충은 "부여받은 기운을 성품으로 삼고, 뭇 별의 정기를 얻는다. 뭇 별은 하늘에 있으므로 하늘이 그 형상으로 보여준다. 부귀의 형상을 얻는 자는 부귀해지고, 빈천한 형상을 얻는 자는 빈천해진다"[348]고 생각했다. 부여받은 기운의 사회적 속성이 운명의 귀천 및 빈부를 결정짓는다는 것이다. "장수할 것이냐 요절할 것이냐의 운명은 부여받은 기의 많고 적음에 달렸다."[349] 부여받은 기의 질량에 따라 삶과 죽음, 장수와 요절이 결정된다는 것이다. 어쨌든 "사람은 하늘로부터 원기를 부여받으며" "기를 부여받아 생명이 만들어지고, 일단 생명이 이루어지면 운명은 결정된다. 사람 몸의 기운과 형체는 상호 의존적이며, 생사와 수

명은 서로 일치한다. 형체가 바뀌지 않으면 수명도 줄이거나 늘릴 수 없다."350 아버지와 어머니가 성교할 때 부여받은 기운이 사람의 본성과 운명을 결정짓는다. 성과 명은 동시에 얻어지는 것이다. "명은 처음 부여받아서 생겨난 것을 말한다. 사람이 나면서 성性을 받고 명命을 받는다. 성과 명은 두루 부여받고 같은 시간에 얻어진다. 먼저 성을 부여받고 나중에 명을 받는 것이 아니다."351 여기서의 '시간'은 우연임에도 필연을 결정짓고 있다.

성과 명은 사람의 일생을 결정짓는 정해진 이치다. 성과 명은 구별이 된다. "성과 명은 차이가 있다. 어떤 사람은 성은 선하나 명이 흉하며, 어떤 사람은 성은 악하나 명이 길하다. 선과 악을 조종하는 것은 성이며, 화복과 길흉은 명이다." "성은 자체로 선과 악이 있으며, 명은 자체로 길과 흉이 있다. 명이 길한 사람은 선을 행하지 않아도 꼭 복을 받으며, 명이 흉한 사람은 열심히 수행을 해도 화를 당한다."352 성과 명의 다양한 배합은 형형색색의 인생 여정을 결정짓는다. 성과 명은 어머니 배 속에서 이미 결정된다. 예컨대 "왕명은 임신했을 때 결정된다."353 또한 "정미한 기운을 받아 성인이 되는데, 모두 아버지의 기운을 받았기 때문이지 달리 무슨 부류의 기운을 부여받은 것이 아니다."354 일반적으로 명은 거역할 수 없다. "왕공에서 서인에 이르기까지, 성현에서 하등의 어리석은 사람에 이르기까지 머리와 눈이 있는 부류나 피가 흐르는 족속은 각기 제명을 가지고 있다." "따라서 명이 귀하면 천한 처지에서도 저절로 출세하고, 명이 천하면 부유한 위치에서도 저절로 위태로워진다. 명이 부귀하면 마치 신이 있는 듯 도움을 주며, 명이 빈천하면 마치 귀신이 있는 듯 재앙이 따른다." "벼슬길에 나가 귀해지고 천해지는 것이나 재산을 도모해 가난해지고 부유해지는 것은 명과 때 때문이다. 명은 억지로 어떻게 할 수 없는 것이고, 때는 힘써서 되지 않는다." 귀천과 빈부는 마치 "해가 아침에 떠서 저녁에 지는 것처럼 원해서 얻을 수 있는 것이 아니라 천도가 스스로 그러할 뿐이다."355 사람의 운명이 이와 같으니, 국가의 운명도 마찬가지다. "세상의 치란은 때에 달려 있지 정치에 달려 있지 않다. 국가의 안위는 운수에 달려 있지 교화에 달려 있지 않다. 군주가 현명하든 현명하지 못하든, 정치가 밝든 밝지 아니하든 그것을 가감할 수 없다."356 명은 항거할 수도 없고 역전될 수도 없다. 이 의미에서 보면 명은 때時, 운수數와 동일한 내적 함의를 지닌다. 명과 운수는 우연한 기운의 부여에 근원한다. 그리고 인생과 사회의 필연을 결정짓기도 한다. 이는 천신의 의지에 따른 운명결정론으로부터 자연의 원기에 의한 운명결정론으로 내달은 것이다. "공자는 명을 외쳤고, 맹자는 천을 이야기했다. 길흉과 안위는 사람에게 달려 있지 않다. 옛날 사람들은 그것을 터득했으므로 모든 것을 운명으로 돌렸고, 때에 맡겼다."357 시명론時命論은 하늘이 의지를 가지고 있음을 부정한다. 그러나 천명론을 부정하지는 않는다. 시명론은 천명론의 또 다른 이론 형태다.

『논형』은 하늘이 인간의 선악에 상과 벌을 행한다는 주장을 격렬하게 비판한다. 일부 논점이나 문장 표현은 또 하나의 극단으로 치닫고 있다. 인간의 작용을 배제하고 일체를 우연히 스스로 생겨난 것으로 본다든가 운명의 자연결정론 등이 그렇다. 그러나 왕충은 적극적인 정치의 역할을 주장한다. 이론적으로 그는 자신의 이론에 조정의 여지를 반드시 남겨놓는다. 그는 도가의 특정 학파처럼 무위자연이나 운명의 자연 결정을 절대화하지 않는다. 예컨대 "자연이라고 하지만 반드시 유위가 보조해주어야 한다"358는 주장 등이 그렇다. 성과 명 또한 그러하다.

왕충은 본성에 선도 있고 악도 있다고性有善惡 주장하는 사람이다. 그는 말한다. "사실을 따지면 사람의 본성엔 선도 있고 악도 있다. 사람의 재주에 높은 것도 있고 낮은 것도 있는 것과 마찬가지다."359 성은 사람이 처음 부여받은 기운에 의해 결정되지만 교육과 환경으로 인해 바뀔 수도 있다. 예컨대 성스러운 본성을 지녔지만 배우지 못하면 알지도 못하고 성스럽지도 못하게 된다. "쑥이 삼밭에서 자라면 받쳐주지 않아도 저절로 곧아진다. 흰 명주실이 검은 비단 속에 들어가면 녹이지 않아도 저절로 검어진다. (…) 사람의 본성은 쑥이나 명주실과 같다. 차츰 물이 들면서 선악이 바뀐다."360 따라서 "사람의 본성은 선이 변하여 악이 될 수도 있고, 악이 변하여 선이 될 수도 있다". "악한 자라도 가르치고 권고하고 이끌고 권면하여 선하게 만들 수가 있다. 무릇 군주나 아버지 되는 사람은 신하와 자식의 본성을 깊이 관찰하여 선하면 배양하고 가르치고 권면하고 이끌어 악과 가까지 하지 못하도록 할 것이며, 악하면 교육하고 어루만져주고 제지하고 방비하여 차츰 선으로 나아가게 해야 한다. 선이 점차 악으로 나아가고, 악이 선으로 바뀌어 태어났을 때의 성품처럼 될 수 있다."361 왕충은 심지어 "선하고 악한 행위를 하는 것은 사람의 성질 때문이 아니고 그해에 기근이 들었느냐 풍년이 들었느냐에 달려 있다"362고 생각했다. 왕충은 "변화에 달려 있지 본성에 달려 있지 않다"고 강조하면서 환경과 교화가 인성에 영향을 미치고 개조시킬 수 있다고 주장한다. 예禮, 악樂, 형刑, 정政에 대한 이론적 근거는 이렇게 마련되었다.

명 가운데는 임의적 요소도 존재한다. 왕충은 이를 시時, 봉逢, 우遇, 우偶라 불렀는데 앞서 이야기한 '조명遭命'의 부류에 속한다. '조명'은 좋은 기회의 일종으로 우연성을 지닌다. 「봉우逢遇」 「행우幸偶」 「우회偶會」 등에서 왕충은 인생의 우연적 요소를 특별히 강조하고 있다. "[정치적으로] 모두가 충성을 바치려 했는데 누구는 상을 받고 누구는 벌을 받는다. 모두가 군주에게 이익이 되어주고자 하는데 누구는 믿음을 주고 누구는 의혹을 산다." "믿음 주는 자가 상을 받는 것은 군주와의 인연을 만났기 때문이고, 의혹을 주는 자가 벌을 받는 것은 군주와의 우연을 못 만났기 때문이다."363 군주와 신하 간의 우연한 만남도 임의성을 지닌다. 상앙商鞅이 진 효공秦孝公 같은 군주를 만나는 경우가 그렇다. 따라서 제왕들은 반드시 충신인가 간신인가, 현명한가 어리석은가를 잘 구별할 줄 알아야 한다. 왕충은 '조명'으로 '정명'을 조정, 보완했지 '정명'만을 고집하여 절대로 고칠 수 없다고 주장하지 않는다. 모든 것이 '정명'으로 결정된다고 하면 좋은 기회를 만났다는 말은 있을 수 없고, 치국, 치민의 도나 어질고 덕이 있는 사람을 임용해야 한다는 주장을 할 근거가 없어진다. 이와 같은 논의를 할 기회가 있을 때마다 왕충은 여전히 예의 그 시, 봉, 우, 우, 즉 우연성과 임의성을 기본으로 삼았다.

시명론엔 왕충 사상의 모순과 한계가 집중적으로 반영되어 있다. 이러한 모순과 제한이 구체적으로 드러난 것 가운데 하나가 바로 개념의 혼란과 결론의 배치다. 시명론은 시와 명을 한데 결합시켜 인생의 우연과 필연을 논하고 있는데, 여기서 시와 우遇는 보통 우연을 나타내고, 명과 수數는 보통 필연을 나타냈다. 마치 인생이 우연과 필연의 변증법적 통일임을 논증하려는 기도처럼 보인다. 그러나 명, 수, 시 및 우연성은 거의 하나의 일로 사람들이 간여하거나 변화시킬 수 없는 정해진 원칙이다. 이른바 "명은 길흉의 주재자다. 자연의 도는 우연의 이치數를 만난 것이다."364 "구하지 않아도 스스로 오고, 만들지 않아도 저절로 이루어지는 것을 이름하여 만남遇이라고 한다."365 "만나느냐 만나지 못하느냐는 시時 때문이다."366 "사람들이 우연히 군주나 상사의 마음에 들어 중용되거나, 고향 및 조정에서 이런저런 손해를 보게 되는 것은 모두 명 때문이다."367 "명이라면 억지로 어떻게 할 수 없으며, 시라면 힘써서 될 일이 아니다. 지혜로운 사람은 이 모든 것을 하늘로 돌린다."368 "천성은 명과 같다." "명은 곧 성이다."369 성性, 명命, 시時, 우偶, 수數는 서로를 상세히 설명해주고 순환 논증을 해주는 관계다. 우연이 필연을 결정하며, 필연은 우연에 복종한다. 우연은 곧 필연이며, 필연 또한 우연이다. 결국 인생은 이 정해진 이치에서 벗어날 수가 없다.『논형』의 한 편 한 편을 따로 읽거나 왕충의 특정 방면의 논술만을 선택적으로 모아보면 운명결정론과 우연론이라는 확연히 대립하는 두 주장이 병존하고 있음을 발견할 수 있다. 이 때문에 일련의 혼란과 모순이 생겨나기도 했다. 예컨대 왕충은 "운명을 믿는 사람은 깊이 은거하여 때를 기다릴 뿐 애써 고난을 이겨가며 추구할 필요가 없다"고 말해놓고는 다시 "아무리 운명이 있다고 말하지만 응당 반드시 애써 추구해야 한다"[370]고 말한다. "국가의 운명은 뭇 별에 달려 있다" "따라서 세상이 다스려지는 것은 성현의 공로가 아니다"[371]고 말해놓고는 "군주가 치세를 이루고자 한다면 현명하고 재주 있는 신하의 보좌를 받아야 한다"[372]고 말하기도 한다.

사실『논형』속에서 이와 유사한 모순과 한계를 예로 들자면 한둘이 아니다. 이를테면 천도의 자연을 강조해놓고는 자연의 원기가 사회적 속성에 섞여 있다고도 한다. 성인 신성화와 혈통론을 비판해놓고는 "황제黃帝 성인은 본래 고귀한 운명을 부여받았다. 그래서 그 자손들 모두가 제왕이 되었다"[373]고도 한다. 하늘이 목적을 가지고 참위와 부명을 하달했다는 주장을 비판해놓고는 상서로운 징조가 '화기和氣'에서 생겨나며 "사람들은 하늘로부터 고귀한 운명을 부여받았으므로 반드시 길한 징조가 땅 위에 나타난다"[374]고 긍정하는 것 등이 그렇다.

이와 같은 모순이 발생하게 된 원인은 여러 방면에서 분석해볼 수 있다. 정치사상의 각도에 한정하여 보자면 왕충은 군권신수설을 비판하면서도 군주 제도를 긍정하고 있으며, 경학적 사유 방식과 이론 형태를 비판하면서도 그것이 사회정치적 관념의 기본 핵심임을 긍정하고 있으며, 세족문벌 정치를 비판하면서도 귀천과 존비의 등급을 긍정하고 있다. 결국 그는 통치 사상의 철학적 기초를 비판하지만 그 통치 사상의 기본 내용은 긍정하고 있는 셈이다. 이는 필경 사상의 한계를 불러온다. 왕충은 그저 더욱 풍부한 이성과 사변 색채를 지닌 철학으로 관방철학 내의 황당무계한 부분을 대체했을 따름이다. 하나의 운명결정론으로부터 또 하나의 운명결정론으로 나아갔을 뿐이다. 정치적 시야의 한계가 철학 영역에 그대로 드러난 것이다. 이 한계는 필경 왕충의 사상으로 하여금 정확성과 오류를 교차하게 만들었으며 모래와 진주가 뒤섞이게 했다.

사실 전통적인 정치사상 가운데는 두 가지 대립하는 명제, 심지어 언뜻 보면 마치 물과 불처럼 서로 도저히 받아들일 수 없는 명제까지도 모종의 주종 관계 또는 경중의 서열에 따라 하나의 사상 체계 내에 조합되어 있으며, 보편성을 지니기도 한다. 정치 철학 방면만 하더라도 때로 신비주의 교설 속에 이성적 성분이 섞여 있는가 하면, 때로 이론적 사변에 여전히 일부 미신적 요소가 담겨 있기도 하다. 위진魏晉 이후 천도자연天道自然론은 정치사상 영역에서 차츰 주도적 위치를 차지하게 된다. 하지만 그 어떤 사상가도 이와 유사한 모순과 한계로부터 완전히 벗어나지 못했다. 현학玄學과 리학理學이 모두 그 전형적 예증이다. 송명宋明 리학에서도 우리는 왕충과 매우 유사한 이론상의 모순을 찾아낼 수 있다.

정치사상사에서 『논형』의 지위와 작용

　중국 고대 정치사상사에서 『논형』의 지위와 작용은 주로 두 가지 방면에서 살펴볼 수 있다. 하나는 이단적 사조에 대한 영향이고, 둘째는 통치 사상에 대한 영향이다.

　왕충은 후한 시대 회의론과 비판 사조의 형성에 문을 연 사람이다. 그의 비판 정신은 전체 사회에 영향을 미쳤다. 『후한서』는 후한 시대 비판 정신이 가장 풍부했던 왕충, 왕부王符, 중장통仲長統을 하나의 열전에 모아 두었다. 당唐 왕조 때 한유韓愈는 「후한삼현찬後漢三賢贊」 1편을 지어 이 세 사람을 같은 부류의 어진 선비로 취급했다. 사람들이 그들을 사회비판 사조의 저명한 대표적 인물로 보는 데는 그럴 만한 이유가 있다. 『논형』은 한·위魏 사이 학문적 분위기의 변화에 매우 깊은 영향을 끼쳤다. 채옹蔡邕이 『논형』으로 얘깃거리를 삼고, 왕랑王朗이 이 책을 얻은 뒤 재주가 크게 늘었다고 세상 사람들이 칭송했다. 이로부터 『논형』은 널리 유행하게 되었으며, '이서異書' '기서奇書'의 자태로 세상에 드러났다. 『논형』은 경직되고 폐쇄적이고 썩어빠진 경학에 강력한 충격을 주었으며, 천인감응, 참위부서 및 각종 미신 숭배에 대한 폭로와 비판을 행했다. 그리하여 가라앉아 있던 사상계에 신선하고 강한 바람을 불어넣어줌으로써 경학을 떠나도록 분위기를 이끌었다. 왕충이 한 시대 학풍의 문을 열자 이단 사조들이 그칠 줄 모르고 생겨났는데, 나중에 이들은 자연을 숭배하고 명교名教를 경시하는 정치사상으로 점점 빠져들어갔다. 대담하게 성현, 경전 및 군권을 비판하고 사회적 권위에 대한 각종 미신을 전면적으로 깨뜨린 왕충과 같은 사상가는 역사상 극히 드물다. 그의 비판 철학은 결국 봉건 정통파들에게는 두려움을 불러일으켰고, 이단 사상가들을 고무시키는 작용을 했다. 이 기본적인 역사적 사실은 중국 정치사상사에서 왕충의 지위를 확고히 다져주었다.

왕충은 줄곧 봉건 정통파들에게 이단시되었다. 당나라 때 유지기劉知幾는 왕충을 "3000년의 죄인이라"[375]고 배척했으며, 청나라 때 전대흔錢大昕은 "후세에 나라를 망친 신하로 현재의 것만 옳고 옛것을 그르다 하고, 살면서 하늘이 변해도 두려울 것이 없으며, 『시경』『서경』도 믿을 것이 못 되며, 선왕의 정치도 본받을 것이 못 된다고 말하는 그 실마리는 왕충으로부터 열린 것이다. 참으로 소인이로다!"[376]라며 책망했다. 건륭제乾隆帝는 왕충이 "경전을 배반하고 기이한 것을 좋아하여" "성왕의 법도를 비난한 죄를 범했다"[377]고 질타한다. 사실상 군권지상, 예악과 형정刑政, 기강과 윤상 등 기본 정치 원칙에서 볼 때 『논형』은 봉건 정통파들과 크게 다르지 않다. 왕충은 현인들이 "집안을 다스리면 친척들 사이에 인륜이 갖추어지고, 나라를 다스리면 존비 사이에 질서가 갖추어진다"[378]고 주장한다. "백성 사이에 예의가 없으면 나라가 기울어지고 군주는 위태로워지므로"[379] "백성을 다스리는 길"은 "모든 백성으로 하여금 교화의 범주에 들게 하여 국가의 은혜를 받들어 청송하도록 해야 한다"[380]는 주장을 종지로 삼았다. 그는 후한의 관방철학을 비판했고, 이성을 가지고 신학을 청소하려고 시도했을 뿐 통치 사상의 기본 방향을 건드린 적은 없다. 역사 발전의 시각에서 볼 때 천도자연론은 천인감응론을 약화시켰는데, 이것이 바로 양한 경학으로부터 송명 리학으로 통치 사상의 이론 형태가 발전해간 기본적인 추세였다. 왕충은 바로 이러한 이론 형태 조정의 선구자였다. 주관적목적에서든 객관적 효과에서든 『논형』은 정말로 경전을 이반할 어떤 성질도 갖고 있지 않다. 왕충은 "딴 마음을 품을 생각"이 없었다. 신성하게받들던 권위를 건드렸을 뿐이며 말이 좀 격렬했을 따름이다. 이것이 정통파들에게는 다른 계급의 반란보다 더 가증스러운 반역으로 보인 것이다.

한 명의 사상가로서 왕충은 감히 공개적으로 황제가 정한 사상에 도전했으며, 신성불가침한 봉건 시대의 각종 권위를 감히 비난했다. 그 자체로 왕충은 대단히 중요한 인식론적 가치가 있으며 정치적 의의가 있다. 장빙린章炳麟은 "한나라가 한 사람을 얻음으로써 부끄러움을 떨쳐버릴 수있었다"[381]고 말했는데, 왕충이야말로 여기에 해당되는 부끄러움이 없는사람이었다.

1   메뚜깃과 곤충으로 일명 '누리'. 중앙아시아, 유럽, 중국, 서남아시아 등에 많이 살고 떼
    를 지어 다니며 농작물에 큰 피해를 주기도 했다. 떼 지어 날면 하늘이 보이지 않고 산
    이나 들판에 아무것도 남지 않아 고대 중국에서는 홍수, 가뭄보다 더 큰 재앙으로 여겼
    다. ─옮긴이

2   天下連歲災蝗, 寇盜鋒(蜂으로도 씀)起.

3   왕망 신나라 말년 하북 지역에 특히 농민 봉기가 심했다. 동마, 우래尤來, 상강上江 등
    수십 개의 봉기군이 수백만의 세력을 떨치고 있었다. 그 가운데 강력한 부대였던 동마
    군은 유수에 의해 격파되고 잔여 세력이 유수의 부대로 재편되었다. ─옮긴이

4   自古中興之盛, 無出於光武矣.(『龍川文集』 「酌古論一」)

5   王莽天鳳中, 乃之長安, 受尙書, 略通大義.(『後漢書』 「光武帝紀」)

6   年十三, 能通詩, 受業長安. 時光武(劉秀)亦游學京師, (…) 遂相親附.(『후한서』 「등우
    전」)

7   少好學, 習尙書.(『후한서』 「가복전」)

8   好讀書, 通左氏春秋孫子兵法.(『후한서』 「풍이전」)

9   少好詩禮, 明銳有權謀.(『후한서』 「耿弇傳」 주석 인용)

10 爲人質直, 尙儒學.(『후한서』 「주우전」)

11 及光武中興, 愛好經術, 未及下車, 而先訪儒雅, 采求闕文. 補綴漏逸. 先是四方學士多懷
    協圖書, 遁逃林藪. 自是莫不抱負墳策, 雲會京師.

12 習詩禮及曆算, 究極師法, 稱爲通儒.(『후한서』 「탁무전」)

13 한대의 관직 이름으로 급사황문시랑의 약칭이다. 임금을 시종하며 명령을 전달하는 역
    할을 하는 관직이었으며, 궁궐의 문인 황문黃門 안에서 사무처리를 한다는 의미에서
    유래했다.『한서』 「百官公卿表上」 참조. ─옮긴이

14 前密令卓茂, 束身自修, 執節淳固, 誠能爲人所不能爲. 夫名冠天下, 當受天下重賞, 故武
    王誅紂, 封比干之墓, 表商容之閭.(『후한서』 「탁무전」)

15 少好經書 (…) 取士皆用儒術.(『후한서』 「제준전」)

16 使大司空祠孔子.(『후한서』 「광무제기」)

17 各以家法敎授.(『후한서』 「유림열전」)

18 會諸博士論難於前, (…) 又詔諸生雅吹擊磬, 盡日乃罷.(『후한서』 「桓榮傳」)

19 東西誅戰, 不遑啓處, 然猶投戈講藝, 息馬論道.(『후한서』 「樊宏傳 附 樊淮傳」)

20 數引公卿郎將講論經理, 夜分乃寐.(『후한서』 「광무제기」)

21 乃修鄉校, 教生徒, 聘能爲左氏春秋者, 親受學焉.(『후한서』「구순전」)

22 以丹陽越俗不好學, 嫁娶禮儀, 衰於中國, 乃爲起學校, 習禮容, 春秋鄉飮, 選用明經, 郡
    中向慕之.(『후한서』「이충전」)

23 自光武中年以後, 干戈稍戢, 專事經學, 自是其風世篤焉. 其服儒衣, 稱先王, 遊庠序, 聚
    橫(橫은 讐으로도 쏨)塾者, 蓋布之於邦域矣.

24 時宗室諸母因酣悅, 相與語曰. '文叔少時勤信, 與人不款曲, 唯直柔耳. 今乃能如此!'
    (…) 大笑曰. '吾理天下, 亦欲以柔道行之.'(『후한서』「광무제기」)

25 『黃石公記』曰. '柔能制剛, 弱能制强'. 柔者德也, 剛者賊也; 弱者仁之助也, 强者怨之歸
    也. 故曰有德之君, 以所樂樂人; 無德之君, 以所樂樂身. 樂人者其樂長, 樂身者不久而
    亡. (…) 逸政多忠臣, 勞政多亂人. 故曰務廣地者荒, 務廣德者强. 有其有者安, 貪人有者
    殘. 殘減之政, 雖成必敗.(『후한서』「臧宮傳」)

26 卽張良於下邳圯所見老父出一編書者.(『후한서』「장궁전」)

27 軍中分財物不均, 衆恚恨, 欲反攻諸劉. (…) 斂宗人所得物, 悉以與之, 衆乃悅.(『후한서』
    「광무제기」)

28 전한 왕실의 먼 후예였던 유현劉玄이 서기 23년 왕망의 신나라가 약해진 틈에 제위에
    올라 선포한 연호. 갱시장군으로 불리다 나중 녹림군綠林軍과 합쳐 세력을 키웠다. 25
    년에 교수형을 당했다. ─옮긴이

29 곤양전투는 중국 전쟁사에서 약함이 강함을 이긴 대표적 전투로 유명하다. 서기 23년
    녹림군이 곤양현(오늘의 허난성河南省 예현葉縣) 등을 점령하자 왕망은 42만 대군을
    파견했는데, 왕봉이 이끄는 녹림군 8000~9000명이 성을 지키고, 유수는 정병 3000명
    을 거느리고 자만에 빠진 왕망의 중군을 무너뜨리고 적장 왕심王尋을 죽임으로써 신
    나라를 멸망시켰다. ─옮긴이

30 馳詣宛謝, (…) 深引過而已. 未嘗自伐昆陽之功, 又不敢爲伯升(劉縯)服喪, 飮食言笑如
    平常.(『후한서』「광무제기」)

31 不省, 會諸將軍燒之, 曰. '令反側子自安'. (…) 開心見誠, 無所隱伏, 闊達多大節.(『후한
    서』「馬援傳」)

32 雖制御功臣, 而每能回兔容, 宥其小失.(『후한서』「馬武傳」)

33 飛鳥盡, 良弓藏; 狡兔死, 走狗烹.

34 雖寇(恂)鄧(禹)之高勳, 耿(弇)賈(復)之鴻烈, 分土不過大縣數四.(『후한서』「마무전」)

35 輒增邑賞, 不任以吏職.(『후한서』「마무전」)

36 원문의 '조청朝請'은 한대 법률에 따르면, 조朝는 봄에 황제를 배알하는 것, 청請은 가

을에 황제를 배알하는 것을 말한다. 조청이란 곧 조정에서 황제를 만나는 일을 뜻한다.
—옮긴이

37 　所加特進朝請而已. (…) 退功臣而進文吏, (…) 保其福祿, 終無誅譴者.(『후한서』「마무
　　전」)

38 　單車臨河北, 非有府藏之蓄, 重賞甘餌, 可以聚人者也, 徒以恩德懷之, 是故士衆樂
　　附.(『후한서』「경순전」)

39 　有德之君, 以所樂樂人.

40 　方今海內殽亂, 人思明君, 猶赤子之慕慈母. 古之興者, 在德薄厚, 不以大小.(『후한서』「등
　　우전」)

41 　持軍整齊, 秋毫無犯. (…) 皆望風相携負以迎軍.(『후한서』「등우전」)

42 　夫民所怨者, 天所去也; 民所思者, 天所興也. 擧大事必當下順民心, 上合天意, 功乃可
　　成.(『후한서』「왕상전」)

43 　吾將百萬之衆, 未嘗妄殺一人.(『후한서』「和熹鄧后傳」)

44 　長於民間, 頗達情僞, 見稼穡艱難, 百姓病害. 至天下已定, 務用安靜, 解王莽之繁密, 還
　　漢世之輕法.(『후한서』「循吏傳」)

45 　師旅未解, 用度不足, (…) 其令郡國收見田租三十稅一.(『후한서』「광무제기」)

46 　頃獄多冤人, 用刑深刻, 朕甚愍之. 孔子云. '刑罪不中, 則民無所措手足.' 其與中二千石諸
　　大夫博士議郞議省刑法.

47 　(…) 將殘吏未勝, 獄多冤結, 元元愁恨, (…) 其令中都官三輔郡國出系囚, 罪非犯殊死,
　　一切勿案, 見徒免爲庶人. 務進柔良, 退貪酷, 各正厥事焉.(『후한서』「광무제기」)

48 　敢拘制不還, 以賣人法從事.(『후한서』「광무제기」)

49 　其殺奴婢, 不得減罪. (…) 敢灸灼奴婢, 論如律, 免所灸灼者爲庶人. (…) 詔除奴婢射
　　傷人棄市律.(『후한서』「광무제기」)

50 　夫張官置吏, 所以爲人也. 今百姓遭難, 戶口耗少, 而縣官吏職所置尙繁, 其令司隷州牧各
　　實所部, 省減吏員. 縣國不足置長吏可合并者, 上大司徒大司空二府.(『후한서』「광무제
　　기」)

51 　及王莽簒位, 續以更始赤眉之亂, 至光武中興, 百姓虛耗, 十有二存.

52 　幷省四百餘縣, 吏職減損, 十置其一.

53 　世祖中興, 務從節約, 幷官省職, 費減億計.(『후한서』「百官志」)

54 　누대와 전각을 뜻하는 말로 궁궐에서 황제의 심부름을 맡아서 하던 상서尙書, 중서中
　　書 등을 일컫는 데 쓰였다. 후한 시대에 승상을 대체한 중앙 정부 기구를 상서대尙書臺

라 불렀다. 여기서 대각은 곧 상서대를 뜻한다. ―옮긴이

55 光武皇帝慍數世之失權, 忿強臣之竊命, 矯枉過直, 政不任下, 雖置三公, 事歸臺閣.(『후한서』「중장통전」)

56 昔契作司徒, 禹作司空, 皆無大名, 其令二府去大.(『후한서』「광무제기」)

57 掌丞天子助理萬機.(『한서』「백관공경표」)

58 一曰德行高妙, 志節淸白; 二曰學通行修, 經中博士; 三曰明達法令, 足以決疑, 能案章覆問, 文中御史; 四曰剛毅多略, 遭事不惑, 明足以決, 才任三輔令. 皆有孝悌廉公之行.

59 賢佞朱紫錯用 (…) 自今以后, 審四科辟召, 及刺史, 二千石察茂才尤異孝廉之吏, 務盡實核, 選擇英俊, 賢行, 廉絜, 平端于縣邑, 務授試以職.

60 有非其人, 臨計過署, 不便習官事, 書疏不端正, 不如詔書, 有司奏罪名, 幷正擧者.(『후한서』「백관지」 應劭注「漢官儀」世祖詔 인용)

61 天下歲盡集課事 (…) 主歲盡考課諸州郡事.(『晉書』「職官志」)

62 고대 중국에서 군사적 공로나 정치적, 행정적 공로에 대해 인사 고과를 행할 때 가장 낮은 등급을 전전殿이라 하고, 가장 높은 등급을 최最라 했다. ―옮긴이

63 常以八月巡行所部郡國, 錄囚徒, 考殿最. 初歲盡詣京都奏事.(『후한서』「백관지」)

64 檢核墾田頃畝及戶口年紀, (…) 考實二千石長吏阿枉不平者.(『후한서』「광무제기」)

65 度田不實, (…) 河南尹張伋及諸郡守十餘人, (…) 皆下獄死.(『후한서』「광무제기」)

66 峻文深憲, 責成吏職, (…) 觀其治平臨政, 課職責咎, 將所謂'導之以政, 齊之以刑'者乎!(『후한서』「마무전」)

67 유劉 자를 풀어서 쓰면 묘卯+금金+도刀가 되므로 여기서는 유수가 천자가 되리라고 도참에서 암시했다는 의미다. ―옮긴이

68 讖記曰. '劉秀發兵捕不道, 卯金修德爲天子'.(『후한서』「광무제기」)

69 한대의 저명한 경학자들, 특히 금문今文학파의 경학자들은 대부분 참위讖緯에 능통했다. ―저자주

70 왕망은 최발崔發 등에게 참위를 수정하여 천하에 포고하도록 명령했다.(『漢書』「王莽傳」, 『後漢書』「儒林列傳」 참조) 후한 광무제는 설한薛漢, 윤민尹敏 등에게 명하여 수정을 거친 뒤 "천하에 도참圖讖을 선포했다."(『후한서』「光武帝紀」) ―저자주

71 五經六緯, 尊術顯士.(『한서』「李尋傳」)

72 『문선文選』「사현부思玄賦」의 주석은 「창힐蒼頡」을 인용하며 "참서는 하도, 낙서다讖書, 河洛書也"라고 한다. 「위도부魏都賦」 주석엔 "하河와 낙洛에서 나온 책을 참이라고 말한다河洛所出書曰讖"라고 한다. ―저자주

73 고문학의 대가였던 유흠劉歆, 가규賈逵는 모두 참위에 능통했다.(『한서』「유흠전」, 『후한서』「가규전」참조) ―저자주

74 四方學士多懷協圖書, 遁逃林藪.(『후한서』「유림열전」)

75 임계유任繼愈의 『中國哲學發展史』진·한秦漢권 416, 421쪽 참조. ―저자주

76 中宮大帝, 其尊北極星, 含元出氣, 流精生一也.(『春秋緯』「文耀鉤」)

77 일명 자미궁紫微宮, 북두칠성의 북쪽에 위치한 천제의 거처. ―옮긴이

78 天皇大帝, 北辰星也, 含元秉陽, 舒精吐光, 居紫宮中, 制御四方, 冠有五采文.(『춘추위』「合誠圖」)

79 태양이 목욕을 했다는 별자리. ―옮긴이

80 斗者, 天地之口舌. (…) 房心爲天地之明堂. (…) 咸池曰五潢, 五帝東舍也. (…) 軫南衆星曰天庫.(『춘추위』「문요구」)

81 天枉星主德慶, 其神下爲大祉之神.

82 太白之精下爲風伯之神, 主司刑.(『河圖緯』「龍魚河圖」)

83 地爲山川, 山川之精上爲星辰, 各應其州域, 分野爲國, 作精神符驗也.(『춘추위』「感精符」)

84 昴星精生.(『춘추위』「佐助期」)

85 天之爲言顚也. 居高理下, 爲人經緯, 故其字一大以鎭之, 此天之名義也. 天之爲體, 中包乎地, 日月星辰屬焉. (…) 群陽精也, 合爲太乙, 分爲殊名, 故立字一大爲天.(『춘추위』「說題辭」)

86 天皇大帝, 北辰星也, 含元秉陽, 舒精吐光, 居紫宮中, 制御四方. (…) 大帝冠五采, 衣靑衣, 墨下裳, 抱日月, 日在上, 月在下, 黃色正方居日間, 名曰五光.(『춘추위』「合誠圖」)

87 元氣闓陽爲天.(『하도위』「葉光紀」)

88 元者, 端也, 氣泉. (…) 元氣之陽爲天精, 精爲日, 散而分布爲大辰.(『춘추위』「元命苞」)

89 元淸氣爲天, 渾沌無形體.(『춘추위』「설제사」)

90 水者, 天地之包□, 五行之始焉, 萬物之所由生, 元氣之滕液也.(『춘추위』「원명포」)

91 夫有形生於無形, 乾坤安從生? 故曰. 有太易, 有太初, 有太始, 有太素也. 太易者, 未見氣也; 太初者, 氣之始也; 太始者, 形之始也; 太素者, 質之始也. 氣形質具而未離, 故曰渾沌. 渾沌者, 言萬物相混成而未相離, 視之不見, 聽之不聞, 循之不得, 故曰易也.(『易緯』「乾鑿度」)

92 八卦之序成立, 則五氣變形. 故人生而應八卦之體, 得五氣以爲五常, 仁義禮智信是也. 夫萬物始出於震, 震東方之卦也, 陽氣始生, 受形之道也, 故東方爲仁.(『역위』「건착도」)

93　天人同度, 正法相受. 天垂文象, 人行其事謂之敎. 敎者, 效也, 言上爲而下效也.(『춘추위』 「원명포」)

94　天有四表以布精魂, 地有四瀆以出圖書.(『하도위』 「河圖括地象」)

95　天文地理各有所主, 北斗有七星, 天子有七政也.(『춘추위』 「합성도」)

96　벽辟은 죄罪의 의미다. 대벽은 죄 가운데 가장 큰 것을 지칭하는 것으로 사형과 같은 뜻이다. ―옮긴이

97　大辟之屬二百, 象天之刑.(『尙書緯』 「刑德放」)

98　人頭圓法天. (…) 足方法地. (…) 五臟法五行. (…) 四肢法四時. (…) 九竅法九州. (…) 目明法日月. (…) 人有十八象, 皆法之天地.(『孝經緯』 「援神契」)

99　人之七孔, 內法五臟, 外方五行, 庶類氣契度也.(『춘추위』 「원명포」)

100　此十二象稽之於天, 度之於地, 推於萬物, 象萬之庶類, 畫天法地, 是故爲人取象於天地.(『춘추위』 「원명포」)

101　陽氣數成於三, 故時別三月; 陽數極於九, 故三月一時九十日.(『춘추위』 「원명포」)

102　陰陽之性以一起, 人副天道, 故生一子.(『춘추위』 「원명포」)

103　三九二十七, 七者陽氣成, 故虎七月而生. 陽立於七, 故首尾長七尺. 斑斑文者, 陰陽雜也.(『춘추위』 「考異郵」)

104　'大衍之數五十'이란 『주역』 「계사상繫辭上」에 나오는 말이다. 왕필王弼의 주석엔 천지의 숫자를 추정하면 50가지에 의존한다고 했고, 공영달孔穎達은 경방京房의 말을 인용하여 십일十日, 십이신十二辰, 이십팔수二十八宿를 합하여 50이라 주석했다. 이로부터 대연이란 말은 50을 뜻하는 숫자가 되어, 후대엔 50세의 나이를 대연의 나이라고 말하기도 했다. ―옮긴이

105　大衍之數五十閡天下之物.

106　三綱之義, 日爲君, 月爲臣, 列星爲民也. 日以陽明, 月以陰承化, 行晝夜, 星紀乃行, 列星分布耀舒精. 日者, 陽之精, 耀魄光明, 所以察下也.(『춘추위』 「感精符」)

107　元氣混沌, 孝在其中.(『孝經緯』 「左契」)

108　君臣之義生於金, 父子之仁生於木, 兄弟之叙生於火, 夫婦之別生於水, 朋友之信生於土.(『樂緯』 「稽耀嘉」)

109　王者敍長幼, 各得其正, 則房心有德星應之.(『禮緯』 「含文嘉」)

110　天子皆五帝之精寶.(『춘추위』 「演孔圖」)

111　劉媼夢赤鳥如龍戲己, 生執嘉, 執嘉要合含始游洛池, 赤珠上刻曰. 王英呑此爲玉客. 以其季生劉季, 爲漢皇.(『춘추위』 「握誠圖」)

112 이마의 가운데가 태양처럼 솟은 상을 말하며, 역사적으로 일각용안日角龍顔으로 황제
　　　가 될 상을 말할 때 쓰여왔다. ─옮긴이

113 帝劉季日角戴北斗, 胸□, 龜背, 身長七尺八寸, 明聖而寬仁, 好任主.(『하도위』「河圖提
　　　劉」)

114 丘覽史記, 援引古圖, 推集天變, 爲漢帝制法, 陳敍圖錄. (…) 元丘制命帝卯行.(『춘추
　　　위』「연공도」)

115 反太素冥莖, 蓋乃道之根也. (…) 帝者得其根荄, 王者得其英華, 伯者得其附枝.(『禮緯』
　　　「斗威儀」)

116 天子之尊也, 神精與天地通, 血氣與日月總, 含五帝之精, 天之愛子也.(『尙書緯』「璇璣
　　　鈴」)

117 천자만이 천지신명과 자신의 조상에게 지낼 수 있는 제사 중의 가장 큰 제사. ─옮긴이

118 五帝修名立功, 修德成化, 統調陰陽, 招類使神, 故稱帝. 帝之言禘也.(『춘추위』「運斗
　　　樞」)

119 帝者承天立五府以尊天, 重象.(『상서위』「帝命驗」)

120 黃帝受命有('立'으로도 씀)五始. 元者, 氣之始; 春者, 四時之始; 王者, 受命之始; 正月,
　　　政敎之始. (…) 元者, 端也, 氣泉. 無形以起, 有形以分, 窺之不見, 聽之不聞.(『춘추위』
　　　「원명포」)

121 諸侯不上奉王之正, 則不得其位, 正不由王出不得爲正.(『춘추위』「원명포」)

122 孔子曰. 皇象元, 逍遙術, 無文字, 德明謚.(『춘추위』「설제사」)

123 德合元者稱皇. (…) 德合天者稱帝; 河, 洛受瑞可放, 仁義合者稱王, 符瑞應, 天下歸往.

124 王者, 德也, 神所向德, 人所樂歸.

125 人與天地竝爲三才. 天以見象, 地以效儀, 人以作事, 通乎天地, 竝立爲三. 其精之淸明者
　　　爲聖人, 最濁者爲愚夫. 而其首目手足皆相同者, 有不同於常者則爲禽獸矣.(『춘추위』「원
　　　명포」)

126 정현鄭玄의 주석에 따르면 종묘는 인도人道의 끝을 말한다. ─저자주

127 終於上, 初爲元士, 二爲大夫, 三爲三公, 四爲諸侯, 五爲天子, 上爲宗廟. 凡此六者, 陰陽
　　　所以進退, 君臣所以升降, 萬人所以爲象則也.

128 八卦以乾爲君, 八音以磬爲長, 故磬之爲器, 其音石, 其卦乾. 乾位西北而天屈之, 所以立
　　　辨(別)也. 故方有西有北, 時有冬有秋, 物有金有石, 分有貴有賤, 位有上有下, 而親疏長
　　　幼之禮皆辨於此.

129 天地位成, 君臣道生.(『역위』「坤靈圖」)

130 三才之道, 天地人也. 天有陰陽, 地有剛柔, 人有仁義. 法此三者, 故生六位. (…) 天動而施曰仁, 地靜而理曰義, 仁成而上, 義成而下, 上者專制, 下者順從. 正形於人, 則道德立而尊卑定矣.(『역위』「건착도」)

131 不易者, 其位也. 天在上, 地在下, 君南面, 臣北向, 父坐子伏, 此其不易也.

132 君道倡始, 臣道終正. 是以乾位在亥, 坤位在未, 所以明陰陽之職, 定君臣之位也.

133 臣者, 堅也, 守節明度修義奉職也.(『효경위』)

134 皆上奉王者之政敎禮法, 統理一國, 修身潔行矣.(『춘추위』「원명포」)

135 禮之動搖也, 與天地同氣, 四時合信, 陰陽爲符, 日月爲明, 上下和洽, 則物昜如其性命. (…) 制禮作樂得天意則景星見. (…) 王者得禮之宜則宇宙生樣物.

136 天有五音, 地有六律.

137 中央所以繩四方也, 智之決也, 故中央爲智. 故道興於仁, 立於禮, 理於義, 定於信, 成於智. 五者道德之分, 天人之際也. 聖人所以通天意理人倫而明至道也. 昔者聖人因陰陽, 定消息, 立乾坤, 以統天地也.

138 木神則仁, 金神則義, 火神則禮, 水神則信, 土神則智.

139 性者, 生之質, 若木性則仁, 金性則義, 火性則禮, 水性則智, 土性則信也.

140 元氣混沌, 孝在其中, 天序日月星辰以自光, 人序孝悌忠信以自彰.

141 肝仁, 肺義, 腎智, 心禮, 膽斷, 脾信, 膀胱決難, 髮法星辰, 節法月, 腸法鈴. 人有十八象, 皆法之天地.

142 보통 오행의 원리에 따르면 간肝장이 눈, 비脾장이 구멍, 신腎장이 입과 연결되었다고 하는데 여기『효경위』에서는 달리 해석하고 있다. ─옮긴이

143 脾仁故目視, 肺義故鼻候, 心禮故耳司, 腎信故竅瀉, 脾智故口海.

144 帝者, 天號; 王者, 人稱. 天有五帝以立名, 人有三王以正度.(『상서위』)

145 帝者, 天號也. 德配天地, 不私公位稱之曰帝. 天子者, 繼天治物, 致政一統, 各得其宜, 天父地母以養人, 至尊之號也.(『역위』)

146 德象天地爲帝, 仁義所生爲王.

147 在政不私公位稱之曰帝.(『상서위』「선기령」)

148 文王因陰陽, 定消息, 主乾坤, 統天地.(『역위』「건착도」)

149 露以潤草. (…) 恩澤濟萬民.(『춘추위』「원명포」)

150 大人者(天子를 가리킴), 聖人之在位者也. 夫大人者與天地合其德.(『역위』「건착도」)

151 聖帝明王所以致太平.(『역위』)

152 帝王奉命永治安.(『역위』「辨終備」)

153 以九頃, 成八家. 上農夫食九口, 中者七口, 下者五口, 是爲富者不足以奢, 貧者無飢餒之憂.

154 安居香山, 中村璋八 輯, 『위서집성緯書集成』(河北人民出版社, 1994)에는 『악위』 「계요가」에 있으며, 구가九家도 구부九夫로 되어 있다. ―옮긴이

155 九家爲井, 八家共治, 公田八十畝, 已外二十畝爲八家井竈廬舍.

156 고대 시장 물가를 관리하던 관직의 이름이었다. 왕망이 『주례周禮』에 오균관이 있었다는 말을 인용하여, 조석으로 물가가 다른 현상을 시정하라는 취지에서 수도 장안長安 및 당시 5대 지방도시에 각각 오균관을 두도록 명했다. ―옮긴이

157 爲富者慮貧, 强者不侵弱, 智者不詐愚, 市無二價, 萬物同均, 四時當得, 公家有餘, 恩及天下.

158 聖王法承天, 以定爵祿, 爵祿者不能過其能. (…) 功成者爵賞, 功敗者刑罰.

159 聖王法承天以制刑法, 誅一動千, 殺一感萬, 使死者不恨, 生者不怨.

160 若德命紋, 伏羲女媧神農是三皇也. 皇者天, 天不言, 四時行焉, 百物生焉. 三皇垂拱無爲設言, 而民不遷道德.

161 政尙靜而惡嘩也.

162 王者得禮之制, 不傷財, 不害民, 君臣和輯, 草木昆蟲各蒙正性.

163 凡天象之變異, 皆本於人事之所感, 故逆氣成象而妖星見焉.(『춘추위』 「원명포」)

164 帝淫泆, 政不平, 則月生足.(『하도위』 「秘徵」)

165 逆天地, 絶人倫, 當夏雨雪.(『시위』 「推度災」)

166 人君不好士, 走馬被文綉, 犬狼食人食, 則有六畜談言.(『역위』 「萌氣樞」)

167 主失禮煩苛, 則旱魚螺變爲蝗蟲.(『역위』 「九厄讖」)

168 冤民繫獄, 十月不雨. 言王者刑罰失平, 民冤莫白, 則旱魃爲虐, 滴雨不行.(『춘추위』 「考異郵」)

169 正月月蝕, 賤人病, 糴石二千. 二月月蝕, 貴人病, 糴石三千. 三月月蝕, 人主當, 糴石四千. (…) 月犯房星, 四足之蟲多死, 期不出一年.

170 月犯牽牛, 將軍奔, 天下牛多死.

171 月暈圍角, 亢蟲多死.(『하도위』 「帝覽嬉」)

172 夏震者, 治道煩苛, 徭役急促, 敎令數變, 無有常法. (…) 擧賢良, 爵有功, 務寬大, 無誅罰, 則災除.(『역위』)

173 通天文者明, 審地理者昌. 明者, 天之省也; 昌者, 地之財也. 明王之治, 鳳凰下之.(『상서위』 「考靈曜」)

174 人君政治休明, 賢良悉用, 陰陽以和, 風雨以時, 則黃雲繽紛於列星之間.(『춘추위』「원명포」)

175 自三皇以下, 天命未去饗善, 使一姓不再命.(『상서위』「제명험」)

176 天道煌煌, 非一帝之功. 王者赫赫, 非一家之常. 順命者存, 逆命者亡.(『춘추위』「원명포」)

177 天道無常親, 常與善人.(『역위』)

178 天道無適莫常, 傳其賢者.(『상서위』「제명험」)

179 君臣不變不能成朝, 紂行酷虐天地反, 文王下呂(尙)九尾見. (…) 夫婦不變不能成家, 妲己擅寵, 殷以之破. (…) 大任順季享國七百, 此其變易也.

180 天子皆五帝之精寶, 各有題敍, 以次運相據, 起必有神靈符記, 使開階立隨.

181 王者三百年一蠲法. (…) 五帝異緖.(『춘추위』「보건도」)

182 天下之事所以異者, 以不一本也.(『後漢書』「范升傳」)

183 永爲後世則.(『후한서』「楊終傳」)

184 講議五經同異, (…) 帝親稱制臨決, (…) 共正經義.(『후한서』「章帝紀」)

185 章句之徒, 破壞大體.(『후한서』「양종전」)

186 爵所以稱天下何? 王者父天母地, 爲天之子也.

187 帝王之德有優劣, 所以俱稱天子者何? 以其俱命於天. (…) 何以知帝亦稱天子? 以法天下也. (…) 何以皇亦稱天子也? 以言其天覆地載俱王天下也.(이상『白虎通義』「爵」, 이하『백호통의』인용문은 편명만 표시)

188 '영대'에 대한 용례는 역사상 매우 다양하다. 멀리 하夏나라 걸桀왕이 만든 누대라는 설에서부터 춘추 시대 제후들도 영대를 건축하곤 했다. 역대 제왕들이 올라 천지의 기운을 느끼거나, 천문을 관측하는 장소로 사용되었다. 후한 광무제光武帝는 명당明堂, 벽옹辟雍, 영대를 지어 삼옹궁三雍宮이라 불렀다. 도가 사상의 용어로는 마음이나 머리를 가리키기도 한다. ─옮긴이

189 天子所以有靈臺者何? 所以考天人之心, 察陰陽之會, 揆星辰之證驗, 爲萬物獲福於無方之元.(「辟雍」)

190 日爲君, 月爲臣也.(「日月」)

191 天子立明堂者, 所以通神靈, 感天地, 正四時, 出敎化, 宗有德, 重有道, 顯有能, 襃有行者也.(「벽옹」)

192 德合天地者稱帝, (…) 德象天地稱帝……(「號」)

193 帝王始起, 先質後文者, 順天地之道, 本末之義, 先後之序也.(「三正」)

194 臣下謂之一人何? 亦所以尊王者也. 以天下之大, 四海之內, 所共尊者一人耳.(「호」)

195 普天之下, 莫非王土; 率土之濱, 莫非王臣. 海內之眾, 已盡得使之.(「封公侯」)

196 君有眾民, 何法? 法天有眾星也.(「五行」)

197 王者往也, 天下所歸往.(「호」)

198 君, 群也, 群下之所歸心也.(「三綱六紀」)

199 煩一夫, 撓一士, 以勞天下, 不爲皇也.(「호」)

200 和其民人.(「社稷」)

201 張官設府, 非爲卿大夫, 皆爲民也.(「봉공후」)

202 王者旣殯而卽繼體之位何? 緣臣民之心, 不可一日無君也, 故先君不可得見, 則後君繼體矣.(「論天子卽位改元」)

203 子順父, 妻順夫, 臣順君, 何法? 法地順天也.(「오행」)

204 天道所以左旋, 地道右周何? 以爲天地動而不別, 行而不離, 所以左旋右周者, 猶君臣陰陽相對之義也.(「天地」)

205 五行者何謂也? 謂金木水火土也. 言行者, 欲言爲天行氣之義也. 地之承天, 猶妻之事夫, 臣之事君也. 其位卑, 卑者親視事, 故自同於一, 行尊於天也.(「오행」)

206 六紀者, 謂諸父兄弟族人諸舅師長朋友也.(…) 敬諸父兄, (…) 諸舅有義, 族人有序, 昆弟有親, 師長有尊, 朋友有舊.(「總論綱紀」)

207 三綱法天地人. 六紀法六合. 君臣法天, 取象日月屈信, 歸功天也. 父子法地, 取象五行轉相生也. 夫婦法人, 取象人合陰陽, 有施化端也.

208 經所以有五何? 經, 常也. 有五常之道, 故曰五經. 樂仁, 書義, 禮禮, 易智, 詩信也.

209 夫禮者, 陰陽之際也, 百事之會也, 所以尊天地, 儐鬼神, 序上下, 正人道也.

210 禮之爲言履也.(「禮樂」)

211 陽氣者仁, 陰氣者貪. 故情有利欲, 性有仁也.

212 情者, 靜也; 性者, 生也.(「性情」)

213 『효경孝經』 관련 위서로 구명결鉤命決이라고도 쓴다. —옮긴이

214 情生於陰, 欲以時念也; 性生於陽, 以就理也.

215 人含五常而生.(「姓名」)

216 聖人治天下必有刑罰何? 所以佐德助治, 順天之度也. (…) 五刑者, 五常之鞭策也.(「五刑」)

217 未嫁從父, 旣嫁從夫, 夫死從子.(「작」)

218 臣子之於君父, 其義一也.(「誅伐」)

219 夫臣之事君, 猶子之事父.(「朝聘」)

220 不以父命廢王父命.(「오행」)

221 故父不得專也.(「주벌」)

222 浮讀古文, 甘聞異言.

223 家貧無書, 常游洛陽市肆, 閲所賣書, 一見輒能誦憶, 遂博通衆流百家之言.(『後漢書』「王充傳」)

224 공조功曹는 인사를 담당하는 지방 관직이었으며, 왕충은 인사담당관인 연사掾史 벼슬을 했다. —옮긴이

225 치중종사사治中從事史란 벼슬로 주의 자사가 직접 초빙하여 종사를 삼은 사람으로 일종의 주 장관의 정책 고문에 해당한다. —옮긴이

226 特詔公車徵, 病不行.(『후한서』「왕충전」)

227 貧無一畝庇身, (…) 賤無斗石之秩.(『論衡』「自紀」, 이하 이 책의 인용은 편명만 표시함)

228 充旣疾俗情, 作譏俗之書; 又閔人君之政, 徒欲治人, 不得其宜, 不曉其務, 愁精苦思, 不睹所趨, 故作政務之書. 又傷僞書俗文多不實誠, 故爲論衡之書.

229 詩三百, 一言以蔽之, 曰思無邪. 論衡篇以十數, 亦一言也, 曰疾虛妄.(「佚文」)

230 虛妄顯於眞, 實誠亂於僞. (…) 疾心傷之.

231 心潰湧, 筆手擾, (…) 悟迷惑之心, 使知虛實之分.(「對作」)

232 論之平也. (…) 折衷以聖道, 析理於通材, 如衡之平, 如鑒之開.(「자기」)

233 訂其眞僞, 辨其虛實.(「대작」)

234 道之大原出於天. (…) 道, 王道也, (…) 王道之三綱可求於天, 天不變, 道亦不變.(『春秋繁露』「王道」「基義」)

235 居高理下爲人鎭.

236 天地, 含氣之自然也.(「談天」)

237 夫天, 體也, 與天無異.(「變虛」)

238 天地合氣, 人偶自生.(「物勢」)

239 天地合氣, 萬物自生.(「自然」)

240 如謂天地爲之, 爲之宜用手, 天地安得萬萬千千手, 竝爲萬萬千千物乎?(「자연」)

241 天動不欲以生物, 而物自生, 此則自然也; 施氣不欲爲物, 而物自爲, 此則無爲也.(「자연」)

242 夫天道, 自然也, 無爲.(「譴告」)

243 履霜以知堅冰必至, 天之道也.(「견고」)

244 天道當然, 人事不能却也.(「변허」)

245　夫東風至, 酒湛溢, 鯨魚死, 彗星出, 天道自然, 非人事也.(「亂龍」)

246　원문 앞부분의 조兆와 수數를 점괘로 해석했다. 조는 거북점을 칠 때 불로 태운 거북 등딱지 속껍질의 무늬가 갈리는 모양을 일컫는 말이고, 수는 산가지점을 칠 때 50개를 여러 방법으로 구분하여 끝에 나타나는 숫자로 점을 치기 때문에 그렇게 부른다. ─옮긴이

247　夫天道自然, 自然無爲. 二令參偶, 遭適逢會, 人事始作, 天氣已有, 故曰道也.(「寒溫」)

248　人君爲政失道, 天用災異譴告之. (⋯) 天神譴告人君, 猶人君責怒臣下.(「견고」)

249　堅固於天道尤詭, 故重論之.(「자연」)

250　皆待陽達, 富厚安樂? (⋯) 案世淸廉之士, 百不能一. 居功曹之官, 皆有奸心, 私舊故可以幸, 苞苴賂遺, 大小皆有.(「遭虎」)

251　不以雷雨. (⋯) 必命聖人興師動軍, 頓兵傷士, 難以一雷行誅, 輕以三軍克敵, 何天之不憚煩也?(「感類」)

252　天能譴告人君, 則亦能故命聖君, (⋯) 今則不然, 生庸庸之君, 失道廢德, 隨譴告之, 何天不憚勞也?(「자연」)

253　人在木下房間, 偶中而死, (⋯) 竟虛言也.(「雷虛」)

254　譴告之言, 衰亂之語也.(「자연」)

255　천인감응을 신봉하는 유생들의 주장. 제사와 기도를 통해 재앙을 없애고 정상을 회복할 수 있다고 제창한 데서 유래한 말이다. ─옮긴이

256　六經之文, 聖人之語, 動言天者, 欲化無道, 懼愚者, 欲言非獨吾心, 亦天衣也. (⋯) 變復之家, 見誣言天, 災異時至, 則生譴告之言矣.

257　上天之心, 在聖人之胸, 及其譴告, 在聖人之口.(「견고」)

258　人, 物也. 雖貴爲王侯, 性不異於物.(「道虛」)

259　含血之類, 相與爲牝牡; 牝牡之會, 皆見同類之物. 精感欲動, 乃能授施. (⋯) 今龍與人異類, 何能感於人而施氣!(「奇怪」)

260　기이한 모양의 벼이삭으로 많은 벼가 하나로 뭉쳐 수많은 이삭이 모아진 벼. 온 천하가 화합한다는 의미로 좋은 세상이 될 길조로 여겨져왔다. ─옮긴이

261　鳳凰集於地, 嘉禾生於屋. (⋯) 嘉禾之精, 鳳凰之氣歟?(「기괴」)

262　受天之祐, 而享鬼神之靈.(『漢書』「董仲舒傳」)

263　山川百神, 應祀者未盡. 其議增修群祀宜享祀者.(『後漢書』「祭祀志」)

264　有始者必有終, 有終者必有始.

265　人之行, 求有爲也. 人道有爲, 故行求.(「說日」)

266 고대국가의 여덟 가지 시정 방침을 이야기한 것으로 여러 가지 설이 있다. 여기서는 『서경』 「홍범洪範」에 나오는 식食, 화貨, 사祀, 사공司空, 사도司徒, 사구司寇, 빈賓, 사師의 순서를 일컫는다. 그 외 『예기』 「왕제王制」 편엔 음식, 의복, 사위事爲, 이별異別, 도度, 량量, 수數, 제制를 말한다. 부부, 부자, 형제, 군신을 일컫는 주장도 있다. ─옮긴이

267 人道所重, 莫如食急, 故八政一曰食, 二曰貨.(「譏日」)

268 人道有教訓之義.(「자연」)

269 人道善善惡惡, 施善以賞, 加惡以罪.(「견고」)

270 政務爲郡國守相縣邑令長, 陳通政事所當尙務, 欲令全民立化, 奉稱國恩.(「대작」)

271 治人不能廢德, 治物不能去春. (…) 治國之道當任德.(「非韓」)

272 道德仁義, 天之道也.(「辨崇」)

273 陰陽和, 則萬物育.(「宣漢」)

274 倉廩實, 知禮節; 衣食足, 知榮辱. 讓生於有餘, 爭生於不足. (…) 使治國無食, 民餓, 棄禮義.(「問孔」)

275 黃老之操, 身中恬淡, 其治無爲, 正身共己而陰陽自和, 無心於爲而物自化, 無意於生而物自生. (…) 不治之治.(「자연」)

276 國之所存者, 禮義也. 民無禮義, 傾國危主. (…) 使禮義廢, 紀綱敗, 上下亂而陰陽繆, 水旱失時, 五穀不登, 萬民饑死, 農不得耕, 士不得戰也.

277 作法術專意於刑, (…) 夫儒生, 禮義也; 耕戰, 飮食也. 貴耕戰而賤儒生, 是棄禮義求飮食也.(「비한」)

278 治國之道, 所養有二. 一曰養德, 二曰養力. 養德者, 養名高之人, 以示能敬賢; 養力者, 養氣力之士, 以明能用兵. 此所謂文武張設, 德力具足者也.

279 夫德不可以獨任以治國, 力不可以直任以御敵也. 韓子之術不養德, 偃王之操不任力, 二者偏駁, 各有不足.(「비한」)

280 儒生所學者, 道也.(「程材」)

281 聖人之道, 同諸天地, (…) 知天地鬼神.(「王道通三」)

282 見人所不能見, (…) 故聖人之言亦可畏也.(「郊語」)

283 道無所不通, 明無所不照. (…) 聖人所以能獨見前睹, 與神通精者, 蓋皆天所生也.

284 諸不在六藝之科孔子之術者, 皆絶其道, 勿使竝進.(『한서』 「동중서전」)

285 可效放者, 莫過孔子.(「자기」)

286 儒者稱聖人之生, 不因人氣, 更稟精於天.(「기괴」)

287 天故生聖人, (…) 五百年必有王者興.

288 前知千歲, 後知萬世, 有獨見之明, 獨聽之聰, 事來則名. 不學自知, 不問自曉, 故稱聖則神矣.(「實知」)

289 所謂聖者, 須學以聖. 以聖人學, 知其非神. 天地之間, 含血之類, 無性知者.(「실지」)

290 聖人興起, 不知姓名, 常吹律聽聲, 以別其姓.

291 人無耳目, 則無所知.(「論死」)

292 兒始産生, 耳目始開, 雖有聖性, 安能有知?

293 吾十有五而知乎學.

294 故夫可知之事者, 思慮所能見也; 不可知之事, 不學不問不能知也. 不學自知, 不問自曉, 古今行事, 未之有也.(「실지」)

295 聖賢不能性知, 須耳目以定情實.(「실지」)

296 如無聞見, 則無所狀, (…) 不目見口問, 不能盡知.(「실지」)

297 옛 제齊나라 일대, 오늘의 산둥성山東省을 말한다. ─옮긴이

298 오늘날 허난河南성 후이현睢縣 일대. ─옮긴이

299 齊部世刺繡, 恒女無不能; 襄邑俗織錦, 鈍婦無不巧. 日見之, 日爲之, 手狎也. 使材士未嘗見, 巧女未嘗爲, 異事詭手, 暫爲卒睹, 顯露易爲者, 猶憒憒焉.(「程材」)

300 及其有異, 以入道也. 聖人疾, 賢者遲; 賢者才多, 聖人智多. 所知同業, 多少異量; 所道一途, 步驟相過.(「실지」)

301 魯侯老, 太子弱, 次室之女倚柱而嘯, 由老弱之徵, 見敗亂之兆也. 婦人之知尙能推類以見方來, 況聖人君子, 才高智明者乎!(「실지」)

302 凡聖人見禍福也, 亦揆端推類, 原始見終, 從閭巷論朝堂, 由昭昭察冥冥. (…) 明福處禍, 遠圖未然, 無神怪之知, 皆由兆類.(「실지」)

303 天下之事, 世間之物, 可思而知, 愚夫能開精, 不可思而知, 上聖不能省.(「실지」)

304 凡論事者, 違實不引效驗, 則雖甘義繁說, 衆不見信.(「지실」)

305 事莫明於有效, 論莫定於有證.(「薄葬」)

306 耳目聞見與人無別, 遭事睹物與人無異.

307 故夫賢聖者, 道德智能之號. (…) 聖神號不等, 故謂聖者不神, 神者不聖.(「지실」)

308 賢聖之言, 上下多相違, 其文, 前後多相伐.

309 孔子之仕, 不爲行道, 徒求食也.

310 苟有不曉解之問, 追難孔子, 何傷於義? 誠有傳聖業之知, 伐孔子之說, 何逆於理?(「문공」)

311 春秋采毫毛之之美, 貶纖芥之惡.

312 至或南面稱師, 賦奸僞之說; 典城佩紫, 讀虛妄之書.(「대작」)

313 世信虛妄之書, 以爲載於竹帛之上者, 皆聖賢所傳, 無不然之事, 故信而是之, 諷而讀
之.(「書虛」)

314 稱美過其善, 進惡沒其罪. (…) 失實離本.(「藝增」)

315 經增非一, 略擧較著, 令恍惑之人, 觀覽采擇, 得以開心通意, 曉解覺悟.

316 『시경』「대아大雅」 '가락假樂'의 구절로 원래 주 성왕成王을 찬미한 글이다. ―옮긴이

317 子孫千億. (…) 后稷始受邰封, 訖於宣王, 先王以至外族內屬, 血脈所連, 不能千億.

318 謂之蕞殘, 比之玉屑. (…) 經缺而不完, 書無佚本, 經有遺篇, 折累二者, 孰爲蕞殘?

319 원문의 척서尺書는 서적이란 의미. 고대에 죽간에 쓴 문서의 경우 관용문서는 2척尺 4
촌寸을 쓰도록 규정했으며, 정식 공문서가 아니면 더 짧게 하도록 했다. ―옮긴이

320 諸子尺書, 文篇具在, 可觀讀以正說, 可采掇以示後人. (…) 文義與經相薄. (…) 書亦
爲本, 經亦爲末, 末失事實, 本得道質. 折累二者, 孰爲玉屑?

321 知經誤者, 在諸子. 諸子尺書, 文明實是.(「書解」)

322 夫一經之說, 猶日明也; 助以傳書, 猶窗牖也. 百家之言, 令人曉明, 非徒窗牖之開, 月光
之照也. (…) 死人之徒.(「別通」)

323 經之傳不可從.(「正說」)

324 公羊穀梁之傳, 日月不具, 輒爲意使. 夫(원문의 失은 夫의 오기인 듯―옮긴이)平常之事,
有怪異之說; 徑直之文, 有曲折之義, 非孔子之心.(「정설」)

325 多欲立寄造異, 作驚目之論, 以駭世俗之人; 多爲譎詭之書, 以著殊異之名, (…) 虛妄之
書.(「서허」)

326 儒者說五經, 多失其實. 前儒不見本末, 空生虛說; 後儒信前師之言, 隨舊述故, 滑習辭
語. 苟名一師之學, 趨爲師教授, 及時蚤仕, 汲汲競進, 不暇留精用心, 考實根核.(「정설」)

327 夫上世治者, 聖人也; 下世治者, 亦聖人也. 聖人之德, 前後不殊, 則其治世, 古今不異.

328 一天一地, 竝生萬物. 萬物之生, 俱得一氣. 氣之薄渥, 萬世若一.

329 一質一文, 一衰一盛, 古而有之.(「齊世」)

330 봉건제도의 한 규정. 왕이 있는 곳으로부터 500리씩 넓혀나가 다섯으로 규정했다. 황
복은 그 가운데 마지막이므로 왕도에서 약 2500리를 가리킨다. ―옮긴이

331 周時僅治五千里內, 漢氏廓土, 牧荒服之外.

332 以盤石爲沃田, 以桀暴爲良民, 夷坎坷爲平均, 化不實爲齊民, 非太平而何?

333 漢之高祖光武, 周之文武也. 文帝武帝宣帝孝明, 今上, 過周之成康宣王.(「宣漢」)

334 在百代之上.(「須頌」)

335 俗儒好長古而短今, 言瑞則遲前而薄後.「是應」實而定之, 漢不爲少. 漢有實事, 儒者不稱; 古有虛美, 誠然心之. 信久遠之僞, 忽近今之實.(「수송」)

336 非以身生漢世, 可襃增頌嘆, 以求媚稱也. 核事理之情, 定說者之實也.(「선한」)

337 凡造作之過, 意其言妄而謗誹也.『論衡』實事疾妄,「齊世」「宣漢」「恢國」「驗符」「盛襃」「須頌」之言, 无誹謗之辭. 造作如此, 可以免於罪矣.(「대작」)

338 無篇章之誦, 不聞仁義之語. 長大成吏, 舞文巧法, 徇私爲己, 勉赴權利. 考事則受略, 臨民則采漁, 處右則弄權, 幸上則賣將. 一旦在位, 鮮官利劍; 一歲典職, 田宅並兼.(「정재」)

339 處尊居顯, 未必賢. (…) 位卑在下, 未必愚.(「逢遇」)

340 庸庸之君, 不能知賢; 不能知賢, 不能知佞.(「答佞」)

341 鳥無世鳳凰, 獸無種麒麟, 人無祖聖賢, 物無常嘉珍.(「자기」)

342 才高潔行, 不可保以必尊貴; 能薄操濁, 不可保以必卑賤.(「봉우」)

343 命有三. 一曰正命, 二曰隨命, 三曰遭命.(「命義」)

344 天稟元氣, 人受元精.(「超奇」)

345 凡人受命, 在父母施氣時, 已得吉凶矣.(「명의」)

346 氣有多少, 故性有賢愚, (…) 稟氣有厚泊, 故性有善惡.(「率性」)

347 人稟天地之性, 懷五常之氣, 或仁或義, 性術乖也. 動作趨翔, 或重或輕, 性識詭也.(「본성」)

348 性所稟之氣, 得衆星之精. 衆星在天, 天有其象. 得富貴象者則富貴, 得貧賤象者則貧賤.(「명의」)

349 稟壽天之命, 以氣多少爲主性也.(「氣壽」)

350 人稟元氣於天. (…) 用氣爲性, 性成命定. 體氣與形骸相抱, 生死與期節相須. 形不可變化, 命不可減加.(「無形」)

351 命, 謂初稟所得而生也. 人生受性, 則受命矣. 性命俱稟, 同時並得, 非先稟性, 後乃受命也.(「初稟」)

352 夫性與命異, 或性善而命凶, 或性惡而命吉. 操行善惡者, 性也; 禍福吉凶者, 命也. (…) 性自有善惡, 命自有吉凶. 使命吉之人, 雖不行善, 未必無福; 凶命之人, 雖勉操行, 未必無禍.(「명의」)

353 王命定於懷妊.(「초품」)

354 精微爲聖, 皆因父氣, 不更稟取.(「기괴」)

355 自王公逮庶人, 聖賢及下愚, 凡有首目之類, 含血之屬, 莫不有命. (…) 故命貴, 從賤地自達; 命賤, 從富貴自危. 故夫富貴若有神助, 貧賤若有鬼禍. (…) 仕宦貴賤, 治産貧富, 命與時也. 命則不可勉, 時則不可力. (…) 日朝出而暮入, 非能求之也, 天道自然.(「命祿」)

356 世之治亂, 在時不在政; 國之安危, 在數不在敎. 賢不賢之君, 明不明之政, 無能損益.(「治期」)

357 孔子稱命, 孟子言天, 吉凶安危, 不在於人. 昔人見之, 故歸之於命, 委之於時.(「자기」)

358 雖自然, 亦須有爲輔助.(「자연」)

359 實者人性有善有惡, 猶人才有高有下也.(「본성」)

360 蓬生麻間, 不扶自直; 白紗入緇, 不練自黑. (…) 夫人之性猶蓬紗也, 有所漸染而善惡變矣.(「솔성」)

361 人之性, 善可變爲惡, 惡可變爲善. (…) 其惡者, 故可敎告率勉, 使之爲善. 凡人君父, 審觀臣子之性, 善則養育勸率, 無令近惡; 惡則輔保禁防, 令漸於善. 善漸於惡, 惡化於善, 成爲性行.(「솔성」)

362 爲善惡之行, 不在人之質性, 而在歲之飢穰.(「治期」)

363 俱欲納忠, 或賞或罰; 並欲有益, 或信或疑. (…) 賞信者偶, 罰疑不遇也.(「幸偶」)

364 命, 吉凶之主也. 自然之道, 適偶之數.(「偶會」)

365 不求自至, 不作自成, 是名爲遇.(「봉우」)

366 遇不遇, 時也.(「행우」)

367 凡人遇偶及遭累害, 皆由命也.(「명록」)

368 命則不可勉, 時則不可力, 知者歸之於天.(「명록」)

369 天性猶命也. (…) 命則性也.(「명의」)

370 信命者, 則可幽居俟時, 不須勞精苦形求索之也. (…) 雖云有命, 當須索之.(「명록」)

371 國命繫於衆星, (…) 故世治非賢聖之功.(「치기」)

372 君欲爲治, 臣以賢才輔之.(「봉우」)

373 黃帝聖人, 本稟貴命, 故其子孫皆爲帝王.(「기괴」)

374 凡人稟貴命於天, 必有吉驗見於地.(「吉驗」)

375 實三千之罪人也.(『史通序傳』)

376 後世誤國之臣, 是今而非古, 動謂天變之不足畏, 詩書之不足信, 先王之政不足法, 其端蓋自充啓之.(『潛研堂文集』 권27)

377 背經離道, 好奇立異. (…) 犯非聖無法之誅.(『四庫全書』 「序」)

378 治家親戚有倫, 治國尊卑有序.(「定賢」)

379 民無禮義, 傾國危主.(「비한」)

380 欲令全民立化, 奉稱國恩.(「대작」)

제8장

후한 후기의 명교_{名教}와
정치 반성 사조

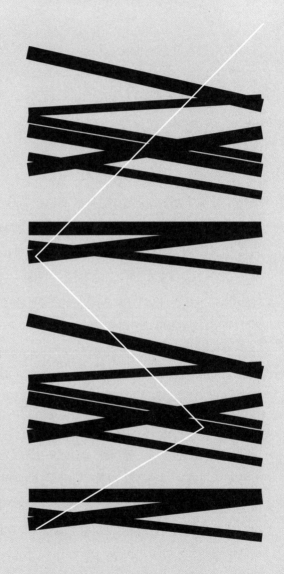

후한의 통치자들은 전한의 효치孝治 전통을 계승하여 강상명교綱常名教를 극력 제창, 선양했다. 공자를 존중하고 '효제염정孝悌廉正'을 장려하는 방향으로 정치를 이끌어감으로써 유가의 전통적 예법 제도와 윤상도덕에 전체 사회가 찬동하도록 조종했다. 이를 기화로 후한 왕조의 정치 질서를 공고히 하려는 것이었다. 그러나 명교를 중시한 결과, 선비들이 미명이나 최고의 명예를 얻기 위하여 "부화교회浮華交會"[1] 즉 겉치레를 하고 화려하게 수식하며 당을 지어 교제하는 행위를 하고, 서로를 표방함으로써 이름과 실질이 자주 어긋나 후한 후기 명교의 위기를 초래했다. 이 위기는 환관, 외척, 사대부 등 이익 집단 사이에 복잡하게 얽힌 권력 투쟁과 맞물려 갈수록 심화되었다. 이를 걱정하며 사대부 집단은 서로를 "품평하고, 공경대신들을 논평하고, 정치를 재단했으며,"[2] '청의淸議'라는 여론으로 정치에 간여하면서 자신들의 정치적 요구와 희망 사항을 전달했다. 그리고 왕부王符, 중장통仲長通을 비롯한 지식인들은 시대적 폐단에 깊이 있는 반성과 비판을 가했다. 그들은 조정의 기강을 다시 바로잡고자 여러 설계를 했지만 결국 뒤집힐 후한의 운명은 막아볼 방법은 없었다.

제1절

후한 명교 사조

역사가들은 누구나 "한나라가 효로 천하를 다스렸다"고 공인한다. 효도 야말로 한대 통치자들이 사회를 다스리고 통치 질서를 공고히 하기 위해 받들어 모신 신통한 보배였다. 후한 시대엔 효치를 숭상했던 전 왕조의 기초 위에서 차츰 명교名敎 사조가 형성되며 후한 정치사상의 핵심 내용 가운데 하나가 되었다.

한대 효치孝治와
명교 사조

효는 유가 학파에서 찬양하는 윤상 덕목으로 그 기본 내용은 사람들로 하여금 가장에게 절대복종하도록 요구하는 것이다. '권위에 대한 복종'이라는 기본 정신을 나타내고 있다. 유가 학파의 이상사회는 아래에서 위까지 단계적으로 복종하는 예제禮制 국가다. 권위에 대한 복종은 모든 사회 구성원에게 요구되는 최소한의 요구였으며, 효도는 모든 윤상도덕의 바탕이 되었다. 이른바 "효제야말로 인仁의 근본이었다."3 전한 통치자들은 망한 진나라의 폐허 위에서 다시 강산을 수습하면서 효 정신과 천하를 통일시킨 한 왕실의 통치 질서를 철저히 일치시켰다. 효치는 한대 제왕들의 치국평천하의 일관된 방침이 되었으며 여러 방면에서 그것을 드러냈다. 예컨대 전한 제왕들 가운데 고조 유방劉邦을 제외하고, 혜제惠帝 이하부터는 모두가 시호 앞에 '효' 자를 덧붙였다. 그 자초지종은 어쩌면 안사고顔師古의 다음 이야기와 같을 것이다. "효자는 아버지의 뜻을 잘 이어가므로 한 왕실의 시호는 혜제 이래 모두 효를 칭했다."4 이로써 천자의 효도에 대한 숭상과 군통君統 전승이 하나의 맥으로 이어지고 있음을 표명했다. 또한 전한은 효제로 향관鄕官(지방관)의 명칭을 삼았다. 『이십이사

차기』 권2 「삼로, 효제, 역전이 모두 향관의 명칭三老孝悌力田皆鄉官名」 조는 문제文帝의 다음 조서를 인용하고 있다. "효제는 천하가 가장 따라야 할 일이요, 역전은 생업의 근본이요, 삼로는 뭇 백성의 스승이다. 호구를 조사하여 모두 삼로, 효제, 역전의 상주 관원을 두도록 하라."[5] 효제는 선진 시대 윤상 개념이 향관의 명칭으로 바뀐 것으로 전한 통치자들이 효치를 얼마나 중시했는지 충분히 설명해준다. 효치를 보급하기 위해 제도화를 한 것이다. 거기다가 전한 통치자들은 또 효제를 기리고 표창하는가 하면, 효를 통한 관료 선발을 기본 국책으로 삼았다. 전한 혜제 이래로 효제에 대한 대규모 표창이 수십 차례 이상이었다. 국가에서 선비들을 관직에 불러들일 때도 '효렴孝廉' 과정을 가장 기본적인 과목으로 삼았으며, 무제武帝 원광元光 원년(기원전 134) "처음으로 군국郡國에 효렴 각 한 사람씩을 천거하라고 명령한"[6] 이후 효렴과는 제도로 확정되었으며 선발 범위도 부단히 확대되었다. 이 정책은 전 사회가 선택해야 할 윤리 행위의 방향에 커다란 영향을 미쳤다. 마지막으로 전한 통치자들은 선비들과 백성에 대한 효도 교육을 지극히 중시했다. 효무제는 유학을 숭상하여 5경 박사를 두었다가 나중에 『논어』와 『효경』을 더해 7경이 되었다. 『효경』은 한대의 국정 교과서가 되었으며, 이는 선비, 백성 외에 황태자에게도 필독서였다. 예컨대 효소제孝昭帝는 스스로 "『보부전保傅傳』『효경』『논어』『서경』을 통달했다"[7]고 말한다.

후한 광무제光武帝는 군웅들을 평정하고 정권을 수립한 뒤 치국의 지도사상으로 전한의 효치주의를 계승했다. 유수劉秀는 본래 '유도柔道' 제창을 긍지로 삼았던 사람으로 당시 비록 "동서로 전투를 벌이느라 조금도 편안히 쉴 겨를이 없음에도 때로 창을 거두고 예藝를 강론하는가 하면, 말을 쉬게 한 뒤 도를 논했다"[8] 천하통일 후 더욱 유학을 존중하여 효치와 덕화를 강조했다. 후한 왕조의 성립은 왕망王莽의 신新나라와 갱시更始 등 단명한 몇 대 정권을 거친 뒤라서 200여 년을 경영한 전한의 통치 질서와 군신의 기강 및 예제윤상 등이 파괴당했으며 커다란 충격을 받고 있었다. 특히 후한 건국 초기 "천하가 아직 평정되지 못한 때라서 선비 대다수가 절조를 지키지 못하고 있었다".[9] 이에 후한 통치자들은 효치주의를 계승한 바탕 위에서 군신 간의 기강과 예제 규범의 강화를 특히 중시했다. 윤상도덕 가운데서 효제염정을 가장 중요시했으며, 이것으로 선비들을 시험했다. 절조를 장려하고 관직을 설치하면서 반드시 덕과 재주가 명실상부하는지 따져보았다. 이렇게 하면서 이른바 명교 사조로 차츰 바뀌어갔다. 광무제는 풍근馬勤에게 이렇게 말한 적이 있다. "신하된 자로서 한번 쫓겨나거나 형벌을 받으면 제아무리 추가로 다시 상을 받고 풍성한 제수를 내려 받는다고 하더라도 그 소중한 몸을 보상할 수 없을 것이오. 충신, 효자라면 지난 시대를 잘 관찰하여서 경계의 거울로 삼아야 할 것이오. 나라에 충성을 다할 수 있고, 군주를 섬김에 두마음이 없으면 그 작록이 당세에 빛나고 공명은 영원히 썩지 않을 것이니 어찌 힘쓰지 않을 수 있겠소!"[10] 후한 장제章帝 때 대홍려大鴻臚[11] 위표韋彪의 말이다. "국가에서는 현인의 임용에 힘써야 한다. 현인은 효행을 으뜸으로 삼아야 한다. 공자께서는 '부모를 섬김에 효도를 다하므로 충성이 군주에게 옮겨가는 것이다. 따라서 충신은 반드시 효자의 문에서 구해진다'고 말씀하셨다. 사람은 재주와 행동이 서로 약간 겸할 수 있어야 하며 (…) 충효의 인물은 마음가짐이 두터우며, 단련된 관리는 마음가짐이 얄팍하다. (…) 선비라면 마땅히 재주와 행동을 우선으로 삼아야지 순전히 벌열 가문에 의지해선 안 된다."[12] 후한 환제桓帝 본초本初 원년(146) 가을 7월 병술丙戌일 조서는 이렇다. "효렴, 염리廉吏로 하여금 성 안의 일을 주관하면서 백성을 다스려 간악을 금지하고 선을 높이도록 하라. 교화의 근본이 언제든 꼭 여기서 비롯되게 하라."[13] 후한 군신들의 착안점은 신하들로 하여금 효성을 충성으로 옮기고, 군주를 섬김에 두마음이 없고, 현신과 염리가 교화를 진흥시키고 선을 높이도록 하는 데 있었다. 강상명교의 핵심이 현재들을 뽑아 충신이나 순한 백성이 되도록 충효의 도를 가르치는 데 그 취지가 있음을 알 수 있다. 그 정치적 효과는 군신 존비 등급을 강화하는 데 있었고, 그 사회적 효과는 사람들로 하여금 권위에 복종하도록 하는 데 있었다. 윗사람에 충성하고 따르는 사회 윤상 행위 규범을 통해 후한 왕조의 통치 질서를 공고히 하려는 것이었다.

공정하게 이야기하면 후한 통치자들의 정치적 사유 양식은 대체로 전한 이래의 '문무文武의 도'를 넘어서지 못했다. 이에 대해 제오륜第五倫이 일찍이 예리하게 지적한 바 있다. "광무제는 왕망의 잔여를 이어받았으므로 상당히 엄격한 정치를 행했다. 후대에도 이를 따르다가 마침내 풍속이 되었다."[14] 이러한 인식은 '유도와 명교로 수식된 후한의 치도 내면에 또 한 겹의 내용을 담고 있음을 설명해준다. 그러나 유학이 번창하고 명절名節을 장려했던 것 또한 후한의 정치 생활에서 무시할 수 없는 사실이었다. 전한 통치자들이 효치를 제창했던 요지는 두 가지였다. 하나는 군통의 계승에 있어서 아버지가 죽으면 자식이 승계하여 만세일계를 이루고자 함이요, 또 하나는 관념 혹은 심리적인 측면에서 전체 사회에 보편적인 복종 정신이 만들어지도록 이끌기 위함이었다. 이와 비교하여 후한의 명교는 군신 간의 통합 복속 관계와 정치 질서의 공고화를 이루는 데 집중되었다. 전체적으로 볼 때 강상명교는 여전히 한대의 효치로 짜여 있었지만, 그 구체적인 내용은 시세의 변화에 따라 약간의 조정이 있었던 것이다. 효치로부터 명교 사조로의 변천은 새로운 역사와 정치적 조건하에서 후한 통치자들이 통치에 필요한 사항을 반영한 것이었다.

명절名節의 장려와
효제의 표창

후한 통치자들의 명교 숭상은 주로 명절의 장려와 효제의 표창으로 표현되었다. 그리고 전국 단위로 강상명교를 실천한 충효의 전범을 마련했다. 이런 사례들은 정사에서 언제든 손쉽게 얻을 수 있는데, 대체로 세 가지 유형으로 나누어진다. 첫째는 효도의 본보기다. 예컨대 간의대부諫議大夫 강혁江革은 "어려서 아버지를 잃고 홀로 어머니를 모시고 살았다". 전란 시기에 강혁은 "어머니를 업고 피난을 가면서 온갖 험난한 고초를 겪으면서도 언제나 먹을 것을 수습하여 봉양했다". 어머니가 늙어 행동이 불편함에 강혁은 "스스로 끌채를 메고 수레를 끌면서 소나 말을 사용하지 않았다. 그래서 마을 사람들이 그를 '강 거효巨孝'라고 불렀다".15 강혁이 벼슬에서 물러나 고향으로 돌아간 뒤 한나라 장제는 "강혁의 지극한 행동을 그리워하여" 다음과 같은 조서를 내려 표창했다. "간의대부 강혁이 앞서 병으로 귀향했는데 요즘 기거가 어떠한고? 효는 백행 중 최고이며, 모든 선이 그로부터 시작되느니라. 국가에선 언제나 지사를 기리는데 강혁만 한 사람이 아직 없었다. 곡식 천 곡斛16을 '거효'에게 하사하여 높이 찬양하라. 항상 8월이면 고급 관리를 파견하여 문안을 하고 양고기와 술

등을 종신토록 내려주도록 하라. 만약 불행히 돌아가면 두 가지 고기를 쓰는 중뢰中牢[17]의 제사를 올리도록 하라." 황제가 친히 표창을 함으로써 강혁은 효도의 전범이 되었다. 그의 지명도는 정치권력의 매개를 통해 날로 올랐으며 "이로부터 '거효'라는 명칭이 천하에 유행했다".[18] 또 하나의 예를 보자. 안읍安邑의 위모의尉毛義는 "집안은 가난하나 효로 칭송받았다". 남양南陽 사람 장봉張奉이 그 이름을 흠모하여 방문했는데, 마침 "관부의 격문이 제때에 와서 모의를 수령으로 삼는다고 했다". 모의는 "격문을 받들고 들어가더니 희색이 만면하여 나왔다". 장봉은 매우 아니라고 생각하면서 "마음속으로 천하게 여기고 스스로 온 것을 뉘우치면서 인사를 마치고 떠나버렸다".[19] 나중에 모의의 어머니가 돌아가시자 모의는 "관직을 버리고 복을 입었는데", 다시 현량賢良으로 천거하여 불러들였는데도 가지 않았다. 장봉은 이를 보고 크게 탄복했다. "현자는 참으로 헤아릴 수가 없구나. 옛날에 희색이 만면했던 것은 부모를 위해서 굽힌 것이구나. 이것이 이른바 '집안이 가난하고 부모가 늙으시면 관직을 가리지 않고 벼슬한다'는 것이로구나."[20]

두 번째 유형은 충신의 본보기다. 예컨대 복융伏隆은 전한의 명유 복승伏勝의 후예였는데, "어려서 절조로 이름을 얻었다". 건무建武 2년(26) 장보張步 형제가 군대를 일으켜 할거하면서 제齊 지역을 점거하고 한나라 조정에 대항했다. 광무제는 복융을 광록대부光祿大夫로 제수하며 제 지역으로 보내 장보에게 항복을 권유토록 했다가, 오히려 장보에게 억류당해 이내 살해되었다. 복융은 억류당해 있는 동안 몰래 사람을 시켜 광무제에게 글을 올렸다. 황상께 부탁하오니 "제발 신 융 따위는 염두에 두지 마시고", 또 "폐하와 황후, 태자 전하께서 영원히 만세토록 나라를 영위하시고 저 하늘처럼 끝이 없으시길" 축원했다. 신하된 사람의 무한한 충성을 드러내 보인 것이다. 광무제는 대단히 감동하여 "융의 아버지 담湛을 불러 눈물을 철철 흘리면서 이렇게 말했다. '융이야말로 소무蘇武의 부절[21]을 지녔다고 할 만하다. 제때에 저들의 요구를 들어주어 빨리 구해오지 못한 것이 한스럽도다.'" 이러 충신에 대해서는 당연히 커다란 포상이 따르게 마련이다. 광무제는 "복융의 가운데 동생 함咸에게 조칙을 내려 복융의 상을 수습하도록 했으며, 관과 염습용 기물을 하사했다. 태중대부太中大夫로 하여금 호상을 맡도록 하여 상을 주관하고 낭야琅邪에 알려 무덤을 만들라는 조칙을 내렸다. 그의 아들 원瑗을 낭중郎中으로 삼았다".[22] 이런 예도 있다. "박학다식하여 세상에서 통유通儒라고 불리던" 두림杜林이 하서河西로 피난을 갔다가 할거 세력 진효陳囂에게 억류를 당했다. 그러나 두림은 "끝내 절개를 굽히지 않았다".[23] 건무 6년(30) 동생이 '죽어서' 상을 치르러 동쪽으로 귀환할 수 있었다. 광무제는 두림이 이미 삼보三輔[24] 벼슬로 돌아왔다는 사실을 전해 듣고 즉각 시어사侍御史 벼슬을 제수하고 "거마와 의복 등을 하사했다". 건무 22년(46) 두림이 병으로 죽었다. 광무제는 "친히 장례식에 참예했으며 아들 교喬에게 낭郎을 제수했다. 그리고 '공후의 자손은 반드시 그 처음을 회복할 것이며, 현자의 후예는 마땅히 성읍 하나는 맡아 다스려야 한다. 교를 단수丹水의 장으로 삼노라'는 조칙을 내렸다".[25] 두림은 한나라 조정에 충성했으며 직무에도 충실했다. 동해왕東海王의 스승으로 임용되었을 때 "부름이 있으니 반드시 간다"고 했고, 대사공大司空에 임명되었을 때 "해박하여 무엇이든 달통했으며 직무에 관한한 재상이라고 불렸다".[26] 조정은 충신에 대하여 장려하고 포상한다는 것을 표명하기 위하여 광무제는 여러 가지 예를 갖추고 친히 장례에 간 것이다.

세 번째 유형은 청렴한 관리廉吏의 모범이다. 예컨대 공분孔奮이 고장姑臧 지방의 장관이 되었는데, "이때 천하가 혼란스러웠으나 오직 하서만이 안전했고 고장은 부유한 읍으로 알려졌다. 강羌족들과 재화를 교통하여 하루에 시장이 네 번[27]이나 열렸다". 이전의 수령들은 "몇 개월 안 되어 엄청난 부를 쌓았다".[28] 그러나 공분은 "재직한 지 4년이 되도록 재산이 하나도 늘지 않았다". 또한 "어머니를 섬김에 효성을 다하여 열심히 검약을 하되 최대한 맛좋은 음식으로 봉양을 극진히 했다. 본인은 처자식들과 같이 푸성귀를 달게 먹고 살았다".[29] 이때는 건무 초년으로 선비들의 명절이 확립되지 않았을 때라 "청렴결백에 힘을 기울인" 공분은 오히려 뭇사람의 다음과 같은 조소를 받았다. "어떤 사람은 기름기 넘치는 자리에 앉아 있으면서도 스스로 윤기 있는 삶을 누리지 못하고 오히려 쓰라린 고통만 늘어가더라." 공분은 청렴결백하게 직무를 수행하며 "다스림에 인자함과 공평함을 소중히 여겨서" 청렴한 관리의 전범이 되었다. 광무제는 "조칙을 내려 그 아름다움을 찬미하고 무도武都 태수라는 벼슬을 내렸다".[30] 다른 예를 보자. 장감張堪은 소년 시절 장안長安에서 수업을 받았는데 "뜻이 훌륭하고 행동이 엄격하여 여러 유생이 '성동聖童'이라 불렀다". 어양漁陽 태수에 임명되었을 때 "상벌에 신뢰가 분명하여 관리와 백성 모두가 기꺼이 그에게 쓰이려 했다". 또 흉노匈奴의 침략을 막아내고 논밭을 개간하여 "백성에게 경작을 권면함으로써 풍성한 부를 쌓았다". 현지 백성은 그를 찬양하며 이런 노래를 불렀다고 한다. "뽕나무에 곁가지가 없고 보리 이삭은 두 갈래로 자라도다. 장 군이 정치를 하니 더할 나위 없이 즐겁도다."[31] 장감이 촉군蜀郡의 태수를 맡은 적이 있었는데 여기서도 "인의로써 아랫사람들에게 은혜를 베풀고, 위엄은 능히 범죄를 소탕했다". 직책에서 떠나는 날 "끌채가 부러진 수레를 타고, 삼베 이불보따리가 전부였다". 광무제는 이 말을 듣고 "오래도록 탄식했다". 장감이 병으로 죽자 "황제는 심히 애석해하며 그를 널리 기리라는 조서를 내리고 비단 100필을 하사했다".[32]

이상 세 가지 유형 이외에 표창과 장려 대상으로 저명한 유학자와 충신의 후예도 포함되었다. 예컨대 화제和帝 영원永元 3년(91) 11월 조서를 보자. "고조의 공신으로는 소하蕭何와 조참曹參이 으뜸으로 길이 세상에 전하여 끊어지지 않을 의미를 지니고 있다. (…) 짐이 장릉長陵의 동문을 바라보면 두 신하의 무덤이 보이는데 그 높은 절조를 생각할 때마다 감동에 젖게 된다. 충의로 총애를 얻는 것은 예나 지금이나 마찬가지다. 사자를 파견하여 중뢰의 제사를 지내도록 할 것이며, 대홍려는 가까운 친척으로 마땅한 상속자를 찾아 상서로운 바람[33]이 불 때 봉작을 주어 그 공적을 밝히도록 하라."[34] 결과적으로 후한 통치자들은 효자, 충신, 염리 등을 표창하고 장려함으로써 전 사회에 명교의 본보기를 만들었던 것이다. 이 본보기는 윤상도덕이란 측면에서 한대 이래 유가 문화의 일반적 표준이었으므로 사회 각계각층 사람들의 인정과 지지를 쉽게 얻어낼 수 있었다. 정치적으로는 통치자의 이익과 더 잘 맞아떨어졌다. 군신 간의 기강과 존비 질서의 인격화는 통치 계급이 면밀히 골라낸 학습의 모범이었다. 후한 명교에서 구현해내려는 전형은 응당 주공周公이나 공자와 같은 성인이었다. 그러나 성인은 일단 성인이 되고 나면 왕왕 일상생활에서 멀어져 그저 바라볼 수 있을 뿐 도저히 다다를 수 없는 존재로 바뀐다. 후한 통치자들은 효제에 대한 표창을 통해 명교의 전형적 형상을 인간의 주변에서 만들고자 했다. 표창의 방식 또한 표창 받는 사람으로 하여금 명예와 이익 둘 다를 얻도록 했다. 그들은 이런 방식을 통해 평범한 명교의 본보기를 사용함으로써 사람들의 자유의식과 선택을 제한하여 규정에 순종하는 순민順民 사회가 수립되기를 바랐다. 그런데 누가 알았겠는가. '본보기 효과'에 영향을 주는 정치적·사회적 요소가 인위적 요소보다 훨씬 더 중요했다. 아무리 많은 명교의 본보기를 갖고 있다 하더라도 보편적인 탐관오리들이 만들어내는 더욱더 강한 침투와 영향력을 막기는 어려운 일이었다.

<h1 style="text-align:center">윤상倫常 교화</h1>

한대의 효치가 중시한 것은 유학의 가르침이었다. 한 무제가 유교를 숭상하여 오경박사를 세우면서부터 유가 경전은 관방의 교재가 되었으며, 사람들이 지식을 얻는 필독서가 되었다. 후한 통치자들은 명교를 창도하면서 유학 윤상 교화의 강화를 중요한 수단 가운데 하나로 삼았다. 예컨대 전한의 제왕들과 마찬가지로 후한 군주 또한 유가 경전의 학습을 중시했다. 광무제는 "『서경』을 배워 대략 큰 뜻을 통달했으며,"35 명제는 "10세에 능히 『춘추』에 통달했다."36 장제는 "어려서 관용을 베풀고 유가 학술을 좋아했는데"37 "특히 『고문상서』와 『춘추좌씨전』을 좋아했다."38 제왕들의 창도하에 후한의 관학과 사학은 전한에 비해 더욱 발달했다. 태학太學과 군, 현의 관학 외에도 명문 귀족인 사성소후四姓小侯의 학교가 설치되어 있었다. 영평永平 9년(66)에 "사성소후가 학교를 열고 『오경』 스승을 두었다."39 『후한서』 주석에 인용한 원굉袁宏의 『한기漢記』에 따르면 "영평 연간에 유학을 숭상하여 황태자, 여러 왕과 제후 및 공신의 자제 중 경전을 교육받지 않는 사람이 없었다. 게다가 외척이었던 번樊씨, 곽郭씨, 음陰씨, 마馬씨의 여러 자제는 학교를 세우고 사성소후라 부르며 『오경』 스승

을 두었다".[40] 이 밖에 사가의 서관書館, 종족宗族의 학당學堂 등이 셀 수 없이 많았다. "온 세상에 학교가 수풀처럼 많고 상서庠序가 가문마다 가득했다"[41]는 반고班固의 말은 곧 이를 두고 한 말이다.

후한 학교 교육의 내용은 군신 간의 예법 제도와 강상명교에 다름 아니었다. 『좌전』의 폐지를 통해 우리는 그 단서를 읽을 수 있다. 전한 애제哀帝 때 시중侍中 유흠劉歆은 『좌전』을 숭앙하여 그것으로 황제를 설득하여 학관을 세우고자 했으나 금문경학파 유생들에게 제지를 당했다. 후한 초엽 광무제는 "독자적인 견해를 떨쳐 밝히며 『춘추좌씨전』과 『춘추곡량전春秋穀梁傳』을 새로 세웠다". 그러나 독실하게 도참圖讖을 믿었던 광무제가 "두 학파의 선사들을 만나보았는데, 그들이 도참을 모르자 이내 중도에서 폐지하라고 명령했다".[42] 건초建初 원년(76) 가규賈逵는 이런 상소문을 올렸다. "무릇 선왕의 도를 존치시키는 것은 주상을 안정시키고 백성을 다스리는 데 요체가 있습니다. 지금 『좌전』은 군주와 아버지를 숭상하고 신하와 자식을 낮추며, 줄기를 강화하고 가지를 약화시키며, 권선징악하며, 지극히 밝고 절실하며, 지극히 곧고 순합니다. (…) 또 『오경』 학파는 모두 도참으로 유씨가 요堯임금의 후예임을 증명해주지 못하는데, 유독 『좌전』에만이 이에 관한 명문이 있습니다. 『오경』 학파는 모두 전욱顓頊이 황제黃帝의 대를 이었고 요임금이 화덕火德을 얻지 못했다고 말합니다. 그런데 『좌전』은 소호少昊가 황제의 대를 이었다고 하는데 이것이 바로 도참에서 말하는 제선帝宣이옵니다. 요임금이 화덕을 얻지 못했다고 한다면 한 왕실은 적덕赤德일 수 없습니다. 그것이 밝혀주고 있는 것들은 실로 도움 되는 바가 많다고 여겨집니다."[43] 그는 장제에게 『좌전』의 회복을 청구했다. "폐지된 학문에 유의하시어 성스러운 견해를 넓히시면 잃는 바가 거의 없을 것이옵니다." 장제는 가규의 건의를 받아들여 가규에게 이런 명령을 내렸다. "『춘추공양전』을 하는 엄嚴, 안顔 등 재능이 탁월한 학자 20명을 선발하여 『좌전』을 가르치고 죽간과 종이 및 『좌전』『춘추』를 각자 하나씩 주도록 하라."44 건초 8년(83) 겨울 12월의 조서를 보자. "『오경』을 분석해보니 성인의 취지에서 너무 멀어져 있다. 장구에 유실된 글이 있고 잘못되고 의심스러워도 바로잡기가 어렵다. 선사들이 남겨놓으신 미묘한 말씀들이 장차 끊기고 없어질까 걱정이다. 옛일을 신중히 헤아리지 않고 참된 도를 구하고 있다. 이에 군유君儒에게 명하노니 재능이 탁월한 생도들을 뽑아 『좌전』『춘추곡량전』『고문상서』『모시毛詩』 등을 배우게 하여 미묘한 학설을 떠받들고 뛰어난 논의를 많이 하도록 하라."45 『좌전』이 한 번에 정식으로 관학이 된 것이다. 이는 후한 통치자들이 강상명교를 강화하기 위하여, 군신 간의 기강을 공고히 하는 데 유리하고 후한 왕조 정권의 합리성을 논증해줄 수 있는 유학 경전이면 모두 채택해 썼다는 이야기다.

후한 통치자들은 또 군, 현 지방 상서庠序 교육에서의 윤상 교화를 강화하는 데도 극히 주의를 기울였다. 후한 장제 건초 원년(76) 봄 정월 병인丙寅 날의 조서에서는 "효도 등 다섯 가지 가르침46은 관용에 의미가 있으며 『서경』「순전舜典」이 아름답게 여긴 바다"47라 지적했다. 『후한서』 원본 주석에 따르면 "오교는 아버지는 의롭고, 어머니는 자애롭고, 형은 우애롭고, 동생은 공손하고, 자식은 효도함을 일컫는다."48 원화元和 3년 (86) 봄 정월 을유乙酉 날의 조서를 보자. "군주 되는 사람은 백성을 부모처럼 여겨야 한다. 비통한 상황을 걱정해주어야 하고, 충성과 화합을 가르쳐야 한다."49 유가의 윤상도덕으로 백성을 교화할 것을 분명히 주장하고 있다. 모든 만조백관은 각종 조치를 마련해 일반 백성에 대한 윤상 교화를 강화한다. 예컨대 대사도 복담伏湛은 반란 평정에 매우 바빠 "창졸간에 있었으나 아무리 급해도 반드시 문덕을 지켜 예악 정치 교화의 으뜸으로 삼았으며, 아무리 곤경에 처해도 이를 어기지 않았다". 또한 건무 3

년(27)엔 "향음주례鄕飮酒禮를 행할 것을 주청하여 이내 시행했다."[50] 이충李忠은 단양丹陽을 진무하면서 "단양이 월越나라 풍속으로 공부를 좋아하지 않고 결혼 등 의례가 중국보다 못하므로 학교를 세우고 예의용모를 익히도록 했으며, 춘추 시대 향음의 예를 가르쳤다. 경전에 밝은 사람을 뽑아 쓰니 군 내 사람들이 그를 흠모했다."[51] 응봉應奉이 무릉武陵태수에 임명되었을 때도 "학교를 세우고 비천한 사람들을 움직이니 정치와 풍속이 바뀌었다."[52] 송효宋梟는 양주涼州자사를 맡으면서 "양주는 학술이 부족하여 수없는 폭력이 난무한다. 이제 『효경』을 많이 베끼도록 하고 집집마다 그것을 익히도록 한다면, 어쩌면 사람들로 하여금 의를 알게 할 수 있을 것이다."[53]라고 했다.

여기서 주의를 기울여야 할 점은 후한 통치자들이 윤상 교화를 시행하는 과정에서 특히 지방 수령들에게 몸으로 모범을 보이고 예법 제도를 준수하며 백성의 모범이 되라고 요구했다는 사실이다. 한대 "옛 제도에 따르면 공경, 이천석, 자사는 삼년상을 치를 수 없게 되어 있었다. 그래서 안팎의 크고 작은 직위에 있는 사람들이 두루 상례를 폐지했다". 이에 대해 사도 유개劉愷는 이렇게 생각했다. 삼년상을 치르는 것은 "풍속교화를 잘하여 효도를 넓히려는 까닭이다. 그런데 지금 자사는 한 주의 대표이고, 2천석은 천 리 영역에 영향을 미치는 스승이다. 그들의 직무는 백성을 잘 다스려 훌륭한 풍속을 만들어가도록 하는 것이다. 그러니 더더욱 예의를 존중하여 제 몸이 앞서가야 할 것이다". 그리 못하면 "원류가 탁한데 물이 맑기를 바라고, 형태가 굽었는데 곧아 보이려는 것처럼 이루어질 수 없는 일이다."[54] 낭중郎中 순상荀爽도 다음과 같이 주장한다. "지금 공경, 신료들은 모두 정치 교화에서 백성이 우러러보는 사람들인데 부모의 상을 당해서도 급히 움직이지 않는다. 인의의 행위는 위로부터 시작되어야 돈후한 풍속이 아래에서 그에 응하는 것이다. (…) 『춘추전』은 '위에서 하

는 행위를 좇아 백성이 귀의한다'고 말한다."[55] 통치자들은 '본보기 효과'
가 교화 수준을 제고하는 데 실질적 효력을 드러낸다는 사실을 잘 알고
있었다. 그래서 윤상 교화에서 정치적 권위를 이끌어내는 작용과 영향력
을 의식적으로 강화했다.

후한 시대 사람들이 보기에 예법 제도와 윤상은 "세상의 풍속을 구원
하고 훌륭한 정치에 다다르게 하며 저 하늘로부터 만백성을 위한 복을
얻어다 주는 것이었다."[56] 통치자가 진정으로 기대한 것은 사실 학교 교육
과 예속 교화를 통해 제왕을 위한 수천수만의 충신과 양민을 길러냄으로
써 무너지지 않을 후한 왕조의 사회적 기초를 다지는 것이었다.

효렴에 의한
관료 선발

효렴에 의한 관료 선발은 후한 명교 사조가 제도로 구현된 것이다. 한 대의 관료 선발은 찰거징벽察擧徵辟 제도를 시행했다. 현량賢良, 문학文學, 방정方正, 효제孝悌, 효렴孝廉, 능언극간能言極諫, 무(수)재茂(秀)才, 명경明經, 명법明法 등 선발 과목 수가 너무 많았다. 그 가운데 효렴 과목이 가장 중요했다. 전한 원광 원년(기원전 134) 동중서가 처음으로 이 논의를 개진하여 군郡, 국國에 효孝, 염廉 각 한 사람씩 선발하라는 조서가 내려짐으로써 효렴은 관직에 진출하는 가장 좋은 길이 되었다. 처음엔 효와 염을 나누어 선발했으나 전한 말기에 하나로 합쳐졌다. 후한 통치자들은 명교를 제창했으며 효렴과 다른 과목들을 비교해볼 때 윤상강기에 더욱 집중했다. 이른바 효성은 능히 충성으로 옮겨갈 수 있고, 청렴하면 위로 군주에 충성하고 아래로 백성을 동정할 수 있다는 것이다. 그리하여 효렴은 후한 통치자들에게 남달리 중시되었다. "고로 한나라 제도에 따라 천하가 『효경』을 암송하게 되었으며 관리 선발에 효렴이 으뜸이었다."[57] 이것은 주로 다음 두 가지 측면에서 드러났다. 첫째, 효렴은 후한 시대 여러 과정을 통한 관료 선발의 표준을 설정하는 기초였다. 『후한서』「화제기和帝記」주석의 「한

관의漢官儀」의 인용에 따르면 "건초 8년 12월 기미 날, 관료 선발 네 과정에 대한 조서를 내렸다. 하나는 덕행이 높고 지조가 청백한 사람, 둘은 경전에 밝고 행실이 잘 닦여 능히 박사를 맡을 만한 사람, 셋은 법률에 밝아 의혹을 해소할 수 있고 규정에 입각해 질의응답을 하며 문장이 어사御史를 맡을 만한 사람, 넷은 강직하고 지략이 뛰어나 어떤 일을 당해도 현혹되지 않고 명료하게 부정을 밝혀내며 용기 있는 결단으로 재주가 삼보령三輔令을 맡을 만한 사람을 말한다. 그리고 이 모두는 효제孝悌, 청공淸公한 행실을 갖추는 경우라야 한다."58 『북당서초北堂書鈔』「설관부設官部」가 「한관의」를 인용한 '사과취사四科取士' 문장도 내용이 비슷하며 끝 구절은 "모두는 효제, 염정廉正한 행실을 갖추어야 한다"59이다. 후한의 관료 선발이 혹은 덕을 최고로 여기고, 혹은 법을 최고로 여기고, 혹은 재주를 최고로 여기나 '효제' '청공' '염정' 등 덕행이 네 과정의 근본임을 알 수 있다. 둘째, 후한의 군주들이 효제를 통한 관료 선발을 극히 중시했다. 행실이 돈독한 일반 유생들이 선발에 참여할 수 있었을 뿐만 아니라 재직하고 있던 관리들도 선발에 참여할 수 있었다. 예컨대 순제順帝는 즉위하자마자 곧바로 "군, 국 태수들에게 일정한 연령에 다다르지 않은 사람들까지도 잘 관찰하여 모두 효렴의 관리로 천거하라고 명령했다."60 양가陽嘉 원년(132) 겨울 11월 신묘 날, 군, 국에 효렴을 천거하라는 조서를 내리면서 "여러 유생 가운데 문장에 능통하고 문관 관리 중 주해와 상주를 할 줄 아는 사람들도 선발이 되도록 하라"61고 했다. 본초 원년(146) 가을 7월 병술 날, 환제는 이런 조서를 내렸다. "녹봉이 1만100석이고 열 살 이상인 데다 특별한 재주와 행실을 갖춘 자는 선발에 참여토록 하라."62

효렴에 의한 관료 선발로 확실히 효성이 지극하고 행실이 돈독하며 "덕행이 높은" 선비들을 선발할 수 있었다. 이를테면 위표는 "효행이 지순했다. 부모가 돌아가시자 슬픔으로 삼년상을 치르며 여막을 떠나지 않았다.

복상이 끝났을 때 파리하게 여위어 뼈에 이상이 생겼다가 몇 년을 치료한 뒤에야 일어났다. 학문을 좋아하여 유학의 대종이라는 아름다운 칭찬을 받았다. 건무 말년 효렴으로 천거되었고 (…) 삼보三輔의 여러 유생 중 그를 흠모하지 않는 자가 없었다."[63] 또 환난桓鸞의 예를 보면 "어려서부터 절조 있는 행동을 했으며 다 해진 옷에 거친 음식을 먹으며 아무런 잉여도 추구하지 않았다. 세상이 혼탁했을 때 주, 군의 사람들은 그 사람됨을 비난했으나 부끄러운 세상에 벼슬하려 하지 않았다". 태수 향묘向苗는 "유명한 자취를 남긴 사람으로 환난을 효렴으로 천거하여 교동령膠東令에 오르게 했다. 처음 관직에 나오자마자 향묘가 죽었다. 환난은 즉각 직위를 버리고 상에 참예했다가 3년을 마친 뒤 돌아왔다. 회淮, 여汝 지역에서 그 의로움을 매우 높이 여겼다. 나중에 사오巳吾와 급汲 두 현의 현령이 되었는데 매우 저명한 자취를 남겼다."[64] 이들 효렴의 선비들이 벼슬길에 들어선 뒤 대부분 곧은 뜻과 깨끗한 행위를 하여 강상명교의 보편화를 촉진시켰다. 예컨대 장패張霸는 "효렴으로 천거받아" 벼슬길에 들어서 회계會稽 태수를 맡게 되자 "군 내 처사들 가운데 고봉顧奉, 공손송公孫松 등을 임용했다. 고봉은 나중에 영천穎川 태수가 되었고, 공손송은 뒤에 사례교위司隷校尉가 되었는데 모두 칭송이 자자했다. 그 외에도 학문과 행위가 뛰어난 자는 모두 발탁하여 썼다. 군내에 뜻을 닦고 절개를 지키며 경전을 익히는 사람이 1000명을 헤아릴 정도였으며, 길거리에 경전 암송하는 소리만 절로 들렸다."[65] 효렴취사는 유가 전통의 "학문을 익혀 넉넉해지면 벼슬길에 나간다"는 신조 위에 도덕적 조건을 부가한 것이다. 군신 간의 기강과 충효 윤상을 삼가 지키는 선비라야 천거 또는 선발의 대상이 될 수 있었다. 일반적으로 '정치에 등용'될 수 있는 표준은 사회 구성원의 정치적 가치 관념과 행위 선택에 강렬한 유인 및 방향 설정 작용을 해준다. 후한 통치자들은 윤상도덕의 준칙에 따른 관원 선발을 중시하고 강조했는데,

이는 전 사회의 도덕 행위와 가치 관념 형성에 큰 영향을 미쳤다. 군주 정치 시대에 권력과 이익은 자연스러운 인과 관계를 맺고 있었다. 선비들은 권력의 전당에 들어서 통치 집단의 일원이 될 방법에만 골몰했다. 그래야 특권과 이익을 얻을 수 있었다. 후한 통치자들은 명교를 창도했으며, 표창과 교화가 여기에 일정한 효력을 발휘한 것은 당연하다. 그러나 이익으로 유혹하는 것보다 더 직접적일 수는 없었다. 효렴취사는 사람들의 선택에 이런 암시를 주었다. 강상명교를 준수하며 예를 받들고 도를 지킬 수만 있으면 단번에 높은 지위에 뛰어올라 현달하게 될 것이며 공명과 부귀를 얻을 수 있으리라. 바로 이러한 관료 선발 제도의 작용하에 명교는 갈수록 세인들에게 인정되고 존중받았다. 그리하여 "절조를 다투고" "길거리에 경전 암송하는 소리만 들리는" 현상이 출현하게 되었다. 명교 사조는 무성한 사회적 유행이 되면서 후한 일대를 석권했다.

'부화교회浮華交會'와
명교의 쇠락

최근 사람인 천인커陳寅恪는 후한 시대 선비들에 대하여 다음과 같이 말한 바 있다. "그들의 학문 활동은 스승으로부터 경전을 전수받거나 수도에 유학을 하거나 태학의 박사들에게 수업을 듣는 것이었다. 그들의 인생 행보는 효도, 우애 및 예법을 통해 가문과 고을에서 칭송을 받은 뒤 주, 군의 목사, 태수 및 공경에 의해 벼슬길에 불려갔다가 끝내는 현달하는 것이었다."[66] 후한 시대 관료 선발에는 본래 사회 여론을 중시했다. 이른바 "어질고 재주 있는 사람을 뽑아 쓰는 것을 정치의 근본으로 삼았다. 각 과목별로 능력 여부를 나누되 반드시 고향에서의 평가에 기초했다."[67] 이에 대한 『후한서』 본문 주석의 『주례』 인용문을 보면 이렇다. "향대부鄕大夫는 그 고을의 정치, 교육을 관장하면서 고을 내 덕행을 깊이 고찰한다. 그리고 도의나 기예에 밝은 사람을 헤아려 현명하고 능력 있는 사람을 3년에 한 번씩 왕에게 천거한다."[68] 선비들 가운데 혹자는 지방관에 의해 천거되었으며察擧, 혹자는 공공 기관에서 불러들였다徵辟. 어느 경우든 선비들은 재주, 학문 및 품행에 대해 사회의 '공인된' 인정을 받아야 했다. '고향'의 여론은 벼슬길의 진퇴와 관련이 있었으며, 효제, 염정 또는 '효도, 우애 및 예법' 등 도덕적 명망은 벼슬길을 모색하는 선비들에게 지극히 중요한 관건이었다. 이런 상황 아래서 선비들은 경전을 숙독하고 명예와 지조를 갈고닦아야 했을 뿐만 아니라 온갖 수단을 다하여 더욱 폭넓은 사회적 찬사를 받아 자기의 지명도를 넓혀야 했다. 그리하여 아무리 늦어도 후한 중엽에 이르면 선비들이 '부화교회浮華交會', 즉 겉치레의 화려한 교류 회합을 하여 서로를 치켜세우고 서로의 인물됨을 찬양하는 분위기가 일어나 갖가지 풍설과 제목들이 한때를 풍미했다. 예컨대 '향리지호鄕里之號' '시인지어時人之語' '학중지어學中之語' '천하지칭天下之稱' 등이 그런 모임이었다. 명교 사조는 실질적 학문과 돈독한 행실 그리고 명실상부를 추구했는데, 선비들이 이런 부화 교유를 통해 서로를 치켜세우고 서로의 인물됨을 찬양하는 데 도취되니 거꾸로 명분과 실질이 어긋나고 천거가 진실하지 못했다. 영평 원년(58) 번숙樊儵은 상소문에선 "군, 국에서 효렴을 천거함에 모두 나이 어리고 보은을 잘하는 사람을 뽑으니 늙고 숙련된 현인이 대부분 버려졌다"[69]고 지적했다. 후한 중엽 이후, 군주가 비록 "연이어 조서를 내려 분명하고 진실하게 처리하라고 하여 깊이 연구해야 했음에도 이내 태만에 빠져 선거가 어긋나기 일쑤였으며 그 피해는 백성에게 돌아갔다"[70] "과목별로 능력 여부를 나누되 반드시 고향에서의 평가에 기초했던"[71] 관료 선발 제도와 윤상과 품행을 중시하는 명교 정치문화의 분위기 아래서 "시속은 천박해지고 교묘한 사기만 번성했으며, 『오경』은 쇠패해져 더 이상 감화를 할 수 없게 되었다"[72] 그것이 지배적인 분위기가 되고 말았다. 후한 후기에 이르면 선비들이 명성을 구하며 벌인 '부화교회'는 갈수록 심해져 더 이상 돌이킬 수 없는 지경에 이르고 말았다. 예컨대 양태후梁太后가 조정을 맡았을 당시 태학 생도의 숫자가 3만 명에 달해 규모가 방대했음에도 그들의 "문장 실력은 점점 서툴고, 대다수는 화려한 겉치레로 서로를 높여주었으니 유학자의 풍도는 사라졌다"[73] 학관學官들도 더 이상 석학이나 경험 많은 노학자나 명예와 절조를 지키는 선비가 아니었다. 대다수는 조악하고 서툰 무식한 무리였다. 심지어 "박사에 대한 천거도 대부분 실제 학문에 의거하지 못했다."[74] 신중하게 학관을 선발하고 가문과 스승의 법도를 중시하던 후한 초기의 유학적 전통은 이때 바뀌어 "박사가 자리를 깔고 강론을 못하고, 유학자들은 끝까지 겉만 번지르르한 논의를 하고, 충성을 떠듬거리는 것조차 잊어버리고, 아첨하는 말투나 익히는"[75] 현상이 생겨났다. 예법은 해이해지고 경전의 의의는 쇠퇴 몰락하고 윤상은 타락하는 지경에 이르게 되었다. 그보다 조금 뒤의 동소董昭가 지적한 것처럼 선비들은 "더 이상 학문을 근본으로 삼지 않고" 뒤바뀌어 "오로지 교유를 업으로 삼게"[76] 되었다. "문장 실력에 의지하지 않고 거짓으로 억지로 둘러맞추며 스승에 대한 추종을 잘못되었다고 하고 개인적 의사 표명만을 옳다고 여겼다. 도의와 학술에 대한 경시가 차츰 풍속이 되어갔다."[77] 후한의 통치자들은 선비들의 풍모가 날로 타락해가고, 천거와 관료 선발의 폐해가 무더기로 생겨난 것을 명료하게 의식하고 있었다. 그래서 관리들을 선발, 임용할 때 "겉치레만 번지르르한 사람을 절대로 쓰지 말라"[78]고 누차에 걸쳐 분명한 명령을 내렸다. 그러나 아무 소용이 없었다. 명예를 그물질하고 칭찬을 조작하고 서로서로 끌어주는 허명의 무리는 왕왕 관모를 탕탕 두드리며 입조하여 높은 지위에 오르고, 교유할 줄도 거짓으로 칭찬할 줄도 모르는 그 올곧고 독실한 선비들은 곤궁한 생활을 하며 산골에서 늙어 죽을 수밖에 없었다. 이에 왕부王符는 다음과 같이 지적했다. 한나라 말 선비들은 "도의에 뜻을 둔 사람일수록 친구가 적고, 시속을 따르는 사람일수록 교제 범주가 넓었다. 그리하여 붕당을 지어 사사로이 이용했으며, 실질을 위배하고 겉치레만 좇았다."[79] 세상 풍상은 갈수록 추락했다.

후한 후기의 선비들이 교유를 통해 명성을 구하는 분위기가 맹위를 떨치면서 이른바 '고향'의 여론 혹은 세인의 '공론'은 사실상 권세에 빌붙어 부귀공명을 추구하는 무리에게 주요한 수단이 되었다. 후한 이래 극력 제창되어 오던 강상명교, 충효절조 등은 차츰 무늬만 존재하는 허구적 가설이 되어갔다. 서간徐幹은 이렇게 질타했다. 환제桓帝, 영제靈帝 시절 "공경대부로부터 주, 군의 목사, 태수까지 국왕이 내려준 일은 하나도 걱정하지 않고 손님 접대에만 열중했다. 갓 쓴 이들이 대문을 가득 메우고 유생의 복장을 한 사람들이 거리에 가득했다. (…) 아래로 작은 관리에 이르기까지 관료의 인끈을 벌여놓고 장사치처럼 사람을 모으려 들지 않는 이가 없었으며, 스스로 급수가 낮은 선비라고 괴로워했다." 관원들은 온종일 "손님을 보내고 맞는 일에" 바빴다. 그 결과 "처리해야 할 문서는 관아에 쌓이고, 묶인 죄수들이 감옥에 가득 차도 바삐 처리하지 않았다. 그들이 하는 짓을 자세히 보니 국가와 백성을 위해 걱정하며 도덕을 강구하려는 것이 아니라 오로지 사사로운 자기 관리와 권세, 이익을 좇을 따름이었다."[80] 이와 같은 정치적 상황은 분명히 후한 통치자들이 명교를 창도했던 초기의 충정을 너무나 심각하게 위배한 것이었다. 선비들의 출셋길이 기본적으로 명성과 찬양에 의지했기 때문에 그 결과 "공정한 평가에서 멀어지게 되었다. 똑똑한 사람들은 궁벽하게 살아가고 탐욕스러운 무리가 뜻을 얻으니, 명실이 맞지 않고 값이 물건에 따라 매겨지지 못하는"[81] 현상이 날로 심해졌다. 명교의 가르침은 이미 말로에 빠져들었다. 후한 후기 일부 지식인은 이 위기를 간파하고 명교의 폐해에 대한 의문과 비판을 분분히 제기했다. 그들의 의견은 대부분 명실 관계에 집중되었다. 예컨대 순제 때 여남汝南 태수 왕당王堂은 관료 선발의 길이 "명분에 맞추어 그 실질을 따지며, 말을 살펴 그 효과를 관찰하는 데"[82] 있어야 한다고 주장했다. 중장통은 이렇게 질책했다. "천하의 선비 중 천시해야 할 세 부류가 있다. 명분만 숭상하되 실질을 알지 못하는 사람이 천시해야 할 한 부류다."[83] 왕부도 인재를 뽑아 쓸 때는 반드시 명실을 고려해야 한다고 주장한다. "호칭은 반드시 그 이름에 합당한 것이어야 하고, 이름은 반드시 그 실질에 본받는 것이어야 한다. 그러면 그만두어야 할 관직이 없을 것이며, 그 자리에 합당하지 않는 사람이 없을 것이다."[84] 한·위魏 교체기에 이르면서 이런 인식은 점차 덕재德才 관계와 명실 관계를 집중적으로 탐구하는 명리名理 및 명법名法 사조를 촉성했으며, 조금 뒤 현학玄學 사조를 일으키는 선구자적 역할을 하기도 했다.

후한 말년 당고黨錮와
청의清議 사조

인류 사회에 정치권력과 이익이 존재하는 한 정치 생활에서 각양각색의
이익 집단과 정치적 분파가 형성되는 것을 피할 수는 없다. 이는 동서고
금을 막론하고 면하기 어려운 일이다. 군주 전제주의 시대엔 군주를 수령
으로 하는 황족들이 최대의 이익 집단이었으며, 군주는 국가권력의 상징
이자 정치의 중추인 동시에 통치 계급의 정치적 대표자이기도 했다. 그는
본질적으로 군주 중심의 통치 집단을 제외한 다른 정치적 이익 집단의
존재를 허용할 수 없었으며, 군주 중심의 통치 집단 내부에서 이탈하는
그 어떤 경향의 정치 세력이나 분파의 출현도 허용할 수 없었다. 선비들
이 일단 작당을 하면 그 결과는 상상할 수 없는 것이었다. 공자는 선견지
명이 있어 "군자는 당을 짓지 않는다"고 했다. 후한 말년 당고黨錮의 재앙
은 복잡하게 얽힌 권력과 이익 쟁탈 과정에서 사대부들이 "함께 붕당을
만들었다"[85]는 이름으로 당한 정치적 재난을 말한다. 이와 짝을 지어 나
타난 청의清議 사조는 한나라 말 선비들의 정치적 가치관과 요구를 함축
하고 있다. 이 사조는 후한 시대 정치사상의 발전에서 중요한 지위를 차
지할 뿐만 아니라 후세의 정치사상의 발전에도 깊은 영향을 미쳤다.

당고와 그 연유

『후한서』「당고열전」의 기록에 따르면 환제桓帝 유지劉志가 아직 왕위에 오르지 않았을 때 "감릉甘陵의 주복周福에게 수학"을 한 적이 있었는데, 즉위 후 주복을 상서尙書로 발탁했다. 이때 주복과 같은 군郡 사람인 하남윤河南尹 방식房植은 "그 조정에서 명성을 떨치고 있었다". 이 때문에 고향 사람들 사이에 이런 풍설이 유행했다. "천하의 규칙은 방식(자 백무伯武)이요, 스승이어서 관직을 얻은 이가 주복(자 중진仲進)이라." 주, 방 두 집안의 빈객들은 "서로 조롱하며 각자 따르는 무리를 모았는데 갈수록 틈이 벌어졌다. 이로부터 감릉은 남부, 북부로 갈렸다. 당인黨人들의 의론은 여기서부터 시작되었다".86 『후한서』를 살펴보면 당인의 이름이 권력 투쟁에 이용된 것은 감릉에서 시작된 일이 아니다. 예컨대 순제順帝 재위 시 "관직에서 물러나는 경우의 대부분이 순서에 맞춰 이루어지지 않았는데", 태위太尉 이고李固는 "100여 명의 면직을 주청했다". 이렇게 관직에서 쫓겨난 관리들이 마음에 원망이 쌓여 "공동으로 이고의 죄를 무고하는 다음과 같은 긴급 보고서를 만들었다. '태위 이고는 공무를 빙자해 사적인 업무를 보고, 올바름을 가장해 거짓을 일삼으며, 가까운 인척을 이간질하고, 자기가 만든 조그만 당만 치켜세우고 있사옵니다. 유능한 사람을 추천한다면서 모두를 자신의 문도로 채우며, 관료를 선발함에 옛 친구가 아닌 사람이 없사옵니다. 혹은 부유한 사람들이 뇌물을 쓰기도 했으며, 혹은 자녀 사위 처가 친속 관계로 관직의 계보에 늘어선 자가 무려 49명에 달하옵니다.'"[87] 이 사건은 흐지부지되었지만 나중에 이고가 비명에 죽게 되는 화근을 묻어둔 셈이었다. 환제, 영제靈帝 때에 "군주고 정치고 황당무계하여 나라의 운명이 환관들에게 맡겨졌다. 사대부도 부끄럽게 그들과 뒤섞였다. 그리하여 필부들의 항의가 빗발치고 선비들 간에 의론이 횡행했다. 이에 명성을 끌어올리려고 서로를 품평해주고, 공경대신들을 품평하는가 하면, 정치를 자기네 멋대로 재단했다."[88] 당시 이응李膺, 진번陳蕃, 범방范滂, 가표賈彪, 주목朱穆, 장검張儉 등 일부 저명한 사대부들은 분분히 시대 정치에 대한 비판을 내놓으며 폐해를 지적했다. 그들은 "기탄없는 말과 깊이 있는 논의로 권문세도를 가리지 않았으며,"[89] 조정, 재야 선비들의 지지와 호응을 얻었다. 이들 사대부끼리 서로 인용하고 찬양했으며, 태학太學 학생들도 이에 호응하여 마침내 강대한 정치 세력을 결성하기에 이르렀다. 한나라 말 정계에 거대한 정치 여론이 등장한 것이다. 그리하여 "공경 이하로부터 악평을 하며 신발을 끌고 대문 앞에 이르는 것도 두려워하지 않았다."[90] 조정의 일부 사대부들과 재야의 선비들이 모종의 '정치적 분파'를 구상한 것은 필경 황제의 경각심을 불러오지 않을 수 없었다.

당고 재앙의 직접 원인은 하남河南 사람 장성張成이 "풍각風角[91] 점을 잘 쳐 점괘를 추정해 사면을 끌어내곤 했는데, 끝내는 자기 자식이 사람을 죽이게 되었고", 사건은 여기서 출발한다. 이때 이응이 하남태수를 맡고 있었다. 그는 "체포를 독촉했는데, 체포 후 도움을 받아 방면되고 말았다. 이에 이응은 생각할수록 화가 치밀어 끝내 원안 심의 후 그를 죽였다."[92] 장성은 원래 환관들과 내왕이 있었으며, 환제 "또한 그의 점괘를 자못 궁금해했다". 장성의 제자 뇌수牢修는 "이응 등이 태학에 돌아다니는 선비들을 길러 여러 군의 생도들과 관계를 맺고 서로를 부추겨 함께 당파를 만들더니 조정을 비방하고 풍속을 어지럽힌다고 무고하는 상소문을 올렸다". 이에 분노한 천자는 체포하라는 명령을 내리고 "천하에 포고하여 똑같이 다스리라"며 증오를 보였다".[93] 그 결과 이응 등은 붙잡혀 감옥에 갇혔는데, 연루된 사람이 200여 명에 달했다. "어떤 사람은 도망하여 잡히지 않자 모두 현상금을 내걸었으며 사자들을 사방으로 내려보내 각 도로를 지켰다." 나중에 상서 곽서霍諝와 성문교위城門校尉 두무竇武가 "나란히 청원을 올리자" 이응 등은 "모두 풀려나 고향으로 돌아갔으며 종신토록 연금禁錮을 당했다. 당을 지은 사람들의 이름은 왕부에 기록으로 남겨두었다".[94] 이것이 첫 번째 당고 재앙이다. 이응 등은 정치 무대에서 쫓겨나게 되었지만 사회적 영향력은 오히려 더 피어올랐다. "국내 전체에 바람을 타고 유행했으며 서로를 찬양하면서 천하의 명사들을 가리키는 호칭들이 만들어졌다. 최고를 '삼군三君', 다음을 '팔준八俊', 다음을 '팔고八顧', 다음을 '팔급八及', 그다음을 '팔주八廚'라 불렀다.[95] 마치 고대의 '팔원八元' '팔개八凱'[96]와 유사하다."[97] 영제 때 중상시中常侍 후람侯覽의 의견에 따라 '팔급'의 우두머리로 이름을 날리던 장검張儉의 동향 사람 주병朱竝이 "장검과 동향인 24명이 서로 별도의 호칭을 부여하고 같이 당파를 조직하여 사직을 위험에 빠뜨리고 있다고 고발하는 상소를 올렸다". 한 영제는 체포하라는 명령을 내렸고, 장검은 망명해버렸으나 나머지 금고를 당한 당인 100여 명은 쇠사슬로 묶여 감옥에 갇혔으며 "모두 옥중에서 죽었다". 이에 연루되어 "죽거나 유배되거나 파직 또는 금고를 당한 자가 600~700명이었다". 당인과 동문 혹은 친지 관료, 부자 형제 중 "관직에 있는 사람은 파면되어 금고를 당했으며 그 범위가 5족에 미쳤다".[98] 제2차 당고 재앙은 당인들이 무참히 도살을 당함으로써 끝을 맺었다.

당고 재앙의 근본적 이유는 주로 한나라 말 유가의 정치적 가치와 이상을 고수하려는 사대부와 환관으로 대표되는 권력을 장악한 기득권 이익 집단 사이의 충돌로 귀결 지을 수 있다. 환관은 전제 왕권에 기생하는 세력으로 왕권의 부침에 따라 공생한다. 후한 말기 환관 세력은 시종 높은 데 위치하여 떨어질 줄 몰랐고 외척, 사대부들과 복잡하게 얽히며 권력 및 이익의 충돌을 빚게 되었다. 이응, 진번 등 소위 당인들은 선비 집단이나 사대부들과 정치 엘리트 단체를 만들었다. 이들은 왕권을 등에 업고 발호하는 '내시閹寺'들에 대해 뿌리 깊이 멸시하는 태도를 갖고 있어 "더불어 한패가 되는 것을 부끄러워했다". 환관들이 조정을 장악하고 무리를 끌어모아 온갖 나쁜 짓을 일삼는 데 대해서는 더더욱 통절해 마지않았다. "황실 조정의 정사가 한번 그들의 손에 의해 바뀌니 권력이 나라를 뒤집고 총애를 받아 무한정 귀해졌습니다. 그들의 자제나 친척들이 영예로운 임무들을 도맡음으로써 방탕하고 교만함이 극에 다다라 어떻게 막을 방도가 없사옵니다. 교활한 저들의 무리가 아첨으로 관직을 구한 뒤 총애로 얻은 세력을 믿고 날뛰며 백성의 재물을 빼앗아 먹고 있사옵니다. 이에 천하가 궁핍으로 깨질 지경이며 서민들의 곳간은 텅 비어버렸습니다."[99] 당인 일파는 내시들에 의해 벼슬길이 막히고 그들의 턱짓에 의해 지시를 받는 것을 참을 수가 없었다. 그래서 분분히 내시와 아첨꾼을 없애는 것을 소임으로 여겼다. 예컨대 채연蔡衍이 기주자사冀州刺史를 맡았을 때 중상시 구원具瑗이 그의 아우 구공具恭을 수재로 천거해달라는 부탁을 해왔다. 채연은 허락하지 않았다. "그리고 전달된 서신을 거두어 범죄 안건으로 처리했다." 또한 "하간상河間相 조정曹鼎의 뇌물 수수가 천만에 이른다며 탄핵을 주청했다". 조정은 중상시 조등曹騰의 아우였다. "조등이 대장군 양기梁冀를 시켜 청원서를 보냈으나 채연은 답하지 않았다. 조정은 끝내 노역을 시키는 수작좌교輸作左校의 형벌을 받았다."[100] 유우劉祐가 하동河東 태수에 임명된 "그때의 부속 고을들의 장관 대부분이 환관의 자제들로 백성 사이에 우환이 심했다". 유우는 부임한 뒤 "권문세도가들을 몰아내고 원통한 옥사를 공평하게 처리했으며 하동, 하내河內, 하남河南 3하의 정무 처리 표준을 마련했다". 나중에 대사농大司農으로 전임했는데 "이때 중상시 소강蘇康과 관패管覇가 안에서 일을 꾸미며 세상의 좋은 토지, 유망한 사업 및 산림, 연못 등을 자기 것으로 고착화시키려 했다. 서민들은 곤궁해지고 주, 군은 숨을 죽이게 되었다". 이에 유우는 "각 처에 공문을 발송하여 과품科品에 따라 그것들을 몰수해버렸다".[101] 이응이 사례교위司隷校尉를 맡았을 때 환관 장양張讓의 동생 장삭張朔이 야왕野王의 영令이었는데 "탐욕과 잔인무도함으로 임산부를 죽이는 일이 생겼다". 그는 죄가 무서워 서울로 도망하여 형제의 집에 숨었는데 "기둥 사이에 숨겨주었다". 이응은 "관리와 군졸들을 이끌고 가 기둥을 부수고 장삭을 붙잡아 낙양洛陽 감옥에 집어넣었다. 형을 마쳐달라는 부탁을 받고 이응은 장삭을 죽여버렸다". 장양은 물론 여기서 끝내지 않았다. "황제에게 원통함을 호소했고" 환제는 이응을 궁으로 불러들여 "먼저 주청하지 않고 바로 사형을 시킨 의도를 힐문했다". 이응은 대답했다. "『예기』는 공족에게 죄가 있으면 용서해주라고 해도 관리는 원칙을 지켜 따르지 말아야 한다고 말합니다. 옛날에 공자께서 노魯나라 사구司寇가 되었을 때 7일 만에 소정묘少正卯를 죽였습니다. 지금 신은 관직에 오른 지 벌써 열흘이 쌓였사옵니다. 사적인 두려움으로 머뭇거린 허물이 있사온데 뜻하지 않게 서둘렀다는 죄를 쓰게 되었습니다. (…) 특별히 5일만 말미를 주신다면 원흉을 모조리 섬멸하겠사오며, 바로 물러나 정확鼎鑊[102]의 대죄를 받는 것이 제 소원이옵니다."[103] 당인이란 이름을 가진 사람들이 실제로 후한 말년 정계에서 무시할 수 없는 정치 세력이었음을 알 수 있다. 그들은 권세를 두려워하지 않았으며, '내시'들을 증오했다. 청렴결백으로 자신을 지킬 줄 알았으며 청백리의 형상을 잘 갖추고 있었다. 더욱 중요한 것은 그들이 여론을 조종하고 민심을 고무시켜 왕권 일통의 정치 국면에 이단 세력을 형성했다는 사실이다. 이를테면 기주자사 주목이 환관을 징벌하여 황제의 분노를 사 감옥에 갇혔을 때 "태학 서생 유도劉陶 등 수천 명이 궁궐에 들어가 상소를 올리며"[104] 주목을 위해 신원했다. 제1차 당고의 재앙 때 이응이 파면되어 고향으로 돌아가자 "천하의 사대부들 모두가 그의 도를 높게 받들었으며 조정을 더럽게 여겼다".[105] 이와 같은 여론의 경향은 군주의 권위에 대한 커다란 위협이었음에 틀림없다. 군주 정치의 실질은 전제권력과 정치적 독재인데, 사대부들이 시대 정치에 대해 왈가왈부하고 여론을 조종하는 것을 어떻게 용납할 수 있었겠는가! 당인들은 재앙을 당하고 겁난을 피하기 어려웠다.

청의 사조 및
그 정치적 의의

당인들이 서로를 찬양하고 시대 정치를 비판하면서 정치사상 영역에 강한 청의 사조가 형성되었다. 이른바 '청의淸議'란 한나라 말 선비들의 '부화교회'와 상호 '품평'에서 그 형식의 근원을 찾을 수 있다. 구체적인 형식으로는 인물 감식, 풍설, 명칭 품평 등으로 대부분 운문으로 만들었다. 예컨대 이응, 진번에 대해 "천하의 모범은 이원례李元禮요, 강권이 두렵지 않음은 진중거陳仲擧라" 하고, 가표賈彪를 말하며 "가씨의 세 호랑이(3형제), 위절偉節(가표)이 가장 힘을 쓴다"[106]고 말한다. 감히 환관 단초單超의 아우 단광單匡에게 제재를 가했던 주진朱震에 대해 "수레[107]는 닭장이요 말은 개 같으니, 바람처럼 악을 미워함이 주백후朱佰厚만 같아라"[108] 하였다. 또한 권력을 장악하고 있던 내시 좌관左悺, 서황徐璜, 구원具瑗, 당형唐衡을 "좌는 하늘로 돌아가고, 구는 홀로 앉아, 서는 잠자는 호랑이, 당은 두 번 추락한다"[109]고 풍자하기도 했다. 이런 '풍설품평'들은 어구가 짧을 뿐 아니라 세련된 힘이 있어 낭랑하게 사람들 입에 오르내리고 아주 쉽게 유포되었다. 그래서 한 번 알려지기만 하면 곧 '공론'이 되었다. 당시의 사대부들은 이와 같은 방식을 통하여 인물의 품성, 재덕의 개괄을 시도했으며 "공경들을 품평하고 시대 정치를 재단했다". 그렇게 자신들의 정치적 기대와 정치에 대한 평가를 나타낸 것이다. 전제 통치자들은 바로 이 점을 가장 두려워했으며, 당시의 역사적, 정치적 조건하에서 선비들이 간언 외에 찾아내 이용할 수 있는 거의 유일한 합법적 방식이기도 했다. 말하자면 청의는 사회 여론을 형식으로 삼은 일종의 정치 평론이었다.

그런데 단지 '풍설품평'만을 청의 사조의 전체 내용이라고 할 수는 없다. 그 배후에는 정치적 가치와 정책적 선택을 두고 사대부들과 집권 환관들 사이에 존재했던 심각한 분화가 자리하고 있다.

우선 정치적 가치에 있어서 당인들은 유가 전통의 덕치, 인정, 충군, 공정, 직간 등 이상 정치의 가치들을 대표하면서 원대한 인생의 지향과 구세 의식을 소유하고 있었다.

후한 말년에 "조정은 날로 어지러워지고 기강은 해이해져"[110] 천재와 인재가 겹치고 "재앙이 천지에 가득 퍼져 있고 곳간이 텅텅 비어 백성이 자체로 구휼할 수가 없을 정도였다."[111] 한 왕실이 패망한 징조가 이미 싹튼 것이다. 이런 형국에서 통치 집단 구성원들은 각기 다른 반응을 보였는데, 대체로 세 가지로 정리된다. 첫째는 혼란을 틈타 이익을 도모하는 자들이다. 집권 내시, 지방의 토호, 탐관오리가 그들이다. 그들은 "백성에게 잔인, 포악하고 하는 짓이 모두 법도에 맞지 않았다."[112] 교만하여 법을 우습게 여기고 권위를 뽐내며 수중의 권력을 이용하여 기탄없이 이익을 도모함으로써 정치부패와 동란을 가중시켰다. 둘째, 곽태郭太와 원굉袁閎처럼 혼란 속에서 몸을 보전하는 자들이다. 곽태는 "무더기 전적에 두루 달통하고 이야기를 잘했으며 음률에 밝았다". "본성이 밝고 사람을 잘 알았으며 선비들을 돕고 가르치는 것을 좋아했다." 그는 한나라 말 청의 중에서 손꼽히는 인물로서 '팔고'의 우두머리에 열거되어 "명성이 서울을 진동시켰다". 그러나 그가 "인간 세계의 윤상에 밝았음에도 기탄없이 질타하는 말을 하지 않았으므로 환관들이 멋대로 정치를 하면서도 아무런 상처를 입힐 수 없었다."[113] 원굉은 명문세가 출신이나 "어려서부터 조신하게 행동하고 힘들어 절조를 수양함으로" 세상에 이름이 높았다. 그는 "이제 험난해진 시대임에도 가문이 부유함을 보면서 줄곧 형제들에게 이렇게 탄식했다. '우리 선조께서 복을 많이 지으셨는데 후세에 덕으로 이를 지킬 수 없고 경쟁적으로 사치하며 난세에 권력을 다투니, 이는 바로 진晋나라 삼극三郤[114]이 아니냐.'" 그는 권력 다툼에 뜻이 없었을 뿐만 아니라 '당의 일'로 인한 재앙을 피하기 위하여 "산발하고 세상과 인연을 끊고 깊은 산 속으로 종적을 감추려 했다. 그러나 어머니가 늙어 멀리 은둔하기가 마땅치 않아 흙집을 파고 사방에 정원을 갖추되 문은 내지 않았다. 창을 통해 음식을 받아먹으며 지냈다."[115] 곽태는 보신을 위해 국사를 논하지 않았고, 원굉은 아예 흙집에 몸을 감추어버렸다. "그리하여 당의 일이 생겨 알려진 사람들은 거의 모두 피해를 당했으나 오직 곽임종郭林宗(이름 곽태)과 여남汝南의 원굉은 재앙을 면했다."[116] 곽태, 원굉의 선택은 "궁하면 홀로 제 몸을 깨끗이 지킨다"는 유가의 가치 원칙을 배경으로 하고 있다.

셋째, 혼란 속에서 질서를 추구한 사람들이다. 이는 당인 일파가 추구하던 가치였다. 전체적으로 볼 때 그들은 도덕적인 면에서 "선을 보면 미치지 못한 듯하고, 악을 보면 심히 경계하는 듯했으며", 정치적인 면에서 "나라를 걱정하고" "공적인 것에 충성했다."[117] "하늘이 장차 이 사람에게 큰 임무를 맡기리라"는 구세 경향을 갖고 있었다. 예컨대 범방은 청조사淸詔使에 임명되어 기주를 감찰하게 되었는데, 그는 "수레에 올라 고삐를 틀어쥐고 분연히 천하를 맑게 만들겠다는 뜻을 피력했다". 잠질岑晊은 "시골에 살고 있으면서도 분연히 천하를 바로잡겠다는 뜻을 지녔다."[118] 그들은 정치현장에서도 악을 징벌하고 선을 표창했으며, 내시, 토호, 탐관오리 등을 타격하고, 백성의 사정을 깊이 헤아리고 법 집행이 공정했다. 예컨대 두밀

杜密은 "선을 알고도 천거하지 않고, 악을 듣고도 말하지 않고, 자신을 고려해 실정을 감추어 스스로 겨울철 매미와 같다면 이는 죄인이라"고 이야기했다. 그의 선택은 "이제 바른 뜻을 세우고 실천하는 사람을 나 두밀은 현달시키고, 도를 어기고 절조를 잃은 선비를 나 두밀은 규탄한다"[119]는 것이었다. 사례교위 응봉應奉은 이응, 유우 등에 대하여 이렇게 평가했다. "법 집행에 한 치도 구부러지지 않았으며, 간사한 신하들에게 벌을 내리고, 거침없이 법으로 처리하니 뭇 백성이 칭송했다."[120] 당인 일파는 곽태, 원굉의 무리와 달랐다. 그들은 부패가 극에 달한 한나라 말 관료 사회에 모범이 되었다. 유가의 정치도덕을 실천하고, 유가의 전통적 이상 정치를 실시하여 장차 대란이 일어나 천지가 무너질 그 경계에서 애써 무너지려는 힘을 걷어 올리고 기강을 다시 세우려 노력했다. 적어도 그들은 유가 이상 정치의 가치를 신조로 받들며, 오직 신념을 위하여 권세도 두려워하지 않고 생사도 무서워하지 않는 인격의 표상을 보여주었다. 범방은 감옥에 갇히기 전 "자식을 돌아보며 '내 너를 나쁘게 만들고자 했다면 이런 나쁜 일이 일어나지 않았을 것이다. 내 너를 착하게 만들고자 한 것이었다면 나는 나쁘게 되지 않을 것이다'라고 말했다.[121] 그리고 가는 길에 대하여 듣고는 눈물을 흘리지 않을 수 없었다."[122] 범엽范曄[123]의 다음 논의에서 보듯이 당인들은 "깨끗한 행동을 일으켜 권력자들을 부끄럽게 만들었으며, 청렴한 풍토를 세워 세도가들을 떨게 했다. 천하의 선비들을 분발, 감동시켜 파도 쓸리듯 따르게 만들었으며 깊은 감옥에 갇히고 가문 동족이 깨져도 돌아보지 않았다."[124] 권력을 장악한 내시들의 이권만 좇는 행위 선택이 통치자의 기득 이익을 대표하며, 집권집단의 실질적 정치 가치를 구현한 것이라고 말한다면, 당인 일파는 이와 정반대였다. 그들의 행위선택은 통치 계급의 전체 이익을 대표한 것이며 유가의 이상적 정치 가치를 구현한 것이었다.

다음으로 정책적 선택에 있어서 당인 일파는 유학의 전통을 계승하여 중민重民, 안민安民 및 탐관오리에 대한 징계를 주장했다. 그들은 군주와 일반 백성 사이의 근심과 걱정은 서로 상관이 있다고 생각했다. "제왕은 인민이 아니면 설 수 없다. 인민은 제왕이 아니면 안녕하지 못한다. 하늘과 제왕의 관계, 제왕과 인민의 관계는 마치 머리와 발의 관계처럼 서로를 필요로 하며 나아가는 것이다."[125] 통치자는 백성을 갓난아이 보듯이 해야 하고 덕으로 백성을 가르쳐야 한다. 이를테면 영릉零陵과 계양桂陽의 관리들이 백성을 핍박하여 반란이 일었다. "산적들의 위해가 심해" 조정에서 공경들이 "군대를 파견하여 토벌할 것을 논의했다". 이에 진번은 상소를 올려 이렇게 반박했다. "옛날 고조께서 창업을 하시고는 온 세상의 짐을 벗겨주고 백성을 어린 자식처럼 부양하셨습니다. 지금 두 군의 백성으로 하여금 위해가 되는 행동을 하게끔 만든 것은 관리들의 탐학 때문에 그렇게 된 것이 어찌 아니겠습니까?" 그는 백성의 모반이 탐관오리의 폭압 때문에 생긴 것이니 그 책임은 백성이 아니라 관리들에게 있다고 주장한 것이다. 그러니 반대로 관리들을 토벌하라면서 이렇게 주장했다. "마땅히 삼부에 엄한 칙령을 내리시어 군수, 수령들을 은밀히 조사하여 정치적 실패가 있고 백성을 침탈한 사실이 있는 자는 즉각 검거해야 합니다. 더욱이 깨끗하고 공적인 일을 신봉하는 사람을 뽑아 법령을 선포하고 은혜로 백성을 아낄 수 있게 한다면 왕의 군대를 움직이지 않으시고도 뭇 도적은 사라질 것이옵니다."[126] 연희延熹 6년(163) 환제는 "어가를 광성廣城으로 행차하여 사냥을 통한 교화를 하려 했다". 이에 진번은 현재 세 가지가 빈 '삼공三空'의 불행이 있다는 간언을 올렸다. "들판이 비었고, 조정이 비었고, 창고가 비어 이를 삼공이라 부르옵니다. (…) 그런데 어떻게 깃발을 흔들며 무용을 빛내고 말을 달리고 수레를 꾸미는 장관을 연출할 수 있겠사옵니까! 또한 가을 전엔 비가 많이 내려 백성이 보리 파종을 시작할 때입니다. 지금 파종 시기를 권면하지 않고 오히려 말 달리는 길을 닦는 노역에 백성을 동원한다면 이는 성현이 백성을 근심하는 뜻이 아니옵나이다."[127] 당인 일파는 엄중한 목전의 위기를 분명하게 인식하고 있었으며, 그 근원은 경제가 아니라 정치적 폐단이 뼛속 깊이 파고들었기 때문이라고 생각했다. 이를테면 어떤 사람이 화폐를 다시 찍어 백성의 곤궁함을 해결하자는 의견을 냈는데, 유도는 이에 반박했다. "지금의 걱정은 화폐에 있는 것이 아니라 백성이 굶주린다는 데 있습니다. 이들을 양생시키는 길은 먼저 먹여주고 그다음이 화폐입니다. 그래서 선왕께서는 하늘을 살펴 만물을 기르실 제 백성의 농사철을 공경하여 남자는 곡식에서 떠나지 않도록 하고 여자는 직물 기계에서 내려오지 않도록 하셨습니다. 그래야 군신의 도가 행해지고 제왕의 가르침이 통하는 것입니다." 그는 더 심각하게 "백성에게 재화는 100년 동안 없어도 되지만 하루아침도 굶어서는 안 됩니다. 먹는 것이 가장 급한 일입니다"[128]라고 지적했다. 지금 백성이 배를 채우지 못하고 있는데 "조약돌을 남금南金으로 바꾸고, 와석瓦石을 변화卞和지방 옥으로 바꾼들" 어떻게 위기를 구할 수 있다는 말인가? 화폐는 백성의 빈곤을 해결해줄 수단이 아니며 빈곤을 초래한 원인도 아니라는 것이다. 백성이 굶주리는 근원은 학정에 있다는 것이다. 그는 말한다. "엎드려 생각건대 땅은 넓으나 경작이 이뤄지지 않고 백성은 많으나 먹을 것이 없습니다. 그런데 국왕 주변 소인 무리는 경쟁적으로 국정의 지위를 차지하려 경쟁하며 천하에 맹위를 떨치고, 검은 노략질로 배를 불리고 백성의 살과 뼈를 삼켜 씹으며 싫증 내지 않고 있습니다." 관리들의 핍박에 백성이 모반하게 되면 "아무리 반듯한 돈이 있다 한들 어찌 구할 수 있겠습니까!" 그러니 "백성을 넉넉하게 살리려 하신다면 핵심은 노역을 그치고 약탈을 막는 데 있습니다. 그러면 백성은 힘들이지 않고 만족해할 것입니다."[129] 당인 일파가 선택한 정책은 휼민恤民, 안민을 기초로 삼고, '소인 무리'와 탐관오리에 대한 징벌을 수단으로 삼으며, 이상적 왕도 정치의 회복을 목적으로 삼는다. 이와 같은 인식의 기초 위에서 그들은 "같은 뜻과 마음으로 임금 주변의 간악한 총행들을 징벌하려 했다."[130] 범방이 "자사와 이천석 권문호족의 무리 20여 명을" 탄핵한 적이 한 번 있었다. 어떤 사람이 거기엔 개인적 은원이 섞여 있다고 의심했다. 범방은 이렇게 이야기했다. "신은 농부가 잡초를 제거하면 반드시 좋은 곡식이 무성해지고, 충신이 간신을 제거하면 그로써 왕도가 맑아진다고 들었습니다. 만약 신의 말에 두마음이 있다면 달게 죽음을 받겠습니다."[131]

한나라 말 당인들의 청의는 시기적으로 그다지 오래가지 못했지만 정치사상의 발전에 지대한 영향을 미쳤다. 그들의 풍설품평과 시대 인물들의 경학적 성취 및 유덕한 행위, 그리고 논의의 핵심은 곧바로 집권 세력을 겨냥했다. 그들은 군주에게 감히 직언으로 간했으며, 조정 권력을 장악한 기득권 이익 집단과 날카롭게 맞서 "공적인 것을 받들어 굽히지 않았으며 악을 원수처럼 미워했다."[132] 정치에 간여하는 사대부들의 대표가 된 그들의 의지와 담력은 유학 역사상 가장 우수한 측면을 보여주었다. 그러나 당인 일파가 받든 가치 원칙은 유가의 충효 지도에서 반걸음도 더 나아가지 못했다. 그들이 목숨을 아끼지 않고 구하려 든 것은 적폐가 극심하여 곧 무너질 후한 왕조였다. 그들의 마음은 걱정으로 타올라 있었다. "끝내 과거처럼 노역 노동자나 가난한 미장이들이 공사 현장에서 반기를 들고 일어설까 걱정입니다.[133] 그들이 도끼를 버리고 쇠뇌를 떨쳐 높은 데 올라 멀리멀리 외쳐 원한에 맺힌 백성이 구름처럼 호응하고 사방팔방 분열하여 중국이 안으로부터 붕괴될까 참으로 두렵습니다."[134] 진번은 환제에게 이런 감정을 대단히 진솔하게 표현한 적이 있었다. "요즘 밖으로 도적들이 횡행하여 사지가 괴롭고, 안으로 내정이 여의치 않아 뱃속이 아프옵니다. 신은 누워도 잠들 수 없고, 먹어도 배가 부르지 않사옵니다. 주변 사람들과 날로 친하면서 충언과는 거리가 멀어지심이 정말 걱정이옵니다. 내환은 갈수록 쌓이고 외환도 깊어지고 있사옵니다. (…) 작은 집안이라도 백만의 재산을 축적했다면 자손들이 선조의 위업을 상실할까 부끄러워합니다. 하물며 천하의 재산을 가지겠고 또 선제로부터 물려받았는데 게으름 때문에 스스로 소홀히 해서야 되겠사옵니까? 어찌 자신을 아끼지 않으시며, 선제께서 고난 끝에 얻으셨다는 사실을 생각하지 않으십니까?"[135] 한나라 말에 당인들은 '정치적으로 청렴하고' '사회적으로 공정한' 위대한 포부와 고상한 인격을 실천했다. 그러나 유가 사상의 충군 전통은 그들로 하여금 부패, 죄악, 폭정이 생겨나는 원인이 바로 군주 정치 자체에 있다는 사실을 간파할 수 없게 만들었다. 슬픈 것은 그들이 그토록 소중히 여기고 후세에도 칭송해 마지않는 이른바 인격이라는 것은 그 어떤 독립적 존재로도 이야기할 수 없다는 사실이다. 그리고 그 인격이 왕조의 멸망에 바친 제수용품이 되는 것을 피하지 못했다는 사실이다. 당고의 재앙은 한나라 말 정계에서 사대부 엘리트들을 완전히 없애버리고 말았다. "온 나라가 도탄에 빠져 20여 년"을 보내면서 한대 통치 계급의 정신적 지주였던 전통 경학은 쇠락의 길에 접어들었다. 정치에 간여하던 선비들의 세력은 이로부터 뒤바뀌었다. 청의를 대신하여 일어난 것은 "입으로 인물의 좋고 나쁨을 절대 이야기하지 않는" 위, 진 선비들의 '청담淸談'이었다. 한나라 말 당인들의 청의는 한대 통치 계급들 중 충성스러운 선비들이 왕조의 멸망을 구하기 위해 행했던 최후의 노력이었다. 두 차례의 당고는 이 노력이 파산했음을 선언한 것이다. "선비들이 진멸하고 이어서 나라가 망했으니 어찌 슬픈 일이 아니겠는가!"[136]

후한 말년의
정치 비판 및 반성 사조

후한 말년 사회적 정치적 충돌이 날로 격화됨에 따라 강한 정치 비판과 반성 사조가 일어났다. 이는 참위讖緯 신학을 내핵으로 했던 후한 통치 사상이 동요하면서 몰락의 길에 접어들었음을 예시한 것이다.

어떤 정치 사조든 결국은 특정한 사회, 정치의 산물이다. 후한 후기에 토지 겸병이 극심해지고 호족 지주 세력이 증가하면서 사회 문제는 두드러져갔다. 호족 지주는 후한 왕조의 정치적 지주였다. 한나라 초기 통치자들이 호족 지주의 세력 확장에 대하여 제한을 가한 적이 있었지만 실질적 효과를 거두지는 못했다. 호족 지주 세력이 부단히 강화되면서 후한 정치에 대한 영향력도 갈수록 강해져 정치, 경제적 특권을 장악한 특수 계층이 형성되었다. 그들은 경제적으로 농민을 착취하고 대대적으로 토지를 겸병하여 거대한 장원을 만들어갔다. 이러한 자급자족의 장원경제가 지방 호족 세력의 경제적 기초가 되어주었으며, 이 경제적 실력을 바탕으로 그들은 정치적 특권을 확대할 수 있었다. 선거選舉를 독점하고 용인用人의 대권을 장악함으로써 관부를 조종하고 지방을 좌우했다. 이는 중앙 정부에 크나큰 위협이 되었다.

조정 내부에서는 군주를 핵심으로 한 봉건 전제 통치가 기형적인 발전 추세를 드러냈다. 군주라는 명분이 외척과 환관에 의한 권력 전횡이라는 실질로 대체된 것이다. 화제和帝 이후 즉위한 황제들 가운데 성년이 된 사람은 하나도 없었다. 나이가 가장 많은 환제桓帝조차 15세에 불과했다. 가장 어렸던 상제殤帝는 낳은 지 백여 일밖에 안 되었다. 어린 황제들에게 독자적인 의지가 있을 수 없다. 그들은 외척과 환관에 의해 좌우될 수밖에 없는 정치적 괴뢰일 뿐이었다. 이때의 군권은 통치 계급 전체의 이익을 완전히 대표해줄 수 없었으며 각종 정치적 이익 집단 간 상호 투쟁의 깃발이 될 뿐이었다. 군주, 외척, 환관, 관료 집단 사이엔 대단히 복잡한 모순이 가로놓여 있었으며, 이는 통치 집단 내부를 지극히 불안정하게 만들었다. 외척과 환관이 교대로 정권을 장악하는 것이 당시 정치의 큰 특징이었다.

후한 후기의 정치는 대단히 부패했다. 황제가 관직을 팔았으며 관리들은 뇌물을 탐했다. 거기다 토지 겸병이 늘어나고 사회계급 간 모순은 날로 격화되었다. 농민은 호족 지주와 봉건 국가의 착취와 압박을 받아 살아갈 수가 없었으며, 더 이상 갈 곳이 없이 반항으로 내몰렸다. 이는 후한 왕조에 커다란 타격을 주었으며, 마침내 후한 말년에 황건黃巾 무리의 일대 봉기를 빚어냈다. 이 봉기는 후한 정권에 치명적인 일격이 되어 이로부터 다시는 일어설 수 없게 만들었다. 동시에 통치 계급들에게는 신선한 청량제가 되어 일부 정치가와 사상가들로 하여금 시대 정치에 대한 반성을 촉발시켰다.

사회, 정치에 대한 비판과 반성에 참여한 사람들은 주로 통치 집단 내부의 일부 지식인과 재야 선비들이었다. 후한 후기엔 권문세가에서 관료 선발권을 통제하고 있었기 때문에 출신이 한미한 선비들은 벼슬길에 들어서기가 매우 어려웠다. 관직을 한다고 하더라도 고작 중, 하급 관리에 불과했으며 그것도 호족들의 배제, 공격의 대상이 되었다. 그들은 정치적 억압으로 인해 분노가 가득 쌓여 있었다. 이들 대다수는 또한 사회적 하층계급과 직접 접촉하고 있었으므로 정치적 폐단 및 서민 백성의 어려운 환경에 대하여 어느 정도 이해하고 있었으며, 이것이 일정한 동정 심리를 만들어내기도 했다. 그들은 자신의 처지를 달갑게 여기지 않고 언제나 정치적으로 무언가를 해내리라 생각했다. 각종 방법을 동원해 자신들의 정치적 기대와 요구를 드러내었으며 자신들의 정치 주장을 실현시키고자 했다. 이렇게 그들과 외척, 환관, 권문귀족의 충돌은 피할 수 없었으며, 그 결과는 왕왕 실패로 끝을 맺었다. 봉건 왕조의 고압적 정책 아래 일부 선비들의 인격은 비틀려 은거해버리고 세상에 나오지 않게 되었다. 하지만 그들은 외로움 또한 견디지 못하여 자신의 정치 주장을 드러내기도 했다. "필부들도 항의했으며, 처사들도 의론을 개진했다."[137] 후한 말년의 정치 비판과 반성 사조는 바로 이러한 조건하에서 일어난 것이다. 대표적 인물로는 좌웅左雄, 낭의郎顗, 왕부王符, 최식崔寔, 중장통仲長統, 순열荀悅 등이며, 그 가운데 왕부, 중장통의 인식이 가장 깊이가 있다. 이 사조는 정치와 관련된 수많은 문제를 섭렵하고 있으며, 경제, 군사, 문화, 풍속 등 여러 방면을 포괄하고 있다. 핵심 주제만 꼽으면 대체로 다음 다섯 방면의 내용으로 요약된다.

혼군昏君과
봉건 관료에 대한
공격 및 성찰

후한 후기의 정치적 부패와 암흑 통치로 제국의 정치적 위기는 갈수록 심해졌다. 이런 현상을 매우 심각하게 여긴 일부 지식인은 분분히 일어나 시대 정치를 공격하고 통치자 본인에게 직접 창끝을 겨냥했다.

먼저 사상가들은 보편적으로 군주가 현명하냐 어리석으냐에 따라 국가의 치란이 주로 결정된다고 생각했다. 혼군昏君과 암주暗主야말로 실제로 사회정치적 위기를 초래하는 총체적 근원이었다. 왕부는 "나라가 잘 다스려지는 것은 군주가 밝기 때문이요, 혼란스럽게 되는 것은 군주가 어둡기 때문이다"[138]라고 명확히 지적했다. 중장통은 이렇게 폭로했다. "후세에 왕위를 계승한 혼군은 천하에 감히 자신을 거역하는 사람이 없음을 보고 스스로 하늘, 땅처럼 영원히 없어지지 않을 것으로 생각한다. 사적인 기호를 좇으며 내키는 대로 사악한 욕망으로 내달린다. 군주와 신하가 공개적으로 음란하고 위아래가 함께 악을 저지른다. 눈은 씨름 구경에 팔려 있고, 귀는 음란한 정鄭, 위衛나라 음악 소리에 빠져 있다. 들어오면 여색에 침잠하고 나가면 사냥에 목숨을 건다. 정치는 황폐하고 인재가 버려지며 홍수가 온 세상을 덮어도 끝날 줄 모른다. 가까이 아끼는 사람만 신임하니 모두가 아첨을 떨며 잘 보이려 드는 자다. 총애를 받아 부귀영화를 누리는 사람은 전부 후비와 처첩 집안의 사람이다. 배고픈 이리에게 부엌을 지키라고 한 셈이고, 굶주린 호랑이에게 돼지 우리를 간수하라고 시킨 셈이다. 그리하여 세상 사람들의 기름을 볶고 산 사람들의 골수를 짜내는 지경에 이르렀다. 원통하여 절망하여 난리재앙이 더불어 일게 되었다."139 혼군, 암주에 대해 총체적으로 묘사하고 있는 문장이다. 말투는 매우 격렬하고 폭로 정도도 비교적 깊이 파고들었다.

최식 또한 군주와 신하가 정치세계에서 결정적 요인이며 국가 치란의 관건은 군주에게 달려 있다고 주장한다. 그의 말을 들어보자. "무릇 세상이 다스려지지 않는 까닭은 언제나 군주가 평범한 나날을 계속하여 풍속이 점차 무너져도 깨우치지 못하고, 정치가 쇠잔해 가도 고치지 않고, 어지럽고 위태한 지경에 있으면서도 그저 안일에만 빠져 스스로 분별해내지 못하기 때문이다. 혹은 황당한 탐욕에 맛을 들여 만기를 살피지 못하고, 혹은 귀가 경계하는 가르침을 듣지 못한 채 진실을 무시하고 거짓만 따르며, 혹은 갈림길에서 머뭇거리며 어디로 갈 줄 모르고, 혹은 믿을 만한 보좌가 있는데도 함구하게 만들어버리고, 혹은 관계가 먼 신하의 말이라고 무시해버린다. 그러니 제왕의 기강은 위로부터 해이해지고 지혜로운 선비들은 아래에서 답답해한다. 슬프도다!"140 여기서 그는 천하가 혼란스럽고 다스려지지 않는 책임을 군주의 혼용昏庸 탓으로 돌리고 있다. 그리고 혼군의 여러 가지 모양을 열거한다. 이러한 군주가 통치하는 곳에서 천하의 안녕을 기대하기란 매우 어렵다. 이를 향해 그는 깊은 탄식을 발했다.

순상荀爽은 군주의 생활상의 사치와 향락 도모에 대하여 비판을 가한다. 그의 말을 들어보자. "신은 후궁에 5000~6000명의 여자를 뽑아두었고, 그 외에 이들을 관리 감독하는 시종과 나인들을 더 필요로 한다고 들었사옵니다. 이들에게 여름, 겨울 의복 및 조석의 양식을 내려주고, 비단 배필을 소모함으로써 국고는 텅텅 비고 세금은 배증되어 조세 부담이 10분의 1에 이르고 있사옵니다. 죄 없는 백성의 창고를 비워가며 아무 쓸모도 없는 여자들을 봉양하고 있는 것입니다. 밖으로 백성은 곤궁해지고 있으며, 안으로 음과 양이 꽉 막혀 있사옵니다."[141] 이상의 폭로로 볼 때 군주를 향한 비판자들의 불만은 주로 두 가지 문제에 집중되고 있다. 하나는 정치적으로 어리석고 무능하여 정무 처리를 못하는 경우이며, 다른 하나는 생활상의 사치, 부패 및 탐욕과 향락이다. 그들은 향락을 탐하는 어리석은 군주는 반드시 정치적 동란과 위기를 가중시킨다고 생각했다. 특정의 조치를 취해 보완하거나 고치지 않는다면 왕조의 앞날은 상상하기 어려울 것이라고 보았다.

다음으로 사상가들은 외척과 환관의 전횡을 국가의 화근으로 지적한다. 한나라 말의 사상가들은 모두 충군론자들이었다. 중앙 집권적 군주 정치를 수호하고 강화시킨다는 측면에서 그들은 일치된 성향을 보였으며, 이 때문에 권력을 독점하고 정치를 어지럽히는 외척과 환관 세력에게 뼈아픈 증오를 보이며 결연히 반대하는 태도를 지녔다. 그중 중장통의 논의가 가장 대표적이다. 그는 이렇게 말한다. "권력이 외척 집안으로 옮겨가고 가까이 있는 내시들만 총애한다. 그들은 자신들과 친한 사람들과 무리를 짓고 사적인 친분으로 사람을 쓰니, 그런 사람들이 안으로 서울에 가득하고 밖으로 각 군에 퍼져 있다. 현명한 사람과 어리석은 사람이 뒤바뀌고 물건을 사고팔 듯 선거가 이루어진다. 지치고 노둔한 자들이 변방을 지키고, 탐욕스럽고 잔인한 관리들이 백성을 다스린다. 백성의 어지러이 흩어지고 사방 이민족들은 분노에 가득하여 반란을 일으키며 변란으로 병들어가고 있다. 원망하는 목소리가 여기저기 터져 나오고 음양이 조화를 잃었으며 해, 달, 별의 빛이 어딘가 모자라고 괴이한 현상이 무시로 발생한다. 해충들이 논밭을 휩쓸며 수재, 한재가 거듭되고 있다. 이 모두는 외척과 환관이 권력을 장악함으로써 그렇게 된 것이다."[142] 외척과 환관이 조야에 걸쳐 권력을 행사하고 온갖 악행을 저지른 것이 사회적 재난의 근원이라는 것이다. 중장통은 사회 혼란의 원인을, 심지어는 자연재해의 출현까지를 모두 외척, 환관의 몸 위에 덧씌우고 있다. 좀 지나친 점이 있긴 하지만 외척, 환관을 향한 그의 통한을 반영한 것이라고 하겠다. 중장통은 역사적으로 볼 때도 외척에 의한 권력 전횡은 해로움이 많고 이익은 적다고 주장한다. "한나라 흥기 이래 모두 외가, 처가의 무리가 상장군이 되어 정치를 보좌한다고 했다. 그런데 그렇게 하여 잘 다스리는 사람은 매우 드물었고 위태로운 지경에 빠뜨린 사람은 아주 많았다."[143] 환관은 더더욱 이야기할 가치도 없다. 이들은 원래 궁중의 잡일을 맡은 노복인데, 일단 조정 대권을 장악하면 그 결과는 상상할 수 없다. 중장통은 다음과 같은 사례들을 열거한다. 한 원제元帝 때 석현石顯을 중용하여 "안갯속 같은 혼미한 정국이 형성되어 충성스럽고 올바른 사람들이 원수로 여겨지는 재앙이 생겨나게"[144] 되었으며, 한 환제桓帝 때 후람侯覽을 중용하고 한 영제靈帝 때 조절曹節 등을 중용함으로써 "오직 그들의 이야기라면 안 되는 일이 없었으니" 그 결과 "정부의 명령이 여기저기서 나오고 이권이 수없이 생겨났다. 황제의 주의가 무엇인지 헷갈리게 되었으며 온 나라가 혼란에 빠짐으로써"[145] 50년이라는 기나긴 사회적 동란을 조성했다. 외척, 환관이 권력을 전횡할 수 있는 것은 모두 친한 사람들을 쓰는 인사제도 때문에 생겨난 것이라고 중장통은 생각했다. 그는 이렇게 이야기한다. "외가, 처가의 무리 및 좌우 측근들은 지친이라는 세력으로 인해 그 고귀한 신분을 만세토록 영위하고 있다. 그렇게 하여 실패한 것이 어느 시절이라고 없던 적이 없음에도 이를 귀감으로 삼지 않으니 참으로 애통하다."[146] 외척과 환관 대부분은 평범하고 무능한 무리인데 단지 "지친이라는 세력" 때문에 "고귀한 신분을 만세토록 영위하고 있다". 그런 사람들에게 정권을 장악하게 두면 실패할 것이 확실하다. 외척, 환관에 의한 권력 전횡은 중앙 집권이라는 일체화된 권력 구조를 파괴하고 군주 정치의 정상적 운용을 교란시켰는데, 이것이 후한 제국의 가장 심각한 정치적 폐단이었다. 중장통은 통치자에게 제발 대의를 마비시키지 말라고 경고한 것이다.

다음으로 부패의 극에 이른 후한의 관료 사회 문제다. 관료 귀족들은 뇌물 수수와 비리를 저지르고 백성을 잔혹하게 착취했다. 사람들은 관료 정치에 대해 가장 격렬하게 폭로하고 공격했다. 좌웅左雄은 후한 후기 전체 관료 기구가 거의 마비 상태에 빠졌다고 지적한다. "이로부터 선거가 서로 번갈아 이루어져 지방 수령들이 달마다 바뀌고 신구 이취임이 힘들고 어지럽게 끝없이 벌어졌다. 관청은 텅텅 비어 사건을 처리할 사람이 없었다. 그런 부서에 선발되는 것이 힘들어서 도망가는 일까지 생겼다."[147] 좌웅은 이를 심각하게 걱정하며, 이런 상황이 생긴 연유가 매우 오래되었다고 생각했다. 한 왕조가 성립한 그때부터 정치적 위기의 주된 요인으로 항상 잠복해 있었으며, 문제文帝, 경제景帝, 선제宣帝 등 몇 명의 명군이 출현하긴 했지만 이런 상황을 근본적으로 개선시킬 수는 없었다. 좌웅은 날카롭게 지적한다. "한나라 초엽부터 오늘에 이르기까지 300여 년 동안 좋은 풍속은 무너지고 거짓만 무성했다. 아래선 사기꾼이 날뛰고 위에선 잔인함이 극에 이르렀다. 100리 내 작은 고을을 관리함에도 정책의 변동이 무상하여 온 성 안이 왜곡으로 가득하고 일정한 법칙이 없이 들쭉날쭉 뒤바뀌었다. 제각기 모든 뜻을 품고 있으나 먼 것을 생각하지 못했다. 죄 없는 사람을 죽인 것을 위풍 있다고 말하고 백성의 재물을 잘 긁어모으는 것을 능력 있다고 한다. 자신을 잘 수양하여 백성을 편안하게 만드는 사람을 나약하고 졸렬한 사람이라 하고, 법을 지키고 이치를 따르는 사람을 변할 줄 모르는 사람이라고 한다."[148] 더 심각한 것은 관료 부패가 사람들의 사회가치관에 위기를 초래했다는 사실이다. 관리들에 대한 평가 원칙이 완전히 뒤집어져 잔혹하고 재물을 긁어모으는 사람을 '위풍 있고' '능력 있다'고 보고, 백성을 편안케 해주고 법을 지키는 사람을 '나약하고 졸렬하며' '변할 줄 모르는' 사람으로 취급하게 된 것이다. 이러한 가치관의 지배 아래 대소 관료들은 아무런 기탄없이 백성을 착취하고 국가와 정치를 철저히 혼란에 빠뜨렸다. "탐관오리들은 백성을 원수로 여기며 승냥이처럼 세금을 짜냈다. 감사를 보내도 서로 앞뒤로 돌봐주기만 하고 똑같은 해독을 입혔다. 잘못을 보고도 거론하지 않고 해악을 듣고도 조사하지 않았다. 정자에 앉아 정무를 보고 한 해를 넘기고서야 책임을 거론한다. 선을 말하면서도 절대로 덕을 칭송하지 않고 논공행상을 함에 사실에 근거하지 않는다. 헛소리하는 거짓말쟁이들이 명예를 얻고 철저히 단속을 하는 사람은 상처를 입는다. 혹자는 죄를 감춰주어야 고상하다고 여기고, 혹자는 남 앞에서 낯빛을 잘 꾸며서 명성을 구하고자 했다. 고을의 재상은 절대로 갈리지 않았으며 경쟁적으로 군주의 부름을 추구해 일거에 뛰어올라 등급을 무시하고 동료들을 제치기도 했다. 혹자는 상소를 올리고 체포를 해야 하는 안건에 대해서도 절대로 죄를 받지 않도록 해주었으며, 뇌물을 받고 풀어주었다가 다시 죄를 씻어주기도 했다. (관원들의 등급을 나타내는) 붉은색과 자주색이 같이 취급되고 청탁이 구분되지 않았다." "정치를 망치고 백성에게 상처를 입혔다. 화합하는 기색이라곤 찾아보기 힘들고 재앙은 사라지지 않았으며 모든 종류의 부정이 거기 있었다."[149] 탐관오리들은 국법을 보고도 마음에 두지 않았으며, 형벌을 남용하고 잔인하게 백성을 착취했다. "거마와 의복이 모두 하나같이 백성에게서 나왔다." 그들은 이리처럼 간교하여 오직 명리를 추구하고 법을 어기면서 뇌물을 주고받았다. 전체 관료 기구가 위로부터 아래에 이르기까지 한통속이 되어 근본적으로 청탁을 가릴 수 없었으며, 청렴과 탐욕 또한 정도상의 차이에 불과했다. "청렴한 자는 충분할 만큼 취하고, 탐욕스러운 자는 온 집안을 가득 채웠다."[150] 좌웅의 인식은 깊은 밑바닥까지 파고들었다고 할 수 있다.

한나라 말의 정치적 부패는 왕부의 붓 아래서 아주 철저하게 묘사되고 있다. 그는 당시가 바로 쇠망의 시대를 맞아 위로 공경, 제후에서 아래로 작은 벼슬아치까지 대소 관리 중 탐욕스럽고 포학하여 백성을 착취하지 않는 사람이 없다고 지적한다. "고을의 수장이나 행정 관료들은 공을 세우려 들지는 않고 탐욕으로 전횡만 일삼으며, 법령을 지키지 않고 어린 백성을 침탈한다."[151] "자사刺史와 행정 관료 대다수는 게으름에 빠져 법령을 위배하고 내려 받은 조칙을 소홀히 하면서 오직 이익만을 좇고 공무를 걱정하지 않는다. 불쌍한 백성은 불평이 있어도 어디 아뢸 곳이 없었다."[152] 그가 얻은 결론은 "쇠망의 시대에 현명한 신하들은 참으로 적다. 관직이 큰 자일수록 죄는 더욱 무거워지고, 지위가 높은 자일수록 죄는 더욱 깊어진다"[153]는 것이었다. 관리의 품계와 죄과의 크기는 정비례했다. 이는 전체 관료 기구가 이미 부패의 극단에 이르렀다는 표시다. 관리들은 수중의 권력을 이용해 지방 호족들과 결탁하면서 백성을 침탈했으며, 귀족, 호족들은 권세에 의지하여 관부와 교통하고 관리들과 결탁하면서 제멋대로 온갖 악행을 저질렀다. "혹자는 백성을 기만하고 조세 수입을 봉쇄하고 채무를 변상하고 싶다고 상소문을 올렸는데,[154] 이는 관리와 백성을 잔인하게 약탈하겠다는 행위로 천자의 총애를 등에 업은 짓이었다. 이런 거짓과 기만보다 큰 죄는 없을 것이다."[155] 그들은 "언제나 애써 재물을 숭배하여 주제넘게 교만한 행위를 하고, 백성을 학대하여 민심을 잃었다."[156] 심지어는 제멋대로 백성을 죽이고도 법률의 제재를 받지 않았다. 그들의 "재화는 비복과 처첩들에게까지 가득했으며, 하사받은 녹봉이 교활한 노비들에게까지 다했다. 천만 관의 돈이 썩어가는 것을 볼지언정 단일 전도 다른 사람에게 내려주지 않았으며, 창고에서 곡식이 썩도록 쌓였으면서도 단 한 말도 다른 사람에게 빌려주지 않았다." 일반 서민들은 "골육 간에 원망하고 평민들은 길거리에서 서로를 비방했다".157 탐관오리들은 "포악하고 교활한 사람들을 옹호하고 가난하고 약한 사람들은 억눌렀으니"158 실로 폭군 주紂왕의 포학함을 돕는 격이었다.

중장통은 관료 귀족들과 호족들의 경제적 독점 상황을 한 폭의 그림처럼 묘사했다. "부호들의 집에는 주춧돌이 수백 개씩 연달아 있고, 비옥한 전답이 들판에 가득하며, 노비들이 수천 명을 헤아리고 기생하며 사는 사람이 만 명을 헤아릴 정도다. 배나 수레를 이용해 장사를 하며, 그 세력이 사방에 퍼져 있다. 기거할 집이 온 도성에 퍼져 있다. 진기한 보물은 큰 집에도 다 담을 수 없을 만큼이고, 소, 말, 양, 돼지는 골짜기가 부족해 풀어놓지 못할 지경이다. 아리따운 시동과 비복이 화려한 집을 가득 메우고, 노래하고 춤추는 예인들이 깊은 대청에 줄지어 서 있다. (…) 소, 양, 돼지 등 고기가 썩어 먹을 수 없을 만큼 많고, 맑고도 진한 술이 부패해서 마실 수 없을 만큼 많다."159 이와 대조적으로 광대한 민중은 오히려 사망 선상에서 허덕였다. "뭇 백성은 그저 하늘에 대고 탄식을 늘어놓을 뿐으로 빈궁하여 구렁텅이에서 죽음을 맴돌았다."160 너무나 차이가 큰 이 두 장면의 연출은 관료 귀족들과 호족들에 대한 강렬한 견책임에 틀림없다. 좌웅, 왕부, 중장통 등의 예리한 붓 아래서 후한 말년 관료 귀족들과 대소 관리들의 추악한 행위와 탐욕스러운 본성이 낱낱이 발가벗겨진 것이다.

마지막으로 후한 말년의 사치 풍조와 사회도덕의 쇠패에 대한 낭의郎顗, 왕부 등의 비판을 살펴보자. 낭의는 "몇 년 사이에 곡물 수확이 줄면서 집안이 가난해지고 기근에 시달리게 되었으니 세월이 옛날만 못했다"161고 말한다. 이런 상황에서도 통치자들은 여전히 극단적으로 사치를 일삼고 대형 토목 공사를 일으켜 동산을 만들고 궁전을 건조했다. 낭의는 "요즘 시속은 사치를 일삼고 은혜나 의로움을 천박하게 여긴다"[162]고 질타했다. 조정에서 지방에 이르기까지 한결같이 화려함을 추구하여 "궁전과 관부가 수많은 장식으로 꾸며지고" "또 서원西苑을 건설하여 사방에 새와 가축을 풀어놓고, 별실에 특별 경관을 마련하여 자주 기거하지도 않으면서 면밀한 토목 공사에 힘을 쏟고 건축 사업을 그치지 않고 있어 일과 재물의 소모가 억만금에 이른다"[163] 통치 계급이 거대한 토목 건설을 위해 소모하는 자금은 백성의 부담을 가중시켜 사회 갈등을 더더욱 격화시킨다. 낭의는 궁전과 관부의 수선을 반대한 것이 아니다. 그는 다만 통치자들에게 "사치를 버리고 검소하게 나간다"는 원칙을 지켜줄 것을 요구했다. 불필요한 지출을 줄이고 아껴서 남은 돈으로 가난한 백성을 구휼하라고 요구했다. "신의 어리석은 생각으로는 건물 수선 비용을 아끼고 절약하여 가난한 사람을 구휼하고 고아, 과부를 구원하는 것이 하늘의 뜻이며, 인간사의 경사이며, 인의의 근본이고, 절약의 요체인 듯하옵니다."[164] 낭의는 정치적 측면에서 문제를 살피고 있다. 절검을 백성의 생활과 연계시켜 통치 계급과 민중 사이의 모순을 조정하는 중요한 차원으로 승화시키고 있다. 그는 이를 위해 군주에게 이렇게 권고한다. "원하옵건대 폐하께서 수선 비용을 잘 계산하시어 백성의 노고를 헤아리시고, 공사 담당관을 폐하시고, 화려한 조각과 꾸밈을 감하시고, 주방의 반찬 수를 줄이시고, 사사로운 연희를 물리치시고" "사치를 버리고 검소하게 나감으로써 세상의 앞장을 서십시오."[165] 낭의는 사치를 없애는 바람이 반드시 상층 통치자로부터 시작되어야 한다고 생각했다. "예를 닦고 약속을 지키는 것은 위로부터 시작되어야 한다. 번잡한 절차를 없애면서 경박함을 바꾸는 것은 아래에서 할 일이 아니다."[166] 문제의 근본은 위에 있다. 상층 통치자들이 "예를 닦고 약속을 지킬" 수만 있다면 사치 풍조는 통제당하게 될 것이다. 낭의는 통치자 스스로의 속박에 모든 희망을 걸었다. 일부 실제적이지 못한 점이 있긴 하지만 사치 풍조 때문에 정치적 위기가 몰려올 수 있다는 그의 깊은 우려가 잘 드러나 있다.

왕부는 빈부가 서로 뒤바뀔 수 있는 관계라는 점에 착안하여 "가난은 부유한 데서 생긴다"는 이치를 설명하고 있다. 이를 통해 당시 보편적으로 유행하던 사치 풍조를 규탄한다. 그는 놀고먹는 한량들과 바른 직업에 힘쓰지 않는 사람들을 통렬히 배척했다. 왕부는 그들이 사회 분위기를 망칠 뿐만 아니라 사회적 생산에도 영향을 미친다고 생각했다. 그는 말한다. "요즘 사람들은 의복과 음식에 사치하고 혀 놀림만을 숭상하여 사기를 배워 서로를 속이는 무리가 떼[167]를 짓고 있다. 혹자는 간사함을 도모하여 주먹질로 업을 삼고, 혹자는 유희, 도박, 바둑 등으로 일을 삼는다. 장정들은 쟁기나 호미를 잡는 대신 탄알을 옆구리에 끼고 놀러나 다닌다."[168] 어떤 부녀자들은 "음식을 만들지도 않고, 옷을 짓지도 않고 무당의 예언이나 배우려들고 귀신 섬기는 데 고무되어 있다."[169] 사람들은 재물을 위하여 사기, 도박을 하고, 혹자는 향락을 위하여 먹고 마시고 노는 일만 강구하며, 혹자는 미신 활동에 미쳐 있다. 그리하여 세상 풍조가 날로 나빠져 생산은 시들해지고 놀고먹다 재산을 다 털어먹는 일이 비일비재했다. 왕부는 이를 대단히 걱정하여 그런 활동들을 엄하게 금지시키라고 주장한다. 그렇지 않으면 이런 분위기가 날로 심해져 제국의 안위에 심각한 손실을 가져올 것이라고 했다.

왕부는 또 유가의 전통적 도덕관념을 가치 척도로 삼아 당시 사회를 살펴보고는 사회의 윤리 도덕이 쇠패해져감을 깊이 통감했다. "오늘날 학문한다는 선비들은 대개 허무한 일들을 말하기 좋아하고 화려한 문체로 글짓기를 다툰다. 이로써 세상에 기이하게 보이기를 바라고 잘 알려지지 않은 지식의 소유 여부로 사람을 평가한다. 그런 사람들이 높게 대접받으니 도덕적 실질은 크게 상처를 입고 무지몽매한 자들이 오히려 크게 보이기까지 한다. (…) 부모에게 효도를 다하고, 규문 안에서 조신한 행동을 잘해야 명망 있는 사람일 것이다. 그런데 지금은 대부분이 교유하며 작당하는 데 힘쓰고, 도둑질한 명성으로 적당히 건너뛰려 한다. 과장된 별 볼일 없는 무리가 고상하게 대접받으니 올곧은 선비들의 절개가 위협받고 세상 사람들의 마음이 현혹당한다. 수양을 잘하고 뜻이 순해야 효도라 할 수 있다. 그런데 지금은 뜻을 거스르고 적게 수양하며, 살아 있을 때 야박하게 하고 죽을 때만 기다리다 죽은 뒤 상례를 잘 꾸며 받드는 것을 가지고 효자라고 한다. 제사 음식 잘 차리고 손님 접대를 잘하여 명성을 구한다. 선을 업신여기는 무리가 칭송받으니 효제孝悌의 진실한 행위가 어지럽혀지고 후생들의 고통이 오도된다. 충정으로 임금을 섬기고 법에 대한 신념으로 아랫사람들을 다스려야만 제대로 관직을 수행한다고 할 것이다. 그런데 지금은 대부분이 간교한 알랑거림으로 아첨을 일삼고 법을 어지럽히고 그릇된 말만 앞세운다. 이렇게 구차하게 명성을 얻은 무리가 현명하게 대접받으니 곧고 어진 행위들이 사라지면서 세상의 혼란과 위기를 초래하는 원인이 되고 있다.″170 "도덕적 실질이 상처를 받음"을 왕부는 가장 가슴 아파했다. 이는 사회에 거짓과 속임수를 가져올 것이며, 전 사회의 도덕적 풍토를 망가뜨려 사람들의 인격에 변화를 불러일으킬 것이다. "세상 사람들이 말로는 하나같이 청렴과 양보를 소중히 여기고 재물과 이익을 천시한다고 하면서도 실제 행동에 있어서는 대부분이 청렴을 버리고 이익만을 달게 여긴다. 사람들은 그것이 나를 이롭게 할 수 있을까만 알 뿐 내가 그것을 얻어 장차 다른 사람을 이롭게 할 수 있다는 것은 모른다."171 이렇게 말하고는 저렇게 행동하는 언행의 배치 현상은 사회도덕이 심각히 왜곡되었다는 반증이다. 왕부는 이 보편적 사회 현상을 폭로하고, 유가의 도덕관을 이용하여 이를 개선시키고자 했다. 당시로선 그렇게 할 수 밖에 없었던 희망찬 바람이었다.

정치 관계 재조정에 관한 성찰 및 설계

군주, 신하, 인민은 군주 정치의 바탕을 이루는 정치적 배우들이다. 이들 간의 상호 협조야말로 양호한 통치 질서를 만드는 전제 조건이 된다. 혼미한 군주, 아첨하는 신하 및 탐관오리에 대한 후한 말년의 사상가들의 비판은 이런 기본적인 정치 관계의 왜곡, 변형, 혼란을 잘 드러내준다. 정치 관계의 재조정만이 겹겹의 위기에 처한 후한 왕조를 구해줄 핵심 관건이었다.

최식崔寔은 시대 정치를 비판하는 인식론적 기초 위에서 군신 관계를 전혀 새롭게 설정했다. 한마디로 개괄하면 명군이 권력을 장악하고, 현신이 이를 보좌하며, 군신이 조화하여 일치단결하라는 것이었다. "요堯, 순舜이 제업을 이루고, 탕湯, 무武가 왕업을 이룬 것은 모두 명철한 보좌들과 만물에 정통한 신하들에 의지했기 때문이다. 그래서 고요皐陶가 계책을 내어 당唐, 우虞가 흥성하게 되었으며, 이윤伊尹, 기자箕子의 교훈에 따름으로써 은殷, 주周가 융성하게 되었다. 왕위를 이어받은 군주로 중흥의 위업을 이루고자 한 사람이라면 어찌 현철의 지모에 의지하지 않을 수 있겠는가!"[172] 정치 과정에서 명군과 현신은 통일적으로 어느 한쪽이 없으면 안 된다. 명군은 현신의 보좌에 의존한다. 요, 순, 탕, 무와 같은 밝은 성군이라 하더라도 고요, 이윤, 기자 등과 같은 현신의 보좌가 없었다면 위업을 달성하기가 매우 어려웠을 것이다. 후세의 군주 가운데 '중흥의 위업'을 만들어낸 사람들도 한결같이 현철의 보좌와 떼어서 생각할 수 없다. 마찬가지로 현신 또한 명군의 선택이 있어야 한다. 군주가 명철하지 못하다면 현신은 임용될 수 없을 것이다. 따라서 군신 사이엔 화해 일치의 관계가 만들어져야 한다고 최식은 강조한다. "국가에 변치 않는 군주가 있고, 군주에게 정해진 신하가 있다면 상하가 서로 안녕하고 정치는 한집안과 같아질 것이다."[173] 이는 그의 이상적인 군신의 모범이자 정치적 소망이기도 했다.

왕부는 정치 관계에서 군주를 핵심으로 보았다. 정치 관계를 재조정하고 안정된 정치 질서를 이루려면 반드시 군주를 둘러싸고 논의를 전개해야 한다고 생각했다. 그래서 완정한 명군 이론을 제기했다. 먼저 왕부는 군주의 작용과 군주에 대한 품격 구분을 논했다. 그는 인류 역사의 발전으로 볼 때 군주가 예로부터 있어온 것은 아니라고 생각했다. 군주는 사회발전의 필요에 따라 생겨났다는 이야기다. 왕부는 이렇게 말한다. "태곳적에 민중이 처음 모였을 때는 위아래가 없었고 알아서 순서를 정하고 살았다. 하늘을 섬기지도 않았으며 군주를 세우지도 않았다. 그에 곧 거짓이 꾸며지고 서로 능멸하는가 하면 착취가 그치지 않아 민중에게 큰 해악이었다. 이에 하늘이 성인에게 명하여 백성을 관리감독하게 함으로써 본성을 잃지 않도록 했다. 온 세상이 이익을 얻고 덕에 감화되지 않는 사람이 없게 되니 모두가 하나같이 받들어 그를 천자라 한다."[174] 이 말속엔 천명관의 영향이 있긴 하지만 탐학, 착취 등 현상을 막기 위해, 그리고 혼란을 다스리고 백성을 편안히 해주어 천하를 태평하게 만들기 위해 군주가 탄생했음을 설명하고 있다. 바로 이 때문에 사회의 치란과 군주는 필연적으로 연결되어 있다. 그러나 그는 후대의 군주 모두가 치란 안민의 작용을 해주지는 못했으며, 심지어는 사회적 혼란을 가중시킨 군주도 있었다고 생각했다. 따라서 사회는 군주에 대해 알맞는 선택을 해야할 필요가 있다. 그 전제는 군주의 품격을 구분하는 것이다. 왕부는 군주를 명군과 암주暗主로 구분하고, 군주에게 명군이 되기를 다투고 암주가 되지 말라고 권고한다. "나라가 잘 다스려지는 것은 군주가 밝기 때문이며, 어지러운 까닭은 군주가 어둡기 때문이다"175라고 말한다. '밝음明'은 군주의 최고 미덕이다. "군주에 대한 칭찬 가운데 밝음보다 큰 것은 없다."176 군주가 '밝을' 수만 있으면 신하는 직무와 충성을 다하게 될 것이다. "그러므로 충신은 반드시 명군을 만나야 제 절개를 드러낼 수 있으며, 좋은 관리는 명찰하는 주군을 만나야 공을 이룰 수 있다. 군주가밝지 못하면 대신들은 아래서 감추며 충성하는 자를 저지하고, 뭇 관료는 법을 버리고 신분이 높은 사람에게 아부하게 된다."177 왕부는 당시의 군주들이 "그저 때에 맞추어 등극한 속된 군주時君俗主"로 혼미하고 무능하다고 질책하면서 더 많은 명군이 출현하여 사회적 위기를 구원해줄 것을 바랐다.

왕부는 명군이 되려면 다음과 같은 몇 가지 특징을 반드시 갖추어야 한다고 생각했다. 첫째, 겸청兼聽, 즉 두루 들어야 한다. 군주는 정책을 결정할 때 널리 중론을 받아들인 뒤 정확한 결단을 내려야 한다. 한쪽만 듣고 편협하게 믿거나 주관적 억단을 해서는 안 된다. 두루 듣느냐 한쪽만 믿느냐는 명군과 암주를 구분하는 중요한 표준 가운데 하나다. 왕부는 이렇게 말한다. "군주가 밝은 것은 두루 듣기 때문이다. 어두운 것은 한쪽만 믿기 때문이다. 따라서 군주가 마음을 열고 두루 들으면 성스러움이 날로 넓어지고, 참언을 말하며 한쪽만 믿으면 갈수록 어리석음이 심해질 것이다."178 두루 들으면 사람이 총명해지고, 한쪽만 믿으면 사람이 멍청해진다. 두루 들으면 또 정직한 선비들이 쓰일 것이고 아첨하는 무리는 죄로 엎드리게 될 것이다. 한쪽만 듣고 한쪽만 믿는 것은 군주 개인적인 원인 외에도 권문세가와 교만한 신하들의 권력 전횡 때문이라고 왕부는 생각했다. "귀족 중신들 때문에 귀가 막히고, 교만하고 질투 많은 사람 때문에 밝음이 가려지는"[179] 일이 생겨난다. 이와 같은 국면을 피하기 위한 가장 좋은 방법은 두루 듣는 것이다. "군주가 두루 듣고 아랫사람 의견을 받아들이면 귀족 중신들이 모함하지 못하고, 관계가 먼 사람들이 속일 수 없게 된다."[180] 둘째, 납간納諫, 즉 간언을 받아들여야 한다. 왕부는 군주라고 언제나 정확한 것은 아니라고 생각했다. 보통 사람과 마찬가지로 잘못을 저지를 수도 있다는 것이다. "군주는 잘못을 저지르곤 한다."[181] 기왕 그러하다면 군주는 자기 뜻대로 혼자 가서는 안 되며 용감하게 신하들의 비판을 받아들여야 한다. 군주와 다른 견해를 제기하는 것을 윤허하고 널리 언로를 열어 "충성을 믿고 간언을 받아들여야 한다". 그래야 잘못을 피할 수 있다. "따라서 치국의 도는 간언하도록 권면하고 말을 하도록 하교를 내리는 데 있다. 그런 뒤 군주는 명찰할 수 있고 모든 사정에 정통하여 다스릴 수 있다."[182] 왕부는 납간을 '신명한 기술'로 취급했다. 이 기술은 "군주의 몸에 갖추어져 있어야 한다". 군주가 이를 방기하면 "신하들의 입을 막고 혀를 묶어 감히 말을 하지 못하도록 함이다. 이렇게 이목이 폐색되어서는 총명을 얻을 수가 없다."[183] 그는 진 왕조가 단명했던 것은 "벼슬아치 선비들의 권고를 받아들이지 않고 백성의 여론을 거두지 않은 데 잘못이 있었다"[184]고 지적한다. 언로를 막고 독단 전횡한 것이 진나라를 망하게 했다는 것이다. 여기서 그가 얻은 결론은 이렇다. "처사들에게 올곧게 행동하지 못하고, 조정 신하들이 올곧게 말하지 못하는 것이야말로 풍속이 나빠지는 까닭이며, 암주가 외로워지는 이유다."[185] 셋째, 임현사능任賢使能, 즉 현명하고 능력 있는 사람을 임용해야 한다. 군주는 사람을 잘 쓰고 인재를 불러들여야 한다. 그는 말한다. "명군은 광대한 민중 위에 군림하면서 아랫사람들의 말까지 받아들여 멀리 바깥세계까지 훤히 비추어야 하고, 비천한 사람의 말이라도 경청하여 현인을 끌어들여야 한다."186 넷째, 수신신행修身慎行, 즉 수신하며 신중하게 행동해야 한다. 왕부는 군주의 개인적인 품행이 대단히 중요하다고 생각했다. "군주가 올바르게 수신하고 상벌을 분명히 하면 그 나라는 다스려지고 백성은 편안해진다."187 명군은 일국의 주인이자 민중의 모범이므로 이치상으로도 응당 고상한 도덕 수양을 갖춰야 한다. 군주의 행동은 단순히 개인적인 일일 수 없으며 행위 하나하나가 아랫사람들에게 모범이 되는 작용을 한다. "백성은 군주가 좋아하는 대로 따라가게 된다."188 따라서 군주는 절대로 멋대로 행동해선 안 된다. 근신해야 하며, 자신의 행동거지를 시시각각 주의하여 예의의 요구에 부합토록 해야 한다. 왕부는 분명히 도덕으로 군주를 구속하고자 하고 있다.

　명군은 겸청, 납간해야 한다는 왕부의 주장은 군주의 권위를 약화시키려는 것이 아니었다. 그와 정반대로 군주의 권력을 공고히 하고 최고 통치자로서 군주의 지위를 강화시키고자 함이었다. 한나라 말 외척과 환관들이 교대로 권력을 전횡하는 상황에 직면하여 왕부는 절대로 신하가 권력을 전횡하도록 두어서는 안 된다고 특별히 강조했다. "아랫사람들이 권력을 장악하여 날마다 군주 앞에 진을 치고 있는데도 군주가 이를 가만히 놓아두기 때문에 뭇 신하가 해이해져 왕조를 배반하게 된다. 이 때문에 군주의 위엄이 떨쳐지지 못하고 공명이 이루어지지 않는 것이다."189 군주 치국의 "핵심은 법술을 분명히 조종하고, 스스로 권병權柄을 장악하는 그뿐으로"190 한시도 풀어주어서는 안 된다. '법술'과 '권병'에 왕부는 나름대로의 이해를 가지고 있었다. "술術이 도가 되는 까닭은 정미하고 신묘하기 때문이다. 말로는 충분히 표현할 수 없으나 운용은 폭넓은 여유를 가지고 행해진다. 그 때문에 온 세상을 두루 아우를 수 있으며 저 깊고 아득한 곳까지 비친다. 권權이 세력이 되는 까닭은 튼튼하고 사나워서 위대하기 때문이다. 귀천을 막론하고 그것을 조종하는 사람이 가장 중요하다. 가장 중요하므로 주군의 위엄을 빼앗을 수 있으며 당시 사람들을 순응시킬 수 있다. 그래서 명군은 절대로 다른 사람에게 술을 보여주거나 아랫사람에게 권을 빌려준 적이 없다."[191] 그가 보기에 술은 일종의 도인데 매우 신묘하고 언어로 설명할 수 없으며 그 핵심은 운용에 있다. 권은 권세로, 권세를 장악한 사람이 바로 모든 것을 장악하게 된다. 그래서 명군은 절대로 "다른 사람에게 술을 보여주거나 아랫사람에게 권을 빌려주지" 않는다. 술은 깊이 감추어 드러내지 말아야 하고, 권은 꼭 붙들고 놓지 말아야 한다. 이는 법가 권술 이론의 계승이다. 술과 권의 작용에 대해서도 왕부는 매우 깊이 있게 인식하고 있었다. 그의 말을 보자. "이른바 술이란 아랫사람이 속이지 못하도록 하는 것이다. 이른바 권이란 권세가 어지럽혀지지 않도록 하는 것이다. 술이 참으로 밝으면 만 리 밖이나 깊은 어둠 속에 있다 하더라도 본받지 않을 수 없게 된다. 권이 참으로 쓰이면 원근과 친소, 귀천과 현우 가릴 것 없이 마음이 돌아서지 않는 사람이 없게 된다."[192] 왕부의 명군론이 왕도와 패도가 잡박하게 섞여 있는 한 왕실의 제도를 잘 구현해내고 있음을 분명히 알 수 있다. 거기에는 적폐를 없애 후한 왕조의 기강을 다시 진작시키려는 왕부의 희망과 기대가 잔뜩 묻어 있다.

순열荀悅은 군, 신, 민을 국가의 정치 구조 중 가장 기본적인 세 요소로 보았다. 이들 각자의 지위와 작용은 다르지만 정치 과정에서는 하나의 통일체를 이루어 서로를 제약하며 이 중 어느 하나라도 없어서는 안 된다고 보았다. "천하 국가는 한 몸이다. 군주는 으뜸인 머리이고, 신하는 다리와 팔이며, 백성은 손과 발이다."[193] 군, 신, 민의 일치된 조화는 정치 안정의 필수 조건이다.

순열은 군주와 신하의 통치자로서 지위를 긍정한다. 군주와 신하는 국가 치란의 핵심 요인이며, 군주와 신하가 없으면 국가는 혼란에 빠질 것이라고 생각했다. 그는 말한다. "하늘과 땅이 아니라면 만물이 생겨날 수 없을 것이며, 군주와 신하가 아니라면 정치 질서를 잡아갈 수 없을 것이다. 머리가 되는 것은 하늘과 땅이며, 이를 통섭하는 자는 군주와 신하 아니겠는가!"[194] 여기서 그는 군주와 신하를 이치상 당연히 그러한 통치자이자 국가권력의 구현자로 보고 있다. 군주와 신하의 통치자로서 지위는 하늘이 정해준 원칙이라는 것이다. 그런 뒤 그는 군주와 신하에 대한 품격 구분을 행한다. 군주를 명주明主, 성주聖主, 암주暗主, 범주凡主로 구분하고, 신하를 충신, 사신邪臣, 유신諛臣으로 구분한다. 그가 보기에 명군과 충신이야말로 가장 이상적인 군신의 모델이다. 그는 군주가 모든 것을 조종하는 데 반대할 뿐만 아니라 신하가 군주를 거스르고 권력을 전횡하는 데도 반대한다. 군주가 주체이고 신하는 보좌하는 화해 관계의 수립을 요구한다. 신하에게는 군주 개인을 향한 복종을 드러내며 또한 적극적으로 군주를 보좌할 책임이 있다. 즉 군주가 정확하게 정책을 결정하고 굳건하게 집행할 수 있도록 해주고, 군주의 잘못에 대해서는 교정을 해주어야지 무조건적으로 순종만 해서는 안 된다고 생각했다. 순열은 말한다. "신하된 도리는 군주가 유능하여 나에게 기대하지 않아도 되며 더 이상 보완할 것이 없으니 충성을 다하지 않아도 된다는 그런 말을 하지 않는 것이다. 또 군주가 무능하여 나만큼 알지 못하고 아무런 이익도 되지 않으니 충성을 다하지 않아도 된다는 그런 말을 하지 않는 것이다. 반드시 온 정성을 바쳐 도를 밝히고 신하의 의를 다하여 거기서 그칠 따름이다. 그치지 못하겠으면 몸을 받들어 물러나는 것이 신하의 도리다. 그래서 군주와 신하는 차이는 있되 괴리는 없으며, 원망은 있되 유감은 없으며, 굴종은 있되 수치는 없는 것이다."[195] 신하는 자신의 견해를 과감히 발표해야 하며 군주의 태도를 고려해서는 안 된다. 그래야 충성을 다했다고 할 수 있다. 그가 말하는 충신은 그저 고개를 숙이고 복종하는 무리가 아니라 군주를 위해 계책을 내고 군주의 잘못을 교정해주는 사람이었다. 그는 군주와 신하 사이에 차이가 존재하며 피차간에 모순이 없을 수 없다는 점을 인정한다. 그러나 그들 사이에 근본적인 이해관계의 충돌은 없으며 이익 측면에서 일치한다고 생각했다. 기왕 그렇다면 군주는 굽힐 수도 펼 수도 있어야 한다. 굽히고 펴는 원칙은 의義다. "군주는 의로써 펴고 의로써 굽힌다."[196] 이른바 "의로써 굽힌다" 함은 곧 군주가 신하들의 정확한 의견을 받아들이고 혼자 뜻대로 독자 행동을 해서는 안 된다는 것이다. 굽힐 수 있어야만 펼 수가 있다.

이상의 정신에 근거하여 순열은 무조건 군주에 순종하는 행위를 질타한다. "신하에겐 죄가 되는 일 세 가지가 있다. 하나는 그릇된 인도, 둘은 실수에 대한 아부, 셋은 주검처럼 총애만 바라는 것이다. 그릇된 것으로 군주를 이끎을 도導라고 하고, 군주가 잘못해도 쫓아만 가는 것을 아阿라고 하고, 잘못을 보고도 아무 말 하지 않는 것을 시尸라고 한다. 도신은 죽여야 하고, 아신은 형벌을 가해야 하고, 시신은 쫓아내야 한다."[197] 신하의 이 3대 죄상은 한 점으로 모아지는데, 바로 군주의 잘못에 대해 방임하는 태도를 취하는 것이다. 이 세 가지 유형의 사람은 정상적인 통치를 유지하는 데 불리한 존재로 반드시 없애야 한다. 이에 상응하여 순열은 또 신하가 "충성으로 나아가는 세 가지 술"을 제기한다. "하나는 방防이라 하고, 둘은 구救라 하며, 셋은 계戒라 한다. 미연에 먼저 실천함을 방이라 하고, 생긴 뒤 그치게 함을 구라고 하며, 이미 행해졌으면 책임을 지는 것을 계라 한다. 방이 가장 좋고, 구가 그다음이며, 계가 가장 낮다."[198] 이세 가지 술은 충성으로 나아가는 중요한 표식이다. 확실히 신하는 그저 군주 지배에 이바지하는 도구가 아닐 뿐만 아니라 군주를 감독하고 단속하는 작용도 한다. 이 밖에도 순열은 사관들의 기록을 통해 군주를 단속하고 군주의 잘못을 훈계해야 한다고 주장한다. "명주와 현신들의 규모와 법칙, 그리고 득실의 궤적 또한 훌륭한 귀감이 될 수 있다."[199] 순열은 또 군주의 정확한 정책 결정을 보장하기 위하여 군주와 신하를 연결하는 관도가 확 뚫려 있어야 하고, 군주는 각 방면의 의견을 광범하게 청취하여 하층민들의 사정이 위에까지 전달되어 필요한 조치를 취할 수 있도록 해야지 주관적으로 걸림돌을 만들어서는 안 된다고 생각했다. 그는 말한다. "아랫사람들의 입이 막혀 있지 않고, 윗사람의 귀가 닫혀 있지 않으면 모든 사정을 들을 수 있을 것이다. 막는 것이 있는 막힘은 풀 수가 있으나 막는 것이 없는 막힘은 어렵다. 닫힌 곳이 있는 닫힘은 없앨 수 있으나 닫힌 곳이 없는 닫힘은 심각하다."[200] 신하는 과감히 직언하고 군주는 겸청할 수 있어야 아래 사정을 이해할 수 있다. 입을 막고 귀를 닫게 만드는 객관적인 장애는 두렵지 않다. 쉽게 제거할 수 있기 때문이다. 두려운 것은 주관적으로 스스로 막고 닫는 것인데, 이는 극복하기가 매우 어렵다. 신하는 또 '도'와 군주의 관계를 잘 처리해야 한다. 이는 충신과 아첨하는 신하 즉 유신諛臣을 구별하는 중요한 표준이다. '도'와 군주가 일치하는 상황에서 이 문제는 비교적 쉽게 처리할 수 있다. 그러나 '도'와 군주 사이에 모순이 발생했을 때는 처리하기가 그렇게 쉽지 않다. 도를 좇고 군주를 좇지 않으면從道不從君 신하의 이익 심지어는 생명까지 위협을 받게 될 것이고, 군주를 따르고 도에 따르지 않으면 '신하의 도리'에 위배될 것이다. 순열의 선택은 도를 좇고 군주를 좇지 않는 것이었다. 그는 이렇게 말한다. "군주의 뜻을 어기고 도에 순종함을 충신이라고 한다. 도를 어기고 군주의 뜻에 순종함을 유신이라고 한다. 충신은 군주를 위해서이나, 유신은 자신을 위해서다. 충신은 마음으로 편안하나, 유신은 몸으로 편안하다."[201] 종도불종군은 선진 유가의 일관된 사상이다.[202] 순열은 이 사상을 계승한 것이다. 군주 전제주의가 부단히 발전되어가던 시대조건으로 볼 때 이는 쉽지 않은 일이다. 물론 "군주의 뜻을 어기고 도에 순종하는" 목적은 여전히 군주의 이익과 권위를 수호하고 공고히 하려는 것이었다.

순열은 군주와 민중이 다른 정치 계급에 속하며 지위가 다르다고 생각했다. "하늘은 도가 되고, 군주는 극점이 되며, 신하는 보좌가 되고, 백성은 기초가 된다."[203] 민중은 정치 구조 가운데 기본 요소이며, 그들과 군주는 각자 맡은 일이 다른 동시에 일치되는 점도 있다. 그것은 사람의 기본 속성이 공통적이라는 점이다. 이것이 양자 관계가 화해할 수 있는 기초다. 그는 말한다. "천자로부터 서인에 이르기까지 좋아하고 싫어하는 바나 슬퍼하고 즐거워하는 바를 추구하는 것은 한가지다. 풍성과 검약, 힘듦과 편안함 등에 있어서는 각자 누리는 바가 다르다. 군주는 충분히 예를 갖추고 백성은 충분히 즐거움을 갖추는 것, 이것을 큰 도라고 한다."[204] 따라서 군주와 백성은 참된 마음으로 서로를 대해야 하며, 각자 자신의 의무를 수행해야 한다. "군주는 지극히 아름다운 도로 백성을 이끌고, 백성은 지극히 아름다운 물건으로 군주를 봉양한다. 군주는 은혜를 베풀고 백성은 공을 세워 바친다. 이것이 가면 돌아오고 서로 보답한다는 의미다."[205] 이와 같은 군민 관계 양식은 환상으로 충만한 것이지만 거꾸로 인민이 군주를 봉양한다는 사실을 드러내주고 있다. 바로 이 때문에 군주는 반드시 민중에게 관대한 정책을 베풂으로써 군주와 민중의 관계를 조화시켜야 한다. 순열은 군주와 인민이 서로 의존적이라고 생각했다. 민중을 떠나서는 군주도 생존해가기 어렵다는 것이다. "아래에 근심 어린 백성이 있으면 위에서 즐거움을 다할 수 없고, 아래에 배고픈 백성이 있으면 위에서 반찬을 갖춰 먹을 수 없고, 아래에 추위에 떠는 백성이 있으면 위에서 의복을 갖춰 입을 수 없다. 맨발로 걸으면서 면류관의 술을 늘어 뜨리는 것은 예가 아니다. 발이 차면 심장이 상하고, 백성이 빈한하면 국가가 상한다."[206] 여기서 "백성이 기초가 된다"는 사상을 분명히 드러내고 있다. 민중의 생존 상황이 군주의 지위와 왕조의 안정에 직접적으로 영향을 미친다는 것이다. 그래서 군주에게 인애의 마음으로 백성을 대할 것과 백성에 대한 중시와 사직에 대한 중시를 서로 연계시키라고 요구한다. 그는 "백성이 있어야 사직이 있으며, 백성이 망하면 사직도 망한다. 따라서 백성을 중시하는 것이 곧 사직을 중시하여 천명을 받드는 까닭이라"[207]고 말한다. 왕위를 잃지 않고 보존하며, 사직을 오래도록 유지하고 싶으면 군주는 반드시 백성을 중시하고 사랑해야 한다. 순열이 보기에 "백성을 자식처럼 사랑하거나" "백성 사랑하기를 제 몸처럼 하는 것" 정도로는 아직 "인애의 극치"에 이르렀다고 할 수 없었다. 진정으로 백성의 실질적인 이익을 위해 착상할 때 비로소 백성을 사랑한다고 할 수 있다는 것이다. 그는 "위에 있는 사람은 먼저 백성의 재물을 풍성하게 해줌으로써 그 뜻을 안정시킬 수 있다"[208]고 말한다. 군주가 먼저 고려해야 할 사항은 민중의 물질 생활이다. 이것이 군민 관계를 개선시킬 수 있는 전제 조건이다. 이 문제를 해결하지 못하면, 백성을 사랑한다는 말은 그저 한마디 빈말에 불과하다.

정치 관계를 재조정하려는 한나라 말 사상가들의 설계에는 전통적인 간의諫議 사상과 왕도, 패도를 혼용하고, 백성을 중시하는 인식 등이 포함되어 있다. 이론적으로 특별히 무엇을 돌파한 것은 없었지만, 정치와 사상 영역이 일대 혼란을 겪었던 당시의 상황으로 볼 때 정치적 반성이라는 새로운 바람을 몰고 온 것도 사실이다. 이는 쇠망을 향해 치달아가는 후한 말기 통치 계급들 가운데 깨어 있고 성숙한 일부 사유가 드러난 것이었다.

용인用人 방법에 관한 논의

후한 말년의 사상가들은 관료세계의 부패와 관료 정치의 혼란, 그리고 선발과 고과 등 용인 방법 측면에 적폐가 극심하다는 것을 깊이 통감하고 있었다. 이 때문에 그들은 관리의 선임과 고과 등 인사관리 문제에 대해 집중 토론했다.

우선 사상가들은 관리 선임 방면의 여러 폐단을 비판했다. 친분으로 사람을 임용하는 데 반대하며, 진짜 재주 있는 좋은 관리를 선발하라고 주장했다.

낭의는 후한 후기의 관료 선발 제도에 불만이 아주 많았다. 그는 이렇게 질타한다. "오늘날 자리에 있는 사람들은 경쟁적으로 높은 자리에 줄을 대어 수 종鍾[209]의 재물을 헌납하는 일에만 매여 세상을 위한 걱정은 잊고 산다." "오늘날 3공이란 사람들 모두가 낯빛으로만 직분을 다한 듯하며, 겉으론 엄한 척하나 안으로 부드러워 허상으로 군주를 섬길 뿐 국가를 보좌하는 실질은 하나도 없다."[210] 전체 관료 조직이 부패무능하며, 권력을 장악한 사람들은 모두 탐욕스럽고 범용한 무리다. 그 어떤 재주나 실질적 학문을 익힌 것도 없이 그저 사적인 욕심이나 채우려 들고 근본적으로 국가 대사를 생각하지 않는다. 이런 사람들에 의존해서는 절대로 나라를 잘 다스릴 수가 없다. 낭의는 이런 식의 관료 문제가 생겨나게 된 원인은 아주 많지만 핵심은 관료 선발 제도가 완벽하지 못하기 때문이라고 생각했다. 그는 당시 관료 선발 제도에 두 가지 폐단이 있다고 지적한다. 첫째는 천거를 한 사람이 천거를 받은 사람에 대하여 연대 책임을 지지 않아 선거選擧가 임의적으로 이루어진다는 것이다. 그는 이렇게 질문한다. "오늘날 목수牧守를 선거하여 3부에 맡겨 임용한다. 그 수장이 불량하면 주와 군에 잘못을 묻는데, 주와 군에 실수가 있으면 어째서 천거한 사람에게 책임을 돌리지 않는가?"[211] 그는 천거한 사람이 천거받은 사람에 대해 책임을 져야 한다고 생각했다. 천거가 합당했으면 상을 받고, 부당했다면 벌을 받아야 한다. 그래야 선거의 엄숙성을 증진할 수 있다는 것이다. 둘째, 선거 기구가 통일되지 않아 사람을 쓸 때 친분에 의지하거나 뇌물 수수 현상이 대량으로 출현한다는 것이다. 그는 말한다. "오늘날 선거는 모두 삼사三司에 귀속되어 있는데, 주공周公이나 소공邵公과 같은 인재가 있는 것이 아니라 모두 아는 연줄로 중용되며, 매번 선거를 통한 임용은 번번이 보좌진인 연속掾屬[212]에서 이루어진다. 관공서의 문 앞은 빈객들로 장사진을 이루고 환송과 영접을 하는 재화 소비가 끝이 없다. 천거를 받은 사람은 경쟁적으로 장관을 배알하라고 추천하고, 각자 자제를 보내니 온 도로가 꽉 막힐 지경이다. 이렇게 그릇된 문이 크게 열려 있으니 거짓이 판을 치며, 옛 법도를 좇는다고 할 수가 없다."[213] 선거권이 삼사에 귀속되어 중앙에서 선거를 통제할 방법이 없었다. 매번 선거에 의해 부서 이동과 승진이 있을 때마다 관공서 문 앞은 시끌벅적했다. 이런 상황에서 유능한 인사가 임용되기는 매우 어려운 일이다.

좌웅은 친분에 입각에 사람을 쓰는 것이 당시의 용인 제도 가운데 최대의 폐단이라고 지적한다. 이 문제가 해결되지 않는 한 현명함의 여부에 따라 사람을 임용한다는 말은 빈말에 불과하다. 좌웅은 친분에 의해 사람을 쓰는 일을 막으려면 반드시 먼저 군주부터 권력을 남용해 멋대로 관작에 봉하는 일을 없애야 한다고 생각했다. 한漢 순제順帝 때는 유모 송아宋娥를 산양군山陽君으로 봉한 적이 있으며, 외척인 양기梁冀를 양읍후襄邑侯에 봉하기도 했다. 이에 좌웅은 여러 차례 상소를 올려 다음과 같이 간언했다. "땅을 갈라 제후에 봉하는 것은 군주가 하는 일 가운데 가장 중요한 일이옵니다. (…) 요즘 청주靑州 지방에 기근이 들어 도적이 그치지 않으며, 백성의 궁핍이 극에 이르러 위에서 재물을 많이 빌려주어야 할 때이옵니다. 폐하께옵서는 참으로 노심초사하시며 백성의 구제에 힘쓰셔야 하옵니다. 마땅히 옛 법도에 따르시어 고요히 무위無爲하심으로써 하늘의 뜻을 구하고 백성의 재난을 없애야 할 것이옵니다. 작은 은혜만 좇아서는 아니 됩니다. 자칫 큰 원칙을 잃게 되옵니다."[214] 그는 관리를 선발해 쓰는 일을 정치적으로 매우 큰 사건으로 취급하여 개인적인 기분이나 친소 관계로 결정해선 절대로 안 된다고 주장한다. "왕자는 사적으로 재산을 운용할 수는 있으나 관직을 그렇게 운용해선 안 된다"[215]고 명확하게 이야기한다. 재산과 관직은 다른 범주의 문제다. 재산은 군주의 사유물일 될 수 있으나 관직은 재산처럼 그렇게 멋대로 베풀어서는 안 된다.

훌륭한 관리를 선발하는 데 대해서는 왕부의 인식이 가장 전면적이다. 그는 현명하고 능력 있는 사람이야말로 국가 정치 활동에서 가장 중요한 작용을 하며 치국안민의 핵심 요소가 된다고 생각했다. "국가는 현자가 있어 흥하고, 아첨꾼이 있어 쇠퇴한다."[216] "적절한 정책으로 백성을 편안하게 하는 핵심은 현인의 임용에 달려 있다."[217] 현명하고 능력 있는 사람이 없으면 그 나라는 반드시 대란에 빠진다. 그는 말한다. "국가가 장차 혼란에 빠지리라는 것을 어떻게 아는가? 현인을 좋아하지 않는 것으로 알 수 있다. (…) 세상을 잘 다스리는 군주는 혼란에 앞서 현인을 임용하므로 그 몸은 항상 안전하고 그 나라는 길이길이 영원하다."[218] 현인을 임용하면 난을 방지할 수 있을 뿐만 아니라 난을 다스릴 수도 있다. 그는 현명하고 능력 있는 사람을 국난이라는 병을 치료하는 훌륭한 의사에 비유한다. "무릇 사람이 나라를 다스리는 것은 몸을 다스리는 형상 그대로이다. 아픈 것은 몸의 병이며, 혼란은 국가의 병이다. 몸의 병은 의사를 기다려 치유해야 하고, 국가의 혼란은 현인을 기다려 다스려야 한다."[219] 병을 다스리는 것과 혼란을 다스리는 것은 한가지라는 이야기다. 일정한 방법과 과정이 필요한 것 외에 관건은 사람에게 있다. "몸을 다스리는 데 황제黃帝의 기술이 있고, 세상을 다스리는 데 공자의 경전이 있다. 그럼에도 병이 치유되지 않고 난이 다스려지지 않는 것은 침을 놓는 방법이 잘못되었거나 『오경』의 말씀이 그릇되어서가 아니다. 원인은 그 사람이 아니기 때문이다."[220] 왕부는 현명하고 능력 있는 사람의 작용을 대단히 중시했다. 당시 사회가 혼란스러운 것은 범용한 사람들이 자리에 있기 때문이라고 그는 생각했다. 그렇게 "일 없이 녹을 많이 받고 시체처럼 앉아 무위도식하면서, 부질없이 사치하고 교만하게 자리를 차고 앉아 패망하여 후세에 이어가지도 못할 자들"[221]이 대권을 장악하면 그 나라가 어찌 다스려질 수 있겠는가! 범용한 사람이 정권을 장악한 것은 국가에 쓸 만한 현인이 없어서인가? 그렇지 않다. 왕부는 지적한다. "열 걸음 이내에 반드시 무성한 풀숲이 있고, 열 집 마을이면 반드시 준걸은 있다. 현자의 탄생은 해나 달처럼 이어져 끊긴 적이 없다. (…) 한나라는 영토가 광대하고 선비, 백성이 수없이 많으며, 조정이 맑고 위아래가 잘 다스려지고 있음에도 관청에 올곧은 관리가 없고, 훌륭한 신하들이 제 자리에 없다. 이는 금세에 현인이 없어서가 아니라 현자들이 은폐되고 가로막혀 황제의 조정에 이를 수가 없기 때문이다."[222] 문제는 현명하고 능력 있는 사람이 있느냐 없느냐가 아니라 그런 사람이 쓰이지 않는다는 데 있음을 분명히 밝히고 있다. 왕부는 여기서 한 걸음 더 나아가 현명하고 능력 있는 사람이 쓰이지 못하는 원인을 분석한다. 첫째, 군주가 현인을 숭상한다는 공허한 명분만 내걸 뿐 실질적으로 현인을 임용하지 않기 때문이다. 그는 말한다. "오늘날 선비들을 대하는 군주의 태도를 보면, 눈으로 현인을 보고도 감히 쓰지 않으면서 귀로 현인이 있다는 말을 들으면 자기에게 오지 않음을 한탄스러워한다."[223] 현인 숭상을 표방하면서도 행동으로는 실천하지 않는다는 참으로 절묘한 풍자다. 설령 군주에게 현인을 쓰려는 마음이 있다 하더라도 그 방법이 맞지 않아 현명하고 능력 있는 선비들을 임용하기가 어려운 경우도 있다. "군주에게 현인을 찾으려는 마음은 있는데 현인을 얻을 방법이 없다."[224] 그 결과 여전히 현인 임용의 목적에 이르지 못한다. 둘째, 권력을 장악하고 있는 관료와 권문세족이 사사로이 작당 모의하여 현명하고 능력 있는 사람을 질투하고 인재들을 억압하며 "현인을 가리는 데" 힘을 다하고 있기 때문이다. 왕부는 "자리를 차지하고 있는 사람들은 현인을 가리길 좋아하고 사사로이 당에 들어가는 데 힘쓰고 있다,"[225] "출셋길에 오른 사람이면 모두가 군주에게만 전념하면서 현인의 등장을 막고 제멋대로 권력을 행사하려 한다"[226]고 폭로한다. 권력을 지닌 간신들이 벼슬길에 있는 것이야말로 현명하고 능력 있는 사람들을 임용하는 데 가장 큰 장애가 된다. 왕부는 "현인에 대한 질투" 문제를 심도 있게 분석하고는 이것을 "현인 은폐"의 심리적 요소로 파악했다. 그는 사람의 이기적이고 배타적인 성향에서 출발하여 어떤 사람이든 타인을 질투하는 마음이 있다고 생각한다. "나라 안에 남자를 질투하는 사람이 적지 않음은 집안에 여자를 질투하는 사람이 적지 않음과 같다. 최근 들어 안팎을 통틀어 공명을 다투고 자기보다 나은 사람을 질투하지 않는 사람이 몇이나 되겠는가?"[227] 심지어 현명하고 능력 있는 사람들 사이에도 질투하는 마음이 존재하여 서로를 해치려 드는데, 하물며 일반 사람들이야 오죽하겠는가? 그는 현명하고 능력 있는 사람들의 질투를 보편적인 사회 현상으로 보았다. "선을 따르면 질투가 일고, 어짊을 행하면 시기가 생긴다."[228] "세상에 현인이 없던 적은 없다. 그럼에도 현인이 쓰이지 못하는 것은 뭇 신하가 질투하기 때문이다."[229] 이런 상황 아래서는 군주가 아무리 현인을 임용할 마음이 있다고 하더라도 실천하기가 매우 어렵다. 한마디로 정리하면 "군주가 안으로 현인을 베는 도끼를 잡고 있고, 현인을 씹는 개에게 권력을 맡기고 있으면서 밖으로 현인을 불러들이고자 하니 어찌 슬프지 아니한가!"[230]

다음으로 인재 선발의 표준과 진짜 현인을 어떻게 선발할 것인가에 대하여 사상가들은 각자 의견이 달랐다.

좌웅은 현명하고 능력 있는 사람을 뽑아 쓰는 문제에 있어서 인재의 배양에 초점을 둠으로써 관료 집단의 출처를 확대하고 관리들의 소양을 제고시켜야 한다고 생각했다. "경전의 술術을 숭상하고 태학을 수선해야 한다"[231]는 그의 건의는 순제에 의해 받아들여졌다. 경전의 술을 숭상한다 함은 통치 사상으로 경학의 지위를 강조한 것이며, 태학을 수선하라함은 인재 배양의 기구를 건립하라는 이야기다. 동시에 그는 "국내의 유명한 유생들을 불러모아 박사를 제수하고 공경의 자제들을 그 문생으로 삼도록 하고" 또 "동자랑童子郎[232] 벼슬을 내리고" "지조가 있는 사람에게 봉록을 더 주라"[233]고 했다. 이런 조치가 취해지자 각 지역의 인사들이 "책을 짊어지고 학문을 하러 수도에 운집했다."[234] 좌웅은 현행 찰거察擧 제도에 불완전한 부분이 많아 진짜 재주 있고 학문이 튼실한 사람이 선발되기 어렵다고 생각했다. 그래서 그는 관료 선발 제도를 개혁하여, 연령을 제한시키고 재능을 시험하는 한년시재限年試才의 조치를 시행하라고 주장한다. 그는 말한다. "군郡, 국國의 효렴孝廉은 옛날 천거 제도인 공사貢士와 같습니다. 나와서 백성을 다스리고 풍속을 교화시키는 일을 합니다. 그런데 그가 학식이 없어 제대로 알지 못한다면 아무데도 쓸모가 없을 것입니다. 공자께서는 '40에 불혹이라'고 하셨습니다. 『예기』에도 '강사強仕'235라고 했습니다. 지금부터 효렴의 연령을 40이 되지 않았으면 찰거를 하지 못하도록 하십시오. 우선 먼저 관공서에 출두케 하여 여러 생도의 집안에 전승된 학문을 시험하십시오. 문관 관리들은 글로 쓴 상소문으로 시험하고, 이를 궁전 정남문인 단문端門의 상서에게 보내 그 허실을 따지십시오. 그리하여 특별한 능력이 있음을 보여 풍속을 아름답게 하십시오. 이 시험 명령을 제대로 받들지 못한 자가 있으면 죄로 다스려 바로잡으십시오. 그리고 풍성한 재주와 기발한 아이디어를 지닌 사람이면 연령의 제한을 두지 않아도 될 것이옵니다."236 그가 보기에 효렴을 천거하는 목적은 그들을 임용하여 "백성을 다스리도록" 하려는 것이다. 그러려면 실제 작업 능력과 실천 경험을 갖추고 있어야 한다. 그런데 젊은 사람들은 이 방면에 비교적 취약하다. 그래서 그는 "마흔이면 불혹이라"는 공자의 말을 근거 삼아 연령 제한을 주장했으나, 특별한 재능을 지닌 사람에겐 그 연령 제한을 두지 않아도 된다고 했다. 연령 제한과 동시에 그는 또 "재능을 시험하라"고 주장한다. 즉 천거해 올라온 효렴을 임용하기 전에 여러 분과를 나누어 시험을 치르게 하고 "그 허실을 따져 특별한 능력을 관찰하라"고 했다. 그가 중시한 것은 헛된 명성이 아니라 실제 능력이었다. 한년시재라는 주장은 좀 단편적이긴 하다. 하지만 권문세족의 세습 권력을 반대한 측면에서 보면 상당한 의미를 지니고 있다.

　현인 임용 문제에 있어 왕부는 "진짜 현인"을 임용해야 한다고 특별히 강조한다. "세상을 다스리면서 진짜 현인을 얻지 못함은 병을 치료하면서 진짜 약을 얻지 못함과 같다."237 그는 당시 사회가 진짜와 가짜가 뒤섞이고 현명한 사람과 어리석은 사람이 구분되지 않아 진짜 현인이 임용되지 않고 가짜 현인이 창궐하고 있다고 폭로했다. 그는 말한다. "뭇 관료와 천거된 선비들을 보면 혹자는 노둔한 사람이 왕성한 재주를 지닌 사람으로 포장되고, 패역한 자가 효성이 지극한 자로 포장되고, 탐관오리가 청렴결백한 관리로 포장되고, 교활한 사람이 방정한 사람으로 포장되고, 아첨을 일삼는 사람이 직언을 잘하는 사람으로 포장되고, 경박한 사람이 돈후한 사람으로 포장되고, 아무것도 없는 사람이 도가 있는 사람으로 포장되고, 사리에 어두운 사람이 경전에 밝은 사람으로 포장되고, 잔혹한 사람이 관대한 사람으로 포장되고, 겁 많은 사람이 용맹한 사람으로 포장되고, 어리석고 무딘 사람이 어려운 사무를 잘 처리하는 사람으로 포장되고 있다. 명과 실이 서로 맞아 떨어지지 않으며, 천거를 바라지만 잘 가려지지가 않는다. 부자는 재력을 이용하고, 신분이 귀한 사람은 세력으로 지켜 돈이 많은 사람을 현인이라 하고, 강성한 사람이 윗자리를 차지한다."[238] 그 밖에 "남의 녹과 지위를 빼앗을 자가 현인이 되고,"[239] "가족의 크기로 덕의 크기를 재단하고 지위의 높낮이로 현명함을 천명하는"[240] 현상도 있었다. 폭로된 사실로만 볼 때 당시엔 보편적으로 부귀와 관위가 현명함과 어리석음을 구분하는 표준이 되었다는 것을 알 수 있다. 왕부는 이를 반박하면서 현능은 빈부귀천에 달려 있지 않다고 주장한 것이다. "현인군자라 함은 지위가 높고 봉록이 두터워 부귀영화를 누리는 사람을 가리키는 말이 아니다. 이는 군자라면 마땅히 누려야 할 바이지만 그 때문에 군자가 되는 것은 아니다. 소인이라 함은 가난하고 추위에 떨며 곤궁함으로 곤욕을 치르는 사람을 가리키는 말이 아니다. 이는 소인이라면 그럴 수밖에 없는 일이지만 그 때문에 소인이 되는 것은 아니다." "따라서 군자라고 반드시 부귀하지는 않으며, 소인이라고 반드시 빈천하지는 않다."[241] 이와 같은 인식을 바탕으로 왕부는 귀족의 권위 세습과 부귀를 현인 임용의 선결 조건으로 삼는 데 반대한다. 그는 "그 사람을 얻으려면 그가 빈천함을 걱정하지 말고, 재주를 얻으려면 명성과 자취를 의심하지 말라"[242]는 임용 원칙을 제기했다. '진짜 현인'이기만 하면 빈부귀천이나 지위고하 및 친소원근을 막론하고 모두 중용되어야 한다는 것이다. 그럼 누구를 '진짜 현인'이라고 하는가? 왕부는 '진짜 현인'의 표준은 바로 덕과 재주의 겸비라고 생각했다. "덕이 임무와 맞지 않으면 가혹한 재앙이 생길 것이고, 능력이 자리에 맞지 않으면 큰 환난이 생길 것이다."[243] 그중에서도 덕이 가장 근본적이다. 그는 말한다. "현자가 신하가 되면 아첨꾼들이 군주에게 손해를 입히지 못하도록 하고, 낯빛을 바꿔가며 많은 사람에게 아부하는 일이 없을 것이며, 공을 무너뜨리고 사를 챙기지 못할 것이고, 법을 어지럽히면서 강경함을 부르짖지 못할 것이다. 그 현명함이 간사한 사람들을 분명히 드러나도록 할 것이며, 그 의로움이 작당 모의를 못 하게 할 것이다."[244] 이렇게 올곧고 아부하지 않으며, 오로지 공을 신봉하는 정신 외에도 '4행行'과 '4덕德'을 구비해야 한다. '4행'은 서恕(용서), 평平(올바름), 공恭(공손함), 수守(지조)이고, '4덕'은 인, 의, 예, 신信이다. 그는 "4자가 병립하면 4행이 갖추어지고, 4행을 갖춘 사람을 진짜 현인이라 일컫는다"[245]고 말한다.

중장통이 제기한 용인의 원칙은 "관직에 있는 사람은 사사로움이 없어야 하며, 오직 현명함을 가까이해야 한다"[246]는 것이었다. 그 또한 덕과 재주를 기본 표준으로 삼으며, 한대 이래 시행된 '효렴의 선거'와 '벌열閥閱'에 의한 임용 등 관료 선발 제도에 반대한다. 그는 말한다. "이제 거꾸로 허름한 집에 사는 사람을 고상하다 하고, 채소만 먹고 사는 사람을 청렴하다 함은 자연의 본성을 잃는 판단일 뿐만 아니라 헛된 명성을 추어올려주는 것입니다. 작은 지혜를 지닌 사람이 높은 자리에 앉게 되고, 여러 가지 공적을 낸 사람이 아예 드러나지 않게 된 것은 바로 여기서 생겨난 것입니다. 제 몸을 구속하면서 재능을 잃어서는 실질적인 공을 세우지 못합니다. 청렴하다고 천거되었는데 탐욕으로 물러남은 사군자가 지향할 바가 아닙니다. 사람을 뽑아 쓰려면 반드시 선사選士를 얻어야 합니다."[247] 중장통은 고상하고 청렴하다고 불리는 사람들이 허명뿐임을 조소하고 있다. 그 거짓 군자들은 진실한 덕도 재주도 없다. 그들이 권력을 장악했다가는 "작은 지혜를 지닌 사람이 높은 자리에 앉는" 꼴이다. 놀고먹을 뿐만 아니라 심지어는 "청렴으로 천거되었는데 탐욕으로 물러나기"도 한다. 그래서 사람을 쓸 때는 특히 '선사' 즉 덕과 재주를 겸비한 사람을 뽑아 쓰도록 주의를 기울여야 한다. 가문이나 문벌에 의지하여 앉아서 봉록을 받아먹는 사람들에 대해서는 더더욱 그들의 세습적 특권을 빼앗아버려야 한다. 중장통이 말하는 덕과 재주德才가 통치 계급의 이익을 대표할 수 없는 것은 아니다. 통치술에 능숙할 수 있으며, 통치자와 민중과의 관계를 조화시킬 수 있다. "치란의 대원칙에 능통한 사람으로 하여금 모든 원칙을 총괄하여 보좌토록 하고, 농사일의 어려움을 잘 아는 사람으로 하여금 친히 백성의 일을 돌보게 하고 혜택을 베풀도록 해야 한다."[248] 중장통은 덕재를 관료 선발의 유일한 표준으로 삼았다. 이 표준 앞에서는 누구나 평등하며 친소, 문벌, 빈부 등의 제한을 받지 않는다. 중장통은 인재 선발의 범위, 과정에 그 어떤 한계를 두어서도 안 된다고 생각했다. 광범해야 하며, 어느 하나를 거리껴서도 안 된다. 저 아래 기층으로부터 위에 이르기까지 차근차근 선발해야 한다. 그는 이렇게 이야기한다. 만약 전국을 천만 호로 계산하여 매 호에 한 명씩의 정장丁壯을 뽑는다면 1000만 명이 될 것이며, "정장 열 명 중에는 반드시 뛰어난 십오什伍의 장이 있을 것이니 십장 이상을 추정하면 100만 명이 된다. 다시 열 명 중 하나를 취하면 좌사佐史[249]의 재주 이상을 지닌 사람이 10만 명이 된다. 다시 열 명 중 하나를 취하면 정무 처리를 시킬 수 있는 위치에 있는 사람이 1만 명에 이르게 된다. (…) 이 제도에 충실하여 천하의 인물들을 쓴다면 충분히 쌓여 있게 되는데 어찌 부족함을 걱정하겠는가? 따라서 구해지지 않는 물건이 있음은 세상에 그런 물건이 없어서가 아니다. 쓰이지 않은 선비가 있음은 세상에 그런 선비가 적어서가 아니다."[250] 그는 평민 백성을 포괄하여 전체 사회를 선택의 범주에 넣는다. 이런 방법에 의하면 인재는 아무리 써도 다하지 않는다. 이 주장은 통치자들에게 시야를 넓힐 것을 요구한다. 이왕의 여러 제한을 없애버리고 덕재가 있는 사람이 벼슬길에 들어설 수 있도록 길을 크게 넓히라는 것이다.

마지막으로 사상가들은 현명하고 능력 있는 사람의 임용과 인사 고과 문제를 논의했다. 좌웅은 "현인을 쓰는 방법은 반드시 세밀하게 인사 고과를 행하는 것이라"[251]고 주장한다. 관리들에 대해 깊이 고찰하지 않고 임명하거나 상벌을 행한다면 현인과 어리석은 사람이 구분되지 않고 시비가 분명치 않게 된다고 생각한 것이다. 그는 친히 '자사刺史와 수상守相'[252]을 면밀히 고찰한 한 선제에 대해 깊이 찬양했다. 현인을 쓰려면 반드시 현인임을 알아야 하고, 현인을 알려면 반드시 깊게 고찰해보아야 한다. 고찰한 뒤에는 상벌을 분명히 해야 한다. 그는 말한다. "신의 어리석은 생각으로는 수상과 장리들 가운데 백성과 화목하여 효과가 탁월한 자에겐 녹을 올려주고 이사 가지 못하도록 하며, 부모상이 아니면 관직을 벗어나지 못하도록 해야 합니다. 그가 법이 금지한 바를 따르지 않고 왕명을 곧이곧대로 행하지 않으면 평생을 가두어두고 사면을 해 줄 수 있더라도 다른 경우와 같이 처리해선 안 됩니다. 탄핵을 당하고도 망령되게 법대로 처리하지 않는 자는 먼 변방의 군으로 이사 가게 하여 후예들까지 징치해야 합니다."[253] 공로가 있는 사람에 대해서는 봉록을 증가시켜주고, 법령에 불복종하는 사람은 관직을 파면한다. 고발을 당하고도 그것을 은닉한 자는 가족들을 먼 변방의 군으로 이주시켜 엄하게 처벌해야 한다. 그렇게 하면 "권력자가 멋대로 위세를 부리는 길이 막히고, 거짓을 부릴 단서들이 없어지고, 환송, 영접의 노역이 감소하고, 세금을 거둬들일 근원이 줄어들 것이다. 이치를 따른 관리들은 성공적으로 교화를 하게 되고, 땅 위의 모든 백성은 편안히 살아가게 될 것이다."254 좌웅은 상벌이 분명한 인사 고과 제도를 수립하는 것이 관료 정치를 숙정하는 관건이라고 생각했다. 현명하고 능력 있는 사람을 선발하고 관료 사회를 안정시키기 위해 좌웅은 유생의 임용과 임기의 연장 등을 주장하기도 했다. 그는 말한다. "각 고을의 대민부서 관리를 모두 청백한 유생들에게 맡겨 정무를 보게 해야 합니다. 빚진 세금을 너그러이 봐주시고, 작록을 늘려주며, 관리의 직무가 만기에 이르면 재상부나 주, 군으로 하여금 중앙으로 천거하도록 하십시오."255 "청백한 유생"은 곧 그가 마음속으로 생각하는 "어진 관리"의 출처다. 이것을 보면 그가 얼마나 인간의 문화·도덕적 소양을 중시했는지 알 수 있다. 그는 말한다. "걸桀, 주紂는 천자의 고귀한 신분이었음에도 노비들조차 그와 비교하는 것을 부끄러워합니다. 이는 그들이 의롭지 못했기 때문입니다. 백이伯夷, 숙제叔齊는 필부의 천한 신분이 되었으나 왕과 제후들이 그들과 같은 사람이 되려고 다툽니다. 이는 그들에게 덕이 있었기 때문입니다."256 정무에 종사하는 "청백한 유생"이 탐관오리로 전락하는 것을 피하기 위해 그들의 봉급을 올려주고 부담을 줄여주어야 한다고 주장한다. 생활을 보장해주는 것이야말로 관료 사회를 안정시키기 위한 중요한 조치다. 관료 사회를 안정시키기 위해 그는 또 관리들의 임기 연장을 건의했다. "관리들이 수시로 바뀌면 아랫사람들이 편안하게 업무를 보지 못합니다. 오랫동안 그 자리에 머무르게 한다면 백성이 교화에 복종할 것입니다."257 관리들의 빈번한 교체는 정상적인 통치 질서에 영향을 끼치고 관료 기구의 순조로운 직능 발휘를 방해할 수 있다. 관리들이 안정되면 대민 통치에도 유리하다. 이는 "수령들이 달마다 바뀌는" 당시 상황에 대한 시의적절한 지적이었다.

낭의는 현량들에 의한 치국을 대단히 존중했다. 사람을 쓰는 것에 관한 그의 기본적 사유는 현량의 선택과 용납이었다. "노를 만들어 배에 단 것은 강과 바다를 건너기 위해서라고 들었사옵니다. 현인을 초빙하여 보좌로 삼음은 천하를 안정시키기 위함입니다. 옛날 요임금은 왕위에 계실 때 뭇 용이 쓰였으며, 문왕과 무왕이 덕을 베푸시니 주공周公, 소공召公이 훌륭하게 보좌했습니다. 그리하여 천지와 같은 공로를 세우시고 일월과 같은 빛을 더할 수 있었사옵니다."[258] 명군은 현명한 신하가 보좌를 했을 때 무슨 일이든 성취할 수 있다. 그렇지 못하면 한 가지 일도 성공할 수 없다. 예나 지금이나 항상 그렇다. 목전의 국가가 혼란스럽고 질서가 잡히지 않는 원인은 현량 신하들이 부족하여 군주가 결정한 정책이 실행되기 어렵기 때문이다. 그는 말한다. "폐하께옵서 등극하신 이래 열심히 정사를 베풀고 계시지만 삼공구경의 자리엔 제대로 된 사람이 없사옵니다. 그래서 재앙이 연잇고 사방이 불안에 떨고 있습니다. 신이 국법을 고찰하고, 보고 들은 바를 종합해보니 현인을 얻으면 반드시 성공하고 선비를 잃으면 실패했사옵니다."[259] 역사와 현실에서 얻은 경험을 토대로 낭의는 겉으로만 용을 좋아했던 섭공[260]처럼 현인을 임용한다는 빈말만 늘어놓는 데 반대했다. 그는 군주에게 현명하고 능력 있는 사람을 진짜로 임용하라고 요구한다. 그는 말한다. "현자는 교화의 근본이며, 구름은 비를 갖추고 있습니다. 현인을 얻고도 쓰지 않음은 오래 구름만 끼고 비가 내리지 않음과 같사옵니다." "현인을 구하는 것은 위로 하늘의 뜻을 계승한 것이며, 아래로 민중을 위함입니다. 현인을 쓰지 않는 것은 천통天統에도 거스르며 사람들의 소망과도 배치되는 일이옵니다."[261] 구체적인 조치로 낭의는 군주가 임명권을 친히 통제하고 상서尚書를 통하여 직접 장악하라고 요구했다. 그는 이렇게 생각했다. "상서의 직무는 북두칠성의 기형機衡[262]처럼 중요하다. 궁궐 안에서 엄밀하게 진행하여 사적인 의사가 전혀 개입되지 못하도록 하고, 한쪽에 치우친 온정은 어디에도 통하지 않도록 한다. 선거의 임무는 기밀을 유지하는 것이 최고다." 선거에서의 부패 현상을 방지하기 위해서라면 이 방법도 안 될 것이 없다. 그러나 이는 근본적으로 문제를 해결하기 어려우며, 관료 임용의 임의성을 증가시켜 또 다른 혼란을 야기시킬 수도 있다.

최식崔寔은 현명하고 능력 있는 사람을 실제로 임용하느냐의 관건은 군주에게 있다고 생각했다. 현명한 사람과 아첨꾼을 잘 식별하여 과감히 현인을 임용해야 한다는 것이다. 그는 말한다. "현명함과 불초함의 차이는 태산과 개미집만큼이다. 좋은 계책의 성공과 실패의 차이는 일월과 반딧불만큼이다. 아무리 어리석은 사람이라도 이것은 헤아릴 수 있다. 현명한 사람과 아첨꾼을 구별하기 어려워 걱정하고 옳고 그름이 거꾸로 뒤섞여 있다면 처음엔 털끝만큼의 차이밖에 안 나겠지만 나중에 그 재앙과 행복의 차이는 천 리에 이를 것이다. 그래서 성왕이나 현명한 군주는 임용에 신중을 기울인다."263 현명한 신하와 아첨하는 신하는 본래부터 명확히 구별이 되지만 현실에서는 항상 뒤섞여 재앙을 빚는다. 그래서 군주는 사람을 쓸 때 신중에 신중을 기해야 한다. 간악한 무리를 임용해서는 안 되며, 그들에게 중요한 권력을 맡겨서는 더더욱 안 된다. 최식은 "세상에 공자나 맹자 같은 사람을 보좌로 얻기를 바라지 않는 군주는 없다. 그런데 어쩌다 그와 비슷한 사람을 얻었다 하더라도 그가 진짜 보배는 아닐 수 있다"264고도 말한다. 군주는 현인 임용을 그저 입으로만 외고 다녀서는 안 된다. 현인을 얻었더라도 쓰지 않는다면 이는 현인이 없음과 마찬가지이므로 그러지 말아야 한다. 최식은 현명하고 재주 있는 사람을 뽑아 쓴 뒤에도 관리들에 대하여 자주 고과 평가를 할 필요가 있다고 주장한다. "옛날 요, 순 시대 제도에 따르면 3년에 한 번 공적을 평가하고, 세 번 평가하여 떨어뜨리든지 끌어올리든지 한다. 그렇게 잘한 것을 표창하고 잘못한 것을 물리침으로써 신하들이 온 힘을 다하도록 했다."265 고과 평가 제도를 만들어 정기적으로 관리들의 공적을 점검하기만 해도 구속력을 지녀 그들로 하여금 최대한의 능력을 발휘하도록 만들 수 있다. 고과 평가를 통해 정무 업적이 현저한 자는 "녹봉을 올려주고 금일봉을 하사하며" 표창하고 끌어올려준다. 재물이나 긁어모으고 법을 어긴 자들에겐 처벌을 내려야 한다는 것이다. 최식은 관리들을 고과 평가 할 때 오랜 시간을 두고 신중하게 해야 한다고 주장한다. 일시적이고 미세한 한 가지 일의 성적이나 과오만 가지고 임의로 인사이동을 시키거나 면직시켜서는 안 된다. 그랬다가는 관료 기구와 국가 정치 전체의 안정성을 해칠 수 있다. 그는 말한다. "최근에 본바, 혹은 한 시기를 두고 군의 주무관리 이천석을 수시로 바꾸어 사분오열되고 체계가 어지러이 무너진다면 관리와 백성의 의혹이 커지고 어찌 말할지를 모르게 될 것이다. 이는 공경이나 상서의 경우에도 마찬가지다."[266] 그는 관리의 품평은 장기간의 고찰을 통해 이루어져야 하며 너무 일찍 결론을 내려서는 안 된다고 주장한다. "서문표西門豹나 자산子産 같은 신하를 얻고 싶지 않은 군주는 없다. 그런데 서문표가 업鄴 지역을 1년 다스리자 백성은 그를 죽이고자 했다. 자산이 정나라 재상이 된 초기에는 저주가 무성했다. 3년이 지난 뒤에야 덕화가 온 나라를 적셨다. 이제 관리가 수레에서 내린 지 채 100일도 안 되어 다른 특이한 공적이 없으면 주, 군의 사람들이 흘겨보면서 악의를 가지고 대하며, 한 해 내내 외롭게 두고 쫓겨나기를 바란다. 서문표나 자산 같은 인물이 다시 온다 하더라도 이런 원망과 저주를 받게 될 터인데, 이때다 하고 그를 축출해버린다면 어떻게 역가易歌[267]의 공훈을 얻을 것이며, 어떻게 불후의 명성을 드리울 수 있겠는가! (…) 공자와 같은 성인도 3년을 보내고 성과를 내었는데, 하물며 범용한 선비들이 창졸간에 어찌 효과를 낼 수 있겠는가!"[268] 국가를 다스린다는 것은 장기적이고도 힘든 일이다. 단시간에 효과를 보기는 어렵다. '범용한 선비들'만 그런 것이 아니라 '공자와 같은 성인'도 마찬가지다. 대단히 사실에 부합된 견해라 하겠다. 일반 관리들의 입장에서 보면 비교적 긴 임기가 주어져야만 큰 업적을 성취시킬 수 있다. 단시간 내에 효과를 보이지 못한다고 인사이동을 시키거나 파면한다면 그들에게 재능을 발휘할 기회를 잃게 할 뿐만 아니라 쉽게 통치 혼란을 가져올 수도 있다. 최식은 또 단기간의 효과로 관리들에 대한 고과 평가를 한다면 관리들의 심리적 이상 상태를 초래하여 급박하게 공리를 추구하고 다급히 성취하려 들 것이라고 지적한다. "졸속 성취를 바라는 정치를 하면 필경 횡포하고 잔인한 잘못이 있게 됨에도 세상에선 그것을 칭찬하고 정치를 잘한 것으로 일컬을 것이다. 축출된 사람이 다시 등장하고 버려진 사람이 다시 임용되며 추천을 통하지 않은 채 뛰어넘고 순서에 입각하여 임용되지 않게 될 것이다. 그리하여 잔인한 사람들이 혹독함을 다투게 되고, 어진 선비들마저 풍속에 쫓겨 사나워질 것이다. 본래 각자 가지고 있는 입장이 다름에도 한가지 길로만 치닫게 될 것이다. 결국 조정에선 어질고 온화한 사람은 얻어 쓸 수 없을 것이고, 백성은 관대하고 은혜로운 덕을 입을 수 없을 것이다. 백성의 운명이 혹리들의 손아귀에 놓이고 떠들썩한 원망의 소리는 그 허물을 군주에게 돌릴 것이다."[269] 단기 효과를 추구하면 반드시 "횡포하고 잔인한 사람"을 만들어낼 것이고, "어진 선비들"마저 압박을 받아 "풍속에 쫓겨 사나워질" 것이다. 그렇게 되면 '어짊'과 '잔인함'이 구분되지 않고 "백성의 운명은 혹리들의 손에 놓이며" 필경 관부를 향한 백성의 불만을 촉발시킬 것이다. 관리들에 대한 고과 평가는 전면적이어야지 작은 것으로 인해 큰 것을 잃거나 부분으로 전체를 개괄하지 말아야 한다. 그가 제기한 원칙은 이렇다. "관리들을 굳게 안정시켜야 한다. 작은 잘못은 용서하고 미세한 과오는 관대히 지나쳐야 한다. 크게 드러난 것을 취하고 아래에 은혜를 베풀 따름이다."[270] 관리와 대신들의 정무 실적을 평가할 때는 핵심 흐름만 보아야 한다는 이런 전면적 문제 관찰 방법은 일정한 합리성을 지니고 있다. 현명하고 재주 있는 사람들의 효능을 한 단계 더 발휘시키기 위해 최식은 봉록의 증가와 관리들의 처우 개선을 주장하기도 했다. 그는 말한다. "옛날 주周나라 쇠망기에 대부들도 봉록이 없어 시인들이 이를 풍자했었다. 진秦나라 폭정 시기는 처음부터 박봉으로 시작했다. 신新나라가 망해갈 때는 관리들에게 아무것도 주지 않았다. 세 나라가 망한 잘못을 보면 시대는 달랐으나 길은 같았다."271 관리들의 물질 및 생활상의 처우는 작은 문제가 아니다. 잘못 처리하면 정권의 쇠망을 초래할 수 있다. 그는 인간의 자연적 속성과 물질 생활 측면에서 '봉록 증액'의 필요성을 천명했다. "오늘날 권위를 나누어 받아 백성을 다스리고, 각종 소송을 처리하며, 창고 관리를 하는 일은 모두 수많은 신하의 몫이다. 그런데 봉록은 심히 박하여 위로 부모를 봉양할 수 없고, 아래로 처자식을 먹여 살릴 수 없을 정도다. 부모란 천성적으로 사랑하는 대상이며, 처자식은 천성적으로 친애하는 대상이다. 사랑하고 친애하는 대상이 추위와 배고픔에 시달리면 칼날을 무릅쓰고라도 이익이 되는 일을 피하지 않고 덤빌 텐데, 하물며 그가 재물을 가까이하고 민중을 다스리는 입장에 있으면 오죽하겠는가! 이는 목마른 말에게 물을 지키게 하고, 배고픈 개에게 고기를 감시하게 하는 셈이다. 그러고도 습격하지 않는 사람은 몇 명도 안 될 것이다. (⋯) 때로 부를 가벼이 여기는 청백한 사람이 있을 수 있으나 백 명에 한 명도 안 될 것이며, 그런 사람은 천하를 거느리는 일을 할 수 없다. 성왕은 이와 같은 연유를 잘 알아서 봉록을 무겁게 함으로써 탐욕을 미연에 방지했다. 충분히 봉록을 받도록 하면 백성과 이익을 다투지 않을 것이다."272 특히 하층 관리들이 문제다. 기본적인 생활의 필요를 만족하지 못하면 그들은 직권을 이용하여 사적 이익을 도모할 것이다. "지금 하급 관리 모두가 열심히 일을 하고도 봉록이 박하다면, 그들이 백성을 침탈하기 않기를 바라기는 매우 어렵다."273 최식이 '봉록 증액'을 주장한 목적은 매우 분명하다. 첫째는 "봉록을 무겁게 함으로써 탐욕을 미연에 방지하여" 관료 정치를 정돈하기 위해서이고, 둘째는 "백성과 이익을 다투지 않도록" 관리와 민중의 관계를 개선하기 위함이었다. 그는 관리들의 봉록이 충분하면 "백성을 침탈하는" 일은 생기지 않을 것이라고 생각했다. 일단 그런 일이 생기면 충분한 증거를 잡아 엄히 다스리면 된다. 그렇게 하면 관료 정치는 맑아진다. 그는 말한다. "경작을 하는 대신에 충분한 생활비용을 댈 수 있으면 안으로 품은 간사한 마음을 끊게 될 것이다. 그런 뒤에 뇌물 수수에 대한 처벌을 무겁게 한다. 관리들은 안으로 재물이 충분하고, 밖으로 엄한 형벌을 두려워하게 될 것이다. 사람들은 양과 같이 깨끗한 마음을 품게 될 것이고, 백성은 침탈하려는 성향이 없어질 것이다."274

현명하고 능력 있는 사람의 임용에 대하여 왕부는 세 가지 견해를 제기했다. 첫째는 '명선明選' 즉 "사람을 심사하여 선택하는 것"275이다. 사람을 쓰기 전엔 반드시 신중을 기해야 하며 자세히 따져보아 인재를 잘 뽑는 것이 첫 관문이라는 말이다. "관직에 종사할 사람을 선택할 때 반드시 거기에 맞는 재목을 얻으면 백성에게 공이 배가되고 제 위치를 찾았다는 칭송을 들을 것이다."276 이것이 현인 선발의 기본 원칙이다. 왕부는 '명선'을 국가의 존망과 치란에 관련되는 중대한 문제로 생각했다. "국가 존망의 근본이나 치란의 동기는 명선에 달려 있을 뿐이다."277 그러므로 관직 임용을 아무렇게나 해서는 안 된다는 것이다. 둘째, '고공考功' 즉 선임된 사람에 대하여 실제적인 고과 평가를 행하여 직무에 맞는지 알아보아야 한다. 이 또한 대단히 중요한 과정이다. "통치하는 데 가장 중요한 임무 중 현인을 알아보는 것보다 급한 일은 없다. 현인을 알아보는 가장 가까운 길 중 공적을 세밀히 고찰하는 것보다 급한 일은 없다. 공적이 성실히 조사되면 치와 난이 분명히 드러나고, 선악의 판단이 신뢰를 얻는다면 진짜 현인이 은폐되는 일이 없을 것이고 교활한 아첨꾼이 간사함을 숨기지 못하게 될 것이다."[278] 조사는 말과 행동 두 방면에서 진행해야 한다. "선비가 현명하다고 하는 까닭은 그의 말과 행동 때문이다."[279] 왕부는 한 선제宣帝가 '재상들을 명선했던' 일을 예로 든다. 한 선제는 처음 사람을 쓸 때 먼저 친히 불러다 보고 그의 뜻과 취향 등을 관찰하면서 그의 재능을 이해했다. 임용한 뒤에는 다시 그의 정무 처리 현황에 대해 주의 깊게 조사하고 직무에 합당한지 점검했다. 성적이 뚜렷한 자에겐 "상금과 비단을 하사했고, 작위를 후侯에 봉하여 주었으나" "재물을 낭비하고 혼란을 일삼으며 보고도 하지 않는 자는 모두 저잣거리에서 칼을 물고 피를 뚝뚝 흘리며 죽는 형벌에 처했다."[280] 왕부는 이를 대단히 찬양했다. 현명한 재주가 있는 사람은 크게 중용하는 대신 무능한 도배는 단호히 제거하고 엄하게 처벌해야 한다는 것이다. "시체처럼 앉아 녹이나 챙기며, 투박할 뿐 능력은 전혀 발휘하지 못하고, 어떠한 정치적 효과를 내지도 못하며, 충성스러운 말도 하지 못하는 사람들은 중형으로 다스리며" "반드시 백성에게 공이 있는 사람만 그 자리를 지킬 수 있도록 한다."[281] 이렇게 해야만 "직무처리를 못하는 관직이 없어지고, 맞지 않는 사람이 자리를 차지하는 일이 없어질"[282] 수 있다. 셋째는 '양재수임量才授任' 즉 재능의 대소에 근거하여 그에 상응하는 직위를 주어야 한다는 것이다. "관직에 맞는 사람을 써야 하고, 직무에 맞는 사람에게 맡겨야 한다."[283] 왕부는 모든 직책을 다 소화할 수 있는 현인을 구할 수는 없다고 생각했다. 사람은 완벽한 재주를 가질 수 없으므로 특정한 직위를 능히 담당할 수 있으면 된다는 것이다. 이 때문에 그는 "각자가 마땅히 할 바가 있으므로 재주를 헤아려 임무를 주어야 한다"[284]는 원칙을 제기했다. 사람의 장점을 활용하고 단점을 제거하여 사람들로 하여금 온 재주를 다하도록 해야 한다. 사람의 단점이 있다고 하여 장점까지 없애버려서는 안 된다.

현명하고 재주 있는 사람의 선임에 대한 중장통의 생각은 최식, 왕부 등과 크게 다르지 않다. 그 또한 "재주를 헤아려 임용하고", 고과 평가를 시행하라고 했으며 관료들의 봉급 문제를 이야기했다. 중장통은 군주에 게 재능 있는 사람을 취해야 할 뿐만 아니라 "재능을 잘 헤아려 임용"하라고 요구했다. 관리들은 모두 재능과 지위와 맞아야 하며, 재능과 직무가 부합해야 하며, 심지어 군주도 예외여선 안 된다고 주장했다. "다섯 명한 조의 장은 그 재주가 다섯 명 한 조의 장으로서 맞는 자라야 한다. 한나라의 군주는 그 재주가 한 나라의 군주로서 맞는 자라야 한다. 천하의 왕은 그 재주가 천하의 왕으로서 맞는 자라야 한다."[285] 관직의 고하를 막론하고 재능과 자리가 서로 맞기만 하면 된다. 동시에 사람을 잘 쓰려면 각자의 지혜와 장기에 근거하여 수월성을 발휘토록 하는 한편 장점을 살리고 단점은 피하도록 해야 한다. "도를 논하려면 반드시 고명한 선비를 구해야 하고, 일을 처리하려면 반드시 능란한 사람을 부려야 한다"[286] 고 그는 말한다. 모든 것은 실제 수요에서 출발하고 사람의 재능 고하 및 특기에 근거하여 그 장점을 썼을 때 비로소 인재들이 효과적으로 능력을 발휘할 수 있다. 중장통은 선임된 관료들에 대해 깊은 이해와 조사를 진행하여 재능과 학문의 진실성 여부를 따져야 한다고 생각했다. 그리하여 직책에 맞는 사람인지 가린 뒤 적당한 승진, 좌천 조치를 취한다면 관료 사회는 확실히 정상적 기능을 발휘할 것이라고 주장한다. 그가 제기한 기본적 조사 방법은 "더불어 말을 해보고" "일을 한번 시켜봄"으로써 "그의 의지를 살피고, 그의 재능을 헤아리는"[287] 것이었다. "그와 이야기도 해보지 않고 그의 술수가 얕은지 깊은지 어찌 알 것이며, 일을 시켜보지도 않고 그 능력의 고하를 어찌 알겠는가?"[288]라고 지적한다. 또 어떻게 "잘하는 사람을 일찍 승진시키고, 그렇지 못한 사람을 일찍 버림으로써"[289]

"사회에 활력을 불어넣어줄 수 있겠는가?"라고도 말한다. 통치 계급 집단을 안정시키기 위해 중장통 또한 관리들의 물질적 대우를 보장해주라고 요구한다. 그들의 뒷걱정을 없애줌으로써 불법적인 뇌물 수수 현상이 발생하지 않도록 하라는 것이다. 그의 이론적 근거는 "훌륭한 선비는 부자가 적고 가난한 자가 많다. 녹봉이 부모 자식 공양도 할 수 없다면 어떻게 사적인 거래를 줄일 수 있겠는가?"였다. 그래서 "봉록을 정말로 후하게 주면 착취와 불법 거래의 죄가 사라질 것"[290]이라고 한다. 이 견해는 일리가 있다. 녹봉의 증가는 관민 사이의 모순을 어느 정도 완화시켜줄 수 있다. 그러나 관리들의 불법 뇌물 수수와 백성에 대한 착취의 원인을 봉록의 부족으로만 귀결시키는 것은 분명히 단편적이다. 관료 부패의 근본 원인은 봉건적 착취 제도와 착취 계급의 본성에 의해 결정되는 것이기 때문이다. 따라서 관료 사회의 대우를 높여줌으로써 관민 사이에 날로 격화되어가던 모순을 해결한다는 것은 불가능한 시도였다.

관료 정치의 혼란은 군주 정치 고유의 병폐로 왕조가 말년으로 치달을수록 심각해진다. 후한 말기의 사상가들은 문제의 소재를 간파하고 여러 가지 계책을 제기했다. 완벽한 해결 방안을 찾아 고질병을 치료하고 뼛속 깊이 병든 후한 왕조를 기사회생시키고자 노력했다. 그들이 제기한 재능 있는 인사의 선임, 인사 고과, 녹봉 증액 등 주장이 합리적이지 못한 것은 아니었지만 한결같이 겉만 다스리는 데 그치고 속을 치유하지 못한 것은 역사적으로 안타까울 따름이다.

치국 사상에 관한
논의

후한 말년의 사상가들은 현실 사회정치적 문제에 대한 반성에 기초하여 쇠망에 임박한 후한 왕조를 위해 여러 가지 살길을 모색했다. 그들은 각자 자신이 설계한 치국 사상을 내세우며 그 길만이 곤경에서 탈출할 바른길이라고 주장했다. 논의들을 총괄하면 대체로 다음 세 부류의 방안으로 요약된다.

첫 번째는 중앙 집권적 정치 체제를 강화하고 한 왕실의 통일천하를 새롭게 정비하는 것이다. 이런 견해를 지닌 대표적 인물은 중장통이다. 그는 후한 말년의 외척, 환관의 권력 전횡, 군벌의 혼전이라는 정치 형세에 대하여 현상을 개혁하고 천하가 크게 안정된 상태에 이르려면 반드시 완벽한 중앙 집권적 정치 체제를 수립해야 한다고 주장한다. 봉건적 등급 질서를 안정시키고 전체 사회를 규범화해 "존귀한 신분은 불변의 왕실에 있고, 존엄은 단 한 사람에게 있는"[291] 정치 국면을 형성해야 한다는 것이다. 이 목표를 실현시킬 관건은 국가권력을 고도로 집중시켜 군주의 권위를 강화하는 데 있다. 중장통은 권력을 모든 정치 문제의 핵심으로 보았다. 권력의 귀속과 분배는 국가의 치란에 직접적으로 영향을 미친다. 그래서 그는 중앙 집권의 강화를 '치도' 실현의 핵심 문제로 본 것이다. 구체적으로는 다음 몇 가지 내용을 포괄한다.

우선 외척과 환관의 권력 전횡을 반드시 억제해야 한다. 중장통은 역사와 현실에 대한 고찰을 통해 외척과 환관의 권력 전횡이 중앙 집권에 최대 장애임을 깊이 통감했다. 외척과 환관이 권력을 전횡할 수 있는 것은 완전히 군주의 위세를 빌리거나 이용하기 때문이라고 그는 생각했다. 그들은 군권을 분할, 약화시키고 군권을 자신들 세력 확장의 도구로 사용한다. 이런 상황을 바꾸기 위해서는 군주 권력의 강화가 필수적이다. "정권을 한 사람의 수중에 있게 함으로써" 대권이 곁으로 흐르는 것을 막아야 한다. 그는 통치자들에게 역사를 귀감으로 삼으라고 권고한다. 외척과 환관들에게 의지하여 군주가 정책 결정을 해서는 안 되며, 그들에게 대권을 장악할 기회를 주어서는 안 된다. "정권을 외척의 집안과 나누지 않도록 하고, 권력을 환관의 문 앞에 들여놓지 않아야 한다."[292] 군주 권력 강화에 의지하여 이런 폐단을 없앨 수 있다는 중장통의 생각은 지나치게 단순하다고 하겠다. 외척과 환관의 권력 전횡이 군주 전제주의의 기생물임을 그는 인식하지 못한 듯하다. 군주 전제야말로 외척, 환관이 살아가는 온상이다. 단순히 군권을 강화하는 것만으로는 이 문제를 근본적으로 해결할 수 없다. 다음으로 분봉 제도를 반드시 폐지해야 한다. 중장통은 한나라 초에 실시한 분봉을 정치적 실책이었다고 주장한다. 봉지를 받은 사람들이 한 지역을 독점함으로써 분열과 할거라는 화근을 심었다는 것이다. "한나라가 처음 세워지면서 왕의 자제들에게 땅을 나누어주어 사민들의 목숨을 맡기고 생살 대권을 주었다. 그리하여 교만방자해지고 거침없이 사심을 드러내기에 이르렀다. 백성을 착취하여 제 욕심을 채우고, 뼛골을 짜내 제 쾌락을 충족시킨다. 위로 찬탈, 반란을 기도하는 불법적 간인들이 있게 되었고, 아래로 폭란을 일삼는 해로운 잔적들이 있게 되었다."[293] 봉지를 받은 왕들의 권력이 과중하여 군주의 권위는 심대한 위협을 받았으며, 중앙의 정책을 철저히 관철시키기 어려워 국가의 안정이 영향을 받을 정도였다. 몇 차례 "작위를 강등시키고 땅을 깎았으며 약간은 빼앗아버리는"[294] 일도 있었으나 여전히 일정한 세력을 갖고 있었다. 이에 그는 분봉 제도의 철저한 폐기를 주장한다. "절대로 칼자루를 주어서는 안 되며, 그런 바탕이 될 만한 것도 빌려주어서는 안 된다." 응당 "세상에 힘을 발휘하는 권력을 거두어버리고, 종횡 무진하는 세력을 앗아버려야"[295] 한다. 그렇다면 어떤 길을 통해 중앙 집권을 강화할 것인가? 중장통은 중앙 집권적 정치 체제를 완벽하게 갖추어 권력 구조를 일체화시킴으로써 군주가 결정한 정책이 위로부터 아래까지 순조롭게 관철되도록 하는 것이 가장 중요하다고 생각했다. 이를 위해 그는 중앙으로부터 지방에 이르기까지 각급 관료 기구를 모두 권력 집중 체제로 만들라고 주장한다. "한 사람에게 맡기면 정치가 전일專一해지나, 여러 사람에게 맡기면 서로 기대게 된다. 정치가 전일하면 화합을 하나, 서로 기대면 어긋나게 된다. 화합하면 태평성대를 열 것이나, 어긋나면 혼란이 일 것이다."[296] 이 말의 주된 의미는 권력을 배분하지 말라는 것이다. 다시 말해 관료 기구 내에서 "한 사람에게 맡기고" "정치를 전일하게 하여" 권력을 집중하라는 이야기다. 이래야 권력과 책임이 명확해질 수 있어 "서로 기대고" 남의 탓으로 돌리는 현상이 생기는 것을 피할 수 있다. 그럼으로써 중앙 정부의 명령을 끝까지 관철시킬 수 있다. 이 사유에 따르면 중장통은 중앙의 정책 결정권과 집행권을 상호 통일시키는 중요한 고리로서 중앙 정부 기구 내 승상 제도의 회복을 제기하고 있는 것이다. "춘추 시대에 덕을 밝히려는 제후는 모두 한 명의 경에게 정치를 맡겼다. 전국 시대에 이르러서도 마찬가지였다. 진나라는 천하를 겸병하고 승상을 두었으며 그에 버금하는 사람으로 어사대부를 두었다. 한 고조부터 효성제孝成帝에 이르기까지 이를 따르고 바꾸지 않아 대부분이 종신토록 했다. 한나라가 융성했던 것은 이 때 문이었다."[297] 그런데 후한 이후 상황에 변화가 생겼다. "정치를 아래에 맡 기지 않았고 삼공을 설치했으나 대부분의 일 처리는 대각臺閣[298]에서 했 다. 이로부터 삼공의 직책은 일없는 예비 인원일 따름이었다."[299] 그 결과 외척, 환관, 아첨꾼들이 권력을 전횡할 빌미를 제공하게 되었다. 이런 상 황을 바꾸기 위해서는 "승상을 설치하여 모든 것을 총괄하게 하는 것이 최고다."[300] 동시에 승상에게 상응하는 권력을 주어 명과 실을 맞춰주고, 권력과 책임을 일치시켜야 한다. 그러면 중앙 집권을 강화할 수 있을 뿐만 아니라 외척과 환관에 의한 권력 전횡을 피할 수도 있다. 중장통이 재상 권의 회복을 주장한 것은 군권을 제한하기 위해서가 아니라 군권을 공고 히 하고 군권을 더욱더 잘 발휘할 수 있도록 하는 데 있었다. 그는 승상을 설치하고 재상권을 확대하면 권력 분쟁을 막고, "정부 명령이 여러 군데서 나오는 것"을 방지할 수 있다고 보았다. 정부 명령의 제정과 관철을 일체화 시키자는 것이 그의 착안점이었다. 그러나 그는 재상권과 군권의 일치성 에만 주의를 기울였을 뿐 양자 간의 모순을 간파하지 못했다. 사실상 재 상권이 약해진 것은 재상권과 군권 간의 모순이 빚어낸 결과였다.

중장통은 또 중앙 집권이 군주의 독단적 전횡은 절대로 아니라고 주장 한다. 군주의 중대한 정책 결정은 반드시 중의의 기초 위에서 이루어져야 한다는 것이다. 이는 군주 스스로에게 비교적 높은 소양과 영도력을 요구 한 것이며, 군주의 권위를 확립하고 중앙 집권의 주요 사항들을 완비하자 는 것이다. 중장통은 군주가 국가를 관리하면서 무엇보다 먼저 '공심公心' 을 수립하여 사사로운 정을 끊고 개인적 호오에 따라 사람을 쓰거나 일 처리를 해선 안 된다고 주장한다. "왕은 사람들에게 관직을 주면서 사사 로움이 개입되어선 안 된다. 오직 현명한 사람과 친하게 지낼 것이며 근면 성실하게 정사에 임해야 한다. 공신들을 거듭 살펴보고 기한 내에 공로가 큰 신하에겐 상을 내리고, 형벌은 죄악을 저지른 사람에게만 내려야 한다." 일단 문제가 생기면 "자신을 이기고 몸소 책임을 지며" "진실로 충심을 다해 자성해야"[301] 한다. 권위를 세우고 정책 결정의 실수를 줄이기 위해 군주는 응당 예를 다해 현명한 선비를 구하고 중의를 널리 받아들여야 한다. 간언을 잘 채납하고 화해의 군신 관계를 만들어야 한다. 중장통은 신하들에게 관심을 가지라고 군주에게 권고한다. "수도에 거주하는 대부 이상의 인물이 병이 들면 사자를 보내어 위문품을 내리는 은혜를 베풀어야 한다. 주목이나 군수 등 멀리 있는 사람이 죽었을 경우 조문 물품을 내리는 예를 갖추어야 한다." 군주는 또한 자주 대신들과 접촉하여 그들과 "얼굴을 맞대고 논의하고, 옛일들을 자문 받으며, 국가의 올바른 사업에 대해 문의해야 한다". 그러면 자신의 학문 수양을 증진시킬 수 있을 뿐만 아니라 "하늘의 덕을 넓히고 성인의 성품을 더해줄"[302] 수도 있다. 이런 방법들을 통해 군주의 통치 기초를 확대하고 공고히 하며, 군주의 위신을 세우고 군주의 통치 능력을 제고시켜 정치적 안정을 실현한다는 것이다.

중장통의 설계와 구상은 매우 주밀하며 강렬한 시대성을 반영하고 있다. 그러나 시대는 그에게 이를 실현할 조건을 제공하지 않았다. 역사의 진행은 왕왕 사람들의 주관적 소망과는 동떨어진 길로 치닫기 일쑤다. 중장통도 이를 어찌할 수 없었다.

두 번째는 엄형을 위주로 하고 덕화德化를 보조 수단으로 삼는 치국 사상이다. 이 치국 사상은 덕을 위주로 하고 형벌을 보조 수단으로 삼는德主刑輔 유가 전통 정치 구상과 전혀 맞지 않는다. 이 방안을 제기한 대표적 인물은 최식이다. 최식은 국가를 다스리는 것은 몸을 다스리는 것과 같아 "편안하면 공양하고 살며 병이 들면 다스려야 한다"[303]고 생각했다. 각기 다른 실제 상황에 입각하여 각기 다른 방법을 취해야 한다는 것이다.

"형벌은 혼란을 다스리는 약물이다. 덕교德敎는 평화 시대에 쓰는 좋은 음식이다. 덕교로 잔포함을 없애려는 것은 좋은 음식으로 병을 다스린다는 것이며, 형벌로 편안한 세상을 다스리려는 것은 약물로 공양하며 산다는 것이다."304 최식은 덕교와 형벌의 구체적 작용이 다르다고 보았다. 실제 상황에 근거하여 민활하게 운용해야 한다. 평화 시대에는 덕교를 위주로 하고, 혼란 시대에는 형벌을 위주로 해야 한다. "덕교로 잔포함을 없애려거나" "형벌로 편안한 세상을 다스리려" 한다면 그들 사이의 관계가 엉망진창이 되어 실효를 볼 수 없다는 것이다. 최식은 전한 이래의 정치 발전 경험을 총괄한 뒤, 목전의 심각한 위기는 관대함에 빠진 것이 주된 원인이라고 주장했다. "가까이 효선孝宣 황제께서는 군주의 도리에 밝으시어 위정의 이치를 꿰뚫었기 때문에 엄형 준법으로 다스려서 간사한 무리를 깨뜨렸다. 이에 국내 전체가 맑고 엄숙해졌으며 온 세상이 조용해졌다. (…) 그런데 원제元帝의 즉위로부터 대부분 관대한 정치를 행하니 마침내 타락하게 되었다. 권위를 빼앗기기 시작하여 끝내 한 왕실이 뿌리째 흔들리는 주원인이 되었다. 이를 통해 정도政道의 득실을 헤아려볼 수 있다."305 그의 결론은 "혹독함으로 평화로운 세상에 도달하는 것이지 관대함으로 평화로운 세상에 도달하는 것이 아니라"는 것이다. "지금은 역대 제왕들의 폐단만을 이어받고 있으며 액운이 한꺼번에 모여들고 있다." 그러니 반드시 엄형 준법의 방법을 취해야만 시대 폐단을 해소하고 위기를 안정으로 전환시킬 수 있다. "혹독하게 하면 다스려질 것이고, 관대하게 하면 혼란스러워질 것이다."306

역사적 경험을 총괄하는 것 외에 최식은 또한 인성 방면으로부터 엄격한 법제 시행의 근거를 찾았다. 그는 사람마다 모두 욕망이 있으며 이 욕망은 무한한 것이라고 보았다. 사람들의 욕망에 제한을 가하지 않으면 투쟁이 생길 것이고, 이는 정치 안정에 불리하다. "부귀영화, 아름다운 옷과

장식, 옥구슬 구르는 소리와 현란한 빛, 향기로운 냄새와 좋은 음식에 즐거워하지 않는 사람은 없다. 낮이면 그리워하고 밤이면 꿈을 꾼다. 여기에 힘쓰면서 잠시라도 마음속에 두지 않을 때가 없다. 마치 급류가 아래로 흐르듯, 개천 물이 골짜기로 유입되듯 한다. 이에 맞는 제도를 확실하게 마련하지 않는다면 모두가 제후처럼 왕처럼 입고 먹을 것이며, 지존을 참칭하고 하늘이 만들어놓은 제도를 넘어설 것이다. 그래서 선왕은 세상을 다스리면서 반드시 법도를 밝혀 백성의 욕망을 막았으며, 제방을 높여 수재를 대비했던 것이다."[307] 최식은 사람의 욕망을 악을 만드는 원동력으로 보았다. 정치 투쟁, 등급 파괴, 권력 경도 등이 모두 여기에 근원한다는 것이다. 법도를 제정하는 것은 "백성의 욕망을 막기" 위함이다. 민중의 반항을 막아 엄형 준법으로 통치 계급의 이익을 보호하자는 이야기다. 그는 말한다. "옛날 성왕께서는 깊고도 멀리 생각하셨다. 백성의 성정을 막기 어려울 것을 걱정했으며, 사치와 음란이 정치에 해로울 것을 우려했다. 이에 그 근원을 틀어막고 끝을 단절시켰으며, 형벌을 깊게 하고 벌을 무겁게 내렸다. 하천을 잘 막는 사람은 반드시 그 근원을 막고, 간사함을 잘 막는 사람은 반드시 그 싹을 자른다."[308] 법도가 파괴당하면 "법도를 지키는 대신 백성이 흩어져 혼란스러워진다". 사람들은 욕망에 방종할 테고 통제를 잃을 것이다. 이로부터 "천하의 세 가지 걱정"이 생겨날 것이다. 첫째, 참월과 사치 현상의 범람이다. 법도의 구속을 잃으면 정치적으로 "아랫사람이 윗사람을 참월하고 존비의 구별이 없어지므로"[309] 등급 제도를 유지하기가 어려워진다. 생활에 있어서도 대량의 "복장과 정해진 기물 사용의 원칙을 참월하여" 사치 풍조가 조장될 것이다. 그는 말한다. "그렇게 왕정이 한번 기울면 온 세상 어디든 사치하고 참월하지 않는 사람이 없게 되고, 집집마다 나서거나 사람마다 고발했던 것이 아니라 추세가 그렇게 만든 것이니 이것이 천하의 걱정 가운데 첫 번째다."[310] 둘째, 근본을 해치고 농사를 망치게 하며, 백성을 해롭게 하고 국가에 손해를 끼치게 된다. 최식은 법제의 제약이 없으면 사람들은 이익 추구만을 목표로 삼을 것이고, 오직 이로운 것만을 도모하여 물불을 가리지 않고 덤빌 것이라고 생각했다. 농업은 "이익이 박하다". 이익 추구의 흐름 속에서 농업은 당연히 손해를 보게 될 것이다. 그는 말한다. "세상이 사치하고 복장이 규정을 넘어 참월하게 되면 무용한 물건들이 비싸지고 본업으로 힘써야 할 직업이 천시된다. 농업과 잠업은 힘이 듦에도 이익이 박하고, 상공업은 편안하면서도 들어오는 것이 많다. 그러니 농부들이 쟁기를 버리고 수공업에 매진하고 부녀자들은 베틀 북을 던져버리고 자수에 빠진다. 몸소 농경에 종사한 사람들은 적고, 말업에 종사한 사람들만 많아지고 있다."[311] 이러면 농업 생산은 파괴당하고 민중의 생활은 갈수록 어려워질 것이다. 일부는 궤도를 벗어나 위험한 길로 치달을 수도 있다. "재물이 넉넉히 쌓여 있는데도 다 내놓지 못하면 백성은 궁핍에 못 이겨 도적이 될 것이다. (…) 국가는 백성을 뿌리로 삼고, 백성은 곡식을 생명으로 여긴다. 생명이 다하면 뿌리가 뽑히고, 뿌리가 뽑히면 근본이 무너진다. 이것이야말로 국가의 가장 걱정스러운 해독으로 뜨거운 감자라 할 수 있다. 이것이 천하의 걱정 가운데 두 번째다."[312] 국가의 법제가 서지 않으면 그 피해는 국가의 근본에 이를 것이다. 셋째, 풍속이 파괴되고 모순이 격화된다. 최식은 말한다. "법도가 떨어지면 가마나 복장에 제한이 없으니 비첩들 모두가 궁에서 쓰는 비취옥에 상아 비녀로 장식하고 채색 무늬가 놓인 옷을 입고 다니게 된다. 상갓집을 가보아도 법도가 크게 무너져 임금이나 쓰는 가래나무 상여에다 황제 관곽에 쓰던 황장黃腸[313]을 마구 쓰며, 대부분이 보화를 매장하고, 소를 제수로 쓰고 저승사자를 인도하는 여자 무당을 쓰며, 높은 분묘에다 큰 침릉을 만든다."[314] 이런 풍속이 날로 조장되어 일부는 "가산을 모두 탕진해도 기꺼이 행하고 후회하지 않으며, 가난이 핍박하면 일어나 도적이 된다. 붙잡히면 죄과를 받음에도 세상에 엄청난 살육을 감행한다."[315] 관료 귀족들의 부패한 생활과 탐욕스러운 욕망으로 인해 민중은 생활 보장을 받을 수 없어 사회 모순은 끝없이 격화된다. "그리하여 자리에 있는 사람들은 왕법을 어기며 막무가내로 거둬들이고, 어리석은 백성은 죄를 무릅쓰고 살육하는 것을 자랑스러워한다. 풍속이 이 지경까지 무너지니 이것이 천하의 걱정 가운데 세 번째다."[316] 따라서 법치를 강화하고 각종 행위 규범을 만들어야만 사회 질서를 안정시키고 통치를 공고히 할 수 있다.

최식은 역사적 경험을 총괄하고 인욕을 제한시키자는 데서 출발하여 엄형 준법의 작용을 강조했다. 이는 그가 법가 사상의 영향을 비교적 크게 받았다는 표시다. 특히 덕과 형벌 사이의 관계에 관한 그의 이해는 분명히 유가 전통적인 덕형 관념을 개조하여 현실 정치의 수요에 적응시키려고 한 것이었다.

세 번째는 덕과 형벌을 병렬하고 예와 법을 병용하는 치국 방침이다. 이 주장을 제기한 사람으로는 왕부, 중장통, 순열 등이 있다.

덕치에 관해 왕부는 전통적 민본 사상을 계승했다. 백성을 후한 왕조의 근본 바탕으로 여겼다. "국가는 백성을 바탕으로 한다"면서 통치자를 향해 백성에게 '덕정德政'을 베풀라고 요구한다. 여기엔 '부민富民'과 '교화' 두 가지 내용을 포함한다. 왕부는 "국가를 위하는 사람은 부민을 근본으로 삼는다"[317]고 말한다. 인민이 부유해야만 국가는 진정으로 부강해질 수 있다. 여기서 출발하여 그는 "국가를 위하는 사람은 반드시 백성의 고통을 먼저 알아야 한다"[318]고 주장한다. 민중의 고통에 관심을 기울이고 민중의 생활 문제를 잘 해결해주어야 한다. 그들에게 밥을 먹게 해주고 옷을 입게 해주어야 한다. 어린아이들은 잘 자라도록 보살펴주고 노인들은 편안히 인생을 마감할 수 있도록 해주어야 한다. 그래야 혼란 없는 국가의 안전 및 흥성을 보장할 수 있다. 그는 매우 분명했다. "백성이 위태로운데 국가가 편안한 경우가 어디 있겠는가? 아래가 가난한데 위가 부유한 경우가 어디 있겠는가?"[319] 그는 민중의 사회정치적 작용을 간파했을 뿐만 아니라 그들이 사회적 물질 생산의 담당자들이란 것을 잘 알고 있었다. 그래서 민중의 가장 기본적인 물질 생활 요구를 만족시키는 것이 국태민안을 실현하는 근본적인 길이라고 생각했다. 이를 위해 그는 다음과 같은 주장을 제기했다. 첫째, 농업을 위주로 하고 상공업을 보조로 하는 지도 사상을 확정하여 농업 발전을 장려하고 '유흥업游業'의 농업에 대한 충격을 최소화해야 한다. 왕부는 단순히 '농본상말農本商末'이란 전통적 관점을 받아들인 것이 아니었다. 농, 공, 상에 대하여 구체적인 분석을 행한 뒤 그 내부에도 각기 본말이 있음을 지적했다. "부유한 백성은 농업, 잠업을 근본으로 삼고 유흥업을 하찮은 말업으로 여긴다. 백공은 쓸모 있는 물건 만드는 것을 근본으로 여기며 교묘한 꾸밈을 하찮게 여긴다. 장사꾼은 재화의 유통을 근본으로 여기며 기이한 물건을 사고파는 것 따위를 하찮게 여긴다. 삼자가 근본을 지키고 말업에서 벗어나면 백성이 부유해지고, 근본을 벗어나고 말업을 지키면 백성이 가난해진다."[320] 농업과 상공업 중 '본업'에 충실하는 것이야말로 모두가 부유해지는 길이다. 이는 사회적 생산에서 상공업의 작용을 긍정하고, 상공업과 농업을 사회적 재부 생산의 원천으로 본다는 이야기다. 동시에 그는 또 위 삼자가 모두 백성을 부유하게 만들 수 있으나 사회적 생산에서의 지위와 작용에는 중심적인 것과 부차적인 것이 있다고 생각했다. 이 삼자 관계를 잘 처리하지 못하면 사회 생산의 발전에 영향을 미칠 수 있다. 그는 부민의 가장 중요한 조건은 농업 생산을 발전시켜 먹고 입는 문제를 해결하는 것이라고 주장한다. 이것은 인간사회의 필수 조건으로 이 문제가 해결되지 않으면 다른 문제는 이야기할 것도 없다. "한 농부가 밭을 갈지 않으면 필경 천하는 굶주림에 시달릴 것이며, 한 여인이 베를 짜지 않으면 필경 천하는 추위에 허덕일 것이다."[321] 그는 "온 세상이 농사와 직조를 버리고 장사만 좇는"[322] 당시 세태를 분석한 뒤, "농업을 버리고 상업을 좇는 것"은 대규모 노동력을 유통 영역으로 끌고 가기 때문에 생산을 순조롭게 진행하는 데 불리하다고 지적한다. 그는 농업에 영향을 미치는 "유흥업과 말사"에 대하여 더욱 통분해 마지않으면서 "유흥업과 말사는 백성의 이익을 거둬가버려 나라가 가난해지는 원인이 된다"[323]고 주장한다. "백성이 농업과 잠업을 버리고 유흥업에 종사하면" 그 결과는 필경 생산과 소비 비례의 불균형을 초래하고 농민의 부담을 가중시킬 것이다. 그렇게 하여 백성을 부유하게 한다는 것은 빈말에 불과하다. 이러한 현실을 염두에 두면서 왕부는 농업을 위주로 하고 상공업을 보조로 삼으며 '유흥업'을 제한하자고 주장한다. "위정자는 상공업을 분명히 감독하여 간교한 거짓을 행하지 못하도록 해야 한다. 유흥업자들에게 곤욕을 치르게 하여 함부로 이익을 얻어내지 못하도록 한다. 근본인 농업에 힘쓰도록 관대한 조처를 취해주고 공부하는 사람들을 영달하게 해주어야 한다. 그러면 백성은 부유하고 국가는 평안해질 것이다."[324] 이것이 왕부 부민론의 기본적인 지도 사상이라 할 수 있다. 둘째, 농민들에게 충분한 토지를 보장해준다. 토지야말로 농업 생산의 기본 바탕이다. 농민이 그에 의지하여 생존하는 물질적 조건이기도 하다. 토지를 잃으면 농민은 생활할 방법이 없다. 그래서 왕부는 생산력 발전을 원한다면 반드시 농민의 토지 문제를 해결해야 한다고 생각했다. 이는 부민의 필요조건이다. 그는 말한다. "토지는 백성의 근본이다."[325] "토지만 있으면 백성은 부유해질 수 있다."[326] 그는 당시 내지 토지들이 한곳으로 집중되고 변경의 토지들은 황무지가 되어가는 상황을 눈앞에서 보았다. 그는 통치자들이 변경에 부당한 인사를 하고 있으며, 민족 모순을 격화시켜 전란이 봉기하고 인민은 "땅을 빼앗기고 본업

을 잃게" 되었다고 지적한다. "사방 만 리를 둘러봤지만 그 어디에도 백성
이 없으며 좋은 옥답들이 버려지고 개간도 진행되지 못하고 있다."[327] 이
에 농업 생산은 극도로 파괴당했다. 집을 잃고 유랑하는 농민들이 대거
내지로 옮겨와 내지는 "사람은 많으나 땅이 좁아 다 받아들일 수 없게 되
었다". 땅은 적은데 사람이 많은 상황은 더욱 심각했고, 이로부터 여러 다
른 모순 또한 첨예하게 생겨났다. 이와 같은 상황에 직면한 왕부는 "토지
와 백성이 반드시 서로 대칭되어야 한다"는 원칙에 입각하여 통치자들에
게 변경 사무를 잘 처리하여 민족 모순을 완화하고, 인민이 변방으로 나
가 개간하는 것을 장려하라고 요구했다. 또한 경제적으로나 정치적으로
도 그들에게 일정한 우대를 해주라고 한다. 변방을 든든하게 하고 개간
을 진행하라는 왕부의 주장은 농민들의 토지 문제를 해결하는 데 괜찮은
대책임에 틀림없다. 토지를 충분히 이용하고 생산력을 발전시키는 데 유
익하다. 그러나 그는 인구와 토지가 일정한 수량 비례에 따라 평형을 유
지해야 한다는 것만 강조했을 뿐, 토지 겸병 문제에 관해서는 실행 가능
한 절실한 해결 방법을 내놓지 못했다. 셋째, 인력과 백성의 농사철을 아
껴주어야 한다. 그는 농민이 생산을 하려면 안정되고 화합된 환경이 필요
하다고 생각했다. 농업 생산의 규율에 따라 노동 시간과 휴식 시간을 안
배해야 한다. 따라서 통치자들은 백성의 힘을 아끼고 농사철을 중시해야
한다. 함부로 노동력을 징발함으로써 농업 생산의 정상적 진행을 방해해
서는 안 된다. "힘은 백성의 근본이자 국가의 바탕이다. 그러니 요역을 줄
이는 데 힘쓰고 농사철을 아껴주어야 한다."[328] '힘'은 사람의 노동 능력이
며, 농민으로 보자면 체력을 가리킨다. 충분한 체력은 노동자가 생산을
하는 데 필요조건이며, 생산 과정은 체력 소모의 과정이므로 체력이 소
모된 뒤엔 재빨리 회복을 시켜주어야 왕성한 재생산 능력을 유지하여 생
산을 지속케 할 수 있다고 왕부는 생각했다. 그러니 좀 느슨한 생활 환경

이 필요하고 노동자 스스로 누리는 시간을 더 많이 제공해주어 그들에게 적당한 휴식을 취하게 해야 한다. "백성이 한가하면 힘이 남고" "백성이 업무에 피곤하면 힘이 부족하다"[329]는 말은 이 뜻이다. "힘이 남을 때"와 "힘이 부족할 때"의 노동 효과는 분명히 다르다. '한가함' 또한 생산의 한 고리이며, 다음 생산 과정을 위한 준비다. 이 단계가 없으면 생산은 지속적으로 발전하기 어렵다. 왕부의 이러한 인식은 매우 탁월하다. 그는 '힘力'과 '시간日'의 관계를 변증법적으로 분석한다. '힘'은 가변량可變量이고, 자연 시간은 불변량不變量이다. 그러나 노동 효율의 고저에 따라 노동 시간은 상대적으로 길어지기도 줄어들기도 한다. 이 때문에 사람들은 심리적으로 자연 시간이 길어졌다거나 줄어졌다거나 하고 느낀다. 이런 현상이 생긴 주요 원인은 사회정치적 환경에 있다. 태평한 국가는 군주가 명석하고 신하가 현명하며 "백성은 안정되어 힘에 여유가 있으므로 날로 일하는 날이 길어진다". 국가는 혼란스럽고 군주가 어둡고 신하가 간악하며 "법령이 죽 끓듯 하고 부역이 번거로우면 일반 백성은 관리들의 정치에 괴로울 것이며 (…) 일하는 날이 짧아진다."[330] 왕부는 사람의 노동 능력, 노동 시간 및 사회정치적 관계를 함께 연계시켜 생산 과정에서의 세 가지 중요한 요소로 파악하고 있다. 그리고 안정되고 느슨한 정치적 환경을 갖고도 부민과 부국에 이르지 못하는 나라는 없다는 깊이 있는 생각에 도달했다. "부유함과 풍족함은 느슨함과 여유로움에서 생긴다. 가난과 궁핍은 일하는 날이 없기 때문에 그렇다."[331] 백성의 노동력을 원칙 없이 취하고 시도 때도 없이 부리며 온갖 착취와 침탈을 다 하면, 그 결과는 반드시 백성과 국가의 빈곤을 초래할 것이라고 그는 통치자들에게 경고한다.

부민 정책의 채택 외에 민중 교화를 행해야 한다. 이는 덕정에서 또 하나의 중요한 요소다. 왕부는 "현명한 왕은 백성을 기르면서 걱정하고 노력하며, 가르치고 인도한다. 사악한 기운은 기미부터 신중히 방지하며 싹부터 잘라버린다"³³²고 말한다. 사상 교화를 통해 백성이 자기 분수를 지키고 살도록 하면 하극상의 난이 생기는 것을 피할 수 있다. 그는 덕교의 작용을 대단히 중시했다. "태고 시대에 백성은 순후하고 소박하여 최고의 성인이 이들을 어루만지니 조용하고 담박하게 어떤 작위적 행위도 하지 않았으며, 도를 체득하고 덕을 실천했다. 형벌은 간소하고 권위를 부리는 일이 거의 없었으며, 사형도 토벌도 없었으나 백성은 스스로 동화同化했다. 이것이 최고의 덕이다."³³³ 통치자는 응당 이 덕정의 전통을 계승해야 한다. "군주의 정치는 도보다 큰 것이 없고, 덕보다 흥성한 것이 없고, 가르침보다 아름다운 것이 없고, 동화보다 신비한 것은 없다."³³⁴

왕부가 이처럼 덕교의 작용을 중시한 것은 그의 인성론을 근거로 한 것이었다. 그는 민중의 행위 모두는 그들의 심성으로부터 결정된다고 생각했다. "백성에겐 성性이 있고, 정情이 있고, 화化가 있고, 속俗이 있다. 정과 성은 마음이고 뿌리이며, 화와 속은 행위이고 지엽이다. 지엽은 뿌리에서 생기며, 행위는 마음에서 일어난다."³³⁵ 따라서 백성을 다스릴 때는 "그들의 마음에 순응하여 그들의 행위를 다스려야 한다. 마음과 뜻이 바르면 간악한 숨김이 생겨날 틈이 없고, 사악한 의지가 깃들 곳이 없다."³³⁶ 그가 보기에 법제를 통해 민중의 행위를 단속하는 것은 표면을 다스리는 행위에 불과하고, 근본을 다스리려면 반드시 그 마음을 다스려야 했다. "최고의 성인은 백성의 일을 다스리는 데 힘쓰지 않고 백성의 마음을 다스리는 데 힘쓴다."³³⁷ 교화는 민심을 순정하게 하고 사악한 행위를 피하게 해준다. 교화의 내용에 관해 그는 유가의 전통적 도덕관을 대민 교화의 도구로 사용하자고 주장한다. "예의를 밝혀 교화해야 한다."³³⁸ "교육은 도의를 근본으로 삼아야 한다."³³⁹ "도덕을 몸소 행하고 자애에 힘쓰며, 교훈을 찬미하고 예의양보를 숭상"하게 만들기만 하면 "백성이 다투고자 하는 마음으로 인해 형벌을 받는 일이 없게"³⁴⁰ 될 것이다. 왕부의 덕정 사상에는 민본 정신이 관통하고 있다. 그는 통치자에게 정책을 결정할 때 민심에 순응하고 "백성의 구휼을 근본으로 삼고" "백성에게 덕정을 베풀어야"[341] 한다고 주문한다. 일체의 정치 활동은 민중의 실제 상황에 맞추어 진행해야지, 그렇지 않으면 한 가지 일도 성취하지 못할 것이다. 통치자에게 이 주장을 받아들이도록 하기 위해 그는 민과 천을 연계시킨다. "하늘은 백성을 마음으로 여긴다. 백성이 안락하면 하늘의 마음이 순응하고, 백성이 근심 걱정을 하면 하늘의 마음이 거역한다."[342] 하늘의 권위를 이용하여 자신의 덕치 주장의 설득력을 높이고 있다.

왕부는 또 덕치 주장의 기초 위에서 "법률적 금지를 명백히 하라明法禁"고 주장한다. 그는 말한다. "영원히 다스려지는 나라는 없으며, 영원히 혼란스러운 나라도 없다. 법령이 잘 행해지면 그 나라는 다스려진 것이고, 법령이 이완되어 있으면 그 나라는 혼란스러운 것이다."[343] 법치를 어떻게 실행할 것인가? 왕부는 반드시 법을 갖추고 있어야 한다고 주장한다. 즉 입법이야말로 법치 실행의 선결 요건이다. 무엇에 근거하여 입법할 것인가? 왕부는 말한다. "선왕께서는 인간의 성정 가운데 희로애락 등 도저히 그칠 수 없는 것들에 대해서는 예제禮制를 만들어 덕과 양보를 숭상토록 했으며, 사람이 그칠 수 있는 것들에 대해서는 법률적 금지 규정을 만들어 상벌을 분명히 했다."[344] 여기서 말하는 예제와 법금은 모두 사람의 행위 규범으로 정도의 차이가 있을 뿐이다. 이런 규범들을 만들 때는 '사람의 성정'에서 벗어날 수 없는데, 이것이 입법의 기본 근거다. 다시 말해 입법은 사람의 감정, 욕구, 행위 등 실제 상황에서 출발하여 사람들이 받아들이는 능력까지 고려해야 한다. 그래야 "작은 응징으로도 크게 경고해 주는" 작용을 발휘할 수 있다. 또한 법률은 사회발전과 변화의 필요에 따라 부단히 개혁해야 한다. "죄를 설명하는 법의 경중이 항상 똑같지는 않다. 각자 시대적 타당성에 따라야 한다." 입법 원칙에 관하여 왕부는 이렇게 이야기한다. "입법의 요체는 선한 사람에겐 반드시 그 덕을 권장하여 정치를 즐기도록 할 수 있어야 하고, 사악한 사람에겐 반드시 그 재앙을 고통스러워하여 자기 잘못을 뉘우칠 수 있도록 해야 한다."[345] 입법은 "선을 권장하고 악을 없애는" 데 있다. 징벌은 그다음이며, 주지는 교육에 있다. 왕부는 입법의 주목적은 두 가지라고 생각했다. 하나는 "악을 응징하고 해를 제거함"이다. 그는 말한다. "선왕께서 형법을 만드신 것은 사람의 피부를 상하게 하고 사람의 목숨을 끊는 것을 좋아해서가 아니라, 간악함을 누르고 악을 응징하여 백성의 해를 없애기 위함이었다."[346] 그러니 입법은 반드시 엄혹해야 하고 위협하는 힘이 있어야 한다. "한 사람이 죄에 굴복하면 온 세상 사람들이 그 복을 받을"[347] 수 있게 되어야 한다. 둘째는 백성이 난을 일으키지 못하도록 막는 일이다. 민중은 법치의 주 대상이다. 입법의 핵심은 그들이 하극상의 난을 일으키지 못하도록 방지하는 일이다. "법을 세우는 것은 백성의 단점을 관리하고 과오를 벌하기 위해서가 아니라, 간악함을 방지하여 재앙에서 구하고 사악함을 잡도리하여 정도로 안내하기 위해서다."[348] 그는 법을 "울타리를 치고 도랑을 파는 일"에 비유하며 "재앙과 혼란의 원인을 막는 것"[349]이라고 한다. 왕부는 또 법의 실시와 집행은 반드시 엄정해야 하고, 모든 일은 법에 의해 처리해야 한다고 주장한다. "법령, 상벌은 진정한 치란의 중추이므로 엄격히 실행되지 않으면 안 된다."[350] 그는 사면을 반대한다. 그가 보기에 "성품이 악한 사람들"이 "수차례 왕법을 해친" 것은 "백성의 적"이다. 그런데 그들을 사면해준다면 "형틀을 벗고 감옥에서 나오더라도 끝내 회개하는 마음이 없을 것이다."[351] 그는 또 낙양의 살인범들을 열거하며, 가산에 의존하여 관부에 뇌물을 먹이고 사면을 얻으니 낙양에 살인현상이 부단히 발생한다고 말한다. "이렇게 볼 때 큰 악의 근원은 끝끝내 없어지지 않는다. 해마다 사면을 해주니 이는 간악함을 권장하는 짓이다."[352] 그래서 그는 "도적을 박멸하는 길은 법을 분명히 하는 데 있지 잦은 사면에 있지 않다"고 주장한다. 법률을 엄격히 밝혀야만 국가의 질서가 잡히고 백성은 편안해진다. 왕부는 "왕, 제후, 귀족 및 부호"들이 교만하고 사치스러우며 권세를 빙자하여 백성을 억누르니, 각 고을에서는 전횡을 일삼는 죄행들을 폭로하고 이런 사람들을 엄하게 응징하고 사면하지 말 것을 요구한다. "뭇 신하 가운데 간사한 행위를 일삼는 자들은 반드시 붙잡아 죄를 물어야 한다."[353] 그는 군주에게 법령이 한 번 정해지면 엄격히 실행해야 하며, 그렇지 못할 경우 군주의 권위가 동요되어 국가의 혼란을 초래할 수 있다고 경고한다. "법령이란 군주가 그것을 통해 국가를 운용하는 것이다. 군주가 명령을 내렸음에도 복종하지 않는다면 이는 군주가 없음과 같다. (…) 군주가 법으로 금지한 것을 신하가 무시하고 자기 마음대로 명령을 내린다면, 이는 군주가 쥐고 있는 말고삐를 빼앗아 자신이 혼자 말을 모는 것이다." "군주가 법을 세웠음에도 아래에 행해지지 않는 것은 혼란스러운 국가다."[354] 왕부는 군주를 법치 실행의 관건으로 보았다. 군주는 입법자이지만 한 번 법령이 정해지면 군주 또한 그것의 제한을 받아야 한다. 이는 법의 철저한 집행에 대단히 유익하다. 이 때문에 그는 군주에게 법률을 준수하라고 요구한다. "군주가 법을 공경하면 법이 실행되고, 군주가 법을 업신여기면 법은 느슨해진다."[355] 법과 군주의 이익 사이에 충돌이 생기면 법을 공적인 것으로 삼아야지, 사적인 일이 법을 대체해선 안 된다고 군주에게 요구한다. "국군이 정치 질서를 잘 유지할 수 있는 까닭은 공적으로 행동하기 때문이다. 공적으로 법이 시행되면 혼란이 사라진다."[356] 왕부는 법이 상대적 독립성을 가지며, 법의 순조로운 실시 여부는 군주에게 달려 있다고 강조한다. 군주가 "사적인 일로 법을 속이는 행동을 하지 않고, 혼탁한 가르침으로 명령을 욕되게 하지 않으면 신하들은 군주의 말을 공경하고 군주가 금지하는 것을 받들 것이다. 온 마음을 다하고, 직무에 충실할 것이다. 이는 법술이 명확하여 그 권위에 의해 임무를 부여받기 때문이다."357 "좋고 나쁨을 분명히 하여 법률로 금지하는 바를 드러내주고, 상벌을 공평히 하여 사사로운 정에 기울지 않으면 백성이 간사함을 피하여 공정함으로 나아갈 수 있도록 만들 수 있다. 그러면 허약하고 혼란스러운 상황이 정리되어 강해질 수 있다. 중흥이 바로 이 경우다."358 여기서 왕부는 법률 앞의 만인 평등을 명확히 밝히고 있지는 않으나 사람이면 누구나 법의 제약을 받아야 하며 군주도 예외여선 안 된다고 지적하고 있다. 입법의 정도라는 측면에서 볼 때 군주는 주된 입법자이거나 법의 계승자이므로 군주가 법을 준수하는 것은 지극히 제한적임을 그는 알고 있었다. 그럼에도 그는 군주에게 법에 따라 일을 처리할 것을 주문하고 있다. 군권지상의 후한 시대에 이와 같은 생각을 할 수 있었다는 것은 매우 가치 있는 일임에 틀림없다.

법치와 덕정의 상호 보완적 시행이라는 왕부의 주장은 덕정의 강조라는 전제 아래서 법치를 제창한 것이었다. 전체 관계로 볼 때 덕이 위주이고 법은 보완적이다. 사상적 연원으로 왕부는 유가적 사유 방식에서 벗어나지 않았다.

중장통과 순열의 덕형德刑 겸용 치국 사상은 세 가지 유사한 점이 있다.

먼저 그들은 모두 인성 학설을 논의의 기초로 삼았다. 중장통은 이렇게 생각했다. "사람의 감정으로는 도저히 멈출 수 없는 경우 예를 통해 그것을 통제한다. 사람의 욕구를 도저히 평등하게 실현시킬 수 없는 경우 법을 통해 그것을 막는다. 예를 넘어선 행위는 마땅히 떨어뜨려야 하고, 법을 넘어선 행위에는 마땅히 형벌을 가해야 한다. 선왕이 사람과 물질을 위해 기강을 만든 것은 바로 이 때문이다. 이 두 경우를 억누르지 않는다면, 사람의 성정이 종횡무진 치달을 때 극한으로 가는 것을 그 누가 통제할 수 있으리오!"359 그는 사회상의 '악'을 모두 인간의 욕망으로 귀결시킨다. 사람의 욕망을 규제하거나 제한하지 않고 "사람의 성정이 종횡무진으로 치닫도록" 내버려둔다면 필경 사회 혼란을 초래한다는 것이다. 따라서 예법을 제정하여 인간의 욕망을 제한하는 사회적 기본 규범으로 만드는 동시에 덕교와 형벌이라는 두 가지 수단을 채택하여 사람들을 교화하고 응징함으로써 사회 안정을 보장할 수 있다. 순열은 "백성을 잘 다스리는 사람은 그들의 성정을 다스린다"[360]고 생각했다. 통치자는 백성의 성정을 파악하고 그 민성을 잘 이용해야 하며, 민성의 특징에 근거하여 적절한 조치를 취해야 한다. 어떤 사람이 물었다. "쇠를 제련하면 액체가 되어 흐르나 불을 제거하면 곧바로 강철로 단단해져 버립니다. 돌로 보를 만들면 수위가 상승하지만 그것을 치우면 수위는 바로 하강합니다. 어떻게 다스린단 말입니까?" 순열은 대답한다. "불을 제거하지 않으면 항상 액체 상태로 흐를 것이고, 돌로 보를 쌓기를 그치지 않는다면 수위는 계속 상승할 것입니다. 커다란 제련 화로를 두어 계속 불을 대면 강철로 단단해지지 않도록 할 수 있고, 보를 쌓는 기계를 동원하여 계속 올린다면 수위를 내려가지 않도록 할 수 있습니다. 교화를 잘하는 사람이 이와 마찬가지로 하면 종신토록 잘 다스릴 수 있습니다. 범용한 그릇이라도 안회顔回나 염구冉求와 같은 길을 가도록 만들 수 있습니다. 눈앞에 백량의 금덩어리를 던져놓더라도 흰 칼날이 몸을 노리고 있다면 대도적 척跖이라도 감히 줍지 않을 것입니다. 법을 잘 만드는 사람이 이와 같이 한다면 그 어떤 사람도 뇌물을 거두지 않을 것입니다. 그러면 탐욕스러운 도척에게 청렴한 백이伯夷와 같은 공적을 발휘하게 할 수 있습니다."[361] 순열이 보기에 백성의 성정은 녹는 금속 물질과 마찬가지로 일종의 불안정 상태에 있다. 그들을 일정한 상태로 유지시키려면 일정한 조건을 마련해주어야 한다. 그 조건이 바로 교화와 법이다. 교화와 법이 서로 결합하면 민성을 한곳으로 향하게 하여 안정시킬 수 있다. 그러면 "범용한 그릇이라도 안회나 염구와 같은 길을 가도록 만들 수 있으며 "탐욕스러운 도척에게 청렴한 백이와 같은 공적을 발휘하게 할 수 있다".

다음으로 덕과 형벌의 관계에 대한 중장통과 순열의 인식은 왕부와 약간 차이가 있다. 왕부의 기본적인 주장은 덕이 주이고 형벌은 보조였다. 그런데 중장통과 순열은 덕과 형벌 양자 가운데 어느 하나에 치우쳐선 안 되며 서로를 보충해야 한다고 주장한다. 일반적인 상황 아래서는 덕이 주이고 형벌은 보조다. 중장통은 말한다. "덕교란 군주가 언제나 맡아서 해야 할 바이며 형벌은 그에 도움을 주는 보좌 역할을 한다." 그러나 특수한 시기에 양자 간의 지위와 작용은 시대 변화에 따라 바뀌어야 한다. "혁명의 시기에 이르러 군사를 이용해 정벌하지 않으면 왕업을 안정시킬 수 없다. 간악한 자들이 무리를 이루는데도 엄형 준법으로 다스리지 못하면 그 파당들을 깨뜨릴 수 없다. 시대 상황이 달라지면 사용하는 술수도 달라져야 한다."362 덕교와 형벌의 시행 순서에 대해 중장통은 먼저 교화한 뒤 벌을 주라고 주장한다. "나의 정치에 거역하는 사람에 대해서는 잘못을 알려주고 죄를 알면 나중에 그 잘못을 뉘우칠 수 있도록 지도한다. 잘못을 알려주어도 죄를 모르면 형벌을 분명히 적용하여 다스려야 한다."363 기본 초점은 교화에 있다. 교화해도 효과가 없으면 다시 형벌수단을 취한다. 순열은 말한다. "덕과 형벌의 병용은 언제나 통용되는 기본 원칙이다. 무엇을 먼저하고 무엇을 나중에 할 것이냐는 시대 사정에 따른다. 형벌과 교화를 행하지 않을 때는 군주의 위세가 극단적으로 높을 때다. 교화의 시초는 간결했고 형벌의 처음은 소략했으나 일이 많아짐에 따라 차츰 완전해졌다. 교화가 대대적으로 행해져 완전히 성행하게 된 뒤에 교화는 완비되었다. 형벌이 확정되어 아무도 죄를 피하지 못하게 된 뒤에 엄밀성을 갖추었다. 교화가 아직 완비되지 않았을 때를 허교虛敎라 부르고, 형벌이 아직 엄밀성을 갖추지 못한 것을 준형峻刑이라고 부른다.

허교는 풍속을 해치고, 준형은 백성에게 상처를 주므로 군자는 그에 따르지 않는다. 반드시 어기게 될 교화를 행하여 백성이 자기 힘으로 도저히 할 수 없는 일을 고려해주지 않는다면 이는 백성에게 악을 불러다주는 짓이다. 그래서 풍속을 해친다고 말한 것이다. 반드시 범하게 될 법을 만들어 백성이 감정상 도저히 견디기 어려운 일을 헤아려주지 않는다면 이는 백성을 죄에 빠뜨리는 짓이다. 그래서 백성에게 상처를 준다고 말한 것이다. 덕이 완전히 성행하게 되면 눈곱만큼의 선행이라도 서로서로 권면할 것이니 교화가 완비된 것이며, 아무도 죄를 피하지 못하게 되면 실낱 같은 악이라도 서로서로 금지하게 될 테니 형벌이 엄밀성을 갖춘 것이다."[364] 덕교와 형법의 병용은 기본 방법이다. 그러나 구체적으로 운용할 때는 쌍방의 선후 및 핵심적인 것, 부차적인 것 등을 실제 정황에 맞추어 정해야 한다. 동시에 시행을 하면서 양자는 부단히 개선을 해야 하고, "백성의 힘을 고려하고" "백성의 감정을 헤아린다"는 원칙에 근거하여 완벽한 덕교와 형법 체계를 수립해 권선징악의 작용을 발휘할 수 있도록 해야 한다.

그다음으로 덕과 형벌로 국가를 다스리는 시행 과정에 있어서 그들의 인식은 왕부와 유사하게 통치자의 본보기를 매우 중시했다. 중장통은 예, 법, 덕, 형벌이 실질적으로 효과를 나타내도록 하기 위해서는 반드시 그 규범성을 강화해야 하는데, 일반 민중 한 명 한 명이 반드시 준수해야 할 뿐만 아니라 통치자도 예외여선 안 된다고 지적한다. 예, 법을 초월해서는 안 되며, 우선 그 자신부터 시작하여 스스로 도덕과 법규를 준수해야 한다. 그는 말한다. "겉모양이 바르면 그림자도 곧다. 거푸집이 바르면 그릇의 품질이 좋다. 위에서는 행하면서 아래에선 못하도록 금지하는 것은 최고 지도자의 가르침이 아니다." "오늘날 아랫사람들에겐 엄격하게 금지하면서 위에선 그대로 하는데 이는 교화의 본보기가 아니다."[365] 그는 통치자에게 위에서 하는 행위를 아래에서 본받는 일이 가져오는 사회적 영향에 주의를 기울여 본보기로서의 작용을 하라고 권고한다. 통치자의 도덕과 행위는 정치 권위를 빌려 일정한 사회적 효과를 낼 수 있다고 주장한다. "군주가 공평한 마음을 갖고 있으면 사민들이 감히 모험을 걸지 못할 것이며, 내가 검소한 마음을 갖고 있으면 사민들이 감히 사치 분위기를 조장하지 못할 것이다. 이는 위에서 몸소 실천을 보이기 때문에 나타난 효과이다. (…) 도의를 가르치고, 의롭지 못한 행위를 금지시키고, 몸으로 먼저 보인다면 유덕한 사회를 이끌게 된다."366 순열도 백성을 다스리려면 반드시 먼저 통치자 자신으로부터 시작하라고 주장한다. "부당한 욕망을 잘 금지하는 사람은 먼저 자기 자신부터 금지시킨 뒤 다른 사람을 금지시킨다. 부당한 욕망을 잘 금지하지 못하는 사람은 먼저 다른 사람을 금지시킨 뒤 자신을 이끌어간다. 금지를 잘하여 금지할 필요가 없는 경지에 이르러야 한다. 명령의 시행도 이와 같다. 자신은 성질대로 멋대로 하면서 따르는 사람들의 욕구는 꽁꽁 묶어두며, 관료들에겐 속임수를 쓰면서 백성에겐 열심히 일하는 척하고, 자기에게 남아 돌아가는 물건을 계속 추구하고 백성이 부족해하는 물건을 빼앗으며, 자기가 쉽게 할 수 있는 일은 버리면서 다른 사람에겐 하기 어려운 일을 하라고 하면 크게 백성의 원망을 살 것이며, 도리의 근원도 끊어질 것이다."367 이치로 따지면 다른 사람을 바르게 하기 위해서는 먼저 자신을 바르게 해야 한다. 백성을 다스리려면 반드시 자기부터 다스려야 한다. 통치자에게 스스로의 도덕적 행위를 중시하고 자신부터 행하라는 요구다. 중장통과 순열의 생각에 이의를 제기할 생각은 없다. 다만 군주 전제 시대에 통치자가 "자신을 바르게 할 수 있느냐正己"의 여부는 순전히 우연에 속한다. 필연적인 규정성을 지니지 못하는 정치적 요구는 왕왕 권력 앞에서 여지없이 깨져버리고 만다. 그들의 요구는 분명 현실과는 맞지 않는 호사스러운 바람이었다.

중장통과 순열이 설계한 치국 사상은 유사한 점 외에 각자의 특색도 지니고 있다. 중장통은 예와 법의 규정성과 안정성 강화를 중시하여 체계적인 예법 전장 제도를 수립하자고 건의한다. "교화는 예의를 으뜸으로 삼고, 예의는 전적典籍을 근본으로 삼는다. (…) 따라서 제도를 충분히 갖추지 못하면 근거를 찾을 곳이 없고, 예의에 등급이 없으면 운용할 때 의지할 수가 없고, 법에 항상성이 없으면 온갖 그물이 길을 막게 되고, 교화가 분명하지 못하면 사민들이 믿을 곳이 없다."[368] 즉 덕교와 형벌을 실시하려면 예와 법을 의지할 수 있어야 하며, 예, 법의 규정은 정확하고 구체적이어야 한다. 그는, 예, 법 제정을 간략하고 명확히 하는 한편, 쉽게 쓰고 쉽게 아는 것을 원칙으로 삼아야 한다고 강조한다. "예는 간략하고도 쉽게 쓸 수 있어야 한다. (…) 법은 명확하고도 쉽게 알 수 있어야 한다." 모든 것은 적용에 중점을 두고 실제 상황과 사람들의 수용능력을 고려해야 한다. 적절한 예, 법이 일단 제정되면 안정성을 지녀야 한다. "문서로 확립이 되었으면 다시 첨삭하지 말아야 하고, 규칙이 이미 정해졌으면 다시 바꾸지 말아야 한다."[369] 마음대로 변경하거나 조령석개 하지 않음으로써 혼란이 생기는 것을 피해야 한다. 중장통은 형률을 완벽하게 갖추라고 특별히 요구하기도 했다. 한나라 초 신체형을 폐지한 뒤부터 형률의 "경중에 분별력이 없어지고" "준거할 만한 조항들이 없으며, 명실이 서로 대응하지 못하게 되었다". 특히 중간 등급을 처벌할 형률 조항이 없어서 형량을 잴 때 바탕으로 삼을 만한 근거가 없어 형벌 확정이 임의로 이루어져 왔다. 그래서 그는 이렇게 지적한다. "중간 등급의 형벌 제도中刑를 제정하여 죄를 다스리지 못하니 법령이 어찌 공평했겠으며, 살생에 어찌 오류가 없었겠는가?"[370] '중형'이 빠지면 필경 두 가지 결과를 초래하게 된다. 하나는 형량이 과중하여 죽이지 말아야 할 사람을 죽여 사형이 난무하게 된다. 둘은 형량이 너무 가벼워 "악을 응징하지 못하는" 상황이 생긴다.

"죽이기에는 너무 과중하고, 머리나 깎기에는 너무 가벼운" 문제를 해결하기 위해 그는 '중형'을 제정하고 신체형을 복구하자고 건의한다. "다섯 가지 형벌에 분별력이 있고, 경중에 원칙이 있으며, 조항들에 체계가 있고, 명실이 올바르게 조응해야 한다"[371]는 것이다. 형률을 더욱 완벽하게 갖추면 집행 과정에서 죄에 합당한 형벌을 내릴 수 있게 된다. 법률을 완비해야 의지할 수 있다는 중장통의 주장은 어느 정도 합리성을 갖고 있음에 틀림없다. 다만 그가 신체형의 회복을 주장했다는 사실은 인식론적으로 퇴화다.

순열은 덕, 형 겸용의 기초 위에서 일련의 치국 방법을 제기했다. 첫째, 법교法敎(법제와 교화)를 설정하고 정체政體를 수립하는 것이다. 순열은 주장한다. "정치의 대원칙은 법교일 따름이다. 교화는 양의 변화이고, 법은 음의 신표이다. 인仁이란 이를 사랑함이요, 의義는 이를 마땅히 여김이요, 예禮는 이를 실천함이요, 신信은 이를 지킴이요, 지智는 이를 앎이다. 그리하여 좋고 나쁨으로 펼쳐지며, 기쁨과 분노에 이르며, 슬픔과 즐거움으로 동정하게 된다."[372] 도에는 음과 양, 부드러움과 딱딱함이 있다. 이 때문에 정치에도 두 끝단이 있는데, 인의예신지 등 '5덕'은 모두 법교를 통해서만 실현된다. 순열은 정체 관념도 제기했다. 현대적 정체 관념과는 내용상의 차이가 있긴 하지만 국가의 정치 과정에서의 중요한 몇 가지 핵심 고리에 대해 벌써부터 언급하고 있다. 그는 말한다. "성철하신 왕의 정치는 첫째, 천도를 계승하고, 둘째, 자신의 품행을 단정히 하며, 셋째, 현인을 임용하며, 넷째, 백성을 구휼하며, 다섯째, 제도를 명확히 세우며, 여섯째, 위대한 업적을 수립한다. 천도의 계승은 성실하게, 자신을 단정히 함은 변함없이, 현인의 임용은 고정적으로, 백성 구휼은 근면하게, 제도 확립은 모범적으로, 업적 수립은 돈후하게 해야 한다. 이것을 정체라 부른다."[373] 여기서 말하는 여섯 가지는 한 국가의 정치를 하며 중시해야 할 내용들이다. '천도 계승'은 사실상 도를 강령으로 삼는다는 것이며, '업적 수립'은 위대한 공적을 건립한다는 것이지만 다른 네 가지는 주로 사람과 제도의 건설에 집중되어 있다. 순열이 더 새로운 주장을 제기하지는 않았지만, 이 몇 가지는 확실히 당시 정치 과정에서 해결을 요했던 문제들로 그의 예민한 정치적 안목이 반영되어 있다고 하겠다. 둘째, 네 가지 환난四患을 물리치고 다섯 가지 정책五政을 확립한다. 나라를 다스리려면 어디서부터 착수해야 하는가. 우선적으로 처리할 문제는 무엇인가. 순열을 지적한다. "치세에 이르는 방법은 우선 네 가지 환난을 막고 이어서 다섯 가지 정책을 높이는 것이다."[374] 네 가지 환난이란 거짓僞, 사사로움私, 방종放, 사치奢를 가리킨다. "거짓은 풍속을 어지럽히고, 사사로움은 법을 파괴하며, 방종은 규칙을 어기고, 사치는 통제를 무너뜨린다. 네 가지가 없어지지 않으면 끝끝내 정책을 실행시킬 수 없다."[375] 그의 분석에 따르면 네 가지 환난은 주로 도덕적 행위를 나타내지만, 정치에 직접적으로 영향을 미쳐 '도덕적 황폐' '사회 붕괴' '예의 소멸' '사욕 범람'에 이를 수 있다. 이는 국가의 정치적 안정에 큰 위해가 된다. 네 가지 환난을 없애지 못하면 정치 활동을 진행할 수가 없다. 다섯 가지 정책이란 농상農桑, 호오好惡, 문교文教, 무비武備, 상벌賞罰을 가리킨다. "농업과 잠업을 일으켜 민생을 챙기고, 좋아하고 싫어함을 살펴 풍속을 바로잡고, 학문과 교육을 선양하여 교화를 펼치고, 군사 설비를 갖추어 권위를 지키고, 상과 벌을 분명히 하여 법률을 통제하는 것을 다섯 가지 정책이라 일컫는다."[376] 다섯 가지 정책은 경제, 정치, 문화, 군사, 법률 방면의 내용을 포함하고 있다. 순열은 이것을 국가에서 가장 기본적으로 처리해야 할 정무로 보았다. 그 가운데 농업, 잠업을 첫·번째 정무로 열거함으로써 반드시 견실한 경제적 기초를 다져야만 정권을 공고히 할 수 있다는 그의 인식을 나타냈다. 네 가지 환난을 제거하고 다섯 가지 정책을 확립할 수만 있으면 그 나라는 손을 놓아도 다스려질 것이라고 순열은 생각했다. "네 가지 환난이 이미 제거되고 다섯 가지 정책이 이미 확립되어 성실하게 실행하고, 굳건하게 지켜지며, 간소하되 나태하지 않고, 소략하되 잘못이 없게 되면 (…) 소매 속에서 손을 맞잡고 읍만 하고 있어도 온 세상이 평안할 것이다. 이를 가리켜 위정 방법이라 부른다."377 셋째, "아홉 가지 풍상을 살펴서 불변의 국가 규정을 제정해야 한다". '아홉 가지 풍상九風'이란 아홉 가지의 국가 정치적 상태를 가리킨다. 순서대로 치治, 쇠衰, 약弱, 괴乖, 난亂, 황荒, 반叛, 위危, 망亡이다. 순열은 이렇게 이야기한다. "군신 간에 친애하고 예의가 있으며, 백관 신료들이 화목하면서도 뇌동하지 않고, 양보하고 다투지 않으며, 열심히 일하면서 원망하는 일이 없고, 국가에 큰 사건이 없으며 각자 자기 맡은 일에 충실한 나라는 질서가 잘 잡힌 치국治國의 풍상이다. 예의와 풍속이 일치하지 않고, 지위와 직무가 중시되지 않으며, 하급 신하들이 아첨과 질투를 일삼고, 서민들이 정치에 대해 의론이 분분한 나라는 기력이 다한 쇠국衰國의 풍상이다. 군주는 물러나 사양하길 좋아하고, 신하는 안일을 좋아하며, 선비들은 여기저기 유세하기를 좋아하고, 백성은 도처의 유랑을 좋아하는 나라는 허약해진 약국弱國의 풍상이다. 군주와 신하가 서로 옳다고 다투고, 조정에선 공을 둘러싸고 다투며, 사대부들은 명성을 다투고, 백성은 이익을 다투는 나라는 모든 것이 어그러진 괴국乖國의 풍상이다. 군주는 욕망이 많고, 신하들은 수단이 많으며, 법률은 확정되지 못하고, 정부 명령이 여기저기서 나오는 나라는 혼란스러운 난국亂國의 풍상이다. 사치스러움을 풍부하다 하고, 오만함을 고명하다 하며, 남발함을 통달했다 하고, 예의를 준수하면 고생한다고 평가하며, 법을 지키면 완고하다고 평가하는 나라는 야만스러운 황국荒國의 풍상이다. 번거로운 것을 주밀하다 하고, 사적인 이익 추구를 공적이라 하며, 아랫사람들을 약탈하는 것을 능하다 하고, 윗사람에게 들러붙는 것을 충성이라 하는 나라는 배반을 일삼는 반국叛國의 풍상이다. 군주와 신하가 서로 소원하고, 조정의 안팎이 서로 기만하며, 하급 신하들은 총애를 다투고, 대신들은 권력을 다투는 나라는 위태로운 위국危國의 형상이다. 군주는 아래 사정을 탐방하려 들지 않고, 신하는 진실을 간언하지 않으며, 여자들의 말을 정책으로 쓰고, 사사로운 행정을 하는 나라는 망하게 될 망국亡國의 풍상이다. 따라서 군주는 반드시 국가의 풍상을 세심히 살펴야 한다."378 이 아홉 가지 '국가의 풍상' 가운데 그가 숭상한 것은 '치국의 풍상'이다. 기타 몇 가지 국가의 풍상은 정도의 차이는 있지만 모두 취할 만한 것이 못된다. 그가 내린 결론으로 볼 때 그의 정치적 착안점은 통치 계급들 스스로가 완벽을 추구해가도록 하는 것이었다. 그가 말한 거의 모든 국가의 풍상은 군신 및 백관들의 문제를 언급하고 있으며, 통치자들에게 군신 관계의 조절에 유의하여 이상적인 정치 상황을 만들어가라고 표명하고 있다. 넷째, "각종 옥사를 신중히 다루어 인정을 보여야 한다". 순열은 법치를 시행하면서 양형에 반드시 신중을 기해야 한다고 생각했다. "죽은 사람은 살아날 수 없으며, 형벌을 받은 사람은 다시 회복할 수 없기"379 때문이다. 잘못 가한 형벌은 만회할 방법이 없다. 따라서 판결을 내릴 때는 반드시 각방면 사람들을 참가시켜 정확한 판결을 내려줌으로써 좋은 사람을 억울하게 만드는 일을 피해야 한다. 순열은 죄의 사면에 대한 견해도 제기했는데 왕부의 관점과는 정반대다. 순열은 효과를 낼 수만 있으면 바로 사면을 실시해도 된다고 주장한다. 그는 다섯 가지 경우로 귀결시켰다. "첫째, 원래의 동기를 헤아리고, 둘째, 덕행이 분명했는지 살펴보고, 셋째, 공을 세웠던 사람인가를 살펴보고, 넷째, 올바르게 바뀌어 칭찬할 만한 사람인가를 헤아리고, 다섯째, 상황에 맞추어 융통성 있게 처리한다. 선왕이 사면했던 사람들은 이런 사람들이었으며, 그런 사람들이 아니면 형벌을 가하고 사면하지 않았다."380 그는 무조건적 사면을 주장하지 않았다.

사면을 통해 사회 모순을 완화시키고 정치 안정에 이로운 방향을 잡으라는 요구였다. 다섯째, "도와 덕으로 백성을 다스려야 한다". 순열은 말한다. "백성이 물을 건너거나 큰 하천을 넘을 때 가장 좋은 방법은 배를 타는 것이고, 그다음이 수영으로 건너는 것이다. 수영을 하면 힘들고 위험하나 배를 타면 쉽고 편안하다. 헛되이 물에 들어갔다간 반드시 익사할 것이다. 군주가 지혜와 능력으로 백성을 다스리는 것은 수영을 하는 것과 같다. 도와 덕으로 백성을 다스리는 것은 배를 타는 것과 같다."[381] "큰 하천을 건널 때" 배를 타면 힘도 안 들고 안전하기도 하다. 수영으로 건너면 힘이 들 뿐만 아니라 위험하기도 하다. 당연히 배를 타는 것이 가장 좋은 선택이다. 백성을 다스리는 것은 "큰 하천을 건너는" 것과 같다. 타야 할 것은 응당 도덕이라는 배다.

그러나 "도와 덕으로 백성을 다스림"이 백성을 방종하게 둔다거나 저버린다는 의미는 아니다. "백성의 성정을 방종하게 두는 것을 혼란스럽다고 한다. 백성의 성정을 저버리는 것을 황망하다고 한다."[382] 정확한 방법은 응당 "백성의 행동에 제한을 두어 이를 넘어서지 못하도록 하고, 구역을 정해주어 경계를 넘어서지 못하도록 하는 것이다. 물을 범람하지 못하도록 할 뿐 물을 흐르지 못하게 막아서는 안 된다."[383] 일정한 법률적 제한을 두어야 할 뿐만 아니라 물을 다스리는 것과 마찬가지로 잘 흐르게 만드는 동시에 범람을 막아야 한다. 두 측면을 모두 고려해야 한다. 백성의 성정에 따라야 하면서도 백성의 성정을 방종하게 두어서는 안 된다. 일정한 규범을 통해 적절한 범위 내에서 백성의 성정을 제한시켜야 한다. 그래야 사회 안정에 도움이 된다. 순열은 "도, 덕으로 백성을 다스리기" 위해서는 통치자가 일정한 기교를 장악하고 있어야 한다고 생각했다. "위에서 군주가 아래 백성을 다스리는 것은 낚시를 하는 것과 같다. 낚싯대가 손에 익고 낚싯바늘과 잘 조응하면 고기를 잡을 수 있다. 군주가 가까운

데서부터 먼 곳까지 잘 다스리는 것은 말을 모는 것과 같다. 잘 화합하여 고삐를 손에 잡고 재갈을 조절하면 말을 몰 수 있다. 최고의 도라도 스스로 실천하지 않으면 도라고 할 수 없다. 어린아이가 닭을 모는 것을 보면 백성 다스리는 방법을 알 수 있다. 아이가 닭을 몰 때 너무 급하면 닭이 놀라고, 너무 느리면 닭이 멈추어버린다. 닭이 북쪽으로 가는데 급히 잡으려 들면 갑자기 남쪽으로 방향을 바꾸고, 남쪽으로 가는데 급히 잡으려 들면 갑자기 북쪽으로 방향을 튼다. 너무 닭에 가까이 다가들면 날아가버리며, 너무 멀리 떨어져 있으면 제멋대로 가버린다. 닭이 편안히 한가롭게 놀 때 가까이 가고, 여기저기 돌아다니며 느슨해 있다가 배가 고파질 때 먹이를 주면 힘들여 몰지 않아도 몰 수 있으니 집으로 가장 잘 몰아갈 수 있다. 닭의 정신이 안정되길 기다려야 원래 길을 따라 집 문으로 들일 수 있다."[384] 이 얼마나 고명한 치민 방법인가! 순열은 통치자들에게 백성을 다스리려면 동정動靜을 적절히 결합시키고 완급의 정도를 맞추라고 깨우치고 있다. "도·덕 치민"은 사실상 풍부한 제왕의 술수를 내포하고 있다.

후한 말년의 사상가들이 제기한 치국 방법의 내용은 매우 풍부하다. 논의가 다양하고 구체적인 대책도 있으며, 쉽고 명료하게 표현하고 있다. 이는 후한 후기 정치 상황에 대한 진지한 성찰의 기초 위에서 제기했기 때문으로 생각된다. 각자 독자적으로 제기한 이러한 치도들은 현실에서 실천되기 어려웠으며, 더더욱 후한 왕조의 멸망을 구제하기엔 역부족이었다. 하지만 적어도 인식론적으로 후한의 참위 신비주의 치국 사상의 질곡에서 충분히 벗어난 것이었으며, 삼국 시대에 명법名法 사상의 흥기와 정치적 실천을 이끌어가는 데 조건을 마련해주었다.

경제 정책에 관한 조치 및 성찰

후한 말기의 사상가들은 정치 문제에 관한 인식의 기초 위에서 경제 문제에 대한 사유를 진행했다. 그들은 경제 정책을 조정하라는 주장을 제기했는데, 목적은 후한 왕조의 경제 실력을 강화하여 위기에서 탈출하자는 것이었다.

토지 및 농, 공, 상 관계에 관한 문제

중국 고대사회에서 토지 문제는 대대로 매우 중요한 사회 문제였으며, 사회 위기의 근원은 왕왕 여기에서 생겨났다. 후한 말년으로 갈수록 엄중해진 토지 겸병은 국가 정치의 안정에 직접적 영향을 미쳤다. 이 때문에 이 문제를 둘러싸고 사상가들은 저마다 의견을 개진했다.

왕부는 농민들이 파산하여 유민이 되는 것을 막으려면 토지 문제를 해결해야 한다고 생각했다. 농민들에게 토지는 목숨이어서 토지를 잃으면 농민들의 생존 조건을 잃게 된다고 그는 생각했다. 이 때문에 그는 악질 지주와 봉건 국가가 토지를 약탈하는 데 강하게 반대하면서 국가가 농민에게 일정한 수량의 토지를 보장해줄 것을 요구했다. 그래야 농업 생산의 정상 발전을 유지할 수 있다는 것이다. 농업 생산의 순조로운 진행을 위하여 왕부는 농업, 공업, 상업 관계를 바로잡자고 주장한다. 그는 당시 일부의 사치성 업종이 기형적으로 발전하는 데 크게 비판했다. "오늘날 온 세상 사람들은 농업, 잠업을 버리고 상업만 좇으니 우마차와 가마로 도로가 막히고 재주로 놀고먹는 사람이 도읍에 가득하다. 근본이 되는 업종에 종사하는 사람은 적고 뜬구름 잡는 직업에 종사하는 사람이 대부분이다."385 농업 생산이 크게 파괴되어 사회경제적 위기를 격화시키고 있다는 말이다. 왕부는 상업을 모두 반대하지는 않았다. "농업이 근본"이라는 전제하에 민중의 일상 생활용품에 관련된 상공업은 발전시키되, 사치품을 생산하고 유통하는 상공업은 제한시키자고 주장했을 뿐이다. 그의 사상적 기반은 농민과 토지를 긴밀히 연결시키자는 데 있었다. 농업 생산의 안정은 곧 사회 질서의 안정을 의미한다.

최식과 중장통은 모두 농업 생산의 발전을 통한 사회적 재화의 축적을 중시했다. 최식은 "친히 농경에 종사하는 사람은 적고 상업 등 말업에 종사하는 사람이 다수"라면 경작지가 아무리 많아도 효율을 낼 수 없을 것이라고 말한다. 생산이 올라가지 못하면 연쇄 반응이 일어날 수 있다. "재화가 축적되어 있어도 순환이 이루어지지 않고 백성은 궁핍해져 도적이 될 것이다. 그리하여 창고는 비고 감옥은 사람들로 가득할 것이다. 한 가지 곡물만 생산이 부진해도 굶어 죽는 유민이 생기고 위아래가 서로 부족하여 구제할 길이 없게 될 것이다."386 중장통은 농업 생산을 크게 발전시켜야 국가에선 재화의 축적량을 늘릴 수 있으며 "축적량이 많으면 전쟁이 나거나 수재, 가뭄이 들더라도 고생을 덜 하게 된다"387고 말한다. 그들은 모두 경제가 정치에 미치는 막대한 영향에 대해 주의를 기울였으며, 농업 생산의 발전을 가장 중요한 위치에 두었다. 사회 재화의 축적을 촉진시키기 위하여 그들은 검약 풍조를 제창하기도 했다. 무절제한 소비에 반대했으며, 사회적으로 성행하고 있는 사치 풍조에 비판을 가했다.

그들은 모두 사회경제적 위기를 해결하려면 토지라는 근본 문제부터 착수해야 한다는 것을 분명히 깨닫고 있었다. 왕부는 백성을 이주시켜 황무지를 개간하자는 건의안을 냈다. 그렇게 함으로써 내지는 사람이 많고 땅은 적으며, 변방은 땅은 넓으나 사람이 적은 모순을 해결하여 사람과 토지가 평형을 유지하도록 한다는 것이다. 최식과 중장통은 토지 겸병을 해결하는 것부터 착수하여 "부전夫田388을 제한함으로써 토지 겸병을 끝장내야 한다"고 주장한다. 그들이 취한 조치는 정전제井田制의 회복이었다. 최식은 "5등급 관작 제도를 회복하고 정전 제도를 수립해야 한다"389고 주장한다. 중장통은 "오늘날 태평 시대의 강령을 펼쳐 보이고 싶거나, 지극히 교화가 잘된 사회 기초를 수립하려 하거나, 백성의 재산상 불평등을 똑같이 만들려 하거나, 사치스러운 풍속을 바로잡으려면 정전을 통하지 않고는 방법이 없다"390고 말한다. 순열은 최식이나 중장통과 달랐다. 그는 정전제의 회복에 반대한다. 당시의 시대 상황에 맞지 않는다고 생각했다. 동시에 그는 토지의 사유와 매매에 반대하고 토지 점유의 분량을 제한해야 한다고 주장한다. "제후들은 자기 마음대로 누구를 봉해서는 안 된다. 부자들과 민간에 제한 규정을 넘은 토지를 소유한 사람이 있고, 그 부유함이 왕공이나 제후를 능가하면 자기들이 봉지를 나누어주는 일이 생긴다. 사대부는 마음대로 토지를 점유할 수 없는데, 세상 사람들이 자기 마음대로 토지를 매매하니 이는 실질적으로 토지 독점이다."391 그들 사이의 관점은 각기 달랐으나 적어도 두 가지 점에선 공통적이다. 하나는 토지국유에 대한 주장으로 국가 정권을 통해 토지를 분배하려 했다는 점이다. 둘째는 토지 점유의 양을 제한하여 생산자들이 일정한 경작지를 사용할 수 있도록 보장해주려 했다는 점이다. 왕부, 최식, 중장통

등의 소망은 훌륭한 것이었다. 그러나 구체적 조치들이 실제와 맞지 않았다. 토지 사유제가 부단히 발전해가는 시대적 조건하에서 정전제를 회복하고 토지를 국유화하려 한 것은 환상일 뿐이다.

그들은 토지 문제를 해결하고 농업 생산을 발전시키기 위해 인식론적으로 경제 문제와 정치 문제를 직접 연결 짓고 있다. 정치적 수단을 통해 경제 문제를 해결하고, 경제발전을 통해 사회 질서와 정치 질서를 안정시키고 싶었던 것이다. 이 생각은 그들이 독창적으로 만들어낸 것이 아니다. 전한 말년 사단師丹 등이 이와 유사한 설계를 한 적이 있다. 봉건 국가의 정치적 조절 기제가 민활성을 잃었다고 말하는 것보다 군주 정치의 본질이 그러하여 토지 겸병 문제는 근본적으로 효과적인 통제를 할 수 없다는 말이 옳다. 이렇게 생겨난 경제 위기는 갈수록 심각해지고 전 사회의 정치적 위기를 더욱 격화시키는 악순환을 거듭하게 된다.

국력 증강에 관한 몇 가지 조치

이 문제를 제기한 대표적 인물은 중장통이다. 그는 후한 왕조의 정치적 위기를 구하기 위해서는 정치적인 조치를 취하는 것 외에 경제 방면에서의 실력을 제고해야 한다고 생각했다. 구체적으로는 다음 세 가지 조치를 말한다. 첫째, 축적량을 늘려라. 국고에 충분한 재물을 축적하여 급할 때에 대비해야 한다. 중장통은 말한다. "축적을 이룬 뒤라야 국가의 우환이 없어진다."[392] 충분한 축적이 있으면 천재지변이 일어나고 전란이 여기저기서 봉기해도 "창고를 열어 내려줄 수" 있으니 민중을 위난 속에서 구할 수 있다. 민중이 최저 생계마저 보장받지 못하면 위험한 길로 치달아간다는 것을 그는 분명히 알고 있었다. 이런 현상이 생기는 것을 피하려면 정부는 축적량을 증가시켜 장차 나타날 가능성이 있는 여러 불리한 국면에 대처해야 한다. 축적을 어떻게 늘릴 것인가? 근본적인 길은 농업과 수공업의 발전에 있다. "농업과 잠업에 힘을 쏟음으로써 축적을 풍성히 해야 한다."393 사회적 재화를 늘리는 것은 국고를 풍성히 하는 기초다. 동시에 그는 국가와 민중이 모순 관계임을 간파했다. 국가의 재화 축적은 완전히 민중에게 근원을 두고 있으므로 백성으로부터 재화를 취할 때는 국가와 민중 간의 관계를 주의해서 잘 처리해야 한다. 축적을 늘린다고 포학하게 징수를 해서는 절대로 안 되며, '도'에 입각하여 취해야 한다. 그는 말한다. "축적은 횡포한 세금 징수로 넉넉해지지 않는다. (…) 도에 맞게 거두어야 백성이 힘들어하지 않는다."394 둘째, 과세의 표준을 높여라. 그는 세금을 국가의 중요한 재원으로 생각했다. 횡포하게 세금을 거두어서는 안 되지만 세율이 너무 낮아서도 안 된다. 가벼운 세금은 국가 재정을 긴장시키고 국력을 약화시켜 결과는 매우 심각해진다. 중장통은 말한다. "세금 규정을 가벼이 할 경우, 한쪽에서 의외의 일이 터지거나 어디에 재난이라도 생기면 3년을 가지 못하고 회계가 바닥날 것이다. 앉으면 전사들이 풀을 뜯어먹는 것을 보게 될 테고, 서면 굶어 죽은 시체가 온 거리에 가득함을 보게 될 것이다."395 이런 상황을 당하고도 국가는 속수무책일 수밖에 없을 것이다. 그래서 그는 한나라 초에 실행한 적이 있던 "30분의 1 세금"의 과세 표준에 찬성하지 않고 "10분의 1 세금"의 회복을 요구한다. "법률을 제정하고 조례를 명확하게 정하여 다시 옛날처럼 10분의 1 기준으로 과세해야 한다."396 이 표준에 따라 시행하면 "1년 사이에 수년 분을 축적할 수 있으며, 불법적인 공사를 벌이고, 멋대로 사치를 부리고, 총애하는 사람들에게 폭넓게 하사품을 내린다 하더라도 다 쓰지 못하게"397 될 것이다. 여기서 보면, 그의 주장이 백성의 부담 능력을 고려하고는 있지만 완전히 통치 계급의 입장에 서서 봉건 왕조의 이익을 위해 착상하고 있음을 알 수 있다. 그 밖에도 그는 국가 재화의 신속한 축적을 지나치게 강조한 나머지 중과세가 백성의 적극적인 생산성 향상에 불리한 영향을 미친다는 점을 간과했다. 셋째, 개인의 사적인 토지 재산을 제한시켜라. 중장통은 정전제井田制가 폐지된 뒤부터 토호들의 세력이 증대했으며, 그들이 정치적으로 국가권력을 다툴 뿐만 아니라 경제적으로도 국가 이익을 다투어 국가가 강해지는 데 큰 장애가 된다고 생각했다. 그는 말한다. "정전제가 바뀌자 토호들이 재물을 쌓게 되었으며, 그들의 관사는 각 주, 군에 널리 퍼져 있고 전답은 여러 방국에 연이어져 있을 정도다. (…) 그들의 영예는 봉국 군주를 능가하고, 세력은 수령에 버금한다. 마음껏 뇌물을 수수하고 범법을 다반사로 저지른다."[398] 그 원인을 따져보면 "금지 규정들에 구멍이 뚫려 소홀해졌기 때문이기도 하지만 토지 분배에 제한을 두지 않아서 그렇게 된 것이다."[399] 그는 토호들의 세력이 강대해진 경제적 원인을 "토지 분배에 제한을 두지 않음"에서 찾았다. 그래서 토호들의 겸병과 사적인 토지재산의 발전을 억제하여 토호 세력의 경제적 기반을 없애버려야 한다고 주장한다. 그는 또한 토지의 점유 관계가 사회적 정치적 생활에 끼치는 영향에 대해서도 깨달은 바가 있었다. 토호와 국가가 이익을 다투는 문제를 해결하려면 반드시 경제적인 데서 착수해야 한다고 믿었다. "정전이 아니고는 사실상 방법이 없다."[400] 정치 문제 해결의 기본 바탕을 경제 문제에 둔 중장통의 주장은 합리적인 감이 없지 않다. 하지만 해결 방법이 공상적이고 졸렬했으니, 이것이 바로 고대 선비들의 병폐다.

후한 말년의 정치 혼란과 위기는 주로 토지 겸병과 압박을 받은 농민들이 토지를 떠나는 현상으로 나타났다. 후한 왕조로 볼 때 이는 끓는 가마솥 밑에서 나무를 꺼내 버리는 것처럼 근본을 해결해야 할 일이었다. 사상가들은 이 점을 간파하여 출로를 모색하고자 했다. 그러나 거대한 건물이 미구에 무너질 즈음, 여러 문제가 함께 뒤엉켜 있어 그 어떤 조치를 취하더라도 근본적으로 구제할 수가 없었다. 하물며 전한 말년 그들의 사유가 총체적으로 "겸병의 억제"를 주창했던 여러 사람의 범주를 벗어나지 못하고 있었음에랴. 역사가 일찍이 이러한 구상은 근본적으로 통할 수 없다는 것을 증명해주지 않았는가.

후한 말년의 정치 비판 및
반성 사조의 이론적 특성

후한 시대에는 참위학이 범람했으며, 정치 문제를 인식하고 사고하는 사람들의 가장 기본적인 사유 모델은 천인감응이었다. 후한 후기의 사상가들도 참위학의 영향에서 벗어나지 못했다. 천견, 재이天譴災異설은 여전히 그들이 논리를 설정하는 데 근거로 이용되었다. 그러나 후한 말년의 심각한 사회정치적 위기는 사상가들로 하여금 현실을 직시하지 않을 수 없게 했다. 그들은 하늘과 음양오행의 해석에서 도움을 구하지 않고 이성에 호소하며 나아갈 길을 모색했다. 이렇게 시대 분위기와 다른 실용 정신 및 이성 정신을 구성하는 이론적 기초는 주로 다음 두 가지였다. 하나는 인사를 중시한 중장통, 낭의 등의 인식이며, 다른 하나는 최식, 중장통의 변동의 역사관이다.

"인사가 근본이고 천도는 말절이다"와 인도의 중시

중장통은 사람과 하늘 사이에 의식상의 연결 고리는 아무것도 없으며, 양자 관계는 순전히 객관적으로 형성되는 것이라고 생각했다. 천이야말로 자연계일 뿐 의지는 없다. 그 운행에 일정한 규율이 있는데, 그 규율을 "하늘의 도"라고 부른다. "하늘의 도를 이용함이 중요하다는 것은 별들을 가리키며 백성에게 일을 내려주고, 사시에 순응하여 업적을 이룰 수 있다는 말이다."[401] "하늘의 도를 이용함"이 가리키는 말은 자연 규율에 순응한다는 것이다. 그는 '하늘의 도'와 천도가 각자 다른 함의를 지니고 있다고 보았다. '하늘의 도'는 하늘의 자연성을 가리키며, 천도는 하늘의 신비성을 가리킨다. '하늘의 도'는 이용할 수 있으나 '천도'는 믿을 수 없다.

중장통은 인간의 화복, 사회적 혼란, 왕조의 흥망은 모두 인간 자신들 때문에 결정되는 것일 뿐 천도, 천명과는 무관하다고 주장한다. "하늘이 때를 부여해주었는데도 내가 농사를 짓지 않는다면 곡식을 수확할 수 없다. 푸른 봄이 도래하고 때맞추어 비가 내림에 밭을 갈기 시작하면 그해가 끝났을 때 게을렀던 자는 6말 4되, 부지런했던 자는 14말의 곡물이 보궤에 담길 것이다.[402] 하물며 일하지 않고 먹을 것을 바라는 경우에 있어서랴!"[403] 자연계는 생산을 위한 조건을 마련해주지만 곡물은 스스로 자라는 것이 아니다. 투자한 노동의 차이에 따라 성과도 다르다. 게으른 사람은 적게 거두고, 열심히 일한 사람은 풍성하게 수확한다. 노동하지 않는 사람은 아무 수확도 거두지 못할 것이다. 여기에 작용하는 것은 하늘이 아니라 사람이다. 그는 또 사람이 만약 "불행하게 질병이 생기면 침이나 탕약이 있어야 제거되므로"[404] 신에게 기도할 필요가 없다고 주장한다. 생산활동이 이와 같으며, 사회적 치란도 마찬가지다. 그는 말한다. 한고조와 광무제 및 당시의 "일대 명신들"이 "사해에 위엄을 떨침으로써 백성에게 큰 덕을 베풀고 위대한 업적을 이룩하여 만세에 이름을 남길 수 있었던 까닭은 오직 그들이 인간사에 온 힘을 다 기울였기 때문이지 천도를 배워 그렇게 된 것이 아니다."[405] 그들이 세운 위업은 천명으로 말미암은 것이 아니며 "하늘로부터 명을 받은" 것도 아니다. 인위의 결과다. 이와 마찬가지로 사회의 혼란도 인위적 산물이다. 통치자의 정치적 부패가 만들어낸 것이므로 하늘을 원망할 필요도 없으며 하늘의 용서를 구할 필요도 없다. 응당 통치자가 반성해야 하며 자신으로부터 원인을 찾아야 한다. "자신에게서 원인을 구하지 않고 하늘에서 구하는 것은 하급의 어리석은 군주다."[406]

중장통이 천도와 인사를 구별지은 것은 신비주의의 속박에서 벗어나기 위해서였다. 천도를 알 필요도 없으며, 천도를 믿을 필요도 없으며, 핵심은 "인사를 근본으로 삼는" 것임을 사람들에게 알려주기 위해서였다. 그는 천도를 미신하는 사람들을 이렇게 질타한다. "천도만 알고 인사를 모르는 사람은 무당이나 점쟁이 무리이며 상대하지 말아야 할 하급의 어리석은 백성이고, 천도를 믿고 인사를 배격하는 사람은 혼란과 미혹을 조장하는 군주이며 나라와 집안을 무너뜨릴 신하들이다."[407] 위로 군주에서 아래로 신민에 이르기까지 모두 질타의 범주에 포함시킴으로써 그의 선명한 태도를 드러내고 있다.

중장통은 통치자가 오직 정사에만 전념하여 "백성에게 널리 덕을 베풀고", 인사를 잘 처리해 사회적으로 큰 안정을 이룰 수 있어야 한다고 주장한다. "정치가 공평하고 백성이 안정되어 각자 제 역할을 하게 되면 천지는 나를 따라 바르게 될 것이며, 좋은 징조는 모두 나에게 응하여 모아질 것이며, 나쁜 물건은 스스로 나를 떠나서 없어질 것이다."[408] 통치자가 정치를 청명하게 하기만 하면 "정치가 공평하고 백성이 안정될" 뿐만 아니라 천지조차 사람들의 바람에 순응하고, 길조가 자연스레 도래하며, 재앙이 저절로 물러날 것이라는 말이다. 반대로 인사를 엉망으로 처리하면 아무리 고명한 "천도의 학식"을 지니고 있더라도, 아무리 경건하게 신령의 도움을 구한다 하더라도 결국 패망의 운명에서 벗어날 수 없을 것이다. 그는 말한다. "왕이 관직을 주는 사람은 친척이 아니면 총애하는 측근들이다. 사랑하는 사람은 미색이 아니면 아첨꾼들이다. 자기와 같으면 잘한다고 하고 다르면 나쁘다고 한다. 기쁘면 상을 주고 화나면 벌을 준다. 미색에 빠져 만기를 다스리는 데 게으르니 백성의 억울함이 늘어나고 그들을 하나같이 도적으로 여긴다. 그렇게 되면 온 세상이 좋은 조짐을 기다리고, 사시가 순서를 잃지 않으며, 겨울철에 거스르지 않게 소송, 옥사를 처리하고, 점을 칠 시초, 귀갑이 사당 문 안에 쌓여 있으며, 화려한 비석들 사이에 제사용 희생들이 무리를 지어 있고, 천문관 풍상 馮相씨[409]가 천문대 위에 앉아 내려오지 않으며, 제사장이 제단 옆에 엎드려 떠나지 않더라도 이는 패망을 구하는 데 어떤 도움도 되지 않는다."[410] 사회의 치란은 통치자 자신에 의해 전적으로 결정된다. 통치자는 인사에 주의를 기울여 "자성에 참된 중심을 두고, 치도에 모든 생각을 전념해야"[411] 한다. "자신을 이겨내고 스스로 책임지는" 태도로 정무에 임해야지 "천도의 학식" 따위에 빠져 있어서는 안 된다. 천도는 인간사에 아무 도움도 되지 않는다.

"인사가 근본이고 천도는 말절이라"는 중장통의 천인관은 인간의 사회적 지위와 작용을 강조한다. 천이나 신에 의지할 필요 없이 사람의 모든 활동은 사람 자신에 의해 결정된다는 것을 설명하고 있다. 이는 신학 정치관에 대한 공격이었으며, 사람들의 사유를 신학의 궤도로부터 현실 속으로 옮겨오도록 했다. 후한 말년의 특수한 역사적·정치적 조건하에서 이루어진 사상적 성취였다.

낭의는 중장통과 약간 다르다. 그는 천인감응을 신봉하면서도 인도를 중시하는 사상적 경향을 드러냈다. 궁녀들을 되돌려 보내는 문제에 대한 태도에 그 생각이 잘 드러나 있다. 그는 황제 후궁들이 대규모로 궁녀를 축적하는 것에 대해 예법과 천의天意라는 두 측면에서 자신의 견해를 제기했다. 그는 말한다. "예에 따르면 천자 한 분은 아홉 명의 여자를 취하면 이로써 정실과 몸종이 모두 갖추어집니다. 그런데 지금 궁인들과 어가를 모시는 사람들은 한번 움직였다 하면 1000명을 헤아립니다. 혹자는 살아서도 아득히 격리되어 인도가 통하지 못하옵니다. 그 왕성히 쌓인 기운이 위로 황천을 감응시키고 있습니다. 그리하여 형혹熒惑성, 즉 화성이 헌원軒轅성, 즉 사자성에 들어가 인륜을 다스리는 형국이 되었으니 괴이한 형상이 나타나 주상께 깨닫도록 하고 있사옵니다. 옛날 무왕武王께서는 수레에서 내리시어 경궁傾宮[412]의 궁녀를 내보내 상용商容[413]의 마을임을 표시했사옵니다. 그렇게 인륜을 다스리고 현명한 덕을 드러내니 하늘이 성스러운 아들을 주셨사옵니다. 그분이 성왕成王이옵니다. 지금 폐하께옵서는 수많은 궁인을 쌓아두고 천의를 어기고 있사옵니다. 그리하면 황실의 젊은 후예가 많음에도, 계승자를 잘 얻지 못하는 것이옵니다."[414] 황제가 "수많은 궁인을 축적함"은 예법에도 부합하지 않을뿐더러 천의에도 위반된다. 인륜을 상실한 행위이며 인도를 훼손한 짓이므로 반드시 징벌을 받을 것이다. 그는 "인륜을 다스린다"는 관점에서 출발하여 "마땅히 궁녀를 줄이고 내보내고 자색을 갖춘 사람을 시집보낸다면 하늘이 저절로 복을 내려 자손이 억만에 이를 것이라"[415]고 주장한다. 군주 전제 시대엔 부녀자들의 지위가 가장 낮았다. 낭의는 인도적 입장에서 여기에 항의를 제기하고, 인륜으로 논거를 삼았으며, 천명을 빌려 인간사를 논했다. 현실적이면서도 형식을 갖춘 이성의 정신을 표현한 것이다.

낭의의 인도적 정신은 일반 백성의 생활에 대한 관심에서도 드러난다. 그는 통치자에게 요역과 세금을 가벼이 하여 백성의 부담을 줄여주라고 요구했다. "농사지을 시기를 확보해주고, 요역을 줄여주며, 세금을 가벼이 해주어야 합니다." 이 주장은 일반 백성의 생활을 이롭게 하여 사회 모순을 완화시켜줄 뿐만 아니라 통치자에게도 유리한 일이다. 그는 말한다. "백성이 넉넉지 못하면 군주는 누구와 더불어 넉넉하겠습니까? 홍수와 가뭄 등 재난이 오기 전에 군자는 멀리 전망하여 세밀하게 방지하고 백성을 생각합니다. 『노자老子』에 '사람들이 배고픈 것은 군주가 세금을 너무 많이 거두어가기 때문이다'라는 말이 있사옵니다. 그래서 효문孝文황제께서는 깁을 댄 도포에 가죽신을 신으시고 목기엔 무늬를 새기지 않았으며, 검약을 실천하고 세금을 가벼이 했습니다. 그리하여 시절을 태평성대로 이끌었사옵니다."[416] 그는 유가 사상의 전통을 계승하여 백성의 풍족함을 군주가 풍족해지는 기초로 생각했다. 이 때문에 백성이 추위와 배고픔에 허덕이는 것을 막기 위해서는 "검약을 실천하고 세금을 가벼이 하여" 착취를 줄여주어야 한다고 주장한다. 중장통과 비교할 때 인간사를 중시하고 '인도'적 정신을 구현한 점에 있어서 낭의는 상당히 제한적이었다. 그렇지만 전통의 질곡으로부터 사상적 돌파를 이루어내는 것은 왕왕 이와 같이 제한적인 현실성과 이성에 의해 발단되곤 했다.

시대 변화에 따른 정치와 역사적 치란治亂 관념

최식은 역사와 정치는 항상 부단한 변화 발전의 과정에 처해 있다고 생각했다. 따라서 통치자는 실질적인 변화에 근거하여 정치적 조정을 잘해야 하며, 옛 조종의 법만을 죽기 살기로 지켜서는 아무런 출로도 찾을 수 없다고 여겼다.

그는 군주의 정치를 수레에 비유했다. 이 수레를 영원히 운전하려면 반드시 부단하게 수리, 보수를 해야 한다. 그는 말한다. "예를 지키는 군주는 퇴락한 부분의 실마리를 찾아 잘 이어주는 사람이다. 이를테면 낡은 수레를 타는 것과 같다. 뛰어난 기능공을 찾아서 부서진 부분을 잘 고치도록 한다. 부러진 곳은 이어주고, 느슨해진 곳은 잡아 매주며, 보수하고 다듬고 바꾸고 하여 새것처럼 복구한다. 이렇게 끊임없이 새것이 되면 무한히 쓸 수 있다. 끝내 수리하지 않고 그대로 탄다면 부러지고 꺾어지고 깨지고 갈라져 더 이상 어찌할 수 없게 될 것이다."[417] 이미 낡아버린 차인데 새로 고칠 생각을 않고 그대로 차를 탄다면 그 결과는 감히 상상할 수 없다. 그는 어떤 왕조, 누구의 조정이든지 자신들의 실정에 맞는 상황이 존재한다고 보았다. 선인들이 남겨준 물건은 대부분 너무 낡고 파손되어 있는 그대로 그것을 따를 수는 없다. 현실 상황을 마주하고서 옛 물건을 개조해야 한다. 그는 말한다. "이 시대 이 세상을 구제하는 방법인데 어찌하여 꼭 요임금이나 순임금의 길을 밟아야만 다스려진다고 하는가? 터지거나 해진 곳을 기우고, 기울어진 것을 받쳐주고, 형상에 따라 마름질해 자르고자 한다면 지금 이 세상을 안녕한 곳으로 이끌려는 노력을 할 따름이다. 그래서 성인이 집권했을 땐 시대에 맞추어 제도를 정했다. 단계의 차이는 있었으나 각자 나름대로 현실에 맞는 설정을 했다. 사람들이 할 수 없는 것을 강제하지 않았으며, 시급한 문제를 제쳐두고 옛것만 숭상하지도 않았다."[418] 요순의 도는 대대로 사람들에 의해 존중되어왔는데, 최식은 이 전통 관념에 도전장을 내밀었다. 나라를 다스리는 데 요순의 도에 구속될 필요가 없으며, 실제 상황에 근거하여 "형상에 따라 마름질해 자르고" "시대에 맞추어 제도를 정해야" 쇠퇴하지 않고 오래오래 번성할 수 있다고 선언한 것이다.

그는 옛것만 지키고 변화하지 않는 관념을 비판하며 "세속 선비俗士"들의 논의라고 질타했다. "옛날 공자는 『춘추』를 지으면서 패자였던 제齊 환공桓公을 드높이고, 진晉 문공文公을 칭찬하고, 관중管仲의 공을 찬탄했다. 그가 어찌 문왕, 무왕의 도를 찬미하지 않았겠는가? 그들이 권도에 통달하여 세상의 폐단을 구했기 때문에 그런 것이다. 이렇게 성인도 능히 세상의 추이와 함께하는데 세속의 선비들은 변화를 모른다. 새끼줄을 엮어 약속을 표시했던 고대의 것만을 생각하고, 진나라 혼란을 다스렸던 그

오랜 방법을 회복코자 하고, 방패와 도끼를 이용한 춤사위만으로 평성平城의 포위[419]를 풀 수 있다고 한다."[420] 고대인들이 썼던 방법을 동원해 후대인들의 문제를 해결하려 들면 결코 효과를 낼 수 없다. 최식은 변화가 필연적이라고 인식했다. 시세가 변했는데도 사람들의 생각이 여전히 원래 수준에 머물러 있으며, 옛날 방법만 따르려 한다면 아무런 출로도 찾을 수 없다고 여겼다. 그는 수구를 답습하려는 그러한 '세속 선비'들과 '완고한 선비'들을 낮추어보았다. 그들과 더불어 국가 대사를 논할 가치가 없다고 생각했다. "세속적 인간들이 옛 문장에 속박당해 살면서 권력과 법제에 통달하지 못하고, 기존에 들은 것만을 위대하게 생각하고 직접 눈으로 본 것은 소홀히 여기니 어찌 그들과 국가의 대사를 논할 수 있으리오!"[421] 그는 그런 수구적 사상을 지닌 사람들이 임용되는 것을 반대했다. 그리고 군주에게 창조적 정신을 지니라고 요구했다. "천명을 받은 군주는 언제든 창조적 제도를 만들어왔습니다. 중흥을 이끈 군주 또한 시대의 과실을 바로잡는 사람들이었습니다."[422] 뭔가 일을 하려면 혁신이 필수적이라는 말이다.

시대의 변화에 따라 정치를 해야 한다는 이와 같은 개혁 관념은 생기와 활력이 부족한 당시 정치에 대한 최식의 강렬한 불만과 정치 개혁 실행을 향한 소망을 반영하고 있다. 그는 요, 순과 문, 무의 도에 관한 공리공담에 반대하고 현실 정치에서 출발하여 실제 상황에 근거하여 모든 정책이 결정되어야 한다고 주장했다. 정치의 변화에 맞춘 조정과 개선의 요구는 매우 실질적인 태도다.

중장통은 "인사가 근본"이라는 관점에서 출발하여 사회 역사적 치란과 흥망성쇠의 변화 발전을 탐구했다. 그는 '오덕五德'과 '삼통三統' 등 역사 순환론적 형이상학 관점에 반대했다. 사회 역사적 치란과 흥망성쇠는 인류 사회 발전의 필연적 현상일 뿐 근본적으로 천명의 지배를 받는 것이 아니라고 생각했다. 왕조가 교체되고 통치자가 바뀌는 것은 사람들의 '지혜 각축角智'과 '권력 각축角力'의 결과다. 그는 말한다. "호걸 중 천명을 담당한 사람이 처음부터 천하를 소유할 명분을 지녔던 것은 아니다. 그렇기 때문에 경쟁적으로 전쟁이 일어난다. 짐짓 하늘의 권위를 빌고 천명을 날조하여 일방에 할거하면서 군대를 거느리고 우리와 재능, 지모를 다툰다. 용력을 헤아려 우리와 자웅을 겨룬다. 그 거취는 아무도 모르며 천하를 어디로 끌고 갈 것인지 의심스러운 경우가 부지기수다. 그러다가 지혜를 각축한 자들 모두 힘이 다하고, 권력을 각축한 자들 모두 지게 되어 더 이상 맞설 형세가 못 되고, 다시 일어서기엔 세력이 불충분해지면, 이내 말고삐를 목에 걸고 스스로 재갈을 물고 고삐를 채워 우리에게 굴복한다."[423] 나라에 정치권력이 형성되기 전에 "천하를 소유할 명분이 없었으며", 각 정치 세력의 대표들이 모두 "짐짓 천명을 날조하여" 실력 경쟁을 통해 정권을 다투게 된다. 승자는 천하를 얻고, 패자는 피통치자가 된다. 천명, 천위 따위는 사람들이 정권을 쟁탈하기 위한 투쟁 수단에 불과하다. 여기에 진정한 작용을 하는 것은 인간의 '재지'와 '용력'이다.

중장통은 성립된 한 정권에 영원불변한 경우는 없다고 생각했다. 새 정권이 수립된 초기는 "사민들의 마음이 안정되어 있고" "오직 한 사람만 존중받는" 국면이 만들어지기 때문에 "천하가 편안하며" 백성은 안거낙업할 수 있다. 이런 형세 아래서는 "하급의 어리석은 재주"를 가진 자가 정권을 담당해도 앉아서 그 성취를 누리며 통치자 지위를 유지할 수 있다. 그러나 좋은 시절은 오래가지 못한다. 얼마 못 가 변화가 생겨나고 내리막길을 걷기 시작한다. 그는 후대의 그런 계승자들 대부분을 범용하고 무능한 무리로 취급했다. 그들 스스로는 천지와 공존한다고 생각하나 정무에 골몰하지 않고 음란, 부패하여 "운도 세력도 모두 떠나고" "재앙이 여기저기서 일어나기에" 마침내 "모든 것이 와르르 무너져 하루아침에 사라진다."[424] 따라서 그 어떤 정권이라도 흥성과 쇠망이 있으며, 변화 발전 과정에 들지 않을 때가 없다. 천지와 공존하는 정권은 존재하지 않는다.

중장통은 왕조의 흥망을 흥기, 연속, 쇠락의 3단계로 나눈다. 이는 필연적 변화 과정이며, "천도의 영원한 규율이라"[425]고 생각했다. 왕조 교체라는 이런 사회 현상에 근거하여 그는 역사 발전의 규율을 '난-치-난'의 왕복순환적 변화 과정으로 개괄했다. "존망은 그렇게 순환하며, 치란은 그렇게 반복된다."[426] 그리고 그 발전 추세는 갈수록 혼란스럽다.

이러한 순환 발전 규율을 설명하기 위해 그는 춘추 시대부터 한나라 말기에 이르는 500년의 역사를 상세히 고찰했다. "옛날 춘추 시대는 주나라로 볼 때 난세였다. 전국 시대에 이르면 더욱 심해졌다. 진시황은 겸병의 위세를 업고 승냥이 같은 야심으로 천하를 도륙했으며, 백성을 잡아 삼키며 포학함이 그치지 않았다. 이는 결국 초楚, 한漢 군사들과 전란의 고통을 불렀으니 전국 시대보다 심했다. 한나라는 200년이 지나며 왕망王莽의 난을 겪었는데, 잔혹하게 멸망한 숫자를 계산하면 진시황, 항우項羽보다 몇 배 많았다. 그리고 오늘날에 이르러 유명한 도읍들이 텅 비어 사람이 살지 않으며, 수백 리를 가도 모든 것이 끊겨 사람을 찾을 수 없는 경우가 셀 수 없이 많다. 이는 왕망의 신新나라가 망할 때보다 더 극심하다. 슬프도다! 500년이 못 가 큰 난이 세 번 일었으며 중간중간의 난은 헤아릴 수조차 없다. 바뀔 때마다 더 넓은 영향을 미치고, 내려갈수록 더 가혹해진다. 이렇게 추정해보면 언젠가 모든 것이 끝날 것이다."[427] 그는 왕조의 교체에 따라 사회 혼란은 한 번이 그 전번보다 크고, 한 차례가 그 전 차례보다 심하다고 생각했다. 그리고 이런 상황은 반복적으로 교체되면서 부단히 순환 발전해간다고 여겼다. 이 발전 과정에서 치와 난은 시간적으로 균형적이지 않은데, 치의 시간이 난의 시간보다 짧다고 한다. 이른바 "난세는 길고 치세는 짧다"는 것이다. 그는 이렇게 묘사한다. "이제 막 치세가 되었는데 곧 다시 잘못을 바로잡을 잡도리를 해야 할 시대가 된다. 늙어서 곧 죽게 되었는데 넉넉한 사회에 다다를 수가 없다. 젊은이가 이제 막 장년이 되었는데 사회는 다시 쇠란의 시기에 접어든다."[428] 번성에서 쇠란으로 가는 사회변화가 매우 빠름을 설명하고 있다.

중장통은 역사 발전 과정으로부터 '난세는 길고' 또 갈수록 혼란스러워진다는 결론을 얻었다. 따라서 그는 역사 발전의 앞날과 운명에 대해 비관적 태도를 지녔다고 할 수 있다. 출로를 찾을 수 없어 그저 어쩔 수 없다는 한탄만 늘어놓는다. "아! 내세의 성인이 이를 구해줄 방도를 어떻게 사용할지 알 수가 없구나. 이렇게 끝나가는 세상을 장차 하늘이 어디로 이끌고 가려는지 정말 알 수가 없구나."[429]

역사적 치란에 관한 중장통의 견해는 변화의 사상을 관통하고 있다. 범사에 옛것 때문에 구속될 필요가 없으며, 모든 것은 현실에 착안하라고 주장한다. 현실에 불리한 것이면 모두 개혁해야 하며, 현실에 유리한 것이면 그것을 떨쳐 일으켜야 한다. "그리하여 시대에 유리한 일이거나, 만들어서 사물에 편리한 것이라면 하도록 해야 한다. 일이 현실에 어긋나고 제도가 시대에 거스르는 것이면 고치도록 해야 한다. 옛날에 행해져 업적이 있었던 일이라도 오늘날 써서 아무 공적을 낼 수 없으면 바꾸지 않을 수 없다. 바꾸어서 예전만 못하거나, 고쳐서 대부분 실패한 것이면 마찬가지로 회복시키지 않을 수 없다."[430] 현실적 요구에 부합하는 일이기만 하면 할 수 있다. 현실적 요구에 불리한 것이면 고쳐야 한다. 과거에 역사적으로 적극적인 작용을 했던 일이지만 현재 사회적 효용을 잃어버린 일은 "바꾸지 않을 수 없다". 모든 것은 시대에 따라 변해야 한다. 변혁의 사회적 효과가 이상적이지 못한 경우도 즉시 바로잡아야 한다. 그는 조상의 제도를 죽기 살기로 껴안고 바꾸지 않는 것에 반대했다. 그리고 "삼대는 충분히 본받을 만하지 못하고, 성인이라고 반드시 스승일 수는 없다."[431]고 선언한다. 오직 현실을 직시하고 민첩하게 실질에 부합하는 정책을 취하는 것만이 효과를 거둘 수 있으며 국가를 크게 안정시킬 수 있다고 한다.

1 후한 시대 지식인 사회의 풍조를 일컫는 특수한 용어. 부화浮華란 어느 정도 성취를 한 사람들이 경학에 힘쓰지 않고 명류를 숭상하며 겉치레를 하고 화려하게 생활하는 것을 일컫는다. 교회交會는 태학생, 군국의 학생 및 사립 교육 기관 생도들이 상호 교제를 하고 당을 지어 황권과 대립하는 모임을 가진 것을 말한다. 부화교회는 위진 현학의 선구적 역할을 했다. ─옮긴이

2 題拂, 品覈公卿, 裁量執政.(『後漢書』「黨錮列傳」)

3 孝悌也者, 其爲仁之本歟.

4 孝子善述父之志, 故漢家之謚, 自惠帝已下皆稱孝也.(『漢書』「惠帝紀」注에서 인용)

5 孝悌, 天下之大順也. 力田, 为生之本也. 三老, 众民之师也. 其以户口率置常员.

6 初令郡國舉孝廉各一人.(『한서』「武帝紀」)

7 通保傅傳孝經論語尙書.(『한서』「昭帝紀」)

8 東西誅戰, 不遑啓處, 然猶投戈講藝, 息馬論道.(『후한서』「樊宏傳 附 樊准傳」)

9 時天下未定, 士多不修節操.(『후한서』「孔奮傳」)

10 人臣放逐受誅, 雖復追加賞賜賻祭, 不足以償不訾之身. 忠臣孝子, 覽照前世, 以爲鏡誡. 能盡忠於國, 事君無二, 則爵賞光乎當世, 功名列於不朽, 可不勉哉!(『후한서』「馮勤傳」)

11 중국 고대에 빈객 접대를 맡은 대행인大行人이란 관직이 있었는데, 한 무제 때 이를 대홍려라 고쳐 불렀다. 후한 시절에 대홍려는 주로 조정의 의례에 관한 사항을 주관했다. ─옮긴이

12 夫國以簡賢爲務, 賢以孝行爲首. 孔子曰: '事親孝故忠可移於君, 是以求忠臣必於孝子之門.' 夫人才行少能相兼, (…) 忠孝之人, 持心近厚; 鍛鍊之吏, 持心近薄. (…) 士宜以才行爲先, 不可純以閥閱.(『후한서』「韋彪傳」)

13 孝廉廉吏皆當典城牧民, 禁奸舉善, 興化之本, 恒必由之.(『후한서』「桓帝紀」)

14 光武承王莽之餘, 頗以嚴猛爲政, 後代因之, 遂成風化.(『후한서』「第五倫傳」)

15 少失父, 獨與母居. (…) 負母逃難, 備經阻險, 常采拾以爲養. (…) 自在轅中輓車, 不用牛馬, 由是鄉里稱之曰'江巨孝'.

16 1곡은 10말. ─옮긴이

17 소뢰少牢의 예를 말하며, 제사를 지낼 때 양고기와 돼지고기 두 제수를 씀을 일컫는다. ─옮긴이

18 諫議大夫江革, 前以病歸, 今起居何如? 夫孝, 百行之冠, 衆善之始也. 國家每惟志士, 未嘗不及革. 縣以見穀千斛賜'巨孝', 常以八月長吏存問, 致羊酒, 以終厥身. 如有不幸, 祠以

中牢. (…) 由是'巨孝'之稱, 行於天下.(『후한서』「江革傳」)

19 家貧, 以孝行稱. (…) 府檄適至, 以(毛)義守令, (…) 奉檄而入, 喜動顔色. (…) 心賤之,
自恨來, 固辭而去.

20 去官行服, (…) 賢者固不可測. 往日之喜, 乃爲親屈也. 斯蓋所謂'家貧親老, 不擇官而仕'
者也.(이상『후한서』「劉平傳」앞 부기)

21 한 무제 때 젊은 소무는 한나라 황제가 내린 부절을 지니고 흉노 땅에 사신으로 갔으
나, 흉노 선우가 돌려보내지 않고 회유했다. 소무는 무려 19년을 북해北海 부근에서 양
을 치면서 한나라에서 내린 부절을 지키다가 반백이 되어서 돌아왔다. 충신의 표본으
로 자주 인용된다. ─옮긴이

22 召父(伏)湛流涕以示之曰: '隆可謂有蘇武之節. 恨不且許而遽求還也.' (…) 詔隆中弟咸
收隆喪, 賜給棺殮, 太中大夫護送喪事, 詔告琅邪作冢, 以子瑗爲郎中.(『후한서』「伏隆
傳」)

23 博洽多聞, 時稱通儒. (…) 終不屈節.

24 경기 지역을 다스리는 세 관직의 합칭. 좌, 우 내사內史와 도위都尉를 일컫는다. ─옮
긴이

25 親自臨喪送葬, 除子喬爲郎. 詔曰: '公侯子孫, 必復其始, 賢者之後, 宜宰城邑. 其以喬爲
丹水長.'(『후한서』「杜林傳」)

26 有召必至, (…) 博雅多通, 稱爲任職相.(『후한서』「두림전」)

27 『주례』에 따르면 도시의 시장은 하루에 세 번 열렸다. 큰 시장은 해가 기울면 열려 온
갖 귀족들을 주로 상대했으며, 아침 시장은 상인들 위주였으며, 저녁 시장은 소매상이
나 아주머니들이 사고파는 장터였다. 여기서 네 번이라 함은 훨씬 더 활발한 시장 형성
이 있었음을 뜻한다. ─옮긴이

28 時天下攪亂, 惟河西獨安, 而姑臧稱爲富邑, 通貨羌胡, 市日四合. (…) 不盈數月輒致豊
積.

29 在職四年, 財産無所增. (…) 思母孝謹, 雖爲儉約, 奉養極求珍膳. 躬率妻子, 同甘菜茹.

30 或以爲身處脂膏, 不能以自潤, 徒益苦辛耳. (…) 治貴仁平, (…) 下詔褒美, 拜爲武都太
守.(『후한서』「孔奮傳」)

31 志美行厲, 諸儒號曰'聖童'. (…) 賞罰必信, 吏民皆樂爲用, (…) 勸民耕種, 以致殷富.
(…) 桑無附枝, 麥穗兩岐. 張君爲政, 樂不可支.

32 仁以惠下, 威能討奸. (…) 乘折轅車, 布被囊而已. (…) 帝深悼惜之, 下詔褒揚, 賜帛百
匹.(『후한서』「張堪傳」)

33 원문 경풍景風은 상서로운 바람이란 의미. 하지로부터 45일째 되는 날을 경풍이 부는 날로 보며 유공자들에게 봉작을 내렸다. ─옮긴이

34 高祖功臣, 蕭曹爲首, 有傳世不絶之義. (…) 朕望長陵東門, 見二臣之壠, 循其遠節, 每有感焉. 忠義獲寵, 古今所同. 可遣使者以中牢祠, 大鴻臚求近親宜爲嗣者, 須景風紹封, 以章厥功.(『후한서』「和帝記」)

35 受尙書, 略通大義.(『후한서』「광무제기」)

36 十歲能通春秋.(『후한서』「명제기」)

37 少寬容, 好儒術.(『후한서』「장제기」)

38 特好古文尙書左氏傳.(『후한서』「賈逵傳」)

39 爲四姓小侯開立學校, 置五經師.(『후한서』「명제기」)

40 永平中崇尙儒學, 自皇太子諸王侯及功臣子弟立學, 號四姓小侯, 置五經師.(『후한서』「명제기」)

41 四海之內, 學校如林, 庠序盈門.(『후한서』「班彪傳 附 班固傳」)

42 奮獨見之明, 興立左氏穀梁. (…) 會二家先師不曉圖讖, 故令中道而廢.(『후한서』「가규전」)

43 凡所以存先王之道者, 要在安上理民也. 今左氏崇君父, 卑臣子, 強幹弱枝, 勸善戒惡, 至明至切, 至直至順. (…) 又五經家皆無以證圖讖明劉氏爲堯后者, 而左氏獨有明文. 五經家皆言顓頊代黃帝, 而堯不得爲火德. 左氏以爲少昊代黃帝, 卽圖讖所謂帝宣也. 如令堯不得爲火, 則漢不得爲赤. 其所發明, 補益實多.(『후한서』「가규전」)

44 留意廢學, 以廣聖見, 庶幾無所遺失矣. (…) 自選公羊嚴顔諸生高才者二十人, 敎以左氏, 與簡紙經傳各一通.(『후한서』「가규전」)

45 五經剖判, 去聖彌遠, 章句遺詞, 乖疑難正, 恐先師微言將遂廢絶, 非所以重稽古, 求道眞也. 其令君儒選高才生, 受學左氏穀梁春秋, 古文尙書, 毛詩, 以扶微學, 廣異義焉.(『후한서』「장제기」)

46 오교五敎는 아버지는 의롭고, 어머니는 자애롭고, 형은 우애하고, 아우는 공손하고, 자식은 효도하는 것을 말한다. ─옮긴이

47 '五敎在寬', 帝典所美.(『후한서』「장제기」)

48 五敎謂父義母慈兄友弟恭子孝也.

49 蓋君人者, 視民如父母, 有憯怛之憂, 有忠和之敎.(『후한서』「장제기」)

50 雖在倉卒, 造次必於文德, 以爲禮樂政化之首, 顚沛猶不可違. (…) 奏行鄕飮酒禮, 遂施行之.(『후한서』「伏湛傳」)

51 以丹陽越俗不好學, 嫁娶禮儀, 衰於中國, 乃爲起學校, 習禮容, 春秋鄉飮, 選用明經, 郡中向慕之.(『후한서』「李忠傳」)

52 興學校, 擧仄陋, 政稱變俗.(『후한서』「應奉傳」)

53 涼州寡於學術, 故屢致反暴. 今欲多寫孝經, 令家家習之, 庶或使人知義.(『후한서』「蓋勛傳」)

54 舊制, 公卿二千石刺史不得行三年喪, 由是內外衆職立廢喪禮. (…) 蓋崇化厲俗, 以弘孝道也. 今刺史一州之表, 二千石千里之師, 職在辯章百姓, 宣美風俗, 尤宜尊重典禮, 以身先之. (…) 是猶濁其源而望流淸, 曲其形而欲景直, 不可得也.(『후한서』「劉愷傳」)

55 今公卿群寮皆政教所瞻, 而父母之喪不得奔赴. 夫仁義之行, 自上而始; 敦厚之俗, 以應乎下. (…) 『春秋傳』曰: '上之所爲, 民之歸也.'(『후한서』「荀爽傳」)

56 所以救世俗, 致禎祥, 爲萬姓獲福於皇天者也.(『후한서』「曹褒傳」)

57 故漢制使天下誦孝經, 選吏擧孝廉.(『후한서』「순상전」)

58 建初八年十二月己未, 詔書辟士四科: 一曰德行高妙, 志節淸白; 二曰經明行修, 能任博士; 三曰明曉法律, 足以決疑, 能案章覆文, 文任御史; 四曰剛毅多略, 遭事不惑, 明足照姦, 勇足決斷, 才任三輔令. 皆存孝悌淸公之行.

59 皆有孝悌廉正之行.

60 令郡國守相視事未滿歲者, 一切得擧孝廉吏.(『후한서』「順帝紀」)

61 諸生通章句, 文吏能箋奏, 乃得應選.(『후한서』「순제기」)

62 其令秩滿百石, 十歲以上, 有殊才異行, 乃得參選.(『후한서』「환제기」)

63 孝行純至, 父母卒, 哀毀三年, 不出廬寢. 服竟, 羸瘠骨立異形, 醫療數年乃起. 好學洽聞, 雅稱儒宗, 建武末, 擧孝廉, (…) 三輔諸儒莫不慕仰之.(『후한서』「위표전」)

64 少立操行, 褞袍糟食, 不求盈餘. 以世濁, 州郡多非其人, 耻不肯仕. (…) 有名迹, 乃擧鸞孝廉, 遷爲膠東令. 始到官而(向)苗卒, (桓)鸞卽去職奔喪, 終三年然後歸, 淮汝之間高其義. 後爲已吾汲二縣令, 甚有名迹.(『후한서』「桓榮傳 부 桓鸞傳」)

65 表用郡人處士顧奉公孫松等. 奉後爲潁川太守, 松爲司隸校尉, 並有名稱. 其餘有業行者, 皆見擢用. 郡中爭厲志節, 習經者以千數, 道路但聞誦聲.(『후한서』「張霸傳」)

66 其爲學也, 則從師受經, 或游學京師, 受業於太學之博士. 其爲人也, 則以孝友禮法見稱於宗族鄉里, 然後州郡牧守京師公卿加以徵辟, 從致通顯.(『金明館叢稿初編』「序」〈世說新語 文學類 鍾會撰 四本論 始畢條 後〉)

67 選擧良才, 爲政之本. 科別行能, 必由鄉曲.(『후한서』「화제기」)

68 鄉大夫掌其鄉之政教, 考其德行, 察其道藝, 三年而擧賢能者於王.(『후한서』「화제기」)

69 郡國擧孝廉, 率取年少能報恩者, 者宿大賢多見廢棄.(『후한서』「樊儵傳」)

70 詔書連下, 分明懇惻, 而在所玩習, 遂至怠慢, 選擧乖錯, 害及元元.(『후한서』「환제기」)

71 選擧良才, 爲政之本. 科別行能, 必由鄕曲.(『후한서』「화제기」)

72 時俗淺薄, 巧僞滋生, 五經衰缺, 不有化導.(『후한서』「和熹鄧后紀」)

73 章句漸疏, 而多以浮華相尙, 儒者之風蓋衰矣.(『후한서』「儒林列傳」)

74 博士選擧多不以實.(『후한서』「楊震傳」)

75 博士倚席不講, 儒者竟論浮麗, 忘謇謇之忠, 習諓諓之辭.(『후한서』「樊宏傳」)

76 不復以學問爲本, (…) 專更以交遊爲業.(『三國志』「董昭傳」)

77 不依章句, 妄生穿鑿, 以遵師爲非義, 意說爲得理, 輕侮道術, 寖以成俗.(『후한서』「徐防傳」)

78 勿用浮華.(『후한서』「安帝紀」)

79 志道者少與, 逐俗者多疇, 是以朋黨用私, 背實趨華.(『후한서』「王符傳」)

80 自公卿大夫, 州牧郡守, 王事不恤, 賓客爲務. 冠蓋塡門, 儒服塞道. (…) 下及小司, 列城墨綬, 莫不相商以得人, 自矜以下士. (…) 文書委於官曹, 繫囚積於圄囹, 而不遑省也. 詳察其爲也, 非欲憂國恤民, 謀道講德也, 徒營己治私, 求勢逐利而已.(『中論』「譴交」)

81 品藻乖濫. 英逸窮滯, 饕餮得志, 名不准實, 賈不本物.(『抱朴子』「內篇」〈名實〉)

82 循名責實, 察言觀效.(『후한서』「王堂傳」)

83 天下之士有三可賤: 慕名而不知實, 一可賤.(『昌言』『群書治要』권45 인용)

84 有號者必稱於典, 名理者必效於實, 則官無廢職, 位無非人.(『潛夫論』「考績」)

85 共爲部黨.(『후한서』「黨錮列傳」)

86 天下規矩房伯武, 因師獲印周仲進. (…) 互相讚揚, 遂各樹朋徒, 漸成尤隙, 由是甘陵有南北部, 黨人之議, 自此始矣.

87 遂共作飛章虛誣(李)固罪曰: '(…) 太尉李固, 因公假私, 依正行邪, 離間近戚, 自隆支黨. 至於表擧薦達, 例皆門徒; 及所辟召, 靡非先舊. 或富室財賂, 或子婿婚屬, 其列在官牒者凡四十九人……'(『후한서』「李固傳」)

88 主荒政繆, 國命委於閹寺, 士子羞與爲伍, 故匹夫抗憤, 處士橫議, 遂乃激揚名聲, 互相題拂, 品核公卿, 裁量執政.(『후한서』「당고열전」)

89 危言深論, 不隱豪强.

90 自公卿以下, 莫不畏其貶議, 屣履到門.(『후한서』「당고열전」)

91 사방의 바람으로 점을 쳐서 길흉을 예측하는 점복 형식. ―옮긴이

92 善說風角, 推占當救, 遂敎子殺人. (…) 督促收捕, 旣而逢有獲免, (李)膺愈懷憤疾, 竟案殺之.

93　因上書誣告膺等養太學遊士, 交結諸郡生徒, 更相驅馳, 共爲部黨, 誹訕朝廷, 疑亂風俗. (…) 布告天下, 使同忿疾.

94　或有逃遁不獲, 皆懸金購募. 使者四出, 相望於道. (…) 皆赦歸田里, 禁錮終身. 而黨人之名, 猶書王府.(『후한서』「당고열전」)

95　『후한서』「당고열전」에 의하면 군君은 한 시대의 으뜸을 이야기하며 두무竇武, 유숙劉淑, 진번陳蕃이 삼군, 준俊은 사람들 중의 엘리트로 이응, 순익荀翌, 두밀杜密, 왕창王暢, 유우劉祐, 위랑魏朗, 조전趙典, 주우朱寓가 팔준, 고顧는 덕행으로 사람들을 이끄는 사람으로 곽림종郭林宗, 종자宗慈, 파숙巴肅, 하복夏馥, 범방范滂, 윤훈尹勳, 채연蔡衍, 양척羊陟이 팔고, 급及이란 사람들을 추종하게 만들 수 있는 사람으로 장검張儉, 잠질岑晊, 유표劉表, 진상陳翔, 공욱孔昱, 원강苑康, 단(敷)부檀敷, 적초翟超가 팔급, 주廚는 재물로 사람들을 구제할 수 있는 자로 탁상度尙, 장막張邈, 왕고王考, 유유劉儒, 호모반胡母班, 진주秦周, 번향蕃嚮, 왕장王章이 팔주다. ─옮긴이

96　팔원은 고대 전설 속의 여덟 재사로 『좌전』 문공文公 18년에 고신高辛씨 시대의 백분伯奮, 중감仲堪, 숙헌叔獻, 계중季仲, 백호伯虎, 중웅仲熊, 숙표叔豹, 계리季狸를 말한다. 팔개는 고대 고양高陽씨 시대의 여덟 명 재사로 창서蒼舒, 퇴애隤敱, 도인檮戭, 대림大臨, 방강尨降, 정견庭堅, 중용仲容, 숙달叔達을 말한다. ─옮긴이

97　海內希風之流, 遂共相標榜, 指天下名士, 爲之稱號. 上曰'三君', 次曰'八俊', 次曰'八顧', 次曰'八及', 次曰'八廚', 猶古之'八元''八凱'也.(『후한서』「당고열전」)

98　上書告(張)儉與同鄕二十四人別相署號, 共爲部黨, 圖危社稷. (…) 死徒廢禁者, 六七百人. (…) 其在位者, 免官禁錮, 爰及五屬.(『후한서』「당고열전」)

99　天朝政事, 一更其手, 權傾海內, 寵貴無極, 子弟親戚, 竝荷榮任, 故放濫驕溢, 莫能禁御. 凶狡無行之徒, 媚以求官, 恃埶怙寵之輩, 漁食百姓, 窮破天下, 空竭小人.(『후한서』「朱穆傳」)

100　乃收齋書者案之. (…) 劾奏河間相曹鼎臧罪千萬, (…) 騰使大將軍梁冀爲書請之, 衍不答, 鼎竟坐輸作左校.(『후한서』「당고열전」)

101　時屬縣令長率多中官子弟, 百姓患之. (…) 黜其權强, 平理寃結, 政爲三河表. (…) 時中常侍蘇康管覇用事於內, 遂固天下良田美業, 山林湖澤, 民庶窮困, 州郡累氣. (…) 移書所在, 依科品沒入之.(『후한서』「당고열전」)

102　고대 잔혹한 형구의 하나로 사람을 삶아 죽일 때 쓰는 솥을 말한다. ─옮긴이

103　貪殘無道, 至乃殺孕婦. (…) 率將吏卒破柱取朔, 付洛陽獄. 受辭畢, 卽殺之. (…) 詰以

不先請便加誅辟之意. (…) 禮云公族有罪, 雖曰宥之, 有司執憲不從. 昔仲尼爲魯司寇, 七日而誅少正卯. 今臣到官已積一旬, 私懼以稽留爲愆, 不意獲速疾之罪. (…) 特乞留五日, 克殄元惡, 退就鼎鑊, 始生之願也.(『후한서』「당고열전」)

104 太學書生劉陶等數千人詣闕上書.(『후한서』「주목전」)

105 天下士大夫皆高尙其道, 而汚穢朝廷.(『후한서』「당고열전」)

106 天下模楷李元禮, 不畏強御陳仲擧. (…) 賈氏三虎, 偉節最怒.(『후한서』「당고열전」)

107 단초는 이때 거기장군車騎將軍이었다. ─옮긴이

108 車如鷄栖馬如狗, 疾惡如風朱伯厚.(『후한서』「陳蕃傳」)

109 左回天, 具獨坐, 徐臥虎, 唐兩墜.(『후한서』「單超傳」)

110 朝庭日亂, 剛氣黿弛.(『후한서』「당고열전」)

111 彌彌滋甚, 百姓空虛, 不能自贍.(『후한서』「楊震傳」)

112 殘暴百姓, 所爲不軌.

113 博通墳籍. 善談論, 美音制. (…) 性明知人, 好獎訓士類. (…) 雖善人倫, 而不爲危言核言, 故宦官擅政而不能傷也.(『후한서』「郭太傳」)

114 춘추 시대 진晉나라 대부 세 사람을 합쳐 부르는 말. 극기郤錡, 극주郤犨, 극지郤至를 말하며 이기려 다투다 죽었다. ─옮긴이

115 少勵操行, 苦身修節. (…) 見時方險亂, 而家門富盛, 常對兄弟嘆曰: '吾先公福祚, 後世不能以德守之, 而競爲驕奢, 與亂世爭權, 此卽晋之三郤矣. (…) 遂散髮絶世, 欲投迹深林. 以母老不宜遠遁, 乃築土室, 四周於庭, 不爲戶, 自牖納飮食而已.'(『후한서』「袁閎傳」)

116 及黨事起, 知名之士多被其害, 唯林宗(곽태郭太의 자)及汝南袁閎得免焉.(『후한서』「곽태전」)

117 見善如不及, 見惡如探湯. (…) 忠公.(『후한서』「당고열전」)

118 登車攬轡, 慨然有澄淸天下之志. (…) 雖在閭里, 慨然董正天下之志.(『한서』「당고열전」)

119 知善不薦, 聞惡無言, 隱情惜己, 自同寒蟬, 此罪人也. (…) 今志義力行之賢而密達之, 違道失節之士而密糾之.(『후한서』「당고열전」)

120 執法不撓, 誅擧邪臣, 肆之以法, 衆庶稱宜.(『후한서』「당고열전」)

121 이때 그의 나이 서른셋이었다. ─옮긴이

122 顧謂其子曰: '吾欲使汝爲惡, 則惡不可爲; 使汝爲善, 則我不爲惡.' 行路聞之, 莫不流涕.(『후한서』「당고열전」)

123 『후한서』의 저자. ─옮긴이

124 激素行以恥威權, 立廉尙以振貴埶, 使天下之士奮迅感慨, 波蕩而從之, 幽深牢破室族 而不顧.(『후한서』「당고열전」)

125 帝非人不立, 人非帝不寧. 夫天之與帝, 帝之與人, 猶頭之與足, 相須而行也.(『후한서』「劉陶傳」)

126 昔高祖創業, 萬邦息肩, 扶養百姓, 同之赤子. 今二郡之民, 亦陛下之赤子也. 致令赤子爲害, 豈非所在貪虐, 使其然乎? (…) 宜嚴敕三府, 隱核牧守令長, 其有在政失和, 侵暴百姓者, 卽便擧奏, 更選淸賢奉公之人, 能班宣法令情在愛惠者, 可不勞王師, 而群賊弭息矣.(『후한서』「진번전」)

127 幸廣成校獵. (…) 田野空, 朝廷空, 倉庫空, 是謂三空. (…) 豈宜揚旗曜武, 騁心輿馬之觀乎! 又秋前多雨, 民始種麥. 今失其勸種之時, 而令給驅禽除路之役, 非賢聖恤民之意也.(『후한서』「진번전」)

128 蓋以爲當今之憂, 不在於貨, 在乎民飢. 夫生養之道, 先食後貨. 是以先王觀象育物, 敬授民時, 使男不逋苗, 女不下機. 故君臣之道行, 王路之敎通. (…) 蓋民可百年無貨, 不可一朝有飢, 故食爲至急也.

129 就使當今沙礫化爲南金, 瓦石變爲和玉. (…) 伏念當今地廣而不得耕, 民衆而無所食. 群小競進, 秉國之位, 鷹揚天下, 烏鈔求飽, 呑肌及骨, 竝噬無厭. (…) 雖方尺之錢, 何能有救! (…) 夫欲民殷財阜, 要在止役禁奪, 則百姓不勞而足.(『후한서』「유도전」)

130 共同心志, 糾罰奸幸.(『후한서』「당고열전」)

131 刺史二千石權豪之黨二十餘人. (…) 臣聞農夫去草, 嘉穀必茂; 忠臣除姦, 王道以淸. 若臣言有貳, 糾罰顯戮.(『후한서』「당고열전」)

132 奉公不撓, 疾惡如仇.(『후한서』「진번전」)

133 진秦나라 때 한미한 출신으로 반란을 일으킨 진섭陳涉의 난 등을 빗댄 말. ─옮긴이

134 誠恐卒有役夫窮匠, 起於板築之間, 投斤攘臂, 登高遠呼, 使愁怨之民, 響應雲合, 八方分崩, 中夏魚潰.(『후한서』「유도전」)

135 今寇賊在外, 四支之疾; 內政不理, 心腹之患. 臣寢不能寐, 食不能飽, 實憂左右日親, 忠言以疏, 內患漸積, 外難方深. (…) 小家畜産百萬之貲, 子孫尙恥愧失其先業, 況乃産兼天下, 受之先帝, 而欲懈怠以自輕忽乎? 誠不愛己, 不當念先帝得之勤苦邪?(『후한서』「진번전」)

136 士類殄滅而國隨以亡, 不亦悲乎!(『資治通鑑』권56)

137 匹夫抗憤, 處士橫議.(『後漢書』「黨錮列傳」)

138 國之所以治者, 君明也; 其所以亂者, 君暗也.(『潛夫論』「明暗」)

139 彼後嗣之愚主, 見天下莫敢與之違, 自謂若天地之不可亡也, 乃奔其私嗜, 騁其邪欲, 君臣宣淫, 上下同惡. 目極角觝之觀, 耳窮鄭衛之聲. 入則耽於婦人, 出則馳於田獵. 荒廢庶政, 棄亡人物, 澶漫彌流, 無所底極. 信任親愛者, 盡佞諂容說之人也; 寵貴隆豐者, 盡后妃姬妾之家也. 使餓狼守庖廚, 飢虎牧牢豚, 遂至熬天下之脂膏, 斲生人之骨髓. 怨毒無聊, 禍亂立起.(『후한서』「仲長統傳」)

140 凡天下之所以不治者, 常由世主承平日久, 俗漸敝而不悟, 政浸衰而不改, 習亂安危, 逸不自睹. 或荒耽嗜欲, 不恤萬機; 或耳蔽箴誨, 慶僞忽眞; 或猶豫歧路, 莫適所從; 或見信之佐, 括囊守祿; 或疏遠之臣, 言以賤廢. 是以王綱縱弛於上, 智士郁伊於下. 悲夫!(『정론』)

141 臣竊聞後宮采女五六千人, 從官侍使復在其外. 冬夏衣服, 朝夕稟糧, 耗費繒帛, 空竭府藏, 徵調增倍, 十而稅一, 空賦不辜之民, 以供無用之女, 百姓窮困於外, 陰陽隔塞於內.(『후한서』「荀爽傳」)

142 權移外戚之家, 寵被近習之豎, 親其黨類, 用其私人, 內充京師, 外布列郡, 顚倒賢愚, 貿易選擧, 疲騃守境, 貪殘牧民, 撓擾百姓, 忿怒四夷, 招致乖叛, 亂離斯瘼. 怨氣竝作, 陰陽失和, 三光虧缺, 怪異數至, 蟲螟食稼, 水旱爲災, 此皆戚宦之臣所致然也.(『후한서』「중장통전」)

143 漢興以來, 皆引母妻之黨爲上將, 謂之輔政, 而所賴以治理者甚少, 而所坐以危亡者甚衆.(『昌言』『群書治要』권45 인용)

144 昏迷霧亂之政起, 而仇忠害正之禍成矣.

145 唯其所言, 無求不得, (…) 政令多門, 權利並作, 迷荒帝主, 濁亂海內.(『창언』『군서치요』권45 인용)

146 母后之黨, 左右之人, 有此至親之執, 故貴任萬世. 常然之敗, 無世而無之, 莫之斯鑑, 亦可痛矣.(『후한서』「중장통전」)

147 自是選代交互, 令長月易, 迎新送舊, 勞擾無已, 或官寺空曠, 無人案事, 每選部劇, 乃至逃亡.(『후한서』「左雄傳」)

148 漢初至今, 三百餘載, 俗浸彫敝, 巧僞滋萌, 下飾其詐, 上肆其殘. 典城百里, 轉動無常, 各懷一切, 莫慮長久. 謂殺害不辜爲威風, 聚斂整辨爲賢能, 以理己安民爲劣弱, 以奉法循理爲不化.(『후한서』「좌웅전」)

149 視民如寇仇, 稅之如豺虎. 監司項背相望, 與同疾疢, 見非不擧, 聞惡不察, 觀政於亭傳, 責成於期月, 言善不稱德, 論功不擧實, 虛誕者獲譽, 拘檢者離毁. 或因罪而引高, 或色斯而求名. 州宰不覆, 競共辟召, 踊躍升騰, 超等逾匹. 或考奏捕案, 而亡不受罪, 會赦行賂,

復見洗滌, 朱紫同色, 淸濁不分. (…) 損政傷民. 和氣未洽, 災眚不消, 咎皆在此.(『후한
서』「좌웅전」)

150 　廉者取足, 貪者充家.(『후한서』「좌웅전」)

151 　令長守相不思立功, 貪殘專恣, 不奉法令, 侵冤小民.(『潛夫論』「考績」)

152 　刺史守相, 率多怠慢, 違背法律, 廢忽詔令, 專情務利, 不恤公事. 細民冤結, 無所控告.(『잠
부론』「三式」)

153 　衰世群臣誠少賢也, 其官益大者罪益重, 位益高者罪益深爾.(『잠부론』「本政」)

154 　『후한서』「효명팔왕전孝明八王傳」에 나오는 양절왕梁節王 창暢의 이야기를 빗댄 것.
창은 어려서 포악무도했는데 양절의 재상이 이를 황제에게 고하자, 창이 두려워 사죄
하며 조세를 감면하고 다섯 현의 식읍을 줄이겠다는 등의 상소문을 올렸으나 결국 아
무 일도 없었던 사례를 말한다. ―옮긴이

155 　或飢欺負百姓, 上書封租, 願且償責, 此乃殘掠官民, 而還依縣官也, 其誣罔慢易, 罪莫大
焉.(『잠부론』「斷訟」)

156 　常苦崇財貨而行驕僭, 虐百姓而失民心爾.(『잠부론』「忠貴」)

157 　財貨滿於僕妾, 祿賜盡於猾奴. 寧見朽貫千萬, 而不忍賜人一錢; 寧積粟腐倉, 而不忍貸人
一斗. (…) 骨肉怨望於家, 細民謗讟於道.(『잠부론』「충귀」)

158 　助豪猾而鎭貧弱.(『잠부론』「愛日」)

159 　豪人之室, 連棟數百, 膏田滿野, 奴婢千群, 徒附萬計. 船車賈販, 周於四方; 廢居積貯, 滿
於都城. 琦賂寶貨, 巨室不能容; 馬牛羊豕, 山谷不能受. 妖童美妾, 塡乎綺室; 倡謳伎樂,
列乎深堂. (…) 三牲之肉, 臭而不可食; 淸醇之酎, 敗而不可飮.(『후한서』「중장통전」)

160 　兆民呼嗟於昊天, 貧窮轉死於溝壑矣.

161 　數年以來, 穀收稍減, 家貧戶罄, 歲不如昔.(『후한서』「郎顗傳」)

162 　方今時俗奢佚, 淺恩薄義.

163 　宮殿官府, 多所搆飾, (…) 又西苑之設, 禽畜是處, 離房別觀, 本不常居, 而皆務精土木,
營建無已, 消功單賄, 巨億爲計.(『후한서』「낭의전」)

164 　臣愚以爲諸所繕修, 事可省減, 稟恤貧人, 賑瞻孤寡, 此天之意也, 人之慶也, 仁之本也,
儉之要也.(『후한서』「낭의전」)

165 　願陛下校計繕修之費, 永念百姓之勞, 罷將作之官, 減雕文之飾, 損庖廚之饌, 退宴私之
樂, (…) 去奢卽儉, 以先天下.(『후한서』「낭의전」)

166 　修禮遵約, 蓋惟上興, 革文變薄, 事不在下.(『후한서』「낭의전」)

167 　비견比肩은 원래 '어깨를 나란히 하다' 또는 '대등한 입장' 등을 나타내는 단어이나, 『순

168 今民奢衣服, 侈飲食, 事口舌, 而習調欺, 以相詐紿, 比肩是也. 或以謀姦合任爲業, 或以游敖博弈爲事; 或艨丁夫世不扶犁鋤, 懷丸挾彈, 携手遨游.(『잠부론』「浮侈」)

169 不修中饋, 休其蠶織, 而起學巫祝, 鼓舞事神.(『잠부론』「부치」)

170 今學問之士, 好語虛無之事, 爭著雕麗之文, 以求見異於世, 品人鮮識, 從而高之, 此傷道德之實, 而或朦夫之大者也. (…) 盡孝悌於父母, 正操行於閨門, 所以爲列士也. 今多務交游以結黨助, 僥世竊名以取濟渡, 夸末之徒, 從而尙之, 此逼貞士之節也, 而眩世俗之心者也. 養生順志, 所以爲孝也. 今多違志儉養, 約生以待終, 終沒之後, 仍崇飾喪紀以言孝, 盛饗賓旅以求名, 誣善之徒, 從而稱之, 此亂孝悌之眞行, 而誤後生之痛者也. 忠正以事君, 信法以理下, 所以居官也. 今多姦諛以取媚, 撓法以便佞, 苟得之徒, 從而賢之, 此滅貞良之行, 而開亂危之原者也.(『잠부론』「무본」)

171 世人之論也, 靡不貴廉讓而賤財利焉, 及其行也, 多釋廉甘利. 人徒知彼之可以利我也, 而不知我之得彼, 亦將爲利人也.(『잠부론』「遏利」)

172 自堯舜之帝, 湯武之王, 皆賴明哲之佐, 博物之臣. 故皐陶陳謨而唐虞以興, 伊箕作訓而殷周用隆. 及繼體之君, 欲立中興之功者, 曷嘗不賴賢哲之謀乎!(『후한서』「崔寔傳」)

173 國有常君, 君有定臣, 上下相安, 政如一家.(『政論』)

174 太古之時, 烝黎初載, 未有上下, 而自順序, 天未事焉, 君未設焉. 後稍矯虔, 或相凌虐, 侵漁不止, 爲萌巨害. 于是天命聖人使司牧之, 使不失性, 四海蒙利, 莫不被德, 僉共奉戴, 謂之天子.(『잠부론』「班祿」)

175 國之所以治者君明也, 其所以亂者君暗也.(『잠부론』「明闇」)

176 人君之稱莫大於明.(『잠부론』「明忠」)

177 是以忠臣必待明君乃能顯其節, 良吏必能得察主乃能成其功. 君不明, 則大臣隱下而遏忠, 又群司舍法而阿貴.(『잠부론』「명충」)

178 君之所以明者兼聽也, 其所以暗者偏信也. 是故人君通心兼聽, 則聖日廣矣; 庸說偏信, 則愚日甚矣.(『잠부론』「명암」)

179 聽塞於貴重之臣, 明蔽於驕妒之人.(『잠부론』「명암」)

180 人君兼聽納下, 則貴臣不得誣, 而遠人不得欺也.(『잠부론』「명암」)

181 人君有常過.(『잠부론』「충귀」)

182 信忠納諫, (…) 故治國之道, 勸之使諫, 宣之使言, 然後君明察而治情通矣.(『잠부론』「명암」)

183　令臣鉗口結舌而不敢言. 此耳目所以蔽塞, 聰明所以不得也.(『잠부론』「명충」)

184　過在於不納卿士之箴規, 不受民氓之謠言.(『잠부론』「명암」)

185　處士不得直其行, 朝臣不得直其言, 此俗化之所以敗, 暗君之所以孤也.(『잠부론』「賢難」)

186　明君蒞衆, 務下言以昭外, 敬納卑賤以誘賢也.(『잠부론』「명암」)

187　人君身修正, 賞罰明者, 國治而民安.(『잠부론』「巫列」)

188　民固隨君之好.(『잠부론』「무본」)

189　制下之權, 日陳君前, 而君釋之, 故令群臣懈弛而背朝, 此威德所以不照, 而功名所以不建也.(『잠부론』「명충」)

190　要在於明操法術, 自握權柄而已矣.

191　夫術之爲道也, 精微而神, 言之不足, 而行有餘; 有餘, 故能兼四海而照幽冥. 權之爲勢也, 健悍以大, 不待貴賤, 操之者重; 重, 故能奪主威而順當世. 是以明君未嘗示人術而借下權也.(『잠부론』「명충」)

192　所謂術者, 使下不得欺也; 所謂權者, 使勢不得亂也. 術誠明, 則雖萬里之外, 幽冥之內, 不得不求效; 權誠明, 則遠近親疏, 貴賤賢愚, 無不歸心矣.(『잠부론』「명충」)

193　天下國家一體也, 君爲元首, 臣爲股肱, 民爲手足.(『申鑑』「政體」)

194　非天地不生物, 非君臣不成治. 首之者天地也, 統之者君臣也哉!(『신감』「雜言上」)

195　人臣之義, 不曰吾君能矣, 不我須也, 言無補也, 而不盡忠; 不曰吾君不能矣, 不我識也, 言無益也, 而不盡忠. 必竭其誠, 明其道, 盡其義, 斯已而已矣. 不已則奉身以退, 臣道也. 故君臣有異無乖, 有怨無憾, 有屈無辱.(『신감』「잡언상」)

196　人主以義伸, 以義屈也.(『신감』「잡언상」)

197　人臣有三罪, 一曰導非, 二曰阿失, 三曰尸寵. 以非引上謂之導, 從上之非謂之阿, 見非不言謂之尸. 導臣誅, 阿臣刑, 尸臣絀.(『신감』「잡언상」)

198　進忠三術, (…) 一曰防, 二曰救, 三曰戒. 先其未然謂之防, 發而止之謂之救, 行而責之謂之戒. 防爲上, 救次之, 戒爲下.(『신감』「잡언상」)

199　明主賢臣, 規模法則, 得失之軌, 亦足以監矣.(『한기서漢紀序』『한기漢紀』는 전한의 역사를 정리한 순열의 작품으로 총 30권이며, 연월일 순서로 정리한 중국 최초의 편년체 단대사다. ─옮긴이)

200　下不鉗口, 上不塞耳, 則可有聞矣. 有鉗之鉗, 猶可解也, 無鉗之鉗, 難矣哉; 有塞之塞, 猶可除也, 無塞之塞, 其甚矣夫.(『신감』「잡언상」)

201　違上順道, 謂之忠臣; 違道順上, 謂之諛臣. 忠所以爲上也, 諛所以自爲也. 忠臣安於心, 諛臣安於身.(『신감』「잡언상」)

202 특히 '종도불종군'은 순자荀子의 용어다.『순자』「신도臣道」 참조. —옮긴이

203 天作道, 皇作極, 臣作輔, 民作基.(『신감』「정체」)

204 自天子達於庶人, 好惡哀樂, 其修一也. 豐約勞佚, 各有其制. 上足以備禮, 下足以備樂, 夫是謂大道.(『신감』「정체」)

205 君以至美之道道民, 民以至美之物養君. 君降其惠, 民升其功. 此無往不復, 相報之義也.(『신감』「정체」)

206 下有憂民, 則上不盡樂; 下有飢民, 則上不備膳; 下有寒民, 則上不具服. 徒跣而垂旒, 非禮也. 故足寒傷心, 民寒傷國.(『신감』「정체」)

207 民存則社稷存, 民亡則社稷亡, 故重民者, 所以重社稷而承天命也.(『신감』「잡언상」)

208 在上者, 先豐民財以定其志.(『신감』「정체」)

209 곡식으로 여섯 가마 네 말을 일컫는 단위. —옮긴이

210 今之在位, 競托高虛, 納累鍾之奉, 忘天下之憂. (…) 今三公皆令色足恭, 外厲內荏, 以虛事上, 無佐國之實.(『후한서』「낭의전」)

211 今選擧牧守, 委任三府. 長吏不良, 旣咎州郡, 州郡有失, 豈得不歸責擧者?(『후한서』「낭의전」)

212 한나라 시대 부서장의 정치를 보좌하는 인물군을 일컫는 용어. 3공에서 지방관에 이르기까지 '연속'을 두고 있었는데 정부의 명령에 의하지 않고 모두 부서장이 임의로 임용했다. 위진 시대 이후에는 임면권을 이부吏部에서 장악했다. —옮긴이

213 又今仙居皆歸三司, 非有周召之才, 而當刊哲之重, 每有選用, 輒參之掾屬, 公府門巷, 賓客塡集, 送去迎來, 財貨無已. 其當薦者, 競相薦謁, 各遣子弟, 充塞道路, 開長姦門, 興致浮僞, 非所謂率由舊章也.(『후한서』「낭의전」)

214 夫裂土封侯, 王制所重. (…) 今靑州饑虛, 盜賊未息, 民有乏絶, 上求稟貸. 陛下乾乾勞思, 以濟民爲務. 宜循古法, 寧靜無爲, 以求天意, 以消災異. 誠不宜追錄小恩, 虧失大典.(『후한서』「좌옹전」)

215 王者可私人以財, 不可以官.

216 國以賢興, 以諂衰.(『잠부론』「實貢」)

217 折沖安民, 要在任賢.(『잠부론』「救邊」)

218 何以知國之將亂也? 以其不嗜賢也. (…) 養世之君, 先亂任賢, 是以身常安而國永永也.(『잠부론』「思賢」)

219 夫人治國, 固治身之象. 疾者身之病, 亂者國之病也. 身之病待醫而愈, 國之亂待賢而治.(『잠부론』「사현」)

220 治身有黃帝之術, 治世有孔子之經, 然病不愈而亂不治者, 非針石之法誤, 而五經之言誣也, 乃因之者非其人.(『잠부론』「사현」)

221 虛食重祿, 素餐尸位, 而但事淫侈, 坐作驕奢, 破敗而不及傳世者.(『잠부론』「사현」)

222 夫十步之間, 必有茂草; 十室之邑, 必有俊士. 賢材之生, 日月相屬, 未嘗乏絕. (…) 以漢之廣博, 士民之衆多, 朝廷之淸明, 上下之修治, 而官無直吏, 位無良臣. 此非今世之無賢也, 乃賢者廢錮而不得達於聖主之朝爾.(『잠부론』「실공」)

223 今世主之於士也, 目見賢則不敢用, 耳聞賢則恨不及.(『잠부론』「현난」)

224 主有索賢之心, 而無得賢之術.(『잠부론』「잠탄」)

225 在位者之好蔽賢而務進黨也.(『잠부론』「잠탄」)

226 當涂之人, 咸欲專君, 壅蔽賢士, 以擅主權.(『잠부론』「서록」)

227 夫國不乏於妒男也, 猶家不乏於妒女也. 近古以來, 自外及內, 其爭功名妒過己者豈希也?(『잠부론』「현난」)

228 循善則見妒, 行賢則見嫉.(『잠부론』「현난」)

229 世未嘗無賢也, 而賢不得用者, 群臣也.(『잠부론』「잠탄」)

230 人君內秉伐賢之斧, 權噬賢之狗, 而外招賢, 欲其至也, 不亦悲乎!(『잠부론』「잠탄」)

231 宜崇經術, 繕修太學.

232 한漢, 위魏 시대에 유가 경전에 통달한 소년들에게 내려주는 칭호. 이때 좌웅은 여남汝南의 사렴謝廉과 하남河南의 조건趙建이 열두 살에 경전에 능숙하여 동자랑을 내려줄 것을 상주했다. —옮긴이

233 奏徵海內名儒爲博士, 使公卿子弟爲諸生, (…) 奏拜童子朗. (…) 有志操者, 加其俸祿.

234 負書來學, 雲集京師.(『후한서』「좌웅전」)

235 『예기』「곡례상曲禮上」에 "나이 마흔에 강건해져 벼슬길에 오른다"는 말이 있다. 여기서 '강사'는 '불혹'처럼 나이 마흔을 일컫는다. —옮긴이

236 郡國孝廉, 古之貢士, 出則宰民, 宣協風教. 若其面牆, 則無所施用. 孔子曰'四十不惑', 禮稱'强仕'. 請自今孝廉年不滿四十, 不得察擧, 皆先詣公府, 諸生試家法, 文吏課箋奏, 副之端門, 練其虛失, 以觀異能, 以美風俗. 有不承科令者, 正其罪法. 若有茂才異行, 自可不拘年齒.(『후한서』「좌웅전」)

237 治世不得眞賢, 譬猶治療不得眞葯也.(『잠부론』「사현」)

238 群僚擧士者, 或以頑魯應茂才, 以桀逆應至孝, 以貪饕應廉吏, 以狡猾應方正, 以詔諛應直言, 以輕薄應敦厚, 以空虛應有道, 以囂暗應明經, 以殘酷應寬博, 以怯弱應武猛, 以愚頑應治劇, 名實不相副, 求貢不相稱. 富者乘其材力, 貴者阻其勢要, 以錢多爲賢, 以剛强

爲上.(『잠부론』「고적」)

239 竊祿位者爲賢.(『잠부론』「현난」)

240 以族擧德, 以位命賢.(『잠부론』「論榮」)

241 所謂賢人君子者, 非必高位厚祿富貴榮華之謂也, 此則君子之所宜有, 而非其所以爲君子者也. 所謂小人者, 非必貧賤多餓困辱阨窮之謂也, 此則小人之所宜處, 而非其所以爲小人者也. (…) 故君子未必富貴, 小人未必貧賤.(『잠부론』「논영」)

242 苟得其人, 不患貧賤; 苟得其材, 不嫌名迹.(『잠부론』「本政」)

243 德不稱其任, 其禍必酷; 能不稱其位, 其殃必大.(『잠부론』「충귀」)

244 夫賢者之爲人臣, 不損君俸佞, 不阿衆以取容, 不墮公以聽私, 不撓法以吐剛, 其明能照姦, 而義不比黨.(『잠부론』「잠탄」)

245 四者竝立, 四行乃具, 四行具存, 是謂眞賢.(『잠부론』「交際」)

246 官人無私, 唯賢是親.(『창언』『군서치요』권45 인용)

247 今反謂薄屋者爲高, 藿食者爲淸, 旣失天地之性, 又開虛僞之名, 使小智居大位, 庶績不咸熙, 未必不由此也. 得拘繫而失才能, 非立功之實也. 以廉擧而以食去, 非士君子之志也. 夫選用必取善士.(『후한서』「중장통전」)

248 使通治亂之大體者, 總綱紀而爲輔佐; 知稼穡之艱難者, 親民事而布惠利.(『창언』『군서치요』권45 인용)

249 한대에 지방관서 내에서 문서를 다루는 하급 관리들로 월급은 대체로 8곡斛이었다. ― 옮긴이

250 丁壯十人之中, 必有堪爲其什伍之長, 推什長已上, 則百萬人也. 又取十之, 則佐史之才已上十萬人也. 又取十之, 則可使在政理之位者萬人也. (…) 充此制以用天下之人, 猶將有儲, 何嫌乎不足也? 故物有不求, 未有無物之歲也; 士有不用, 未有少士之世也.(『후한서』「중장통전」)

251 用賢之道, 必存考黜.(『후한서』「좌웅전」)

252 군수郡守 또는 한나라 때 제후왕의 수상. ―옮긴이

253 臣愚以爲守相長吏, 惠和有顯效者, 可就增秩, 勿使移徙, 非父母喪不得去官. 其不從法禁, 不式王命, 錮之終身, 雖會赦令, 不得齒列. 若被劾奏, 亡不就法者, 徙家邊郡, 以懲其後.(『후한서』「좌웅전」)

254 威福之路塞, 虛僞之端絶, 送迎之役損, 賦斂之源息. 循理之吏, 得成其化; 率土之民, 各寧其所.(『후한서』「좌웅전」)

255 鄕部親民之吏, 皆用儒生淸白任從政者, 寬其負筭, 增其秩祿, 吏職滿歲, 宰府州郡乃得辟擧.

256 桀紂貴爲天子, 而庸僕羞與爲比者, 以其無義也. 夷齊賤爲匹夫, 而王侯爭與爲伍者, 以其有德也.(『후한서』「좌웅전」)

257 吏數變易, 則下不安業; 久於其事, 則民服教化.(『후한서』「좌웅전」)

258 臣聞劋舟剡楫, 將欲濟江海也; 騁賢選佐, 將以安天下也. 昔唐堯在上, 群龍爲用, 文武創德, 周召作輔, 是以能建天地之功, 增日月之耀者也.(『후한서』「낭의전」)

259 陛下踐祚以來, 勤心庶政, 而三九之位, 未見其人, 是以災害屢臻, 四國未寧. 臣考之國典, 驗之聞見, 莫不以得賢爲功, 失士爲敗.(『후한서』「낭의전」)

260 성어 섭공호룡葉公好龍은 한나라 유향劉向의 『신서新序』「잡사오雜事五」에 나오는 고사다. 섭공 자고子高는 용을 좋아하여 대문이고 문지방이고 방 안이고 가릴 것 없이 용을 그려놓았는데, 진짜 용이 호기심에 직접 내려와 머리는 창틀에 꼬리는 마루에 드리우고 쳐다보니 자고는 놀라 혼비백산 달아나 정신을 잃고 말았다고 한다. 이를 두고 후대에 겉으로만 좋아하는 척하고 진짜로 일이 벌어지면 놀라 자빠지는 사람을 일컫는데 '섭공호룡'이란 성어를 쓴다. ─옮긴이

261 夫賢者化之本, 雲者雨之具也. 得賢而不用, 猶久陰而不雨也. (…) 夫求賢者, 上以承天, 下以爲人. 不用之, 則逆天統, 違人望.(『후한서』「낭의전」)

262 북두칠성의 세 번째 별인 천기天機(璣)와 다섯 번째 별인 옥형玉衡을 통칭하는 말. 북두칠성을 뜻하기도 하고, 중요한 직무를 맡은 핵심 부서를 말하는 데 쓰인다. ─옮긴이

263 向使賢不肖相去, 如泰山之與蟻垤; 策謀得失相覺, 如日月之與螢火. 雖頑嚚之人, 猶能察焉. 常患賢佞難別, 是非倒紛, 始相去如毫釐, 而禍福差以千里, 故聖君明主其猶愼之.

264 世主莫不願得尼軻之倫以爲輔佐, 卒然獲之, 未必珍也.(『政論』)

265 昔唐虞之制, 三載考績, 三考絀陟. 所以表善而簡惡, 盡臣力也.(『정론』)

266 近日所見, 或一期之中, 郡主易數二千石, 雲擾波轉, 潰潰紛紛, 吏民疑惑, 不知所謂, 及公卿尙書, 亦復如此.(『정론』)

267 역수지가易水之歌, 즉 전국 시대 연燕나라 형가荊軻가 진시황을 암살하러 떠나면서 역수에서 불렀다는 노래. "風蕭蕭兮易水寒, 壯士一去兮不復還." ─옮긴이

268 人主莫不欲豹産之臣, 然西門豹治鄴一年, 民欲殺之, 子産治鄭, 初亦見訕, 三載之後, 德化乃洽. 今長吏下車百日, 無他異觀, 則州郡睥睨, 待以惡意, 滿歲寂漠, 便見驅逐. 正使豹産復在, 方見怨訕, 應時奔馳, 何緣得成易歌之勛, 垂不朽之名者哉! (…) 且以仲尼之聖, 由曰三年有成, 況凡庸之士, 而責以造次之效哉!(『정론』)

269 故夫卒成之政, 必有橫暴酷烈之失, 而世俗歸稱, 謂之辨治. 故絀已復進, 棄已復用, 橫

遷超取, 不由次第. 是以殘猛之人, 遂奮其毒, 仁賢之士, 却俗爲虐. 本操雖異, 驅出一揆. 故朝廷不獲溫良之用, 兆民不蒙寬惠之德, 則百姓之命, 委於酷吏之手, 嗷嗷之怨, 咎歸於上.(『정론』)

270 有以安固長吏, 原其小罪, 闊略微過, 取其大較惠下而已.(『정론』)

271 昔周之衰也, 大夫無祿, 詩人刺之; 暴秦之政, 始建薄俸; 亡新之亂, 不與吏除. 三亡之失, 異世同術.(『정론』)

272 今所使分威權, 御民人, 理獄訟, 幹府庫者, 皆群臣之所爲, 而其俸祿甚薄, 仰不足以養父母, 俯不足以活妻子. 父母者, 性所愛也; 妻子者, 性所親也. 所愛所親, 方將凍餒, 雖冒刀求利, 尙猶不避, 況可令臨財御衆乎. 是所謂渴馬守水, 餓犬護肉, 欲其不侵, 亦不幾矣. (…) 雖時有素富骨淸者, 未能百一, 不可爲天下通率. 聖王知其如此, 故重其祿以防其貪欲, 使之取足於俸, 不與百姓爭利.(『정론』)

273 今小吏皆勤事而俸祿薄, 欲其不侵漁百姓, 難矣.(『정론』)

274 使足代耕自供, 以絶其內顧念姦之心, 然後重其受取之罰, 則吏內足於財, 外憚嚴刑, 人懷羔羊之潔, 民無侵枉之性矣.(『정론』)

275 審擇其人.(『잠부론』 「本政」)

276 爲官擇人, 必得其材, 功加於民, 德稱其位.(『잠부론』 「사현」)

277 國家存亡之本, 治亂之機, 在於明選而已矣.(『잠부론』 「본정」)

278 凡南面之大務, 莫急於知賢; 知賢之近途, 莫急於考功. 功誠考則治亂暴而明, 善惡信則直賢不得見障蔽, 而佞巧不得竄其姦矣.(『잠부론』 「고적」)

279 凡士之所以爲賢者, 且以其言與行也.(『잠부론』 「현난」)

280 賞賜金帛, 爵至封侯. (…) 耗亂無狀者, 皆銜刀瀝血於市.(『잠부론』 「三式」)

281 其尸祿素餐, 無進治之效, 無忠善之言者, 使從遲刑, (…) 必有功於民, 乃得保位.(『잠부론』 「삼식」)

282 官無廢職, 位無非人.(『잠부론』 「고적」)

283 官得其人, 人任其職.(『잠부론』 「班祿」)

284 各以所宜, 量材授任.(『잠부론』 「실공」)

285 一伍之長, 才足以長一伍者也; 一國之君, 才足以君一國也; 天下之王, 才足以王天下者也.(『후한서』 「중장통전」)

286 論道必求高明之士, 幹事必使良能之人.(『창언』 『군서치요』 권45 인용)

287 與其言, (…) 試其事, (…) 觀彼之志行, 察彼之才能也.(『창언』 『군서치요』 권45 인용)

288 不與其言, 何以知其術之淺深; 不試其事, 何以知其能之高下?(『창언』 『군서치요』 권45

인용)

289 善者早登, 否者早去.(『창언』『군서치요』권45 인용)

290 善士富者少而貧者多, 祿不足以供養, 安能不少營私門乎? (…) 奉(俸)祿誠厚, 則割剝貿
易之罪乃可絶也.(『후한서』「중장통전」)

291 貴有常家, 尊在一人.(『후한서』「중장통전」)

292 政不分於外戚之家, 權不入於宦竪之門.(『창언』『군서치요』권45 인용)

293 漢之初興, 分王子弟, 委之以士民之命, 假之以殺生之權. 於是驕逸自恣, 志意無厭. 魚肉
百姓, 以盈其欲, 報蒸骨血, 以快其情. 上有篡叛不軌之姦, 下有暴亂殘賊之害.(『후한서』
「중장통전」)

294 降爵削土, 稍稍割奪.(『후한서』「중장통전」)

295 固不可授之以柄, 假之以資者也. (…) 收其奕世之權, 校其從橫之埶.(『후한서』「중장통
전」)

296 夫任一人則政專, 任數人則相倚. 政專則和諧, 相倚則違戾. 和諧則太平之所興也, 違戾
則荒亂之所起也.(『후한서』「중장통전」)

297 春秋之時, 諸侯明德者, 皆一卿爲政. 爰及戰國, 亦皆然也. 秦兼天下, 則置丞相, 而貳之
以御史大夫. 自高帝逮於孝成, 因而不改, 多終其身. 漢之隆盛, 是惟在焉.(『후한서』「중
장통전」)

298 누대와 전각을 합한 데서 유래한 말로 한나라 시대 상서대尙書臺를 뜻한다. 전각 내에
서 임금의 문서를 출납하면서 권력을 행사하게 되었으며, 나중 재상의 역할을 대체하
게 되었다. ―옮긴이

299 政不任下, 雖置三公, 事歸臺閣. 自此以來, 三公之職, 備員而已.(『후한서』「중장통전」)

300 未若置丞相自總之.(『후한서』「중장통전」)

301 王者官人無私, 唯賢是親, 勤恤政事, 屢省功臣, 賞賜期於功勞, 刑罰歸乎罪惡. (…) 克己
責躬, (…) 誠忠心於自省.(『창언』『군서치요』권45 인용)

302 凡在京師, 大夫以上疾者, 可遣使修賜問之恩. 州牧郡守遠者, 其死然後有弔贈之禮也.
(…) 從容言議, 諮論古事, 訪國家正事, (…) 弘天德, 益聖性.(『창언』『군서치요』권45
인용)

303 平則致養, 疾則攻焉.(『후한서』「최식전」)

304 夫刑罰者, 治亂之藥石也; 德敎者, 興平之粱肉也. 夫以德敎除殘, 是以粱肉理疾也; 以刑
罰理平, 是以藥石供養也.(『후한서』「최식전」)

305 近孝宣皇帝明於君人之道, 審於爲政之理, 故嚴刑峻法, 破奸軌之膽, 海內淸肅, 天下密

如. (…) 及元帝卽位, 多行寬政, 卒以墮損, 威權始奪, 遂爲漢室基禍之主. 政道得失, 於斯可監.(『후한서』「최식전」)

306 以嚴致平, 非以寬致平也. (…) 方今承百王之敝, 値厄運之會. (…) 嚴之則理, 寬之則亂.(『후한서』「최식전」)

307 夫人之情, 莫不樂富貴榮華, 美服麗飾, 鏗鏘眩耀, 芬芳嘉味者也. 晝則思之, 夜則夢焉. 唯斯之務, 無須臾不存於心. 猶急水之歸下, (□)川之赴壑. 不厚爲之制度, 則皆侯服王食, 僭至尊, 逾天制矣. 是故先王之御世也, 必明法以閉民欲, 崇堤防以御水害.(『정론』)

308 昔聖王遠慮深思, 患民情之難防, 憂奢淫之害政, 乃塞其源以絶其末, 深其刑而重其罰. 夫善堙川者, 必杜其源, 善防姦者必絶其萌.(『정론』)

309 上僭其上, 尊卑無別.

310 故王政一傾, 普天率土, 莫不奢僭者, 非家至人告, 乃時勢驅之使然, 此則天下之患一也.(『정론』)

311 世奢服僭, 則無用之器貴, 本務之業賤矣. 農桑勤而利薄, 工商逸而入厚, 故農夫輟末而雕鏤, 工女投杼而刺繡. 躬耕者少, 末作者衆.(『정론』)

312 財郁蓄而不盡出, 百姓窮匱而爲姦寇. (…) 國以民爲根, 民以穀爲命, 命盡則根拔, 根拔則本顚. 此最國家之毒憂, 可爲熱心也, 斯則天下之患二也.(『정론』)

313 황장제주黃腸題湊의 준말. 잣나무의 중심부가 노란 데서 유래했다. 황제의 덧 관 사방 주위에 박는 잣나무 중심 추를 이야기했다. ―옮긴이

314 法度旣墮, 輿服無限, 婢妾皆戴瑱揥之飾, 而被織文之衣. 乃送終之家, 亦大無法度, 至用轜梓黃腸, 多藏寶貨, 饗牛作倡, 古墳大寢.(『정론』)

315 竭家盡業, 甘心而不恨, 窮厄旣迫, 起爲盜賊, 拘執陷罪, 爲世大戮.

316 故在位者則犯王法以聚斂, 愚民則冒罪戮以爲健. 俗之壞敗, 乃至於斯, 此天下之患三也.(『정론』)

317 爲國者以富民爲本.(『잠부론』「무본」)

318 爲國者必先知民之所苦.(『잠부론』「述赦」)

319 民危而國安者誰也? 下貧而上富者誰也?(『잠부론』「邊議」)

320 夫富民者, 以農桑爲本, 以游業爲末; 百工者, 以致用爲本, 以巧飾爲末; 商賈者, 以通貨爲本, 以鬻奇爲末. 三者守本離末則民富, 離本守末則民貧.(『잠부론』「무본」)

321 一夫不耕, 天下必受其饑者; 一婦不織, 天下必受其寒者.(『잠부론』「부치」)

322 擧世不農桑, 趨商賈.(『잠부론』「부치」)

323 游業末事, 以收民利, 此貧邦之原也.(『잠부론』「무본」)

324 爲政者, 明督工商, 勿使淫僞; 困辱游業, 勿使擅利; 寬假本農而寵遂學士, 則民富而國平矣.(『잠부론』「무본」)

325 夫土地者, 民之本也.(『잠부론』「實邊」)

326 苟有土地, 百姓可富也.(『잠부론』「勸將」)

327 周回萬里, 空無人民, 美田棄而莫墾發.(『잠부론』「실변」)

328 力者乃民之本也, 而國之基, 故務省役而爲民愛日.(『잠부론』「愛日」)

329 民閑暇而力有餘, (…) 民困務而力不足.(『잠부론』「애일」)

330 民安靜而力有餘, 故視日長也. (…) 法令鬻而役賦繁, 則希民困於吏政, (…) 故視日短也.(『잠부론』「애일」)

331 富足生於寬暇, 貧窮起於無日.(『잠부론』「애일」)

332 明王之養民也, 憂之勞之, 敎之誨之, 愼微防萌, 以斷其邪.(『잠부론』「부치」)

333 太古之民, 淳厚敦朴, 上聖撫之, 恬澹無爲, 體道履德, 簡刑薄威, 不殺不誅, 而民自化, 此德之上也.(『잠부론』「勸將」)

334 人君之治, 莫大於道, 莫盛於德, 莫美於敎, 莫神於化.(『잠부론』「德化」)

335 民有性, 有情, 有化, 有俗. 情性者, 心也, 本也; 化俗者, 行也, 末也. 末生於本, 行起於心.(『잠부론』「덕화」)

336 順其心而理其行, 心情苟正, 則姦匿無所生, 邪意無所載矣.(『잠부론』「덕화」)

337 上聖不務治民事而務治民心.(『잠부론』「덕화」)

338 明禮義以爲敎.(『잠부론』「덕화」)

339 敎訓者, 以道義爲本.(『잠부론』「무본」)

340 躬道德而敦慈愛, 美敎訓而崇禮讓, (…) 使民無爭心而致刑錯.(『잠부론』「덕화」)

341 恤民爲本, (…) 德政加於民.(『잠부론』「덕화」)

342 天以民爲心, 民安樂則天心順, 民愁苦則天心逆.(『잠부론』「本政」)

343 國無常治, 又無常亂, 法令行則國治, 法令弛則國亂.(『잠부론』「述赦」)

344 先王因人情喜怒之所不能已者, 則爲之立禮制而崇德讓; 人所可已者, 則爲之設法禁而明賞罰.(『잠부론』「斷訟」)

345 文罪之法, 輕重無常, 各隨時宜. (…) 夫立法之大要, 必令善人勸其德而樂其政, 邪人痛其禍而悔其行.(『잠부론』「단송」)

346 先王之制刑法也, 非好傷人肌膚, 斷人壽命者也, 乃以威姦懲惡除民害也.(『잠부론』「술사」)

347 一人伏正罪而萬家蒙乎福.(『잠부론』「단송」)

348 凡立法者, 非以司民短而誅過誤, 乃以防奸惡而救禍敗, 檢淫邪而內正道爾.(『잠부론』「덕화」)

349 藩籬溝壍, (…) 防禍亂之原.(『잠부론』「단송」)

350 法令賞罰者, 誠治亂之樞機也, 不可不嚴行也.(『잠부론』「삼식」)

351 雖脫桎梏而出囹圄, 終無改悔之心.(『잠부론』「술사」)

352 由此觀之, 大惡之資, 終不可化, 雖歲赦之, 適權奸耳.(『잠부론』「술사」)

353 擒減盜賊在於明法, 不在數赦免. (…) 群臣之奸邪者, 固必伏罪.(『잠부론』「술사」)

354 夫法令者, 君之所以用其國也. 君出令而不從, 是與無君等. (…) 若使人臣廢君法禁而施己政令, 則是奪君之轡策, 而己獨御之也. (…) 君立法而不下行者, 亂國也.(『잠부론』「衰制」)

355 君敬法則法行, 君慢法則法弛.(『잠부론』「술사」)

356 夫國君之所以致治者公也, 公法行則奸亂絶.(『잠부론』「잠탄」)

357 不行私以欺法, 不黷教以辱命, 故臣下敬其言而奉其禁, 竭其心而稱其職. 此由法術明而權威任也.(『잠부론』「명충」)

358 明好惡而顯法禁, 平賞罰而無阿私, 故能使民辟奸邪而趨公正, 理弱亂以治強, 中興是也.(『잠부론』「덕화」)

359 情無所止, 禮爲之儉; 欲無所齊, 法爲之防. 越禮宜貶, 逾法宜刑, 先王之所以紀綱人物也. 若不制此二者, 人情之縱橫馳騁, 誰能度其所極者哉!(『창언』『군서치요』권45 인용)

360 善治民者, 治其性也.(『신감』「정체」)

361 冶金而流, 去火則剛; 激水而升, 舍之則降. 惡乎治? (…) 不去其火則常流, 激而不止則常升. 故大冶之爐, 可使無剛, 則踊水之機, 可使無降. 善立教者若兹, 則終身治矣, 故凡器可使與顏冉同趨. 投百金於前, 白刃加於身, 雖巨跖弗敢掇也. 善立法者若兹, 則終身不掇矣, 故跖可使與伯夷同功.(『신감』「정체」)

362 德教者, 人君之常任也, 而刑罰爲之佐助焉. (…) 至於革命之期運, 非征伐用兵, 則不能定其業. 姦宄之成群, 非嚴刑峻法, 則不能破其黨. 時勢不同, 所用之數亦宜異也.(『창언』『군서치요』권45 인용)

363 逆我政者也, 誥之而知罪, 可使悔過於後矣; 誥之而不知罪, 明刑之所取者也.(『창언』『군서치요』권45 인용)

364 德刑竝用, 常典也. 或先或後, 時宜. 刑教不行, 勢極也. 教初必簡, 刑始必略, 事漸也. 教化之隆, 莫不興行, 然後責備; 刑法之定, 莫不避罪, 然後求密. 未可以備, 謂之虛教; 未可以密, 謂之峻刑. 虛教傷化, 峻刑害民, 君子弗由也. 設必違之教, 不量民力之未能, 是招

民于惡也, 故謂之傷化. 設必犯之法, 不度民情之不堪, 是陷民于罪也, 故謂之害民. 莫不興行, 則一毫之善, 可得而勸也, 然後教備; 莫不避罪, 則纖介之惡, 可得而禁也, 然後刑密.(『신감』「時事」)

365 表正則影直, 范端則器良, 行之於上, 禁之於下, 非元首之敎也. (…) 今有嚴禁於下, 而上不去, 非敎化之法也.(『창언』『군서치요』권45 인용)

366 我有平心焉, 則士民不敢行其險矣; 我有儉心焉, 則士民不敢放其奢矣, 此躬行之所徵者也. (…) 敎有道, 禁不義, 而身以先之, 令德者也.(『창언』『군서치요』권45 인용)

367 善禁者, 先禁其身而後人; 不善禁者, 先禁人而後身. 善禁之至於不禁, 令亦如之, 若乃肆情於身而繩欲於從, 行詐於官而矜實於民, 求己之所有餘, 奪下之所不足, 舍己之所易, 責人之所難, 怨之本也, 謂理之源斯絶矣.(『신감』「정체」)

368 敎化以禮義爲宗, 禮義以典籍爲本. (…) 故制不足, 則引之無所至; 禮無等, 則用之不可依; 法無常, 則網羅當道路; 敎不明, 則士民無所信(『창언』『군서치요』권45 인용)

369 禮簡而易用, (…) 法明而易知. (…) 篇章旣著, 忽復刊劌; 儀故旣定, 勿復變易.(『창언』『군서치요』권45 인용)

370 科條無所准, 名實不相應. (…) 不制中刑以稱其罪, 則法令安得不參差, 殺生安得不過謬乎?(『후한서』「중장통전」)

371 殺之則甚重, 髠之則甚輕, (…) 令五刑有品, 輕重有數, 科條有序, 名實有正.(『후한서』「중장통전」)

372 凡政之大經, 法敎而已矣. 敎者, 陽之化也; 法者, 陰之符也. 仁也者, 慈此者也; 義也者, 宜此者也; 禮也者, 履此者也; 信也者, 守此者也; 智也者, 知此者也. 是故好惡以章之, 喜怒以荏之, 哀樂以恤之.(『신감』「정체」)

373 惟先哲王之政, 一曰承天, 二曰正身, 三曰任賢, 四曰恤民, 五曰明制, 六曰立業. 承天惟允, 正身惟常, 任賢惟固, 恤民惟勤, 明制惟典, 立業惟敎, 是謂政體也.(『신감』「정체」)

374 致治之術, 先屛四患, 乃崇五政.(『신감』「정체」)

375 僞亂俗, 私壞法, 放越軌, 奢敗制. 四者不除, 則政末由行矣.(『신감』「정체」)

376 興農桑以養其生, 審好惡以正其俗, 宣文敎以章其化, 立武備以秉其威, 明賞罰以統其法, 是謂五政.(『신감』「정체」)

377 四患旣蠲, 五政旣立, 行之以誠, 守之以固, 簡而不怠, 疏而不失, (…) 垂拱揖遜, 而海內平矣, 是謂爲政之方也.(『신감』「정체」)

378 君臣親而有禮, 百僚和而不同, 讓而不爭, 勤而不怨, 無事惟職是司, 此治國之風也; 禮俗不一, 位職不重, 小臣讒嫉, 庶人作議, 此衰國之風也; 君好讓, 臣好逸, 士好游, 民好流,

此弱國之風也; 君臣爭明, 朝廷爭功, 士大夫爭名, 庶人爭利, 此乖國之風也; 以侈爲博, 以佹爲高, 以濫爲通, 遵禮謂之劬, 守法謂之固, 此荒國之風也; 以苟爲密, 以利爲公, 以割下爲能, 以附上爲忠, 此叛國之風也; 上下相疏, 內外相蒙, 小臣爭寵, 大臣爭權, 此危國之風也; 上不訪, 下不諫, 婦言用, 私政行, 此亡國之風也. 故上必察乎國風也.(『신감』「정체」)

379 愼庶獄以昭人情. (…) 死者不可以生, 刑者不可以復.(『신감』「정체」)

380 一曰原心, 二曰明德, 三曰勸功, 四曰褒化, 五曰權計. 凡先王之攸赦, 必是族也, 非是族焉, 刑茲無赦.(『신감』「정체」)

381 民由水也, 濟大川者, 太上乘舟, 其次泅. 泅者勞而危, 乘舟者逸而安, 虛入水者必溺矣. 以知能治民者, 泅也; 以道德治民者, 舟也.(『신감』「정체」)

382 縱民之情謂之亂, 絶民之情謂之荒.(『신감』「정체」)

383 爲之限, 使勿越也, 爲之地亦勿越, 故水可使不濫, 不可使無流.(『신감』「정체」)

384 自上御下, 猶夫釣者焉, 隱於手, 應於鉤, 則可以得魚. 自近御遠, 猶夫御馬焉, 和於手而調於銜, 則可以使馬. 故至道之要, 不於身非道也. 睹孺子之驅鷄也而見御民之方. 孺子驅鷄者, 急則驚, 緩則滯; 方其北也, 遠要之則折而過南; 方其南也, 遠要之則折而過北. 迫則飛, 疏則放, 志閑則比之, 流緩而不安則食之, 不驅之驅, 驅之至者也, 志安則循路而入門.(『신감』「정체」)

385 今擧世舍農桑, 趨商賈, 牛馬車輿, 塡塞道路, 游手爲巧, 充盈都邑, 治本者少, 浮食者衆.(『잠부론』「부치」)

386 躬耕者少, 末作者衆. (…) 財郁蓄而不盡出, 百姓窮匱而爲姦寇, 是以倉廩空而囹圄實. 一穀不登, 則飢餒流死, 上下相匱, 無以相濟.(『정론』)

387 蓄積誠多, 則兵寇水旱之災不足苦也.(『후한서』「중장통전」)

388 식구 숫자에 따라 받는 전답. 성인 남자一夫 한 사람당 받는 경작지를 부전이라 했다. ―옮긴이

389 復五等之爵, 立井田之制.(『정론』)

390 今欲張太平之紀綱, 立至化之基址, 齊民財之豐寡, 正風俗之奢儉, 非井田實莫由也.(『후한서』「중장통전」)

391 諸侯不專封, 富人民田逾限, 富過公侯, 是自封也; 大夫不專地, 人買賣由己, 是專地也.(『신감』「시사」)

392 國待蓄積乃無憂患.(『후한서』「중장통전」)

393 急農桑以豐委積.(『후한서』「중장통전」)

394 蓄積非橫賦斂以取優饒者也. (…) 由其道而取之, 民不以爲勞.(『후한서』「중장통전」)

395 規爲輕稅, 及至一方有警, 一面被災, 未逮三年, 校計塞短, 坐視戰士之蔬食, 立望餓殍之滿道.(『후한서』「중장통전」)

396 可爲法制, 畫一定科, 租稅十一, 更賦如舊.(『후한서』「중장통전」)

397 一歲之間, 則有數年之儲, 雖興非法之役, 恣奢侈之欲, 廣愛幸之賜, 猶未能盡也.(『후한서』「중장통전」)

398 井田之變, 豪人貨殖, 館舍布於州郡, 田畝連於方國, (…) 榮樂過於封君, 埶力侔於守令. 財賂自營, 犯法不坐.(『후한서』「중장통전」)

399 雖亦由罔禁疏闊, 蓋分田無限使之然也.(『후한서』「중장통전」)

400 非井田實莫由也.(『후한서』「중장통전」)

401 所貴乎用天之道者, 則指星辰以授民事, 順四時而興功業.(『창언』『군서치요』 권45 인용)

402 보궤簠簋는 제기의 일종으로 주로 곡물을 담아놓는 그릇을 말한다. 양의 단위로 원문의 부釜는 6말 4되, 종鍾은 14말을 말한다. 옛날의 말은 오늘날의 말과 실량에서 차이가 있었다. —옮긴이

403 天爲之時, 而我不農, 穀亦不可得而取之. 靑春生焉, 時雨降焉, 始之耕田, 終之簠簋, 惰者釜之, 勤者鍾之. 矧夫不爲而尙乎食也者哉!(「齊民要述序」)

404 不幸而有疾, 則針石湯藥之之(뒤의 之 자는 쓸모없이 붙은 듯함)所去也.(『창언』『군서치요』 권45 인용)

405 所以震威四海, 布德生民, 建功立業, 流名百世者, 唯人事之盡耳, 無天道之學焉.

406 不求諸己, 而求諸天者, 下愚之主也.(『창언』『군서치요』 권45 인용)

407 故知天道而無人略(원 주석에 따르면 略은 事여야 맞음)者, 是巫醫卜祝之伍, 下愚不齒之民也; 信天道而背人略者, 是昏亂迷惑之主, 覆國亡家之臣也.(『창언』『군서치요』 권45 인용)

408 政平民安, 各得其所, 則天地將自從我而正矣, 休祥將自應我而集矣, 惡物將自舍我而亡矣.(『창언』『군서치요』 권45 인용)

409 주나라 때 생긴 천문관.『주례周禮』에 보인다. 정현鄭玄의 주석에 의하면 풍馮은 높은데 오른다는 의미이고, 상相은 본다는 뜻이다. —옮긴이

410 王者所官者, 非親屬則寵幸也; 所愛者, 非美色則巧佞也. 以同異爲善惡, 以喜怒爲賞罰. 取乎麗女, 怠乎萬機, 黎民冤枉(一 자가 빠졌음)類殘賊. 雖五方之兆, 不失四時之禮, 斷獄之政, 不違冬日之期, 著龜積於廟門之中, 犧牲群於麗碑之間, 馮相坐臺上而不下, 祝史伏壇旁而不去, 猶無益於敗亡也.(『창언』『군서치요』 권45 인용)

411 誠中心於自省, 專思慮於治道.(『창언』『군서치요』 권45 인용)

412 은殷 주왕紂王이 폭정을 하면서 엄청난 높이로 지은 궁궐. 무왕은 은을 정벌하고 경궁의 여자들을 살폈다. ─옮긴이

413 은나라 말의 현인으로 『서경』 『한시외전』 등에 보인다. 노자의 스승이란 설도 있다. ─옮긴이

414 禮, 天子一娶九女, 嫡滕畢具. 今宮人侍御, 動以千計, 或生而幽隔, 人道不通, 郁積之氣, 上感皇天, 故遣熒惑入軒轅, 理人倫, 垂象見異, 以悟主上. 昔武王下車, 出傾宮之女, 表商容之閭, 以理人倫, 以表賢德, 故天授以聖子, 成王是也. 今陛下多積宮人, 以違天意, 故皇胤多夭, 嗣體莫寄.(『후한서』「낭의전」)

415 宜簡出宮女, 姿其姻嫁, 則天自降福, 子孫千億.(『후한서』「낭의전」)

416 百姓不足, 君誰與足? 水旱之災, 雖尙未至, 然君子遠覽, 防微慮萌. 『老子』曰: '人之飢也, 以其上食稅之多也.' 故孝文皇帝綈袍革舄, 木器無文, 約身薄賦, 時致升平.(『후한서』「낭의전」)

417 守文之君, 繼陵遲之緒, 譬諸乘弊車矣, 當求巧工使輯治之, 折則接之, 緩則契之, 補琢換易, 可復爲新. 新新不已, 用之無窮. 若遂不治, 因而乘之, 摧拉捌裂, 亦無可奈何矣.(『정론』)

418 且濟時拯世之術, 豈必體堯蹈舜然後乃理哉? 期於補綻決壞, 枝柱邪傾, 隨形裁割, 要措斯世於安寧之域而已. 故聖人執權, 遭時定制, 步驟之差, 各有云設. 不強人以不能, 背急切而慕所聞也.(『후한서』「최식전」)

419 오늘날 산시성山西省 다퉁大同 동북 지방으로 진나라 때 만들어진 읍성. 한 고조가 흉노와 전쟁하면서 이 성의 동쪽 백등산白登山에서 포위를 당한 적이 있다. ─옮긴이

420 昔孔子作『春秋』, 褒齊桓, 懿晉文, 嘆管仲之功. 夫豈不美文武之道哉? 誠達權救敝之理也. 故聖人能與世推移, 而俗士苦不知變, 以爲結繩之約, 可復理亂秦之緒, 干戚之舞, 足以解平城之圍.(『후한서』「최식전」)

421 俗人拘文牽古, 不達權制, 奇偉所聞, 簡忽所見, 烏可與論國家之大事哉!(『후한서』「최식전」)

422 受命之君, 每輒創制; 中興之主, 亦匡時失.(『후한서』「최식전」)

423 豪杰之當天命者, 未始有天下之分者也. 無天下之分, 故戰爭者競起焉. 于斯之時, 竝僞假天威, 矯據方國, 擁甲兵與我角才智, 程勇力與我競雌雄, 不知去就, 疑誤天下, 蓋不可數也. 角智者皆窮, 角力者皆負, 形不堪復优, 勢不足復校, 乃始羈首系頸, 就我之銜紲耳.(『후한서』「중장통전」)

424 土崩瓦解, 一朝而去.(『후한서』「중장통전」)

425 天道常然之大數也.(『후한서』「중장통전」)

426 存亡以之迭代, 政亂以此周復.(『후한서』「중장통전」)

427 昔春秋之時, 周世之亂也. 逮乎戰國, 則又甚矣. 秦政乘竝兼之勢, 放虎狼之心, 屠裂天下, 吞食生人, 暴虐不已, 以招楚漢用兵之苦, 甚於戰國之時也. 漢二百年而遭王莽之亂, 計其殘夷滅亡之數, 又復倍乎秦項矣. 以及今日, 名都空而不居, 百里絶而無民者, 不可勝數. 此則又甚於亡新之時也. 悲夫! 不及五百年, 大難三起, 中間之亂, 尙不數焉. 變而彌猾, 下而加酷, 推此以往, 可及於盡矣.(『후한서』「중장통전」)

428 逮至淸世, 則復入於矯枉過正之檢. 老者耄矣, 不能及寬饒之俗; 少者方壯, 將復困於衰亂之時.(『후한서』「중장통전」)

429 嗟乎! 不知來世聖人救此之道, 將何用也? 又不知天若窮此之數, 欲何至邪?(『후한서』「중장통전」)

430 作有利於時, 制有便於物者, 可爲也. 事有乖於數, 法有玩於時者, 可改也. 故行於古有其迹, 用於今無其功者, 不可不變. 變而不如前, 易而多所敗者, 亦不可不復也.(『후한서』「중장통전」)

431 三代不足摹, 聖人未可師也.(『후한서』「중장통전」)

제9장

초기 도교와 『태평경太平經』의 정치사상

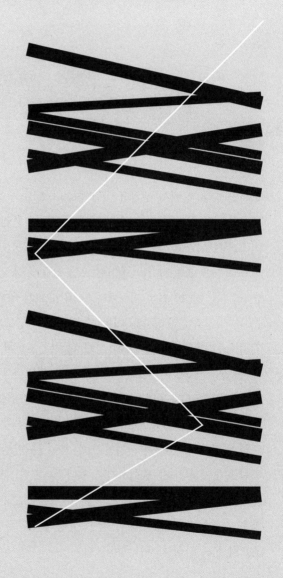

도교는 중국 땅에서 생기고 자란 종교다. 도교는 유교, 불교와 더불어 전통문화 체계 내에 삼각 정립의 형세를 이루며 봉건 통치자들의 중요한 통치 도구가 되었고 사회에 대단히 큰 영향력을 행사했다.

도교는 후한 후기에 만들어져 오랜 세월 동안 민간에서 유행하다가 차츰 교파를 형성하기에 이르렀다. 초기 도교엔 양대 교파가 있었다. 하나는 동부 지역에서 장각張角에 의해 창립된 태평도太平道이고, 다른 하나는 파촉巴蜀 지역에서 장릉張陵에 의해 창립된 오두미도五斗米道[1]다. 양대 교파에는 모두 자신들이 받드는 경전이 따로 있었다. 태평도는 『태평경』을 경전으로 삼았고, 오두미도는 『노자』를 경전으로 삼았으며 『노자』를 해설하고 주석하는 과정에서 『노자상이주老子想爾注』라는 책이 만들어져 오두미도의 비전이 되었다. 이 시기엔 또 양기養氣, 연단煉丹을 내용으로 하는 『주역참동계周易參同契』가 출현하기도 했다. 『태평경』 『노자상이주』 『주역참동계』는 초기 도교 경전의 대표작들이다. 초기 도교의 기본 이론과 내용은 매우 잡박하다. 선진 이래의 각종 사상적 성분을 뒤섞어 비교적 조잡한 종교적 신학 사상 체계를 형성했다.

초기 도교의 정치사상

01 도교의
사상적 연원

도교는 중국 전통사회 내부에서 발전한 산물이다. 그 사상적 연원은 매우 다양하지만 주체는 선진 이래 신비주의적 사상 의식 및 행위 방식과 밀접한 관계가 있다.

초기 도교 이론의 형성으로 볼 때 중요한 사상적 연원은 귀신 숭배, 신선 학설, 음양오행 관념이다. 도교는 무술巫術에서 기원하고, 무술은 일종의 원시 종교이며 귀신과 인간 사이를 소통하는 방식의 하나다. 무술에 종사하는 사람은 귀신을 대표해서 말을 할 수 있을 뿐만 아니라 사람의 소망을 귀신에게 전해줄 수도 있다. 이러한 종교적 형식이 유지되는 것은 사람들이 귀신을 숭배하기 때문이다. 귀신 관념은 민간에 매우 광범하게 유행했다. 사람들은 각종 활동에 종사하면서 항상 귀신의 보우를 기원했으며, 이러한 귀신 숭배가 차츰 하층 인민의 신앙으로 바뀌어갔다. 초기 도교는 이와 같은 원시적 종교 의식을 이용했으며, 부적, 주문 등의 방식을 통해 선전 작업과 조직화를 진행했다. 그리고 한 걸음 더 나아가 이론적으로 귀신 관념을 체계화시켰다. 귀신 숭배는 초기 도교에서 하층 인민을 흡인하는 정신적 무기였다.

득도하여 신선이 된다거나 장생불사한다는 신선 학설은 백성이 도교를 신봉하고, 특히 통치자들로 하여금 도교를 지지하게 만든 중요한 원인이었다. 신선 사상은 선진에 기원한다. 『산해경山海經』에는 '불사약'과 '불사민'에 관한 기록이 있으며, 『장자莊子』에는 이른바 '진인眞人' '지인至人' '신인神人' 학설이 있고, 『초사楚辭』에는 신선을 향해 읊는 시구가 있으며, 북방의 연燕, 제齊 해변 일대에는 봉래蓬萊, 방장方丈, 영주瀛洲 삼신산 및 선인의 전설이 있었다. 이는 당시 신선 사상이 사회적으로 매우 광범하게 유행하고 있었음을 말해준다. 전국 시대에서 진秦, 한漢에 이르기까지 방사方士들의 끊임없는 선전으로 신선 학설이 매우 흥성했다. 그들은 장생불사를 꿈꾸는 통치자들의 심리에 영합하여 득도하여 신선이 되는 불사의 방안을 적극적으로 팔고 다녔다. 진시황과 한漢 무제武帝조차 그들의 속임수에 당했을 정도다. 장생불사 시도가 시종 실현되지 못했음에도 통치자들은 득도하여 신선이 되려는 노력을 포기하지 않았다. 바로 이와 같은 추구 때문에 도교는 민간으로부터 차츰 상층사회로 진입할 수 있었다. 그리하여 통치 계급의 관방 종교가 되었다. 신선 학설은 신선을 숭상하고 복약을 통해 신선이 되는 도교 이론의 사상적 연원이었다.

음양오행 학설은 도교의 이론적 기초다. 서주西周 및 춘추 시대의 음양, 오행 관념은 소박한 유물론과 소박한 변증법 색채를 띠고 있다. 전국 시대 제나라의 추연鄒衍은 음양과 오행을 뒤섞어 음양오행 학설을 만들어냈다. 음양오행을 신비화했으며 오덕종시설五德終始說을 제기했는데, 이는 오덕의 상승相勝 관계를 이용해 왕조의 교체를 설명하는 것이다. 이러한 관념은 나중 유가와 도가 학자들에 의해 진일보하여 신비화되었다. 초기 도교에서는 신비의 음양오행 관념을 받아들였으며, 음양오행의 운행도식에 근거하여 종교적 신학 체계를 수립하기에 이르렀다. 『태평경』의 내용은 바로 "말들이 음양오행으로 집을 삼고 대부분은 무격巫覡들의 잡다한 말이다."[2] 이는 초기 도교 이론에서 음양오행의 지위를 반영한 것이다.

초기 도교 이론은 선진 이래의 도가 사상, 특히 『노자』의 사상과 황로黃老 학설을 직접 계승했다. 그리고 도가 사상을 신비화하는 과정에서 도가가 도교로 바뀌는 종교화의 전환을 완성했다. 도교는 황로를 숭배하고, 노자를 교주로 삼으며 도가의 사상을 이용하기도 하고 개조하기도 했다. 도에 대한 숭상은 도가의 사상적 핵심이다. 그들은 도를 만물의 근본으로 취급하며, 우주의 생성변화와 사회적 치란, 그리고 인생의 화복 등이 모두 도의 작용이라고 여긴다. 도는 인간이 반드시 따라야 할 최고의 법칙이다. 하지만 도에 대한 도가의 해석들이 비교적 애매모호했는데 이는 오히려 도교가 도에 관한 학설을 신화화하는 데 편리하게 작용했다. 『태평경』은 말한다. "도는 심원하여 도저히 헤아릴 수 없는 것이다. 그 것을 잃으면 실패하고 그것을 얻으면 번창한다."[3] 그리고 도를 인격화하여 "도는 교화시키지 못하는 것이 없으며,"[4] 자연과 사회를 지배할 수 있다고 생각했다. 『노자상이주』는 도를 의지가 있는 지존무상의 정신적 실체로 본다. "도는 지존이며 은미하게 감추어져 있다. 모양도 형상도 없다. 그러나 그를 따르고 조심하여 삼갈 수 있을 뿐 보거나 알 수는 없다."[5] 도는 또 "한번 형체가 흩어지면 기가 되며, 형태가 모아지면 태상노군太上老君이 되어 항상 곤륜昆侖을 다스린다."[6] 여기서 도는 신비로운 종교적 범주로 바뀌었다. 이 밖에 도가의 청정 무위, 자연 본받기, 양생론 등 모두가 도교에 의해 이용되고 발양되었다. 초기 도교 이론에서 논의된 수많은 문제는 모두 도가 사상에서 계승받아 온 것이었다. 여기에 도교의 교의적 필요에 입각하여 종교화라는 가공과 개조를 거쳐 도교와는 다른 종교 이론을 만들어냈다.

유가 사상 또한 초기 도교 이론의 형성에 중요한 영향을 미쳤다. 전통 유학은 전한 동중서의 개조를 거친 뒤 신학화된 경학 체계로 바뀌었으며,

이 기초 위에서 참위신학讖緯神學도 출현했다. 이렇게 종교화된 유학과 음양오행 학설 및 신선 방술이 자연스럽게 결합하여 도교에 의한 흡수, 개조를 거쳐 도교 이론의 구성 요소가 되었다. 이 과정 중에 유생들과 방사들이 신화 및 종교화 방면에서 일치를 보임으로써 양자 간의 합류 경향도 나타났다. 초기 도교 정치 학설의 형성에 대한 유가 정치 이론의 영향은 대단히 컸다. 정치사상으로 볼 때 초기 도교 사상가들이 논의한 문제는 거의 모두 유가 사상과 관련이 있었다. 인성, 덕형德刑, 군신, 중민重民, 치국, 인재, 정치 이상 등의 문제는 모두 유가 사상의 기초 위에서 전개되었다. 다른 점은 이런 문제들이 도교의 신비 체계 속으로 들어가게 되었다는 것이다.

후한 후기엔 불교가 차츰 유행했다. 이 외래 종교 또한 토착적인 도교 교의의 형성에 영향을 끼쳤다. 외부에서 들어온 불교든 자생했던 도교든 그것들이 싹을 틔우고 유행하던 초기엔 그들 사이의 차이에 대해 사람들은 정확히 인식하지 못했으며, 그저 청정 무위하고 "살리는 것을 좋아하고 죽이는 것을 미워하며, 욕심을 줄이고 사치를 없애는"[7] 다 같은 종교로 취급했다. 이는 두 종교가 서로 침투하고 영향을 미쳤다는 이야기다. 도교는 욕망을 줄이고, 선을 행하며, 인과응보를 이야기하는 불교로부터 일정한 계시를 받았다.

초기 도교 이론의 출처는 매우 복잡하다. 도가 사상을 주체로 삼아 귀신 숭배, 신선 학설, 음양오행 사상 등을 흡수했으며, 유학과 불교의 일부 이론을 이식하기도 했다. 그것들을 한데 뒤섞어 방대한 종교 이론 체계를 형성한 것이다.

초기 도교 정치사상의
기본 특징

　도교와 여느 종교는 다른 점이 있다. 도교는 초인간성超人間性뿐만 아니라 인간성人間性도 지니고 있다. 내세를 추구하지 않고 현세를 중시하여 일정한 현실성을 지닌다. 따라서 도교의 정치적 태도는 현실에서 멀리 떨어져 있지 않으며 현실을 직시하고 직접 부닥뜨린다. 초기 도교는 특히 그러했다. 이러한 정치 참여 의식이 초기 도교의 정치 학설을 수립했다. 이 학설은 종교적 체계 내에서 만들어졌기 때문에 어느 정도 종교사상적 특징을 보인다.

　첫째, 초기 도교는 자연과 사회를 일체화시키는 정치적 사유 방식을 취했다. 도교 사상가들은 현실 정치 문제를 고려할 때면 언제나 그것을 천지자연과 결합시키고, 신비화의 가공을 하며, 자연신의 역량을 통해 현실 정치 문제를 논증했다. 그들은 사회에 존재하는 각종 사물과 현상을 모두 자연계의 연장이자 자연과 사회가 상호 작용한 결과이며, 양자는 통일적이라고 보았다. 사회와 국가구조에 관한 『태평경』의 이론은 바로 이런 사유 방식을 거쳐 수립된 것이다. 이렇게 말한다. "원기元氣에 세 가지 이름이 있는데 태양太陽, 태음太陰, 중화中和다. 형체에 세 가지 이름이 있는

데 천, 지, 인이다. 하늘에 세 가지 이름이 있는데 해, 달, 별이며 북극이 중앙이다. 땅에 세 이름이 있는데 산, 하천, 평지다. 사람에게 세 가지 이름이 있는데 부, 모, 자식이다. 정치에 세 가지 이름이 있는데 군, 신, 민이다."[8] 가정, 사회, 국가의 구조는 모두 자연계에 의해 결정된다. "천지는 중화, 동심同心이며 다 같이 만물을 낳는다. 남녀가 동심이면 자식을 낳고, 부모 자식 세 사람이 동심이면 함께 집안을 이룬다. 군, 신, 민 삼자가 함께 나라를 이룬다."[9] 천지 중화 → 부모 자식 → 군신민으로 이어지는 것은 자연으로부터 사회로 순서적으로 진화해가는 과정이다. 그리하여 자연과 사회는 유기체적 정합체가 된다.

치국 문제에 있어 초기 도교는 도를 치국의 총강령으로 강조했다. 그러나 이 총강령 위에 다시 '원기치元氣治'와 '자연치自然治'라는 개념을 제기하여 자연과 사회의 다스림을 통일시키고 있다. 반드시 자연의 운행 규율에 따라 사회를 다스려야 하며, 자연의 특징에 순응해야 한다는 것이다. 이러한 사유 방식은 다른 문제에서도 여러 가지로 표현되고 있다.

사람들이 자연에 순응하여 행동하기를 강조하고, 천지자연을 입론의 근거로 삼는 사상은 초기 도교에서 시작된 것이 아니다. 정도의 차이는 있으나 도가와 유가 사상도 이런 특징을 갖고 있었다. 예컨대 도가 사상가들은 '자연을 본받자'고 주장하며, 유가 가운데서도 특히 한대 유생들은 천인합일과 천인감응 학설을 이용하여 이론 체계를 수립했었다. 그러나 이러한 사유 방식에 관한 초기 도교의 특징은 범위에 있어서나 정도에 있어서나 그 앞 사람들을 훨씬 뛰어넘는다. 그들은 이 기초 위에서 방대하고 복잡한 사상 체계를 구축했다. 개인, 가정, 국가, 사회에 관한 그들의 분석은 자연과 관통하지 않는 것이 하나도 없으며, 자연의 운동변화를 사회와 연계시켜 사회를 자연의 복제품으로 만들고 있다.

자연과 사회의 화해 및 평형이라는 각도에서 문제를 생각한 것은 초기 도교 사상가들의 장점이라 할 수 있다. 인간의 사회적 활동은 객관적 조건이란 한계를 벗어날 수 없으니 자연의 규율에 순응해야 한다. 그렇지 않으면 징벌을 받을 것이다. 하지만 그들은 자연의 작용을 너무 과대평가했으며, 자연에 신비의 색깔을 입히고 자연신의 존재를 믿었다. 그들이 수립한 자연-사회 통일체는 종교신학의 틀 위에 만들어진 것이었다. 따라서 전체적으로 볼 때 그들의 정치사상은 일종의 종교신학적 정치 철학인 셈이다.

둘째, 각종 사회관계에서의 화해 및 여러 정치 세력 간의 협조를 강조한다. 자연과 사회 일체화라는 기본적인 사유에 따라 초기 도교는 사회 내 각종 정치 세력 간의 협조 관계를 수립하여 사회 질서를 안정시키고 사회 모순을 완화해야 한다고 주장한다. 『태평경』은 각종 문제를 처리하면서 사람들이 응당 "동심협력"해야 한다고 주장한다. 부, 모, 자식 삼자가 동심협력해야 가정이 꾸려질 수 있으며, 군, 신, 인민 삼자가 동심협력해야 국가를 구성할 수 있다고 한다.[10] 그들은 사회의 각종 정치적 요인을 상호 의존적이고 상호 조건적인 것으로 보아 정치 과정에서 통일적이어야 하며 어느 하나라도 없어서는 안 된다고 한다. "군주는 신하를 기다리고, 신하는 백성을 기다리며, 백성은 신하를 기다리고, 신하는 군주를 기다린다. 그런 뒤에야 한 가지 일이 이루어진다."[11] 따라서 정치 행위가 이루어지려면 각종 요인 간의 협조가 필요하고, 마음을 합쳐 서로 도와야 정치적 목적을 실현시킬 수 있다. 이런 조화론적 관점은 초기 도교 정치 이론의 특색 중 하나다.

셋째, '도'를 정치사상의 핵심으로 삼는다. 도는 도교 사상을 관통하는 중심선이다. 초기 도교 정치사상의 핵심은 도를 숭상하고 도를 강령으로 삼는 것이었다. 도교는 도에 관한 도가의 학설을 계승했으며, 이를 더욱 발전시켜 도로 하여금 삼라만상을 포괄하는 더욱 광범한 내용을 갖도록 했다. 그들이 말하는 도는 '자연의 도' '신명神明의 도' '치국의 도' '양생養生의 도' 등의 함의를 지닌다. 즉 개인에서 국가에 이르기까지, 자연에서 사회에 이르기까지 도가 작용하지 않는 곳은 한 군데도 없다. 『태평경』은 말한다. "도는 어느 정도일까? 만물의 원수元首로서 이름을 지을 수조차 없는 존재다. 6극極의 중앙에 있는데 도가 없으면 그 어떤 변화도 없다."12 그들이 보기에 도는 규율이자 법칙이며, 방식이자 방법이다. 도는 또 의지를 갖고 있기도 하며 하늘과 사람을 연결 소통시키는 중간 고리이기도 하다. 천도와 인도는 도를 통해 연결시킬 필요가 있다. 『태평경』은 말한다. "도는 고정불변하게 천지에 운행되는 것이며, 만물은 그것의 명을 받아 생겨난다."13 『노자상이주』는 "도는 존엄하고 신령스러우며 궁극적으로 사람의 명을 따르지 않는다"14고 말한다. 여기에 근거하여 그들은 도로써 치국할 것을 주장하고, 사람들에게 '도를 얻고' '도를 지키라'고 장려한다. 개인으로 볼 때 도는 사람의 영혼이자 생명의 뿌리다. 득도하면 신선이 될 수 있고, 도를 잃으면 죽음으로 향하게 된다. "사람이 도를 잃으면 목숨이 끊긴다."15 국가로 말하자면 득도하면 큰 정치를 할 수 있으며, 도를 잃으면 혼란에 빠진다. "왕이 도를 행하면 천지가 희열에 들뜨며, 도를 잃으면 천지에 재난이 생긴다."16 여기서 도는 사람들이 출세하고 나라를 다스리는 기본 원칙이 되었다. 신비로운 도의 경지를 추구한 점은 도교 정치사상의 종교적 특징을 반영한 것이다.

넷째, 태평스러운 이상 왕국을 추구한다. 초기 도교의 정치적 이상은 사회적 태평을 실현하는 것이다. "태평 시대에 다다르는 것"이 최고의 정치적 목표였다. 『태평경』이 '태평'을 명칭으로 삼은 것이 바로 이 점을 충분히 설명해준다. 『태평경』은 군주, 신하, 인민이 동심협력하여 "모든 근심 걱정을 다 같이 하여 한집안을 이룸으로써 태평 시대에 다다르게 된다"17고 말한다. 『노자상이주』는 "나라가 잘 다스려지면 태평해진다"18고 한다.

그들은 또 태평한 정치적 이상 국가가 어떤 모습인지 묘사를 잘 해주어 사람들에게 아름다운 미래 사회의 조감도를 그릴 수 있게 해주었다(제2절 참조). 이상 국가에 대한 구상은 도가와 유가에서도 묘사된 적이 있다. 도가의 대표인 노자老子는 사람들을 위해 '소국과민小國寡民'의 이상 국가를 설계했으며, 유가는 '대동'의 이상사회를 제기했다. '소국'이든 '대동'이든 사람들의 현실생활과는 매우 동떨어진 것이었으나, 초기 도교에서 제기한 태평의 이상은 사람들의 소망이나 요구에 한 걸음 더 근접한 것이었다. 태평은 불평不平에 대한 이야기다. 후한 후기에 사회 모순이 날로 첨예해지고 사회적 위기가 부단히 심화되는 상황 아래서 사람들은 그들의 소망과 요구를 반영할 수 있는 이론의 출현을 대단히 기대했다. 일종의 정신적 의지처를 찾고자 했던 것인데, 태평의 이상이 바로 이런 사람들의 요구를 딱 만족시켜주는 것이었다. 그리하여 당시 사람들 특히 하층 노동자들의 환영을 받았다. 물론 태평 이상은 종교적 신학 체계 위에 건립된 것이어서 본질상 봉건적 이상 왕국이었으며, 따라서 진정으로 사람들을 광명세계로 데리고 갈 수는 없는 사상이었다.

이상은 초기 도교 정치 이상의 몇 가지 특별한 특징만 열거한 것이다. 여기서 보듯 초기 도교는 사회정치적 문제에 비상한 관심을 기울였다. 정치에 참여하겠다는 분명한 소망을 갖고 있었으며, 통치자의 지지를 얻어 도교의 정치적 요구를 실현시키고자 했다. 이 점은 후대의 도교가 도저히 따르지 못하는 부분이다.

초기 도교 이론과
후한의 정치

도교 이론의 출현은 일종의 문화 현상일 뿐만 아니라 정치적 사조이기
도 하다. 초기 도교 이론의 형성과 후한 정치는 밀접한 관계가 있으며, 동
시에 도교는 후한 사회에 막대한 영향을 미치기도 했다. 도교 이론의 출
현은 전통 사상의 구조를 바꾸었으며, 통치 사상의 얼개를 바꿔놓았다.

전한의 동중서가 "파출백가, 독존유술"을 제기한 이래 유학은 통치 사
상의 주체가 되었으며 독존적 지위를 차지했다. 이 과정에서 유학은 점차
경학화, 신학화의 전환을 이루게 된다. 선진 제자백가의 다른 학설들은
유가에 잡박하게 섞이거나 조용히 소리 없이 사라졌다. 그런데 오직 도가
학설만은 유학에 저항하는 능력을 끝까지 갖고 있었다. 다만 도가 학설
은 줄곧 부속적 위치에 머물러 유학을 보충해주는 역할만 했을 따름이
다. 이러한 상황이 도가 학설의 원초적 형태에 변화를 가져오게 했다. 그
중 일부는 학술 사상의 특징을 계속 유지했으며, 다른 일부분은 차츰 신
격화되어 도교를 향한 과도기적 성격을 지니게 되었다. 유학이든 도가 학
설이든 모두 신격화의 길을 따라 발전했음을 알 수 있다. 이 진행 과정에
서 유학의 신격화는 도가 학설의 신격화에 커다란 영향을 끼쳤다. 도가

신격화의 정도는 유가를 훨씬 더 넘어선 것이었으며, 끝내 도교 학설의 성립을 촉진시켰다.

초기 도교 이론은 시작부터 통치 계급과 대립하는 입장에서 출발한 것이 아니었으며, 다양한 계급, 계층의 이익 모두를 그 이론 안에 담고 있었다. 인민 군중의 소망과 요구를 반영하고 백성을 동정하면서 통치자를 공격하는 사회비판 사상을 담고 있을 뿐만 아니라 통치자를 위해 "나라를 흥하게 하고 후손들을 번창시키는 기술"[19]이라는 통치 이론을 제공해 주기도 했다. 이와 같은 이중성은 생존과 발전을 위한 초기 수요에 따라 이루어졌다. 한편으로 하층 인민을 흡인하여 존재의 기초를 획득하고, 다른 한편으로 통치자의 지지를 얻어내 발전의 조건을 획득하려는 것이었다. 그리하여 상호 모순적인 사상이 뒤섞여 초기 도교의 이론 체계 내에 들어가게 되었다.

초기 도교는 민간에서 출발했으며, 장기적인 발전을 거쳐 이론 체계가 만들어진 뒤에야 관방 세력을 끌어들이기 시작했다. 그러나 경학과 참위 신학이 여전히 통치자로서 지위를 차지하고 있었기 때문에 후한 왕조가 멸망할 때까지 도교 이론은 완전한 관방의 통치 학설이 될 수 없었다. 초기 도교 이론에 대한 후한 통치자들의 태도는 애매했으나 도교의 형식에 대해서는 매우 흥미로워했으며, 특히 득도하여 신선이 된다든가 불로장생하는 방식 및 길에 대해서는 엄청난 열정을 기울이기도 했다. 이것이 도교가 중용되지도 않았으나 그렇다고 없어져버리지도 않은 원인이다. 도교 사상가들은 자신들의 이론이 통치자의 승인과 지지를 받을 수 있도록 시종 노력했다. 이를테면 『태평경』이 만들어진 뒤 궁숭宮崇은 이 책을 한 순제順帝에게 바쳤는데, 한 순제는 이를 창고에 거둬둘 뿐 중시하지 않았다. 나중에 양해襄楷도 이 책을 한 환제桓帝에게 바쳤는데, 환제도 이를 이해해 주지 않았다. 이런 일들에서 알 수 있듯이 도교 사상가들은 어떻게든 자신들의 이론이 받아들여질 수 있도록 통치자를 설득하려 했다. 그들이 정치에 참여하려는 의도가 이렇게 분명했는데도 통치자들의 태도는 비교적 냉담했으며 그들의 의도를 알아주지 않았다. 그 이유를 표면적으로 볼 때는 이 책이 "요망하고 불경한" 것이었기 때문이지만, 실질적으로는 신학화한 경학이 여전히 사상적으로 통치자 지위에 있었기 때문이다. 이 시기 통치 사상에 위기가 나타나고는 있었지만 그것을 대신할 만한 새로운 사상 체계가 아직 없었으며, 초기 도교의 조악한 이론 체계로는 이 임무를 완수할 수가 없었다.

통치자들이 도교 이론을 아예 도외시했던 것은 아니다. 진한 시기의 통치자들은 신선 방술을 대단히 신봉하고 불로장생을 추구했는데, 도교는 이러한 요구들을 딱 만족시켜줄 수 있었다. 바로 이 때문에 초기 도교는 민간에서 상층부로 진입하는 과정에서 양생과 연단煉丹 이론을 꾸준히 개선시켜왔으며, 통치 계급들에 의해 폭넓게 받아들여졌다. 『주역참동계』의 출현은 이 점을 분명하게 반영하고 있다. 전체적으로 볼 때 초기 도교 이론은 아직 민간에서 상층부로 전환되는 단계에 있었으며, 통치자들에 의해 제한적으로 받아들여지고 있었다. 이론의 본질이 봉건 통치의 편의를 위해 마련되었기 때문에 마지막으로 통치자들에 의해 받아들여지고 이용되었을 때는 완전히 상층부로 치달아 관방의 종교 이론이 되었다.

초기 도교 이론은 후한 후기 농민 봉기를 일으킨 자들에게 이용되었다. 종교를 통해 농민을 조직하는 것은 고대 농민 봉기의 특징 중 하나다. 초기 도교가 농민 봉기에 이용될 수 있었던 것은 그 종교적 형식 외에 이론의 기본 내용과도 상관이 있다. 득도하여 선을 떨치고, 백성을 구제하고, 태평성대에 다다르게 한다는 등 사상은 정도의 차이가 있을 뿐 모두 인민 군중의 소망을 반영하고 있다. 후한 후기에 사회 위기가 심화됨에 따라 사람들의 이러한 요구는 갈수록 강렬해졌으며, 이와 같은 상황 아래 도교의 기본 이론은 농민 봉기의 사상적 무기가 되어주었던 것이다. 장각張角이 이끈 농민 봉기는 『태평경』을 신봉하는 경전으로 삼아 태평도를 조직했으며 '태평'을 구호로 내걸고 봉기를 일으켰다. 『노자상이주』를 비전으로 한 오두미도 또한 "태평성대에 다다름"을 최고의 종지로 삼아 군중을 조직하고 동원했다. 이렇게 보면 초기 도교 이론은 봉건 통치자들과 노동군중에 의해 전혀 다른 두 각도에서 이용되었다고 할 수 있는데, 이는 후한 말기 사회의 특수한 현상이라 하겠다.

초기 도교 이론의 출현은 사회에 상당한 영향을 미쳤다. 우선 통치 계급들에게 종교적 통치 사상과 방법을 제공했다. 신학화한 경학이 쇠퇴한 뒤 도교 이론은 자연스레 통치 사상의 중요한 부분이 되었다. 다음으로 도교 이론은 후한 말년 사회비판 사조의 한 부분이 되었다. 다른 점은 도교 사상가들이 종교적 비판으로 도덕적 비판을 대체했다는 것이다. 그 사상은 농민 봉기에도 이용되어 농민의 투쟁을 조직 면에서든 이론 면에서든 새로운 경지에 올라서게 만들었다. 그다음으로 도교 이론의 출현은 전통 사상의 지배적 국면을 바꾸었다. 사상 문화의 다원화를 촉진했으며 도교와 유교, 불교가 정립되는 국면을 만들어내 중국 사회에 깊은 영향을 미치게 되었다.

『태평경』의 선악관과 태평이상

『태평경』은 중국의 초기 도교 경전의 대표작 가운데 하나다. 『태평경』의 저자와 성립 연대에 대해서는 이설이 분분한데, 학자 대다수는 이 책이 한 사람에 의한 한 시기의 저작이 아니라고 생각한다. 현존하는 자료로 볼 때 이 책은 간길干吉[20]과 궁숭宮崇 등 도사들이 지었으며 한漢 순제順帝 이전에 성립된 것으로 추정할 수 있다. 『태평경』 원서는 170권으로 잔존한 57권과 더불어 『도장道藏』 총서에 수록되어 있다. 1960년 왕밍王明이 『태평경초太平經鈔』와 『태평경성군비지太平經聖君秘旨』 및 기타 20여 종의 책을 인용하여 교정 보완하여 『태평경합교太平經合校』 한 권을 편찬했다. 이로써 『태평경』 170권의 원래 모습이 대체로 회복되었으며, 매우 편리하게 『태평경』 연구를 할 수 있게 되었다.

『태평경』의 종지는 도교의 이론과 방법을 이용하여 사회적 폐단을 없애고 사회 모순을 완화시켜 "태평성대에 다다르게" 하는 목적을 달성하는 데 있다. 이 책은 한 사람에 의한 한 시기의 저작이 아니기 때문에 사상 내용이 비교적 잡박하다. 기본적인 특징은 "말들이 음양오행으로 집을 삼고 대부분은 무격巫覡들의 잡다한 말이다."[21] 그러나 정치사상의 각도에서 보면 이 책은 도가와 음양가의 사상적 특징을 지닌 것 외에도 대량의 유가 사상을 융합하여 유가 사상의 도교화를 이루고 있다. 이 책은 종교 유심주의를 선양하는 동시에 상대적으로 합리적으로 보이는 일부 사유를 제기하기도 한다. 이는 통치 계급들에게 "치세의 좋은 방안"을 제공해 줄 뿐만 아니라 사회 현상을 변화시키려는 하층 인민의 소망 또한 어느 정도 반영하고 있다. 이 때문에 후한 말기 농민 봉기에 이용되어 봉기를 일으킨 이론적 근거가 되어주기도 했다.

흥선지악론興善止惡論

『태평경』의 저자는 당시의 사회 현실에 불만이 있었다. 그는 어두운 사회 현실을 폭로하고 비판했다. 비판하는 데 쓴 무기는 전통적인 윤리 도덕뿐만 아니라 이제 막 세상에 나온 도교신학도 있었다. 일종의 종교화된 윤리 도덕을 가지고 현실을 비판한 것이었다. 사회상의 사람과 현상에 대하여 그들은 크게 두 부류로 나누었다. 즉 선과 악으로 나누어 사회의 치란을 헤아리는 중요한 척도로 삼았다. 선을 최고의 이념으로 신봉하면서 '흥선지악'을 주장했다. 선을 이용해 인간 세계의 악에 대한 토벌을 진행해 일체의 사악함을 쓸어버려야 한다는 것이다. '흥선지악'은 그들의 사회비판의 출발점이었다.

선과 악은 춘추 전국 이래 사상가들이 부단히 토론했던 문제다. 사람들은 일반적으로 선과 악을 인간의 본성에 귀결시켰으며, 도덕적 속성과 자연적 속성이란 측면에서 인성의 선악을 설명했고, 특히 인간의 도덕적 속성을 중시했다. 전체적인 출발점은 항상 인간 자신이었으며, 인간 스스로로부터 선악의 근원을 찾았다. 그런데 『태평경』이 말하는 선악은 이전 사람들과 달랐다. 윤리 도덕적 특징을 지닌 것 외에도 음양오행 등 종교적 신비 요소를 포함시켰으며, 그들의 출발점은 사람이 아니라 하늘에 있었다. 그들은 선악을 천성으로 귀결시켰다. 인간 세상의 모든 선악을 천성의 소치로 여긴 것이다. "땅은 하늘의 부림을 받으며, 인간은 땅의 부림을 받는다. 그래서 하늘이 기뻐하면 그해 지상 만물은 크게 선해진다. 하늘이 기뻐하지 않으면 땅이 아무리 양육하려 해도 만물이 악해진다. 땅이 선하면 땅 위에 사는 인민이 선을 좋아하게 되는데, 이는 그 형상을 분명하게 본받았기 때문이다."22 선악은 또 음양과 긴밀히 결합된다. "큰 선은 태양太陽의 순정한 품덕이며, 큰 악은 태음太陰의 살상 행위다. (…) 행동을 바르게 하고자 하여 양을 좇으면 대부분 선해지고, 음을 좇으면 대부분 악해진다."23 여기서 우리는 저자가 말하는 선악이 이미 인성의 범주를 넘어서고 있음을 알 수 있다. 그것은 인성에서 온 것이 아니라 천성에 기원하며 천성에 의해 결정되는 것이다. 천지, 음양의 무궁한 변화가 사회에서 선과 악의 투쟁을 유발한다. 사람의 선악이 하늘의 희로애락으로 귀결한다는 주장은 신비적 천명관이 틀림없다. 음양을 가지고 선악을 논증하는 것은 인식론적으로 더더욱 거꾸로 가는 짓이다. 그러나 문제를 생각하는 저자의 방식은 윤리 도덕을 핵심으로 하는 유가의 인성학설과는 달랐다. 그들은 인성과 천성의 관계를 중시했으며, 선악을 일반적 도덕 관계로부터 벗어나게 하여 일반적 사회 원칙으로 삼았을 뿐만 아니라 인간과 천지자연을 연계시키는 일종의 의식적 유대로 삼았다. 사회 문제와 천지자연을 함께 연계시켜 고찰하는 이런 방식은 도교 사상가들의 중요한 인식 방법론 가운데 하나였다.

무엇인 선이고 악인가? 저자는 이렇게 해석한다. "선이 되는 것은 섬김이 천심과 합치하고, 사람의 뜻에 거스르지 않으니 이름하여 선이라 한다. 선은 모든 것을 초월한 최고의 경지로서 도와 같이 불린다. 하늘이 사랑하는 바이고, 땅이 기르는 바이며, 제왕이 급히 처리해야 할 바이고, 벼슬하는 사람들과 군주가 더불어 동심협력해야 할 바다. 악이란 섬김이 천심을 거스르고, 사람의 뜻을 해치는 것이다. 천도에 반하고, 사시에 따르지 않으며, 신들이 미워하는 바이고, 사람으로서 부모가 큰 해를 입는 것을 보고 싶어 하지 않는 바이며, 군자가 시름하고 고통스러워하는 바이고, 천하에서 가장 의미 없고 흉악한 이름이다."[24] 선과 악의 구별은 매우 명확하다. 가장 근본적인 것은 그것이 천심에 합치하고 인간의 뜻에 순응하느냐의 여부다. 저자는 하늘과 인간이란 두 중심 고리를 꽉 붙들고 하늘과 인간이 이해관계에서 서로 일치하고 있다고 주장한다. "천지, 인민, 만물은 본래 한 가지 일을 다스린다. 선하면 모두 즐겁고, 흉하면 모두 괴롭다. 그래서 다 같이 근심을 한다."[25] 그래서 선과 악이 하늘에 의해 결정되긴 하지만 결국에는 사람을 통하여 드러나는 것이며, 사람들은 천심에 합치하여 악을 피하고 선을 취해야 한다. 저자는 하늘의 선성을 사람됨의 기본 준칙으로 받들며 이렇게 말한다. "하늘은 사람을 낳고 무엇인가를 알도록 해주는데, 그것은 선을 좋아하고 악을 미워하는 것이다."[26] 그들은 한편으로 선과 악이 천성에 기원한다고 생각하면서도 다른 한편으로 인성에 대한 천성의 제약이 절대적인 것은 아니라고 말한다. 인성의 형성에 대한 사람들의 후천적 노력 또한 상당히 큰 작용을 한다고 믿었다. 우선 학습이야말로 선성을 획득하는 중요한 길이다. "선을 학습하면 그 사람은 선하게 되고 (…) 악을 학습하면 그 사람은 악하게 된다."[27] 인간의 의식 형성에 대한 학습 내용의 영향을 강조하고 있는 것이다. 선인이 되려면 반드시 먼저 선을 학습해야 한다. 다음으로 인성의 형성에 대해 사회생활의 환경도 매우 큰 영향을 미친다고 생각했다. "선인의 고을엔 선인이 많고, 악인의 고을엔 악인이 많다."[28] 문제의 절대화를 면치 못하고 있지만 인간은 상호 고립적 존재가 아니라 생활 조건과 환경의 영향을 받는다는 데 생각이 미쳤다는 점에서, 소박한 유물주의 사상을 계승한 것으로 보인다. 세 번째로 선과 악은 인간 성정의 기호에 따라 결정된다고 보았다. "선을 즐기면 선한 정신이 도래하고, 악을 즐기면 악한 정신이 도래한다."[29] 인간의 주관적인 의식, 취미, 기호 등은 모두 선과 악의 형성에 작용을 한다. 이는 인성의 형성에 미치는 인간의 주관적 의식의 영향을 강조한 것이다. 이렇게 후천적 학습, 환경의 영향 및 정신적 추구 등을 중시했던 점은 상당히 합리적이라 하겠다.

선과 악이 사람들에게 가져다주는 결과는 근본적으로 다르다. 선하면 이롭고 악하면 해롭다. 저자는 사람의 성품, 행위, 결과는 일치된 성질을 지닌다고 생각했다. "선한 씨앗을 뿌리면 선한 결과를 얻고, 악한 씨앗을 뿌리면 악한 결과를 얻는다."[30] "선한 사람은 선한 결과에 이르고, 악한 사람은 악한 결과에 이른다."[31] 이로부터 "악을 행하면 악한 보답을 받는다"는 인과응보설을 끌어내 "선한 사람은 스스로 제 몸을 이롭게 만드는 것이며, 악한 사람은 스스로 제 몸을 해롭게 만드는 것이라"[32]고 지적한다. 악한 행위를 하는 사람들에게 스스로 악한 결과를 받을 짓을 하지 말라고 경고한 것이다. 사실상 사회 현상 모두가 이런 인과 관계를 따르지는 않는다. 선을 행했는데도 악한 결과를 얻고, 악을 행했는데도 오히려 선한 결과를 얻는 기이한 현상이 사회에서 벌어지고 있는 데 대하여 저자는 이른바 '승부承負'설을 제기한다. '승'은 후인들이 선인들의 선과 악을 계승한다는 것이고, '부'는 선인들이 선과 악을 후인들에게 유전시켜준다는 것이다. 즉 사람들의 행위는 후인들에게 역전시키기 어려운 영향을 끼치게 된다는 말이다. 이 때문에 선악의 행위와 결과가 일치되지 않는 현상이 생겨난다고 보았다. "선을 행하려 힘썼음에도 반대로 악한 결과를 얻은 사람은 선인들의 과오를 짊어진承負 것이다. 이전에 했던 재앙이 나중에 쌓여서 이 사람을 해친 것이다. 악한 행위를 했음에도 반대로 선한 결과를 얻은 사람은 선인들이 축적해놓은 큰 공로가 깊이 작용하여 이 사람에게 미친 것이다."[33] 저자는 이 이론을 국가에까지 옮겨서 국가의 치와 난이 후인들에게 영향을 미칠 수 있다고 주장한다. 사회적으로 모든 사람은 승부라는 이 사슬에서 벗어날 수 없다는 것이다. '승부'설의 본래 의미는 사람들에게 선을 권장하고 악을 그치도록與善止惡 권장하는 것이다. 그 자신을 위해서도 고민해야 하며 자손과 후대를 위해서도 깊이 생각해야 한다. 자신의 악행 때문에 후대에까지 재앙을 미쳐서는 안 된다. 하지만 인과응보설을 인류의 계승 관계에까지 끌어들인 것은 좀 황당하다고 하겠다.

저자는 '흥선지악'을 하려면 우선 선과 악을 판별해야 하고, 어느 것이 선이고 어느 것이 악인지 사람들에게 명확히 알도록 해야 "선과 악이 마땅히 구분된다"[34]고 생각했다. 그렇지 않으면 "선과 악의 분별이 안 되어 하늘의 재앙이 동시에 일게 된다."[35] 『태평경』의 저자는 하늘을 신비성과 자연성의 혼합체로 보았다. 사람의 신체는 하늘이 낳은 것이며, 사람의 의식 또한 하늘과 서로 통합되어 있어 서로가 감응한다. 천지의 본성으로 말하자면 모두 선한 것도 아니고 모두 악한 것도 아니다. "반은 선하고 반은 악하다."[36] 사람들에게 양광과 이슬, 비를 내려주기도 하지만, 폭풍우를 가져다주기도 한다. 하늘이 인간에게 내려주는 것이 선한 결과일지 악한 운명일지는 사람 자신에게 달려 있다. "사람이 지상에서 선한 행위를 하면 하늘 또한 위에서 선한 응보를 내려준다. 사람이 지상에서 악한 행위를 하면 하늘 또한 위에서 악한 응보를 내려준다. 이는 기가 위로 통하고 있기 때문이다."[37]

이 사상에 근거하여 저자는 현실을 파헤친다. 당시 사회는 선성이 흥하지 못하고 악성이 창궐하여 하늘의 재앙이 끊임없이 내리고 있으며 사회적 생산은 심각히 파괴되어 백성은 사망선상에서 헤매고 있다. 국가는 빈궁을 견디지 못하고 있는데 재산은 소수의 사람들이 차지해버렸다. 그러한 착취자들은 "재산을 억만금이나 축적하고도 궁핍을 구하려 들지 않고 사람들을 추위와 배고픔으로 죽어가게 두고 있다."[38] 이런 현상을 바꾸려면 "악을 벌하고 선을 상 주어야 한다". 선정을 행하기만 하면 하늘은 자연히 선한 응보를 내릴 것이다. 사람마다 모두 선성을 얻게 되면 사회는 안정될 것이고, 하늘도 안락을 하사할 것이다. "자식이 현명하고 선하면 부모는 언제나 편안해져서 제 위치를 지키게 된다. 아내가 선하면 남편은 잘못이 없어져 힘을 얻게 된다. 신하가 선하면 국가가 오래오래 안정을 얻게 된다. 제왕, 백성, 신하 모두가 선하면 하늘에 재앙이 없어진다."[39] 사람마다 모두 선하게 되면 악은 제거하지 않아도 스스로 없어진다. "온 세상 만 백성이 하루아침에 모두 선하게 되면 어떻게 악의 술수를 부리는지 다시는 알지 못하게 될 것이다."[40] 그들은 군주에게 백성을 선으로 이끌라고 온 힘을 다해 권유한다. 군주의 '첫 번째 도'는 곧 "천하 인민에게 선한 행위를 하는 방법을 가르치는 것이며, 사람들이 선해지면 그 정치는 안정되고 군왕은 즐겁게 놀고 아무 걱정이 없게 되리라"[41]고 주장한다. 사람들에게 선한 행위를 권장하는 저자의 정치적 목적이 매우 분명함을 알 수 있다.

『태평경』 '흥선지악'론의 이론적 근거는 천인합일과 천인감응 학설이다. 이는 사회적으로 존재하는 계급 대립이라는 사실을 말살한 것이다. 사람마다 "선을 즐기면" 모든 문제가 바로 풀리게 되리라는 생각은 사실상 환상이다. 하지만 그들이 출발점을 하늘로 삼았더라도 사람에게 발을 붙인 점과 사람을 상당히 중요한 위치에 놓고 후천적 학습, 사회적 환경, 사람의 주관적 의식 등이 인성의 발전에 영향을 미친다고 강조한 점 등은 취할 만하다. 저자가 사회의 어두운 면을 파헤치고 민중에게 선정을 행하라고 통치자에게 요구한 일 등은 당시로서 상당히 진보적이었다. '흥선지악'론은 그들 정치사상의 이론적 기초였다.

군, 신, 민
'동심협력론'

군, 신, 민의 상호 필요성

『태평경』의 저자는 인류 사회의 각종 관계가 모두 자연계의 현상과 서로 대응하고 있다고 생각했다. 자연계에 천, 지, 화和가 있고, 이에 서로 대응하여 가정에 부, 모, 자식이 있으며, 국가에 군, 신, 민이 있다. "군주는 아버지로 하늘의 형상이고, 신하는 어머니로 땅의 형상이며, 백성은 자식으로 화합의 형상이다."42 하늘-아버지-군주, 땅-어머니-신하, 화합-자식-백성이라는 세 가닥의 선은 자연계로부터 인류 사회에 이르는 화해 구조를 형성한다. 이 구조 내에서 저자는 착지점을 군, 신, 민의 관계 위에 둔다. 군, 신, 민이야말로 사회관계가 집중적으로 구현된 것으로, 국가를 구성하는 기본 요소라고 생각했기 때문이다. "군주, 신하, 백성이 서로 통하고 동심협력하여 다 같이 한 나라를 구성한다."43 군, 신, 민은 사회의 세 구성 부분이다. 셋 가운데 하나라도 없으면 불가하며 서로가 서로의 필요조건이다. 따라서 군, 신, 민은 동심협력해야 하고 조화절충하여 함께 구제해야 한다. "군주는 신하를 필요로 하고, 신하는 백성을 필요로 하고, 백성은 신하를 필요로 하고, 신하는 군주를 필요로 한다. 그런 뒤 한 가지 한 가지 일이 이루어진다. 하나라도 부족하면 셋 다 성취할 수 없다. 그래서 군주이면서 신하, 백성이 없으면 군주라는 이름이 있을 수 없고, 신하, 백성만 있고 군주가 없으면 역시 신하, 백성이 될 수 없다. 신하, 백성에게 군주가 없으면 혼란에 빠져 스스로 다스릴 수가 없으니 이 또한 좋은 신하, 백성이 될 수 없는 것이다. 이 셋은 서로를 필요로 하여 성립하며, 서로에게 얻어 성취한다. 따라서 군, 신, 민이 하늘의 법칙을 그대로 따라 서로 합치하고 통하여 동심협력해야 다 같이 한집안을 이루게 된다."[14] "서로를 필요로 하고 서로에게 얻음"이 군, 신, 민 '동심협력'설의 주요 근거다. "서로를 필요로 하고 서로에게 얻는" 것은 또 삼자 간 이해관계에 따라 결정된다. "하늘의 법칙은 언제나 군주, 신하, 백성을 모두 같도록 만든다. 운명도 같으며 길흉도 같다."[15] 그들은 군, 신, 민의 운명을 연결지어 삼자 간 동심협력의 필요성을 설명하고 있다. 저가가 군, 신, 민 동심협력을 제기한 것은 두 가지 목적이 있어서다. 하나는 인민이 봉기하여 군주의 통치를 뒤집는 것을 방지하기 위함이다. 군주도 자신들과 공동의 이익을 누리고 있다고 사람들에게 느끼도록 하는 것이다. 둘째는 통치자에게 주의 깊게 통치 정책을 잘 조절하라는 요구다. 군주로 하여금 인민과 평형, 협조 관계를 유지하게 하여 계급 모순을 완화하자는 것이다.

군주, 신하의 중심, 보좌 관계

『태평경』은 군신 관계의 확립을 통치 계급의 내부 모순을 조절하는 주된 내용으로 삼고 있다. 그들은 한편으로 군주의 절대 권위를 옹호하여 군존신비君尊臣卑를 외치지만, 다른 한편으로 군주, 신하가 동심협력하여 통치 집단 내부의 일치성을 유지해야 한다고 말한다.

우선 저자는 군주의 지위와 작용을 긍정한다. 그들은 '군권신수君權神授' 관념을 계승하여 군주를 국가의 지존이자 하늘의 의지를 대표하는 자로 여긴다. "군주는 하늘이다."[46] "제왕은 하늘의 소중한 자식이다."[47] 그래서 군주의 권력은 지고무상하며, 의지는 거스를 수 없다. 군주를 거스르는 것은 하늘을 거역하는 것이다. 동시에 저자는 모든 군주가 다 그렇게 제대로 된 것은 아니라고 말하기도 한다. 그들은 군주를 명군明君과 우군愚君으로 구분하고, 명군을 성스러운 군주로 숭상하고 우군을 어두운 군주로 배척한다. 그들은 군주가 현명하냐 어리석으냐의 관건은 '천심'을 얻었느냐의 여부에 달려 있다고 생각한다. 천도에 순응하여 '천심'을 얻어야 현명한 군주가 될 수 있고, 그렇지 못하면 어리석은 군주로 바뀔 것이다. 군주의 현명함과 어리석음은 국가의 안녕에 결정적인 작용을 한다. "군주가 현명하지 못하면 재앙이 더불어 인다."[48] "군주가 어리석으면 통치가 항상 혼란스럽고 심란하며 천심을 얻지 못한다."[49] 저자가 명군에 의한 치국을 주장하고 있음을 알 수 있다. 그들이 책을 쓴 목적은 바로 명군에게 계책을 바치려는 의도였다. 그래서 조금도 감추지 않고 "나는 태평성대의 군주를 위해 경전을 지었노라"[50]고 말한다.

다음으로 저자는 신하의 의무 및 신하와 군주와의 관계를 밝혔다. 그들은 신하를 군주의 조수이자 군주의 의지를 집행하는 사람이며, 군주를 보좌하는 작용을 하는 사람으로 보았다. "신하는 제왕을 도와 반드시 덕이 있는 군주가 되도록 돕는 자다."[51] "백성과 신하는 제왕이 부리는 사람이며 수족이기도 하다. 군왕이 총명해지도록 만드는 것을 주 업무로 하며, 군주로 하여금 안정을 얻어 아무 걱정이 없도록 만들고 다 같이 천심을 칭송하도록 한다."[52] 군주는 신하를 부리고 신하는 마땅히 군주를 도와야 한다. 군신의 등급 질서는 바뀔 수 없다. 그들은 신하가 군주에게 복종하는 것이야말로 절체절명의 일이라고 생각했다. "양은 군주이고, 음은 신하다. 신하를 섬김이 군주를 넘어서는 절대로 안 된다.[53] 신하의 권력과 지위는 군주를 초월할 수 없다. "신하는 마땅히 군주보다 약한 존재여야 한다. 그런 뒤라야 신하가 군주를 섬기는 것이 도리에 맞게 된다."[54] 이는 기본적으로 유가의 군신관과 일치한다.

군주와 신하의 지위는 이미 규정되어 있다 하더라도 군주와 신하가 일정한 작용을 발휘하려면 동심협력이 필요하다. 그래서 저자는 군신 간에 상부상조 관계를 수립해야 한다고 주장한다. "군주는 신하가 있어야 치세를 이룰 수 있고, 신하는 군주가 있어야 정책을 실천할 수 있다."[55] 저자는 군주가 신하를 필요로 한다는 것을 특히 강조한다. 신하가 좋은가 나쁜가는 군주의 명령이 관철, 집행되는 데 결정적으로 중요한 역할을 한다. 군주가 제아무리 영명하더라도 현명한 신하의 보좌가 없으면 국가를 잘 다스리기 어렵다. 이 때문에 명군이라면 반드시 현명한 신하와 어진 관리를 뽑아 써야 할 것이라고 주장한다. 현명한 신하는 금은보화와 비교할 수 없는 가치를 지니고 있다고도 말한다. "국가에 천금을 하사해도 나라를 다스릴 수 있는 핵심적인 말 한마디만 못하다. 국가에 만 쌍의 벽옥을 주어도 두 명의 위대한 현인을 들이는 것만 못하다."[56] 신하가 좋은가 나쁜가는 숫자의 많고 적음에 달려 있는 것이 아니라 직무에 적합하냐의 여부에 달려 있다. "제왕에게 억만의 어리석은 신하가 있다 한들 한 명의 위대한 현신을 얻느니만 못하지 않겠는가!"[57] 이와 같이 양을 중시하지 않고 질을 중요시하여 오직 현인을 임용해야 한다는 주장은 당시 어리석은 신하와 범용한 관리들이 조야에 충만해 있는 데 대한 강렬한 불만의 표시였다.

『태평경』에서 일컫는 현명한 신하는 일반적으로 선한 덕을 갖추고 있는 것 말고도 두 가지의 뚜렷한 특징, 즉 충忠과 직直을 갖추고 있어야 한다. 충성이란 군주에 대해 두마음을 품지 않고 시시각각 군주를 위해 온 힘을 바치는 것을 말한다. 이는 신하가 되는 기본 조건이다. "신하가 되었으면 충성을 다해야 한다."[58] "신하가 불충하면 자신의 군주를 공경하여 섬기는 데 온 힘을 다할 수 없다."[59] 신하는 시시로 군주를 위해 착상하고 군주의 걱정을 덜어주고 곤란한 일을 해결해주어야 한다. "충신은 항상 위에 계신 분을 위해 걱정한다. 자신의 군주를 잊지 않으려고 급급한다."[60] 군주에게 충성하는 것 외에도 현신은 "군주를 떠받들고" "군주를 구원할" 의무가 있다. 그건 주로 올곧음直으로 표현된다. 즉 군주를 향한 충성의 기초 위에서 군주가 정책 시행을 하면서 부당한 점이 있으면 정책적 실수를 피하거나 줄일 수 있도록 과감히 지적해야 한다. 저자는 천하 만물이 "제각기 장단점을 지녀 서로 보완을 해야 한다"고 생각했다. 신성한 천지도 이와 같으며, 성인 명군도 예외가 아니다. "위대한 성인의 단점은 현명한 사람의 장점만 못하다. 인간의 단점은 만물의 장점만 못하다."[61] 따라서 군신은 응당 서로가 장점을 취해 단점을 보완해야 한다. 저자는 군주가 그저 한 사람일 뿐이라고 말한다. 군주는 반드시 신하의 의견을 듣고서야 정책을 결정할 수 있다. 이 때문에 특정한 조건하에선 신하도 군주보다 고명한 점이 있고, 신하의 지혜와 도덕이 군주를 초월할 수도 있다. "어떤 신하는 각기 참으로 중요한 도덕을 지니고 있어 그 어떤 교활한 위선의 꾸밈으로 사람을 어지럽히는 일이 없다. 이런 신하의 지혜는 군주를 초월하며 능히 제왕의 스승이 될 수 있다. 아버지처럼 가르치므로 그를 사부로 섬긴다. 이는 도덕이 그 군주를 초월하는 경우이기 때문이다. 그리하여 자신의 군주로 하여금 팔을 늘어뜨리고 아무 걱정 없이 편안히 앉아 있어도 되게 만든다."[62] 이것이 저자가 현신에게 과감한 직간을 요구하고 "간언으로 군주를 바로잡으라"[63]고 하는 이론적 근거다. 신하가 선의로 간언을 하면 군주는 응당 이를 받아들여야 한다. 자기 뜻대로만 한다면 언로가 막힐 것이고, 그 결과는 상상할 수 없다. "신하는 충忠,

선善, 성誠, 신信이 있어서 간언으로 군주를 바로잡아야 한다. 군주가 듣지 않고 오히려 그를 해치려 든다면 신하는 놀라서 혀를 묶고 입을 다물어 버릴 것이니 사방팔방이 막혀 통하는 곳이 없을 것이다. (…) 군주가 제아무리 성현이더라도 보고 듣는 것이 없어 소경과 귀머거리가 된다면 기이함을 알아볼 수 없을 것이다. 날로 어두워져 군주는 귀머거리가 되고 신하는 입을 다문다면 재앙이 그치지 않을 것이다. 신하는 어둡고 군주는 소경이라면 간사함이 횡행할 것이다. 신하는 입을 다물고 군주는 귀머거리가 된다면 천하는 환히 통하지 못할 것이다." 그리하여 "온 세상이 전란에 빠져 천하 전체가 흉해질 것이다."[64] 반면 신하는 간언을 올리고 군주가 간언을 받아들이면 군주의 이목이 총명해져 간사함의 횡행을 피할 수 있다. 이 밖에 신하는 또 "군주를 구원하는" 중임을 맡아야 한다. 저자는 일부 구체적인 상황을 열거하면서 현명한 신하는 이런 상황에 직면하여 몸을 아끼지 않고 앞장서 군주의 위란한 처지를 구원해야 한다고 주장한다. 예컨대 "신하는 군주가 쇠약해지고 있음을 간파하면 그를 구원해야 하며" "신하는 군주의 잘못으로 흉해가 있음을 목도하면 그를 구원해야 하며" "군주가 다스리면서 핵심을 잃어 재해가 연이으면 신하는 도움을 주어 다스려지도록 하며" "신하는 군주의 나이가 어려 현명함이 일을 처리할 수준에 이르지 못함을 알면 그를 구원해야 한다."[65] 신하가 군주를 구원할 수 있으면 "이는 위대한 공로다." "알면서도 구원하지 않고 스스로 위험을 피해 떠나버리면 충효를 따르는 사람이 아니며 그 죄는 후대에까지 미칠 것이다."[66] 이는 저자가 신하를 소극적, 피동적 존재로 보고 있지 않다는 표시다. 신하는 비단 군주의 부속물일 뿐만 아니라 "군주를 떠받치고" "군주를 구원하는" 능력을 갖추고 있어야 한다. 그리고 신하의 이런 적극성과 능력이 충분히 발휘될 수 있도록 만들어주어야 한다. 신하가 얼마나 중요한 작용을 하는지 설명하기 위해 그들은 때때로 군신 간 등급

한계를 뛰어넘기까지 한다. 군신을 같은 열에 놓는가 하면 사람의 두 손에 비유하기도 한다. "군주와 신하는 범사를 다스리고 인민과 모든 사물을 주로 관장하는 두 손이다. (…) 두 손이 한마음으로 협력하여 앞서 나가는 것도 뒤처지는 것도 없게 된 뒤 일은 성공할 수 있다. 두 손이 협력하지 못하면 일은 성공할 수 없다."[67] 이렇게 군주와 신하의 등급 관계를 깨버리는 논의가 군신 간의 등급 차별을 부정하는 것은 아니다. 군신 간 동심협력의 중요성을 강조하려는 것일 뿐이다. 하지만 군주의 지위와 작용을 긍정하는 동시에 신하의 지대한 작용 또한 긍정한 점은 군주의 절대 전제를 제한시키는 데 적극적 의미를 지니고 있다고 하겠다.

군주, 백성의 상호 의존 관계

『태평경』의 저자는 군, 신, 민 사이의 관계를 논술하면서 군주와 신하의 협력을 특히 중시했다. 군주와 신하가 협조해야 백성이 쉽게 통치된다는 것이다. "군주가 왕성하면 신하가 복종하고 백성은 쉽게 다스려진다."[68] 백성은 사회의 최하층이며 지위도 가장 낮다. "사람들 가운데 맨 윗분은 군주이며, 중간이 신하이고, 맨 아래가 백성이다."[69] 저자는 백성을 피통치 대상으로 여기며, 백성은 통치자가 시키는 대로 복종해야 한다고 한다. 군, 신, 민이 서로를 필요로 한다는 그들의 말은 삼자 간의 상호 제약성을 설명하려는 것일 뿐이다. 삼자 관계의 평형을 유지하기 위하여 어느 한 쪽도 이 평형의 선을 떠나서는 안 된다는 말이다. 따라서 군, 신, 민이 동심협력해야 한다는 그들의 강조는 진실이지만 인민과 통치자가 합작해야 한다는 말에는 백성에 대한 우롱과 사기가 섞여 있다는 혐의를 벗어날 수 없다.

그러나 저자도 인민 대중의 힘을 알고 있었다. 민중은 국가 흥망성쇠의 기초이며, 모든 물질 생활의 자원이 민중에게 근원을 두고 있다고 생각했다. "백성의 노력이 주체가 되어 국가와 국왕, 제후들은 그것으로 살아간다."[70] 통치자는 민중이 제공하는 생활 자원에 의존한다. 민중을 잃으면 생활의 원천을 잃어서 생존의 위기를 맞게 된다. "백성이 적으면 군주는 의식주 해결이 어려워질 것이고 그들을 부림에 항상 마음속 고통이 따른다. 따라서 치국의 도는 백성을 근본으로 삼는다. 백성이 없으면 군주와 신하는 다스릴 대상도 관리할 대상도 없는 것이다."[71] 국가에서 민중의 지위는 상당히 중요하며, 있어도 되고 없어도 되는 존재가 아니다. "치국의 큰 요체를 보면, 백성이 많아지면 부유하고 백성이 줄어들면 크게 빈곤하다."[72] 백성을 근본으로 삼는 이 사상은 진보적이다. 그들은 물질 생산이란 측면에서 인민·대중의 작용을 파악했으며, 인민·대중에 의지해야만 통치자들이 생존할 수 있다는 사실을 밝혀냈다. 하지만 인민·대중이 통치자를 공양하는 것이 합리적이며 의무라고 주장한 점에서 볼 때 착취 계급으로서의 본질을 드러낸 것이라고 하겠다.

백성이 근본이라는 사상에서 출발하여 저자는 이렇게 이야기한다. "위대한 성현은 다 같이 정치를 하면서 아침저녁으로 오로지 백성의 일을 급선무로 여기고 백성을 위해 근심한다."[73] 백성에게 은혜를 베풂으로써 인민과 통치자의 동심협력을 얻어내려면 백성의 사활을 돌보지 않을 수가 없으며, 그들이 위험을 감수하고 도전하도록 다그쳐야 한다. 저자는 군주와 인민의 지위가 절대불변의 것이 아니라 바뀔 수 있다고 경고한다. "왕성하면 군주가 되고, 쇠약하면 백성이 된다"[74]는 말이다. 군주가 만약 민중의 역량을 경시하고, 백성의 생계를 헤아려주지 않으면 민중은 일어나 군주를 뒤엎어버릴 수 있다. 오늘은 군주이지만 내일은 백성이 될 수도 있다. 저자가 이렇게 잠재적 위협을 지적한 것은 통치자로 하여금 백성을 이롭게 하고 백성에게 은혜를 베푸는 정책을 시행하여 백성의 지지를 얻고 사회 모순을 조화시켜나가라고 지적한 것이다. 군주와 백성이 바뀔 수 있다는 이 사상은 객관적으로 부패한 통치자는 언제든 뒤엎어버릴 수 있다는 생각을 백성에게 갖게 한 이론적 근거가 되기도 했다.

03 　　'도덕 존중'의
　　　　치국 사상

　『태평경』의 저자는 유가의 덕정德政 사상을 받아들여 '도덕 존중'의 치
국을 주장하고 도와 덕을 치국의 총강령으로 삼았다. 그들은 기왕의 치
세 관련 주장들을 총괄하여 열 가지 방면으로 귀결시켰다. "제왕의 정치
에 도움이 되는 것으로 대강 열 가지 방법이 있다." '원기치元氣治' '자연치
自然治' '도치道治' '덕치德治' '인치仁治' '의치義治' '예치禮治' '문치文治' '법치法治'
'무치武治'[75]가 그것이다. 그중 '원기치'와 '자연치'는 나라를 다스리려면 먼
저 천도와 자연에 순응해야 한다는 도교적 특징을 표현하고 있다. 그리고
치국과 직접 상관이 있는 일은 도덕으로부터 시작한다. 그래서 다른 한
편으로 저자는 치국에 '7사事' 즉 덕, 인, 의, 예, 문, 법, 무가 있음을 제기
한다. 이 '7사'가 잘 발휘토록 하여 도를 장악할 수 있어야 한다. "이것들
을 잘 제어하는 것이 도다."[76] 분명히 저자는 도치와 덕치를 가장 훌륭한
치국 방안으로 삼고 있으며 법치 등을 하책으로 취급한다. 도, 덕과 형벌
의 관계에서 그들은 도덕을 운용하고 형벌을 제거하라고 주장한다. "도와
덕은 지키고, 형벌은 물리칠 것을 생각한다."[77] 도덕으로 치국하면 국가가
흥성할 것이나, 형벌에 의지하여 통치하면 국가의 혼란을 초래할 수 있다.

"따라서 형벌의 운용을 좋아하는 나라는 항상 어지럽고 위태로워 무너진다."[78] 저자는 자고이래 성인의 치국은 언제나 도덕에 의존했다고 생각한다. "예로부터 성인군자가 사람들에게 위엄 있게 보인 것은 도와 덕 때문이었지 근력이나 형벌 때문이 아니었다."[79] 도덕으로 교화하면 마음을 다스리고 마을을 다스릴 수 있어 사람들로 하여금 마음으로부터 복종케 한다. "도와 덕으로 가르쳐 사람들로 하여금 자중, 자석自惜, 자애, 자치할 줄 알도록 해야 한다."[80] 형벌로 다스리면 겉이나 껍데기만 다스릴 수 있어 사람들이 표면적으로 존중할 뿐 내심으론 불만이 가득 차게 된다. "형벌로 다스리면 겉으로 공경하는 척하지만 속으로 배반한다. 결국 그 많던 민중이 날이 갈수록 줄어들 것이다."[81] 도덕 교화를 통하면 사람마다 도덕을 행할 수 있게 되어 모두 "중요하고 훌륭한 도덕"을 갖춘 사람이 된다. 그럼 사회는 저절로 다스려질 것이다. "사람마다 도를 알고 사람마다 덕을 행하므로 커다란 즐거움과 지극한 의의를 깨닫게 된다."[82] 분명히 그들은 냉혹한 형벌로 나라를 다스리는 데 반대하고 도덕을 사용할 것을 주장하고 있다.

기왕 도덕이 치국의 기본적인 지도 방침이라면 군주는 이 총강령을 굳건히 붙들고 있어야 한다. "군주는 마땅히 도덕으로 만물을 변화시켜 각자에게 자신이 원하는 바를 얻도록 해주어야 한다. 만물을 변화시킬 수 없으면 군주라고 부를 수 없다."[83] 도덕을 행할 수 있느냐 아니냐는 대단히 중요한 사항이다. 도덕을 행하면 흥할 것이고, 도를 버리면 쇠할 것이다. "지금 제왕이 100리의 땅 안에 살면서 도덕을 이용하면 어짊이 만 리 밖까지 선하게 만들고 백성은 그 은혜를 입게 되리라. 부모는 자애롭고 자식들은 효성스러우며 집집마다 넉넉하여 그 어떤 사악함도 없으리라. 제왕이 안에 살면서 도덕을 잃으면 1만 리 밖의 신하와 백성은 할 일을 잃고 서로 수만 리 저 멀리로 떠나버리게 되리니 그 연유는 한가지니라."[84]

그러니 군주는 도덕을 재부로 취급해야 한다. "도덕이 있으면 크게 부유하고 도덕이 없으면 크게 빈곤하니라."[85] 여기서 저자는 도덕을 사회정치적 문제의 핵심으로 파악했을 뿐만 아니라 사회경제에 대한 도덕의 영향을 간파했다. 도덕만 이야기하면 모든 것이 살아날 수 있다는 주장이다.

어찌하여 도덕에 이와 같은 작용이 있는가? 도덕이 천지와 상통하고 천지의 지배를 받으며 천지의 소망을 구현하고 있기 때문이라고 저자는 생각했다. "하늘은 도의 참모습이며, 도의 법칙이며, 도의 진실이며, 도가 그로 인연하여 행해지는 바이니라. 땅은 덕의 연장이며, 덕의 실마리이며, 덕이 그로 인연하여 머무르는 곳이니라."[86] 천지는 도덕의 법칙이므로 도덕을 받듦은 곧 천지에 순응하는 일이다. 이 때문에 도덕을 행하면 천지의 도움을 얻을 수 있고, 도덕을 버리면 징벌을 받게 된다. "왕이 도를 행하면 천지가 기뻐하고, 도를 잃으면 천지에 재이가 발생한다."[87] "그래서 도덕이 없는 사람은 운명이 천지와 함께하지 않으며, 금수와 같은 운명과 대접을 받는다."[88] 그들이 말하는 도덕은 종교적·윤리적 색채를 띠고 있으며 신비적 요소를 포함하고 있다. 이는 그들의 도덕이 인의를 내용으로 하는 유가의 도덕과 다름을 나타낸 것이다.

『태평경』의 도덕치국론은 유학의 영향을 매우 깊이 받고 있다. 하지만 덕을 위주로 하고 도덕을 보조 수단으로 삼는 유가와 비교했을 때 지나치게 극단적인 경향에 치우쳤다. 그들은 도덕의 작용을 너무 과장했으며 형벌의 취소를 너무 단순하게 요구했다. 도덕이 사회의 모든 문제를 해결할 수 있다고 생각한 것은 분명히 현실에 맞지 않는다. 하지만 그들의 주장이 법을 혹독하게 남용했던 당시 통치자들을 겨냥하여 제기한 것이라는 점에서 그들의 목적은 덕정의 통치 시스템을 수립하려는 것이었고, 이는 현실 비판이란 일정한 의의를 지니고 있다고 하겠다.

태평성대의
정치사상

미래 사회를 향한 동경은 사회적 위기의 시대에 가장 잘 드러나곤 한다. 『태평경』의 저자가 살았던 후한 후기는 사회적 위기가 날로 극심해지던 시기였다. 그들 또한 자신들의 소망에 따라 태평성대의 이상사회 모델을 제시했다. 그들이 묘사한 사회의 조감도는 유가의 '대동' 세계처럼 감동적이진 않지만 고난에 찌든 인민에겐 지대한 정신적 의탁이 되어줄 만했으며, 인민이 '태평'의 기치하에 빼곡히 모여들어 자신들의 생존을 위해 투쟁할 수 있도록 할 만했다. 이는 『태평경』이 농민 봉기에 쓰이게 된 중요한 원인이기도 하다.

저자는 사회를 세 개의 등급, 즉 태평太平, 중평中平, 불평不平으로 나눈다. 태평은 가장 원만한 사회를 말한다. "태평 시대를 만나면 편안히 베개를 베고 누워 있어도 다스려지며, 중평 시대를 만나면 열심히 하여 도를 행할 것이며, 불평 시대를 만나면 도로써 스스로를 도와 준비해야 한다."[89] 태평이란 무엇인가? 저자는 이렇게 해석한다. "태太는 대大이다. 하늘처럼 위대한 행위를 쌓아올리라는 말이다. 범사의 위대한 것 가운데 하늘보다 더 큰 것은 없을 것이다. 평平은 공평하고 균형 있게 다스린다는 말이다. 범사의 모든 이치에 사사로움보다 더 간교한 것은 없을 것이다. 평이란 아래에 거처하는 땅에 비유할 수 있는데, 군주가 공평함을 유지하는 것은 땅이 공평함을 유지하는 것과 같다."[90] "태평은 그 어떤 물질도 상하지 않게 한다 함은 태평한 기운이 그렇게 했다는 말이다. 범사에 그 어떤 존재도 병들지 않게 하며 모두 자기가 있을 곳을 얻을 수 있으니 공평해진다."[91] 태평은 천지 사이의 만물이 모두 자기가 있어야 할 상태에서 생존하고 상호 간에 연계를 맺되 어떤 모순도 생기지 않고 피차 화해, 발전해가는 것을 가리킴을 알 수 있다. 사람들 사이에 서로 공평하게 대하고 서로 화목하며 사람마다 자신의 사회적 책임과 의무를 다하는 이른바 "범사의 모든 이치가" "모두 자기가 있을 곳을 얻는" 상태다. 여기서 태평은 사람들에게 정치적 평등을 요구하지도 경제적 평균을 요구하지도 않는다. "만물이 각기 제가 원하는 바를 얻는 상태"[92]를 요구한다. 즉 사람들의 공평하고 합리적인 요구를 만족시키고, 그들이 꼭 얻어야 될 물건을 빼앗지 않아 사람들이 각자 제 위치에서 편안히 있게 되는 상태다. "하늘은 평안을 기쁘게 여긴다. 질병이 없이 최고로 공평해짐을 기뻐한다. 그리하여 인민 모두가 고요해져 추악한 소리 소문이 없고 싸우지도 않게 된다. 각자 제 처소에 살면 질병이 없어서 기뻐하게 되고, 그렇게 되면 하늘의 말에 망령된 말을 하지 않게 된다."[93] "조화와 평균으로 각자 바라는 바를 좋게 만들되 자신이 편안해하는 바를 빼앗지 않는다."[94] 다시 말해 사회적으로 갖가지 지위에 처한 사람들의 각종 요구가 모두 합리적인 만족을 얻을 수 있도록 해주고, 각 계층의 이익이 서로 침범받지 않으며, 관리들이 백성을 괴롭히지 않아 백성이 편안히 제 일을 하며 살게 되는 것이 소위 태평의 기본 정신이다.

『태평경』이 설계한 이상국에는 다음과 같은 몇 가지 특징이 있다.

첫째, 재물을 공유한다. 저자는 천지가 사람을 낳았을 뿐만 아니라 재물도 생성하여 사람들을 키운다고 생각했다. 따라서 사회적인 재부는 모두 '천지 중화中和'의 소유이며 그 어떤 사람도 독점해선 안 된다고 한다. "이 재물은 천지 중화의 소유로서 모든 사람을 양육한다. 어떤 집에 우연히 재물이 모여 창고 속의 쥐처럼 언제나 독식하는 경우가 있으나, 이 큰 창고 속의 곡식은 본래 쥐 혼자의 소유가 아니다. 궁중 창고 소내小內의 돈과 재물도 본래 한 사람에게만 주어진 것이 아니다. 부족한 사람이 있으면 모두 거기에서 취해야 마땅하다."95 이는 재물 앞에서는 사람마다 평등하고, 사람이면 모두 그것을 누릴 권리가 있다는 말이다. 창고 속의 쥐처럼 재물을 자기 것으로만 여겨서는 안 된다는 말이다. 필수품이라면 사람들 모두가 "큰 창고"에서 취하여 사용할 수 있다. 심지어 황실 창고(즉 소내小內)도 예외가 아니다. 그들은 또 재물이 국가를 위하여 쓰여야 한다고 생각했다. 국가의 재정이 곤란하면 사람들은 재물을 헌납해야 한다. "금은이나 진기한 재화를 만들어 쓸 때 사람들이 공들여 많이 모으면서 괴롭고 힘들었더라도 국가를 위해 쓰여야 한다." "이유 없이 이 재물을 매몰하거나 도피시켜 나라는 가난해지고 재물의 쓰임새가 줄어 전체 국민의 생명을 구원할 수 없게 만들어서는"96 안 된다.

둘째, 모든 사람이 노동한다. 저자는 사람들이 사회적 생산물의 분배권을 얻는 길은 노동이며, 노동하지 않고 얻는 사람은 응당 처벌을 받아야 한다고 주장한다. "천지는 뭇 재물을 만들어 사람을 기를 수 있도록 했다. 이에 각자는 마땅히 자신의 노동력에 따라서 그것을 모으고 충분히 얻어 궁함이 없어야 하리라. 거꾸로 노력을 그치고 일하지 않으면서 손쉽게 얻으려 하거나, 재물을 구하면서 남과 불화함은 모두 사람과 재물을 강제로 취하려 드는 자들로 중화를 원수로 여기는 경우다. 이는 마땅히 죽여야 할 죄가 분명하다."97 저자는 사람들이 노동을 통해 자신의 생계를 충족시켜야 한다고 특별히 강조한다. 사람마다 모두 노동 능력이 있으므로 누구나 노동에 의지하여 생활해야 한다고 생각했다. "하늘은 사람을 낳으면서 사람마다 각자의 근력을 갖고 스스로 의식을 마련할 수 있도록 했다. 그런데도 힘으로 일하려 하지 않으면 거꾸로 굶주림과 추위에 떨게 되어 조상이 내려준 몸을 등지게 되리라. 노동력을 가벼이 여겨 힘으로 의식을 마련하려 하지 않으면서 굶주림과 추위가 힘들다는 말만 연신 뇌까린다. 그리고 재물이 많은 집안을 우러러보며 거기에 기대어 살고자 한 사람은 그 죄가 없어지지 않으리라."98

셋째, 서로 돕고 사랑한다. 태평사회에서는 모든 구성원이 서로 우애롭게 살며, 서로 돕고 사랑하며, 서로 침략전쟁을 하지 않는다고 저자는 생각했다. "인간에게 귀천이 없다고 말하는 것은 모두 하늘이 낳았기 때문이다." 따라서 천하의 모든 사람은 "아끼고 삼가고 생각해야 한다. 부당한 행위를 하여 다른 사람에게 손해를 입히지 말 것이며, 침탈이 있어서도 안 된다."99 이 사회에서는 사람마다 응당 생존에 필요한 조건들을 갖추게 된다. 어떤 사람이 이런 조건을 잃었으면 다른 사람들이 그들을 도와주어야 한다. 부자는 남은 재물을 풀어 "궁핍하고 다급함을 두루 구제해야지" 죽도록 내버려두어서는 안 된다. 가난한 사람은 구제를 받은 뒤 응당 보답을 해야지 당연히 그래야 한다고 생각하면 안 된다. 노동 능력이 있는 사람은 노동 능력이 낮거나 노동 능력을 상실한 사람을 도와주어야 한다. "지혜로운 사람은 어리석은 사람들을 키워주어야 하고" "힘이 강한 사람은 힘이 약한 사람을 길러주어야 하고" "나중에 태어난 사람은 늙은 사람을 봉양해야 한다."100 지혜로운 사람, 힘이 강한 사람, 나중에 태어난 사람은 모두 노동 능력이 왕성한 사람들이다. 이런 사람은 어리석은 사람, 약한 사람, 늙은 사람을 넉넉히 양육할 의무가 있으며 그들을 버려서는 안 된다. 구성원 모두가 복은 더불어 누리고 어려움은 나누어 가진다는 의미가 많이 담겨 있다.

넷째, 형벌을 없앤다. 태평성대에 형법은 쓸모없는 종이 쪽지에 불과하다. 있어도 사용하지 않는다. "인민은 서로 사랑하고 만물은 각자 제 있을 곳을 얻는다. 하늘의 법도가 있으되 항상 한쪽에 접혀있고 드러나지 않는다."[101] "언제나 태평을 생각하며 명령, 형벌이나 격식은 쓰지 않는다."[102] 전체 사회는 "날로 태평해지고, 형벌이 없으며, 물질에 궁함도 없고, 원통한 백성도 없다."[103]

종합해보면 저자가 묘사하는 이상사회는 인민·대중의 소망을 어느 정도 반영하고 있다고 하겠다. 예컨대 재물의 공유를 주장한 것은 사회적 재부를 독점하고 있는 소수의 사람들을 향한 불만이고, 모든 사람의 노동을 주장한 것은 노동하지 않고 얻는 사람들을 향한 분노다. 하지만 그들의 이상국이 봉건적 등급의 속박을 벗어난 것은 아니다. 빈부 등급 차별을 인정하는 전제 아래서 빈자에 대한 부자들의 도움을 요구했으며, 상호 협조와 사랑을 통해 사회적 태평에 이를 수 있다고 보았다. 착취 계급이 존재하는 사회에서 이는 매우 실현되기 어려운 일이다. 그들이 말하는 재물의 공유는 재물이 인민·대중에게 귀속된다는 말이 아니다. 재물은 천지의 소유로 하늘이 사람과 재물을 생성했다는 의미에서 재물이 만인 앞에 평등하다고 설명한 것이다. 그리고 그들이 말하는 재물은 돈과 양식 등 생활 물자에 제한되었을 뿐 토지 등 생산의 바탕은 포함되지 않았다. 그들은 그저 사회적 소비재의 분배 영역에서 생기는 불합리한 상태를 해결하기만 하면 사회관계를 개선시킬 수 있다고 보았다. 그들이 인민·대중에게 제공하는 생활수준 또한 매우 낮다. 단지 "따뜻이 입고 배부르게 먹으며" "굶주림과 추위로 죽게" 되지 않음만을 구했다. 그들의 이상이 인민·대중의 '천당天堂'이 아님을 알 수 있다. 결론적으로 그들의 태평 이상은 비교적 모호하고 추상적이며 모순으로 가득 찬 것이었다. 현실적 기초와 현실적 가능성을 결핍한 그저 하나의 환상에 불과했다.

1 입도한 사람들은 반드시 다섯 말의 쌀을 바쳐야 했기 때문에 얻어진 이름이다. ―저자
주

2 其言以陰陽五行爲家, 而巫覡雜語.(『後漢書』 「襄楷傳」)

3 夫道迺深遠不可測商矣, 失之者敗, 得之者昌.(王明 편, 『太平經合校』 210쪽, 이하 이 책
의 인용은 쪽 번호만 명기함)

4 道無所不能化.(21쪽)

5 道至尊, 微而隱, 無狀貌形像也; 但可從其誡, 不可見知也.(饒宗頤, 『老子想爾注校箋』
18쪽)

6 一散形爲氣, 聚形爲太上老君, 常治昆侖.(『노자상이주교전』 13쪽)

7 好生惡殺, 省欲去奢.(『후한서』 「양해전」)

8 元氣有三名, 太陽太陰中和. 形體有三名, 天地人. 天有三名, 日月星, 北極爲中也. 地有三
名, 爲山川平土. 人有三名, 父母子. 治有三名, 君臣民.(19쪽)

9 天地中和同心, 共生萬物. 男女同心而生子; 父母子三人同心, 共成一家; 君臣民三人共成
一國.(149쪽)

10 同心協力……(149쪽)

11 故君者須臣, 臣須民, 民須臣, 臣須君, 乃後成一事.(150쪽)

12 夫道何等也? 萬物之元首, 不可得名者. 六極之中, 無道不能變化.(16쪽)

13 道者, 乃天地所常行, 萬物所受命而生也.(734쪽)

14 道尊且神, 終不聽人.(『노자상이주교전』 47쪽)

15 人失道命則絶.(26쪽)

16 王者行道, 天地喜悅; 失道, 天地爲災異.(17쪽)

17 使同一憂, 合成一家, 立致太平.(19쪽)

18 治國令太平.(『노자상이주교전』 47쪽)

19 興國廣嗣之術.(『후한서』 「양해전」)

20 판본에 따라 간干을 우于로 보아 우길于吉이라고 쓴 곳도 있다. ―옮긴이

21 其言以陰陽五行爲家, 而巫覡雜語.(『後漢書』 「襄楷傳」)

22 夫地爲天使, 人爲地使, 故天悅喜, 則使今年地上萬物大善. 天不喜悅, 地雖欲養也, 使其
物惡. 地善, 則居地上者人民好善, 此其相使明效也.(『太平經合校』 75쪽, 이 책의 인용
은 쪽 번호만 명기함)

23 大善者, 太陽純行也; 大惡者, 得太陰煞行也; (…) 故行欲正, 從陽者多得善, 從陰者多

908

得惡.(94쪽)

24 夫爲善者, 乃事合天心, 不逆人意, 名爲善. 善者, 乃絶洞無上, 與道同稱; 天之所愛, 地
    之所養, 帝王之所當急, 仕人君所當與同心竝力也. 夫惡者, 事逆天心, 常傷人意; 好反天
    道, 不順四時, 令神祇所憎, 人所不欲見父母之大害, 君子所得愁苦也, 最天下絶洞凶敗
    之名字也.(158쪽)

25 天地人民萬物, 本共治一事, 善則俱樂, 凶則俱苦, 故同憂也.(200쪽)

26 天生人, 使人有所知, 好善而惡惡也.(242쪽)

27 學之以善, 其人善; (…) 學之以惡, 其人惡.(433쪽)

28 善人之鄉者多善人, 惡人之鄉者多惡人.(650쪽)

29 樂善, 則善精神至; 樂惡, 則惡精神至.(639쪽)

30 種善得善, 種惡得惡.(148쪽)

31 善者致善, 惡者致惡.(512쪽)

32 善者自利其身, 惡者自害其軀.(201쪽)

33 力行善反得惡者, 是承負先人之過, 流災前後積來害此人也. 其行惡反得善者, 是先人深
    有積蓄大功, 來流及此人也.(22쪽)

34 善惡當分.(573쪽)

35 善與惡不分別, 天災合同.(102쪽)

36 半善半惡.(702쪽)

37 人爲善於地上, 天上亦應之爲善; 人爲惡於地上, 乃天上亦應之爲惡, 乃其氣上通也.(664
    쪽)

38 或積財億萬, 不肯救窮周急, 使人飢寒而死.(242쪽)

39 子賢善, 則使父母常安, 而得其所置; 妻善, 則使夫無過, 得其力; 臣善, 則使國家長安; 帝
    王民臣俱善, 則使天無災變.(191쪽)

40 百姓萬民, 一旦俱化爲善, 不復知爲惡之數也.(333쪽)

41 教天下人爲善之法也, 人善卽其治安, 君王樂遊無憂.(125쪽)

42 君爲父, 象天; 臣爲母, 象地; 民爲子, 象和.(150쪽)

43 君臣民相通, 竝力同心, 共成一國.(149쪽)

44 君者須臣, 臣須民, 民須臣, 臣須君, 乃後成一事, 不足一, 使三不成也. 故君而無臣民, 無
    以名爲君; 有臣民而無君, 亦亂, 不能自治理, 亦不能成善臣民也; 此三相須而立, 相得乃
    成, 故君臣民當應天法, 三合相通, 竝力同心, 共爲一家也.(150쪽)

45 天之法, 常使君臣民都同, 命同, 吉凶同.(151쪽)

46 人君, 天也.(20쪽)

47 帝王者, 天之貴子也.(169쪽)

48 人君不明, 災害竝行.(195쪽)

49 君愚, 其治(治은 治로 해야 함)常亂憒, 不得天心.(436쪽)

50 吾乃爲太平之君作經.(445쪽)

51 臣者, 必當助帝王德君.(422쪽)

52 夫民臣, 乃是帝王之使也, 手足也, 當主爲群王達聰明, 使上得安而無憂, 共稱天心.(318
     쪽)

53 陽, 君也. 陰, 臣也. 事臣不得過君.(49쪽)

54 臣當弱於其君也, 乃後臣事君順之.(51쪽)

55 君須臣, 乃能成治. 臣須君, 乃能行其事.(14쪽)

56 故賜國家千金, 不若與其一要言可以治者也; 與國家萬雙璧玉, 不若進二大賢也.(128쪽)

57 帝王有愚臣億萬, 不若得一大賢明乎?(346쪽)

58 爲臣當忠.(408쪽)

59 臣不忠, 則不能盡力共敬事其君.(405쪽)

60 忠臣憂常在上, 汲汲不忘其君.(19쪽)

61 各有所長所短, 因以相補, (…) 大聖所短, 不若賢者所長. 人之所短, 不若萬物之所長.(102
     쪽)

62 時臣各懷眞道要德, 無巧僞文猾人. 故其時臣智悉過其君, 能爲帝王師, 其教若父, 故師
     父事之, 是則道德過其君之則也. 故能使其君安坐垂拱而無憂.(435쪽)

63 以諫正人君.(102쪽)

64 臣有忠善誠信而諫正其上也, 君不聽用, 反欲害之, 臣駭因結舌爲喑, 六方閉不通. (…)
     君雖聖賢, 無所得聞, 因而聾盲, 無可見奇異也. 日以暗昧, 君聾臣喑, 其禍不禁; 臣昧君
     盲, 奸邪橫行; 臣喑君聾, 天下不通. (…) 六極戰亂, 天下竝凶.(102쪽)

65 臣見君父之衰, 救之. (…) 臣知其君有失, 將睹凶害而救之. (…) 知君理失其要意, 災
     害連起, 而救助其理之. (…) 臣知其君年少, 其賢未能及事而救之.

66 是爲大功. (…) 知而不救, 自解避而去, 爲不順忠孝之人, 罪皆及其後.(685쪽)

67 君與臣者, 主傳治理凡事人民諸物之兩手也. (…) 兩手者, 言其齊同竝力, 無前無却, 乃
     後事可成也; 兩手不竝力者, 事不可成也.(518쪽)

68 君盛則臣服, 民易治.(589쪽)

69 人之上君若君, 中者若臣, 下者若民也.(238쪽)

70   民者, 職當主爲國家王侯治生.(264쪽)

71   君少民, 乃衣食不足, 令常用心愁苦. 故治國之道, 乃以民爲本也. 無民, 君與臣無可治, 無
      可理也.(151쪽)

72   治國之大要, 多民爲富, 少民爲大貧困.(264쪽)

73   大聖賢共治事, 但旦夕專以民爲大急, 憂其民也.(151쪽)

74   盛而爲君, 衰卽爲民.(723쪽)

75   助帝王治, 大凡有十法: (…).(254쪽)

76   御此者道也.(730쪽)

77   守道與德, 思退刑罰.(110쪽)

78   故好用刑罰者, 其國常亂危而毀也.(406쪽)

79   古者聖人君子威人以道與德, 不以筋力刑罰也.(107~108쪽)

80   敎尊之以道與德, 乃當使有知自重自惜自愛自治.(164쪽)

81   以刑治者, 外恭謹而內叛, 故士衆日少也.(106쪽)

82   人人道, 人人德, 故知其大樂至意矣.(425쪽)

83   君者當以道德化萬物, 令各得其所也. 不能變化萬物, 不能稱君也.(20쪽)

84   今帝王居百里之內, 其用道德, 仁善萬里, 百姓蒙其恩. 父爲慈, 子爲孝, 家足人給, 不爲
      邪惡. 帝王居內, 失其道德, 萬里之外, 民臣失其職, 是皆相去遠萬萬里, 其由一也.(24쪽)

85   以有道德爲大富, 無道德爲大貧困.(273쪽)

86   天者, 乃道之眞, 道之綱, 道之信, 道之所因緣而行也. 地者, 乃德之長, 德之紀, 德之所
      因緣而止也.(423쪽)

87   王者行道, 天地喜悅; 失道, 天地爲災異.(17쪽)

88   故無道德者, 命不在天地也, 與禽獸同祿同命.(424쪽)

89   逢其太平, 則可安枕而治; 逢其中平, 則可力而行之; 逢其不平, 則可以道自輔而備之.(178
      쪽)

90   太者, 大者也, 乃言其積大行如天, 凡事大也, 無復大於天者也. 平者, 乃言其治太平均,
      凡事悉理, 無復奸私也; 平者, 比若地居下, 主執平也, 地之執平也.(148쪽)

91   太平者, 乃無一傷物, 爲太平氣之爲言也. 凡事無一傷病者, 悉得其處, 故爲平也.(398쪽)

92   萬物各得其所.(216쪽)

93   天以安平爲歡, 無疾病, 以上平爲喜, 故使人民皆靜而無惡聲, 不戰鬪也. 各居其所, 則無
      病而說(悅)喜, 則天言而不妄語也.(200쪽)

94   調和平均, 使各從其願, 不奪其所安.(616쪽)

95 此財物乃天地中和所有, 以共養人也. 此家但遇得其聚處, 比若倉中之鼠, 常獨足食, 此大倉之粟, 本非獨鼠有也; 少(小 자로 의심됨)內之錢財, 本非獨以給一人也; 其有不足者, 悉當從其取也.(247쪽)

96 夫金銀珍物財貨作之用, 人功積多, 誠若(苦 자로 의심됨)且勞, 當爲國家之用. (…) 無故埋逃此財物, 使國家貧, 少財用, 不能救全其民命.(248쪽)

97 天地乃生凡財物可以養人者, 各當隨力聚之, 取足而不窮. 反休力而不作之自輕, 或所求索不和, 皆爲强取人物, 與中和爲仇, 其罪當死明矣.(243쪽)

98 天生人, 幸使其人人自有筋力, 可以自衣食者. 而不肯力爲之, 反致飢寒, 負其先人之體. 而輕休其力, 不爲力可得衣食, 反常自言愁苦飢寒. 但常仰多財家, 須而後生, 罪不除也.(242쪽)

99 常言人無貴賤, 皆天所生, (…) 愛之愼之念之, 愼勿加所不當爲而枉人, 侵克非有.(576쪽)

100 智者當苞養愚者, (…) 力强當養力弱者, (…) 後生者當養老者.(695쪽)

101 人民相愛, 萬物各得其所, 自有天法常格在不匿.(216쪽)

102 常思太平, 令刑格而不用也.(80쪽)

103 日興太平, 無有刑, 無窮物, 無冤民.(206쪽)

제10장

한 말 위진 시대 명법名法, 명리名理 사조와 현학玄學의 정치사상

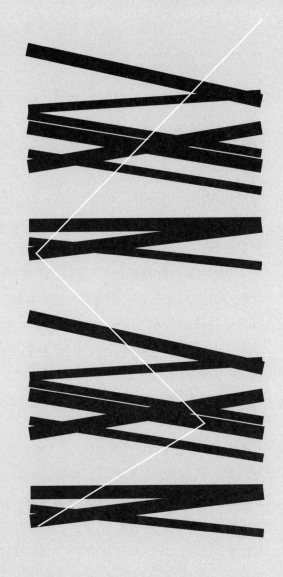

양한의 통치자들은 유가의 강상명교綱常名教로 천하를 다스렸다. 그러나 한 말 명교의 쇠락은 한대 경학을 담체로 삼았던 효치孝治가 더 이상 유지될 수 없음을 드러낸 것이었다. 사상적 혼란과 정치적 동요가 서로 영향을 미쳤다. 이런 상황 아래 정치사상 영역에선 두 가지의 강력한 사조가 출현했다. 하나는 명실名實 논쟁과 재성才性 논변이 하나로 융합된 명법名法 사조였다. 한말의 사상가 및 정치가들은 법제, 형명의 학문을 다시 주워들고 분열과 전란의 와중에 강제로 통치 질서를 회복코자 했으며 국부적인 정치 안정을 실현하기도 했다. 또 하나는 명교와 자연 관계 분석을 주된 사유 방법으로 하는 현학玄學 사조였다. 현학자들은 도교를 유가에 끌어들였는데, 입으로는 오묘하고 요원한 이야기들을 했으나 실제론 정치 철학의 위치에서 명교의 합리성에 대한 재인식을 진행했다. 그 가운데 완적阮籍, 혜강嵆康을 우두머리로 하는 죽림竹林 명사들은 정치에 대한 전통적 인식의 웅덩이를 뛰어넘어 진부한 양한의 경학적 사유에 '괴이하고 허망한怪誕' 청신한 바람을 주입했으나 끝내는 압살당했다. 현학은 끝내 진晉 대의 통치자들에게 명교의 합리성을 논증해주는 운명을 벗어나지 못했다.

한漢, 위魏 교체 시기의 명법 사조

한·위 교체기에 사회는 대단히 불안했다. 통일되었던 후한 왕조가 쇠망의 길에 접어들고 삼국이 정립하는 정치적 상황으로 바뀌었다. 구질서는 파괴되었고, 새로운 질서는 아직 수립되지 않았다. 이데올로기 영역에서 신학적 경학의 지배적 지위에 변화가 생기고 그 정치적 지배 기능이 약화되었다. 이런 사회 환경이 각종 사상과 관념이 싹을 틔울 토양을 마련해 주었다. 한·위 교체기의 명법 사조는 그 가운데 하나였다. 예법禮法, 군신君臣, 명실名實 등이 이 사조에서 다루었던 정치적 주제다. 후한 및 삼국의 혼란과 분열 국면 때문에 사람들의 관심은 주로 실질적인 사회 문제의 해결에 놓였으며 학파 수립이나 학설의 형성은 그다지 중시하지 않았다. 이 때문에 이 시기의 정치 이론은 전체적으로 체계를 갖추고 있지 못하며, 사람들 사이의 사상적 차이도 상당히 컸다. 이는 사회 변동의 시기에 각종 사상이 서로 부딪치고 침투했다는 반증이다. 이 시기에 순수한 사상가는 비교적 적었고 수많은 사상 관점은 주로 정치 행동가들이 제기했다. 그래서 사상들 가운데 농후한 무실務實 정신이 담겨 있으며, 시대 관련 주제들로 똘똘 뭉쳐 있다. 명법가名法家들이 그중 특출했다.

명법 사조는 위진 교체기 사회 현실의 산물이다. 형명, 법술 등의 수단을 통해 군사적 강국을 만들어 천하를 쟁패하고, 사회의 지배 질서를 새로이 회복하는 것이 그 주지였다. 중법重法, 수법守法, 용법用法, 무실務實은 명법가들의 공통점이다. 선진 법가들과 다른 것은 이들 명법 사조가 시종 유가 사상과 연계를 맺고 있으며, 유가 전통의 문화적 배경 아래서 전개되었다는 점이다. 따라서 수많은 문제에 대한 논의 모두가 명법과 명교와의 갈등과 충돌을 둘러싸고 진행된다. 명법 사조의 대표적 인물로는 조조曹操, 제갈량諸葛亮, 유이劉廙, 환범桓范, 두서杜恕 등 주로 당시의 정치 활동가들이며, 조曹씨 위나라의 지배 집단이 그중 특출했다. 명법 사조의 내용은 다방면에 걸쳐 있는데, 주된 문제로는 형·예刑禮의 선후, 군신君臣 관계, 명실名實의 종합 고찰 등이 있다.

형刑·예禮
선후 논쟁

형·예 관계 혹은 형·덕 관계는 정치사상사의 오래된 문제로서 거의 모든 시대의 사상가가 조금의 예외도 없이 이에 대한 견해를 발표해왔다. 한위 교체기에 이 문제에 관해 비교적 높은 차원의 토론이 전개되었다. 『삼국지三國志』「유이전劉廙傳」의 기록을 보자. 유이는 정의丁儀와 "더불어 형과 예에 관해 논의했는데", 이 토론의 실질은 어떤 치국 방침을 확정하고 어떠한 정치 체제를 수립하느냐는 것이었다.

조조가 창도하고 시행한 명법 통치는 기왕의 지배 방식을 바꾸었으며, 사람들의 사상 관념에도 변화를 가져왔다. 부현傅玄은 "위魏 무제武帝가 법술을 좋아하니 천하가 형명을 소중히 여겼다"[1]고 말한 적이 있다. 『문심조룡文心雕龍』「논설論說」편은 "위나라가 처음 천하를 제패하고는 통치술로써 명법을 겸했다"[2]고 말한다. 이는 조조가 형명법술의 학설을 치국의 지도 사상으로 삼았다는 설명이다. 그가 추진한 각종 조치는 모두 이와 관련이 있다. 이런 사상을 제기한 것은 형·예 관계에 대한 그의 이해와 서로 연관을 맺고 있다. "안정된 사회의 교화는 예를 앞세워야 하나, 난세를 다스리는 정치는 형벌을 우선해야 한다."[3] 그의 태도는 민활하면서도 분명하다. 실천의 각도에서 형벌과 예의를 관찰하고는, 예의는 치세에 쓰이고 형벌은 난세에 시행한다고 주장했다. 시대가 다르니 취할 방법도 달라져야 하는데 당시의 천하가 크게 혼란스러우니 "형벌을 우선해야" 한다는 것이다. 이 인식에 기초하여 조조는 형명법술을 통치 속에서 관철시켰다. 그는 "나라를 다스리는 방법은 강병과 족식足食에 달려 있다"[4]고 주장한다. 강병하려면 반드시 법으로 군대를 다스려야지 "예로는 병사들을 다스릴 수 없다".[5] 그는 나라를 다스리려면 공에 상을 주고 죄에 벌을 주는 방법을 채택하여 상장과 징벌을 분명히 함으로써 사람들이 공을 세우도록 장려해야 한다고 생각했다. "무능한 사람이나 싸우지 않은 전사가 녹이나 상을 받았단 이야기가 들리지 않으면 공을 세우고 나라를 흥하게 만들 수 있다. 그래서 현명한 군주는 공이 없는 신하에게 관직을 주지 않으며 싸우지 않는 전사에게 상을 주지 않는다. 평화 시대를 다스릴 때는 덕행을 숭상하나, 일이 있을 땐 공이 있고 능력 있는 사람에게 상을 준다."[6] 이 주장들은 선명한 법가적 특징을 지니고 있으며 목적은 절대 권위의 확립과 중앙 집권적 정치 체제 건립에 있다. 조조의 수많은 정책과 조치는 모두 "형벌 우선" 정신을 반영하고 있다. 이 정신이야말로 조씨 위나라의 정치적 성공에 큰 영향을 미쳤다.

명법의 통치는 촉蜀나라에서도 구현되었다. 제갈량은 법으로 나라를 다스리는 방침을 채택하고 법술을 운용하여 통치를 행했다. 그러나 형·예 문제에 있어서는 조조와 생각이 달랐다. 그는 형·예의 병용을 주장했다. 법치의 작용을 강조하는 한편 강상윤리의 작용도 중시하여 어느 것 하나라도 치우쳐선 안 된다고 한다. 하지만 구체적으로 나라를 다스리고 군대를 정돈하는 등의 문제에 이르면 그 또한 법치에 치중했다. "오늘날 법으로 위엄을 세우고 있는데, 법이 행해지면 은혜를 알게 될 것입니다. 또 작위로 한계를 짓고 있는데, 작위가 더해지면 영광스러움을 알게 될 것입니다. 은혜와 영광이 더불어 내려지면 상하에 절도가 있게 됩니다. 정치의 요체는 여기에서 뚜렷이 드러날 것입니다."[7] 그는 "법으로 위엄을 세우고" "작위로 한계를 짓는" 것을 "정치의 요체"로 보고 있다. 이 두 가지 무기를 장악해야 "은혜와 영광이 더불어 내려져 상하가 절도 있는" 국면을 실현시킬 수 있다. 군대를 다스림에는 상벌이 엄명해야 한다. 군령은 산과 같으니 "상벌이 불명확하고 법령에 믿음이 없다면 징을 쳐도 멈추지 않고 북을 울려도 나아가지 않으리라. 그럼 100만의 군대가 있은들 아무런 쓸모가 없으리라"[8] 실제 정책을 시행해가면서 제갈량은 법치를 대단히 중시했다. 그랬기 때문에 조씨 위나라 정권과 항쟁할 실력을 축적할 수 있었다. 진수陳壽는 제갈량의 촉나라 통치를 칭찬하면서 이렇게 말한다. "벌은 과하고 교화를 행함에 엄격하고 명백했으며 상벌에 반드시 믿음이 있었다. 악한 사람은 모두 처벌받았으며, 선한 사람은 모두 영달했다. 마침내 관리들도 간사함을 용납하지 않았고 사람들은 누구나 스스로를 단속했다. 도로에 떨어진 물건을 집어가는 일이 없어지고 강한 자가 약한 자를 괴롭히지 않게 되어 사회 풍속이 숙연해졌다."[9]

형·예 관계에 대한 조씨 위나라 집단의 일부 인사들의 견해가 전부 일치한 것은 아니지만 대부분은 명법 통치를 둘러싸고 문제를 생각했다. 그들은 당시의 정치 형세에 근거하여 조조가 실행했던 명법 통치를 긍정하는 동시에 그 폐단에 대해서도 견해를 발표하여 보완 조치를 주문했다. 조조의 모사였던 유이는 명법 통치에 찬동하면서 형·예 문제를 탐구했다. 『삼국지』「육손전陸遜傳」은 "남양南陽의 사경謝景은 유이의 선형후예先刑後禮 논의를 좋게 여겼다"[10]고 한다. 유이가 조조의 "형벌 우선" 주장의 옹호자였음을 알 수 있다. 환범은 선형후예 관점이 편향적이며 문제의 한 측면만을 강조한 것이라고 생각했다. 형·덕 관계는 응당 상호 보완적 입장이어야 한다는 것이다. 그는 말한다. "치국의 근본은 두 가지, 즉 형과 덕이다. 양자는 서로 기대며 행해지고 서로를 갖추어주며 완성된다. 하늘은 음과 양으로 세월을 만들고, 사람은 형벌과 덕으로 정치를 완성한다. 아무리 성인이 정치를 한다 하더라도 한쪽만 치우쳐 사용할 수 없다. 대부분 덕에 임하고 형벌을 조금만 사용했던 경우가 왕제王帝였고, 형과 덕을 반씩 사용했던 경우가 삼왕三王이었으며, 형벌이 많고 덕으로 임하는 경우가 적었던 사람이 오패五覇였으며, 순전히 형벌만 사용하여 강제하다가 망한 경우가 진秦나라다. 군주가 정치를 잘하려면 형벌과 덕이라는 칼자루를 전적으로 장악하고 있어야 한다."11 그는 또 형벌의 작용이 위협 능력에 달려 있다고 생각했다. 사람들을 두렵게 만들면 사람들이 감히 범죄를 저지르지 않는데, 사람들 모두가 범법하지 않으면 형벌을 실시할 필요가 없어질 것이라고 한다. "그래서 성스러운 군주는 형벌을 사용함에 있어 상세하고도 적극적이다. 백성 중 법을 어기는 사람은 적고, 형벌을 두려워하는 사람이 많기를 바란다. 훌륭한 형벌은 형벌이 없는 데 이름이고, 최고의 처벌은 처벌이 없는 데 이름이라 함은 이를 두고 한 말이다."12 이는 형벌로 형벌을 없앤다는 전형적인 법가의 논의다. 환범과 원준袁准의 인식은 분명한 유가, 법가 합류의 특징을 보인다. 원준은 말한다. "형법만 있고 인의가 없이 오래되면 백성이 원망하며, 백성이 원망하면 떨쳐 일어난다. 인의만 있고 형법이 없으면 백성이 태만하며, 백성이 태만하면 간사함이 일어난다. 그래서 인으로 근본을 삼고 법으로 완성한다고 말하는 것이다. 둘 다 통하여 편중됨이 없도록 하는 것이 최고의 통치다."13 이러한 인식은 유가의 전통적인 문무지도와는 다르다. 문무의 도는 예를 위주로 하고 형을 보조 수단으로 삼는다. 여기서의 예는 형벌의 보충이다. "형벌 우선"의 편향성을 보완하기 위하여 통치 과정에 유가 학설을 겸하도록 요구함으로써 각종 사회 모순들을 조절하려 한 것이다.

"형벌 우선"이든 형·예 병중이든 모두 형명법술을 중요한 위치에 둔다.

이 점은 시대의 공통된 인식이었다. 이는 한위 교체기 정치적 지배 방식을 구축하는 데 이론적 근거를 제공했다. 특히 조씨 위나라 정권은 대체로 이러한 사상에 입각하여 군주 전제 지배 질서를 재건한 것이었다.

군신 관계

명법 통치는 반드시 군주와 신하의 공동 노력을 통해서만 실현될 수 있다. 따라서 어떤 군신 관계를 확립할 것인지의 문제와 정치 생활에서 군신의 지위 및 상호 작용은 자연스레 논의의 중요 사항이 되었다.

군주와 신하는 국가 정치권력의 집행자들이다. 그들 사이의 권력 분할 및 상호 관계는 사회적·정치적 실천의 결과에 직접 영향을 미친다. 각자의 소질 또한 정치 과정에서 그들이 실제로 연출하는 역할에 영향을 미친다. 한위 교체기 군신 관계의 뒤엉킴과 혼란은 사람들을 아주 곤혹스럽게 했다. 어떤 사람은 "군주 되기도 어렵고" "신하 되기도 쉽지 않다"고 한탄할 정도였다. 그리하여 사회적 실상에 근거하여 예전의 군신 이론들을 다시 한번 살펴보는 것이 시대적 과제가 되었다.

군신 관계에 관한 논의는 어떻게 정치를 할 것이냐를 둘러싸고 전개되었다. 위정과 치세 효과는 군신 관계가 좋은가 나쁜가를 판가름하는 가치 척도다. 유이는 "명군은 반드시 어진 보좌를 기다린 뒤 치세에 이르지 어진 보좌진만으로 홀로 치세를 이룰 수는 없다"[14]고 말한다. 명군과 어진 보좌(신하)는 치국이라는 정치적 목적 아래 통일된다. 이 과정에서 군신은 일체화되며 분리되지 않는다. 군주가 아무리 영명하더라도 혼자서 정치적 목적을 실현시킬 수는 없다.

유이는 군신은 일체이지만 양자의 지위는 같을 수 없다고 생각했다. 전체 정치 운행 과정에서 신하의 가치는 군주 보좌를 통해서 실현된다. 따라서 군신 사이에선 군주가 주도적 위치를 차지하며 군신 간의 협조는 군주 자신의 이익을 옹호하느냐에 달려 있다. "군주가 신하를 존경하는 까닭은 신하를 믿고 소임을 맡기면 그가 군주 자신을 보호해준다는 것을 알기 때문이다."[15] 이 한마디는 군신 관계의 요체를 설명하고 있다. 여기서 군주가 "신하를 존경해야" 한다고 한 말은 표상이자 군주의 권모술수일 뿐으로 "군주 자신을 보호해주도록" 하는 수단에 불과하다. 군신 간 지위의 도치를 의미하는 말이 아니다. "군주 자신을 보호하는" 목적을 실현시키기 위해 유이는 신하와의 관계를 처리하는 몇몇 원칙을 제기했다. 지신知臣, 신신信臣, 용신用臣이 그것이다. 지신은 용신의 전제 조건이다. 하지만 신하가 충성스러운지 현명한지 알기란 결코 쉬운 일이 아니다. 그는 지신하려면 반드시 "널리 보고 들으며" "많은 사람에게 문의하길" 요구한다. 신하에 대해 실질적 조사를 벌여 절대로 아첨꾼들에게 속아서는 안 된다고 주장한다. 그는 말한다. "군주는 자기를 사랑하는 사람을 아끼지 않을 수 없어 자기를 사랑하는 사람이 충분히 사랑하는 것이 아님을 모른다. 그래서 어린 신하들의 아첨에 미혹되어 그를 버리지 못하며, 자기를 거스르는 사람이 자기를 이롭게 한다는 것을 잊어버리고 그를 쓰지 않는다."[16] 군주는 머리가 맑아야 한다. 감정에 의존해서 판단해선 안 된다. 특히 이른바 "자기를 사랑하는" 사람에 대해서는 실질을 따져봐야지 가상에 미혹되어선 안 된다. 진정으로 충성스럽고 현명한 신하를 신임해야 군신 간에 상호 신뢰 관계가 수립된다. "사람을 얻어 그가 나라를 위해 절개를 다하면 군주에게 신임을 받는다."[17] 지신과 신신의 기초 위에서 유이는 특히 과감히 용신을 잘하라고 강조한다. 그는 군주의 지능은 유한하다고 생각했다. "한 사람의 힘으로 사해 안을 홀로 다스리려 한다면 업무가 너무 많고 지혜는 부족하니 어찌 가려진 곳이 없겠는가!"[18] 따라서 신하의 적극성을 광범하게 동원해야지 일마다 친히 간섭할 수는 없다. 그렇지 않으면 군신 관계가 잘못될 수 있다. "군주는 힘들고 신하는 편하면 상하의 자리가 바뀐 것이니 군주 한 명이 신하가 되고, 신하 만 명이 군주가 되는 셈이다."[19] 유이 군신 이론의 중점은 군주 한 몸에 놓였다. 군주를 위해 신하 제어의 기술을 제공했으며, 이는 군주 전제를 강화하려는 그의 사상과 일치했다.

환범은 유이보다 한 걸음 더 나갔다. 군신 간 양방향 통제로부터 군신의 상호 관계를 논증했다. 그는 "군주 되기도 어려우며" "신하되기도 쉽지 않다"는 이율배반적 이론을 제기했다. 군신 관계의 협조가 실제 정치 생활에서 매우 어려운 문제임을 설명하려는 의도였다. 환범은 유가 사상의 영향을 깊이 받았다. 그의 군신 이론은 도덕화의 특징을 지니며, 도, 덕, 충, 의 등 요소가 군신 관계를 조절하는 작용을 한다고 강조했다. 이른바 "부자 관계는 은혜로써 친근하고, 군신 관계는 의로써 공고하다."[20] 군주와 신하 사이에 화해 관계를 수립하려면 반드시 공통된 기초가 있어야 한다. 이익의 일치 외에도 쌍방은 일정한 도덕적 지능적 소질을 갖추고 있어야 한다. "군신이 만났을 때 어리석음으로 지혜로움을 받들기란 쉽지 않으며, 현명함으로 사리에 어두운 사람을 섬기기란 어려운 일이다. 오직 현명함으로 성스러움을 섬기고, 성스러운 사람이 현명한 사람을 섬기는 것만이 가능하다."[21] 성스러움과 현명함이야말로 군주와 신하 상호 간에 통일된 내재적 요구이며 군주와 신하가 도달해야 할 최고의 경지이기도 하다. "일대의 성스럽고 현명한" 군주가 되려면 우선 자신의 도덕적 수양과 지도력을 높여야 한다. "위에서 군주가 똑바르면 아래에서 관리들이 감히 사악하게 굴지 못한다."[22] 이 기초 위에서 "신하를 제어하는 길"을 잘 익혀야 한다. 그는 적어도 군주라면 '9려九慮와 7서七恕'는 이해하고 있어야 한다고 주장한다. '9려'는 군주가 주의하고 방지해야 할 신하의 아홉 가지 행위, 즉 사詐(속임), 허虛(빈틈), 질嫉(시기), 투妬(시샘), 간奸(간사), 기欺(기만), 위僞(거짓), 화禍(허물), 영佞(아첨) 등을 가리킨다. 이런 측면에서 신하들에 대한 조사를 진행하여 "악을 방지해야 한다". '7서'는 금기를 어긴 신하들의 일부 행위에 대해 군주가 이해해주어야 할 사항을 가리킨다. 금기 행위가 일곱 개 방면의 표준에 부합하기만 하면 용서할 수 있다는 것이다. 즉 직直(올곧음), 질質(순수함), 충忠(진실), 공公(공공적), 정貞(지조), 난難(근심), 경勁(굳셈)이다. "이 7서는 잘되고자 하는 까닭에 연유한 것이므로 아랫사람의 주장을 받아들여야 한다."[23] '9려와 7서'는 사실상 군주에게 신하를 변별하는 능력을 갖추라는 요구다. 간신들에게 속아서도 안 되며, 현신들이 상해를 입도록 두어서도 안 된다는 말이다. 군주가 주도적 작용을 더 잘 발휘하라는 이야기다.

환범은 신하가 어떻게 하여 현신이 되는지에 관해 더 많은 이야기를 하고 있다. 그는 직책의 높낮이에 따라 신하를 소신小臣과 대신大臣으로 나눈다. 소신에 대해서는 온 힘을 다해 직책을 지키고 "윗사람에 충성하고 군주를 사랑하라"고 요구한다. "소신은 임용되면 직책을 담당하고, 일을 받으면 업무에 충실하며, 지위를 벗어난 생각을 하지 않고, 직무를 넘어선 고민을 하지 않아야 한다. 온 힘과 정성을 다하여 충성을 다할 따름이다."[24] 대신은 항상 군주를 모시고 있으므로 직책이 매우 중요하다지만 직책을 다하는 것만으로는 아직 부족하다. 군주를 위해 계책을 내고 근심을 나누어가져야 한다. "이른바 대신은 도로써 군주를 섬겨야 한다." "군주를 섬기는 사람은 충의의 도를 다해야 하며 충의의 절개를 지켜야 한다. 힘들고 욕된 일도 기꺼이 하고, 위난을 당해선 머리가 땅에 떨어지고 피가 풀을 적시게 되더라도 피해선 안 된다. 군주를 편안케 하고 백성을 다스려 교화와 덕을 떨치게 함으로써 군주로 하여금 일대의 성상이 되게 하고, 자신은 일대의 어진 보좌가 되어야 한다."[25] "도로써 군주를 섬김"은 현신이 지켜야 할 기본 준칙이다. 이에 따라 신하는 무조건적으로 군주에 순종해서는 안 된다. 군주의 잘못에 대해서는 과감히 직간을 해야 한다. "신하가 구차하게 순종하는 것은 충성이라 할 수 없다. 따라서 나라가 장차 잘 되려면 간언하는 신하가 있는 것이 중요하다. (…) 오직 정직한 간언과 직간만이 결핍을 메울 수 있다."[26] "간쟁이란 도에 입각해 군주에게 받아들이도록 하는 것이다. 잘못된 것을 바로잡아 오류로부터 군주를 구하는 일이다."[27] 직간할 수 있느냐의 여부는 신하가 충성스럽고 현명하느냐의 여부를 살필 수 있는 중요한 조건이다. 신하의 입장에서 볼 때 이는 둘 다 어려운 선택이다. "간언하지 못하면 군주가 위험해지고, 굳이 간언을 하자면 제 일신이 위태로워진다."[28] 직간하지 않으면 군주에게 손해를 끼칠 수 있고, 직간하면 총애를 잃게 되고 심지어 목숨을 잃을 위험도 있다. "지금 바른말로 직간하면 죽음과 치욕이 가까워지고 영광과 은총에서 멀어질 것이다."[29] 직간하려면 모험 정신이 필요하다. 이는 신하에 대한 일종의 시험이다. 이런 상황 아래서 현신이라면 조금도 머뭇거리지 않는다. "현인군자는 군주의 위험을 차마 보지 못한다. 일신의 위태로움을 애석해하지 않으므로 위험과 치욕이라는 재앙도 덮어쓴다. 군주의 비늘을 건드려 죄를 받는다 해도 피하지 않는 것이 충이고 의다."[30] 환범이 말하는 현신의 최대 특징은 바로 충의임을 알 수 있다. 이른바 "도로써 군주를 섬긴다"고 할 때의 도는 바로 '충의의 도'다. 신하가 능히 '충의지도'로 군주를 섬기고, 군주는 성스럽고 현명한 지혜로 신하를 대한다면 "군주와 신하가 서로 화목하고 상하가 한마음이 되리라"[31] 군신 사이에 화해 관계가 수립될 것이다.

한위 교체기에 비교적 세밀하게 군신 관계를 논한 사람은 두서杜恕다. 그는 『체론體論』을 저술하여 군신일체 이론을 제기했다. 이는 당시 군신 이론을 총결한 작품이라 할 수 있다. 두서는 군신은 서로를 필요로 하는 동체로서 양자 사이에 하나가 빠질 수도 분리될 수도 없다고 생각했다. "군주가 머리라면 신하는 팔다리다. 서로를 필요로 하는 한 몸으로 이루어진 존재다."32 "무릇 군주에 대한 신하의 역할은 사지가 머리를 받치고 있음과 같으며, 눈과 귀가 마음에 따라 움직임과 같다. 모두 서로를 필요로 하여 한 몸이 되며, 서로를 얻은 뒤에 다스리는 사람이 된다."33 "그런 즉 군주가 어찌 신하 없음을 기대할 수나 있겠으며, 신하가 어찌 군주 없음을 기대할 수나 있겠는가! 군주 없음을 기대하고 신하 없음을 기대하는 것은 제 몸이 없음을 기대하는 짓이다."34 군신은 동체이며 상호 의존 관계라는 사실을 아주 잘 묘사하고 있다. 군주는 동체이며 서로 의존한다는 논의는 군주 정치의 필요에서 나온 것으로 그 목적은 군신 관계를 개선하고 통치 집단의 내부적 통일을 강화하려는 데 있었다. 두서는 군신 사이에 마음이 뜨고 덕을 이반하면 사회 질서란 그저 빈말에 불과하게 될 것이라고 주장한다. "군주와 신하의 몸이 갈라졌는데 질서와 교화가 잘 이루어지길 바라는 것은 예전에 미처 들어보지 못했다."35

군신은 동체이고 상호 의존한다고 말하지만 그렇다고 군주가 머리이고 신하는 팔다리라는 통속 관계가 바뀔 수는 없다. 군주는 시종 "신하를 제어하는" 주도적 지위에 있다. 군주는 원수이므로 "자기 몸을 다스려야 하며" 신하에 관심을 기울이고 아껴야 한다. "옛날 성군은 신하를 대할 때 아프면 무수히 찾아가 보았으며, 죽으면 대렴과 소렴에까지 임석했다. (…) 성심으로 신하를 대하지 않으면서 신하가 자기를 위해 성심으로 일해주기를 바라는 것을 어리석다고 한다. 공허하고 어리석은 군주가 자기를 위해 사력을 다하는 사람을 얻는 경우는 없다."36 군주가 "성심으로 신하를 대할" 때 신하는 공경을 다해 군주를 섬긴다. 군신이라는 이 통일체 가운데서 군주와 신하는 또한 각자 제 본체를 갖고 있다. "군주의 본체" 는 주로 "관직을 설치하고 직무를 나누어주거나" "신하에게 위임하여 책 무를 완성토록 하거나" "쉼 없이 계책을 도모하거나" "관용으로 민중의 마 음을 얻거나" "잘못이나 하자를 덮어두거나" "산처럼 움직이지 않거나" "깊 은 연못처럼 속을 알기 어렵거나" 하는 일로 표현된다. "군주의 본체"는 주 로 군주의 권력, 위세, 신하 제어술을 가리킨다. 이는 신하를 제어하기 위 해 군주가 반드시 꽉 붙들고 있어야 할 것들이다. "군주에겐 군주의 본체 가 있으니 신하들은 두려워하면서도 그것을 사랑한다."[37]

"신하의 본체"는 다음 몇 가지 방면에서 나타난다. (1)아랫사람들을 불 쌍히 여기고 윗사람에 순종하여 백성을 편안케 하고 군주를 존중한다. (2)녹과 지위를 탐하지 않고 널리 베풀고 예로써 공경한다. (3)헛된 명성을 도모하지 않고 안으로 수양하고 밖으로 양보한다. (4)현자를 추천하고 능 력 있는 사람에게 양보하여 널리 사람을 심고 더불어 나아간다. "신하의 본체"의 중심은 "군주를 섬기는 도리"를 널리 퍼뜨리고 신하들을 위한 기 본적 행위 준칙을 제공하는 것이다. 두서는 신하가 군주를 섬기는 데는 네 가지 상황이 있다고 이야기한다. "신하에 관해 논하자면 군주를 섬김 에 네 가지 상황이 있다. (…) 위로 능히 군주를 존중하고 아래로 능히 백 성을 하나로 통합시키며, 물질에 관련된 일에 능히 대응하고 사건이 생기 면 능히 처리하며, 몸과 소리에 그림자와 메아리가 응하듯이 물 흐르듯 아랫사람들을 교화하는 자가 현주賢主의 신하다. 안으로 족히 백성을 통 합시키고, 밖으로 족히 위난에 대처하며, 백성이 친애하고 선비들이 믿고 따르며, 자신의 장점으로 군주를 화나게 하지 않고 자신의 단점으로 공로 를 취하지 않는 자가 명주明主의 신하다. 군주에게 잘못된 일이 있으면 한 마음으로 힘을 합쳐 서로 간쟁하여 바로잡아줌으로써 국가의 큰 환난을 해결하고 군주에게 크나큰 영광을 성취시켜주는 자가 중주中主의 신하다. 단정하고 성실하게 법을 지키고 한마음으로 군주를 섬기며, 군주에게 잘 못된 일이 있으면 바로 간언을 하지는 못하지만 걱정스러운 낯빛을 보이는 자가 용주庸主의 신하다."[38] 두서는 신하의 품격을 네 가지 부류로 나누었는데, 각자 특징이 있지만 공통점은 군주에게 충성을 다한다는 점이다. "신하의 본체"가 집중적으로 구현된 것이다.

한위 교체기의 군신 이론은 현실 속 군신 간의 갈등과 충돌이 이론적으로 반영된 것이다. 한편으로 이 이론은 군권의 지상성을 강조하며 군존신비를 주장하나, 다른 한편으로 신하의 가치를 논증하며 군신의 상호 의존성을 제기했다. 조씨 위나라 '명법 통치'에 대해 논증하고 보충하면서, 그로 하여금 혼란에서 질서로 변환되는 역사 과정에 적응하도록 했다는 정치적 의미를 지닌다. 사회가 부단히 변화하면서 군신 이론의 유가적 색채 또한 갈수록 농후해졌다. 두서의 군신론은 이러한 특징을 분명하게 드러내주고 있다. 하지만 전통 유가 군신 이론의 단순한 반복은 아니었다. 정치 이론가들은 여러 각도에서 완벽한 군주 전제 정치 체제의 수립을 위한 논증을 계속했다. 그들의 의견 차이는 어떤 방식과 길을 통해 군신 간의 화해를 실현하고 그로써 군주와 신하가 정치적 기능을 효과적으로 발휘토록 하게 할 것인가에 불과했다. 바로 이렇게 목적이 같았기 때문에 유가, 법가 사상은 정치적 기초를 가지고 합류하게 되었다. 이 시기의 군신 이론은 이러한 사상적 합류를 반영한 것이었다.

03

명실의
종합 고찰

　후한은 명교를 가지고 통치를 행했다. 명교는 사회의 각개 영역에 영향을 미쳤다. 특히 관료 선발과 임용 제도에 있어서 명성名으로 선비를 선택하는 방식이 인재 선발의 중요한 길이었다. 한말 경학의 쇠퇴와 더불어 명교 또한 원래의 지위를 잃었다. 명교 원칙에 따라 실행했던 징벽徵辟, 찰거察擧 제도는 영향을 받았다. 관리를 선발하는 권리는 차츰 권문세족에 의해 독점되었으며, 관료 선발과 임용 방면에서 명실이 부합하지 않는 현상이 보편적으로 발생했다. "한말 영제靈帝, 헌제獻帝 시절 관료 품계가 함부로 어그러져 탁월한 사람들은 벼슬길이 막히고 탐욕스러운 도철饕餮[39]들이 뜻을 얻으니 명과 실이 맞지 않았다."[40] 이런 상황을 만나 한위 교체기에 수많은 정치 이론가는 비판을 제기했으며, '순명책실循名責實'[41]한 사회를 만들어야 한다는 외침이 갈수록 높아졌다.

　조조는 명법 통치를 추진했다. 명실에 대한 그의 태도는 매우 명확했다. 헛된 명성에 반대하고 애써 실질을 추구했다. 그는 사람들에게 있어 명성이란 그 어떤 실제적 가치도 의의도 없다고 보았다. 진실로 재능이 있고 실질적 작용을 발휘할 수 있는 사람이기만 하면 중용되어야 한다고 믿었다. 그는 "오직 재주 있는 사람을 천거하라"고 말하며 "어질거나 효성스럽지 못하더라도 나라를 다스리고 군대를 부릴 술수가 있는"[42] 사람이면 임용하라고 주장한다. 조조는 정치가로서 실효성을 대단히 중시했다. 그는 차라리 실질적 재간이 있는 무명 인사를 중용할망정 허명만 좇는 무능한 도배를 쓰려 하지 않았다. 할거와 분열의 혼란 시기에 실질을 중시하고 명성을 가벼이 여겼던 이러한 인식은 이해할 수 있으며 실효를 거두기도 했다. 하지만 정권의 장기 안정을 옹호하는 입장에서 볼 때 이러한 인식은 약간의 편차가 있다. 극단적인 공리주의의 특징을 드러낸 것이다.

조씨 위나라 정권의 통치자들은 조조의 사상과 정책을 계승했다. 실질을 중시하고 명성을 가벼이 여겼다. 특히 조조의 손자인 명제明帝 조예曹叡는 이렇게 이야기한 적이 있다. "선거에 명성을 중시하는 선택을 하지 않겠노라. 명성이란 땅바닥에 그린 떡과 같아 먹을 수가 없다."[43] 명성으로 사람을 채택하는 것은 그림의 떡처럼 배를 채울 수 없어 그 어떤 실제적 효과도 가져오지 못한다. 조씨 조손은 온 힘을 다해 허명에 반대했는데 주로 정치적 필요에 바탕을 둔 조치였다.

유이는 명실 관계에 대해 명분과 실질이 모두 중요하며 양자는 상호 제약적이면서도 상호 통일적 관계를 갖는다는 입장을 분명히 했다. 그는 말한다. "명분이 바르지 못하면 일이 어지러워진다. 물질을 통제하지 않으면 잘못 쓰이게 된다. 어지러워지면 실질을 알 수 없으며, 잘못 쓰이면 비리를 금지할 수 없다. 따라서 왕자는 반드시 명분을 바로잡은 뒤 그 실질을 단속하고, 물질을 통제한 뒤 비리를 잠재운다. 그렇다면 명분은 어떻게 하여 바로잡아지는가? 가로되 행동이 아름답지 못하면 이름은 칭송을 받지 못한다. 칭송을 받는 것은 실질이 반드시 그렇기 때문이며, 그로써 효과를 보게 된다. 따라서 실질은 언제나 명분과 맞아떨어지며, 명분은 언제나 실질에 합당한 것이다."⁴⁴ 그는 정명의 필요성을 제기했다. 아름다운 명성과 아름다운 행동의 일치, 즉 명실이 상부해야 정명이 실현된다고 보았다. 따라서 명과 실은 서로 분리될 수 없으며, 실질이 없는 명칭은 그저 허명에 불과하다는 것이다. 이론적으로 볼 때 그는 명실의 상부를 주장했다. 이름만 중시하고 실질을 따지지 않는 데 반대했으며, 실질만 중시하고 이름에 주의하지 않는 데도 반대했다. 그는 현실 속에 존재하는 수많은 '명실 상위'의 사실을 간파했다. 사람을 쓸 때 정명과 실질 파악에 주의를 기울여 헛된 명성만 좇는 위험한 사람을 가려내야 한다고 통치자를 일깨우고 있다. "[그들은] 내부에서 간교한 꾀를 부려 헛된 명성이 밖에 가득하다. 군주는 그 헛된 명성을 소중히 여겨 그들이 얻은 명성이 얼마나 비천한 것인지를 모른다. 허명만 세상에 빛나고 간교한 사실이 감추어지니 군주는 그 허명에 현혹되어 실질에 어두울 수밖에 없다. 그래서 그들을 소중히 여기고 공경하여 쓰는 것이다. 탐욕을 미워하면서도 허유許由나 백이伯夷를 벌하고, 청렴함을 좋아하면서도 도둑 척蹠에게 상을 주는 것은 이 때문이다."⁴⁵ 허명만 좇는 사람들은 강하게 주위를 현혹시킨다. 그들은 자신의 진면목을 숨기고 군주의 기호에 영합하여 신임을 편취해낸다. 그 결과 "진실한 사람은 나라에서 쫓겨나고 아부하는 사람만 조정에 가득하게 된다."⁴⁶ 유이는 이로부터 허명이 나라를 망친다는 기본적인 인식을 끌어냈다. 관료 선발과 임용 시 반드시 그 진실을 살펴야 하며 허명에 현혹되어서는 안 된다고 주장한다. 그는 「논치도표論治道表」를 올린 바 있는데, 관리들에 대한 인사 고과를 할 때는 실제 공적과 능력을 살피라고 주장한다. "고과를 시행할 땐 마땅히 해당 업무를 살펴야 할 것이며 명성에 의존해선 안 됩니다. (…) 이렇게 하면 무능한 관리들이 헛된 명성을 닦아봐야 아무 이익도 없을 것이며, 유능한 사람들은 명성이 없어도 손해 보는 일이 없을 것입니다."⁴⁷ 실제 능력과 명예 사이에 모순이 생기면 실제 능력을 더 중시해야 한다. 그의 주장은 조조의 찬사를 받았다.

건안칠자建安七子 중 하나인 서간徐幹은 그의 저서 『중론中論』에서 명실 관계에 대한 논의를 진행했다. 「고위考僞」 편을 보자. "공자가 죽은 지 수백 년이 흘렀다. 그간 성인은 나지 않고 요순 시대의 법도는 미약해졌으며 하, 은, 주 삼대의 가르침은 그쳐 큰 도가 쇠퇴했고 인륜은 안정을 못 찾고 있다. 그리하여 세상을 현혹시키고 명성을 훔치려는 무리가 백성을 성인의 교화로부터 떼어놓은 지 오래되었다. 이단 사설을 만들고 기이한 술수를 부리며 거짓된 선왕의 유훈으로 자신을 꾸미고 있다. 문장은 같으나 실제는 어긋나며, 모양은 흡사하나 실정은 아득히 멀다."[48] 그가 보기에 "세상을 현혹시키고 명성을 훔치며" "문장은 같으나 실제는 어긋나는" 등 명실이 배치되는 현상은 공자 사후에 곧 출현했었다. 이 사람들은 거짓으로 성인의 명성을 빌려 실질은 자신을 이롭게 하는 행위를 한다. 그런데 예전의 이런 현상은 아직 "인륜의 큰 재앙"까지 되지는 않았었다. 그들의 "방법이 성인과 다를 경우 쉽게 판명이 났기" 때문이다. 그런데 지금은 "명성을 성인과 다른 사람들이 숨겨져 있어 보아도 드러나지가 않아"[49] 쉽게 판별이 되지 않는다. 그래서 세상 사람들에 대한 영향도 크다. 그들은 "구차히 명성을 얻을 수 있으면 실질을 꼭 얻지 못한다 하더라도 떠나지 않으며, 실질을 얻을 수 있으나 반드시 명성을 얻지 못하는 일은 하지 않는다. 자기 시대에 스스로가 존중받지 못할까봐 항상 두려움에 급급하고, 내세에 자신이 숭앙받지 못할까봐 두려움에 안절부절못한다."[50] 그들은 자신을 위장하여 극도의 속임수를 쓴다. 이렇게 "교활한 영웅"과 "거짓 호걸"의 세상 명성을 훔치는 행위가 사회를 교란시켜 "분규와 소란이 끊임없이 일어나고 있다". 심지어 "아버지가 아들의 명성을 훔치고, 형이 아우의 명성을 도적질하며 골육끼리 서로 속이고, 친구끼리 서로 사기를 치는"[51] 등의 현상이 나타나고 있다. 서간은 이를 "대란의 도"라고 불렀다. 이 모든 것이 명성을 구하려는 데서 생겼다. 그래서 그는 "성인은 명성을 구하는 것을 가장 금기시했다"[52]고 말한다. 서간은 '거짓 명성'을 아주 통한했다. "명성을 구하고자 진실인지 거짓인지는 모두 덮어버리고 옳고 그름이 자리를 바꾸어 백성이 그 영향을 받게 된다면 이는 국가의 큰 재앙이다."[53] '거짓 명성'의 최대의 위험성은 "덕을 혼란시킴", 즉 사람들의 도덕관념을 혼란시키고 시비 관념을 전도시키는 것이다. "사람들은 그 명성이 자자하다는 것만 알 뿐 위선자는 선한 사람이 아니라는 것을 모르니 미혹이 심하다."[54]

서간은 명실 사이에서 실이 주체이며 명은 실에 의해 결정되는 실에 종속된 것이라고 여겼다. "명이란 실에 대한 명이다. 실이 서고 명이 그에 따르는 것이지 명이 서고 실이 그에 따르는 것이 아니다. 따라서 긴 형체가 서면 그것을 길다고 이름 지으며, 짧은 형체가 서면 그것을 짧다고 이름 짓는 것이다. 길고 짧다는 명이 먼저 만들어지고 길고 짧은 형체가 그에 따르는 것이 아니다. 공자가 소중히 여긴 것은 실을 일컫는 명이었다. 명을 소중히 여김은 실을 소중히 여기기 때문이다."[55] 물체의 장단과 마찬가지로 먼저 길고 짧은 형체가 있고서야 길다 짧다는 이름이 있다. 양자는 서로 대칭적이며 명은 실의 반영이다. 식물과 24절기의 관계도 마찬가지다. 절기는 부단히 변화하며, 식물도 부단히 생장, 성숙한다. 이 과정은 객관적이며 "어떤 인위적 행위가 없어도 저절로 이루어진다". 주관적 의지를 통해 그것들을 바꿀 수는 없다. "만약 강제로 바꾸려 한다면 그 본성을 해치게 될 것이다."[56] 구체적으로 사람도 마찬가지다. 이름을 위하여 이름을 구할 필요가 없다. 실을 가지고 이름을 빛내면 된다. 군자는 단지 "홀로 도를 즐기면서 널리 알려지지 않으려 해도 알려지며, 드러나려 하지 않아도 드러나게 된다"[57] 실에만 힘쓰면 명은 자연스레 이루어진다. 서간의 명실론은 변증법적 의미를 지니며, 다른 사람들과 비교하여 비교적 강한 사변적 특징을 지니고 있다.

이 밖에 두서 등도 명실 문제에 대한 견해를 발표했다. 두서는 이렇게 말한다. "군주의 큰 걱정 가운데 명성을 좋아하는 것보다 큰일은 없다. 군주가 명성을 좋아하면 뭇 신하가 필요한 바를 알아버린다. 명성이란 잘한 것에 대한 이름이다. 수양을 잘하면 명이 저절로 따른다. 좋아한다고 얻어지는 것이 아니다. 너무 심하게 명성을 좋아하면 반드시 거짓 행위로 명성을 원하게 되고 간신들이 거짓 행사로 그에 응하려 든다."[58] 그는 명성을 좋아함을 "군주의 큰 걱정"으로 취급했다. 명성을 좋아한 결과는 반드시 '거짓 행위'를 출현하게 만든다. 그는 명은 좋아한다고 얻어지는 것이 아니라고 생각했다. 선행과 서로 어울리는 것으로 "수양을 잘하면" 명성이 저절로 이루어진다고 보았다. 헛된 명성에 반대하는 그의 기본 태도를 드러낸 것이다.

한위 교체기의 명실론은 순명책실을 중시하는 바탕 위에서 이루어졌다. 실질의 가치를 더욱 강조했으며, 모든 것은 실질일 따름이며, 실질에서 출발하여 실질을 구하고 실질에 힘써야 한다는 것이 명법 사조의 특징이었다. 이렇게 실질을 중시하는 의식은 전통적 명교의 의식에 극도의 충격을 안겨주었다. 그러나 뿌리 깊은 전통 관념과 권문세족 세력의 형성 등으로 말미암아 명법 통치가 쇠약해지자 실질을 중시하던 이런 풍조도 더 이상 떨칠 수 없게 되었으며, 이어서 등장한 현학玄學 풍조가 이를 대신하게 되었다.

제2절

후한 말기의 명리名理 사조

한위 교체기에는 명법 사조의 흥기와 동시에 명리 사조 또한 출현했다.

명리에 관해 후한 왕부王符가 『잠부론潛夫論』「고적考績」편에서 이렇게 이야기하고 있다. "그러므로 호칭을 가진 사람은 반드시 그 이름에 맞게 불려야 하며, 명칭과 이치名理는 반드시 그 실질을 본받는 것이어야 한다. 그러면 그만두어야 할 관직이 없을 것이며, 그 자리에 합당하지 않는 사람이 없을 것이다."59 양천楊泉의 『물리론物理論』은 "국가의 전적이 떨어지면 지위를 잃은 것과 같다. 지위가 세워지지 않으면 명리도 없어진다"60고 말한다. 이는 한 말부터 위진 시대에 이르기까지 명칭과 이치가 사람들이 자주 토론하던 문제였음을 나타낸다. 내용으로 볼 때 명리는 주로 유능한 인사의 선발, 임용과 관련이 있다. 그래서 명리학은 인물 품평을 토론의 핵심으로 하는 정치 학설이다.

명법 통치와
명리 사조

명리名理와 명법名法은 모두 한위 교체기에 일어난 정치 사조다. 양자의 상호 연관성으로 인해 어떤 학자들은 둘을 하나의 사조로 보아 혹자는 명법 사조라고 부르고 혹자는 명리 사조(명리학)라고 부르기도 한다. 실제로 양자는 서로 연계되어 있고 상호 침투되어 있긴 하지만 서로 구분이 될 뿐만 아니라 각자 치중하는 바가 다르고 특징도 다른 두 가지 정치 사조다. 유협劉勰은 『문심조룡文心雕龍』 「논설論說」 편에서 이렇게 말한다. "위나라가 처음 천하를 제패하고는 통치술로 명법을 겸했으며, 부가傅嘏, 왕찬王粲은 명리로 인사 고과를 했다."[61] 그는 분명히 두 가지 학설로 이해하고 있다. 실질적으로도 명법과 명리는 구별이 된다.

우선 탐구하는 핵심 내용으로 살펴보자. 명법은 치국의 치도 사상과 수단, 방법 등을 주로 탐구하고, 명리는 인재의 감별, 품평, 임용 등을 주로 탐구한다. 명법 사조는 형과 예의 선후 문제, 군신 간의 상호 보완, 명실에 대한 종합 고찰 등을 언급하는데, 모두가 국가의 통치와 안정에 직접적으로 봉사하는 것이다. 명리 사조는 사람을 중심으로 삼아 재성才性, 인물 유품流品, 성인 등의 문제를 토론하는데 모두가 인재 학설과 직접적으로 연관되어 있다. 명리 사조는 사실상 후한 이래 인재의 선발 임용에 관한 학설과 이론을 총결한 것이다.

다음으로는 정치적 작용을 살펴보자. 명법은 실천성이 강하나 명리는 이론적 색채가 농후하다. 혹자는 명법은 주로 실용적 가치를 구현하고 있으며, 명리는 이론적 가치에 치중해 있다고 말하기도 한다. 명법 통치의 제창자는 주로 조씨 위나라 정권의 정치 활동가들이다. 그들이 실용성을 매우 강조했기 때문에 명법 통치는 강한 공리적 특성을 지닌다. 예컨대 실용성에 치중하여 인재를 들이면서도 아군에 쓰일 능력만 있으면 다른 문제는 부차적으로 생각했다. 이는 전란 시기 정치가들의 보편적 특징이기도 하다. 명리학은 인재 문제를 토의하면서 사람에 대한 이론적 분석을 중시한다. 사람의 가치를 발굴하고, 사람의 특징을 품평, 감별하며, 이상적 인격을 만들어낸다. 이 의미에서 보면 명법은 명가와 법가의 특징을 드러내주나, 명리는 명가, 도가, 유가의 특징을 반영하고 있다.

그다음으로 사조 형성의 과정에서 살펴보자. 둘 다 한위 교체기에 흥기했으나 사회정치적으로 영향을 끼친 데는 앞뒤가 다르다. 명법 사조는 한말에 비교적 분명하게 드러났으며 주로 조조가 실시했던 명법 정책과 연관이 있다. 정치적 필요로 인해 명법은 당시 유행하던 문제를 다루었다. 조씨 세력이 부단히 약해지면서 유가, 도가가 합해진 명리학이 차츰 법가 위주의 명법 학설을 대체하기에 이르렀으며 현학을 향한 과도기를 구성했다. 명리학은 한대 사상이 위진 현학으로 전환되는 중간 고리다. 이 과정에서 사회비판 사조와 명법 사조는 새로운 사상을 향한 전통 사상의 전환에 촉매 작용을 했다.

물론 명법과 명리가 같은 시기에 흥기한 정치 사조이기 때문에 양자 간의 침투와 영향이 있었으며, 심지어 한 정치 이론가가 명법과 명리의 두 가지 사상을 동시에 갖고 있기도 했다. 이는 명법과 명리가 상호 대립적인 존재가 아님을 나타낸다. 이 두 가지 사조는 모두 유가 문화의 분위기 아래서 형성된 것이다. 명법이 법을 위주로 했으나 오히려 유가, 법가가 합류하는 방향으로 발전했으며, 수많은 명법가는 유가 사상을 농후하게 지닌 채 명법 문제를 탐구했다. 이렇게 볼 때 명법 사조의 전향은 필연적이라 하겠다. 명리 사조는 시작부터 유가 사상의 지도하에 전개되었다. 전통적 명교 관념에 수정을 조금 가했으며 도가와 합류하기도 했지만, 따라서 유학의 문화적 배경이야말로 명법과 명리를 연계시키는 사상적 조건이라 하겠다. 양자는 끝내 모두 유학으로 통일되었다. 이 의미에서 보면 명법과 명리는 하나의 정치 학설 범주에 들어간다고도 할 수 있다.

인물 감별 및 품평을 핵심으로 하는 명리학

한위 교체기는 인재 배출의 시대였다. 삼국이 정립한 정치 상황은 인재의 유동을 위한 현실적 조건을 마련해주었다. 그리하여 인재를 끌어들이고 합리적으로 인재를 쓰는 것이야말로 통치를 유지하는 필수 관건이 되었다. 한말 이래 전통적인 관료 선발 제도는 위기를 맞았다. 관리를 어떻게 선발하고 심사할 것이냐는 사람마다 관심을 기울이는 문제가 되었다. 인물 품평을 둘러싸고 청의淸議의 풍조가 나타났다. 두 차례 당고黨錮의 재앙[62]이 있고 청의는 차츰 청담淸談으로 전환했으나 인재에 대한 인식은 끝나지 않고 오히려 한 걸음 발전했다. 제도적으로 볼 때 조비曹丕 통치 시기 구품중정제九品中正制[63]를 실행했으며, 조예曹叡의 통치 시기엔 유소劉劭로 하여금 『도관고과都官考課』를 만들게 했다. 이 모두는 통치자들이 인재 임용 제도 방면에서 취한 조치들이다. 이론적으로 볼 때도 어떻게 인재를 선발할 것이냐에 대한 탐구는 시대적 과제가 되었다. 정치 이론가들은 한결같이 이에 대한 견해를 발표했으며, 명리학자들은 이에 대해 더더욱 세밀한 분석을 행했다. 사람의 재성, 유품, 이상 인격 등 인재와 관련 있는 문제들을 토의했다. 서간徐幹, 호가, 종회鍾會, 노육盧毓 등은 모두 이 방면에 의견을 내놓았다. 유소의 『인물지人物志』는 이 시기 명리 사조의 총결이자 명리학의 대표작이라 할 수 있다. 위진 현학에 일정한 영향을 미치기도 했다.

재성론才性論

재성 문제는 인재 학설에 관한 명리학의 이론적 기초다. 재성과 명실은 상호 관련되어 있다. 명법 통치를 주장하는 정치가들과 정치 이론가들은 벌써부터 이 문제를 탐구하기 시작했다. 이 문제에 대한 조조의 태도는 매우 분명했다. 재주를 중시하고 덕을 경시한다는 것을 명확하게 표시했다. 그는 "재주만 있으면 뽑아 쓸" 것이며 관료 임용에는 재주만 보겠다고 천명했다. 그는 "덕행이 있는 선비라고 하여 반드시 능력이 진취적인 것은 아니며, 진취적인 선비라고 하여 반드시 덕행이 있는 것은 아니라"[64]고 생각했다. 재능과 덕성은 왕왕 불일치한다. 이런 상황하에서는 재능을 중시할 수밖에 없다. 그래서 "명성은 오점으로 얼룩져 있고 행동은 웃음거리가 되며, 어질지도 효성스럽지도 않으나 치국과 용병에 놀라운 술수를 지닌" 사람이라도 "각자 아는 대로 천거토록 하여 하나도 빠뜨리지 말아야 한다."[65] 재능을 중시하고 덕행을 경시한 사고방식은 조씨 위나라 정권의 일관된 인사 정책으로 통치자들이 공통적으로 인정하고 있는 바였다. 물론 재능을 중시하고 덕행을 경시하는 사고방식이 형성된 데는 나름대로의 특수한 역사적 원인도 있고, 전통적 도덕을 내용으로 하는 명교의 관념과 충돌했기 때문이기도 하다. 그러나 인재 임용을 이끄는 사상과 원칙으로서 재간만을 강조한 점은 편면적일 뿐만 아니라 통치자들의 영구적 이익과 완전히 부합되는 것도 아니었다.

재성 문제에 있어 서간의 입장은 기본적으로 조조와 일치했다. 이는

"재주만 있으면 뽑아 쓴다"는 조조의 정책을 증명할 필요 때문에 나온 문제이기도 했다. 어떤 사람이 물었다. "선비 가운데 어떤 이는 명철明哲하여 이치를 잘 따지고 어떤 이는 지행志行하여 행실이 돈독한데, 양자를 다 갖출 수 없을 경우에 성인은 누구를 취했겠습니까?"[66] 서간이 대답했다. "명철일 것이오. 명철은 쓸모가 있어서 백성에게 이익을 가져다줄 것이고 만물이 모두 제 역할을 다하도록 만들 수 있으니까요. 성인이 다다르고자 하는 바는 그저 공허한 행동이 아니라 지혜일 것이오."[67] 여기서는 명확하게 재성을 이야기하고 있진 않지만 '명철'은 재능과 지모를 말하고, '지행'은 조신한 행동을 말하니 실제로 이야기하는 바는 재성 관계다. 재와 성어느 것이 중요한가의 판단 척도는 바로 일에 대한 공적, 즉 실제적 효능이 어떠한가다. 이른바 "지행하여 행실이 돈독함"은 그저 "공허한 행위"에 불과하다. 명철이 오히려 "백성에게 이익을 가져다줄 것이고 만물이 모두 제 역할을 다하도록 만들 수 있으니" 자연히 긍정적 평가를 받는다. '명철한 선비'와 '지행한 선비'를 비교해보면 전자에는 수많은 특징이 있다. "명철한 선비는 위협에 두려워하지 않고 곤궁해도 뚫을 수 있다. 의혹을 없애고 물질을 분별하여 제 위치에 놓을 줄 안다. 아주 미세한 것 속에서도 재앙을 가려 없애고, 아직 싹트지 않은 데서도 복을 구원해낼 수 있다. 변화무쌍한 사건을 보면 해결 동기를 찾아내고 올바른 사건에 임하면서는 불변의 진리를 좇는다. 그 어떤 교묘한 언사도 그의 뜻을 옮길 수 없으며, 그 어떤 아첨하는 낯빛도 그의 뜻을 바꾸게 할 수 없다. 움직임은 모두 규칙에 맞으며, 말을 꺼내면 만인의 사표가 된다."[68] 이 모두가 '지행한 선비'는 미치지 못하는 바다. 혹자는 이런 의문을 제기할 것이다. "재지만 있고 행동이 착하지 못하다면 취해도 되겠는가?"[69] 이런 상황에선 재지의 다소를 보고 판단하라고 서간은 주장한다. 재지가 많으면 취할 수 있으나 "허물이 과다하고 재지가 적으면" 취해선 안 된다. 그는 관중管仲의 예를 들어 이 문제를 설명한다. "관중은 군주를 배반하고 원수를 섬겼으며 사치하고 예를 잃기도 했다. 그러나 환공桓公으로 하여금 아홉 번 제후를 회맹시키고 천하를 바로잡게 만든 공로가 대단했으므로 공자도 그를 칭송했다."[70] 이렇게 볼 때 서간은 재능을 대단히 중시했으며, 심지어는 덕행도 어느 정도 재능의 산물이라고 믿었다. 그는 말한다. "저들에게 지혜가 없다면 어질어야 한다는 것을 어떻게 알겠는가!"[71] 지혜가 없으면 인에 대해 말할 수 없으니 덕행은 재지로 인해 결정된다는 것이다. 서간의 재성관은 그 효용에 중점이 있었다. "공을 세우고 일을 성취함"이 가장 근본적인 것이다. 따라서 그의 결론은 이렇다. "성인은 재지의 특별한 능력으로 공을 세우고 일을 성취하여 세상에 도움이 되는 것을 가장 소중히 여긴다."[72]

재성 문제에 관한 사람들의 견해 또한 일치하지 않는다. 『세설신어世說新語』「문학文學」 편은 종회鍾會가 썼던 「사본론四本論」을 인용하고 있는데, 유효표劉孝標는 이렇게 주석했다. "『위지魏志』는 '재성의 동이에 관한 종회의 논의가 세상에 전해진다'고 말하고 있다. 사본四本이란 재才·성性의 같음, 재·성의 다름, 재·성의 결합, 재·성의 분리를 말한다. 상서尙書 부하傅嘏는 같음에 대해 논했고, 중서령中書令 이풍李豐은 다름에 대해 논했으며, 시랑侍郎 종회는 결합을 논했고, 둔기교위屯騎校尉 왕광王廣은 분리를 논했다."[73] 자료의 부족으로 사본론의 구체적 내용을 상세히 알아보기는 어려우나 재성 관계에 관한 그들의 네 가지 견해를 분석해 보면 대체로 합동合同과 이이離異 두 파로 나눌 수 있다. 이 두 파의 관점은 사실상 한·위 교체기의 정치 투쟁을 반영한 것이었다.

합동파 대표 인물인 부하와 종회의 관점은 상세히 알 수 없으나 노육盧毓과 원준袁准의 관점을 통해 합동파의 외양을 파악할 수 있다. "노육이 다른 사람을 뽑아 천거選擧하면서 먼저 성품과 행동을 본 뒤 나중에 재능을 이야기했다. 황문黃門 이풍이 그에 대해 노육에게 물어본 적이 있는데, 노육은 이렇게 이야기했다. '재능이 있음으로 선해질 수 있습니다. 따라서 큰 재주를 지닌 사람은 큰 선을 이룰 것이고, 작은 재주를 지닌 사람은 작은 선을 이룰 것이오. 요즘 재주는 있으나 선하지는 못하다고 평가되는 사람들은 그 재주가 그릇에 맞지 않기 때문이오.' 이풍 등이 그 말에 감복했다."[74] 여기서 노육은 재와 성을 체와 용의 관계로 보고 있다. 선이 본체이고 재는 효용이라는 것이다. 재의 작용은 선을 표현하는 데 있으며, 재능의 높낮이가 다르면 선을 표현하는 정도도 다르다. 선을 벗어나면 재 또한 더 이상 재가 될 수 없다고 한다. 원준의 재성론은 대체로 노육과 같다. 그는 말한다. "군자는 곱고 곧음이 나무의 본성임을 잘 알고 있습니다. 굽은 것에는 갈고리를 대고 곧은 것에는 먹줄을 대어 각각 바퀴와 서까래의 재목으로 씁니다. 현명하고 어리석음이 사람의 본성임을 잘 알고 있습니다. 현명한 사람은 스승이 되고 어리석은 사람은 그 바탕이 되어 각각 스승과 바탕의 재료가 됩니다. 그러니 성性은 그 본바탕質을 말하고, 재才는 그 효용用을 일컫는 것임이 명확합니다."[75] 그는 분명하게 재·성을 질과 용의 관계로 파악하고 있다. 성이 질이고, 재는 용이다. 성의 선악은 재의 좋고 나쁨을 결정짓는다. 여기서 알 수 있듯이 합동파는 재·성의 통일을 대단히 중시하고, 본성과 행위의 작용이 결정적임을 강조한다. 그래서 임용 문제에 대해서도 그들은 "먼저 성품과 행위를 본 뒤 나중에 재능을 이야기했다". 이 관점은 조조의 "오직 재주에 따른 천거"와는 분명히 구분된다.

이이파의 대표 인물인 왕광과 이풍의 주장도 상세하게 알려져 있지 않다. 다만 이異와 이離에 대한 주장으로 볼 때 그들이 재와 성을 두 가지 범주의 일로 취급했으며, 양자 간에는 필연적 관계도 없으며 상호 결정적인 문제는 더더욱 없다고 보았다.

재성 사본론의 출현과 그 이전의 재성론은 다른 점이 있다. 명변名辨적 특징을 지니며 현실 정치의 경향들로부터 벗어나려는 경향을 처음 드러 내기도 했다. 이는 재성에 대한 후세의 공리공담 분위기의 형성에 영향을 미쳤다.

한·위 교체기에 재성 문제는 해결을 보지 못했다. 남북조 시대까지 계속 토론을 거듭하다가 현학玄學의 내용 중 하나가 되었다.

인물 감별과 감찰

재성에 관한 토론의 목적은 인물에 대한 가치 척도를 마련하고 그를 감별하기 위한 것이었다. 이는 현실 정치에 필요한 요소였다. 한말 이래 임용 제도의 변화와 인재 학설의 발흥에 따라 어떻게 인물을 감별할 것 인가가 자연스레 해결해야 할 중요한 정치적 과제로 떠올랐다. 유소의 『인물지』는 바로 이런 상황 아래서 만들어진 작품이다. 이 책은 한 말 이래 의 인재 학설에 대해 이론적으로 총결산을 하고 있어 비교적 높은 정치 적, 학술적 가치를 지니고 있다.

유소는 말한다. "인물의 근본은 성정에 달려 있다. 성정의 이치情性之理 는 매우 미세하고 현묘하여 성인의 관찰력이 아니면 그 누가 궁구할 수 있으리!"[76] 사람의 본질은 성정에서 비롯하는데, 성정은 또한 각자 제 이 치를 지니고 있다. "성정의 이치"는 사람의 각종 속성을 만들어내는 내재 적 요소에 영향을 미친다. 따라서 이치는 사람의 품성과 행위 방식을 결 정짓는다. "일을 처리하거나 행위의 표준義을 세움에 이치에 기대지 않고 정해지는 경우는 없다."[77] 그러나 유소가 이야기하는 이치는 다원성을 표 현한 것이다. 사람은 여러 방면에서 각자의 차이를 드러내는데, 이른바 "이치의 다양한 품별에 따라 사람이 달라진다."[78] 이치의 다양한 품별이란 각기 다른 상황 아래 각기 다른 이치가 존재함을 가리킨다. 그는 "이치엔 네 부류가 있다"고 주장한다. "천지의 기운이 화하여 차고 비고 덜고 더함이 도道의 이치이며, 법을 제정하여 일을 바로잡음이 사事의 이치이며, 예의 교화를 적절히 조절함이 의義의 이치이며, 인간 성정의 핵심 고리가 정情의 이치다. 네 가지 이치가 각기 다른데 그것이 재능으로 나타났을 때 이치가 명확해지며, 명확한 이치는 적절한 질質(바탕)을 가져야 생겨날 수 있다. 따라서 바탕이 이치 내에서 합해져야 명확해지고, 충분히 명확한 이치를 드러내 보일 수 있어야 일가를 이룬다."79 하늘과 땅, 인간사 모두 이치의 통제를 받는데, 이치의 다양한 품별 때문에 사람도 각자 달라진다는 이야기다. 사람의 재능은 '재질才質'과 이치가 서로 합치했을 때만 작용한다. 유소는 인물을 감별하는 이론적 근거로 이치를 제기한 것이다.

유소는 재능 방면에서 사람을 열두 개 부류로 나눈다. "사람의 품별에 따른 사업으로는 열두 가지가 있다. 청절가淸節家, 법가法家, 술가術家, 국체國體, 기능器能, 장부臧否, 기량伎倆, 지의智意, 문장文章, 유학儒學, 구변口辨, 웅걸雄傑이 그것이다."80 이 열두 개의 재목 가운데 청절가는 "덕행이 고묘하고 용모가 단정해 본받을 만한 사람", 법가는 "법제를 수립하고 부국강병" 할 수 있는 사람, 술가는 "생각이 도의 변화를 꿰뚫고 책모가 기묘한 사람"으로 이 3가를 합해 '삼재三材'라 부른다. 국체는 "삼재를 두루 갖추고 삼재가 모두 준비된 사람", 기능은 "삼재를 두루 갖추고 삼재가 모두 미미한 사람", 장부, 기량, 지의는 각각 청절가, 법가, 술가의 지류다. 문장은 "문장을 엮고 저술을 할 수 있는 사람", 유학은 "성인의 사업을 전할 수 있으나 사무를 보고 정치를 할 수는 없는 사람", 구변은 "분별력은 도의 경지에 들지 않았으나 대응할 자격을 갖춘" 사람, 웅걸은 "담력이 출중하고 재략이 비범한 사람"이며 이 열두 재목은 "모두 신하로 임명할 만하다."81 유소는 이 재능들을 대소大小로 나눌 수는 없으며 장단長短의 구별만 할 수 있다고 주장한다. "인재마다 각기 적합한 곳이 있으니 대소를 가지고 이야기해선 안 된다." 따라서 "인재는 같지 않으며 능력도 각기 다르다. 저절로 일을 감당하는 능력이 있는 사람, 법을 수립해 사람들로 하여금 그에 따르게 만드는 능력이 있는 사람, 정보를 얻고 변호를 잘하는 능력이 있는 사람, 덕교로 사람들을 가르칠 능력이 있는 사람, 일을 잘 처리하면서 사람들로 하여금 양보하게 만들 수 있는 사람, 사찰을 통해 잘못을 정확히 적시할 능력이 있는 사람, 교묘한 계책을 낼 능력이 있는 사람, 위엄과 용맹한 능력을 지닌 사람이 있다. 능력은 자질로부터 나오고, 자질은 각기 다르다. 재능이 다르므로 맡겨야 할 정무도 달라야 한다."[82] 각기 다른 재능의 특징에 따라 그에 상응하는 직책을 맡겨 다양한 인재들이 각자의 능력을 발휘하며 적재적소에 있도록 해야 한다는 주장이다.

사람은 성정에 따라서도 열두 부류로 나눌 수 있다. 굳센 사람, 유순한 사람, 성급한 사람, 신중한 사람, 강경한 센 사람, 변론에 능한 사람, 융통성이 큰 사람, 고지식한 사람, 활동적인 사람, 조용한 사람, 드러내는 사람, 감추는 사람이다. 이 열두 부류 사람들의 성정은 모두 장단점이 있다. 유소는 말한다. "올곧고 굳센 사람의 자질은 그릇된 것을 바로잡는 데 있으나 문제점은 과격하게 들추는 데 있다. 유순하고 편안한 사람은 관용을 베푼다는 장점이 있으나 문제점은 결단력이 부족한 데 있다. 성급하고 강건한 사람은 맡은 일에 대담하고 열렬하나 문제점은 금기를 자주 범하는 데 있다. 면밀하고 신중한 사람의 장점은 공손한 데 있으나 문제점은 의심이 많은 데 있다. 강경하고 모범적인 사람은 핵심 요직에 쓸 수 있으나 문제점은 너무 고집스러운 데 있다. 변론을 잘하고 이치에 밝은 사람은 맺힌 문제를 풀어내는 능력이 있으나 문제점은 방탕에 빠지는 데 있다. 두루두루 융통성이 넓은 사람은 널리 관대함을 베푸나 문제점은 혼탁해지기 쉬운 데 있다. 청렴하고 고지식한 사람은 검소하고 절개가 있으나 문제점은 상황에 구애받는 데 있다. 활동적이고 당당한 사람은 분위기를 끌어올리는 업무에 적합하나 문제점은 대충대충 건너뛰는 데 있다. 조용하고 기밀한 사람은 아주 작은 부분까지 면밀하게 살피나 문제점은 너무 느리다는 데 있다. 모든 것을 다 드러내는 사람은 마음 바탕이 참된 사람이나 문제점은 미세하지 못하다는 데 있다. 지모가 많아 잘 감추는 사람은 권모와 재략에 능하나 문제점은 피해 달아난다는 데 있다."[83] 사람의 성정에 대한 유소의 분석은 대단히 깊이 있고 세밀하다. 그는 각각의 장단점을 제기하면서 사람을 임용할 때는 장점을 취하고 단점을 보완하라고 주문한다. "사람들의 단점을 지적함으로써 문제점을 보완해야 한다."[84]

사람의 재능과 성정에도 품격의 구분이 있는데 사람을 임용할 때 이를 고려하지 않을 수 없다. 유소는 말한다. "능력을 헤아려 관직을 수여할 때 자세히 살피지 않을 수 없다."[85] 능력에 따른 관직 수여는 한말 이래 사상가들의 보편적 인식이었다. 각종 인물이 효과적으로 능력을 발휘할 수 있도록 하고, 다양한 층의 인재로 하여금 적재적소에 있도록 만드는 데 그 의의가 있었다. 진정으로 능력에 따른 관직 수여가 가능하게 하려면 먼저 딱 맞는 사람을 선택해야 한다. 쓰려는 사람들을 전면적으로 이해하고 있는 것이야말로 인물을 감별해 임용하는 가장 중요한 고리다.

명리名理학자들이 말하는 인물 감찰은 주로 명실상부를 근거로 삼는다. 사람의 실제 능력과 재지를 잘 헤아린 뒤 그 능력과 정적에 근거하여 관식을 수여한다. 인물을 감찰하는 길은 그 말을 듣는 것도 중요하지만 더욱 중요한 것은 행동을 관찰하여 언행이 일치하느냐의 여부를 간파하는 것이다. 서간은 인물에 대한 고찰에 두 가지 중요한 고리가 있다고 주장했다. '기찰己察'과 '사고事考'가 그것이다. 그는 말한다. "기찰과 사고에 의하지 않고 무슨 연유로 큰 현인을 얻겠는가!"[86] '기찰'은 임용할 사람을 친히 시험해보아야지 다른 사람의 소개만 들어서는 안 된다는 것이다. '사고'는 실제 업무에 고과를 단행하여 해당 인물의 실제 능력과 잘하는지의 여부를 살펴보는 것이다. 시험의 관건은 '실행行'에 있다. "실행이 쌓이지 않으면 사람들이 그 일을 믿지 않는다."[87] 유소는 신하의 능력이 주로 세 방면, 즉 '자임自任' '능언能言' '능행能行'으로 나타난다고 생각했다. 대체로 자기 수양, 언변 능력, 실제 행위 등 몇 가지 면을 포괄한다. 그중 실제 행위에 대한 고찰, 즉 언행이 일치하느냐의 여부를 파악하는 것이 관건이다. 그는 말한다. "이름이 실질과 합치하지 않으면 임용해도 효과가 없다. 그래서 이름에 대한 말만 듣고 진출시켰어도 실제 일을 시켜보면 효과가 떨어지는 경우가 있다. 성정에 맞는 사람은 이름이 실질과 맞아떨어지지 않아도 임용하여 효과를 볼 수 있다. 그래서 뭇사람의 소문에 따르면 그 이름이 보잘 것없었으나 실제로 일을 시켜보면 큰 효과를 보는 경우가 있다. 이 모두는 애초부터 접근이 잘못된 경우다. 따라서 반드시 행동거지를 관찰해본 뒤라야 정확히 알 수 있다. 집안에 머물고 있으면 그 즐기는 바를 살펴보고, 현달했으면 그 천거하는 바를 살펴보고, 부유하면 그 베푸는 바를 살펴보고, 가난하면 그 취하는 바를 살펴본다. 그런 연후에야 현인의 여부를 알 수 있다."[88] 여러 가지 인물의 특징에 근거하여 그들의 실제 행위를 고찰할 수 있어야만 한 사람에 대한 정확한 감별을 할 수 있다는 말이다.

명리학자들의 인물 감별과 감찰에 관한 사상은 임용 문제를 더 잘 해결하여 인물의 가치를 최대한 발휘토록 하기 위해서였다. 이렇게 볼 때 인물에 대한 품별이든 감찰이든 결국은 모두 통치자에게 용인의 기술을 제공하는 것이었다. 어쨌든 적어도 인식론적으로 인물 감별에 관한 정치 철학을 제기한 것으로 이전엔 아무도 한 적이 없는 일이었다.

성인관

한·위 교체기 이상 군주는 사람들의 뜨거운 토론 주제 가운데 하나였다. 조비, 조식曹植, 정의丁儀 등은 모두 군주의 우열 문제를 토론한 적이 있었으며 수많은 정치 이론가가 이론적으로 이에 대해 기술했다. 그들 대부분은 유가의 '내성외왕內聖外王'이란 전통 양식을 계승했다. 성인을 완전한 인격의 최고의 전형으로 취급했으며 '대성大聖의 군주'야말로 사람들의 이상 군주였다. 성인과 군주의 통일은 한편으론 성인의 현실화지만, 다른 한편으론 군주의 이상화다. 사람들은 치란의 희망을 '성군'의 몸에 기탁했으며, 이와 같은 성인을 향한 숭배와 바람은 사람들의 사회의식, 정치의식이 되었다.

서간은 성인을 도덕적 수양, 총명한 재지, 최고의 권위가 한 몸에 통일된 화신으로 생각했다. 첫째, 성인은 고상한 정조와 품행을 지닌 사람이다. 끊임없이 수련하며 자기 성정의 평형을 유지할 수 있다. "신과 통하는 트인 사유, 기쁨으로 성정을 다스리는 것이 성인의 최고 임무다."89 신성한 사유와 성정으로 시종 가장 아름다운 상태에 처해 있는 것은 성인이 구비한 내재적 소질이다. 둘째, 성인은 지극히 고명한 총명과 재지를 갖추고 있어 일반인들은 도저히 견줄 수 없다. "총명은 성인만이 다할 수 있으며, 큰 재주를 지닌 통인이라 하더라도 사람은 다할 수가 없다."90 지혜와 재능은 성인이 갖추고 있는 뛰어난 특징이다. 덕행과 재지의 위치에 대해 말하자면 서간은 성인에 있어서는 재지가 더욱 중요하다고 주장한다. 그는 말한다. "성인은 지혜로 인하여 기예를 창조하며, 기예로 인하여 일을 꾸린다."91 무엇이 '기예'인가? "기예란 그것으로 지혜를 나타내고 능력을 수식하며, 일을 통제하고 군중을 제어하는 것이다."92 '기예'는 실제로 지능을 발휘하는 수단인 동시에 사람들이 도덕 수양을 실천하는 것의 전제 조건이기도 하다. "사람에게 기예가 없으면 덕을 성취할 수 없다."93 셋째,

성인은 자신의 사회정치적 가치를 실현하기 위해 반드시 세력 있는 지위를 빌려야 한다. 권력과 결합하여 권위를 수립해야 한다. "『주역』에 이르길 '성인의 큰 보배를 지위라 이른다'고 말한다. 어째서 성인의 큰 보배를 지위라 일컫는가? 지위란 덕을 수립할 중추이며, 세력이란 의를 행할 베틀 북이다. 성인은 베틀을 밟고 북을 잡아 천지의 변화라는 베를 짜서 만물을 순조롭게 하고, 인륜을 바르게 하며, 천지사방의 모든 존재가 각자의 소망대로 이루어지게 하니 그것을 큰 보배라 함은 또한 마땅한 것 아니겠는가? 그래서 성인은 세력 지위가 없으면 궁하다 하고, 모든 장인은 기계가 없으면 곤하다고 한다. 곤하면 바탕이 사라지고, 궁하면 도가 폐기된다."94 성인에게 세력과 지위가 없다면 제아무리 지능이 높다 하더라도 아무 쓸모가 없다. 여기서 서간은 실질적으로 성인과 군주가 통일되기를 요구한다. 그가 보기에 군주가 성인이 되는 것은 어려운 일이 아니다. 군주가 '도에 힘을 써서' 인仁, 혜惠, 지智, 권權, 의義, 위威, 무武 등을 통일시킬 수만 있으면 "흥성과 패망의 원인에 통달하고 안정과 위기의 경계를 꿰뚫으니 그렇게만 되면 군주의 도는 끝난다."95 그러면 군주와 성인은 차이가 없어진다. "성인이 보통 사람과 다른 점은 다른 것이 아니라 바로 이와 같을 따름이다."96

서간은 성인을 소망할 수도 있고 거기에 다다를 수도 있는 인격의 이상적 경지라고 생각했다. 사람들은 학습과 자기 수양을 통해 성인이 될 수 있다. 그래서 서간은 "성인을 스승으로 삼자"는 주장을 제기한다. 그는 말한다. "군자는 인으로 서고, 의로 행하며, 기예로 다스리고, 용모가 장엄하다. 이 네 가지에 허물이 없어야 성현의 그릇이 이루어진다."97 군자가 수양을 강화하고 재지를 높이어 인, 의, 기예, 용모를 통일시키면 성인이 될 수 있다. 서간은 성인에게 비교적 강한 현실성을 부여하고 있다.

유소는 『인물지』에서 이상 군주에 대해 이론적 탐색을 벌이고 있다. 이상 군주와 성인을 연계시켜 군주 모두가 자아 완성을 통해 성인의 경지에 다다르길 희망했다. 그는 성인을 이상적 인격의 최고 경지이자 가장 완벽한 인격의 대표자라 생각했다. 성인은 모든 장점이 한 몸에 모아져 있는, 인간의 무리 가운데 우뚝 선 사람이다. "준걸이란 무수한 사람 가운데 우수한 사람이다. 성인은 무수한 우수한 사람 가운데 가장 우수한 사람이다."98 성인이 보통 사람을 초월하는 근본 원인은 그의 내재적 본질이 보통 사람과 다르기 때문이다. 그는 말한다. "무릇 사람의 기본 바탕 가운데 가장 고귀한 것은 중화中和다. 중화의 바탕이 평담平淡하고 무미하므로 다섯 가지 재질五材99을 조화롭게 성취시켜주고 변화에 응할 수 있도록 해준다. 그러므로 사람의 바탕을 관찰할 때는 반드시 먼저 그가 평담한가를 살피고 난 뒤 총명한가를 알아봐야 한다. 총명함은 음양의 정화다. 음양이 맑게 화합하면 안으로는 슬기롭고 밖으로는 명석해진다. 성인은 순박하고 빛나 이 두 장점을 겸할 수 있다. 미세한 것도 알고 드러나 있는 것도 잘 안다. 성인이 아니고는 둘 다 성취할 수가 없다."100 '중화의 바탕'은 성인에게 내재하는 소질의 기초다. 중화는 중용中庸이라고도 칭한다. '중화의 바탕'의 특징은 평담함이며 무명無名이라고도 부른다. "중용의 덕은 그 재질을 딱히 언어로 이름할 수가 없다. 왜냐하면 짜지만 소금물은 아니며, 싱겁지만 맹물 맛은 아니며, 질박하지만 거친 베는 아니며, 꾸몄으되 호화스러운 것은 아니기 때문이다. 위엄을 부릴 수도 무엇이든 품을 수도 달변일 수도 눌변일 수도 있다. 각양각색의 변화에도 이르는 곳에는 모두 절도가 있다."101 평담과 무명은 성인이 초월적 품격을 지니고 있다는 말이다. 각가지 품성이 상호 평형을 이루어 협조하고 있는 가장 아름다운 상태를 표현한 말이다. 이는 성인이 범인을 넘어서 성인의 경지에 드는 내재적 기초다. 하지만 평담한 바탕만 가지고는 불충분하다. 총명과 재지가 더 필요하다. 보통을 초월하는 총명과 재지는 성인의 경지에 다다르는 하나의 지표다. "따라서 재주 있는 사람들을 골라 학문을 하게 하면 총명한 사람이 스승이 된다. 힘을 경쟁하도록 하면 지혜로운 사람이 영웅이 된다. 덕의 수준이 비슷하면 통달한 사람을 성인이라 부른다. 성인이란 총명과 재지가 극에 다다랐음을 이르는 말이다."[102] 총명한 재지가 없는 사람은 성인이 될 수 없다. 이 때문에 평담, 무명 및 총명, 재지 모두 어느 것 하나 부족해서는 안 된다. 양 방면이 통일하면 성인의 기본적 소질을 구성하는데, 이런 소질은 보통 사람이 갖출 수 없다. 성인만이 "두 장점을 겸할 수 있으며" "성인이 아니면 둘 다 성취할 수가 없다". 이는 성인이라면 뭇사람을 종합하고 뭇사람을 초월하는 덕과 재주, 즉 소위 '겸덕兼德'의 특성을 지녔다는 뜻이다. "따라서 한쪽만 아주 잘하는 재목은 그것으로 스스로 이름을 얻을 수 있겠으나, 겸덕한 사람이 더욱 아름다운 칭호를 얻는다. 그래서 겸덕하여 최고가 되는 것을 중용이라 부른다. 중용이란 성인의 눈이다."[103] 성인은 전체 국면을 통괄하고 지휘하는 지혜와 능력을 지니고 있는데, 이는 뭇사람의 재지가 집중적으로 구현된 것이지 어느 특정한 단일 지능으로 인한 것이 아니다. 이와 같은 성인의 소질이 군주의 몸에 구현된 것이 '주덕主德'이다. 유소는 사람의 품별에 12재목이 있다고 생각했는데, 이 12재목은 모두 일부 특별한 재능에 불과하며 '주덕'이라고 부를 수는 없다고 한다. "주덕이란 총명하고 평담하며 모든 재주에 통달하면서 특정한 일을 자임하지 않는 사람이다. 그래서 주도主道가 서면 12재목이 각자 제 임무를 얻게 된다."[104] 군주가 "총명하고 평담하며 모든 재주에 통달하여" '주덕'을 실현시키고 '주도'를 세울 수 있으면 바로 성인과 일체가 될 수 있다.

명리학자들의 성인관은 두 가지 독특한 특징을 지니고 있다. 하나는 재지를 중시하여 재지를 성인의 주요 소질로 파악한 점이다. 이는 성인을 실제 현실에 더 가깝게 하여 사람들이 느낄 수 있는 존재로 만듦으로써 사람들이 성인이 되려는 소망을 증강시켜주었다. 둘째는 성인과 군주의 통일을 강조했다. 성인에게 치란과 안민이란 정치적 임무를 부여해 성인의 정치화를 강화했다. 이 모두는 위진 시대 사회정치적 특징을 반영한 것이다. 동시에 그들은 "기쁨으로 성정을 다스리고" "중화평담中和平淡" "중용무명中庸無名" 등 성인의 내재적 소질을 강조하는 한편 이상화된 특징들을 표현했다. 이는 위진 시대 현학玄學의 성인관 형성에 일정한 영향을 미쳤다.

현학 중 명교,
자연 논쟁 및 그 정치사상

위진 시대에 흥기한 현학玄學은 철학, 미학, 문학 등 여러 각도에서 연구를 진행할 수 있다. 정치사상사 입장에서 볼 때 현학은 결코 현실의 정치, 사회에서 멀리 벗어난 순수 추상론이 아니며, 하나의 정치 사조로 보아야 한다. 일반적으로 현학은 정치 중의 구체적 정책이나 운용 문제에 대해서는 비교적 적게 논의하고 있으나 정치의 지도 원칙이나 정치적 사색에 대해서는 높은 식견을 드러내며 색다른 길을 개척했다고 할 수 있다. 하안何晏, 왕필王弼로부터 시작되는 현학은 '3현三玄' 즉 『노자』『장자』『주역』을 숭상하고 '3현'을 통하여 '현리玄理'를 밝히고 '현원玄遠(즉 추상 원리)'을 말했으므로 현학이라는 명칭을 얻었다. 현학 정치론의 중심은 명교와 자연과의 관계 문제다.

명교와 자연과의 관계 문제가 새로운 명제인 것은 아니다. 유가는 명교를 위주로 하고 도가는 자연을 위주로 하므로 유가와 도가의 논쟁은 줄곧 명교와 자연과의 관계를 내용으로 하고 있었다고 할 수 있다. 한 무제 이후 유가 학술만을 독존시킴으로써 유가는 세력을 크게 떨쳐 사회적으로 숭앙을 받았다. 도가는 재야에서 일련의 사조를 형성하여 정치적으로 소박한 본래의 상태로 되돌아가고 자연으로 회귀할 것을 주장했지만 집권 유가 세력의 배척을 받을 뿐이었다. 한나라 말부터 삼국 시대 초기 사회가 크게 혼란스러워지면서 사상계도 일대 혼란을 맞아 백가쟁명의 국면이 출현했다. 실제 정치에서 특히 조조曹操가 법가 학술을 숭상함으로써 순수하게 유가 학술만을 고집하던 한 왕실의 경직성을 깨뜨려버렸다. 그러나 물론 정치에 끼치는 유가 학술의 영향력은 여전히 막강했으며, 법가 학술을 숭상한다고 대놓고 외쳤던 조조조차 유가 학술의 작용을 경시할 수는 없었다. 하지만 이 시대에는 법가, 도가, 명가 할 것 없이 모두 공개적이고도 다양한 방식으로 정치 무대에 등장했다. 이와 같은 상황 아래서 현학은 공개적으로 명교와 자연과의 관계에 대해 독특한 색깔의 논의를 전개했다.

여러 현학자의 명교-자연 관계에 대한 견해는 서로 큰 차이가 난다. 명교와 자연과의 통일을 주장했다 하더라도 정통 유학자의 입장에서 볼 때는 유학에 대한 수정이자 배반이었다. 현학은 시작하자마자 정통 유학의 공격을 받았다. 심지어 걸, 주보다도 죄가 큰 천고의 죄인으로 취급되기도 했다. 범녕范甯[105]의 다음 말이 그 대표적인 예다. "왕필과 하안은 경전을 멸시하고 예법 제도를 준수하지 않습니다. 구름 잡는 뜬 이야기로 후생들의 마음을 분탕질하며, 화려한 언사를 꾸며 진실을 은폐하고 제멋대로 번잡한 글을 써 세상을 현혹시키고 있습니다."[106] 현학이 사상적 혼란을 조정하여 공자 학설을 침몰시키고 있으니 죽여 없애도 그 죄가 소멸되지 않을 것이라고 한다. "믿으십시오! 저는 한 시대의 재앙은 가벼우나 대대로 이어지는 죄는 무거우며, 자기 한 사람 죽은 흔적은 작으나 많은 사람을 미혹시킨 허물은 크다고 생각합니다."[107] 북제北齊의 안지추顔之推[108]의 평가 또한 범녕과 대체로 일치한다. "하안, 왕필은 현학 종사들을 본받아 기술했다. (…) 모두 신농, 황제의 화신이 자기들 몸에 있다고 주장하

며 주공, 공자의 업적을 버리고 도외시했다."[109] 방현령房玄齡[110] 등은 『진서
晉書』 「유림전儒林傳」에서 현학의 피해에 대해 다음과 같이 논평했다. "궐리
闕里의 공자 학설이 담긴 경전을 던져버리고, 정시正始[111] 연간 현학의 쓸모
없는 논의만 익혀 예법을 속된 풍습이라 손가락질하고, 제멋대로 행동하
는 것을 고상하다고 여겼다. 그리하여 국법이 해이해지고 명교가 퇴락하
니 오호五胡가 틈을 노려 각축을 했고, 두 수도[112]가 연이어 함락을 당하
게 된 것이다."[113] 범녕, 방현령 등의 논의가 타당한 것인지 여부는 별도의
논의가 필요하다. 하지만 그들의 비판을 통해 현학의 정치적 성향이 얼마
나 강렬한 것이었는지, 명교에 대한 충격이 얼마나 엄중한 것이었는지를
가늠할 수 있다. 사상계에 끼친 현학의 영향은 광범하고 심각한 것이었
다. 현학이 노자, 장자를 숭상했다는 위 논평자들의 주장은 기본적으로
맞다. 그러나 주공, 공자와 명교를 던져버렸다는 말은 꼭 그렇지 않다.

자연을
소중히 여기고
명교를
응용했던 하안

하안何晏은 대략 초평初平 4년(193)부터 건안建安 7년(202) 사이에 태어났으며 정시正始 10년(249) 사마의司馬懿에 의해 죽임을 당했다. 하안은 조조의 양자였다. 제齊왕 조방曹芳 시기 사마의와 조상曹爽을 수뇌로 하는 양대 정치 집단이 형성되었는데, 각축 과정에서 사마의가 조상 집단을 격퇴시켰으며 하안은 조상을 따랐기 때문에 피살되었다.

하안은 어려서부터 재주가 있고 학식이 넓고 깊었으며 위魏 명제明帝 때 '부화교회浮華交會'[114] 즉 화려한 겉치레 교류 회합의 우두머리 가운데 하나였다. 여기에 참가한 사람으로는 하후현夏侯玄, 순찬荀粲, 등양鄧颺, 부하傅嘏, 이풍李豐, 왕광王廣 등과 나이가 훨씬 더 어렸던 왕필, 종회鍾會 등이 있었다. 그들은 사상의 자유를 추구했다. 각자의 견해는 달랐으나 전체적인 경향으로 볼 때 대체로 한나라 유학의 속박을 깨뜨리거나 유학을 수정하는 방향으로 사유를 전개했으며, 정도의 차이는 있으나 노자를 찬양했다. 정통 유가의 눈으로 보면 이들은 반역자였다. 동소董昭는 위 명제에게 상소를 올려 이러한 사조에 타격을 가해야 한다고 건의한 적이 있었다. 명제 또한 조서를 내려 금절을 명한 적이 있다. 하지만 수많은 고관대작이 열심히 교제 모임을 갖고 대다수 선비가 거기에 마음을 쏟고 있어서 효과는 크지 못했다.

'부화교회'를 무책임한 현학적 담론이나 멋대로 쏟아낸 말로만 취급해서는 안 된다. 경학의 신비주의적 경향이 극단에 이르자 사상계에서는 이에 대한 반성이 일어났는데, 부화교회는 이 성찰에 없어서는 안 될 중요한 부분이다. 동시에 주도적 정치사상을 완전히 새로 선정하는 것과도 밀접한 관계가 있다.

이들 '부화교회' 인물들과 유가의 관계는 대단히 복잡하다. 어떤 사람은 더 높은 이론 차원에서 유학을 긍정했으며, 어떤 사람은 유학을 부정했다. 어떤 사람은 유학의 격을 깎아내리는가 하면 근본적으로 없애버리려 들었다. 어떤 사람은 유학을 분해했으며, 어떤 사람은 회의론을 만들어냈다. 어쨌든 유학에 대해서는 커다란 충격이 아닐 수 없었다.

이를테면 "육경이 존재한다고 하나 성인의 쭉정이에 불과하다"[115]는 순찬의 이야기는 정말 경탄할 만한 논의였다. 순찬은 유명한 유학자이자 조정 중신인 순욱荀彧의 아들이었으니 그의 언설은 틀림없이 사림세계를 크게 흔들었을 것이다. 순찬의 이 말은 갑작스레 당돌하게 한 이야기가 아니라 말言과 뜻意에 대한 당시 논변의 논리적 발전이다. 『주역』「계사상繫辭上」편은 말한다. "공자는 '글은 말을 다 담아내지 못하고, 말은 뜻을 다 담아내지 못한다'고 말했다. 그렇다면 성인의 뜻은 알아볼 수 없는 것인가? 공자는 '성인은 상象을 세워 뜻을 다 담아내며, 괘卦를 설정해 자연적 성정과 인위적 속성을 다 담아낸다. 「계사」는 그 말을 다 담아낸 것이다'라고 했다."[116] 여기서는 문제를 제기했을 뿐만 아니라 문제를 해결하기도 했다. 말과 뜻의 관계에 대해서는 『장자』라는 책에서 많은 토론이 벌어지고 있다. 『장자』가 남긴 문제는 말은 뜻을 다 담아내지 못할 뿐만 아니라 의심스럽기까지 하다는 것이었다. 이 문제는 위진 시대 중요한 철학 명제가 되었다. 장제蔣濟, 부하는 말이 뜻을 다 담아내지 못한다고 주장했으며, 구양건歐陽建은 「언진의론言盡意論」을 지어 그에 반박했다. 순찬은 뜻을 다 담아내지 못한다는 부진의不盡意론을 견지했다. 논리적으로 추론하면, 기왕 말이 성인에게 내재하는 사상이나 심리를 충분히 반영할 수 없는 것이므로 『육경』은 이치와 교화를 다 담아냈다는 최고의 이치로써의 성격 또한 잃게 되며, 자연히 지고무상의 교조가 될 수도 없다. 순찬은 『육경』을 부정하지 않았으나 성인의 뜻을 신화화시키려는 의도를 바탕에 깔고서 『육경』을 쭉정이로 취급한 것이다. 이는 한대에 성행했던 『오경』 숭배와 정치 지도 원칙으로서 유가 학술에 커다란 충격을 가했음에 틀림없다.

부하(208~255)는 학계에서 현학의 초기 인물 가운데 한 사람으로 여겨진다. 그는 '부화교회'에 참여하여 명리名理와 재성才性에 대해 논의했다. 현존하는 자료로 보자면 그는 현리玄理에 대해 언급하지 않았으며 하안의 학문이 유행하는 데 반대했다. 전형적인 현학 사상가라고 할 수는 없다. 그러나 그가 제기한 몇 가지 문제는 유학의 근본을 건드리는 논의였다. 첫째, 그는 이렇게 말한다. "황제의 제도는 넓고 깊으며 성스러운 도는 오묘하고 원대하다고 들었다. 그런데 그것들을 체득할 재주가 없으면 도가 헛되이 행해질 수 없으며 아무리 신령스럽게 그것을 밝히더라도 결국은 그것을 행하는 사람에게 달려 있다. 그럼에도 왕도를 행하는 자는 무너지고 퇴락했으며 소홀히 다루고 보관을 잘 못하여 춘추의 미언微言들은 사라지고 육경은 망실되기에 이르렀다."[117] 부하가 드러낸 뜻이 그다지 날카로운 것은 아니었지만, 그는 성인 본인만이 도를 행할 수 있으며 성인이 이미 사라졌으므로 『육경』 또한 불분명한 물건 더미로 바뀌었다고 생각했다. 그는 진심으로 육경에 반대하지 않았다. 그는 말이 뜻을 다 담아내지 못한다고 여겼기 때문에 그런 논의를 했다. 『육경』의 말 또한 성인의 뜻을 다 담아낼 수 없다는 것이다. 이는 순찬의 논의와 같은 효과를 보인다. 성인을 드높이고 『육경』을 눌러 낮추었다. 둘째, 부하는 삼대의 예법과 삼대의 제도가 서로 호응한다고 주장한다. 진한 이후 제도가 바뀌었는데 유생 학사들은 여전히 삼대의 예를 행하려 한다. 현 제도와 삼대의 예가 서로 합치하지 않기 때문에 두 가지 틀이 만들어졌다. 실제로는 이 틀로 행하면서도 주장은 다른 틀로 한다. "시대적 사무와 호응하지 않고, 일과 제도가 어긋나며, 이름과 실질이 부합하지 못한다. 여러 대를 거치면서도 치세에 다다르지 못함은 바로 이 때문인가 한다."[118] 『육경』은 믿을 수 없고, 『육경』과 진한 이래의 역사는 또 다른 두 가지 틀이다. 여기서 얻어진 결과는 『육경』을 믿지 않으면서 진한의 역사를 부정하지도 않는 것이다. 부하는 정치적으로 깨어 있는 실용주의자였으나 사상적으로는 유학에 대한 회의파이기도 했다. 회의 사조의 발전 또한 유학의 바탕을 흔들어놓았다.

하후현(209~254)은 명문 출신으로 소년 시절 '높은 명성重名'을 얻어 '부화교회'에 참가했으며 '한 종파의 주인이 되었다'. 탕용통湯用彤은 그의 사상상의 지위를 이렇게 평가했다. "위로 태화太和[119] 연간 명법名法의 계통을 잇고, 아래로 정시正始 연간 현리의 학풍을 열었다."[120] 하후현은 자연, 성인, 명교를 최초로 연계시켜 논의를 전개한 인물이다. 그는 말한다. "천지는 자연을 통해 운행이 되며, 성인은 자연을 통해 작용을 한다. 자연이란 도다."[121] "군주와 어버이가 자연스러운 것은 명교 때문이 아니다. 똑같은 공경을 받쳐야 하며 정과 예가 두루 작용한다."[122] 하늘과 땅은 자연이라는 도에 의지하여 운행이 되며, 성인은 자연에 순응하여 작용을 한다. 군주, 어버이와의 관계는 명교에 의해 겉으로 덧씌워진 것이 아니라 자연스러움에서 나왔다. 여기서 그는 명교를 부정하는 것이 아니라 명교가 자연에서 나왔거나 자연의 관계를 반영한 것이라고 말하고 있다. 명교는 이치를 갖추고 있을 뿐만 아니라 인간적인 정에 어긋나지도 않는다. 자연과 명교는 서로 합치한다. 하후현은 결코 유학을 반대하지 않았다. 하지만 그의 이와 같은 견해는 한나라 유생들의 (자연과 신의 결합체로서의) 천, 명 일체론에 대한 수정임에 틀림없다. 그가 결국 명교를 자연의 아래에 두었기 때문에 그렇다. 명교를 신화화하던 유생들에게는 충격이 아닐 수 없었다.

하안은 '부화교회'의 핵심 인물 가운데 한 사람이다. 『노자도덕론老子道德論』『주역하씨해周易何氏解』『논어집해論語集解』등 10여 종의 풍부한 저작을 지었으나 대부분 망실되었다. 『논어집해』와 『전삼국문全三國文』에 편집된 「무명론無名論」「도론道論」「무위론無爲論」및 일부 조각만이 남아 있을 뿐이다. 『위씨춘추魏氏春秋』엔 "하안은 어려서부터 기재가 있었으며 『주역』『노자』에 관한 이야기를 잘했다"[123]고 쓰여 있다. 동시에 하안은 유가, 명가, 법가에도 정통했다. 하안은 제자백가를 잡박하게 섞은 것이 아니라, 꿀벌이 널리 꽃가루를 취해 꿀을 빚어내듯이 현학을 만들어냈다. 정치사상에 있어서 하안은 무위無爲를 실천하되 명교를 이용하자고 주장했다.

하안은 한나라 유학의 천명 관념에 동의하지 않았다. 그는 노자 학설로 귀의하여 이렇게 주장했다. "천지 만물은 모두 무無를 근본으로 한다. 무란 사물을 열고 일을 성취시키며 그 어디를 가도 존재하지 않는 곳이 없다. 음양은 이에 의지하여 생명을 만들어내고, 만물은 이에 의지하여 형체를 갖추고, 현자는 이에 의지하여 덕을 이루고, 불초자는 이에 의지하여 재앙으로부터 몸을 벗어난다. 따라서 무의 작용은 아무 작위도 없으나 대단히 소중하다."[124] '무'는 만물의 본원이다. 만물 속에 깊이 감추어져 있으며 만물이 그에 의지하여 생존하는 근거이기도 하다. 그는 "유有가 유일 수 있음은 무에 의지하여 생기기 때문이고, 일을 하여 일이 될 수 있음은 무로 말미암아 이루어지기 때문이다"[125]라고 말하기도 했다. 하안의 '무'는 순수한 '무'가 아니라 만물의 '유'에 내재하는 것이다. 그는 "유소유有所有 가운데는 응당 무소유無所有가 더불어 따른다"[126]고 주장한다. 오늘날의 말로 표현하면 존재가 있는 것 즉 '유소유'는 개별자이고, 존재가 없는 것 즉 '무소유'는 보편자다. 보편자는 개별자 가운데 머무른다. 보편자는 이성을 통해서만 파악된다. 바로 이 점이 매우 강렬한 신성神性을 지녔던 한대의 '천天' 개념과 대립을 이룬다. 하안의 '무' '도' '일一' '원元' '무명無名' 등 개념의 세분은 모두 정밀하게 구별되지만 큰 틀은 동일하여 서로 대체할 수 있다. 실질적으로 하안이 숭상하는 '무'와 한대 유생들이 숭상하던 '천'은 내용적으로는 상당 부분이 같으나 이론의 근본 출발점은 크게 다르다. 하안의 '무'는 만물의 자연성을 설명하는 데 중점을 두며, 자연성의 보편성을 탐구한다. '무'의 깃발을 높이 든 것은 '천명'이 죽었음을 선포한다는 의미다. 사상사적으로 우리는 이론에서 근본 출발점의 차이가 사유 방식에서 차이를 불러온다는 것을 흔히 볼 수 있다. 하안의 '무'에 대한 숭상은 한대 유학에 대해 맹렬한 일격을 날린 것임에 틀림없다. 이것은 하안이 정통 유가로부터 욕을 먹는 중대한 원인이기도 하다. 하안의 '무'에 대한 숭상은 그 자신의 발명품은 아니지만 그에게 특수한 의미를 지니고 있다. 그는 통치 집단 내에서 높은 계층이었다. 중국의 역사를 보면 같은 명제를 제기했다 하더라도 하층 인물의 말과 상층 인물의 말 사이엔 효과가 크게 차이난다. 상층 인물의 말은 사회적 분위기의 동요를 일으킬 수 있다.

한대 유학이 숭배하던 성인의 계열에선 주공과 공자가 가장 빛났다. 경학으로 볼 때는 특히 공자가 최고의 자리를 차지하여 누구도 따를 수 없는 신성한 지위를 누렸다. 이 때문에 공자에 대한 평가는 정치 문제이기도 했다. 하안 또한 공자를 상당히 존경했다. 자공子貢은 스승 공자를 '해와 달'로 불렀는데, 하안은 "어떤 사람이 스스로 해와 달 같은 그 가르침을 철저히 버린다고 해도 그를 어찌 조금이라도 상하게 하겠는가라는 말이다. 도저히 헤아릴 수 없는 사람임을 충분히 나타낸 것이다"[127]라고 말한다. 안회顏回는 공자를 "볼수록 높아 보이며, 뚫을수록 단단해지는"[128]분으로 칭송했다. 하안은 "다 표현할 수 없다는 말이다. 황홀하여 형상으로 나타낼 수 없다는 말이다"[129]라고 주석했다. 하안은 한대 유학의 으뜸인 동중서董仲舒에 대해서도 경의를 표한다. "선비로서 우아하고 널리 달통함이 동중서보다 현명한 사람은 없다."[130] 그가 주석한 『논어주』가 관방에 의해 표준 교본이 된 것 등도 하안의 유가적 색채가 대단히 농후함을 설명해준다. 그러나 동시에 그는 성인으로서 공자의 지위를 모독한다. 『세설신어世說新語』 「문학文學」 편의 「문장서록文章敍錄」을 인용한 주석은 "유학자들은 노자가 성인이 아니며 예와 학문을 버린 사람이라고 평해왔다. 그런데 하안은 성인과 동일시하여 말했으며 그에 대한 글을 써서 세상에 유행시켰다"[131]고 한다.[132] 노자와 공자를 나란히 성인으로 취급한 것은 한대 유학의 입장에서 볼 때 최대의 수정주의로써 공자의 격을 떨어뜨리는 행위임에 틀림없다. 유가는 삼황오제를 숭상하고, 삼대를 본받고자 하는데, 하안은 「경복전부景福殿賦」에서 오히려 삼대를 무시하는 시각을 드러낸다. "3황 4황이라고 했다가 다시 5제 6제를 들먹이고, 일찍이 주나라, 하나라적 충분히 언급되었다는 말은 또 무언가!"[133] 조씨 위나라를 치켜세우고 유가의 이상국들을 폄하시킨다. 이와 같은 조롱은 정통 유생들의 미움을 사기에 이르렀다. 순수한 유학자의 각도에서 볼 때 유가의 기치를 내걸고 유가를 폄하하는 것이야말로 공대적인 반대자보다 더욱 위험한 일이다. 하안과 같은 사람이야말로 유가의 큰 원수였다.

자연과 명교의 관계에 대하여 하안이 뚜렷한 논단을 내린 적은 없다. 하지만 대체로 볼 때 명교를 억누르고 자연을 치켜세웠다. 그는 정치적으로 '무위' '무명無名' '태소太素로의 복귀'를 주장한다. 유덕한 통치자는 무위의 정치를 행해야 한다는 것이다. "무위하여 다스린 사람은 순임금이었도다!"[134] 이 무위는 절대적 무위가 아니라 군주가 사람을 잘 쓰면 신하는 힘들어도 군주는 편안하다는 그 무위를 가리킨다. "관직 임용에 적절한 인재를 얻음으로써 무위해도 잘 다스려진다는 말이다."[135] 포함包咸이란 사람의 주해를 인용하기도 한다. "덕은 무위인데, 북극성은 움직이지 않고 뭇 별이 주위를 도는 것과 같다."[136] 하안의 무위는 확실히 황로黃老의 무위술에 가깝다. 그는 또 군주는 묵묵히 행사를 하면 그뿐이라며 백성이 그 공덕을 칭송하는 데도 반대한다. 군주는 이름 없이, 즉 무명으로 행하고 이름을 내세운 무엇이든 제거하라고 주장한다. 그는 「무명론」에서 이렇게 이야기했다. "백성이 영예롭게 생각한다면 그것은 이름이 있는 것이다. 영예롭게 생각하는 일 자체가 없으면 이름도 없는 것이다. 성인이라면 무명으로 이름을 삼고, 무예無譽를 영예롭게 여긴다. 이름 없음이야말로 도이며, 영예 없음이야말로 위대하다는 말이다."[137] 유가는 정명과 의례를 대단히 중시한다. 형식주의를 특별히 중시한다는 말이다. 인간의 귀천 등급을 분명히 하는 데 형식주의는 없어서는 안 되는 사항이다. 하안의 무명 주장은 정치적으로 이런 유가 명교에 대한 반동이었음이 분명하다. 무위, 무명이란 곧 정치를 간소화하고 소박함으로 회귀하라는 말이다. 그는 「경복전부」에서 이렇게 이야기한다. "하늘을 본받아 제도를 만들고, 때에 순응하여 정책을 세운다. (⋯) 멀게는 음양의 자연성을 잇고, 가까이는 인간과 사물의 지극한 정에 근본을 둔다."[138] "주공의 옛 계율을 생각하고 구요咎繇[139]의 전범을 흠모하며, 쓸모없는 관직을 없애고 민생 사업과 연관된 연유들을 살피며, 방종을 탐락하는 번문욕례를 끊고 백성의 성정을 태초의 소박한 상태太素로 되돌린다."[140] 그는 "풍속을 바꾸어 순박한 생태로 되돌아가야 한다. '선진先進'은 옛 풍습에 가까이 가는 것이므로 그에 따른다"[141]고도 말한다. 『논어』 중의 '선진'은 성 밖의 야인野人으로 문화 수준이 비교적 낮은 사람들을 가리킨다. 개화가 덜 되었기 때문에 '순수한 소박함'을 드러내는 사람들이다. 하안이 '태소로의 회귀'를 주장한 것은 분명히 통치자의 사치를 비판한 측면이 있으며, 민중에 대해서는 우민 정책을 실행하라는 것이다.

성인에게 '감정이 있느냐有情' '감정이 없느냐無情'에 관한 문제는 위진 시대의 정치윤리에서 매우 중요한 문제였다. '유정'은 명교와 통하는 주장으로 인과 의에 대해 이야기하며, '무정'은 자연과 통하는 입장이다. 하안은 "성인은 자연을 통해 작용을 한다"[142]는 하후현의 입장에 동의하면서 성인의 무정을 주장한다. 즉 "하안은 성인에게 희로애락이 없다고 생각했다."[143] 자연에 대한 강조는 필경 명교를 업신여기는 데 이르게 될 터인데 애석하게도 이 방면의 논술은 모두 사라지고 없다. 실질적으로 하안은 이 명제를 끝까지 관철시키지는 않았다. 그는 예교 또한 매우 중시했다. 『논어집해』의 표현을 보면 그런 입장이 매우 분명하게 드러나 있다. "공경이 예법에 합치하지 않으면 예가 아니다."[144] "신중하면서도 예로 그것을 절제하지 않으면 항상 두려움에 떨게 된다."[145] "백성은 공경하지 않으면 안 될 이유가 별로 없으므로 쉽게 부릴 수 있다."[146] "먼저 부모를 잘 섬길 수 있은 연후에 어진 도를 크게 성취할 수 있다."[147] 그는 「상복에 관한 하후현과의 논쟁與夏侯太初難蔣濟叔嫂無服論」이란 글에서 남녀 구별, 정명과 예교 등을 대단히 강조한다. "형수와 아재비의 상에 반드시 상복을 입어야 하며, 그에 맞는 각각의 형태가 있다."[148] 그는 수신치국에 대한 논의에도 찬성한다. 「대신은 왕의 행차에 시종해야 한다는 주청奏請大臣侍從游幸」이란 글에서 이렇게 이야기한다. "나라를 잘 다스리는 사람은 반드시 먼저 제 몸을 다스리며, 제 몸을 다스리는 사람은 신중하게 학습을 진행한다."[149]

하안은 현학의 초기 인물이다. 사상이 비교적 잡박하여 도가, 유가, 법가를 두루 겸했으며 도가를 중심으로 삼았다.

'명교가 자연에서 나왔다'는 왕필의 정치 철학

왕필王弼(226~249)은 자가 보사輔嗣이며 현학의 거두다. 그는 하안보다 20여 세 어렸으며, '무를 소중히 여긴貴無' 점에서 하안과 같은 당이었다. 하안은 그의 그릇을 대단히 높이 샀다. 그들이 사제 관계가 아니므로 왕필이 청출어람 했다고 말할 수는 없으나 그가 후배임을 감안하면 선배보다 훨씬 뛰어난 인물이라고 말할 수 있다. 왕필은 명문 귀족 출신이었으나 벼슬길이 아직 열리기도 전인 젊은 나이에 요절하고 말았다. 죽을 때 나이가 23세에 불과했다. 왕필은 시대 정치에 대해 거의 언급하지 않았다. 그러므로 그는 정치가가 아니었으며 정치 이론가라고 말할 수도 없다. 그러나 그는 정치철학자였다. 10종에 가까운 그의 저작은 『왕필집王弼集』(중화서국 출판)에 거의 다 모아져 있다. 왕필은 현리玄理를 이야기했지만 오히려 정치와 잘 들어맞는다. 그는 현실을 도피하는 은자들에 반대했다. "행동으로 드러나고 위대함을 숭상하던 시대를 맞아 깊이 숨어들어가는 것을 고상한 행동이라 여기고, 큰 도가 이미 물을 건넜음에도 보이지 않는 듯 숨는 것은 현명하지 못하며 더더욱 도에 어긋나는 것으로 당연히 흉하다."[150] 학자들은 모두 현학이 사상의 해방과 개성의 자유를 주장했다고 말한다. 이 소년 현학자는 대단히 기세등등하여 은자들조차 용납하지 않았다. 그러나 이는 한편으로 시대 정치에 적극적으로 참여하라는 그의 주장이 반영된 것이었다. 사상의 다원화라는 환경 아래서 왕필은 자신만의 정치철학적 관념을 수립했다.

무를 근본으로 하며, 근본을 숭상하고 말절을 올림

왕필은 『노자지략老子指略』에서 유가, 법가, 명가, 묵가, 잡가를 일일이 분석하고 평가했다.

"법가는 획일적 동질성을 숭상하고 형벌로써 그것을 단속한다. 명가는 확정적 진실을 숭상하고 언어로써 그것을 바로잡는다. 유가는 전면적 사랑을 숭상하고 명예로써 그것을 추진한다. 묵가는 검소함을 숭상하고 강제적 교정으로써 그것을 세운다. 잡가는 다양한 아름다움을 숭상하고 통괄하여 그것을 실천한다. 형벌로써 사물을 단속하면 교묘한 거짓이 반드시 생겨나며, 이름으로써 사물을 확정지으면 밝은 이치를 반드시 잃게 되며, 명예로써 사물을 추진시키면 높아지려는 다툼이 반드시 생겨나며, 강제로 교정하여 사물을 세우려 들면 반드시 어긋나 뒤틀리게 되며, 잡박하게 사물을 실천하면 반드시 거친 혼란이 생겨난다. 이 모두는 자식을 부리면서 제 어미를 버리는 짓이다. 만물은 자신의 터전을 잃으면 잘 지켰다고 할 수 없다."[151]

왕필의 기세는 사람의 혼을 빼놓는다. 그의 경향에 대해서는 논의를 잠시 미루기로 하자. 그는 상술한 다섯 학파를 내려다보는 자세를 취한다. 당시 유학이 쇠락했다고는 하나 아직 관학으로 받들어지고 있었으며, 사회적으로 특히 사대부들 사이에선 여전히 수많은 사람에 의해 성스러운 가르침으로 여겨지고 있었다. 그럼에도 왕필의 지적과 평론에는 이 소년의 의기양양한 기운이 잘 드러나 있다.

법가, 유가 등은 객관 세계에 대한 인식과 조작에 있어서 모두 요령을 터득하지 못하고 있다. "자식을 부리면서 제 어미를 버리는 짓"을 하고 있다. 그렇다면 왕필이 인정하는 '어머니'는 무엇인가? 하안과 마찬가지로 그는 '무'를 근본으로 삼으라고 주장한다. 왕필의 저작에는 '무'에 가까운 개념으로 '도道' '종宗' '주主' '모母' '일一' '자연自然' '본本' '현빈玄牝' '대大' '정精' '태극太極' '대상大象' '곡신谷神' 등도 있다. 이 개념들을 세분하면 구별이 안 되는 것은 아니지만 기본적으로는 서로 통한다. 왕필의 '무' 본위론은 여러 함의를 지니는데 대략적으로 이야기하면 다음 몇 가지 내용으로 정리된다.

첫째, '무'는 만물의 근원이며 우주 만물의 시조다. 『노자주』에는 이에 관한 수많은 언술이 있다. "유有는 모두 무에서 시작된다. 그래서 아직 형체가 이루어지기 전 이름 없을 때가 곧 만물의 시작이 된다."152 "천하의 사물은 모두 유를 통해 태어난다. 유가 시작되는 곳은 무가 근본이 된다."153 "사물은 생겨난 뒤 쌓이고, 쌓인 뒤 형체를 갖추며, 형체를 갖춘 뒤 완성된다. 무엇으로 말미암아 생겨나는가? 도다."154 "일一은 숫자의 시작이면서 사물의 궁극이다. 각 존재는 하나의 사물로 생겨나므로 주인이 된다."155 "그 말미암은 바를 근본으로 하여 태극과 동체를 이루므로 '천지의 뿌리'라고 일컬은 것이다."156 그는 『주역주周易注』에서도 이와 유사한 논술을 많이 하고 있다. 예컨대 "둔屯이란 천지가 처음 만들어지던 때다. 만물이 만들어지기 시작하는 그 시작은 아득한 어둠 속에서 이루어진다."157 『노자지략』에서도 "오늘날을 증험함으로써 옛날의 시작을 알 수 있다"158고 말한다. '옛날의 시작'은 곧 만물의 시작, 즉 '무'다.

둘째, '무'는 만물이 존재하는 내재적 근거다. 천지 만물은 무로부터 생겨난 이후 형상도 있고 이름도 있는 단계로 진입한다. 여기서 '무'는 내적으로 '유'를 지배하는 작용을 한다. "형상도 있고 이름도 있는 때에 이르러 그것을 키워주기도 하고, 길러주기도 하며, 안정시키기도 하고, 두텁게 만들기도 하는 것은 그 어머니다."[159] "어머니란 안에 거처하며 덕을 완성시키는 존재다."[160] "덕은 만물 그 자체에서 얻어진다."[161] 즉 만물은 그 자신을 형성한다. 그러나 만물의 '유'는 여전히 '무'의 조화를 통해 이루어진다. "안정시킨다 함은 그 형상을 가려낸다는 말이며, 두텁게 만든다 함은 그 기질을 성취시킨다는 말이다. 각자가 의지할 그늘을 얻으며 그 형체를 다치게 하지 않는다."[162]

셋째, '무'는 '유'에 머무른다. "무는 무로써 밝게 드러날 수 없으며 반드시 유에 기인한다. 따라서 항상 유 속에 사물의 궁극이 존재하며 반드시 그 말미암은 바의 으뜸을 밝혀야 한다."[163] 『노자지략』은 이렇게 말한다. "4상(공영달孔穎達은 금, 목, 수, 화라고 함)이 형체를 갖추지 않으면 위대한 형상大象이 펼쳐지지 못하고, 5음이 소리를 내지 않으면 위대한 음악이 도래하지 못한다."[164] 『노자주』는 이렇게 말한다. "모든 사물에 칭호가 있고 이름이 있는 것은 그 궁극이 아니다."[165] "지혜를 이용함[166]은 지혜 없음에 미치지 못한다. 그리고 눈에 보이는 구체적 형체는 미세하게 보여주는 징조에 미치지 못하고, 그 미세한 징조는 형체 없음에 미치지 못한다. 드러난 모습이 있음은 드러난 모습이 없음[167]에 미치지 못한다."[168] '무'는 '유'에 머무르는 동시에 '유'의 본질이기도 하다.

넷째, 역할로 말하자면 '유'는 '무'를 통해 작용한다. 『노자주』는 말한다. "높음은 아래를 바탕으로 삼고, 고귀함은 천함을 근본으로 삼으며, 유는 무를 통해 작용한다. 이는 근본으로 되돌아간다는 말이다."[169] "만물이 아무리 고귀하더라도 무를 통해 작용해야지 무를 버리고 형체를 이룰 수는 없다."170

다섯째, '무'는 만물의 '마음'이다. 『주역주』「복괘復卦」는 "복이란 근본으로 되돌아간다는 말이다. 천지는 근본을 마음으로 삼는다"171고 말한다. 『노자주』는 "천지가 아무리 넓더라도 무를 마음으로 삼는다"172고 말한다. '마음'은 형체에 대한 상대적 언어다. '유'는 그저 형체일 따름이며, '무'야말로 '마음'으로써 형체를 지휘한다.

무를 근본으로 삼는 왕필의 '무'가 한나라 때 이야기된 천명의 내용을 전혀 포함하지 않는다고 말할 수는 없다. 그 또한 천명을 이야기한다. 『주역주』「무망無妄」은 이렇게 이야기한다. "천명이 돌봐주지 않으니 끝장이로다!"173 "하늘이 명을 내렸으니 어찌 범할 수 있으리오? 어찌 망령되게 할 수 있으리?"174 하지만 전체 이론 체계로 볼 때 왕필은 천명을 숭상하지 않고 '무'를 숭상했다. 이론의 근원에 있어서 그는 확연히 한대의 유생들과 배치되었다. 왕필 무 본위의 '무'가 완전히 새로운 명제였던 것은 아니지만, 한대 유생에 대한 비판과 연결 지으면 특출한 효과를 드러낸다. 그러나 왕필이 전체 유학을 한쪽으로 던져버렸다는 말은 아니다. 한대 유학을 방기한 것인데, 이에 대해서는 아래에서 몇 가지 항목으로 논술하겠다.

무를 근본으로 삼으면 우리가 감각할 수 있는 일체의 현상 세계는 모두 '말末'에 속하게 된다. 하지만 왕필은 '말'에 냉담하지도 '말'을 경시하지도 않았다. 『장자』가 '말'을 버리고 '말'을 멸시한 것과는 더욱 달랐다. 그는 "근본을 숭상하고 말절을 키우라崇本息末"고 주장한다. 그는 『노자』라는 책을 한마디로 정리하면 "근본을 숭상하고 말절을 키우는 것일 따름이라"175고 여겼다. 사실 『노자』는 '말'에 대해 왕필처럼 그렇게 적극적인 태도를 지니지 않고 있다. 그는 "어머니를 지킴으로써 그 자식을 온존시키고, 근본을 숭상함으로써 그 말절을 들어준다"176고도 말한다. 근본을 통해 "말절을 운영한다"[177]고도 말한다. '말'은 무시할 수 없을 뿐만 아니라 적극적으로 나아가 그것을 알아야 한다. "근본을 얻음으로써 말절을 안다."[178] 그는 『논어석의論語釋疑』에서 "근본을 밝히려면 근본을 들어 올리고 말절을 통솔하여 만물의 궁극적인 것을 보여주어야 한다"[179]고 말한다.

왕필은 '무'를 근본으로 삼았으며, 만물을 '말'로 삼았다. '숭본식말' 논의는 세계관인 동시에 방법론이다. 그의 정치 철학은 모두 이 기초 위에서 전개되었다.

'명교는 자연에서 나왔다'와
'이름을 가지고 만물을 호칭한' 한대 유학에 대한 비판

왕필의 '자연'이란 말은 '무'처럼 현학적이지는 않지만 '무'와 같은 부류의 개념이다. 사물의 자연적 존재성을 지칭할 뿐만 아니라 사물의 내재적 지배 역량 및 본질을 가리키기도 한다. 그는 『노자주』의 여러 곳에서 '자연'에 대해 논술하고 있다.

"'자연'은 부를 말이 없다. 궁극이란 뜻이다."[180]
"자연, 그 실마리의 조짐은 얻어서 볼 수 있는 것이 아니며, 그 뜻의 취향은 얻어서 분별할 수 있는 것이 아니다."[181]
"만물은 자연을 본성으로 삼는다. 그래서 거기에 기인할 수는 있으나 어떻게 할 수는 없다. 소통할 수는 있으나 붙잡을 수는 없다."[182]
"천지는 자연에 맡긴다. 무슨 행위를 하지도 않고 창조하지도 않는다. 만물은 서로 알아서 다스려진다. 그래서 인자하지 않다는 것이다."[183]
"도는 자연을 어기지 않는다. 그 본성을 얻어서 자연을 본받는다."[184]

자연과 명교는 무슨 관계인가? 하안은 명확히 설명하지 않았다. 왕필도 직접 자연과 명교를 함께 연결 지어 하나의 범주를 구성하지 않았다. 현대의 학자들은 양자 관계에 대한 왕필의 견해를 '명교는 자연에서 나왔다'는 말로 개괄한다. 이 개괄은 대체로 정확하다. 자연에서 파생되어 나온 명교는 무엇인가? 『노자주』는 이렇게 이야기한다. "처음 만들어진다는 말은 통나무 같은 원상태가 해쳐지며 처음으로 벼슬자리가 만들어지던 때를 일컫는다. 처음으로 벼슬자리가 만들어지면 명칭의 구분을 세워 존비를 정하지 않을 수 없다. 그래서 처음으로 만들어져 이름이 있다고 말한 것이다."[185] 이렇게도 말한다. "어머니를 지킴으로써 그 자식을 온존시키고, 근본을 숭상함으로써 그 말절을 들어 올려준다. 그러면 형상과 이름이 두루 갖추어져 사악함이 생기지 않는다. 큰 아름다움은 하늘과 짝을 하되 꽃 같은 화려함을 만들지는 않는다."[186] 『주역주』는 말한다. "자연의 본질은 각자 그 구분이 정해져 있다. 짧은 것이라고 부족하지 않고 긴 것이라고 남아돌지 않는다. 거기에 어찌 더하고 줄일 게 있겠는가?"[187] 개괄하자면 명교는 곧 상하존비의 등급 관계다.

　왕필은 '예'가 자연에서 나온다고 생각했다. 그는 『논어석의論語釋疑』의 "시詩에 일어나, 예禮에 서며, 악樂에 이룬다"[188]는 공자의 말에 대해 다음과 같은 긴 해석을 달고 있다.

"이 말은 정치의 순서에 대한 것이다. 기쁨, 두려움, 슬픔, 즐거움은 백성에게 자연스러운 현상으로 그런 느낌에 응하여 움직이면 노래나 소리로 발출된다. 따라서 시를 늘어놓고 노랫소리를 채취함으로써 백성의 뜻과 풍속을 이해할 수 있다. 민간의 풍속을 알았으면 무엇을 줄이고 더할 것인지의 기초가 선 것이다. 그리하여 풍속에 따라 제도를 만듦으로써 예법에 맞는 사회에 다다르게 된다. (…) 풍속이 어긋나 있으면 예법이 설 곳이 없고, 예가 수립되지 않으면 음악이 즐거울 리 없다. 음악이 예에 맞지 않으면 아무런 정치적 효과를 거둘 수가 없다. 따라서 위 삼자가 서로 떠받치며 앞뒤에서 작용하는 것이다."[189]

왕필은 백성의 본성을 자연으로 여기며, 이 자연은 똑같이 예와 악의 필연적 근거이기도 하다. 그는 『논어석의』에서 "예는 공경을 위주로 한다"[190]고 말한다. 왕필의 '경敬'은 사람과 사람 사이의 평등한 상호공경이 아니라 등급을 기초로 한 '존尊'이다. 그는 예를 '근본'으로 여겼다. "요즘 사람들은 근본을 버리고 말절을 숭상한다. 예의 근본적 의미를 찾는 일이야말로 위대하다."[191] 사회의 근본 원칙은 존비 질서라는 것이다. 『주역주』는 "윗사람은 그 존귀함을 지키고, 아랫사람은 그 비천함을 지킨다"[192]고 말한다. "위치를 바로잡는다 함은 존비의 질서를 밝힌다는 것이다."[193] "현명한 사람과 어리석은 사람 사이에 구별이 있고, 존귀한 사람과 비천한 사람 사이에 질서가 있게 된 뒤 비로소 형통한다."[194] 존비 질서야말로 예의 혼령이다. 예는 어길 수 없는 것이며, 예를 어기면 혼란에 빠진다. 『주역주』는 이렇게도 이야기한다. "기운이 왕성하면서 예에 어긋나면 흉하다. 흉하면 왕성한 기운을 잃는다. 그래서 군자는 크게 왕성한 기운을 지니고 예에 순응한다."[195] 『주역약론周易略論』도 "겸손함에서 벗어나고 예를 어기면서 왕성한 기운을 온전히 보전할 수 있는 사람은 없다"[196]고 말한다. 신하되는 사람은 예에 따르고 순종해야 한다. 『주역주』는 말한다. "순종함으로써 뚜렷이 밝아지는 것이 신하의 도다."[197] "순종함으로써 뚜렷이 밝아지는 것이 저절로 드러나는 도다."[198] "순종을 본보기로 삼으므로 아무 의문도 나타나지 않는다."[199]

왕필은 효孝, 인仁, 충忠, 서恕가 모두 자연스러움에서 나왔다고 주장한다. 『논어석의』는 말한다. "자연스러운 친애가 효이며, 그 사랑을 미루어

다른 사물에까지 미치게 함이 인이다."²⁰⁰ "충은 정이 다한 것이며, 서는 정에 반대함으로써 다른 사물과 같아지는 것이다. 자기 몸의 요구와 반대로 행동하고도 사물의 정을 얻지 못하는 경우는 없으며, 서를 온전히 실천할 수 있으면서도 궁극적인 이치를 다 발현하지 못하는 경우는 없다. 궁극적인 이치를 다 발현할 수 있으면 통섭되지 않는 사물은 없다. 그 궁극이 둘일 수 없으므로 일一이라 일컫는다. 자기 몸을 미루어 사물을 통섭하고 모든 부류가 적절히 자기 역할을 다해 한마디 말로 평생토록 실천할 수 있는 것은 오직 서뿐이다."²⁰¹ 효, 인, 충, 서에 대한 왕필의 논술은 전통 유가의 논의와 크게 구별된다. 유가 논의의 근거가 천명, 인성 및 혈족 관계인데 비해 왕필은 사람과 자연의 관계로부터 효, 인, 충, 서의 위치를 정해주는 것이 그 차이점이다. "정에 반대함으로써 다른 사물과 같아지고" "자기 몸을 미루어 사물을 통섭함"은 효, 인, 충, 서를 자연의 기초 위에서 정립하고 있는 것이며, 자연의 이치에 대한 체인이자 실천이기도 하다. 왕필은 '참됨誠' '바름正' '고요함靜'을 강조하기도 한다. 『노자지략』은 말한다. "사특함을 막는 것은 참됨을 유지하는 데 달려 있지 조사를 잘하는 데 달려 있지 않다. 지나침을 멈추게 하는 것은 화려함을 없애는 데 달려 있지 규정을 늘리는 데 달려 있지 않다."²⁰² '참됨'은 내면의 수양을 강조하고 밖으로 자랑하는 데 반대한다. 『노자주』는 말한다. "각자가 자기의 바른 일을 맡고 자기의 참됨을 운용하면 어진 덕이 두터워지고, 바르고 의로운 행위를 하게 되고, 사심 없이 예의와 공경을 다한다."²⁰³ 『논어석의』는 이렇게 말한다. "본성에 가까운 것이 바름이지만 본성의 방종은 바름이 아니다. 본성의 방종이 바름은 아니지만 그것을 바름으로 이끌 수는 있다. (…) 본성을 바름으로 이끌 수 있는 것은 무엇인가? 의儀이고 정靜이다."²⁰⁴ 『주역주』는 "어짊을 수양하고 바름을 오래도록 지키면 반드시 후회가 없으리라"²⁰⁵고 한다. 왕필 또한 유가의 수신제가치국평천하

이론을 받아들인다. 『주역주』는 말한다. "부모는 부모답고, 자식은 자식답고, 형은 형답고, 아우는 아우답고, 남편은 남편답고, 아내는 아내다워 육친이 화목하고 서로 사랑하고 즐거우면 집안의 도가 바르게 된다. 집안을 바르게 할 수 있으면 천하가 안정된다."[206] 왕필은 유가 정치사상의 기본 개념과 범주를 긍정했으나 동시에 그 핵심을 수정하기도 했다.

수정은 다양한 비판을 포함하기 마련이다. 왕필은 과도한 정명正名의 강조, 즉 이름名으로 실질實을 바로잡으려는 것이야말로 유가의 가장 부당한 점이라고 생각했다. 왕필은 이름이란 그저 자연의 파생물일 뿐이며 응당 자연에 적응해야 하는 것으로 여겼다. 만약 "너무 지나치게 나아가" "이름에만 맡겨서 사물을 정의해버리는" 지경에 이른다면 이는 반대편으로 치달은 것으로 자연에 대한 파괴다. 『노자주』는 말한다. "무위無爲하면서 행해지도록 할 수 없는 것은 모두 하급의 덕이다. 인의, 예절이 그렇다."[207] 한대에 성행했던 명교名敎는 이름을 지고무상의 원칙이자 출발점으로 삼았다. 이름에만 맡겨서 사물을 정의했으며, 여기서 이름은 더 이상 실질의(자연의) 파생물이 아니라 주재자로 바뀌었다. 사람들, 특히 선비 대다수는 이름을 으뜸으로 삼아 자신을 이름의 수단이자 피동체로 바꾸었다. 어떤 사람들은 '이름'을 구하기 위해 위조의 길에 들어서 인의를 가장하는 무리가 출현하기도 했다. "훌륭한 이름이 생겼다면 이는 곧 훌륭하지 못한 결과가 있게 된다."[208] "인의가 내부에서 피어났다 함은 곧 거짓이 행해졌다는 것인데, 하물며 겉만 번지르르 꾸미는 데 힘써서 어떻게 오래 갈 수 있으리!"[209]라는 왕필의 말은 바로 이 뜻이다. 『노자지략』도 말한다. "부모자식이나 형제지간은 정이 앞서 올곧음을 잃고, 효도 때문에 참됨을 받아들이지 못하고, 자애 때문에 실질을 받아들이지 못한다. 이는 이름만을 드러내려는 행위들 때문에 빚어진 일이다. 풍속이 얄팍해져 이름을 앞세워 행동하고 인의를 숭상함으로써 갈수록 거짓이 횡행하게 된 것도 걱정인데, 하물며 이보다 천한 술수들은 오죽하겠는가?"[210] 유가 학술만을 독존시킨 후 허명을 추구하는 풍조가 갈수록 심해졌으며, 허명의 풍조가 심해지니 거짓이 생겨나는 것은 당연한 일이다. 『노자주』도 "인자는 반드시 뭔가를 만들어내고 변화를 준다"[211]고 말한다. 『노자주』는 "덕을 세우려는 사람은 사물의 자연성物自然에 근거하지 무엇을 세우거나 변화시키지 않는다"[212]고 하고, "자연을 본받는다 함은 모난 것에 처하면 모남을 본받고, 둥근 것을 만나면 둥근 것을 본받는 것이다. 자연 그대로 아무런 위반도 하지 않는 것이다"[213]라고도 이야기한다. 『노자』가 창도한 '선행善行' '선언善言' '선수善數' '선폐善閉' '선결善結'[214]은 "모두 그 어떤 조화도 변화도 부리지 않고 사물의 본성에 따르고 형태를 가지고 사물을 재단하지 않는다는 말이다."[215] 왕필의 '도' '자연' '무'는 대체로 같은 대상을 지칭하지만 상대적으로 '도'가 더욱 이성화되었다고 할 수 있다. 도는 만물의 본원이다. 『노자주』는 "만물은 모두 도로 말미암아 생겨난다"[216]고 말한다. 도는 만물이 추종해야 할 규칙이기도 하다. "도는 만물이 따라야 할 바다."[217] 이러한 도는 예나 지금이나 한가지다. "옛날과 오늘날이 다르고, 시대 풍속이 달라졌다 하더라도 이것만은 바뀌지 않는다."[218] 『논어석의』는 한마디로 개괄하고 있다. "도란 없음無을 나타내는 칭호다. 통하지 않음이 없으며, 따르지 않음이 없다."[219]

자연에 맡기고 도를 운용하는 기본은 천지의 덕과 합체하여 천, 지, 인 사이의 화해를 추구하는 것이다. 『노자주』는 "자연 즉 스스로 그러한 연후에 비로소 천지와 덕을 합치할 수 있다"[220]고 말한다. 정치는 "하늘과 땅 즉 이의二儀의 도"[221]를 따라 자연의 핵심을 온전히 지켜야 한다. 다시 말해 "위로 하늘의 명을 받들어 아래로 백성을 편안히 해주는 것으로 이보다 나은 방법은 없다"는 것이다.[222] 그 가운데 백성의 마음은 저울이다. "천하 백성의 마음으로 천하를 다스리는 도를 헤아린다. 천하를 다스리는 도의 순역과 길흉은 모두 사람 사이의 관계를 다루는 도와 일반이다."[223] "천하에 도를 행하면 명령하지 않아도 저절로 공평해지고, 구하지 않아도 저절로 얻어진다."[224] 자연에 맡기고 도를 좇는 왕필의 관념이 어떻게 정치에 운용되었는지는 주로 다음 몇 가지 사항으로 나타난다.

통치자에 대하여 욕망을 절제하고 무위, 무욕을 실천하라고 요구한다. 『노자주』는 말한다. "하늘과 땅이 서로 화합하면 애써 구하지 않아도 단비가 저절로 내린다. 내 참된 본성의 무위를 지키고 있으면 명령하지 않아도 백성이 저절로 조화를 이룬다."[225] 『노자』는 성인이면 '무위' '호정好靜' '무사無事' '무욕'해야 한다고 말하고 있다. 왕필은 이렇게 주석을 달았다. "군주가 무엇을 바라면 백성은 신속히 그것을 좇는다. 내가 다만 무욕하기만을 바란다면 백성 또한 무욕해져 스스로 순박해진다. 이 네 가지는 근본을 숭상함으로써 말절을 그치게 하려는 까닭이다."[226] 58장 주석에서는 '근본 숭상'을 다음과 같이 구체화시키고 있다. "방정함으로 사물을 이끌어 그 사악한 부분들을 제거할 뿐 방정함을 구실로 사물을 쪼개버리지 않는다." "청렴으로 백성을 이끌어 그 더러운 부분들을 없앨 뿐 청렴을 구실로 사물에 상처를 주지 않는다." "올곧음으로 사물을 이끌어 그 편벽된 부분들을 없앨 뿐 올곧음을 구실로 사물의 본모습을 거역하지 않는다." "빛으로 그 미혹한 부분들을 비출 뿐 빛을 구실로 감추어진 것들을 찾으려들지 않는다."[227] 왕필이 말하는 '방정함' '청렴' '올곧음' '빛'은 모두 명칭, 교육, 도덕 계열에 속하는 말이다. 하지만 이것들이 모두 자연 혹은 사물과 적대하여 거꾸로 주체가 됨으로써 자연이나 사물을 개조하고 규정짓는 주재자 역할을 해서는 안 된다. 과도한 '유위', 즉 간섭이 지나치면 혼란을 일으키는 근원이 된다고 왕필은 생각했다. "인위적인 행위를 하면 할수록 그 본성을 잃게 된다."[228] "유위하면 잃는 바가 많다."[229] "만일 내가 굳건한 지혜를 지녀 세상에 큰 도를 행하게 된다 하더라도 오직 인위적 행위를 하게 될까 두렵도다."[230] 결국 왕필은 아랫사람들에 대하여 통치자가 적게 간섭하고 적게 갈취하는 것이 상책이라고 생각한 것이다.

그는 우민 정책을 실시하라고 요구한다. 왕필이 보기에 어리석음과 자연스러움은 서로 통하는 것이었다. 『노자주』는 "어리석음이란 지식 추구 없이 참됨을 지키며 자연에 순응하는 상태를 일컫는다"[231]고 말한다. 성인은 천하를 다스리면서 "세상을 위해 그 마음을 가공 전의 혼돈 상태 그대로 둔다"[232]고도 말한다. 『주역주』는 "몽蒙한 상태로 올바름을 부양하고, 명이明夷한 상태로 대중 앞에 선다"[233]고 말한다. '몽'은 몽매함, 우매함이다. '명이'는 밝음을 상실한 상태다. 이 말은 곧 우매, 혼돈의 교화를 행해야 한다는 이야기다. 『노자주』는 이렇게 말한다. "백성 다스리기가 어려운 것은 아는 게 많기 때문이다. 모이지 못하도록 힘쓰고 문을 닫아걸어 무지무욕하게 만들어야 한다."[234] "심하도다! 현명함을 이용하는 짓보다 더 큰 해를 가져오는 일은 없다. 지혜에 맡기면 사람들이 그와 더불어 소송을 하게 되고, 힘에 맡기면 사람들이 그와 더불어 싸움을 하게 된다."[235] 성聖, 지智, 교巧, 인仁, 의義는 취하지 않을 수 없지만 이런 물건이 있게 되면 반드시 더 많은 재앙을 초래한다. 보통 사람들은 성, 인이 좋다는 것만 알 뿐 "성이란 것이 전혀 성스럽지 못하다는 것을 알지 못하고" "인이란 것이 전혀 어질지 못하다는 것을 알지 못한다". 그래서 "인을 끊어버린다 함은 어질지 않겠다는 것이 아니며, 인을 행하면 곧 거짓이 이루어지는 것이다". 이렇게도 말한다. "성, 지는 인간의 뛰어난 재능이며, 인, 의는 인간의 위대한 행위이며, 교, 이利는 인간의 훌륭한 응용이다. 하지만 근본 도가 존재하지 않은 채 이 세 가지 아름다움만 드높인다면 해로움도 그만큼 클 것이다. 하물며 그에 유리한 쪽으로 술수를 부린다면 소박한 자연 상태를 잃게 되리라!"[236] 성, 지, 인, 의의 긍정적인 효과와 부정적인 효과라는 이중성이 왕필을 둘 다 선택하기 어려운 지경에 빠뜨렸으며, 이 때문에 이론상 모순이 있고 불완전한 결점이 만들어졌다. 그러나 그는 끝내 우민 정책을 택하고 말았다. 그가 보기에 성, 지, 인, 의는 이익보다 손해가 많았기 때문이다. 『노자주』는 말한다. "총명을 다함을 선견지명이라 여기고, 지력을 사용하여 모든 일을 처리하면 실정을 파악할 수는 있겠지만 간교함은 더욱 깊어지고, 풍성한 영예를 얻을 수는 있겠지만 갈수록 독실함을 잃게 된다."[237] 『노자지략』은 말한다. "성명을 다하여 관찰하고 지려를 다하여 공격하더라도 교묘함은 갈수록 정밀해지고, 거짓은 갈수록 변화무쌍해진다. 심하게 공격할수록 더 부지런히 피하게 된다."[238] 고명한 통치를 하는 집권자는 자신의 성, 지, 인, 의를 드러내 보여주는 것이 아니라 자신의 지혜를 이용하여 민중 모두를 동물화한 사람으로 바꾸어버린다. 『노자지략』의 다음 구절은 이를 가리킨다. "그들의 행위를 공격하지 않고 그들이 그런 행위를 할 마음이 없도록 만든다. 그들의 욕구를 해치지 않고 그들이 그런 욕구를 가질 마음이 없도록 만든다. 아직 징조가 나타나기 전에 도모하고, 막 시작이 되었을 때 실천한다. 그렇게 할 따름이다. 그러므로 성지를 다하여 교묘함과 거짓을 다스림은 소박한 기질을 보여주어 백성의 욕구를 잠재우느니만 못하고, 인의를 일으켜 천박한 풍속을 돈독히 함은 소박함을 품에 안고서 독실함을 온전히 하느니만 못하다. 교묘함과 이익을 다양화하여 경제를 일으키려 함은 사사로운 욕심을 줄여 들끓는 경쟁을 멈추게 하느니만 못하다."[239] 왕필은 백성의 지혜가 깊어지면 백성이 강해지고, 이것은 집권자에게 최대의 위협이라고 생각했다. 『노자주』는 말한다. "백성이 강하면 국가는 약해진다. 백성의 지혜가 많으면 교묘함과 거짓이 생겨난다. 교묘함과 거짓이 생기면 사악한 일들이 벌어진다."[240] 통치자에게 최고의 기술은 백성을 어린아이와 같은 사람으로 바꾸는 것이다. "모두가 어린아이처럼 서로 화목하여 아무런 욕심이 없도록 한다."[241] "어린아이는 지혜를 사용할 줄 모르며 자연의 지혜에 합치한다."²⁴² 백성을 어린아이처럼 만들면 수많은 문젯거리를 줄일 수 있을 것이다. 그러나 사람들 모두가 무지무욕한 산송장으로 변한다면, 그것이야말로 진짜 역사의 재난이다. 사실 왕필도 모든 사람의 사고를 없앤다는 것은 불가능한 일임을 인정한다. 그래서 "천하의 마음이 반드시 같지는 않다", 하지만 성인의 고명한 통치로 말미암아 사람들이 "감히 다른 의견을 내어 성인에 대응하지 못하는 것이며, 이 때문에 각자의 진정을 사용하지 못하게 되었다"²⁴³고 말한 적이 있다. 어떻게 이 단계에 이를 것인지에 대해서는 왕필도 새로운 처방을 내놓지 못했다. 대체로 역시 성지를 끊고 지족하는 등 노자의 낡은 방법뿐이었다.

　형벌은 통치 질서를 유지하는 기본 수단이다. 왕필은 형벌과 자연이 한편으로 통일되는 측면이 있을 뿐만 아니라 모순, 대립되는 측면도 있다고 생각했다. 형벌의 준칙은 '도'여야 한다. 『주역주』는 말한다. "사람들에게 형벌을 가하는 것은 도에 부합하지 않는다. 올바름으로 법제를 삼으므로 사람들에게 형벌을 가하는 것이다."²⁴⁴ 이는 곧 형벌을 집행하는 사람은 응당 '중정中正'을 지켜야 한다는 말이다. 그래서 이런 말도 한다. "존중받는 위치를 차지하여 소송을 주관하게 된다. 중정을 지킴으로써 옳은지 그른지 결단을 내린다. 중中하면 지나치지 않고, 정正하면 어긋나지 않는다. 굳세어 빠짐이 없고 공정하여 치우침이 없다."²⁴⁵ 형벌은 정부 명령의 보호신이다. 왕필은 정부의 명령도 자연화하고 있다. "사건에 맞추어 새 법제를 설명하며, 마치 하늘의 사시 운행처럼 끝나면 다시 시작해야 한다."²⁴⁶ 특히 군령은 절대로 태만해서는 안 되며 바꾸어서도 안 된다. "군령을 어겨 공적을 얻지 못하면 형벌을 가하고 용서하지 않는다."²⁴⁷ 이건 완전히 법가의 용어다. 왕필은 '도'와 '중정'을 큰 깃발로 삼았는데, 이 기치하에서 지극히 혹독했다고 할 수 있다. "무릇 사물들이 친하지 못함은 간극이 있기 때문이다. 사물들이 질서가 잡히지 못함은 과오가 있기 때문이다. 간극과 과오가 있으면 깨물어噬[248] 합침으로써 형통하게 된다. 형벌로 극복해 형통했으니 형옥이 이로운 작용을 한 것이다." "서합괘는 우레의 진震괘와 번개의 이離괘가 합친 것이니 어지럽지 않고 분명한 조리가 있으며 모두 형옥의 이로운 작용을 뜻한다."[249] 사물 상호 간에 '간극이 있고' '과오가 있음'은 필연적이다. 이 때문에 반드시 '친하지 못하고' '질서가 잡히지 못하는' 일이 생긴다. 협조하지 못하는 이런 관계는 여러 방식을 통해 처리할 수 있는데, 왕필은 여기서 도량이 큰 무위의 풍도를 던져버리고 '깨무는' 방식을 취했다. '설噬'은 물어서 끊음, 즉 무력을 사용하여 존재하는 '과오'와 '간극'을 가지런히 만들어버린다는 뜻이다. '설'은 바로 형옥이다. 형벌이 더욱 큰 작용을 발휘하도록 하기 위해 왕필은 작은 과오에도 중벌을 내려야 한다고 주장한다. 물론 그는 법가와는 여전히 차이가 있다. 왕필은 "과오를 저지르고 고쳐지지 않는" 상황에만 형벌을 가해야 한다고 생각했다. 형벌과 교화 어느 한 가지에 치우쳐서는 안되며, 같이 응용해야 한다. "애초에는 교화를 하고, 시작하면 법으로 다스린다."[250] "법은 엄명하고 단호해야 한다. 업신여겨서는 절대 안 된다. 그래야 덕으로 대처해도 분명하게 금지가 이루어진다. 은혜를 베풀면서도 엄격할 수 있고, 엄격하면서도 은혜를 베풀 수 있으며, 굳건하면서도 기쁠 수 있고, 가르면서도 화합할 수 있는 것이 아름다운 도다."[251] 형벌을 실시할 때는 먼저 명령을 내린 뒤 형벌을 가한다. "명령을 분명하게 내린 뒤 다시 3일을 설명하고 나서 형을 가해야 허물과 원망이 없다."[252] 형벌 사용은 그 자체가 본래 강경한 일이므로 응당 "강경함에 입각해 형벌을 가하는 것"을 경계해야 한다. "강경함에 입각해 형벌을 가하면" 극단으로 치달을 수 있다. "온전히 다 도에 순응한 것이 아니라면" 응당 냉정을 찾아 "형벌이 도에 따르지 않는 경우가 없어야"[253]만 한다. 형벌을 사용할 때는 사나움과 은혜로움, 사랑과 위엄의 관계를 잘 파악해야 한다. "무릇 사물을 다루면서 사나움을 근본으로 삼으면 은혜가 부족한 문제가 생기고, 사랑을 근본으로 삼으면 위엄이 부족한 문제가 생긴다."254 사나움, 은혜로움, 사랑, 위엄은 하나라도 없어서는 안 된다. 관건은 이 네 가지 관계를 잘 처리하여 상호 보완토록 함으로써 서로를 성취시키는 것이다.

왕필은 '도형道刑'을 긍정하지만 동시에 형벌과 자연이 상호 대립적이라고도 생각했다. 『노자주』는 말한다. "법망이 너무 많고 형벌이 번잡하며, 작은 길들이 막히고 은밀한 거처가 공격을 당한다면 만물이 자연스러움을 잃고 백성은 손발을 어디에 놓을지 모르리라. 새들은 위에서 어지럽히고, 물고기는 아래에서 어지럽힐 것이다."255 이 문장으로 보면 왕필은 형벌의 '많음'과 '번잡함'을 자연에 반하는 것으로 취급하고 있다. 사실 이론상의 논리로 따지자면 왕필은 형벌을 훨씬 많이 비판하고 심지어 부정하기까지 한다. 『노자주』는 말한다. "가장 훌륭한 정치라 하면 무형無形, 무명無名, 무사無事, 무정無政을 들을 수 있다. 식별할 수 없는 두루뭉술한 상태라면 끝내 위대한 치세에 다다른다."256 "자신의 총명을 버리고 사물의 자연성으로 임하면 무위하여 천하가 편안해진다. 자연의 소박함을 지키면 법률 제도를 따를 필요가 없다."257 "오직 사물의 자연성에 따를 뿐 형벌에 의지하여 사물을 다루지 않는다. (…) 이로운 국가의 기물을 위한다고 형벌을 만들어 사람들에게 시위한다면 결국은 반드시 잃게 될 것이다."258

형벌을 부정한 뒤엔 어떻게 사회를 통제할 것인가? 그는 '문명文明' '감화' 및 '겸손'으로 사람들을 복종시킬 것을 주문한다. 『주역주』는 이렇게 말한다. "사물의 잘못을 그치게 하는 데 위엄이나 무력으로 하지 않고 문명으로 하는 것이 사람다운 꾸밈새다." "하늘의 꾸밈새를 관찰하면 사시의 변화를 알 수 있다. 사람의 꾸밈새를 관찰하면 교화의 성공을 알 수 있다."259 문명이란 의례를 가리킨다. 왕필의 의례에 대한 중시를 여기서 다시 한번 확인할 수 있다. 의례와 감화를 연결시켜 그는 이렇게도 이야기한다. "통틀어 관망이 도임을 이야기함이다. 형벌 제도로 사물을 부리는 것이 아니라 관망으로 사물을 감화시킨다는 것이다. 그것은 헤아릴 수 없이 신령스러우며 무형의 것이다. 하늘은 사시를 어떻게 부리는지 보여주지 않지만 사시는 조금도 틀리지 않으며, 성인은 백성을 어떻게 부리는지 보여주지 않지만 백성이 저절로 복종한다."[260] 정치적으로 이는 지나치게 '현학적'이다. 하늘이 사시를 부리는 것처럼 정치적 성인은 아마도 현학적 사유 속에서나 존재할 것이다. 그는 또 겸손으로 사람들을 복종시키라고 주장한다. "겸손으로 사물을 이르게 하지 못하면, 사물이 붙어 따르지 않는다."[261] 이 내용들은 왕필의 이상과 선량한 바람을 표명해주지만 어쩔 수 없는 헛된 환상이기도 하다.

왕필은 정상적 상황 아래선 무위를 주장했다. 특수한 시기에는 유위를 주장하기도 했다. 『주역주』는 말한다. "혼란의 시대는 일이 있어서 해결을 기다리는 때다. 뭔가 인위적인 행위有爲를 할 수 있는 것은 시대가 그러하기 때문이다." "그래서 군자는 백성을 구제함으로써 덕을 키운다."[262] 유위의 내용은 매우 많은데 주로 다음 사항들이다.

유위는 적시에 과감하게 왕조 교체에 관한 제도 개혁을 할 때 필요하다. 『주역주』는 말한다. "천명이 바뀐 데 대하여 신념을 가지고 시대적 소망을 잃지 않는다." "무릇 자연에 합치하지 못한 뒤에 변란이 생겨난다. 변란이 생겨난 것은 합치하지 못했기 때문이다. 따라서 합치하지 못한 현상들을 모아서 혁신해야 한다."[263] 왕조가 바뀔 때는 "제도를 만들고 법을 세우며" "제도를 만들어 계약을 분명히 하는" 것이 핵심 고리다. "소송이 없다 함은 그 최초의 발단을 생각한다는 뜻이고, 최초의 발단을 생각한다 함은 제도 문제에 달려 있다는 뜻이다. 계약 제도가 분명하지 않기 때문에 소송 사건이 생겨나는 것이다. 사물은 제각기 구분이 있는데, 자기 직무를 남용하지 않으면 그 어디서 다툼이 생기겠는가? 소송이 일어나는 까닭은 계약 제도가 잘못되었기 때문이다. 그래서 유덕한 사람은 계약 제도를 관리감독하지 사람에게 책임을 덮어씌우지 않는다."[264] 제도는 시대에 따라 바뀌어야 한다. "사물이 벌써 시대를 따라 수행하게 되었으면 제도를 만들어 관련된 일들을 안정시켜야 한다."[265] "혁革은 옛것을 버림이고, 정鼎은 새것을 취함이다. 새것을 취하면 사람도 거기에 맞추어야 하는데, 옛것을 바꾸었으므로 법제 또한 두루 밝혀주어야 한다." "혁하여 이미 바뀌었으면 제도를 만들고 법을 세워 그것을 완성시켜야 한다. 바뀌었음에도 제도가 없으면 혼란이 예상된다. 시대에 맞추어 법을 만든 연후에야 길하리라. 현과 우를 구별 짓고, 존과 비를 질서 지운 연후에야 형통하리라."[266] 이렇게도 말한다. "변혁을 하여서 믿음을 얻는 것은 예의의 문명으로 설파하기 때문이다. 예의문명으로 설득하면 올바름을 실천에 옮기는 것이니 이것이 변혁이다. 하늘에 응하고 백성에 따르는 것이니 크게 형통하여 올바르게 된다."[267]

유위를 하려면 또 계략을 잘 이용해야 한다. 『주역주』는 말한다. "모든 사물은 궁하면 변화를 생각하고, 갇혀 있으면 소통을 도모한다. 지극히 곤궁한 지경에 처해 있으니 계략을 이용해야 할 시기다."[268] "일 처리를 지극히 잘하면 잘못을 범하지 않으니 최고의 지혜를 갖춘 사람이다. 따라서 더불어 사업을 성공시킬 수 있다."[269] 이는 왕필이 반복해서 이야기해 오던 성지聖智의 근절과는 확실히 상반되는 주장이다.

강剛과 유柔의 관계를 잘 처리하는 것도 유위의 중요한 한 가지 내용이다. 강과 유는 옛사람들이 사물 관계를 표시하는 중요한 범주였다. 이를 정치에 적용하면 문, 무, 관寬, 맹猛, 덕, 형 등과 짝을 이룬다. 오늘날의 용어로는 정치에서의 억압과 회유, 혹은 당근과 채찍을 말한다. 강과 유에 대한 왕필의 논술은 대단히 많다. 대부분은 괘상에 대한 해석으로 모두 정치를 설명하고 있는 것은 아니지만 그 가운데 정치 관념이 없는 것은 아니다. 그는 강유공조剛柔並濟 및 강존유비剛尊柔卑를 주장한다.

강유공조는 단일화시킬 수 없다. 『주역주』는 말한다. "강과 유가 서로 붙어 서로 친하다 함은 공조한다際는 말이다."[270] 제際는 교제하다, 공조하다의 의미다. "강과 유가 구분되지 않으니 어떤 연유로 꾸밈이 생기겠는가?" "강과 유가 교차하여 꾸며진다. 하늘의 문식이다." "화합으로 서로를 빛나게 만듦으로써 꾸밈을 완성한다."[271] 강과 유 어느 한 극단으로 치우치면 사물의 화해를 깨뜨려 갈등하는 쌍방을 파열시킨다. "강건함으로 다른 사람의 위에 자리하면 만물이 그의 지위를 긍정하지 않게 된다. 유순함으로 아래에서 행동이 똑바르지 않으면 사악한 길에 들어서게 된다."[272] "방정한 데다 더하여 과하게 강건하고, 유순한 데다 더하여 과하게 둥글면 안정을 구하기가 어렵다."[273] "강이 승하면 유가 위태롭다."[274] 강과 유는 서로 섞이지만 "강이 존귀하고 유는 비천한 것이 순서에 맞다."[275] "강은 덕의 우두머리로 그것을 덜어내면 항상성을 유지할 수가 없다."[276] 사람들을 귀순시키려면 반드시 강을 이용해야 한다. "만물 제 스스로 귀순할 수는 없으니 강직함을 이용한다. 그래서 반드시 큰 군대가 그것을 극복한 연후에 서로 만나게 된다."[277] 만약 "유로써 강에 대처하면" "절개의 도에 어긋나는 것으로"[278] 위험하다. 강을 이용하든 아니면 유를 견지하든 모두 중정中正을 기준으로 삼아야 한다. "강으로써 중에 거처하면 모든 의심스러운 것들을 끊어버릴 수 있다."[279] "하늘의 덕은 강하며 중을 어기지 않는다. 하늘에 순응하면 즐거운 것은 강을 위주로 하기 때문이다."[280] "곤란을 당해도 강을 사용하여 중을 잃지 않고 정을 실천하여 큰일을 체득할 수 있다."[281] "강이 중에 있어 호응하고 위엄과 강건함이 방정하니 사사로운 욕망이 행해지지 못하니 어찌 허망할 수 있겠는가?"[282] "중에 거처하며 존귀한 위치에 있으면 싸움에 반드시 승리한다."[283] 유에 처할 때도 마찬가지로 중정을 지켜야 한다. "내면은 유로써 대처하면서 중정을 실천하는 것이 최고의 모성이다." "유가 뚜렷이 중정을 나타내면 이에 형통하게 된다."[284] "유로써 존귀한 위치에 있고 중정을 실천하여 이로써 앞선 사람을 이으니 영예를 얻을 수 있는 길이다." "유로써 중정에 위치하면 위력에 의지할 필요가 없다."[285] "유와 중으로 처신하면 모든 사람이 함께하려 한다."[286] 왕필은 '중'을 강과 유로 하여금 화해 협조케 하는 중심 고리로 생각했다. 강·유 관계에서 '중'을 강조하는 것 외에 그는 천지자연의 전체 관계에 대해서도 중정의 중요성을 논술한다. "천지의 성정은 정대할 따름이다. 정대함을 넓히고 극대화하면 천지의 성정을 바로 보게 되리라!"[287] '중'은 고금에 통하는 도다. 『주역약례周易略例』는 말한다. "고금이 다르고 군대와 나라의 모양이 다 다르나 중이 통용됨에는 큰 차이가 있을 수 없다."[288] 역사상 모든 것은 변화한다. 그러나 중정의 도만은 변하지 않는다. 따라서 중정으로만 대처하면 모든 어려움을 물리칠 수 있다. 『주역주』는 말한다. "하늘과 땅이 장차 막히려는 데 처하여, 평평한 길이 장차 비탈지려 하니 시절에 큰 변화가 생길 것이고 세상에 장차 큰 변혁이 올 것이다. 그럼에도 그 정을 잃지 않고 그 대응을 잃지 않으며, 어렵되 견딜 수 있고 그 의를 잃지 않으니 무탈하다."[289] "어려움에 처하여 정을 실천하는 것이 나라를 바르게 하는 도다."[290] "어려움에 처하여 홀로 위험한 가운데 있는 것이 가장 큰 어려움이다. 그래서 '큰 어려움'이라고 말한다. 하지만 살면서 정을 잃지 않고, 실천에 중을 잃지 않고, 훌륭한 덕을 지키고 절개를 바꾸지 않는다면 동지들이 몰려올 것이다."[291] 사실상 중정은 절대로 왕필이 말한 것처럼 유효하지 못하다. 그는 중정이 자주 재앙을 불러올 뿐만 아니라 자신과 남을 속이는 요소가 된다는 사실을 무시했다. 중정이 확실히 처세의 예술임엔 틀림없지만 케케묵은 무능이 될 수도 있다. 역사는 중정 속에서 전진하는 것이 아니라 수많은 곡절로 둘러싸인 길을 간다. 역사적 각도에서 보면 때때로 모순을 해결하고 역사 발전을 촉진하는 데 강이나 유가 중정보다 훨씬 더 유리할 수도 있다.

시간에 따른 임기응변 즉 인시권변론因時權變論 또한 유위 계열에 속한다. 그는 "시간에 맞추어 만물을 육성하라"고 요구한다. 『주역주』는 말한다. "만물이 모두 감히 거짓이 없게 된 연후에 만물은 비로소 각자의 본성을 온전히 하게 된다. 이 시간에 맞추어 만물을 육성한다면 그보다 왕성해질 수는 없다."292 이는 시간이 나타내주는 만물의 규율성에 순종해야 왕성하게 발달할 수 있다는 말이다. 사건에 대해서도 마찬가지로 시기를 장악하라고 한다. "사건의 궁극에 처해서 시기를 잃으면 무너진다." 기회를 보아 변화해야 대업을 성취할 수 있다. "변화에 올라타야 큰 그릇을 다스린다."293 『논어석의』는 말한다. "권權이란 도가 변한 것이다. 변화엔 일정한 형체가 없다. 신령스러우면서 밝게 드러나 해당 인물에게 주어지는 것이다. 미리 설정할 수도 없는 것이어서 특히 가장 어려운 것이다."294 시기를 장악하는 것이야말로 지혜로움의 꼭대기다. 『주역약례』 「명괘적변통효明卦適變通爻」는 이렇게 이야기한다. "시기에 맞지 않는 일을 범한 것은 크게 죄지은 일이 아니고, 잃어야 할 것을 잃음은 깊이 잘못한 것이 아니다." 지자라면 "천하를 움직이고 군주를 바꾸는 큰일을 만났다고 하더라도 위험에 떨어지지 않을 수 있다".295 왕필의 언사는 지극히 직설적이면서도 당시 도덕 원칙을 전혀 고려하지 않은 호방한 논의라 할 수 있다. 그가 하안 관련 형사 안건에 연루되지 않은 것도 어쩌면 이런 '지혜'와 관련이 있는지도 모르겠다.

유위의 조건은 근심 없음이다. 『주역주』는 말한다. "일이 있어도 경쟁의 근심이 없으므로 유위할 수 있는 것이다." "유위하여 크게 형통하니 천하가 잘 다스려지는 것 아니면 무엇이겠는가!"296 사실상 유위有爲, 즉 행동을 취하는 데 경쟁 걱정이 없는 상황이란 존재하지 않는다. 경쟁 근심이 없으니 이른바 유위도 없다고 말하는 것이 옳다.

유위의 귀결점은 역시 무위다. 『주역주』는 말한다. "명운을 바꾸어 제도를 만드니 도의 변화가 이루어진 것이다. 공이 이루어졌으면 일이 줄어들고, 일이 줄어들면 무위無爲, 즉 행동할 일이 없게 된다." "변화의 끝을 맞았으니 도의 변화가 이루어진 것이다. 군자가 여기에 처하면 크게 표변한 모양을 이룰 수 있고, 소인은 즐겁게 되어 낯빛을 바꾸고 위에 순종하게 된다."[297] 백성의 관성은 수구적이어서 유위하면 어려움을 당해 감히 위를 치받게 된다. "백성은 더불어 일정한 것을 익힐 수는 있으나 더불어 변화에 적응하기는 어렵다. 기왕의 즐거움을 더불어 가질 수는 있으나 고민을 함께 하기는 어렵다."[298] 개혁이 성공한 뒤에 민중은 자연히 태도를 바꾸어 순종하며 군주를 존경하게 될 것이므로 이때는 무위해도 된다.

자연에 맡김과 무위야말로 왕필 정치사상의 주된 기조이지만, 동시에 그는 제한적인 유위를 받아들이기도 했다. 이 유위는 대체로 유, 법, 형명 이론을 벗어나지 않는다. 그 유위의 귀결점은 역시 무위였다. 여기에 도가, 유가, 법가, 명가가 융합된 왕필의 사상이 잘 반영되어 있다.

'집일통중執—統衆'의 온화한 군주 전제론

세계관과 방법론에 있어 왕필은 "일—을 붙잡고 많은 사람을 통제하라執—以統衆"고 주장한다. '일'은 '본本'이며 '종주宗主'다. '만물' '중衆' '다多'는 '일'의 파생물이자 '말末'이다. 『주역약례』「명단明彖」은 말한다. "많은 사람衆으로 많은 사람을 다스릴 수는 없다. 많은 사람을 다스리는 사람은 극소수다."[299] "소수는 다수가 소중히 여기는 바다. 수가 적은 존재는 민중이 으뜸으로 여기는 바다."[300] 『노자주』는 말한다. "이 세상의 모든 사물과 모든 형체는 일—로 귀결한다. 무엇으로 말미암아서 일에 이르게 되는가?

무無에 말미암아서이다. 무로 말미암아 이에 일이 되므로 일은 무라고 부를 수 있다."301

"일을 붙잡고 많은 사람을 통제하라"는 말을 사회에 적용하면 '일'은 곧 군주요, '많은 사람'은 곧 신하와 백성이다. 『논어석의』는 "내 도는 하나로 관통되어 있다吾道一以貫之"는 공자의 말을 해석하면서 "관貫은 통統과 같다. 무릇 모든 일은 돌아가는 곳이 있고, 모든 이치는 모아지는 곳이 있다. 따라서 돌아가는 곳을 얻으면 일이 제아무리 크다고 한들 일一이란 이름으로 거론할 수가 있으며, 모아지는 곳을 총괄하면 이치가 제아무리 넓다고 한들 지극히 축약하여 궁구할 수 있다. 이를테면 군주가 백성을 다스리는 것과 같아서 일一을 붙잡고 모든 민중을 통제하는 집일통중의 도와 같다"302고 했다. 천지 만물의 운동 중 가장 근본적인 것은 이치다. 이 '이치理'를 장악하면 곧 모든 일이 술술 풀리게 된다. 군주가 백성을 다스리는 데도 이 근본적인 이치를 장악해야 한다. 이 세계관과 방법론은 큰 가치를 지니고 있음에 틀림없다. 하지만 군주를 '일'의 인격화로 보고 있으며, 바로 그 때문에 세계관에서 군주제를 긍정한 것이다. 『주역주』의 이야기는 훨씬 명료하다. "수많은 나라가 안녕할 수 있음은 각자 군주가 있기 때문이다."303 "막혀서 나아가기 어려운 세상이니 음은 양에게서 방법을 구하고, 약은 강에게서 방법을 구한다. 백성은 군주를 생각해야 할 때다."304 그 시대에 군주는 통일과 질서를 대표했다. 오직 하나의 군주만 있어야지 두 군주가 병존할 수는 없었다. 그는 말한다. "두 영웅이 있으니 반드시 다투며, 두 군주가 있으니 반드시 위험하다."305 『노자주』는 말한다. "백성에겐 한마음이 있으니 나라가 다르고 풍속이 갈리더라도 왕후 한 사람을 얻어 군주로 삼는다. 한 사람이 군주가 되는 것이니 그 한 사람을 어찌 버릴 수 있으리?"306 성인이 관직을 설치하고 직무를 구분한 것도 통일을 위해서다. "선함을 스승으로 삼으며 선하지 못함은 선함의 바탕으로 삼도록 했다. 아무리 풍속이 달라진다 해도 다시 그 풍속을 하나로 귀결시켰다."[307] 중국 고대의 거의 모든 사상가가 질서와 군주를 동일체로 간주했으며, 군주의 직책 가운데 하나는 백성을 '일'로 귀결시키는 것이었다. 왕필 또한 이 굴레에서 벗어나지 못했다.

왕필은 수많은 앞선 사상가가 말한 "천자를 세움은 개인을 위해서가 아니라 공을 위해서다"라는 도리를 거듭 논술한다. 『노자주』는 말한다. "그리하여 천자를 세우고 3공을 설치하여 그 지위를 존중하고 그 사람들을 중시한 것은 도를 위함이다."[308] 왕이 '도' 자체는 아니지만 인간 세상에서 도를 가장 잘 체득할 수 있는 사람이므로 '도'와 서로 필적할 수 있다. "천지의 본성 가운데 사람이 가장 소중하다. 왕은 사람들 가운데 주인이다. 가장 대大한 것은 아니지만 왕 또한 대大한 존재다."[309] 이렇게 왕을 '도' '천' '지'와 서로 필적하는 '4대' 가운데 하나로 병렬했다. 왕은 전체 사회의 치란에 관해 결정적인 작용을 한다. 『노자주』는 말한다. "백성이 사악해지고 질서가 어지러워지는 까닭은 모두 위의 군주 때문이지 아래의 백성 때문이 아니다. 백성은 위의 군주를 따른다."[310] 『주역주』는 말한다. "지존의 지위에 있으니 백성을 관찰하는 주체가 된다. 널리 선정을 베풀고 크게 교화하여 그 빛이 사방에 비치니 최고의 관찰자다. 위의 군주에 의해 아래의 백성이 교화됨은 마치 바람에 스러지는 풀잎과 같다."[311] 공로도 위에서 이루어지는 것이고, 자연히 죄업 또한 위에서 이루어지는 것이다. 백성 혼란의 근원 또한 위에 달려 있다. "백성의 죄업은 모두 왕 한 사람에게 달려 있다."[312] 이는 군주에게는 최고의 요구임에 틀림없다. 하지만 바로 이러한 신성한 요구 가운데에 군주를 절대적 지위에 두고 있음 또한 사실이다.

왕필은 군주의 도를 위해 일련의 구상과 규정을 지어냈다. 가장 근본적인 것은 무위의 실천이다. 『노자주』는 말한다. "통치자라면 공을 세우고 일을 만들려 힘써야 하지만, 도가 있는 사람이면 무위로 되돌아가도록 힘써야 한다."[313] 구체적으로 말하면 '응천應天' '적덕積德' '공公' '성誠' '이민利民' '귀식貴食' 등 규정을 두었다. 『주역주』는 말한다. "덕이 하늘에 응하면 행동함에 때를 잃지 않게 된다. 강건하여 막힘이 없고 문명文明하여 어긋남이 없다. 하늘에 응하면 크게 된다. 때에 맞추어 행하여 거스름이 없으니 이로써 크게 형통할 것이다."[314] "군자는 문명으로 덕을 삼는다."[315] "덕이 두루 널리 베풀어지고 가운데 처하여 치우치지 않으니 군주의 지위는 갖지 못했어도 군주의 덕을 가진 셈이다."[316] 『노자주』는 말한다. "나라가 편안해지는 까닭에 어머니라고 말한 것이다. 적덕 즉 덕을 쌓음을 중시함에 오직 그 근본을 도모하고 난 뒤에 말절을 경영하니 훌륭한 종말을 맞는다."[317] 『주역주』는 군주가 일을 행할 땐 "공적이고 참된 마음을 지녀야 하며, 믿음을 드러내고 도에 입각해야 한다,"[318] "마음을 쓰면서 공에 입각하고, 나아감에 사가 있어선 안 된다,"[319] "존재하는 것을 멋대로 다루지 않고 사적으로 이로움을 취하지 않으면 만물이 그에게 돌아갈 것이다"[320]라고 거듭 강조한다. 공에 입각하고 사를 제거하는 표준은 뭇사람을 이롭게 하느냐의 여부다. "행복은 이로움에서 생겨난다."[321] 『주역약례』「괘략卦略」은 말한다. "나아가기 어려운 세상에서 약자는 스스로를 구제할 수가 없으니 반드시 강함에 의존한다. 백성이 군주를 생각할 때다."[322] 『주역주』도 말한다. "백성에게 근면하게 서로 돕고 살라고 권유하려면 잘 먹이고 궁하지 않게 해줌만 한 것이 없다."[323] "백성이 이롭다고 여기는 것으로 그들을 이롭게 해주는데, 은혜를 베풀되 재물을 소모하지 않음은 마음을 은혜롭게 하기 때문이다."[324] "백성을 구제하고 덕을 기른다."[325] "권위적인 제도에 의지하지 않고 만물의 참됨을 얻으므로 만물이 그 어디에도 어긋나지 않는다. 그래서 군자는 백성에게 무궁한 교화와 사유를 베풀고 백성을 무한히 받아들이고 보호해준다."[326] 『노자주』는 말한다. "밥을 주는 어머니, 즉 식모食母는 백성을 살리는[327] 근본이다."[328] "배를 채우는 데 힘쓰는 사람은 사물로 자신을 기르는 사람이고, 눈앞의 욕망에 힘쓰는 사람은 사물로 인해 자신이 부림을 당하는 사람이다. 그래서 성인은 눈에 힘쓰지 않는다."[329]

성인의 정치를 실시하려면 군주는 현인을 숭상해야 한다. 『주역주』는 말한다. "현인을 숭상해 제도를 굳건히 하고, 크게 바로잡아 하늘에 응하니 험난함을 걱정하지 않는다."[330] "만물을 대함에 사사로움 없이 오직 현명한 사람과 더불어 같이하면 떠나고 더불어 옴에 모두 실수가 없다."[331] 군주는 신하의 지능을 잘 발휘시켜 자신을 위해 쓰이도록 해야 한다. "만물을 능력에 맞추어 맡기되 어긋나지 않는다. 그러면 총명한 사람은 자기가 보고 들은 바를 다하고, 지력이 있는 사람은 자기의 꾀와 능력을 다 바친다. 하지 않아도 이루어지며 가지 않아도 다다르게 되리! 위대한 군주가 마땅히 해야 할 바는 이와 같을 따름이다."[332]

신하된 사람은 신도臣道를 다해야 한다. 신하는 자신의 지위가 '곤坤'이요, '음陰'이요, '지地'여서 독립할 수 없는 것임을 자각하여 스스로 인식해야 한다. 따라서 비천한 순종을 기본 원칙으로 삼아야 한다. 『주역주』는 말한다. "곤은 신하의 도이니 아름답게 아래에서 역할을 다해야 한다." "땅이 무한한 무엇을 얻게 됨은 비천한 순종으로 실천에 옮기기 때문이다."[333] "음이 사물이 되는 것은 세상에 따라가 대처하기 때문으로 홀로 설 수는 없으며 반드시 무언가와 연계되어 있다."[334] 신하된 사람은 군주와 같이 아름다움을 다툴 수 없으며 백성을 멋대로 할 수도 없다. "제멋대로 아름다움을 드러내지 않음이 신하의 도리를 다하는 것이다."[335] "신하의 처지에 있으면서 제 지위가 아닌 행동을 하여 백성을 마음대로 다룬다면 이는 신도에 위배된 것이며 올바름을 거스르는 행위다."[336] 그는 세력이 왕성하면 반드시 위태로워진다고 신하들에게 경고한다. "지존에게 아주 가깝게 있으면서 제 지위가 아닌 행동을 하며 왕성한 세력을 형성하려 하여 군주를 데이게 하면 반드시 제명에 마치지 못한다."[337] "아래 위치에 있으면서 강건하고 힘차게 나아가려 하면 반드시 궁하고 흉하게 될 것이다."[338]

왕필의 군주 전제는 법가처럼 잔혹하지도 않고, 유가처럼 신성하지도 않다. 하지만 법가와 유가의 기본 원칙들을 받아들이고 있다. 그의 특징은 비교적 온화하면서도 통이 크다.

성인과 이상

성인 문제는 중국 전통 정치 관념 중 핵심 문제다. 유수劉秀는 성인을 비방하고 법을 무시한 이른바 '비성무법非聖無法'의 죄를 선포한 적이 있다. 정치에서 성인이 얼마나 중요한 위치를 차지하는지 잘 알 수 있는 대목이다. 한대 유생들의 성인 관념은 완전히 일치하지는 않지만 대체로 유사했다. 한나라 말 위나라 초 정치 변화를 겪으며 성인에 대해서도 회의하고 논쟁하기 시작했다. 성인은 현학에서도 마찬가지로 특별한 문제였다. 하안은 성인에게 희로애락이 없다고 생각했는데, 왕필은 이에 반박하며 "성인이 보통 사람들보다 뛰어난 점은 신명이며, 보통 사람과 같은 점은 오정五情이다"[339]라고 주장했다. 성인도 범인과 마찬가지로 오정이 있으나 그 신명에서 범인을 초월한다고 생각했다.

왕필은 천지와 더불어 합덕合德, 통무通無, 응물應物할 수 있는 것이 성인의 가장 근본적인 특징이라고 생각했다. 『노자주』는 말한다. "성인은 천지와 그 덕이 합치하며 백성을 추구芻狗, 즉 제사용 짚개로 여긴다."[340] 성인은 "하늘의 이로움에 순응하여 서로 상하게 하지 않는다."[341] "성인은 자연의 본성에 통달하고 만물의 정에 통한다. 오로지 그에 따르지 억지 행위를 하지 않으며, 그에 순응하지 일부러 베풀지 않는다."[342] 『논어석의』는 말한다. "성인은 하늘을 본받는 덕이 있다." "하늘을 본받아 교화를 달성하니 도는 자연과 한가지다."[343] '자연' '도'는 곧 '무無'이기도 하다. 그래서 "성인은 무를 체득하고 있다"[344]고도 말한다. 이는 성인이 '자연' '도' '무'의 체현자란 뜻이다. 그러나 성인은 현실적인 인간이기도 하다. 희로애락이 있으며, 사물과 서로 교류를 하며, 오정을 가지고 "사물에 응한다應物". 성인의 감정이 범인과 다른 점은 바로 "사물에 응하되 얽매이지 않는다"[345]는 데 있다. 성인과 사물의 관계에서 가장 특출한 점은 "사물에 사사로운 뜻을 둠이 없다"[346]는 것이다. 『노자지략』은 성인에게 '4불四不'이 있다고 말한다. "성인은 말로 중심을 삼지 않으니 상도常道를 어기지 않으며, 이름을 상도로 삼지 않으니 진실에서 벗어나지 않으며, 행위를 일로 삼지 않으니 본성을 해치지 않으며, 집착을 제도로 삼지 않으니 근원을 잃지 않는다."[347] 이 '4불'은 성인 '응물'의 술이라고 말할 수 있다. 밝혀낸 것은 곧 성인의 말과 일이 그 자신에게 질곡이 되지 않을 뿐만 아니라 대상에게도 질곡이 되지 않는다는 사실이다. 매우 활달한 사유임에 틀림없으며, 억지로 조작하기 어려운 자유화된 것이기도 하다.

성인의 마음엔 사사로움이 없다. "천하의 마음으로 마음을 삼는다."[348] 성인에게 사사로움이 없기 때문에 어질되 '어질지 않고' 성스럽되 '성스럽지 않은' 경지에 도달할 수 있다. "신성하면서도 신성함을 모르게 만들 수 있으니 도의 극치다." "도가 넉넉하니 성인은 사람을 상하게 하지 않는다. 성인이 사람을 상하게 하지 않으니 성인이 성인인 것을 모르게 된다." "성인은 사람을 상하게 하지 않으며, 신 또한 사람을 상하게 하지 않는다. 그래서 '둘은 서로를 상하지 않는다'고 말한다. 신과 성인은 도가 합치하며 교류하여 서로에게 돌아간다."[349] 성인과 신은 도가 합치한다. 신을 알기 어려우니 성인 또한 알기 어렵다. "성인을 알기 어려운 까닭은 세속에 더불어 살기에 구별이 안 되고, 옥을 감싸버리면 잘 드러나지 않는[350] 것과 같다. 그러기에 알기 어렵지만 소중히 여긴다."[351]

성인의 사명과 책임은 만물로 하여금 질박한 참 상태로 되돌아가도록 하는 것이다. 『노자주』는 말한다. "질박함이 참이다. 참이 흩어지면 세상의 기물처럼 온갖 행태가 나타나고 분류의 구별이 생겨난다. 분산되어버렸기 때문에 성인은 사람들을 위해 관직과 해당 장관을 세웠다. 선함을 스승으로 여기고 선하지 못함을 선함의 바탕으로 삼도록 했다. 아무리 풍속이 달라진다 해도 다시 그 풍속을 하나로 귀결시켰다."[352] "온갖 행태가 나타나고 분류의 구별이 생긴" 것은 본래 역사 진화 중의 필연적 현상이다. 그런데 왕필은 이것이 '본'을 파괴했으며 혼란의 근원이라고 생각했다. 그는 다양성과 다원화에 반대하고 '하나로 귀결되기를' 요구했다. 이는 실제로 인류의 다양성을 없애는 짓이다. 다양성과 다원화를 없애는 기본 술수는 우민愚民하여 후덕한 상태로 돌아가자는 것이다. 『논어석의』는 말한다. "성인은 백성 모두를 후덕한 상태로 돌아가도록 하는 데 힘쓰지 어두운 곳을 탐색하여 밝혀주려고 하지 않는다. 간사한 거짓이 일어나지 못하도록 하는 데 힘쓰지 선각자들을 현명하게 여기려 들지 않는다. 그래서 밝기가 해와 달에 견줄지라도 마치 모른다고 말하는 것과 같다."[353] 그는 '용감함'에도 반대했다. 『노자주』는 말한다. "하늘의 뜻을 누가 알 수 있단 말인가? 오직 성인뿐이다. 성인의 밝음을 가지고도 용감하기 어려운데 하물며 성인의 밝음이 없으면서도 행동하려는 것임에랴."[354] 왕필은 '어두운 곳을 탐색하는' 데 반대하고, '선각자들'을 금절시키고, '용감함'을 틀어막았다. 자기 자신은 밝게 빛나며 다른 사람들을 어둡게 만드는 짓이라고 말할 수 있으니 어쩌면 이토록 독한가! 통치자와 성인을 제외하고 모든 사람을 다 무지몽매한 '혼인渾人'으로 바꾸면 '균등한 천하'[355]를 달성할 수 있다는 것이다. 그런데 이런 '균등'은 사실 너무 잔혹하다. '균등'이란 격동적인 깃발을 내걸고 하는 짓이라곤 고작 우민의 도다. 백성이 어리석으면 균등하지 못하다 하더라도 균등하지 않다는 생각을 못한다. 그래서 백성이 어리석은 뒤의 '균등'인가!

누가 성인인가? 왕필이 보기에 요, 순, 우임금이 성인이다. 『논어석의』는 말한다. "성인은 하늘을 본받은 덕을 지니고 있다. 그래서 오직 요임금만이 그것을 본받았다고 칭송한다. 오직 요임금만이 때에 맞추어 온전히 하늘의 도를 본받았다." "때를 잘 맞추어 세상과 합치하기로는 순임금, 우임금만 한 사람이 없다."[356]

왕필은 노자에 근본을 두었지만 오히려 노자는 "성인에 미치지 못한다"[357]고 생각했다. 그는 "노자는 유有한 사람이다"[358]라고 생각했다. 즉 노자는 아직 '무'의 경지에 다다르지 못한 사람이다. 아주 논리에 맞지 않는 일은 왕필이 뜻밖에 공자를 성인으로 여겼다는 사실이다. 『논어석의』는 이렇게 말한다. "공자는 어떤 기미가 발하면 그에 바로 응했으며, 사건이 형체를 드러내면 바로 보았으며, 디딜 땅을 골라서 몸을 두었으며, 교육에 바탕을 두고 법도를 온전하게 만들었다. 그래서 어지러운 나라에는 들어가지 않았다. 성인은 먼 것에도 통하고 미묘한 것도 깊이 생각한다. 신성한 변화에도 대응한다. 탁함과 혼란도 그의 청결을 더럽힐 수 없으며, 어떤 흉악함도 그의 본성을 해칠 수 없다. 그래서 어려움을 피해 몸을 감추지도 않는다. 사물에 접하여 그 형체에 조종당하지 않는다."[359] 왕필의 저작으로 볼 때 명교名敎를 완전히 부정하지는 않았지만 유가에 대해서는 심하게 비판을 하고 있다. 논리로 볼 때 어찌 되었든 공자를 성인으로 보아서는 안 된다. 그가 공자를 성인으로 본 데 대하여 두 가지 해석을 내릴 수 있다. 첫째, 공자를 현학화하는 일이다. 이는 위의 논술로 증명을 할 수 있다. 둘째, 그는 공자를 포기할 용기가 아직 없었다. 그래서 논리적으로 이도저도 아닌 것이다.

왕필이 '무'를 근본으로 삼은 것은 『노자』에서 배워왔다. 그러나 그가 『장자』를 좋아했다고 말할 수는 없다. 그는 벼슬길에 나가려는 생각이 매우 깊었다. 『장자』와는 너무도 거리가 멀었다. 정치적으로 그는 도가, 유가, 법가, 명가 등 여러 학파를 융합하려 애썼다. 이용하고 조작하는 과정에서야 이 몇 학파는 병존할 수 있다. 그러나 이론 체계상 일관하기는 불가능하다. 그래서 정치 원리에 관한 왕필의 논의는 왕왕 앞뒤 모순을 일으키고 잡박하기 그지없다. 하지만 그는 자연과 명교를 통일시키겠다는 이론적 사고에 힘썼으며, 이는 당대 및 후대 사상계에 매우 큰 영향을 미쳤다.

혜강, 완적의 '명교를 넘어 자연에 맡기자'는 정치사상

혜강稀康, 완적阮籍은 통상적으로 일컫는 죽림竹林 명사의 대표다. 하안, 왕필의 현학과 비교할 때 제2기 인물이라 말할 수 있다. 사실상 그들의 나이 차이는 많지 않으며 같은 시대 사람이다. 완적은 건안建安 15년(210)에 태어나 경원景元 4년(263)에 죽었다. 혜강은 황초黃初 4년(223)에 태어나 경원 3년(262) 사마司馬씨에 의해 살해되었다. 혜강이 완적보다 10여 세 아래이나 두 사람의 사상은 대체로 같다. 여기서 혜강을 앞머리에 배치한 이유는 명교를 뛰어넘어 자연에 맡기자는 혜강의 사상이 완적보다 더 전형적이기 때문이다. 혜강은 성년이 되던 해부터 "경학을 건드리지 않고" "노자, 장자가 나의 스승이다"[360]라고 외쳤다. 완적은 초기에 유가 사상이 십분 농후했다. 이는 그의 『악론樂論』에 매우 독특하게 드러나 있다. 그 밖에 혜강은 자연에 임하자는, 즉 임자연任自然 추구에 집착했는데, 고난에 가득한 삶을 살다 끝내는 화를 당했다. 그에 비하면 완적은 비교적 원활한 삶을 살았다. 그래서 혜강을 완적의 앞에 두었다.

혜강, 완적의 작품은 전형적인 정치론이라 부르기엔 마뜩찮다. 시류 정치에 대해서는 더더욱 관련이 없다. 하지만 그들이 숭상한 관념은 직접적인 정치론보다 더욱 강렬한 정치 기능을 갖고 있다. 혜강, 완적은 사람들에게 끼치는 영향력이 대단히 컸으며 선비들의 존경을 받았다. 사마씨 정치 집단에 대한 그들의 비협조적 태도는 사마씨의 심사를 크게 어지럽혔다. 부끄러움을 모르는 종회鍾會는 이 점을 간파하고 친구의 머리를 빌려 사마씨에게 계책을 올렸다. "혜강은 와룡입니다. 일어나서는 아니 되지요. 공께서는 천하에 걱정이 없으신데 돌아보니 혜강이 염려이옵니다."361 혜강은 학문과 위인 모두 커다란 감동을 주는 힘을 지녔다. "혜강이 동시東市에서 형벌을 당하려 하니 태학생 3000명이 그를 스승 삼기를 청했다." 형 집행에 임박하여 다시 「광릉산廣陵散」을 지어 올렸는데, 진정한 선비가 갖추고 있는 두려워하지 않음, 거리낌 없음, 침착함과 정의로운 기개를 잘 표현했다. 사마씨가 혜강을 살해한 데 대하여 그것으로 벼슬길에 올라 축하받는 무리도 물론 있었지만 역사의 긴 흐름으로 볼 때 혜강의 죽음은 역사적으로 승리한 것이리라! 사실을 따져보면 혜강은 사마씨의 정치적 반대파가 아니었다. 무슨 큰 정치 활동에 참여한 적도 없다. 그는 그저 사상적 곤혹을 해결하기 위해 사유하길 좋아했을 뿐이며 일부 독특한 자기 견해를 발표했을 따름이다. 저 크나큰 정치 집단이 일개 서생을 두려워했으니 그 얼마나 비열한가! 그 얼마나 허약한가!

봉건 시대에 억울하게 살해당된 사람은 헤아릴 수 없이 많다. 하지만 혜강 같은 사람을 살해한 것은 특별한 의미가 있다. 혜강은 한 시대의 사상가였다. 사마씨가 한 사람을 잘못 죽인 죄는 작다 하겠으나 민족의 사유 정신을 액살해버린 죄는 참으로 크도다!

혜강의 저작은 『혜강집』에 수록되어 있으며, 완적의 저작은 『완적집』에 수록되어 있다. 중화서국中華書局에서 그 주석본들을 모두 간행했다. 아래 인용문들은 편명만을 부기한다.

명교 반대, 주공, 공자 비판, 유가에서
'태양'처럼 받드는 『육경』 포기

혜강이 명교를 반대하고 비판한 데는 물론 역사적 원인이 있다. 명교의 위선은 수많은 선비로 하여금 명교에 대한 동감을 잃게 했다. 하지만 혜강은 사상가였다. 그는 깊이 있는 이론적 근거를 갖고 있었으니 바로 의지의 자유를 향한 숭상이다. 『문심조룡文心雕龍』 「재략才略」 편은 "혜강은 마음을 스승으로 삼아서 논의를 이끌었다"[362]고 말한다. 유협劉勰의 이 평론은 매우 적절하다. 혜강은 「답난양생론答難養生論」에서 이렇게 말한다. "세상에 얻기 어려운 것은 재물도 아니요 영광도 아니다. 뜻의 부족함을 걱정할 따름이다! 뜻이 족함, 즉 의족意足하면 밭고랑에 쟁기질을 하고 살든 삼베옷에 콩 잎을 먹고 살든 어찌 자득自得하지 못하겠는가. 뜻이 부족한 사람은 천하가 그를 봉양하고 만물을 그에 맡겨도 흡족하지 못한다. 족한 사람은 외부의 사물을 기다릴 필요가 없다. 부족한 사람은 외부 사물의 도움이 없으면 안 된다. 외부의 것을 기다려야만 하므로 어디를 가든 고달프지 않은 데가 없다. 기다릴 필요가 없으면 어디를 가도 만족하지 않음이 없다."[363] 혜강이 보기에 의지의 만족만 있으면 생활 조건이 아무리 나쁘더라도 스스로 즐거움을 얻을 수 있으나, 의지가 불만족하면 그에게 온 세계를 다 주어도 궁핍하다는 것이다. 혜강의 '의족'은 의지의 자유, 즉 자유 의지를 속박하는 외계의 것들에 대한 배척을 포함하고 있을 뿐만 아니라 자의의 만족, 즉 외계 물질 조건에 대해 더 많은 요구를 제기하지 않는 것을 포함하고 있다. 「여산거원절교서與山巨源絕交書」는 "네 종류의 백성에게 다 직업이 있으나 각자 뜻을 얻음을 낙으로 삼는다"[364]고 말한다. 보통 사람들은 무척 하기 어려운 일이며 "통달한 사람만이 그것에 능통할 수 있다"[365]

혜강이 '의족'을 특히 강조한 까닭은 더 깊은 근거를 갖고 있었으니 바로 심心, 신身 이물론二物論이다. 그는 형체와 정신이 서로를 필요로 함을 인정했다. 「양생론養生論」은 이렇게 말한다. "형체는 정신에 의지하여 서며, 정신은 형체를 기다려 존재한다."[366] "본성을 닦음으로써 정신을 지키고, 마음을 편안히 함으로써 몸을 온전히 한다. (…) 호흡과 토납吐納, 복식으로 몸을 길러 형체와 정신을 서로 친하게 만들고 겉과 속이 두루 구제되도록 한다."[367] 그러나 그는 또한 '신神' '의意' '지志' '심心'이 독특한 존재라고 생각했다. 「성무애악론聲無哀樂論」은 이렇게 말한다. "마음과 소리聲는 분명히 두 사물二物이다. 두 사물이 참된 상태로 있으면 내부의 성정을 구하는 사람은 외부 형체나 모양에 머물며 관찰하지 못하고, 주관적인 마음을 헤아리는 사람은 객관적 소리로부터 무엇을 빌려 들을 수 없다. 관찰자가 소리를 가지고 마음을 알려고 한다면 또한 외부적인 것 아니겠는가?"[368] 그가 여기서 말하는 '소리'는 자기 몸을 포함한 객관 세계의 대명사로 볼 수 있다. 정신이 형체를 떠날 수는 없지만 그가 추구한 것은 독립된 자아 의식과 자연의 욕구였다. 이는 명교의 규범과 충돌하는 것이었고, 그래서 명교에 대한 비판을 전개했다.

혜강은 '마음'이 시비是非에 얽매여서는 안 된다고 생각했다. 그런데 명교는 시비를 창도하고 규정하므로 바로 '마음'의 감옥이다. 이 감옥을 벗어나기 위해서 그는 "명교를 뛰어넘어" "마음에 맡기자任心"고 주장한다. "군자라 불리는 사람은 마음이 시비에 섞이지 않고 행동이 도에 어긋나지 않는 사람이다."[369] "기운이 고요하고 정신이 허허로운 사람은 마음에 자기 과시가 존재하지 않는다."[370] "자기 과시가 마음에 존재치 않으므로 명교를 뛰어넘어 자연에 맡길 수 있다."[371] 이렇게도 말한다. "명분을 뛰어넘어 마음에 맡기므로 시비가 섞이지 않는다."[372] 혜강이 말하는 '명교' '자기 과시' '시비' '명분'은 대체로 모두 유가의 예의禮儀와 도덕규범을 가리킨다. '자연' '마음에 맡김' '시비에 섞이지 않음' '기운이 고요하고 정신이 허허로움'이란 생각도 없고 사유도 없다는 말이 아니며, 전혀 시비를 가리지 않는다는 말도 아니다. 명교의 속박으로부터 벗어나려 노력하는 여러 가지 심경을 표출한 것이다. 혜강의 '마음에 맡김'이 개인 의지의 자유를 추구한 것이라는 말은 당연히 성립할 수 있다. 하지만 그의 '마음에 맡김'이 아무 흔적도 없는 그런 것은 아니다. 왜냐하면 그는 "자연에 맡기자"고 하고 "도에 어긋나서는 안 된다"고 말하고 있기 때문이다. 따라서 그의 '마음에 맡김'은 주로 명교의 속박에 대응하여 나온 것이라 할 수 있다. 「양생론」은 말한다. "(보통 사람은) 다수 의견을 가지고 자신을 증명하며, 타인의 동의를 가지고 자신을 위로한다. 천지의 이치라고 말하기만 하면 그것으로 끝이다."[373] 그의 말은 양생에 관한 일이지만 그가 제기하고 있는 명제는 보편성을 지니고 있다. 독존유술 이래 확실히 사회적으로 온 세상을 뒤덮는 유가 교조주의가 형성되었다. 천 사람이 한 색깔이었으며 만인의 입이 한결같았다. 사상이론계는 중복과 재중복의 진부한 주장들로 넘쳐났다. 이러한 '다수의 동의' '제 위치를 한 치도 벗어나지 못하는 사유' '다수 의견을 가지고 자신을 증명하고' '타인의 동의를 가지고 자신을 위로하는' 인식의 확정 태세, 인식의 준칙 및 인식의 가치관을 깨뜨리려 하는 것은 다수 대중을 해치는 짓일 뿐만 아니라 바로 대역부도한 일이다. 혜강이 대립각을 세우지 않고 살그머니 자기 말을 했더라면 혹여 일이 그토록 첨예하지 않았을는지도 모른다. 그가 공개적으로 '다수'와 대항을 하니 평범한 삶을 살아가는 '다수'는 그 어떤 재능도 아낄 리가 없을 터이니!

혜강은 명교와 자연적 인성도 대립하는 것이라고 생각했다. 그는 「난자연호학론難自然好學論」에서 이렇게 말한다. "『육경』은 감정과 욕망을 억제하여 선으로 이끎, 즉 억인抑引을 위주로 하나, 인성은 욕구에 따르는 것, 즉 종욕從欲을 좋아한다. 억인하면 바라는 바에 어긋나는 것이고, 종욕하면 자연스러움을 얻는 것이다. 그러니 자연스러움을 얻음은 억인하는 『육경』에 따르는 것이 아니며, 인성의 근본을 온전히 함은 감정을 침해하는 예법 기율을 필요로 하지 않는다. 확실히 인의를 안다는 것은 이치의 허위에 힘쓰는 것으로 참됨을 양성하는 주요 방법이 아니다. 겸양은 쟁탈에서 생기니 자연에서 나온 것이 아니다."[374] 한대 유생들이 보았을 때『육경』은 인성과 서로 부합할 뿐만 아니라 인성의 이론화였으며 인성의 징표이기도 했다. 수많은 유생이 『육경』의 위배는 곧 인성의 위배이며, 사람됨의 자격을 잃는 것이라고 거듭 외쳐왔다. 혜강은 그 길에 반대했으며 대항 논리를 제기했다. 『육경』의 억인 기능이야말로 인성에 위배된다고 주장했다. 혜강이 말하는 인성의 '욕구'와 '바람'은 욕망에 방종하는 것이 아니라 자연에 순응하는 것으로 양생養生을 주장한 것이다. 이에 대해 「답난양생론」은 이렇게 말하고 있다. "옛사람들은 술과 고기를 달콤한 독으로 여겨 멀리 내버렸다. 명예와 지위를 향기로운 미끼로 여겨 비껴나 돌아보지 않았다. 움직이면 생명을 만들어냈으나 기존의 사물보다 넘치게 하지 않았으며, 제 몸을 바르게 할 줄 알았으나 외부 존재보다 더 영위하지 않았다. 해로운 것에 등을 돌렸고, 이로운 것에 몸을 향했다. 이것이 지혜를 사용함으로써 생명을 따르는 도다."[375] 『육경』의 감옥은 사람들로 하여금 손만 잘못 들어도 금도에 어긋난다고 하니 참으로 포악절통하다!

혜강은 유가의 명교에 신랄한 비판을 가했다. 그는 사회 혼란이 명리 때문이며 각 무리의 작당 때문이라고 생각했다. 그리고 바로 그 근원이 명교에 있다고 여겼다. 「난자연호학론」에서 그는 유가의 무리를 이렇게 질타했다. "글이나 묵화를 지어 뜻을 전달하며 뭇 사물과 구별 짓고 같은 부류끼리 무리를 이룬다. 인의를 지어 세워서 마음을 둘러치고 명분을 만들어서 외부를 잡도리한다. 학문을 권하고 글을 말하여 자신의 가르침을 신성시한다. 그리하여 『육경』이 어지러이 뒤섞이고, 백가가 기세 좋게 번식하면서 영예와 이익의 길이 그에 열려 멋모르고 치달아가는데도 느끼지 못한다."[376] 『육경』은 본래 재앙의 근원이다. 그럼에도 중생들은 이를 깨닫지 못하고 "『육경』을 세워 준칙으로 삼을" 뿐만 아니라 "『육경』을 태양이라 말하고 배우지 않으면 무덤처럼 긴긴 밤이 되리라 한다."[377] 혜강은 이를 참으로 슬프고 가련한 일로 여겼다. 왜 하필 스스로 감옥을 지고 다니느냐고, 왜 하필 머리 위에 이 '태양'을 걸고 다니느냐고, 반대로 뒤돌아보아 "『육경』을 더러운 쓰레기로 여기고, 인의를 썩은 냄새나는 물건으로 여겨"[378] 즉각 풀어버리고, 무거운 짐을 땅에 내려놓으라고 말했다. 한마디로 "『육경』은 꼭 태양이라고 할 수 없고", 『육경』을 배우지 않아도 "꼭 무덤처럼 긴긴 밤이 되지 않는다"[379]고 했다. 사실상 당시든 그 이전이든 언제나 적잖은 사람이 유가를 비판했었다. 하지만 혜강처럼 이렇게 황제가 하늘 위에 걸어둔 이 '태양'을 잘라내어 헌신짝처럼 버린 사람은 그다지 많지 않다. 머리가 잘리고 패가망신할 용기 없이는 하기 어려운 일이다. 그의 친구 여안呂安은 '명明(즉 인식)'과 '담膽(즉 용기)'을 상호보조 관계로 보면서 이렇게 말했다. "사람에게 담이 있으면 즐거이 명할 수가 있고, 명이 있으면 담이 있게 된다."[380] 혜강은 '명'과 '담'은 의당 둘로 나뉘어야 한다고 생각했다. 양자가 꼭 상호보조 관계는 아니라는 것이다. 그는 「명담론明膽論」에서 이렇게 말한다. "명과 담은 다른 기운이라 상생할 수가 없다. 명으로 사물을 보고, 담으로 결단을 내린다. 명만 있고 담이 없으면 보되 결단하지 못하고, 담만 있고 명이 없으면 이치에 통달하나 실기하게 된다."[381] '명'과 '담' 즉 인식과 용기의 관계에 대한 혜강의 논의는 매우 정확하다고 하겠다. 중국 역사상 생각이 깊고 총명한 선비가 결코 적지 않지만 '담'이 있는 사람은 참으로 드물다. 혜강이야말로 '명'도 있고 '담'도 있는 사람이라 부를 만하지 않은가!

유가의 명교 규범은 예와 악을 통해 표현된다. 예와 악은 명교의 존재

형식이다. 유가에서 보기에 성음聲音은 본래 슬픔과 즐거움의 감정을 포함하고 있다. "감정은 성聲으로 발현되고, 소리가 무늬 결을 이루면 음音이라 일컫는다."[382] 음악과 정치는 슬픔과 즐거움을 같이하는 관계다. "치세의 음은 즐거움으로 편안하고, 망국의 음은 슬픈 생각으로 가득하다. 치와 난은 정치에 있으며 음성은 그에 응한다."[383] 혜강은 상술한 정통 관념에 대응하여 「성무애악론」을 썼다. 이 문장은 음악 문제를 토론할 뿐만 아니라 유가의 예악 이론에 대하여 근본적인 문제 해결을 진행한다. 그는 성음과 사람의 감정 사이엔 어떤 필연적 연계나 대응 관계도 없다고 주장한다. "마음과 소리는 분명히 두 가지 물체다."[384] 혜강은 5성이 자연에서 나오며 그 자체는 슬픔이나 즐거움을 함유하지 않는다고 주장한다. 5성이 조합하여 음악이 되는 것은 인위의 산물이지 자연에서 나온 것이 아니다. 그는 여러 경험을 비교함으로써 "지방과 풍속이 각기 다르니 노래나 울음소리도 다르다"[385]는 결론을 얻었다. 동일한 소리라도 받는 사람의 느낌에 따라 혹은 기뻐하고 혹은 화를 낸다. "안과 밖의 쓰임새에 차이가 있으니 너와 내가 부르는 이름도 다르다."[386] 소리 자체에는 원래 슬픔과 즐거움의 구분이 없음을 알 수 있다. "성음 스스로가 마땅히 선악을 위주로 한다면 슬픔이나 즐거움과 아무런 관계가 없다. 슬픔이나 즐거움 스스로가 마땅히 감정으로 느낀 뒤 발한다면 성음과 아무런 연계가 없다."[387] 그는 술을 비유로 든다. 사람들은 기쁘거나 화가 나거나 언제나 술을 들지만 "술에 기쁨과 분노가 있다고" 말할 수는 없다. 마찬가지로 슬픔과 즐거움은 내심에서 발하여 성음과 조화하는 것이지 성음 자체에 슬픔과 즐거움이 있다고 말할 수는 없다. 혜강은 슬픔과 즐거움은 마음에서 나오고 성음은 자연에서 나온다고 생각했다. 이는 틀림없이 맞는 이야기다. 하지만 혜강은 슬픔, 즐거움과 성음이 역사의 과정에서 양자 결합으로 일종의 공통된 문화심리를 형성한다는 것을 소홀히 취급했다. 그래서 어쩔 수 없이 반문화적 내용을 갖게 되었다. 이 점에 대해서는 혜강이 오히려 솔직하다. 그는 말한다. "음악이 기본 몸체가 됨은 마음을 중심으로 삼기 때문이다. 따라서 소리 없는 음악이야말로 백성의 부모다." 혜강 본인은 걸출한 음악가였다. 그는 음악에 대한 논의를 통해 정치를 논했다. 동시에 그는 한 점을 공격해 전체를 와해시키는 데 능수능란한 사람이기도 했다. 「성무애악론」이야말로 고래에 보기 드문 독창적 작품이다.

유가의 명교, 예악 숭배, 성인 숭배는 한데 짜여 있다. 유가가 숭배하는 성인은 주로 요, 순, 우, 탕왕, 무왕, 주공, 공자다. 혜강의 이론이 한 걸음 더 나아가 창끝으로 이러한 성인들을 겨냥한 것은 피할 수 없는 일이었다. 그는 「복의卜疑」에서 그 어떤 수식도 없이 스스로 말했다. "당唐의 요임금과 우虞의 순임금을 천시하고 우禹임금을 비웃는다."[388] 「여산거원절교서」에서는 "매번 탕왕, 무왕을 비난하고 주공, 공자를 얕본다"[389]고 말했다. "세상의 가르침이 이를 절대로 용납하지 않으리라"는 것을 그는 잘 알고 있었다. 하지만 그는 기어이 드러내놓고 채찍을 가했다. 그의 목적은 주공, 공자로 대표되는 감옥을 깨뜨리는 데 있었다. 인식의 인격화는 끝내 인식을 질식으로 치닫게 만든다. 이는 일종의 자연 현상이라 할 수 있다. 마치 혜강이 「답난양생론」에서 지적한 바와 같이 유생들은 "위로 주공, 공자를 관건이라 생각하고 모든 뜻을 성誠으로 일치시킨다. 아래로는 욕구에 따르는 것을 독려하고 있어서 그만두려 하나 할 수가 없다. 세속 교화의 범주 안에서 종횡으로 치달리고, 영광과 치욕 사이에서 교묘함을 다툰다. 이로써 대부분 같이 스스로를 가볍게 하여 생각이 자기 직권 범주를 벗어나지 못한다. 기이한 일은 소견을 막히게 하고, 묘한 예법은 상론을 끊기게 한다. 그렇게 함으로써 변화에 통하고 은미함에 통달하는 경우는 아직 들어보지 못했다."[390] 인격화된 인식은 인류 인식 발전사에서 하나의 징표임에 틀림없다. 인류의 인식 역사가 거듭 표명하듯 한 철학자의 출현은 왕왕 인식을 새로운 단계로 밀어 올리곤 한다. 혹은 반대로 말할 수도 있는데, 시대의 인식은 무엇이든 대체로 철학자를 통해 하나로 집중되기도 한다. 그러나 인격화한 인식이 인식의 범위를 결정지을 수는 없다. 인식의 준칙이 되거나 종결지을 수는 더더욱 없다. 독존유술의 최대 병폐는 바로 주공, 공자를 인식의 결정 범주이자 준칙이자 종결로 삼았다는 것이다. 그리하여 사회의 인식을 성인화의 감옥 속에 가두어 변화에 통하고 은미함에 통달하는 데 방해가 되었다. 이는 보통 사람에겐 아무 상관이 없으나 사상가에게는 절대로 용인할 수 없는 일이었다. 게다가 혜강의 시인으로서의 정감은 이러한 성인들이 인식 발전사상 공헌을 했다는 사실을 간단히 부정해버렸다. 이 점에서 혜강은 좀 과격했다.

혜강은 명교를 비판하고 예악을 부정했으며, 유가의 '태양'을 내치려고도 했다. 혜강이 살았던 시대는 '성인을 비판하고 법을 무시한' 후한 시대와는 구별되지만 그의 주장은 집권자의 눈에 도저히 용서할 수 없는 죽을죄였다. "혜강은 위로 천자의 신하이길 거부하고 아래로 제후를 섬기지 않습니다. 시대를 경시하고 세상을 업신여깁니다. 아무짝에도 쓸모가 없으며 지금 세상에 아무 도움도 되지 않고 풍속만 파괴하고 있습니다. (…) 이제 혜강을 죽이지 않으면 절대로 왕도를 깨끗이 할 수 없을 것이옵니다."391 당나라 때 우승유牛僧儒도 혜강의 피살에 대하여 다음과 같은 평론을 내린 바 있다. "예란 도가 만들어낸 그릇이다. 그런데 감정대로 거리낌 없고 사물을 업신여기며 관료들을 멸시하는 것은 예에 크게 어긋나는 일이다. 예에 어긋나고 도에 어긋나니 종회가 아무리 분노하지 않으려 하고 진晉 왕이 아무리 형벌을 가하지 않으려 한들 그럴 수가 없었을 것이다."392

완적의 사상 경력은 혜강보다 곡절이 많다. 그는 "본래 세상을 구제할 뜻을 지녀" 적극적으로 관직에 나갈 생각이 있었다. 「악론樂論」은 그의 초기 작품으로 '세상을 구제하려는' 작품으로 볼 수 있다. 문장 속에서 완적은 명교와 자연의 통일을 찾으려 노력했다. 그 통일의 와중에서 명교의 신성성을 십분 강조하기도 했다. 「악론」은 『예기』 「악기樂記」의 후속편이라 할 수 있다. 유가의 예악 신성성을 새로운 높이로 들어 올린 대표작이라고도 할 수 있다. 글 속에서 이렇게 이야기한다. "음악이란 천지의 몸체이며 만물의 본성이다. 그 몸체를 합하고 그 본성을 얻으면 화합하며, 그 몸체를 떠나고 그 본성을 잃으면 괴리된다. 옛날에 성인이 음악을 만드심에 장차 천지의 몸체에 순응하고 만물의 본성을 성취시키고자 했으므로 천지팔방의 음을 정하셨다. (…) 음성이 잘 만나서 만물이 분류되니 남녀가 제 처소를 바꾸지 않으며 군신이 상대의 자리를 침범하지 않게 되었다. (…) 하늘을 닮은 환구圜丘에서 음악을 연주하면 천신이 하강하고, 땅을 닮은 방구方丘에서 음악을 연주하면 땅의 정령이 올라온다. 하늘과 땅이 그 덕을 합하면 만물이 그 생명을 합하고, 형벌과 상을 운용하지 않아도 백성이 저절로 평안해진다."393 "형벌과 교화는 일체다. 예와 악은 외부와 내부다. 형벌이 해이하면 교화가 홀로 행해지지 못하고, 예가 무너지면 악이 설 곳이 없다. 존비에 구분이 있고 상하에 등급이 있음을 예라고 말한다. 사람이 제 삶에 편안해하고 감정과 뜻에 슬픔이 없음을 악이라고 말한다. (…) 예가 통제의 범주를 넘으면 존비가 괴리되고, 악이 제 순서를 잃으면 친소가 어지러워진다. 예는 그 형상을 안정시키고 악은 그 마음을 평정시킨다. 예는 외부의 것들을 다스리고 악은 내부의 것들을 변화시킨다. 예악이 바르면 천하가 태평하다."394 예악으로 "천하를 하나로 만든다는 뜻이다". 「통역론通易論」도 이렇게 이야기한다. "선왕께서 음악을 만들어 상세에게 바친 것은 그 도를 빛나게 함으로써 하늘의 선물에 보답함이다."395 "음악을 지어 상제에게 바친 것은 그 명을 바르게 실천함이다."396 이상의 논술로부터 우리는 예악과 그 정치적 역할 또한 신화화되고 있음을 어렵지 않게 알 수 있다. 이는 혜강의 「성무애악론」과 완전히 다르다. 완적은 또 음악 교화樂教의 도를 상세하게 논했다. 음악은 태평성대만을 노래하고 춤추어 환락을 구해야 한다고 주장한다. '동네 여리閻里의 소리'나 '골목 영항永巷의 음'처럼 슬픈 소리를 금지하고 거친 곡조를 금지하라고 한다. 아이들은 관직의 고귀함을 노래해야 하며, "목동이나 짐꾼들芻牧負戴"도 빈천의 정이 즐거움을 노래해야 한다. 그는 또 '악'이 절대적으로 통일되어야 한다고 주장한다. 악기 기재도 통일되어야 하고, 악기의 제조 형태도 통일되어야 하며, 노래와 춤도 통일되어 "모든 양을 획일적으로 셈하는" 데 다다라야 한다는 것이다. 음악 문제에 관해 이처럼 고도의 전제주의에 다다른 작품은 완적 이전 그 누구에게서도 발견할 수 없다. 그 후에도 보이지 않으니 가히 공전절후라고 하겠다. 완적의 예악 전제론이 얼마나 멀리 치달아갔는지 가히 짐작이 된다.

위진 교체기, 특히 정시正始 10년(249) 이후 선비들이 어지러이 살해되었다. 이는 완적에게 엄청난 아픔을 가져다주었고 생활 태도가 백팔십도로 크게 바뀌었다. "세상에 변고가 많고 명사 중 온전한 이가 몇 안 되니 완적은 세상일에 관여하지 않고 나날을 거나한 술자리로 보냈다."[397] 완적이 제멋대로 몸뚱이를 굴린 것은 세상사를 하찮게 여기기 때문이기도 했지만, 명교를 훤히 꿰뚫어본 것에도 그 원인이 있다. 그는 명교 주창자에서 명교를 의심하고 반대하는 사람으로 바뀌었다. 그 창끝은 결국 신성한 군주에게로 향했다. 무거운 붓을 놀려 겉모양만 번지르르한 명교의 허위와 뻔뻔스러움을 공격했다. 그는 「대인선생전大人先生傳」에 이렇게 쓰고 있다. "군주가 세워지면서 학대가 시작되었고, 신하가 만들어지면서 도적이 생겨났다. 앉아서 예법을 정해놓고 아래 백성을 속박하며 어리석은 사람들을 기만했다. 꾀를 감추고 스스로를 신격화하면서 강자는 눈을 부리리며 포악을 부리고 약자는 초췌해져 다른 사람을 섬긴다. 청렴을 가장해 탐욕을 채우고, 안으로 비뚤어져 있으면서 밖으로 어진 척한다. 죄가 분명해도 잘못을 뉘우치지 않고 요행을 만나면 자신이 잘해서 그런 줄 안다. 이렇게 내달아 없애길 주청하므로 꽉 막혀 나아가지 못한다."[398] 군주를 질책하기도 한다. "천지 만물 가운데 가장 좋은 것을 다 소모하여 그 끝없는 성색의 욕망을 받든다."[399] "저 군자의 예법이란 것은 참으로 천하의 도적이며 위험한 작란이며 죽음에 이르는 술수다. 그럼에도 영원히 바뀌지 않을 아름다운 도로 보이게 하니 어찌 잘못이 아니겠는가!"[400] 유가에서 성전으로 받드는 『육경』은 사람을 너 한 집단 나 한 무리로 나누어 귀천에 구별이 있다고 하는 흉수다. "지금 당신이 현인을 존중하여 서로를 높여주고, 능력을 경쟁하여 서로를 숭상하고, 세력을 다투어 서로 군주가 되려 하고, 고귀한 신분을 사랑하여 서로 더해주려 하고, 온 천하에 날뛰며 그것들을 이루려 하니 이것이 바로 위아래 사람이 서로를 해치게 된 까닭이다."[401] 분개하는 심정을 가눌 수가 없어 그는 유생 선비 모두가 한 무더기의 거짓 군자라고 통렬히 질타했다. 이 거짓 군자들은 표면상 "항상 복색을 잘 갖추고, 항상 원칙 있는 모습을 하고, 항상 절도 있는 말을 하고, 항상 본받을 만한 행동을 한다."[402] "몸단속을 하며 수행을 하고 하루하루 삼가며 지낸다."[403] 온종일 "주공, 공자의 유훈을 암송한다". 하지만 진정한 목적은 "위로 3공의 지위를 도모하고, 아래로 9주의 목사를 잃지 않으려는 것이며" "높은 지위를 누리고 더 많은 땅뙈기를 취하려 하며" "재앙을 멀리하고 복을 가까이하며 영원히 자신의 지위를 견고히 하려 한다."[404] 완적이 보기에 이 거짓 군자 무리는 바지 잠방이 속의 한 무더기 이에 불과했다. "당신 홀로 바지 괴춤 속에 이가 살고 있음을 보지 못하고 있다. 깊이 꿰맨 깁 속에 도망하여 솜 무더기에 숨어서 정말 좋은 안식처라고 생각한다. 행동은 감히 실밥 언저리를 벗어나지 못하고 바지 괴춤 바깥으로 움직이지도 못하면서 스스로는 모범적인 삶이라고 생각한다. 배고프면 사람을 물어뜯으면서 자신은 먹을 것이 궁하지 않다고 여긴다."[405] 이 비유는 정말 조롱의 전문가라 할 수 있겠다. 유생이라는 이가 예법이라는 바지 실밥 주변을 기어올랐다 내렸다 하면서 찢어진 솜 속에 숨어 문득문득 사람을 물어대는 모습을 보라! 이보다 더 박정한 것이 있겠는가?

혜강과 완적은 시대 정치에 대해서는 거의 언급하지 않았다. 특히 완적은 "시사 문제에 대한 평론이라든가 인물에 대한 평가를 해본 적이 없다."[406] 어찌 되었든 그들이 상술한 논의는 유생들의 좌석을 완전히 뒤엎어버렸다. 그들의 말은 벌써 『장자』에 대부분 언급되었지만 마주한 시대는 크게 달랐다. 『장자』의 저자는 당시의 유가와 학술 논쟁을 벌이고 있었으므로 인격적, 인식론적으로 평등했다. 혜강과 완적의 시대는 유가들이 집권 여당이 된 지 근 300년의 역사를 지니고 있었다. 이 기간에 유가를 향해 부단히 의문을 제기했고 심지어 도전한 사람들도 있긴 했지만 혜강, 완적처럼 이렇게 공개적으로 링을 쳐놓고 유가와 살육전을 벌인 적은 없었다. 그들은 유가의 '태양'을 쳐 내리고 그들의 좌석을 뒤엎었다. 힘의 차이가 현저히 다른 상황 아래서 혜강의 피살은 필연에 가까운 일이었으며, 완적이 이를 면한 것은 실로 요행에 속한 일이다.

정치 이상: 군도君道 자연, '아존我尊'의 제거, 사람마다 '마음에 따르고' '자연스레 만족함'

혜강과 완적은 명교를 부정했고, 당시의 전체 사회 질서를 부정했다. 그럼 그들은 어디를 향해 갔는가? 간단히 말하면 바로 '자연에 맡김', 즉 임자연任自然하는 것이었다.

노장老莊 이래 자연에 맡기자는 주장은 언제나 역사 문명과 대립했다.

혜강과 완적도 예외가 아니었다.

혜강은 인류 태초 시대는 "대박大樸(크게 소박함)하여 모자람이 없었다. 군주는 위에서 무엇을 꾸밀 필요가 없었고, 백성은 아래서 무엇을 경쟁할 필요도 없었다. 만물은 온전하고 이치는 순조로워 스스로 얻어지지 않는 것이 없었다"[407]고 생각했다. 요임금, 순임금 시절에 이르러 대박이 파괴되기 시작했으나 여전히 대박이 존재하여 당시 "체제 바탕은 쉽고 간결했으며 하늘의 규칙에 순응했다."[408] '선왕' 시대에 이르러 대박이 파괴되고 하늘의 도는 땅에 떨어져 "선왕이 세상을 근심하고 시절을 걱정하며 만물이 장차 퇴락함을 불쌍히 여긴 뒤에 인애가 그에 이르렀다. (…) 날마다 지혜를 운용하면서 점차 사사로이 제 친지를 가까이하게 되었다."[409] '말년'에 이르러 "높은 지위에 기대고 세력에 의지하여 친구도 스승도 없이 천하를 나누어 맡아 그 사적인 존재를 받들었다."[410] 진한 이후 "시속이 바뀌고 부귀공명을 흠모하게 되었다."[411] 변할수록 나빠지더니 이기적인 분위기가 형성되었고 도적질이 정당화되었다. "공손홍公孫弘이 [질투하여] 동생董生을 칭찬하지 않음"과 같았다. "하물며 오늘날 수천의 용이 치닫고, 수만의 천리마가 출정함이랴."[412] 한마디로 요약하면 옛날과 오늘날의 차이는 바로 "옛날엔 천하를 위했는데 오늘날은 일신을 위한다"[413]는 데 있다. 모든 혼란은 다 이로 말미암아 생겨난다. "아랫사람이 자기 윗사람을 질시하고, 군주가 자기 신하를 시기하니 그릇된 혼란이 수없이 많아져 나라가 뒤집혔다."[414]

혜강은 「석사론釋私論」을 써 공사公私 문제의 함의 및 그 역사적 작용에 대해 전문적으로 토론했다. 그가 말하는 공, 사 차별의 가장 기본적 준칙은 자연을 마주하는 태도다. 자연에 맡기면 공이고, 자연을 위배하면 사이다. 특히 자연과 서로 어긋난 명교야말로 사람들에게 사적인 행위를 가르치는 흉수다. "오늘날은 기필코 공이라고 우기는 이치를 붙들고서 사실은 공적이지 못한 사정을 겪고 있다. 잘된 것이라 하더라도 사적인 것을 벗어나지 못한다. 그렇게 잘된 것을 공격해도 공적이지 못한 데 빠진 것은 아니다. 이름을 중시하면서도 그 마음을 소중히 여긴다면 옳고 그른 감정이 드러나지 않을 수 없다."[415] 명교에서 말하는 공은 사실상 '사'다. 그의 결론은 이렇다. "공과 사는 성패의 길이자 길흉의 문이다."[416]

성인이 다스리는 기본 원칙은 군도의 자연이다. 하늘의 이치에 따라 만물을 다스리고 하늘과 사람이 서로 태평하며 천하는 공적인 것이어야 한다. 구체적으로 말하면 다음 몇 가지다.

첫째, "간결한 가르침을 숭상하고 무위의 정치를 한다."[417] 이를 위해 군주는 '정靜'해야 하는데, 그 핵심은 백성의 성정을 따르고 백성의 뜻을 좇는 것이다. "안정을 좋아하고 위태로움을 싫어하는 것이 백성의 본성이다. 편안함을 좋아하고 힘듦을 싫어한다. 이를 어지럽히지 않으면 바라는 바를 얻고, 핍박하지 않으면 뜻을 좇게 된다."[418] "사람들이 서로 알아갈 때 그 천성에 대한 인식을 중요시 여겨 구한다."[419] "네 부류 백성 모두 생업이 있는 데 각자 뜻을 얻어 즐거워한다. 오직 통달한 사람만이 그것에 능통하다."[420]

둘째, "만물을 마음으로 삼고" "천하를 공적인 것으로 여긴다."[421] 성인이 천하를 다스릴 때는 무엇보다도 먼저 공을 숭상하고 사를 버려야 한다. 혜강은 「답난양생론」에서 이렇게 주장한다. "성인은 부득이한 것처럼 세상일에 임한다. 만물을 마음으로 삼고 뭇 생명을 돕는 데 뜻을 둔다. 도에 따라 몸을 움직이며 스스로의 체득을 천하와 더불어 같이 누린다. 세상에 일 없음을 즐거워하며 그것을 업으로 삼고, 마음 편하게 천하를 공적인 것으로 여긴다."[422] "백성더러 자신을 존중하라고 권하거나, 이기적 목적으로 천하를 분할하는"[423] 전례의 악습을 금절한다. 혜강은 여러 곳에서 군주가 질서를 대표한다고 말한다. "백성은 군주 없이 존재할 수 없다." 동시에 군주에게 존엄함이 없을 수 없다고도 생각했다. "군주는 존엄함 없이 설 수 없다."[24] 하지만 이것은 세속에 유행하던 "군주는 천자 즉 하늘의 아들이심에 존귀하고, 부는 사해를 모두 가지고 있다"[25]는 관념과는 완전히 다르다. "군주의 지위를 존중함"은 '천하'를 위한 것이지 "한 사람을 위한 것이 아니다". 이런 관점은 일찍이 노자, 장자에게서도 주장되었다. 『여씨춘추』에는 전문적인 논술이 있을 정도라 혜강이 새로 창조했다고 할 수는 없다. 그러나 혜강이 당시 다시 한번 이 문제를 제기한 것은 그 풍부한 비판 정신이 담긴 논의로서 조금도 손색이 없다.

셋째, 군주는 '아존我尊' '아강我强' 즉 자신을 존엄하게 꾸미는 일과 자신의 강함을 드러내는 일을 없애야 한다. 가장 이상적인 상황은 "군주가 위에서 무얼 꾸미지 않는 것이다". '꾸미지 않는다' 함은 인의, 예법 규율을 포기하고 일체의 등급 구분 및 귀천의 증표를 없앤다는 말이다. 부득이하여 "용 깃발을 세우고 화려한 곤룡포를 입게"[26] 되더라도 관념적으로 나마 등급, 귀천의 구별을 유화하거나 해소시켜야 한다. 화려한 곤룡포를 입고서 "홀연히 삼베옷을 몸에 걸친 듯하고", 조정 의례를 행하되 "무관의 선비가 빈객을 맞이하듯이 조용히 하라".[27] 요약하자면 예와 악을 그저 존치만 시키라는 것이다.

이러한 군주가 천하를 다스리면 사람들은 자급자족한 자연의 생활을 하게 된다. "위에서는 군주와 신하가 서로 잊고 지내며, 아래에선 백성이 풍족하게 살아간다." "밭 갈아 먹고살며 누에 쳐서 옷 해 입어 의식이 두루 몸에 맞으면 천하의 재화가 남아돌 것이다. 마치 목마른 사람이 냇물을 마시고 기뻐하여 만족할 뿐 커다란 물줄기를 바라지 않음과 같다. 어찌 긁어모아 쌓아둔 뒤라야 부유해지는 것이겠는가? 군자의 마음 씀은 이와 같다."[28] "배부르면 편안히 누워 쉬고, 배고프면 음식을 구하여 기꺼워하며 배를 두드리면서 지덕至德의 세상이 어떤 것인지 모른다. 이와 같으니 어떻게 인의의 단서를 알 것이며 예법 규율의 문장을 알겠는가?"[429]

명교에 대한 혜강의 비판은 심각했으나 그의 사회 이상은 명상 속에서만 존재할 수 있을 뿐이다. 현실 생활은 여전히 잔혹했다. 그는 생존할 방법을 거의 찾을 수 없었고 그래서 삶이 대단히 고통스러웠다. 「복의」에서 그는 내심의 고초와 양자 선택의 어려움을 드러내고 있다. 어떻게 생존할 것인지에 대해 그는 한 입에 근 27종의 방식을 토로해낸다. 깊은 생활의 충격이 없었다면 제기 자체가 불가능했을 것이다. 끝내 혜강은 더 이상 갈 곳이 없었다. 정신적인 '양생'에 희망을 걸고 신선이 되는 것을 추구할 수밖에 없었다. 「가계家誡」는 또 아들에게 현실을 지향하고 세속과 합류하라고 가르치고 있으니 그 고통스러운 형상이 충분히 짐작이 간다!

완적의 사회이상은 혜강과 대체로 일치한다. 무군無君, 무귀천無貴賤, 달자연達自然, 반태소返太素 등의 주장을 펼친다. 이는 「대인선생전」에 구체적으로 논의되어 있다. 글에선 이렇게 말하고 있다. "무군, 즉 군주가 없으면 모든 사물이 안정된다. 신하가 없으면 모든 일이 잘 처리된다. 몸을 보전하고 본성을 수양하며 기율을 거스르지 않고 자연스럽게 이루어지므로 영원할 수 있다."[430] 완적은 분명하게 무군론을 주장하고 있다. 당시의 조건으로 볼 때 무군, 무신無臣은 곧 무정부다. 무정부 상태에선 각 구성원의 자율에 기댈 수밖에 없으며 "기율을 거스르지 않고" 사회 질서의 안정을 추구한다. 이는 분명 환상이다. 정치적으로 군주도 신하도 없다면 사회에는 귀천과 빈부의 구분이 없어질 것이다. "귀한 사람이 없으면 천한 사람이 원망하지 않고, 부자가 없으면 가난한 사람이 다투지 않고, 각자가 제 몸에 만족하며 아무것도 구하는 바가 없을 것이다."[431] 완적은 사회가 귀천과 빈부를 구분하면 반드시 투쟁이 일어나 "상하가 서로를 해친다"고 생각했다. 그러니 반드시 그것을 없애야 한다. 그러나 어떻게 없앨 것인지에 대해서는 어떤 방안도 구상해내지 않았다.

완적은 달자연達自然, 즉 자연의 이치에 통달하고, 반태소返太素, 즉 태초의 소박한 상태로 되돌아가는 상황을 「달장론達莊論」에서 다음과 같이 묘사했다.

"천지는 자연에서 생겨났으며, 만물은 천지에서 생겨났다. 자연에는 외부가 없으므로 천지가 그 이름이며, 천지에는 내부가 있으므로 만물이 생겨난다. 외부가 없는 것인데 누가 다름을 말하겠는가? 내부가 있는 것인데 누가 갈라짐을 말하겠는가?"

"천지는 그 덕을 합치고 일월은 그 빛을 따른다. 자연이 한 몸이면 만물은 그 영원성을 법칙으로 삼는다."432

"따라서 지극한 도의 끝은 혼일되어 구분이 안 되며 모두가 한 몸이어서 조금의 잘못도 들어본 적이 없다. 복희씨는 새끼줄을 엮어 뜻을 전달하고 신농씨는 경작하는 법을 가르쳤는데 그에 거스르는 자는 죽고 그에 순응하는 자는 살았다. 탐욕하면 벌을 받고 올곧으면 명예가 빛난다는 것을 어찌 알았겠는가! 지극한 덕의 요체는 외부가 없을 따름이다. 대균大均, 즉 큰 균형은 돈후하고 튼튼하며 기율에 두마음을 품지 않는다. 청정하고 적막하며 공활한 모습으로 기다린다. 선악을 구분짓지 않으며 시비를 다투지 않는다. 그래서 만물은 제 위치로 돌아가 자연의 성정을 얻는다."433

자연은 가장 위대하고 완벽하여 무엇 하나 포용하지 못하는 것이 없는 존재다. 그것을 이해하고 끌어안는 것은 곧 일체를 손에 쥐는 일이다! 도대체 무엇을 손에 쥔다는 것인가? 정신 외에 나머지는 아무것도 없다. 현실은 여전히 현실일 뿐이다.

혜강, 완적은 시대에 반역한 사상가였다. 그들은 사람들에게 정신의 승리를 가르쳤다. 당시 그 어떤 물질적 역량도 불합리한 현실과 싸워 이길 수 있는 것은 없었다. 그래서 정신의 승리가 불합리한 현실과 싸워 이길 유일한 선택이었다. 정신의 승리를 구하는 사람이 불합리한 현실에 부딪히면 대부분 재앙을 당하게 된다. 하지만 정신의 승리는 인류가 무언가를 탐색하고 자신을 개조시키는 데 없어서는 안 될 힘이기도 하다. 그런 사람들이 현실 생활에서 당한 재난이나 제기한 문제는 사람들에게 부단히 사유하도록 깨우쳐주는 작용을 한다. 그들의 위대성은 바로 여기에 있다! 모든 현실이 합리적이라고 생각한다면 인류는 영원히 야만 상태를 벗어나지 못할 것이다!

배위의
숭유론崇有論 및 명교,
무위 상호 결합의
정치사상

배위裴頠(267~300)는 자가 일민逸民이며 하동河東 문희聞喜(오늘날의 산시성 山西省 원시聞喜) 사람이다. 귀족 대관료 집안 출신이다. 부친 배수裴秀는 서진 의 개국 공신 가운데 한 명이었다. 배위는 의술에 정통했으며 "폭넓게 달 통하고 아는 것이 많았다". 8왕 가운데 한 명인 조趙왕 논論의 손에 죽었 는데 나이 34세에 불과했다. 배위의 저작에 관해 사료엔 「숭유崇有」 「귀무 貴無」 2론이 있다고 한다.[434] 『세설신어』 「문학文學」 편 주석에도 "배위가 2 론을 저술했다"는 주장을 싣고 있다. 『진서』 본전에는 또 그가 「변재론辨 才論」을 완성하기 전 화를 당했다고 쓰여 있다. 「숭유론」은 지금 『진서』 본 전에 수록되어 있다. 『군서치요群書治要』 권29의 『진서』 「백관지百官志」 인용 부분에도 배위의 일부 문장을 수록하고 있다. 그가 '유' '무' 및 '종극宗極' 등 현학의 기본 문제를 토론하고 있기 때문에 그를 현학 계열에 배열시키 기도 한다.

배위는 하안과 왕필의 귀무론貴無論에 반대한다. 여기엔 정치적 원인이 있었다. 『진서』 본전은 말한다. "배위는 시속이 방탕하고 유가 학술이 존 중받지 아니함을 깊이 걱정했다. 하안, 완적이 평소 세상에 높은 이름을 드날리고, 입으론 뜬구름 잡는 이야기만 하고, 예법을 지키지 않으며, 하릴없이 녹봉과 은총을 누리며, 벼슬아치들은 아무 일도 하지 않는다는 것이다. 왕연王衍의 무리에 이르니 명성이 더욱 극성하여 지위는 높고 세력은 커졌으되 스스로 무엇에 힘을 써서 노력하지 않았다. 이에 서로 그러한 일들을 본받아 풍속이 크게 퇴락했다. 이에 「숭유」론을 써서 그 폐단을 풀려고 했다."[35] 그가 귀무파의 학설에 불만이 많았음을 알 수 있다. 그는 이러한 학설이 만들어낸 '풍속의 퇴락'이란 결과에 대하여 불만을 품었다. 배위는 본체론 방면에서 자신의 철학을 구축함으로써 귀무의 논리적 오류를 증명하고자 했다.

배위가 보기에 소위 '무'란 곧 없음이다. 없는데 어떻게 만물을 탄생시킬 수 있는가? 그래서 '무'를 만물의 근본으로 보는 데 반대했다. "지무至無로는 아무것도 낳을 수 없다. 처음 생겨난 것은 스스로 생겨난 것이다."[36] 만물은 자신이 자신을 낳은 것이다. "스스로 생겨나면서 반드시 몸을 가지는데, 그러므로 유전도 있고 생명의 소멸도 있는 것이다."[37] 자생하는 사물에 대하여 왕필 등이 말하는 '무'처럼 억지로 존재의 근거를 찾으라고 한다면 '유有'가 손실을 입게 될 뿐만 아니라 만물의 탄생도 불완전해진다. 배위의 '무'에 대한 이해는 왕필과 다르다. 그는 '무'를 '유'가 존재하지 않는 상태로 본다. 왕필의 '무'에도 이런 요소가 있긴 하지만 더욱 중요한 것은 역시 만물의 통일된 원리였다.

배위의 세계관은 다음 몇 구절 속에 잘 구현되어 있다. "무릇 총체적으로 만유의 근본이 뒤섞여 있는 것이 종극의 도다. 공통 속성들이 여러 가지 종류로 구분되는 것이 만물의 품성이다. 형상들이 뚜렷이 구분되는 것이 유有가 생겨난 근본이다. 생성 변화와 상호 감응이 섞여 모인 것이 이치 맥락(규율)과 궤적의 근원이다."[38] 소위 종극의 도는 바로 만유의 총합이란 말이다. 만유는 그들의 각기 다른 특징에 근거하여 여러 부류로 나눌 수 있으며, 일체 생명 있는 물질은 모두 형체와 모양을 갖고 있다. 만유의 변화, 연계는 일정한 관계 속에서 총체적으로 구현되며, 따라서 '규율理'을 찾을 수 있다.

배위는 만유 사이의 상호 관계에 대하여 이렇게 말한다. "각자의 품별에 따라 부류를 이루면 천품에 따라 한쪽으로 치우친다. 치우쳐서는 자족할 수 없으므로 곧 외부 재화에 의존하게 된다."[39] 만유는 각기 다른 종류로 표현되는데 부류마다 모두 부족한 곳이 있으므로 반드시 다른 사물에 의존해야 한다는 말이다. '치우침'은 부족하게 만들고, 부족하므로 '외부 재화'에 의존해야 한다. 이렇게 조성된 세계의 도식은 상호 협조하고 의존하는 하나의 관계망이다. 여기서는 누구도 다른 사물을 떠나서 독립할 수 없다. 이렇게 하여 '의宜'의 문제 즉 적합한가合宜 적합하지 않은가不合宜, 마땅히 해야 하는가 마땅히 하지 말아야 하는가의 도량度量 문제가 생겨났다. 배위는 성인이 바로 이와 같은 연유로 정치를 창조한 것이라고 보았다. "뭇 이치가 나란히 의존하여 서로 해를 끼치지 않으므로 귀천의 형체가 있고, 득과 실이 접하는 방식에 따라 이루어지니 길흉의 징조가 보인다."[40] 만물 사이의 상호 의존 관계는 곧 귀천, 고하 관계다. 성인은 이런 자연 규율에 순종하여 등급 차별을 두는 정치 제도를 만들어냈다. 다른 한편으로 이 관계에 대한 처리 방식이 다르므로 혹은 길하고 혹은 흉한 결과를 불러올 수 있다. "[그래서] 현인군자는 욕구를 끊을 수 없다는 것을 잘 알며 사물과 잘 만나도록 교류한다. 그 왕복을 관찰하고 그 가운데 머물며 힘써야 할 일을 정한다." "그래서 그 끝까지 크게 건설하여 뭇 생명을 편안하게 다스리고, 사물들에게 지켜야 할 규범을 가르치니 바로 거기에 의미가 있다."[41] 바꿔 말하면 자연 만물은 상호 의존하며, 반대로 말하면 상대가 없으면 안 된다. 이는 인류의 정치 생활이 성립할 수 있는 기초다. 성인이 이에 의거하여 표준과 원칙을 만들고 모범 규정을 창제하니 비로소 인류의 생존이 가능해졌다. 정치의 목적은 생명을 보배로 여김, 즉 '보생寶生'이며, 정치의 수단은 적절성의 존치, 즉 '존의存宜'다. '보생'하면 반드시 '존의'해야 한다. '존의'하는 것은 '보생'하기 위함이다. 따라서 "사람이 이미 태어났으니 생명 보호를 온전히 해야 한다."[442] 이것이 바로 명교의 존재 근거이며, 동시에 명교宜와 자연인성欲 사이의 관계를 설명하는 것이기도 하다. 따라서 명교 정치의 탄생은 뭇 생명의 '부족' 및 '의타依他'의 본성에 기원을 둔다. 성인은 그 본성에 따랐을 뿐이다. "뭇사람의 성정은 익힌 대로 믿고 산다. 익혔으면 마음으로 그 업무에 복종하고, 업무에 복종하는 것을 가리켜 이연理然이라 한다. 따라서 군주는 반드시 가르친 바에 신중해야 하고, 정치와 형벌 관련 일체 업무를 가르고, 백성을 나누어 살도록 하고, 각자에게 네 가지 직업을 준다."[443]

배위는 『노자』의 주지가 "더럽고 잡다한 폐단들을 주워 모아 드러내주고 정일靜一의 의의를 천명한" 데 있다고 생각했다. 그리하여 "『주역』의 손損, 겸謙, 간艮, 절節괘의 취지와 합치시켰는데,"[444] 손, 간 괘는 군자의 한 가지 도에 불과하며, 『역경』의 주지는 허무虛無를 주장하지 않는다는 것이다. 노자 또한 근본 강조를 통해 사람들에게 근본은 버리고 말절만 좇지 말라고 깨우쳐주고 싶었을 따름이다. 배위의 입장에서 볼 때 '유'가 '무'보다 앞선다고 제창한 까닭은 일마다 그럴 만한 원인이 있다고 생각했기 때문이다. 그러나 귀무파는 이 이치를 분명히 알지 못하고 명교의 적폐가 만들어낸 폐단만을 보았다. 그래서 "허황된 무리가 부산스럽게 그 결점들을 들춰내며 힘든 투쟁들이 연유한 까닭을 찾아다닌다. 한쪽에 치우치면 폐단이 생기는 것을 관찰하고 간결하게 하고 덜어내는 것이 훌륭함을 목도하여 이내 귀무에 관한 논의를 천명하고 유를 천시하는 논리들을 만들어냈다."[445] "유와 형의 변고만 깊이 나열하고 공무空無의 아름다움만 크게 칭송한다."[446] "무리가 아득한 이야기에만 귀를 기울이고, 기존 학설에 빠져 있다. 이와 아주 다른 마음을 가진 사람일지라도 말을 내세울 짬을 얻지 못하고 업신여김에 굴복하고 만다. 허무의 이치를 말하기 때문에 그것을 덮어버릴 수 없게 된다."[447] 이어서 그는 현학의 유행이 가져온 후유증을 지적한다. "이에 중대한 세상의 업무를 깔보고, 열렬한 공적들을 천시하고, 둥실 떠서 노는 일을 높이 여기고, 튼실한 경전의 현명함을 낮게 여긴다. 사람들은 오로지 명리를 찾는 데 목숨을 내건다. 그리하여 글 쓰는 사람들은 그런 말만 늘어놓고, 말없는 사람들도 그 취지를 찬양하여 모든 사람을 물들이고 있다. 그러니 허무에 근거를 두어야 말이 되며 이를 현묘玄妙하다고 말한다. 맡은 일을 친애하지 않는 관리가 되어야 아원雅遠하다고 말한다. 청렴한 몸가짐 따위를 없이 해야 광달曠達하다고 말한다. 도덕 수양의 풍토는 처참하게 무너졌다. 제멋대로 방종해 혹은 길흉의 예에서 벗어나 용모와 행동거지를 소홀히 하게 되고, 장유의 질서가 무너지며 귀천의 등급이 뒤섞이게 되었다. 심지어는 온통 벌거숭이로 돌아다니며 도리를 잊고 농지거리를 하면서 소문을 두려워하지 않는다. 선비다운 행위가 다 이지러지고 말았다."[448] 이상의 비판은 정사政事, 풍속, 심지어는 사람들의 행동거지까지 언급하고 있다.

배위는 숭유와 숭무崇無 간의 논쟁이 국가, 사회의 생사 및 존망에까지 관계있다고 생각했다. 그는 귀무파의 '무'는 응당 '말末'이어야 하고, 숭유의 '유'가 비로소 '본本'이라고 주장한다. 이렇게 귀무파의 '본' '말' 관념을 완전히 뒤집었다. 귀무파처럼 하여 "말절을 품고서 근본을 잊는다면 하늘의 참된 이치가 없어질 것이다. 따라서 그것을 교차하여 행동함은 존망을 함께하는 것이다."[449] 배위가 말하는 '하늘의 이치'는 곧 예교禮敎다. 이렇게도 이야기한다. "유를 천시하면 반드시 형체를 도외시하고, 형체를 도외시하면 반드시 제도를 버리고, 제도를 버리면 반드시 방비에 소홀하고, 방비에 소홀하면 반드시 예를 잊게 된다. 예법 제도가 존재하지 않으면 아무런 정치도 펼 수가 없게 된다."[50] 배위는 숭무와 숭유의 논쟁을 정치적 근본 노선에 대한 논쟁으로 취급한다. 매우 일리가 있다고 하겠다.

배위는 숭유론을 통해 관직의 설치와 관원의 임용을 긍정한다. 무위이치無爲而治의 정치사상은 양한 이래 유행해오던 관점으로 그 자체를 새로운 사유라고 보기는 어렵지만 한나라 말엽 발생한 엄청난 사회적 동요와 정시正始, 원강元康 시기의 거리낌 없는 풍토는 이런 회의적 분위기를 더욱 가중시켰다. 위진 이래 적잖은 사상가가 그 이론 및 실천에 관한 사상적 근거를 줄곧 탐구했다. 배위가 숭유론을 제기한 것도 사실은 귀무파와 다른 각도에서 출발하지만 실제로는 동일한 목적을 위해 논증하려는 시도였다. 배위는 말한다. "옛날의 성철聖哲은 치도를 깊이 탐구하여 수많은 정무를 처리하면서 한 사람의 재주에 맡기지 않았다. 만기를 밝게 조련시키는 데 한 사람의 지혜로 다 통달하도록 하지 않았다. 그래서 여러 관직을 설치하고 여러 부서를 나누어 통제했다. 이미 분국이 된 것이면 그 법도와 체제를 나누었으며, 업무 실적이 쌓이지 않으면 보임을 바꾸었다. 현명하고 훌륭한 사람을 뽑아 각자의 위치를 지키도록 했다. 맡은 임무에 따라 책임을 분명히 하여 서로 간섭하는 것을 금지시켰다. 관직을 침범하는 사람이 무리를 이루거나, 직책을 이탈한 사람이 간악에 빠지게 할 수 있으니, 곧 법이 인정을 통제할 수 없을까 저어하여 의로써 방비를 분명히 했다. 군자는 제 위치를 벗어날 생각을 하지 않게 되었다. 그렇게 되니 사람들이 맡은 임무를 알게 되어 각자 제 위치를 지키고 아래에선 분수를 넘는 신하가 없었다. 그런 뒤 치도는 극진해졌으며 칭송의 소리가 드높아졌다. 그리하여 요임금, 순임금이 힘들여 현인을 구했으되 유능한 사람들에게 일을 맡기고 편안해진 것을 칭송했다. 이미 분업이 잘되고 사람을 얻어 임무를 맡기며 무위이치하게 되었으니 어찌 마땅하지 않았겠는가?"[51]

왕권 투쟁이 특별히 격렬했던 서진 시대에 살았던 배위는 군권의 쇠약을 깊이 애통해했다. 그는 일련의 조치를 주장해 현실을 보완하고자 했다. 그는 말한다. "정치가 여러 경로로 이뤄지지 않도록 하고" "당면 과제는 훌륭한 선비를 뽑아 사람을 얻어 마땅한 직책을 위임하고, 그것을 감당하지 못하면 드러내놓고 형벌을 추가해야 한다."[452] "적절하지 않음에도 직무에 간여하는 신하가 있으면" "장자방張子房[453]의 꾀로 무장한 자라 하더라도 많은 일을 맡겨선 안 된다."[454] 하지만 이런 건의들이 현실에 그다지 큰 작용을 하지는 못했다. 반대로 배위 본인이 오히려 8왕의 군권쟁탈전 와중에 죽고 말았다.

05

곽상의
'존재 즉 합리':

명교,
자연 합치의 정치사상

곽상郭象(252~312)은 자가 자현子玄으로 하남河南 사람이다. 『진서』 본전은 그가 "어려서부터 재주가 있었으며 노자, 장자를 좋아하고 청담에 능했다"[55]고 한다. 일찍이 동해왕東海王 월越의 태부주부太傅主簿를 지낸 적이 있는데, 그가 "직위를 맡아 권력을 얻자 위세로 안팎을 핍박하여"[56] 사람들로부터 심하게 무시를 당했다고 한다. 곽상의 주요 저작으로는 『장자주莊子注』 한 책이 있다. 그는 이 책의 서문에서 『장자』의 종지는 "천지의 큰 줄기를 꿰뚫고, 만물의 본성을 자리매김하고, 죽음과 삶의 변화에 통달하여 내성외왕內聖外王의 도를 밝히는"[57] 데 있다고 말한다. 사실 이것은 그 자신의 사상적 총강령이기도 하다. 곽상은 위진 현학의 집대성자다. 그의 『장자주』(이하 인용문은 편명만 명기함)는 오랫동안 장자 주석의 권위를 인정받았으며, 그의 '내성외왕'의 도는 오랫동안 사람들의 토론 주제이자 추구하는 목표가 되었으니 그 영향이 크지 않다고 할 수 없다.

유무有無, 성명性命론 및 명교의 자연과의 합치

유, 무 문제에 있어서 곽상의 관점은 왕필과 달랐으며 배위와도 구별된다. 왕필이 보기에 '무'는 현상 뒷면의 본체로서 모든 존재물의 근거였다. 곽상은 이렇게 생각했다. "장자, 노자가 누차 무無라고 말한 까닭은 무엇인가? 생물이 물질로 존재하지 않다가 물질이 스스로 생겨났음을 밝힌 것이다."58 "장자가 누차 처음에 무無였다고 말한 까닭은 무엇인가? 처음이란 아직 태어나지 않았는데 생명을 얻게 됨이다. 생명을 얻음은 어려우며 마치 위로 무에 바탕을 두지 않고, 아래로 지혜를 기다리지 않으며 돌연하게 스스로 이 생명을 얻음과 같다."59 곽상은 '무'를 그저 하나의 부정사, 즉 '없음'으로 간주한다. 그건 [왕필과 달리] 실체가 아닐 뿐만 아니라 [배위와 달리] '유'가 부재할 때의 상황도 아니다. 논리상의 '유형類型 이론'으로 볼 때 곽상은 여기서 여러 측면의 언어 개념을 운용하면서도 구분을 짓지 않고 있다. '무'를 일종의 개념으로 보는 시선으로 인해 그의 철학은 '무'를 버리고 직접 '유'에서 시작할 수 있었다.

곽상은 배위의 '유' 해석에 완전히 동의하지도 않는다. 배위와 마찬가지로 그 또한 자생自生을 이야기하지만 곽상의 관점에서 볼 때 배위의 자생은 몇 가지 큰 결함을 가지고 있었다. 첫째, 배위의 '유'는 치우치고 부족한 점이 있었으나 곽상은 자생이기 때문에 각 존재물은 독립적이고 자족적이라고 생각한다. 둘째, 배위는 사물이 치우치고 부족한 점이 있기 때문에 서로 의존해야 한다고 생각했으나 곽상은 이 점에 불만이 있었다. 만약 사물이 자생하고 자족적이라면 소위 의존이란 주관적으로 생각해 낸 물건이라고 그는 생각했다. 곽상의 이 두 가지 견해는 자생이라는 개념에 대한 해석과 관련이 있다.

곽상은 "위로 조물造物이 무물無物임을 알고, 아래로 유물有物의 저절로 만들어짐을 아는 것"60이 장자 사상의 핵심이라고 생각했다. 그러면 여기서 '저절로 만들어짐(자생)'은 무슨 의미인가? 곽상은 「대종사大宗師」 주에서 이렇게 말한다. "스스로 얻는 것이지 도가 그로 하여금 얻어지게 할수는 없다. 내가 아직 못 얻은 것이지 얻을 수 없는 것은 아니다. 그렇다면 얻는다는 것은 외부적으로 도에 바탕을 두고 있지 않고, 내부적으로자기 자신으로 말미암지 않는다. 문득 저절로 얻어져 홀로 변화한다."461여기서 곽상의 자생이 두 가지 특징을 지니고 있음을 알 수 있다. 하나는이 자생에 외부 요인이 없다는 것이다. 이는 조물의 가능성을 부정한 것이다. 다음은 자생이 자기가 자기를 낳은 것을 가리키지 않는다는 사실이다. 만약 그렇다면 낳으려 하면 낳는, 즉 모든 것이 의지의 작용이 되므로 불가능한 일이다. 여기서 그는 존재의 내부적 근거 또한 부정했다. 그래서 이른바 자생은 곧 "홀로 생겨나고" "문득 생겨나며,"462 아무런 연고없이 생겨나고, 아무런 인과 없이 생겨나고, 아무런 목적 없이 생겨난다.만물의 존재가 곧 그 존재의 근거다. "하늘이 그러했을 뿐 인위적인 것이아니다"463라고 말한다. 곽상은 원인을 찾으려 든다면 몇 가지 찾을 수 있을지도 모르지만 최후까지 물고 늘어지면 끝내 명확한 답안을 얻을 수없을 것이라고 말한다. 그러니 응당 "사물의 스스로 그러함自然에 맡기고"더 이상 추궁하지 않는 것이야말로 정확한 태도다.

곽상의 '유'는 자생, 자족적이다. 자생이라고 부르는 까닭은 그것을 낳는 사물이 없기 때문이다. 자족적이라 부르는 까닭은 그 존재가 어떤 해석 가능성도 갖고 있지 않으며, 어떤 인과 관계 혹은 의지의 작용도 찾을수 없기 때문이다. 이렇게 그 소이연所以然도 모르고 고칠 수도 바꿀 수도없는 존재 상황이 바로 '유'의 본성이다. "이른바 하늘이란 모두 밝아 무얼하지 않아도 스스로 그러하다. 스스로 그러하다고 한다면 자연이다. 사람이 어찌 고의로 이렇게 자연스럽게 할 수 있겠는가? 스스로 그러하므로본성이라고 말한다."464 이는 '본성'에 대한 곽상의 정의다. 이 본성은 자연으로부터 온 스스로 그러한 것이므로 변경할 수도 해석할 수도 없다. "천성으로 받은 것으로 각자 본래의 구분이 있어 도망할 수도 덧붙일 수도 없다."[465] "본성에 각자 구분이 있으므로 지혜로운 자는 그 지혜를 끝까지 지키며 어리석은 자는 그 어리석음을 죽을 때까지 가지고 간다. 어찌 능히 중간에 본성이 바뀔 수 있겠는가!"[466] 각 존재물의 본성이 모두 자족적이므로 그 사이에 어떤 크고 작음, 장수와 요절, 궁핍과 현달, 미와 추, 높고 낮음, 짧고 긺의 구별도 없다. "형체만 가지고 비교한다면 태산이 추호秋毫보다 크다. 하지만 각자 본성의 구분에 의거하여 만물의 그 아득한 궁극을 생각하면 형체가 크다고 여유로운 것은 아니며, 형체가 작다고 부족한 것은 아니다."[467] "작음도 없고 큼도 없으며, 장수도 없고 요절도 없으므로 쓰르라미가 장수목 대춘大椿을 부러워하지 않고 흔연히 자득한다.[468] 소리부엉이는 저 높은 천지의 물을 소중히 여기지 않고 지극히 만족한다."[469] 만물의 본성이 각기 만족하고 대소의 구별도 없는 데다 "모든 이치에는 지극한 구분이 있고, 만물에는 일정한 궁극이 있어 각자 제 일에 만족"[470]하므로 이 필연의 '이치'와 '궁극'에 어긋나는 그 어떠한 행위도 모두 분수에 맞지 않고 정당하지 못하며 천리에 용납되지 않는 짓이다. "사물에는 작고 큼이 있고, 능력에는 적고 많음이 있다. 큰 것은 군더더기가 붙어서이고 많은 것은 불필요한 것이 붙어서다. 군더더기나 불필요한 것의 구분은 사물마다 모두 존재한다. 그냥 있는 그대로 맡겨두지 않음은 모두 만물의 본성을 버리는 짓이다."[471]

　이상의 논술은 곽상이 고립적이고 개체적인 '유'의 각도에서 문제를 고려한 것일 뿐이다. 그런데 세계에 절대 고립적인 존재물은 존재하지 않는다. 어떠한 물건이든 일정한 관계 속에 있다. 그래서 다른 사물과 일정한 관계를 맺지 않을 수 없다. 사실상 곽상도 이 점을 부인하지는 않았다. 다만 이 '관계'를 비교적 특수한 것이라고 생각했을 따름이다. 보통 사람의 생각과 다르게 곽상은 사물과 사물 사이에 확실히 모종의 관계가 있는 것 같은데 이 관계는 가상이며 환영일 뿐 실재하지 않는다고 생각했다. 존재하는 것이라곤 '자위自爲'일 뿐이며, 자위가 '상위相爲'의 가상을 만들어 낸다는 것이다. "천하에 서로 피아의 관계를 형성하지 않는 것은 없으나 피아 모두 스스로 이루어지고자自爲 한다. 그런데 이 때문에 동쪽과 서쪽은 서로 반대가 된다."472 이 말은 어떤 존재물이든 피아의 관계 속에 있지만 피아는 실제로 스스로 독립적으로 존재할 뿐이며 그 사이엔 아무 관계도 없다는 의미다. 마치 동쪽은 스스로 동쪽이며 서쪽은 스스로 서쪽이지만 이로 말미암아 오히려 동쪽과 서쪽이란 관계가 만들어졌듯이. 곽상은 또 예를 들어 설명한다. "그런데 피아는 서로 입술과 이빨 즉 순치의 관계가 된다. 순과 치는 상대가 이루어지게相爲 한 적이 없다. 그럼에도 입술이 없어지면 이가 시리다. 그래서 피彼가 자위한 것임에도 아我를 도와준 공로가 매우 크다. 이것이 상반되면서도 서로의 존재가 없어서는 안 되는 이유다."473 곽상은 이 관계를 '현합玄合', 즉 오묘한 우연의 일치라고 부른다. 실제로는 양자 간의 그 어떤 실질적 관계도 부인했다. 아무 관계도 존재하지 않지만 오히려 마치 관계가 있는 것 같기도 하므로 이 또한 소이연을 모르면서도 그렇게 된 경우다. 그건 바로 '명命'이다. 곽상은 말한다. "그 소이연을 모르면서 그렇게 된 경우를 운명이라고 부른다."474 '성性'이 개체 존재물에 대한 묘사라면, '명'은 관계 속에 있는 존재물의 성질을 묘사한 것이다. '성'이 '자생' '자족'적인 것을 상대하는 말이라면, '명'은 존재물 사이에 '서로 피아의 관계를 형성하고' '상대를 이루어줌이 없는 상태에서 서로를 이루어주는相爲於無相爲' 성질과 관련이 있다. '성'이 일종의 내재적 특성이라면, '명'은 외재적 성질이다. '명'에 이러한 특성이 있기 때문에 마치 누군가 그것에 이러한 특성이 있다고 규정해준 것처럼 목적, 의지 혹은 인과를 일으킬 것이라는 혐의를 벗을 수 없다. 그래서 곽상은

'명'이란 개념의 사용에도 제한을 가해야 한다고 말한다. "마치 의지가 있는 듯하다. 그러니 명이란 이름을 내놓아버림으로써 그 자신을 밝혀주면, 종국에는 명과 성이 모두 온전해질 것이다."[75] 다시 말해 '명'은 사람들에게 모종의 인위적 인상을 주기 때문에 그 말마저 버려야 한다는 것이다.

곽상의 성명관性命觀이 지니는 정치적 의미는 매우 분명하다. 가장 직접적인 결과는 현실 정치 생활에 대한 회의가 존재할 그 어떤 가능성도 부인하는 것이다. 그의 견해에 따르면 인류 사회엔 인과 관계도 존재하지 않고 의지의 작용도 존재하지 않으며, 사람들 상호 간에 존재하는 관계는 가상이며 그 근원을 추적할 수도 없고 그 이유를 찾는 것은 더더욱 말이 안 되기 때문이다. 따라서 현존하는 질서에 대한 그 어떤 회의나 변동도 모두 근거 없는 것이고 쓸데없는 짓이다. 이 점에서 배위는 곽상과 다르다. 배위의 목적 또한 현존하는 정치 질서를 긍정하려는 것이었지만 그는 사물과 사물 사이의 관계에 대한 적극적인 긍정을 통해 이 결론에 도달하려 했다. 곽상은 배위에 만족하지 못했다. 그가 보기에 사물과 사물 사이에 존재하는 상호 영향이라는 실재 관계를 말하는 것은 곧 우리가 '왜'라는 문제를 물고 늘어지는 것과 같은 말이었다. 그렇게 하는 것은 사람들로 하여금 본분을 지키지 못하게 만들고 각자 망령된 생각을 일으키게 하는 중요한 원인이며, 정치적 혼란의 근원이다. 오직 사람들로 하여금 "각자 아득한 그 궁극적인 것을 생각토록" 해야 천하태평에 도달할 수 있다는 것이다.

명교와 자연과의 관계는 위진 현학의 핵심적 토론 주제였다. 이 문제에 대해 곽상은 자신 나름의 해석을 하고 있다. 곽상의 사상 체계에 따르면 명교가 상술한 '명'에 해당된다면, 자연은 '성'에 상당한다. 성과 명, 명교와 자연의 구별은 언어 사용의 문제일 뿐이다. 개체 존재물의 존재 상태가 바로 자연이며, 상호 간에 마치 존재할 것 같은 관계를 언어를 사용해 묘사하면 바로 명교가 생겨난다. 따라서 명교의 밑바닥은 그저 인위적 체계이며 존재에 대한 인간의 묘사일 뿐이다. 그림자와 형체의 예를 들어보자. 형체와 그림자는 각자 한 가지 사물로 각자 본성이 있는데 이것이 자연이다. 그런데 우리가 "형체와 그림자는 서로 따라간다"고 말했을 때 바로 명교가 생겨난다. 바로 그 언어 속에서 '원인' '작용'이라는 요소가 생겨나기 때문이다. 이는 자연물 사이의 관계를 예로 든 것이다. 이 원리에 근거하여 곽상은 수많은 사례를 열거한다.

인간과 자연의 관계 측면에서 곽상은 사람과 우마의 관계를 예로 든다. "사람이 살면서 소를 부리거나 말을 타지 않을 수 있겠는가? 소를 부리고 말을 타려는데 코뚜레를 뚫지 않을 수 있겠는가? 소와 말이 코뚜레를 뚫는 것을 거절하지 못함은 천명이 단단히 정해졌기 때문이다. 천명에 해당된다면 그 일이 사람에게 맡겨졌다 하더라도 근본은 하늘에 있다. 코뚜레를 뚫는 것이 그렇다."[476] 사람은 제 천성이 있고, 소와 말도 제 천성이 있다. 사람은 제 천성에 따라 행사를 하고, 소와 말도 제 천성에 따라 행동한다. 그 결과 사람이 소와 말의 코에 코뚜레를 뚫는 일이 생겼다. 이 원인의 "근본은 하늘에 있으나" 한번 언어로 표현되며 '목적'과 '수단'이 생기고 코뚜레를 "뚫고" "뚫리는" 구분이 생겼다. 인체를 가지고 보더라도 "사람의 몸은 서로 친애하지 않는다. 머리는 스스로 위에 있고, 발은 스스로 아래에 있으며, 장기는 내부에 있고, 가죽과 털은 외부에 있다. 안팎과 위아래, 존비귀천이 각자 몸 안에서 자기의 궁극적 역할을 맡고 있어 그들 사이에 서로 친애하지 않는다."[477] 그러나 그 사이에 한번 언어가 놓이면 상하와 귀천의 구별이 나타난다. 사람의 몸은 이에 자연으로부터 명교의 내용으로 바뀐다. 인간과 인간의 관계로 말하면 "그 시대의 가장 현명한 사람이 군주가 되고 재주가 세상에 부응하지 못한 사람이 신하가 된다. 하늘은 스스로 높고, 땅은 스스로 낮으며, 머리는 스스로 위에 있고, 발은 스스로 아래에 있듯이".478 군신 고하는 본래 자연적 사건이다. 그런데 한번 인간의 언어로 표현되자 그 속에 가치의 고저를 포함하게 되었다.

결국 곽상이 보기에 명교와 자연, '성'과 '명'은 본래 일치하는 것이었다. 이러한 일치는 언어가 현실에 대한 표현이라는 데 근원한다. 그리고 이러한 표현 자체는 그다지 중요하지 않으며 중요한 것은 자연 자체 즉 명교가 표명하고 있는 것을 갖추는 일이다. 그래서 곽상은 말한다. "인의는 그 자체로 인간의 성정이지만 그런 소임을 맡았을 따름이다. 인의가 인간의 성정이 아니라고 걱정하여 두려워하는 것은 정말 쓸데없는 걱정이라 할 수 있다."479 "인의는 내심에서 발하며 자기 본래의 마음 상태로 되돌아간다."480 "인의란 사람의 본성이다."481 마찬가지로 계급과 귀천의 구분 또한 자연에 근본을 둔다. "작고 큼이 구별되고, 각자 계급이 있어 서로 넘볼 수가 없다."482 "자연에 맡기고 마땅한 데 살면 현명한 사람과 어리석은 사람이 각자 성정대로 이어받고 귀천이 제자리를 차지한다. 군신 상하에 제 궁극적인 소임을 하지 못한 사람이 없으니 천하에 아무 걱정이 없다."483 군주는 천연적으로 고귀한 사람이므로 자연히 귀한 지위가 마땅하며, 신민은 천생으로 비천하니 자연히 천한 지위가 마땅하다. "본성에 각자 구분이 있으므로 지혜로운 자는 그 지혜를 끝까지 지키며 어리석은 자는 그 어리석음을 죽을 때까지 가지고 간다. 어찌 능히 중간에 본성이 바뀔 수 있겠는가!"484 "현인군자가 높은 작록을 얻는 것은 사사로이 취한 것이 아니라 자연 그렇게 받았을 뿐이다."485 "그 시대의 가장 현명한 사람이 군주가 되고 재주가 세상에 부응하지 못한 사람은 신하가 된다. 하늘이 스스로 높고, 땅이 스스로 낮으며, 머리가 스스로 위에 있고, 발이 스스로 아래에 있듯이. 어찌 차례대로 되었겠는가! 마땅한 데둘 곳이 없더라도 반드시 저절로 마땅해진다."486 "신하나 첩의 재주를 지녔으면서 신하나 첩의 소임에 안주하지 못하면 잘못된다. 그래서 군신과 상하, 수족과 내외를 아는 것은 천지의 자연스러움이지 어떻게 진짜 사람의 소위이겠는가!"[487] 귀천은 자연에서 나왔으므로 "각자 제 분수에 안주해야 한다".[488] 하지만 군주는 여전히 필요하다. "천 명이 모였는데 한 사람을 주군으로 삼지 않으면, 혼란스러워지지 않으면 흩어진다. 따라서 현명한 사람이 많다고 하여 많은 군주가 있어선 안 되고, 현명한 사람이 없다고 하여 군주가 없어서는 안 된다. 이는 하늘과 사람의 도로 반드시 이르러야 할 길이다."[489] 인의와 군왕은 하늘과 사람의 도로써 반드시 이르러야 할 인간의 본성에 속한다. 그래서 자연적인 것이며 천리이기도 하다. 본성이며 그래서 운명이기도 하다. 명교의 언어를 사용하고는 있지만 천성의 자연적 존재에 하등 손해를 입히지 않는다. 곽상의 관점에 따르면 명名은 필연과 그것이 표현하고자 하는 것과 완전히 배치되지는 않지만 서로 어긋날 가능성은 매우 높다. 바로 이런 서로의 어긋남이 명교와 자연 관계의 혼란을 불러온다는 것이다. 언어는 실재하는 것을 표현하기 위한 것이지만, 필연이 반드시 실재 진상에 관한 소식을 전달하는 것은 아니라고 곽상은 생각했다. "만물의 존재는 자연적이며, 이치는 지극한 것이다. 순환을 하며 앞으로 나아가니 그윽하게 저절로 합치하며 말로 되는 것이 아니다. 따라서 그것에 대해 말하는 것은 허무맹랑하며, 그것에 대해 듣는 것은 의혹 불명이다. 황제黃帝가 되돌아온다 하더라도 만물이 존재할 수 없도록 할 수 없으므로 의혹 불명의 지경이다."[490] 세계의 존재 상태는 본래 언어로 묘사할 수 없는 것이다. 그런데 사람들은 말을 하지 않을 수가 없다. 이로부터 미혹과 혼란이 생겨난다. 언어에 대한 곽상의 견해는 곧 명교에 대한 견해이기도 하다. 즉 명교가 언어를 이용해 자연을 표현하고는 있지만 언어를 사용함으로써 생겨나는 후유증을 피할 수는 없다는 말이다. 따라서 가장 좋은 방법은 일부러 무엇을 제창하지 말고 무언무위無言無爲의 다스림을 실행하는 것이다.

현상론, 본질론과 '내성외왕'

성과 명, 명교와 자연 개념이 정치 범주 안으로 돌아 들어온 것이 바로 곽상이 말하는 '적迹(흔적)'과 '소이적所以迹(흔적이 있는 까닭)'의 관계 문제다. '적'은 현상이고, '소이적'은 원인과 본질이다. '소이적'은 성性이고 자연이며, '적'은 명命이고 명교다. 이 두 범주의 지위는 각기 다르다. 곽상은 양자의 관계를 상세하게 논의했다.

첫째, '적'은 말末이고, '소이적'은 본本이다. 곽상은 말한다. "소이적은 진짜 본성이다. 사물의 진짜 본성에 맡기는 것, 그 적迹이 곧 『육경』이다.[491] 즉 성인이 행하는 정치는 사람의 진짜 본성에 맡기는 정치다. 『육경』은 바로 이러한 정치의 외재 효과다. 따라서 '적'은 중요하지 않다.

둘째, '소이적'은 어쩔 수 없이 '적'을 남긴다. 사물의 본성에 맡겨두는 정치는 반드시 명교 정치로 전환된다. 곽상은 말한다. "자연의 이치를 돌아보자. 움직이면 그림자가 쫓고, 말하면 울림이 따른다. 사물에 순응하면 적迹이란 명名이 만들어지는데 이는 명을 위해서가 아니다. 명을 위하지 않으면 지극해지고 끝내 명에서 벗어나지 못한다면 누가 그것을 풀어줄 수 있겠는가! 따라서 명이란 그림자와 울림 즉 영향影響이다. 영향이란 형체와 소리의 질곡이다.[492] '소이적'은 결국 '적'을 남기게 되고, 자연은 결국 명교로 바뀐다는 말이다. 천하 사람들로 하여금 말이 울리고 그림자가 따르는 것처럼 지나온 자취陳迹에 집착하게 만드니 이로부터 '적'이 '소이적'의 질곡에 빠졌다는 말이다. 곽상은 또 성인을 예로 든다. "성인은 사물이 스스로 움직이는 이치에 따르기 때문에 적이 없다.[493] 진정한 치세의 성인이 하는 일은 만물을 천성대로 방임하는 것뿐이다. 따라서 성인의 각도에서 말하면 그는 무적無迹이다. 그러나 성인의 존재는 천하의 대치大治를 가져올 수 있고, 사람들은 오히려 그 결과에 열광했다. 그리하여 이러한 치적 자체가 곧 치적을 불러오는 물건으로 간주되어 억지로 그에게 성인이란 이름을 더해주고 성인 정치를 고취시킨다. 그래서 "이른바 성인이란 본래는 무적無迹이다. 사물 자체가 적을 얻고, 적이 얻어지면 억지로 성인이란 이름을 부여한다. 그러니 성인이란 무적을 이름함이다."494 이런 상황을 피하려면 '성인 및 지혜의 추구를 끊고 버리는 絕聖棄智' 길뿐이다.

셋째, 곽상은 '적'과 '소이적'의 관계를 그렇게 뒤집은 행위와 관점을 비판한다. 그는 인의의 제창에 반대한다. "인의는 천하를 교란시키는 도구"495라고 생각했다. 그는 말한다. "사물을 베풀어 손해가 없는 것은 인仁 때문이 아닌데도 인의 자취仁迹로 드러난다. 수많은 이치를 이끌어 모두 마땅한 것은 의義 때문이 아닌데도 의의 공로로 나타난다. 따라서 마땅하면서 손해가 없음은 인의가 불러온 것이 아니다."496 역시 마찬가지로 "마땅하면서 손해가 없는" '적'과 '소이적'을 구별하기 위함이다. 곽상은 시詩, 예禮를 제창하는 행위도 반대한다. "시와 예는 선왕이 지나온 자취인데,"497 "선왕이 예를 모범으로 삼은 것은 그 시대의 적절한 소용 때문이었다. 시대가 흘렀는데도 이를 버리지 않으니 백성이 괴이하게 여겼으며, 이를 바로잡아줄 만한 단서들이 나타났다"고 곽상은 생각하며 "시대가 바뀌고 세상이 달라지면 예 또한 변해야 한다"498고 주장한다. 곽상은 성인을 본받는 것도 반대한다. 그는 말한다. "성인을 본받음은 그 적迹을 본받는다는 것이다. 적이란 이미 지난 물건으로 변화에 응하는 수단이 아니다."499

'적'과 '소이적'은 한 쌍의 모순이다. 그러나 어느 한쪽도 없애버릴 수가 없다. 이러한 모순의 탄생은 천하가 다스려져야 한다는 데 근거한다. 천하를 다스리는 것은 또한 성인을 떠나서 생각할 수 없고, 성인이 천하를 다스리는 관건이 곧 '내성외왕內聖外王'의 관점이다.

곽상의 자생철학관에 비추어보면 만물은 모두 스스로의 본성에 만족하고 있다. 그런데 이러한 만족은 자기의 일정한 특성 안에서의 만족이다. 일단 다른 사물과 비교하면 그 상대성이 뚜렷이 드러난다. 만물이 각자 하나의 본성을 갖고 있기 때문에 시비와 이해 다툼, 자기 자랑과 교만의 병폐를 피할 수가 없다. 그러지 못하게 하고 싶지만 그건 불가능하다. 곽상은 말한다. "만물은 각자 제 본성을 지니고 있다. 본성엔 각기 그 궁극이 있다. (…) 각자 한편만을 믿으며 서로에게 충분히 관심을 기울이는 경우는 없다."500 그리고 만물의 위에는 무대지인無待之人(절대적인 사람)501 즉 성인이 존재한다. 그에겐 고정불변의 본성도 없고, 한계의 끝도 없다. 그는 만물을 떠나지 않으면서도 만물을 초월하고 있다. 곽상을 그를 '무대지인'이라 불렀다.

이러한 무대지인은 다음과 같은 특징을 지니고 있다. 첫째, 성인은 무심無心하다. 무심하니 분별하지 않고, 장단, 대소, 시비 및 이해를 모른다. 둘째는 무아無我다. 무아하므로 만물과 하나가 된다. 그래서 내가 아닌 것이 없다. "그윽하여 안과 밖이 같고, 널리 고금을 관통하며 변화와 더불어 날로 새로워진다."502 만물의 취산, 변화, 생사, 방원方圓 또한 나의 여러 가지 변화다. 셋째, 무아하면 "사물과 더불어 그윽해진다". "사물과 더불어 그윽하므로 뭇 사물이 떨어져나갈 수가 없다."503 무아자無我者는 소아小我의 한계를 뛰어넘는다. 만물과 더불어 아무 걸림이 없으며 만물의 본성이 곧 무아자의 본성이다. 만물의 한계가 곧 그의 한계다. 이렇게 소아들 사이는 서로 의사소통이 안 되지만 무아한 사람은 그것을 소통시킬 수 있다. 넷째, "무심하여 자화自化에 맡기는 사람이 제왕이 되어야 한다."504 곽상의 말에 따르면 성인은 일체를 초탈하며, 그 어떤 만물도 그를 떠날 수 없는 종극宗極의 존재가 된다. 따라서 그는 인간 세상의 제왕이기도 하다. "움직여 백성과 더불어 함께하지 않을 수도 없으며, 나아가 천하의 군주가 되지 않을 수도 없다."[505] 오직 이와 같은 성인이어야 천하를 다스릴 수 있다. "상대방도 함께 얻게 해주면서 나는 아무 공명도 세움이 없다."[506] 천하 사람들은 각자 개인의 특성을 발휘하지만, 성인은 모두가 "피아를 잊어버리게 하고 다른 뭇 존재를 그윽하게 감싸(여러 차별을 해소함)"[507] "다 같이 크게 달통하고" "깊고 그윽한 독자적 변화"의 경지에 다다르게 만든다. 이것이 바로 '내성외왕'이다. 그건 무심에서 시작하여 천하가 크게 다스려지는 데 도달하는 하나의 과정이다. 이 과정에서 인생 문제는 해결을 보게 되고(생과 사 등), 사회 정치 생활에서의 문제들도 해결을 보게 된다(외왕). 그래서 '내성외왕'[508]이라 부르는 것이다.

그렇지만 곽상은 성인이 천하를 다스림이 유심有心에서 나온 것이 아니라고 강조한다. 무심으로부터 천하 대치에 이르는 과정이 거꾸로 되어서는 안 된다는 것이다. "세상이 어지러운 연고로 나를 구하니 나는 무심하다. 내가 무심한데 어찌하여 세상에 응하지 않겠는가! 본체가 그윽하고 궁극이 현묘한 자가 만물의 본성을 두루 통달하여 천하의 변화를 만들어냈다. 그렇게 요순이란 이름을 이룬 사람이 언제나 인위적이지 않은 행위로 그것을 다스린다."[509] 다시 말해 내성은 외왕에 장애가 되지 않으며, 반대로 외왕은 오히려 내성을 전제로 삼는다.

곽상은 명교가 자연에 합치한다고 생각했으나 동시에 자연이란 이름 하에 인위의 제창과 확장을 좀 줄여보자고 주장한다. 끝까지 파헤쳐보면 그것을 포기하지 않고 있다. 명교로 하여금 담담한 자연 속에서 실현하도록 하고 있고, 자연 속에서 명교를 유지하기도 한다. 그에게 명교를 범하는 것은 신성하고도 위대한 자연을 범하는 것이기도 했다.

현학의 정치사상의
특징

　현학의 정치사상과 양한의 정치사상은 크게 다른데 주로 다음 몇 가지 측면에서 잘 드러나 있다.

　첫째, 현학은 전통 정치 철학이 소홀히 다룬 문제, 즉 정치사상의 합리적 기초와 원칙들을 논의하는 데 치중했다. 양한과 달리 현학은 구체적인 문제는 잘 이야기하지 않는다. 어떻게 관직을 설치하고 구분할 것인지, 어떻게 관리를 관찰하고 임용할 것인지, 어떻게 인사 고과와 공적 평가를 할 것인지 등을 말하지 않는다. 그리고 자명한 이치로 여겼던 일련의 개념들, 예컨대 성인, 도, 명교와 도의 관계, 인위와 자연 등의 토론에 치중한다. 양한 사람들은 성인, 도 등을 깊이 탐구할 필요가 없는 기본 출발점으로 삼았으며 그로부터 수많은 원칙을 끌어내기도 했다. 이를테면 "하늘은 변하지 않으며, 도 또한 변하지 않는다,"[510] "왕자는 제도 개혁이라는 명분을 세울 수 있으나 도의 실질을 바꾸는 경우는 없다"[511]고 말한다. 그러나 하늘의 불변과 제도의 변화 사이에 어떤 관계가 있는지를 탐구하지는 않았다. 위진 현학은 그렇지 않다. 그들은 이러한 질문을 던진다. 명교, 관직, 제도는 독립된 의미를 지니고 있는가? 아니라면 그 합리성은 어떤 조건으로 보증할 것인가? 도나 성인이 그런 합리성을 보증한다면, 도나 성인은 유일자인데 어찌하여 그토록 잡다한 많은 현상의 합리성과 일치성을 보증할 수 있단 말인가? 그것들과 현상을 이루는 자연적 사실 및 사회적 정치적 여러 제도 사이엔 어떤 관계가 있는가? 현학자들은 이런 탐구를 통해 전통 정치 철학의 사유를 심화시킬 수 있었다.

둘째, 구체적인 정치 문제에 대한 관점을 보면 위진 현학 또한 특수한 점들이 있다. 존군尊君 문제를 보자. 현학은 군주의 지위와 작용을 십분 존중한 듯이 보인다. 군주를 도에 비유하는가 하면, 인간 세계의 종극宗極, 유일자로 생각하기도 한다. 그러나 실제로는 이러한 종극이 성립하는 이유를 '정靜' '무위' 등의 특징을 갖춘 사람으로서의 군주를 설명하는 이론에서 가져오고 있다. 이는 오히려 현실 정치에서 군주의 작용을 낮추어보는 의미가 깃들어 있다. 또 명교 문제를 예로 들어보자. 현학은 전통 정치사상이 토론해온 문제를 자연과 명교라는 두 가지 극히 추상적인 개념을 사용해 표명한다. 그리고 명교의 내용으로 전체 인류의 사회생활 방식과 제도를 주로 지칭한다(혜강, 완적 등의 토론이 그렇다). 이는 당연히 전통 정치가 포용하던 범위를 확대시킨 것이지만, 다른 한편으로 정치와 사회의 한계를 모호하게 만들어버리기도 했다. 그 결과 명교(정치를 포괄)에 대한 토론이 정치 토론을 대체하게 되었다. 양한 시대에 폭넓게 탐구되던 수많은 정치 문제가 이 시기에 녹아버려 강상명교의 문제로 가버렸다.

마지막으로 이 시기엔 무위 정치를 강조했다. 거의 모든 현학자가 무위 정치의 실행을 주장한다. 군주는 정치의 실제 움직임에 적게 간섭하고, 관리는 업무 성과로 능력 여부의 표준을 삼지 말아야 한다고 주장한다. 이 점 또한 양한 시기와 크게 달랐다. 그건 확실히 이 시기 군권이 쇠락하고 명문거족이 흥기한 것과 지대한 관계가 있다.

1　魏武好法術, 而天下貴刑名.(『晉書』「傅玄傳」)

2　魏之初覇, 術兼名法.

3　夫治定之化, 以禮爲首; 撥亂之政, 以刑爲先.(『曹操集』「以高柔爲理曹掾令」)

4　夫定國之術, 在於強兵足食.(『조조집』「置屯田令」)

5　禮不可以治兵.(『孫子注』「謀攻」)

6　未聞無能之人, 不鬪之士, 竝受祿賞, 而可以立功興國者也. 故明君不官無功之臣, 不賞不戰之士; 治平尙德行, 有事賞功能.(『조조집』「論吏士行能令」)

7　吾今威之以法, 法行則知恩, 限之以爵, 爵加則知榮; 恩榮竝濟, 上下有節. 爲治之要, 於斯而著.(『諸葛亮集』「答法正書」)

8　賞罰不明, 法令不信, 金之不止, 鼓之不進, 雖有百萬之師, 無益於用.(『제갈량집』「將苑, 整師」)

9　科敎嚴明, 賞罰必信, 無惡不懲, 無善不顯, 至於吏不容奸, 人懷自厲, 道不拾遺, 强不侵弱, 風化肅然也.(「進諸葛亮集表」)

10　南陽謝景善劉廙之先刑後禮之論.

11　夫治國之本有二, 刑也, 德也. 二者相須而行, 相待而成矣. 天以陰陽成歲, 人以刑德成治, 故雖聖人爲政, 不能偏用也. 故任德多, 用刑少者, 王帝也; 刑德相半者, 三王也; 杖刑多, 任德少者, 五覇也; 純用刑, 强而亡者, 秦也. 夫人君欲治者, 旣達專持刑德兵之柄矣.(『世要論』「治本」)

12　是以聖人用其刑也, 詳而行之, 必欲民犯之者寡, 而畏之者衆, 明刑至於無刑, 善殺至於無殺, 此之謂也.(『세요론』「詳刑」)

13　有刑法而無仁義, 久則民怨(원본은 '忽' 자이나 『長短經』「政體」에 의거하여 고쳤다. 아래도 이에 따른다), 民怨則怒也; 有仁義而無刑法('久' 자 또한 있어야 할 듯하다), 則民慢, 民慢則奸起也. 故曰, 本之以仁, 成之以法, 使兩通而無偏重, 則治之至也.(『袁子正書』「禮政」, 『群書治要』권50 인용)

14　明君必須良佐而後致治, 非良佐能獨治也.(『政論』「備政」)

15　人君所以尊敬人臣者, 以其知任人臣委所信, 而保治於己也.(『정론』「任臣」)

16　夫人主莫不愛愛己, 而莫知愛己者之不足愛也. 故惑小臣之佞, 而不能廢也, 忘違己之益己, 而不能用也.(『정론』「愼愛」)

17　得其人而使必盡節於國者, 信之於己也.(『정론』「欲失」)

18　以一人而獨治於四海之內也, 其業大, 其智寡, 豈不蔽哉!(『정론』「임신」)

19　君勞臣逸, 上下易所, 是一君爲臣, 而萬臣爲君也.(『정론』「임신」)

20　父子以恩親, 君臣以義固.(『世要論』「臣不易」)

21　夫君臣之接, 以愚奉知不易, 以明事暗爲難, 唯以賢事聖, 以聖事賢爲可.(『세요론』「신불이」)

22　若君正於上, 則吏不敢邪於下.(『세요론』「政務」)

23　此七恕者, 所以進善也, 接下之理.(『세요론』「爲君難」)

24　爲小臣者, 得任則治其職, 受事修其業, 思不出其位, 慮不過其職, 竭力致誠, 忠信而已.(『세요론』「신불이」)

25　所謂大臣, 以道事君也. (…) 且夫事君者, 竭忠義之道, 盡忠義之節, 服勞辱之事, 當危之難, 肝腦涂地, 膏液潤草而不辭者, 以安上治民, 宣化成德, 使君爲一代之聖明, 己爲一代之良輔.(『세요론』「신불이」)

26　臣苟順者, 不得爲忠, 是以國之將興, 貴在諫臣, (…) 唯正諫直諫可以補缺也.

27　夫諫爭者, 所以納君於道, 矯枉正非, 救上之謬也.

28　夫不能諫則君危, 固諫則身殆.

29　今正言直諫, 則近死辱而遠榮寵.

30　賢人君子, 不忍觀上之危, 而不愛身之殆, 故蒙危辱之災, 逆人主之鱗, 及罪而弗避者, 忠也, 義也.(『세요론』「諫爭」)

31　君臣輯穆, 上下一心.(『세요론』「兵要」)

32　君爲元首, 臣爲股肱, 期其一體相須而成也.

33　凡人臣之於其君也, 猶四肢之戴元首, 耳目之爲心使也, 皆相須而成爲體, 相得而後爲治者也.

34　然則君人者, 安可以斯須無臣; 臣人者, 安可以斯須無君. 斯須無君臣 斯須無臣, 是斯須無身也.

35　君臣離體, 而望治化之洽, 未之前聞也.

36　古之聖君之於其臣也, 疾則視之無數, 死則臨其大斂小斂. (…) 不以誠待其臣, 而望其臣以誠事己, 謂之愚, 虛愚之君, 未有能得人之死力者也.

37　君有君人之體, 其臣畏而愛之.

38　凡人臣之論, 所以事君者有四, (…) 上能尊主, 下能壹民, 物致能應, 事起能辨, 教化流於下, 如影響之應形聲, 此賢主之臣也; 內足以壹民, 外足以拒難, 民親而士信之, 身之所長, 不以佛君, 身之所短, 不('以' 자가 있어야 마땅)取功, 此明主之臣也; 君有過事, 能壹心同力, 相與諫而正之, 以解國之大患, 成君之大榮, 此中主之臣也; 端愨而守法, 壹心以

事君, 君有過事, 雖不能正諫, 其憂見於顏色, 此庸主之臣也.(『體論』『군서치요』권48에
서 인용)

39 　재물이나 음식을 매우 탐내는 동물 또는 사람. —옮긴이

40 　漢末之世, 靈獻之時, 品藻乖濫, 英逸窮滯, 饕餮得志, 名不准實.(『抱朴子』「內篇」〈名實〉)

41 　명분에 따라 실질을 따진다는 것으로 공자의 정명正名 사상에도 녹아 있으나 주로 법
　　가 형명形名 학술이 그 대표적이다. 이 장절의 저자는 명名을 명분, 명성, 명호 등 다양
　　한 의미로 사용하고 있어, 명분과 실질이라는 법가 본래의 취지를 더 확장해석하고 있
　　는 듯하다. 저자의 의도에 따라 명名을 가급적 명성으로 번역했다. —옮긴이

42 　不仁不孝而有治國用兵之術.(『조조집』「擧賢勿拘品行令」)

43 　選擧莫取有名, 名如畫地作餠, 不可啖也.(『삼국지』「盧毓傳」)

44 　夫名不正則其事錯矣, 物無制則其用淫矣. 錯則無以知其實, 淫則無以禁其非. 故王者必
　　正名以督其實, 制物以息其非. 名其何以正之哉? 曰: 行不美則名不得稱, 稱必實所以然,
　　效其所以成. 故實無不稱於名, 名無不當於實也.(『정론』「正名」)

45 　奸巧機於內,而虛名逸於外, 人主貴其虛名, 而不知賤其所以爲名也. 虛名彰於世, 奸實隱
　　於身, 人主眩其虛, 必有以暗其實矣. 故因而貴之, 敬而用之. 此所謂惡貪而罰於由, 夷,
　　好淸而賞於盜跖也.(『정론』「備政」)

46 　眞實之人黜於國, 阿欲之人盈於朝矣.(『정론』「疑賢」)

47 　課之皆當以事, 不得依名. (…) 如此行之, 則無能之吏, 修名無益; 有能之人, 無名無
　　損.(『삼국지』「유이전」)

48 　仲尼之歿, 于今數百年矣, 其間聖人不作, 唐虞之法微, 三代之教息, 大道陵遲, 人倫之中
　　不定. 於是惑世盜名之徒, 因夫民之離聖教日久也, 生邪端, 造異術, 假先王之遺訓以緣
　　飾之, 文同而實違, 貌合而情遠.

49 　術異乎聖人者易辨, (…) 爲名者之異乎聖人也微, 視之難見.

50 　苟可以收名而不必獲實, 則不去也; 可以獲實而不必收名, 則不居也, 汲汲乎常懼當時之
　　不我尊也, 皇皇爾又懼來世之不我尙也.

51 　紛紛擾擾, 馳騖不已. (…) 父盜子名, 兄竊弟譽, 骨肉相紿, 朋友相詐.

52 　求名者聖人至禁也.

53 　夫爲名者, 使眞僞相冒, 是非易位, 而民有所化, 此邦家之大災也.

54 　人徒知名之爲善, 不知僞善者爲不善也, 惑甚矣.

55 　名者所以名實也, 實立而名從之, 非名立而實從之也, 故長形立而名之曰長, 短形立而名
　　之曰短, 非長短之名先立, 而長短之形從之也. 仲尼之所貴者, 名實之名也, 貴名乃所以

貴實也.

56　若強爲之, 則傷其性矣.

57　獨樂其道, 則不聞爲聞, 不顯爲顯.(『중론』「考僞」)

58　人主之大患, 莫大於好名. 人主好名, 則群臣知所要矣. 夫名, 所以名善者也. 善修而名自隨之, 非好之所能得也. 苟好之甚, 則必僞行要名, 而奸臣以僞事應之.(『체론』, 『군서치요』 권48 인용)

59　有號者必稱於典, 名理者必效於實, 則官無廢職, 位無非人.(『潛夫論』「考績」)

60　國典之墮, 猶位喪也; 位之不建, 名理廢也.(『意林』)

61　魏之初覇, 術兼名法, 傅嘏王粲校練名理.

62　후한 말 사대부들이 당한 당고黨錮의 재앙에 관해서는 본서 8장 2절을 참조. —옮긴이

63　황초黃初 원년 이부상서 진군陳群의 건의를 받아들여 각 주州, 군郡에 중정관中正官을 설립하고 선비들의 등급을 상상, 상중, 상하, 중상, 중중, 중하, 하상, 하중, 하하 9품으로 나누어 선발해 관리로 썼으므로 구품관인법九品官人法이라 부르기도 했다. 수隋나라 때 과거科擧제도로 바뀌기까지 위나라, 진나라와 남북조시기에 사용되었다. —옮긴이

64　有行之士未必進取, 進取之士未必能有行.(『조조집』「敕有司取士毋廢偏短令」)

65　負汚辱之名, 見笑之行, 或不仁不孝, 而有治國用兵之術, (…) 各擧所知, 勿有所遺.(『조조집』「擧賢勿拘品行令」)

66　士或明哲窮理, 或志行純篤, 二者不可兼, 聖人將何取?

67　其明哲乎. 夫明哲之爲用也, 乃能殷民阜利, 使萬物無不盡其極者也. 聖人之可及, 非徒空行也, 智也.

68　夫明哲之士者, 威而不懾, 困而能通, 決嫌定疑, 辨物居方, 禳禍於忽杪, 求福於未萌, 見變事則達其機, 得經事則循其常, 巧言不能推, 令色不能移, 動作可觀則, 出辭爲師表.

69　苟有才智而行不善, 則可取乎?

70　管仲背君事仇, 奢而失禮, 使桓公有九合諸侯一匡天下之功, 仲尼稱之.

71　彼尙無有一智也, 安得乃知爲仁乎!

72　聖人貴才智之特能立功立事益於世矣!(이상 모두 『中論』「智行」)

73　『魏志』曰: '會論才性同異, 傳於世.' 四本者, 言才性同, 才性異, 才性合, 才性離也. 尙書傅嘏論同, 中書令李豐論異, 侍郎鍾會論合, 屯騎校尉王廣論離.

74　毓於人及選擧, 先擧性行, 而後言才. 黃門李豐嘗以問毓, 毓曰: '才所以爲善也, 故大才成大善, 小才成小善. 今稱之有才而不能爲善, 是才不中器也.' 豐等服其言.(『三國志』「盧毓

75 君子以此得曲直者, 術之性也, 曲者中鉤, 直者中繩, 輪桷之材也. 賢不肖者, 人之性也;
賢者爲師, 不肖者爲資, 師資之材也. 然則性言其質, 才名其用, 明矣.(『藝文類聚』권21
인용)

76 蓋人物之本, 出乎情性. 情性之理甚微而玄, 非聖人之察, 其孰能究之哉!(『인물지』「九
徵」, 이하 인용문은 편명만 표기)

77 夫建事立義, 莫不須理而定.(「材理」)

78 理多品而人異也.(「재리」)

79 夫天地氣化, 盈虛損益, 道之理也; 法制正事, 事之理也; 禮教宜適, 義之理也; 人情樞
機, 情之理也. 四理不同, 其於才也, 須明而章, 明待質而行. 是故質於理合, 合而有明, 明
足見理, 理足成家.(「재리」)

80 蓋人流之業十有二焉, 有淸節家, 有法家, 有術家, 有國體, 有器能, 有臧否, 有技倆, 有智
意, 有文章, 有儒學, 有口辨, 有雄傑.(「流業」)

81 德行高妙, 容止可法. (…) 建法立制, 強國富人. (…) 思通道化, 策謀奇妙 (…) 兼有三
材, 三材皆備. (…) 兼有三材, 三材皆微. (…) 能屬文著述. (…) 能傳聖人之業, 而不能
幹事施政. (…) 辨不入道而應對資給. (…) 膽力絕衆, 才略過人. (…) 皆人臣之任也.

82 人材各有所宜, 非獨大小之謂也. (…) 人材不同, 能各有異. 有自任之能, 有立法使人從
之之能, 有消息辯護之能, 有德教師人之能, 有行事使人譴讓之能, 有司察糾摘之能, 有
權奇之能, 有威猛之能. 夫能出於材, 材不同量, 材能旣殊, 任政亦異.(「材能」)

83 厲直剛毅, 材在矯正, 失在激訐; 柔順安恕, 每在寬容, 失在少決; 雄悍傑健, 任在膽烈,
失在多忌; 精良畏愼, 善在恭謹, 失在多疑; 強楷堅勁, 用在楨幹, 失在專固; 論辨理繹, 能
在釋結, 失在流宕; 晋博周給, 弘在覆裕, 失在溷濁; 淸介廉潔, 節在儉固, 失在拘局; 休動
磊落, 業在攀躋, 失在疏越; 沈靜機密, 精在玄微, 失在遲緩; 朴露徑盡, 質在中誠, 失在
不微; 多智韜情, 權在謀略, 失在依違.(「體別」)

84 指人之所短, 以益其失.(「체별」)

85 故量能授官不可不審也.(「재능」)

86 不以己察, 不以事考, 亦何由獲大賢哉!(『中論』「審大臣」)

87 行不積則人不信其事.(『중론』「貴驗」)

88 夫名非實, 用之不效; 故名猶口進, 而實從事退. 中情之人, 名不副實, 用之有效; 故名由
衆退, 而實從事章. 此草創之常失也. 故必待居止, 然後識之. 故居視其所安, 達視其所
舉, 富視其所與, 窮視其所爲, 貧視其所取. 然後乃能知賢否.(「效難」)

89 疏神達思, 怡情理性, 聖人之上務也.(『중론』「治學」, 이하 편명만 명기함)

90 聰明惟聖人能盡之, 大才通人有而不能盡也.(「智行」)

91 故聖人因智以造藝, 因藝以立事.(「藝紀」)

92 藝者所以旌智飾能, 統事御群也.(「예기」)

93 人無藝則不能成其德.(「예기」)

94 『易』曰: '聖人之大寶曰位'. 何以爲聖人之大寶曰位? 位也者, 立德之機也; 勢也者, 行義之杼也. 聖人蹈機握杼, 織成天地之化, 使萬物順焉, 人倫正焉, 六合之內, 各竟其願, 其爲大寶, 不亦宜乎? 故聖人以無勢位爲窮, 百工以無器用爲困, 困則其資亡, 窮則其道廢.(「爵祿」)

95 達於興廢之原, 通於安危之分, 如此則君道畢矣.

96 聖人之異乎人者, 無他焉, 蓋如此而已矣.(「務本」)

97 君子非仁不立, 非義不行, 非藝不治, 非容不莊. 四者無愆, 而聖賢之器就矣.(「예기」)

98 俊傑者, 衆人之優也; 聖人者, 衆優之優.(「七繆」)

99 「구징」편의 뒤 구절을 참조하면 오재는 오행에 대응하는 재질, 즉 나무는 뼈木骨, 쇠는 근육金筋, 불은 기운火氣, 흙은 피부土肌, 물은 피水血인 듯하다. —옮긴이

100 凡人之質量, 中和最貴矣. 中和之質, 必平淡無味; 故能調成五材, 變化應節. 是故觀人察質, 必先察其平淡, 而後求其聰明. 聰明者, 陰陽之精. 陰陽淸和, 則中叡外明; 聖人淳耀, 能兼二美. 知微知章, 自非聖人, 莫能兩遂.(「구징」)

101 夫中庸之德, 其質無名. 故鹹而不鹻, 淡而不㾾, 質而不縵, 文而不繢; 能威能懷, 能辨能訥; 變化無方, 以達爲節.(「체별」)

102 是故鈞材而好學, 明者爲師; 比力而爭, 智者爲雄; 等德而齊, 達者稱聖. 聖之爲稱, 明智之極名也.(「八觀」)

103 故偏至之材, 以材自名; 兼材之人, 以德爲目; 兼德之人, 更爲美號. 是故: 兼德而至, 謂之中庸; 中庸也者, 聖人之目也.(「구징」)

104 主德者, 聰明平淡, 總達眾材而不以事自任者也. 是故主道立, 則十二材各得其任也.(「流業」)

105 후한의 경학자 범녕(339~401)의 『춘추곡량전집해春秋穀梁傳集解』는 현존하는 최초의 『곡량전』 주석서로서 『십삼경주소』에 수록되었다. —옮긴이

106 王(弼)何(晏)蔑棄典文, 不遵禮度, 游辭浮說, 波蕩後生, 飾華言以翳實, 騁繁文以惑世.

107 信矣哉! 吾固以爲一世之禍輕, 歷代之罪重, 自喪之釁小, 迷衆之愆大也.(『晉書』「范寧傳」)

108 북제의 문학자. 안지추(531~590?)의 『안씨가훈顔氏家訓』은 전통 유학을 통한 수신제
　　　가의 도를 논한 글이다. ―옮긴이

109 何晏王弼祖述玄宗, (…) 皆以農黃之化在乎其身, 周孔之業棄之度外.(『안씨가훈』, 「勉
　　　學」)

110 당나라 개국 공신으로 당 태종 때 오랫동안 재상을 역임했다. 방현령(579~648)이 기
　　　초한 간단명료한 법률은 당나라 율령체제의 기본이 되었다. 『진서』를 다시 편찬했다. ―
　　　옮긴이

111 처음은 위나라 제왕 조방曹芳의 연호(240~249)였다. 이 시기 하안, 왕필 등의 현학이
　　　이루어졌으므로 후대에 위진 시기의 청담이나 현학 분위기를 설명할 때 대표적 개념으
　　　로 사용했다. ―옮긴이

112 후한 시대 낙양洛陽을 동경이라 부르고, 장안長安을 서경이라 불렀던 데서 유래했다.
　　　―옮긴이

113 擯闕里之典經, 習正始之餘論, 指禮法爲流俗, 目縱誕以淸高, 遂使憲章弛廢, 名敎頹毁,
　　　五胡乘間而競逐, 二京繼踵以淪胥.

114 부화교회浮華交會는 겉치레를 하고 화려하게 수식하며, 당을 지어 교제하며 서로를 치
　　　켜세우고 서로의 인물됨을 찬양하며 황권에 대립했던 후한 시대 분위기를 일컫는 말.
　　　이 풍조에 대해서는 위 8장 1절 5번 항목과 역자주를 참조. ―옮긴이

115 六籍雖存, 固聖人之糠秕.(『삼국지』, 「순욱전」 주의 「순찬전」 인용)

116 子曰: '書不盡言, 言不盡意.' 然則聖人之意, 其不可見乎? 子曰: '聖人立象以盡意, 設卦
　　　以盡情僞. 「繫辭」焉以盡其言.'

117 蓋聞帝制宏深, 聖道奧遠, 苟非其才, 則道不虛行, 神而明之, 存乎其人. 暨乎王略虧頹而
　　　曠載罔綴, 微言旣沒, 六籍泯玷.(『삼국지』, 「부하전」)

118 不應時務, 事與制違, 名實未附, 故歷代而不至於治者, 蓋由是也.(『삼국지』, 「부하전」)

119 조씨 위나라 명제 때의 연호(227~232). 232년 청룡靑龍으로 바꿨다. ―옮긴이

120 上接太和中名法之緒, 下開正始玄理之風也.(『탕용동학술논문집』, 209쪽)

121 天地以自然運, 聖人以自然用. 自然者, 道也.(張湛, 『열자列子』 「중니仲尼」 편 주석 인용)

122 君親自然, 匪由名敎, 敬授旣同, 情禮兼到.(袁宏, 『三國名』 「臣頌」 인용)

123 晏少有異才, 善談易老.(『世說新語』 「文學」 주석 인용)

124 天地萬物皆以無爲本. 無也者, 開物成務, 無往不存者也. 陰陽恃以化生, 萬物恃以成形,
　　　賢者恃以成德, 不肖恃以免身. 故無之爲用, 無爵而貴矣.(『晉書』 「王衍傳」 인용)

125 有之爲有, 恃無以生; 事而爲事, 由無以成.(장담, 『열자』 「天瑞」 편 주석 인용)

126 而於有所有之中, 當與無所有相從.

127 言人雖自絶棄於日月, 其何傷之乎! 適足見其不知量也.(『논어집해』「子張」주석)

128 仰之彌高, 鑽之彌堅.

129 言不窮盡, 言恍惚不可爲形象.(『논어집해』「子罕」주석)

130 儒雅博通, 莫賢乎董仲舒.(「冀州論」)

131 自儒者論以老子非聖人, 絶禮棄學. (何)晏說與聖人同, 著論行於世也.

132 『홍명집弘明集』「주옹중답장장사서周顒重答張長史書」기록엔 "왕필, 하안 모두 노자를 성인에 미치지 못한 사람으로 언급했다"고 말한다. 도안道安의 「이교론二敎論」에도 "하안, 왕필 모두 노자는 성인에 미치지 못한다고 말했다"고 한다. —저자주

133 方四三皇而六五帝, 曾何周夏之足言!

134 無爲而治者, 其舜也歟!

135 言任官得其人, 故無爲而治.(『논어집해』「公冶長」주석)

136 德者, 無爲, 猶北辰之不移而衆星共之.

137 爲民所譽, 則有名者也. 無譽, 無名者也. 若夫聖人, 名無名, 譽無譽, 謂無名爲道, 無譽爲大.

138 體天作制, 順時立政. (…) 遠則襲陰陽之自然, 近則本人物之至情.

139 구요咎陶라고도 한다. 순임금 시대 법률을 다루었던 현신 고요皐陶를 말한다. —옮긴이

140 想周公之昔戒, 慕咎繇之典謨; 除無用之官, 省生事之故; 絶流通之繁禮, 反民情於太素.

141 將移風易俗, 歸之淳素, '先進'猶近古風, 故從之.(『논어집해』「선진」편 주석)

142 聖人以自然用.(「무명론」)

143 何晏以爲聖人無喜怒哀樂.(『삼국지』「鍾會傳」주석의 何劭「王弼傳」인용)

144 恭不合禮, 非禮也.(「學而」편 주석)

145 愼而不以禮節之, 則常畏懼.(「泰伯」편 주석)

146 民莫不敢不敬, 故易使也.(「憲問」편 주석)

147 先能事父母, 然後仁道可大成.(「학이」편 주석)

148 夫嫂叔宜服, 誠自有形.

149 善爲國者必先治其身, 治其身者愼其所習.(『삼국지』「齊王芳紀」)

150 處於明動尙大之時, 而深自幽隱以高其行, 大道旣濟而猶不見, 隱不爲賢, 更爲反道, 凶其宜也.(『周易注』「豐卦」)

151 法者尙乎齊同, 而刑以檢之. 名者尙乎定眞, 而言以正之. 儒者尙乎全愛, 而譽以進之. 墨者尙乎檢齊, 而矯以立之. 雜者尙乎衆美, 而總以行之. 夫刑以檢物, 巧僞必生; 名以定物, 理恕必失; 譽以進物, 爭尙必起; 矯以立物, 乖違必作; 雜以行物, 穢亂必興. 斯皆用其子而棄其母. 物失所載, 未足守也.

152 凡有皆始於無, 故未形無名之時, 則爲萬物之始.(1장 주석)

153 天下之物, 皆以有爲生. 有之所始, 以無爲本.(40장 주석)

154 物生而後畜, 畜而後形, 形而後成. 何由而生? 道也.(51장 주석)

155 一, 數之始而物之極也. 各是一物之生, 所以爲主也.(39장 주석)

156 本其所由, 與太極同體, 故謂之‘天地之根’也.(6장 주석)

157 屯者, 天地造始之時也. 造物之始, 始於冥昧.(「屯卦」)

158 證今可以知古始.

159 及其有形有名之時, 則長之育之亭之毒之, 爲其母也.(1장 주석)

160 母者, 處內而成德者也.(『주역주』「晉卦」)

161 德者, 物之所得也.(51장 주석)

162 亭謂品其形, 毒謂成其質, 各得其庇蔭, 不傷其體矣.(51장 주석)

163 夫無不可以無明, 必因於有, 故常於有物之極, 而必明其所由之宗也.(韓康伯, 『周易注』 왕필의 말 인용)

164 四象(孔穎達云: 金木水火)不形, 則大象無以暢; 五音不聲, 則大音無以至.

165 凡物有稱有名, 則非其極也.

166 원문 용지용지用智의 용用은 유유의 잘못된 표기라는 주장이 있다.(『왕필집교석』상, 68쪽 참조) 앞뒤 문장구조로 볼 때 그렇게 해석해도 되지만, 용으로 해석해도 원래 의미 전달에 무리가 없어 그대로 쓴다. ─옮긴이

167 이 구절의 해석에 대해 형백形魄, 즉 눈에 보이는 구체적 형체는 땅地, 정상精象, 즉 미세한 징조는 하늘天, 무형無形, 즉 형체 없음은 도道, 유의有儀, 즉 드러난 모습이 있음은 천지 만물, 무의無儀, 즉 드러난 형체가 없음은 자연을 가리킨다는 주장도 있다.(『왕필집교석』 68~69쪽 참조) ─옮긴이

168 用智不及無知, 而形魄不及精象, 精象不及無形, 有儀不及無儀.(25장 주석)

169 高以下爲基, 貴以賤爲本, 有以無爲用, 此其反也.(40장 주석)

170 (萬物)雖貴, 以無爲用, 不能舍無以爲體也.(38장 주석)

171 復者, 反本之謂也. 天地以本爲心者也.

172 天地雖廣, 以無爲心.(38장 주석)

173 天命之所不祐, 竟矣哉!

174 天之敎命, 何可犯乎? 何可妄乎?

175 崇本息末而已矣.(『노자지략』)

176 守母以存其子, 崇本以擧其末.(38장 주석)

177 營末.(59장 주석)

178 得本以知末.(52장 주석)

179 欲明本, 擧本統末, 而示物於極者也.

180 '自然'者, 無稱之言, 窮極之辭也.(25장 주석)

181 自然, 其端兆不可得而見也, 其意趣不可得而睹也.(17장 주석)

182 萬物以自然爲性, 故可因而不可爲也, 可通而不可執也.(29장 주석)

183 天地任自然, 無爲無造, 萬物自相治理, 故不仁也.(5장 주석)

184 道不違自然, 乃得其性, 法自然也.(25장 주석)

185 始制, 謂樸散始爲官長之時也. 始制官長, 不可不立名分以定尊卑, 故始制有名也.(32장 주석)

186 守母以存其子, 崇本以擧其末, 則形名俱有而邪不生, 大美配天而華不作.(38장 주석)

187 自然之質, 各定其分, 短者不爲不足, 長者不爲有餘, 損益將何加焉?(「損卦」)

188 興於詩, 立於禮, 成於樂.

189 言有爲政之次序也. 夫喜懼哀樂, 民之自然, 應感而動, 則發乎歌聲. 所以陳詩采謠, 以知民志風. 旣見其風, 則損益基焉. 故因俗立制, 以達其禮也. (…) 風乖俗異, 則禮無所立, 禮若不設, 則樂無所樂, 樂非禮則功無所濟. 故三體相扶, 而用有先後也.(「泰伯篇」)

190 禮以敬爲主.(「陽貨篇」)

191 時人棄本崇末, 故大其能尋本禮意也.(「八佾篇」)

192 上守其尊, 下守其卑.(「泰卦」)

193 正位者, 明尊卑之序也.

194 賢愚有別, 尊卑有序, 然後乃亨.(「鼎卦」)

195 壯而違禮則凶, 凶則失壯也. 故君子以大壯而順禮也.(「大壯卦」)

196 未有違謙違禮能全其壯者也.(「대장괘」)

197 順以著明, 臣之道也.

198 以順著明, 自顯之道.(「晉卦」)

199 順之以則, 故不見疑.(「明夷卦」)

200 自然親愛爲孝, 推愛及物爲仁也.(「학이편」)

201 忠者, 情之盡也; 恕者, 反情以同物者也. 未有反諸其身而不得物之情, 未有能全其恕而

不盡理之極也. 能盡理極, 則無物不統. 極不可二, 故謂之一也. 推身統物, 窮類適盡, 一言而可終身行者, 其唯恕也.(「이인편」)

202 閑(방지)邪在乎存誠, 不在善察; 息謠(과도함)在乎去華, 不在滋章.

203 各任其貞(正이다)事, 用其誠, 則仁德厚焉, 行義正焉, 禮敬淸焉.(38장)

204 近性者正, 而卽性(본성을 방종함)非正; 雖卽性非正, 而能使之正. (…) 能使之正者何? 儀也, 靜也.(「陽貨篇」)

205 夫修仁守正, 久必悔消.(「萃卦」)

206 父父子子兄兄弟弟夫夫婦婦, 六親和睦, 交相愛樂, 而家道正. 正家而天下定矣.(「家人卦」)

207 凡不能無爲而爲之者, 皆下德也, 仁義禮節是也.(38장주)

208 善名生, 則有不善應焉.

209 夫仁義發於內, 爲之猶僞, 況務外飾而可久乎!(38장주)

210 父子兄弟, 懷情失直, 孝不任誠, 慈不任實, 蓋顯名行之所致也. 患俗薄而名興行崇仁義, 愈致斯僞, 況術之賤此者乎?

211 仁者必造立施化.(5장주)

212 建德者, 因物自然, 不立不施.(41장주)

213 法自然者, 在方而法方, 在圓而法圓, 於自然無所違也.(25장주)

214 『노자』 27장에 나오는 말로 선행善行은 자연 그대로의 최선의 행동, 선언善言은 자연 그대로의 최선의 언어, 선수善數는 자연 그대로의 최선의 셈, 선폐善閉는 자연 그대로의 최선의 닫음, 선결善結은 자연 그대로의 최선의 묶음을 뜻한다. ─옮긴이

215 皆言不造不施, 因物之性, 不以形制物也.(27장주)

216 萬物皆由道而生.(34장주)

217 道者, 物之所由也.(51장주)

218 雖古今不同, 時移俗易, 此('도'를 가리킴)不變也.(『노자지략』)

219 道者, 無之稱也, 無不通也, 無不由也.(「술이편」)

220 自然, 然後乃能與天地合德.(77장주)

221 二儀(천, 지)之道.(4장주)

222 上承天命, 下綏百姓, 莫過於此.(59장주)

223 以天下百姓心, 觀天下之道也. 天下之道, 逆順吉凶, 亦皆如人之道也.(54장주)

224 行道於天下者, 不令而自均, 不求而自得.(32장주)

225 天地相合, 則甘露不求而自降. 我守其眞性無爲, 則民不令而自均也.(32장주)

226 上之所欲, 民從之速也. 我之所欲唯無欲, 而民亦無欲而自樸也. 此四者, 崇本以息末也.(57장주)

227 以方導物, 令去其邪, 不以方割物. (…) 以淸廉導民, 令去其汚, 不以淸廉劌傷於物也. (…) 以直導物, 令去其僻, 而不以直激拂於物也, (…) 以光鑒其所以迷, 不以光照求其隱匿也.

228 愈爲之則愈失之矣.(5장주)

229 有爲則有所失.(48장주)

230 若使我可介然有知, 行大道於天下, 唯施爲是畏也.(53장주)

231 愚, 謂無知守眞, 順自然也.(65장주)

232 爲天下渾心焉.(49장주)

233 以蒙養正, 以明夷莅衆.(「명이괘」)

234 民之難治, 以其多智也. 當務塞兌閉門, 令無知無欲.(65장주)

235 甚矣! 害之大也, 莫大於用其明矣. 夫任智則人與之訟, 任力則人與之爭.(49장주)

236 未知聖之不聖也. (…) 未知仁之爲不仁也. (…) 絶仁非欲不仁也, 爲仁則僞成也. (…) 夫聖智, 才之傑也; 仁義, 行之大者也; 巧利, 用之善也. 本苟不存, 而興此三美, 害猶如之, 況術之有利, 斯以忽素朴乎!(『노자지략』)

237 竭其聰明以爲前識, 役其智力以營庶事, 雖得其情, 奸巧彌密, 雖豐其譽, 愈喪篤實.(38장주)

238 雖極聖明以察之, 竭智慮以攻之, 巧愈思精, 僞愈多變; 攻之彌甚, 避之彌勤.

239 不攻其爲也, 使其無心於爲也; 不害其欲也, 使其無心於欲也. 謀之於未兆, 爲之於未始, 如斯而已矣. 故竭聖智以治巧僞, 未若見質素以靜民欲; 興仁義以敦薄俗, 未若抱樸以全篤實; 多巧利以興事用, 未若寡私欲以息華競.

240 民强則國家弱. 民多智慧, 則巧僞生; 巧僞生, 則邪事起.(57장주)

241 皆使和而無欲, 如嬰兒也.(49장주)

242 嬰兒不用智, 而合自然之智.(28장주)

243 天下之心不必同, 所應不敢異, 則莫肯用其情矣.(49장주)

244 刑人之道, 道所惡也. 以正法制, 故刑人也.(「몽괘」)

245 處得尊位, 爲訟之主. 用其中正, 以斷枉直. 中則不過, 正則不邪, 剛無所溺, 公無所偏.(「송괘」)

246 因事申令, 終則復始, 若天之行用四時也.(「고괘」)

247 失令有功, 法所不赦.(「사괘」)

248 『주역』 서합噬嗑괘의 합嗑을 왕필은 깨문다는 의미의 설囓 자로 풀이했다. ―옮긴이

249 凡物之不親, 由有間也; 物之不齊, 由有過也. 有間與過, 齧而合之, 所以通也. 刑克以通,
獄之利也. (…) 雷電竝合, 不亂乃章, 皆利用獄之義.(「서합괘」)

250 凡敎在初, 而法在始.(「家人卦」)

251 法明斷嚴, 不可以慢, 故居德以明禁也. 施而能嚴, 嚴而能施, 健而能說(悅), 決而能和,
美之道也.(「夬卦」)

252 令著之後, 復申三日, 然後誅而無咎怨矣.(「巽卦」)

253 乘剛而刑, (…) 未盡順道, (…) 刑不侵順.(「서합괘」)

254 凡物以猛爲本者, 則患在寡恩; 以愛爲本者, 則患在寡威.(「가인괘」)

255 若乃多其法網, 煩其刑罰, 塞其徑路, 攻其幽宅, 則萬物失其自然, 百姓喪其手足, 鳥亂於
上, 魚亂於下.(49장주)

256 言善治政者, 無形無名無事無政可擧. 悶悶然, 卒至於大治.(58장주)

257 舍己任物, 則無爲而泰. 守夫素樸, 則不順典制.(38장주)

258 唯因物之性, 不假刑以理物. (…) 利國之器而立刑以示人, 亦必失矣.(36장주)

259 止物不以威武, 而以文明, 人之文也. (…) 觀天之文, 則時變可知也; 觀人之文, 則化成
可爲也.(「賁卦」)

260 統說觀之爲道, 不以刑制使物, 而以觀感化物者也. 神則無形者也. 不見天之使四時, 而
四時不忒; 不見聖人使百姓, 而百姓自服也.(「觀卦」)

261 不能以謙致物, 物則不附.(「困卦」)

262 蠱者, 有事而待能之時也. 可以有爲, 其在此時矣. (…) 故君子以濟民養德也.(「蠱卦」)

263 信志乃命, 不失時願. (…) 凡不合然後乃變生, 變之所生, 生於不合者也. 故取不合之象
以爲革也.(「革卦」)

264 無訟在於謀始, 謀始在於作制. 契之不明, 訟之所以生也. 物有其分, 職不相濫, 爭何由
興? 訟之所以起, 契之過也. 故有德司契而不責於人.(「訟卦」)

265 物已說隨, 則待夫作制以定其事也.(「고괘」)

266 革去故而鼎取新. 取新而當其人, 易故而法制齊明. (…) 革旣變矣, 則制器立法以成之焉.
變而無制, 亂可待也; 法制應時, 然後乃吉. 賢愚有別, 尊卑有序, 然後乃亨.(「鼎卦」)

267 夫所以得革而信者, 文明(禮儀를 가리킴)以說也. 文明以說, 履正而行, 以斯爲革, 應天
順民, 大亨以正者也.(「혁괘」)

268 凡物, 窮則思變, 困則謀通, 處至困之地, 用謀之時也.(「困卦」)

269 處事之至而不犯咎, 知至者也, 故可與成務矣.(「乾卦」)

270　剛柔相比而相親焉, 際之謂也.(「習坎卦」)

271　剛柔不分, 文何由生? (…) 剛柔交錯而成文焉. 天之文也. (…) 和合相潤以成其文者也.(「賁卦」)

272　夫以剛健而居人之首, 則物之所不與也; 以柔順而爲不正, 則邪佞之道也.(「乾卦」)

273　方而又剛, 柔而又圓, 求安難矣.(「坤卦」)

274　剛勝則柔危.(「臨卦」)

275　剛尊柔卑, 得其序也.(「恒卦」)

276　剛爲德長, 損之不可以爲常也.(「損卦」)

277　不能使物自歸, 而用其強直, 故必須大師克之, 然後相遇也.(「同人卦」)

278　以柔處剛, (…) 違節之道.(「節卦」)

279　以剛處中, 能斷夫疑者也.(「蒙卦」)

280　天德剛而不違中, 順天則說, 而以剛爲主也.(「萃卦」)

281　處困而用剛, 不失其中, 履正而能體大者也.(「困卦」)

282　剛中而應, 威剛方正, 私欲不行, 何可以妄?(「无妄卦」)

283　居中處尊, 戰必克勝.(「同人卦」)

284　柔處於內, 而履中正, 牝之善也. (…) 柔著於中正, 乃得通也.(「離卦」)

285　以柔處尊, 用中而應, 承先以斯, 用譽之道也. (…) 以柔處中, 不任威力也.(「蠱卦」)

286　體柔居中, 衆之所與.(「同人卦」)

287　天地之情, 正大而已矣. 弘正極大, 則天地之情可見矣!(「大壯卦」)

288　夫古今雖殊, 軍國異容, 中之爲用, 故未可遠也.(「明彖」)

289　處天地之將閉, 平路之將陂, 時將大變, 世將大革, 而居不失其正, 動不失其應, 艱而能貞, 不失其義, 故無咎也.(「泰卦」)

290　居難履正, 正邦之道也.(「蹇卦」)

291　處難之時, 獨在險中, 難之大者也. 故曰'大蹇'. 然居不失正, 履不失中, 執德之長, 不改其節. 如此, 則同志者集而至矣.(「蹇卦」)

292　物皆不敢妄, 然後萬物乃得各全其性, 對時育物, 莫盛於斯也.(「无妄卦」)

293　處事之極, 失時則廢. (…) 乘變化而御大器.(「乾卦」)

294　權者, 道之變. 變無常體, 神而明之, 存乎其人, 不可豫設, 尤至難者也.(「子罕篇」)

295　犯時之忌, 罪不在大; 失其所失, 過不在深. 動天下, 滅君主而不可危也.

296　有事而無競爭之患, 故可以有爲也. (…) 有爲而大亨, 非天下治而何也!(「蠱卦」)

297　改命創制, 變道已成. 功成則事損, 事損則無爲. (…) 居變之終, 變道已成. 君子處之, 能成其文, 小人樂成, 則變面以順上也.(「革卦」)

298 夫民可與習常, 難與適變; 可與樂成, 難與慮始.(「혁괘」)

299 夫衆不能治衆, 治衆者, 至寡者也.

300 夫少者, 多之所貴也; 寡者, 衆之所宗也.

301 萬物萬形, 其歸一也. 何由致一? 由於無也. 由無乃一, 一可謂無.(42장주)

302 貫, 猶統也. 夫事有歸, 理有會. 故得其歸, 事雖殷大, 可以一名擧; 總其會, 理雖博, 可以至約窮也. 譬猶以君御民, 執一統衆之道也.(「里仁篇」)

303 萬國所以寧, 各以有君也.(「乾卦」)

304 屯難之世, 陰求於陽, 弱求於强, 民思其主之時也.(「屯卦」)

305 夫兩雄必爭, 二主必危.(「坤卦」)

306 百姓有心, 異國殊風, 而王侯得一者主焉. 以一爲主, 一何可舍?(42장주)

307 以善爲師, 不善爲資, 移風易俗, 復使歸於一也.(28장주)

308 故立天子, 置三公, 尊其位, 重其人, 所以爲道也.(62장주)

309 天地之性人爲貴, 而王是人之主也, 雖不職大, 亦復爲大.(25장주)

310 民之所以僻, 治之所以亂, 皆由上, 不由其下也. 民從上也.(75장주)

311 居於尊位, 爲觀之主, 宣弘大化, 光於四表, 觀之極者也. 上之化下, 猶風之靡草.(「觀卦」)

312 百姓有罪, 在予一人.(「觀卦」)

313 爲治者務欲立功生事, 而有道者務欲還反無爲.(30장주)

314 德應於天, 則行不失時矣. 剛健不濟, 文明不犯, 應天則大, 時行無違, 是以元亨.(「大有卦」)

315 君子以文明爲德.(「同人卦」)

316 德施周普, 居中不偏, 雖非君位, 君之德也.(「乾卦」)

317 國之所以安, 謂之母. 重積德, 是唯圖其根, 然後營末, 乃得其終也.(59장주)

318 心存公誠, 著信在道.(「隨卦」)

319 用心存公, 進不在私.(「乾卦」)

320 不擅其有, 不私其利, 則物歸之.(「井卦」)

321 動之所起, 興於利者也.(「謙卦」)

322 屯難之世, 弱者不能自濟, 必依於强, 民思其主之時也.

323 可以勞民勸助, 莫若養而不窮也.(「井卦」)

324 因民所利而利之焉, 惠而不費, 惠心者也.(「益卦」)

325 濟民養德.(「蠱卦」)

326 不恃威制, 得物之誠, 故物無違也. 是以君子教思無窮, 容保民無疆也.(「臨卦」)

327 원문의 生 자 아래 民 자가 있는 것으로 해석해야 뜻이 통한다.(樓宇烈 교주, 『왕필집교석』상, 52쪽 참조) —옮긴이

328 食母, 生之本也.(20장주)

329 爲腹者以物養己, 爲目者以物役己, 故聖人不爲目也.(12장주)

330 尙賢制健, 大正應天, 不憂險難.(「大畜卦」)

331 夫無私於物, 唯賢是與, 則去之與來皆無失也.(「比卦」)

332 委物以能, 而不犯焉, 則聰明者竭其視聽; 知力者盡其謀能; 不爲而成, 不行而至矣! 大君之宜, 如此而已.(「臨卦」)

333 坤爲臣道, 美盡於下. (…) 地之所以得無疆者, 以卑順行之故也.(「坤卦」)

334 陰之爲物, 以處隨世, 不能獨立, 必有係也.(「隨卦」)

335 不擅其美, 乃盡臣道.(「无妄卦」)

336 居於臣地, 履非其位, 以擅其民, 失於臣道, 違正者也.(「隨卦」)

337 逼近至尊, 履非其位, 欲進其盛, 以炎其上, 命必不終.(「離卦」)

338 居下而用剛壯, 以斯而進, 窮凶可必也.(「大壯卦」)

339 聖人茂於人者神明也, 同於人者五情也.(何劭, 『王弼傳』)

340 聖人與天地合其德, 以百姓比芻狗也.(5장주)

341 順天之利, 不相傷也.(81장주)

342 聖人達自然之性, 暢萬物之情, 固因而不爲, 順而不施.(29장주)

343 聖人有則天之德. (…) 則天成化, 道同自然.(「泰伯篇」)

344 聖人體無.(『왕필전』)

345 聖人之情, 應物而無累於物者也.(『왕필전』)

346 無私於物.(『주역주』「屯卦」)

347 聖人不以言爲主, 則不違其常; 不以名爲常, 則不離其眞; 不以爲爲事, 則不敗其性; 不以執爲制, 則不失其原矣.

348 以天下之心爲心.(28장주)

349 使不知神聖之爲神聖, 道之極也. (…) 道洽, 則聖人亦不傷人; 聖人不傷人, 則亦不知聖人之爲聖也. (…) 聖人不傷人, 神亦不傷人, 故曰'兩不相傷'也. 神聖合道, 交歸之也.(68장주)

350 원문의 투渝 자는 달라지다, 틀어지다는 뜻이나 해석이 불가능하여, 樓宇烈 교석본의 『도장취선집道藏取善集』 인용에 따라 현顯으로 해석했다.(『왕필집교석』상, 178~179쪽

참조) ―옮긴이

351 聖人之所以難知, 以其同塵而不殊, 懷玉而不渝, 故難知而爲貴也.(70장주)

352 朴, 眞也. 眞散則百行出, 殊類生, 若器也. 聖人因其分散, 故爲之立官長. 以善爲師, 不善
爲資, 移風易俗, 復使歸於一也.(28장주)

353 聖人務使民皆歸厚, 不以探幽爲明; 務使奸僞不興, 不以先覺爲賢. 故雖明幷日月, 猶曰不
知也.(「泰伯篇」)

354 誰能知天意邪? 其唯聖人也. 夫聖人之明, 猶難于勇敢, 況無聖人之明, 而欲行之也.(73
장주)

355 均天下.(77장주)

356 聖人有則天之德. 所以稱唯堯則之者, 唯堯於時全則天之道也. (…) 逢時遇世, 莫如舜
禹也.(「태백편」)

357 不及聖.(『弘明集』「周顒重答張長史書」)

358 老子是有者也.(『왕필전』)

359 孔子機發後應, 事形乃視, 擇地以處身, 資敎以全度者也, 故不入亂人之邦. 聖人通遠慮
微, 應變神化, 濁亂不能汚其潔, 凶惡不能害其性, 所以避難不藏身, 絶('接'이라고도 씀)
物不以形也.(「陽貨篇」)

360 老子莊周, 吾之師也.(「與山巨源絶交書」)

361 嵇康, 臥龍也, 不可起. 公無憂天下, 顧以康爲慮耳.(『晉書』「嵇康傳」)

362 嵇康師心以遣論.

363 故世之難得者, 非財也, 非榮也, 患意之不足耳! 意足者, 雖耦耕刟畝, 被褐啜菽, 豈不自
得. 不足者雖養以天下, 委以萬物, 猶未惬然. 則足者不須外, 不足者無外之不須也. 無不
須, 故無往而不乏. 無所須, 故無適而不足.

364 四民有業, 各以得志爲樂.

365 唯達者爲能通之.

366 形恃神以立, 神須形以存.

367 修性以保身, 安心以全身. (…) 又呼吸吐納, 服食養身, 使形神相親, 表裏俱濟也.

368 心之與聲, 明爲二物. 二物誠然, 則求情者不留觀於形貌, 揆心者不借聽於聲音也. 察者
欲因聲以知心, 不亦外乎?

369 夫稱君子者, 心無措乎是非, 而行不違乎道者也.

370 夫氣靜神虛者, 心不存於矜尙.

371 矜尙不存乎心, 故能越名敎而任自然.

372 越名任心, 故是非無措也.(이상「釋私論」)

373 (常人)以多自證, 以同自慰, 謂天地之理, 盡此而已矣.

374 六經以抑引爲主, 人性以從欲爲歡. 抑引則違其愿, 從欲則得自然. 然則自然之得, 不由抑引之六經; 全性之本, 不須犯情之禮律. 固知仁義務於理僞, 非養眞之要術; 廉讓生於爭奪, 非自然之所出也.

375 古之人知酒肉爲甘鴆, 棄之如遺; 識名位爲香餌, 逝而不顧. 使動足資生, 不濫于物, 知正其身, 不營于外. 背其所害, 向其所利. 此所以用智遂生之道也.

376 作文墨以傳其意, 區別群物, 使有類族, 造立仁義以嬰其心, 制爲名分以檢其外, 勸學講文以神其教, 故六經紛錯, 百家繁熾, 開榮利之涂, 故奔騖而不覺.

377 立六經以爲准. (…) 謂六經爲太陽, 不學爲長夜耳.

378 以六經爲蕪穢, 以仁義爲臭腐.

379 六經未必爲太陽也. (…) 未必爲長夜.

380 人有膽可樂明, 有明便有膽矣.

381 明膽異氣, 不能相生. 明以見物, 膽以決斷, 專明無膽, 則雖見不斷; 專膽無明, 達理失機.

382 情發於聲, 聲成文, 謂之音.

383 治世之音安以樂, 亡國之音哀以思. 夫治亂在政, 而音聲應之.(이상『毛詩』「序」)

384 心之與聲, 明爲二物.

385 殊方異俗, 歌哭不同.

386 外內殊用, 彼我異名.

387 聲音自當以善惡爲主, 則無關乎哀樂, 哀樂自當以情感而後發, 則無繫於聲音.

388 輕賤唐虞, 而笑大禹.

389 每非湯武而薄周孔.

390 上以周孔爲關鍵, 畢志一誠; 下以嗜欲爲鞭策, 欲罷不能. 馳騖於世教之內, 爭巧於榮辱之間, 以多同自減, 思不出位. 使奇事絶於所見, 妙禮斷於常論; 以言變通達微, 未之聞也.

391 (嵆)康上不臣天子, 下不事王侯, 輕時傲世, 不爲物用, 無益於今, 有敗於俗. (…) 今不誅康, 無以淸潔王道.(『世說新語』「雅量」편 주석에『文士傳』에 인용된 鍾會의 말을 재인용)

392 禮者, 道之器也, 而肆情傲物, 蔑棄冠服, 是禮之大喪也. 禮喪而道喪, 則鍾會欲無怒, 晉王欲不刑之, 不可得也.(『文苑英華』권739)

393 夫樂者, 天地之體, 萬物之性也. 合其體, 得其性, 則和; 離其體, 失其性, 則乖. 昔者, 聖人之作樂也, 將以順天地之體, 成萬物之性也, 故定天地八方之音, (…) 音聲適而萬物

類, 男女不易其所, 君臣不犯其位, (…) 秦之圜丘而天神下; 秦之方丘而地祇上. 天地合
其德則萬物合其生, 刑賞不用而民自安矣.

394 刑敎一體; 禮樂, 外內也. 刑弛則敎不獨行, 禮廢則樂無所立. 尊卑有分, 上下有等, 謂之
禮; 人安其生, 情意無哀, 謂之樂. (…) 禮逾其制則尊卑乖, 樂失其序則親疏亂. 禮定其
象. 樂平其心; 禮治其外, 樂化其內, 禮樂正而天下平.

395 先王作樂薦上帝, 昭明其道以答天貺.

396 作樂薦上帝, 正其命也.

397 天下多故, 名士少有全者, 籍由是不與世事, 遂酣飮爲常.(『晉書』「완적전」)

398 君立而虐興, 臣設而賊生, 坐制禮法, 束縛下民, 欺愚誑拙, 藏智自神, 強者睽眠而凌暴,
弱者憔悴而事人, 假廉以成貪, 內險而外仁, 罪至不悔過, 幸遇則自矜, 馳此以奏除, 故循
濡而不振.

399 竭天地萬物之至以奉聲色無窮之欲.

400 汝君子之禮法, 誠天下殘賊亂危死亡之術耳, 而乃目以爲美行不易之道, 不亦過矣!

401 今汝尊賢以相高, 競能以相尙, 爭勢以相君, 寵貴以相加, 驅天下以趣之, 此所以上下相
殘也.

402 服有常色, 貌有常則, 言有常度, 行有常式.

403 束身修行, 日愼一日.

404 誦周孔之遺訓, (…) 上欲圖三公, 下不失九州牧, (…) 享尊位, 取茅土, (…) 遠禍近福,
永堅固己.(이상 「대인선생전」)

405 汝獨不見乎蝨之處乎褌中, 逃乎深縫, 匿乎壞絮, 自以爲吉宅也; 行不敢離縫際, 動不敢
出褌襠, 自以爲得繩墨也; 飢則人, 自以爲無窮食也.

406 未嘗評論時事, 臧否人物.(『세설신어』「德行」주석의 李康『家誡』인용)

407 大樸未虧, 君無文於上, 民無競於下, 物全理順, 莫不自得.(「난자연호학론」)

408 體資易簡, 應天順矩.

409 先王仁愛, 恕世憂時, 哀萬物之將穨, 然後莅之. (…) 智慧日用, 漸私其親.

410 季世 (…) 憑尊恃勢, 不友不師, 宰割天下, 以奉其私.(「太師箴」)

411 時移俗易, 好貴慕名.

412 公孫不歸美於董生. (…) 況今千龍竝馳, 萬驥俱征.(「卜疑集」)

413 昔爲天下, 今爲一身.

414 下疾其上, 君猜其臣, 喪亂弘多, 國乃隕顚.(「태사잠」)

415 今執必公之理, 以繩不公之情, 使夫雖欲爲善者, 不離於有私; 謏欲之伐善, 不陷於不公. 重

其名而貴其心, 則是非之情, 不得不顯矣.

416 夫公私者, 成敗之途, 而吉凶之門乎.

417 崇簡易之敎, 御無爲之治.

418 夫民之性, 好安而惡危, 好逸而惡勞, 故不擾則其願得, 不逼則其志從.(이상 「난자연호학론」)

419 夫人之相知, 貴識其天性, 因而濟之.

420 故四民有業, 各以得志爲樂, 唯達者能通之.(이상 「여산거원절교서」)

421 以萬物爲心, (…) 以天下爲公.

422 聖人不得已而臨天下, 以萬物爲心, 在宥群生, 由身以道, 與天下同於自得. 穆然以無事爲業, 坦爾以天下爲公.

423 勸百姓之尊己, 割天下以自私.

424 民不可無主而存. (…) 主不能無尊而立.

425 人君貴爲天子, 富有四海.

426 建龍旗, 服華衮.

427 忽若布衣之在身, (…) 恬若素士接賓客也.(「답난양생론」)

428 君臣相忘於上, 蒸民家足於下. (…) 耕而爲食, 蠶而爲衣, 衣食周身, 則餘天下之財. 猶渴者飮河, 快然以足, 不羨洪流, 豈待積斂, 然後乃富哉? 君子之用心若此.(「답난양생론」)

429 飽則安寢, 飢則求食, 怡然鼓腹, 不知爲至德之世也; 若此, 則安知仁義之端, 禮律之文?(「난자연호학론」)

430 蓋無君而庶物定, 無臣而萬事理, 保身養性, 不違其紀, 惟玆若然, 故能長久.

431 夫無貴則賤者不怨, 無富則貧者不爭, 各足於身而無所求也.(「대인선생전」)

432 天地生於自然, 萬物生於天地. 自然者無外, 故天地名焉; 天地者有內, 故萬物生焉. 當其無外, 誰謂異乎? 當其有內, 誰謂殊乎? (…) 天地合其德, 日月順其光. 自然一體, 則萬物經其常.

433 故至道之極, 混一不分, 同爲一體, 乃失無聞. 伏羲氏結繩, 神農敎耕, 逆之者死, 順之者生. 又安知貪洿之爲罰, 而貞白之爲名乎! 使至德之要, 無外而已. 大均淳固, 不貳其紀, 淸靜寂寞, 空豁以俟, 善惡莫之分, 是非無所爭, 故萬物反其所而得其情也.

434 『三國志』 「裴潛傳」의 주석 인용. —저자주

435 頠深患時俗放蕩, 不尊儒術, 何晏阮籍素有高名於世, 口談浮虛, 不遵禮法, 尸祿耽寵, 仕不事事; 至王衍之徒, 聲譽太盛, 位高勢重, 不以物務自嬰, 遂相放效, 風敎陵遲. 乃著崇有之論以釋其蔽.

436 夫至無者無以能生, 故始生者自生也.(『진서』「배위전」)

437 自生而必體有, 則有遺而生虧矣.(『진서』「배위전」)

438 夫總混群本, 宗極之道也. 方以族異, 庶類之品也. 形象著分, 有生之本也. 化感錯綜, 理
迹之原也.(『진서』「배위전」)

439 夫品而爲族, 則所稟者偏, 偏無自足, 故憑乎外資.(『진서』「배위전」)

440 衆理竝而無害, 故貴賤形焉. 失得由乎所接, 故吉凶兆焉.(『진서』「배위전」)

441 賢人君子, 知欲之不可絶, 而交物有會. 觀乎往復, 稽中定務. (…) 故大建厥極, 綏理群
生, 訓物垂範, 於是乎在.(『진서』「배위전」)

442 人之旣牲, 以保生爲全.(『진서』「배위전」)

443 兆庶之情, 信於所習; 習則心服其業, 業服則謂之理然. 是以君人必愼所教, 班其政刑一
切之務, 分宅百姓, 各授四職.(『진서』「배위전」)

444 表摭穢雜之弊, 甄擧靜一之義. (…) 合於易之損謙艮節之旨.(『진서』「배위전」)

445 悠悠之徒, 駿乎若玆之衆, 而尋艱爭所緣. 察夫偏質有弊, 而睹簡損之善, 遂闡貴無之議,
而建賤有之論.

446 深列有形之故, 盛稱空無之美.

447 衆聽眩焉, 溺其成說. 雖頗有異此心者, 辭不獲濟, 屈於所狃, 因謂虛無之理, 誠不可
蓋.(『진서』「배위전」)

448 遂薄綜世之務, 賤功烈之用, 高浮游之業, 埤經實之賢. 人情所殉, 篤夫名利. 於是文者衍
其辭, 訥者贊其旨, 染其衆也. 是以立言籍於虛無, 謂之玄妙; 處官不親所司, 謂之雅遠;
奉身散其廉操, 謂之曠達. 故砥礪之風, 彌以陵遲. 放者因斯, 或悖吉凶之禮, 而忽容止之
表; 瀆棄長幼之序, 混漫貴賤之級. 其甚者至於裸裎, 言笑忘宜, 以不惜爲弘, 士行又虧
矣.(『진서』「배위전」)

449 懷末以忘本, 則天理之眞滅. 故動之所交, 存亡之會也.

450 賤有則必外形, 外形則必遺制, 遺制則必忽防, 忽防則必忘禮. 禮制弗存, 則無以爲政
矣.(『진서』「배위전」)

451 古之聖哲, 深原治道, 以爲經理群務, 非一才之任; 照練萬機, 非一智所達. 故設官建職,
制其分局, 分局旣制, 則軌體有斷; 事務不積, 則其任易處. 選賢擧善, 以守其位. 委任責
成, 立相干之禁. 侵官陷曹, 離局陷奸. 猶懼其法未足制情, 以義明防, 曰君子思不出其位.
夫然, 故人知厥務, 各守其所, 下無越分之臣, 然後治道可隆, 頌聲能擧. 故稱堯舜勞於求
賢, 逸於使能. 分業旣辨, 居任得人, 無爲而治, 豈不宜哉?(『群書治要』권29 인용)

452 政不可多門, (…) 于今之宜, 選士旣得其人, 但當委責, 若有不稱, 便加顯戮.(『군서치요』

권29 인용)

453 진시황의 암살을 기도하다 실패하고, 나중 유방의 막료로 한 왕조 건립에 큰 공을 세운 장량張良의 호. —옮긴이

454 不當便有干職之臣, (…) 惟幄張子房之謀者, 不宜使多.(『군서치요』권29 인용)

455 少有才理, 好老莊, 能淸言.

456 任職當權, 熏灼內外.

457 通天地之統, 序萬物之性, 達死生之變, 而明內聖外王之道.

458 夫莊老之所以屢稱無者, 何哉? 明生物者無物而物自生耳.(「在宥」주)

459 然莊子之所以屢稱無於初者, 何哉? 初者, 未生而得生, 得生之難, 而猶上不資於無, 下不待於知, 突然而自得此生矣.(「天地」주)

460 上知造物無物, 下知有物之自造.

461 自得耳, 道不能使之得也; 我之未得, 又不能爲得也. 然則凡得之者, 外不資於道, 內不由於己, 崛然自得而獨化也.

462 塊然而生, (…) 崛然而生.

463 天然也, 非爲也.

464 凡所謂天, 皆明不爲而自然. 言自然則自然矣, 人安能故有此自然哉? 自然耳, 故曰性.(「山木」주)

465 天性所受, 各有本分, 不可逃, 亦不可加.(「養生主」주)

466 性各有分, 故知者守知以待終, 而愚者抱愚以至死, 豈有能中易其性者也!(「齊物論」주)

467 夫以形相對, 則泰山大於秋毫也. 若各據其性分, 物冥其極, 則形大未爲有餘, 形小不爲不足.

468 쓰르라미 종류는 몇 년의 굼벵이 시절을 지나 매미로 나지만 보통 2주 남짓 살다 죽으므로 요절을 상징한다. 춘춘은 참죽나무의 일종인데 워낙 오래 살아 8000살 만에 봄을 맞고 8000살 만에 가을을 사는, 즉 1년을 1만6000년으로 사는 장수의 상징이다.(『장자』「소요유」참조) 여기서는 수명의 장단을 비유한 표현이다. —옮긴이

469 無小無大, 無壽無夭, 是以蟪蛄不羨大椿而欣然自得, 斥鷃不貴天池而榮願以足.(「제물론」주)

470 理有至分, 物有定極, 各足稱事.

471 夫物有小大, 能有少多, 所大卽駢, 所多卽贅. 駢贅之分, 物皆有之, 若莫之任, 是都棄萬物之性也.(「駢拇」주)

472 天下莫不相與爲彼我, 而彼我皆欲自爲, 斯東西之相反也.(「秋水」주)

473 然彼我相與爲脣齒, 脣齒者未嘗相爲, 而脣亡則齒寒. 故彼之自爲, 濟我之功弘矣, 斯相反而不可以相無者也.(「추수」 주)

474 不知其所以然而然謂之命.

475 似若有意也, 故又遣命之名, 以明其自爾, 而後命性全也.

476 人之生也, 可不服牛乘馬乎? 服牛乘馬, 可不穿落之乎? 牛馬不辭穿落者, 天命之固當也. 苟當乎天命, 則雖寄之人事, 而本在乎天也. 穿落之可也.(「추수」 주)

477 夫人之一體, 非有親也; 而首自在上, 足自處下, 府藏居內, 皮毛在外; 外內上下, 尊卑貴賤, 於其體中各任其極, 而未有親愛於其間也.(「天運」 주)

478 夫時之所賢者爲君, 才不應世者爲臣. 若天之自高, 地之自卑, 首自在上, 足自在下.(「제물론」 주)

479 夫仁義自是人之情性, 但當任之耳. 恐仁義非人情而憂之者, 眞可謂多憂也.(「병무」 주)

480 仁義發中, 而還任本懷.(「繕性」 주)

481 夫仁義者, 人之性也.(「천운」 주)

482 小大之辨, 各有階級, 不可相跂.(「추수」 주)

483 若夫任自然而居當, 則賢愚襲情而貴賤履位, 君臣上下, 莫匪爾極, 而天下無患矣.(「在宥」 주)

484 性各有分, 故知者守知以待終, 而愚者抱愚以至死, 豈有能中易其性者也!(「제물론」 주)

485 今賢人君子之致爵祿, 非私取也, 受之而已.(「산목」 주)

486 夫時之所賢者爲君, 才不應世者爲臣. 若天之自高, 地之自卑, 首自在上, 足自在下, 豈有遞哉! 雖無錯於當而必自當也.(「제물론」 주)

487 臣妾之才, 而不安臣妾之任, 則失矣. 故知君臣上下, 手足外內, 乃天理自然, 豈眞人之所爲哉!(「제물론」 주)

488 各安其分.(「추수」 주)

489 千人聚, 不以一人爲主, 不亂則散. 故多賢不可以多君, 無賢不可以無君, 此天人之道, 必至之宜.(「人間世」 주)

490 夫物有自然, 理有至極. 循而直往, 則冥然自合, 非所言也. 故言之者孟浪, 而聞之者聽熒, 雖復黃帝, 猶不能使萬物無懷, 而聽熒至竟.(「제물론」 주)

491 所以迹者, 眞性也. 夫任物之眞性者, 其迹則六經也.(「천운」 주)

492 顧自然之理, 行則影從, 言則響隨. 夫順物則名迹斯立, 而順物者非爲名也. 非爲名則至矣, 而終不免乎名, 則孰能解之哉! 故名者影響也, 影響者形聲之桎梏也.(「德充符」 주)

493 夫聖人因物之自行, 故無迹.(「讓王」 주)

494 所謂聖者, 我本無迹, 故物得其迹, 迹得而強名聖, 則聖者乃無迹之名也.(「양왕」 주)

495 仁義者, 撓天下之具也.(「병무」 주)

496 夫與物無傷者, 非爲仁也, 而仁迹行焉; 令萬理皆當者, 非爲義也, 而義功見焉; 故當而無傷者, 非仁義之招也.(「병무」 주)

497 詩禮者, 先王之陳迹也.(「外物」 주)

498 先王典禮, 所以適時用也. 時過而不棄, 卽爲民妖, 所以興矯效之端也. (…) 時移世異, 禮亦宜變.(「천운」 주)

499 法聖人者, 法其迹耳. 夫迹者, 已去之物, 非應變之具也.

500 物各有性, 性各有極, (…) 各信其一方, 未有足以相傾者也.(「逍遙游」 주)

501 『장자』「소요유」에 나타나는 '유대有待'와 '무대無待'는 대립 개념이다. 장자는 모든 사물과 형상에는 그가 맞서거나 의존하는 대립적 측면이 있다고 생각했다. 그래서 '유대'는 상대적인 측면을, '무대'는 절대적인 측면을 의미하는 개념이다. ―옮긴이

502 玄同內外, 彌貫古今, 與化日新.

503 夫與物冥者, 故群物之所不能離也.(「소요유」 주)

504 無心而任乎自化者, 應爲帝王也.

505 故無行而不與百姓共者, 亦無往而不爲天下之君矣.

506 異方同得而我無功名.

507 遺彼忘我, 冥此群異.

508 內聖外王.(「소요유」 주)

509 勢以亂故求我, 我無心也. 我苟無心, 亦何爲不應世哉! 然則體玄而極妙者, 其所以會通萬物之性, 而陶鑄天下之化, 以成堯舜之名者, 常以不爲爲之耳.(「소요유」 주)

510 天不變, 道亦不變.

511 王者有改制之名, 無易道之實.

제11장

양진兩晉 남북조 시기 정치사상의
다원적 발전

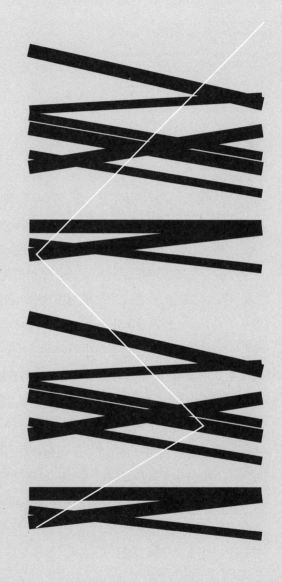

양진兩晉 남북조 시기의 정치 분열은 정치사상 발전의 다원화를 가져왔다. 첫째, 한漢대 이래 전통적 유가 정치의 가치들은 의연히 연속되었는데 주로 서진西晉, 동진東晉 및 남조의 송宋, 제齊, 양梁, 진陳 통치자들에 의해 전승되었다. 왕조의 정통 관념이란 측면에 집중적으로 구현되었으며, 왕조의 빈번한 교체에 대한 합법적 근거를 찾는 인식론적 문제를 해결해주었다. 둘째, 북방 소수 민족의 유목 문화에 대한 충격과 명교의 쇠패라는 상황에서 사회적으로 한대 유가의 예교禮敎의식을 배척하는 모종의 경향이 출현했다. 셋째, 북위北魏의 탁발씨拓跋氏가 북방을 통일한 뒤 한 왕실의 통치 경험과 이론을 전면적으로 받아들였으며, 치국 사상에서 차츰 유학화의 과정을 완성했다. 효문제孝文帝의 한화漢化 개혁과 예제禮制, 효치孝治의 추진은 각 민족의 정치사상과 문화를 융합시키는 데 촉진 작용을 해주었다. 넷째, 이 시기 불교와 도교의 광범한 전파, 몇백 년에 걸친 외래 종교, 본토 종교 및 정치문화의 융합과 조합은 마침내 유가 사상이 통치하는 문화 토양 위에 뿌리를 내렸다. 종교 사상은 전통적 정치 사유에 심원한 영향을 미쳐 정치사상 발전을 더욱 이채롭게 만들었다.

제1절

양진 및 남조 유가 정치사상의
전승 및 발전

한말 삼국三國 이래 정치 분열 및 사회 동요는 한대 경학에 심대한 충격을 가했다. 정치사상 영역에서 유학 독존의 통일된 국면은 더 이상 유지하기 힘들어졌으며, 유가, 현학, 불교, 도교 등 여러 학설이 상호 경쟁하며 병존하는 다원화 추세를 드러냈다. 그러나 이러한 사상 문화의 다원적 발전이란 표상의 뒷면에 또 다른 경향이 존재하고 있었다. 서진으로부터 남조의 송, 제, 양, 진에 이르기까지 한대 경학의 정치적 가치 주체와 몇몇 정치 원칙이 여전히 전승되어 내려오면서 양한 정치사상의 발전과 심층적 차원의 동질성을 유지하고 있었다. 이 경향은 양한 주공周公, 공자의 도가 정치적 분열과 문화적 다원이라는 특수한 역사 조건하에서 여전히 자신을 유지하고 면면히 연속되어 수隋, 당唐 시대 유학의 진흥과 3교의 합일을 보장해주고 그에 필요한 전제 조건을 마련해주었다.

01

왕조경질론과
왕권합법성

양진 남북조 시기 정국의 혼란과 세력의 불안정은 잦은 왕조의 교체를 초래했다. 이전 왕조인 400년 한 왕실의 천하와 비교하면, 이 시기 통치 계급들은 국조國祚의 단명에 헷갈려했다. 왕왕 오랫동안 정치적 안정이 유지되던 그 기반에서 행했던 깊은 사고를 더 이상 할 시간이 없었던 까닭이다. 왕조의 교체에 곤혹스러워하며 왕조 교체의 권력합법성 문제에 대해 큰 목소리를 냈다. 중국 고대 사회의 권력합법성에 관한 이론 틀은 기본적으로 전통형에 속했다. 즉 왕권의 합법성은 주로 조종의 기업에 근원을 두고 후세의 군주는 "우리 조종의 위대한 업적을 이어가는"[1] 수성일 따름이었다. 기업의 개창에 대해서는 개국 군주가 "말 위에서 살며 얻어낸" 것이었다. 그런데 선진부터 연속하여 양한에 이르기까지 유가 학설은 왕권의 합법성 문제에 더욱 원만한 일련의 이론을 제공해왔는데, 이를 '성왕聖王 혁명'이라 불렀다. 이 이론의 정확한 표현은 『주역』 「혁괘革卦」 단전彖傳에 보인다. "천지가 변혁하여 사시가 이루어진다. 탕湯, 무武의 혁명은 하늘에 따르고 인간사에 응한 것이다."[2] 인식론적으로 유가는 왕권의 획득과 연속을 "하늘이 사람에게 부여하고 귀속시키는" 필연의 결과로 취급한다. 왕조의 교체, 수립, 공고와 전승은 개국자의 강력한 무공뿐만 아니라 천명의 보살핌과 백성의 떠받듦을 얻어야 한다. '순천응인順天應人'은 권력합법성이 권력 자체에만 뿌리를 두고 있는 것이 아니라 전체 자연과 사회까지 확장하여 사람들로 하여금 인간의 외부 세계와 더불어 한 왕조의 흥기에 나타난 새로운 평형과 질서를 찾아내도록 하는 것을 의미한다. 천인 관계에 뿌리를 둔 권력합법성은 무력과 선대 조상에 호소하는 것과 비교했을 때 더욱 광범하고 심후한 '전통'임에 틀림없다. 실제 정치 생활에서 '순천응인'의 효용은 해석이나 설명일 뿐만 아니라 창조, 즉 왕권을 탐내는 사람들에 의해 권력의 쟁취를 도모하고 왕조의 선양이나 평화적 전이를 실현하는 이론 수단으로 이용될 수도 있다. 전한 중기 이후 유학의 통치 지위가 차츰 형성되면서 '순천응인'의 권력합법성 인지 양식은 일반적 논증 방식이 되었으며, 신新나라 왕망王莽의 흥망과 후한의 등장 등에 언제나 이론적으로 이것을 빌려다 썼다. 서진 및 남조에 이르면 '순천응인'은 더욱 보편적으로 왕조의 교체에 이용되었다. 권력을 교체한 쌍방이 역할의 전환이나 권력합법성이란 난제를 이것으로 해결했다.

태시泰始 원년(265), 서진 무제武帝 사마염司馬炎은 위魏 원제元帝 조환曹奐을 폐하여 진류왕陳留王으로 삼고 자신이 선위를 하여 칭제했다. 그는 「선위를 받음을 상제에게 아뢰는 문서受禪告類上帝文」에서 진나라가 위나라를 대신함이 위로 천명에 응하고 아래로 인심에 따르는 것임을 충분히 천명했다. 사마염은 먼저 요임금이 순임금에게 선위하고, 순이 우에게 선위한 일, 위나라가 "또 한나라로부터 천명을 받은" 사실을 차례로 열거했다. 그런 뒤, 위 왕실이 "시대를 거듭할수록 사고가 많아 거의 뒤집힐 뻔했음에도 사실상 진의 구조 덕분에 거리낌 없이 조상의 제사를 유지해왔으며 간난에서 건져내겠다. 그러니 진나라가 위나라를 크게 키워준 셈이다"[3]라고 했다. 진나라가 위나라를 대신한 것은 벌써 천명과 인심의 인가를 받았다는 말이다. 한편으로 "상서로운 조짐이 누차 일어나고 하늘과 사람이 화합 조응하여 누구나 복종하려는 생각이 있으며", 다른 한편으로 공경 백관 심지어 "뭇 만족蠻族의 군장들"까지 모두 나서서 "황천이 아래를 굽어보시어 인간 세상의 병을 구하라 하시니 이미 천명을 이루시고도 굳이 양보를 하면서 그를 어겨서는 아니 되옵니다. 하늘의 질서에 통합이 없어서는 아니 되옵니다. 인신께서 주군 자리를 비워두어선 아니 되옵니다"라고 외쳤다. 사마염은 어쩔 수 없이 "경건히 황운皇運을 받들고, 하늘의 권위를 삼가 두려워하며, 공경으로 길한 별자리를 택해, 단에 올라 선위를 받았다."[4] 대흥大興 원년(318) 동진 원제元帝 사마예司馬睿의 황제 즉위 조서에는 이렇게 말하고 있다. "이에 뭇 왕후와 3사三司 6부의 모든 사람이 등위를 바라 장관을 방문하고, 중화와 융적 모두에 이르러 대명大命이 모여 짐의 몸에 내리었다 한다. 나 한 사람은 하늘의 위엄이 두려워 감히 이를 어길 수가 없다. 그리하여 남옥南嶽의 단에 올라 시조의 묘에서 제위를 받고 시초를 태워 상서로운 징조를 얻고 상제에게 아뢰었다."[5] 연호를 고치고 즉위한 것도 천명의 귀속과 민심의 향배에 기초한 것임을 표명한 바이다. 이 시기의 왕권 교체는 주로 궁정 정변의 방식을 채택했는데 권력 교체의 쌍방은 성왕 선양의 합리성을 집중 강조했다. 이 때문에 전통적 '순천응인' 인지 양식에 좀 치우친 점이 있다. 하나는 천명과 시운의 지고무상의 권위를 돌출시킨다. 이를테면 장화張華는 이렇게 말한다. "제왕의 위치에 있는 사람은 반드시 천상으로 제왕의 교체를 기약하며 천명에 부응함이 있다고 들었사옵니다."[6] 간보干寶는 말한다. "제왕의 흥기엔 반드시 천명을 기다리며, 신구의 교체가 있음은 인간사가 아니다. (⋯) 황제黃帝 이래 세상의 전개는 백성을 통일시키려는 것이었다. 요임금, 순임금이 내적으로 선양한 것은 문덕을 구현한 것이다. 한나라와 위나라가 외적으로 선위한 것은 큰 명분에 따른 것이다. 탕왕과 무왕의 혁명은 천인 관계의 이치에 응한 것이다. 고광高光[7]의 전쟁 정벌은 위대한 공적을 이룬 것이다. 각자 자기 운명을 따르며 천하는 시대에 따라간다. 시대의 의의에 따르는 것은 위대하다."[8] 주숭周嵩도 이렇게 말한다. "옛날의 왕자는 반드시 하늘에 응하고 때에 따랐다. 대의가 온전해진 뒤에 취했으며 성공을 양보한 뒤에 얻었다. 그래야 오래 누릴 수 있으며 성덕이 만년을 간다."[9] 이와 같은 인식은 왕권 선양의 중요한 근거로 선위의 책명策命이나 황제의 새서璽書 가운데 집중적으로 나타나 있다. 함희咸熙 2년(265) 11월, 위 원제가 진왕에게 내린 책명 가운데는 이렇게 말한다. "여기 나 한 사람이 이에 제왕의 세계를 이었습니다. 삼가 당신을 공경하여 제위가 당신의 몸에 있어야 함을 일일이 헤아렸습니다. (⋯) 왕께서는 천명을 공경하고 따랐습니다. 전래의 법제를 지키시고 4국을 평정하셨습니다. 하늘이 보우하고 복을 내렸습니다. 우리 두 황제의 거대한 업적을 버림이 없으셨습니다."[10] 원희元熙 2년(420) 동진 공제恭帝가 송宋왕 유유劉裕에게 준 새서는 이렇게 말한다. "짐이 매번 공적을 이야기하고자 부신의 운명을 살펴본바 하늘의 운수가 사실상 당신의 몸에 있었습니다. 오행오성의 배치 등이 여러 차례 옛것을 없애라는 흔적을 보였습니다. 해, 달, 별이 보여주는 운명의 정도는 반드시 새로운 기상을 펼쳐 보이는 것이었습니다. 도참으로 조짐을 살펴보아도 빛남이 거기에 있었습니다. (⋯) 토덕土德이 질서를 잃고 잘못되어 나에게 제위가 전해짐으로써 진나라를 이어갔습니다만, 이제 수차례 점을 다시 쳐보니 나는 여기에서 끝이 나고 금덕金德으로 나아가니 송나라에 왕위를 전해야 하오리다. (⋯) 왕께서 사람들과 신들에게 답을 하십시오. 만국 위에 군림하시고 신령한 하늘의 축복에 때맞추어 부응하십시오. 이것이 위로 하늘의 은혜로운 명에 보답하는 길입니다."[11] 그들은 천명의 순응을 표방하면서 시운의 유전을 특별히 강조한다. 이른바 "봄엔 꽃이 피고 가을엔 지며 그렇게 사시는 교대한다. 금金이 가면 수水가 흘러오며 그렇게 오덕五德은 서로 차례가 있다"[12]는 것이다. 선위자에 대한 천명의 특별한 돌봄을 돌출시킨다. 이러한 인식은 "오직 천명은 영원하지 않다"는 주공의 말과 선진 오덕종시설 및 한대의 천명관이 뭉쳐진 것이다. 관념적으로 왕조 교체가 필연적이며 역전이 되어선 안 된다는 사실을 강화했다. 둘째는 일반적 의미의 '응인應人' 관념에 있어서 선위자의 개인적 조건을 돌출시킨다. '응인'과 '순천'은 본래 한가지 문제의 두 측면이다. "하늘에 따라 그 운을 누리고, 사람에 응하여 그 의에 화합한다."[13] 양자는 사실 구분되지 않는다. 그런데 격렬한 현실의 권력 투쟁 와중에서 인심의 향배는 왕왕 권력 투쟁을 하는 개인의 재능과 덕행보다 중요하지 않다. 특히 권력이 다원화되고 정국이 동요하는 시대에 권력의 획득은 흔히 권력을 다투는 개인의 능력과 소질에 의해 결정이 난다. 당시 사람들은 벌써 이 점을 알고 있었다. 양호羊祜는 말한다. "정해진 운명은 하늘로부터 부여받은 것이지만 공로와 업적은 반드시 사람으로 인하여 달성된다."[14] 한범韓範은 말한다. "때는 얻었으나 사람이 없으면 널리 세상을 구제하는 공적은 없을지도 모른다. 사람은 있으나 때를 얻지 못하면 영명하고 굳센 뜻이 펼쳐지지 못한다. 능히 왕업을 성공시킬 수 있는 사람만이 사람과 때를 합치시킨다."[15] 당시 사람들이 보기에 왕조 교체의 참내용은 무도한 혼군이 치국의 방법을 결하고 있으니 도가 있는 현명한 군주가 권력을 취해 그에 대신한다는 것이었다. 간보는 「진기총론晉紀總論」에서 진晉 무제武帝 이후 천하의 대란을 이렇게 검토했다. "20여 년 만에 황하와 낙수洛水가 폐허가 된" 주된 원인은 "권력을 잃었고, 재주 없는 사람에게 맡겼으며, 사유四維[16]가 펼쳐지지 않아 구차한 정무가 많았기 때문이다."[17] 책임은 군주에 있지 신하에 있지 않다. 이러한 인식의 보편화는 차츰 혼군을 폐하고 명군을 세우거나 혼군, 명군이 교체될 수 있다는 관념을 형성했다. 사공司空 유곤劉琨 등 180인이 사마예에게 올린 「권진표勸進表」는 명확하게 이렇게 주장한다. "혼군, 명군이 교체되어 쓰이고, 비否괘와 태泰괘[18]가 상호 구제를 하니 천명이 고쳐지지 않아 왕위 계승의 역수歷數가 되돌아올 것입니다."[19] 단작段灼은 말한다. "군주는 보통 사람이 아니다. 덕이 있으면 천하가 그에게 귀순하고, 덕이 없으면 천하가 그를 배반한다."[20] 동진 공제는 선위 조서에서 이렇게 말한다. "큰 도가 행해지면 현명하고 유능한 사람을 선발한다. 성쇠에 일정한 기약이 없으며, 선위가 일족에게만 이루어지는 일은 아니다. 그 원칙은 모든 제왕에게 관통되며 대대로 숭상되어왔다."[21] 유씨 송나라의 후폐제後廢帝가 무도하자 황태후는 조령을 내려 명확하게 선언을 했다. "혼군을 폐하고 명군을 세우는 것은 전대부터 받들어온 전범이다. 하물며 이렇게 의를 끊고 도에 반한 사람은 천인이 모두 버려 피가 들판을 깊이 적시게 되고 동궁桐宮[22]에 유폐하는 처분을 내리리라."[23] 군주 개인의 재덕을 왕조 교체의 관건으로 여기는 이러한 인식은 새로운 시대를 연 왕조의 권력합법성을 논증하는 데 더욱 간결한 형식을 제공해주었다.

양진 및 남조 시기 전통적인 '순천응인'의 인지 양식에 있어서 천명의 권위와 군주 개인적 재덕의 대비를 강조한 것은 인식론적으로 한대 이래 전통 형태의 권력합법성 논증 방식을 계승한 것이었을 뿐만 아니라 '개인적 매력'이란 내용을 덧붙인 것이기도 했다. 이로부터 선위하는 군주의 권력 기초는 시대적 감각과 현실성을 높이게 되었다. 선위하는 군주가 관념적으로 자신 및 권력을 대신하게 된 사람을, 한 사람은 명군이고 한 사람은 혼군이란 대립 상태에 처하도록 만들기만 하면, 이는 곧 신흥 왕권이 "혼군을 폐하고 명군을 세웠음"을 선언하게 되는 셈이다. 당당하고 멋지게 제위에 올라 존엄을 외칠 수 있게 된다. 천명, 시운, 유덕과 성명聖明이란 명의 아래서 권력 탈취 수단의 비열함 따위는 고려할 필요도 없다. 왕망과 비교해볼 때 단지 "황천의 위명에 궁색했다"고 선언만 하면 한 왕실을 대신한 것이 어쩔 수 없는 일이 되고 만다. 이렇게 군주 개인의 조건을 돌출시키는 논증 방식은 선위를 받은 군주를 더욱 떳떳하고 당당하게 만들어준다. 그들은 왕망처럼 그렇게 "친히 어린 태자의 손을 붙잡고 눈물을 뿌리며 흐느끼며 (…) 오래도록 애탄할"[24] 필요도 없다. 왕권 교체 자체가 이미 선위받은 사람의 권력합법성을 설명해주기 때문이다. 양진 및 남조의 통치자들이 했던 '순천응인' 인지 양식의 이론적 특징은 일반 사회 구성원들로 하여금 선위 받은 군주의 권력합법성에 대해 더 많이 인정하도록 만들었다. 동시에 어떤 의미에선 왕권을 노리는 사람들의 정치적 야심을 고무시키기도 했다. 빈번한 왕조 교체는 왕권의 전통적 바탕을 약화시켰다. 사람들은 재빨리 새로 흥기한 왕조에 순응하고 또 복종했다. 이른바 "인심이 한 왕조를 생각하는" 현상은 더 이상 나타나지 않았다.

02　　　　　　　軍권지상과
　　　　　　　　　군신 관계

　유가 사상은 대대로 군주를 존중했다. "하늘엔 두 태양이 없고, 나라엔
두 군주가 없다."[25] 이는 선진 및 한대 유학이 공동으로 떠받드는 기본적
가치 준칙이었다. 양진 남북조 시기의 통치자들은 여전히 유가의 존군 사
상을 원칙으로 받들며 군권지상과 군신 관계 관련 인식 속에 이를 관통
시켰다.

　이 시기 사람들은 군주가 백성의 부모라는 전통적 군권지상론 인식을
반복했다. "왕은 하늘을 표상하며 왕후는 땅을 표상하여 억조창생의 부
모가 된다. 존엄은 막중하며, 후덕은 막대하다."[26] 정치 생활에서 군주의
권위는 단일성과 절대성을 갖추고 있음을 강조했다. 손성孫盛은 이렇게 말
한다. "상을 주고 형벌을 가하는 것은 반드시 군주에게 근원을 두어야 한
다. 권력의 행사든 관용을 베푸는 일이든 모두 군주에게서 나온다."[27] 신
종申鍾은 말한다. "상을 주고 형벌을 가하는 권한은 제왕만이 갖고 있다.
그 명분과 기물은 지극히 중요한 것으로 다른 사람에게 빌려주어서는 안
된다. 모두 간악함을 방지하고 법도의 근엄함을 보여주는 것이다."[28] 선진
이래 통치자들은 "왕후와 첩실을 같은 지위에 두거나並后, 서자와 적자를

동등하게 대우함匹嫡"이 군권에 해롭다는 것을 깊이 알고 있었다. 정치 중추의 다원화는 반드시 군주의 권위를 약화시키고 정치 혼란을 유발한다. 이러한 인식은 양진 남북조 시기에 여전히 권력 담당자들에게 경계심을 불러일으켰다. "정권이 둘로 나뉘면 재앙이 오지 않는 경우가 거의 없다. 주周나라에 자퇴子穨의 흔釁[29]이 있었고, 정鄭나라엔 숙단叔段의 곤경[30]이 있었다. 이 모두 도에 맞지 않은 총애 때문에 생긴 것으로 나라를 혼란스럽게 만들고 친지들을 다치게 했다."[31] 통치자와 그의 정치 이론가들은 군주의 지고무상 권위를 관념적으로 강화시키기 위해 다음 두 문제를 중점적으로 강조했다. 하나는 국가 정치 생활에서 군주의 특수한 권력적 위치를 거듭 인정하는 것이다. 이를테면 군주를 사회 치란의 본원으로 생각한다. "천 명이 있는 곳에 군주가 없다면 흩어지지 않으면 어지러워진다. 만승의 국가에 군주가 없다면 위태롭지 않으면 망한다."[32] 군주는 하늘과 사람 사이를 조화시키고 천하를 다스려 안정시키는 위치에 있다고 생각한 것이다. "그 옛날 군주를 세운 것은 수많은 백성을 맡아 기르기 위함이었다. 따라서 반드시 우러러 하늘과 땅을 화합시키고 만물을 덮어 빛이 되어주었다."[33] "군주는 천하를 평정하고, 사직을 안정시킴으로써 큰 공을 이루는 사람이다."[34] 그들은 특히 군주의 권위가 유일무이의 특성을 지니고 있어 다른 것으로 대체할 수 없다고 강조한다. 예컨대 하늘에 올리는 제사는 군주의 특권으로 군주가 하늘과 사람을 교통하는 특수한 권위를 구현한 것이라고 한다. "하늘에 대한 제사는 지극히 존귀한 것으로 오직 하나뿐이다. 따라서 천자가 아니고는 제사를 올릴 수 없다."[35] 이러한 인식은 군권지상에 대한 정치적 기초를 구축했다. 두 번째는 부자父子, 사우師友 등 사회적 인척 관계에서 군주의 권위는 특수성을 지녀 아무것도 그에 필적할 수 없음을 반복하여 강조한다. 어떤 사람이 "군주가 죽어 장사 지내기 전에 부모상을 당한" 상황이라면 어떤 선택을 해야 하느냐고 묻자, 하순賀循은 "군주와 부모 둘을 다 모시고 겸상을 당했다면 군주의 상복을 위주로 해야지 사적인 복을 중시해선 안 된다"[36]고 주장했다. 확실히 군권이 부권보다 높다. 뭇 신하가 군주를 앞에 모시고 앉아 있을 때 태자가 들어오면 뭇 신하가 응당 일어나서 맞아야 하느냐고 어떤 사람이 묻자, 손육孫毓은 이렇게 말했다. "예에 가로되 아버지가 계시면 자식이 되고, 군주가 계시면 신하가 된다. 존위를 모시고 앉았으면 다 같이 일어나지 않아야 하는데 이는 모두에게 지존이 둘일 수 없기 때문이다." 따라서 태자가 들어오더라도 뭇 신하는 "다 같이 일어나지 않는 예법을 따라야 한다"[37] 그 밖에 왕표지王彪之는 이렇게 이야기한다. "왕자가 다스리는 사해 어디든 신하가 아닌 존재는 없다. 아무리 부모 형제와 같이 친한 사람이라도, 스승 친구와 같은 어진 사람이라도 모두 순전히 신하일 따름이다."[38] 서선徐禪은 말한다. "왕의 조정에서 군신의 예를 바로잡아 사적으로 부자 유친이 온전해지는 것이 가장 순조로운 도다."[39] 군주 또한 실제 정치 생활에서 일정한 사회관계의 제약을 받지 않을 수 없다. 그러나 "이미 지존의 도를 밝혔으므로 다시 친분의 뿌리에 따른 차례 등에 메일 필요가 없다."[40] 군주의 정치적 권위와 비교하면 그 어떤 사회관계나 권위도 다음 순서로 밀릴 수밖에 없다. 이러한 인식이 군권지상을 위한 사회적 기초를 마련해주었다.

한 걸음 더 나아가 존군의 원칙을 명확히 하기 위해 통치자와 그의 정치 이론가들은 군신 관계를 집중적으로 탐구했다. 우선 그들은 군주와 신하 사이에 심각한 의존성이 존재한다고 생각했다. 신하는 군주가 국가를 다스리는 데 필요한 수하이거나 도구다. 원굉袁宏은 말한다. "백성은 스스로를 기를 수 없다. 그래서 군주를 세워 그들을 다스린다. 명군은 혼자서 백성을 다스릴 수 없으니 신하를 두어 그를 보좌하게 한다."[41] 기첨紀瞻은 말한다. "황실이 대대로 흥함에는 반드시 수하들의 도움이 있었다고 들었사옵니다."[42] 이러한 인식은 단순히 수많은 대신의 입을 통해서 나온 것만이 아니었다. 전제 군주가 실제 정치 생활 속에서 직접 느낀 바는 더욱 심각했다. 이를테면 서진 무제 사마염은 이렇게 말한다. "능히 짐의 뜻을 받들어 펴고, 백성으로 하여금 즐거이 맡은 일에 충실하도록 권면하는 사람은 오직 군현의 관리들이로다!"[43] 회제懷帝 사마치司馬熾는 말한다. "짐이 (…) 온 나라를 다스리며 정도政道를 숭상하고 드러내는 데는 역시 원훈대신과 관료들에 의존하고 있다. 그들이 온몸의 힘을 다해 보좌함으로써 바라는 일을 이루게 해준다."[44] 동진 원제 사마예司馬睿는 말한다. "왕이란 하늘을 체득하고 만물을 다스려야 하는데 많은 재사가 아니라면 그 업무들을 다 건질 수가 없다." "한漢 선제宣帝께서는 나와 더불어 천하를 안정시킬 사람은 오직 이천석의 어진 관료들이라고 말씀하셨다. 이 말은 믿을 만하다."[45] 그들은 신하야말로 왕권의 실제 집행자임을 친히 체험했으며, 신하야말로 군주 정치의 권력 기초를 구성하고 있음을 증명했다. 이 때문에 이상적인 정치는 곧 군신 간 의존 관계를 강화하는 것이었다. 현명하고 능력 있는 신하의 선발 임용이야말로 국가를 이롭고 편안하게 만드는 군주의 무기다. "군주가 충량을 임용하면 위대한 왕의 업적이 풍성해진다."[46] 다음으로 "『서경』은 신하는 짐의 팔다리이자 이목으로 그 힘을 사방에 펼친다고 한다. 이는 군주와 신하가 서로 정무를 더불어 처리하며 일체화한 의義를 지니고 있다는 말이다"[47]라는 말처럼 군신 간 의존 관계가 그들을 일체화한 권력의 중추로 만들어주고는 있지만, 거기서 군주의 권위는 반드시 절대적이고 주도적인 지위를 점하고 있다고 생각했다. "군주는 반드시 재주를 헤아려 그에 맞는 관직을 맡기고, 선악을 참조하여 칭찬하든 물리치든 하며, 공과를 평가하여 상벌을 준다."[48] 이 점에 있어서 그들은 부자 관계를 들어 서로 대조시키며 신하에 대한 군주의 절대적 권위를 돌출시킨다. 예를 들어보자. "군주는 사람들의 부모가 된다. 사람들은 군주를 대할 때 자식의 도를 지녀야 하며, 존군의 의는 신하나 일반 사람들이나 한가지다."[49] "예에 따르면 신하는 군주를 위해 참최斬衰 상복을 3년 입는데 자식이 아버지에게 하는 것과 같다."[50] "군주를 섬기는 도는 아버지를 모시는 이치에 바탕을 둔다. 헌신하는 날에 두 마음을 가지면 잘못이다."[51] 권력 운용 과정에서 군주는 영원히 권력의 요체를 장악하며 뭇 신하를 부리는 핵심적 지위를 누린다. 유송劉頌은 이렇게 말한다. "천하는 지극히 크고 일은 지극히 많으나 군주는 마치 하늘의 태양처럼 지극히 적다. (…) 그래서 성왕의 다스림은 그 요체를 장악할 따름이다."[52] 다음으로 신하는 군주에게 절대적으로 충성해야 한다. 왕준王濬은 말한다. "신하가 아무리 어리석더라도 군주를 섬기는 도를 행함에는 오직 절개와 충성을 다해야 한다. 제 몸을 돌보지 않고 분투하며, 역량을 헤아려 임무를 받고, 일에 임하면 적절히 처리해야 한다. 사직에 이로운 일이면 죽음을 무릅쓰고 해야 한다."[53] 범홍지范弘之는 말한다. "신하가 군주를 섬길 때는 오직 충성을 다할 생각만 해야 한다. 날카롭다거나 우둔하다거나 따위를 돌이켜 계산해선 안 된다."[54] 남조의 양梁 원제元帝 소역蕭繹 또한 군주에 대한 신하의 충성을 분명하게 요구했다. 그는 「충신전서忠臣傳序」에서 이렇게 말한다. "천지의 큰 덕을 생生이라 하고, 성인의 큰 보배를 위位라 부른다. 생이기 때문에 효도를 다하며, 위이기 때문에 충성을 다한다. (…) 신하가 되고 자식이 됨에 모두 이 도로 말미암는 것은 한가지다."[55] 충신은 전심전력을 다하여 군주를 위해 일하고, 능히 "위험을 보면 목숨을 내걸고" "곧은 말을 하여 군주를 깨우치고" "죽어도 사직 걱정을 잊지 않아야 한다". 마지막에는 안함顔含의 "대신의 의는 그 근본이 자신을 잊어버리는 데 있다"[56]는 말처럼 나를 잊어버리는 경지에까지 다다라야 한다.

군권지상과 군주의 신하에 대한 절대적 권위의 인정은 유가의 전통적 정치 인식이었다. 그런데 이 문제에 관한 양진 및 남조 통치자들의 논의는 특별한 현실적 의미를 지니고 있다. 후한 이래 세습 대가문의 세력이 흥기했는데, 후한 통일 왕조의 붕괴와 정치 다원화 국면의 형성에 따라 세족 세력은 왕권과 자주 대항하는 상태에 놓였다. 일정한 조건하에서 세족 세력이 공개적으로 왕관을 빼앗아 왕조 교체를 실현시키는 일도 있었다. 사마씨가 조씨 위나라를 대신한 예가 그렇다. 이런 현상에 대해 동진 시기 주숭周崇의 분석은 대단히 적절하다. 그는 신하의 신분으로 군권을 탈취할 때는 왕왕 다음과 같은 근거를 갖는다고 했다. "봉토를 강화하고, 여러 대에 걸친 총애를 빌리고, 어리석고 허약한 군주에 연유하고, 모후의 권력에 기대고, 뜻 맞는 도당을 조직하고, 멸절시킬 만한 세력을 쌓는다. 그런 뒤 이내 사적인 모의를 실천에 옮겨 찬탈의 재앙을 완성시킨다."57 이런 현상은 양진과 남조 시기에 상대적으로 보편화되어 통치자와 그 정치 이론가들의 관심을 불러일으켰다. 그들은 한편으로 뭇 신하에게 이렇게 경고했다. "신하들이 군주의 도를 바라서는 안 된다."58 "신하들이 군주의 위엄과 복락을 누리려 해서는 안 된다. 신하가 위엄과 복락을 누리려 하면 집안에 재앙이 닥치고 나라에 해를 미친다."59 무릇 "큰 재주를 지녀 큰 공을 이루고 군주를 떨게 만든 위엄을 부린 사람으로 온전히 제명을 보전한 자는 자고로 드물었다."60 다른 한편 역시 관념적으로 존군과 군권지상의 원칙을 만들고자 힘을 다했다. 인식에 있어서, 그리고 사람들의 선택 원칙에 있어서 족권族權, 부권父權 및 군권의 형성에 대항할 가능성이 있는 일체의 잠재 세력을 압도하길 기대했다. 그리하여 이 시기 군주 정치의 연속과 발전을 사상적으로 뒷받침해주었다.

03

예제 및
교화

예, 즉 등급 원칙은 유가의 전통적인 치국 방침이었다. 실제 정치 생활에서 등급 원칙의 지도하에 있는 정치 질서는 군주 정치의 근거이자 담보였다. 이 때문에 전제 통치자들 가운데는 예법 제도의 성행을 치국의 요무로 삼지 않는 사람이 없었다. 진나라 사람 고화顧和는 이렇게 이야기한다. "예는 사물의 법도를 정하고 교화를 이루는 것으로 국가를 경영하는 사람들 가운데 이것을 가지고 올바름을 숭상하고 근본을 밝혀 법통을 통일하지 않는 사람이 없다."[61] 서진 초기엔 천하가 아직 안정되지 못하고 현학 풍조도 발흥하지 않았지만 예법 제도의 권위는 여전히 건재했다. 그런데 중기 이래 동진 남조로 이어지면서 예제는 차츰 퇴락했다. 대규戴逵는 이렇게 말한다. "[위진 교체기에] 죽림칠현의 풍조가 대단히 높았음에도 예교는 여전히 엄했다. 그런데 원강元康 중엽에 이르면서 예를 넘어 방탕에 빠졌다."[62] 남조 송나라 경릉왕竟陵王 탄誕도 말했다. "진대에 동쪽으로 천도하면서 옛 법도가 무너지고, 제후나 관리들이 전장 제도를 살피는 데 점점 처리할 일은 많은데 명실에 작은 차이만 나도 변화를 주기가 여간 어려운 게 아니었다. 복장을 함부로 하는 유행이 해가 갈수록 심해졌다."[63] 통치자와 정치 이론가들은 이를 우려해 예제의 강화를 분분히 제기했으며, 여러 각도에서 한 이래 예제 사상을 계승하고자 했다.

우선 그들은 관념상 예는 나라를 다스리고 백성을 교화하는 데 중요한 법칙이며 사회 존재의 필요조건이기도 하다고 강조한다. 진나라 순욱 荀勖은 말한다. "성인께서 군신이 있고 난 뒤 위아래 예의가 있게 되었다고 말하셨다. 따라서 큰 것은 반드시 작은 것을 길러주고, 작은 것은 반드시 큰 것을 섬겨야 한다. 그런 뒤 위아래가 편안히 일을 하고 뭇 생명이 자기 자리를 찾는다."[64] 초주譙周는 말한다. "사람이 가장 고귀한 존재인 것은 예절을 알기 때문이다. 사람이면서 무례한 자는 원숭이로다."[65] 남조 송나라 부융傅隆의 인식은 더욱 전면적이다. 그는 말한다. "원래 예의란 3000가지 일의 근본이며 인륜의 지극한 도다. 따라서 나라와 집안에선 이것을 운용하니 군주와 신하는 이로써 존중하고, 부모와 자식은 이로써 친애한다. 혼인과 관례에 이를 운용하니 젊은이와 연장자는 이로써 인애하고, 남편과 아내는 이로써 의로운 도리를 따른다. 고을 사람에게 이를 운용하니 친구들이 이로써 세 가지 이로운 친구[66]를 사귀고, 손님과 주인이 이로써 공경과 양보를 한다. 이른바 하늘에 궁극을 두고 땅에 심어진 것으로 궁구하면 높고 원대하며, 헤아리면 심후함이 예보다 높은 것은 없다."[67] 이 밖에 남조 양梁나라 서면徐勉도 말한다. "예는 그로써 군주를 편안히 하고 백성을 다스리고, 좋은 풍속을 널리 가르치고, 국가를 경영하고, 후예들에게 이로운 것이다."[68] 이러한 인식들은 선행 인사들의 인식을 넘어서지 않고 있다. 한대 예제 사상이 다시 펼쳐진 느낌이다. 그런데 이렇게 딱 중복한 듯 보이며 사실상 거듭되는 되풀이는 군주 정치가 등급 원칙을 일관되게 견지하고 있었음을 드러내주는 것이다. 그리고 양진 및 남조 시기 통치자들이 한대 유가 치국 사상을 여전히 답습, 연장하고 있었다는 말이다.

다음으로 양진 및 남조의 통치자들은 등급 원칙의 견지라는 전제하에 복제服制와 기물을 가장 중시했다. 그들은 예의 구체적 규정이 세상사의 변화에 따라 자주 조정된다고 생각했다. "예가 땅에 떨어지고 시대에 따라 부침을 하는 것을 보면 고정불변한 것이 아니라 하겠다." 그러나 예가 구현하려는 군신상하 존비 등급은 절대로 소홀히 할 수 없는 것이었다. "군주와 어버이를 서로 받드는 명교의 중점은 바뀔 수 없다."[69] 복제와 기물은 군신 존비 등급의 구체적 징표다. "왕법이 준엄하게 다루는 바는 복제나 수레, 기물에 귀천의 차이를 두어 절대로 침범하거나 흉내 내어 존비 질서를 어지럽히지 않도록 하는 것이다."[70] 하지만 이 시기에 복제와 기물을 참람하거나 어지럽히는 현상이 적잖이 보인다. 예컨대 원강 2년(292) 사도 왕혼王渾은 대신이 "상중임에도 결혼하여 아내를 맞이했다"고 탄핵하면서 태자의 가령家令 우준虞濬 등 10여 명을 열거했다. 남조 송나라의 주랑周朗은 기물의 범람을 비판하면서 민간의 다음과 같은 풍속을 지적했다. "제도가 날로 분수를 넘어 장사치의 집이 마치 제후의 집과 같이 꾸며지고 품팔이꾼의 옷 마름질이 왕비에 버금한다. (…) 수레나 말을 보니 귀천을 구분하지 않고, 관복을 보니 존비를 알지 못한다."[71] 이런 현상에 직면하여 통치자는 동진 원제에 발포한 「거상 중 혼인을 금하는 명령禁居喪婚嫁令」처럼 혹은 조칙을 내려 금지시키고, 혹은 복제 문제를 두고 결말까지 논의 분석하기도 했다. 예컨대 부융은 이런 문제를 제기했다. "5복五服의 근본에 하자가 생기고 애경사 관련 제도가 잡다히 어그러져 있다. 국전國典이 사해 안에서 통일되지 못하고 있으며, 가법이 고급 관료縉紳들 사이에 뒤섞여 잡박하다. 의당 먼 생각을 가지고 상세히 고찰하여 황상의 시대에 예가 성황을 이루도록 정해야 한다."[72] 현존하는 『전진문全晉文』과 『전남조문全南朝文』 중에 수록된 복제 관련 분석 논문이 수십 편을 넘는다. 다음으로 수레, 복식, 기물의 규격과 등급을 상세히 한정하고 있다. 남조 송나라 효건孝建 원년(454), 담당 관리가 주청을 올린 "기물과 복색 장식"을 보면 원래의 '9조條의 격식' 위에 다시 24조의 규정을 덧붙이고 있는 것이 그 예증이다.(『송서』 「무삼왕전」 참조)

통치자들이 복제와 기물과 관련한 예법 제도의 가치를 중시한 것은 이 시기의 정치적 특성을 반영한 것이다. 위진 이래 세족 문벌 세력은 오래도록 쇠하지 않았으며 왕권에 대한 위협으로 등장했다. 그들은 예제를 참월했으며 군주 정치의 등급 질서 기초를 파괴했다. 이는 정치 안정에 지극히 불리했다. 통치자와 그 정치 이론가들은 복제와 기물의 규범화를 강조했다. 이는 존비 등급 규범의 정돈을 통해 문벌 세력을 억제하고 이상적 등급사회를 실현하는 데 목적이 있었다. 이를 진나라 복도伏滔는 다음과 같이 묘사했다. "지위 구분을 똑바로 하고 등급을 명확히 한다. 봉지의 경계를 그려주고 정치 명령을 선포한다. 상하에 질서가 있으니 참월할 염려가 없다. 네 부류 사람들이 편안히 제 업무에 종사하고 겸병하려는 나라가 없다."73

전제 통치자들이 대대로 바라던 등급이상사회를 실현하기 위해 양진 및 남조 정치가 및 정치 이론가들은 예의 교화에 희망을 걸었다. 서진 무제 사마염은 말한다. "선왕께서는 존비의 예를 숭상하시고, 귀천의 질서를 밝히시고, 점잖은 덕을 분명히 드러내시고, 탐닉의 재앙을 상기하셨다. 이로써 빛나는 도덕 교화를 펼쳐 사람들에게 올바른 법도와 의례를 보여주었다."74 등급 규범을 세우는 목적은 바로 민중 교화에 있다는 주장이다. 진나라 사람 완종阮種은 말한다. "정형政刑의 선포는 예악의 작용으로 인하여 이루어진다. (…) 그렇게 함으로써 포악과 오만을 방지하고 마음을 감동시키고 생령을 절제시켜 만백성을 교화시키려는 것이다."75 그는 예법 제도가 강력한 도덕 기능을 갖고 있다고 보았다. "예의가 서면 군자들이 도의 법칙에 따라 선에 양보를 하며, 염치가 서면 소인들이 행동을 근신하여 제도를 어지럽히지 않는다." 그리하여 "교화가 서민들을 적시고, 공적이 대대로 이어진다". 그러므로 "왕도의 근본이자 국가 경영의 책무는 필히 예의를 우선시하는 것이다".[76] 총명한 제왕이라면 예의 교화 기능을 충분히 활용한다. 선양을 받았든 공격하여 얻었든 천하를 취하는 방식은 각자 달랐더라도 "예악을 부흥시켜 사람들을 화합시키고 맑은 풍조를 유행시켜 풍속을 건전하게 하는 데 있어서는 모두가 하나로 귀결되었다".[77]

양진 남북조 시기는 전쟁이 잦았으며 예교가 파괴되었다. "유림의 가르침은 날로 퇴락하고, 학교 교육엔 예가 빠져 있었다. 국학을 찾으려 하나 옛 전적을 들춰보는 사람이 아무도 없었다."[78] 게다가 현학 바람이 거세어 "세상이 장자, 노자를 숭상하며 아무도 유학의 가르침에 귀를 기울이지 않았다".[79] 예의 교화를 실행하기 어려웠으므로 정치 이론가들은 거세게 유학의 흥기를 부르짖었다. 범녕范寧은 "시대가 부허浮虛를 서로 부채질하고 유학의 올바름이 날로 쇠퇴하게 된" 근원이 왕필王弼, 하안何晏에서 시작되었으니 "두 사람의 죄는 폭군 걸桀, 주紂보다 깊다면서"[80] 이에 논문을 써서 비판했다. "왕필, 하안이 고전 문헌을 멸시하여 방기하고, 예의 법도를 준수하지 않고, 뜬구름 잡는 이야기를 늘어놓으며, 후생들을 진흙탕에 몰아넣고, 화려한 언변을 꾸며 사실을 호도하고, 극도로 번잡한 문식으로 세상을 현혹했다." 그리하여 "공자 고향 수洙, 사泗 지역 학풍은 면면히 무너져 내리니" "예악이 붕괴되고 중원이 뒤집히게 되었다".[81] 그는 왕필과 하안이야말로 "옛날부터 이야기되어오던 거짓을 말하여 변론하고 행동이 편벽되고 굳어 있는 자들로" 반드시 그들을 죽인 뒤에야 즐거울 것이며, 학문을 숭상하고 교화를 돈독히 하는 데 힘을 써 유학을 부흥시키고 속된 학문을 눌러야 한다고 주장했다.[82] 왕탄지王坦之가 쓴 「폐장론廢莊論」은 이렇게 비판한다. "장자가 천하에 이로운 부분은 매우 적고, 천하에 해로운 부분은 매우 많다. 그래서 노나라 술이 부박함에도 조나라 수도 한단邯鄲이 포위를 당했다[83]고 말한다. 장자가 그렇게 만들어서 풍속이 퇴락한 것이다. 예와 뜬구름 잡는 이야기를 모두 성토하고, 거짓과 방탕한 이익 추구가 극에 이르니 사람들은 극기를 부끄럽게 여기고 선비들은 아무런 조치를 취하지 않음을 잘한다고 생각한다."[84] 그는 공자의 도를 숭상하며 "예를 돈독히 하여 교화를 드높이자"고 외친다. 대막戴邈은 "천하가 통일이 안 되어 예학이 흥하지 못할 때"의 인식은 "사이비"[85]라고 비판했다. 비록 "치세는 문을 숭상하고 난을 만나면 무를 숭상하지만" "유도는 심오하여 창졸간에 이루어질 수 없는"[86] 경지라고 생각했다. 만약 도적들이 없어져 깨끗해지고 천하가 태평해진 것을 기다린 뒤에 그것을 닦는다면 "일을 처리하여 성공시키는 데 누구와 더불어 예악을 만들겠는가!" 그는 "도를 돈독히 하고 유학을 숭상하지" 않으면 "대업을 창조할"[87] 수 없다고 강조한다. 이 밖에 이요李遼 또한 "교화는 치국의 근본이요, 인륜의 시작이니 이로써 모든 곳을 권하고 이끌어 인덕을 진흥시켜야 한다. (…) 수많은 왕이 각자 다른 예를 내걸고 있으며, 바탕과 꾸밈에 각자 차이가 있지만 이 도에 이르러선 그 작용이 조금도 어긋나지 않는다"[88]고 말하고 있다.

유교 교화 부흥의 필요성에 대한 정치 이론가들의 견해는 대체로 일치했다. 다만 어떤 방식이나 길을 채택하여 유교 교화를 부흥시킬 것인가에 대하여 사람들은 여러 구상을 제기했다. 이를테면 사마표司馬彪는 역사를 통해 교화하라고 주장한다. 그는 「독한서서讀漢書叙」에서 이렇게 말한다. "선왕께서 사관을 두어 시대의 사건들을 기록하고, 선악을 기재하여 막아야 할 것과 권해야 할 것을 드러내었는데, 이는 세상에 대한 교화의 핵심을 취한 것이다. 그래서 『춘추』가 잘 다듬어지지 않자 공자가 그것을 정리했으며, 『시경』「관저關雎」 편이 혼란해지니 사지師摯가 그것을 다듬었다."[89] 공자가 『춘추』를 첨삭할 때부터 역사책은 인간사회 정치 사건의 시비선악에 관한 준칙을 함유하게 되었다. 제왕들의 입장에서 보면 역사를 바로 세움으로써 통치의 바탕을 마련할 수 있으며, 사대부나 민중의 입장에서 보면 역사 서적은 동시에 교화의 기능을 갖고 있으므로 '세상에 대한 교화의 핵심'이라 한 것이다. 그리고 환온桓溫 등은 교화를 표창하라고 주장한다. 환온은 「천초원언표薦譙元彦表」에서 말한다. "덕을 표창하고 예로 현인을 대접함은 도덕 교화의 급선무입니다. 여러 절개를 숭상하고 드러내주는 것이야말로 성인의 가장 중요한 임무입니다. 지금 천지 사방[90]이 편안치 못하여 승냥이 무리가 길을 막고 서민들이 도적질을 일삼으며 의로운 일을 했다는 소문은 전혀 들리지 않습니다. 마땅히 도의가 있는 사람들을 떨쳐 일어나도록 하여 은둔과 방종의 폐단을 막는 데 힘쓰십시오." 현명하고 유덕한 선비를 표창함으로써 "나라 전체 백성[91]이 교화를 알도록"[92] 만들어야 한다는 것이다. 장우張虞도 말한다. "성현들의 밝은 교훈은 선을 천거하는 데 있습니다. 성현은 잘한 사람을 올리고 못하는 사람을 떨어뜨려 오랜 역사 기록을 멀리하지 않는 법입니다."[93] 그는 효자 허자許孜를 표창함으로 세상 사람들을 교화할 것을 요청했다. 그런데 양진 남북조 시기 사람들이 가장 관심을 기울이고 또 교화의 주요 노선으로 삼은 것은 역시 학교 설립을 통한 교화였다. 왕도王導는 말한다. "정치 교화의 근본은 인륜을 바로잡는 데 있다. 인륜을 바로잡는 것은 학교의 설립에 있다. 학교가 설립되어 다섯 가르침이 분명해지면 덕화가 넉넉히 통할 것이다. (…) 부자, 형제, 부부, 장유의 순서를 거스르지 않게 되고 군신 간의 의가 공고해질 것이다."[94] 사석謝石은 말한다. "사람으로 서게 만드는 도는 인과 의다. 선을 돕고 본성을 보완하는 것은 예와 공부뿐이다."[95] 은무殷茂는 말한다. "널리 교화하고 풍속을 바로잡는 것은 예교에 달려 있다. 본성을 도와 덕을 이루려면 반드시 공부에 바탕을 두어야 한다. 선왕은 이로써 천하 인재를 양성하고, 만물의 교량으로 삼았으며, 간사함을 막고 선을 받아들여 차츰 그것이 일상이 되도록 했다."⁹⁶ 왕침王沈은 말한다. "풍속이 엉망진창이 되어 바꾸지 않으면 안 된다. 풍속을 바꾸는 요체는 학문을 돈독히 하는 것이다."⁹⁷ 그 밖에 남조 송나라의 정선지鄭鮮之는 「청립학표請立學表」에서 이렇게 말한다. "유학의 가르침이 가득 차 넘치게 함으로써 차츰 성정을 부드럽게 하여 날로 제대로 된 사람을 만들어 낼 수 있습니다. 국가에서는 동량 교육이 무너지고 있으며, 집안에서는 권학의 가르침이 해이해져 있습니다. 마땅히 기울어져가는 학업을 다시 떨쳐 일어나도록 함으로써 사람들이 언제든 보고 들을 수 있게 하십시오."⁹⁸ 제나라 무제武帝의 「흥학조興學詔」는 말한다. "'백성에게 학교 교육을 받도록 함은 나무에 가지와 나뭇잎이 나는 것과 같다'고 한다. 덕행의 육성을 반드시 모두 여기서 말미암도록 하라."⁹⁹ 그들이 보기에 학교를 부흥시키는 것만이 인성을 개조시키고 악을 버리고 선을 향하도록 만드는 가장 훌륭한 방식이었다. 우보虞溥는 이렇게 말한다. "공부를 함으로써 성정을 정리하고 많은 선을 쌓을 수 있다. 본성이 안에서 정해지니 밖에서 행동으로 이루어진다. 선이 마음에 쌓이니 교육을 통해 이름이 드러나게 된다. 그래서 보통 사람들의 본성은 교육을 통해 움직이며, 선이 쌓이면 본성과 더불어 습관을 이루게 된다."¹⁰⁰

양진 및 남조의 통치자들은 학교를 세워 교육하려는 대상이 "보통 사람들의 본성" 외에 집권층 자신들도 포함한다는 것을 분명히 알고 있었다. 대체로 다음 두 가지 방면에서 그랬다. 하나는 각급 관원이다. 진晉 무제武帝는 말한다. "관직을 담당한 사람들이 능히 제 몸을 깨끗이 수양한 뒤 공적인 사무에 절도를 보이면 완전하다. 몸으로 선을 실천하여 드러나면 신분이 천하더라도 반드시 상을 주어야 한다. 이것이 풍속을 교화하는 교육 정책의 요무다."¹⁰¹ 통치자들이 솔선하여 도덕 행위의 이상적 표준이 되어주어야 군주의 정치는 공고한 권력 기초를 다질 수 있다. 그런 뒤에야 치국평천하를 이야기하고 이상적인 등급 국가를 실현시킬 수 있다. 이런 의미에서 본다면 관원 교화는 일반 백성의 교육보다 훨씬 더 중요하다. 그래서 초주는 이렇게 말한다. "국가를 다스리는 사람은 공부하는 사람들이 농사짓지 않는 것을 걱정하지 않고, 다스려야 할 백성이 공부하지 않는 것을 걱정한다."[102] 둘째는 태자다. 군주 정치 시대에 군주 개인의 덕행은 왕왕 한 시대의 치란에 영향을 준다. 태자는 군주로 즉위했을 때의 덕행이 형성되는 시기다. 그래서 통치자들은 태자에 대한 교육을 대단히 중시했다. 보부제保傳制[103]의 중요성 및 스승과 도에 대한 존중을 강조했다. 동진 성제成帝 때 유庾 태후는 「천자는 보부를 공경하라는 조칙天子拜敬保傅詔」을 반포하며 이렇게 말한다. "스승과 도를 존중함은 제왕이 마땅히 힘써야 할 바다. 하물며 어린아이로 이제 스승의 가르침에 의존하여 성장할 터이니 마땅히 선대 제왕이 현인을 존숭했던 예법과 똑같이 따르도록 하라."[104] 통치자들은 보부 관원 선발을 대단히 중시했다. "반드시 적합한 사람을 찾아야 할 것이며" "온 천하를 통틀어 그지없이 높은 사람을 선발하라고"[105] 요구한다. 덕행 방면에서 태자를 가능한 한 이상적 표준에 접근하거나 도달하도록 만들기 위함이었다. 그리하여 이상 정치 실현을 위한 조건을 마련하고자 함이었다.

양진 및 남조 통치자 및 그 정치 이론가들이 예의 교화를 중시한 것은 한나라 이래 유학 전통이 면면히 이어져왔음을 뜻한다. 오랜 혼란이 거듭되던 당시 정치 조건하에서도 이렇게 연속되었다는 것은 치국 방침이 관성적으로 발전되어왔기 때문이기도 하겠지만 특별한 정치적 효능이 있었기 때문이기도 하다. "도덕규범을 드러내고, 충효의 의례를 천명하고, 인의의 큰 줄기를 밝히고, 예악의 근본을 넓힘"[106]을 통해 군주 정치에 대한 민중의 동감을 더 많이 얻어낼 수 있었다. 양진 남북조 시기에는 정권 변화가 빈번했다. 수시로 전란이 일었으나 군주 정치 질서라는 큰 실체는 안정적이었다. 이러한 상황에는 다른 원인이 있을 수도 있겠으나 적어도 한 가지 이유는 유가 정치사상과 정치 원칙의 상대적 안정성에 돌려야 할 것이다. "인심의 귀결점은 오직 도와 의뿐이다."[107] 유학 전통으로부터 생겨난 문화와 정치적 응집력을 소홀히 여겨서는 안 된다.

구품관인법九品官人法과 현인 정치

공자가 '현재의 선발'을 주장한 이래 현인 정치는 유가 정치 이상의 중요한 지표 가운데 하나가 되었다. 양한 시기의 통치자들은 기본적으로 덕과 재능을 겸비한 인물을 선발한다는 기준을 지켜왔다. 그런데 한나라 말 삼국 시기에 들어서면서 조조曹操가 '오직 재능에 의한 선발'을 받듦으로써 한대의 전통이 무너졌다. 조씨 위나라 황초黃初 원년(220) 위 문제가 이부상서 진군陳群의 건의를 받아들여 주州, 군郡 지방에 중정관中正官을 설치하고 전문 관료를 선발하면서 아홉 가지 품별九品類에 입각해 선비들을 선발했으니, 이것이 구품관인법이다. 이때의 선발 기준은 여전히 조조의 지도 사상으로 관철했다. 구품의 설치는 "인재의 우열을 따지지 세족의 높낮이를 말하지 않는다".[108] 그런데 제왕齊王 조방曹芳 시절 사마씨를 필두로 한 세가대족의 세력이 기승을 부리면서 지방의 중정관들은 거의 세족들의 차지가 되었다. 가세와 문벌이 인재 선발의 유일한 표준이었다. 이로부터 "사족士族과 서족庶族의 품등을 따로 구분하여 나타냈다".[109] 현인 정치의 이상은 일시적으로 문벌 정치가 삼켜버렸다.

서진 초기 이중李重, 유의劉毅 등은 구품관인법의 합리성에 이의를 제기했다. 이중은 말한다. "구품은 혼란 시대에 생겨난 군사 정치 시기의 정책으로 국가 경영에 움직일 수 없는 법도라고 볼 수는 없다. 심지어 금지 사항들에 대한 점검이 제멋대로이고, 형벌 운용이 사실성을 상실하고 있다." 구품으로 선발하는 "폐단이 너무 심하니" 응당 "개혁시켜야"[110] 한다. 유의는 「구품 파기에 관한 소罷九品疏」에서 구품관인법에 체계적인 비판을 가한다. 그는 "위나라가 구품을 도입한 것은 시대를 헤아린 제도였는데 좋은 인재를 얻지도 못했으며 여덟 가지 손실만 입었다"[111]고 주장한다. 개괄하자면 주로 두 가지 폐단으로 정리된다. 하나는 중정관이 권력 핵심을 장악하여 인재를 품별, 선발하는 과정에서 항상 제 마음 내키는 대로 하여 여러 폐단이 생겨났다. "키워주고 싶은 사람에게는 아무것도 없는데도 명예를 주고, 내리치고 싶은 사람은 털을 불어가며 억지로 흠집을 찾아냅니다. 고하는 강약에 따라 달라지고, 시비는 좋아하느냐 미워하느냐에 달려 있습니다."[112] "[승진하려는 자는 뇌물로 청탁했으며, 중정관은] 사적으로 자신에게 주는 것이 있으면 반드시 원하는 것을 얻었으며 아무것도 보답할 것이 없는 사람은 반드시 자리마저 빼앗아버렸습니다."[113] "그 결과 부탁하는 사람은 반드시 현달하고, 도를 지키는 사람은 곤경에 처하게 됩니다. [이런 식의 선발 제도야말로] 국가 혼란의 근원입니다."[114] 둘째로, 구품 유형에 따른 선발은 일종의 인재 억압이다. 유의는 말한다. "관리들은 각자 다른 일을 하게 되며, 사람들은 각자 다른 능력을 가지고 있습니다. 제 능력에 맞으면 성공하고 제 능력과 맞지 않으면 실패합니다."[115] 그런데 지금의 선사選士 제도는 "아홉 등급을 범례 삼아" 사람들의 실제 재능을 따지지도 않을 뿐만 아니라 인재들의 실제 직무 효율을 따져 조사하지도 않으니 적절한 사람을 선발하지 못하고 있다. "품에 따라 사람을 골라 뽑으니 혹 재능이 뛰어나지 못한 사람도 있고, 형세에 따라 사람을 골라 뽑으면 본래의 품에 제한을 받습니다." "[이러한 현상은] 품

으로 능력을 헤아리지 못하게 [만들고 있으며] 높은 직무 능력을 보임에
도 여전히 낮은 품에 있는가 하면, 관에 아무런 공적이 없음에도 높은 순
위로 매겨지곤 합니다. 이는 실제 공적을 무시하고 헛된 명성만을 부추기
는 꼴입니다."116 조정에서는 이런 폐단에 경각심을 잃고 중정관에게 그냥
"일국의 중책을 위임"한 채 "상벌을 통한 방비"를 전혀 하지 않고 있으며,
중정관들은 직권을 이용하고 지방의 문벌 세가와 '당파'를 결성하여 위
아래로 손잡고 주, 군에 횡행하며 무엇 하나 거리낌 없이 행동하고 있다
고 유의는 주장한다. 구품관인법이 다년간 실시되면서 "상품엔 한미한 가
문이 없고, 하품엔 세족이 없는"117 국면이 만들어졌다. 그는 중정관들이
"위로 군주를 속이고, 아래로 인륜을 어지럽히며" "직명은 중정이지만 사
실은 간악한 부서"118라고 비판했다. "[구품 제도는] 풍속을 파괴하고 교
화에 아무 도움이 안 됩니다. 고금의 실패 가운데 이보다 심한 경우는 없
었습니다." 그는 중정관을 혁파하고 구품을 제거하여 "위씨의 잘못된 법
을 버리고 일대의 아름다운 제도를 수립할 것"119을 힘써 주장했다. 유의
가 얼마나 상세하게 통감하고 있었는지를 잘 알 수 있다. 그 후 위관衛瓘,
반악潘岳 및 남조 양나라의 심약沈約, 배자야裴子野 등도 구품관인법에 이의
를 제기하고 혁파를 요구했다. 그리고 고대의 향거이선鄉擧里選120 제도의
회복을 주장했다. 하지만 이런 의견들이 군주에게 받아들여지지는 않았
다. 그 원인을 따져보면 확실히 양진 및 남조의 세족 세력이 대대로 쇠퇴
하지 않았다는 데 있다. 구품관인법이야말로 문벌 귀족들이 자신의 권력
과 이익을 수호하는 제도적 보장이었는데 어떻게 쉽게 혁파한다는 말을
하겠는가. 하지만 더욱 중요한 것은 유의 등이 이 제도의 폐해를 알고 있
으면서도 그것을 대신할 새 제도를 제시하지 못했다는 사실이다. 역사의
발전은 언제나 새로운 것이 수립됨으로써 옛것을 제거하게 된다. 구제도
에 대한 비판자의 인식이 제아무리 깊다고 한들 구제도를 대신할 새로운

방안을 마련하지 못한다면 그 비판의 실효성은 제한적일 수밖에 없다.

그런데 다른 한편에서 볼 때 유의 등의 구품관인법 비판은 현행 제도에 대항하는 논리이며 인식론적으로 부정적 의미를 지니고 있다. 이에 대응하여 현인 정치를 희구하는 정치적 외침이 날로 고양되었다. 산간山簡은 말한다. "예로부터 흥망성쇠는 사실상 관료의 손에 달려 있었다. 인재를 얻기만 하면 모든 사물이 잘 다스려진다."[121] 완종阮種은 말한다. "현명한 사람이 아니면 천명을 이어받아 사물을 다스리거나 나라와 집안을 편안하게 만들 수 없다." 따라서 제왕이 업적을 쌓으려면 "명철한 사람을 뽑아 각자 능력에 맞는 일을 맡기는 것이 가장 우선이다. 재능에 맞게 관직을 맡겨 직무상 공을 세우도록 하면 만기가 모두 잘 다스려지고 뭇 관료들이 소홀히 하지 못할 것이다."[122] 극선郤詵은 말한다. "현명한 사람이야말로 천지의 기둥이며 사물을 품별하는 핵심이다." 군주가 능히 현인을 알아보고 이용하여 관직에 맞는 사람을 얻게 되고, 일이 순서를 얻게 되고, 사물이 마땅함을 얻게 된다면 "낳고 또 낳아 풍성하게 우거지고 인재의 공급이 충분하여 세상이 화락할 것이다."[123] 그들이 보기에 현자야말로 "천지의 기둥이고 정치 교화의 근본으로" 천하를 다스리고, 이상적 질서를 수립하고, 이상 정치를 실현시키는 관건이었다. 역사가 벌써 검증을 해주었다. "문왕은 많은 현사로 주나라의 기틀을 다졌으며, 환제桓帝, 영제靈帝는 무수한 내시에 둘러싸여 한나라를 망쳤다. 나라의 흥망이 이로 말미암지 않는 경우가 없었다."[124] 그러니 현자만 자리에 있으면 반드시 국태민안하게 된다. 통치 계급의 정치적 기대와 이상을 현자의 몸에 기댄다는 생각이야말로 전형적인 현인 정치사상이다.

현인의 선발과 임용 등에 관해서도 정치 이론가들은 여러 논의를 전개했다. 진군陳顀은 현인을 선발할 때 실상을 상세히 관찰하라고 주장한다. 그는 지적했다. "인재 선발 실패"의 주요 원인은 "헛된 명성을 앞세우고 실질 사무를 뒤로 밀기 때문이다. 쓸데없는 경쟁을 치열하게 하면서 서로 서로를 천거하는데 일과 관계없이 말이 무성한 자가 먼저 현달하고, 추천이 가벼운 자는 나중 차례가 된다"[125] 우예虞預는 이렇게 생각했다. "세상에 뛰어난 인물이 적지 않으니 구하면 들일 수 있는데", 관건은 현인을 천거하는 데 출신을 가리지 않고 원한을 따지지 말아야 한다. "쓸모가 있으면 원수든 신분이 천한 사람이든 반드시 천거해야 한다."[126] 남조 송나라의 주랑周朗도 "재능이 있다고 알려진 사람이면 계급의 제한을 두어선 안되고, 연령을 따지지 말아야 한다"[127]는 의견을 냈다. 그 밖에 유식劉寔은 「숭양론崇讓論」을 써서 이렇게 주장했다. 세상에 현명하고 재능 있는 사람이 없는 주요 원인은 사람들 상호 간의 경쟁이 치열하여 양보할 줄 모르고 끝내 "현명한지 어리석은지 분간도 못 하는" 지경에 이르렀기 때문이다. 그는 양보의 도를 번창시켜야 한다고 주장한다. "양보의 도가 흥하면 현명하고 능력 있는 사람이 날마다 추천을 받게 될 것이다. [그러면] 지극히 공정한 천거가 스스로 이루어진다."[128]

양진 남북조 시기의 현인 정치 이상은 "인재가 있으면 정치가 살아나고 인재가 사라지면 정치도 망한다"[129]는 유가 전통 사상을 이어받은 것이었다. 드러난 외형만 보면 이 이상은 마치 정치 생활에서 인간의 주체적 지위를 드러내주는 것처럼 보일 수도 있다. 이른바 "사람이 정치를 넓히는 것이지, 정치가 사람을 넓히는 것이 아니다"[130]라는 말처럼. 그런데 사실 군주 전제라는 조건하에서 소위 '현인'은 군주의 충신에 다름 아니다. "사람이 정치를 넓힌다"의 확실한 함의는 현능한 신하가 군주 전제의 봉건 왕조를 위해 온 힘을 다한다는 것이다. 역사상 총명한 제왕들은 언제나 사람을 다스리는 것을 힘들어했지 사무 처리는 한가했다. "사람을 버리고 정치에 힘쓰면 아무리 부지런한들 무슨 이익이 있겠는가?"[131] 이 의미에서 보면 "사람이 정치를 넓힌다"는 말이 구현하는 그 사람의 '주체

정신'은 그저 공허한 오해에 불과하다. 실제 정치 생활에서 사람과 정치의 관계는 완전히 군주에 의해 결정되지 사람 그 자체의 문제가 아니다. 남조 제나라의 최조사崔祖思는 말한다. "현인이 있음에도 알지 못하고, 현인을 알면서도 쓰지 못하고, 현인을 쓰면서도 맡기지 못하고, 현인에게 맡기면서도 믿지 못하는 것, 이 네 가지는 고금 공통의 걱정거리다."132 양진 및 남조의 제왕들은 다른 시대의 제왕과 마찬가지로 지현知賢, 용현用賢의 대권을 자기 수중에 장악했으면서도 여전히 "고금 공통의 걱정거리"를 피하기 어려웠던 것이다. 따라서 이 시기의 정치 상황 또한 다른 왕조와 별 차이가 없었다. 즉 한편으론 거현擧賢, 용현의 논의가 조정에 가득하면서, 다른 한편으론 권력 쟁탈과 관료 사회의 알력 및 청산되지 않은 관리들의 부패가 보편적이었다.

법치와
'육형肉刑 회복 논의'

양진 및 남조의 통치자들이 한대 유학의 전통을 승계했다고 하여 법
치를 배척했다는 의미는 아니다. 사실상 법치 문제에 있어서 그들은 거
의 한나라 왕실 제도의 '양유음법陽儒陰法'133 정신을 더욱 깊이 체득하고
있었다. 『한서』 「형법지刑法志」에는 다음과 같은 구절이 있다. "집안에 회초
리를 없애선 안 되고, 국가에 형벌을 폐지해선 안 되며, 천하에 정벌을 중
지시켜서는 안 된다. 그것을 사용하는 데 본, 말이 있고, 그것을 실행하
는 데 역逆, 순順이 있을 따름이다. 공자는 '장인이 맡은 일을 잘하려면 반
드시 먼저 연장을 예리하게 간다'고 말했다. 문덕文德은 제왕의 예리한 연
장이며, 위무威武는 문덕을 보조한다."134 이 구절은 사실 한 왕실 '문무의
도' 즉 법치와 예제덕화禮制德化 관계에 대한 기본 개괄이다. 법치는 군주
정치에 없어서는 안 될 필수품이다. 『진서』 「형법지」는 후한의 강통江統의
논의를 특별히 기술하여 이 의미를 매우 명확하게 그려내고 있다. "군주
의 도는 인의가 중심이다. 인은 사람을 사랑하는 것이며, 의는 정무를 처
리하는 것이다. 사람을 사랑하므로 응당 해독을 제거해주고, 정무를 처리
하므로 응당 난을 없애주어야 한다. 그래서 오제는 유배, 사형, 추방, 시살

의 형벌을 두었고, 삼왕은 대벽大辟, 각기劓肌[135]의 형벌을 두었다. 이를 통해 해독과 혼란을 제거하려는 것이었다."[136] 양진 및 남조의 통치자들은 바로 이러한 사상의 전승하에서 법치를 바라보았다. 관념상 "율령律令이란 정무를 처리하는 날줄이며 만기를 아우르는 씨줄이다."[137] "국가 경영의 본체는 형전을 숭상하고 분명히 하는 데 있다."[138] "옛 성왕은 조정에 임해 정무를 처리하며 멀리 사악함이 싹트는 것을 방지하고 깊이 간사함이 번지는 것을 틀어막고자 고민했는데, 법리에 입각해 교화를 성공시키지 않는 경우가 없었고 형벌과 상을 분명히 하여 공을 이루지 않는 경우가 없었다."[139] "각종 금지 명령이 실행되는 것이야말로 나라를 다스리는 관건이다. 그러니 천하의 통치 수단은 상벌일 따름이다."[140] 실제 정치 활동을 하면서 그들은 율령을 모아 편찬하여 "형벌 헌장을 크게 밝혔다."[141] 형률의 조문과 격식을 수식 정돈함으로써 주요 정치 수단의 하나로 삼았다.

양진 및 남조 통치자들의 법치 사상을 총괄하면 주로 다음 세 가지 문제가 사람들의 이목을 끌었다. 예와 법의 관계, 법의 공정성, '육체형 회복에 대한 논의' 등이 그것이다.

예와 법의 관계에 관해서는 선진 유가들도 분명히 논의한 바 있다. 한대 유생들은 선배들의 주장을 받아들여 예를 중심으로 삼고, 법을 보조로 삼는 정치의 표준 양식을 확립했다. 이른바 "상을 주고 형벌을 가하는 것은 다른 일이면서 같은 효과를 낸다. 모두 왕자가 그로 말미암아 덕을 완성하는 것이기 때문이다."[142] "교화는 그것에 의지하여 통치하는 것이며, 형법은 그것으로 통치를 보조하는 것이다."[143] "형벌이 덕을 보조함은 음이 양을 돕는 것과 같다."[144] 유학이 정통으로 존중받으면서 예와 법은 실제 정치와 사상 관념에 있어서 매우 빠른 속도로 서로 융화하게 되었다. 한대엔 '『춘추』결옥春秋決獄'이 있었으며, 유학 경전의 대가들의 『한율

漢律』에 대한 풀이와 해석이 이미 보편적인 현상으로 자리 잡았다. 예컨대 『진서』 「형법지」엔 『한율』을 위해 장구를 지은 숙손선叔孫宣, 곽영경郭令卿, 마융馬融, 정현鄭玄 등 10여 사상가가 "수십만 언을 지었다"고 쓰여 있다. 이 러한 융화와 추세는 법치 사상이 이미 한대 유학의 중요한 구성 요소가 되었으며, 관념적으로 법률 제도가 예의와 전장 제도를 강조하는 유학의 부속물로 존재하게 되었음을 드러낸다. 따라서 양진 및 남조의 통치자들 이 법치 문제에 관해 격렬한 쟁론을 벌였으며 수많은 조치를 내렸다고는 하나, 이 모든 것이 한대 유학의 전통에서 벗어난 것은 아니었다. 진나라 사람 양예楊乂의 「형례론刑禮論」은 예법 관계에 관한 이 시기의 기본적인 인 식을 대표한다.

양예는 음양오행, 사시지정四時之政을 예와 법에 대응시킨 동중서의 논 증 방식을 계승하며 이렇게 주장한다. "예와 형의 근본은 음양을 날줄과 씨줄로 삼으며, 하늘과 땅의 이치를 본받은 것이다. 선왕은 이것으로 백 성을 교화하고 만물을 다스리며 국가를 흥하게 하는 좋은 정치를 베풀 었다."[145] 예와 법은 모두 음양의 조화로 만들어졌으며 근원은 하나의 이 치에서 나왔다. 다만 구체적인 형식이 다를 뿐이다. "만물은 본래 하나인 데 변화하면서 다른 형태를 갖게 되었다."[146] 따라서 음과 양이 상호 교감 하고 작용하는 것과 마찬가지로 예와 형도 피차를 긍정하고 서로를 용납 한다. "예는 양보에서 생겨나고 형벌은 다툼에서 생겨난다. 양보란 자신을 덜어 남에게 주는 행위인데, 이 경우 형벌이라면 자신에게 가해지는 것일 테고 예라면 다른 사람에게 더해지는 것이리라. 다툼이란 타인의 것을 빼 앗아 자신을 높이려는 행위인데, 이 경우 형벌이라면 타인에게 가해지는 것일 테고 예라면 자신에게 베풀어지는 것이리라. 이렇게 볼 때 양보라고 하여 순수한 예일 수 없고, 다툼이 순전히 형벌일 수 없다."[147] 구체적으 로 형벌이나 상을 주는 과정에서 형벌은 악한 사람에게는 형벌이 되지만,

선한 사람에게는 상을 주는 의미가 된다. 그 반대의 경우도 마찬가지다. "상을 주어서 선을 권장함은 악한 자를 징계하는 효과가 있다. 징벌을 해야 할 일이 있으면 또한 형벌로 처리한다. 형벌을 주어 악을 징계함은 선을 권장하는 효과가 있다. 권장할 일이 있으면 또한 예로 처리한다."148 이런 의미에서 보면 예제덕화와 법치는 동일한 치도의 두 가지 측면 혹은 두 가지 표현이다. 양자는 서로 의존하므로 "형벌이 없으면 예도 단독으로 베풀어질 수 없다."149 양예는 형과 예 모두 천하를 다스리는 데 반드시 거쳐야 할 길이라고 생각했다. 피차간 영욕을 같이하며 둘 사이를 이간하거나 한쪽에만 치우쳐 선택하려는 그 어떠한 시도도 그는 상상할 수 없었다. "큰 도가 피폐하면 형과 예 모두 어지러워지며, 큰 도가 행해지면 형과 예 모두가 흥한다. 둘이 결합하지 않은 채 성공한 경우는 아직 없었다."150 '한 왕실은 스스로 제도를 갖추었다'는 한 선제의 장담이 있은 뒤부터 예제덕화禮制德化와 법치형상法治刑賞은 군주 정치가 의존하는 두 개의 수레바퀴가 되었다. 집권자들이 각자의 필요에 따라 어떤 간판을 내걸었든지 상관없이 이 두 수레바퀴는 어느 한쪽으로도 치우칠 수 없었다. 반드시 동시에 운전을 해야 군권의 공고화와 질서의 안정을 보증할 수 있었다. 양진 및 남조의 통치자들은 한 왕실 치도의 내면을 깊이 이해하고 있었다. 그들은 예제 교화를 강조하는 동시에 법치 또한 중시했다. 「형례론」의 출현은 이 시기 통치자들의 정치적 성숙도를 잘 보여준다.

　한말 이래 사회 동요는 여러 방면에서 혼란을 야기했는데, 그 가운데 하나가 법치이다. 유송劉頌은 말한다. "근세 이래 법이 점점 여러 경로에서 나오고 명령이 심히 불일치한다. (…) 관리들은 어느 것을 지켜야 할지 모르고 백성은 무엇을 피해야 할지 모른다. 간악한 무리는 법이 여러 경로에서 나오는 것을 이용하여 부정을 저지른다. (…) 그래서 같은 일에 해석이 다르고 옥사가 불공평하여 법이 크게 어그러지고 있다."151 웅원熊遠은 말한다. "군대가 흥기한 이래 법도가 쇠패했다. 일을 처리하는 데 율령을 사용하지 않을 정도였다. 경쟁적으로 명령에 복속하고 사람마다 다른 논리를 세웠으며, 물정을 왜곡시킨 법 적용을 일삼는 등 큰 범례를 망가뜨렸다."[152] 법치의 혼란은 이치吏治의 파괴를 가중시켜 통치자의 불안을 야기했다. 사람들은 법치 질서를 수호하고 법의 공정성을 제고해야 한다고 분분히 주장하고 나섰다. 구체적으로 말하면 다음 세 가지 방면의 주장이었다. 첫째, 법제의 통일과 안정성을 강화하여 법의 권위를 높인다. 유송은 당시 보편적으로 존재하는 '법이 여러 경로에서 나오고' 정부 명령이 불일치하는 현상을 지적하며 법제의 통일을 요구한다. "군주가 세상과 더불어 같이 지켜야 할 것이 법이다. 이미 사해에 명령을 내렸으면 불신하도록 가르쳐선 안 된다. 이제 천하 사람들이 업신여기지 않기를 바라면서 불신不信하는 법으로는 엮을 수는 없다."[153] 어떻게 해야 '신信'을 드러내어 법의 권위를 높일 수 있는가? 관건은 법률의 조문에 의거하여 법제의 선후 순서를 지키도록 하는 데 있다. "법률로 단죄하려면 어떤 경우든 응당 법에 입각한 율령과 정문正文으로 해야 한다. 정문이 없으면 명례名例[154]에 의거하여 결단한다. 정문이나 명례로 처리할 수 없는 일은 어떤 경우든 더 이상 논의하면 안 된다."[155] 유송은 특별히 강조한다. "법률의 조문이든 법을 지키는 법관이든 오직 율령을 받들어 사용해야 한다."[156] 법률 규정 내에 속한 사항으로 서로 인식을 달리한 경우는 논쟁하여 "이에 다른 논리를 얻을" 수 있다. 이와 반대로 법규를 넘어서는 절대로 안 된다. "이제 법조 부서의 낭郎, 영令, 사史로 제한을 두어 다른 의견이 있으면 반박하도록 하되 오직 판결을 정확히 하기 위한 법률 해석에 대한 논의여야 한다. 법률 외에서 구원을 청해서는 절대로 안 된다."[157] 둘째, 군주와 신하 모두 법을 지키되 감정으로 법을 어지럽혀선 안 된다. 유송은 말한다. "법은 반드시 받들어져야 한다. 그래서 명령의 주체는 법조문을 지켜야 한다." 그는 이렇게 주장한다. "군주가 너무 세세하면 정치가 거칠고, 군주가 약속을 잘 지키면 사물이 잘 정리된다'는 옛말이 있다. 세세함이란 다른 것이 아니다. 선을 다한다면 법이 무너지므로 정치가 거칠어진다."[158] 필요하다면 군주는 구체적 상황에 근거하여 "정공丁公을 주살한 고조의 행위처럼"[159] '권력의 결단權斷'을 내릴 필요가 있음을 인정한다. 그러나 이것은 특수한 필요가 있을 경우다. 그렇지 않을 경우 "제멋대로 의견을 내어 논의를 망치지 않도록 해야 한다. 나머지 사람이 모두 율령에 따라 일을 한 연후라야 법은 아래 백성에게 믿음을 사며, 사람들이 듣고 현혹되지 않으며, 관리들의 농간이 허용되지 않으니 정치를 잘한다고 말할 수 있다".[160] 여남왕汝南王 양亮은 이렇게 생각했다. "단죄를 하는 듯 안 하는 듯 하며, 언제나 경중을 제멋대로 하면 왕의 법이 일치되지 않아 사람들이 어찌할 바를 모르게 됩니다. 백성을 관찰하고 교화를 베푸는 것은 주상의 행위에 달려 있으며, 법조문을 지키고 법을 올곧게 집행하는 것은 신하와 관리들의 몫입니다." 그리고 "문하 삼공에 속하는" 사람은 "법을 지켜 일을 처단함에 있어 기왕 법이 정립되어 있는 것이면 절대로 법 밖의 작은 선으로부터 무엇을 구해서는 안 됩니다. 만약 선을 장려해 법이 권위를 잃는 일이 잦으면 사람들은 선을 좇고 법의 금지를 꺼리지 않게 될 것이니 그 해로움이 법이 없는 것보다 심할 것입니다"[161]라고 주장했다. 웅원도 "사사로운 감정으로 정해진 법의 권위를 무너뜨려선 안 된다"[162]고 지적했다. 그는 감정으로 법을 무너뜨려 "인사의 길을 열어주고 사사로운 청원의 실마리들을 넓혀주는 것은 선왕 입법의 본뜻이 아니라"고 생각했다. 전문적인 법률을 제정하여 "이의를 제기하는 사람들로 하여금 모두 율령과 경전에 입각하여 논의토록 하고 절대로 사적인 감정으로 말하지 못하도록 할 것이며, 오직 준거에 의존하여 오랜 법전을 어그러뜨리게 하지 말라"[163]고 요구했다. 셋째, 법 집행은 공정하게, 형은 신중하고 가볍게 한다. 서진의 무제는 조서에서 "교화를 일으키는 근본은 정치가 공평하고 소송이 합리적이냐에 달려 있다"[164]고 여러 차례 지적했다. "법이란 이 세상의 올바름을 취한 것이니 친척이든 귀족이든 피하지 않고 집행해야 한다."[165] 동진의 명제도 다음과 같은 조칙을 하달했다. "국왕이 이용할 수 있는 것은 오직 상과 벌뿐이다. 상을 줄 때는 이치에 맞아야 하며, 벌을 줄 때는 정확한 정황에 근거해야 한다. (…) 벌과 상이 마땅하여 적절히 이루어졌다고 동의해야 한다. 그런데 지금 응당 상과 벌을 시행해야 할 일이 모두 이상하다. 상이 무겁게 출발되는지 의심스럽고, 벌이 가볍게 출발하는지 의심스럽다."[166] 남조 송나라 하승천何承天은 이렇게 주장한다. "덕을 밝히고 벌을 신중히 함으로써 주 문왕은 백성을 동정했다. 옥사를 논의하여 사형을 완화시킴으로써 『주역』「중부中孚괘」는 백성에게 은택을 내리고 있다." 그는 군주가 단안을 내릴 때 정으로 백성을 동정하라고 요구한다. "옥사는 정에 의한 단죄가 중요하니 의심스러우면 가벼운 처결을 해야 한다."[167] 남조 제나라 공치규孔稚珪는 말한다. "이제 법률 조문이 정해졌으면 반드시 그것을 사용해야 한다. 사용함에 공평성을 잃으면 법률이 없는 것과 다름이 없다."[168] 최조사도 말한다. "상은 풍성한데 의미가 있지 않고 균등하지 못함이 근심이다. 벌은 무거움에 의미가 있지 않고 부당하지 못할까 걱정이다."[169] 이러한 인식은 이론적으로 한나라 초 공양학의 '원심논죄原心論罪'와 선진 법가들의 '입법위공立法爲公' 및 '신상필벌' 등 대체로 기존 학설을 벗어나지 않으며, 독창적인 견해 같지는 않다. 다만 법의 통일성과 공정성 제창은 필경 정치 이성이 구현된 것이다. 공적인 일을 평계 삼은 사사로운 행동, 제 마음대로 집행되는 상벌, 탐관오리의 법 농간, 고문을 통한 간악한 행위 등 실제 존재하는 현상들과 비교해볼 때 이는 확실히 통치 집단 가운데 냉철한 두뇌와 풍부한 이상을 소유한 사람들을 대표한다고 하겠다. 그들의 인식과 주장이 법치의 혼란 현상을 진정으로 개혁시키는 데 얼마나 작용을 할 수 있었는지는 확답하기가 어렵다. 그러나 두 가지 점은 긍정할 만하다. 하나는 일반적으로 보았을 때 이러한 인식이 사회 일반 구성원의 기본 이익에 부합된다는 점이다. 둘은 그들이 진정으로 관심을 둔 것은 왕조의 공고화나 군권의 안위였다는 점이다. 바로 이것이 법치의 공정성을 애써 외친 그들의 출발점이자 귀결점이었다.

법치의 실제 효력을 높이기 위해서는 '법이 여러 경로에서 나옴'으로 인해 야기되는 "사람들이 가볍게 법을 어기고 관리들이 쉽게 사람을 죽이며, 관리고 백성이고 모두 잘못하여 법이 전혀 구속력을 갖지 못하는" 현상을 철저히 바꾸어야 한다. 양진 및 남조의 통치자들은 또 육형肉刑[170]을 회복하는 문제에 대해 진지하고도 격렬한 논쟁을 벌였다.

'육형 회복 논의議復肉刑'의 시작은 양진에서 비롯된 것이 아니다. 『한서』 「형법지」 기록에 따르면 한나라 초 "율律 9장을 지었는데" "형벌을 드물게 사용했으며", 문제 재위 때는 "천하에 교화를 행했으므로" "형벌이 크게 줄어 400차례 옥사를 단행했음에도 형법을 갖추되 사용하지 않는 풍조가 있었다".[171] 문제 13년엔 "육형을 없애라"는 조칙을 하달했다. 승상 장창張蒼과 어사대부 풍경馮敬의 건의를 받아들여 "비형을 받을 자는 태笞[172] 3백으로 하고, 왼 발목을 잘리는 형을 받을 자에겐 태 500으로 했다".[173] 이렇게 하여 "백성의 부모로" 생명을 사랑하는 천자의 덕을 드러냈을 뿐만 아니라 범죄를 징계할 수도 있었다. 그러나 태형이 과중하여 형을 받은 사람들 "대다수가 죽어나갔다". 육형을 장형, 태형으로 바꾸어 "겉으론 형벌을 가벼이 했다는 이름을 얻었으나 실제론 사람을 죽이는 것이었다".[174] 그 후 후한, 삼국 시대에 이르기까지 육형을 회복하자는 건의가 수시로 제기되었다. 예컨대 후한 말년에 "이때 천하가 혼란하여 백성의 삶이 붕괴될 형세를 맞자 형벌이 더 이상 악을 징벌하는 작용을 못 했다. 이에 탁월한 재주를 지닌 저명한 유생들로 옛 요동태수 최식崔寔, 대사농大司農 정현鄭玄, 대홍려大鴻臚 진기陳紀 등이 모두 육형을 회복해 시행해야 한다고 주장했다".[175] 그 뒤 조조가 권력을 장악했을 때 "상서령 순욱荀彧은 널리 백관을 찾아다니며 그 제도를 회복시키고자 했다".[176] 선양을 받아 즉위한 조비曹丕와 제왕齊王 조방曹芳의 정시正始 연간에 이르러서도 종요鍾繇, 하후현夏侯玄, 이승李勝, 정밀丁謐 등이 '육형 회복 논의'를 했다. 양진 시대에 들어와 육형에 관한 토론은 갈수록 빈번해졌다. 서진 초엽 정위廷尉 유송은 "육형을 회복해야 마땅하다고 자주 발표했다".[177] 동진 시대에 정위 위전衛展이 육형 회복 논의를 처음 제창한 이래 논의는 일장의 격렬한 논쟁을 불러일으켰다. 그 밖에 환현桓玄 집권 시기에도 육형 문제에 관해 토론을 벌인 적이 있다.

양진 시기의 토론을 살펴보면 육형 회복을 주장한 사람들은 주로 다음 세 가지 이유를 강조했다. 첫째, 육형을 회복하지 않으면 "폭력과 범죄의 금지"가 어려워진다. 유송은 말한다. "지금 사형이 너무 무거워 비명에 간 사람이 많으며, 사형 이외의 형벌生刑이 너무 가벼워 범죄가 그치지 않는다. 그렇게 된 까닭은 육형을 사용하지 않기 때문이다."[178] 당시 형벌을 받을 사람의 집안이 부유한 사람이면 '재물 헌납'을 통해 "그날로 풀려 집으로 돌아가" 징벌을 피한다고 그는 질타했다. 반면 가난한 사람은 "산과 계곡에서 노역에 시달리다 굶주림과 추위에 몸을 다쳐 (…) 죽지 않겠다는 생각을 가진 사람이면 모두 도적이 되어" 그 결과 "도망자가 날로 늘어가며 도적이 날로 번거롭다"[179]고 한다. 다시 육형을 시행해야만 '생형'의 위협 작용을 제고시킬 수 있으며, '범죄 금지'에 유리하다는 것이다. 조지曹志는 "엄형으로 치죄하면 범죄자가 적으나, 형벌이 가벼우면 쉽게 범죄를 저지르고 악을 행하는 자가 많아진다"[180]고 주장한다. 육형은 사형에 비교하면 가벼우나 장형, 태형에 비해선 무겁다. 범죄를 응징할 수 있을 뿐만 아니라 '생명을 해치지'도 않는다. 백성이 금지할 바를 알게 되므로 가장 적절한 "이른바 서로를 구제해주는 중요하고 항구적인 법"[181]이 된다. 둘째, 육형은 "악을 저지르는 수단을 제거할" 수 있다. 범죄자로 하여금 평생 경계하게 만들어 형벌로 형벌을 없애는 효과에 이를 수 있다. 유송은 말한다. "성왕께서 육형을 만든 것은 원대한 깊은 이치가 있었다. (…) 베이고 깎이는 고통을 두려워하도록 징벌하여 범죄를 저지르지 못하게 할 뿐만 아니라 악을 저지르는 수단을 제거하여 범죄인들로 하여금 다시는 그런 뜻을 품지도 못하게 만들었다."[182] 도망자는 발목을 베고, 도둑질한 사람은 손을 자름은 "범죄를 그치게 근본을 끊어버린다"는 말이다. 그리고 "육체에 형벌을 가해 평생 경계로 삼음으로써"[183] 사람들로 하여금 "두려워 다시는 법을 어기지 않도록" 하는 것이었다. 그래서 "악을 제거하기 위한 발본색원으로 이보다 더 좋은 방법은 없다"[184]고 말한다. 왕도王導, 하순賀循, 기첨紀瞻 등은 육형이 사람들로 하여금 "조석으로 경계하게 하여 형벌받은 사람은 악의 영원한 고통을 부르짖게 되고, 악한 사람은 발꿈치를 베인 영원한 폐인을 목도하게 되므로 충분히 두려워하게 될 것이라"[185]고 생각했다. 조지도 육형은 "보는 사람으로 하여금 금지할 바를 알게 만들며, 죄를 밝히고 악을 드러내 충분히 두려워하게 만듦으로써" 사람마다 두려움과 공포를 갖게 되므로 아무도 감히 법을 시험하려 들지 않을 터이니 끝내 "형벌로써 형벌을 멈추게 하는"[186] 경지를 실천하게 된다고 말한다. 셋째, 육형은 생명을 사랑하는 통치자의 덕을 드러내주며 군주를 위해 사역 대상들을 보전시켜준다. 왕도, 하순, 기첨 등은 육형이 "태곳적에 시작하여 삼대에 이르기까지 명철한 성왕들이 한 번도 바꾼적이 없었다"[187]고 주장한다. 그들은 "육형을 없애라"는 한 문제의 정책에 반대했다. "겉으론 형벌을 가벼이 했다는 이름을 얻었으나 실제론 사람을 죽이는 것이었다"는 반고의 단언에도 동의하지 않았다. "이제 대 진나라가 중흥을 함에 옛 법전을 받들어 회복시키고, 모든 것을 옛 규정에 따르고, 천년 동안 막혀 있던 의를 일으켜 생명의 위험에 처한 수많은 유민을 구해야 하니" "마른 뼈에 새 살을 돋우는" 것처럼 육형을 회복하여 "은혜로 세상의 조화를 꾀함이 어찌 아름답지 않은가!"[188]라고 생각했다. 왕은王隱은 말한다. "도적 무리 수족의 일부를 절단할 뿐이니, 이는 생명을 사랑하고 악을 미워하기 때문이다. 도적들을 모두 죽인다면 이는 살생을 좋아하고 생명을 미워하는 것이다. 사지의 일부 절단을 가혹하다고 말하면서 머리를 베는 것을 더 잔학하다고 말하지는 않으니 얼마가 괴이한가!"[189] 백성의 입장에서 보면 육형은 군주의 은혜를 나타내는 것이다. 반드시 죽어야 할 자에게 생로를 풀어주기 때문이다. 군주의 입장에서 보면 육형을 시행하여 "사지 일부를 자른 뒤 형벌 규정에 따라 사역시키면 백성을 잃지 않음이며, 백성 하나도 버리지 않고 쓰는 것이니 부국강병이란 이를 일컫는 말이다".[190] 조협趙協, 설겸薛兼도 말한다. "성상께서 갈 곳 없이 허물어진 유민들을 불쌍히 여기시고, 범죄를 저질러 죽을 지경에 놓인 무수한 사람에게 사형 대신 발꿈치를 베는 월刖형을 행하도록 하여 사형수들의 생명을 보전시키신다면 국내의 모든 백성이 갱생의 은택을 입을 것입니다."[191] 이렇게 육형으로 사형을 대신하는 것이야말로 "참으로 지극한 성왕의 덕"이라는 이야기다.

육형 회복에 반대하는 사람들은 이들과 첨예하게 대립했다. 그들은 육형 회복의 폐해가 이익보다 크며, 진정으로 '폭력과 범죄를 멈추게 할' 수 없을 뿐만 아니라 오히려 더욱 큰 혼란을 야기할 것이라는 주장을 고수했다. 주의周顗, 조언曹彦, 환이桓彝 등은 형벌 형식은 시대적 특징에 따라 변화해야 한다고 지적한다. "형벌의 경중은 시대에 따라 만들어진다. 그 시대 사람들의 범죄가 적고 위엄을 쉽게 드러낼 수 있으면 가벼운 형벌로 너그럽게 처리해야 한다. 그 시대 사람들의 범죄가 많고 위엄을 세우기 어려우면 마땅히 형벌을 강화하여 그들을 구제해야 한다. 육형은 응당 태평시대에 세워야 하는 법으로 폐단을 구하기엔 적절하지 않다."[192] 오늘날처럼 난세를 만나 "성왕의 교화가 이제 막 시작되는" 때는 간악한 무리가 "끝없이 잘못을 저지르고 있다". 이런 간악한 범죄를 저지르는 자들의 "목을 베고 교수형에 처해도 여전히 멈추지 않고 있다". 그런데 만약 육형으로 사형을 대체한다면 "악을 저지르려는 자들에 대하여 가볍고 너그러운 형벌을 주는 것이므로 범죄를 저지르는 사람이 더욱 많아질 것이다. 이는 가벼운 형벌이 사람들을 더 많은 범죄로 유인하는 셈이어서 고통으로 몸을 더욱 상하게 만드는 일이다."[193] 결과적으로 반드시 "형벌을 받는 사람이 더 많아질 것이고, 잘못을 저지르는 사람이 날로 늘어날 것이며, 용踊[194]값은 뛰고 보통 신발값은 싸질 것이며, 코가 있는 사람이 오히려 추해 보일 것이다."[195] 이 점에 있어 그들은 육형의 회복이 "형벌을 가벼이 했다는 이름만 있을 뿐 실제로는 악을 조장하는 근원을 열어줄 것이라"[196]고 주장하며 반고의 관점을 중복했다. 공임지孔林之는 말한다. "한나라 문제는 어질고 슬픈 뜻을 발하여 스스로 새로워질 길이 어디에 있는지 찾아내지 못했다. 옛 제도를 개혁하여 새 제도를 만들어 형조刑厝[197]라 불렀으나 가벼이 했다는 이름뿐 실제로는 엄중하여 오히려 백성을 더욱 다치게 만들었다."[198] 그는 또 "형벌은 세상에 따라 가볍기도 무겁기도 하다"는 『서경』의 말을 인용하여 시대에 따른 형법의 운용을 주장했다. "오제는 서로의 법을 따르지 않았다. 육형을 모두 회복해서는 안 된다."[199] 그 밖에 채곽蔡廓도 법제는 "반드시 시대에 따라 만들어져야 한다"고 주장한다. 육형은 사회 풍조가 순박할 때만 사용될 수 있다. 지금처럼 "말세의 경박함과 거짓이 판을 치고 법망이 두루 빽빽한데 (…) 평생 힘든 노역을 해도 범죄를 그치게 할 수 없는데, 경黥형, 의劓형을 한다고 하여 어찌 선으로 돌릴 수 있겠는가. 비참한 아우성만 있을 뿐 세상을 구제하는 데 아무런 도움도 되지 않는다."[200]

양진 시대 통치자들의 육형 문제에 대한 상호 공방은 실질적으로 육형의 실시가 적절하느냐 여부와 소기의 법치 효과를 얻어낼 수 있느냐 여부에 의견 차이를 보인 것이지 육형 자체가 합리적이냐 아니냐에 차이를 보인 것이 아니었다. 후한 말년에 공융孔融은 육형의 회복에 반대하면서 이렇게 질타했다. "은나라 주紂왕이 아침에 물을 건너는 사람의 정강이를 자르니[201] 온 세상이 무도하다고 말했다. 9주의 장관인 1800명의 지방 군주가 각자 한 사람의 발꿈치를 벤다고 하면 천하에는 1800명의 주왕이 있는 셈이다. 이렇게 하면 세상의 아름다운 화합을 구하려 한들 절대로 얻어질 수 없을 것이다."[202] 공융은 육형과 폭군폭정을 하나로 연결시키고 있다. 공융의 인식과 비교해볼 때 육형에 관한 양진 시기의 논의는 그저 인식론상의 후퇴일 뿐이다. 이 시기에 논변하던 쌍방 모두 "육형의 설치가 옛날 명철한 왕으로부터 시작되었음"[203]을 인정하고 있다. 육형 자체는 본래 비판할 것이 못 된다. 다만 반대자들이 시세에 적합하지 않고 육형의 시행이 정치에 도움이 되지 않으며 오히려 해가 된다고 생각했을 따름이다. 육형을 이용해 사람의 지체를 해치는 것을 통치 질서를 수호하는 수단으로, 사람들을 어육으로 삼아 전제 통치자가 마음대로 재단하도록 만들었다고 하자. 그렇다면 논변하는 쌍방의 주관적 소망이든 반고의 말처럼 "본래 백성을 온전하게 만들고자 한 것"[204]이든, 이 주관의 배후에 존재하는 야만, 잔혹성 및 피비린내를 더 이상 덮을 수 없었을 것이다. 양조 및 남조 통치자들의 '육형 회복 논의'는 우리에게 다음과 같은 생각을 하게 해준다. 즉 정치 질서가 일단 강권과 폭력의 상호 연계를 필요로 하게 되면 응당 있어야 할 정치이성은 실제 조작 과정에서 완전히 밟혀버리고 끝내 정치 혼란의 길을 가게 된다.

양진 및 남조 시기 유가 정치사상의 전승은 덕치, 인정, 절검, 화이론 등으로 나타나기도 했다. 하지만 전체적으로 볼 때 핵심은 한대 유가의 둥지를 벗어나지 못했다. 이 시기 유가 사상의 역사적 지위는 세상의 주목을 끈 현학이나 불교, 도교에 크게 못 미쳤다. 그러나 주의를 기울여야 할 점은 선양, 예제, 군신, 법제 등 문제에 대한 토론에 참여했던 사람이 모두 통치 집단의 중요한 구성원이거나 군주 본인이었다는 사실이다. 이는 유가 사상 및 그 정치 원칙들이 여전히 통치 계급들에 의해 치국평천하의 기본 방침이자 정책 근거로 받들어지고 있었다는 표시다. 바로 이 점에서 그것들이 한, 당 유가 정치사상의 지속적인 발전을 위한 교량 역할을 했다고 볼 수 있다.

제 2절
북위北魏 통치
집단 치국 사상의 유학화

위진 남북조 시대 북방 선비鮮卑족 탁발부拓跋部가 중원에 들어와 통치하며 황하 유역에서 봉건 왕조를 건립하더니 점차 북방을 통일하여 남조인 송宋, 양梁과 대치하는 형세를 이루었다. 탁발부는 본래 유목 민족으로 생산 방식과 문화가 중원 지역에 뒤졌으나 무력은 강성하여 전쟁에 대단히 능했다. 서진西晉 말년 영가永嘉의 난205 이후 군대를 이끌어 중원 지역을 소탕하고 평성平城(오늘날의 산시성山西省 대동大同)에 도읍을 정하여 국호를 위魏라 했다. 역사에서는 이를 북위北魏라 부른다. 탁발부의 귀족 통치자들은 무력에 의지하여 "중원을 차지할" 수는 있었으나 통치 경험이 부족했다. 정권을 공고히 하고 한족 지역을 효과적으로 통치하기 위하여 그들은 풍부한 통치 경험과 정치 지식을 가진 한족 사인士人을 이용하거나 의지할 수밖에 없었다. 도무제道武帝 탁발규拓跋珪로부터 시작하여 북위 통치자들은 한족 사인을 대규모로 초빙했다. 『위서魏書』「태조기太祖紀」의 기록에 따르면 도무제가 "처음 중원을 개척하면서 사인들을 거두는 데 마음을 써 사대부들이 군문에 오기만 하면 어리든 나이가 있든 가리지 않고 모두 들여서 접견했다. 매우 상세하게 질문을 던지고 사람들은 온 힘을 다하여 대답했다. 작은 능력이라도 있으면 모두 등급 순서로 임용되었다."[206] 한족 사인과 사대부들의 전적인 협조로 북위 통치 집단은 국가의 봉건화를 이룬 동시에 통치 사상의 유학화를 완성했다.

북위 전기 통치자의
유가 정치사상에 대한 찬동

여기서 북위 전기라 함은 386년 탁발규가 대왕代王을 승계하여 국호를 '위'로 바꾼 때로부터 헌문제獻文帝 탁발홍拓跋弘 황흥皇興 5년(471)까지 약 80년의 역사를 가리킨다. 이 시기는 북위 통치자들이 이제 막 중원 지역에 발을 디디고 처음 창업을 한 때라 수많은 일을 처리해야 했다. 북방을 통일하는 전쟁 중에, 그리고 왕조의 기강을 마련해가는 과정에서 그들은 한족 통치 계급의 정치 경험을 대량으로 흡수했다. 한대의 유학은 본질적으로 선진 유가 정치사상과 전한 통치 계급의 정치 경험이 이성적으로 응축된 것이었다. 이 때문에 북위 통치자들은 유학과 유생에 깊은 관심을 나타냈다. 그들의 통치 사상은 선명한 유학화 경향을 보였는데 주로 다음 네 방면에서 분명히 드러났다.

한족 사인 및 사대부의 광범한 임용

선비 탁발부는 북부 변경에 살았지만 중원의 한족 문화가 낯설지 않았다. 도무제 이전 몇 대의 통치자들은 벌써부터 유학의 정치적 가치를 깨닫고 있었으며 유학에 통달한 선비들을 십분 존중하여 언제나 그들을 불러 쓰려고 시도했다. 이를테면 대군代郡 사람 연봉燕鳳은 "학문을 좋아하여 널리 경사經史를 꿰뚫고 음양, 참위에 밝았는데", 소성제昭成帝 십익건什翼犍이 "줄곧 그 명성을 듣고는 예로써 모시고 오라고 사람을 보냈다."[207] 그런데 연봉이 초빙에 응하지 않자 십익건은 "여러 군대에게 대代 성을 포위하도록 명령하고는" "연봉이 오지 않으면 내 너희를 도살하겠노라"고 큰소리를 쳤다. 연봉이 부득이 초빙에 응하자 "손님의 예로 그를 맞은" 뒤 좌장사左長史로 임용하여 "국가 대사에 참여, 결정토록 했다."[208] 중원으로 남진한 뒤 도무제는 유생이 무인에 비교할 바 아니라는 것을 더욱 절실히 느꼈다. 무인은 정권을 세우고 강토를 넓히는 데 없어서는 안 되지만, 국가를 통치하고 관리하려면 반드시 대량의 유생과 사인을 임용해야 한다고 생각했다. 그는 명사의 선발에 주의를 기울여 최현백崔玄伯, 이효백李孝伯 등을 모두 수하로 불러들여 중임을 맡겼다. 또한 광범하게 사인들을 선발하여 "상서랑尚書郎 이하로는 모두 문인을 임용했다."[209] 그 후 사인의 중용은 거의 제도로 정착되었다. 예컨대 명원제明元帝 탁발사拓跋嗣는 영흥永興 5년(413) 2월 "사관을 나누어 파견하여 각지의 준걸을 구하도록 하고, 명문거족으로 주州, 여閭 단위로 추천이 있고 문무의 재능을 갖추어 각종 의문을 능히 해결할 수 있는 자나 선현의 후예, 덕행이 맑고 아름다운 자, 학업이 우수하고 뜻이 넓은 자, 사람들의 스승이 될 만한 자가 있으면 다 경성으로 불러들여 재능에 따라 순서대로 임용하여 여러 정무를 이끌도록 하라는 조서를 내렸다."[210] 태무제太武帝 탁발도拓跋燾는 신가神䴥 4년(431) 9월 범양范陽의 노현盧玄, 박릉博陵의 최작崔綽, 조군趙郡의 이령李靈, 하간河間의 형영邢潁, 발해渤海의 고윤高允, 광평廣平의 유아游雅, 태원太原의 장위張偉 등 명사들을 선발해 입경시키라는 조서를 내렸는데, "온 사람이 수백 명으로 모두 차례에 따라 순서대로 임용되었다."[211] 북위 통치자들은 중원에 발을 디딘 후 정치 형세의 변화와 통치 방법의 전환에 뚜렷한 인식을 갖고 있었다. 이를테면 탁발도는 북방의 무장 할거 세력을 평정한 뒤 거듭 이렇게 표명했다. "병사와 군마가 할 일이 없으면 이제 무를 제쳐두고 문을 닦아 태평의 교화에 따라야 한다. [그러려면] 폐지했던 직무를 손질하고 달아난 백성을 거두어야 한다. (…) 신새벽부터 생각하느니 나를 보좌해줄 스승을 만나고 싶다. 은나라 왕 무정武丁이 판축板築을 꿈꾸었지만[212] 이보다 더하지는 않았을 것이다."[213] 이런 말도 했다. "짐은 거짓을 없애고 폭란을 평정하려 토벌에 임한 지 여러 해 동안 뛰어난 현인을 얻어 치도를 빛내고 싶었다. 그러니 주군에 조서를 내려 숨은 인재를 발굴해내고 준걸을 천거하도록 하라."[214] 그들은 한족 사인이나 사대부를 국가를 다스리는 지지대로 여겨 특별히 예로써 대우하라고 강조했으며, 주군 지방에서 강제로 "핍박하여 파견하지" 못하도록 하고 "임의로 진퇴하도록" 시켰다. 조칙에 응하는 자는 "순서를 기다리지 말고 천거하고, 문무의 재능에 따라 정무를 맡기도록"[215] 했다. "태평의 교화"를 실현시키는 데 사인들이 아니고는 불가능함을 그들은 깊이 깨닫고 있었기 때문이다. 북위 통치자들은 확실한 재능을 갖춘 사람을 국가의 기둥으로 삼아 의지했다. 예컨대 최현백은 도무제를 도와 국명을 정하고, 의례 제도와 율령을 제정하여 "태조의 깊은 신임을 받았다. 그 위세가 조정을 좌지우지할 정도였다."[216] 그의 아들 최호崔浩는 세 조정의 중신이 되어 명원제 때에는 "언제나 그와 더불어 군사와 국가의 사무를 도모하며 깊은 총애를 받았다". 태무제는 "여러 상서尚書에게 칙령을 내려 '군사 및 국가의 큰 정책을 경 등이 결정할 수 없거든 모두 최호에게 먼저 자문을 구한 뒤 시행토록 하시오'라고 일렀다".[217] 또 태무제는 이효백을 '천리구千里駒'라고 부르며 "군사 및 국가의 기밀을 맡기고 친히 깊은 총애를 보였다. 아주 비밀스러운 일들을 논의했는데 그 시대 사람들은 아무도 그걸 알 수 없었다".218 북위 통치자들이 사인을 중용한 것은 그들의 권력 기초가 넓어져 중원 선비들이 북위 왕조를 전력으로 떠받들었음을 의미한다. 또한 그들의 정치 경험과 지식을 재빨리 보완하여 비교적 짧은 기간 내에 오래 축적된 한족 통치 계급의 치국 방법을 자신들의 정치 지도 사상 안으로 융합시킴으로써 정치이성과 통치 능력을 높여 중원 지역에 착실히 발을 내릴 수 있게 되었음을 의미한다.

한 왕실 제도를 모방한 제도, 의례의 완비

선비 탁발부 문화는 낙후했으나 자기 민족 나름의 제도와 의례를 갖고 있었다. 그런데 한나라 문화와 접촉하고 교류하면서 날로 깊이 빠져들더니 차츰 한 왕실 제도 가운데 통치하는 데 도움을 주는 내용을 흡수하기 시작했다. 이를테면 『위서』「관씨지官氏志」는 "남쪽의 중원과 교류를 잘하여 여러 가지를 고치고 창조했다"219고 말한다. 소성제 십익건은 건국建國 2년(339) "처음 좌, 우근시左右近侍라는 직책을 설치하여 고정된 인원수 없이 어쩔 때는 백여 명에 이르렀는데 궁정 안에서 당직을 서거나 조서 명령 등을 알리거나 전달했다". "또 내시장內侍長 네 명을 두어 고문 역할을 하게 했는데, 가벼운 사항들에 대해 왕에게 응대했다. 오늘날의 시중侍中, 산기상시散騎常侍와 같았다."220 하지만 이 시기 탁발부의 제도와 의례 대부분은 여전히 부락제의 내용을 보존하고 있었다. 예컨대 "여러 지방의 잡다한 사람들이 귀의해 오면 언제나 그들을 '오환烏丸'221이라 불렀으며, 각자 인구의 많고 적음에 따라 추장酋長, 서장庶長으로 칭했다. 남북부로 나누고 다시 이부대인二部大人을 두어 그들을 통섭했는데 (…) 옛날의 이백二伯과 같았다."222 도무제 탁발규는 국호를 바꾼 뒤 통치의 필요로 인해 제도와 의례를 대규모로 고치기 시작했다. 황시皇始 원년(396) 9월 "처음 대성臺省[223]을 건립하고 백관을 설치하여 공, 후, 장군, 자사, 태수 등을 봉했다."[224] 천흥天興 원년(398) 가을 7월엔 "평성平城으로 천도하여 처음 궁전을 짓고 종묘를 건설하고 사직을 세우기 시작했으며", 8월에는 "유사에게 조서를 내려 봉기封畿를 바르게 하고, 가까운 성 밖에 교전郊甸[225]을 마련하고, 경술經術을 바로잡고, 도리를 드높이고, 오권五權,[226] 오량五量,[227] 오도五度[228] 등 도량형을 공평히 비교하여 확정하도록 했으며", 11월에는 "조칙으로 상서 이부낭중吏部郎中 등연鄧淵에게 관제를 정비하고 작위품급을 수립하고 작곡 기준인 율려律呂[229]를 정하고 음악을 맞추도록 했으며, 의조낭중儀曹郎中 동밀董謐에게 교묘郊廟, 사직, 조근朝覲, 향연의 의례를 짓도록 했으며, 삼공낭중三公郎中 왕덕王德에게 율령을 정하고 금지계율을 분명히 하도록 했으며, 태사령太史令 조숭晁崇에게 혼천의渾天儀를 만들어 하늘의 상을 고찰하도록 했으며, 이부상서 최현백에게 이 모두를 총괄하여 결재하도록 했다."[230] 북위 통치자들은 한 왕실 제도에서 관작 제도를 그대로 옮겨왔을 뿐만 아니라 의례 방면에서도 한대 유생들의 오덕종시설五德終始說을 전적으로 받아들였다. "상서 최현백 등은 토덕土德에 따라 의복은 황색을 숭상하고, 숫자는 5를 쓰며, 미未시에 조祖제사 진辰시에 납臘제사를 지내고未祖辰臘,[231] 제사 희생은 흰 색을 쓰며, 다섯 방향 교외 제사를 통해 기운을 맞고,[232] 때에 맞는 명령을 시달토록 이끌고, 백성의 농사철을 받들어주고, 하력夏曆 정월[233]을 행하자고 주청했다." 천흥 2년(399) 봄 정월 갑자甲子일에 "처음으로 남교에서 상제에게 제사를 지냈다."[234]

한대의 제도 및 의례는 일종의 문화 현상으로 정신적 주체는 유가 문화가 응집된 것이었다. 특히 종묘, 사직, 봉기, 교전, 율려 음악, 조근, 향연, 복색 등 방면에 유가의 정치적·윤리적 가치 준칙들이 더욱 깊이 관통되어 있었다. 북위 통치자들은 이 제도와 의례를 전면적으로 받아들이는 동시에 유가의 정치적·윤리적 준칙들을 인정하고 흡수했다. 사상, 관념과 비교해볼 때 제도 및 의례는 더욱 명확한 규범성과 질서 성향을 갖추고 있다. 북위 통치 사상의 유학화 촉진 과정에서 제도 문화는 더욱 직접적이고 지속적인 영향력을 발휘했다.

유학 교육 보급 노력

한대 유학은 한나라 통치 계급의 정치 지도 사상이었다. 상서庠序 등 학교 교육은 통치 인재를 배양하는 핵심 과정이었다. 북위 통치자들은 유학의 정치적 가치를 분명하게 인식하여 유학 교육을 대대적으로 제창하고 보급해나갔다. 도무제 탁발규는 처음 중원을 평정하고 "하루도 여유로운 시간을 갖지 않고 도읍 건설을 시작하고 경술을 앞세워 태학을 건립하고 오경박사와 생원 1000여 명을 두었다".[235] 천흥 2년(399) "『오경』 모든 책에 각각 박사를 두도록 처음 명령을 내리고, 국자國子 태학 생원을 3천 명으로 늘렸다".[236] 10여 년이라는 짧은 기간 안에 북위의 유학 교육은 벌써 규모를 갖추게 된 것이다. 그 후 명원제 탁발사는 "국자를 중서학中書學으로 바꾸고 교수, 박사를 세웠으며", 태무제 탁발도 시광始光 3년(426)에는 "성 동쪽에 별도로 태학을 일으켰다".[237] 그러나 이 시기 유학 교육은 제한적으로 수도에서만 이루어졌다. 주, 군의 지방 학교는 아직 회복되지 않고 있었다. 헌문제 탁발홍은 즉위하자마자 바로 이 문제 해결에 착수하여 이런 조서를 내렸다. "학교가 세워지지 않은 시일이 오래 지났소. 도는 쇠패하고 학업은 무너져 『시경』 자금子衿의 탄식[238]이 오늘에 다시 보이고 있소. 짐이 왕통 대업을 계승하여 팔방이 안정되었는데, 옛 전례를 상고하여 군국에 학관을 두어 학업을 닦도록 하면 어느 정도 성취할 듯하오." 그리고 중서령 고윤高允에게 "중中, 비祕 두 성省에서 들은 바를 잘 논의하라"[239]고 명했다. 탁발홍은 향학鄕學의 가능성에 대한 자문을 구하는 데 뜻이 있었다. 고윤은 물론 그 의미를 잘 이해했다. 표를 올려 "대업을 엮으시는 데 반드시 教教·양養을 우선으로 삼아야 하며, 모든 일을 국가 경영의 대법에 따라 하고 또한 문덕에 힘을 쓰셔야 한다"[240]고 상세히 말했다. 역대 사적이나 전범이 "유술을 돈독히 하여 업적을 이루길 권장하고 학문을 소중히 하여 도를 돈독히 하지 않는 경우가 없었다"고 하면서, "마땅히 성지를 받들어 학교를 세워 풍속을 교정해야 할 것이며, 선왕의 도가 이 정부에서 빛을 발해야 할 것이며, 왕성한 소리가 사해에 널리 알려져야 할 것"[241]이라고 주장했다. 그리고 구체적인 건의 사항들을 제기했다. "조상님들도 이를 따랐으니 군국에 학교가 세워진 것은 이로부터 시작했다."[242]

북위 통치자들은 유학을 보급하는 과정에서 먼저 교육받을 사람들을 충당하고 우선적으로 유학 경전을 연구하고 학습하게 했다. 도무제는 평성에 도읍을 정한 뒤 박사 이선李先에게 물었다. "천하에 어떤 책이 가장 좋으며 사람의 정신과 지혜에 도움이 되겠소?" 이선이 대답했다. "오직 경서가 있을 따름이지요. 삼황오제의 정치 교화 전적으로 왕의 정신과 지혜를 보완해줄 수 있습니다."[243] 탁발규는 "이에 제도를 천하에 반포하여 경적을 차츰 모아들이게 하니"[244] 그로써 황제가 관람할 수 있게 되었다. 또 천흥 4년(401) 겨울에는 "박사 유생을 모아 여러 경전의 문자들을 본뜨고 서로 비슷한 내용들을 정리시켜 4만여 글자로 만들어 『중문경衆文經』이라 불렀다."[245] 북위의 황태자는 학교에 들어가지는 않았지만 보통 전문 사부師傅를 임명하여 유학 경전을 전수받았다. 황제 또한 자주 명유들을 초청하여 "경전을 강의하도록 들었다". 어떤 황제는 학문적 성취를 이루기도 했다. 예컨대 명원제 탁발사는 "예를 다해 유생들을 사랑하고 사전史傳 열람을 좋아하여 유향劉向이 편찬한 『신서新序』『설원說苑』에 경전의 정의가 많이 빠져 있다면서 『신집新集』 30편을 짓기도 했다. 경전과 사서에서 선택하고 옛 의미에 합치시키는 등 문무의 자질을 두루 갖추었다."[246] 이 밖에도 북위 황제들은 자주 경전을 인용하며 조칙 명령을 작성했다. 유학적 신조의 표명이 이미 북위 통치자들의 정책적 근거이자 시비의 표준이 되었던 것이다.

북위 왕조의 권력 주체는 선비족의 군사 귀족들이다. 그들 중 상당수는 특권과 지위의 상실을 우려하여 유학을 막으려 들었다. 이 때문에 태무제는 이런 조칙을 하달했다. "요즘 들어 군대나 국가에 일이 많음에도 문교가 펼쳐지지 않아 풍속이 정돈되지 못하고 있으니 천하에 모범적 법도를 보여야 하리라. 이제부터 왕공 이하 경사卿士에 이르기까지 모두 자식들을 태학에 오도록 제도화하라."[247] 이렇게 적극적으로 유학 교육을 창도하고 넓힐 결심을 밝혔다. 몇 대에 걸친 북위 제왕과 사대부들의 노력하에 북위 통치자들은 유가 정치사상과 그 문화의 세례를 받으면서 유학화의 노정을 가속화했다.

유도儒道 치국의 제창

북위 통치자들이 유학을 받드는 표식 가운데 하나는 공자를 스승으로 존중하는 것이었다. 시광 3년(426) 2월, 태무제 탁발도는 "국학에서 공자를 제사지내고 안연顔淵을 배향하라"[248]는 조서를 내렸다. 황흥 2년(468) 헌문제 탁발홍은 "중서령 겸 태상太常인 고윤을 파견하여 옥폐玉幣를 받들고 동악東嶽 태산에 제사지내고 태뢰太牢[249]로 공자 제사를 모시도록 했다."[250] 북위 통치자들이 빈번히 공자의 기치를 치켜든 것은 유가 학설이 이미 모종의 권위를 지니게 되었다는 예시다. 그것은 국가의 지도 사상과 원칙 및 각종 정책에서 드러났다. 북위 통치자들은 적극적으로 유가의 도로 치국하고 예의와 덕치를 시행하자고 제창했다. 도무제 탁발규는 천흥 3년(400) 12월의 조서에서 이렇게 강조했다. "도와 의야말로 정치의 근본이며, 명예나 작위는 정치의 말절이다."[251] 그는 명예나 지위만 좇고 도덕을 경시하는 당시의 정치 풍토를 보면서 치국하려면 "덕을 숭상하고 명예를 낮게 여겨야 한다"고 주장했다. 주나라 말, 진나라, 한나라에 난이 생긴 것은 통치자들이 "덕을 버리고 사치를 숭상했으며" "아랫사람이 윗사람을 깔보았으며" "여러 관직의 질서가 무너져 적절한 사람을 임용하지 못했기" 때문이다. "그래서 충의의 도가 소침해지고, 염치의 절조가 피폐했으며, 겸양의 풍토가 끊기게 되었다."[252] 이를 해결하기 위해 "성패의 이치에 대해 진지하게 생각하고, 치란의 이유를 세밀히 살피고, 은나라 주나라의 실패를 거울삼고, 진나라 한나라의 폐단들을 개혁한다면 치세에 가까워질 것이다."[253] 이러한 도무제의 인식은 대표성을 지니고 있다. 그 후 몇 대의 군주는 모두 '상덕尙德'을 국가 통치의 기본 정치 원칙으로 삼았다. 한대의 덕치는 효도에 치중했는데, 그 영향을 받아 북위 통치자들도 덕치 원칙의 기초 위에서 다음 두 가지를 특히 강조했다. 하나는 효치孝治이고, 다른 하나는 예제禮制 등급이다. 전자는 태무제 탁발도 신가 3년(430) 5월의 조서에 보인다. "무릇 선비는 집안에 있을 때는 반드시 효도하고, 조정에 나서면 반드시 충성해야 한다. 그런 뒤에야 몸이 그 시대의 영화를 누리고, 명성을 후세에 드날릴 것이다."[254] 문성제文成帝 탁발준拓跋濬 태안泰安 원년(455) 6월엔 이런 조서를 내렸다. "부모에게 불효하고 존장에게 순종하지 않고, 관리로서 간포하고 도적질을 하는 사람은 각각 그 이름을 전부 보고하라. 비호하고 감추는 자는 은닉죄를 물으라."[255] 후자는 문성제 화평和平 4년(463) 12월 조서에 보인다. "명예와 지위가 같지 않고 예의 또한 방법이 다르다. 그래서 등급의 차이에 따라 의례도 다른 것이다. 요즘 상례, 장례, 혼례를 치르는 데 대례가 미비하여 세력 귀족과 부호들은 도를 넘겨 사치하고 있다. 이는 전장 제도를 빛내는 일이라

할 수 없다. 관리들은 이에 관한 법규를 만들어 귀천을 표시하고 상하 전체에 질서를 지워 명령에 따라 분명히 드러나도록 하라."256 이런 조서도 내렸다. "혼인이란 인도의 시작이다. 부부간의 의로움이며, 삼강의 머리로서 예 가운데 이보다 중요한 것은 없다. 당연히 존비와 고하를 구별 지어야 할 일이다. (…) 요즘 귀천이 구분되지 않고 큰 일, 작은 일을 같이 꿰고 있으며 더러운 것이 깨끗한 것으로 바뀌는 등 인륜을 훼손하고 있다. (…) 이제 황족, 사부師傅, 왕공, 후백 및 사민의 집안이 기능공, 재인광대, 천한 성씨들과 혼인하지 않도록 제도화하고 이를 범한 자는 죄를 더하라."257 유가의 전통적 충효예제를 치국 방침으로 삼을 수 있었던 것은 북위 통치자들이 유학화 과정에서 내디딘 중요한 발걸음이었음에 틀림없다.

구체적인 정책 방면에서 유도儒道 치국은 주로 다음 두 가지 항목으로 드러났다. 첫째는 세금을 관대하게 하고 농업을 중시하는 것이었다. 북위 통치자들은 중원의 주인이 된 뒤 한나라 왕조의 전통적 정책 원칙인 농본주의를 계승했다. 일련의 조치들을 취하여 농업 생산을 보장하고 추동했다. 이를테면 영흥 3년(411) 2월 명원제 탁발사는 궁인들을 골라 궁 밖으로 내보내 "남자는 밭을 갈고 여자는 베를 짜는" 농업 생산을 중시한다는 사실을 보여주었다. 그는 이렇게 말했다. "먹고 입는 것이 풍족해야 영광과 오욕을 안다. 사람은 굶주림과 추위가 자신과 밀접한 관련이 있으니 오로지 조석으로 그걸 구제할까만 걱정한다. 급한 일은 따뜻하고 배부르게 하는 일이다. 무슨 겨를이 있어 인의의 일에 신경을 쓰겠는가? 국왕의 교화가 많이 그르친 것은 대부분 이 때문이다. 남자는 밭을 갈고 여자는 베를 짜 내외가 서로 돕지 않으면 어떻게 집집마다 넉넉할 수 있으리오. 궁에 꼭 있어야 할 필요가 없거나 마땅한 재능을 갖추지 못한 궁인들을 골라내고 나머지는 모두 내보내 홀아비 백성과 짝을 지어주도록 하라."258 태무제 탁발도 연화延和 3년(434) 2월에는 수년 동안 여러 세금으로 농업이 피폐해져 "백성의 빈부가 고르지 못하고 집집마다 넉넉하지 못하며 추위와 가난 때문에 자신도 추스르지 못하는 사람도 있다"는 이유로 세금을 감면하라는 조칙을 하달했다. 그는 말한다. "이제 사방이 법도에 따르고 군대도 어느 정도 편안해졌으니 마땅히 요역과 부세를 너그럽게 하여 백성을 쉬도록 해주어야 하리라. 주, 군, 현에 명령을 내려 빈부를 심사한 뒤 3급으로 나누라. 부자는 현상대로 부세를 과하고, 중간층은 2년을 면제해주고, 아래 빈곤층은 3년을 면제하도록 하라."[259] 태연太延원년(435)에도 지방 수령들에게 "농사를 권장하고 부세를 고르게 할 것이며, 세 철 온 힘을 기울여 평민들이 모두 성취할 수 있도록 백성을 관리하는 일이 가장 시급하다"는 조칙을 하달했다.[260] 태평진군太平眞君 4년(443)엔 "백성의 부세를 3년간 면제하라"는 조서를 내리고, 특별히 책임지도록 "목사나 군수들로 하여금 각자 온 정성을 다해 다스리고 농업, 잠업을 권면하되 헛된 세금 징발을 윤허하지 않는다"[261]는 명령을 하달했다. 공종恭宗 탁발황拓跋晃[262]할 때는 소가 없는 농가에 인력과 소의 노동을 서로 바꾸어서 하라는 명령을 내려 가축 노동력 부족을 해결하려 한 적이 있고, 또 "음주, 잡희 및 본업을 버리고 장사에 나서는 것을 금하여 전답 개간이 크게 늘기도 했다."[263] 헌문제 탁발홍은 처음 즉위하자마자 "여러 가지 잡다한 세금을 통일해 백성에 부과하라"[264]는 명령을 내렸다. 이런 조치는 사회적 생산을 발전시키고 정치를 안정시키는 데 확실히 유리했다. 문성제 탁발준은 바로 이렇게 말하고 있다. "적은 세금은 분명히 재화를 충실하게 만들었고, 가벼운 요역은 백성의 힘을 풀어주었다. 백성에게 자기 업무에 열중하도록 하니 사람들이 결핍하지 않을 수 있었다."[265] 유가의 '농본'과 '휼민' 정신을 잘 구현한 것이다. 둘째, 관리들을 다스리고 현명한 사람을 임용하는 것이었다. 북위 통치자들은 유가의 도를 치국의 목표로 삼아 "백성이 집집마다 넉넉하게 살고 예의를 부흥시키고

자 했다". 그런데 지방 수령 대다수가 그럴 만한 인물이 못 되었다. 황제의
은덕을 널리 선양하고, 백성의 숨은 아픔을 동정하고, 국가와 더불어 근
심하지 않고 거꾸로 백성을 학대하고 "심지어 백성의 재산을 침탈하기까
지 했다".[266] 그리하여 북위 통치자들은 두 방면의 조치를 취했다. 하나는
관리들을 다스리는 일이요, 다른 하나는 현인을 임용하는 일이었다. 태
무제 탁발도 태연 원년(435) 관리들을 다스리라는 조칙을 하달했다. 인사
고과를 강화하고 "자사는 우열을 분명히 시험하여 간악한 관리들을 억
퇴시키고 올곧은 현량들을 승진시켜 연말이면 고과를 뽑아 위로 보고할
것"[267]을 요구했다. 문성제 탁발준은 상벌을 강화하라고 확실히 명령했다.
태안 4년(458) 주목州牧, 군수郡守가 "황제의 은덕을 선양시키지 못하고, 한
없이 탐욕을 드러내고, 관방 물건을 절취해 자기 수중에 집어넣고 (…) 백
성에게 죄를 뒤집어씌우는" 현상 등에 직면하여 탁발준은 이렇게 규정했
다. "지금부터 정액의 세금을 충당하지 못하거나, 백성의 생업을 불안하
게 만드는 대민관리 부서의 무리를 죽을죄로 징치하라."[268] 다음 해 9월
또 이런 조칙을 내렸다. "공이 있는 자에게 반드시 포상하고, 죄지은 자를
자세히 살펴 형벌을 가함은 예나 오늘이나 같으며 출처가 분명한 상규다.
주목, 군수가 백성의 재산을 침탈하여 집안 사업을 운영하거나 왕부의
세금을 충당하지 못하면 임기가 다 찼더라도 직위를 없애고, 논의를 거쳐
체포하여 죄형을 바르게 집행하라."[269] 주목, 군수 중 "제멋대로 요역을 시
키거나, 규정에 없는 강제 고용을 하거나,"[270] 세금을 거둔다는 명목으로
"백성에게 금품을 임대하도록 강요함"으로써 폭리를 취하는 자는 모두 극
형으로 다스리라고 했다. 북위 통치자들은 백성을 해치는 관리들을 엄격
하게 징치하는 것 외에도 어진 관리를 선발하는 데 진력했다. 신가 원년
(428) 태무제 탁발도는 "천하의 수령 대다수가 불법을 저지르고 있으니 충
성스러운 현량을 정선하여 모두 대체하도록"[271] 하라며, 분명히 이렇게 선

언했다. "짐은 거짓을 없애고 폭란을 평정하려 토벌에 임한 지 여러 해 동안 뛰어난 현인을 얻어 치도를 빛내고 싶었다. 그러니 주, 군에 조서를 내려 숨은 인재를 발굴하고 준걸을 천거하도록 하라."[272] 문성제 탁발준도 말했다. "위정자는 마땅하게 관직을 설치하고 현명한 사람을 뽑아 직무를 맡겨야 한다. 그래야 상하가 화평하고 백성 사이에 원망과 비방이 없다. 간사한 사람이 적절한 사람 대신 관직을 차지하고 있으면 정치 교화는 쇠퇴하고 마침내 주저앉을 것이다."[273] 그들이 보기에 "주목, 군수는 백성을 다스리는 임무를 맡고 있으니 의당 황제의 은덕을 선양해야 하고, 국헌과 전례를 받들어야 하며, 국가와 더불어 근심을 함께해야 한다. 곧은 도로 몸을 바르게 하고 관리 등급에 따라 주거를 엄숙히 해야"[274] 했다. 이런 관리라야 '현賢'이란 글자를 얻을 수 있으며, 통치의 필요에 진정으로 부합한다. 그러나 북위는 혼란한 시대를 계승한 뒤라 관리들 가운데 "자기 개발에 힘쓰는 사람이 드물었고" 게다가 이 시기 관직에 있는 사람들은 봉급도 없었다. 따라서 관리들의 탐욕과 관료 정치의 붕괴는 피할 수 없었다. 하지만 어찌 되었든 관리를 다스리고 현인을 임용하려는 북위 통치자들의 태도로부터 우리는 그들이 인식한 문제의 표준이 덕의, 예제 및 인정이었음을 알 수 있다. 관리를 다스리고 현인을 임용하는 것이야말로 유가의 도로 치국하고 유가 이상 정치를 실현하는 데 중요한 조치였다.

북위 통치자들은 "공이 있는 사람에게 상을 주고, 죄를 진 사람에게 벌을 내리는 것이야말로 국가의 고정 법제이며 잠시도 그만두어선 안 된다"[275]는 사실을 깊이 느끼고 있었다. 따라서 유가의 도로 치국하는 동시에 형률 또한 십분 중시했다. 탁발부는 본래 "예속이 순박하고, 형벌이 소략하고 간결했는데" 전쟁의 필요 때문에 "형벌을 준엄하게 했으며", 심지어 군법으로 민사를 다루기도 했다. 그 결과 "백성이 정부 권력의 해이를 틈타 명령을 어겨 죄를 얻는 자가 수다하여 죽은 자가 만 명을 헤아릴 정도였다".[276] 도무제는 중원을 평정하고 전대의 형벌이 지나치게 준엄했음을 교훈으로 받아들여 "삼공랑에게 제왕의 덕을 보여 지나치게 엄혹한 법을 없애 법령을 약정하고 간단명료함을 존숭하라고 명했다". 이 조치는 민심에 잘 합치하는 것이었다. "벌을 줄 때 반드시 가볍게 처리하니 만백성이 기쁘게 생각했다."[277] 그런데 탁발규 말기에 이르러 "기강이 무너져 형벌이 심각하게 남용되고 혹독했다". 태무제 탁발도는 즉위 후 몇 차례 율령을 개정하여 "중용을 구하려 애썼으며, 나머지 백성에게 불편을 끼치는 조항들은 비교하여 가감했다".[278] 발전 추세로 볼 때 도무제 이후 형률은 가벼워지기도 하고 준엄해지기도 하는 등 교차했지만 주된 흐름은 항상 가벼움과 간결함을 지향했다는 것이다. 이 점은 도로써 치국한다는 유가의 주장에 어느 정도 영향을 받은 것으로 보인다.

이상의 논술을 종합해보면 북위 전기의 통치 사상, 원칙, 정책에 벌써 유가 정치사상을 인정하는 경향을 분명히 드러내고 있으며, 이는 효문제 孝文帝가 효치를 추진하고 한화漢化 개혁을 진행하는 데 받침대가 되어주었다.

효문제의
효치 주장

효문제孝文帝 원굉元宏은 북위 치국 사상의 유학화 과정에서 대단히 중요한 인물이다. 그가 추진한 한화 개혁은 북위 왕조 봉건화의 완성에 결정적인 작용을 했다. 치국 지도 사상과 구체적인 조치를 취함에 있어서 그는 세금 우대, 농업 중시, 예법 제도, 덕치 정책 등의 계승자였다. 그는 기본적으로 이전 몇몇 군주의 사상과 정책을 계승하고 이를 더 진전시켰다. 예컨대 그는 사회의 등급 질서를 대단히 중시하여 존비가 뒤섞이는 현상의 출현을 용납하지 않았다. 태화太和 원년(477) 8월, 이런 조서를 내렸다. "공工, 상商, 조皂,[279] 예隸[280]는 각기 구분을 해야 함에도 관리들이 함부로 풀어주어 사대부들과 뒤섞이는 일도 발생하고 있다. 지금부터 집 안에서 노역에 종사하고 있는 사람은 본부승本部丞에게 보고하고, 그 이하 모두 순서에 준하여 등급을 매기도록 하라."[281] 그리고 관리의 인사 고과에 관해서도 의견을 개진했다. "3년간 공적을 조사함이 옛날부터 통용되어온 원칙이다. 세 번 조사하여 퇴진 혹은 승진시킴으로써 능력 여부를 밝힌다. 지금 세 번 심사를 기다린 뒤 퇴진 혹은 승진시킨다면 물러날 만한 사람은 너무 더딘 것이고, 승진할 사람은 너무 늘어지는 것이다. 그래서 짐은 이제 3년에 한 번 심사하여 시험에 따라 곧장 퇴진시키거나 승진시키고자 한다. 어리석고 꽉 막힌 사람이 현명한 사람을 방해하지 못하도록 하고, 재능 있는 사람이 하위직에 갇혀 있지 않도록 하련다." 그는 또 관리의 치적을 우열에 따라 3등급으로 나누었다. "상상上上은 승진시키고, 하하下下는 물러나게 하고, 중중中中은 본래 임무를 맡도록 한다."[282] 그런데 이런 방침과 조치들은 본래 이전 군주들의 생각을 간단히 중복한 것이거나 조금 복잡해지거나 또는 조금 간략화되었다는 차이가 있을 뿐이다. 전대 군주와 비교하여 효문제의 치국 사상이 갖고 있는 가장 풍부한 특색은 유가 및 공자에 대한 존경과 효치다.

효문제는 유학에 조예가 매우 깊었다. 『위서』 「고조기」에 따르면 그는 "평소 독서를 매우 좋아하여 손에서 책을 놓지 않았으며, 『오경』을 펼쳐 들면 바로 그 의미를 강의할 수 있었으며, 특별히 스승에게 배우지 않고도 정심하고 오묘한 이치들을 탐구했으며, 역사 문헌이나 백가의 사상 모두 섭렵하지 않는 것이 없었다."[283] 그는 배워서 얻은 바를 다른 사람에게 가르쳐주는 것을 좋아하여 뭇 신하와 더불어 유가 경전에 관해 자주 강론했다. 그래서 역사에서는 "옛일을 상고하는 데 밝고, 고대 전적[284]을 독실하게 좋아하여 가마에 앉았거나 안장에 올라 있을 때도 도에 대한 이야기를 잊지 않았다"[285]고 칭송한다. 효문제는 평소 유가의 도를 좋아하여 공자에게 충심으로 숭경하는 감정을 지니고 있었으며 그걸 치도의 하나로 삼았다. 그는 공자에게 빈번히 제사를 지냈으며 이로써 유학의 권위를 확립시켰다. 그런데 이 시기에는 사회적으로 공자를 무격화巫覡化시키는 현상이 매우 심했다. 다음과 같은 묘사를 보자. "공자님은 통달한 성인의 자태를 품으셨고, 나면서부터 모든 것을 아는 역량을 구현하셨으며, 이치를 궁구하고 성품을 다하여 그 도가 사해를 빛내셨다. 그런데 근래 공자님 성지에 발길이 끊기고 사당은 격조하여 제자리가 아니며, 제사

의례는 폐지되고 예법은 진멸된 채 무녀와 요사한 무격들이 음란하게 비례를 저지르고 살생의 춤판을 벌이는가 하면 광대들이 깔보고 가볍게 여기니 이 어찌 신령하고 경건한 성도를 받들고 밝히는 일이겠는가!"[286] 그는 이런 현상을 보고 한편으로 이런 명령을 내렸다. "지금부터 공자묘에 제사를 지내되 규격에 맞는 술과 포만 사용하라. 부녀자들이 뒤섞여 분수에 맞지 않는 소망을 빌지 못하도록 하라. 어기는 자는 규정을 위반한 죄로 논하라."[287] 다른 한편으로 각종 활동을 통해 공자의 신성한 권위를 수립하기도 했다. 연흥延興 3년(473) "조서를 내려 공자 28세손인 노군魯郡의 공승孔乘을 숭성대부崇聖大夫로 삼고 10호를 하사해 청소를 맡게 했다".[288] 태화 13년(489)에는 "서울에 공자묘를 건립했고", 16년(492)에는 "선니宣尼라는 공자 시호를 바꾸어 문성니부文聖尼父라 부르고 공자묘에 시호를 아뢰었으며", 19년(495) 4월에는 "노성魯城에 행차하여 친히 공자묘에 제사를 올렸고 (…) 조서를 내려 공씨 4인과 안顏씨 2인에게 관직을 제수했다". "또 조서를 내려 공자 종가 자제 한 사람을 선발 숭성후崇聖侯에 봉하고 식읍 100호를 내려 공자의 제사를 받들도록 했다."[289] 공자라는 성스러운 깃발이 도무제 때 처음 날리기 시작했다고 한다면, 효문제 시기에는 그 깃발이 북위 왕조의 전당 위에 드높이 걸리게 되었고, 치국 사상의 기본적인 테두리를 규정했다고 하겠다.

효문제는 전대 군주의 유도치국을 계승한 기초 위에서 특히 효치를 중시했다. 그는 유가 윤리의 정치적 가치를 대단히 깊이 깨치고 있어 "효순의 도야말로 천지의 법칙"[290]이라고 인식했다. 효치의 추진이 백성을 순화시키고 사회를 안정시킬 수 있다는 생각으로 각종 조치를 취했다.

첫째, '효제孝悌'를 장려한다. 효문제는 여러 차례 조서를 내려 주, 군 지방에 "힘써 농사를 지으며 효제를 하거나" "효도, 우애하고 덕성이 있고 의롭거나" "효제하고 청렴한" 사람을 조사하여 "명성을 높여준" 뒤 각기 나누어 곡식, 비단이나 관작을 하사했다. 이를테면 연흥 3년(473) 11월에 "힘써 농사를 지으며 효제를 하고, 재능과 그릇이 세상에 유익하며, 신의가 고을에 드러난 사람은 명성을 높여주라는"[291] 조서를 내렸다. 태화 17년과 18년엔 연속으로 조칙을 내려 지방을 조사하여 "효제하고 청렴하며 문무를 갖춘 사람 모두 명성을 높여주라"[292]고 했다. 21년 5월에는 "효도, 우애하고 덕성이 있고 의로우며 문학적 재간이 있는 사람은 모두 우러러보고 뽑아 올리라"[293]는 조서를 내렸다. 이런 활동들을 통하여 효도에 대한 조정의 중시와 찬양을 표명했을 뿐만 아니라 사람들에게 효도를 잘하면 이익이 따라온다는 소식도 전달한 것이다. 이렇게 효도를 숭상하고 실천하도록 사람들을 이끌고 밀었다.

둘째, 노인을 공경한다. 유가 효도의 핵심은 권위에 대한 복종이다. 노인 공경은 곧 이 기본 정신의 일반화이자 세속화다. 효문제는 즉위한 지얼마 안 돼 바로 "수도의 70세 이상인 노인들을 태화전太華殿에 모아 연회를 베풀고 의복을 하사했다". "수도의 노인들을 모아 비단, 의복, 궤장, 쌀, 꿀, 면을 하사하고 집안사람들을 돌려보내고 요역을 시키지 말라는 조서를 내렸다."[294] 그는 여러 차례 지방을 순시하며 경유지에서 나이 많은 사람에게 관작을 하사하곤 했으며, "아들 한 명을 군역에서 빼주기도" 했다. 노인 공경을 나타내기 위해 "변방 군사 지역으로 유배를 간 사람들 가운데 나이가 칠십이 된 사람으로 고단하고 가난하게 홀로 살거나 처첩이 있더라도 자손이 없는 사람, 그와 같은 사람들은 이름을 빼주고 본향으로 돌려보내도록 했다."[295] 태화 16년(492)엔 "위원尉元을 삼로三老로 삼고, 유명근游明根을 오경五更[296]으로 삼았으며 국로國老, 서로庶老[297]를 기르라"는 조서를 내리기도 했다. 그는 조서에서 이렇게 말했다. "천자가 아버지로써 삼로를 섬기고, 형으로써 오경을 모시는 까닭은 만방에 효제를 밝히고 천하에 교화의 근본을 드리우고자 함이다."[298] 삼로 위원은 "사람들이 받들어야 할 것으로 효순孝順보다 중요한 일은 없습니다. 다섯 가지 효와 여섯 가지 순종은 천하에서 가장 먼저 행해야 할 바이니 폐하께서는 그것들을 중시하시기 바랍니다"라는 상소를 올렸고, 오경 유명근은 "효순의 도는 모든 것을 바로잡는 기본입니다. 폐하께서 항상 이를 염두에 두시고 서민들을 구제하시기 바랍니다"[299]라는 상소를 올렸다. 효문제는 삼로, 오경의 설립을 통해 전 사회에 효순의 도를 밝힌 것이다. 그로써 사람마다 모두 효경孝敬의 의의를 이해하고 권위에 복종하는 사회 분위기가 만들어지기를 기대했다. 이 점이 바로 전제 통치자의 정치적 목표였다.

셋째, 불효를 엄히 징계한다. 태화 11년(487) 효문제는 이런 조서를 내렸다. "3000가지 죄악 가운데 불효보다 큰 것은 없다. 그런데 부모에게 불손한 죄를 머리 깎는 형벌 정도로 그치고 있는 형편이다. 이치상 맞지 않은 부분은 다시 상세히 고칠 필요가 있다."[300] 그는 효를 거스르고도 가벼운 벌을 받으면 효도의 신성성이 약해질 것이고 이는 효도의 권위를 세우는 데 장애가 되어 결국 효치의 실행에 불리하게 될 것이라 여겼다.

효문제 본인은 온 힘을 다해 효도를 실천했다. 태화 14년(490) 문명文明 태황태후가 붕어하자 영고릉永固陵에 장사를 지냈는데, 효문제는 "삼년상을 치르겠다며" 강한 의지를 보였다. 문무백관이 "만기를 다스릴 일이 더 중요하니 정치에 힘쓰길 청원하며" 애써 간언하여 효문제는 간신히 이 생각을 접었다. 그럼에도 여전히 "사모하는 슬픔이 면면하여 심신이 혼미하므로 자력으로 친히 정무를 처리하기가 어려움"[301]을 표시했다. 제왕의 몸으로 '삼년상'을 수행하겠다는 뜻을 내비친 예는 중국 고대 사회에서 거의 보기 힘든 일이다.

효문제의 효치 주장은 한대와 비교하여 크게 특별한 것이 없다. 그러나 아무리 "효로써 천하를 다스린 한나라"의 단순한 계승이라 할지라도 그 공적과 의의는 보통 이상이다. 북위의 문화와 정치 풍토는 유목 경제를 기초로 한 것이었으며, 풍속이나 관습도 낙후되었는데 중원 한나라 지역에 입주한 뒤에야 한족의 예악 문명을 광범히 접촉하게 되었다. 효문제의 효치 제창은 주관적으로는 정권을 공고히 하고 질서를 안정시키기 위함이었으나, 객관적으로는 다른 민족의 경제, 문화 및 정치적 융화에 거대한 촉진 작용을 일으켰다. 동시에 유가 정치사상의 북방 전파와 연결에 좋은 조건을 제공해주었다.

제3절

불교의 정치사상

불교는 전한 말의 기록에 분명히 나타나고 있다. 그러나 진정으로 중국에 전파되고 유행한 것은 후한 말이다. 수 왕조의 통일에 이르기까지 불교의 중국 전파 상황은 다음과 같이 소략하게 개괄할 수 있다. 한 말 위魏 초에 처음 들어온 불교는 주로 당시 사회적으로 성행하던 방술方術,[302] 도술 등과 서로 결합하면서 전파될 수 있었다. 무술巫術, 도교 및 불교의 유행은 실질적으로 양한 시기 통치 지위를 점했던 유가 사상이 쇠락한 데 따른 결과였다. 삼국에서 양진兩晉 시기까진 현학玄學이 크게 유행했으며 유가의 명교名敎는 한층 더 쇠미해졌는데, 이에 상응하여 불교의 '의학義學(현학에 기대어 발전한 분야)'과 '교敎'가 상층사회 및 중하층 사회에서 크게 발전했다. 이 시기의 불교는 '방술'의 단계를 벗어났으나, 다시 현학에 의존하고 있었다. 어찌 되었든 불교의 세력은 이전 단계에 비해 큰 발전을 했다. 역경의 수량 면에서든, 명승의 잦은 출현 면에서든, 의리에 대한 이해의 심화 측면에서든 사회에 미치는 영향력으로 볼 때 불교는 벌써 후발대가 윗자리를 차지하는 국면에 접어들었다. 세 번째 단계는 진晉나라 말에 시작되었는데, 이때의 불교는 중국 전통 사상에 대한 의존에서 벗어나 전면적인 발전을 일궈낸 시기다. 정치적으로 보면 불교는 한족 통치자들에 의해 장려되고 제창되면서 거의 국교적인(양梁 무제武帝 때처럼) 성질을 띠었다. 경제적인 면에서도 이 시기에 불교 사찰의 수량이나 승려의 숫자가 크게 늘면서 튼튼한 재정적 보장을 얻었다. 불교 자체로 볼 때도 이 시기는 교리에 대한 이해가 심화되었으며, 역경의 질과 수량이 증가하면서 불교는 현학에 대한 의존에서 벗어나 독립을 하게 되었다. 남북조 시기엔 불교사에서 말하는 '남북 각 학파 사설師說'이 형성되기에 이른다. 동시에 불교의 종교적 조직화 또한 이 시기에 발전, 완비되었다.

외래 종교였던 불교의 수많은 교의와 제도가 당시 중국의 사회정치적 상황과 배치되는 것은 자명한 일이었다. 그렇기 때문에 양자 간의 모순을 어떻게 조화시켜 중국 사회에 확대, 전파시킬 것인가 하는 문제는 불교의 생존과 발전 여부에 있어 관건이었다. 중국의 통치자들에게 불교는 마찬가지로 이중적 작용을 했다. 즉 한편으론 불교가 정치에 도움을 줄 수 있었고, 다른 한편으론 불교에도 현행 정치에 불리한 인소들이 잠재하고 있었다. 따라서 한족 통치자들은 불교를 이용하는 동시에 모종의 변화를 요구했다. 이 과정에서 종교의 사회적 기능으로 말미암아 불교 또한 전통 중국의 정치사상에 모종의 새로운 인소를 제공해주었다. 이런 의미에서 볼 때 불교 정치사상 또한 중국 정치사상사 가운데 한 자리를 차지해 마땅하다.

그렇지만 불교는 종교로서 자신의 교의와 규범, 의식을 갖고 있었으며 위진 남북조 시대엔 그 이론이 내적으로 발전되었다. 이는 매우 복잡한 문제인데, 여기서는 몇 가지 문제만 꺼내어 고찰해볼 생각이다. 이 문제는 다시 두 조로 나눌 수 있다. 한 조는 불교의 종교적 측면이 드러내주는 정치사상인데, 이렇게 불교를 이해하면 현실 정치와의 관계가 더욱 밀접해진다. 다른 한 조는 불교의 철학적 측면이 중국 정치사상에 미친 영향인데, 이 문제는 이론적으로 아주 추상적이며 주로 전통 정치사상의 정치 철학 부분에 영향을 미쳤다.

전통 정치 철학에 대한
불교의 영향 및 공헌

불교는 엄밀하고 완정한 체계를 갖춘 종교로서 종교 철학 또한 대단히 발달했다. 불교의 유입, 전파 및 성행은 중국 전통 정치사상에 커다란 영향을 미쳤다. 위진 시기 반야般若류 경전이 남방에서 크게 유행하면서 많은 선비가 경을 읽고 토론을 전개했다. 송宋, 제齊 시기 『열반경涅槃經』의 유입은 다시 수많은 사대부의 흥미를 불러일으켰으며, 불교 철학에 대한 토론은 당시 선비들 사이에서 첨단 유행이 되었다. 불교 의학義學, 즉 교의학敎義學의 전통 정치 철학에 대한 공헌 및 영향은 다음 몇 가지 점으로 설명할 수 있다.

첫째, '공유불이空有不二'관 및 그 영향이다. 앞에서 우리는 현학의 핵심 명제가 명교와 자연의 문제임을 언급한 바 있다. 이 문제가 취급하는 것은 주로 현실의 합리성(존재)과 그 합리성의 근거 문제에 관한 것이었다. 이에 대한 현학의 해석 중 중요한 것은 두 가지였다. 하나는 자연과 명교의 관계는 현상과 본체의 관계로서 본체는 따져 물을 수 없고 그저 현상을 통해 표현되며, 현상은 자성自性이 없지만 본질에 없어서는 안 될 표현 형식이라는 인식이다. 두 번째는 전통적 천도자연관을 이용해 양자 관계를 해석하면서, 우주는 원기元氣 운동의 결과인데 원기는 자연 운동으로서 어떤 인과율도 없으며 의지도 없이 그 가운데 붙어 섞여 있다는 인식이다. 인간사회의 현상은 자연 현상과 마찬가지로 자연의 결과이지 인위적 조작이 아니라는 것이다.[303] 현학은 이러한 논증을 통해 명교 존재의 합리성, 불가변성 및 영원성, 즉 이른바 '자연의 종장宗長' '군친君親의 자연' 등을 설명하고자 했다. 불교가 중국에 성행한 뒤 그들의 독특한 '공유불이'관은 상술한 현학의 두 가지 논증 및 유가적 관점 외에 또 하나의 논증을 첨가했다. 이로써 전통 사상에는 새로운 내용이 덧붙여졌다.

소위 '공유불이'가 가장 전형적으로 표현된 것은 '삼시게三是偈'에서다. "무리는 법연法緣에 따라 생기며, 내가 말한 것이 바로 공空이다是. 또한 가명假名이 되기도 하고是, 또한 중도의中道義이기도 하다是."[304] 뜻은 이렇다. 대상세계는 인과 관계에 따라 조성되며 물 자체는 본래 자성이 없으므로 '공'이다. 하지만 이 '공'은 대상 세계 밖의 또 다른 존재를 가리키는 것이 아니라 '가명言語'이다. 이렇게 대상 세계를 실질로 삼는 것도 아니며 명상名相에 집착하지도 않는 세계에 대한 이해를 '중도'라 부른다. 이러한 '중도'관이 도달한 결론은 도가, 현학과 매우 유사하다. 다시 말해 모두 현실 세계를 긍정하며, 그러한 긍정은 또 현존 질서를 건드리지도 않는 것을 특징으로 한다.[305] 그런데 결론은 서로 비슷하지만 불교와 현학이 사용하는 방법은 크게 다르다. 전자는 그들의 독특한 '공' '인연' 등 개념에서 출발하여 유무 관계를 논증하고, 거기서 "[세계는] 공이면서도 완연히 가假이고, 가이면서도 완연히 공이다"[306]라는 결론을 얻어낸다. 이러한 '공유불이'관은 한편으로 세계가 '공'이라고 생각하면서도, 다른 한편으로 '공'이 '가유假有(현존세계)'의 포기를 의미하지는 않는다고 생각한다. 한 걸음 더 나아가 설명하자면, 세계가 바로 '공'이기 때문에 '가유'는 무조건적으로 받아들여져야 한다는 말이다. 인간의 주관적 방면에서 말하자면 이로써 '가유'의 절대적이고 회의할 수 없는 존재 이유가 밝혀진 것이다.

　이러한 철학관은 전통 정치사상에 많은 영향을 미쳤다. 유가, 도가와 마찬가지로 사람들로 하여금 현존 질서에 대한 사유와 변화를 포기하게 만들었다. 목적은 모두 '왜'라는 문제를 제기할 가능성을 없애는 것이었다. 문제 제기의 가능성이 존재하지 않는다면 현세의 일체는 아무것도 보류할 게 없다는 조건하에서 그저 받아들일 수밖에 없다. 그 주요한 측면을 말하자면 '존재하는 것이 바로 합리적'이라는 관점을 이용해 현존 질서를 긍정토록 하는 것이었다.

　둘째, 전통 성인관 및 인성론에 대한 영향 및 공헌이다. 인성과 정치, 성인과 정치, 성인과 범인 등은 대대로 중국 정치사상 가운데 중요한 문제였는데 불교는 전통 사상의 이 방면에도 새로운 내용을 첨가했다. 불교의 인성론은 주로 『열반경』의 불성설 가운데 나타나 있다. 불성 문제는 동진과 남조 시기에 들끓던 화제 가운데 하나였다. 불성 문제를 둘러싸고 당시 '12가 사설師說'이 존재했던 적이 있다. 『열반경』은 주로 다음 두 가지, 즉 불성 및 불성의 획득 문제를 둘러싸고 있다. 다시 말해 무엇을 불성이라고 부르는지, 어떤 인재가 성불할 가능성을 갖고 있는지다. 이는 근본적인 문제를 안고 있는데, 불교의 진일보한 공고화와 자체 발전의 필요성뿐만 아니라 현실적으로도 이 문제를 토론하고 해결해야 할 기초가 존재하고 있음을 알 수 있다. 위진 이래 문벌사족들의 힘이 갈수록 강대해져 동진 이후 사족 계층이 정치경제적 특권을 완전히 차지하고 농단했으며, 통치 계급 내에 엄격한 사서土庶의 분별이 형성되었다는 것을 우리는 알고 있다. 심지어 사족과 사족 간의 경계 또한 매우 분명했으며, 피통치 계급이 사회의 하층을 구성하게 되면서 통치 계급과의 간극은 천양지차로 벌어졌다. 이렇게 등급이 엄격한 사회에서 각 등급은 각자 상응하는 권력, 경제, 문화적 지위를 누리면서 계급이 뒤섞이는 것을 절대 허용하지 않았다. 이런 상황에 직면하여 위진 현학은 자신들의 해석을 내놓았는데, 그건 천도자연天道自然이라는 완전한 운명결정론命定論이었다. 불교 또한 자신들의 해석이 있는데 바로 인과응보론, 즉 현세의 상황은 전생으로부터 숙명적으로 만들어졌다는 것이다. 전자에게 있어 불교는 완전한 천심天心, 안명安命이 해탈의 도였으며, 후자에게 있어 이생의 고통을 벗어나는 길은 오직 부처를 믿음으로써 내생의 해탈을 구하는 것뿐이었다. 양자 모두 사람들로 하여금 현실적 불평등을 망각하게 하려는 것이고, 사람들로 하여금 혹은 운명에 순응安命하거나 혹은 희망을 내생에 기탁하게 만드는 것이다. 그런데 이론이나 실제 효과로 볼 때 두 가지 설교 모두 철저했다고 할 수는 없다. 현학의 이론은 지나치게 공허하고 현학적이었으며, 내생의 길이란 너무도 멀고 멀었다. 이런 상황 아래서 '열반불성설'의 유행은 불교 보급에 유리했을 뿐 아니라 현 상황을 이론적으로 설명하는 데도 편리하게 작용함으로써 현실을 긍정하는 데 일정한 작용을 하게 되었다.

'열반불성설'의 가장 저명한 창도자는 진말송초晉末宋初의 축도생竺道生이었다. 도생의 학설은 주로 다음 두 가지로 귀결되는데, "일체 중생 모두 불성이 있다一切衆生皆有佛性"는 주장과 "돈오성불頓悟成佛"설이 그것이다.

전해 오는 이야기에 따르면 도생이 '일체 중생 모두 불성이 있기' 때문에 "불심 없는 일천제一闡提[307] 사람도 모두 성불할 수 있다"는 주장을 제기함으로써 당시 불교계에 큰 풍파를 일으켰으며, 도생은 심지어 이 때문에 계율에 따라 처분을 받기까지 했다고 한다. 실제로 이는 불성, 법신法身 등이 지칭하는 본체 관념에 대한 당시 사람들의 이해와는 큰 차이를 드러내는 것이었다. 어떤 불교 학자는 반야에서 말하는 '공'이 『열반경』에서 말하는 '유有'보다 높다고 주장한다. 심지어 어떤 사람은 『열반경』의 진실성을 의심하기도 한다. 이는 사실상 본체와 현상을 갈라놓는 관점으로 '공'을 또 하나의 물질로 보아 '유'와 다르다고 주장하는 것이다. 이렇게 추론할 때 불과佛果308를 증득證得309하고자 하면 반드시 '유(현실)'라는 전제를 포기해야 한다. 또 하나의 관점은 도안道安 등이 제기한 것인데, 신명은 불멸하므로 그로부터 생긴 인과응보를 가지고 본체와 현상의 관계를 말하는 것이다. 이것 역시 사실상 유와 무가 하나가 아니라는 관점이다. 도생은 여느 사람들과 달랐다. 그는 일찍이 구마라십鳩摩羅什(Kumārajīva, 344~413)에게 배웠으며 중관종中觀宗(본말불이本末不二)의 사상을 받아들여 본과 말은 한가지 사물인데 '성정지심性淨之心'으로 보면 세계가 '공'이라는 데서 차이가 있다고 주장한다. 속인들은 본성을 상실하고 속진의 장애에 가로막혀 있기 때문에 보이는 것을 모두 유라고 생각한다. '성정지심' 혹은 '심성본정心性本淨'은 곧 도생이 말하는 '불성'이며, 성정지심은 사람이면 누구나 갖고 있는 것이다. 이 성정지심 즉 불성은 신령불멸의 신령이 아닐 뿐더러 우주 밖의 그 어떤 물건도 아니다. 그건 속인들의 눈 속에 거짓으로 존재有할 뿐 진체眞諦의 눈에는 공이다. 본체는 오직 하나이기 때문에 부처야말로 이 우주 본체의 구현이다. 따라서 이른바 '중생성불'이 곧 본체와의 합일이다. 이 걸음을 내딛으려면 성불하는 불성 하나의 인소만 가지고는 안 되고, '연인緣因'이 더 필요하다. 다시 말해 불성은 한편으로 중생이 본래 갖고 있는 선성이고 영원한 진리이며, 다른 한편으로 인간이 온 힘을 다해 악과 미혹을 제거하고 본성으로 되돌아가 진리를 증득했을 때만이 비로소 진정으로 불성과 합일이 된다는 것이다. 도생은 욕망과 미혹을 없애는 길을 제시했는데, 바로 심구心垢를 심정心淨으로 바꾸는 것이다. 그는 말한다. "심구 즉 마음의 때란 봉혹封惑310의 정情이다. 중생들은 때가 묻어 있는데, 마음에 때가 있으면 죄가 반드시 그에 미친다. 봉혹을 없앨 수 있으면 마음이 정淨해진다. 마음이 정靜하면 죄 또한 없어진다."311 이렇게도 말한다. "때도 사실은 없는 것이다. 망상 속의 때일 뿐이다. 망상이 없다면 때가 곧 정靜이다."312 다시 말해 마음이 맑지 못함은 마음에 때가 끼어 있기 때문인데, 마음의 때는 또 봉혹의 정이 있기 때문이다. 그런데 마음의 때는 사실상 없는 것이기도 하다. 망상 속에 존재할 뿐이며, 망상을 거둬내면 때 또한 바뀌어 맑아진다는 것이다.

도생은 사람마다 모두 불성이 있다고 제창했다. '일천제인'도 성불할 수 있으니 "모두가 평등한 여래의 법신이다". 불법 앞에선 일률적으로 사람마다 평등하며, 성불의 기회가 완전히 균등하다는 말은 사실상 당시 사회에 존재하는 극단적인 불평등 현상을 설명하고 있는 셈이다. 동진 남조 시기 등급에 귀천이 있고, 문벌에 고하가 있음은 실제로 누구도 거역할 수 없는 천리였다. 따라서 축도생 등 종교인들의 '열반불성설涅槃佛性說'은 환상 속의 평등한 묘사를 통해 한편으로 고난에 찬 현세의 영혼을 위로하고, 다른 한편으로 사회 질서를 안정시키는 작용을 했다.

셋째, 도생의 학설 가운데 또 한 가지 중요한 점은 그의 '돈오성불頓悟成佛'설이다. 당시 불교계에는 성불에 대한 여러 가지 다양한 의견이 있었다. 혹자는 성불하려면 누대에 걸쳐 수행을 하고 공덕을 쌓아야 한다고 생각했는데, 이는 소승불교의 일반적 주장이다. 혹자는 점차적으로 수행을 하다 일정한 단계에 이르면 일약 비약할 수 있는데, 그런 뒤 계속해서 수행을 하면 성불할 수 있다고 주장한다.[313] 도생은 자신의 불교에 대한 이해에 근거하여 '돈오성불'이라는 새로운 견해를 제기했다. 혜달慧達은 「조론소肇論疏」에 도생의 다음 말을 인용하고 있다. "돈頓이라 부름은 리理가 나뉠 수 없음이 분명하며, 말에 대해 깨쳐 궁극을 비춘다. 둘이 아니라는 깨달음으로 나뉠 수 없는 리에 부합하며, 리와 지智가 성냄과 의혹을 풀어낸다."[314] 리(본체, 실상)는 나뉠 수 없으며 의혹을 끊고 깨달음에 이른다. 깨달음이란 리에 대한 깨달음을 가리키는데, 리는 기왕 나뉠 수 없는 것이므로 깨달음 또한 둘일 수 없다. 그래서 리와 지智는 반드시 계합契合, 다시 말해 반드시 돈오하는 것이다. 남조의 문학자 사영운謝靈運은 「변종론辨宗論」이란 문장을 지었는데, 그 가운데 도생의 견해를 소개하고 있다. 이로부터 도생의 돈오설이 유가, 불교 두 학파의 견해를 종합하여 얻어낸 결론을 알 수 있다. 즉 한편으로 '능지能至'[315]하되 '점오漸悟'[316]하지 말라는 불교의 주장을 취하고, 다른 한편으로 리는 '일극一極'이라는 관점을 취하되 '태서殆庶(성불가학聖不可學: 성인은 배워서 될 수 없음)'[317]하지 말라는 유가의 주장을 취한다. 능지이기 때문에 노력이나 수행의 결과로 끝내 성불하여 태서하지 않을 수 있고, 리가 하나뿐이기 때문에 점오할 수 없으며 오직 돈오일 수밖에 없다. 이것이 도생의 돈오설이다.

도생의 돈오설은 이 시기 유가와 불교의 정신적 융합이 전형적으로 드러난 사례로 불교가 유가 학설에 영향을 미친 좋은 예다. 다른 한편으로 이는 '성불가학'이란 현학의 한계를 타개한 것으로 사람마다 누구나 성인이 될 수 있다는 송명宋明 리학자들의 사상적 선구가 되었다. 그 실제적 효과로 볼 때 이 견해는 성불의 수속을 간략하게 만든 것으로 사람들이 즐겨 받아들였으며, 그로 인해 선비들이 좋아했을 뿐만 아니라 하층 군중들도 매우 환영했다.

넷째, 성인관이다. 부처佛는 불교의 핵심 개념 가운데 하나다. 무엇이 부처인가? 부처는 존재적 측면에서 무슨 특성을 지니는가? 부처와 중생은 무슨 관계인가? 이런 문제는 불교 속에서 수많은 명목으로 분산되어 거듭 토론의 대상이 되어왔다. 예컨대 불교가 처음 전래되었을 때부터 존재하던 불신佛身, 법신法身, 삼신三身, 불성佛性 등의 문제는 모두 이 문제에 대한 토론이다. 여기서 우리는 법신에 관한 논의 가운데 요점만을 예로 들어 불교의 성인관을 살펴보고자 한다. 첫째, 부처의 본체론적 특징 문제다. 부처의 원의는 '각覺' '각자覺者'의 의미다. 불신은 원래 불교의 창시자인 석가모니의 살아 있는 몸을 가리키다가 후대에 차츰 신화화되었다. 초기 소승불교부터 이미 32상相, 80종호種好[318]로 불신의 특이함을 묘사했으며, '10력' '사무소외四無所畏'[319] 등 신통력을 갖춘 초인으로 간주되었는데, 이는 불신을 형질로 이해했다는 뜻이다. 대승불교에 이르러서는 세계와 인간에 대한 '법무아法無我'와 '인무아人舞我'[320]의 관점에서 출발하여 부처는 무수히 있으며 몸 또한 다른 함의를 갖고 있다고 주장한다. 부처의 삼신설을 예로 들어보자. 삼신에 관해서도 여러 견해가 있다. (1)법신, 보신報身, 응신應身, (2)자성신自性身, 수용신受用身, 변화신變化身, (3)법신, 응신, 화신化身. 일체의 삼신은 결국 다음 네 종류로 귀결된다. 하나는 성불의 근거를 가리키고(법신, 자성신 등), 둘은 불법을 수행하고 공부해서 얻은 불과佛果를 가리키고(보신, 수용신 등), 셋은 부처는 대승보살이 설법을 위하여 원래 모습을 바꾸어 나타난 몸이고(응신), 넷은 이익과 향락을 추구하는 세간의 중생들을 위하여 원래 모습을 바꾸어 나타난 색신色身[321]이거나(유형신), 기타 종류 환幻의 화신이다(화신). 이런 의미에서 이해하는 몸은 소승불교와 달리 추상 원칙을 의인화하여 법신의 요소에 덧붙인 것들이다. 이런 성인의 이해는 현학과 매우 유사하며 한대와는 다르다.[322] 현학의 성인에 대한 이해 또한 공자와 같은 구체적 성인을 성인의 유일한 구현 형태로 보지 않고, 성을 주로 리理, 일종의 원칙으로 생각한다. 성인의 응현應現(세상에 나옴) 여부는 매우 우연한 일이라고 생각한다. 이는 대승불교와 몹시 닮았다. 붓다가 성불하기 전에도 수천수백억 부처가 있었으니 중점을 성불의 '의거依據(가능성과 경의 가르침)' 위에 두어야 한다는 말이다. 이 '의거'는 불신이 되는 요점이지 어느 구체적 사람이 아니다. 다음으로는 부처와 중생의 관계다. 부처에 대하여 '색신'으로부터 '무수신無數身'[323]에 이르는 이해가 있었기 때문에 부처와 중생의 관계라는 이론 방면에서도 그에 상응하는 새로운 관점을 탄생시켰다. 성인의 색신 관점에 입각해 보면 성인이 성인으로 된 가장 주요한 까닭은 형체, 능력 방면에서의 특이함에 기인한 것이다. 성인에 대한 이러한 형이하학적 이해와 상관되는 것은 성인이 관직을 설치하고 제도를 만드는 것, 즉 외재하는 사회 제도와 규범에 대한 강조였다. 성인은 여러 특이함을 갖고 있지만 결국은 뭇사람과 마찬가지로 '형질성形質性'의 장애 때문에 하나하나씩 중생을 인도할 뿐, 중생을 다스릴 수는 없다. 오히려 반대로 그는 인류가 창조한 제도, 풍속의 방식을 통하여 중생과 연계를 맺는다. 이것이 성인에 대한 양한 시대의 해석이며 소승불교의 해석이다. 대승불교는 다르다. 부처의 색신(뭇사람과 상동한 몸) 의의를 중시하지 않고 부처가 만들었다는 일종의 법(이론, 원칙, 경전)을 강조한다. 대승불교에선 선천적인 인과 관계가 뒤집혀지는데 붓다가 있어서 부처(불법)가 있는 것이 아니라 불법이 있기 때문에 비로소 붓다가 성불하게 되었다는 것이다. 붓다는 불법에 의거하여 성불한 수많은 부처 가운데 하나일 뿐이라는 말이다. 이러한 인식으로 말미암아 대승불교에서는 부처가 일체 중생의 본성 가운데 존재하는 성불의 가능성(불성)이라고 생각한다. 이 점은 특히 『열반경』에 잘 나타나 있는데, 이는 불신을 원칙과 경교經教로 이해한 결과다. 원칙을 이해하는 존재는 인간의 마음이고 마음은 사람마다 갖고 있는 것이기 때문에(가능성을 가리키지 실제로 존재한다는 말은 아님) 불교의 진의에 통달할 수만 있으면, 다시 말해 범속을 초월해 성인에 들어가는 수단을 장악하여 스스로 이롭고 남을 이롭게 할 수만 있으면 스스로 성불한다는 것이다. 이때의 부처는 더 이상 중생을 대대待對하는 관계가 아니라 중생 자체가 된다. 그런데 대승불교는 이로 인해서 성인에 관한 기타 여러 주장(보신, 화신 등)을 포기한 것이 아니라, 그 사이의 관계를 정리하고 법신, 보신, 화신 등의 존재는 부처가 다양한 대상을 인도하기 위해 설치해둔 방편이라고 생각했다. 즉 이른바 중생에 대해 인과를 설파하고, 대승보살에 대해 법을 설파하고, 성문연각聲聞緣覺에 대해 법시法時를 설파함으로써 여러 가지 형상이 출현한다고 생각한 것이다. 이는 인성이 고르지 못하고, 뿌리에 이

둔利鈍이 있는 다양한 모든 사람을 이끌어 불법에 귀의하도록 만드는 편의상의 조치였다. 이 점은 『법화경法華經』에서 가장 분명하게 설파하고 있다. 이른바 '회삼귀일會三歸一'[324]이 그것이다. 불교의 성인관은 당시의 사상계에 심대한 영향을 미쳤다.

불교와
명교의 관계

외래 종교로서 불교와 당시 중국의 정치사회적 충돌은 주로 두 방면에서 나타났다. 하나는 불교와 전통 강상명교綱常名敎와의 관계이고, 다른 하나는 불교와 현실 정치(군권君權)와의 충돌이다. 전자는 이른바 유교, 불교, 도교의 3교 논쟁 가운데 자주 출현한다. 이를테면 동진의 유빙庚氷은 이렇게 생각했다. "명교는 유래가 있어서 백대에 걸쳐 폐지되지 않을 텐데도" 불교는 "형해를 속이고, 상무常務를 거스르고, 예전禮典을 바꾸고, 명교를 버린다."325 도교 신도들의 질책은 때로 더 격렬했다. 이를테면 제도사齊道士의 「삼파론三破論」은 이렇게 말한다. 불교는 "나라에 들어와서 나라를 파괴하고," "집안에 들어와서 집안을 파괴하고," "몸에 들어와서 몸을 파괴한다."326 이 또한 군권, 부권父權에 대한 불교의 영향을 두고 한 말이다. 불교와 군권과의 모순 가운데 비교적 뚜렷한 예는 동진 시기에 '사문불경왕자沙門不敬王者'론이 불러일으킨 논쟁이다. 중국에서 불교가 발전하려면 이런 문제들이 반드시 해결되어야 했다. 불교도들은 불교가 본질적으로 명교와 모순되지 않으며 오히려 거꾸로 국왕의 교화에 큰 도움이 될 것이라고 생각했다. 석釋327 혜원慧遠의 『사문불응경왕자론沙門不應敬王者論』「서序」

에 따르면 "진晉나라 성成, 강康왕 시절 차기장군車騎將軍 유빙은 사문이 만승 황제에게 항례抗禮한다고 의심했는데 (…) 원흥元興 연간 중엽에 태위 환공桓公(즉 환현桓玄) 또한 이 주장에 동의했다"[328]고 한다. 동진 시대 사문이 왕에게 공경을 바쳐야 한다는 논쟁이 선후 두 차례 발생한 적이 있는데, 이 두 차례 논쟁 가운데서 불교에 반대하는 사람들과 불교를 찬양하는 사람들 양측 모두 많은 이유를 들어 자신들의 관점을 변호했다. 이를 통해 우리는 불교와 유교와의 관계 및 사회 정치적 작용에 대한 불교 측의 견해를 알 수 있다. 여기서는 혜원의 관점을 예로 들어보기로 한다. 혜원의 주장에 따르면 불교는 사람을 두 종류로 나눈다. 하나는 '처속홍교자處俗弘敎者' 즉 속세에 살며 불교를 홍보하는 사람이고, 하나는 '출가수도자出家修道者'다. 전자는 속세에 살기 때문에 "윗사람을 받들어 예를 행하고, 부모를 존중하여 공경하고, 충효의 의를 다하지만" 출가인은 '방외의 손님'으로 순화順化를 근본으로 삼는데 "이것이 이치상 세상과 괴리가 있고, 도에서 세속에 반대된다".[329] 그러나 이것이 양자 간의 모순을 의미하지는 않는다. 혜원의 말에 따르면 출가인은 "깊은 물에 빠져 헤매는 사람을 구하고, 두터운 위험으로부터 어둠의 뿌리를 뽑아낼" 수 있기 때문에 불교도들은 비록 "안으로 천륜의 무거움에 괴리되고," "밖으로 군주를 받드는 공경이 빠져 있지만" "효에 어긋나지 않고" "공경을 잃지 않을" 수 있다. 최종 효과로 볼 때 불교는 유교와 다르지 않기 때문에 "사람들로 하여금 덕을 온전하게 지키게 하니 도가 육친을 적시고, 은택이 천하에 흐르며, 비록 왕후의 지위에 있지는 않으나 당연히 황극皇極의 질서에 화합하고 민생을 크게 감싼다"[330]는 것이다.

수많은 불교도가 불교를 변호했을 뿐만 아니라 적극적으로 불경이나 불설 중 유가 사상과 비슷한 관점을 찾았으며, 이것을 가지고 불교가 유가의 강상명교와 거리가 멀지 않을뿐더러 오히려 강상명교를 찬양하는 것이라고까지 설명하고 싶어했다. 예컨대 동진의 치초郗超는 「봉법요奉法要」를 저술하여 불교의 수지재계修持齋戒와 전통적 효도 윤리를 결합시켰다. 그는 이렇게 말한다. "재계를 함은 보통 먼저 돌아가신 부모를 위한 것으로 친속에 대한 앎으로부터 일체의 중생에 이르기까지 한가지임을 보여주는 것이다. 모두 마땅히 이렇게 치성을 바치는 것이니 깊이 생각하여 정감으로 발현한다면, 끝내 죄의 고통을 면할 것이다. 그래서 충효를 아는 선비들이 힘써 격려하고 모두 두루 구제하는 효과를 거두니, 그것이 비단 자기 한 사람 때문만은 아니다."331 치초는 유가의 신독愼獨과 불교의 종교적 수지修持를 한가지 일로 간주한다. 이를테면 이렇다. "경전은 말한다. 마음이 하늘을 짓고, 마음이 사람을 만든다. (…) 그래서 도를 행하는 사람은 매번 마음에 신독을 한다.(『중용』은 '그래서 군자는 홀로 있을 때 근신을 한다'고 함) (…) 그러니 말이란 것이 집에서 나왔음에도 천리가 모두 그에 응한다.(『주역』 「계사」는 '군자는 자기 집에 기거하면서도 선한 말을 발출하는데, 그러면 천리 밖에서도 그에 응하여 온다'고 함) 감춰진 것이라곤 아무것도 없으며(『중용』 참조), 몸에서 모두 근신할 바이니라!"332 유가의 도덕에 대해서도 「봉법요」는 불교도덕의 일부로 그것을 논술한다. 「현자덕경賢者德經」을 인용하여 이렇게 말한다. "마음이 불안한 것은 물질이 더해져서가 아니다. 비근한 예를 들자면 충서忠恕의 도이고, 미루어 궁구하면 사등四等333의 의미 때문이다. 사등이란 무엇인가? 자慈, 비悲, 희喜, 호護가 그것이다."334

이러한 경향은 남북조 시대에 널리 보편화되었다. 예컨대 북제北齊의 역사가 위수魏收는 불교의 오계(살殺, 도盜, 음淫, 망언妄言, 음주飮酒의 제거)가 대체로 유가의 인, 의, 예, 지, 신과 상통한다고 생각했다. 양梁나라 때 석釋승순僧順은 이렇게 주장한다. "석씨의 가르침은 부모의 자애와 자식의 효도, 형의 사랑과 동생의 공경, 지아비의 화합과 처의 부드러움 등 여섯 가지 화목의 미덕을 갖추고 있다."³³⁵ 안지추顏之推에 이르러서도 여전히 이 관점을 견지하고 있다. 그는 말한다. "불경 내전內典의 입문으로 다섯 가지의 금칙, 즉 오금五禁³³⁶을 두었고, 외전外典으로는 인의예지신仁義禮智信의 오상五常이 있는데 모두 그와 잘 부합된다."³³⁷

당시에도 불교에 대해서는 수많은 질타가 있었다. 이를테면 불교가 정치를 해치고, 각지에서 절을 짓고 승려들을 먹여 살리느라 계산하기 어려울 정도의 사치스러운 비용이 들어간다는 주장 등이 그렇다. 불교도들은 이에 일일이 답하고 해명했다. 불교의 정치적 작용에 대한 높은 평가는 유송劉宋의 문제文帝와 하상지何尚之 두 군신 간의 다음 대화 가운데 가장 분명하게 드러나고 있다. "황제께서 (…) 시중侍中 하상지에게 이렇게 말하셨다. '이 땅 위의 모든 존재가 모두 그렇게 순수하게 교화된다면(불교를 가리킴), 내 앉아서 태평성대에 다다를 것이니 달리 무슨 일이 있으리오.' 하상지가 대답했다. '혜원법사가 일찍이 이런 말을 했습니다. 석씨의 교화는 안 미치는 곳이 없습니다. 도에 입각한 가르침의 근원이 그러하니, 속인들 구제가 또한 중요한 임무입니다. (…) 신이 이 말에 심오한 이치가 있다고 말하는 이유는 이렇습니다. 백 집이 있는 마을에 열 사람이 오계를 지키면 열 사람이 순박하고 근면해집니다. 천 가구의 읍에 백 사람이 열 가지 선을 수행한다면 백 사람이 화합하고 후덕하게 됩니다. 이 가르침이 전해져 우주 내에 보편화된다면 천만 호를 편제로 보았을 때 어진 사람이 백만을 헤아린다는 말입니다. (…) 한 가지 선을 행할 수 있으면 한 가지 악이 제거되고, 한 가지 악이 즉각 없어지면 한 가지 형벌이 사라지는 것입니다. 집안에 한 가지 형벌이 사라지면, 국가에는 만 가지 형벌이 사라진 것이니 400가지 옥사가 어찌 둘 곳이 있겠으며, 아송雅頌이 흥하고 리의理宜가 곱절로 빨라질 것이니 결국 폐하께서 말씀하시는 대로 앉아서 태평성대에 다다를 것입니다."³³⁸

도 교 의 정 치 사 상

위진 남북조 시기는 도교가 극도로 발전하고 유행했다. 전통 중국의 3교 가운데 하나인 도교는 이 시기에 기본적인 규모와 형식을 만들고 기초를 다졌으며, 이 시기 사회에 막대한 영향을 끼치기도 했다.

도교의 사상과 실천은 두 방면에 연원을 두고 있다. 철학적 기초로 볼 때 도교는 선진 이래 도가의 이론을 답습하고 이용했으며, 종교상의 구체적 내용과 형식으로 볼 때 상고 시대 이래 중국의 신선 방술 등 무술巫術을 흡수했고, 후대 도교의 발전으로 볼 때 이 종교 체계의 형성은 불교에서 큰 도움을 얻었는데, 전자는 후자 쪽에서 계시와 표본을 얻었으며 심지어 일부 내용을 있는 그대로 옮김으로써 자신들의 종교적 교의와 제도를 완전하게 만들었다.

도교가 초보적으로 형성된 것은 후한 후기였다. 당시 두 교파가 존재했는데, 하나는 장각張角이 창립한 태평도太平道이고, 다른 하나는 장릉張陵이 창립한 오두미도五斗米道(천사도天師道)다. 둘은 모두 비교적 원시적인 민간 종교로 주로 민간에서 유행했다. 태평도는 『태평경太平經』을 전거로 하고, 오두미도는 『노자』를 경전으로 삼는다. 양자 모두 부록符籙,[339] 주수呪

水[340] 및 사람들의 질병을 고쳐주는 방법을 통해 종교적 선전과 조직 공작을 진행했다. 삼국 시기 조위曹魏 정권은 한 말 농민들이 도교를 이용해 농민 봉기를 발동하고 조직했던 것을 교훈 삼아 도교 진압, 금지 정책을 취했고 이로써 이 시기의 도교는 깊이 가라앉게 되었다. 서진西晉이 시작되고 사회 동란이 심해짐에 따라 경제적·정치적 변화와 전통 유학의 쇠락이 자심해지자 도교는 다시 대대적으로 발전했다. 이 시기의 도교는 비교적 원시적이었던 본래의 민간 종교 조직 형식에서 벗어나 차츰 관방과 긴밀히 연계하고 생사 문제에 대한 해답의 제공을 핵심으로 하는 완전한 종교 체계로 발전했다. 이 과정은 동진의 갈홍葛洪에서 시작되었다. 도교 이론에 대한 그의 빗질과 정돈은 도교의 개조와 발전에 이론적 기초를 제공해주었다. 북위北魏의 도사 구겸지寇謙之는 도교를 숭신하는 위魏 태무제太武帝와 재상 최호崔浩의 지지하에 "도교를 깨끗하게 정리하고 세 장씨[341]의 거짓 법을 제거하여" 악장송계樂章誦誡[342]의 신법을 제정했으며, "오직 예도禮度[343]를 핵심으로 삼고 거기에 복식폐련服食閉練[344]을 더하여"[345] 초기 민간 도교에 대한 성공적인 개혁을 진행했으니 이것이 북천사도北天師道다. 남조 유송劉宋에선 여산廬山의 도사 육수정陸修靜이란 사람이 있었는데, 세 장씨를 조술하고, 두 갈씨[346]를 폭넓게 다루고, 상청上清, 영보靈寶, 삼황三皇 각파[347]의 경전을 다 갖추어 "삼강三綱을 총괄하고" 모두를 한 흐름에 귀결시켰다. 거기다 봉건적 종법 사상과 제도에 의거하고, 불교의 수지 의식을 흡수하여 폭넓은 재계의범을 만들어 오두미도를 개혁시키니 이것을 남천사도南天師道라 부른다. 도교의 교규와 의범은 구겸지와 육수정의 수정을 거친 뒤 차츰 전형화되었다. 이 기초 위에서 양梁대 도홍경陶弘景은 다시 도교 신선 계보를 구성하고, 도교 전수의 역사를 서술하여 삼교의 합류를 주장했다. 이렇게 남북조 시기의 개혁을 거치면서 도교는 형식에서 내용까지 모두 건전해지고 완벽을 기하게 되었다.

도교는 불교와 마찬가지로 시작부터 현실적인 문제에 직면했는데, 그건 바로 전통 유가 학설을 핵심으로 하는 정치 체제 가운데서 자신들의 지위와 역할에 관한 문제를 설명하는 것이었다. 정치권력이 지고무상의 지위와 무소부재의 침투력을 갖고 있는 문화 속에서 이는 존재와 발전의 전제이자 근거였다. 자신들과 현실 정치의 관계를 표명하지 못하거나, 자신들이 정치에 어떤 이익을 주는지 설명하지 못하면 조직과 교의를 갖춘 대형 종교 조직이라 하더라도 전통 중국에서는 발을 내딛기가 어려웠다. 다른 한편으로 도교의 사상 형식과 계율 규범 자체 또한 현실 정치 및 전통 정치사상과 천 가닥 만 가닥 관련을 맺지 않을 수 없었다. 바로 이 두 가지 문제에 대한 천명 과정에서 도교는 자신의 정치사상을 제시했다. 이 절에서 우리는 몇 가지 문제에 대한 소개를 통해 도교의 정치사상을 서술하려 한다.

유가와
도교의 관계

　여기서 말하는 유, 도는 전통 유가 정치사상과 도교 사상을 가리킨다.
양한 이래의 정치사상은 기본적으로 유가를 지도 사상으로 삼았다. 위진
남북조 시기에 군권이 쇠락하면서 중앙 집권 정부의 역량은 한대에 비해
크게 쇠패했다. 이에 상응하여 전통적으로 유가를 핵심으로 하던 정치사
상 또한 쇠락했다. 그러나 이것이 현실 정치 생활에서 유가 사상이 이미
통치 지위를 상실했다는 말은 아니다. 오히려 이 시기 가족 세력의 흥성
으로 말미암아 명교 형식으로 출현한 유가 강상윤리가 더욱 강화되었다
고 말해야 옳다. 도교는 새로이 출현한 사상 체계이자 조직으로 자연스레
자신의 존재를 대신하는 합리적 해석을 내놓아야 했다. 이러한 해석이 바
로 유·도 관계에 대한 도교의 상세한 설명 가운데 존재하고 있다. 이 관
계에 관련해 가장 명백한 논술을 한 사람은 갈홍이다. 우리는 그의 견해
를 위주로 유가-도교의 관계 문제를 소개하고자 한다.
　도교가 유가보다 높으며, 도교가 본이고 유가는 말이라는 것이 갈홍의
기본 관점이었다. 갈홍이 이런 관점을 갖게 된 것은 그의 도에 대한 이해
와 관련이 있다. "이른바 도라는 것이 어찌 다만 양생養生에 관한 일일 뿐

이겠는가? (…) 무릇 도를 말하는 사람은 위로 이의二儀에서 비롯하여 아래로 만물에 이르기까지 그로 말미암지 않는 것이 없다. (…) 도란 안으로 몸을 다스리고 밖으로 국가를 다스리는 것이다."348 도는 양생과 관련된 사물을 포괄할 뿐만 아니라 치도, 인사와도 관련이 있어 자연과 인간사 모두를 개괄하고 있다는 말이다. 이런 관점을 지녔기 때문에 갈홍은 도교가 유가, 묵가, 명가, 법가 등 각 학파의 장점을 포용하고 있고 또한 각 학파의 단점을 피한다고 생각했다. 뿐만 아니라 그는 또 "황로黃老가 그 뿌리를 잡고 있다"고 생각했는데, 정치적 역할에 있어 황로가 더욱 근본적이며 "유가, 묵가는 그 말절을 다스리고" "도덕이 상실되어서야 유가, 묵가가 중요해진다"349고 생각했다.

갈홍은 유, 도의 지위에 대한 평가를 토대로 정치에서 유가와 도교의 역할 및 특징에 대해 명확하게 논술했다. 그는 이렇게 생각했다. "무릇 도는 스스로 잘 수양하여 사업을 성취하고, 그 거처는 사람들이 다투지 않는 곳을 취하며, 그 다스림은 재앙이 아직 생겨나기 전에 잘 끊고, 그 베풂은 물건을 공평하게 잘 처리하되 얻지 않고, 그 움직임은 마음을 써서 백성을 잘 관찰하고, 그 고요함은 신중하게 잘 살면서 번민이 없다. 이것이 바로 백가의 군장이요 인의의 조종이라고 한 까닭이다."350 그런데 유가 학설이 제시한 바에 따르면 "군주와 신하의 자리가 바뀐 경우가 있고, 부모와 자식 간에 칼을 들이대는 경우가 있다"는 그 배경 때문에 비로소 "위태로운 나라에서 충의가 이름을 날리고, 패망한 집안에서 효자가 명예를 얻는다"351는 유가 학설이 있게 된 것이다. 치도의 목적에서 볼 때 유가와 도교는 서로 같지만, 유가와 도교가 출현한 배경으로 볼 때 양자는 완연히 다르다는 말이다. 하나는 "삼황오제가 긴 소매를 늘어뜨리고 직접 정무 처리를 않던三五垂拱" 시대에 탄생했고, 하나는 "형벌이 엄하고 간악이 빈번한" 시대에 탄생했다. 이 때문에 정치 효과 면에서 그들은 서로 다른데, 도교의 치료 효과가 더욱 근본적이고 유가는 그저 머리가 아프면 머리를 치료하고, 발이 아프면 발을 치료하는 이론이라는 것이다.

　도교 사상이 유가 사상보다 높다는 것을 설명하기 위해 갈홍은 전통적 성인 문제를 예로 들며 유·도 관계를 논술한다. 이것이 바로 선仙과 성聖 문제에 대한 갈홍의 토론이다. 전통 유가 정치사상에선 성인을 최고 극점으로 보지만 갈홍은 도교의 입장에서 출발하여 성이 선만 못하다고 주장한다. 그는 다음 몇 가지 점을 가지고 선과 성의 우열 문제를 논술하고 있다. 첫째, 그는 성인에 대한 역대 미신이 잘못되었다고 주장한다. 성인은 "보통 사람과 다를 바 없는 곳이 매우 많으며, 다른 곳은 아주 적다."[352] 그는 수많은 예를 들어가며 이 점을 설명한다. 둘째, 이른바 성인이란 기술 한 가지가 남보다 뛰어난 사람이지 무슨 특이하게 신령스러운 부분은 없다. "세상 사람은 우월한 장점을 가진 사람이나 대중이 미치지 못한 곳에 있는 사람을 가리켜 성이라 한다."[353] 이렇게 본다면 '기성棋聖' '서성書聖' '화성畫聖' 심지어 '도성盜聖(도적질하는 방면에서 사람들을 능가하는 점이 있음)'도 있을 수 있다. 그래서 성인이라고 하여 특별한 구석이 있는 것은 아니다. 셋째, 전통적으로 이른바 '치세의 성인'에 속한다고 생각되어온 초인들에 대해서도 갈홍은 자기 나름의 견해를 가지고 있었다. 그는 말한다. "속인들이 성인이라고 부른 사람은 모두 치세의 성인이지 득도의 성인이 아니다. 득도의 성인이라면 황로黃老(황제黃帝, 노자老子)이며, 치세의 성인이라면 주공周孔(주공周公, 공자孔子)이다. 황제는 먼저 치세를 한 뒤 신선에 올랐는데 이는 우연히 여러 능력을 두루 갖추었기 때문이다."[354] 갈홍은 '치세의 성인'과 '선인'을 구분하고 전자는 후자만 못하다고 주장한다. 선인은 "도를 체득하여 만물을 운용할" 수 있을 뿐만 아니라 "덕을 보배롭게 여겨 생명을 오래 늘릴" 수 있다. 그래서 그저 "치세하여 태평성대에 다다르게" 할 수만 있는 성인과 비교하여 한 등급 높다는 것이다. 이런 관점을 지녔기 때문에 갈홍은 황제, 노자가 주공, 공자보다 우월하다고 생각했으며, 아니면 적어도 주공, 공자보다 못하지는 않다고 여겼다. 갈홍의 이상 속 선인들에게는 특징이 있다. "안으로 양생의 도를 보배로 여기면서 밖으로는 예봉을 숨기고 부드러운 모습[355]이며, 몸을 다스리니 몸이 장수만강하고, 나라를 다스리니 나라가 태평해진다. 『육경大經』으로 세속 선비들을 가르치고, 방술로 지음을 이끌며, 세상을 위해 흔적을 좀 남기려 하면 거기서 멈춰 당시 군주를 보좌해 나라를 다스리고, 뛰어 올라 신선이 되려 하면 구름을 타고 가볍게 날아오른다"[356]는 것이다. 성인과 선인에 대한 갈홍의 논술은 전통 성인관의 발전이다.

전통 정치사상에서는 한 사람이 명교에 복종하여 군주에 충성하고 부모에 효도하든지 아니면 스스로 명교의 규범을 끊고 충효를 이행해야 하는데, 이는 그 자신이 명교의 죄인이 되는 것과 같아 스스로 사회와 정치로부터 단절되는 것으로 간주했다. 전통 정치사상 중의 이 같은 두 가지 곤란에 대하여 명교는 해답을 주어야 했다. 도교는 하나의 종교 체계이기 때문에 다른 모든 종교 체계와 마찬가지로 개인적이고 신비적이고 명상적인 방식으로 인생 문제를 해결하라고 장려한다. 이는 인성 가운데 또 다른 측면—사람은 언제나 정치와 사회 체계 속에서 살아간다—과 서로 충돌한다. 자신들의 합리성을 증명하기 위해 도가는 이 문제에 대해서도 설명할 필요가 있었다. 당시 이 문제를 지적한 사람이 있었다. 이를 테면 이렇다. "유가는 주공, 공자이고 그들이 의거하는 전적은 『육경』인데, 그건 세상을 다스리면서 올바름을 지켜내는治世存正 연유이며, 입신거동의 준칙으로 (…) 나라나 집안에 있어 바뀌어선 안 되는 제도다. 도를 추구하는 선비는 예교禮教에 따르지 않고, 대륜大倫을 돌아보지 않으며, 풀숲에서 여우나 오소리와 어울리고, 산간 기슭 사이에서 원숭이와 벗하며 (…) 목석을 이웃 삼는다."[357] 이 지적에 대해 갈홍은 '출처불이出處不二'론으로 대답한다. 그는 말한다. "군신 관계의 중요함은 천지 다음이며, 생각하고 즐기는 데 도가 있는데 그 출出(벼슬길)과 처處(은거)는 한가지 뜻—情이며, 숨어 있거나 드러나 있음은 시간에 맡길 따름이며 (…) 사건에 따라 변통한다."[358] 이런 말도 한다. "출과 처는 같은 곳으로 귀결되고, 행진과 정지는 하나로 관통되는 것인데 어찌 반드시 높은 관직에 올라야 비로소 정치를 논하고 군주를 섬길 수 있다는 것인가, 그렇지 않다면 치란을 논할 수 없다는 것인가?"[359] 군신 관계는 우주 간의 가장 보편적 관계로 사람은 언제 어디에 처하든 이 기본 관계를 벗어날 수 없으므로 한 사람이 어떤 생활 방식을 선택하든 실제적으로 모두 정치에 유익한 활동을 하며 모두가 왕자의 백성이라는 말이다. 이는 다시 몇 가지 방면으로 간파할 수 있다. 첫째, 한 사람이 은둔의 길을 선택했더라도 그가 정치와 관련 있는 활동에 종사하는 데 아무 장애가 없다. 그는 예를 들어 설명한다. "노자는 무위했던 사람이고, 귀곡자鬼谷子는 평생 은거했던 사람임에도 책을 지어 모두 세상의 사무를 논했다. 어찌 꼭 그 지위에 있은 연후에만 그 일을 말하는 것이겠는가?"[360] 둘째, 한 사람이 하고 있는 은거 생활 자체가 정치 교화에 도움이 된다. "조정에 있으면서 힘을 다해 여러 사무를 처리하는 것과 산림 속에서 덕을 수양하며 탐욕과 더러움을 억누르는 것은 다른 길이나 귀결점은 같으니 모두 같은 신하다."[361] 이런 말도 했다. "지금 은자들은 쑥대와 콩깍지로 만든 집[362]에서 맑은 행동을 하면서 선왕의 도를 읊조림으로써 백성으로 하여금 퇴양을 알게 한다."[363] 갈홍은 "탐욕과 더러움을 억누르게" 된다는 결론이야말로 유가, 묵가로서는 대체할 수 없는 것으로 여겼다. 셋째, 도교의 존재 이유에 대한 갈홍의 논증 가운데 하나로 '성자연性自然'설에 근거하여 제기한 주장이 있다. 그는 인성이 한결같지 않음은 바로 자연의 산물이기 때문이라고 생각했다. 정치의 목적은 이 각기 다른 인성으로 하여금 각기 다른 정치 활동 속에서 모두 실현될 수 있도록 만드는 것이라고 여겼다. 이것이 왕도 정치의 목적이라는 것이다. 기왕 실질 생활에 은둔, 퇴양, 용인容忍을 특징으로 하는 인성이 존재하고 있으니, 진정한 왕도 정치는 이치상 이러한 인성이 모두 현실적으로 실현될 기회를 주는 것이며, 이것이 바로 도교가 존재하는 이유이자 정치에 도움이 되는 점이라는 이야기다.

유가-도교 관계에 관한 논증의 하나로 갈홍은 또 도교 사상의 근원 가운데 하나인 도가 사상을 언급하고, 어느 정도 비판을 가한다. 이러한 비판의 첫 번째 동기는 그 자신의 도교 사상이 이른바 단정파丹鼎派[364]이기 때문에 신선과 단정을 언급하지 않는 도가 사상은 그저 한 문파의 견해에 불과하다는 것이다. "도가에 있어서 지극히 비밀스럽고 중요한 것은 장생의 방술을 넘는 것이 없다."[365] 그런데 장자莊子 등은 오히려 대부분이 "죽음과 삶의 일치齊死生" 따위의 학설을 말하고 있다. 이는 갈홍이 보기에 "신선에서 천억 리나 벌어진" 것이기에 "영영 지언至言일 수 없는" 것이었다. 갈홍이 도가를 비판하는 두 번째 동기는 그의 '내도외유內道外儒' 관점에서 나왔다. 앞에서 이미 언급했듯이 갈홍은 출과 처, 관직에 있거나 산림에 묻히는 것이 충돌한다고 생각하지 않았다. 오히려 양자가 상부상조하는 것이라고 말했다. 그런데 장자 같은 도가는 한쪽의 극단에 치우쳐 출과 처를 대립시켰다. 갈홍은 이를 비판했다. "장자의 언행에 자기 과장이 많고 세상의 일을 질곡으로 여긴 점을 줄곧 한탄스러워했다. 그는 칠원漆園에 살면서 허망한 이야기를 수없이 했는데 (…) 충정을 협애하게 여기고 인의를 폄훼했다."[366] 갈홍의 입장은 매우 선명했다. 이는 위진 시대의 방탄한 분위기에 대한 그의 비판을 통해서도 잘 파악할 수 있다. 거기서 갈홍이 위진의 분위기를 비판한 착안점 역시 명교, 예교에 대한 그들의 멸시와 파괴가 원인이었다.

이렇게 갈홍은 도교와 전통 유가, 도가 정치사상에 대한 비교 및 평론을 통해 사회 이데올로기로서 이 종교의 합리성을 표명했을 뿐만 아니라 동시에 그것이 사회 정치 생활 가운데서 유가, 도가 사상과 다른 점, 즉 전통 중국 사회에서 도교가 연출 가능한 정치적 역할이 있음을 논증했다.

도교와
불교의 관계

도교가 발전하고 성행하던 시대는 불교 또한 광범하게 중국에 전파되던 시대다. 사상 체계 간의 충돌로부터 시작하여 정치적·학술적 지위에 대한 쟁탈전 등 이 시기 도교, 불교 두 종교 간의 충돌과 모순은 매우 첨예하고 격렬했다. 이러한 충돌은 두 종교 각자의 특징을 부각시키는가 하면 공통된 점도 존재함을 인식시키게 되었다. 바로 이 논쟁의 와중에서 두 종교의 자아의식이 제고되었고, 자신 및 타종교에 대한 견해 속에 중요한 의미를 지닌 사상들이 드러나게 되었다. 다음은 불교와의 모순 충돌 과정에서 도교가 획득한 도교의 성격 및 작용에 대한 인식을 고찰한 것이다.

도교와 불교와의 충돌은 불교의 유입 초기부터 존재했다. 이 점은 모자牟子367 『리혹론理惑論』 중 도교에 대한 폄하성 평론에서 찾아볼 수 있다. 이 충돌은 이후 두 종교가 발전하고 성행함에 따라 날로 격화되었다. 이론적 논쟁으로 드러난 예는 도사 고환顧歡의 이하론夷夏論과 제도사齊道士의 삼파론三破論 등이 불러일으킨 논쟁에서 비롯된 것이 있으며, 현실 정치와 긴밀히 연계된 논쟁으로는 북위北魏 태무제太武帝의 폐불법사廢佛法事

와 북주北周 무제武帝의 집도속의멸불법사集道俗議滅佛法事[368] 등이 있다. 이들 논쟁에 관한 자료는 모두 『홍명집弘明集』과 『광홍명집廣弘明集』에 있다. 논쟁들 중에 드러난 내용으로 정치사상과 관련된 사상을 예로 들면 다음과 같다.

첫째, 여러 사상 체계에 대한 상대적 인식이다. 위진 남북조 시기는 각종 사상 체계가 동시에 병존하고 서로 영향을 주고받던 시기였다. 이런 상황이 진리 및 진리 표현 방식을 놓고 각 체계 간의 관계에 대한 인식을 촉진했다. 도교와 불교의 구체적 관계로 말하자면, 이 시기 도교, 불교 사상의 상호 영향과 성취로 말미암아 도교는 자신에 대한 견해를 촉진시키게 되었는데, 정치 생활 속에서의 역할도 형식도 다르지만 서로 다른 사상 체계 모두 동일한 하나의 목표, 즉 개인 생명과 국가사회의 정돈 및 완전을 추구하는 것임을 인식하기에 이르렀다. 이런 관점을 견지한 사람은 적지 않았다. 예컨대 장융張融은 「문율門律」에서 이렇게 말한다. "도교의 궁극적인 추구도 불교와 다르지 않다. 동요하지 않고, 고요히 근본에 이르려는 점이 같다. 감응하여 이에 소통하고, 다다른 행적이나 성취는 각기 다르지만, 그건 마치 음악이 그대로 따라가는 것이 아니고 오제五帝의 비법이 가려지지 않음과 같다. 예가 삼황三皇의 신성함을 답습하지 않는다고 어찌 세 가지일 수 있겠는가?"[369] 즉 도교와 불교는 본질상 서로 같은데, 다른 점은 외재적 표현 형식일 뿐이라는 것이다. 그들의 관계는 유가의 명교 가운데 오제의 가르침과 삼황의 온전함과 마찬가지로 역할은 다르나 목적은 다르지 않다. 도사 고환도 이런 관점을 지녔다. 그는 「이하론」에서 석가釋迦와 노자는 "그 성스러움에서 부합하고, 행적에선 반대된다"고 말한다. 또 "무궁한 세계에서 성인은 번갈아 일어나며 혹은 오전五典[370]을 밝히기도 혹은 삼승三乘[371]을 펼치기도 한다."[372] 목적은 모두 "도로써 천하를 구제하기" 위함이니 영향이 미치지 않는 곳이 없다. 실질적으로 이는 본교의 상대성을 인정함과 아울러 현실적 합리성을 긍정하는 것이다. 동시에 이는 어떤 사상이든 어떤 체계든 그 역할은 치민과 치국에 다름 아님을 표명하고 있다. 다시 말해 모두가 정치적 역할과 의미를 지니고 있는데 단지 차이점은 역할의 크고 작은 차이일 뿐이라는 것이다. 이는 실제로 또 일체의 이런 상황을 포함하고 있는 정치에 대한 승인이며, 이 승인은 또 자신을 정치 영역 가운데에 놓음으로써 자각적으로 거기에 도달하고자 한 것이다.

둘째, 인성과 정치의 관계에 대한 인식이다. 위진 남북조 시기는 민족 간 투쟁이 격렬하고 민족 간의 융합이 광범하고 보편적으로 이루어진 시기다. 이는 이 시기의 현실 정치로 볼 때 매우 두드러진 문제였다. 동시에 사상가들에게 사고할 만할 가치를 제공해주는 문제이기도 했는데, 즉 인성(민족)의 상이함과 상이한 정치 체제 사이에 무슨 관계가 있는가를 사유하게 했다. 이 문제는 불교의 전래와 유포로 말미암아 더욱 두드러지게 되었다. 불교는 본래 외래 종교였는데, 이 시기에 유와, 도교는 서로 경쟁하는 강력한 적수가 되어 있었다. 그래서 다음 여러 문제에 대한 고민을 회피할 수가 없었다. 불교는 외래 종교인데 중국인의 인성에 더욱 적합한 것인가 아닌가? 대답이 긍정적이라면 원래 중국에 있던 사유 체계는 또 어떤 위치에 놓아야 하며, 그와 불교의 관계는 또 어떻단 말인가? 만일 대답이 부정적이라면 전통 중국의 사상 체계가 요구되는 정치적 역할을 완전히 갖추고 있음을 의미하는 것인가 아닌가? 그렇다면 응당 밖에서 들어온 불교를 제거 혹은 약화시켜야 하는가?

당시 적잖은 사람이 인성 문제를 토론했다. 물론 이 토론은 대부분의 경우 형평성을 잃은 것들이었다. 도교의 관점은, 그 논의가 모두 학문적, 논리적 사고에서 나온 것으로 보이지는 않으나, 매우 명확했는데 '불교는 이민족의 종교로 적합한 것이지 중화 민족의 인성에 적합하지 않다'는 것이었다. 그 이유는 "호인들은 거칠고 사나워서" 인성이 다르고, "호인들은 의리가 없고 굴강하고 무례하여 금수와 다름이 없기"[373] 때문이었다. 즉 호인들은 풍속과 생활 습관에서 중화와 다르다는 것이다. 이에 대해서는 고환의 주장이 비교적 상세하다. "예복을 갖추고 띠를 두름은 중화의 용모이고, 까까머리에 승복을 입은 것은 뭇 오랑캐의 복장이다. 손을 받쳐 무릎 꿇고 허리 구부려 절함은 후복侯服, 전복甸服[374]의 공손함이요, 짐승처럼 웅크려 앉는 것은 궁벽한 지역에 사는 사람의 엄숙함이다. 관곽을 써서 염을 하고 장례를 치르는 것이 중하中夏의 풍토요, 화장이나 수장을 하는 것은 서융西戎의 풍속이다. 형체를 온전히 하여 예법을 지키는 것이 선을 잇는 가르침이요, 용모를 훼손하고 본성을 바꾸는 것은 절대악을 배우는 것이다."[375] 고환은 의복과 음식으로부터 염과 장례, 그리고 무릎을 꿇는 절에 이르기까지 화이華夷를 구별하고 있다. 그 목적은 "불교와 도교 모두 통달하여 교화를 하는 것은 같으나 오랑캐와 중화의 차별은 있다"[376]는 것을 설명하는 데 있었다. 배는 물에서 움직일 수 있으나 수레는 하천을 건널 수 없다는 비유가 적절할 듯하다. 그러나 이것이 배와 수레의 역할을 버려야 한다는 것을 의미하지는 않는다. 불교든 도교든 간에 각자 제 역할이 있다는 이야기일 따름이다.

도교의 이와 같은 견해에 따르면 인성이 다르기 때문에 다른 정치, 교화 체제가 그에 적응하게 된다는 이야기다. 이 주장엔 틀림없이 정확한 측면이 있다. 그러나 문제는 그렇게 단순하지가 않다. 우선 인성 자체가 모호한 개념인데 그걸로 한번 이루어지면 바뀌지 않는 물건을 지칭한다는 것은 거의 헛된 일이다. 다음으로 사회, 정치 제도와 사상 또한 언제나 변화하고 있는데 특정한 제도가 특정한 민족과 사회에 적합 혹은 적합하지 않다는 등 간단히 단언하는 것은 맞지 않다.

셋째, 도교가 불교와 비교되었을 때 드러나는 정치사상적 특징이다. 위

에서 우리는 도교가 유가, 도가와 다르다는 견해를 제시했으며, 그 차이
는 상대적으로 비교적 명확했다. 유가가 더욱 중시된 것은 역시 사회정치
적 사상 체계에 기초를 두고 있기 때문이다. 그런데 불교는 이와 달랐다.
우선 불교는 종교다. 불교도 정치에 관심을 갖고 있다고 말하는 것은 그
도 여전히 사회적 산물로서 사회생활에서 벗어날 수 없다는 말이며, 정치
에 대한 관심이란 곧 사상 체계의 본질이 아닌 운용을 두고 하는 말이다.
이 점 때문에 도교가 불교를 만났을 때 둘 사이의 관계는 더더욱 미묘할
수밖에 없었다. 도교도들이 성명性命의 수양을 핵심으로 하는 두 종교 모
두에 존재하는 정치사상적 특징을 어떻게 구별하는지 알아보는 것은 매
우 흥미로운 일이다.

도사 고환은 「이하론」에서 불교와 도교의 같은 점과 다른 점에 대해
몇 가지 요점을 열거하고 있는데, 다음과 같다. (1)도교는 무사無死를 이야
기하는데, 불교는 무생無生을 이야기한다. "무생의 교화는 요원하고, 무사
의 교화는 절절하다. 절절한 법은 겸약謙弱을 나아가게 할 수 있고, 요원
한 법은 과강誇强을 물러서게 할 수 있다."[377] 이는 불교와 도교의 교화 효
과와 대상을 두고 한 말이다. 절절하다切 함은 효과가 빠르고 영향도 깊
다는 말이고, 그 반대는 물정에 어두워 쓸모가 없다는 말이다. 소위 '겸
약'과 '과강'은 교화의 대상을 두고 한 말인데, 전자는 더 많은 구제 대상
을 널리 아우를 수 있다는 뜻이고, 후자는 몇몇 패륜아에게만 효과가 있
다는 뜻이다. (2)"불교는 꾸미고 넓으나, 도교는 질박하고 정밀하다. 정밀
하니 거친 사람이 믿을 바가 아니며, 넓으니 정밀한 사람이 할 수 있는 바
가 아니다. 불교는 화려한 말로 끌어들이고, 도교는 실질적인 말로 억누
른다. 억누르면 현명한 사람만 홀로 나아가고, 끌어들이면 어리석은 사람
이 다투어 나아간다. 불경은 번쇄하고 드러나 있으나, 도경은 간략하고 숨
겨져 있다. 숨겨져 있으면 묘문妙門[378]을 보기 어려우며, 드러나 있으면 정

도에 순종하기가 쉽다."³⁷⁹ 여기서 고환은 불교와 도교의 사상 체계 가운데 형식과 내용상의 다른 점을 비교하고, 이 차이가 만들어낸 신앙 대상의 차이를 설명하고 있다. (3)"불교는 악을 타파하는 방술이고, 도교는 선을 흥하게 하는 방술이다. 선을 흥하게 하니 자연스러움이 고귀해지고, 악을 타파하니 용맹함이 고귀해진다."³⁸⁰ 이 또한 인성과 치도에 관한 논점으로부터 끌어낸 결론이다. 고환은 중화와 융적의 본성이 다르며, 중화 사람들은 공순하고 예를 안다고 생각했다. 그러니 마땅히 '선을 흥하게 하는 방술'을 적용하여 그들을 교화해야 한다는 것이다. 반면 융적의 본성은 거칠고 사나우니 마땅히 용맹이란 방법을 사용해야 한다는 것이다. (4)"불교의 걸음은 빛나고 크니 마땅히 이로써 세상 만물을 교화시키나, 도교의 걸음은 고요하고 숨겨져 있으니 자기 자신을 위해 그것을 이용한다."³⁸¹ 이는 불교, 도교의 대상을 두고 한 말인데, 불교의 적용 대상은 비교적 넓으나 도교는 주로 개인을 대상으로 한다는 것이다. 고환의 이 논점은 이 시기 불교, 도교 논쟁 가운데 도교의 자아 인식과 평가를 대표하는 전형적인 생각이라고 하겠다.

도교와
현실 사회정치와의 관계

도교는 일종의 종교다. 따라서 그 정치적 역할이 유가, 법가 등 세간의 학설처럼 직접적이지 못한 것은 당연하다. 그렇긴 하지만 도교는 시작부터 현실 정치와 긴밀하게 한데 엮여 있었다. 도교의 정치와의 관계 및 영향은 다음 몇 가지 방면에서 고찰해볼 수 있다.

첫째, 도교는 정치 활동에 적극적으로 참여하려는 의식을 갖고 있었다. 이는 북위 도사 구겸지를 예로 들 수 있다. 구겸지는 당시 도교 개혁 과정에서 특출한 인물이었다. 어려서부터 선도仙道를 애호하여 장로張魯의 술을 익혔다. 『위서魏書』「석로지釋老志」엔 선인 성공흥成公興이 일찍이 구겸지에게 했던 말이 기록되어 있다. "선생이 신선의 경지에 이르기엔 적절치 않으나 정치로는 제왕의 스승이 될 수 있겠소."³⁸² 이는 물론 구겸지의 성격상 신선을 배우기에 적합하지 않다는 말이다. 그러나 '제왕의 스승이 되는 일'은 확실히 구겸지 도교 사상의 지도 정신이었다. 역사서에는 구겸지 스스로 주장한 바를 기록하고 있다. 태상노군이 그에게 신의 계시를 내려 '천사天師의 지위'를 주고 『운중음송신과지계雲中音誦新科之戒』20권을 하사했으며, 이 새 조목新科을 선전하고 도교를 깨끗이 정돈하고 삼장三張

의 거짓 법을 없애고 "오직 예법 제도를 머리로 삼고 복식服食과 폐관수련을 더하라"[383]고 그에게 명했다는 것이다. 『노군음송계경老君音誦戒經』은 "노군이 말씀하시길 (…) 겸지야, 너는 천사의 바른 지위를 이어받아 생민을 교화하고 나라를 보좌하고 천명을 도와라"[384]라고 말한다. 여기서 알 수 있듯 구겸지의 도교 개혁은 확실히 "나라를 보좌하고 천명을 도우며" "제왕의 스승"이 되는 것이 목표다. 이 목표를 실현하기 위해 구겸지는 개혁과정에서 북위 통치자들, 특히 최호崔浩에게 긴밀히 의지했다. 『북사北史』「최호전崔浩傳」에 따르면 구겸지는 "매번 최호에게 옛 흥망의 자취에 대한 논의를 들었다고 말하며 (…) 최호에게 '저는 응당 유교를 두루 수양하여 태평진군太平眞君을 보좌하겠습니다'라고 말했다"고 한다.

구겸지의 활동은 위魏 세조世祖로부터 찬양과 존중을 받았다. 『위서』「석로지」 기록을 보면 최호의 추천을 받고 "세조(위 세조 태무제太武帝)는 흔쾌해하며 (…) 그리하여 천사로 숭봉하고 신법을 현양하여 천하에 선포하니 도업이 크게 행해졌다."[385] 위 세조는 또 위나라 수도 평성平城에 천사도장을 특별히 세우고, "5층의 단을 중첩하고, 새로운 경전의 제도를 따르도록" 했으며, 연호를 태평진군으로 바꾸고 "친히 도단道壇에 이르러 부록을 받았다. 법가法駕를 갖추고 기치는 모두 청색으로 하여 도가의 색을 따름으로써"[386] 천명을 받았음을 표시했다. 이 행위는 그 후 제도로 정착되었다. 태무제 이후 북위의 모든 황제는 즉위하면 모두 도장에 가서 도사가 거행하는 부록을 받는 의식을 받아들여야 했으며, 이 제도는 줄곧 후주後周까지 답습되었다. 『수서隋書』「경적지經籍志」는 말한다. "후주는 위나라를 이어받아 도법을 숭봉했으며, 모든 황제는 부록을 받았는데 위나라 옛 방식과 같았다."[387]

현실 정치와의 상호 결합이야말로 이 시기 도교의 일대 특징이다. 북위만 그런 것이 아니라 남조도 그러했다. 석도선釋道宣의 말을 보자. "옛날

금릉金陵의 도사 육수정이란 사람은 도문道門의 기대를 모았는데, 송宋, 제齊 양대에 걸쳐 삼장(도사 장릉張陵, 장형張衡, 장로張魯)을 조술하고 이갈二葛(갈현葛玄, 갈홍葛洪)을 넓혔다. 치초郗超, 장張씨 같은 선비들이 문을 봉하고 부록을 받아 마음대로 천착했으며 널리 복잡한 재계 의식을 만들고 낭비가 극히 성했는데 그 뜻은 왕자가 따르고 받들도록 하는 데 있었다."[388] 남방 도교의 개혁자인 육수정 등도 비록 도교 개혁에 있어 자신만의 특징이 있긴 했지만, "그 뜻이 왕자가 따르고 받들도록 하는 데 있는" 점에서는 구겸지와 어떤 차이도 없었다.

둘째, 이 시기에 도교는 개혁과 발전의 와중에서 교의敎義상에서든 교규敎規상에서든 모두 유가 강상명교 관련 내용을 대량으로 흡수했다. 이는 몇 가지 측면으로 나누어볼 수 있다. 우선 도교의 전통적인 내적 수양과 양생 외에 '외적 수양外修'으로 선한 일을 하는 것이 신선이 되는 중요한 조건으로 더해졌다. 이른바 외적 수양이란 내용상 사회정치적 생활의 내용과 방식에 대한 규정을 포괄하는 일상생활의 규범을 말한다. 갈홍은 이렇게 생각했다. "신선이 되고자 하는 사람은 마땅히 충, 효, 화和, 순順, 인仁, 신信을 근본으로 삼아야 한다. 덕행을 수양하지 않고 방술에만 힘쓰는 사람은 모두 불로장생할 수 없다."[389] 천지간에 잘못을 사찰하는 신이 있는데 사람들이 범하는 죄의 경중에 따라 수명을 감하며, 수명이 다하면 사람은 죽는데 "수명을 빼앗아야 하는 일이 수백 가지에 이른다"고도 말한다. 거기엔 "선을 증오하고 살인을 좋아하는 경우, 말은 그럴듯하나 마음이 그릇된 경우, (…) 아랫사람을 학대하고 해치는 경우, 윗사람을 속이고 얽어매는 경우, 하는 일을 배반한 경우, 은혜를 입고도 느끼지 못하는 경우, 법을 우롱하고 뇌물을 받은 경우, (…) 공적인 일을 무너뜨리고 사적인 일을 하는 경우, (…) 사람들에게 악을 가르치는 경우, (…) 군주의 명령에 따르지 않는 경우, 스승을 공경하지 않는 경우"[390] 등이 있다. 그는 "무릇 한 가지 일에는 곧 한 가지 죄가 따른다. 일의 경중에 따라 생명을 관장하는 사명司命신이 수명의 기년을 빼앗는다"[391]고 한다. 갈홍이 열거하는 이런 내용 대부분은 전통 중국사회의 정치와 법률이 유지하려고 애쓴 질서 체계, 바로 그것이다. 구겸지의 도교에 대한 새로운 주장 또한 "오직 예법 제도를 핵심으로 삼고 거기에 복식과 폐관수련을 더하여"[392] 안팎의 수양을 해야 한다는 내용이다. 다음으로 도교의 신선 등급 사상이다. 신선들의 세계에도 등급을 구분하는 사유가 있었는데 『태평경』에 벌써 출현한 적이 있으며, 이 시기 도교 또한 이에 대해 한 단계 더 충실하고 완전한 내용을 갖고 있다. 갈홍은 신선에도 상, 중, 하 등급이 있다고 말한다. 등급이 다르며 지위와 대우도 다르다고 한다. "상사上士가 득도하면 천관天官에 오르고, 중사가 득도하면 곤륜昆侖 성산에 쉬게 되며, 하사가 득도하면 세간에서 장생한다."[393] 이 밖에 천상의 신선에도 대원수인 '대신선大神仙'이 있어 뭇 신선을 거느린다고 한다. 구겸지 신도교의 교의에는 하늘, 땅 이의二儀 사이에 36천天이 있고, 가운데엔 36궁宮이 있으며, 궁에는 한명의 주인이 있는데, 최고의 존재는 무극지존無極至尊이라고 한다. 여러 가지 등급의 신선과 신선의 보좌 시종이 있는데, 예컨대 도홍경의 『진령위업도眞靈位業圖』「서序」는 "같은 진인眞人이라 부르긴 하지만 진인 품등이 여럿 있다. 모두 선인으로 취급하지만 신선에도 천억 개의 등급이 있다"[394]고 말한다. 책에서는 도교의 신선을 천진天神, 지지地祇, 인귀人鬼 등 여러 신선의 진품을 나누고 등급을 분별하고 순서를 배정한다. 도교의 등급 사상은 물론 현실 정치 생활 속의 등급 제도와 유가의 등급 사상에서 유래한 것이다. 하지만 그것이 인과응보의 각도에서 등급제를 긍정하고 있다는 점에서 유가에서 제공하는 등급제 존재의 이유 외에도 피세적彼世的 이유 하나를 덧붙인 셈이다. 이로써 사상 통치의 범위를 한 걸음 더 강화시키게 되었다. 다음으로 도교를 수단으로 삼아 반란을 일으키는 것을 비판한다. 위진 남북조 시기의 도교는 개조를 거친 도교로서 본래부터 현실 정치에 대해 적극적인 태도를 갖고 있었다. 하지만 이런 새 도교가 역사적으로는 오히려 깨끗하지 못한 꼬리를 늘어뜨리게 되었는데, 그건 바로 도교가 초기에, 사실 나중에도 그러했지만, 농민 봉기 및 통치 계급의 내란과 밀접한 관련을 맺고 있다는 사실이다. 자신들의 정치적 태도를 표명하기 위해 이 시기의 도교 수령 대다수는 모두 농민 혹은 하극상의 내란을 일으킨 사람들에 의해 이용된 적이 있는 도교를 비판했다. 이를테면 갈홍은 '요도妖道' '사도邪道' '잡산도사雜散道士'에 대해 욕을 퍼붓는데, 그건 이런 '요도'와 장각張角, 유근柳根, 왕흠王歆, 이갑李甲의 무리 같은 도사들이 "혹 천세를 외치면서 작은 술수에 가탁하고 (…) 위엄은 나라의 군주를 기울게 하고, 세력은 관리들을 능멸했기" 때문이라는 것이다.[395] 이런 '요도'에 대하여 견결히 진압해야 한다고 갈홍은 주장한다. "범죄의 경중을 가릴 것 없이 모두 대벽大辟형을 내려야 한다."[396] 마찬가지로 구겸지의 도교 또한 도교를 이용해 모반을 흉악한 무리들을 저주하는데, 『노군음송계경』은 이렇게 말한다. "오늘날 세상 사람들이 그악하여 죽을 일을 만들고 있다. 선을 수행하는 사람은 적고 세간엔 사기가 판을 치며 경도를 빌려다가 어리석은 백성을 현혹시키고 있다. 그러면서 노군이 다스리게 되고 이홍李弘이 나와야 한다고 주장한다. 천하에 반역자의 무리들이 이홍을 칭송하면서 종횡하는 일이 대대로 있어왔다."[397] '이홍'은 당시 적잖은 농민 봉기와 종교적 반란에 이용된 호소력 있는 이름이었다. 여기서 구겸지의 지적은 이런 반란이 현실 정치 질서에 조성한 파괴로 인해 나온 것이다. 도교도들이 자신과 통치자의 입장이 일치함을 애써 표명한 것에는 또 한 가지 원인이 있는데, 그건 불교, 도교의 논쟁 와중에 불교도들이 황건黃巾이나 손은孫恩 등의 봉기를 열거함으로써 자주 도교의 생채기를 건드리며 도교가 통치에 불리하다고 증명하기 때문에 도교도들로서는 반드시 자신을 위해 변명할 필요가 있었다. 이러한 사실은 불교든 도교든 고대 중국에서 독립된 종교 역량으로 출현한 적이 없으며, 모두 언제나 현실 정치의 예속물이었음을 드러낸 것이다.

1 嗣我祖宗之洪烈.(『晉書』「文帝紀」)

2 天地革而四時成, 湯武革命, 順乎天而應乎人.

3 仍世多故, 幾於顚墜, 實賴有晉匡拯之德, 用獲保厥肆祀, 弘濟於艱難, 此則晉之有大造於魏也.(『진서』「武帝紀」)

4 祥瑞屢臻, 天人協應, 無思不服. (…) 皇天鑑下, 求人之瘼, 旣有成命, 固非克讓所得距違. 天序不可以無統, 人神不可以曠主. (…) 虔奉皇運, 寅畏天威, 敬簡元辰, 升壇受禪.(『진서』「무제기」)

5 肆群后三司六事之人, 疇咨庶尹, 至於華戎, 致輯大命於朕躬, 予一人畏天之威, 用弗敢違. 遂登壇南嶽, 受終文祖, 焚柴頒瑞, 告類上帝.(『진서』「元帝紀」)

6 臣聞處帝王之位者, 必有歷運之期, 天命之應.(『진서』「禮志」)

7 고광高光은 한나라 궁전의 이름이기도 하며, 전한 고조와 후한 광무제를 함께 부를 때 쓰는 용어이기도 하다. —옮긴이

8 帝王之興, 必俟天命, 苟有代射, 非人事也. (…) 鴻黃世及, 以一民也; 堯舜內禪, 體文德也; 漢魏外禪, 順大名也; 湯武革命, 應天人也. 高光爭伐, 定功業也. 各因其運而天下隨時. 隨時之義大矣哉.(『全晉文』干寶)

9 古之王者, 必應天順時, 義全而後取, 讓成而後得, 是以享世長久, 重光萬載也.(『진서』「周嵩傳」)

10 肆予一人, 祇承天序, 以敬授爾位, 歷數實在爾躬. (…) 王其欽順天命, 率循訓典, 底綏四國, 用保天休, 無替我二皇之弘烈.(『진서』「무제기」)

11 朕每敬惟道勛, 永察符運, 天之歷數, 實在爾躬. 是以五緯升度, 屢示除舊之迹, 三光協數, 必昭布新之祥, 圖讖禎瑞, 皎然斯在. (…) 昔土德告沴, 傳祚於我有晉; 今歷運改卜, 永終於玆, 亦以金德而傳於宋. (…) 王其允答人神, 君臨萬國, 時膺靈祉, 酬於上天之眷命.(『宋書』「武帝紀」)

12 春榮秋落, 四時所以迭代; 金行水流, 五德所以互序.(『全陳文』沈炯)

13 順乎天而享其運, 應乎人而和其義.(『全晉文』간보)

14 夫期運雖天所授, 而功業必由人而成.(『진서』「羊祜傳」)

15 有其時無其人, 則弘濟之功或闕; 有其人無其時, 則英武之志不伸. 至於能成王業者, 唯人時合也.(『진서』「慕容德傳」)

16 옛날부터 치국의 강령으로 취급되어온 네 가지 덕목.『관자管子』「목민牧民」편은 예禮·의義·염廉, 치恥를 말한다. —옮긴이

17 二十餘年, 而河洛爲墟, (…) 樹立失權, 托付非才, 四維不張, 而苟且之政多也.(『전진문』
    간보)

18 『주역』의 비否괘와 태泰괘에서 나온 말. 천지가 교통하여 만사가 형통한 것을 태, 교류
    를 못해 사방이 막힌 것을 비라고 한다. 세상사의 성과 쇠, 운명의 순조로움과 역경 등
    을 지칭할 때 쓰인다. —옮긴이

19 昏明迭用, 否泰相濟, 天命無改, 歷數有歸.(『진서』 「원제기」)

20 主非常人也, 有德則天下歸之, 無德則天下叛之.(『진서』 「段灼傳」)

21 大道之行, 選賢與能, 隆替無常期, 禪代非一族, 貫之百王, 由來尙矣.(『宋書』 「무제기」)

22 은나라 탕왕의 무덤이 있는 곳. 은나라 재상 이윤伊尹이 무도한 왕 태갑太甲을 여기에
    보내 유폐시킴으로써 반성을 하게 만든 곳이다. —옮긴이

23 廢昏立明, 前代令范, 況乃滅義反道, 天人所棄, 釁深牧野, 理絕桐宮.(『송서』 「後廢帝
    紀」)

24 親執孺子手, 流涕歔欷, (…) 哀歎良久.(『漢書』 「王莽傳」)

25 天無二日, 國無二主.

26 王者象天, 后者象地, 爲兆庶父母, 尊莫重焉, 厚莫大焉.(『전진문』 黃整)

27 慶賞威刑, 必宗於主; 權宜有恕, 出自人君.(『三國志』 「華歆傳」)

28 慶賞威刑, 后皇攸執, 名器至重, 不可以假人, 皆以防奸杜漸, 以示軌儀.(『진서』 「石虎傳」)

29 자퇴子穨의 혼釁이란 주周 양왕襄王 때 자퇴의 총명으로 인해 위衛, 연燕에 의해 주나
    라가 공격을 당하고 정권이 갈린 사건을 말한다. —옮긴이

30 춘추 시대 장남을 미워하고 차남 공숙단共叔段을 감싸던 정鄭 무공武公의 아내 무강
    武姜의 개입으로 인해 일시 정권이 나뉜 사건을 말한다. 장남 정鄭 장공莊公이 토벌했
    다. —옮긴이

31 二政分權, 鮮不及禍. 周有子穨之釁, 鄭有叔段之難, 此皆由寵之不道, 所以亂國害
    親.(『진서』 「石虎傳」)

32 夫千人無君, 不散則亂; 萬乘無主, 不危則亡.(『陳書』 「沈文阿傳」)

33 夫古之立君, 所以司牧群黎, 故必仰協乾坤, 覆燾萬物.(『삼국지』 「孫晧傳」 주)

34 人主者, 定天下, 安社稷, 以成大功.(『周書』 「蕭詧傳」)

35 郊天極尊, 唯一而已, 故非天子不祀也.(『宋書』 「禮志」)

36 君旣殯, 又有父母之喪, (…) 雖君父兩服, 當其兼喪, 以君繵爲主, 而不以己私服爲重
    也.(『전진문』 賀循)

37 禮曰: 父在斯爲子, 君在斯爲臣, 侍坐於所尊, 見同等不起, 皆以爲尊無二上. (…) 應依同

等不起之禮.(『전진문』孫毓)

38 王者之於四海, 無不臣妾, 雖復父兄之親, 師友之賢, 皆純臣也.(『晉書』「禮志」)

39 王庭正君臣之禮, 私覿全父子之親, 是大順之道.(『전진문』徐禪)

40 旣明尊之道, 不得復叙親之本也.(『전진문』江霦)

41 夫百姓不能自牧, 故立君以治之; 明君不能獨治, 則爲臣以佐之.(『진서』「袁宏傳」)

42 臣聞皇代之興, 必有爪牙之佐.(『진서』「紀瞻傳」)

43 能奉宣朕志, 令百姓勸事樂業者, 其唯郡縣長吏乎!(『진서』「食貨志」)

44 朕 (…) 臨御萬邦, 所以崇顯政道者, 亦賴之於元臣庶尹, 畢力股肱, 以副至望.(『진서』
    「劉寔傳」)

45 夫王者體天理物, 非群才不足濟其務. (…) 漢宣帝稱, 與我共安天下者, 其唯良二千石乎.
    斯言信矣.(『전진문』元帝)

46 君用忠良, 則伯王之業隆.(『삼국지』「袁紹傳」주)

47 書曰, 臣爲朕股肱耳目, 宣力四方. 言君臣相與共政事, 有一體之義.(『전진문』이름 빠짐)

48 夫君者, 必量才任以授官, 參善惡以毀譽, 課功過以賞罰者也.(『전진문』원굉)

49 君爲人父母, 人於君有子道, 尊君之義, 臣人一耳.(『전진문』이름 빠짐)

50 禮, 臣爲君斬縗三年, 與子爲父同.(『전진문』荀顗)

51 事君之道, 資於事父, 委質之日, 貳乃辟也.(『전진문』周哀)

52 天下至大, 萬事至衆, 人君至少, 同於天日, (…) 是以聖王之化, 執要而已.(『진서』「劉頌
    傳」)

53 臣雖愚蠢, 以爲事君之道, 唯當竭節盡忠, 奮不顧身, 量力受任, 臨事制宜. 苟利社稷, 死
    生以之.(『진서』「王濬傳」)

54 臣之事君, 惟思盡忠而已, 不應復計利鈍.(『진서』「范弘之傳」)

55 夫天地之大德曰生, 聖人之大寶曰位, 因生所以盡孝, 因位所以立忠, (…) 爲臣爲子, 率
    由之道斯一.(『全梁文』元帝)

56 將死不忘憂社稷, (…) 大臣之義, 本在忘己.(『진서』「陸曄傳」)

57 封土之强, 假累世之寵, 因闇弱之主, 資母后之權, 樹比周之黨, 階絕滅之勢, 然後乃能行
    其私謀, 以成篡奪之禍耳.(『진서』「주숭전」)

58 臣子無要君之道.(『전진문』원제)

59 臣無作威作福, 作威作福, 則凶于而家, 害於而國.(『삼국지』「朱桓傳」주)

60 有大才負大功, 挾震主之威, 自古鮮有全者.(『宋書』「南郡王義宣傳」)

61 禮所以軏物成教, 故有國家者莫不崇正明本, 以一其統.(『진서』「顧和傳」)

62 竹林諸賢之風雖高, 而禮教尙峻. 迨元康中, 遂至放蕩越禮.(『世說新語』「任誕」주 인용)

63 晉代東徙, 舊法淪落, 侯牧典章, 稍與事廣, 名實一差, 難以卒變, 章服崇濫, 多歷年
    所.(『송서』「武三王傳」)

64 聖人稱有君臣然後有上下禮義. 是故大必字小, 小必事大, 然後上下安服, 群生獲所.(『삼
    국지』「孫皓傳」주)

65 人之所以貴者, 以其禮節也. 人而無禮者, 其獼猴乎.(『전진문』譙周)

66 『논어』「계씨季氏」의 "孔子曰: 益者三友, 損者三友. 友直, 友諒, 友多聞, 益矣. 友便辟,
    友善柔, 友便佞, 損矣"에서 곧고, 진실하고, 아는 것이 많은 좋은 친구를 뜻한 듯하다.
    ―옮긴이

67 原夫禮者, 三千之本, 人倫之至道. 故用之家國, 君臣以之尊, 父子以之親. 用之婚冠, 少
    長以之仁愛, 夫妻以之義順. 用之鄕人, 友朋以之三益, 賓主以之敬讓. 所謂極乎天, 播乎
    地, 窮高遠, 測深厚, 莫尙於禮也.(『송서』「傅隆傳」)

68 夫禮所以安上治民, 弘風訓俗, 經國家, 利後嗣者也.(『梁書』「徐勉傳」)

69 禮之降殺, 因時而寢興, 誠無常矣. (…) 至於君親相准, 名敎之重, 莫之改也.(『진서』「康
    帝紀」)

70 王法所峻者, 唯服物車器有貴賤之差, 令不僭擬以亂尊卑耳.(『진서』「李重傳」)

71 制度日侈, 商販之室, 飾等王侯, 傭賣之身, 制均妃后. (…) 見車馬不辨貴賤, 視冠服不知
    尊卑.(『송서』「周朗傳」)

72 五服之本或差, 哀敬之制衹雜, 國典未一於四海, 家法參雜於縉紳, 誠宜考詳遠慮, 以定
    皇代之盛禮者也.(『송서』「부융전」)

73 正其分位, 明其等級, 畫之封疆, 宣之政令, 上下有序, 無僭差之嫌, 四人安業, 無竝兼之
    國.(『진서』「伏滔傳」)

74 先王崇尊卑之禮, 明貴賤之序, 著溫克之德, 記沈酗之禍, 所以光宣道化, 示人軌儀
    也.(『진서』「무제기」)

75 政刑之宣, 故由乎禮樂之用. (…) 所以防遏暴慢, 感動心術, 制節生靈, 而陶化萬姓
    也.(『진서』「阮種傳」)

76 禮義立, 則君子軌道而讓於善; 廉恥立, 則小人謹行而不汪於制度. (…) 化洽黎元, 而勛
    業長世也. (…) 夫王道之本, 經國之務, 必先之以禮義(『진서』「완종전」)

77 至於興禮樂以和人, 流淸風以寧俗, 其歸一也.(『진서』「華譚傳」)

78 儒林之敎漸頹, 庠序之禮有闕, 國學索然, 墳籍莫啓.(『진서』「袁瓌傳」)

79 世尙莊老, 莫肯用心儒訓.(『송서』「禮志」)

80   時以浮虛相扇, 儒雅日替, (…) 二人之罪深於桀紂.

81   王何蔑棄典文, 不遵禮度, 游辭浮說, 波蕩後生, 飾華言以翳實, 騁繁文以惑世. (…) 洙
泗之風, 緬焉將墜, (…) 禮壞樂崩, 中原傾覆.

82   古之所謂言僞而辯, 行僻而堅者. 운운.(『진서』「范寧傳」 참조)

83   노주박이한단위魯酒薄而邯鄲圍는 일종의 숙어다.『장자』「거협胠篋」 편에 나오는 말인
데, 육덕명陸德明은 허신許愼의『회남자』주석문을 들어 이 내용을 설명했다. 초楚나
라가 강성하여 제후들과 회맹했는데, 노나라와 조나라가 모두 초나라 왕에게 술을 바
쳤다. 노나라 술은 부박하고 조나라 술은 농후했는데, 이에 술을 담당하던 초나라 관리
가 조나라에 술을 좀 요구했다. 그런데 조나라에선 주지 않았고 화가 난 관리는 조나라
의 농후한 술을 노나라의 부박한 술과 바꾸어 상주했다. 초 왕은 조나라의 술이 부박
하다고 판단하여 조나라 수도 한단을 포위했다. 이 숙어는 어떤 일이든 깊은 연관성을
가지고 전개됨을 뜻한다. ―옮긴이

84   莊子之利天下也少, 害天下也多. 故曰魯酒薄而邯鄲圍, 莊生作而風俗頹. 禮與浮云俱征,
僞與利蕩竝肆, 人以克己爲恥, 士以無措爲通.(『진서』「王坦之傳」)

85   以天下未壹, 非興禮學之時, (…) 似是而非.

86   治世尙文, 遭亂尙武, (…) 儒道深奧, 不可倉卒而成.

87   則功成事定, 誰與制禮作樂者哉! (…) 篤道崇儒, (…) 創立大業.(『송서』「예지」)

88   治化之本, 人倫之始, 所以誘達群方, 進德興仁, (…) 雖復百王殊禮, 質文參差, 至於斯
道, 其用不爽.(『송서』「예지」)

89   先王立史官以書時事, 載善惡以爲沮勸, 撮教世之要也. 是以『春秋』不修, 則仲尼理之;
「關雎」旣亂, 則師摯修之.(『진서』「司馬彪傳」)

90   본문의 육합六合은 원래 상, 하, 동, 서, 남, 북을 말하며 천하, 우주란 뜻이다. ―옮긴이

91   본문의 구복九服에 대해서는 크게 세 가지 해석이 있어왔다. 첫째는『주례周禮』「하관
夏官」 직방씨職方氏에 나오는 것으로 사방 천리의 왕기王畿 이외 후복侯服에서 번복
藩服까지 500리 단위로 멀어지며 편성된 아홉 등급의 지구 단위를 말한다. 둘째는 전
국 각지의 지구를 뜻한다. 셋째는『주례』「천관天官」 구인屨人에 나오는 고대 왕과 왕후
의 아홉 가지 복제를 뜻한다. 여기서는 합하여 해석했다. ―옮긴이

92   夫旌德禮賢, 化道之所先, 崇表殊節, 聖哲之上務. 方今六合未康, 豺豸當路, 遺黎僞薄,
義聲弗聞. 益宜振起道義之徒, 以敦流遁之弊, (…) 九服知化矣.(『삼국지』「譙周傳」 주)

93   聖賢明訓存乎擧善, 褒貶所興, 不遠千載.(『진서』「孝友許孜傳」)

94   夫治化之本, 在於正人倫. 人倫之正, 存乎設庠序. 庠序設而五教明, 則德化洽通, (…) 父

子兄弟夫婦長幼之序順, 而君臣之義固矣.(『송서』「예지」)

95 立人之道, 曰仁與義. 翼善輔性, 唯禮與學.(『송서』「예지」)

96 弘化正俗, 存乎禮教, 輔性成德, 必資於學. 先王所以陶鑄天下, 津梁萬物, 閑邪納善, 潛被於日用者也.(『송서』「예지」)

97 俗化陵遲, 不可不革. 革俗之要, 實在敦學.(『진서』「王沈傳」)

98 洙泗之教, 洋洋盈耳, 所以柔漸性情, 日用成器. 國廢胄子之教, 家弛勸學之訓, 宜振起頹業以回視聽.(『全宋文』鄭鮮之)

99 '生民之有學教, 猶樹木之有枝葉.' 果行育德, 咸必由玆.(『南齊書』「武帝紀」)

100 學所以定情理性而積衆善者也. 性定於內而行成於外, 善積於心而名顯於教, 故中人之性隨教而移, 善積則習與性成.(『진서』「虞溥傳」)

101 當官者能潔身修己, 然後在公之節乃全. 身善有章, 雖賤必賞, 此興化立教之務也.(『진서』「竇允傳」)

102 爲國者, 不患學者之不農, 患治民者之不學.(『全晉文』초주)

103 보부보부는 태자 등 귀족의 자제나 미성년의 제왕 혹은 제후들을 보육하고 교도하는 남녀 관원을 통칭하는 말이다. ―옮긴이

104 尊師重道, 帝王之所宜務, 況童幼方賴師訓之成, 宜令一遵先帝崇賢之禮.(『전진문』庚后)

105 宜必得其人, (…) 不可不高盡天下之選.

106 表道德之軌, 闡忠孝之儀, 明仁義之統, 弘禮樂之本.(『진서』「熊遠傳」)

107 人心所歸, 唯道與義.

108 蓋以人才優劣, 非謂代族高卑.(『全梁文』沈約)

109 士庶之科, 較然有辨.(『全梁文』, 남조 梁 沈約, 『宋書』「恩倖列傳」)

110 九品始於喪亂, 軍中之政, 誠非經國不刊之法也. 且其檢防轉碎, 征刑失實. (…) 爲弊已甚, 因革.(『진서』「李重傳」)

111 魏立九品, 權時之制, 未見得人, 而有八損.

112 所欲興者, 獲虛以成譽; 所欲下者, 吹毛以求疵. 高下逐强弱, 是非由愛憎.

113 有私於己, 必得其欲. (…) 無報於身, 必見割奪.

114 附托者必達, 守道者困悴. (…) 實爲亂源.

115 凡官不同事, 人不同能, 得其能則成, 失其能則敗.

116 以品取人, 或非才能之所長; 以狀取人, 則爲本品之所限. (…) 品不料能. (…) 雖職之高, 還附卑品, 無績於官, 而獲高叙, 是爲抑功實而隆虛名也.(『진서』「劉毅傳」)

117 上品無寒門, 下品無勢族.

118 上欺明主, 下亂人倫, (⋯) 雖職名中正, 實爲奸府.(『진서』「유의전」)

119 毀風敗俗, 無益於化, 古今之失, 莫大於此. (⋯) 棄魏氏之弊法, 立一代之美制.(『진서』
     「유의전」)

120 찰거察擧라고도 부르며 고대의 인재 선발 제도로 향과 리에서 사람을 추천받아 관리
     로 임용하는 방식으로 고대의 기층 선거제라 할 수 있다. ─옮긴이

121 自古興替, 實在官人; 苟得其人, 則無物不理.(『진서』「山簡傳」)

122 繼天理物, 寧國安家, 非賢無以成也. (⋯) 莫先於選建明哲, 授方任能. 令才當其官而功
     稱其職, 則萬機咸理, 庶僚不曠.(『진서』「阮種傳」)

123 夫賢者天地之紀, 品物之宗, (⋯) 生生豐植, 人用資給, 和樂興焉.(『진서』「郤詵傳」)

124 乾坤之紀, 政敎之本也. (⋯) 文王以多士基周, 桓靈以群閹亡漢. 國之興亡, 未有不由於
     此也.(『진서』「劉聰傳」)

125 先白望而後實事, 浮競驅馳, 互相貢薦, 言重者先顯, 言輕者後叙.(『진서』「陳頵傳」)

126 世不乏驥, 求則可致. (⋯) 苟其可用, 仇賤必擧.(『진서』「虞預傳」)

127 旣謂之才, 則不宜以階級限, 不應以年齒齊.(『송서』「周朗傳」)

128 賢愚之名不別. (⋯) 推讓之道興, 則賢能之人日見推擧, (⋯) 至公之擧自立矣.(『진서』
     「劉寔傳」)

129 人在政擧, 人亡政息.

130 人能弘政, 非政弘人也.(『진서』「극선전」)

131 舍人務政, 雖勤何益?(『진서』「극선전」)

132 夫有賢而不知, 知賢而不用, 用賢而不委, 委賢而不信, 此四者, 古今之通患也.(『南齊書』
     「崔祖思傳」)

133 겉으론 유가의 외피를 둘러쓰고 있으나, 내면적으론 법가적 통치를 구사한다는 의미.
     외유내법外儒內法이라고도 한다. ─옮긴이

134 鞭扑不可弛於家, 刑罰不可廢於國, 征伐不可偃於天下; 用之有本末, 行之有逆順耳. 孔
     子曰: '工欲善其事, 必先利其器.' 文德者, 帝王之利器; 威武者, 文德之輔助也.

135 대벽은 목을 베는 사형을 뜻하고, 각기는 살을 벗겨내는 신체형을 뜻한다. ─옮긴이

136 君人之道, 仁義爲主, 仁者愛人, 義者理務. 愛人故當爲除害, 理務亦當爲去亂. 是以五帝
     有流殛放殺之誅, 三王有大辟刻肌之刑, 所以爲除殘去亂也.

137 律令者, 政事之經, 萬機之緯.(『전진문』張斐)

138 經國之體, 在於崇明典刑.(『진서』「劉琨傳」)

139 古之聖王, 臨朝思理, 遠防邪萌, 深杜奸漸, 莫不資法理以成化, 明刑賞以樹功者也.(『남
　　제서』 「孔稚珪傳」)

140 令行禁止, 爲國之楗(鍵). 然則天下治者, 賞罰而已矣.(『남제서』 「최조사전」)

141 大明刑憲.(『진서』 「형법지」)

142 慶賞罰刑, 異事而同功, 皆王者之所以成德也.(『春秋繁露』 「四時之副」)

143 且敎化, 所恃以爲治也, 刑法所以助治也.(『한서』 「예악지」)

144 故刑者德之輔, 陰者陽之助也.(『춘추번로』 「天辨人在」)

145 蓋刑禮之本, 經緯陰陽, 擬則乾坤, 先王所以化民理物, 興國濟治也.

146 萬物本一, 變而殊形.

147 禮生於讓, 刑生於爭, 讓者割己以與人, 是刑加於己, 而禮加於人也. 爭者奪人以崇己, 是
　　刑施於人, 而禮施於己也. 由此言之, 讓非純禮, 爭非純刑也.

148 慶賞以勸善而爲惡者懲, 如有所懲, 刑亦存矣. 刑罰以懲惡而爲善者勸, 如有所勸, 禮亦
　　存矣.

149 故亡刑則禮不獨施.

150 大道廢焉, 則刑禮俱錯, 大道行焉, 則刑禮俱興. 不合而成, 未之有也.(이상 인용은 『藝文
　　類聚』 권54에 보임)

151 自近世以來, 法漸多門, 令甚不一. (…) 則吏不知所守, 下不知所避. 奸僞者因法之多門,
　　以售其情, (…) 於是事同議異, 獄豺不平, 有傷於法.(『진서』 「형법지」)

152 自軍興以來, 法度陵替, 至於處事不用律令, 競作屬命, 人立異議, 曲適物情, 虧傷大
　　例.(『진서』 「형법지」)

153 夫人君所與天下共者, 法也. 已令四海, 不可以不信以爲敎, 方求天下之不慢, 不可繩以
　　不信之法.

154 중국 고대 법률서의 첫 편을 일컫는다. 오늘날 법전의 총칙에 해당된다. 죄에 대한 정확
　　한 조문이 없는 경우, 형명刑名의 원칙을 담은 첫 편의 내용에 입각해 판단한다는 이야
　　기다. —옮긴이

155 律法斷罪, 皆當以法律令正文, 若無正文, 依附名例斷之, 其正文名例所不及, 皆勿論.

156 如律之文, 守法之官, 唯當奉用律令.

157 今限法曹郎令史, 意有不同爲駁, 唯得論釋法律, 以正所斷, 不得援求諸外.(『진서』 「형법
　　지」)

158 法欲必奉, 故令主者守文. (…) 古人有言: '人主詳, 其政荒; 人主期, 其事理.' 詳匪他, 盡
　　善則法傷, 故其政荒也.

159 若漢祖戮丁公之爲也.

160 不得出以意妄議, 其餘皆以律令從事, 然後法信於下, 人聽不惑, 吏不容奸, 可以言政.(『진서』「형법지」)

161 若斷不斷, 常輕重隨意, 則王憲不一, 人無所錯矣. 故觀人設敎, 在上之擧; 守文直法, 臣吏之節也. (…) 門下屬三公, (…) 執法斷事, 旣以立法, 誠不宜復求法外小善也. 若常以善奪法, 則人逐善而不忌法, 其害甚於無法也.(『진서』「형법지」)

162 不得任情以破成法.

163 開人事之路, 廣私請之端, 非先王立法之本意也. (…) 諸立議者皆當引律令經傳, 不得直以情言, 無所依準, 以虧舊典也.(『진서』「형법지」)

164 興化之本, 由政平訟理也.(『진서』「武帝紀」)

165 法者, 天下取正, 不避親貴, 然後行耳.(『진서』「李憙傳」)

166 王者所用, 唯在賞罰. 賞貴適理, 罰在得情, (…) 刑賞之宜, 思獲其所. 自今諸應賞罰, 皆賞疑從重, 罰疑從輕.(『隋書』「형법지」)

167 夫明德愼罰, 文王所以恤下; 議獄緩死, 中孚所以垂下. (…) 獄貴情斷, 疑則從輕.(『宋書』「何承天傳」)

168 今律文雖定, 必須用之; 用失其平, 不異無律.(『남제서』「孔稚珪傳」)

169 賞不事豐, 所病於不均; 罰不在重, 所困於不當.(『남제서』「최조사전」)

170 육체에 상해를 주는 형벌로 옛날엔 묵墨, 의劓, 비剕, 궁宮, 대벽大辟 등을 지칭했다. 묵은 얼굴에 문신을 하여 먹물로 죄상을 기록하는 형벌, 의는 코를 베어버리는 형벌, 비는 발목을 자르는 형벌, 궁은 생식기를 잘라 없애는 형벌, 대벽은 목을 베어버리는 사형을 일컫는다. ―옮긴이

171 是以刑罰大省, 至於斷獄四百, 有刑錯之風.

172 볼기를 치는 형벌. ―옮긴이

173 當劓者, 笞三百; 當斬左止者, 笞五百.

174 外有輕刑之名, 內實殺人.

175 是時天下將亂, 百姓有土崩之勢, 刑罰不足以懲惡, 於是名儒大才故遼東太守崔寔, 大司農鄭玄, 大鴻臚陳紀之徒, 咸以爲宜復行肉刑.

176 尙書令荀彧博訪百官, 復欲申之.

177 頻表宜復肉刑.(이상 인용문은 모두 『진서』「형법지」 참조)

178 今死刑重, 故非命者衆; 生刑輕, 故罪不禁奸. 所以然者, 肉刑不用之所致也.

179 作役山谷, 飢寒切身, (…) 苟慮不首死, 則皆爲盜賊. (…) 徒亡日屬, 盜賊日煩.(『진서』

180 嚴刑以殺, 犯之者寡, 刑輕易犯, 蹈惡者多.

181 所謂相濟經常之法.(『全晉文』曹志)

182 聖王之制肉刑, 遠有深理, (…) 非徒懲其畏剝割之痛而不爲也, 乃去其爲惡之具, 使夫奸人無用復肆其志.

183 殘體爲戮, 終身作誡, (…) 畏而不犯.

184 除惡塞源, 莫善於此.(『진서』「형법지」)

185 朝夕鑒戒, 刑者咏爲惡之永痛, 惡者睹殘刖之長廢, 故足懼也.(『진서』「형법지」)

186 見者知禁, 彰罪表惡, 亦足以畏, (…) 刑以止刑.(『예문유취』권54)

187 肇自古先, 以及三代, 聖哲明王所未曾改也.

188 今大晉中興, 遵復古典, 率由舊章, 起千載之滯義, 拯百殘之遺黎, (…) 生肉枯骨, 惠侔造化, 豈不休哉!(『진서』「형법지」)

189 叛盜之屬, 斷肢而已, 是好生惡殺; 叛盜皆死, 是好殺惡生也. 斷肢若謂之酷, 截頭更不謂之虐, 何其乖哉!

190 斷肢之後, 隨刑使役不失民, 民不乏用, 富國强兵, 此之謂也.(『태평어람』권64 王隱『진서』인용)

191 聖上悼殘荒之遺黎, 傷犯死之繁衆, 欲行刖以代死刑, 使犯死之徒得存性命, 則率土蒙更生之澤.(『진서』「형법지」)

192 刑罰輕重, 隨時而作. 時人少罪而易威, 則從輕而寬之; 時人多罪而難威, 則宜化刑而濟之. 肉刑平世所應立, 非救弊之宜也.

193 截頭絞頸, 尙不能禁, (…) 使欲爲惡者輕犯寬刑, 蹈罪更衆, 是爲輕刑以誘人於罪, 殘其身以加楚酷也.

194 발목을 베인 월刖형 당한 사람이 신도록 만들어진 특별한 신발. —옮긴이

195 受刑者轉廣, 而爲非者日多, 踊貴屨賤, 有鼻者醜也.

196 徒有輕刑之名, 而實開長惡之源.(이상 인용문은 『진서』「형법지」 참조)

197 형조刑措 또는 형착刑錯이라고도 쓰며, 한 문제 때 관용의 정치를 펼치면서 범죄를 단죄할 때 형법을 곁에 두되 실제로는 사용하지 않았다는 데서 유래했다. —옮긴이

198 漢文發仁惻之意, 傷自新之路莫由, 革古創制, 號稱刑厝, 然名輕而實重, 反更傷民.

199 此五帝不相循法, 肉刑不可悉復者也.(『송서』「孔琳之傳」)

200 季末澆僞, 法網彌密, (…) 終身劇役, 不足止其奸, 況乎黥劓, 豈能反其善, 徒有酸慘之聲, 而無濟治之益.(『송서』「蔡廓傳」)

201 『서경』「태서泰誓하」에 은나라 주왕의 무도함을 말하면서 조섭朝涉의 정강이를 자르고, 현인의 심장을 꺼내 본 예를 든 데서 유래했다. 공영달孔穎達의 소疏에 따르면, 조섭이란 겨울 아침에 물을 건너는 사람이 추위를 견디나 보려고 정강이를 잘라보았다고 한다. ―옮긴이

202 紂斷朝涉之脛, 天下謂爲無道. 夫九牧之地, 千八百君, 若各刖一人, 是天下常有千八百紂也, 求世休和, 弗可得已.(『진서』「형법지」)

203 肉刑之設, 肇自哲王.(『송서』「채곽전」)

204 本欲以全民也.(『한서』「형법지」)

205 진晉 혜제惠帝 재위 기간에 정치부패로 팔왕八王의 난이 거듭되는 틈에 흉노匈奴 계통의 유연劉淵이 한漢을 세우더니 진晉 회제懷帝 영가永嘉 5년(311) 유연의 아들 총聰이 진나라 군대 10여만을 몰살시키고, 다시 낙양洛陽을 쳐 회제를 포로로 잡고 왕공사인 3만여 명을 도륙시킨 사건을 영가의 난이라 불렀다. ―옮긴이

206 初拓中原, 留心慰納, 諸士大夫詣軍門者, 無少長, 皆引入賜見, 存問周悉, 人得自盡, 苟有微能, 咸蒙敍用.

207 好學, 博綜經史, 明習陰陽讖緯. (…) 素聞其名, 使人以禮迎致之.

208 乃命諸軍圍代城, (…) 燕鳳不來, 吾將屠汝. (…) 待以賓禮, (…) 參決國事.(『魏書』「燕鳳傳」)

209 尙書郎以下悉用文人.(『위서』「太祖紀」)

210 詔分遣使者巡求俊逸, 其豪門強族爲州閭所推者, 及有文武才幹, 臨疑能決, 或有先賢世胄, 德行淸美, 學優義博, 可爲人師者, 各令詣京師, 當隨才敍用, 以贊庶政.(『위서』「太宗紀」)

211 致者數百人, 皆差次敍用.(『위서』「世祖紀」)

212 은종殷宗이 판축板築을 꿈꾼다 함은 『맹자』「고자하」 편에 보이는 사건으로 은나라 왕 무정武丁이 부암傅巖에서 석축을 쌓던 부열傅說을 뽑아 재상으로 삼았다는 고사에서 유래했다. 이로부터 '판축'은 지위가 낮거나 숨어 지내는 사람을 부를 때 쓰였다. ―옮긴이

213 士馬無爲, 方將偃武修文, 遵太平之化, (…) 理廢職, 擧逸民, (…) 昧旦思求, 想遇師輔, 雖殷宗之夢板築, 罔以加也.

214 朕除僞平暴, 征討累年, 思得英賢, 緝熙治道, 故詔州郡搜揚隱逸, 進擧賢俊.(『위서』「세조기」)

215 任其進退. (…) 當待以不次之擧, 隨才文武, 任之政事.

1182

216 深爲太祖所任. 勢傾朝廷.(『위서』「崔玄伯傳」)

217 恒與軍國大謀, 甚爲寵密. (…) 乃勅諸尙書曰: '凡軍國大計, 卿等所不能決, 皆先諮崔浩, 然後施行.(『위서』「崔浩傳」)

218 委以軍國機密, 甚見親寵. 謀謨切秘, 時人莫能知也.(『위서』「李孝伯傳」)

219 及交好南夏, 頗亦改創.

220 初置左右近侍之職, 無常員, 或至百數, 侍直禁中, 傳宣詔命. (…) 又置內侍長四人, 主顧問, 拾遺應對, 若今之侍中, 散騎常侍也.(『위서』「官氏志」)

221 오환烏桓이라고도 쓰며, 고대 북방의 소수 민족이었다. 원래 동호東胡족의 지류였으나, 전한 초 흉노에게 패하여 오환산烏桓山으로 옮겨 살았기 때문에 이 명칭을 얻었다. 후한 건안建安 연간에 조조曹操가 이들을 쳐서 만여 부락을 이주시키면서부터 이 민족은 사라져갔다. —옮긴이

222 諸方雜人來附者, 總謂之'烏丸', 各以多少稱酋, 庶長, 分爲南北部, 復置二部大人以統攝之, (…) 若古之二伯焉.(『위지』「관씨지」)

223 원래는 한나라 때의 상서대尙書臺와 삼국 시대 위魏나라의 중서성中書省을 가리켜 대성臺省이라 한다. 황제를 대신하여 정치 명령을 발포하는 중추 기관이었으므로 나중 정부의 중앙기구를 지칭하는 말로 쓰였다. 남북조 이래 상서대가 상서성으로 바뀌면서 차츰 중서성, 문하성, 상서성 3성제도가 수립되었으나, 대성 명칭은 그대로 쓰였다. —옮긴이

224 初建臺省, 置百官, 封拜公侯將軍刺史太守.(『위서』「태조기」)

225 궁성에서 100리 혹은 200리 지역에 이르는 교외의 토지를 일컫는다. 성 밖의 경기京畿를 일컫기도 한다. —옮긴이

226 권權은 뒤의 량量, 도度와 연계하여 도량형의 형衡의 의미로 보아야 한다. 5권은 수銖, 량兩, 근斤, 균鈞, 석石의 무게를 말한다. 이 시기엔 24수가 1량, 16량이 1근, 30근이 1균, 4균이 1석이었다. —옮긴이

227 오량五量은 부피 분량을 다는 다섯 가지 기구의 총칭. 홉合, 약龠, 승升, 두斗, 곡斛으로 한대엔 10홉이 1승, 10승이 1두, 10두가 1곡이었다. —옮긴이

228 오도五度는 길이를 재는 단위를 말한다. 분分, 촌寸, 척尺, 장丈, 인引으로 10분이 1촌, 10촌이 1척, 10척이 1장, 10장이 1인이다. —옮긴이

229 율려律呂는 고대 음악의 음률 간 등급을 정하는 기구를 말한다. 죽관이나 금속관으로 만들었는데, 총 12관으로 각 대롱관의 지름이 같았다. 관의 길이로 음의 높낮이를 확정했다. 저음관으로부터 계산하여 홀수 여섯 관을 '율律'이라 하고, 짝수 여섯 관을 '여呂'

라 불렸는데 합하여 '율려'라 했다. 후대에 악률, 음률 등을 가리키는 말로 쓰였다. —옮
긴이

230 遷都平城, 始營宮室, 建宗廟, 立社稷. (…) 詔有司正封畿, 制郊甸, 端經術, 標道理, 平
五權, 較五量, 定五度. (…) 詔尙書吏部郎中鄧淵典官制, 立爵品, 定律呂, 協音樂; 儀曹
郎中董謐撰郊廟社稷朝覲饗宴之儀; 三公郎中王德定律令, 申科禁; 太史令晁崇造渾儀,
考天象; 吏部尙書崔玄伯總而裁之.(『위서』「태조기」)

231 조祖제사는 노제이며, 납臘제사는 그해의 마지막 날 지내는 대제다. 제왕마다 달랐는
데, 이를테면 적제赤帝는 술랍오조戌臘午祖했고, 백제白帝는 축랍유조丑臘酉祖했다
한다. 북위 통치자들은 중원 한족이 조상으로 여기는 황제黃帝의 예를 따라 진랍미조
辰臘未祖한 것이다. —옮긴이

232 오교는 동교東郊, 남교南郊, 서교西郊, 북교北郊, 중교中郊를 말한다. 고대 의례에 따르
면 제왕은 오교에 제단을 설치하고 하늘의 기운을 맞이했다고 한다. 입춘에 동교에서
봄을 맞아 청제靑帝 구망句芒에게 제사하고, 입하에 남교에서 여름을 맞아 적제赤帝
축융祝融에게 제사하고, 입추 전 18일에 중조中兆에서 황령黃靈을 맞아 황제黃帝 후
토后土에게 제사하고, 입추에 서교에서 가을을 맞아 백제白帝 욕수蓐收에게 제사하고,
입동에 북교에서 겨울을 맞아 흑제黑帝 현명玄冥에게 제사했다. —옮긴이

233 하정夏正은 하夏나라 달력으로 정월을 뜻하는 말. 하나라는 정월을 1년의 출발로 보았
고, 은나라는 하력 12월을 1년의 머리로, 주나라는 하력 11월을 1년의 머리로, 진나라
와 한나라 초는 하력 10월을 1년의 머리로 보았다. 한 무제 때 하정으로 고친 뒤 역대
로 이를 답습했다. —옮긴이

234 尙書崔玄伯等奏從土德, 服色尙黃, 數用五, 未祖辰臘, 犧牲用白, 五郊立氣, 宣贊時令,
敬授民時, 行夏之正. (…) 初祠上帝於南郊.(『위서』「태조기」)

235 雖日不暇給, 始建都邑, 便以經術爲先, 立太學, 置五經博士生員千餘人.(『위서』「儒林
傳」)

236 初令五經群書各置博士, 增國子太學生員三千人.(『위서』「태조기」)

237 改國子爲中書學, 立敎授博士. (…) 別起太學於城東.(『위서』「유림전」)

238 『시경』「정풍鄭風」의 '자금子衿' 편을 말한다. 난세가 되면 학교가 무너져 교육이 이루
어지지 못함을 일컫는다. —옮긴이

239 自頃以來, 庠序不建, 爲日久矣. 道肆陵遲, 學業遂廢, 子衿之嘆, 復見於今. 朕旣纂統大
業, 八表晏寧, 稽之舊典, 欲學官於郡國, 使進修之業, 有所津寄. (…) 宜與中秘二省參議
以聞.(『위서』「高允傳」)

240 經綸大業, 必以教養爲先; 咸秩九疇, 亦由文德成務.

241 靡不敦儒以勸其業, 貴學以篤其道. (…) 宜如聖旨, 崇建學校以厲風俗. 使先王之道, 光
演於明時; 郁郁之音, 流聞於四海.

242 顯祖從之. 郡國立學, 自此始也.(『위서』「고윤전」)

243 天下何書最善, 可以益人神智? (…) 唯有經書. 三皇五帝治化之典, 可以補王者神智.(『위
서』「李先傳」)

244 於是班制天下, 經籍稍集.

245 集博士儒生, 比衆經文字, 義類相從, 凡四萬餘字, 號曰衆文經.(『위서』「태조기」)

246 禮愛儒生, 好覽史傳, 以劉向所撰新序, 說苑於經典正義多有所缺, 乃撰新集三十篇, 采
諸經史, 該洽古義, 兼資文武焉.(『위서』「태종기」)

247 自頃以來, 軍國多事, 未宣文教, 非所以整齊風俗, 示軌則於天下也. 今制自王公已下至於
卿士, 其子息皆詣太學.(『위서』「세조기」)

248 祀孔子於國學, 以顔淵配.

249 뇌牢는 제사용 고기를 담는 그릇을 말하며, 그중 큰 것을 태뢰太牢라 부른다. 보통 소,
양, 돼지 등 세 가지 희생을 담는 국가적 규모의 큰 연회나 제사에 소용되므로 그 행사
를 태뢰라 부르기도 한다. ─옮긴이

250 遣中書令兼太常高允奉玉幣祀於東嶽, 以太牢祀孔子.(『위서』「禮志」)

251 道義, 治之本; 名爵, 治之末.

252 庶官失序, 任非其人. (…) 於是忠義之道寢, 廉恥之節廢, 退讓之風絶.

253 誠思成敗之理, 察治亂之由, 鑒殷周之失, 革秦漢之弊, 則幾於治矣.(『위서』「태조기」)

254 夫士之爲行, 在家必孝, 處朝必忠, 然後身榮於時, 名揚後世矣.(『위서』「세조기」)

255 其不孝父母, 不順尊長, 爲吏姦暴, 及爲盜賊, 各具以名上. 其容隱者, 以所匿之罪罪
之.(『위서』「高宗紀」)

256 名位不同, 禮亦異數, 所以殊等級, 示軌儀. 今喪葬婚娶, 大禮未備, 貴勢豪富, 越度奢靡,
非所謂式昭典憲者也. 有可可爲之條格, 使貴賤有章, 上下咸序, 著之於令.

257 夫婚姻者, 人道之始. 是夫婦之義, 三綱之首, 禮之重者, 莫過於斯. 尊卑高下, 宜令區別.
(…) 今貴賤不分, 巨細同貫, 塵穢淸化, 虧損人倫, (…) 今制皇族師傅王公侯伯及士民
之家, 不得與百工伎巧卑姓爲婚, 犯者加罪.(『위서』「고종기」)

258 衣食足, 知榮辱, 夫人飢寒切已, 唯恐朝夕不濟, 所急者溫飽而已, 何暇及於仁義之事乎?
王教之多違, 蓋由於此也. 非夫耕婦織, 內外相成, 何以家給人足矣. 其簡宮人非所當御
及執作伎巧, 自餘悉出以配鰥民.(『위서』「태종기」)

259 致使生民貧富不均, 未得家給人足, 或有寒窮不能自贍者, 今四方順軌, 兵革漸寧, 宜寬徭賦, 與民休息. 其令州郡縣隱括貧富, 以爲三級, 其富者租賦如常, 中者復二年, 下窮者復三年.(『위서』「세조기」)

260 勸農平賦, 宰民之所專急, 盡力三時, 黔首之所克濟.

261 牧守之徒, 各厲精爲治, 勸課農桑, 不聽妄有征發.(『위서』「세조기」)

262 감국監國은 태자가 군주를 대신해 국사를 관리하는 것을 말하기도 하며, 사고로 군주가 친정을 펼 수 없게 되는 상황에서 권신이나 근친이 섭정하는 것을 말하기도 한다. ─옮긴이

263 禁飮酒雜戲棄本沽販者. 墾田大爲增辟.(『위서』「세조기」)

264 諸有雜調, 一以與民.(『위서』「顯祖紀」)

265 薄賦斂以實其財, 輕徭役以紓其力, 欲令百姓修業, 人不匱乏.(『위서』「고종기」)

266 欲令百姓家給人足, 興於禮義. (…) 至乃侵奪其産.(『위서』「세조기」)

267 刺史明考優劣, 抑退奸吏, 昇進貞良, 歲盡擧課上臺.(『위서』「세조기」)

268 宣揚恩意, 求欲無厭, 斷截官物以入於己, (…) 委罪於民. (…) 自今常調不充, 民不安業, 宰民之徒, 加以死罪.

269 夫褒賞必於有功, 刑罰審於有罪, 此古今之所同, 由來之常式. 牧守莅民, 侵食百姓, 以營家業, 王賦不充, 雖歲滿去職, 應計前逋, 正其刑罪.(『위서』「고종기」)

270 擅有召役, 逼雇不程. (…) 逼民假貸.

271 以天下守令多行非法, 精選忠良悉代之.(『위서』「세조기」)

272 朕除僞平暴, 征討累年, 思得英賢, 緝熙治道, 故詔州郡搜揚隱逸, 進擧賢俊.(『위서』「세조기」)

273 夫爲治者, 因宜以設官, 擧賢以任職, 故上下和平, 民無怨謗. 若官非其人, 奸邪在位, 則政敎陵遲, 至於凋薄.(『위서』「고종기」)

274 牧守荷治民之任, 當宣揚恩化, 奉順憲典, 與國同憂. 直道正身, 肅居官次.(『위서』「세조기」)

275 有功蒙賞, 有罪受誅, 國之常典, 不可暫廢.(『위서』「고종기」)

276 禮俗純朴, 刑禁疏簡. (…) 民乘寬政, 多以違命得罪, 死者以萬計.(『위서』「刑罰志」)

277 乃命三公郎王德除其法之酷切於民者, 約定科令, 大崇簡易. (…) 罰必從輕, 兆庶欣戴焉.(『위서』「형벌지」)

278 綱紀褫頓, 刑罰頗爲濫酷. (…) 務求厥中, 自餘有不便於民者, 依比增損.(『위서』「세조기」)

279 조皁로도 쓴다. 고대 신분이 비천한 사람을 부르는 통칭이기도 하다. 『좌전』 소공昭公 7년에 왕王, 공公, 대부大夫, 사士, 조皁, 여輿, 예隸, 요僚, 복僕, 대臺, 어圉 등 10개 신분 등급을 말하고 있다. '조'는 '사'의 거처에서 소나 말을 관리하는 사람을 말한다. ―옮긴이

280 예隸라고도 쓰는데, 노복을 말한다. 위의 주석에 의해 10개 신분 등급 중 7번째에 해당되는 천민. 궁정이나 대부 집안에서 가노로 쓰인 계급이다. ―옮긴이

281 工商皁隸, 各有厥分, 而有司縱濫, 或雜淸流. 自今戶內有工役者, 推上本部丞, 已下准次而授.(『위서』 「高祖紀」)

282 三載考績, 自古通經: 三考黜陟, 以能能否. 今若待三考然後黜陟, 可黜者不足爲遲, 可進者大成除緩. 是以朕今三載一考, 考旣黜陟, 欲令愚滯無妨於賢者, 才能不壅於下位. (…) 上上者遷之, 下下者黜之, 中中者守其本任.(『위서』 「고조기」)

283 雅好讀書, 手不釋卷, 五經之義, 覽之便講, 學不師受, 探其精奧, 史傳百家, 無不該涉.

284 원문의 분전墳典은 삼황 시대의 것으로 중국에서 가장 오래된 서적이다. 전설에서 등장하는 삼분三墳과 오제 시대의 것으로 전해지는 오전五典을 병칭한 것으로, 나중 고대 전적을 통칭하는 말로 전환되었다. ―옮긴이

285 欽明稽古, 篤好墳典, 坐興據鞍, 不忘講道.(『위서』 「유림전」)

286 尼父稟達聖之姿, 體生知之量, 窮理盡性, 道光四海. 頃者淮徐未賓, 廟隔非所, 致令祀典寢頓, 禮章殄滅, 遂使女巫妖覡, 淫進非禮, 殺生鼓舞, 倡優媟狎, 豈所以尊明神敬聖道者也.(『위서』 「고조기」)

287 自今已後, 有祭孔子廟, 制用酒脯而已, 不聽婦女合雜, 以祈非望之福. 犯者以違制論.(『위서』 「고조기」)

288 詔以孔子二十八世孫魯郡孔乘爲崇聖大夫, 給十戶以供灑掃.

289 立孔子廟於京師. (…) 改諡宣尼曰文聖尼父, 告諡孔廟. (…) 行幸魯城, 親祠孔子廟. (…) 詔拜孔氏四人顔氏二人爲官. (…) 又詔選諸孔宗子一人, 封崇聖侯, 邑一百戶, 以奉孔子之祀.(『위서』 「고조기」)

290 孝順之道, 天地之經.(『위서』 「尉元傳」)

291 力田孝悌, 才器有益於時, 信義著於鄕閭者, 具以名聞.(『위서』 「고조기」)

292 孝悌廉貞, 文武應求者, 皆以名聞.

293 其孝友德義, 文學才幹, 悉仰貢擧.(『위서』 「고조기」)

294 宴京邑耆老年七十已上於太華殿, 賜以衣服. (…) 詔會京師耆老, 賜錦綵衣服几杖稻米蜜麵, 復家人不徭役.(『위서』 「고조기」)

295 聽一子不從役. (⋯) 鎭戍流徙之人, 年滿七十, 孤單窮獨, 雖有妻妾而無子孫, 諸如此等, 聽解名還本.(『위서』「고조기」)

296 삼로三老와 오경五更은 『예기』「문왕세자文王世子」「악기樂記」 등에 등장했다. 정현의 주석에 따르면 삼로, 오경 각기 한 사람으로, 모두 늙어서 고위 벼슬에 물러나 다른 일을 하는 사람을 말하는데, 천자는 이들을 부형으로 모셔 천하에 효제의 모범을 보였다고 한다. 후대에 삼로, 오경 각자 2000석의 봉록을 주기도 했으며, 삼로는 아버지의 예우로, 오경은 형의 예우로 봉양했다. ─옮긴이

297 국로國老는 늙어서 퇴직한 경이나 대부, 서로庶老는 은퇴하는 사士나 서인을 말한다. 벼슬을 버리고 향리로 돌아가 대부는 상급학교의 부사父師가 되고, 사는 하급학교의 소사少師가 되었다. ─옮긴이

298 以尉元爲三老, 游明根爲五更, 又養國老庶老. (⋯) 天子父事三老, 兄事五更, 所以明孝悌於萬國, 垂敎本於天下.(『위서』「尉元傳」)

299 人之所崇, 莫重於孝順. 然五孝六順, 天下之所先, 願陛下重之. (⋯) 孝順之道, 無所不格. 願陛下念之, 以濟黎庶.(『위서』「위원전」)

300 三千之罪, 莫大於不孝. 而律不遜父母, 罪止髡刑, 於理未衷, 可更詳改.(『위서』「형벌지」)

301 終三年之禮. (⋯) 以萬機事重, 請求聽政. (⋯) 哀慕纏綿, 心神迷塞, 未堪自力以親政事.(『위서』「고조기」)

302 방술方術은 여러 가지 뜻이 있다. 첫째,『장자』「천하天下」 편에 등장하는 방술은 모든 것을 포괄하는 도가의 '도술'에 반대되는 특정한 학설이나 기예를 지칭한다. 둘째, 후대엔 점성술을 포함하는 천문, 무의巫醫를 포함하는 의학, 신선술, 방중술, 둔갑술, 참위 등을 통칭하는 의미로 쓰인다. 셋째, 위진 이후 도교의 연단술과 양신술을 지칭하기도 한다. 여기서는 두 번째 의미에 가깝다. ─옮긴이

303 혜강, 완적이 이런 관점을 견지했다. ─저자주

304 衆因法緣生, 我說卽是空. 亦爲是假名, 亦是中道義.

305 도가는 우리가 현세의 생활을 완전하게 받아들이지 못할 이유가 없다고 말한다. 불교는 세계란 근본적으로 존재하지 않기 때문에 그것을 유지하거나 변화시키거나, 그것에 순종하거나 회의하거나, 그것을 받아들이거나 부정하거나를 말하지 않는다. ─저자주

306 雖空而宛然假, 雖假而宛然空.

307 불교 용어. 범어 Icchantika의 음역이다. 일천제一闡提迦로 쓰기도 하며 '천제'라고 약칭하기도 한다. 의미는 믿음을 갖지 못함, 성불할 수 있는 선근善根이 끊긴 사람을 지칭할 때 쓰인다.『열반경』 등에 나온다. ─옮긴이

308 불교 용어. 성불을 가리킨다. 오랜 수행으로 얻은 결과라는 의미에서 불과佛果라 한다.
　　 ―옮긴이

309 불교 용어. 범어 adhigama 혹은 abhisaṃlbodha의 의역. 현증現證이라고도 한다. 증
　　 험으로 깨우쳐 체득했다는 뜻. 수도를 통해 진리를 깨치고 지혜, 해탈 등의 공덕을 이
　　 룸을 말한다. ―옮긴이

310 불교 용어. 『유마힐경』 등에 축도생의 언어로 소개되었다. 마음속에 의혹을 키운다는
　　 의미다. ―옮긴이

311 心垢者, 封惑之情也. 衆生垢者, 心旣有垢, 罪必及之. 若能無封, 則爲淨矣. 其心旣靜, 其
　　 罪亦除也.

312 垢實無也, 在妄想中是垢耳, 若無妄想, 垢卽靜也.(「注維摩詰經」,『大藏經』 제38권,
　　 355~356쪽)

313 지도림支道林, 도안道安 등의 주장. ―저자주

314 夫稱頓者, 明理不可分, 悟語照極. 以不二之悟, 符不分之理, 理智恚釋.(『續長經』 제1輯,
　　 제2編乙, 제23套, 제4冊, 425쪽)

315 정미精微한 상태에 도달할 수 있고, 천심을 바로잡을 수 있는 능력. ―옮긴이

316 돈오頓悟의 상대어로 점차적인 수행을 통해 마음이 지극히 맑아져 무아無我의 바른
　　 깨달음에 이르는 것. ―옮긴이

317 『주역』「繫辭下」 용례에 따르면 배워서 현명하고 유덕해진 사람을 가리킨다. ―옮긴이

318 불교 용어. 부처의 외형을 비유하는 말로서, 32상相(혹은 32대인상, 32대장부상)이란
　　 발바닥이 판판하다, 이가 40개라는 등 부처의 모습에 갖추어진 특수한 모습이고, 80종
　　 호種好(혹은 80수형호隨形好)는 걸음 걷는 위의가 사자와 같다, 배가 반듯하고 가로무
　　 늬가 없다 등 32상에 따른 잘생긴 모양새를 의미한다. ―옮긴이

319 불교 용어. 10력力은 부처가 갖고 있는 업보를 아는 힘, 중생의 욕구를 아는 힘 등 열
　　 가지 전지자적 능력이고, 사무소외四無所畏는 최고의 깨우침, 번뇌의 소멸, 장애 제거
　　 의 수행법, 도에 대한 언급 등에 조금의 의심이나 두려움이 없는 마음을 말한다. ―옮
　　 긴이

320 불교 용어. 인무아人舞我는 부파불교에서 제기하는 사람도 나도 없는 인공人空, 즉 주
　　 관적 실체의 부정이고, 법무아法無我(Dharma-nairātmya)는 대승불교에서 제기하는
　　 법도 나도 없는 법공法空, 즉 객관적 실체에 대한 부정이다. ―옮긴이

321 불교 용어. 인도에서는 지地, 수水, 화火, 풍風을 현상계를 이루는 네 요소로 본다. 인간
　　 의 몸도 이와 마찬가지로 구성되어 일시적 존재라는 의미에서 '사대색신四大色身'이라

한다. —옮긴이

322 한대의 성인에 대한 이해는 소승불교의 견해와 매우 유사하다. —저자주

323 불교 용어. 헤아릴 수 없고 셀 수 없다는 의미에서 중생의 구제를 지칭할 때 쓰는 '무량무수신無量無數身'이다. —옮긴이

324 불교 용어. 불교 『법화경』을 한마디로 축약시킨 용어. 성문聲聞, 연각緣覺, 보살菩薩이라는 세 가지 방편을 모두 모아들여 결국 성불이라는 하나의 길一佛乘로 나간다는 교리. 우리나라 천태종의 창조 이념이자 주 취지다. —옮긴이

325 名教有由來, 百代所不廢. (…) 矯形骸, 違常務, 易禮典, 棄名教.(『弘明集』「沙門不應拜俗等事一」)

326 入國而破國, (…) 入家而破家, (…) 入身而破身.

327 중국 인명 가운데 앞에 석釋이 붙은 것은 성씨가 아니라 승려라는 의미다. —옮긴이

328 晉成康之世, 車騎將軍庾氷, 疑諸沙門抗禮萬乘, (…) 至元興中, 太尉桓公(玄)亦同此義.

329 奉上之禮, 尊親之敬, 忠孝之義. (…) 此理之與世乘, 道之與俗反.

330 拯溺族於沉流, 拔幽根於重劫, (…) 內乖天屬之重, 外闕奉主之恭, (…) 不違其孝. 不失其敬, (…) 如令一夫全德, 則道洽六親, 澤流天下, 雖不處王侯之位, 固已協契皇極, 大庇生民矣.(이상 『홍명집』「廬山慧遠法師答桓玄書沙門不應敬王者書」)

331 齋者, 普爲先亡, 見在知識親屬竝及一切衆生, 皆當因此致誠, 玄想感發, 則終免罪苦. 是以忠孝之士務加勉勵, 良以兼拯之功, 非徒在己故也.(『홍명집』「奉法要」)

332 經云: 心作天, 心作人, (…) 是以行道之人, 每愼獨於心(『중용』: '故君子愼其獨也'), (…) 豈唯言出乎室, 千里應之(『주역』「繫辭」: '君子居其室, 出其言善, 則千里之外應之'), 莫見乎隱(『중용』 참조), 所愼在形哉!

333 불교 용어 사무량심四無量心을 뜻한다. 네 가지 마음으로 무량한 중생을 구원한다는 정신. 자慈는 즐거움을 주는 것, 비悲는 고통을 없애주는 것, 희喜는 고통을 잊고 즐거움을 얻게 하는 것, 호護 또는 사捨는 원망과 친밀함을 평등하게 갖는 것이다. —옮긴이

334 心所不安, 未常加物, 卽近而言, 則忠恕之道, 推而極之, 四等之義. 四等者何? 慈悲喜護也.(『홍명집』「봉법요」)

335 釋氏之訓, 父慈子孝, 兄愛弟敬, 夫和妻柔, 備有六睦之美.(『홍명집』「析三破論」)

336 『홍명집』의 내용에 따르면 인仁은 내전의 불살不殺의 금칙, 의義는 부도不盜의 금칙, 예禮는 불사不邪의 금칙, 지智는 불주不酒의 금칙, 신信은 불망不妄의 금칙과 부합된다고 한다. —옮긴이

337 內典初門, 設五種禁; 外典仁義禮智信, 皆與之符.(『顔氏家訓』「歸心」)

338 帝 (…) 謂侍中何尙之曰: '(…) 若使率土之濱, 皆純此化, 則吾坐致太平, 夫復何事. (…)' 尙之對曰: (…) 慧遠法師嘗云: 釋氏之化, 無所不可, 適道因自敎源, 濟俗亦爲要務. (…) 竊爲此說有契理奧, 何者? 百家之鄕, 十人持五戒, 則十人淳謹矣; 千室之邑, 百人修十善, 則百人和厚矣. 傳此風訓, 以遍宇內, 編戶千萬則仁人百萬矣, (…) 夫能行一善, 則去一惡, 一惡旣去, 則息一刑, 一刑息於家, 則萬刑息於國, 四百之獄, 何足難錯, 雅頌之興, 理宜倍速, 則陛下所謂坐致太平者也.(『홍명집』「何令尙之答宋文皇帝贊揚佛敎事」)

339 부록符籙이라고도 쓰며 도가에서 전해져 온다는 비밀 문서와 책의 통칭이다. —옮긴이

340 주수呪水는 고대 무당 술수 가운데 하나로 물을 두고 주문을 외고 법술을 펼쳐 그 물을 마시면 병이 낫는다고 믿었다. —옮긴이

341 후한 말 태평도, 오두미도 등의 창시자들인 장릉, 장형張衡, 장각을 말한다. —옮긴이

342 구겸지가 창작한 도교 계율 등에 대한 음악적 암송 30여 조를 담은 문헌. 매 조마다 '노군왈老君曰' 혹은 '군음송계왈君音誦誡曰'로 시작하여 『태상노군악음송계太上老君樂音誦誡』 또는 『노군음송계경老君音誦誡經』으로도 불렸다. —옮긴이

343 구겸지는 당시 농민 봉기에 극렬히 반대했으며, 봉건적 도덕윤상의 질서를 엄격히 지키고 아랫사람이 윗사람을 범해선 안 된다고 주장했다. —옮긴이

344 복식服食은 도교의 양생술로 단약의 복용을 말하고, 폐련閉練은 일체의 접촉을 피한 폐관수련을 말한다. —옮긴이

345 淸整道敎, 除去三張僞法, (…) 專以禮度爲首, 而加之以服食閉練.

346 『포박자抱朴子』를 쓴 갈홍葛洪(284?~364)과 삼국 시대 오吳나라 방사였던 그의 종조부 갈현葛玄(166~244)을 지칭한다. —옮긴이

347 갈홍 금단도金丹道 위주의 신선이론 체계 이후 부록 위주의 천사도는 중대한 경전상의 변화를 겪는데, 구체적으로 드러난 형태가 상청上淸, 영보靈寶, 삼황三皇 경법의 출현이다. —옮긴이

348 夫所謂道, 豈唯養生之事而已乎? (…) 凡言道者, 上自二儀, 下逮萬物, 莫不由之. (…) 夫道者, 內以治身, 外以爲國.(『抱朴子』「內篇」〈明本〉)

349 黃老執其本, (…) 儒墨治其末, 道德喪而儒墨重矣.

350 夫道者, 其爲也, 善自修以成務; 其居也, 善取人所不爭; 其治也, 善絶禍於未起; 其施也, 善濟物而不德; 其動也, 善觀民以用心; 其靜也, 善居愼而無悶. 此所以爲百家之君長, 仁義之祖宗也.(『포박자』「내편」〈明本〉)

351 君臣易位者有矣, 父子推刃者有矣. (…) 忠義制名於危國, 孝子收譽於敗家.

352 其所與凡人無異者甚多, 而其所以不同者至少矣.(『포박자』「내편」〈辨問〉)

353 世人以人所優長, 衆所不及者, 便謂之聖.

354 俗所謂聖人者, 皆治世之聖人, 非得道之聖人, 得道之聖人, 則黃老是也. 治世之聖人, 則周孔是也. 黃帝先治世而後登仙, 此是偶有能兼之才者也.(『포박자』「내편」〈변문〉)

355 원문 화광和光은 『노자』 "和其光, 同其塵"에서 온 화광동진和光同塵의 약칭으로, 안으로 재능을 온축시키고 세속에 화합하며 묻혀 살면서 날카로운 예봉을 드러내지 않는 상태다. —옮긴이

356 內寶養生之道, 外則和光於世, 治身而身長修, 治國而國太平. 以六經訓俗士, 以方術授知音, 欲少留則且止而佐時; 欲升騰則凌霄而輕擧者.(『포박자』「내편」〈釋滯〉)

357 儒者, 周孔也, 其籍則六經也, 蓋治世存正之所由也, 立身擧動之準繩也, (…) 有國有家不易之制也. 爲道之士, 不營禮敎, 不顧大倫, 侶狐貉於草澤之中, 偶猿猱於林麓之間, (…) 與木石爲鄰(『포박자』「내편」〈明本〉)

358 君臣之大, 次於天地, 思樂有道, 出處一情, 隱顯任時, (…) 與事變通.(『포박자』「外篇」〈應嘲〉)

359 出處同歸, 行止一致, 豈必達官, 乃可議政事君, 否則不可論治亂乎?(『포박자』「외편」〈응조〉)

360 老子無爲者也, 鬼谷終隱者也, 而著其書, 咸論世務, 何必身居其位, 然後乃言其事乎?(『포박자』「외편」〈응조〉)

361 在朝者, 陳力以秉庶事, 山林者修德以屬貪濁, 殊途同歸, 俱人臣也.

362 『포박자』에 나오는 말로 성어 봉문필호蓬門蓽戶로 통한다. 풀, 나뭇가지 등으로 지은 빈궁하기 그지없는 누옥을 말한다. —옮긴이

363 今隱者潔行蓬蓽之乃, 以咏先王之道, 使民知退讓.(이상 『포박자』「외편」〈逸民〉)

364 흔히 경전을 중시하는 구겸지 등을 부록파符籙派라 하고, 갈홍 등은 축기築氣와 연단술을 통한 불로장생술을 중시하는데 이를 단정파丹鼎派라 한다. 도교의 양대 산맥 중하나다. —옮긴이

365 道家之所至秘而重者, 莫過乎長生之方也.(『포박자』「내편」〈勤求〉)

366 常恨莊生言行自伐, 桎梏世業, 身居漆園而多誕談, (…) 狹細忠貞, 貶毀仁義.(『포박자』「외편」〈응조〉)

367 모자牟子(170~?)는 후한 시대 광서廣西 창오군蒼梧郡 사람. 본명은 융融으로 불교의 중국화를 처음 시도한 중국인으로 알려져 있다. 유가, 도가의 관점에서 불교의 원리를 적극 찾으려 한 『리혹론理惑論』37편은 중국 최초의 불교 전문 저술이다. 한 애제哀帝

원수元壽 원년(기원전 2)부터 범어 Buddha를 '부도浮屠'로 번역하여 써왔는데, 중국의
삼황오제처럼 신비한 최고의 우상으로 시호를 佛로 불러야 한다는 모자의『리혹론』
이후 Buddha의 표준 번역어는 불佛이 되었다. '불' 자의 최초 한자적 의미는『산해경山
海經』「해내경海內經」에서의 '잘 보이지 않는 신비한 사람'이다. —옮긴이

368 천화天和 4년(569) 3월 15일 북주의 우문옹宇門邕은 고승, 명유, 도사 등 2000여 명을
불러 모아 유교, 불교, 도교의 우열에 대해 논쟁하도록 했다. 그 주장의 핵심은 유교가
무엇보다 앞선다는 것이었다. —옮긴이

369 道也與佛, 逗極無二, 寂然不動, 致本則同; 感而遂通, 達迹成異, 其猶樂之不沿, 不隔五
帝之秘; 禮之不襲三皇之聖, 豈三歟?

370 오전五典은『오경』을 가리키기도 하고 전설 속의 5대 전적을 이야기하기도 하지만, 여
기서는 유가 사상 가운데 군신, 부자, 부부, 형제, 붕우 다섯 가지 윤리규범을 말한 것이
다. —옮긴이

371 삼승三乘은 불교 용어로 깊이가 다른 해탈의 경지에 관한 세 가지 도를 말한다. 소승
小乘의 성문승聲聞乘, 중승中乘의 연각승緣覺乘, 대승大乘의 보살승菩薩乘. —옮긴
이

372 其聖則符, 其迹則反. (…) 無窮世界, 聖人代興, 或照五典, 或布三乘.

373 胡人粗獷, (…) 胡人無義, 剛強無禮, 不異禽獸.(「삼파론」)

374 후전侯甸은 봉건封建의 오복五服 규정에 따라 천자의 도성 근처에서 천 리 이내 가까
운 지역에 사는 제후를 뜻한다. 왕실의 높은 문화를 같이 누리는 지역으로 문화적 우
월성을 강조한 말이다. —옮긴이

375 端委縉紳, 諸華之容; 翦髮緇衣, 群夷之服; 擊踵磬折, 侯甸之恭; 狐蹲狗踞, 荒流之
肅; 棺殯槨葬, 中夏之風; 火焚水沉, 西戎之俗; 全形守禮, 繼善之敎; 毀貌易性, 絕惡之
學.(「이하론」)

376 佛道齊乎達化, 而有夷夏之別.

377 無生之敎賒(遠), 無死之化切, 切法可以進謙弱, 賒法可以退誇強.

378 불교와 도교에서 같이 사용하는 말로 미묘한 교리를 깨치는 길을 말한다.『노자』와『화
엄경』에 예가 있다. —옮긴이

379 佛敎文而博, 道敎質而精, 精非粗人所信, 博非精人所能. 佛言華而引, 道言實而抑, 抑則
明者獨進, 引則昧者競進; 佛經繁而顯, 道經簡而幽, 幽則妙門難見, 顯則正路易遵.

380 佛是破惡之方, 道是興善之術. 興善則自然爲高, 破惡則勇猛爲貴.

381 佛迹光大, 宜以化物; 道迹密微, 利用爲己.

382　先生未便得仙, 政可以帝王師耳.

383　專以禮度爲首, 而加之以服食閉練.

384　老君曰: (…) 謙之, 汝就繫天師正位, 竝敎生民, 佐國扶命.

385　世祖欣然, (…) 於是崇奉天師, 顯揚新法, 宣布天下, 道業大行.

386　重壇五層, 遵其新經之制, (…) 親至道壇, 受符籙. 備法駕, 旗幟盡靑, 以從道家之色也.

387　後周承魏, 崇奉道法, 每帝受籙, 如魏之舊.

388　昔金陵道士陸修靜者, 道門之望, 在宋齊兩代, 祖述三張, 弘行二葛. 郗張之士, 封門受籙, 遂妄加穿鑿, 廣制齋儀, 糜費極繁, 意在王者遵奉.

389　欲求仙者, 要當以忠孝和順仁信爲本. 若德行不修, 而但務方術, 皆不得長生也.(『포박자』「내편」〈對俗〉)

390　諸應奪算者有數百事, (…) 憎善好殺, 口是心非, (…) 虐害其下, 欺罔其上, 叛其所事, 受恩不感, 弄法受賂, (…) 廢公爲私, (…) 敎人爲惡, (…) 不順上命, 不敬所師.

391　凡有一事, 輒是一罪, 隨事輕重, 司命奪其算紀.(이상 『포박자』「내편」〈微知〉)

392　淸整道敎, 除去三張僞法, (…) 專以禮度爲首, 而加之以服食閉練.

393　上士得到, 升爲天官; 中士得到, 棲集昆侖; 下士得到, 長生世間.

394　雖同號眞人, 眞品乃有數. 俱目仙人, 仙亦有等級千億.

395　或稱千歲, 假託小術, (…) 威傾邦君, 勢凌有司.(『포박자』「내편」〈道意〉)

396　犯無輕重, 致之大辟.

397　今世人惡, 但作死事, 修善者少, 世間詐僞, 攻錯經道, 惑亂愚民, 但言老君當治, 李弘應出, 天下縱橫反逆者衆, 稱名李弘, 歲歲有之.

찾아보기

인명 외

ㄱ

ㅇ

아관 243, 328, 407, 445

안자 478~479

안지추 956, 1149

안회 810~811, 964

양나라 101, 1093

양예 1099~1100

양종 347, 400, 403, 637~638

오두미도 868, 882, 1150~1151

완적 999~1000, 1008, 1010~1013, 1016~1019, 1040

완종 1084, 1094

왕광 943~944, 958

왕랑 591, 600, 684

왕망 320, 388, 392, 396, 398, 409, 462, 476, 522, 560, 564, 566~577, 591, 593~595, 601, 603, 605~606, 608~610, 628, 634, 709, 711, 837, 1069, 1073~1074

왕부 684, 706, 728~729, 748~749, 755~756, 758~759, 761~765, 773~779, 788~790, 800~809, 811~812, 818, 821~832, 936, 1124

왕장 233, 323, 326

왕충 306, 311, 320, 380, 384, 388, 398~399, 402, 590, 631, 649~651, 653~667, 669~677, 679~686

왕필 307, 955~956, 958, 967~969, 971~985, 987~989, 991, 994, 996~999, 1019~1020, 1027, 1085

원고생 230, 394, 554

원굉袁宏 717, 1077

원굉袁閎 739~741

원준 920, 943~944

위나라 916~919, 921, 929, 931, 938, 941, 964, 994, 1069~1070, 1080, 1091~1092, 1167

위상 249, 491~493

위 명제 324, 333, 392, 403, 407, 410, 618, 649, 658, 717, 931, 958

위 원제 1069, 1071

위 태무제 1114~1115, 1118, 1120~1122, 1124, 1126, 1151, 1160, 1167

위표 710, 723

위현성 248, 373

오나라 35, 178

유개 334, 720

유방 34~36, 43, 70, 80, 110, 184, 228, 266, 315, 319, 321~322, 379, 591, 619, 708

유소 940~941, 945~946, 948~949, 951, 953, 963

유송 1079, 1100~1101, 1105~1106, 1151

유수 476, 590~591, 593~608, 709, 994

유우 735~736, 741

유의 1091~1094

유이 916~917, 919, 922~924, 931~932

유향 396, 504, 530, 533, 539, 559, 562, 1119

육가 34~54, 57, 61, 236, 313, 317, 471, 670

은나라 225~226, 340, 361, 464~465, 488, 553, 633, 1109, 1115

응소 111, 306, 330

중국정치사상사 2

1판 1쇄	2019년 2월 8일
1판 2쇄	2019년 11월 25일

지은이	류쩌화 외
옮긴이	장현근
펴낸이	강성민
편집장	이은혜
편집	김은재 곽우정
마케팅	정민호 이숙재 양서연 안남영
홍보	김희숙 김상만 오혜림 지문희 우상희
독자모니터링	황치영

펴낸곳	(주)글항아리	출판등록 2009년 1월 19일 제406-2009-000002호

주소	10881 경기도 파주시 회동길 210
전자우편	bookpot@hanmail.net
전화번호	031-955-3578(마케팅) 031-955-1936(편집부)
팩스	031-955-2557

ISBN	978-89-6735-577-7 94100
	978-89-6735-575-3 (세트)

글항아리는 (주)문학동네의 계열사입니다.

이 도서의 국립중앙도서관 출판예정도서목록(CIP)은 서지정보유통지원시스템 홈페이지
(http://seoji.nl.go.kr)와 국가자료공동목록시스템(http://www.nl.go.kr/kolisnet)에서
이용하실 수 있습니다. (CIP제어번호 : 2018040684)